Holger Seipel

Praxishandbuch Garten

Praxishandbuch GARTEN

Expertentipps für Gartenfreunde

von Holger Seipel
Gärtner, Diplom-Ingenieur, Diplom-Agraringenieur
und Oberstudienrat für Gartenbau

6., aktualisierte Auflage

Nikol

Vorwort

Um die wachsenden Herausforderungen der Zukunft meistern zu können, werden wir ganz sicher nicht weniger, sondern mehr Wissen als Voraussetzung für das Verstehen und Beurteilen komplexer Sachverhalte sowie das Lösen von Problemen benötigen. Ohne eine breite, gut strukturierte Wissensbasis können komplexe Sachverhalte nicht durchschaut und somit auch keine Problemlösungen gefunden werden. Es wird also darauf ankommen, nicht weniger, sondern mehr zu lernen – und das in immer kürzerer Zeit. Dieses kann nur gelingen, wenn die kognitive Struktur systematisch auf- und ausgebaut, also möglichst effektiv und handlungsorientiert gelehrt und gelernt werden kann.

Mit der „Fachkunde für Gärtner" wurde ein modernes, zeitgemäßes und im besonderen Maße schülergerechtes Lehr- und Arbeitsbuch für den gartenbaulichen Berufsschulunterricht geschaffen, das eine umfassende und fundierte gärtnerische Grundausbildung gewährleistet. Das Buch resultiert aus den berufs- und unterrichtspraktischen Erfahrungen des Autors. Es entstand unter besonderer Berücksichtigung der in den Rahmenrichtlinien der einzelnen Bundesländer aufgeführten Lernziele und Lerninhalte des fachtheoretischen Unterrichts und der vom Lehrgebiet Didaktik der Universität Hannover erarbeiteten und vom Zentralverband für Gartenbau (ZVG) herausgegebenen Empfehlungen für den Unterricht an gartenbaulichen Berufsschulen.

Die „Fachkunde für Gärtner" enthält das theoretische „Kernwissen" (spartenübergreifende Wissen) der gärtnerischen Ausbildung. Der Lehrstoff gliedert sich in neun Großkapitel: Botanik – Bodenkunde – Pflanzenernährung – Pflanzenschutz – Wetter- und Klimakunde – Kultur- und Arbeitsverfahren – Technik – Wirtschaftskunde – Fachrechnen, die in weitere Haupt- und Unterkapitel untergliedert sind. Die informierenden Sachtexte werden durch eine Vielzahl illustrierender und erklärender Zeichnungen und Fotos ergänzt und veranschaulicht. Die sachlogische, klare Gliederung der Lerninhalte in größere, kleine und kleinste Einheiten schafft die Voraussetzung dafür, die „Wissensbausteine" zum Lösen von Problemen gezielt herauszugreifen und einzeln oder in immer wieder neuen Kombinationen bei der Lösung von Problemen zu verwenden.

In den einzelnen Kapiteln wird anschaulich eine Verbindung von Theorie und Praxis hergestellt. Verknüpfungen zwischen den Fächern werden überall dort aufgezeigt, wo sie aus praktischer Sicht von Bedeutung sind.

Das Buch ist somit eine wertvolle Hilfe bei der theoretischen und praktischen Ausbildung im Gartenbau. Es kann in allen drei Ausbildungsjahren eingesetzt werden, wobei der Schwerpunkt vor allem in der Vermittlung von Grundwissen und dessen Vertiefung in den ersten beiden Ausbildungsjahren zu sehen ist.

Die zahlreichen Aufgaben unterschiedlichen Schwierigkeitsgrades im Anschluss an die einzelnen Lerneinheiten ermöglichen nicht nur eine Kontrolle des Lernerfolges, sondern auch eine selbstständige Erarbeitung der Lerninhalte durch die Schüler.

Buchaufbau, eine klare Gliederung sowie ein umfangreiches Stichwortverzeichnis machen die „Fachkunde für Gärtner" darüber hinaus zu einem wertvollen Nachschlagewerk und Repetitorium für Lernende und Lehrende.

Autor und Verlag

1 Botanik

1.1 Morphologie ... 8
1.1.1 Grundorgane der Pflanzen ... 8
1.1.2 Metamorphosen ... 19
1.1.3 Die Blüte ... 29

1.2 Anatomie ... 35
1.2.1 Die Zelle und ihre Bestandteile ... 35
1.2.2 Gewebearten ... 39
1.2.3 Der innere Blattaufbau ... 40
1.2.4 Der innere Aufbau der Sprossachse ... 41
1.2.5 Der innere Wurzelaufbau ... 43

1.3 Physiologie ... 44
1.3.1 Ernährungsweisen ... 44
1.3.2 Photosynthese ... 45
1.3.3 Atmung ... 48
1.3.4 Photosynthese, Atmung und Tempe-ratur im Zusammenspiel ... 49
1.3.5 Steuerung des Pflanzenwachstums ... 50
1.3.6 Der Wasserhaushalt der Pflanzen ... 51
1.3.7 Nährstoffaufnahme ... 55
1.3.8 Vegetatives und generatives Wachstum ... 55
1.3.9 Bestäubung ... 58
1.3.10 Befruchtung ... 62
1.3.11 Samen- und Fruchtbildung ... 63
1.3.12 Früchte ... 64
1.3.13 Verbreitung von Samen und Früchten ... 68
1.3.14 Die Keimung ... 69
1.3.15 Lebensdauer der Pflanzen ... 70
1.3.16 Dickenwachstum ... 71
1.3.17 Reizbewegungen ... 73
1.3.18 Wirkstoffe ... 75

1.4 Genetik (Vererbungslehre) ... 76
1.4.1 Vererbung ... 76
1.4.2 Pflanzenzüchtung ... 83
1.4.3 Gentechnologie ... 85

1.5 Systematik ... 86
1.5.1 Evolution ... 86
1.5.2 Systematische Einordnung der Pflanzen ... 86
1.5.3 Botanische Nomenklatur ... 87
1.5.4 Ausspracheregeln ... 88
1.5.5 Das Pflanzenreich ... 88

1.6 Ökologie ... 100
1.6.1 Ökosysteme ... 100
1.6.2 Lebensraum Wald ... 102
1.6.3 Lebensraum Hecke ... 105
1.6.4 Lebensraum Wiese ... 106
1.6.5 Lebensraum Gewässer ... 107
1.6.6 Lebensraum Moor ... 107
1.6.7 Lebensraum Tropischer Regenwald ... 109
1.6.8 Artenschutz ... 111

2 Bodenkunde

2.1 Bodenbildung ... 115
2.1.1 Gesteine und Minerale ... 115
2.1.2 Verwitterung ... 117

2.2 Bodenbestandteile ... 119
2.2.1 Mineralische Bestandteile ... 119
2.2.2 Organische Bestandteile ... 122
2.2.3 Bodenkolloide ... 127
2.2.4 Bodengefüge ... 128
2.2.5 Bodenwasser ... 130
2.2.6 Bodenluft ... 134

2.3 Bodengare ... 134
2.3.1 Bodenlockerung ... 135
2.3.2 Bodenbedeckung/-bewuchs ... 136
2.3.3 Zuführung organischer Substanz ... 136

2.4 Bodenschutz ... 136
2.4.1 Überbauung und Versiegelung ... 137
2.4.2 Bodenverdichtung ... 137
2.4.3 Bodenerosion ... 138
2.4.4 Eintrag von Schadstoffen ... 138
2.4.5 Bodenversauerung ... 140

2.5 Bodentypen ... 143
2.5.1 Braunerde ... 145
2.5.2 Parabraunerde ... 145
2.5.3 Podsol ... 145
2.5.4 Rendzina ... 145
2.5.5 Schwarzerde ... 145
2.5.6 Gley ... 146
2.5.7 Pseudogley ... 146
2.5.8 Marschen ... 146
2.5.9 Moorböden ... 146
2.5.10 Anthropogene Böden ... 147

2.6 Bodenbewertung ... 147
2.6.1 Zeigerpflanzen ... 147
2.6.2 Bodenzahl ... 149

2.7 Gärtnerische Erden und Substrate ... 149
2.7.1 Erden ... 149
2.7.2 Substrate ... 150
2.7.3 Rindenkompost ... 152
2.7.4 Zuschlagstoffe ... 153

3 Pflanzenernährung

3.1 Die Bedeutung der Nährstoffe für die Pflanzen ... 155
3.1.1 Humus- und Mineralstofftheorie ... 155
3.1.2 Nährstoffkreisläufe ... 156
3.1.3 Lebensnotwendige Elemente ... 156
3.1.4 Nützliche Elemente ... 157
3.1.5 Schädliche Elemente ... 157

3.2 Wachstumsgesetze ... 160

3.3 Düngeverfahren ... 161

3.4 Nährstoffdynamik des Bodens ... 162
3.4.1 Massenfluss und Diffusion ... 162
3.4.2 Kationen und Anionen ... 163
3.4.3 Auflösung/Bildung von Salzen ... 163
3.4.4 Austauschvorgänge ... 163
3.4.5 Ionenkonkurrenz/-förderung ... 164

3.5 Der pH-Wert und die Kalkung ... 165

3.6 Versalzung und Wasserqualität ... 168
3.6.1 Ursachen der Versalzung und ihre Folgen ... 168
3.6.2 Wasserhärte und pH-Wert ... 169
3.6.3 Entsalzungs-/Enthärtungsverfahren ... 169
3.6.4 Eisenbelastung ... 170

3.7 Hauptnährelemente ... 171
3.7.1 Stickstoff ... 171
3.7.2 Phosphor ... 177
3.7.3 Kalium ... 181
3.7.4 Magnesium ... 183
3.7.5 Calcium ... 184
3.7.6 Schwefel ... 184

3.8 Spurennährelemente ... 185

3.9 Mineralische Mehrnährstoffdünger ... 187

3.10 Organische Düngung ... 189
3.10.1 Stallmist ... 190
3.10.2 Strohdüngung ... 190
3.10.3 Jauche ... 190
3.10.4 Gülle ... 191
3.10.5 Müllkompost ... 191
3.10.6 Klärschlamm ... 191
3.10.7 Kompost ... 191
3.10.8 Gründüngung ... 196
3.10.9 Organisch-mineralische Dünger ... 196

3.11 Biologischer Land-/Gartenbau ... 197

3.12 Boden- und Substratuntersuchung ... 201

4 Pflanzenschutz

4.1 Schadursachen ... 206

4.2 Was macht eine Tierart zum Schädling? ... 209

4.3 Pflanzenschutzmaßnahmen ... 210
4.3.1 Kulturmaßnahmen ... 210
4.3.2 Physikalische Maßnahmen ... 214
4.3.3 Chemischer Pflanzenschutz ... 215
4.3.4 Biologischer Pflanzenschutz ... 222
4.3.5 Nützlingslexikon ... 226
4.3.6 Biotechnische Maßnahmen ... 234
4.3.7 Integrierter Pflanzenschutz ... 235

4.4 Insekten ... 236
4.4.1 Der äußere und innere Aufbau ... 236
4.4.2 Blattläuse ... 240
4.4.3 Weiße Fliege ... 242
4.4.4 Schildläuse ... 244
4.4.5 Thripse ... 245
4.4.6 Blattsauger ... 247
4.4.7 Zikaden ... 247
4.4.8 Blattwespen ... 247
4.4.9 Käfer ... 248
4.4.10 Schmetterlinge ... 252
4.4.11 Zweiflügler ... 255

4.5 Milben ... 257

4.6 Nematoden ... 259

4.7 Schnecken ... 261

4.8 Nagetiere ... 262
4.8.1 Wühlmäuse ... 262
4.8.2 Wildkaninchen ... 262

4.9 Krankheitserreger ... 264
4.9.1 Bakterien ... 264
4.9.2 Viren ... 266
4.9.3 Mykoplasmen ... 268
4.9.4 Pilze ... 268

4.10 Wildkräuter ... 274

4.11 Wichtige Rechtsgrundlagen für den Pflanzenschutz ... 275

4.12 Öffentliche Pflanzenschutz-einrichtungen ... 276

5 Wetter- und Klimakunde

5.1 Wetter ... 279
5.1.1 Sonne – Motor des Wetters ... 279
5.1.2 Erde – ein Planet des Sonnensystems ... 279
5.1.3 Atmosphäre – Schutzschild der Erde ... 279
5.1.4 Wetterfaktoren ... 280
5.1.5 Hoch- und Tiefdruckgebiete ... 288
5.1.6 Wettervorhersage ... 291

5.2 Klima ... 291
5.2.1 Groß- oder Makroklima ... 291
5.2.2 Lokal- oder Mesoklima ... 292
5.2.3 Klein- oder Mikroklima ... 292
5.2.4 Globale Klimaveränderungen ... 292
5.2.5 Beeinflussung des Mikroklimas ... 295

6 Kultur- und Arbeitsverfahren

6.1 Generative Vermehrung ... 297
6.1.1 Saatgutqualität ... 297
6.1.2 Saatgutformen ... 299
6.1.3 Keimbedingungen ... 300
6.1.4 Verkürzung der Keimruhe ... 301
6.1.5 Aussaatverfahren ... 302
6.1.6 Durchführung der Aussaat ... 303

6.2 Vegetative Vermehrung ... 305
6.2.1 Optimierung der Regenerationsbedingungen am Beispiel der Stecklingsvermehrung ... 306
6.2.2 Ableger ... 307
6.2.3 Abmoosen ... 307
6.2.4 Absenken ... 308
6.2.5 Ausläufer ... 308
6.2.6 Blattabschnitte ... 309
6.2.7 Blattgliedstecklinge ... 310
6.2.8 Blattstecklinge ... 310
6.2.9 Blattstücksteckllinge ... 310
6.2.10 Brutblätter ... 311
6.2.11 Brutknollen ... 311
6.2.12 Brutzwiebeln ... 311
6.2.13 Bulbillen ... 312
6.2.14 Kindel ... 312
6.2.15 Kopfstecklinge ... 312
6.2.16 Risslinge ... 313
6.2.17 Stammstecklinge ... 313
6.2.18 Steckholz ... 314
6.2.19 Teilstecklinge ... 315
6.2.20 Teilung ... 315
6.2.21 Veredlung ... 315
6.2.22 Wurzelschnittlinge ... 320
6.2.23 Wurzelschösslinge ... 321
6.2.24 In-vitro-Vermehrung ... 321

6.3 Pikieren ... 324

6.4 Ein- und Umtopfen ... 326

6.5 Pflanzen ... 328
6.5.1 Beet- und Gemüsepflanzung ... 328
6.5.2 Gehölzpflanzung ... 329
6.5.3 Staudenpflanzung ... 334
6.5.4 Zwiebel- und Knollenpflanzung ... 336

6.6 Treiberei / Verfrühung ... 338

6.7 Hydrokultur ... 338

7 Technik

7.1 Bodenbearbeitungsgeräte und -maschinen ... 342
7.1.1 Spaten und Grabegabel ... 342
7.1.2 Handhacken ... 344
7.1.3 Schlepper ... 345
7.1.4 Pflüge ... 346
7.1.5 Bodenfräsen ... 347
7.1.6 Zapfwelleneggen ... 348
7.1.7 Gezogene Geräte ... 349
7.1.8 Gerätekombinationen ... 350

7.2 Anbau unter Glas und Folie ... 351
7.2.1 Geschützter Anbau ... 351
7.2.2 Gewächshausbau ... 352
7.2.3 Kulturflächen unter Glas ... 359
7.2.4 Kulturgefäße ... 362
7.2.5 Topfmaschinen ... 366
7.2.6 Transporteinrichtungen ... 367

7.3 Klimasteuerung ... 367
7.3.1 Lüftung ... 369
7.3.2 Schattierung und Energieschirme ... 372
7.3.3 Heizungsanlagen ... 374
7.3.4 Heizungssysteme ... 381
7.3.5 Wärmebedarfsberechnung ... 391
7.3.6 Warnanlagen ... 392
7.3.7 Bewässerungssysteme ... 392
7.3.8 Düngerbeimischer ... 399
7.3.9 CO_2-Versorgung ... 400

7.3.10 Belichtung und Verdunklung 402

7.4 Pflanzenschutzgeräte 408
7.4.1 Spritzbrühenaufbereitung 408
7.4.2 Gerätetypen 409
7.4.3 Dämpfen 411

Sachwortverzeichnis 414
Bildquellen 431

1 Botanik

BIOLOGIE
(Die Lehre von den Lebewesen)

Botanik	**Zoologie**	**Anthropologie**
(Die Lehre von den Pflanzen)	(Die Lehre von den Tieren)	(Die Lehre vom Menschen)

Morphologie	(Die Lehre vom äußeren Aufbau)
Anatomie	(Die Lehre vom inneren Aufbau)
Physiologie	(Die Lehre von den Lebensvorgängen)
Genetik	(Die Lehre von der Vererbung)
Systematik	(Die Lehre von der Verwandtschaft der Lebewesen und ihrer Einordnung nach dem Verwandtschaftsgrad)
Ökologie	(Die Lehre von den Wechselbeziehungen zwischen den Lebewesen und ihrer Umwelt)

Abb. 1 Die Botanik – ein Teilgebiet der Biologie

Pflanzen sind, wie Mensch und Tier, Lebewesen – Lebewesen, ohne die es für uns auf diesem Planeten kein Leben gäbe. Erst das Vertrautmachen mit ihrem Leben ermöglicht es uns, sie als eigenständige Geschöpfe zu erkennen und zu verstehen. Nicht ein so genannter „grüner Daumen" ist für ein erfolgreiches Gärtnern maßgebend, sondern ein fundiertes Wissen über das Leben der Pflanzen. Die Wissenschaft, die sich mit dem Leben der Pflanzen beschäftigt, ist die **Botanik**. Sie ist ein Teilgebiet der **Biologie**. Weitere Teilgebiete der Botanik sind die **Morphologie**, die **Anatomie**, die **Physiologie**, die **Genetik**, die **Systematik** und die **Ökologie** (s. Abb. 1).

1.1 Morphologie

1.1.1 Die Grundorgane der Pflanzen

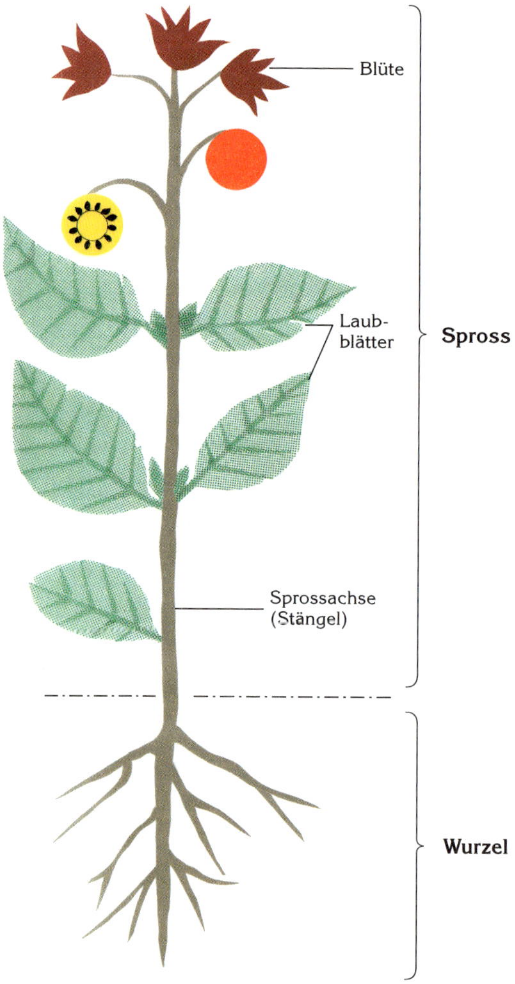

Abb. 1 Wurzel, Sprossachse und Blätter bilden die Grundorgane einer Pflanze

Pflanzen sind in ihrem äußeren Erscheinungsbild sehr vielgestaltig. Sie alle haben, wenn auch in unterschiedlicher Form und Größe, die gleichen Grundorgane: In der Erde befindet sich die Wurzel und an der Erdoberfläche der Spross, der sich aus der Sprossachse („Stängel") und den Laubblättern zusammensetzt. Die Blüte hat sich im Laufe der Entwicklungsgeschichte aus den Grundorganen Blätter und Sprossachse herausgebildet und wird deswegen nicht als Grundorgan bezeichnet (s. Abb. 1).

Die Wurzel

Aufgaben

Die Pflanzenwurzel dient der **Verankerung** und der **Aufnahme von Wasser und Nährstoffen**. Dabei erschließt sie durch Wachstum und Verzweigung ständig neue Bodenräume, sodass schließlich ein **Wurzelsystem** entsteht, das jeden Kubikzentimeter Boden auf der Suche nach Wasser und Nährstoffen durchwurzelt.

Wurzelsysteme

Die Ausbildung des Wurzelsystems ist bei ein- und zweikeimblättrigen Pflanzen unterschiedlich. Bei den zweikeimblättrigen Pflanzen entwickelt sich die Keimwurzel in der Regel zu einer kräftigen **Hauptwurzel**, die häufig wie ein Pfahl in den Boden eindringt **(Pfahlwurzel)**. Von der Hauptwurzel gehen wiederum Seitenwurzeln ab, die den Boden durchziehen. Bei den einkeimblättrigen Pflanzen stirbt die Keimwurzel hingegen nach der Keimung sehr schnell, und es entwickeln sich aus der Sprossbasis heraus neue gleich starke Wurzeln. Diese werden als **Adventivwurzeln** (neu hinzukommende Wurzeln) bezeichnet. Sie bilden die typischen **Büschelwurzeln** der einkeimblättrigen Pflanzen (s. Abb. 1, S. 9).
Je nach Tiefe des Wurzelwachstums unterscheidet man die Pflanzen ferner in **Tiefwurzler** (z. B. Tanne, Schwarzwurzel) und **Flachwurzler** (z. B. Fichte, Rasengräser). Im Gegensatz zu den Tiefwurzlern breiten die Flachwurzler ihre Wurzeln flach unter der Bodenoberfläche aus. Sie sind vor allem auf flachgründigen Böden wie auch auf solchen mit einem hohen Grundwasserstand beheimatet (s. Abb. 1, S. 10).

Aufbau und Aufgaben der Wurzelspitze

Das Wachstum der Wurzel erfolgt von der Wurzelspitze aus. Die Wurzelspitze ist bei allen Wurzeln gleich aufgebaut und lässt sich in vier Zonen unterteilen (s. Abb. 2, S. 9):

1. Zellbildungszone

An der Spitze befindet sich der **Wurzelvegetationspunkt**. Als Vegetationspunkte bezeichnet man das in den Trieb- und Wurzelspitzen befindliche teilungsfähige (meristematische) Gewebe. Durch die fortlaufende Teilung dieser Zellen werden ständig neue Zellen gebildet. Geschützt wird der Wurzelvegetationspunkt durch die so genannte **Wurzelhaube** *(Kalyptra)*. Daneben erleichtert die Wurzelhaube durch das Absterben und Erneuern ihrer äußersten Zellen und der damit verbundenen Verschleimung ihrer Oberfläche das Eindringen der Wurzel in den Boden.

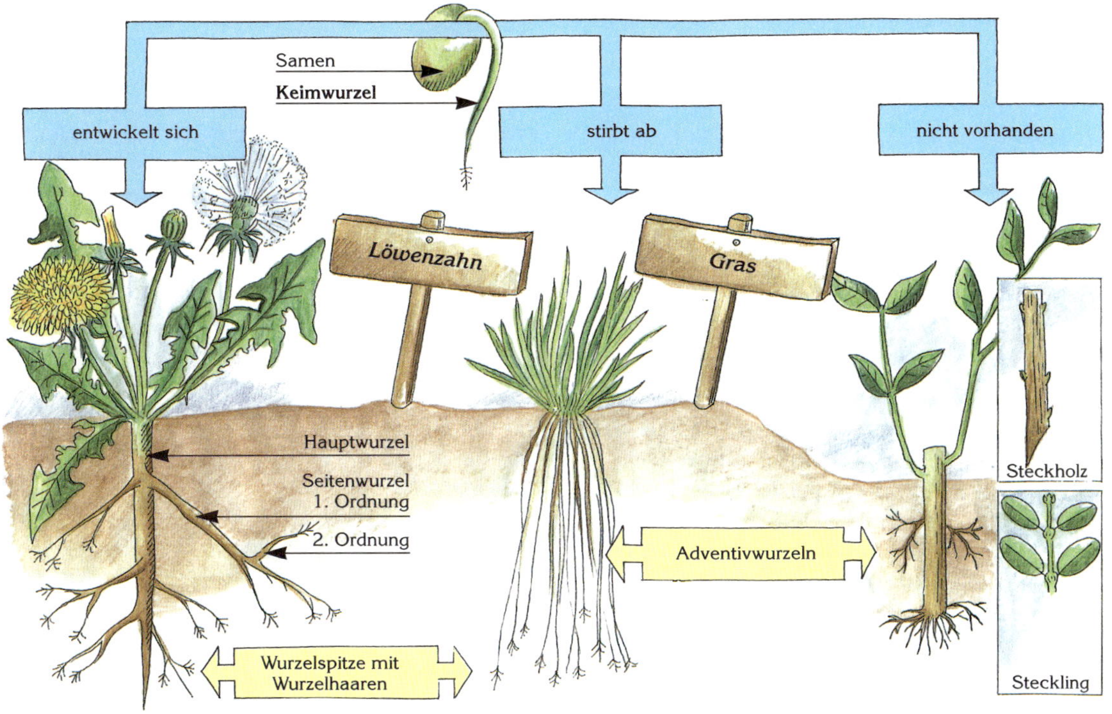

Abb. 1 Wurzelsysteme einer zweikeimblättrigen und einer einkeimblättrigen Pflanze

2. Zellstreckungszone

In dieser Zone (knapp 1 cm lang) findet die Streckung der durch Zellteilung hervorgegangenen neuen Zellen statt. Zellteilung und -streckung führen zum Wachstum der Wurzel.

3. Ernährungszone

Nur in der so genannten Ernährungszone, wenige Millimeter von der Wurzelspitze entfernt – einer sehr begrenzten Zone (wenige Zentimeter oder gar nur einige Millimeter!) –, ist die Pflanze in der Lage, Wasser und Nährstoffe aufzunehmen. Um die aufzunehmende Oberfläche zu vergrößern, sind die äußersten Zellen (Epidermiszellen) in dieser Zone ausgestülpt (ca. 20 fache Vergrößerung). Diese Zellausstülpungen werden als **Wurzelhaare** bezeichnet. Sie sind sehr klein (nur wenige Millimeter!) und empfindlich, sodass sie leicht verletzt werden können (s. Abb. 2). Da ihre Lebensdauer nur wenige Tage beträgt, werden sie mit dem Vordringen der Wurzelspitze ständig neu gebildet.

4. Verzweigungszone

In dieser Zone erfolgt die Bildung von Seitenwurzeln, die zu einer Verzweigung der Wurzel führt. Da die äußeren Zellen in dieser Zone verholzen, spricht man auch von der verholzten Zone.

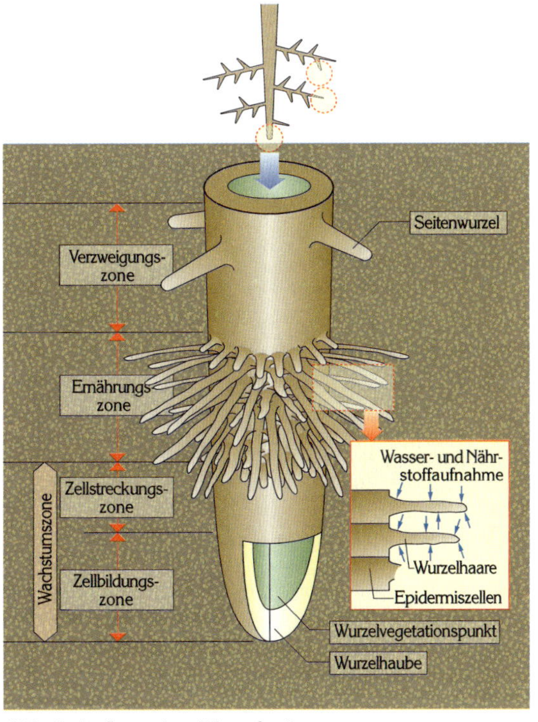

Abb. 2 Aufbau einer Wurzelspitze

Tiefwurzler
Abies concolor, Abies nordmanniana, Acer platanoides, Alnus glutinosa, Betula nigra, Caragana arborescens, Castanea sativa, Crataegus-Arten, Fraxinus excelsior, Ginkgo biloba, Gleditsia triacanthos, Hippophae rhamnoides, Ilex aquifolium, Juglans regia, Larix-Arten, Liriodendron tulipifera, Mahonia aquifolium, Metasequoia glyptostroboides, Nothofagus antarctica, Picea sitchensis, Pinus mugo, Pinus nigra, Pinus sylvestris, Platanus x hispanica, Pyrus communis, Robinia pseudoaccacia, Rosa rugosa, Salix alba, Sequoiadendron giganteum, Taxodium distichum, Wisteria sinensis u. a.
Flachwurzler
Acer campestre, Aesculus hippocastanum, Ailanthus altissima, Catalpa bignonioides, Cornus mas, Corylus avellana, Fagus sylvatica, Fraxinus excelsior, Malus domestica, Picea abies, Picea omorika, Pinus strobus, Platanus x hispanica, Quercus robur, Quercus rubra, Rhododendron-Hybriden, Sorbus aucuparia, Syringa vulgaris, Ulmus minor, Viburnum opulus u. a.

Tab. 1 Tiefwurzler, Flachwurzler

Abb. 1 Einfluss der Wurzeltiefe auf die Standfestigkeit

Maßnahmen zur Förderung der Wurzelentwicklung

Da die Wurzel die Pflanze mit Wasser und Nährstoffen versorgt, beeinflusst die Wurzelentwicklung die Entwicklung der gesamten Pflanze. Entsprechend dienen viele gärtnerische Maßnahmen der Förderung des Wurzelwachstums. So fördern z. B. das **Pikieren** (Vereinzeln) von Sämlingen, häufiges **Verpflanzen** oder **Umstechen** von Pflanzen (z. B. Gehölzen) und das **Anschneiden der Wurzelspitzen** vor dem Pflanzen die Wurzel- und damit Ballenbildung. Die Wurzeln werden durch den bei diesen Maßnahmen ausgelösten Wundreiz zur verstärkten Verzweigung angeregt.

Auch durch das **Anhäufeln** bestimmter Pflanzenarten (z. B. Tomate, Gurke, Bohne), die Verwendung nährstoffarmer **Vermeh-rungssubstrate** und den Einsatz von **Bewurze-lungshormonen** bei der Stecklingsvermehrung wird die Wurzelentwicklung gefördert (s. Abb. 2).

Abb. 2 Maßnahmen zur Wurzelförderung

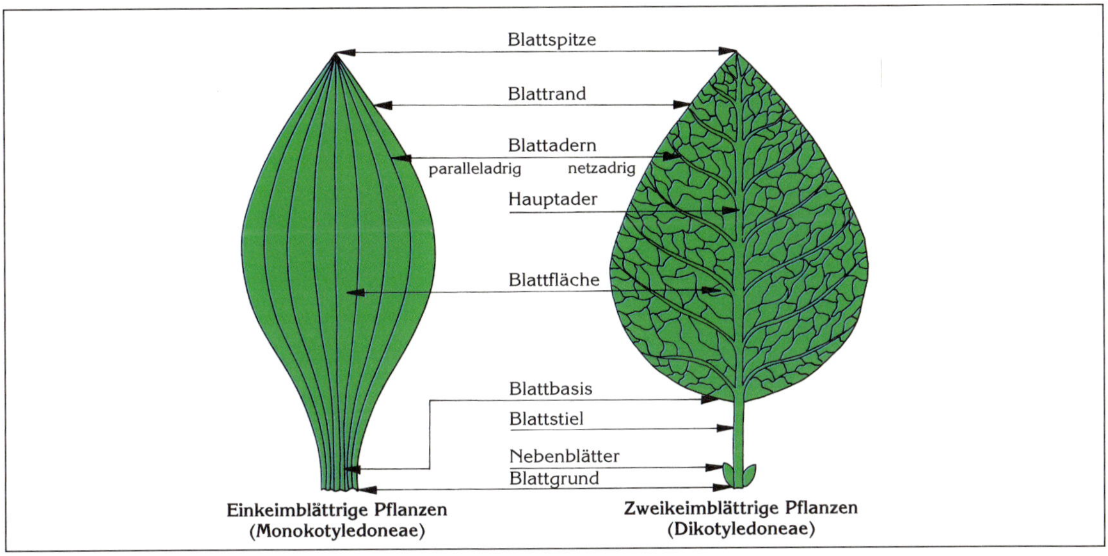

Abb. 1 Der äußere Blattaufbau

Das Laubblatt

Aufgaben

Die Laubblätter der Pflanzen erfüllen vor allem drei wichtige Aufgaben:

1. **Photosynthese** (Aufbau von Zucker = Assimilate),
2. **Gasaustausch** (bei Photosynthese und Atmung) und
3. **Transpiration** (Verdunstung von Wasser).

Der äußere Blattaufbau

Die **Blattfläche** (Blattspreite) wird von **Blattadern** durchzogen, die der Wasser-, Nährstoff- und Assimilateleitung dienen. Daneben verleihen sie der Blattfläche die nötige Festigkeit. Bei zweikeimblättrigen Pflanzen sind die Blattadern in der Regel netzförmig, bei einkeimblättrigen Pflanzen parallelförmig angeordnet. Die Verbindung zwischen Blattfläche und Sprossachse stellt der **Blattstiel** her. Er hält das Blatt und richtet es optimal zum Licht aus. Den mit der Sprossachse verwachsenen Teil des Blattes bezeichnet man als **Blattgrund**.

Bei zweikeimblättrigen Pflanzen trägt er häufig kleine **Nebenblätter**. Bei manchen Pflanzen (z. B. Ficus elastica, Philodendron scandens oder Rhabarber) haben sich diese Nebenblätter zu einem tütenförmigen Schutzorgan entwickelt, das nach der Blattentfaltung vertrocknet und abfällt. Bei der Robinie *(Robinia pseudoacacia)* sind die Nebenblätter zu Dornen umgewandelt. Bei Blättern ohne Blattstiel geht der Blattgrund direkt in das Blatt über (s. Abb. 1).

Lebensdauer

Nach der **Lebensdauer** ihrer Blätter unterscheidet man:

- **sommergrüne Pflanzen**, die ihre Blätter im Herbst nach einer Vegetationsperiode (Wachstumsperiode) abwerfen (herbstlicher Laubfall!). Die abfallenden Blätter hinterlassen am Zweig Narben, so genannte **Blattnarben**. Diese Narben sind in ihrer Form und Größe so artspezifisch, dass sie im Winter zur Bestimmung Laub abwerfender Gehölze dienen können.
- **immergrüne Pflanzen**, die ihre Blätter erst nach mehreren Vegetationsperioden abwerfen. So können z. B. die Nadeln (nadelförmige Blätter) gesunder Tannen bis zu zwölf Jahre, Fichten sechs bis zehn Jahre und Kiefern bis zu vier Jahre alt werden. Das Abwerfen der Nadeln wird jedoch kaum bemerkt, da nicht alle gleichzeitig abfallen und laufend neue Nadeln gebildet werden. Daher erscheinen solche Pflanzen als immergrün.
- **wintergrüne Pflanzen**, die ihre Blätter erst zu Beginn der nächsten Vegetationsperiode, also im Frühjahr, abwerfen.

Bestimmungsmerkmale

Die Ausformung der Blattfläche, des Blattrandes, der Blattspitze und der Blattbasis, die Anordnung der Blätter an der Sprossachse (Blattstellung) und die Art ihrer Anheftung an der Sprossachse stellen wichtige Pflanzenmerkmale dar. Ihre Kenntnis ist die Voraussetzung für eine fachgerechte Beschreibung bzw. das Erkennen und Unterscheiden von Pflanzen.

Kennzeichen: Die Blattfläche weist keine oder nur leichte Einschnitte auf

a) Blattränder verlaufen mehr oder weniger parallel
→ längliche Blattformen

nadelförmig | linealisch | schmal länglich | länglich | breit länglich

b) Der größte Blattdurchmesser befindet sich unterhalb der Blattmitte
→ lanzettlich-eiförmige Blattformen

schmal lanzettlich | lanzettlich | schmal eiförmig | eiförmig | breit eiförmig

c) Der größte Blattdurchmesser befindet sich oberhalb der Blattmitte (Umkehrung der lanzettlich-eiförmigen Blattformen)
→ verkehrt lanzettlich-eiförmige Blattformen

schmal verkehrt lanzettlich | verkehrt lanzettlich | schmal verkehrt eiförmig | verkehrt eiförmig | verkehrt breit eiförmig

d) Die verkehrt lanzettlich-eiförmigen Blattformen besitzen keinen Blattstiel
→ spatelförmige Blattformen

e) Der größte Blattdurchmesser befindet sich in der Blattmitte
→ elliptische (ovale) Blattformen

schmal elliptisch | elliptisch = oval | breit elliptisch | kreisförmig

Abb. 1 Ungeteilte Laubblätter (einfache Laubblätter)

f) Sonstige einfache Blattformen

herzförmig

rauten-/rhomben-
förmig

nierenförmig

pfeilförmig

spießförmig

Abb. 1 Ungeteilte Laubblätter (Fortsetzung)

Kennzeichen: Ihre Blattfläche wird mehr oder weniger durch Einschnitte in Abschnitte (Lappen) geteilt

3-, 5-, 7- oder 9-lappig

10- bis 16-lappig

3- oder 5-lappig

8- oder 10-lappig

Nach Tiefe und Verlauf der Einschnitte unterscheidet man:

fiederspaltig
paarig angeordnete
Einschnitte reichen bis zur
Mitte der Blattflächenhälften

fiederteilig
paarig angeordnete
Einschnitte des Blattes
erreichen fast die Mittelrippe

doppelt/mehrfach
fiederteilig

handförmig geteilt
Einschnitte sind zum
Blattgrund gerichtet,
erreichen diesen aber nicht

Abb. 2 Geteilte Laubblätter

Kennzeichen: Ihre Blattfläche setzt sich aus mehreren selbstständigen Blattflächen, so genannten Blättchen, zusammen.

Blättchen

im Gegensatz zum Blatt trägt das Blättchen nie Achselknospen

gefingerte
Blättchen gehen von einem Punkt aus

Abb. 1 Zusammengesetzte Laubblätter

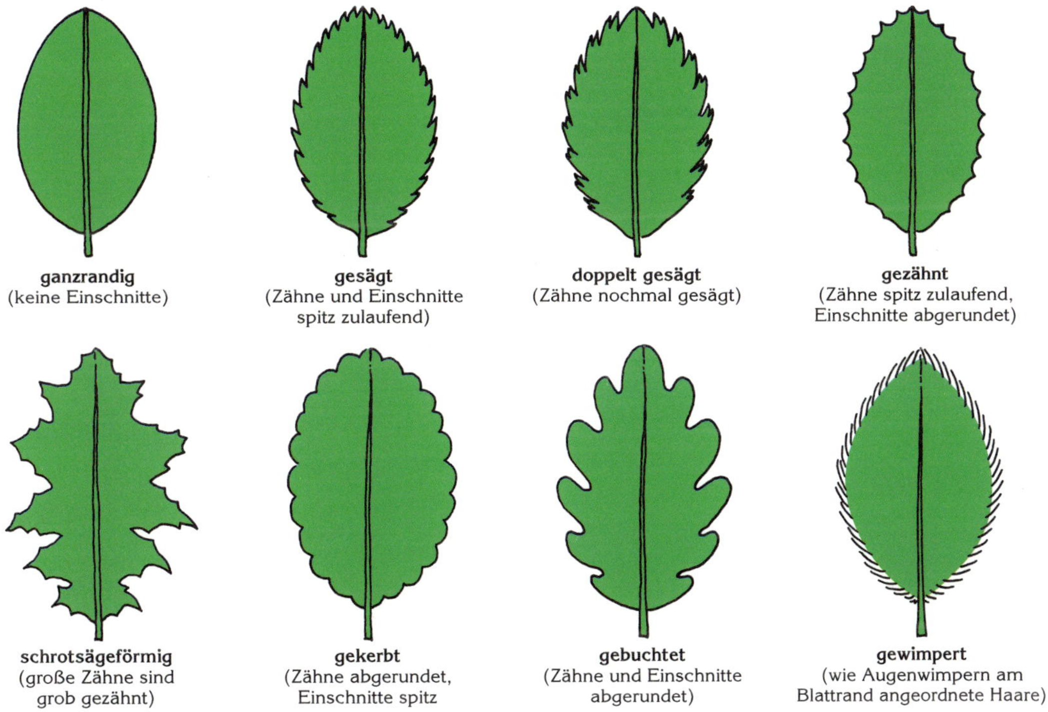

Abb. 1 Blattränder

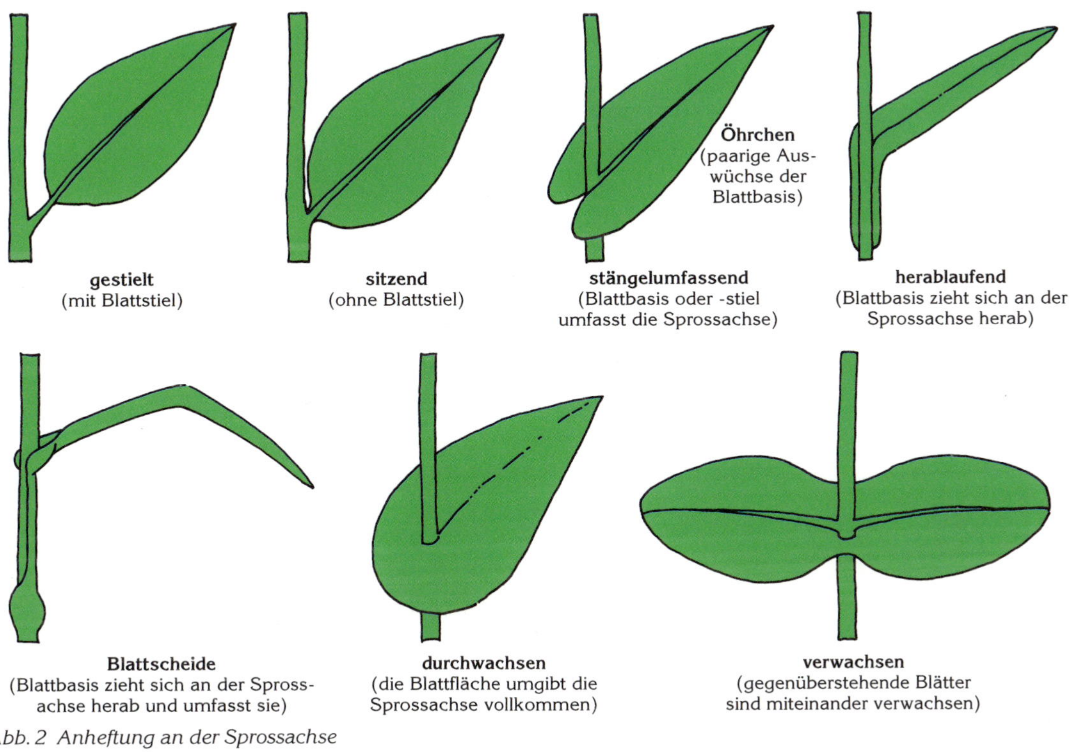

Abb. 2 Anheftung an der Sprossachse

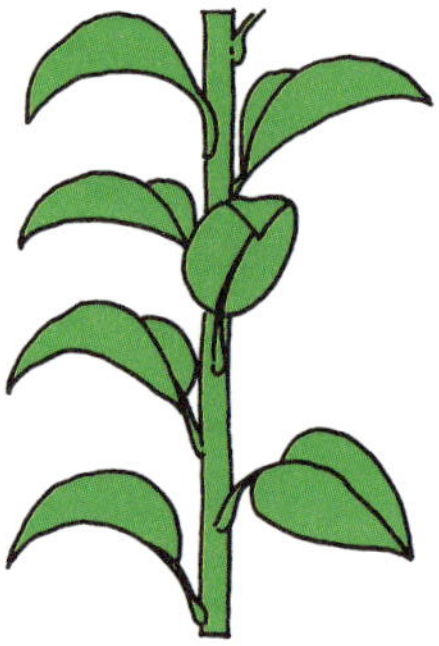

wechselständig oder schraubig
(Blätter sind an der Sprossachse schraubig versetzt)

zweizeilig
(das nächstfolgende Blatt entsteht an der gegenüberliegenden Seite)

Kombination verschiedener Blattstellungen

gegenständig
(zwei Blätter stehen sich an jedem Blattknoten gegenüber)

kreuzgegenständig
(die aufeinander folgenden Blattpaare stehen kreuzweise übereinander)

quirlständig oder wirtelig
(drei oder mehrere Blätter an einem Blattknoten)

büschelig
(Blätter stehen in Büscheln an den Blattknoten)

rosettenartig
(Blätter sind an der Basis der Sprossachse angeordnet)

Abb. 1 Blattstellungen

Die Sprossachse

Abb. 1 Sprossachsen krautiger Pflanzen

Aufgaben

Damit die Blätter ihren lebensnotwendigen Aufgaben nachkommen können, müssen sie eine optimale Stellung zum Licht haben. Genauso muss eine Leitung zwischen der Wurzel und den Blättern vorhanden sein, über die Wasser und Nährstoffe aus der Wurzel in die Blätter (↑) und Zucker aus den Blättern in die Wurzel (↓) transportiert werden können. Diese wichtigen Aufgaben übernimmt die Sprossachse. Als Träger der Blätter sorgt sie für die Lichtausrichtung (s. Blattstellungen S. 16), als Verbindungsstück zwischen Wurzel und Blättern dient sie der Stoffleitung. Die Stoffleitungen, die sich in der Sprossachse befinden, werden an den Blättern als **Blattadern** sichtbar (s. S. 11).

Der äußere Aufbau

Die Sprossachse bildet mit den Blättern den Spross der Pflanze. Je nach Aufbau des Sprosses bezeichnet man die Sprossachse als **Stängel, Halm, Schaft, Stamm, Ast** oder **Zweig** (s. Abb. 2).

Die Ansatzstellen der Blätter bezeichnet man als **Blattknoten** (**Nodien**, Einzahl: **Nodium**). Sie unterteilen die Sprossachse in einzelne Abschnitte (**Internodien**, Einzahl: Internodium).

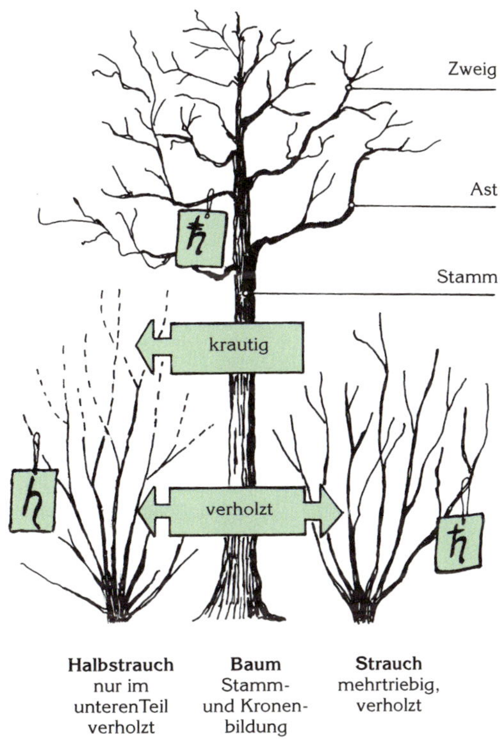

Abb. 2 Sprossenachsen verholzter Pflanzen

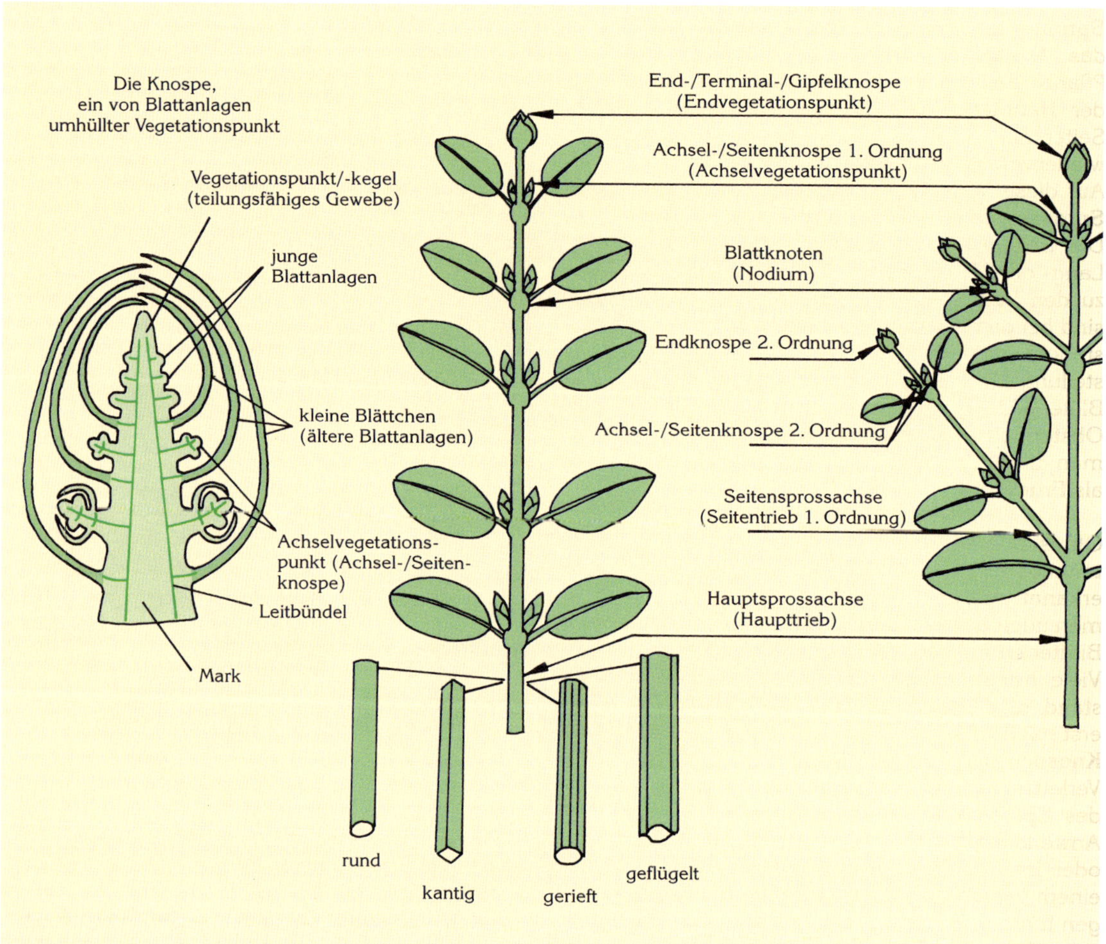

Abb. 1 Sprossachse, unverzweigt und verzweigt

Merke:
Zwischen Nodium und Nodium befindet sich das Internodium. Die Anzahl der Blätter an den Nodien ist je nach Pflanzenart unterschiedlich. Bei den meisten Pflanzenarten befinden sich in den Blattachseln Knospen, so genannte **Achselknospen** (Seitenknospen). Bei einigen Pflanzen werden neben diesen Achselknospen noch weitere Knospen, so genannte **Beiknospen**, angelegt (z. B. bei Forsythien). Auch am Ende der Sprossachse befindet sich eine Knospe, die so genannte **Endknospe** (Terminal- oder Gipfelknospe). Eine **Knospe** (auch Auge genannt) ist ein von kleinen Blättchen umgebenes teilungsfähiges Gewebe. Zum Schutz vor Austrocknung sind die Knospen in der Regel von kleinen, bräunlich gefärbten Blättchen, den **Knospenschuppen** (Niederblätter) umgeben.

Zusätzlichen Schutz bietet eine Behaarung oder die Ausscheidung von Harz oder Wachs. Da Knospen die **Wachstumspunkte (Vegetationspunkte)** des Sprosses darstellen, spricht man auch von

Abb. 2 Blattknospen (längliche, spitze Form) und Blütenknospen (dicke, rundliche Form)

Spross- und Achselvegetationspunkten. Durch das Austreiben der Achselknospen bildet die Pflanze **Seitentriebe** (Seitensprosse). Sie sind wie der **Haupttrieb** (Hauptspross) aufgebaut. Diese Seitentriebe (Seitentriebe 1. Ordnung) können sich wieder verzweigen (Seitensprosse 2. Ordnung) usw. Auf diese Weise kann sich ein stark verzweigtes **Sprosssystem** entwickeln (s. Abb. 1, s. 18).
Die Seitentriebe können sich zu so genannten Lang- oder Kurztrieben entwickeln. Im Gegensatz zu den **Langtrieben** (normal entwickelte Triebe) sind bei den **Kurztrieben** die Internodien stark gestaucht, sodass häufig eine rosettenartige Blattstellung die Folge ist. Bei vielen Pflanzen ist die Blütenbildung auf diese Kurztriebe beschränkt. Bei Obstgehölzen und Beerensträuchern bezeichnet man die Blüten und Früchte bildenden Kurztriebe als **Fruchtholz** (Tragholz).

Ob es sich bei den Knospen um **Blatt-** oder **Blütenknospen** handelt, kann häufig an ihrer Form erkannt werden (s. Abb. 2, S. 18). Daneben kommen auch gemischte Knospen vor, die Blüten und Blätter enthalten.
Viele Knospen befinden sich in einem Ruhezustand, d. h., sie treiben erst im nächsten Jahr oder erst nach mehreren Jahren aus. Solche **ruhenden Knospen** (schlafende Augen) werden häufig durch Verletzung (z. B. Tierfraß, Krankheitsbefall, Frost) des Sprosses angeregt auszutreiben. Praktische Anwendung findet diese Erkenntnis im Stutzen oder im Rückschnitt von Pflanzen, die beide zu einem verstärkten Austrieb der verbleibenden Augen führen. Da Knospen je nach Pflanzenart typische Merkmale (Größe, Farbe, Form, Behaarung) aufweisen, sind die Winterknospen wichtige Bestimmungsmerkmale beim Erkennen von Gehölzen im unbelaubten Zustand.
In den meisten Fällen ist die **Wuchsform** der Sprossachse **aufrecht**. Sie kann jedoch auch **kriechend** (z. B. Gurke und Kürbis) und **kletternd** (z. B. Feuerbohne) sein. Auch ihre Form kann sehr unterschiedlich aussehen, z. B. rund, kantig, gerieft oder geflügelt (s. Abb. 1, S. 18).

1.1.2 Metamorphosen

Um ihr Überleben unter den unterschiedlichsten Lebensbedingungen zu gewährleisten, sind die Pflanzen gezwungen, sich den jeweiligen Umweltbedingungen anzupassen. Dies gelang ihnen im Verlauf ihrer Entwicklung, indem sie ihre Grundorgane entsprechend den notwendigen neuen oder zusätzlichen Aufgaben umwandelten. Erst die Übernahme neuer oder zusätzlicher Funktionen durch die Grundorgane ermöglichte es den Pflanzen, die unterschiedlichsten Lebensräume dieser Erde zu besiedeln. Die dadurch bedingten morphologischen Veränderungen führten zu der heutigen Formenvielfalt der Pflanzenwelt.
Die Umwandlung der drei Grundorgane Wurzel, Sprossachse und Blatt zur Anpassung an besondere Lebens- und Umweltbedingungen bezeichnet man in der Botanik als **Metamorphose** (griech. meta = um, morphosis = Gestaltung). Dabei kann man unterscheiden zwischen Wurzel-, Blatt- und Sprossmetamorphosen.

Wurzelmetamorphosen (s. Abb. 1, S. 20)

Die Umwandlung der Wurzel kann so weit führen, dass sie ihren eigentlichen Lebensraum, den Erdboden **(Erdwurzeln)**, verlässt. In diesem Fall spricht man von **Luftwurzeln**.

Speicherwurzeln

Viele krautige Pflanzen haben sich durch Umwandlung ihrer Wurzel an die Lebensweise in Gebieten mit ungünstigen Jahreszeiten (z. B. Winter, sommerliche Trockenzeiten) angepasst. Um auch während der Zeiten, in denen ihre krautigen Teile absterben, sie also keine Photosynthese betreiben, überleben zu können, haben sie ihre Wurzeln zu Speicherorganen **(Speicherwurzeln)** umgewandelt. Speicherwurzeln sind gegenüber normalen Wurzeln stark verdickt. Man unterscheidet dabei **Rüben** (verdickte Hauptwurzel, z. B. Möhren und Schwarzwurzeln) und **Wurzelknollen** (verdickte Seiten- oder Adventivwurzeln, z. B. Dahlien und Pfingstrosen). Häufig sind neben der Hauptwurzel auch Teile der Sprossachse verdickt (z. B. bei Zuckerrübe, Rettich, Sellerie, Runkel- und Steckrübe). Hier handelt es sich also nicht um reine Wurzelmetamorphosen, sondern um Wurzel- und Sprossmetamorphosen (s. Abb. 1, S. 21).

Kletterwurzeln

Auslösender Faktor für die Bildung von Kletterwurzeln ist das Lichtangebot. So erreichen im tropischen Regenwald höchstens 3 % des Sonnenlichts den Erdboden. Daher ist das Streben nach Licht gleichbedeutend mit dem Kampf ums Überleben. Im Laufe ihrer Entwicklung entwickelten viele Pflanzen Klettertechniken, die es ihnen ermöglichten, auch im dunkelsten Dschungel das rettende Sonnenlicht zu erreichen.

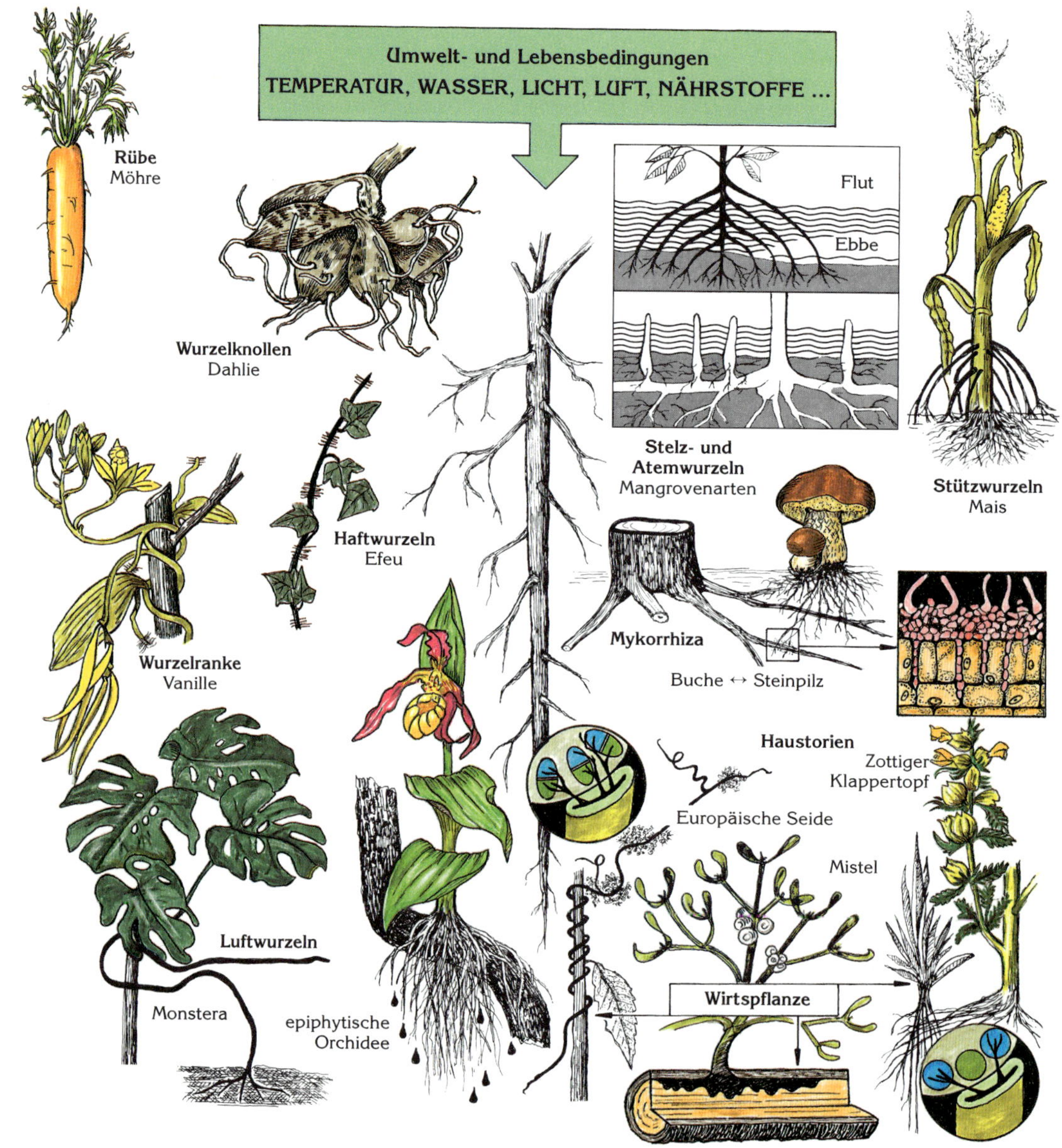

Abb. 1 Wurzelmetamorphosen

Zu Kletterorganen umgewandelte Wurzeln sind:

- **Wurzelranken**, z. B. bei der Vanille, einer Orchidee, die als Liane (Kletterpflanze) im tropischen Regenwald lebt,
- **Haftwurzeln**, z. B. beim einheimischen Efeu (Hedera helix), dem Klettergummibaum (Ficus pumila) und der Kletterhortensie (Hydrangea anomala ssp. petiolaris), die beide in den tropischen Regenwäldern Ostasiens beheimatet sind.

Luftwurzeln zur Wasseraufnahme

Zahlreiche tropische Orchideen, deren Samen mithilfe von Luftströmungen oder Tieren in die Baumkronen gelangen, wurzeln in kleinen Humusansammlungen, die sich durch herabfallendes Laub auf den Ästen großer Bäume gebildet haben. Solche „Aufsitzer", denen Bäume lediglich als Unterlage zur besseren Lichtausnutzung dienen, bezeichnet man als **Epiphyten**. Viele dieser Epiphyten bilden Luftwurzeln, die von den Ästen herabhängen.

Das Wasser (Regenwasser und kondensierende Luftfeuchtigkeit), das an ihren Wurzeln entlangrinnt, wird an ihren Enden durch schwammartige Zellen aufgesaugt. Auch andere Pflanzenarten benutzen Luftwurzeln zur Wasseraufnahme aus der Luft, so z. B. Monstera deliciosa, eine tropische Liane, deren Luftwurzeln regelrechte Wälder bilden können. Luftwurzeln, die den Boden erreichen, dringen in diesen ein und übernehmen die Aufgaben einer normalen Wurzel.

Haustorien (Saugwurzeln)
Als Haustorien bezeichnet man die Saugorgane parasitisch oder halbparasitisch lebender Pflanzen. So dringt z. B. unsere einheimische Mistel *(Viscum album)*, die auf verschiedenen Bäumen lebt, mithilfe von Haustorien (auch „Saugwurzeln" genannt) in das Gewebe ihres Wirtes ein. Da sie jedoch Chlorophyll besitzt (immergrüne Pflanze), d. h. Photosynthese selbst betreiben kann, entzieht sie der Wirtspflanze nur Wasser und gelöste Nährsalze, keine Assimilate **(Halbparasit)**. Auch der Zottige Klappertopf *(Rhinanthus alectorolophus)*, eine einjährige Wiesenpflanze, ist ein Halbparasit. Er dringt mit seinen Saugwurzeln in die Wurzeln von Nachbarpflanzen, z. B. Gräsern, ein. Sein Nährstoffentzug kann so groß sein, dass das Wachstum der angezapften Pflanzen stark gehemmt wird. Pflanzenarten, die kein Chlorophyll ausbilden und neben Wasser und gelösten Nährstoffen auch die bei der Photosynthese produzierten Assimilate von anderen Pflanzen beziehen, bezeichnet man als **Vollparasiten**. Hierzu gehört z. B. die Europäische Seide *(Cuscuta europaea)*. Die fadenförmige Pflanze umschlingt vor allem Brennnesseln und Weiden und entzieht diesen alle lebensnotwendigen Stoffe.

Mykorrhiza (Pilzwurzel)
Die Mykorrhiza ist eine Lebensgemeinschaft zum beidseitigen Nutzen **(Symbiose)** zwischen den Wurzeln vieler Baumarten, wie z. B. Kiefer, Tanne, Fichte, Buche, Eiche, und Pilzen. Die Pilze, die den Humus besonders gut aufschließen und damit die in ihm vorhandenen Nährstoffe für die Pflanze verfügbar machen können, umwachsen die Wurzeln der Pflanzen und übernehmen die Funktionen der Wurzelhaare. Die Bäume „bedanken" sich für diese Hilfe damit, dass sie die Pilze mit Assimilaten aus ihrer Photosyntheseproduktion versorgen (s. auch S. 90).

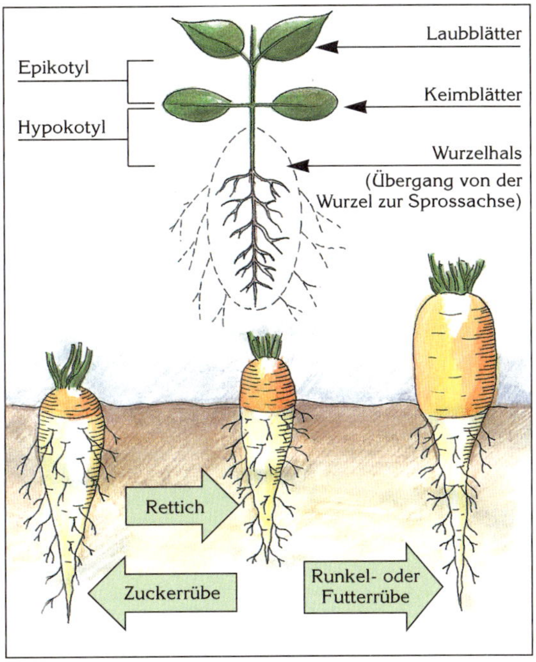

Abb. 1 Wurzel- und Sprossmetamorphosen

Stelz-, Stütz- und Atemwurzeln
Auch unter extremen Lebensbedingungen können Pflanzen mithilfe von Wurzelmetamorphosen überleben. So haben sich die Mangroven als typische Küstengehölze der Tropen in der Gezeitenzone mithilfe von **Stelzwurzeln** an den täglichen Wechsel von Ebbe und Flut angepasst. Um ihre Standfestigkeit zu erhöhen, bilden sie Stelzwurzeln in großer Zahl aus, die somit auch als **Stützwurzeln** dienen.

Um die Wurzeln mit genügend Sauerstoff versorgen zu können, besitzen die Mangroven im oberirdischen Teil ihrer Stelzwurzeln Luftporen zur Sauerstoffaufnahme.

Andere Arten wiederum bilden so genannte **Atemwurzeln**, die aus dem sumpfigen Boden wie Schnorchel herauswachsen und das Wurzelsystem mit Sauerstoff versorgen.

Blattmetamorphosen

Die wichtigsten Metamorphosen des Blattes sind: Blattranken, Mantel- oder Nischenblätter, Urnenblätter, Blattzisternen, Blattsukkulenz, Blattdornen, Hochblätter und Fangblätter.

Blattranken

Blattranken dienen den Pflanzen zum Klettern. Die Bildung dieser als Greiforgane funktionierenden Ranken erfolgte durch Umwandlung ganzer Blätter, wie z. B. bei Gurke, Kürbis und Zaunrübe *(Bryonia)*, oder von Teilen eines Blattes, wie z. B. bei Gloriosa superba ‚Rothschildiana', einer kletternden Lilie (gekrümmte Blattspitzen), Clematis (Umwandlung der Blattstiele), Erbsen und Wicken (Umwandlung einzelner Blättchen der Fiederblätter), S. Abb. 1, S. 24.

Mantel- oder Nischenblätter

Mantel- oder Nischenblätter finden sich bei vielen tropischen Epiphyten (z. B. Geweihfarn). Sie umschließen die Äste ihrer Wirtsbäume, wobei sie oben eine Öffnung frei lassen, durch die organische Substanz (Nährstoffe) und Wasser eindringen können. Somit schaffen sie sich ihr eigenes Substrat, das sie vom Boden unabhängig macht (s. Abb. 2, S. 24).

Blattzisternen

Die Rosettensprosse vieler epiphytisch lebender Bromelien bilden mit ihren dicht aneinander schließenden Blättern Auffangbehälter für Regenwasser (Zisternen). Über Schuppenhaare auf den Blättern nehmen die Pflanzen das Regenwasser und die darin gelösten Nährstoffe auf (s. Abb. 3, S. 24).

Blattsukkulenz

Viele Pflanzen trockener Standorte haben ihre Blätter zu Wasserspeichern (Kennzeichen: dicke, fleischig-saftige Blätter) ausgebildet. In ihnen sammeln sie während der selten auftretenden Regenfälle Wasser, von dem sie während der Trockenzeiten leben (z. B. Agaven, Sansevieria trifasciata, Dischidia pectenoides, Sedum-, Crassula- und Aloe-Arten), s. Abb. 4 und 5, S. 24.

Urnenblätter

Es handelt sich hierbei um Blätter, die zu urnenähnlichen Gefäßen umgewandelt sind. Diese so genannten Urnenblätter werden häufig von Ameisen bewohnt. Durch das Einschleppen von organischer Substanz sowie das Eindringen von Regenwasser kommt es in diesen Blättern zu einer Ansammlung von Nährstoffen und Feuchtigkeit. Die Pflanze ernährt sich aus diesem Vorrat, indem sie an den Blattknoten der jeweiligen Urnenblätter Luftwurzeln bildet, die durch eine Öffnung am Blattstiel eindringen und sich dort verzweigen. Gleichzeitig dienen diese Blätter der Einsparung von Wasser, da das durch Transpiration in die Urne abgegebene Wasser nach seiner Kondensation durch die Pflanze wieder aufgenommen wird. Die Pflanze schafft sich also nicht nur ihr eigenes Substrat, sondern auch ihren eigenen Wasserkreislauf. Ein Beispiel für die Ausbildung von Urnenblättern ist Dischidia pectenoides, eine epiphytische Schlingpflanze aus den Tropen. Neben den gewöhnlichen, Wasser speichernden Laubblättern bildet sie auch ballonförmig aufgeblasene Urnenblätter aus (s. Abb. 5, S. 24).

Blattdornen

Um an Standorten mit geringem Wasserangebot zu überleben, reduzieren viele Pflanzen die Wasserabgabe durch Umwandlung von Blättern zu Blattdornen (z. B. bei Kakteen, Euphorbien-Arten, Berberitze, Robinie und Akazie). Die Dornen verringern nicht nur die verdunstende Oberfläche, sie dienen auch als Schutz vor Tierfraß.

Hochblätter

Bei den Hochblättern handelt es sich um kleinere Blätter in der Blütenregion, die als Schutz- oder Tragblatt der Blütenknospe bzw. Blüte dienen. Auffällig große und gefärbte Hochblätter kommen häufig bei Pflanzen mit sehr kleinen, unscheinbaren Blüten vor, wie z. B. bei den Bougainvilleen (z. B. Bougainvillea spectabilis). Hier dienen sie der **Anlockung von Blütenbesuchern**. Die Hochblätter, aus deren Achseln sich die Blüten entwickeln, bezeichnet man als Deckblätter **(Brakteen)**. Besonders auffällig sind die Brakteen einiger Euphorbien-Arten ausgebildet, wie z. B. beim Weihnachtsstern (*Euphorbia pulcherrima*; s. Abb. 6, S. 24) und dem Christusdorn *(Euphorbia milii)*. Bei den Pflanzen der Familie der Aronstabgewächse (Araceae) besitzen die in Form eines Kolbens angeordneten Einzelblüten keine Deckblätter. Ihre Blütenstände werden von einem auffällig großen Hochblatt, der **Spatha** (Blütenscheide kolbenartiger Blütenstände), umgeben (z. B. Aronstab *[Arum maculatum]*, Flamingoblume *[Anthurium]*, Sumpfkalla *[Calla palustris]*, Zimmerkalla *[Zantedeschia aethiopica]*, Scheinkalla *[Lysichiton]*, Dieffenbachia- und Spathiphyllum-Arten), s. Abb. 7, S. 24.

Fangblätter
Eine ganz besondere Anpassung an den Standort stellt die Umwandlung von Blättern zu Fangblättern dar, mit deren Hilfe Pflanzen Tiere fangen. Bei diesen so genannten **Fleisch fressenden Pflanzen (Karnivoren)** handelt es sich um Pflanzen nährstoffarmer Standorte, wie Hochmooren, Sümpfen, Steppen oder Astgabeln in den Kronen der Bäume. Durch das Fangen von Tieren verschaffen sie sich eine zusätzliche Nährstoffquelle, aus der sie vor allem ihren Stickstoffbedarf (Hauptbestandteil des tierischen Eiweißes) decken. Bis heute sind etwa 550 Arten Fleisch fressender Pflanzen bekannt. Da es sich bei den gefangenen Beutetieren hauptsächlich um Insekten handelt, bezeichnet man Fleisch fressende Pflanzen auch als **Insektivoren (Insekten fressende Pflanzen)**. Nach der Art der Fangtechnik kann man u. a. unterscheiden:

Klebfallen zum Fangen von Insekten setzen z. B. die mit etwa 80 Arten weltweit vorkommenden **Sonnentauarten** *(Drosera)* ein. Sie leben wie auch unsere einheimischen Arten, der Rundblättrige Sonnentau *(D. rotundifolia)*, der Langblättrige Sonnentau *(D. anglica)* und der Mittlere Sonnentau *(D. intermedia)*, vor allem in Sümpfen und Mooren. Auf den Blättern dieser Pflanzen befinden sich rote, bewegliche Drüsenhaare, so genannte **Tentakeln**. An ihren Spitzen sondern sie klebrige, in der Sonne glitzernde Tropfen (Name Sonnentau!) ab. Von dieser glitzernden Flüssigkeit angelockte Insekten bleiben an den Tropfen wie an einem Fliegenfänger kleben. Durch das Zappeln der Beute angeregt, biegen sich die benachbarten Drüsenhärchen langsam in Richtung Beute und ersticken sie schließlich durch die Ausscheidung ihrer klebrigen Flüssigkeit. Anschließend werden die Tiere durch ein ausgeschiedenes Verdauungssekret zersetzt und als eine Art Nährlösung über das Blatt aufgenommen. Nur die Chitinpanzer der Insekten bleiben übrig. Im Gegensatz zum Rundblättrigen Sonnentau bildet der Mittlere Sonnentau häufig größere Pflanzengruppen. Diese sind in der Lage, auch größere Insekten, wie z. B. Libellen, zu fangen, indem die dicht zusammenstehenden Pflanzen diese gemeinsam festhalten und verzehren. Auch der Langblättrige Sonnentau kann, indem er seine Blätter ganz um die gefangene Beute rollt, größere Insekten erbeuten. Alle unsere einheimischen Sonnentau-Arten stehen unter Naturschutz.
Eine weitere einheimische Moorpflanze, die sich auch des Klebfallenprinzips zum Fangen von Insekten bedient, ist das **Gemeine Fettkraut** *(Pinguicula vulgaris)*. Auf seinen fleischigen, am Rande nach oben gewölbten Blättern befinden sich winzige Drüsenhärchen. Setzt sich ein Insekt auf die Blattoberseite, beginnen die Drüsen eine klebrige Flüssigkeit abzusondern. Die festklebenden Tiere ersticken, indem die Flüssigkeit ihre Atemöffnungen verstopft. Gleichzeitig rollt sich das Blatt vom Blattrand her langsam zusammen und scheidet ein Verdauungssekret aus. Ist das aufgelöste Insekteneiweiß durch die Blattoberfläche aufgesogen, kehrt der Blattrand in seine Ausgangsstellung zurück. Nach zwei- bis dreimaligem Fangen stirbt das Blatt ab. Auch das Fettkraut steht unter Naturschutz.

Die bekannteste Pflanze, die mithilfe des **Klappfallenprinzips** ihre Beute fängt, ist wohl die in den Sümpfen von North und South Carolina (USA) beheimatete **Venusfliegenfalle** *(Dionaea muscipula)*. Auf ihren Blättern befinden sich kleine Härchen, so genannte Berührungshärchen (drei auf jeder Blatthälfte). Berührt ein von dem Duft und der rötlichen Färbung der Blattoberfläche angelocktes Insekt diese Härchen, so klappen die Blatthälften des Blattes in Sekundenschnelle zusammen. Dabei greifen die Zähne an den Blatträndern wie die Fangeisen einer Falle ineinander, ein Entkommen ist unmöglich. Das gefangene Insekt wird luftdicht eingeschlossen, sodass es erstickt. Durch das vom Blatt ausgeschiedene Verdauungssekret wird das Insekt zersetzt und über die Blattoberfläche aufgenommen. Das Blatt wird sozusagen zu einem Magen auf Zeit. Nach der Verdauung, die in der Regel ein bis drei Tage dauert, öffnet sich das Blatt wieder. Nachdem ein Blatt ein- bis dreimal etwas gefangen hat, stirbt es ab und wird durch ein neues Blatt ersetzt (s. Abb. 8, S. 24).

Noch blitzartiger als die Venusfliegenfalle beim Fangen von Insekten geht der **Wasserschlauch** *(Utricularia vulgaris)* nach dem **Saugfallenprinzip** vor. Er lebt freischwimmend unter Wasser (nur die gelben Blüten ragen aus dem Wasser heraus). An seinen schwimmenden Stängeln sitzen Blätter, die kleine, 1 bis 4 mm große Bläschen mit einem Deckel zum Einfangen kleinster Wassertierchen bilden. In diesen Bläschen herrscht ein Unterdruck. Berühren Wassertierchen die Tasthärchen am Eingang der Fangbläschen, springt der Deckel auf und die Beute wird mit dem einströmenden Wasser eingesogen.

Abb. 1 Blattranken (Gurke, Erbse, Gloriosa superba 'Rothschildiana')

Abb. 2 Mantel-/Nischenblätter (Geweihfarn)

Abb. 3 Blattzisternen (Bromelien)

Abb. 4 Blattsukkulenz (Dickblatt)

Abb. 5 Urnenblätter (Dischidia pectenoides)

Abb. 6 Hochblätter – Brakteen (Weihnachsstern)

Abb. 7 Hochblätter – Spatha (große Flamingoblume)

Abb. 8 Fangblätter (Sonnentau, Venusfliegenfalle, Kannenpflanzen)

Die **Kannen-** *(Nepenthes)* und **Schlauchpflanzen** *(Sarracenia)* haben ihre Blätter zu Trichter bildenden Kannen bzw. Schläuchen geformt. Die tropischen Kannenpflanzen leben am Boden oder klettern an Bäumen empor, wo sie als Epiphyten leben. Die in Nordamerika beheimateten Schlauchpflanzen sind hingegen typische Sumpf- und Moorpflanzen. Kannen- und Schlauchpflanzen locken ihre Beute durch farbige Zeichnungen und Nektarausscheidungen am Eingang ihrer Fallen an. Angelockte Insekten gleiten auf dem sehr glatten Rand aus und fallen in die mit einem wässrigen Verdauungssaft gefüllten Kannen bzw. Schläuche **(Gleitfallenprinzip)**. Selbst wenn es einzelnen Insekten gelingen sollte, an den sehr glatten mit Wachs überzogenen Innenwänden emporzuklettern, verhindern reusenartig nach unten gerichtete Haare ein Entkommen. Letztendlich ertrinken die gefangenen Insekten und werden durch die Verdauungsflüssigkeit zersetzt. Damit diese Verdauungsflüssigkeit nicht zu sehr verdünnt und damit wirkungslos wird, sind die Fallen mit einem halb offenen Deckel versehen, der in der Regel farbig ist und Nektardrüsen besitzt, sodass er auch der Anlockung dient.

Die Kannen leben und fangen mehrere Monate und sind oft randvoll mit Beutetieren gefüllt. So hat man sogar schon in den bis zu 70 cm langen und bis zu 2 l Flüssigkeit enthaltenden Kannen mancher Pflanzen ertrunkene Ratten gefunden (s. Abb. 8, S. 24). Auch andere Tiere können ihren Nutzen aus der Fangtechnik ziehen. So spinnen manche Spinnen ihre Netze vor den Eingängen dieser Fallen oder seilen sich sogar in die Fallen ab, um die zappelnde Beute herauszuziehen.

Sprossmetamorphosen

Kakteen und Euphorbien

Sprossmetamorphosen sind Umwandlungen des Sprosses, also der Blätter und der Sprossachse. Paradebeispiele für Sprossumwandlungen sind die etwa 1 800 Arten zählenden **Kakteen**. Sie haben es wie kaum eine andere Pflanzenart geschafft, unter den extrem lebensfeindlichen Bedingungen der tropischen und subtropischen Wüstengebiete Amerikas zu überleben – an Standorten, an denen monate-, teilweise auch jahrelang keine Niederschläge fallen, an denen extreme Temperaturunterschiede auftreten: Am Tage brennt die Sonne gnadenlos, wobei Temperaturen bis zu 58 °C im Schatten und bis zu 95 °C auf dem Wüstenboden in der sommerlichen Mittagshitze erreicht werden können. Nachts hingegen fällt die Temperatur aufgrund der fehlenden Wolkendecke sehr stark, sodass es sogar frieren kann. Will eine Pflanze unter diesen Bedingungen – große Hitze und extreme Trockenheit – überleben, muss sie vor allem das Problem der Wasserverdunstung und -speicherung lösen. Den Kakteen ist dies gelungen, indem sie ihre **Seitentriebe zu Haarpolstern (Areolen)**, ihre Blätter zu **Blattdornen** (s. S. 22) reduziert und ihre Sprossachsen zu riesigen Wasserspeichern entwickelt haben **(Stammsukkulente Pflanzen)**.

So bestehen die Saguaros oder Riesenkakteen *(Carnegiea giganteum)* Südarizonas, die 10 bis 15 m hoch werden, etwa 1 m Durchmesser erreichen, 150 bis 200 Jahre alt werden und bis zu 8 Tonnen Gewicht erreichen können, zu 90 % aus Wasser. Die Sprossachse dieser und vieler anderer Kakteen ist wie eine Ziehharmonika gefaltet.

Diese Rippenbildung beschattet nicht nur die Oberfläche, sondern ermöglicht durch die Fähigkeit zur raschen Ausdehnung eine sehr schnelle Wasseransammlung während der seltenen Regenfälle. Dem gleichen Zweck dienen die flach verlaufenden Wurzeln der meisten Kakteen. Im Extremfall kann die Sprossachse bis zur Kugel gestaucht sein, um eine möglichst kleine Oberfläche und damit Wasserverdunstung zu erreichen. Durch die windbrechende Wirkung der Blattdornen, die an der Pflanzenoberfläche windstille Räume entstehen lassen, wird die Verdunstung weiter reduziert. Dem gleichen Zweck dienen die Haare mancher Kakteen. Neben der Wasserspeicherung übernimmt die Sprossachse auch die Aufgaben der Blätter. Sie ist grün und kann dementsprechend Photosynthese betreiben. Bei manchen Kakteen wurde dazu die Sprossachse derart verbreitert, dass man sie mit Blättern verwechseln könnte. Man bezeichnet solche Sprosse als **Flachsprosse** *(Platykladien)*. Je nachdem, ob es sich dabei um die Umwandlung normal ausgebildeter Triebe (Langtriebe) oder um gestauchte Seitentriebe (Kurztriebe) handelt, bezeichnet man diese Flachsprosse auch als **Kladodien bzw. Phyllokladien**. Letztere haben aufgrund ihres begrenzten Wachstums besonders viel Ähnlichkeit mit Blättern (z. B. Spargel).
Auch bei Feigenkakteen (*Opuntien*, s. Abb. 1, S. 27) und Ruscus-Arten, wie beim Mäusedorn *(Ruscus aculeatus)*, findet man Flachsprosse. Dass es sich hierbei um Sprossachsen und nicht um Blätter handelt, erkennt man daran, dass diese Organe Blüten hervorbringen. Blätter tragen

keine Blüten! Typisch für manche Opuntien-Arten ist auch die Bildung von kleinen, teilweise fleischig-zylindrischen Blättchen, die bei längerer Trockenheit von der Pflanze abgeworfen werden (s. Abb. 2, S. 27).

Nun gibt es nicht nur in Kalifornien, Arizona, Mexiko oder Texas Wüstengebiete, sondern auch in anderen Gebieten der Erde, z. B. in Afrika. Auch dort haben sich Pflanzen entwickelt, die sich an ein Leben in Trockenheit und sengender Hitze angepasst haben. Wenn man die in Amerika beheimateten Kakteen mit Pflanzen der Wüstengebiete Afrikas vergleicht, erkennt man, dass viele dieser Pflanzen den Kakteen zum Verwechseln ähnlich sehen. Es handelt sich bei diesen Pflanzen jedoch nicht um **Kaktusgewächse** *(Cactaceae)*, sondern um Pflanzen aus der Familie der **Wolfsmilchgewächse** *(Euphorbiaceae)*. Pflanzen verschiedener Familien und Kontinente haben also unter den gleichen lebensfeindlichen Bedingungen die gleichen Maßnahmen zum Überleben ergriffen (s. Abb. 3, S. 27).

Ob es sich nun um einen Kaktus oder um eine Euphorbie handelt, ist daran zu erkennen, dass Kakteen relativ große Einzelblüten, Euphorbien hingegen relativ kleine, unscheinbar in Blütenständen angeordnete Blüten bilden. Außerdem produzieren die Wolfsmilchgewächse im Gegensatz zu den Kakteen einen weißen Milchsaft, der bei Verletzungen heraustritt. Abschließend soll noch ein ungewöhnlicher Kaktus aus dem tropischen Südamerika erwähnt werden – *Pereskia aculeata*. Obwohl es sich hier um einen Kaktus handelt, besitzt er richtige Laubblätter (s. Abb. 4, S. 27).

Wurzelstöcke (Rhizome)

Bei den Wurzelstöcken handelt es sich nicht um eine Wurzelmetamorphose, wie der Name vermuten lässt, sondern um umgewandelte Sprosse, die sich in der Erde befinden **(Erdsprosse)**. Ihre Sprossachsen sind verdickt und gestaucht (Stauchung der Internodien), sodass sie der Pflanze als Speicherorgane für Nährstoffe und Wasser dienen können. Diese Speicherung ermöglicht ihnen, ungünstige Jahreszeiten, wie z. B. Winter und Trockenzeiten, zu überstehen. Gleichzeitig dienen sie der Fortpflanzung, indem sie sich unterirdisch wachsend ausbreiten (z. B. Quecke, Maiglöckchen, Buschwindröschen, Rohrkolben, Seerose, Lampionblume und Spargel). Die Blätter sind zu kleinen Schuppenblättchen (Niederblätter) reduziert. Das Vorhandensein von Blättern bzw. Blättchen oder Blattnarben ist ein Beweis dafür, dass es sich um einen umgewandelten Spross handelt, da Wurzeln keine Blätter tragen (!). Zudem befinden sich in den Achseln dieser Blättchen Knospen, aus denen sich die „normalen" Luftsprosse entwickeln (s. Abb. 1, S. 28).

Zwiebeln

Viele Zwiebelpflanzen sind Steppenpflanzen, die sich durch Umwandlung ihres Sprosses an den Wechsel zwischen Regen- und Trockenzeiten angepasst haben. Bei den Zwiebeln handelt es sich um unterirdische Speicherorgane. Im Gegensatz zu den Wurzelstöcken übernehmen hier jedoch nicht die Sprossachsen die Speicherung, sondern die **fleischig verdickten Blätter (Zwiebelschalen)**. Die Sprossachse selber ist sehr stark gestaucht und bildet den **Zwiebelboden (Zwiebelscheibe/ -kuchen)**. In den Blattachseln können sich kleine **Tochterzwiebeln (Brutzwiebeln)** entwickeln. Bei Zwiebelpflanzen, bei denen die Mutterzwiebel nach der Blüte abstirbt (z. B. Tulpen), entwickelt sich die größte dieser Brutzwiebeln im Laufe der Vegetationsperiode zur **Ersatzzwiebel**, die im nächsten Jahr die Blüte hervorbringt (s. Abb. 1, S. 28). Die Entwicklung der Ersatzzwiebel bestimmt also die Tulpenblüte im nächsten Jahr. Entsprechend sollten beim Blumenschnitt nie alle Laubblätter entfernt werden, da sich ansonsten die Ersatzzwiebel nicht optimal entwickeln kann. Bekannte Zwiebelgewächse sind vor allem Frühjahrsblüher, wie Tulpen, Hyazinthen, Lilien, Märzbecher, Schneeglöckchen und Narzissen.

Sprossknollen

Bei den Sprossknollen handelt es sich um unter- oder oberirdische **Speicherorgane**. Sie entstehen durch Stauchung und Verdickung von Abschnitten der Sprossachse. Entsprechend weisen Sprossknollen keinen schalenförmigen Aufbau wie die Zwiebeln auf! Pflanzen mit Sprossknollen sind z. B. Kohlrabi, Radieschen, Rote Bete, Sellerie, Kartoffel, Alpenveilchen, Gloxinie, Knollenbegonie, Gladiole, Krokus, Herbstzeitlose und Winterling. Bei den Kartoffelknollen handelt es sich um Verdickungen von unterirdischen Seitensprossen. Dass es sich bei den Kartoffelknollen ebenfalls um Sprossumwandlungen handelt, ist daran zu erkennen, dass die Kartoffeln kleine Schuppenblättchen

Abb. 1 Bildung von Flachsprossen (Opuntien)

bzw. Blattnarben aufweisen, in deren Achseln Knospen (Augen) sitzen. Diese Augen treiben im nächsten Jahr aus und bilden die neue Kartoffelpflanze (s. Abb. 1, S. 28).
Beim Knollensellerie und der Steckrübe ist neben Sprossabschnitten auch die Hauptwurzel verdickt. Es handelt sich hier um eine Spross- und Wurzelmetamorphose (s. Abb. 1, S. 29).

Ausläufer (Stolonen)
Als Ausläufer bezeichnet man oberirdisch oder unterirdisch waagerecht wachsende Seitentriebe. Ihre Internodien sind stark verlängert. An den Blattknoten werden in einiger Entfernung von der Mutterpflanze kleine Pflänzchen (z. B. Erdbeere, Judenbart, Grünlilie) gebildet. Bei der Kartoffel werden die Enden der unterirdischen Seitentriebe gestaucht und verdickt (Kartoffelknollen). Mit der Zeit sterben die Internodien ab, sodass selbstständige Pflanzen entstehen. Durch diese Art der Sprossumwandlung ist die Pflanze in der Lage, sich vegetativ zu vermehren (s. Abb. 1, S. 28).

Sprossranken
Sprossranken sind zu Ranken umgewandelte Sprosse, mit deren Hilfe viele Pflanzen klettern, z. B. Wilder Wein *(Parthenocissus)*, Weinrebe *(Vitis)* und Passionsblume *(Passiflora)*. Bei *Parthenocissus quinquefolia 'Engelmannii'* und *Parthenocissus tricuspidata 'Veitchii'* besitzen die Ranken Haftscheiben, mit deren Hilfe die Pflanzen auch ohne Kletterhilfen an Hauswänden emporklettern können (s. Abb. 1, S. 28).

Abb. 2 Feigenkaktus (Opuntia subulata) mit kleinen, fleischig-zylindrischen Blättern

Abb. 3 Kakteen: Cleistocactus strausii, Echinopsis spachiana; Euphorbien: Euphorbia resinifera, Euphorbia tetragona (von links nach rechts)

Abb. 4 Ein Kaktus mit „richtigen" Blättern (Pereskia aculeata)

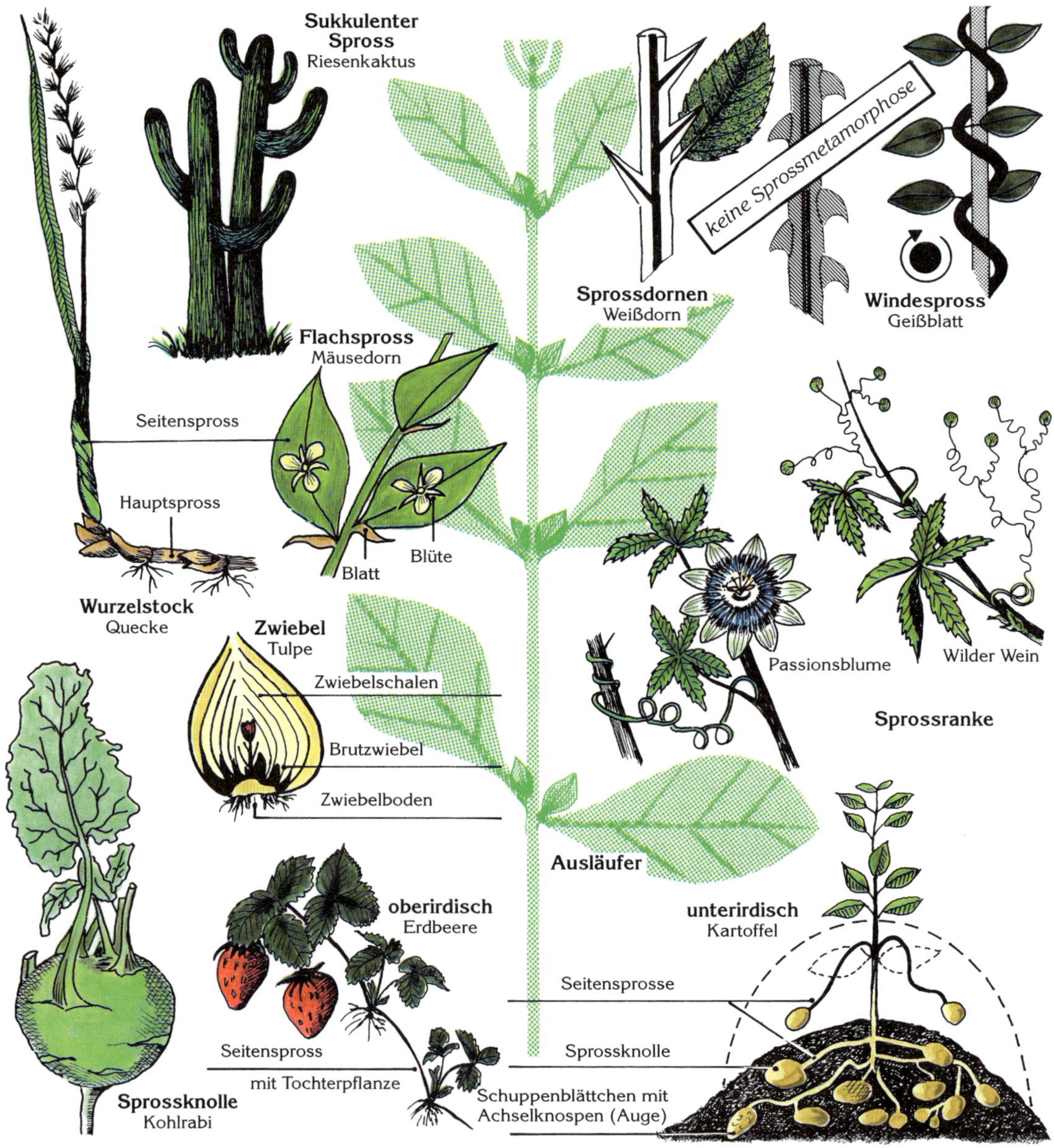

Abb. 1 Sprossumwandlungen

Sprossdornen
Als Sprossdornen bezeichnet man zu Dornen umgewandelte Seitensprosse. Sie dienen als Schutz vor Tierfraß und übermäßiger Verdunstung. Man findet sie vor allem bei Pflanzen trockener Standorte (z. B. Weißdorn, Schlehe). Im Unterschied zu den Blattdornen entspringen die Sprossdornen den Blattachseln (s. Abb. 1). Die „Dornen der Rose“ sind botanisch gesehen keine Dornen, sondern **Stacheln**. Im Gegensatz zu Dornen, die mit dem

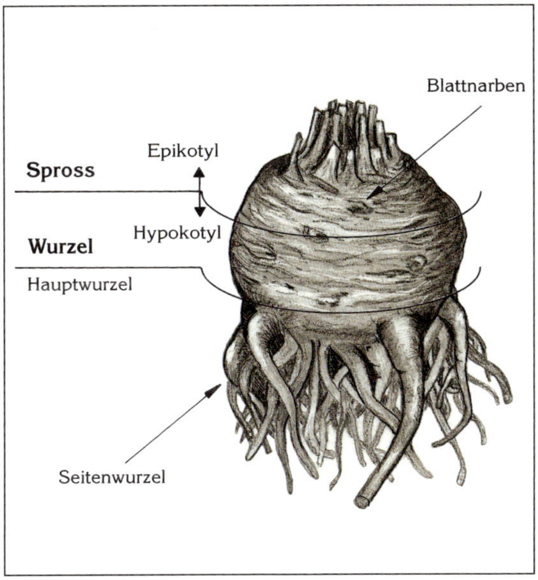

Abb. 1 Knollensellerie – eine Spross- und Wurzelmetamorphose

Holz verwachsen und dementsprechend schwer zu entfernen sind, handelt es sich bei Stacheln um Auswüchse der Epidermis (Oberhaut) und des darunter liegenden Rindengewebes. Entsprechend leicht können sie entfernt werden (s. Abb. 1). Mithilfe der Stacheln können Pflanzen an Hindernissen hochwachsen oder beim Aufliegen Halt finden. Pflanzen, die mithilfe von Stacheln klettern, bezeichnet man als **Spreizklimmer** (z. B. Kletterrosen und Brombeeren).

Windesprosse (Winder oder Schlinger)
Bei den Windesprossen sind die Internodien stark verlängert, sodass sich die Sprossachsen gut um andere Pflanzen oder andere geeignete Kletterhilfen herumwinden bzw. -schlingen können (s. Abb. 1, S. 28). Dabei kann man unterscheiden zwischen **Rechtswinder**, wie z. B. Hopfen *(Humulus)*, Geißblatt *(Lonicera)*, **Linkswinder**, wie z. B. Pfeifenwinde *(Aristolochia)*, Baumwürger *(Celastrus)*, Blauregen *(Wisteria)*, Feuerbohne *(Phaseolus coccineus)*, Stangenbohne *(Phaseolus vulgaris ssp. vulgaris var. vulgaris)* und **Alleswinder** (links und rechts), wie z. B. Schlingknöterich *(Fallopia aubertii)*.

1.1.3 Die Blüte

Von den heute etwa 500 000 geschätzten Pflanzenarten auf der Erde gehören etwa 250 000 zu den Blütenpflanzen. Die Blüte hat sich im Laufe der Evolution aus dem Spross entwickelt. Dazu wurde die Sprossachse so stark gestaucht, dass sie den **Blütenboden** bildet. Die an diesem Sprossachsenabschnitt befindlichen Blätter wurden zu Organen umgewandelt, die der geschlechtlichen Fortpflanzung dienen (s. Abb. 1, S. 30). **Die Blüte stellt die wichtigste Sprossmetamorphose im Pflanzenreich dar, da sie den Pflanzen die Möglichkeit zur geschlechtlichen (sexuellen, generativen) Vermehrung bietet.** Bei der geschlechtlichen Vermehrung kommt es zur Neukombination und zum Austausch der genetischen Information (Erbanlagen) zwischen Pflanzen der gleichen Art. Dies ist die Voraussetzung für eine schnelle Weiterentwicklung und Anpassung an sich ändernde Umweltbedingungen.

Blütenaufbau (s. Abb. 1, S. 30)

Kelchblätter (Sepalen)
Bei den Kelchblättern handelt es sich um die äußeren Blätter der Blüte, die relativ klein und grün sind. Sie bilden einen Kelch (Name!), der die Blüte im Knospenstadium schützt.

Blüten-, Blumen- oder Kronblätter
Die Blütenblätter (Petalen) sind relativ groß und häufig auffallend gefärbt. Sie dienen der Anlockung von Insekten. Alle Blütenblätter zusammen bilden die **Blütenkrone** (Corolla). Dabei können die einzelnen Blütenblätter miteinander verwachsen sein (z. B. Glockenblume, Maiglöckchen, Narzisse, Alpenveilchen, Primel, Eriken, Heidelbeere, Kürbis). Der Vorteil ist der, dass die Blüten den Nektar, den sie zur Anlockung von Insekten ausscheiden, besser auffangen können. Einzeln abfallende Blütenblätter sind ein Zeichen dafür, dass die Blütenblätter nicht miteinander verwachsen sind (z. B. Rose, Tulpe, Apfel, Kirsche).

Blütenhülle
Kelch- und Blütenblätter bilden zusammen die Blütenhülle (Perianth). Bei einigen Pflanzen, wie z. B. den Liliengewächsen und Magnolien, wandeln sich die Kelchblätter während des Erblühens der Blüte zu Blütenblättern um, sodass sie von den „echten“ Blütenblättern nicht mehr zu unterscheiden sind. In diesen Fällen bezeichnet man die Blütenhülle als **Perigon**, die einzelnen „Blütenblätter“ als **Tepalen** (s. Abb. 1, S. 31).

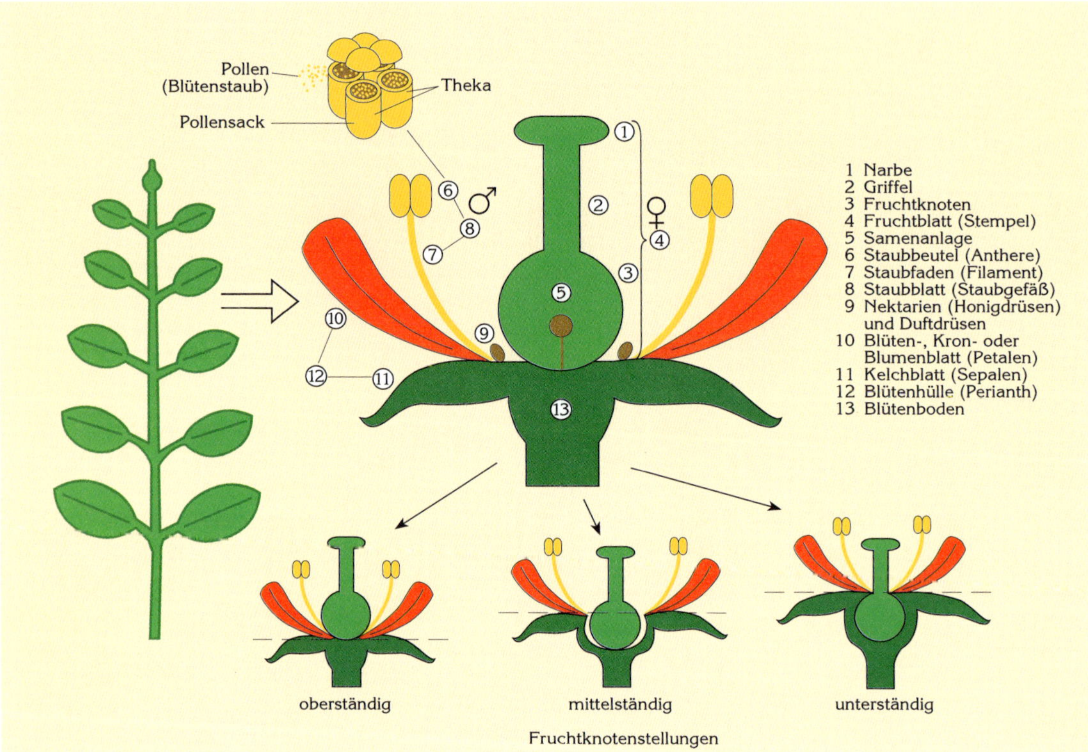

Abb. 1 Die Blüte – die wichtigste Sprossmetamorphose

Staubblätter

Das männliche Geschlechtsorgan (♂) der Pflanze ist das Staubblatt **(Staubgefäß)**, wovon die Blüte in der Regel mehrere besitzt. Staubblätter bestehen aus dem **Staubfaden (Filament)** und dem **Staubbeutel (Anthere)**. Der Staubbeutel setzt sich aus zwei Hälften (Theken) zusammen, die jeweils zwei **Pollensäcke** (= eine Theka) enthalten. In den Pollensäcken werden die **Pollen** (Blütenstaub) produziert. Bei manchen Pflanzenarten übernehmen die Staubblätter zusätzlich die Funktion fehlender oder stark reduzierter Blütenblätter, nämlich die Anlockung von Insekten. Entsprechend auffällig sind sie ausgebildet, z. B. bei Calliandra-Arten oder Pflanzen aus der Familie der Myrtengewächse, wie z. B. Acca sellowiana, Callistemon citrinus (Zylinderputzer, s. Abb. 2, S. 31) und Metrosideros-Arten (Eisenholzbaum).

Fruchtblätter (Stempel)

Das weibliche Geschlechtsorgan (♀) der Pflanze ist das Fruchtblatt **(Stempel)**. Es befindet sich im Zentrum der Blüte und besteht aus der den Pollen auffangenden **Narbe**, dem **Griffel** und dem **Fruchtknoten**. In dem Fruchtknoten befindet sich die **Samenanlage**, die die **Eizelle** enthält. Eine Blüte kann auch mehrere Fruchtblätter enthalten. Aus Platzersparnis sind diese dann häufig miteinander verwachsen und bilden einen gemeinsamen Griffel mit einer Narbe (z. B. Tulpe, Lilie). Aus dem Fruchtknoten entwickelt sich nach der Befruchtung (s. S. 62) die Frucht (Name!).

Fruchtknotenstellung

Die Stellung des Fruchtknotens kann unterschiedlich sein (s. Abb. 1).

Fruchtknoten oberständig

Der Fruchtknoten befindet sich oberhalb der Ansatzstelle der Kelchblätter (z. B. Tulpe, Mohn).

Fruchtknoten mittelständig

Der Fruchtknoten befindet sich unterhalb der Ansatzstelle der Kelchblätter und ist vom Blütenboden umwölbt (z. B. Kirsche, Schlehe, Mandel).

Fruchtknoten unterständig

Der Fruchtknoten befindet sich unterhalb der Ansatzstelle der Kelchblätter und ist mit dem Blütenboden verwachsen (z. B. Apfel, Birne, Sanddorn, Schneeglöckchen, Schwarzer Holunder).

Abb. 1 Umwandlung von Kelch- zu Blütenblättern bei der Tulpe

Abb. 2 Auffallend ausgebildete Staubblätter beim Zylinderputzer (Callistemon citrinus)

Abb. 3 Weibliche und männliche Blüten (Kätzchen) der Haselnuss (Corylus avellana)

Nektarien und Duftdrüsen

Die Nektarien oder Honigdrüsen, die sich häufig auf dem Blütenboden zwischen Staub- und Fruchtblättern befinden, scheiden zur Anlockung von Insekten **Nektar**, eine zuckerhaltige Flüssigkeit, nach außen ab. Daneben enthalten viele Blüten **Duftdrüsen**, die Insekten anlockende Duftstoffe absondern.

Geschlechtsverhältnisse

Obwohl die meisten Blütenpflanzen **zweigeschlechtliche (zwittrige) Blüten** (☿) haben, d. h. männliche und weibliche Geschlechtsorgane enthalten, gibt es auch Pflanzen, deren Blüten nur Geschlechtsorgane eines Typs – entweder das männliche oder das weibliche – besitzen **(eingeschlechtliche Blüten)**. Man spricht in diesem Fall von **männlichen und weiblichen Blüten.** Befinden sich die männlichen und weiblichen Blüten auf einer Pflanze, spricht man von **einhäusigen oder monözischen** Pflanzen, z. B. Haselnuss (s. Abb. 3), Kiefer, Walnuss, Eiche, Buche, Birke, Mais, Kürbis, Gurke, Knollenbegonie. Sind männliche und weibliche Blüten getrennt voneinander auf verschiedenen Pflanzen der gleichen Art verteilt, spricht man von **zweihäusigen oder diözischen** Pflanzen, wie z. B. Sanddorn, Weide, Hopfen, Wacholder, Eibe, Kiwi, Spargel, Spinat und Ilex-Arten (s. Abb. 4). Befinden sich zwittrige und eingeschlechtliche Blüten auf einer Pflanze, spricht man von **polygamen Pflanzen** (Esche: ♂, ♀, ☿, Rosskastanie: ♂, ☿).

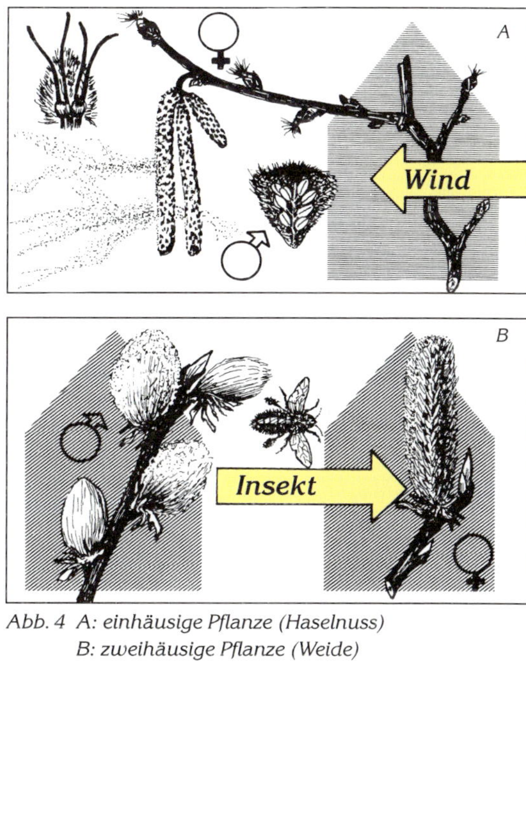

Abb. 4 A: einhäusige Pflanze (Haselnuss)
B: zweihäusige Pflanze (Weide)

Blütenfüllung

Viele Pflanzen haben zum besseren Anlocken von Insekten die Anzahl ihrer Blütenblätter vermehrt **(Blütenfüllung)**. Dies kann durch Vervielfachung (z. B. Fuchsien) oder Spaltung der Blütenblätter (z. B. Nelken) oder durch Umwandlung von Staub- und Fruchtblättern (z. B. gefüllte Levkojen und Seerosen) erfolgt sein. Bei Astern und Chrysanthemen kommt es zu einer Füllung der Blütenstände durch Umwandlung von Röhren- in Strahlenblüten (s. S. 33 ff. und 97). Die Bildung von gefüllten Blüten ist ein Hauptziel bei der Züchtung von Zierpflanzen. Bei vielen gezüchteten Pflanzen ist die Umwandlung der Blüte/des Blütenstandes so weit fortgeschritten, dass weder Staub- noch Fruchtblätter vorhanden sind. Solche Blüten können keine Samen mehr bilden – sie sind steril.

Tulpe

Tränendes Herz

Taubnessel

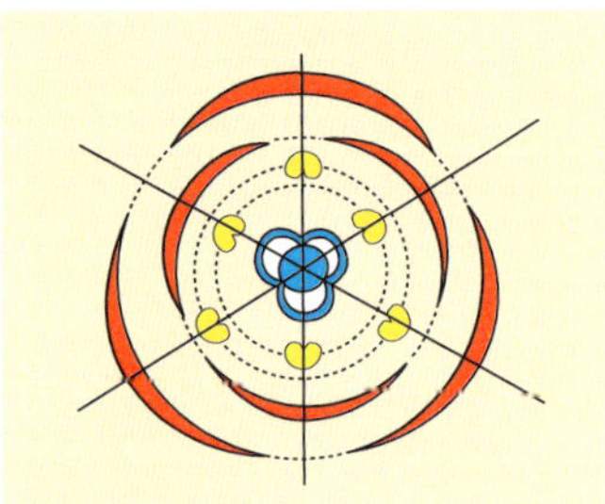

polysymmetrisch
(radiär, strahlig)
✳ P3 + 3 A3 + 3 G($\underline{3}$)

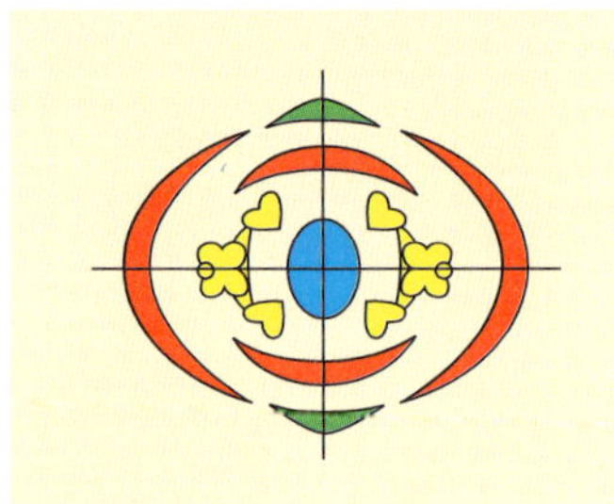

disymmetrisch
(bilateral)
K2 C2 + 2 A2/2 G($\underline{2}$)

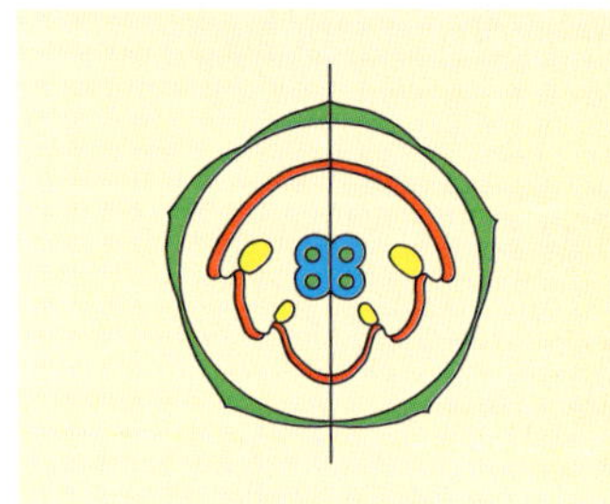

monosymmetrisch
(dorsiventral, zygomorph)
↓ K(5) [C(5)A(4)] G($\underline{2}$)

Abb. 1 Blütenformen, -diagramme und -formeln

Blütenformen

Die Form der meisten Blüten ist radiär/strahlig oder zygomorph/dorsiventral. Bei radiären oder strahligen Blütenformen kann die Blüte durch Schnitte in mehrere jeweils spiegelbildlich gleiche Hälften (Symmetrieebenen) zerlegt werden (polysymmetrisch). Zygomorphe oder dorsiventrale Blütenformen lassen sich nur durch einen Schnitt in zwei spiegelbildlich gleiche Hälften zerlegen (monosymmetrisch). Daneben gibt es noch bilaterale Blüten mit zwei Symmetrieebenen (disymmetrisch) und asymmetrische Blütenformen ohne Symmetrieebenen.

Die Anordnung der Blütenteile und die Symmetrieverhältnisse einer Blüte können in einem Grundriss, einem so genannten **Blütendiagramm**, übersichtlich dargestellt werden (s. Abb. 1). Eine noch einfachere Darstellung ist mithilfe von **Blütenformeln** möglich. Für die Taubnessel (s. Abb. 1) ergibt sich folgende Formel: ↓ K(5) [C(5)A(4)] G($\underline{2}$). Das bedeutet: Die Blüte ist zygomorph und besitzt je fünf verwachsene Kelch- und Kronblätter, vier Staubblätter, die ihrerseits mit den Kronblättern verwachsen sind, sowie einen oberständigen Fruchtknoten aus zwei verwachsenen Fruchtblättern (s. Abb. 2).

Symbole:

- ✳ = radiäre Blüte (besitzt mehrere Symmetrieebenen), z. B. Tulpe
- ↓ = zygomorphe (dorsiventrale) Blüte (besitzt nur eine Symmetrieebene), z. B. Taubnessel
- K = Kelchblätter
- C = Corolla = Kron-, Blumen- oder Blütenblätter
- P = Perigon
- A = Andrözeum = Gesamtheit der Staubblätter
- G = Gynäzeum = Gesamtheit der Fruchtblätter
- ∞ = hohe Anzahl der Blütenteile
- () = Blütenteile miteinander verwachsen
- [] = Staub- und Blütenblätter miteinander verwachsen
- – = Die Fruchtknotenstellung wird durch Unterstreichen (oberständig), Überstreichen (unterständig) oder durch Unter- und Überstreichen (mittelständig) der Zahl der Fruchtblätter dargestellt.

Die Anzahl der jeweiligen Blütenteile wird durch Zahlen angegeben.

Abb. 2 Symbole für Blütenformeln

Abb. 1 *Am Rande gelbe Zungenblüten, in der Mitte Röhrenblüten (Helianthus annuus)*

Abb. 2 *Hochblätter ersetzen die Aufgaben der fehlenden Blütenblätter (Lysichiton camtschatcensis)*

Blütenstände

Im Laufe der Evolution ist es bei sehr vielen Pflanzen zu einer Verkleinerung der Blüten und ihrer Ansammlung in Gruppen gekommen. Es bildeten sich Blütenstände, so genannte **Infloreszenzen** (s. Abb. 1, S. 34).

Mit der Bildung von Blütenständen geht häufig eine Formwandlung (Vereinfachung) und damit **Arbeitsteilung der Einzelblüten** einher. So sind bei den meisten Korbblütlern die Randblüten zu so genannten **Zungenblüten** umgewandelt. Sie besitzen nur ein, dafür aber besonders großes Blütenblatt. Ihre Geschlechtsorgane sind verkümmert.

Umgekehrt ist es bei den in der Mitte des Blütenstandes befindlichen Blüten, den so genannten **Röhrenblüten**. Ihnen fehlen die Blütenblätter. Dafür besitzen sie aber funktionsfähige Geschlechtsorgane.

Die unfruchtbaren Zungenblüten übernehmen die Aufgabe der Anlockung von Insekten, während Röhrenblüten in der Mitte nur noch Fortpflanzungsaufgaben wahrnehmen. Solche Arbeitsteilung unter den Blüten eines Blütenstandes findet man auch bei sehr vielen Doldenblütlern. Die einzelnen Blüten eines Blütenstandes sind häufig so winzig und so eng konzentriert, dass der gesamte Blütenstand eine einzelne Blüte vortäuscht (z. B. Sonnenblume, Gänseblümchen, Aster, Margerite; s. Abb. 1). Ein Insekt bestäubt bei diesen Pflanzen nicht nur eine Blüte auf einmal, sondern gleich unzählige. Auch die von einem Hochblatt umgebenen Blütenstände der Aronstabgewächse täuschen eine einzelne Blüte vor. Ihre winzigen Blüten besitzen überhaupt keine Blütenblätter mehr. Die Anlockung der Insekten erfolgt mithilfe von Duftstoffen und den besonders groß entwickelten Hochblättern (s. Abb. 2).

Eine weitere Steigerung der Blütenkonzentration finden wir bei der Gemeinen Schafgarbe *(Achillea millefolium)*. Bei dieser bilden die mit weißen oder rosaroten Zungenblüten ausgestatteten Blütenstände (Köpfchen) wiederum einen dichten Blütenstand. Die auf einer Höhe angeordneten Köpfchen können den irrtümlichen Eindruck erwecken, dass es sich um eine Blütendolde und damit um einen Doldenblütler handelt. Die Blütenkonzentration findet ihren Höhepunkt beim Edelweiß, bei dem viele kleine Köpfchen zu einem von weißen, pelzigen Hochblättern umgebenden Blütenstand so zusammengefasst sind, dass er einer einzelnen Blüte zum Verwechseln ähnlich sieht.

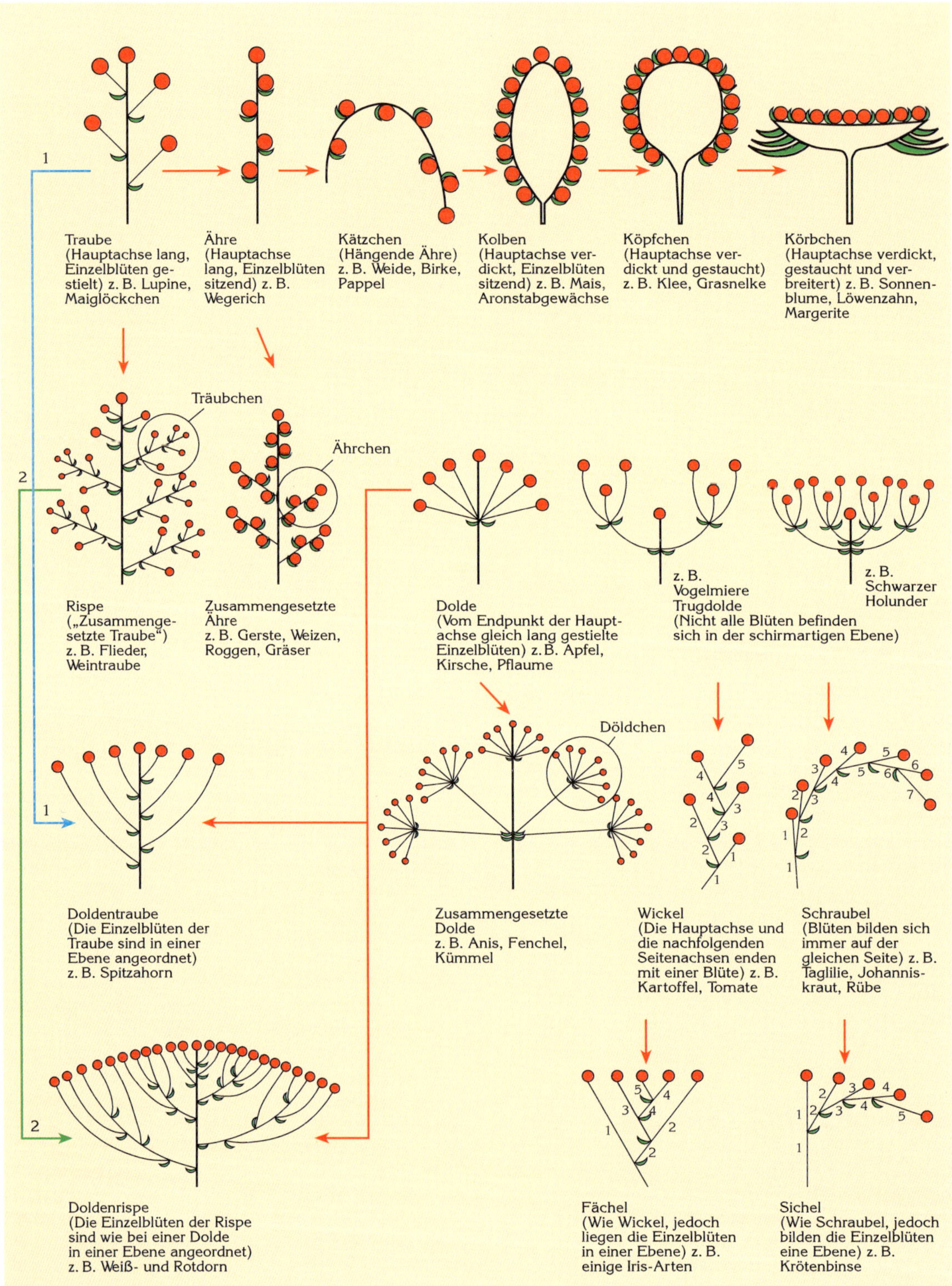

Abb. 1 Blütenstände

1.2 Anatomie

1.2.1 Die Zelle und ihre Bestandteile

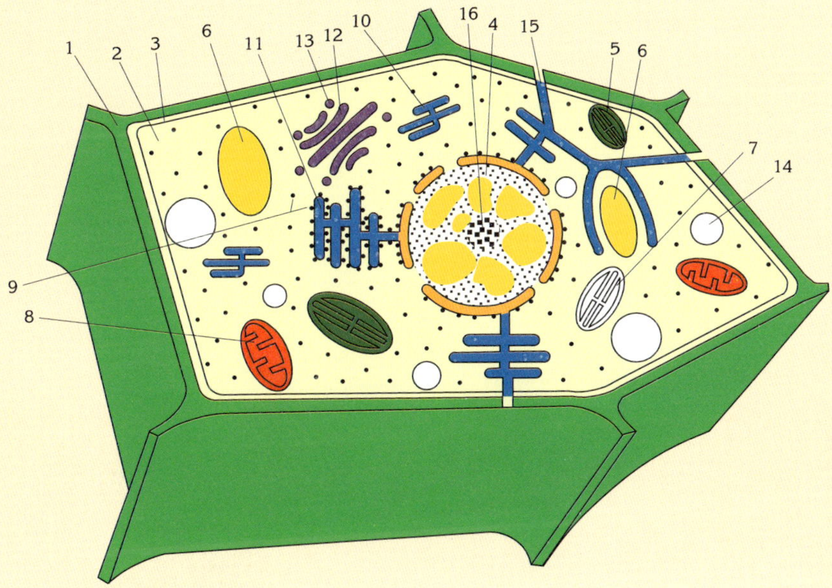

1 Zellwand
2 Plasma
3 Plasmahaut
4 Zellkern
5 Chloroplast
6 Chromoplast
7 Leukoplast
8 Mitochondrien
9 Ribosomen
10 Endoplasmatisches Retikulum
11 Ergastoplasma
12 Golgi-Apparat
13 Golgi-Vesikel
14 Vakuole
15 Tüpfel
16 Kernkörperchen

Abb. 1 Aufbau einer Pflanzenzelle

Die Zelle ist der Grundbaustein aller Lebewesen. In ihr laufen die Stoffwechselvorgänge ab, die Leben ermöglichen. Ihre Größe liegt zwischen 0,01 und 0,1 mm. Die Zellform hängt von den Aufgaben der jeweiligen Zelle ab und kann sehr unterschiedlich sein. Nach der Art der Pflanzenzellen kann man unterscheiden:

Embryonale (meristematische) Zellen
Embryonale Zellen sind junge teilungsfähige Zellen, die sich noch nicht differenziert (spezialisiert) haben. Sie sind untereinander alle gleich aufgebaut und enthalten alle typischen Bestandteile einer Zelle.

Dauerzellen
Dauerzellen sind ausgewachsene und ausdifferenzierte (spezialisierte) Zellen, die aus den embryonalen Zellen entstanden sind und ihre Teilungsfähigkeit verloren haben. Sie weisen entsprechend ihren jeweiligen Aufgaben unterschiedliche Formen und Zellbestandteile auf.
Der unter dem Lichtmikroskop als durchsichtige Flüssigkeit erscheinende Zellinhalt einer Zelle zeigt sich unter dem Elektronenmikroskop als ein hochkompliziert aufgebautes System mit zahlreichen verschiedenen **Reaktionsräumen** (s. Abb. 1). Erst die Bildung dieser Reaktionsräume ermöglicht den gleichzeitigen Ablauf sehr vieler unterschiedlicher und auch gegenläufiger Reaktionen auf kleinstem Raum. Die drei Hauptbestandteile einer Pflanzenzelle sind die **Zellwand**, das **Protoplasma** und die **Vakuolen**.

Die Zellwand

Alle pflanzlichen Zellen sind im Gegensatz zu tierischen und menschlichen Zellen von einer festen Zellwand umgeben, die vom Protoplasma gebildet wird. Sie schützt den **Zellinhalt (Protoplast) oder Zellleib)** vor äußeren Einflüssen, vor übermäßiger Wasserverdunstung und trägt zur Stabilität der Pflanze bei. Vor allem sorgt die Zellwand mit ihrem **Wanddruck** dafür, dass die Zelle nicht bis zum Platzen Wasser aufnehmen kann.
Bei der Zellwand handelt es sich um ein totes Gebilde, das hauptsächlich aus Kohlenhydraten, Pektinen und vor allem **Cellulose** besteht. Die Entwicklung der Zellwand beginnt mit dem Aufbau der so genannten **Mittellamelle** während der Zellteilung (s. S. 57). Da sie beiden Tochterzellen

angehört, ist sie sozusagen die Kittsubstanz zwischen zwei benachbarten Zellen. Durch Anlagerung von weiteren Celluloseschichten wird die Zellwand verdickt und erreicht ihre Stabilität. Unzählige winzige Hohlräume in diesen Zellwandschichten, die so genannten **Intermizellarräume**, ermöglichen den Durchtritt von Wasser und der darin gelösten Nährsalze. Die Zellwand ist also für Wasser und Nährstoffe durchlässig (**ganzdurchlässig oder omnipermeabel**). Daneben kommt es bei der Verdickung der Zellwände immer wieder vor, dass einzelne Stellen ausgespart werden, sodass Kanäle, so genannte **Tüpfel oder Tüpfelkanäle**, entstehen. Durch diese Kanäle ziehen sich feine **Plasmafäden (Plasmodesmen oder Plasmabrücken)** hindurch. Auf diese Weise wird eine Verbindung zwischen dem Zellplasma benachbarter Zellen geschaffen, sodass alle Protoplasten eines Organismus miteinander in Verbindung stehen (Symplast).

Das Protoplasma

Als Protoplasma bezeichnet man alle lebenden Bestandteile der Zelle, wie Plasma, Zellkern, Plastiden, Mitochondrien, Ribosomen, endoplasmatisches Retikulum und Golgi-Apparat. Unter der Bezeichnung **Zytoplasma** werden alle lebenden Teile ohne **Zellorganellen** („Organe der Zelle"), wie Zellkern, Plastiden und Mitochondrien, zusammengefasst. Die Zellorganellen verfügen über eine eigene genetische Information und vermehren sich durch Teilung (s. Abb. 1).

Plasma (Grundplasma)
Die Grundsubstanz, in die alle lebenden Bestandteile der Zelle eingebettet sind, ist das Plasma. Es handelt sich hierbei um eine durchsichtige Flüssigkeit, die vor allem aus Wasser (ca. 80 %) und Eiweißen besteht. Kennzeichnend für die lebende Zelle ist das ständig in Bewegung befindliche Plasma. Stärkerer Wasserverlust und ein Erhitzen auf Temperaturen über 50 °C führen zur Ausfällung (Koagulation) des Plasmas und damit zum Tode der Zelle.

Plasmahaut (Plasmamembran)
Die Plasmahaut grenzt das Plasma nach außen gegen die Zellwand und nach innen gegen die Vakuolen ab. Im ersten Fall bezeichnet man sie auch als **Plasmalemma**, im zweiten als **Tonoplast**. Im Gegensatz zur Zellwand ist die Plasmahaut **halbdurchlässig (semipermeabel)**, d.h., sie lässt nur das Wasser, nicht aber die im Wasser gelösten Nährstoffe hindurchdiffundieren. Damit schafft sie die Voraussetzung für die Osmose (s. S. 52) und die Stabilität krautiger Pflanzenteile (s. Turgordruck S. 53).

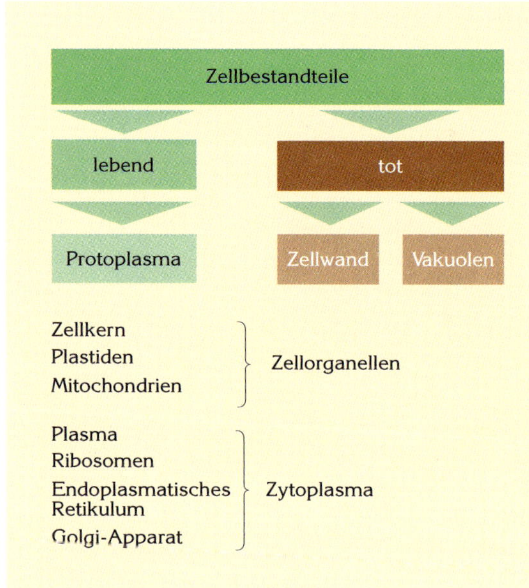

Abb. 1 Lebende und tote Zellbestandteile

Zellkern (Nukleus)
Der Zellkern ist ein durchsichtiges, häufig kugelig erscheinendes Gebilde. Zum Plasma hin ist das **Kernplasma** (Nukleo- oder Karyoplasma) von einer **Doppelmembran** (Kernhülle) abgegrenzt, die von Poren durchsetzt ist, über die der Zellkern mit dem umgebenden Plasma in Verbindung steht. Der Zellkern ist **Träger der Erbanlagen**, der genetischen Information (DNS oder DNA = Desoxyribonukleinsäure). Er ist für den Schutz, den Erhalt und die Weitergabe der genetischen Information verantwortlich! Er steuert die Stoffwechselvorgänge in der Zelle. Somit stellt er die „Steuerzentrale" der Zelle dar, die entsprechend der Erbinformation Anweisungen an die im Plasma befindlichen Organe gibt, diese überwacht und koordiniert. Ohne den Zellkern ist die Zelle nicht lebensfähig.
Daneben befinden sich im Zellkern eingeschlossen ein oder mehrere **Kernkörperchen (Nukleolen)**, deren Aufgaben noch nicht genau geklärt sind.

Plastiden
Im Gegensatz zu tierischen und menschlichen Zellen besitzen die Zellen der Pflanzen Plastiden. Dabei kann man sie nach ihrer Färbung unterscheiden in grüne **Chloroplasten**, gelbe oder rote **Chromoplasten** und farblose **Leukoplasten**.

Farbstoff	Farbe	Löslichkeit	Ort
Clorophyll **Carotin** **Xanthophyll**	grün rot gelb	fettlöslich fettlöslich fettlöslich	Chloroplasten Chromoplasten Chromoplasten
Anthocyane	rot (im sauren Bereich) blau (im alkalischen Bereich) violett (im neutralen Bereich)	wasserlöslich	Zellsaft (Vakuole)
Flavone	gelb	wasserlöslich	Zellsaft (Vakuole)

Weiß ist keine Farbe. Weiß wird durch eingeschlossene Luftbläschen bewirkt, die das Licht reflektieren.

Mischfarben entstehen durch Mischung verschiedener Farbstoffe.

Tab. 1 Die Farbstoffe der Pflanzen

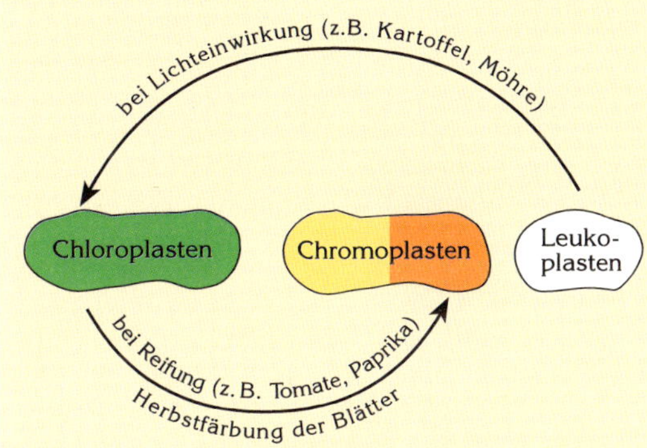

Abb. 1 Plastiden können ineinander übergehen

Die **Chloroplasten** (Chlorophyllkörner) sind die grünen Farbstoffträger der Zelle. Sie enthalten den grünen Farbstoff – das **Chlorophyll** (s. Tabelle 1). Entsprechend sind alle Pflanzenteile, die Chlorophyll enthalten, grün gefärbt. Die Chloroplasten sind die wichtigsten Plastiden, da nur in ihnen mithilfe des Chlorophylls die Photosynthese (s. S. 45) stattfinden kann.

Die **Chromoplasten** enthalten als Farbstoffe Carotinoide, wie das rote/orangerote **Carotin** und das gelbe **Xanthophyll**. Sie bewirken die rote oder gelbe Farbe von Blüten (z. B. Stiefmütterchen), Früchten (z. B. Tomate, Hagebutte, Paprika) und den Wurzeln einiger Pflanzen, wie der Möhren (Karotte → Name Karotin bzw. Carotin!), s. Tabelle 1.
Die **Leukoplasten** sind farblos. Ihre Hauptaufgabe besteht in der Speicherung von Reservestoffen. Dazu wandeln sie den bei der Photosynthese entstehenden Traubenzucker in **Stärke** (Reservestärke) um. Entsprechend findet man Leukoplasten hauptsächlich in den Zellen von Speicherorganen, wie z. B. Wurzeln, Sprossknollen und Wurzelstöcken.
Die unterschiedlichen Plastiden können auch ineinander übergehen (s. Abb. 1).

Mitochondrien

Die Mitochondrien dienen der Energiegewinnung und werden als die „Kraftwerke der Zelle" bezeichnet. In ihnen erfolgt die **Atmung** (s. S. 48). Die frei werdende Energie wird in den Mitochondrien vorwiegend zum Aufbau von **ATP (Adenosintriphosphat)**, einem Energieträger, verwendet. In Form von ATP wird die Energie zu den Orten des Bedarfs transportiert.

Ribosomen

Die Ribosomen sind die „Eiweißfabriken der Zelle". Sie sind die Orte der **Eiweißsynthese**. Sie kommen frei, in Gruppen oder angelagert am endoplasmatischen Retikulum **(Ergastoplasma)** vor.

Endoplasmatisches Retikulum

Bei dem endoplasmatischen Retikulum handelt es sich um ein System feinster Röhrchen, das die Zelle durchzieht, mit der Doppelmembran des Zellkerns und der Zellwand verbunden ist und über die Plasmodesmen mit dem endoplasmatischen Retikulum der Nachbarzellen in Verbindung steht. Dabei kann man zwischen zwei Formen unterscheiden: die glatte und die raue Form. Die raue Form ist auf ihrer Außenseite von Ribosomen bedeckt. Man bezeichnet sie auch als **Ergastoplasma**. Vor allem in dieser Form dient das endoplasmatische Retikulum der Eiweißsynthese. Die weiteren Aufgaben des endoplasmatischen Retikulums werden u. a. in der Schaffung unterschiedlicher Reaktionsräume und Transportwege sowie in der Übertragung von Reizen gesehen.

Golgi-Apparat

In der Zelle befinden sich Stapel flach aufeinander geschichteter Doppelmembranen (Zisternen), die **Dictyosomen**. In ihrer Gesamtheit bezeichnet man diese als Golgi-Apparat. An ihren Rändern werden kleine Bläschen, die so genannten **Golgi-Vesikel**, abgeschnürt. Der Golgi-Apparat schützt die Zelle vor schädlichen Stoffen aus dem Stoffwechsel, indem er diese vom Plasma trennt und mithilfe der Golgi-Vesikel durch das Plasma transportiert und nach außen absondert. Daneben isoliert er auch Stoffe vom Plasma, die für den Stoffwechsel der Pflanze zwar notwendig sind, die einzelne Zelle aber schädigen könnten.

Bei der **Zellwandneubildung** im Rahmen der Zellteilung liefert der Golgi-Apparat das Wandmaterial. Das von den Golgi-Zisternen aus dem Plasma isolierte Material wird mithilfe abgeschnürter Golgi-Vesikel in die Äquatorialebene (s. S. 57) transportiert. Hier verschmelzen die Golgi-Vesikel miteinander und bilden mit ihren Inhalten die neue Mittellamelle. Auch an der **Bildung und Absonderung von Drüsensekreten** ist der Golgi-Apparat wesentlich beteiligt.

Die Vakuolen

In jungen Zellen füllt das Plasma die gesamte Zelle aus. Mit zunehmendem Wachstum der Zelle bilden sich einzelne **Hohlräume**, die Vakuolen. Diese Vakuolen fließen mit der Zeit zusammen, sodass in ausgewachsenen Zellen häufig nur noch eine große Vakuole vorkommt. Das Protoplasma bildet dann nur noch einen dünnen Wandbelag (s. Abb. 1). In den Vakuolen befindet sich der **Zellsaft** („Zellsafträume"), eine wässrige Lösung aus Salzen und organischen Stoffen, wie z. B. Kohlenhydraten, Fetten und Eiweißen.

Eine Hauptaufgabe der Vakuolen ist die **Speicherung von Reservestoffen**. Auch Farbstoffe, wie Anthocyane und Flavone, sind in den Vakuolen enthalten. Sie bewirken die Färbung vieler Blüten (z. B. Rosen, Kornblumen), Früchte (z. B. Kirsche, Holunder, Heidelbeere) und auch Blätter. So entsteht z. B. die Blattfärbung der Blutbuche und des Rotkohls durch das Zusammenwirken von Anthocyan in den Epidermiszellen und dem Chlorophyll der darunter liegenden Zellen (s. Tab. 1, S. 37).

Eine weitere Aufgabe der Vakuolen ist die **Speicherung von Abfallprodukten** (Exkreten) aus dem Stoffwechsel. Daneben werden auch **ätherische Öle** (z. B. Duftstoffe) und **Alkaloide** eingelagert. Bekannte Alkaloide sind z. B. Nikotin (Tabak), Coffein (Kaffee und Tee), Solanin (Kartoffel), Morphin (Schlafmohn), Kokain (Kokastrauch), Strychnin (Brechnuss) und Colchicin (Herbstzeitlose). Tierische und menschliche Zellen besitzen keine Vakuolen.

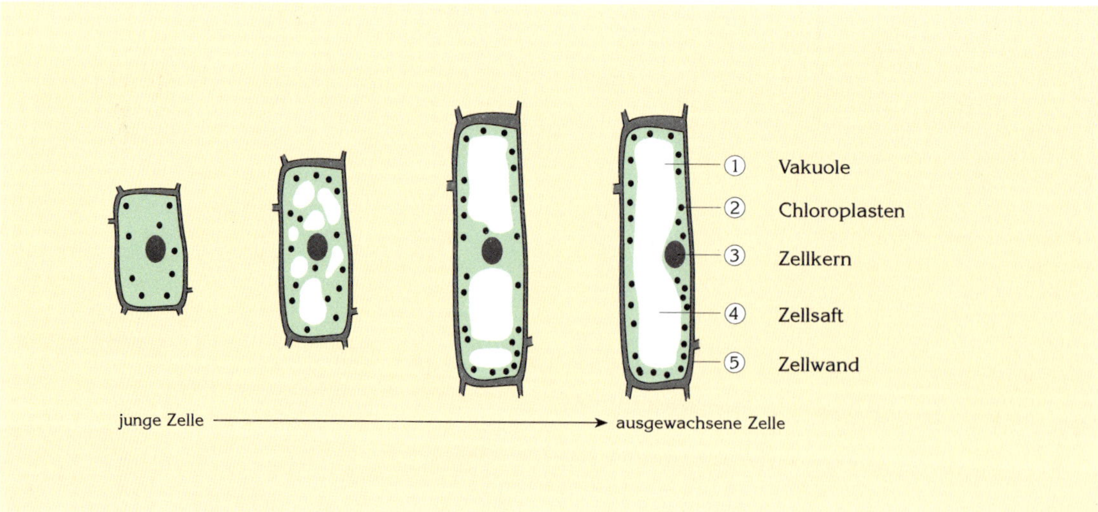

Abb. 1 Bildung von Vakuolen

1.2.2 Gewebearten

Gewebearten

Bildungsgewebe (Meristem)

Zusammenschluss embryonaler Zellen, die zeitlebens teilungsfähig bleiben. Sie bilden die Vegetationspunkte und Kambien von Wurzel und Spross

Dauergewebe

Zusammenschluss von Dauerzellen, die ihre Teilungsfähigkeit verloren haben. Unter bestimmten Bedingungen kann diese kurzfristig wiedererlangt werden, z. B. zur Bildung von Wundgewebe (Kallus)

Assimilationsgewebe
(Assimilationsparenchym)

Aufgabe: Photosynthese (Assimilation)

Gewebe: Palisaden- und Schwammgewebe des Blattes

Speichergewebe

Aufgabe: Speicherung von Reservestoffen (Stärke, Zucker, Fette, Eiweiße)

Gewebe: In Speicherorganen (Rübe, Knolle, Wurzelstock, Zwiebel), im Mark- und Rindengewebe von Wurzel und Spross sowie im Nährgewebe des Samens

Leitgewebe

Aufgabe: Leitung und Verteilung von Wasser, Nährstoffen und Assimilaten in der Pflanze

Gewebe: Xylem und Phloem

Festigungsgewebe

Aufgabe: Festigung des Pflanzenkörpers, Zellwände der einzelnen Zellen sind zusätzlich verdickt

Kollenchym

Zellwände sind nur stellenweise verdickt:
- lebendes Festigungsgewebe
- in jungen noch wachstumsfähigen Pflanzenteilen

Sklerenchym

Zellwände sind allseitig verdickt:
- totes Festigungsgewebe
- in älteren ausgewachsenen Pflanzenteilen

Steinzellen

Sehr starke Holzeinlagerung → bilden die Schalen von Nüssen und die „Steine" der Steinfrüchte (Kirsche, Pflaume usw.)

Sklerenchymfasern

Stark gestreckte, bis zu einigen Zentimetern lange Zellen, deren Enden zugespitzt sind und eine hohe Zugfestigkeit aufweisen = Faserzellen

Abschlussgewebe
(Äußere Haut, die den Pflanzenkörper nach außen begrenzt)

Aufgabe:
- Schutz des Zellinhaltes vor äußeren Einflüssen
- Regulierung des Gasaustausches und der Transpiration

Gewebe: Epidermis des Sprosses;
Korkgewebe: ein sekundäres Abschlussgewebe, das die abgestorbene Epidermis ersetzt

Absorptionsgewebe

Aufgabe: Aufnahme von Wasser und Nährstoffen

Gewebe: Epidermis der Wurzel (Rhizodermis)

Ausscheidungsgewebe

Aufgabe: Ausscheidung von Stoffwechselprodukten z. B. zur Anlockung von Insekten, Verdauung von Insekten und Ausscheidung von flüssigem Wasser

Gewebe: z. B. Nektarien, Drüsen auf den Blättern Fleisch fressender Pflanzen, Hydathoden (Wasserspalten)

Abb. 1 Gewebearten

1.2.3 Der innere Blattaufbau

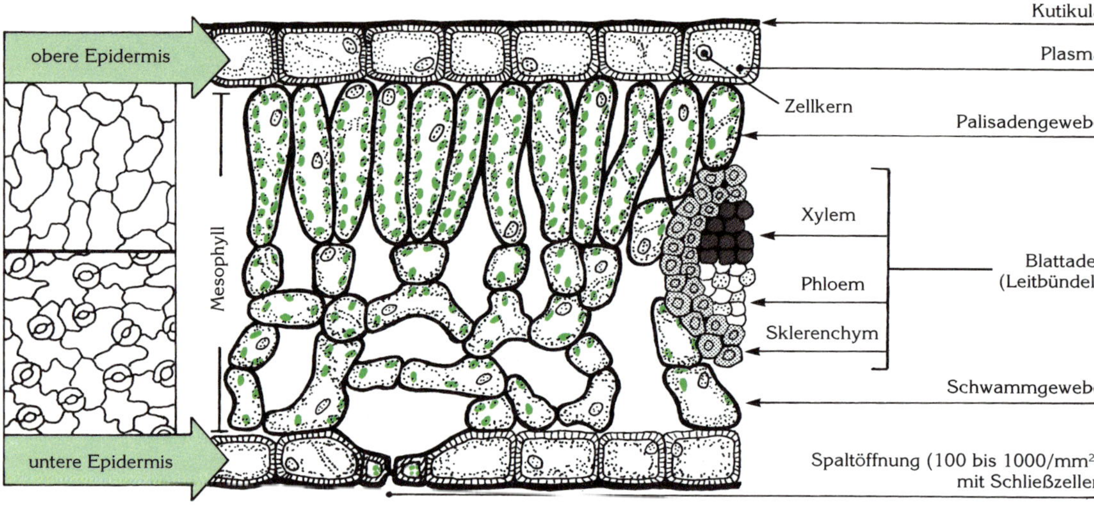

Abb. 1 Der innere Blattaufbau

Epidermis und Spaltöffnungen

Das Blatt wird allseits von der meistens einschichtigen und farblosen **Epidermis** umgeben, deren einzelne Zellen miteinander verzahnt sind und so der Blattfläche eine zusätzliche Festigkeit verleihen. Die Epidermis dient vor allem dem Verdunstungsschutz des Blattes. Dazu sind die Außenwände der Zellen durch Celluloseanlagerungen verdickt. Zusätzlich produzieren die Zellen Kutin, das nach außen abgegeben wird und die Blattfläche überzieht. Diese Kutinschicht, die als **Kutikula** bezeichnet wird und unterschiedlich dick sein kann, reduziert die Wasserabgabe zusätzlich.

Häufig wird zusammen mit dem Kutin auch Wachs ausgeschieden. Wird es in größeren Mengen produziert, tritt es aus der Kutikula heraus und bildet einen abwischbaren Belag (z. B. auf den Blättern des Rotkohls und den Früchten von Weinbeeren und Pflaumen). Durch Wachsein- oder -auflagerungen wird der Wasseraustritt durch die Zellwände der Epidermis noch weiter herabgesetzt. Daneben verhindert eine **Wachsschicht** die Benetzung der Oberfläche mit Wasser und damit die Gefahr von Fäulnis.

Die Epidermis auf der Blattunterseite (untere Epidermis) ist von zahlreichen **Spaltöffnungen (Stomata)** durchsetzt. Sie dienen der Wasserverdunstung und dem Gasaustausch. Gebildet werden sie von jeweils zwei besonders gebauten Epidermiszellen, den so genannten **Schließzellen**. Die Größe des Spaltes kann durch die Schließzellen, die als einzige Zellen der Epidermis Chlorophyll enthalten, reguliert werden (s. S. 54).

Das Mesophyll

Zwischen der oberen und der unteren Epidermis befindet sich ein chlorophyllhaltiges Gewebe – das **Mesophyll**. Das Mesophyll besteht aus dem oberen **Palisadengewebe** und dem unteren **Schwammgewebe**.

Palisadengewebe (Palisadenparenchym)
Das Palisadengewebe besteht aus lang gestreckten, mehr oder weniger dicht nebeneinander und zur Blattfläche senkrecht stehenden Zellen. Diese palisadenähnliche Anordnung gab dem Gewebe seinen Namen. Im Palisadengewebe befinden sich bis über 80 % des Blattgrüns der Pflanze. Da es der **Hauptort der Photosynthese** (Assimilation) ist, wird es auch als **Assimilationsgewebe** (Assimilationsparenchym) bezeichnet.

Schwammgewebe (Schwammparenchym)
Unter dem Palisadengewebe befindet sich das Schwammgewebe, dessen locker aufgebauter Zellverband an den Aufbau eines Schwammes erinnert (Name!). Zwischen den unregelmäßig geformten und angeordneten Zellen befinden sich zahlreiche Hohlräume, die untereinander und über die Spaltöffnungen mit der Außenluft in Verbindung stehen. Diese lufterfüllten **Zellzwischenräume** werden als **Interzellularen** bezeichnet und

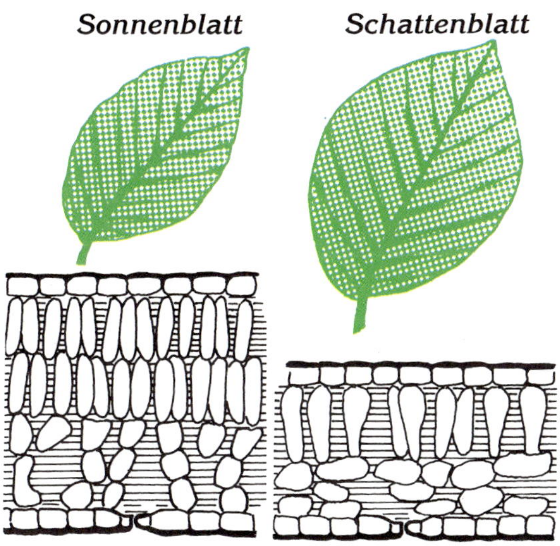

Abb. 1 Einfluss der Lichtintensität auf den äußeren und inneren Blattaufbau

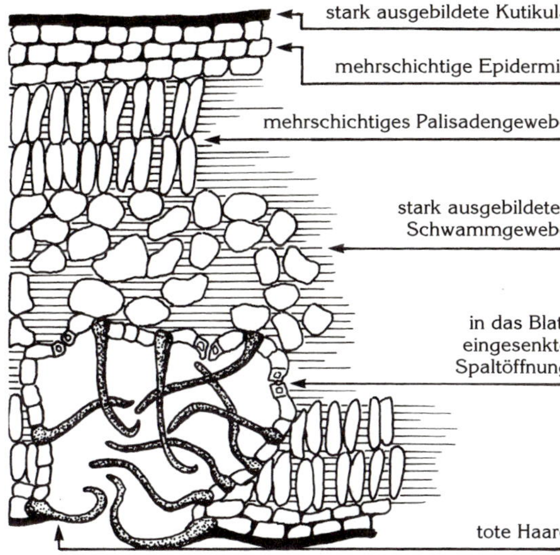

Abb. 2 Innerer Blattaufbau eines Oleanderblattes

dienen einem schnellen Gasaustausch zwischen dem Gewebe und der Außenluft. Außerdem ermöglicht das Schwammgewebe mit seinem Interzellularsystem eine schnelle Wasserabgabe (s. S. 54).

Die Leitbündel

Die im Blatt verlaufenden, von Festigungsgewebe umgebenen Leitbündel **(Blattadern)** versorgen die Zellen mit Wasser und Nährstoffen bzw. transportieren den bei der Photosynthese produzierten Zucker. Indem sie das Blatt in immer feineren Verzweigungen durchziehen, verleihen sie der Blattfläche die notwendige Stabilität.

Einfluss äußerer Faktoren

Die Lichtintensität beeinflusst den äußeren und inneren Blattaufbau. So können z. B. die Blätter einer Baumkrone nach ihrer unterschiedlichen Belichtung in **Sonnen- und Schattenblätter** eingeteilt werden (s. Abb. 1). Besonders deutlich wird der Einfluss der Wachstumsfaktoren Licht, Temperatur und Wasser beim inneren Blattaufbau des im Mittelmeerraum beheimateten Oleanders (s. Abb. 2)

1.2.4 Der innere Aufbau der Sprossachse

Über die Sprossachse werden Wasser und Nährstoffe aus der Wurzel in die Blätter und Zucker aus den Blättern in die Wurzel transportiert. Um diese Aufgabe erfüllen zu können, hat die Pflanze ein Leitungssystem entwickelt, das es ihr ermöglicht, den Stofftransport bis in schwindelnde Höhen und bis in die letzte Zelle hinein zu bewerkstelligen: ein gegenläufiges Leitungssystem von Stoffauf- und -abtransport, das die gesamte Pflanze von der Wurzel bis in die Blätter (Blattadern!) durchzieht. Beide Leitgewebearten sind in der Pflanze in Bündeln, so genannten **Leitbündeln**, zusammengefasst (s. Abb. 1, S. 42):

- Das **Xylem (Gefäß- oder Holzteil)** leitet Wasser und Nährstoffe.
- Das **Phloem (Sieb- oder Bastteil)** leitet Assimilate.

Im Gegensatz zu den einkeimblättrigen Pflanzen befindet sich zwischen dem Xylem und dem Phloem der zweikeimblättrigen Pflanzen ein **Kambium**. Dieses teilungsfähige Gewebe dient dem sekundären Dickenwachstum (s. S. 71). Das die Leitbündel umgebende **Festigungsgewebe** führt zur Stabilisierung der gesamten Sprossachse.

Bei der Anordnung der Leitbündel wird zwischen ein- und zweikeimblättrigen Pflanzen unterschieden (s. Abb. 1, S. 42). Die Leitbündel umschließen bei den zweikeimblättrigen Pflanzen das **Mark**. Das Markgewebe dient vor allem der Speicherung von Reservestoffen. Bei einigen Pflanzen stirbt es mit der Zeit ab, sodass die Sprossachse innen hohl ist.

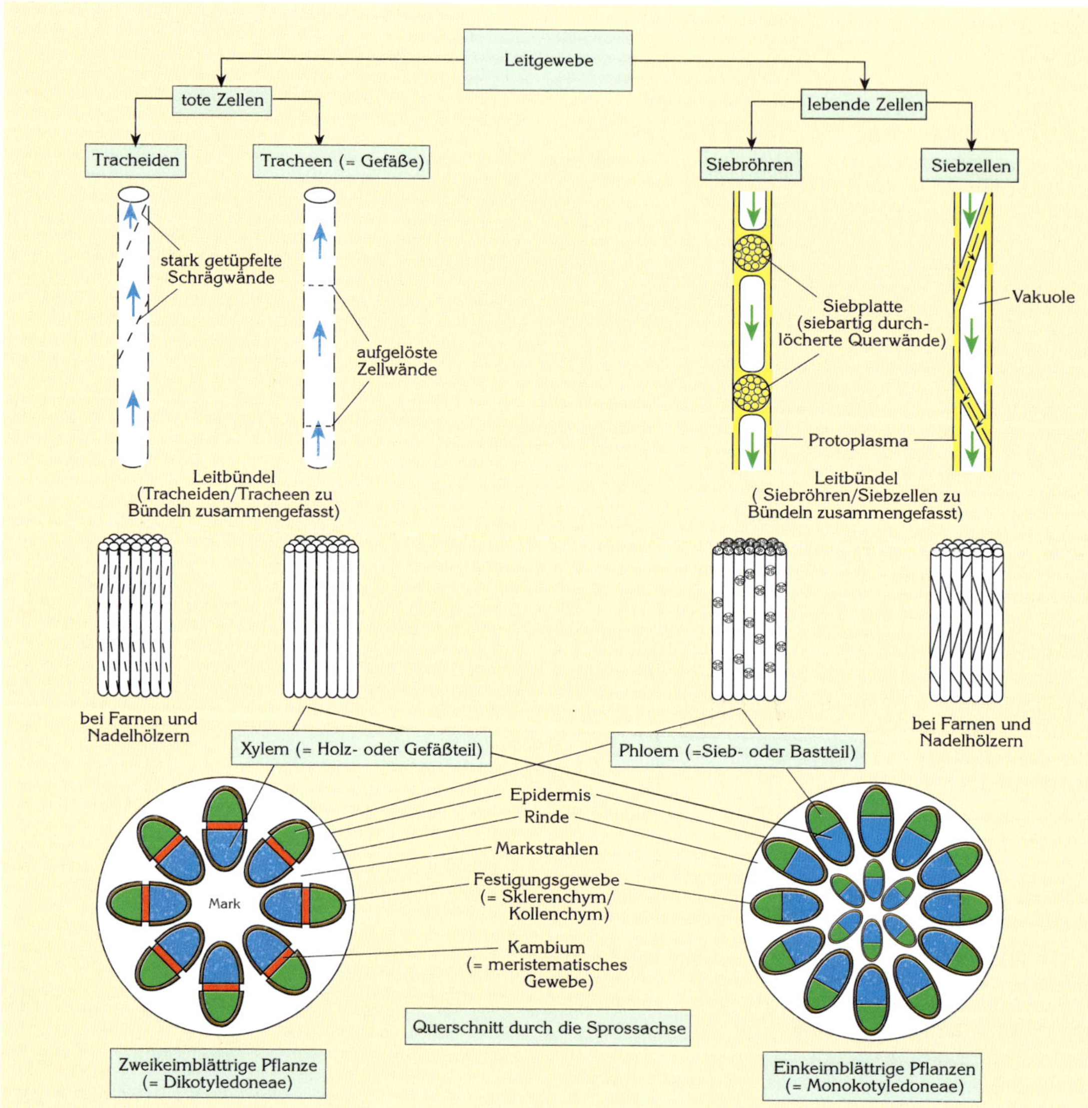

Abb. 1 Der innere Aufbau der Sprossachse

Der Bereich, der die Leitbündel und das Mark umfasst, wird als **Zentralzylinder** bezeichnet. Im Gegensatz zur Wurzel (s. Abb. 1, S. 43) fehlt im Spross eine deutlich sichtbare Abgrenzung zwischen dem Zentralzylinder und der sich nach außen anschließenden **Rinde**. Bei der Rinde handelt es sich zwar um ein mehrschichtiges, aber sehr dünnes Gewebe. Bereits leichte Verletzungen (z. B. das Kratzen mit dem Fingernagel an den Ästen der Gehölze) können das darunter liegende Phloem beschädigen. Die Rinde dient neben dem Schutz des Phloems vor allem der Speicherung von Reservestoffen. Bei Speicherorganen (z. B. Sprossknollen) ist das Rindengewebe stark vermehrt. Enthalten die äußeren Rindenschichten Chlorophyll, dienen sie auch der Photosynthese.

Als **Markstrahlen** bezeichnet man das Gewebe, das sich zwischen den Leitbündeln befindet und Rinde und Mark miteinander verbindet. Dieses an Interzellularen reiche Gewebe dient vor allem der Durchlüftung, daneben aber auch der Speicherung von Reservestoffen. Nach außen wird die Sprossachse von der **Epidermis** begrenzt. Stirbt diese ab, wird sie durch **Korkgewebe** ersetzt.

Xylem und Phloem

Tracheiden und Tracheen (Gefäße)

Die Wasser- und Nährstoffleitung erfolgt in toten, röhrenförmigen Zellen. Da die Zellwände dieser Zellen nicht vollkommen verholzt sind, ist eine Versorgung des angrenzenden Gewebes mit Wasser und darin gelösten Nährstoffen möglich. Nach dem Zellaufbau kann zwischen Tracheiden und Tracheen unterschieden werden. Bei den **Tracheiden** sind die verholzten Zellwände, vor allem die der Querwände (Schrägwände), stark getüpfelt. Tracheiden findet man vor allem bei Farnen und Nadelgehölzen.

Die **Tracheen** bzw. **Gefäße** stellen eine Weiterentwicklung der Tracheiden dar. Bei ihnen sind die Querwände der Zellen teilweise aufgelöst, sodass sie längere Röhren bilden. In diesem System von Kanälen kann der Stofftransport wesentlich schneller erfolgen (s. Abb. 1, S. 42).

Siebzellen und Siebröhren

Die der Leitung von Assimilaten dienenden Zellen sind ebenfalls lang gestreckt und besitzen stark getüpfelte Zellwände. Im Gegensatz zu den wasser- und nährstoffleitenden Zellen sind sie lebend. Ihre Protoplasmen bilden einen dünnen Wandbelag, während die Vakuolen, über die die Leitung der Assimilate erfolgt, fast den gesamten Zellinhalt ausmachen. Auch hier kann zwischen zwei Leitungsarten unterschieden werden, den Siebzellen und den Siebröhren.

Die **Siebzellen** sind über Plasmodesmen verbunden, die ihre getüpfelten Zellwände durchziehen. Man findet sie vor allem bei Farnen und Nadelgehölzen.

Bei den **Siebröhren** sind die Querwände der lang gestreckten Zellen siebartig durchlöchert **(Siebplatten)**. Durch zahlreiche Plasmodesmen entsteht eine enge Verbindung der Zellen untereinander. Das Siebröhrensystem stellt eine Weiterentwicklung des Siebzellensystems dar (s. Abb. 1, S. 42).

1.2.5 Der innere Wurzelaufbau

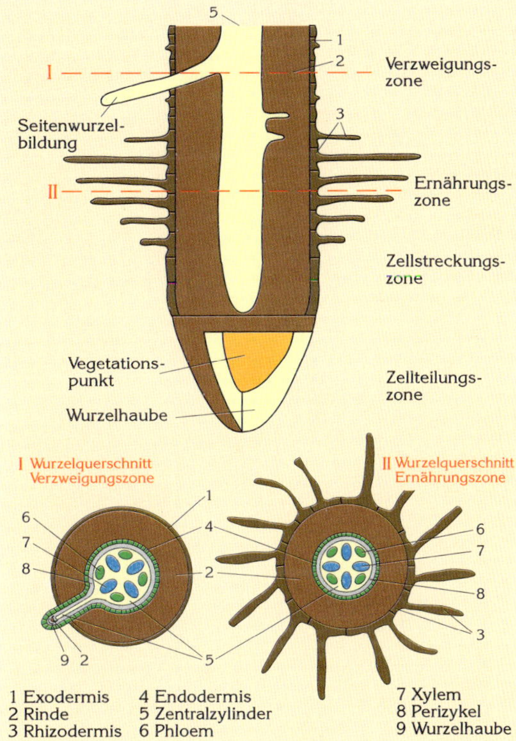

❶ **Exodermis:** bis auf wenige Durchlasszellen wasserundurchlässig, tritt an die Stelle der Rhizodermis nach ihrem Absterben

❷ **Rinde:** mehrschichtiges Gewebe, dient vor allem der Speicherung von Reservestoffen

❸ **Rhizodermis** (Epidermis der Wurzel): einschichtig, farblos, besitzt keine Kutikula, bildet **Wurzelhaare**

❹ **Endodermis:** innerste Zellschicht der Rinde, ihre Durchlasszellen pressen das Wasser aktiv in den Zentralzylinder (Wurzeldruck!)

❺ **Zentralzylinder:** Zentrum der Wurzel, enthält nebeneinander angeordnet die Leitbündel (radiale Leitbündelanordnung)

❻ **Phloem** und

❼ **Xylem**

❽ **Perizykel:** äußerste Schicht des Zentralzylinders; ein Kambium, das für die Bildung der Seitenwurzeln und das Dickenwachstum der Wurzel verantwortlich ist

❾ **Wurzelhaube**

Abb. 1 Der innere Wurzelaufbau

1.3 Physiologie

1.3.1 Ernährungsweisen

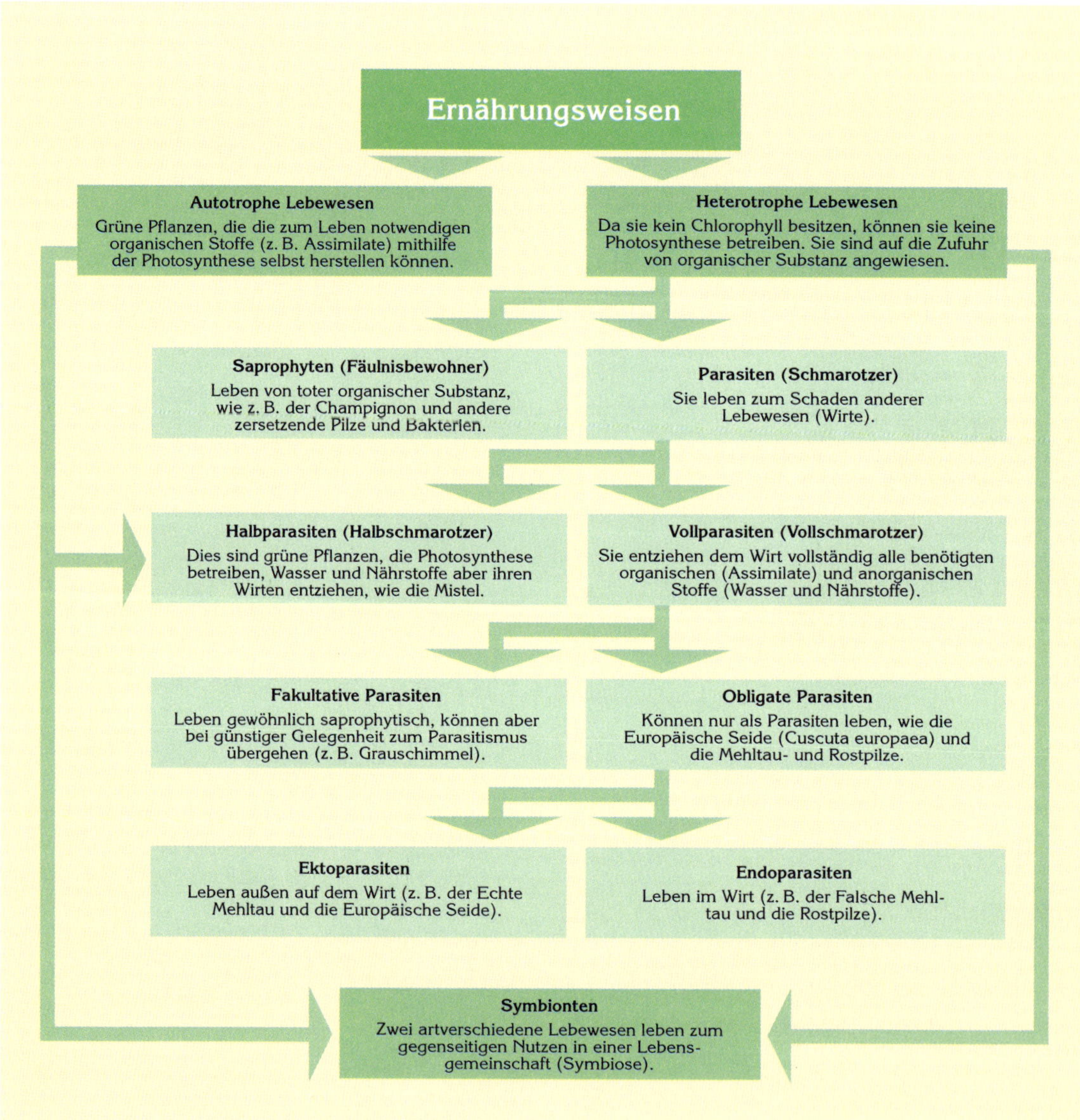

Abb. 1 Ernährungsweisen

Nur die grünen Pflanzen können mithilfe der Photosynthese (s. S. 45) die zum Leben notwendigen organischen Stoffe selbst herstellen. Sie sind autotroph. Im Gegensatz dazu werden die Lebewesen, die auf die Zufuhr organischer Substanz angewiesen sind, wie z. B. Mensch und Tier, als heterotroph bezeichnet (s. Abb. 1).

Die grünen Blätter der Pflanze sind mit Zuckerfabriken zu vergleichen. Sie produzieren aus Kohlendioxid (CO_2), Wasser (H_2O) und Lichtenergie unter Mithilfe des Blattgrüns energiereichen Traubenzucker ($C_6H_{12}O_6$). Als „Abfallprodukt" wird Sauerstoff (O_2) freigesetzt. Diesen Vorgang bezeichnet man als **Photosynthese** (Photos = Licht,

1.3.2 Photosynthese (Assimilation)

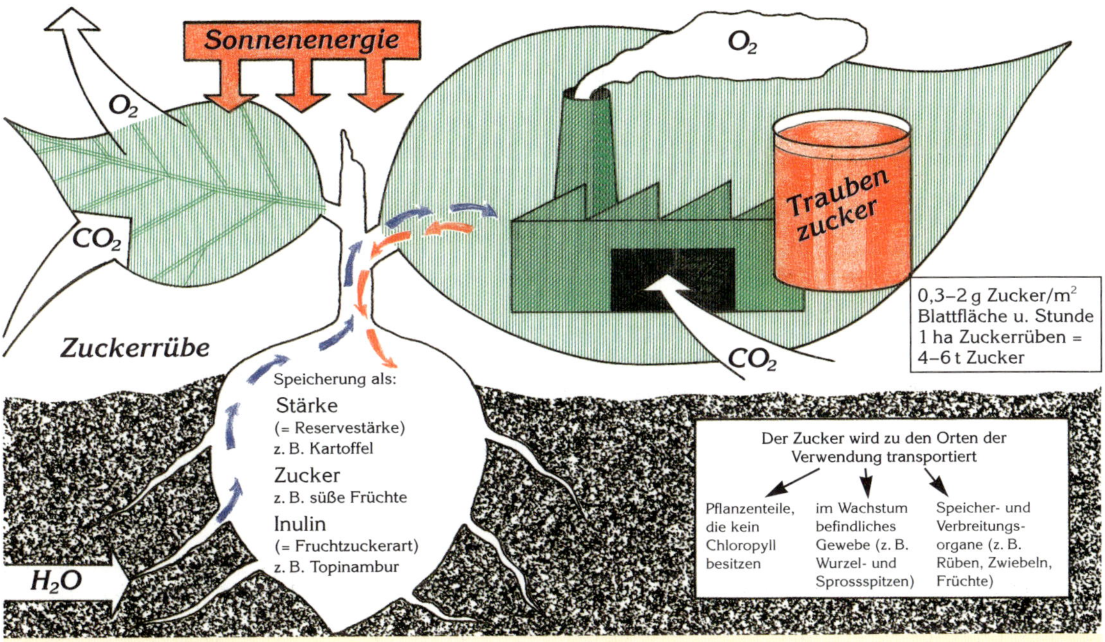

Photosynthesegleichung

$6\ CO_2$ Kohlendioxid	+	$12\ H_2O$ Wasser	+	Lichtenergie 2872 kJ (= 686 kcal)	Chlorophyll (Blattgrün) →	$C_6H_{12}O_6$ Traubenzucker	+	$6\ O_2$ Sauerstoff	+	$6\ H_2O$

Abb. 1 Blätter – grüne Zuckerfabriken mit Solarenergie

Synthese = Aufbau) oder **Assimilation** (Umwandlung von Stoffen), die dabei entstehenden Stoffe als Assimilate.

Bei der Photosynthese werden aus energiearmen anorganischen Ausgangsstoffen energiereiche organische Stoffe, **Kohlenhydrate** (bestehen aus den Elementen Kohlenstoff [C], Wasserstoff [H] und Sauerstoff [O]), aufgebaut. Die Lichtenergie der Sonne wird dabei in die chemische Energie des Traubenzuckers umgewandelt (s. Abb. 1).

Licht- und Dunkelreaktion

Die Photosynthese ist ein hochkomplizierter Prozess, der bis heute noch nicht in allen Einzelheiten geklärt ist. Photosynthese können nur grüne Pflanzenteile betreiben, da nur sie über den grünen Blattfarbstoff, das **Chlorophyll**, verfügen. Das Chlorophyll hat die einzigartige Fähigkeit, aus der Lichtstrahlung der Sonne die Energie zu entnehmen. Ein Teil dieser Energie wird auf ATP (Adenosintriphosphat), einen Energiespeicher und -träger, übertragen, der andere Teil dient zur Spaltung des aufgenommenen Wassers **(Photolyse)** in Wasserstoff und Sauerstoff. Der aus dem Wasser freigesetzte Sauerstoff wird an die Umgebung abgegeben. Aus dem Wasserstoff und dem aufgenommenen Kohlendioxid wird in einem komplizierten Prozess (so genannter Calvinzyklus) **Traubenzucker (Glukose)** aufgebaut.

Da die Energiegewinnung durch das Chlorophyll und die Wasserspaltung an Licht gebunden sind, der Traubenzuckeraufbau aber auch im Dunkeln ablaufen kann, unterscheidet man bei der Photosynthese zwischen einer **Licht- und einer Dunkelreaktion**. Voraussetzung für die Dunkelreaktion ist jedoch die Lichtreaktion, sodass die gesamte Photosynthese nur bei Licht ablaufen kann (s. Abb. 1, S. 46).

Photosynthetisches Licht

Von der Sonne kommen Strahlen unterschiedlicher Wellenlänge (s. Abb. 2). Für die Photosynthese benutzt die Pflanze nur den sichtbaren Teil der Sonnenstrahlung – die **Lichtstrahlung**. Dieser Bereich liegt zwischen 380 und 760 nm (1 nm = 10^{-6} mm = 1/1 000 000 mm). Leitet man weißes Licht durch ein Prisma, wird es entsprechend den verschiedenen Wellenlängen, aus denen es sich zusammensetzt, unterschiedlich gebrochen. Dabei wird das Licht in seine **Spektralfarben** Rot, Orange, Gelb, Grün, Blau und Violett zerlegt (Regenbogenfarben). Für die Photosynthese wird vor allem die blauviolette (440 nm) und die rotorange (660 nm) Lichtstrahlung benutzt (s. Abb. 2). Da Lampen eine andere spektrale Energieausstrahlung aufweisen als die Sonne, ist bei der Auswahl von Lampen zur **Zusatzbelichtung (Assimilationslicht)** darauf zu achten, dass sie eine für die Pflanze ausreichende spektrale Lichtverteilung aufweisen.

Entscheidend für die Stärke der Photosynthese ist nicht nur die spektrale Zusammensetzung des Lichts **(Lichtqualität)**, sondern auch die **Intensität der Lichtstrahlung**. Gemessen wird die Lichtintensität in Lux (lx) mit so genannten Luxmetern. Die volle photosynthetische Leistung wird bei 10 000 bis 40 000 Lux (normale Tageshelligkeit) erreicht.

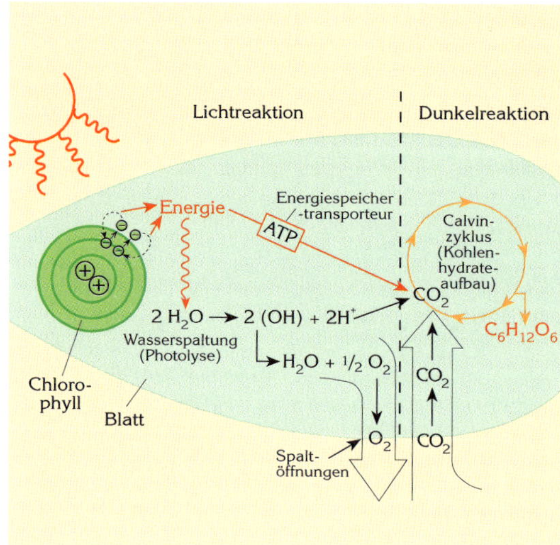

Abb. 1 Licht- und Dunkelreaktion

Traubenzucker, Energie- und Baustofflieferant

Der Traubenzucker liefert der Pflanze die zur Aufrechterhaltung ihrer Lebensvorgänge notwendige Energie und dient als Baustoff zum Aufbau aller anderen organischen Verbindungen, wie z. B. Stärke, Cellulose, Fette und Eiweiße. Der bei der Photosynthese produzierte wasserlösliche Traubenzucker wird zur Vermeidung schädlicher Zellsaftkonzentrationen sofort in wasserunlösliche Stärke umgewandelt. Diese so genannte **Assimilationsstärke** wird in der Nacht wieder in wasserlöslichen Zucker zurückverwandelt und zu den Orten des Bedarfs transportiert (s. Abb. 1, S. 45).

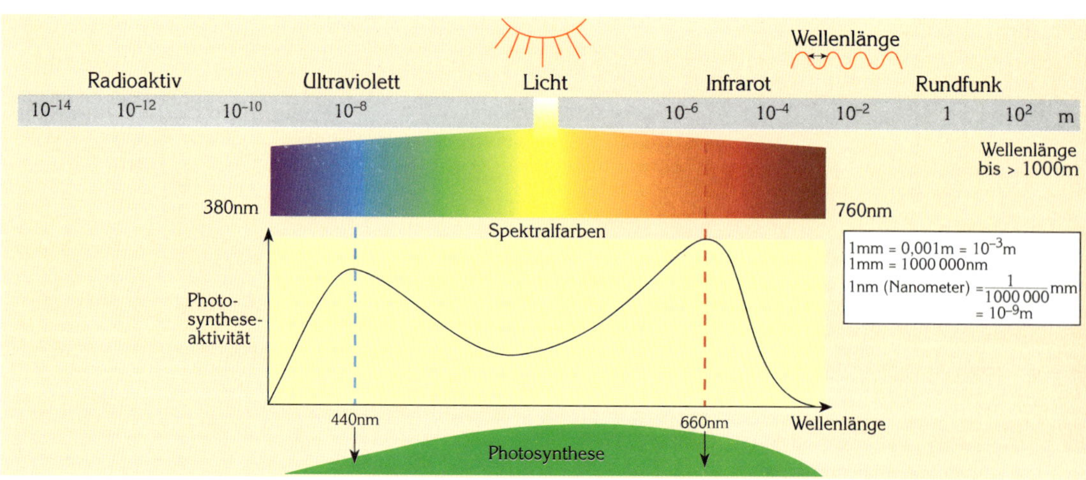

Abb. 2 Sonnenstrahlen

Bedeutung der Photosynthese für das Leben auf der Erde

Erst die Photosynthese der grünen Pflanzen vor mehr als drei Milliarden Jahren hat unsere Erde zu einem blauen Planeten und damit bewohnbar für Mensch und Tier werden lassen. Die Bedeutung der Photosynthese für das Leben auf der Erde ergibt sich aus folgenden Punkten:

1. Bei der Photosynthese wird **Sauerstoff** produziert, den Mensch und Tier zur Atmung benötigen. Pro Tag verbraucht ein Mensch etwa 700 Liter Sauerstoff. Die Pflanzen haben über drei Milliarden Jahre darauf verwandt, um die heutige Konzentration von 21 % in der Atmosphäre aufzubauen.

2. Mithilfe der Photosynthese baut die Pflanze aus anorganischen Stoffen organische Substanz auf, die Mensch und Tier direkt (s. Abb. 2) oder indirekt (z. B. Fleisch, Milch, Eier) als **Nahrung** dient.

3. Bei der Photosynthese wird die Lichtenergie der Sonne in Form von organischen Verbindungen (z. B. Zucker, Stärke, Fette, Eiweiße) gespeichert und auf diese Weise für alle anderen Lebewesen über die Nahrung zugänglich gemacht. Durch Nutzung von Kohle und Erdöl verbraucht der Mensch die vor vielen Millionen Jahren durch Pflanzen festgelegte Lichtenergie der Sonne. Die Photosynthese ist der **größte Energiespeicher und Energielieferant auf der Erde**. Nur die grünen Pflanzen können aus energiearmen Ausgangsstoffen (CO_2 und H_2O) energiereiche Verbindungen ($C_6H_{12}O_6$) aufbauen.

4. Bei der Photosynthese wird zum Aufbau organischer Substanz **Kohlendioxid verbraucht**, d. h. in den Pflanzenkörper eingebaut. Diese Festlegung wirkt einer Anreicherung in der Atmosphäre entgegen (s. S. 293). Durch Zersetzung oder Verbrennung der organischen Substanz wird das „gespeicherte" Kohlendioxid wieder freigesetzt.

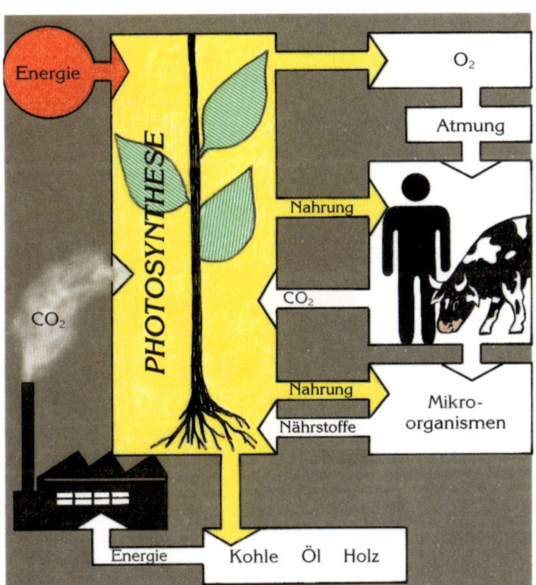

Abb. 1 Bedeutung der Photosynthese für das Leben auf der Erde

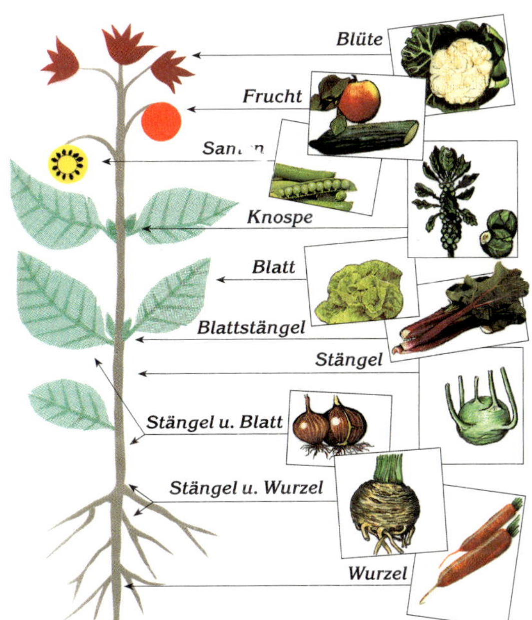

Abb. 2 Die Pflanze als Nahrungsmittelproduzent

1.3.3 Atmung (Dissimilation)

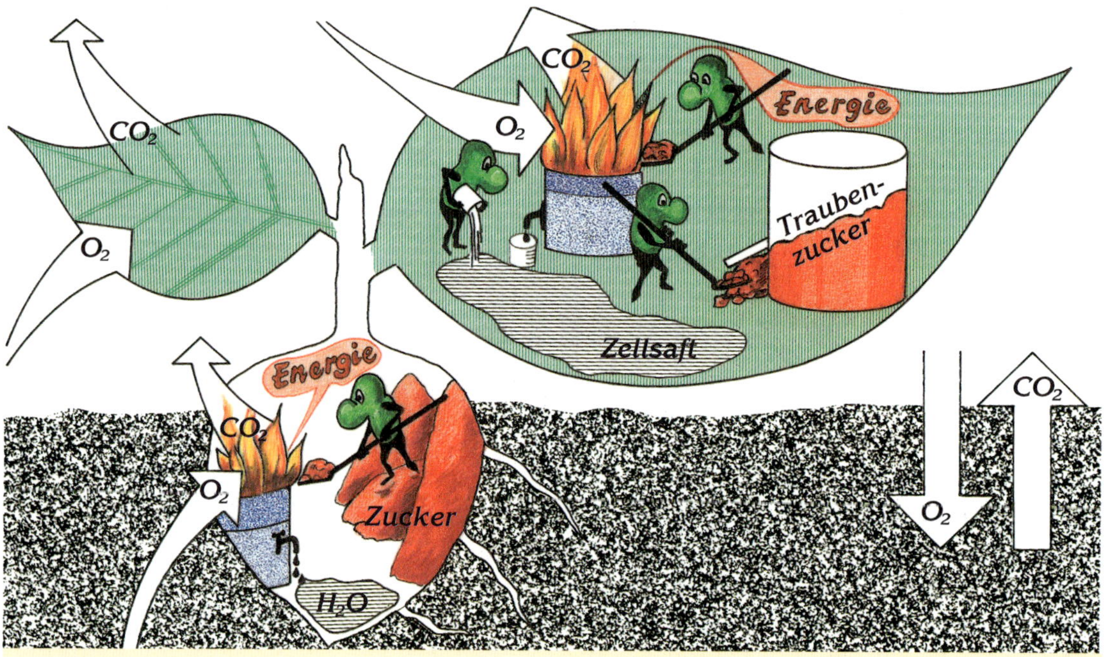

Atmungsgleichung

$C_6H_{12}O_6$ Trauben-zucker	+ $6\ O_2$ Sauerstoff	Enzyme →	$6\ CO_2$ Kohlen-dioxid	+ $6\ H_2O$ Wasser	+ Energie 2872 kJ

Abb. 1 Atmung – das „Feuer" in der Pflanze

Zur Aufrechterhaltung ihrer Lebensvorgänge benötigt die Pflanze – genau wie Mensch und Tier – Energie. Diese gewinnt sie durch die Photosynthese, indem sie die Energie des Sonnenlichts in Form von Traubenzucker speichert. Wie gelingt es nun aber der Pflanze, die im Traubenzucker gespeicherte Energie freizusetzen?

Verbrennt man ein Stück Traubenzucker, wird die Energie als Wärme frei. Auch in der Pflanze läuft so etwas Ähnliches wie eine Verbrennung ab – die Atmung. Alle Lebewesen – so auch die Pflanzen – müssen atmen, um die in organischer Substanz gespeicherte Energie in eine für sie verwertbare Form zu überführen. Bei der Atmung erfolgt der umgekehrte Vorgang wie bei der Photosynthese: Traubenzucker wird unter Aufnahme von Sauerstoff zu Kohlendioxid und Wasser abgebaut („verbrannt"), wobei die in ihm gespeicherte Sonnenenergie freigesetzt wird (s. Abb. 1). Im Gegensatz zum Würfelzucker geht die Pflanze jedoch nicht in Flammen auf, da die Verbrennung in der Pflanze durch **Enzyme (Biokatalysatoren)** gesteuert wird, sodass die Energie schrittweise freigesetzt wird.

Enzyme sind Eiweißverbindungen, die eine chemische Reaktion erst ermöglichen oder beschleunigen. Ein Teil der Energie wird in Form von Wärme abgegeben. Bei der Zersetzung organischer Substanz kann durch die Atmungstätigkeit der Bakterien eine Temperatur von 70 °C und mehr erreicht werden. Die Temperatur kann unter bestimmten Bedingungen sogar so weit ansteigen, dass eine Selbstentzündung (z. B. bei zu feucht eingelagertem Heu) stattfindet. Die **Atmungswärme**, die für die Pflanze verloren geht, ist jedoch nur ein Teil der Energie, die bei der Atmung freigesetzt wird. Der größte Teil wird zum Aufbau von **ATP (Adenosintriphosphat)**, einem Energiespeicher und -träger, genutzt. In Form von ATP wird die Energie an die Orte des Bedarfs transportiert.

Photosynthese (Assimilation)	Atmung (Dissimilation)
• nur in grünen Pflanzenteilen	• in allen lebenden Teilen
• in den Chloroplasten	• in den Mitochondrien
• nur bei Licht (Tag)	• Tag und Nacht
• Stoffaufbau	• Stoffabbau
• Speicherung der Lichtenergie	• Freisetzung der Lichtenergie
• Abgabe von Sauerstoff	• Aufnahme von Sauerstoff
• Aufnahme von Kohlendioxid	• Abgabe von Kohlendioxid
• Aufnahme von Wasser	• Abgabe von Wasser

Tab. 1 Photosynthese und Atmung im Vergleich

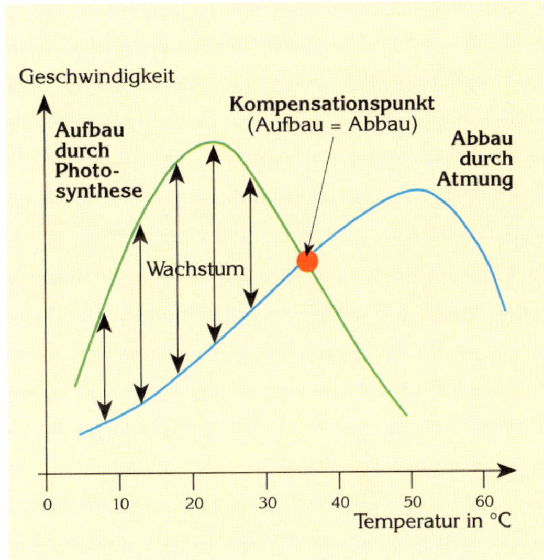

Abb. 1 Zusammenspiel Photosynthese und Atmung

Zur Versorgung der Pflanze mit Energie muss ATP laufend neu gebildet werden. Dies geschieht in den Mitochondrien, in denen die Atmung abläuft. Die Atmung findet Tag und Nacht in allen lebenden Zellen statt (s. Abb. 1, S. 48). Neben Zucker können auch Stärke und Fette sowie Eiweiße (diese nur im Hungerzustand) veratmet werden.

Es gibt auch Mikroorganismen, z. B. bestimmte Bakterien, die ohne Sauerstoff leben können. Man spricht dann von **sauerstofffeindlichen oder anaeroben Bakterien** im Gegensatz zu den **sauerstoffliebenden, den aeroben Bakterien**. Die anaeroben Bakterien gewinnen die lebensnotwendige Energie nicht durch Atmung, sondern durch Gärungsprozesse. Bei der **Gärung** erfolgt die Zersetzung der organischen Substanz ohne Sauerstoffaufnahme.

1.3.4 Photosynthese, Atmung und Temperatur im Zusammenspiel

Photosynthese und Atmung sind – wie alle Lebensvorgänge – chemische Reaktionen und werden daher in ihrer Geschwindigkeit von der Temperatur beeinflusst. Mit zunehmender Temperatur steigen Photosynthese und Atmung an (s. Abb. 1).

Für das Wachstum der Pflanzen ist dabei von entscheidender Bedeutung, dass beide Stoffwechselvorgänge durch gleiche Temperaturen unterschiedlich beeinflusst werden. Für die Photosynthese liegt das Optimum je nach Pflanzenart zwischen 20 und 30 °C. Klettert die Temperatur über das Optimum, nimmt die Photosynthese ab, die Atmung jedoch steigt. Sind Photosynthese (Stoffaufbau) und Atmung (Stoffabbau) in ihrer Intensität gleich **(Kompensationspunkt)**, kann kein Wachstum stattfinden. Ist der Stoffabbau ständig größer als der Stoffaufbau, kümmert die Pflanze und stirbt. Wachstum kann also nur erfolgen, wenn die Photosynthese stärker abläuft als die Atmung (s. Abb. 1).

Die Kenntnis über die Zusammenhänge zwischen Photosynthese, Atmung und Temperatur macht man sich im Gartenbau zunutze, indem in den Gewächshäusern über Nacht bzw. in der lichtarmen Jahreszeit (Herbst und Winter) die Temperatur abgesenkt und mit steigender Lichtintensität angehoben wird. Durch diese **lichtabhängige Temperatursteuerung** wird das Pflanzenwachstum positiv beeinflusst. Die optimale Temperatur für das Wachstum der Pflanzen hängt also von der vorhandenen Lichtintensität ab (s. Abb. 1, S. 50).

Nach dem Lichtbedürfnis kann zwischen

Schatten- (●),
Halbschatten- (◑)
und
Sonnenpflanzen (○)

unterschieden werden. Bei den Schattenpflanzen wird der Kompensationspunkt (um 200 Lux) viel früher erreicht als bei Sonnenpflanzen (um 1 000 Lux), sodass sie bereits bei relativ wenig Licht leben können.

Abb. 1 Zusammenspiel von Licht und Temperatur

1.3.5 Steuerung des Pflanzenwachstums

Die Photosynthese beeinflusst über das Pflanzenwachstum den Ertrag, die Qualität, die Kulturzeit und damit den Kulturerfolg bzw. die Wirtschaftlichkeit einer Kultur. Neben der Sorte, der Pflanzenart, dem Entwicklungsstadium der Pflanze und der Ernährung wirken sich vor allem die Lichtzusammensetzung und -intensität, die CO_2-Konzentration der Luft, die Wasserverfügbarkeit und die Temperatur auf den Ablauf der Photosynthese aus – **Wachstumsfaktoren**, die der Gärtner bei Kenntnis ihrer Wirkung gezielt zur Steuerung des Pflanzenwachstums einsetzen kann.

Durch Steigerung der **Lichtintensität** lässt sich die Photosyntheseleistung der Pflanze erhöhen. Die Geschwindigkeit der Photosynthese nimmt zunächst mit steigender Lichtintensität stark zu, verringert sich dann und erreicht schließlich im Optimum einen konstanten Wert (s. Abb. 1, S. 51). Dieses Optimum hängt jedoch von den anderen Wachstumsfaktoren ab. Als Ausgangsprodukt der Photosynthese übt neben der **Wasserverfügbarkeit** vor allem der **Kohlendioxidgehalt** der Luft einen wesentlichen Einfluss auf die Photosyntheseleistung der Pflanze aus.

Die **CO_2-Konzentration der Luft** ist mit 0,03 % (= 300 ppm) nicht optimal für die Photosynthese. Vor allem in Gewächshäusern kann es durch den CO_2-Entzug der Pflanzen und den behinderten Luftaustausch zu einem Mangel an Kohlendioxid kommen. Entsprechend kann durch eine Erhöhung der CO_2-Konzentration (auf 400 bis 3 000 ppm) die photosynthetische Leistung der Pflanzen gesteigert werden. In der gärtnerischen Praxis bedient man sich dazu der künstlichen **CO_2-Begasung (CO_2-Düngung)**. Die Wirkung der CO_2-Begasung nimmt mit steigender Lichtintensität zu (s. Abb. 2, S. 51). Daher kann besonders an hellen Tagen ein zusätzliches CO_2-Angebot das Pflanzenwachstum verbessern.

Ein anderer begrenzender Wachstumsfaktor ist die **Temperatur**. Bei niedriger Lichtintensität und steigender Temperatur bleibt die Photosyntheseleistung der Pflanze praktisch unverändert. Hier ist das Licht der begrenzende Wachstumsfaktor. Daneben bewirkt die Temperaturerhöhung eine Steigerung der Atmungsintensität, sodass es zu einer Hemmung des Pflanzenwachstums und gegebenenfalls zu einer Unterschreitung des Kompensationspunktes kommen kann (s. S. 49). Bei hoher Lichtintensität ist hingegen die Temperatur der begrenzende Wachstumsfaktor, sodass eine Temperaturerhöhung die Photosynthese fördert. Wird das Temperaturoptimum überschritten, kommt es zu einer schnellen Abnahme der Photosynthese (s. Abb. 3, S. 51).

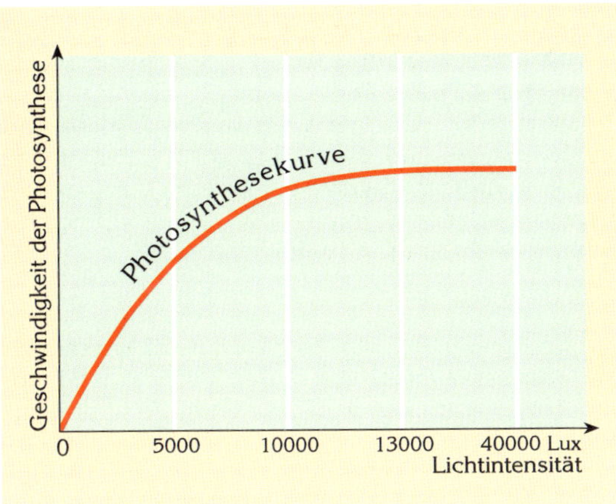

Abb. 1 *Einfluss steigender Lichtintensität auf die Photosynthese*

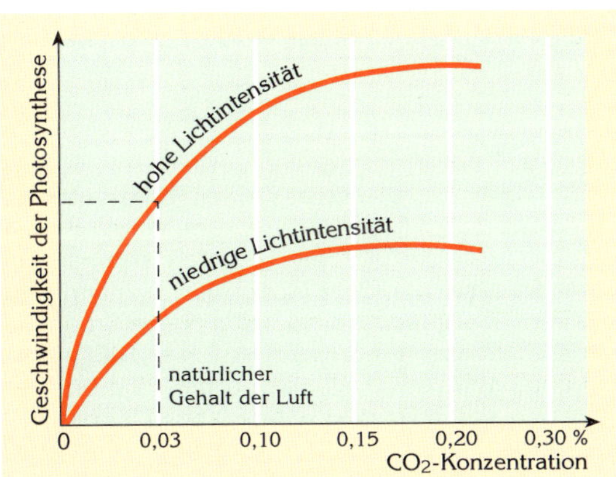

Abb. 2 *Einfluss steigender CO_2-Gehalte der Luft bei unterschiedlicher Lichtintensität auf die Photosynthese*

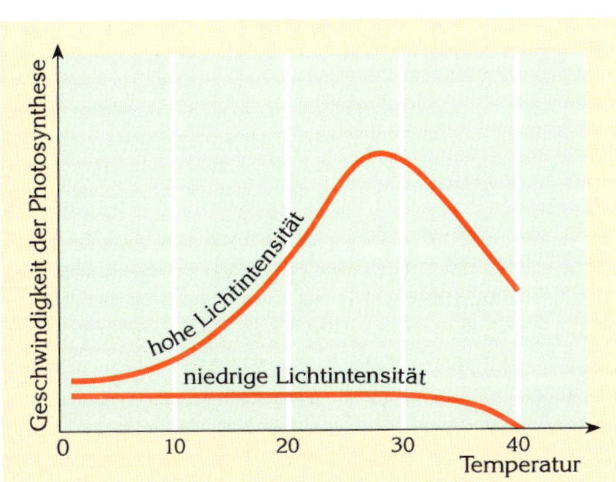

Abb. 3 *Einfluss steigender Temperaturen bei unterschiedlicher Lichtintensität auf die Photosynthese*

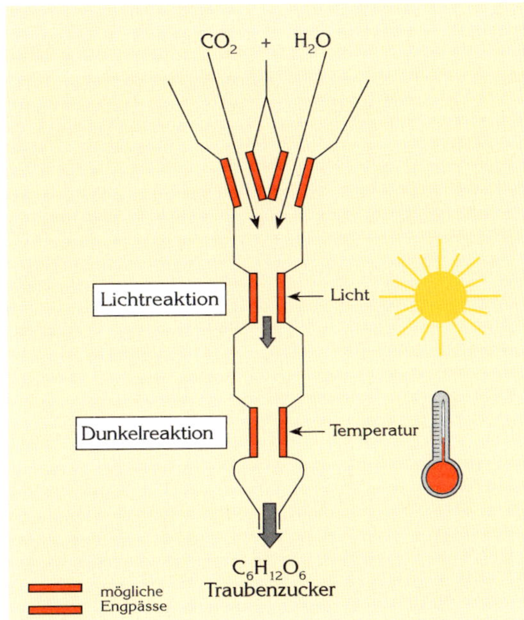

Abb. 4 *Der Ablauf der Photosynthese wird von zahlreichen Faktoren beeinflusst*

Die Wachstumsfaktoren Wasser, Kohlendioxid, Licht und Temperatur beeinflussen sich gegenseitig in ihrer Wirkung auf die Photosynthese, sodass bei der Steuerung des Pflanzenwachstums nicht einzelne Wachstumsfaktoren isoliert betrachtet werden können, sondern im Zusammenwirken mit den anderen Wachstumsfaktoren gesehen werden müssen (s. Abb. 4).

1.3.6 Der Wasserhaushalt der Pflanzen

Die meisten Pflanzen, vor allem die krautigen, bestehen zu 80 bis 95 % aus Wasser. Es ist für alle Stoffwechselvorgänge unentbehrlich und dient als **Lösungs- und Transportmittel von Nährsalzen**, zur **Festigung des Pflanzengewebes** (Turgor) und zur **Temperaturregulierung** (Verdunstungskälte).
Vor mehr als 500 Millionen Jahren gelang den Pflanzen der Übergang vom Wasser zum Land. Dieser Übergang brachte grundlegende Veränderungen für den Wasserhaushalt der Pflanzen mit sich. Es mussten Wasser aufnehmende (Wurzel), Wasser leitende (Sprossachse) und Wasser abgebende Organe (Blätter) entwickelt werden. Entsprechend wird der Wasserhaushalt der Pflanzen durch Wasseraufnahme, Wasserleitung und Wasserabgabe bestimmt.

Wasseraufnahme

Wie nimmt die Pflanze mit ihren Wurzelhaaren das Wasser auf? Um diesen Vorgang zu verstehen, muss der Begriff der **Diffusion** erklärt werden. Schauen Sie sich dazu folgenden Versuch an: Zwischen zwei mit Wasser gefüllten Gefäßen befindet sich eine durchlässige Wand. In das eine Gefäß werden viele Nährstoffe gegeben, in das andere nur wenige. Die Folge ist: Wir haben zwei unterschiedlich konzentrierte Lösungen. Mit der Zeit werden nun Nährstoffe aus der höher konzentrierten Lösung in die niedriger konzentrierte wandern. Dies erfolgt so lange, bis ein Konzentrationsausgleich stattgefunden hat, d. h. beide Lösungen gleich hoch konzentriert sind. **Den selbständig erfolgenden Konzentrationsausgleich zwischen zwei unterschiedlich konzentrierten Lösungen bezeichnet man als Diffusion (s. Abb. 1).**

Im Bodenwasser befinden sich gelöste Nährstoffe. Wir sprechen deshalb von einer **Bodenlösung**. Auch die Vakuolen der Pflanzenzellen enthalten Wasser mit gelösten Stoffen. Diese Lösung bezeichnet man als **Zellsaft**. Der Zellsaft enthält eine größere Menge an gelösten Stoffen als die Bodenlösung und ist damit höher konzentriert. Da die **Zellwand** der Pflanzenzelle für Wasser und darin gelöste Nährstoffe durchlässig ist, müssten nun bei Kontakt zwischen Wurzelhaarzelle und Bodenlösung die in der Pflanzenzelle gelösten Nährstoffe in den Boden wandern. Dieser Konzentrationsausgleich erfolgt aber nicht, weil sich innerhalb der Zelle die **Plasmahaut** an die Zellwand anlegt. Diese lässt zwar das Wasser hindurchdiffundieren, aber nicht die darin gelösten Nährstoffe. Sie ist also im Gegensatz zur Zellwand nur **halbdurchlässig (semipermeabel)**. Damit es nun aber trotzdem zu einem Konzentrationsausgleich kommen kann, diffundiert das Wasser aus der niedriger konzentrierten Bodenlösung (niedriger osmotischer Wert oder Druck) in die höher konzentrierte Lösung (höherer osmotischer Wert oder Druck), also in die Pflanzenzelle. Dadurch wird der Zellsaft verdünnt, die Konzentration sinkt. Dabei wird der

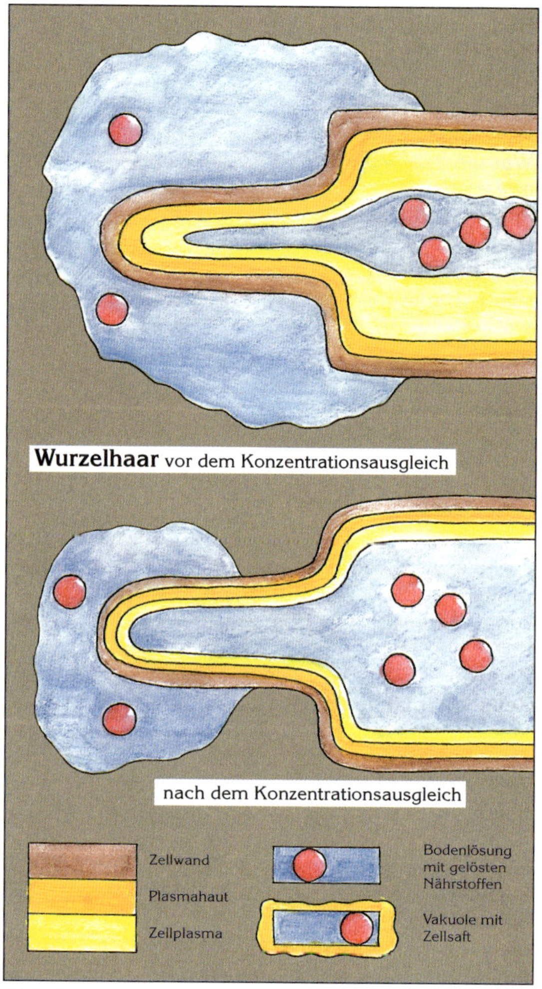

Abb. 2 Wasseraufnahme durch Osmose

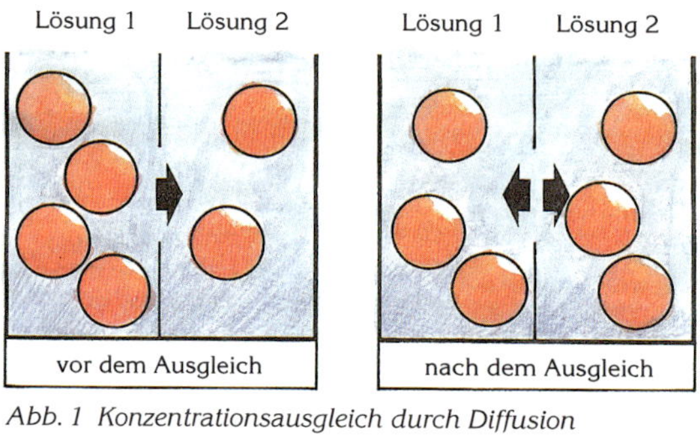

Abb. 1 Konzentrationsausgleich durch Diffusion

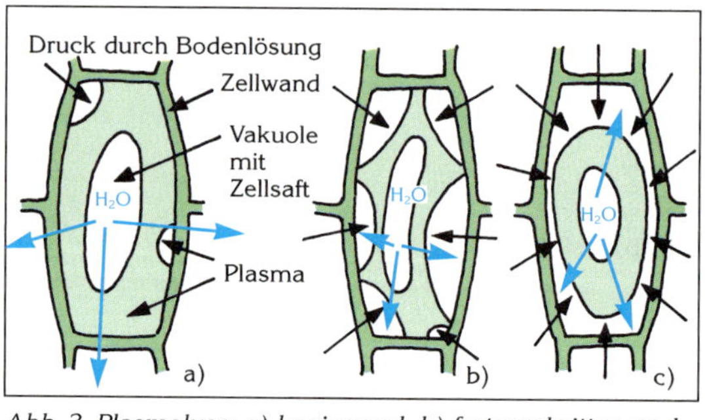

Abb. 3 Plasmolyse: a) beginnend, b) fortgeschritten und c) vollendet

Bodenlösung Wasser entzogen, sodass hier die Konzentration steigt. Dieser Vorgang verläuft so lange, bis ein Konzentrationsausgleich stattgefun den hat. Da jedoch die Pflanze ständig Wasser verdunstet und aus dem Boden immer wieder Wasser zur Wurzel nachläuft, kommt es nie zu einem Konzentrationsausgleich. Somit kann die Pflanze fortwährend Wasser aufnehmen. **Die Diffusion von Wasser durch eine semipermeable (halbdurchlässige) Membran bezeichnet man als Osmose.** Die Pflanze nimmt also Wasser durch Osmose auf (s. Abb. 2, S. 52)!

Durch die Wasseraufnahme nimmt der Zellsaft an Volumen zu, sodass er über das Plasma einen Druck auf die Zellwand ausübt. Diesen Zellinnendruck nennt man **Turgor oder Turgordruck**. Er führt, ähnlich wie bei einem Luftballon die Luft, dazu, dass krautige Pflanzenteile gefestigt werden. Bei Wassermangel verlieren diese Pflanzen ihre Festigkeit. Sie werden schlaff und welken. Eine prall mit Wasser gefüllte Zelle bezeichnet man als **turgeszent**. Eine solche Zelle kann kein Wasser mehr aufnehmen, da bei ihr der **Wanddruck der Zellwand** gleich der **osmotischen Saugkraft der Zelle** (osmotischer Wert bzw. Druck) ist, sodass kein Wasser mehr in die Zelle diffundieren kann. Der Wanddruck verhindert damit ein Platzen der Zelle durch ständige Wasseraufnahme bei gehemmter Transpiration.

Ist die Bodenlösung durch **Überdüngung oder Versalzung** höher konzentriert als der Zellsaft, kommt es zur **umgekehrten Osmose**. Das Wasser diffundiert aus der Zelle heraus und das durch Verdunstung abgegebene Wasser kann nicht mehr ersetzt werden. Deswegen nimmt der **Turgordruck** ab. Die Blätter der Pflanze werden schlaff und beginnen zu **welken**. Der abnehmende Turgordruck führt dazu, dass sich die Plasmahaut von der Zellwand abzulösen beginnt. Die Ablösung der Plasmahaut von der Zellwand bezeichnet man als **Plasmolyse**. Solange die Plasmahaut noch nicht vollständig von der Zellwand abgelöst ist, kann der Vorgang der Plasmolyse durch Wassergaben (Verdünnung der Bodenlösung!) wieder rückgängig gemacht werden. Sobald aber die Plasmahaut vollständig von der Zellwand abgelöst ist, können auch Wassergaben die Zelle nicht mehr retten, sie stirbt. Die Blätter „verbrennen" (s. Abb. 3, S. 52).

Wasserleitung

Das Wasser wird von der Wurzel über **Osmose** aufgenommen. Wie aber gelangt das Wasser aus der Wurzel bis in die höchsten Wipfel der Bäume? Um das Wasser gegen die Anziehungskraft der Erde aus den Wurzeln bis in die Blätter – manchmal bis zu 150 m hoch – zu transportieren, müssen verschiedene Kräfte aufgewendet werden. Die **Transpiration** der Blätter ist der „Motor" des Wassertransportes. Die Blätter geben an die Luft Wasser in Form von Wasserdampf ab. Diesen Vorgang nennt man **Verdunstung oder Transpiration**. Vor allem die äußersten Blattzellen verlieren durch Verdunstung Wasser. Da ihr Zellsaft dadurch stärker konzentriert wird als in den dahinter liegenden Zellen, ersetzen sie aus diesen über Osmose das verlorene Wasser. Die des Wassers beraubten Zellen verfahren in gleicher Weise. Dies setzt sich bis zu den Leitbahnen der Sprossachsen fort. Hier entsteht, durch die Transpiration der Blätter hervorgerufen, ein Sog. Neben diesem **Transpirationssog** wirken die **Kapillarkräfte** der wasserleitenden Gefäße beim Aufsteigen des Wassers mit.

Die Kapillarkräfte setzen sich zusammen aus der **Kohäsion** und der **Adhäsion**. Die Kohäsionskraft, neben dem Transpirationssog die wichtigste Kraft in den Gefäßen, bewirkt den Zusammenhalt der Wassermoleküle, sodass das Wasser in einem zusammenhängenden Wasserfaden in den Gefäßen hochgezogen wird. Durch Verletzungen eindringende Luftblasen können den Wasserfaden unterbrechen und damit den Wassertransport hemmen. Die Adhäsionskräfte bewirken das Anheften der Wassermoleküle an den Gefäßwänden. Die an den wasserleitenden Gefäßen angrenzenden **Endodermiszellen** (s. Abb. 1, S. 54) pressen das Wasser aus der Wurzel aktiv in den Zentralzylinder.

Diesen Vorgang bezeichnet man als **Wurzeldruck**. Er ist im Frühjahr am stärksten und bewirkt das Füllen der Gefäße vor dem Laubaustrieb sowie das so genannte „Bluten" abgeschnittener Pflanzenteile, vor allem bei Gehölzen. In der Wurzel führt der Wasserverlust genau wie im Blatt zum Aufbau eines Konzentrationsgefälles. In den Endodermiszellen wird durch diese aktive Wasserabgabe der Zellsaft stärker konzentriert als in den dahinter liegenden Zellen. Somit haben sie die Möglichkeit, ihr verlorenes Wasser durch Osmose zu ersetzen. Die des Wassers beraubten Zellen verfahren ebenso. Dieser Vorgang setzt sich bis in die Wurzelhaarzellen fort, die wiederum ihren Verlust aus dem Bodenwasser decken. Auf diese Weise wird das durch die Transpiration der Pflanzen abgegebene Wasser ständig über die Wurzel aus dem Boden ersetzt. Im Boden entsteht dadurch ein Wasserstrom zur Wurzel, durch den die gelösten Nährstoffe zur Pflanzenwurzel transportiert werden (s. Abb. 3, S. 52).

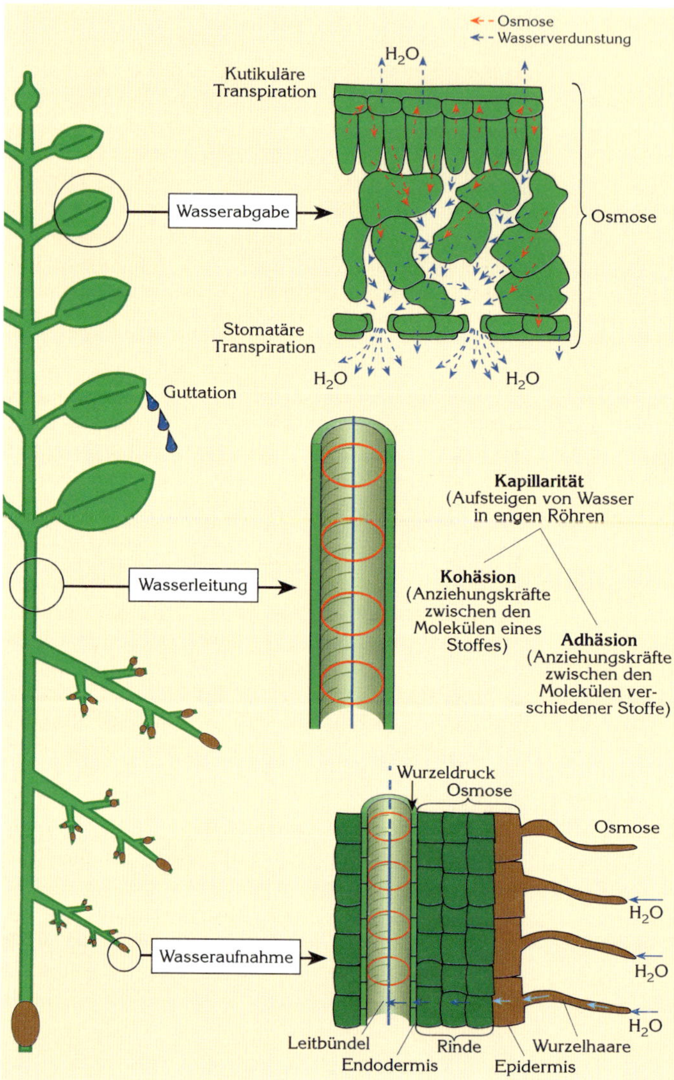

Abb. 1 Der Wasserhaushalt der Pflanzen

Abb. 2 Die Spaltöffnungen regulieren die Wasserabgabe und den Gasaustausch der Pflanze

Wasserabgabe

Bei der **Transpiration (Verdunstung)** geben die Pflanzen Wasserdampf ab. Bei der Umwandlung des Wassers von der flüssigen zur dampfförmigen Form ist Energie erforderlich, die der Umgebung entzogen wird. Die dabei stattfindende Abkühlung wird als **Verdunstungskälte** bezeichnet. Sie verhindert eine Überhitzung der Pflanze. Die Transpiration erfolgt durch Öffnen und Schließen der **Spaltöffnungen (Stomata)**, in geringerem Umfang aber auch durch die Kutikula des Blattes. Die **stomatäre Transpiration** ist mengenmäßig (über 90 % der Wasserverdunstung) die größte und wichtigste Wasserabgabe der Pflanze. Da durch die Spaltöffnungen auch der Gasaustausch stattfindet, beeinflussen sie zudem die Kohlendioxid- und Sauerstoffversorgung der Pflanze.

Die Wasserabgabe erfolgt durch die an die Interzellularen angrenzenden Zellen – also im Innern des Blattes. Aus den Interzellularen diffundiert der Wasserdampf durch die Spaltöffnungen ins Freie (s. Abb. 1). Dabei ist die Höhe der Transpiration von der **Lichtintensität**, der **relativen Luftfeuchtigkeit**, der **Temperatur** und der **Luftbewegung** abhängig. Wasserdampf kann nur abgegeben werden, wenn die Luft nicht mit Wasserdampf gesättigt ist. Je wärmer die Luft, umso mehr Wasserdampf kann sie aufnehmen. Durch Luftbewegungen wird die Verdunstung erhöht, da die mit Wasserdampf gesättigte Luft vor den Spaltöffnungen entfernt und trockenere Luft herangeführt wird. Die Öffnung/Schließung der Spaltöffnungen steuert die Pflanze über die Veränderung des Turgordruckes in den Schließzellen (s. Abb. 2, S. 54). Die Verdunstung der Pflanzen ist beachtlich. So gibt eine Sonnenblume etwa 1 Liter pro Tag, eine ausgewachsene Buche 400 bis 500 Liter ab. Im Durchschnitt werden von der Pflanze 98 % des aufgenommenen Wassers wieder abgegeben. Deshalb spielt die Transpiration der Pflanzen eine wichtige Rolle im **Wasserkreislauf der Erde** (s. S. 130). Bei nicht ausreichender Transpiration infolge hoher relativer Luftfeuchtigkeit können Pflanzen durch **Guttation** Wasser abgeben. Guttation ist die Abgabe von flüssigem Wasser in Tröpfchenform durch kleine **Wasserspalten (Hydathoden)** in den Blättern.

Anpassung an den Wasserhaushalt des Standortes

Außer bei den Wasserpflanzen (**Hydrophyten**) ist Wasser häufig der Faktor, der das Pflanzenwachstum begrenzt. Da Pflanzen keinen Standortwechsel vornehmen können, müssen sie sich den Wasserverhältnissen an den jeweiligen Standorten anpassen:

Hygrophyten sind Pflanzen feuchter Standorte. Dort haben sie genügend Wasser zur Verfügung, sodass sie die Verdunstung nicht einschränken müssen. Merkmale der Hygrophyten sind:
- große, weiche Blätter
- schwach ausgebildete Epidermis und Kutikula
- behaarte Blätter (lebende Haare!) zur Erhöhung der Verdunstung (Oberflächenvergrößerung!)
- hervorgehobene Spaltöffnungen, da Luftbewegungen die Transpiration fördern

Xerophyten sind Pflanzen trockener Standorte, wie z. B. Oleander. Sie können ihre Transpiration verringern durch:
- eingesenkte Spaltöffnungen
- behaarte Blätter (tote Haare!) zur Schaffung wasserdampfgesättigter Räume
- Verkleinerung der Blattfläche
- besonders starke Ausbildung der Epidermis (häufig mehrschichtig) und Kutikula (lederartige Blätter)
- verdickte, fleischige Blätter (Wasserspeicherung!)

1.3.7 Nährstoffaufnahme

Die Pflanze kann zwar das Wasser über Osmose aufnehmen, nicht aber die Nährstoffe. Wie gelangen also die Nährstoffe in die Pflanze? Durch die Plasmahaut können sie nicht hindurchdiffundieren, sie können aber hindurchtransportiert werden. Man geht davon aus, dass sich in der Plasmahaut organische Moleküle befinden, die wie eine Fähre von einem zum anderen Ufer in der Plasmahaut hin und her pendeln. Dabei transportieren sie die Nährstoffe von der Außenseite der Plasmahaut zur Innenseite, also in die Zelle hinein. Da der Zellsaft in den Wurzelhaarzellen höher konzentriert ist als die Bodenlösung, müssen die Nährstoffe entgegen einem Konzentrationsausgleich befördert werden. Anders als bei der Wasseraufnahme kommt es bei der Nährstoffaufnahme nicht zu einem Konzentrationsausgleich, sondern zu einer weiteren Konzentrationserhöhung in der Zelle. Für diesen Transport benötigt die Pflanze Energie. Diese entnimmt sie dem Zucker, den die Blätter aufbauen und in die Wurzel leiten. Um die Energie des Zuckers in eine für sie verwertbare Energieform zu überführen, muss die Wurzel den Zucker verbrennen, d. h., sie muss atmen (s. S. 48). Entsprechend sollte der Boden locker sein, da nur so genügend sauerstoffreiche Luft hineingelangen kann. Auch darf der Boden nicht zu nass sein, da sonst alle Bodenhohlräume mit Wasser gefüllt sind. Der Sauerstoff kann dann nicht mehr in den Boden eindringen. Ein zu trockener Boden ist auch nicht ideal, da dann die Wasseraufnahme, aber auch der Nährstofftransport zur Wurzel gehemmt wird. Es kommt also darauf an, einen Boden nicht zu nass und nicht zu trocken, sondern gleichmäßig feucht zu halten (s. Abb. 1, S. 56).

1.3.8 Vegetatives und generatives Wachstum

Bei der Pflanze kann man zwischen dem vegetativen und dem generativen Wachstum unterscheiden. Das **vegetative Wachstum** (vegetative oder ungeschlechtliche Entwicklung) dient der Ernährung der Pflanze und umfasst das Wurzel- und Sprosswachstum. Das **generative Wachstum** (generative oder geschlechtliche Entwicklung) dient der Fortpflanzung der Pflanze und umfasst die Blüten-, Frucht- und Samenbildung (s. Abb. 2, S. 56).

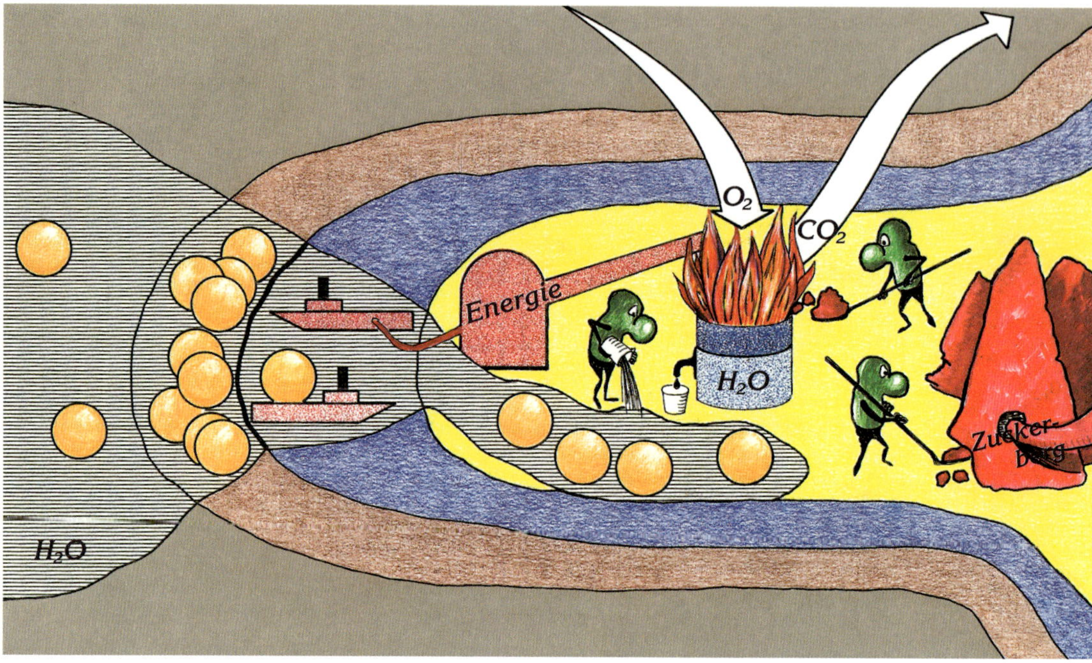

Abb. 1 Nährstoffaufnahme durch ein Wurzelhaar

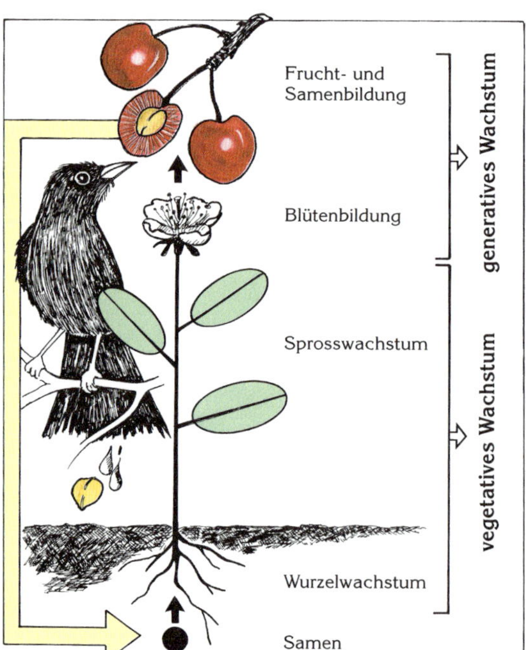

Abb. 2 Das vegetative und generative Wachstum einer Pflanze

Mitose (Äquationsteilung)

Zellen vermehren sich durch Teilung. Die **Zellteilung (Mitose)** bildet die Grundlage für das Wachstum der Pflanze. Bei der Mitose gehen aus einer Zelle, der Mutterzelle, zwei Tochterzellen hervor. Diese strecken sich bis zur Größe der Mutterzelle und teilen sich dann ebenfalls usw. Die Tochterzellen besitzen die gleichen Erbanlagen wie die Mutterzelle, sodass sie mit dieser völlig identisch sind. Damit der Zellkern der Mutterzelle die genetische Information (DNS) an beide Tochterzellen weitergeben kann, muss er vor Beginn der Zellteilung seine genetische Information verdoppeln. Entsprechend kommt es vor der Zellteilung zur Bildung zweier völlig identischer DNS im Zellkern (identische Reduplikation der DNS). Bei der nachfolgenden Chromosomenhalbierung werden diese dann auf die beiden Tochterzellen verteilt. Dazu ordnen sich die Träger der Erbanlagen, die Chromosomen, in einer Reihe in der Mitte der Zelle, der Äquatorialebene, an. Anschließend werden die Chromosomen durch Längsteilung (Trennung der verdoppelten DNS) halbiert, sodass jede Tochterzelle die gleiche Chromosomenzahl wie die Mutterzelle erhält. Die mehrere Stunden dauernde Mitose kann in fünf Phasen eingeteilt werden: die Interphase, die Prophase, die Metaphase, die Anaphase und die Telophase (s. Abb. 1, S. 57).

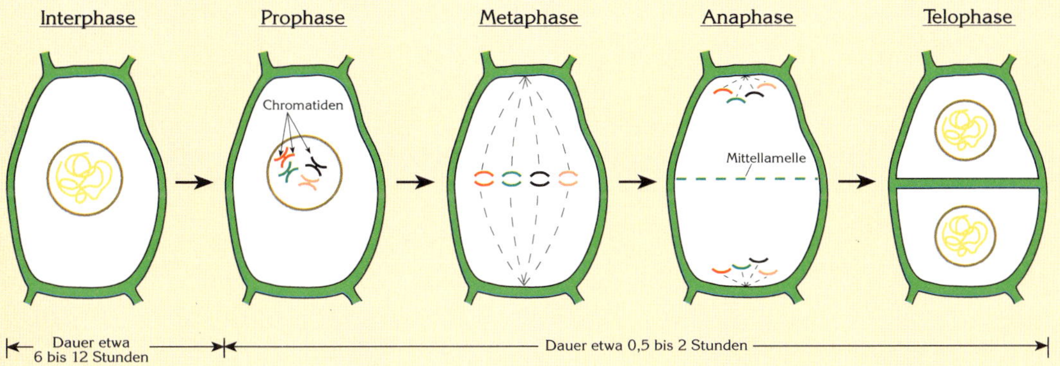

Interphase
- Chromosomen liegen als unsichtbares Fadenwerk (Chromatin) vor
- Verdoppelung der genetischen Substanz (Kopie des Originals)

Prophase
- Aus dem Chromatin entwickeln sich fadenförmige Gebilde, die Chromosomen
- Chromosomenspalthälften (Chromatiden) werden sichtbar

Metaphase
- Kernmembran löst sich auf
- Anordnung der Chromosomen in der Äquatorialebene
- Trennung der Chromosomenspalthälften

Anaphase
- Die Spindelfasern ziehen die Chromatiden (Tochterchromosomen) zu den Polen
- Es bildet sich eine neue Zellwand

Telophase
- Chromosomen lösen sich zum Chromatingerüst auf und umgeben sich mit einer neuen Kernmembran
- Die neue Zellwand ist fertig, sodass zwei neue Zellen entstanden sind

Abb. 1 Die Mitose oder Äquationsteilung

Blütenbildung

Die vegetative Entwicklung einer Pflanze kann je nach Pflanzenart einige Wochen bis zu mehrere Jahre dauern, bevor sie ihre genetisch festgelegte **Blühreife** erreicht. Die **Blütenanlegung** (Blüteninduktion) hängt daneben bei einer Reihe von Pflanzen von zusätzlichen Umweltbedingungen ab, wie Zeiten niedriger Temperaturen (→ Vernalisation) und bestimmter Tageslängen (→ Photoperiodismus).

Vernalisation

Unter Vernalisation versteht man die **Herbeiführung der Blühreife durch eine Kältebehandlung**. Pflanzen, die zur Blüteninduktion eine Periode niedriger Temperaturen benötigen, sind z. B. zweijährige Pflanzen und viele einjährig überwinternde Pflanzen (Winterannuelle), s. S. 70.

Photoperiodismus

Bei vielen Pflanzen kann durch die tägliche Lichtdauer **(Photoperiode)** eine blühauslösende oder blühhemmende Wirkung ausgelöst werden. Die Abhängigkeit des vegetativen und generativen Wachstums von der täglichen Lichtdauer bezeichnet man als **Photoperiodismus**. Die jeweilige Tageslänge, die mindestens über- bzw. unterschritten werden muss, damit eine Pflanze vegetativ oder generativ wächst, wird als **kritische Tageslänge** bezeichnet. Nach ihrer unterschiedlichen Reaktion lassen sich Pflanzen in verschiedene Gruppen einteilen:

Kurztagpflanzen sind Pflanzen, die zum Blühen kommen, wenn die kritische Tageslänge (meistens 12 Stunden) unterschritten wird, z. B. Dendranthema x grandiflorum (alter Name Chrysanthemum-Indicum-Hybriden), Euphorbia pulcherima, Kalanchoe blossfeldiana. In der Natur wachsen diese Pflanzen im Sommer vegetativ und im Herbst generativ (s. Abb. 1, S. 58).

Langtagpflanzen sind Pflanzen, die zum Blühen kommen, wenn die kritische Tageslänge (meistens 14 Stunden) überschritten wird, z. B. Fuchsia-Hybriden, Callistephus chinensis, Delphinium-Hybriden. In der Natur blühen diese Pflanzen im Sommer (s. Abb. 1, S. 58).

Kurz-Langtagpflanzen sind Pflanzen, die zum Blühen kommen, wenn auf eine Periode von Kurztagen Langtage folgen (z. B. Campanula medium, Pelargonium-Grandiflorum-Hybriden). Pelargonium-Grandiflorum-Hybriden, die normalerweise Ende April zum Blühen kommen (Muttertag!), benötigen zur Blüteninduktion mindestens 60 Kurztage und zum Aufblühen Tageslängen über 12 Stunden.

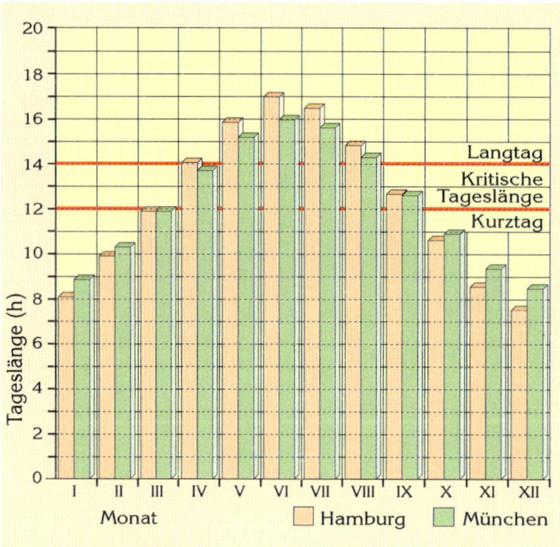

Abb. 1 Natürlicher Kurz- und Langtag

Lang-Kurztagpflanzen sind Pflanzen, die zum Blühen kommen, wenn auf eine Periode von Langtagen Kurztage folgen (z. B. Kalanchoe laxiflora).

Tagneutrale Pflanzen sind Pflanzen, die unabhängig von der jeweiligen Tageslänge zum Blühen kommen (z. B. Cyclamen persicum, Hibiscus rosa-sinensis, Saintpaulia ionantha).

Steuerung photoperiodisch reagierender Pflanzen

Die Steuerung photoperiodisch reagierender Pflanzen erfolgt über die Verlängerung (Belichtung der Pflanzen) bzw. Verkürzung (Verdunkelung der Pflanzen) der Tageslänge. Die photoperiodische Belichtung geschieht mit Glühlampen, die für diese Zwecke besonders gut geeignet sind. Die Belichtung in der Nacht als **Störlicht** (Nachtunterbrechung) ist besonders wirkungsvoll. Zur Kostenersparnis wird sie als **Intervallbeleuchtung** eingesetzt (z. B. 2 Minuten Licht und 8 Minuten Dunkelheit). Bei einer Tagesverlängerung um eine Stunde würde die notwendige Belichtung dementsprechend nur 12 Minuten betragen.
Die kritische Tageslänge kann häufig auch durch andere Umwelteinflüsse, z. B. Temperatur, beeinflusst werden. So kommen Begonia-Lorraine-begonien-Hybriden und Schlumbergera truncata bei niedrigen Temperaturen (etwa 15 °C) unabhängig von der Tageslänge zur Blüte. Bei hohen Temperaturen verhalten sie sich hingegen wie Kurztagpflanzen.

1.3.9 Bestäubung

Unter Bestäubung versteht man bei den Pflanzen die Übertragung von **Pollen** (Blütenstaub) auf die Narbe einer Blüte. Sie ist die Voraussetzung für die Befruchtung der Pflanze (s. S. 62). Beim Pollen handelt es sich um eine mit einer festen Wand umgebenen Zelle. Von den über 250 000 Blütenpflanzen besitzt jede Art ihre ganz spezielle Pollenform, sodass jede Pflanzenart anhand ihres Pollens identifiziert werden kann. Der Pollen ist sozusagen der „Fingerabdruck" einer Pflanze.

Selbst-, Nachbar- und Fremdbestäubung

Bei der Bestäubung wird unterschieden zwischen:

Selbstbestäubung
Bei der Selbstbestäubung gelangt der Pollen einer zwittrigen Blüte auf die Narbe derselben Blüte.

Nachbarbestäubung
Bei der Nachbarbestäubung gelangt der Pollen einer Blüte auf die Narbe einer anderen Blüte derselben Pflanze.

Fremdbestäubung
Bei der Fremdbestäubung gelangt der Pollen einer Blüte auf die Narbe einer Blüte einer anderen Pflanze der gleichen Pflanzenart (s. Abb. 1, S. 59).

Windbestäubung (Windblütigkeit)

Kennzeichen der Windblütler sind **unscheinbare Blüten**. Blütenblätter, Nektarien und Duftdrüsen fehlen bzw. sind verkümmert. Die glatte und trockene Oberfläche der Pollen führt zu einer guten Ausstreuung und verhindert ein Zusammenkleben der einzelnen Pollen (staubige Pollen). Die kleinen und leichten Pollen der Windblütler besitzen eine **hohe Schwebefähigkeit**, sodass sie durch den Wind Hunderte von Kilometern transportiert werden können. Der Pollen der Nadelhölzer besitzt zusätzliche Luftsäckchen, mit denen er mehrere tausend Meter in die Luft emporsteigen kann. Die meisten Kätzchenblütler sind Windblütler. Eine Ausnahme ist z. B. die Weide, die auch Nektar ausbildet und von Insekten bestäubt wird. Die hängenden Kätzchen der Windblütler können sehr gut vom Wind bewegt werden. Bereits leichte Erschütterungen verbreiten Staubwolken aus Pollen in der Luft. Etwa 20 % der europäischen Bäume sind Windblütler, z. B. Nadelgehölze, Birke, Buche, Eiche, Erle, Esche, Haselnuss, Pappel, Ulme, aber auch Gräser, Getreide, Wegerich, Brennnessel, Rhabarber, Sauerampfer und viele andere mehr. Die Windbestäubung kommt vor allem bei Pflanzen nördlicher

Abb. 1 Selbstbestäubung (1), Nachbarbestäubung (2), Fremdbestäubung (3)

Abb. 2 Blütensporne (Rittersporn), Blütenröhren (Indianernessel)

Abb. 3 Saftmale weisen den Insekten den Weg zum Nektar (Aesculus hippocastanum)

Gebiete vor, wo der Sommer nur kurz ist und die Insekten rar sind.

Wasserbestäubung (Wasserblütigkeit)

Bei der Wasserbestäubung der Wasserblütler werden die Pollen mit der Strömung des Wassers verteilt. Die Wasserblütigkeit kommt nur bei einigen untergetaucht lebenden Arten vor (z. B. Seegras). Die meisten Wasserpflanzen sind Insektenblütler (z. B. Seerose, Lotus und Wasserknöterich).

Tierbestäubung (Tierblütigkeit)

Vögel und Fledermäuse

In tropischen Gebieten, wie auch bei den Kakteen der Wüsten, kommt der Bestäubung durch Vögel eine große Bedeutung zu. Angelockt werden diese durch **auffallende Farben** und **reichliche Nektarproduktion**. Beim Trinken des Nektars stäuben sie ihren Kopf mit Pollen ein und bestäuben so beim nächsten Besuch eine weitere Blüte. Auch andere Tiere, z. B. Affen, übertragen auf diese Weise Blütenstaub. Kolibris leben fast ausschließlich von Nektar, aber auch viele andere Vögel, wie z. B. Honigsauger und Honigfresser. In den Wüsten Arizonas gehören selbst Spechte und Tauben zu den Blütenbesuchern der Riesenkakteen und werden von den Blüten getragen. Da erst vor etwa hundert Jahren Bienen mit den ersten Siedlern aus Europa in die Wüstengebiete gelangten, sind die Blüten der Kakteen auf die Bestäubung durch Vögel eingerichtet. Bei den Blüten, die sich nachts öffnen, treten **Fledermäuse** an die Stelle der Vögel (z. B. Affenbrotbaum). Weitere Pflanzen, die in ihrer Heimat durch Vögel bestäubt werden, sind u. a. Weihnachtsstern, Hibiskus, Tulpenbaum, Strelitzie, Columnea, Eukalyptus und Banane.

Insekten

Die Bestäubung der Blüten findet in den gemäßigten Zonen hauptsächlich durch Insekten statt (Insektenblütigkeit, Insektenblütler). Im Gegensatz zur Wind- und Wasserbestäubung sichert die Insektenbestäubung den Pflanzen eine erfolgreiche und effektive Bestäubung. **Die Anlockung der Insekten geschieht durch Farben, Formen und Düfte der Blüten.** Die Bestäubung erfolgt vor allem beim Sammeln von Nektar und Pollen, die den Blüten besuchenden Insekten als Nahrung dienen.

Die Pollen der Insektenblütler sind klebrig und bilden regelrechte Pollenpakete, die sehr gut an den Blütenbesuchern kleben, sodass sie beim Besuch der nächsten Blüte auf deren Narbe übertragen

Abb. 1 Die Blüten der Ragwurzarten haben sich an ihre Insektenbestäuber durch Vortäuschung der Weibchen angepasst

werden. Neben Pollen produzieren die meisten Blüten auch **Nektar**, der sich auf dem Blütenboden (z. B. Rosen), in Blütenspornen (z. B. Rittersporn) oder langen Blütenröhren (z. B. Indianernessel) sammelt (s. Abb. 2, S. 59). Im Durchschnitt werden jeden Tag 0,5 bis 5 Milligramm von einer Blüte produziert. Viele Blüten bilden zum besseren Auffinden des Nektars so genannte **Saftmale** auf den Blütenblättern. Es handelt sich dabei um Farbmerkmale, die an den Nektarien enden und dem Insekt den Weg zum Nektar zeigen, wie z. B. beim Vergissmeinnicht und der Rosskastanie (s. Abb. 3, S. 59). Häufig sind diese nur im ultravioletten Licht sichtbar, sodass sie für das menschliche Auge nicht, für das Insekt aber sehr gut wahrnehmbar sind, wie z. B. bei der Nachtkerze *(Oenothera)*.

Im Laufe von hundert Millionen Jahren hat sich so zwischen den Blüten besuchenden Insekten und den Blütenpflanzen eine enge Beziehung zum gegenseitigen Nutzen entwickelt. Es gibt jedoch auch Beziehungen, von denen nur der eine Partner profitiert, der andere aber leer ausgeht. Bei einigen Pflanzen geht die Anlockung so weit, dass ihre Blüten sich dem Geschlechtspartner der Insekten anpassen. So täuschen z. B. die Ragwurzarten *(Ophrys)* durch Geruch, Färbung und Behaarung den männlichen Insekten (z. B. Bienen, Hummeln und Grabwespen) ein Weibchen vor. Bei der Begattung des vermeintlichen Weibchens kommt es dann zur Bestäubung der Blüte (s. Abb. 1). Andere bauen regelrechte Fallen, aus denen die durch Duftstoffe angelockten Insekten erst entlassen werden, wenn die Bestäubung erfolgt ist, wie z. B. bei der Leuchterblume *(Ceropegia)*.

Maßnahmen zur Förderung der Fremdbefruchtung

Obwohl die zweigeschlechtliche Blüte bei den Pflanzen die Regel ist, zählen die wenigsten zu den **Selbstbefruchtern** (z. B. Erbse, Kartoffel, Buschbohne und Stangenbohne; überwiegend Tomate, Linse, Salat, Walnuss, Wein, Serradella, Gelbklee, Weizen, Hafer und Gerste). Eine Selbstbestäubung und damit Selbstbefruchtung erhöht die Gefahr erblicher Defekte, die sich negativ auf die Entwicklung der Pflanze auswirken. Es kommt häufig zu **Inzuchtsdepressionen**, die sich in einer abnehmenden Leistungsfähigkeit des vegetativen und generativen Wachstums äußern.
Die Verschmelzung der Erbanlagen zweier verschiedener Pflanzen führt in der Regel zu gesünderen, wachstumskräftigeren und über die Erhöhung der genetischen Variabilität zu überlebensfähigeren Pflanzen. Entsprechend versuchen die meisten Pflanzen die Selbstbefruchtung zu verhindern und die Fremdbefruchtung zu fördern. Erfolgt eine Fremdbefruchtung nicht, können einige Pflanzen sich auch selbst bestäuben, sodass es zur Selbstbefruchtung kommt (z. B. Löwenzahn, Glockenblume, Steppendistel, Jungfer im Grünen). Zur Verhinderung einer Selbstbefruchtung haben Pflanzen unterschiedliche Maßnahmen entwickelt:

Räumliche Trennung von Frucht- und Staubblättern innerhalb der Blüte (Herkogamie)
Staub- und Fruchtblätter sind innerhalb der Blüte so angeordnet, dass kein Pollen auf die Fruchtblätter fallen kann (z. B. Orchideen, Schwertlilien).

Zeitliche Verschiebung der Geschlechtsreife (Dichogamie)
Viele Zwitterblüten schützen sich vor einer Selbstbefruchtung, indem Frucht- und Staubblätter zu unterschiedlichen Zeiten geschlechtsreif werden.

Abb. 1 *Heterostylie bei Primula vulgaris: Langgriffeligkeit, Kurzgriffeligkeit (von links nach rechts)*

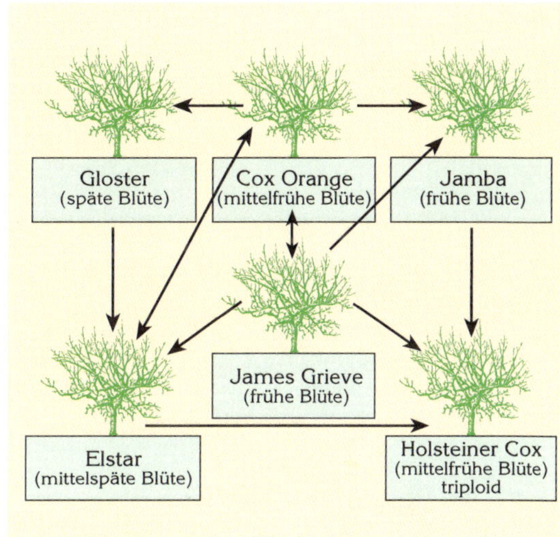

Abb. 2 *Befruchtungsverhältnisse bei Apfelbäumen am Beispiel einiger Sorten*

Entsprechend kann man unterscheiden:

- **vormännige Blüten**
Die Staubblätter werden vor den Fruchtblättern reif (z. B. Efeu, Korbblütler, Glockenblumengewächse und Doldenblütler).

- **vorweibige Blüten**
Die Fruchtblätter werden vor den Staubblättern reif (z. B. Aronstab- und Wegerichgewächse).

Bildung von eingeschlechtlichen Blüten
Durch die Ausbildung von männlichen und weiblichen Blüten wird die Selbstbestäubung erschwert. Vor allem bei der Zweihäusigkeit ist eine Fremdbefruchtung notwendig. Will man von einer zweihäusigen Pflanze Früchte ernten (z. B. Sanddorn und Kiwi), muss man mindestens eine männliche und eine weibliche pflanzen.

Heterostylie (Verschiedengriffeligkeit)
Heterostyle Blüten besitzen unterschiedlich große Griffel, wobei die einzelne Pflanze jeweils nur kurzgriffelige oder langgriffelige Blüten aufweist. Der Pollen einer kurzgriffeligen Blüte keimt nur auf der Narbe einer langgriffeligen Blüte und umgekehrt. Heterostyle Blüten besitzen z. B. Forsythien, Schlüsselblumen, Blutweiderich und Primeln (s. Abb. 1).

Selbststerilität (Selbstunfruchtbarkeit)
Die Selbststerilität ist die sicherste Methode, eine Selbstbefruchtung zu verhindern. Sie beruht darauf, dass der Pollen der Pflanze nicht auf der Narbe derselben Blüte oder einer Blüte derselben Pflanze auskeimt, sodass eine Befruchtung nicht erfolgen kann (z. B. Lavendel und viele Obstarten). Bei den Obstarten sind viele Sorten selbstunfruchtbar, d. h., die Pflanzen einer Sorte können sich gegenseitig nicht befruchten (s. Tabelle 1, S. 62). Bei Äpfeln und Süßkirschen besteht sogar eine **Kreuzungsunverträglichkeit** (Intersterilität). Hier kommt es vor, dass auch verschiedene Sorten sich nicht befruchten können.

Entsprechend werden in Obstanlagen neben den gewünschten Sorten auch immer einzelne Bäume von so genannten **Befruchtersorten** gepflanzt, die für eine Befruchtung sorgen. Dabei ist darauf zu achten, dass die Blütezeiten übereinstimmen und auch die Befruchtersorten befruchtet werden. Dort, wo nicht genügend Platz vorhanden ist, z. B. in kleinen Hausgärten, kann eine mit den Nachbarn abgestimmte Baumauswahl eine Befruchtung und damit Ertragsbildung der Bäume gewährleisten (s. Abb. 2).

Äpfel

Fast alle Apfelsorten sind selbststeril. Entsprechend müssen verschiedene Sorten angebaut werden, die zur gleichen Zeit blühen und sich gegenseitig befruchten. Bei den Äpfeln kommen auch triploide (dreifacher Chromosomensatz) Sorten vor. Der Pollen triploider Sorten kann Blüten nicht befruchten.

Birnen

Alle Birnensorten sind auf Fremdbefruchtung angewiesen. Bei einigen Sorten kommt es auch zur Parthenokarpie, d. h. zur Fruchtbildung ohne Befruchtung. Solche Sorten enthalten keine Samen und sind häufig missgestaltet. Auch bei den Birnen kommen triploide Sorten vor.

Sauerkirschen, Süßkirschen

Bei den Sauerkirschen gibt es selbstunfruchtbare und selbstfruchtbare Sorten. Alle Süßkirschensorten sind selbstunfruchtbar.[1] Daneben besteht zwischen verschiedenen Sorten auch eine Kreuzungsunverträglichkeit (Intersterilität).

Pflaumen (Zwetsche, Zwetschge, Zwetschke, Quetsche), Mirabelle und Reneklode (Reineclaude)

Bei den Pflaumen gibt es selbstfruchtbare und selbstunfruchtbare Sorten. Eine Fremdbefruchtung erhöht auch den Ertrag bei den selbstfruchtbaren Sorten.

Johannisbeeren

Die meisten roten Johannisbeeren sind selbstfruchtbar. Bei den schwarzen Johannisbeeren gibt es neben selbstfruchtbaren Sorten auch selbstunfruchtbare. Eine Fremdbefruchtung der selbstfruchtbaren Johannisbeere erhöht den Ertrag.

Tab. 1 Befruchtungsverhältnisse der wichtigsten Obstgehölze

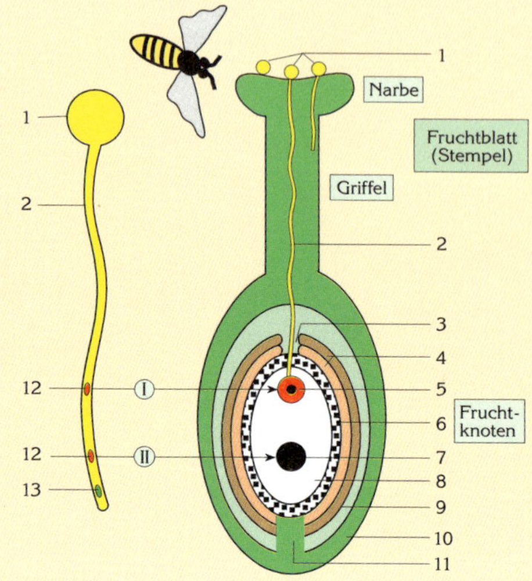

1 Pollenkorn
2 Pollenschlauch
3 Mikropyle
4 Samenhüllen (Integumente)
5 Eizelle
6 Nucellus (Gewebekern)
7 sekundärer Embryosackkern
8 Embryosack
9 Samenanlage
10 Fruchtknotenwand
11 Stiel (Nabelstrang)
12 Generativer Kern
13 Vegetativer Kern

I Befruchtung der Eizelle
II Befruchtung des sekundären Embryosackkerns
} Doppelte Befruchtung

Abb. 1 Befruchtung

1.3.10 Befruchtung

Gelangt bei der Bestäubung ein Pollenkorn auf die Narbe einer Blüte der gleichen Pflanzenart, wird es durch Absonderung eines Narbensekretes zur Entwicklung eines Pollenschlauches angeregt. Der Pollenschlauch enthält einen vegetativen und zwei generative Kerne. Der vegetative Kern bewirkt das Wachstum des Pollenschlauches durch den Griffel zu der von der Fruchtknotenwand umschlossenen Samenanlage. Nachdem der Pollenschlauch durch die Mikropyle, eine kleine Öffnung, in den Embryosack gewachsen ist, stirbt der vegetative Kern ab. Die zwei generativen Kerne werden in den Embryosack entlassen. Der eine verschmilzt mit der Eizelle (**Befruchtung der Eizelle!**), der andere mit dem sekundären Embryosackkern (**Befruchtung des sekundären Embryosackkernes!**). Daher spricht man bei Pflanzen von einer **doppelten Befruchtung**. Nach der Befruchtung entwickelt sich aus der Eizelle der Embryo und aus dem Embryosackkern das Nährgewebe.

[1] Einige neue selbstfruchtbare Sorten sind auf dem Markt, z. B. 'Stella', 'Sunburst' und 'Lapins'.

1.3.11 Samen- und Fruchtbildung

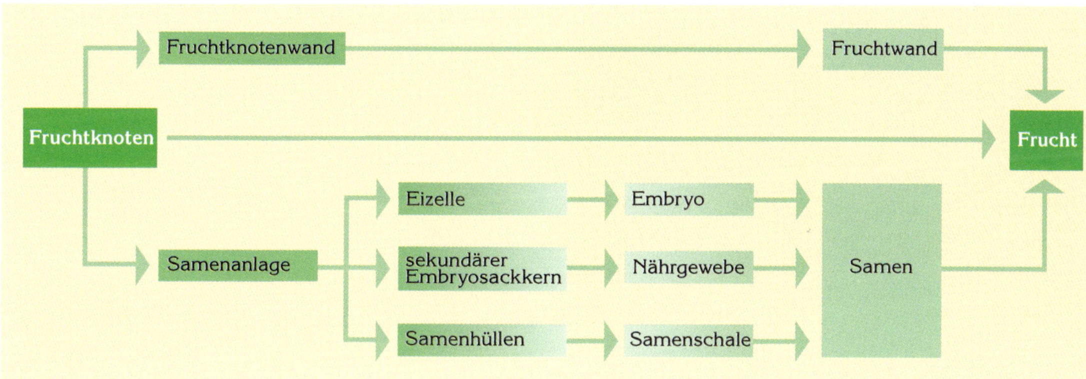

Abb. 1 Samen- und Fruchtbildung

Nach der Befruchtung fallen Kelch-, Blüten- und Staubblätter ab oder vertrocknen. Die befruchtete **Eizelle** (Zygote) wächst zu einem **Embryo**. Dieser besitzt eine Wurzel (Keimwurzel oder Radikula), Blätter (Keimblätter oder Kotyledonen) und eine Sprossachse (Keimachse oder Hypokotyl) mit dem Vegetationspunkt (Keimknospe oder Plumula). Teilweise sind auch schon die ersten Laubblätter ausgebildet. Mit dem Wachstum des Embryos läuft das Wachstum des Nährgewebes (Endosperm) und der Fruchtknotenwand parallel. Das **Nährgewebe**, das in der Regel aus Stärke, Fetten oder Eiweißen besteht, dient der Ernährung des Embryos.

Aus der Fruchtknotenwand wird die **Fruchtwand** (Fruchtschale), die, je nach Fruchtart, weich und saftig oder trocken und mehr oder weniger verhärtet sein kann (s. S. 64). Wenn die Frucht zu wachsen aufhört, unterbricht auch der Embryo sein Wachstum. Er geht in eine Art Trockenstarre über, d. h., er reduziert seinen Wassergehalt und die Stoffwechselvorgänge (z. B. Atmung) auf ein Minimum. Die Samenhüllen verhärten und bilden eine feste und widerstandsfähige **Samenschale** (Testa), die Embryo und Nährgewebe schützend umschließt.

Beim **Samen** der Pflanzen handelt es sich um ein von einer festen Hülle umgebenes und mit einem Nährstoffvorrat versehenes, lebendes Pfänzchen, das sein Wachstum unterbrochen hat und sich in einer Art Trockenstarre befindet. Mit der Entwicklung des Samens ist es der Pflanze gelungen, Leben zu konservieren. Der Embryo kann in Form des Samens häufig jahrelang auf günstige Wachstumsbedingungen warten, um dann sein unterbrochenes Wachstum wieder aufzunehmen, d. h. zu keimen. Den Rekord hält die Indische Lotusblume *(Nelumbo nucifera)*, deren Samen selbst nach tausend Jahren noch keimen sollen. In der Regel liegt die Keimfähigkeit jedoch bedeutend niedriger: zwischen ein und sechs Jahren. Daneben gibt es auch Samen, die kein Nährgewebe besitzen und dementsprechend sofort nach der Reife ausgesät werden müssen (z. B. Orchideen). Die Fruchtwand dient dem Schutz und der Verbreitung des Samens. Samen und Fruchtwand bilden zusammen die **Frucht** (s. Abb. 1).

Manche Pflanzen sind bei fehlender Bestäubung in der Lage, ohne Befruchtung Früchte auszubilden. In diesen Fällen spricht man von **Parthenokarpie** oder **Jungfernfrüchtigkeit** (z. B. bei Gurken und Zitrusgewächsen). Da keine Befruchtung erfolgt ist, enthalten diese Früchte auch keinen Samen.

Die Fähigkeit zur Parthenokarpie hat man sich zur Züchtung kernloser Früchte zunutze gemacht. So ist es durch Hormonbehandlung der Blüten gelungen, z. B. kernlose Apfelsinen, Bananen und Weintrauben auf dem Markt anzubieten. Andererseits sind manche Pflanzen, wie z. B. bei Rosen- und Asterngewächsen beobachtet, auch in der Lage, Samen ohne vorhergehende Befruchtung auszubilden **(Apomixis)**. Entwickelt sich dabei aus einer unbefruchteten Eizelle ein Embryo, spricht man von Jungfernzeugung **(Parthenogenese)**.

1.3.12 Früchte

Abb. 1 Vielfalt der Früchte

Nach der Befruchtung der Blüte entsteht aus dem Fruchtknoten die Frucht. Aus der Fruchtknotenwand entwickelt sich die Fruchtwand (Fruchtschale) und aus der Samenanlage der Samen. Fruchtwand und Samen bilden die **Frucht**, die dem Schutz und der Verbreitung der Samen dient (s. S. 68). Öffnen sich die Früchte bei der Reife, sodass der Samen ausgestreut wird, handelt es sich um **Streufrüchte**. Bleiben die Früchte hingegen bei der Reife geschlossen und fallen als Ganzes ab, spricht man von **Schließfrüchten** (s. Abb. 1, S. 67).

Schließfrüchte (s. Abb. 1, S. 65)

Saftige Schließfrüchte

Bei den saftigen Schließfrüchten besteht die Fruchtwand aus lebenden Zellschichten, die ein saftiges Fruchtfleisch bilden. Die **Fruchtwand** (Perikarp) besteht aus drei Schichten, der äußeren in der Regel einschichtigen und häutigen Außenschicht (Exokarp), der inneren den Samen umgebenden Schicht (Endokarp) und der dazwischenliegenden mehrschichtigen und saftigen Mittelschicht (Mesokarp). Nach dem Aufbau dieser drei Schichten unterscheidet man:

Ist die den Samen umgebende Schicht durch Holzeinlagerungen so stark verhärtet, dass sie einen „Stein" bildet, spricht man von **Steinfrüchten**, z. B. Kirsche, Pflaume, Pfirsich, Mirabelle, Mandel, Walnuss und Kokosnuss.

Sind zahlreiche Samen von saftigem Fruchtfleisch umgeben, bezeichnet man diese Früchte als **Beerenfrüchte**, z. B. Johannisbeere, Stachelbeere, Heidelbeere (Blaubeere), Tomate, Zitrone, Paprika, Gurke, Kürbis, Kiwi, Banane und Apfelsine.

Trockene Schließfrüchte

Bei den **trockenen Schließfrüchten** wird die Fruchtwand aus abgestorbenen und eingetrockneten Zellschichten gebildet.

Wird der Samen von einer mehr oder weniger stark verholzten Fruchtwand umgeben, handelt es sich um **Nüsse** (z. B. Haselnuss, Eichel, Buchecker). Sehr kleine Nüsse werden als **Nüsschen** bezeichnet (z. B. bei der Erdbeere und Hagebutte). Die Früchte der Gräser **(Karyopsen)** sind Unterformen der Nussfrüchte. Bei ihnen ist die Fruchtwand mit der Samenschale verwachsen. Ihr Fruchtknoten ist oberständig. Handelt es sich um eine unterständige Nussfrucht wie bei den Früchten der Korbblütler (z. B. Sonnenblume, Löwenzahn), spricht man von einer **Achäne**.

Spaltfrüchte sind Früchte, die aus mehreren Fruchtknoten entstanden sind und sich bei der Reife in einsamige Teilfrüchte spalten (z. B. Ahorn, Möhre und Kümmel).

Streufrüchte (s. Abb. 1, S. 66)

Streufrüchte können nach der Anzahl ihrer Fruchtblätter und der Art ihrer Öffnung unterschieden werden:

Balgfrüchte entwickeln sich aus einem Fruchtblatt, das sich an der Verwachsungsnaht öffnet (z. B. Pfingstrose, Rittersporn, Akelei).

Hülsen bestehen ebenfalls aus einem Fruchtblatt, das sich jedoch an zwei Seiten (Bauch- und Rückennaht) mit zwei Klappen öffnet. Charakteristisch sind Hülsenfrüchte für die Familie der Schmetterlingsblütler (Leguminosen), wie z. B. Erbse, Bohne, Lupine, Goldregen, Ginster und Wicke.

Schoten entwickeln sich aus zwei Fruchtblättern, die durch eine Zwischenwand, an der sich die Samen befinden, getrennt sind und sich bei der Reife an beiden Nähten öffnen. Charakteristisch sind Schoten für die Familie der Kreuzblütler, wie z. B. Senf, Raps und die vielen Kohlarten.

Kapseln bestehen aus mehreren Fruchtblättern, die sich bei der Reife mit Löchern oder Spalten öffnen (z. B. Mohn, Tulpe, Gemeine Rosskastanie, Alpenveilchen, Trompetenbaum, Herbstzeitlose).

SAFTIGE SCHLIESSFRÜCHTE

Steinfrüchte

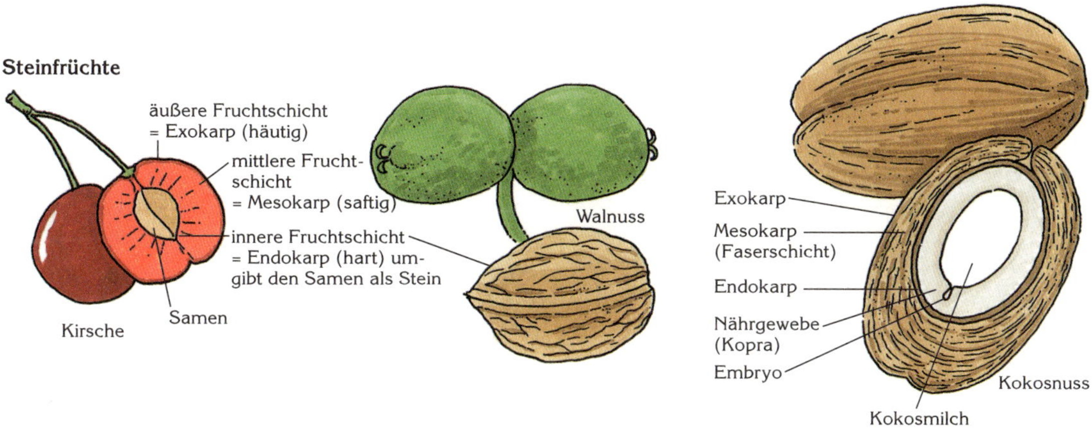

Beerenfrüchte

TROCKENE SCHLIESSFRÜCHTE

Nussfrüchte

Spaltfrüchte

Abb. 1 Schließfrüchte

Abb. 1 Streufrüchte und zusammengesetzte Früchte

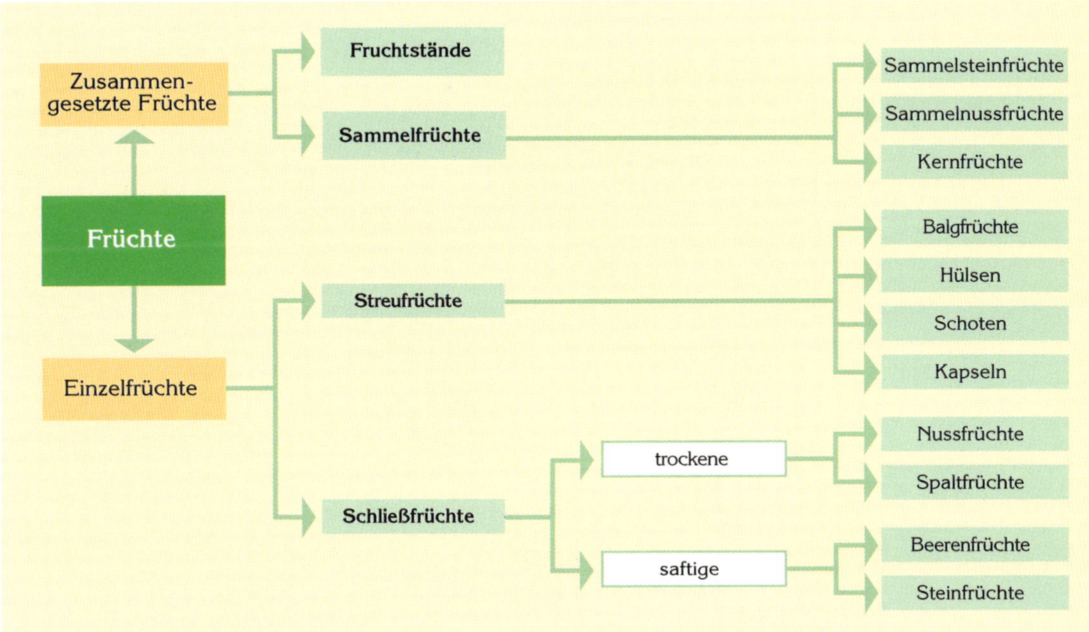

Abb. 1 Systematik der Früchte

Zusammengesetzte Früchte
(s. Abb. 1, S. 66)

Wird eine Frucht aus mehreren Einzelfrüchten gebildet, handelt es sich um zusammengesetzte Früchte. Nach der Art ihrer Entstehung unterscheidet man zwischen Sammelfrüchten und Fruchtständen:

Sammelfrüchte
Sammelfrüchte entwickeln sich aus Einzelblüten mit mehreren Fruchtknoten. Sammelfrüchte sind z. B. Himbeere und Brombeere (Sammelsteinfrüchte) sowie Erdbeere und Hagebutte (Sammelnussfrüchte). Bei den **Kernfrüchten** (auch Apfelfrüchte genannt) schließen fünf pergamentartige Fruchtblätter jeweils einen Samen ein und bilden in ihrer Gesamtheit das Kerngehäuse, die eigentliche Frucht (z. B. Apfel und Birne). Bei ihnen wird das Fruchtfleisch vom Blütenboden gebildet. Früchte, bei denen das Fruchtfleisch nicht aus der Fruchtknotenwand, sondern aus dem Blütenboden entsteht, sind keine echten Früchte, sondern **Scheinfrüchte** (z. B. Apfel, Birne, Quitte, Erdbeere, Himbeere, Brombeere, Hagebutte, Feige und Ananas).

Fruchtstände
Zusammengesetzte Früchte, die aus einem Blütenstand hervorgegangen sind, werden als Fruchtstände bezeichnet. Fruchtstände sind z. B. Feige (Steinfruchtstand) und Ananas (Beerenfruchtstand).

1.3.13 Verbreitung von Samen und Früchten

Selbstverbreitung

Schleudreinrichtungen
Die Samen werden über Turgor- oder Quellungsdrücke herausgeschleudert (z. B. Springkraut, Spritzgurke, Storchschnabelgewächse, Besenginster)

Früchte mit Grannen bewegen sich durch unterschiedliche Feuchtigkeit auf dem Boden von der Mutterpflanze weg (z. B. Reiherschnabel, Wilder Hafer, Federgras)

Fremdverbreitung

Wind

Früchte und Samen mit Flugvorrichtungen:

a) **Flugsamen/-früchte** (geflügelt)
z. B. Tanne, Fichte, Kiefer, Lärche, Ulme, Birke, Linde, Esche, Weißbuche und Ahorn

b) **Haarbüschel**
z. B. Pappel, Weide, Waldrebe und Wollgras

c) **„Fallschirme"**
z. B. Löwenzahn, Huflattich, Distel, Spornblume

Staubförmige Samen werden aufgrund ihres geringen Gewichts und ihrer Kleinheit vom Wind verbreitet (z. B. Orchideen)

Manche Sträucher lösen sich bei Samenreife vom Boden und verstreuen bei Wind über den Boden rollend ihre Samen kilometerweit, so genannte Steppenroller (häufig in Wildwestfilmen)

Wasser

Schwimmfähige Früchte und Samen
z. B. viele heimische Sumpf-, Wasser- und Uferpflanzen, Kokosnuss und Katappenbaum (Terminalia catappa)

Tier

Früchte und Samen mit **Widerhaken** (z. B. Klette und Klebkraut im Fell der Tiere) oder **Klebstoffen** (z. B. Herbstzeitlose an den Hufen der Weidetiere, Mistel an den Schnäbeln der Vögel, viele Wasserpflanzen mit Schlamm oder Schleim an Wasservögeln)

Früchte und Samen dienen als Nahrung

- Früchte werden **gefressen**, wobei die durch die Samenschale gegen Verdauungssäfte geschützten Samen wieder ausgeschieden werden (z. B. Kirsche, Pflaume, Erdbeere, Johannisbeere und Weinbeere)
- werden **gesammelt**, **versteckt** und **vergessen** oder **verloren**: z. B. von Nagetieren (z. B. Mäusen, Eichhörnchen), Vögeln (z. B. Eichelhäher) und Ameisen. Ameisen verzehren die nährstoffreichen Anhängsel (Elaiosomen) mancher Samen und Früchte, wobei sie diese verschleppen (z. B. Schneeglöckchen, Veilchen-Arten, Buschwindröschen, Taubnessel und Kissenprimel)

Mensch

bewusste Verbreitung
durch Aussaat und Pflanzenhandel

unbewusste Verbreitung
mit z. B. Erde, Saatgut, Pflanzen und Kleidung

Abb. 1 Verbreitung von Samen und Früchten

1.3.14 Die Keimung

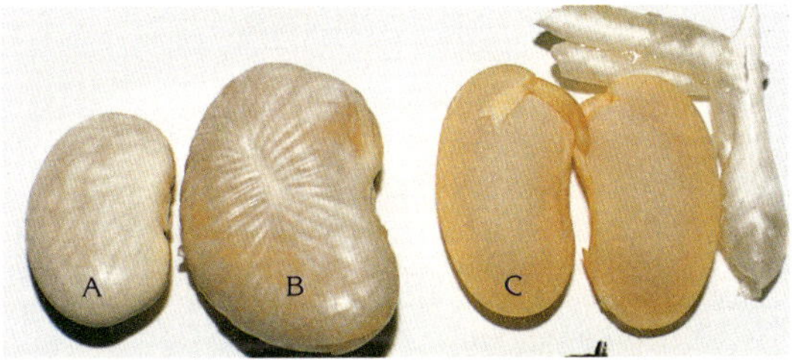

Abb. 1 Buschbohnensamen A) ungequollen, B) gequollen, C) Samenschale und Embryo

Abb. 2 Keimung

Keimvorgang

In jedem Samen verbirgt sich ein lebendiges Pflänzchen – **Embryo** oder **Keimling** genannt. Es befindet sich in einer Art Tiefschlaf, d. h., die Stoffwechselvorgänge sind auf ein Minimum reduziert. Kommt der Samen mit Wasser in Berührung, so quillt er. Dabei vergrößert er sein Volumen derart, dass der entstehende Druck die Samenschale sprengt (s. Abb. 1). Feuchtigkeit und Wärme bewirken eine Beschleunigung der Stoffwechselvorgänge (z. B. Atmung), sodass der Embryo sein unterbrochenes Wachstum wieder aufnimmt **(Keimung des Samens)**. Um jedoch an die Erdoberfläche zu gelangen, bedarf es einer großen Kraftanstrengung. Die hierfür erforderliche Energie gewinnt der Embryo aus dem von der Mutterpflanze mitgelieferten Nährstoffvorrat, dem **Nährgewebe**. Der Nährstoffvorrat, von dem der ruhende Embryo mehrere Jahre zehren kann, wird während der Keimung in wenigen Tagen verbraucht. Sobald sich die Keimblätter über dem Erdboden befinden, entfalten sie sich und werden grün. Mithilfe dieser grünen Blätter kann die Pflanze Photosynthese betreiben und sich die zum Leben notwendigen Stoffe selbst herstellen. Mit dem Übergang von der heterotrophen zur **autotrophen Ernährung**, d. h. mit der Fähigkeit zur Photosynthese, ist die Keimung beendet (s. Abb. 2).

Nach der Anzahl der ausgebildeten **Keimblätter** (Kotyledonen) unterscheidet man zwischen **einkeimblättrigen Pflanzen** (Monokotyledonen), **zweikeimblättrigen Pflanzen** (Dikotyledonen) und **mehrkeimblättrigen Pflanzen** (Polykotyledonen), wie den Nadelgehölzen, bei denen die Anzahl der Keimblätter zwischen zwei und zwölf liegt. Wenn der Keimling die ersten Laubblätter gebildet hat, braucht er die Keimblätter nicht mehr. Sie fallen ab (s. auch Kapitel 6.1).

Epigäische und hypogäische Keimung

Bei der **epigäischen Keimung** streckt sich das Hypokotyl – der Stängelabschnitt zwischen dem Wurzelhals und den Keimblättern –, sodass die Keimblätter an die Erdoberfläche gelangen, um **Photosynthese** zu betreiben (z. B. Buschbohne, Stangenbohne und Buche). Bei der **hypogäischen Keimung** streckt sich das Epikotyl – der Stängelabschnitt zwischen den Keimblättern und den ersten Laubblättern –, sodass die Keimblätter in der Erde bleiben. In diesem Fall dienen sie der **Nährstoffspeicherung** (z. B. Erbse, Feuerbohne und Eiche). An die Erdoberfläche gelangen die **ersten Laubblätter (Primärblätter)**, die bereits im Samen angelegt waren (s. Abb. 1, S. 70).

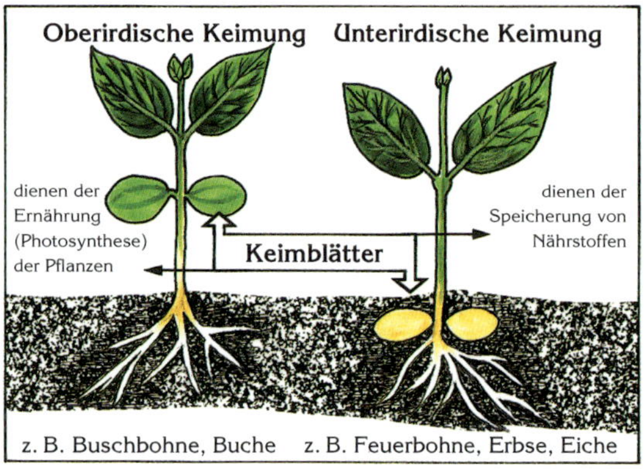

Abb. 1 Epigäische und hypogäische Keimung

Keimruhe/-hemmung

Die meisten Pflanzensamen erreichen erst nach einer **Keimruhe** ihre volle Keimfähigkeit. Sie keimen erst nach Monaten oder Jahren. Der Gärtner spricht vom „Überliegen" der Samen. Die Ursache kann sein:

- **keimhemmende Stoffe** (Inhibitoren) im Fruchtfleisch (z. B. Malus, Pyrus, Rosa, Sambucus, Sorbus)
- **wasserundurchlässige Samenschale** (z. B. viele Leguminosen, Pelargonien, Malvaceen, Pinus strobus, Kern- und Steinobstarten)
- **unvollkommene Entwicklung** des Embryos (z. B. Acer campestre, Carpinus betulus, Aesculus, Corylus, Fagus, Juglans, Quercus)

Es können auch alle drei Ursachen zusammen auftreten, wie z. B. bei Fraxinus excelsior. Die Keimruhe bzw. Keimhemmung dient der Natur zum Überdauern ungünstiger Perioden, wie z. B. Trockenheit und Winter. Günstige Temperaturen für die so genannten **„Frostkeimer"** sind +1 bis +10 °C. Für Rosa multiflora und Thuja occidentalis sind z. B. Temperaturen von +5 °C optimal bei einer Einwirkungsdauer von 50 bzw. 30 Tagen. Es gibt aber auch Pflanzenarten, deren Samen sofort nach dem Loslösen von der Mutterpflanze keimt (z. B. Anthurien, Acer saccharinum, Salix, Kakaobaum).

1.3.15 Lebensdauer der Pflanzen

Gehölze

Die Lebensdauer der Pflanzen kann je nach Pflanzenart recht unterschiedlich sein. Sie ist genetisch festgelegt. Wie nahe eine Pflanze ihrer höchstmöglichen Lebensdauer kommt, hängt von den Umweltbedingungen ab. Besonders langlebig sind die Bäume. So können z. B. Ulmen 300 bis 600 Jahre, Eichen 500 bis 1 000 Jahre, Linden 800 bis 1 000 Jahre und Eiben bis 3 000 Jahre alt werden. Noch älter, mit bis zu 4 000 Jahren, sind die in Nordamerika wachsenden Mammutbäume *(Sequoiadendron giganteum)*, die eine Höhe von mehr als 120 Metern und einen Stammdurchmesser von 10 bis 12 Metern erreichen können. Der älteste Baum der Welt ist aber eine Grannenkiefer *(Pinus aristata)*. Sie ist über 4 600 Jahre alt und steht in Kalifornien in den White Mountains.

Krautige Pflanzen

Krautige Pflanzen teilt man nach ihrer Lebensdauer in **einjährige, zweijährige** und **ausdauernde Pflanzen** ein (s. Abb. 1, S. 71):

Einjährige (annuelle) Pflanzen (Symbol: ⊙, Zeichenerklärung s. S. 88) durchlaufen ihre gesamte Entwicklung in einer Vegetationsperiode, d. h., im Jahr der Aussaat erfolgt auch die Blüte. Nach der Samenbildung sterben sie ab, sodass sie den Winter als Samen überdauern. Zu ihnen zählen viele Wildkräuter und Sommerblumen, wie z. B. Sommeraster *(Callistephus chinensis)*, Sonnenblume *(Helianthus annuus)*, Ringelblume *(Calendula officinalis)* und Petunie *(Petunia-Hybriden)*. Als Winterannuelle bezeichnet man einjährige Pflanzen, die als Pflanze den Winter überdauern und in der zweiten Vegetationsperiode blühen (z. B. Wintergetreide).

Zweijährige (bienne) Pflanzen (Symbol: ⊙) durchlaufen ihre Entwicklung in zwei aufeinander folgenden Vegetationsperioden. Im Jahr der Aussaat wachsen sie nur vegetativ, im zweiten Jahr erfolgt dann das generative Wachstum, d. h. die Blütenbildung. Danach sterben sie ab, wie z. B. Bartnelke *(Dianthus barbatus)*, Stiefmütterchen *(Viola-Wittrockiana-Hybriden)*, der Rote Fingerhut *(Digitalis purpurea)*, Petersilie, Möhre und Kohlarten.

Ausdauernde (perenne) Pflanzen (Symbol: ♃) bezeichnet man auch als **Stauden**. Bei ihnen endet das Leben nicht nach der Blütezeit. Ihre oberirdischen Teile sterben nach der Blüte oder während des Winters ab und erneuern sich im darauf folgenden Jahr. Die Überwinterung erfolgt in Form von Knollen, Zwiebeln oder Wurzelstöcken. Bekannte Stauden sind z. B. Schafgarbe *(Achillea filipendulina)*, Kissenaster *(Aster-Dumosus-Hybriden)*, Rittersporn *(Delphinium-Hybriden)*, Tränendes Herz (Dicentra spectabilis), Phlox *(Phlox-Paniculata-Hybriden)*, Lupine *(Lupinus-Hybriden)*.

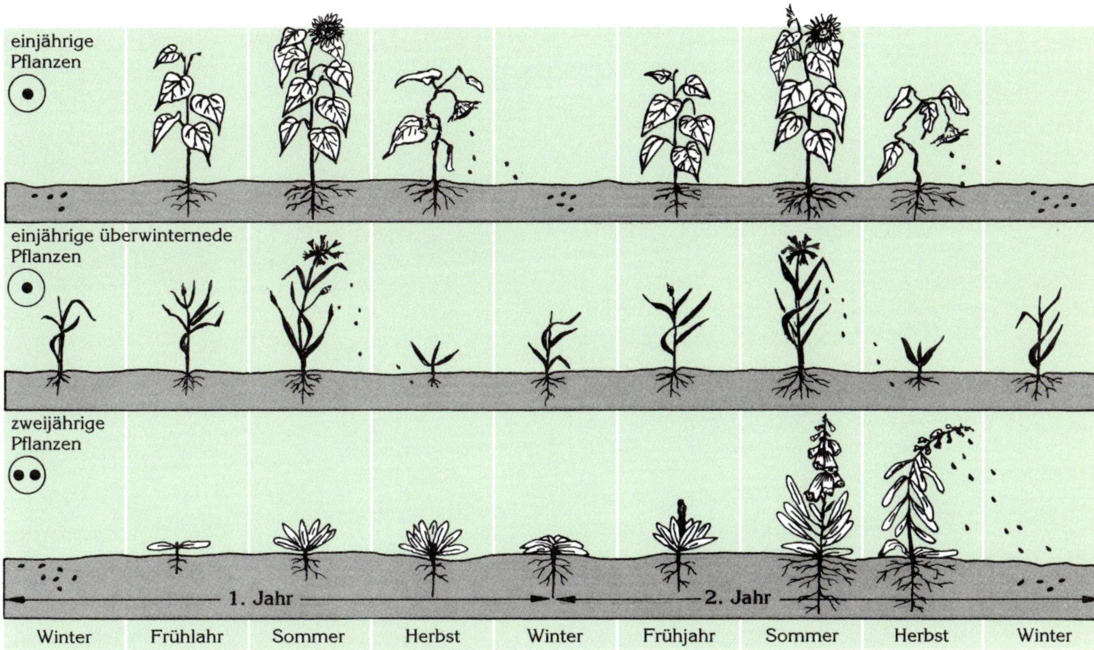

Abb. 1 Lebenslauf ein- und zweijähriger Pflanzen

Viele bei uns einjährig oder zweijährig kultivierte Pflanzen sind botanisch gesehen Stauden oder Halbsträucher, wie z. B. Kaisernelke (Dianthus chinesis, ⊙⊙ bis ♃), Gartenlöwenmaul (Antirrhinum majus, ♃), Salvie (Salvia splendens, ♃ bis ♄) oder Leberbalsam (Ageratum houstonianum, ♄).

1.3.16 Dickenwachstum

Sekundäres Dickenwachstum

Alle Pflanzen weisen durch die nach der Zellteilung erfolgende Zellstreckung auch eine Zunahme im Sprossumfang **(primäres Dickenwachstum)** auf. Im Gegensatz zu den einkeimblättrigen Pflanzen, bei denen sich das Dickenwachstum hierauf beschränkt, können die zwei- und mehrkeimblättrigen Pflanzen ein zweites, ein **sekundäres Dickenwachstum** durchführen. Das sekundäre Dickenwachstum wird durch Zellteilung des Kambiums zwischen Xylem und Phloem bewirkt. Zunächst bildet sich ein **Kambiumring**, der ein gleichmäßiges Dickenwachstum ermöglicht. Das Kambium bildet nach außen **Phloem-** und nach innen **Xylemzellen**. Zwischen den Leitbündeln entstehen Zellen zur Stoffleitung und -speicherung, die Mark und Rinde miteinander verbinden. Diese Verbindungswege bezeichnet man als **Markstrahlen**. Infolge des zunehmenden Dickenwachstums platzt die Epidermis ab. In den äußeren Schichten des mehrschichtigen Rindengewebes bildet sich daraufhin ein neues Kambium, das **Korkkambium**. Dieses entwickelt nach außen als Ersatz für die abgestorbene Epidermis ein neues (sekundäres) Abschlussgewebe, das **Korkgewebe**. Nach innen werden **chlorophyllhaltige Rindenzellen** gebildet (s. Abb. 2).

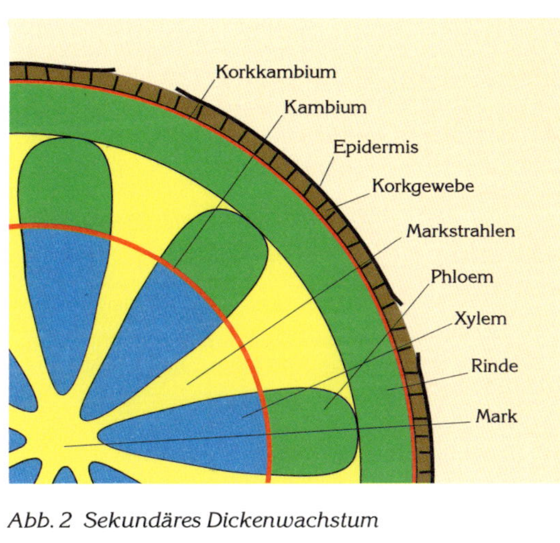

Abb. 2 Sekundäres Dickenwachstum

Das Korkgewebe besteht aus abgestorbenen, undurchlässigen Zellen. An den Stellen, an denen sich die Spaltöffnungen der früheren Epidermis befanden, entstehen Kanäle im Korkgewebe, so genannte **Lentizellen**, die dem Gasaustausch und der Transpiration dienen (s. Abb. 1). Das aus totem Korkgewebe und abgestorbenem Rindengewebe bestehende Gewebe bezeichnet man als **Borke** (s. Abb. 2). Bei Verletzungen erlangen die an der Wunde angrenzenden Zellen ihr Teilungsfähigkeit wieder, sodass es zur Bildung von **Wundgewebe (Kallus)** kommt. Die vom Wundrand her erfolgende Gewebewucherung führt zu einer Überwallung und damit Schließung der Wunde. Da Borke totes Gewebe ist und dementsprechend nicht mehr wachsen kann, wird es beim weiteren Dickenwachstum abgesprengt. Nach der Ablösung der Borke vom Stamm kann man unterscheiden zwischen **Ringelborke** (z. B. Birke), **Streifenborke** (z. B. Clematis) und **Schuppenborke** (z. B. Eiche, Platane und Nadelgehölze), s. Abb. 3. Die Borke kann je nach Pflanzenart dünn wie Papier, wie z. B. bei der Birke, oder bis zu 15 cm dick, wie bei der im Mittelmeergebiet verbreiteten Korkeiche *(Quercus suber)*, sein. In Portugal und Spanien hat die Korkgewinnung eine wirtschaftliche Bedeutung. Der Kork der Korkeiche wird alle 10 Jahre vorsichtig vom Stamm geschält und zur Herstellung von z. B. Flaschenkorken und Korkplatten verwendet.

Bildung der Jahresringe

Die im Frühjahr vom Kambium gebildeten Gefäße des Xylems (Holzteils) weisen einen großen Durchmesser auf. Diese weitlumigen Gefäße des Frühholzes dienen ausschließlich der Wasserleitung. Mit fortschreitendem Wachstum werden die Zellwände der Gefäße zur Festigung der Pflanze immer mehr verdickt, sodass die Zellen im Spätsommer/Herbst ihren kleinsten Durchmesser erreichen. Im Winter erfolgt kein Dickenwachstum, sodass keine Gefäße ausgebildet werden. Im Frühjahr des nächsten Jahres werden dann wieder weitlumige Gefäße angelegt.

Dieser plötzliche Übergang vom englumigen Spätholz des letzten Jahres zum weitlumigen Frühjahrsholz des folgenden Jahres ist als Jahresgrenze erkennbar. Der Abschnitt zwischen zwei Jahresgrenzen kann somit als **Jahresring** mit dem Auge wahrgenommen werden. Durch das Zählen der Jahresringe kann man das Alter der Bäume feststellen (s. Abb. 4). Da der jährliche Holzzuwachs und dementsprechend die Dicke der einzelnen Jahresringe von den Lebensbedingungen abhängt, können anhand ihrer Analyse Aussagen

Abb. 1 Lentizellen (Sambucus nigra)

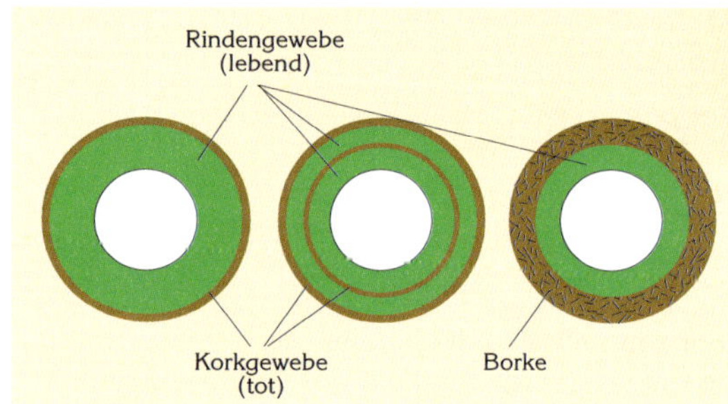

Abb. 2 Borkenbildung

Abb. 3 Borke (Schuppenborke)

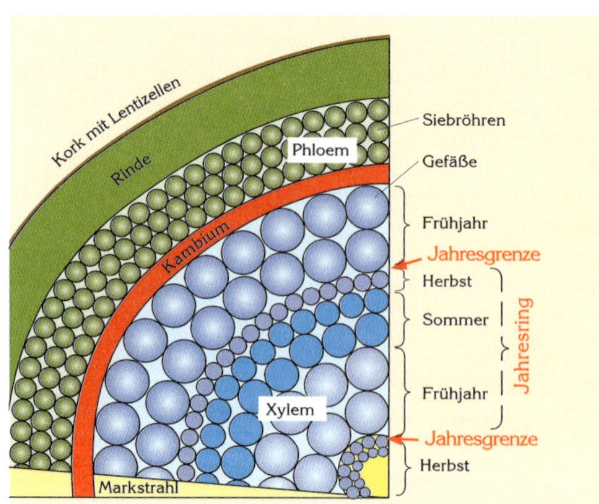

Abb. 4 Jahresringbildung

Abb. 1 Jahresringe – eine biologische Chronik des Baumlebens

über die Lebensbedingungen des jeweiligen Baumes in der Vergangenheit gemacht werden. Jahresringe stellen also gewissermaßen eine biologische Chronik des Baumlebens dar (s. Abb. 1).

Eine Einlagerung von Gerbstoffen unterbleibt ebenfalls, sodass es durch Bakterien- und Pilzbefall zu einer Aushöhlung der Stämme älterer Bäume kommen kann (z. B. Acer platanoides, Acer pseudoplatanus, Alnus, Betula, Carpinus, Populus tremula, Salix).

Kern- und Splintholz

Die Gefäße der älteren Jahresringe werden im Laufe der Zeit mit Gerbstoffen gefüllt, sodass in ihnen keine Wasserleitung mehr erfolgen kann. Dieses häufig dunkel gefärbte Holz bildet das **Kernholz** (Hartholz). Es ist tot und durch Einlagerung von Gerbstoffen imprägniert, sodass es vor Zersetzungen geschützt ist. Die Bildung von Kernholz verleiht dem Baum Standfestigkeit und läuft parallel mit dem Dickenwachstum. Nur das äußere Holz, das **Splintholz** (Weichholz), ist lebend und regelt die Stoffleitung und -speicherung, wobei nur die jüngsten Jahresringe oder auch nur der äußerste Jahresring dem Wassertransport dienen. Kernhölzer sind z. B. Juglans, Juniperus, Larix, Pinus, Prunus, Quercus, Robinia und Ulmus. Besonders wertvolle tropische Kernhölzer sind z. B. Bongossi, Mahagoni, Palisander, Teak und das tiefschwarz gefärbte Ebenholz. Bei den Splinthölzern erfolgt keine Verfärbung des älteren Holzes, sodass der Stammquerschnitt gleichfarbig erscheint.

1.3.17 Reizbewegungen

Obwohl Pflanzen ortsgebunden sind, sind sie doch ständig in Bewegung. Sie führen **Wachstumsbewegungen** durch, die jedoch in der Regel erst durch Zeitrafferaufnahmen für das menschliche Auge sichtbar werden. Ausgelöst werden diese Bewegungen durch äußere Reize. Nach der Art der ausgelösten Bewegungen unterscheidet man Tropismen, Taxien und Nastien.

Tropismen

Es handelt sich um **Krümmungsbewegungen** von ortsgebundenen Pflanzen, die durch einseitige Reize ausgelöst werden und deren Richtung vom Reiz bestimmt wird. Sie beruhen auf einem ungleichen Wachstum der Organseiten. Mithilfe des Tropismus ist die Pflanze in der Lage, sich räumlich zu orientieren. Nach der Art des Reizes unterscheidet man:

Phototropismus
(Ursache Lichtreize)
Hierbei wird die Krümmungsbewegung vom Licht ausgelöst. Bei einseitiger Belichtung wächst der Spross der Pflanzen zum Licht **(positiv phototropisch)**. Ursache ist eine unterschiedliche Verteilung von Wuchsstoffen, den so genannten **Auxinen**. Je höher die Auxinkonzentration des Sprosses, desto stärker ist das Wachstum. Die Auxine werden in den Vegetationspunkten gebildet und abwärts geleitet, sodass alle Zellen der Sprossachse gleichmäßig mit Wuchsstoffen versorgt werden (Abb. 1 A, s. 74). Bei einer einseitig belichteten Pflanze kommt es zu einer Verlagerung der Auxine von der Lichtseite zur Schattenseite, damit wird die Auxinkonzentration auf der unbelichteten Seite erhöht (Abb. 1 B, s. 74). Die Folge ist, dass die unbelichtete bzw. dunklere Seite stärker wächst als die belichtete bzw. hellere Seite, sodass es zu einer Krümmungsbewegung in Richtung Licht kommt (Abb. 1 C, S. 74). Die unterschiedlichen Wuchsstoffkonzentrationen ermöglichen der Pflanze eine Orientierung zum Licht. Die Lichtwendigkeit der Sprossachse führt zu einer photosynthetisch günstigen Ausrichtung der Blätter und ist somit lebensnotwendig für die Pflanze.
Im Gegensatz zum positiven Phototropismus ist der **negative Phototropismus** (Krümmungsbewegung vom Licht weg) selten. Er kommt z. B. bei den Haftwurzeln des Efeus und den mit Haftscheiben versehenen Ranken des Wilden Weins vor. Dies ist z. B. auch der Grund dafür, dass diese Pflanzen an weißen Wänden (starke Lichtreflexion!) Schwierigkeiten beim Klettern haben können.

Geotropismus/Gravitropismus

(Ursache Schwerkraftreize)
Obwohl die Wurzeln der meisten Pflanzen vom Licht weg wachsen, reagieren sie in der Regel nicht phototropisch, sondern geotropisch. Geotropismus ist die durch die Schwerkraft der Erde (Gravitationskraft der Erde) bewirkte Richtungsbewegung. Die Hauptwurzeln der meisten Pflanzen sind **positiv geotropisch**, d. h., sie wachsen in Richtung Erdmittelpunkt. Die Hauptsprossachse hingegen wächst entgegengesetzt der Schwerkraft vom Erdmittelpunkt weg (s. Abb. 2). Hierauf beruht auch das Aufrichten umgeknickter Pflanzen. Daneben können Pflanzenteile, je nach Entwicklungsstand, positiv oder negativ geotropisch sein (s. Abb. 1, S. 75).

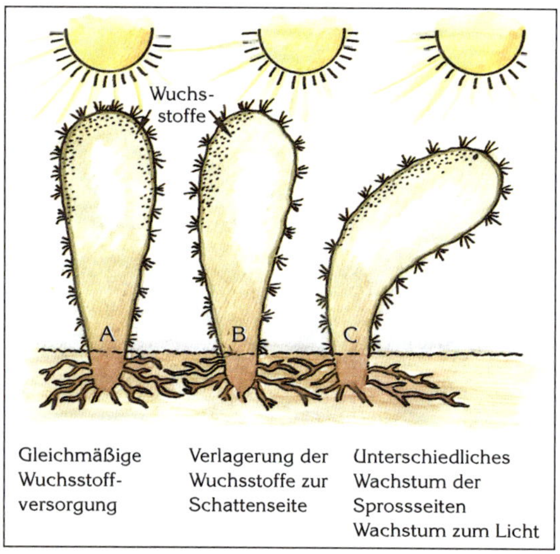

Abb. 1 Phototropismus

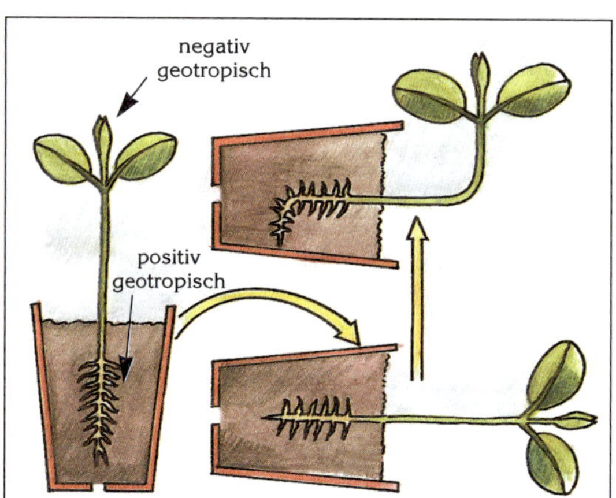

Abb. 2 Geotropismus

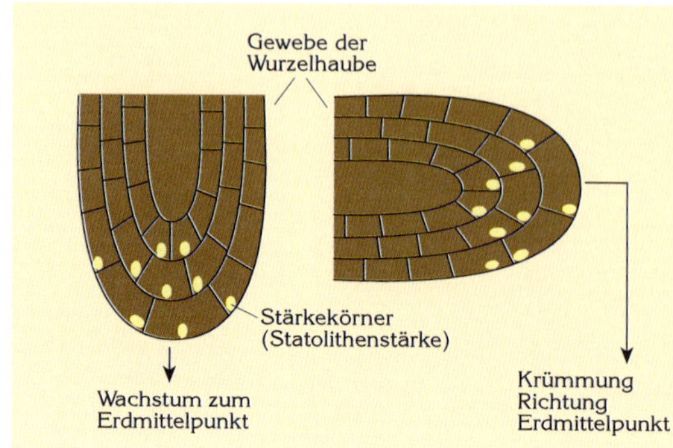

Abb. 3 Orientierung der Wurzelspitze zur Schwerkraft

Die Aufnahme des Schwerkraftreizes erfolgt über Stärkekörner, so genannte **Statolithenstärke**, in den Zellen des Sprosses und der Wurzelhaube. Da sich diese Stärkekörner auf der Unterseite der Zellen sammeln, wechseln sie ihre Position bei einer Lageveränderung. Über den veränderten Druck, den diese Stärkekörner bei einer Lageveränderung auf die jeweilige Zellenunterseite ausüben, wird der Pflanze eine **Orientierung zur Schwerkraft** ermöglicht, d. h., sie kann zwischen oben und unten unterscheiden (s. Abb. 3).

Haptotropismus/Thigmotropismus

Beim Haptotropismus handelt es sich um **durch Berührungsreize** ausgelöste Richtungsbewegungen. So sind z. B. die Krümmungen der Blattspitzen von Gloriosa rothschildiana (s. S. 24) und der Blattstiele kletternder Clematisarten durch Berührungsreize zu erklären.

Chemotropismus

Beim Chemotropismus werden die Richtungsbewegungen **durch chemische Reize**, d. h. Konzentrationsunterschiede, ausgelöst. So beruht z. B. das Wachstum des Pollenschlauches beim Befruchtungsvorgang oder das Wachstum der Wurzel zu gut durchlüfteten oder feuchten Stellen im Boden auf Chemotropismus.

■ Taxien

Bei den Taxien handelt es sich um **freie und gerichtete Ortsbewegungen** der ganzen Pflanze. Hierzu sind jedoch nur niedere Pflanzen, d. h. **Einzeller**, befähigt (z. B. Bakterien und Algen). So schwimmen die im Meer lebenden einzelligen Grünalgen im lichtdurchfluteten Wasser (Phototaxis), und die luftliebenden bzw. luftfeindlichen Bakterien reagieren auf Sauerstoff mit Ortsveränderungen (Chemotaxis).

Abb. 1 *Positiv und negativ geotropisch*

Abb. 2 *Haptonastie bei Mimosa pudica*

Abb. 3 *Autonome Suchbewegungen*

Nastien

Bei den Nastien handelt es sich um **Krümmungsbewegungen** der Pflanze, deren Richtung und Art unabhängig vom Reiz erfolgen. Sie dienen im Gegensatz zu den Tropismen nicht der Orientierung im Raum. Ermöglicht werden die Bewegungen vor allem durch Änderungen des Turgordrucks (Zellinnendrucks) in polsterförmigen Verdickungen, den so genannten Gelenkpolstern, wie auch teilweise durch unterschiedliches Wachstum der Organseiten. Nach der Art des Reizes unterscheidet man:

Photonastie
Hierauf beruht z. B. bei vielen Pflanzen die Öffnung der Blüten bei Licht und ihre Schließung bei Dunkelheit bzw. Bewölkung (z. B. Seerose). Die Blüten der Mittagsblume *(Dorotheanthus bellidiformis)* öffnen sich nur bei voller Sonne. Es gibt auch Pflanzen, die ihre Blüten bei Licht schließen und bei Dämmerung bzw. Dunkelheit öffnen. Dies ist z. B. bei der Nachtkerze *(Oenothera)* der Fall, deren Blüten durch Nachtfalter bestäubt werden.

Thermonastie
So wird z. B. die Öffnung vieler Blüten durch Wärme, die Schließung durch Kälte bewirkt (z. B. Krokus und Tulpe).

Haptonastie
Darauf zurückzuführen ist z. B. das Zusammenklappen der Blatthälften der Venusfliegenfalle (s. S. 24) bei Berührung der Blatthärchen (Sinnesborsten) auf der Blattoberfläche. Der Reiz führt zu Turgorschwankungen in den die Blatthälften verbindenden Gelenkpolstern. Besonders empfindlich reagiert die Mimose *(Mimosa pudica)*, die bei Berührung, Erschütterung (Seismonastie) oder Hitze (Thermonastie) ihre gefiederten Blätter blitzschnell zusammenfaltet und erst nach einer gewissen Zeit (10 bis 30 Minuten) wieder entfaltet (s. Abb. 2). Berühren die Ranken der Ranker (Erbse, Gurke, Kürbis, Passionsblume, Zaunrübe) einen Gegenstand, kommt es zur Aufnahme des Berührungsreizes, der das Umranken von Gegenständen auslöst (s. Abb. 3).

Chemonastie
Auf Chemonastie und Haptonastie beruhen die Fangbewegungen der Tentakeln des Sonnentaus. Auch beim Schließen und Öffnen der Spaltöffnungen der Blätter sind chemonastische Reaktionen beteiligt.

Autonome Bewegungen

Autonome Bewegungen sind selbständige Bewegungen der Pflanze, die nicht durch äußere Reize bewirkt werden. Hierzu gehören z. B. die Suchbewegungen von Windern/Schlingern und Rankern.

1.3.18 Wirkstoffe

Wirkstoffe sind organische Stoffe, die von der Pflanze produziert werden und in sehr geringen Konzentrationen die Pflanzenentwicklung steuern. Man unterscheidet Enzyme, Hormone und Vitamine.

Enzyme (Fermente)
Enzyme sind organische Katalysatoren, so genannte Biokatalysatoren, die die chemischen Reaktionen der Zelle und damit den Stoffwechsel der Pflanze steuern (s. auch S. 77).

Phytohormone

Phytohormone sind die Hormone der Pflanzen. Sie koordinieren die Stoffwechselvorgänge der einzelnen Zellen, Gewebe und Organe der Pflanzen. Dabei wirken sie als **Wuchshormone** auf das Pflanzenwachstum. Bekannte Phytohormone sind z. B. **Auxine** (IES = β-Indolylessigsäure), **Gibberelline**, **Cytokinine**, die das Wachstum der Pflanze fördern. Im Gegensatz dazu wirkt die **Abscisinsäure** wachstumshemmend (Hemmstoff = Inhibitor). **Ethylen**, ein weiterer das Pflanzenwachstum beeinflussender Stoff, kann nur mit Einschränkungen zu den Pflanzenhormonen gerechnet werden. Es handelt sich dabei um eine gasförmige Verbindung, die den Alterungsprozess von Blättern, Blüten und Früchten beschleunigt. So altern Schnittblumen bei erhöhten Ethylengehalten in der Luft, z. B. durch reifendes Obst oder verwelkende Pflanzen, schneller. Durch Regelung des Ethylengehalts in der Luft wird z. B. das vorzeitige Reifen von Bananen während der Schiffsreise gehemmt. Das gleiche Prinzip wird häufig zur Verlängerung der Haltbarkeit im Obst- und Gemüsebau bei der Lagerung von Äpfeln bzw. Gemüse angewandt. Zur Förderung der Blütenbildung bei Bromelien führt man hingegen Ethylen zu.

Vitamine

Vitamine sind organische Wirkstoffe, die als Baustoffe vieler Enzyme für alle Lebewesen lebensnotwendig (essentiell) sind.

1.4 Genetik (Vererbungslehre)

Die Genetik ist die Lehre von der Vererbung. Sie beschäftigt sich vor allem mit den Gesetzmäßigkeiten der Vererbung (z. B. Mendel'sche Gesetze) und deren Anwendung in der Züchtung.

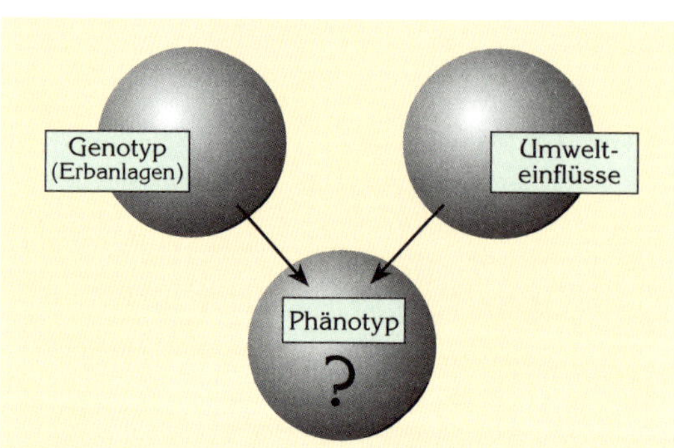

Abb. 1 Der Phänotyp – ein Ergebnis aus dem Zusammenspiel von Erbanlagen und Umwelt

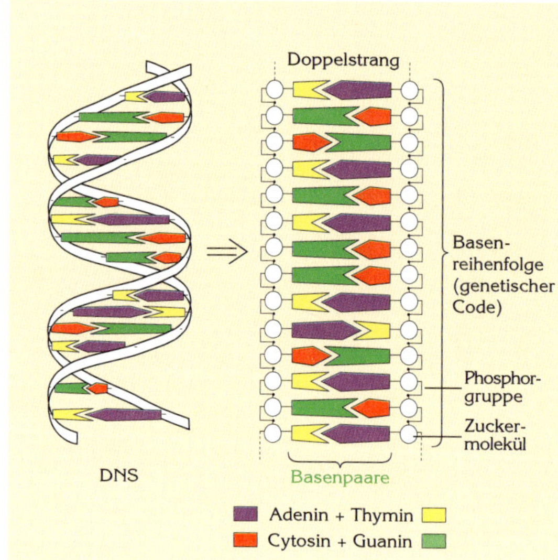

Abb. 2 Aufbau der DNS

1.4.1 Vererbung

Die Anlage für ein bestimmtes Merkmal, wie z. B. Anzahl der Blüten, Blütenfarbe und -duft, Widerstandsfähigkeit gegen Krankheiten und Schädlinge, Frosthärte, nennt man **Erbanlage**. Eine Rose, die z. B. das Merkmal „Blütenduft" besitzt, hat die Erbanlage für Blütenduft geerbt. Entsprechend bezeichnet man die Weitergabe von Erbanlagen an die Nachkommen als Vererbung. An den Beispielen „Widerstandsfähigkeit" und „Frosthärte" wird deutlich, dass auch Eigenschaften Merkmale sind, die vererbt werden können. Die Erbanlagen werden auch als **Gene** bezeichnet. Die Gesamtheit der Gene, von denen der Mensch etwa 25 000 bis 40 000 besitzt (in jeder Zelle!), bildet das **Erbbild** oder den **Genotyp** eines Lebewesens. Die Gesamtheit aller äußerlich sichtbaren Merkmale bestimmt das **Erscheinungsbild** oder den **Phänotyp** einer Pflanze. Das Erscheinungsbild ergibt sich aus dem Zusammenspiel von Erbanlagen und Umwelteinflüssen (s. Abb. 1). Durch Umwelteinflüsse bedingte phänotypische Veränderungen bezeichnet man als **Modifikationen**. Sie werden nicht vererbt.

Die genetische Information (s. Abb. 2)

Die Träger der Erbanlagen oder Gene sind die **Chromosomen**. Sie befinden sich im Zellkern der Zelle. Jede Zelle enthält die gleichen Chromosomen wie die befruchtete Eizelle. Verantwortlich hierfür ist die Mitose, die nicht nur zur Vermehrung der Zellen, sondern auch zur Bildung genetisch

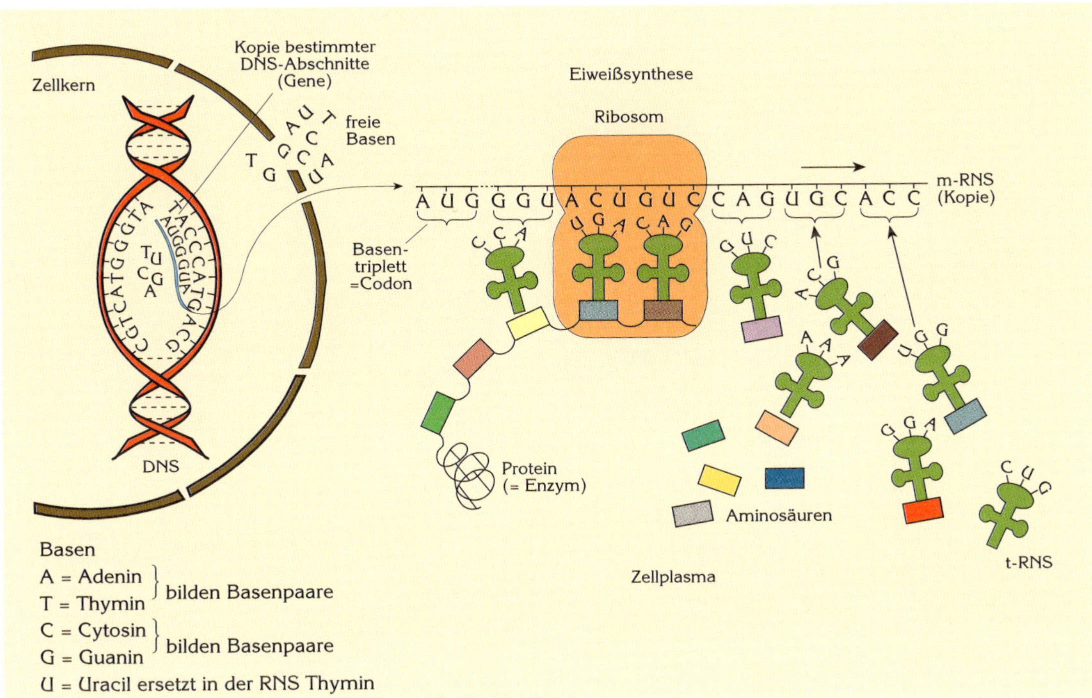

Abb. 1 Umsetzung der genetischen Information in Merkmale

identischer Zellen führt (s. S. 56). Ein Chromosom besteht aus einem langen um sich selbst gedrehten Doppelfaden, der **DNS** (Desoxyribonukleinsäure, auch DNA abgekürzt). Die DNS einer menschlichen Zelle ergibt z. B. die Länge von $1\frac{1}{2}$ m, die aller Zellen eine von etwa 300 000 km. Dabei beträgt ihr Gesamtgewicht gerade 1 mg, ihre Dicke $\frac{1}{300\,000}$ mm. Die Bausteine der DNS bestehen aus einer stickstoffhaltigen Base, einem Zuckermolekül und Phosphor. Die DNS setzt sich aus Tausenden dieser Bausteine zusammen. Die Tatsache, dass alle Lebewesen eine DNS mit den gleichen Bausteinen aufweisen, deutet darauf hin, dass alle Lebewesen einen gemeinsamen Ursprung haben (s. Evolution). Die Basen der DNS – von denen es vier verschiedene gibt – paaren sich so, dass sie wie die Sprossen einer Strickleiter zwischen zwei geschraubten Strängen aus Phosphor und Zucker angeordnet sind. Die DNS ist in mehr oder weniger lange Abschnitte gegliedert. Diese Abschnitte bezeichnen wir als Gene. Ein Gen ist also ein Teilstück der genetischen Information der DNS, das für die Ausbildung eines bestimmten Merkmals zuständig ist. Dabei bestimmt die Reihenfolge der Basen (Basensequenz) die genetische Information. Da diese genetische Information somit in verschlüsselter Form vorliegt, spricht man auch von einem **genetischen Code** – vergleichbar mit einer unbekannten Sprache. Um den genetischen Code des Menschen notieren zu können, würde man etwa 1 Millionen Seiten benötigen.

Steuerung der Lebensabläufe

Die Umsetzung der genetischen Information der Gene erfolgt durch die Synthese von Eiweißen, so genannten Funktionseiweißen oder Enzymen. Ein Gen enthält also die Information für den Aufbau eines Enzyms. Enzyme steuern die Stoffwechselvorgänge der Zelle. Die Merkmale eines Lebewesens werden somit durch die Produktion von Enzymen bestimmt, die entsprechend der genetischen Information der DNS die Stoffwechselvorgänge der Pflanze lenken. Für die **Produktion von Enzymen** (Eiweißen) benötigen die „Eiweißfabriken" der Zelle, die **Ribosomen**, eine Bauanleitung. Da die DNS aus Sicherheitsgründen den Zellkern nicht verlässt, wird ihre genetische Information kopiert. Dazu trennt sich der Doppelstrang der DNS wie mit einem Reißverschluss auf. Die nun freiliegenden Einzelstränge ergänzen sich so, dass es zu einer **identischen Verdopplung der DNS** (identische Replikation) kommt. Die entstehende Kopie

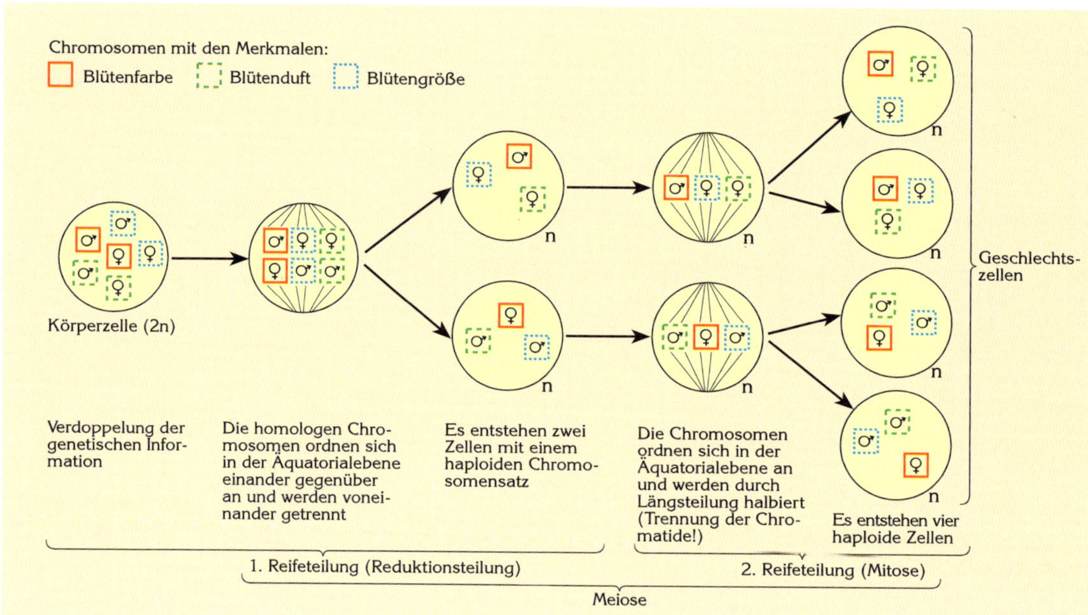

Abb. 1 Die Meiose dient der Bildung von Geschlechtszellen

bezeichnet man als RNS (Ribonukleinsäure). Nachdem ein Strang der DNS kopiert ist, verlässt die RNS, auch messenger-RNS (m-RNS) oder Boten-RNS genannt, den Zellkern und wandert zu den Ribosomen. Die Ribosomen produzieren gemäß der **genetischen Information (Basensequenz)** die Eiweiße. Dabei bilden jeweils drei Basen den genetischen Code für die Bildung einer Aminosäure. Passend zum jeweiligen Code koppeln sich bestimmte Transport-RNS (t-RNS) an, die an ihren Enden Aminosäuren aus dem Zellplasma herbeischaffen. Die **Aminosäuren**, die sich zu langen Ketten verbinden, sind die **Bausteine der Eiweiße**. Ein Eiweiß besteht aus mehreren hundert Aminosäuren, wobei die Reihenfolge der Aminosäuren die Art des Eiweißes bestimmt. Vergleicht man die Basen mit einem Buchstaben, stellen die einzelnen Aminosäuren Wörter dar. Durch die unterschiedliche Kombination der Basen werden 20 verschiedene Aminosäuren gebildet, sodass die gesamte genetische Information aller Lebewesen auf der Erde auf der unterschiedlichen Kombination dieser zwanzig „Wörter“ beruht! Je nach Reihenfolge dieser „Wörter“ entstehen unterschiedliche Informationen, d. h. Enzyme. Obwohl in jeder Körperzelle die gesamte genetische Information eines Lebewesens **(das Genom)** vorliegt, unterscheiden sich viele Körperzellen im Aufbau und in ihren Aufgaben recht stark. Dies liegt daran, dass in den unterschiedlichen Zellen unterschiedliche DNS-Abschnitte abgelesen, d. h. kopiert werden. Wie die Pflanze dieses steuert, ist noch weitgehend ungeklärt.

Meiose (Reifeteilung)

Die Gesamtheit aller Chromosomen eines Zellkerns bezeichnet man als **Chromosomensatz**. In dem Chromosomensatz der Körperzellen treten alle Chromosomen doppelt auf. Das heißt, für jedes Merkmal, z. B. Blütenfarbe, sind zwei **gleiche (homologe) Chromosomen** vorhanden. Von diesen beiden Chromosomen stammt das eine vom Vater und das andere von der Mutter. Alle Erbanlagen sind also **doppelt (diploid)** vorhanden. Entsprechend spricht man von einem doppelten oder diploiden Chromosomensatz. Dies trifft für alle Körperzellen, aber nicht für die **Geschlechtszellen (Gameten)** zu. Da bei der Befruchtung die Geschlechtszellen miteinander verschmelzen, muss bei der Bildung der Geschlechtszellen die Anzahl der Chromosomen halbiert werden. Anderenfalls würde sich bei jeder folgenden Befruchtung die Zahl der Chromosomen so lange verdoppeln, bis die Zellen platzten. Um dieses zu vermeiden, wird bei der Bildung der Geschlechtszellen die Anzahl der Chromosomen halbiert. Dies geschieht durch die **Meiose**, die sich aus zwei so genannten Reifeteilungen zusammensetzt. Bei der **ersten Reifeteilung (Reduktionsteilung)** werden die homologen Chromosomen voneinander getrennt, sodass der Chromosomensatz auf die Hälfte reduziert wird. Die **zweite Reifeteilung (Mitose)** folgt unmittelbar auf die erste Reifeteilung (s. S. 56), wobei die zusammengehörenden **Chromosomenhälften (Chromatiden)** voneinander getrennt werden. Bei der Meiose entstehen aus einer Körperzelle vier Geschlechtszellen, die, im Gegensatz zu den Körperzellen, nur einen einfachen oder **haploiden** Chromosomensatz besitzen (s. Abb. 1, S. 78). Bei der Befruchtung verschmelzen die Zellkerne der beiden Geschlechtszellen miteinander, sodass die Zellkerne der Körperzellen wieder einen doppelten Chromosomensatz aufweisen (s. Abb. 1).

Die Anzahl der Chromosomen einer Zelle ist bei den verschiedenen Lebewesen recht unterschiedlich. So hat z. B. der Mensch 46, die Honigbiene 32, die Kartoffel 48 und die Lilie 24 Chromosomen.

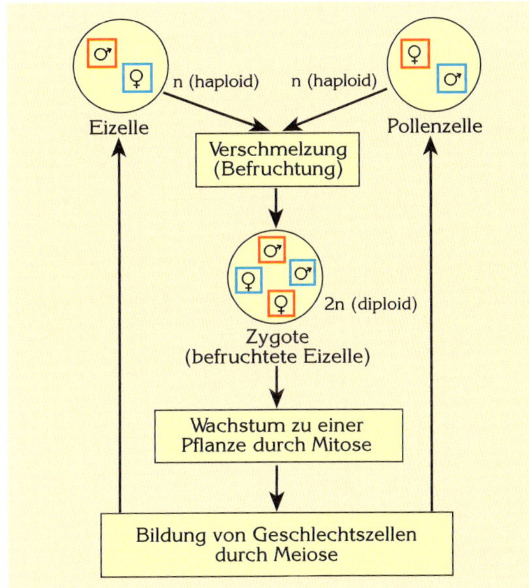

Abb. 1 Meiose und Mitose in der Pflanzenentwicklung

Reinerbigkeit und Mischerbigkeit

Eine Pflanze, die für ein Merkmal, z. B. Blütenfarbe, von Vater- und Mutterpflanze das Gen für rote Blütenfarbe vererbt bekommen hat, ist für dieses Merkmal **reinerbig (homozygot)**. Hat sie hingegen von der Vaterpflanze ein Gen für rote Blütenfarbe und von der Mutterpflanze ein Gen für weiße Blütenfarbe bekommen, ist sie für das Merkmal „Blütenfarbe" **mischerbig (heterozygot)**. Besitzen Pflanzen für ein oder mehrere Merkmale gleiche Gene, so sind sie reinerbig hinsichtlich dieser Merkmale, sind es verschiedene Gene, so sind sie mischerbig (s. Abb. 2).

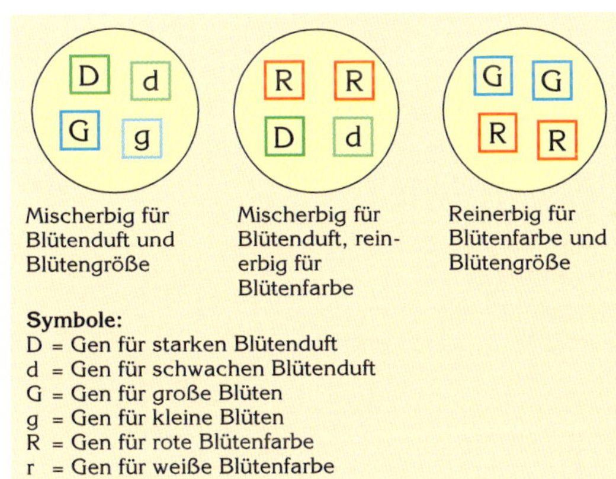

Abb. 2 Unterschiedliche Genotypen

Die Mendel'schen Regeln

Bei der Meiose kommt es nicht nur zu einer Reduktion des Chromosomensatzes, sondern auch zu einer Vermischung und Neukombination der Erbanlagen. Die Nachkommen können mehr dem Vater, mehr der Mutter oder gar den Großeltern ähneln. Dies erkannte bereits der Augustinermönch **Gregor Mendel** (1822 bis 1884), der in der Abgeschiedenheit des Klostergartens von Brünn (Österreich) um die 13 000 Kreuzungsversuche an Erbsen durchführte. Obwohl Mendel (s. Abb. 3) zur damaligen Zeit weder Chromosomen noch Gene kannte, leitete er aus seinen Beobachtungen Gesetzmäßigkeiten der Vererbung ab, die bis heute die Grundlage der Genetik bilden. Daher spricht man auch von den Mendel'schen Regeln oder Mendel'schen Gesetzen. So stellte er fest,

Abb. 3 Gregor Mendel

dass man bei der Kreuzung zweier Pflanzen zwischen einer intermediären und einer dominant-rezessiven Vererbung unterscheiden kann:
Bei der **intermediären Vererbung** (von lat. intermedius = dazwischenliegend) werden die Merkmale beider Kreuzungspartner gleich stark vererbt, sodass die Merkmale bei den Nachkommen eine Mittelstellung einnehmen. Das Erscheinungsbild der Nachkommen liegt zwischen dem Erscheinungsbild der Eltern.
Bei der **dominant-rezessiven Vererbung** gleichen die Nachkommen nur einem Elternteil. Obwohl die Erbanlagen beider Eltern vererbt werden, kommt nur ein Gen zur Wirkung. Das merkmalbestimmende Gen wird in solchen Fällen als dominant (von lat. dominare = herrschen), das unterdrückte als rezessiv (von lat. recedere = zurückweichen) bezeichnet.

Gleichgültig, welcher Erbgang vorliegt, die Pflanzen der F_1-Generation sehen in ihrem äußeren Erscheinungsbild gleich aus (s. Abb. 1). Aus diesen Beobachtungen leitete Mendel sein erstes Gesetz ab:

1. Mendel'sche Regel
Kreuzt man zwei reinerbige Lebewesen miteinander, die sich in einem Merkmal unterscheiden, so sind die Nachkommen in der F_1-Generation untereinander gleich, sie sind uniform. Entsprechend wird diese Regel auch als Gleichförmigkeits- oder Uniformitätsregel bezeichnet.

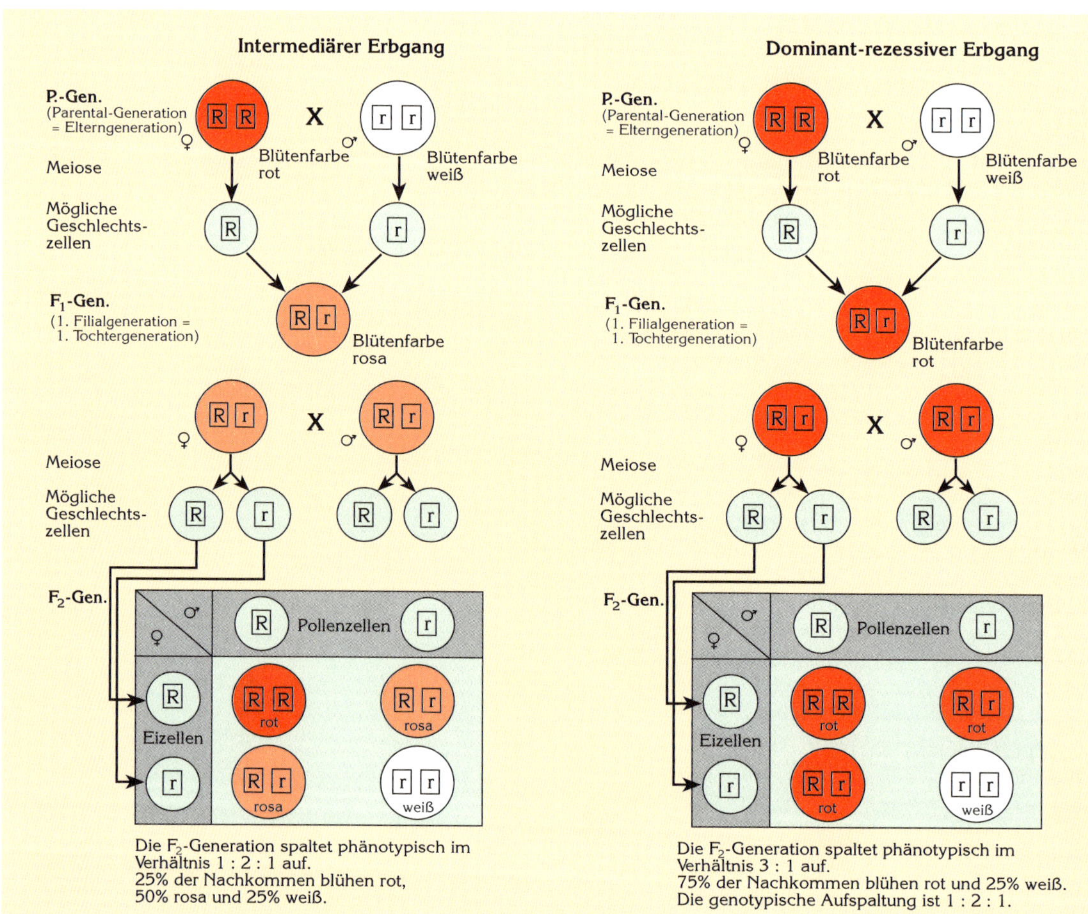

Abb. 1 Intermediärer und dominant-rezessiver Erbgang

Kreuzt man die **mischerbigen** (heterozygoten) Pflanzen (Hybriden oder Bastarde) der F_1-Generation untereinander, so treten in der F_2-Generation Pflanzen auf, die nicht untereinander gleich aussehen. Neben Pflanzen, die den Eltern gleichen, treten auch solche auf, die Merkmale der Großeltern aufweisen. Dabei spalten die Nachkommen in einem bestimmten Zahlenverhältnis auf. Handelt es sich um einen intermediären Erbgang, entspricht die phänotypische Aufspaltung der genotypischen, nämlich **1 : 2 : 1**. Bei der intermediären Vererbung wird jeder Genotyp auch phänotypisch sichtbar (s. Abb. 1, S. 80). Bei der dominant-rezessiven Vererbung spalten die Nachkommen genotypisch zwar auch im Verhältnis 1 : 2 : 1 auf, die phänotypische Aufspaltung erfolgt jedoch im Verhältnis **3 : 1**. Bei der dominant-rezessiven Vererbung können verschiedene Genotypen gleiche Phänotypen hervorbringen (s. Abb. 1, S. 80). Daraus leitete Mendel seine zweite Regel ab:

2. Mendel'sche Regel
Kreuzt man zwei Pflanzen, die in einem Merkmal mischerbig sind, entstehen in der F_2-Generation Nachkommen, die untereinander nicht gleich sind und in einem bestimmten Zahlenverhältnis aufspalten. Daher bezeichnet man diese Regel auch als Spaltungsregel.

Neben Pflanzen mit einem Unterscheidungsmerkmal kreuzte Mendel auch Pflanzen, die sich in zwei Merkmalen unterschieden. So kreuzte er z. B. Pflanzen, deren Erbsen gelbschalig und rund waren, mit solchen, deren Erbsen grünschalig und kantig waren. Dabei stellte er fest, dass die F_2-Generation in einem Verhältnis von 9 : 3 : 3 : 1 aufspaltete. Neben Pflanzen, die den Eltern und Großeltern glichen, traten nun auch völlig neue Phänotypen auf (s. Abb. 1). Mendel erkannte, dass dieses nur möglich sein kann, wenn die Erbanlagen unabhängig voneinander vererbt werden und bei der Bildung von Geschlechtszellen frei miteinander kombinieren. Daraus formulierte er seine dritte Regel:

3. Mendel'sche Regel
Kreuzt man zwei Individuen, die sich in mehr als einem Merkmal voneinander unterscheiden, so spalten die Erbanlagen unabhängig voneinander auf und kombinieren frei miteinander. Entsprechend wird diese Regel auch als Unabhängigkeitsregel oder als Regel von der freien Kombination der Gene bezeichnet.

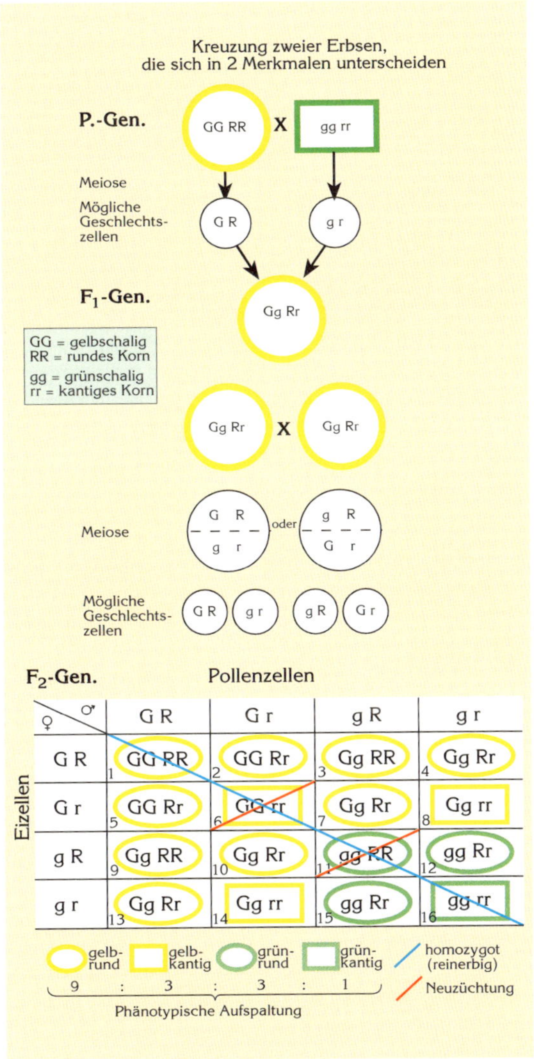

Abb. 1 Vererbung von zwei Merkmalen im dominant-rezessiven Erbgang

Mit der Zahl der unterschiedlichen Merkmale steigt die Zahl der Kombinationsmöglichkeiten der Gene bei der Geschlechtszellenbildung (s. Tab. 1, S. 82).

Crossing-over

Das Gesetz der freien Kombination der Gene besitzt jedoch nicht generelle Gültigkeit. Mendel hatte Glück, dass er Merkmale untersuchte, deren Gene sich auf verschiedenen Chromosomen befanden. Da jedoch alle Lebewesen wesentlich mehr Gene

	Anzahl verschiedener				
Merkmale	Geschlechts-zellen	Geno-typen	Phäno-typen	Homo-zygote	Kombinations-möglichkeiten
1	2	3	2	2	4
2	4	9	4	4	16
3	8	27	8	8	64
4	16	81	16	16	256
n	2^n	3^n	2^n	2^n	4^n

Tabelle 1 Kreuzungsdaten

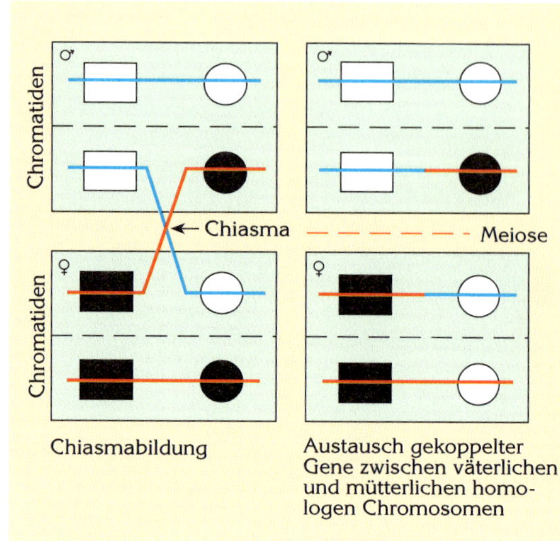

Abb. 1 Genaustausch durch Crossing-over bei der Meiose

als Chromosomen besitzen, trägt jedes Chromosom eine Vielzahl von Genen. Die Gene, die sich auf einem Chromosom befinden, werden auch zusammen vererbt. Man sagt, sie werden gekoppelt vererbt. Bei der Meiose kommt es jedoch häufig zu Überlappungen (Chiasmen) zwischen den gegenüberliegenden homologen väterlichen und mütterlichen Chromatiden. Treten an den Überlappungsstellen Brüche auf, können die Chromatiden überkreuz verheilen, sodass es zu einem Austausch von DNS-Abschnitten der väterlichen und mütterlichen DNS kommt. Man spricht bei dieser Art des Austausches gekoppelter Gene von **Crossing-over** oder **Crossover** (s. Abb. 1). Durch das Crossing-over erfolgt seit Jahrmillionen eine ständige Neuzusammensetzung der genetischen Information der Lebewesen – ein Vorgang, der zusammen mit der freien Genkombination bei der Geschlechtszellenbildung erst die Vielfalt der Arten in der Natur ermöglichte.

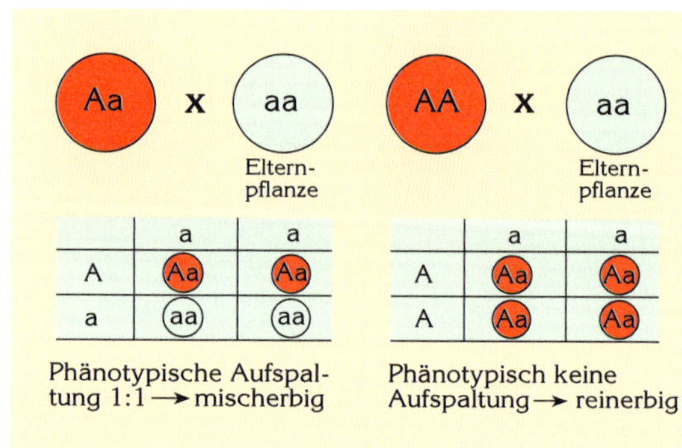

Abb. 2 Rückkreuzung

Rückkreuzung

Durch die **Rückkreuzung** der Nachkommen mit den Eltern kann man herausfinden, ob äußerlich gleich aussehende Pflanzen reinerbig oder mischerbig sind. Die Nachkommen mischerbiger Pflanzen spalten stets im Verhältnis 1 : 1 auf. Bei reinerbigen Pflanzen erfolgt keine Aufspaltung. Damit die Aufspaltung phänotypisch sichtbar wird, muss mit dem rezessiven Elternteil zurückgekreuzt werden (s. Abb. 2). Die Rückkreuzung wird auch häufig angewandt, wenn die Eigenschaften einer Sorte nur um ein Merkmal verbessert werden sollen. Durch die damit verbundene Reduzierung der Genotypen – im Vergleich zur F_2-Generation – können schnellere Züchtungserfolge erzielt werden.

Inzucht

Die Kreuzung von eng verwandten Pflanzen (Rückkreuzung, Geschwisterkreuzung) bezeichnet man als **Inzucht**. Da durch Inzucht der Anteil homozygoter Pflanzen vermehrt und der heterozygoter reduziert wird, wird die Inzucht vor allem zur schnelleren Festigung erwünschter Merkmale eingesetzt. Der Grund liegt darin, dass bei Kreuzung eng verwandter Pflanzen gleiche Anlagen häufiger zusammentreffen. Entsprechend besteht jedoch auch verstärkt die Gefahr, dass rezessiv vorhandene Genfehler bei Reinerbigkeit zum Vorschein kommen.

1.4.2 Pflanzenzüchtung

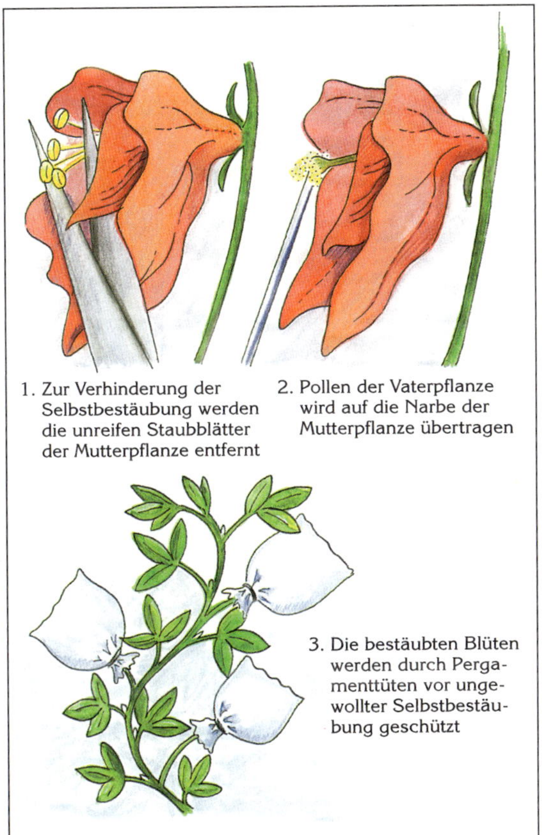

Abb. 1 Die Kreuzung von Pflanzen

Mithilfe von Auslese (Selektion), Kreuzungen und der Auslösung von künstlichen Mutationen versucht der Züchter, Lebewesen so zu verändern, dass sie seinen Ansprüchen genügen. Zuchtziele sind z. B. hohe Ertragsleistung, schnelles Wachstum, große und schöne Blüten oder Resistenz gegen bestimmte Krankheitserreger. Gemäß den angewandten Verfahren unterscheidet man zwischen Auslese-, Kreuzungs- und Mutationszüchtungen.

Auslesezüchtung

Die Auslesezüchtung stellt die **älteste Form der Züchtung** dar. Sie begann etwa 10 000 Jahre v. Chr., als die Menschen allmählich sesshaft wurden. Sie wanderten der Nahrung nicht mehr nach, sondern bauten Pflanzen an und zähmten Wildtiere. So entstanden z. B. aus den Wildgetreidearten durch wiederholten Anbau und ständige **Auslese der ertragreichsten Pflanzen** leistungsfähige Getreidesorten. Auch heute wird die Aus-

Abb. 2 Der Wildkohl (Brassica oleracea ssp. oleracea) – Ursprung unserer zahlreichen Kohlarten

lese als eine einfache, aber langwierige Form der Züchtung neuer Pflanzensorten angewandt (s. Abb. 2). Voraussetzung für diese Art der Züchtung ist ein Pflanzenbestand, in dem Pflanzen mit den gewünschten Merkmalen vorkommen. Man unterscheidet:

– **negative Massenauslese**
Bei ihr werden die Pflanzen von der weiteren Vermehrung ausgeschlossen, die dem Zuchtziel nicht entsprechen. Sie wird vor allem in der so genannten **Erhaltungszüchtung** zur Erhaltung einmal erreichter Sorteneigenschaften durchgeführt.

– **positive Massenauslese**
Bei ihr werden die dem Zuchtziel entsprechenden Pflanzen ausgelesen und weiter vermehrt.

Kreuzungszüchtung

Bei der Kreuzungszüchtung versucht der Züchter, Merkmale, die auf verschiedenen Pflanzen sind, auf einer Pflanze zu vereinen. Dazu werden alle Pflanzen, die die erwünschten Merkmale aufweisen, miteinander gekreuzt (s. Abb. 1).
Die Natur setzt den Kreuzungsbemühungen des Menschen eine Grenze, indem nur Pflanzen einer Art miteinander gekreuzt werden können. Bei nahverwandten Arten kann diese **Artengrenze** teilweise übersprungen werden. Ein solcher **Artbastard** ist die Nektarine – eine Kreuzung zwischen Pfirsich und Pflaume. Bei der Kreuzungszüchtung kann man unterscheiden zwischen der Kombinations- und der Hybridzüchtung.

Kombinationszüchtung

Bei der Kombinationszüchtung erfolgt die Kreuzung so lange, bis die Pflanzen dem Zuchtziel entsprechen und **reinerbig** für die betreffenden Merkmale sind. Reinerbige Pflanzen sind **samenbeständig**, d. h., sie spalten in den nachfolgenden Generationen nicht auf. Allgemein kann man mit sechs bis zehn Jahren für eine Züchtung auf Reinerbig-

Abb. 1 Herbstzeitlose (Colchicum autumnale)

keit rechnen. Neue Sorten werden in der **Sortenliste des Bundessortenamtes** aufgeführt. Handelt es sich um **geschützte Sorten**, dürfen diese nur mit Einverständnis des Züchters bzw. gegen Entrichtung einer **Lizenzgebühr** vermehrt werden. Sortenschutz erhält der Züchter dann, wenn sich die neue Sorte von den bestehenden Sorten unterscheidet, beständig und hinreichend einheitlich ist. Mit dem Sortenschutz erhält der Züchter das Recht, die Sorte 25 Jahre lang ausschließlich selbst vermarkten zu dürfen. Hilfe bei der Sortenauswahl bietet die vom Bundessortenamt herausgegebene **Beschreibende Sortenliste**. In ihr sind die wesentlichen Sortenmerkmale und die vorgesehenen Verwendungszwecke aufgeführt.

Hybridzüchtung

Im Unterschied zur Kombinationszüchtung erfolgt bei der Hybridzüchtung keine Züchtung auf Reinerbigkeit, d. h. Samenbeständigkeit, sodass die F_1-Hybriden in der F_2-Generation gemäß der Spaltungsregel aufspalten. Somit bietet F_1-Saatgut dem Züchter einen **natürlichen Sortenschutz**. Ein weiterer Vorteil der Hybridzüchtung ist darin zu sehen, dass sich die Merkmale der Elternpflanzen schneller in einer auf Mischerbigkeit gezüchteten Pflanze kombinieren lassen als in einer auf Reinerbigkeit. Manche F_1-Hybriden übertreffen sogar ihre Eltern an Wüchsigkeit und anderen Leistungseigenschaften. Diesen Effekt nennt man **Heterosiseffekt**. Er geht in den nachfolgenden Generationen wieder verloren.

Mutationszüchtung

Mutationen sind plötzlich auftretende Veränderungen in der Erbsubstanz **(Genotyp)**. Sie beruhen auf der Veränderung der genetischen Information durch Veränderung der Basensequenz eines Gens **(Genmutation)**, eines Chromosoms **(Chromosomenmutation)** oder der Vervielfachung des Chromosomensatzes einer Zelle **(Polyploidie)**. Da es sich bei Mutationen um eine Veränderung der genetischen Information handelt, werden Mutationen auf die Nachkommen vererbt. Mutationen können spontan **(Spontan-Mutation)**, z. B. durch Fehler bei der identischen Replikation der DNS (s. Abb. 1, S. 78), oder infolge von Umwelteinflüssen, z. B. durch die Einwirkung radioaktiver Strahlung, UV-Strahlung oder chemischer Gifte, erzeugt werden **(induzierte Mutation)**. Stoffe, die Mutationen auslösen können, werden als **Mutagene** bezeichnet.

Gen- bzw. Chromosomenmutationen

Bereits die Veränderung nur eines Basenpaares kann tief greifende Auswirkungen zur Folge haben. Eine falsche Basensequenz kann zum Einbau einer falschen Aminosäure bei der Proteinsynthese führen, sodass die Funktion des jeweiligen Enzyms bzw. Gens eingeschränkt oder total gehemmt sein kann. Die meisten Mutationen (> 99.9 %) wirken sich schädlich für das betreffende Lebewesen aus. Nur sehr wenige, weit unter 0,1 %, sind positiv. So spielen Mutationen eine Rolle bei der Auslösung von unkontrolliertem Zellwachstum (Krebs!). Andererseits werden die meisten Mutationen – im Durchschnitt trägt z. B. jeder Mensch zwei Mutationen – nicht sichtbar **(stille Mutationen)**. Dies kann z. B. daran liegen, dass die mutierten Abschnitte der DNS nicht zur Wirkung kommen, die Zelle Fehler in der genetischen Information erkennt und behebt oder das mutierte Gen rezessiv ist. Im letzteren Fall könnte die Mutation nur sichtbar werden, wenn sich zwei Lebewesen mit der gleichen Mutation paaren würden und somit für dieses rezessive Merkmal reinerbig wären (z. B. Behaarung von Tomaten).

Polyploidie

Da es bei der Auslösung von Mutationen zu willkürlichen Änderungen der genetischen Information kommt, sind die meisten Mutationen negativ für den Organismus. Veränderungen der genetischen Information können jedoch auch positiv sein. Dies ist häufig der Fall bei einer Vervielfachung des Chromosomensatzes. Eine Hemmung der Spindelbildung bei der Mitose oder Meiose führt dazu, dass die Chromosomen bei der Zellteilung nicht auf zwei Zellen aufgeteilt werden. Dieser Vorgang kann sich mehrmals wiederholen. Normalerweise diploide (2 n) Pflanzen werden so tetraploid (4 n), oktoploid (8 n) oder allgemein polyploid. Entsprechend bezeichnet man die **Vervielfachung des Chromosomensatzes** als Polyploidie. Polyploide Pflanzen zeigen gegenüber Pflanzen mit einem normalen Chromosomensatz ein stärkeres Wachstum (**„Riesenwuchs“**). Sie bilden größere

Zellen, Blätter, Blüten und auch Früchte aus. Entsprechend hat die Polyploidie bei Nutzpflanzen eine wirtschaftliche Bedeutung. Auch in der Natur kommt die Polyploidie vor. Durch die Vervielfachung des Chromosomensatzes werden die Kombinationsmöglichkeiten bei der Bildung von Geschlechtszellen und damit die Anzahl unterschiedlicher Genotypen vermehrt, sodass die genetische Variabilität der Art erheblich vergrößert wird. Die erhöhte genetische Variabilität einer Art führt dazu, dass sie sich besser an veränderte Umweltbedingungen anpassen kann und damit bessere Überlebenschancen hat. Entsprechend findet man vor allem unter extremen Umweltbedingungen besonders viele polyploide Pflanzen. Im Laufe der **Evolution** hat die Polyploidie wesentlich zur Bildung neuer Arten beigetragen.

Praktische Anwendung

Bei der Mutationszüchtung werden Mutationen künstlich ausgelöst. Man bedient sich dazu vor allem radioaktiver Strahlen (z. B. Röntgenstrahlen) und mutagener Stoffe, wie z. B. **Colchicin**, das Gift der Herbstzeitlosen (s. Abb. 1, S. 84). Die Bedeutung der Mutation für den Züchter liegt vor allem in der schnelleren und vermehrten Bildung neuer Genotypen und den damit erweiterten Kombinationsmöglichkeiten bei der Kreuzungszüchtung. Lebewesen, die Mutationen aufweisen, bezeichnet man als **Mutanten** (z. B. die Trauerformen von Weide, Birke und Buche). Zeigen nur einzelne Triebe einer Pflanze äußerlich sichtbare Mutationen, wie z. B. Veränderungen in der Blüten- oder Blattfarbe, spricht man von **Knospenmutationen oder Sports**. Da eine solche Pflanze aus genetisch unterschiedlichen Körperzellen besteht, bezeichnet man sie auch als eine **Chimäre**. Die Vermehrung dieser Sports erfolgt in der Regel vegetativ, da sie bei generativer Vermehrung häufig verloren gehen. Die Nachkommenschaft einer vegetativ vermehrten Pflanze wird **Klon** genannt. Vor allem bei Obst- und Zierpflanzen haben Sports zur Bildung neuer Sorten beigetragen.

1.4.3 Gentechnologie

Infolge des rasant gewachsenen Wissens über den Aufbau und die Funktion der DNS, dem Bauplan allen Lebens, hat sich eine neue Wissenschaft entwickelt – die Gentechnologie. **Die Gentechnologie beschäftigt sich mit der gezielten Veränderung der genetischen Information von Lebewesen durch Ausschaltung unerwünschter bzw. Hinzufügen erwünschter Erbanlagen.** Schwerpunkte gentechnologischer Arbeit sind die Entschlüsselung der genetischen Information der Gene, ihre Isolierung, Veränderung und Übertragung in die Erbinformation des genetisch zu manipulierenden Lebewesens. Dabei bietet die Fähigkeit der Pflanzen, aus einer einzelnen Körperzelle, z. B. Blattzelle, eine vollständige Pflanze zu regenerieren, ideale Voraussetzungen für die genetische Manipulation. Die genetisch manipulierte Zelle überträgt bei den mitotischen Zellteilungen die neue Information auf alle nachfolgenden Zellen, sodass alle Zellen der sich neu entwickelnden Pflanze die neue Erbinformation erhalten. Zur Gewinnung einzelner Zellen werden Blätter in Stücke geschnitten und in eine mit Cellulase-Enzymen angereicherte Lösung gebracht. Die Enzyme lösen die Zellwände der Pflanzenzellen auf, sodass die Zellverbände zerfallen und die Zellen als nackte, nur von einer Plasmahaut umhüllte **Protoplasten** (Protoplast = Zelle ohne Zellwand) in der Lösung schwimmen. Überträgt man diese Protoplasten auf spezielle Nährböden, beginnen sie nach kurzer Zeit eine neue Zellwand aufzubauen und sich zu teilen. Unter dem Einfluss zugeführter Hormone differenzieren sich die Zellen und bilden eine vollständige Pflanze. Zur genetischen Manipulation der Protoplasten bedient man sich unterschiedlicher Verfahren (s. Abb. 1).

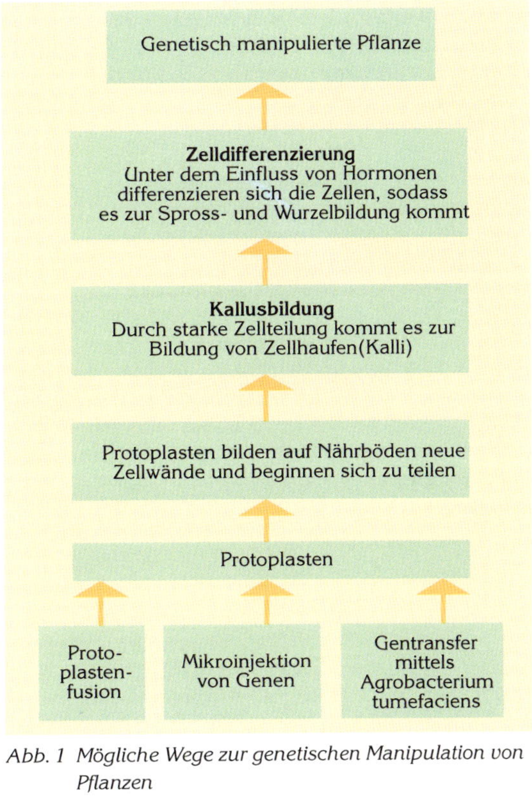

Abb. 1 Mögliche Wege zur genetischen Manipulation von Pflanzen

Protoplastenverschmelzung

Die Protoplasten von zwei verschiedenen Pflanzen werden zum Verschmelzen gebracht. Die neue Zelle arbeitet nun nach beiden genetischen Informationen und gibt diese Information bei jeder mitotischen Teilung auf die Tochterzellen weiter, sodass die entstehende Pflanze in jeder ihrer Zellen die Erbinformation von zwei verschiedenen Pflanzen enthält **(Hybridchimäre)**. So entstand durch die Verschmelzung der Protoplasten einer Tomate mit denen einer Kartoffel die **Tomoffel** – ein Zwischending zwischen Tomate und Kartoffel. Durch Verschmelzung befruchteter Eizellen von Schaf und Ziege wurde eine Chimäre, die **Schiege**, erschaffen. Die eine Körperhälfte dieses Mischwesens gleicht einem Schaf, die andere einer Ziege.

Mikroinjektion von Genen

Hierbei werden mithilfe von hauchdünnen Kanülen fremde Gene in Protoplasten injiziert in der Hoffnung, dass einzelne Gene in den Zellkern gelangen und in die Erbinformation der Zelle eingebaut werden. Soll z. B. die Eigenschaft für Resistenz gegen Mehltau auf eine nichtresistente Pflanze übertragen werden, muss zuerst herausgefunden werden, welcher DNS-Abschnitt der resistenten Pflanze die Information zur Produktion eigener pflanzlicher Abwehrstoffe gegen Mehltau enthält. Hat man das zuständige Gen gefunden, kann dieses aus der isolierten DNS mit speziellen Enzymen sozusagen chemisch herausgeschnitten und in isolierte Protoplasten injiziert werden.

Genübertragung mittels Bakterien

Die Genübertragung (Gentransfer) mithilfe von Bakterien hat man der Natur abgeschaut. Ein geeigneter Überträger (Vektor) genetischer Information ist das Bakterium **Agrobacterium tumefaciens**. Dieses Bakterium verursacht an zahlreichen Pflanzen Gewebewucherungen, den so genannten Bakterienkrebs (s. Abb. 1, S. 265), indem es einen Teil seiner Erbinformation in die der befallenen Pflanzen einbaut. Indem man nun den DNS-Abschnitt des Bakteriums, der für die Auslösung der Krebsbildung verantwortlich ist, entfernt und gegen einen neuen DNS-Abschnitt mit der gewünschten Eigenschaft ersetzt, kann mithilfe des Bakteriums die neue genetische Information gezielt in die Erbinformation der zu manipulierenden Pflanze eingebaut werden. Das Bakterium baut also statt des ursprünglichen Gens ein neues Gen ein. Mit diesem Verfahren wurden bereits Kulturpflanzen geschaffen, die widerstandsfähig sind gegenüber Totalherbiziden. Als Genspender benutzte man Wildpflanzen.

1.5 Systematik

1.5.1 Evolution

Vor schätzungsweise 3,5 Milliarden Jahren traten die ersten einzelligen Lebewesen auf (Urknall vor 12 bis 14 Milliarden Jahren), aus denen sich im Laufe der Zeit die heutige Artenvielfalt entwickelte. Die Erkenntnis, dass alle Arten von einem gemeinsamen Urahnen abstammen, wurde durch die langjährigen Forschungsreisen des englischen Naturforschers **Charles Darwin** (s. Abb. 1, S. 87) untermauert. Darwin erkannte, dass die Evolution auf der **zufälligen Veränderung bestehender Arten** und der **natürlichen Auslese** beim Kampf ums Überleben beruht. So führte die Evolution ständig zu neuen, aber auch zum Aussterben von an veränderte Umweltbedingungen nicht angepassten Arten. Folgerichtig verstand Darwin auch den Menschen als ein zufälliges Produkt der Evolution und ordnete ihn den gleichen tierischen Vorfahren wie denen der Affen zu. Die Vorstellung, der Mensch sei mit dem Affen verwandt (99 % des menschlichen Erbguts stimmen mit dem des Schimpansen überein), löste zur damaligen Zeit große Empörung, vor allem in Kirchenkreisen, aus. Darwin, der mit seiner Evolutionstheorie **(Darwinismus)** unser Weltbild entscheidend geprägt hat, gilt als Begründer der modernen Evolutionstheorie.

1.5.2 Systematische Einordnung der Pflanzen

Bereits im 18. Jahrhundert (1735) brachte der schwedische Naturforscher **Carl von Linné** (Abb. 2, S. 87) ein System heraus, in das er Pflanzen nach der **Ähnlichkeit ihrer Geschlechtsorgane** einordnete. Damit gilt Linné als Begründer der natürlichen **Pflanzensystematik**. Da er sich nur eines oder weniger äußerlicher Merkmale bediente, bezeichnet man sein System als **künstliches System**. Die heutigen Systeme beruhen auf den Erkenntnissen der Evolution und versuchen mithilfe möglichst vieler äußerlicher, innerer und physiologischer Merkmale die Pflanzen nach ihrem Verwandtschaftsgrad zu ordnen. Daher spricht man heute von einem **natürlichen System**. Nach dem Verwandtschaftsgrad werden Arten zu Gattungen, Gattungen zu Familien, Familien zu Ordnungen, Ordnungen zu Klassen und Klassen zu Abteilungen zusammengefasst (s. Abb. 3, S. 87). Reichen diese Ordnungsstufen nicht aus, werden weitere Verwandtschaftsgrade, wie z. B. Unterart, Unterordnung, Unterklasse und

Abb. 1 Charles Darwin (1809 bis 1882)

Abb. 2 Carl von Linné (1707 bis 1778)

Unterabteilung, verwendet (s. Abb. 4). Die Systematik ist also ein Teilgebiet der Botanik, das sich mit den verwandtschaftlichen Beziehungen der Pflanzen und ihrer Einordnung nach Verwandtschaftsgraden beschäftigt.

1.5.3 Botanische Nomenklatur (Benennung der Pflanzen)

Die wissenschaftliche Benennung der Pflanzen erfolgt mit botanischen Namen in lateinischer Form. Die botanische Namensgebung ist **international gültig** und ermöglicht die genaue Bezeichnung einer Pflanze. Sie dient der Verständigung beim Umgang mit Pflanzen im Lande (viele Pflanzen besitzen mehrere deutsche Namen) und über Landesgrenzen hinweg. Wie wichtig dieses ist, wird besonders deutlich, wenn man an die Verwendung von Gift- und Arzneipflanzen denkt. Zur genauen Benennung der Pflanzen benutzt man die von Linné 1735 eingeführte **doppelte Namensgebung (binäre Nomenklatur)**. Danach werden eng verwandte Arten mit einem gemeinsamen **Gattungsnamen** (z. B. Rosa) und einem unterscheidenden **Artnamen** (z. B. Rosa canina = Hundsrose, Rosa rugosa = Kartoffelrose) bezeichnet. Jede Pflanze besitzt also zwei Namen, einen Gattungs- und einen Artnamen. Der Gattungsname wird groß- und der Artname kleingeschrieben. Eine Ausnahme bilden die Arten, die durch Kreuzung verschiedener Arten einer Gattung entstanden sind (Hybriden oder Bastarde), wie z. B. Pelargonium-Peltatum-Hybriden (Efeupelargonien) oder Pelargonium-Zonale-Hybriden (Zonalpelargonien). Artnamen können häufig Auskunft über Herkunft, Eigenschaft und Verwendungsmöglichkeiten der Pflanzen geben, wie z. B. africanus

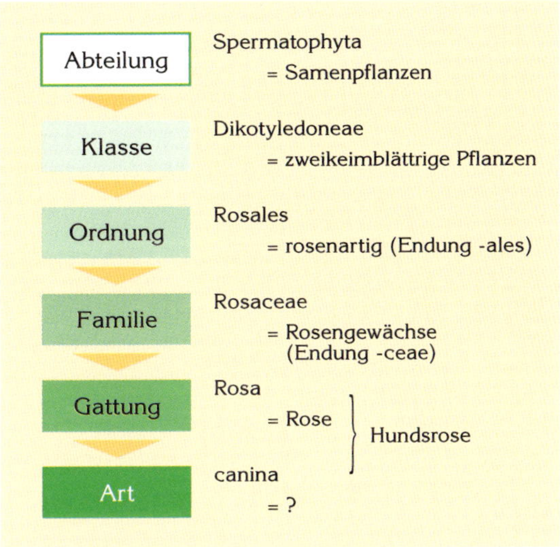

Abb. 3 Gliederung des Pflanzenreiches nach Verwandtschaftsgraden am Beispiel der Hundsrose

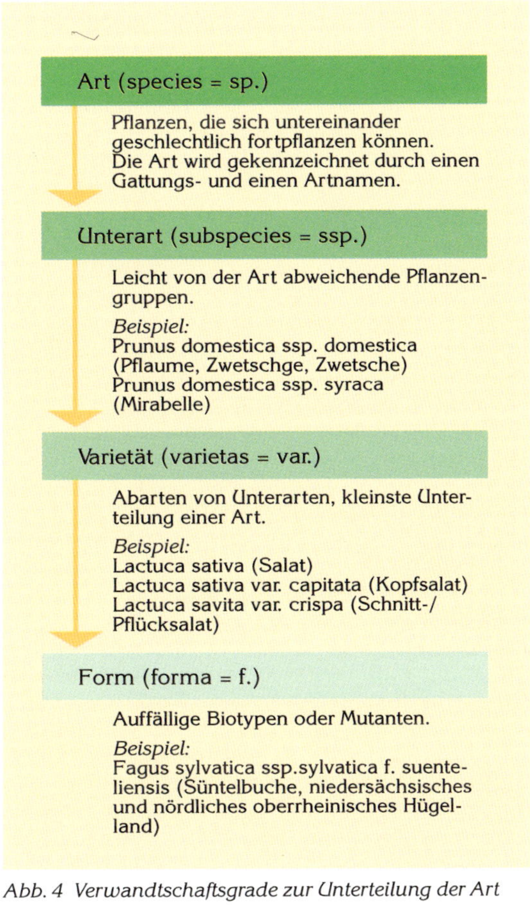

Abb. 4 Verwandtschaftsgrade zur Unterteilung der Art (Spezies)

⊙	Einjährige Pflanze	Ⓦ	Warmhaus (18–30 °C)
⊙	Zweijährige Pflanze	Ⓚ	Kalthaus (5–10 °C)
♃	Staude	Ⓣ	Temperiertes Haus (12–18 °C)
h	Halbstrauch	⌂	Kasten
ħ	Strauch	Λ	Winterschutz
ħ	Baum	⨯	Giftpflanze
×	Bastard (Hybride)	♣	Fruchtschmuck
+	Pfropfbastard (Chimäre)	✂	Schnitt für Vasenschmuck
≷	Hängepflanze	Ⓝ	Nutzpflanze
≷	Kletterpflanze	▽	Nach der Bundesartenschutzverordnung (BArtSchV) vom 19. 12. 1986 geschützte einheimische, europäische oder außereurop. Art
∿→	Kriechpflanze	*	Nach dem Washingtoner Artenschutzübereinkommen geschützte Art
⊓	Topfpflanze		
⦙	Einfassung		
⌓	Polsterpflanze		
△	Steingarten		
∿	Ufer- und Sumpfpflanze		
≈	Wasserpflanze		

Abb. 1 Häufig verwendete Zeichen

(afrikanisch), sinensis (chinesisch), albus (weiß), barbatus (bärtig), erectus (aufrecht), horizontalis (waagerecht), pendula (hängend).

Da häufig verschiedene Wissenschaftler die gleiche Pflanze zu unterschiedlichen Zeiten und an unterschiedlichen Standorten entdeckt und benannt haben, hat man sich darauf geeinigt, dass der Name gültig ist, der nach dem 1. Mai 1753 zuerst veröffentlicht wurde **(Prioritäts- oder Erstrecht)**.

Sortennamen werden in der Regel durch Einzelanführungsstriche (z. B. Corylus avellana 'Contorta' = Korkenzieherhaselnuss) oder durch Voranschreibung der Abkürzung cv. (cultivar = Sorte) gekennzeichnet. Sie werden großgeschrieben, wobei keine lateinischen Namen benutzt werden dürfen (alte lateinische Sortennamen bleiben jedoch erhalten).

1.5.4 Ausspracheregeln

Die Aussprache der botanischen Namen erfolgt nach lateinischen Regeln.

a) Selbstlaute (Vokale): a, e, i, y, o, u

- alle Selbstlaute werden getrennt gesprochen, z. B. platano-ides. Hört sich dies komisch an, darf die Aussprache auch eingedeutscht werden, z. B. für die Umlaute ae, oe usw., z. B. Aesculus (Aussprache Äskulus, nicht A-eskulus)
- i wird wie i, nicht wie j ausgesprochen, z. B. i-onanthus, nicht jonanthus
- y wird am Wortanfang wie j, innerhalb des Wortes wie ü ausgesprochen, z. B. Yucca (Aussprache Juk-ka), Cyclamen (Aussprache Züklamen), macrophylla (Aussprache makrofülla), Corylus (Aussprache Korülus)

b) Mitlaute (Konsonanten): b, c, f, g usw.

- c wird wie k, vor ae, e, i, oe und y wie z ausgesprochen, z. B. Clematis (Aussprache Klematis), Calluna (Aussprache Kal-luna), Caesalpinia (Aussprache Zäsalpini-a), Cissus (Aussprache Zis-sus), Celastrus (Aussprache Zelastrus), speciosa (Aussprache spezi-osa), Chamaecyparis (Aussprache Chamäzüparis)
- cc wird in der Regel wie kz ausgesprochen, z. B. coccinea (Aussprache kokzine-a)
- ch wird vor Mitlauten in der Regel wie K, vor Selbstlauten wie ch ausgesprochen, z. B. Chlorophytum (Aussprache Klorofütum), Chaenomeles (Aussprache Chänomeles), Chamaedorea (Aussprache Chamädore-a)
- v wird immer wie w ausgesprochen, z. B. Viola (Aussprache Wi-ola), Viburnum (Aussprache Wiburnum), Vinca (Aussprache Winka), Vitis (Aussprache Witis), ovalifolium (Aussprache owalifoli-um), parviflora (Aussprache parwiflora)
- qu wird wie kw ausgesprochen, z. B. Quercus (Aussprache Kwerkus), aquifolium (Aussprache akwifoli-um), quinquefolia (Aussprache kwinkwefoli-a)
- ti wird wie ti und nicht wie zi ausgsprochen, z. B. Gentiana (Aussprache Genti-ana, nicht Genzi-ana)
- alle Doppelmitlaute werden wie zwei Laute ausgesprochen, z. B. hippocastanum (Aussprache hip-pokastanum), thunbergii (Aussprache thunbergi-i), avellana (Aussprache awel-lana), coggygria (Aussprache kog-gügri-a), Parthenocissus (Aussprache Parthenozis-sus), Fallopia aubertii (Aussprache Fal-lopi-a auberti-i)

Merke: Ausnahmen bestätigen die Regeln!

1.5.5 Das Pflanzenreich

Die Gliederung des Pflanzenreiches erfolgt vereinfacht in sieben Abteilungen:

1. Abteilung Bakterien (Bacteriophyta) und Blaualgen (Cyanophyta)
2. Abteilung Algen (Phycophyta)
3. Abteilung Pilze (Mycophyta)
4. Abteilung Flechten (Lichenes)
5. Abteilung Moose (Bryophyta)
6. Abteilung Farne (Pteridophyta)
7. Abteilung Samenpflanzen (Spermatophyta)

Abteilung Bakterien und Blaualgen

Bakterien sind mikroskopisch kleine einzellige Lebewesen (**Mikroorganismen**), die sich sehr schnell durch Teilung vermehren (**Spaltpflanzen**). Im Gegensatz zu pflanzlichen und tierischen Zellen besitzen Bakterienzellen **keinen Zellkern**, d. h., ihre genetische Information ist nicht von einer festen Kernmembran umgeben. Die Zuordnung zum Pflanzen- statt zum Tierreich lässt sich dadurch erklären, dass Bakterien eine **feste Zellwand** besitzen (s. S. 265).
Bakterien werden unterschieden in **sauerstoffliebende (aerobe Bakterien)** und **sauerstofffeindliche (anaerobe Bakterien)**. Für Letztere ist Sauerstoff ein tödliches Gift. Aerobe Bakterien führen im Boden zur **Zersetzung (Verwesung)** der organischen Substanz. Unter Luftabschluss kommt es zur **Fäulnis** durch anaerobe Bakterien. Bedeutend sind ferner die Fähigkeiten mancher Bakterien, den **Stickstoff der Luft zu binden** (z. B. Knöllchenbakterien, s. S. 174), sowie ihre vielfältigen Einsatzmöglichkeiten, wie z. B. bei der **Schädlingsbekämpfung** (z. B. Bacillus thuringiensis, s. S. 226), der **Nahrungsmittelproduktion** (z. B. Käseherstellung), der **Abwasseraufbereitung** in Kläranlagen, der **Arzneimittelherstellung** (z. B. Antibiotika) und innerhalb der **Gentechnologie** (z. B. beim Gentransfer, s. S. 86).

Blaualgen sind bakterienähnliche Algen, die zur Photosynthese befähigt sind. Entsprechend kommt ihnen eine große Bedeutung bei der Schaffung der sauerstoffhaltigen Atmosphäre der Erde zu (s. auch 2. Abteilung). Blaualgen sind so genannte Pionierpflanzen. Sie kommen weltweit, im Wasser und auf dem Lande, vor. Man nimmt an, dass Bakterien und Blaualgen die Stammformen aller übrigen Lebewesen auf dieser Erde sind.

Abteilung Algen

Im Laufe der Jahrmillionen entwickelten sich in den auf der Erde entstehenden Meeren einzellige Lebewesen – die **einzelligen Grünalgen (pflanzliches Plankton)**. Sie sind neben den Blaualgen (s. 1. Abteilung) die ersten pflanzlichen Lebewesen, die Chlorophyll bildeten und damit Photosynthese betreiben konnten. Der bei der Photosynthese als „Abfallprodukt“ entstehende Sauerstoff reicherte sich mit der Zeit in der Atmosphäre an. Er verlieh ihr nicht nur die leuchtend blaue Farbe („Blauer Planet“), sondern war auch Voraussetzung für die Entwicklung menschlichen Lebens auf der Erde. Je grüner ein Meer, desto reicher an Plankton und Fischen ist es. Blaue Meere, wie z. B. die Côte d'Azur (frz. „blaue Küste“), sind arm an pflanzlichem Plankton und Fischen. Eine wichtige Rolle spielen die einzelligen Grünalgen auch bei der **Selbstreinigungskraft der Gewässer**. Darunter versteht man den Abbau organischer Stoffe in Gewässern. Er erfolgt bei sauerstoffhaltigem Wasser durch die im Wasser lebenden Kleinstlebewesen, vor allem Bakterien und Algen.
Im Laufe der Evolution entwickelte sich eine große Algenvielfalt (über 20 000 Arten). Neben den einzelligen gibt es auch mehrzellige Algen, die man entsprechend ihrer Färbung als **Grün-** (z. B. Meersalat), **Braun-** (z. B. Blasentang) und **Rotalgen** (z. B. Knorpeltang) bezeichnet. Letztere werden auch als **Tange** bezeichnet. Bei ihnen ist das Chlorophyll von braunen bzw. roten Farbstoffen überdeckt, mit deren Hilfe sie das wenige Licht in größeren Wassertiefen (30 bis 50 m und tiefer) besser nutzen können. Man findet sie vor allem an den Meeresküsten, sodass sie bei Ebbe teilweise aus dem Wasser herausragen (s. Abb. 1). Einige von ihnen, wie z. B. die tonnenschweren und bis über hundert Meter langen Großtange (z. B. die Braunalge Macrocystis pyrifera), bilden regelrechte Wälder unter Wasser und damit einen **Lebensraum für zahlreiche Tierarten**. Da Algen viele **wertvolle Inhaltsstoffe**, wie z. B. Stärke, Fette, Eiweiße und eine Vielzahl wichtiger Nährelemente, enthalten, werden Tange vielerorts aus dem Meer gefischt, um daraus **Mastfutter für das Vieh und Dünger** (z. B. **Algenkalk**) herzustellen. Von der Gruppe der

Abb. 1 Blasentang an der Nordseeküste

Abb. 2 Einzellige Grünalgen auf dem Lande

Abb. 1 Viele Bäume besitzen eine Mykorrhiza

Grünalgen haben vor Millionen von Jahren einige Arten den Schritt vom Wasser auf das Festland „gewagt“. Ihre Abhängigkeit vom Wasser ist immer noch so groß, dass man sie auf dem Festland nur an feuchten Stellen findet, so vor allem auf der Wetterseite von Bäumen, Häusern, Statuen usw. (s. Abb. 2, S. 89).

Abteilung Pilze

Bei aller Formenvielfalt (etwa 100 000 Arten) haben die Pilze eines gemeinsam: Sie besitzen weder Wurzeln, Stängel, Blätter, Blüten noch Chlorophyll. Ihr Körper besteht vielmehr aus aneinander gereihten Zellen, so genannten **Pilzfäden (Hyphen)**. Durch Wachstum und Verzweigung dieser Pilzfäden entsteht mit der Zeit ein **Pilzgeflecht**, das so genannte **Myzel**. Dieses Myzel stellt den eigentlichen Pilz dar. Im Nordwesten der USA wurde 2001 ein Pilz entdeckt, dessen Geflecht sich unter der Erde auf einer Fläche von 880 ha erstreckt. Das Exemplar der Spezies *Armillaria ostoyae* ist der größte lebende Organismus der Erde. Die Verbreitung erfolgt durch **Sporen** (Sporenpflanzen), die in großen Mengen gebildet werden (s. Kapitel „Pflanzenschutz“).
Da Pilze keine Photosynthese betreiben können, mussten sie andere Methoden zu ihrer Ernährung entwickeln. Neben **Saprophyten** (Fäulnisbewohner), die von toter organischer Substanz leben, gibt es auch **Parasiten** (Schmarotzer), die zum Schaden anderer leben (s. S. 44).
Häufig findet man die so genannte **Mykorrhiza**, eine Symbiose zwischen den Wurzeln höherer Pflanzen und Pilzen. Es handelt sich dabei um eine **Pilzwurzel** (griech.: mycos = Pilz, rhiza = Wurzel), d. h., bestimmte Pilze umwachsen die Wurzeln der Pflanzen **(Ektomykorrhiza)**. Hyphen des Pilzes dringen dabei in das Rindengewebe der Wurzel ein, sodass eine Verbindung zwischen Pilz und Pflanze hergestellt wird (s. Abb. 1, S. 20). Der Pilz übernimmt die Funktion der Wurzelhaare, d. h., er versorgt die Pflanze mit Wasser und Nährstoffen.

Als Gegenleistung bekommt er von der Pflanze Assimilate geliefert. Etwa ¼ der Nährstoffe, die der Baum produziert, wandern in den Boden zur Ernährung der verschiedenen Pilzpartner (bis zu 200 pro Baum). Indem diese die Wasser- und Nährstoffaufnahme der Pflanze, z. B. durch Aufschließung organischer Stoffe, erheblich verbessern, profitieren beide von dieser Lebensgemeinschaft. Viele dieser Mykorrhizapilze sind bekannte **Speisepilze** (s. Abb. 1). Auch die meisten Orchideen leben mit Pilzen in einer Symbiose. Bei ihnen wächst der Pilz jedoch in der Wurzel **(Endomykorrhiza)**. In den äußeren Zellschichten lebt der Pilz unter Ausnutzung der Nährstoffe seiner Wirtspflanze. In den inneren Rindenschichten werden die eingedrungenen Pilzhyphen entweder von der Pflanze angezapft oder teilweise verdaut. Da Orchideensamen nur wenig Nährstoffe enthalten, kann ihre Keimung und Entwicklung nur bei der Anwesenheit ganz bestimmter Mykorrhizapilze erfolgen, die die Orchideenkeimlinge neben Wasser und Nährstoffen auch mit organischen Stoffen versorgen. In diesem Fall spricht man von **Ammenpilzen**.

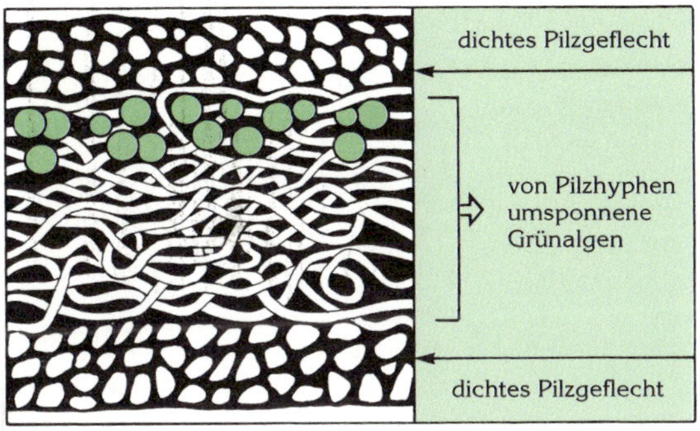

Abb. 1 Aufbau einer Flechte

Abb. 2 Baumflechte

Abb. 3 Rentierflechten als Grabschmuck

Abteilung Flechten (Lichenes)

Bei den Flechten handelt es sich um einen sehr engen **Zusammenschluss zweier Lebewesen, eines Pilzes und einer Alge**. Dies ist äußerlich nicht erkennbar und wurde erst 1860 entdeckt. Der Pilz bildet sozusagen den Körper. Er umspinnt die Algen und verleiht der Flechte die Form (s. Abb. 1).

Nach der äußeren Form unterscheidet man z. B. **Krustenflechten** (krustenförmiger Körper), **Laubflechten** (blattartiger Körper) und **Strauchflechten** (strauchartig verzweigter Körper).

Die Algen können sich im Gegensatz zum Pilz nur vegetativ durch Zellteilung vermehren. Damit jedoch die aus den Pilzsporen sich entwickelnden Hyphen überleben können, müssen sie zufällig auf geeignete Algen treffen. Sicherer ist daher die ungeschlechtliche Vermehrung der Flechte. Dies geschieht dadurch, dass kleine Bruchstücke der Flechte vom Wind verbreitet werden.

Die Aufgabe des Pilzes innerhalb der Symbiose besteht in der Versorgung der Algen mit Wasser und Nährstoffen. Die Algen, die Photosynthese betreiben können, liefern ihrerseits Assimilate an den Pilz. In Form dieser Lebensgemeinschaft können beide auch extreme Standorte besiedeln, an denen sie alleine kaum überleben könnten. Entsprechend kommen die über 20 000 Arten weltweit vor, wie z. B. auf der Borke von Bäumen (verursachen keine Schäden!), auf Gestein, Dächern oder dem Boden (s. Abb. 2). Da sie sehr genügsam und widerstandsfähig sind – sie können monatelang ohne Wasser auskommen –, haben sie vor allem als **Erstbesiedler**, als so genannte **Pionierpflanzen**, eine große Bedeutung. So sind sie maßgeblich an der chemischen Verwitterung von Gesteinsoberflächen und an der Bodenbildung beteiligt. Damit schaffen sie die Voraussetzung für die Besiedelung durch höhere Pflanzen.

Vor allem in kalten Regionen findet man Flechten. Hier bilden sie **wichtige Nahrungsquellen**, wie z. B. die **Rentierflechte** *(Cladonia rangiferina)*, die die Hauptnahrung der Rentiere darstellt und auch bei uns auf mageren Böden wächst. In der Floristik wird sie als **Islandmoos** vor allem als Grabschmuck (Totensonntag) verarbeitet (s. Abb. 3).

Da Flechten sehr empfindlich auf Luftverschmutzungen (Rauchgase) reagieren, kommt ihnen als **Bioindikatoren für den Grad der Luftverschmutzung** eine wachsende Bedeutung zu.

Von unseren etwa 2000 heimischen Arten sind circa die Hälfte vom Aussterben bedroht. Durch das Tolerieren von Flechten auf Dachpfannen, Holz und anderen Untergründen sowie den Verzicht auf unnötigen Materialanstrich kann ein wichtiger Beitrag zum Artenschutz geleistet werden.

Abteilung Moose

Bei den Moosen (s. Abb. 1, S. 92) handelt es sich um kleine blütenlose Pflänzchen, denen es gelungen ist, einfache Blätter und Stängel zu ent-

Abb. 1 Moose

wickeln. Da Moose keine Leitbündel besitzen, breitet sich das Wasser von Zelle zu Zelle in der Pflanze aus wie die Tinte in einem Löschpapier. Dies ist bei der geringen Größe der Moospflänzchen vollkommen ausreichend. Echte Wurzeln besitzen sie noch nicht. Stattdessen bilden sie Zellfäden, so genann-te **Rhizoide**, aus, die zur Anheftung der Pflanze an den Untergrund dienen.

Die Wasseraufnahme erfolgt über die gesamte Oberfläche, also über die Blätter. Diese besitzen bei den meisten Moosarten **Wasserspeicherzellen**, sodass eine Moospflanze das 20- bis 30-fache ihres Gewichts an Wasser aufnehmen kann. Bei Regen wird das Wasser wie mit einem Schwamm aufgesaugt. Auf diese Weise können z. B. die Moosteppiche der Wälder rasch große Wassermengen aufnehmen, die sie bei Trockenheit langsam wieder abgeben. Daher wirken sie als **natürliche Wasserspeicher** ausgleichend auf den Wasserhaushalt.

Da Moose noch nicht in der Lage sind, Blüten und damit Früchte und Samen auszubilden, erfolgt ihre **Vermehrung über Sporen** (Sporenpflanzen). Auf der jungen Moospflanze befinden sich getrennt voneinander männliche und weibliche Geschlechtsorgane. Je nach Moosart handelt es sich um einhäusige oder zweihäusige Pflanzen. Die männlichen Geschlechtsorgane bilden **begeißelte Geschlechtszellen (Spermatozoiden)** aus, die nur schwimmend die Eizellen der weiblichen Geschlechtsorgane erreichen können. Eine Befruchtung kann daher nur bei tropfnassem Moosteppich (Regen, Tau) erfolgen. **Epiphytisch lebende Moose** (z. B. auf der Borke von Bäumen oder auf Steinen) können viele Jahre in einer Art Trockenstarre überleben. Auch sonst sind Moose recht anspruchslos und gelten wie die Flechten als **Pionierpflanzen**.

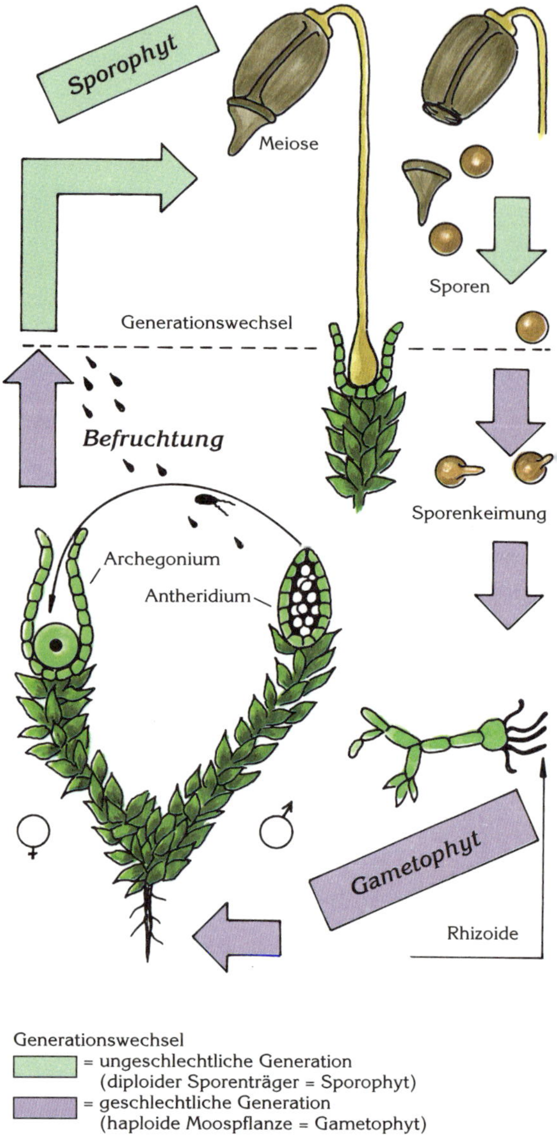

Abb. 2 Entwicklungskreislauf der Moose

Aus der befruchteten Eizelle entwickelt sich nicht ein neues Moospflänzchen, sondern ein Sporenträger. In den Sporenkapseln, die je nach Art unterschiedlich geformt sind, entstehen ungeschlechtliche Sporen. Der diploide Sporenträger bildet die **ungeschlechtliche Generation (Sporophyt)**, die haploide, Geschlechtszellen ausbildende Moospflanze die **geschlechtliche Generation**

(Gametophyt). Es tritt also ein **Generationswechsel** zwischen einer geschlechtlichen und einer ungeschlechtlichen Generation auf. Bei trockener Luft platzen die Kapseln auf und streuen die Sporen heraus. Unter günstigen Bedingungen keimen sie aus und bilden einen **Vorkeim** (Protonema), ein grünes, algenähnliches Gebilde. Aus den Knospen dieses Vorkeims entwickeln sich die neuen Moospflänzchen (s. Abb. 2, S. 92).

Die etwa 18000 Moosarten werden in die Klassen der **Laub- und Lebermoose** eingeteilt. Laubmoose sind höher entwickelt als die algenähnlichen Lebermoose. Im Gartenbau haben die **Torfmoose** (z. B. Sphagnum-Arten), eine Unterklasse der Laubmoose, die größte Bedeutung. Sie **bilden die Hochmoore** (s. S. 109), sodass Torf fast ausschließlich aus mehr oder weniger zersetztem Torfmoos besteht. Die Hauptgründe für Moos im Rasen sind Nährstoffmangel (vor allem Stickstoff), Lichtmangel und Staunässe. Kann die Ursache, z. B. Lichtmangel durch höhere Bäume, nicht beseitigt werden, sollte man sich überlegen, ob man das Moos, das ja einen trittfesten Moosteppich ausbildet, nicht belässt.

Abteilung Farne

Farne sind blütenlose Pflanzen, die sich durch Sporen vermehren **(Sporenpflanzen!)**. Im Gegensatz zu den Moosen sind die Farnpflanzen, zu denen auch die **Bärlapp- und Schachtelhalmgewächse** (s. Abb. 1) zählen, deutlich in Blätter, Sprossachsen und Wurzeln gegliedert. Außerdem besitzen sie ein gegenläufiges doppeltes Röhrensystem (Leitbündelsystem). Der damit verbundene rasche Stofftransport auch über größere Entfernungen ermöglichte es, dass sich vor Millionen von Jahren 15 bis 20 m hohe baumartige Landpflanzen, die Baumfarne, entwickelten. Bildeten sie vor 300 Millionen Jahren noch riesige Wälder, findet man **Baumfarne** (s. Abb. 2) heute nur noch in den Tropen. Bei uns kommen nur krautige Farne vor.
Besonders typisch für die etwa 10 000 Farn-Arten sind ihre gefiederten Blätter, die **Farnwedel.**

Daneben gibt es auch Arten mit ganzen Blattflächen (s. Abb. 1, S. 94). Das Wachstum der Blätter erfolgt im Unterschied zu anderen Pflanzen von der Blattspitze her. Sie ist zum Schutz des dort befindlichen Vegetationspunktes eingerollt. Mit dem Wachstum des Farnwedels rollt sich das Blatt nach und nach ab, bis es seine endgültige Größe erreicht hat.

Abb. 1 Winterschachtelhalm (Equisetum hyemale)

Abb. 2 Baumfarn (Cyathea leichthardiana)

Abb. 3 Sporenkapseln auf der Blattunterseite

Adiantum venustum
(Frauenhaarfarn)

Phyllitis scolopendrium
(Hirschzunge)

Athyrium filix-femina
(Frauenfarn)

Abb. 1 Farne als Stauden für das Freiland

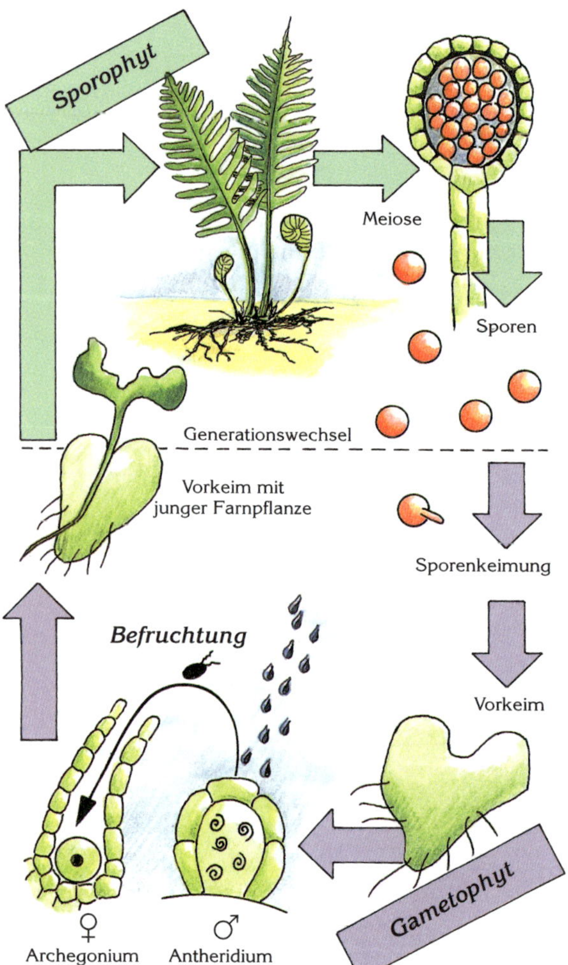

Generationaswechsel
= ungeschlechtliche Generation (diploider Sporenträger = Sporophyt)
= geschlechtliche Generation (haploide Farnpflanze = Gametophyt)

Abb. 2 Entwicklungskreislauf der Farne

Die nahe Verwandtschaft der Farne zu den Algen wird – wie bei den Moosen – bei der Vermehrung sichtbar. Auf der Unterseite der Farnwedel bilden sich kleine **Sporenkapseln (Sporangien)**, die in kleinen Gruppen zu Häufchen angeordnet sind (s. Abb. 3, S. 93). Form und Anordnung dieser Häufchen (Sori; Sing. Sorus) bilden wichtige Bestimmungsmerkmale. Bei trockenem Wetter reißen die Sporenkapseln auf und schleudern die Sporen heraus, die bei günstigen Bedingungen keimen und einen wenige Zentimeter großen **Vorkeim (Prothallium)** bilden. Auf diesem entwickeln sich männliche und weibliche Geschlechtsorgane.

Genau wie bei den Moospflanzen bilden auch die Farnpflanzen begeißelte männliche Geschlechtszellen aus, die nur schwimmend die Eizellen der weiblichen Geschlechtsorgane erreichen können. Daher bevorzugen die Farnpflanzen feuchte und schattige Standorte. Aus der befruchteten Eizelle entwickelt sich die junge Farnpflanze, die auf ihren Blattunterseiten wieder Sporenkapseln bildet. In ihnen erfolgt die Sporenbildung, d. h. die ungeschlechtliche Vermehrung. Die diploide Farnpflanze entspricht dem Sporenträger der Moose. Sie stellt die **ungeschlechtliche Generation (Sporophyt)** dar. Die **geschlechtliche Generation (Gametophyt)** ist auf den winzigen, die Geschlechtszellen ausbildenden haploiden Vorkeim beschränkt (s. Abb. 2).

Zahlreiche Farne haben als Stauden für das Freiland und als Topfpflanzen für das Zimmer eine wichtige gärtnerische Bedeutung erlangt (s. Abb. 1 u. 1, S. 95).

Nephrolepis exaltata (Schwertfarn)

Asplenium nidus (Nestfarn)

Davallia bullata (Davallie)

Abb. 1 Farne als Topfpflanzen

Abteilung Samenpflanzen

Die 7. Abteilung des Pflanzenreiches umfasst die am höchsten entwickelten Pflanzen, die Samenpflanzen. Ihnen ist es vor mehreren hundert Millionen Jahren gelungen, Blüten und damit Samen zu entwickeln. Mit ihrem hoch entwickelten Fortpflanzungssystem haben sie sich endgültig von ihrem Ursprung, dem Meer, gelöst, sodass sie im Gegensatz zu Moosen und Farnen bei der Befruchtung unabhängig vom Wasser sind.

Die Samenpflanzen (etwa 250 000 Arten) lassen sich in zwei große Gruppen unterteilen: die **Nacktsamer (Gymnospermae)** und die **Bedecktsamer (Angiospermae)**. Bei den Nacktsamern sind die Samenanlagen nicht in einem Fruchtknoten eingeschlossen. Sie liegen frei zugänglich, also sozusagen „nackt" in den Blüten. Bei den Bedecktsamern sind die Samenanlagen in einem Fruchtknoten eingeschlossen. Die Nacktsamer stellen entwicklungsgeschichtlich die älteste Gruppe dar.

Zur Gruppe der **gabelblättrigen Nacktsamer** gehören die **Ginkgo-Gewächse**, die vor über 400 Millionen Jahren auftraten. Zur Zeit der Dinosaurier (vor 225 bis 140 Millionen Jahren) wiesen sie mit 17 Gattungen und zahlreichen Arten ihre größte Formenvielfalt auf. Von diesen vielen Arten hat nur eine Gattung mit nur einer Art überlebt – **Ginkgo biloba** (s. Abb. 1, S. 96), sodass man bei Ginkgo biloba von einem lebenden Fossil sprechen kann.

Erst sehr viel später, vor etwa 125 Millionen Jahren, gab es die **Nadelgehölze**. Sie bilden mit etwa 600 bis 700 Arten die Gruppe der **nadelblättrigen Nacktsamer**. Die Nadelgehölze sind entwicklungsgeschichtlich sehr viel älter als die **Laubgehölze**, die erst vor 115 Millionen Jahren in Erscheinung traten. Sie gehören zu der Gruppe der Bedecktsamer, die bisher die höchste Entwicklungsstufe der Pflanzen erreicht haben und in **ein- und zweikeimblättrige Pflanzen** unterteilt werden (s. Abb. 1, S. 96).

Pflanzenfamilien

Die **Blüte**, das Fortpflanzungsorgan der Samenpflanzen, stellt das wichtigste Kriterium bei der Einordnung der Samenpflanzen in das Pflanzensystem dar. Anders als Spross und Wurzel ist sie aufgrund ihrer kurzen Lebensdauer nicht so sehr einem Anpassungsdruck auf veränderte Umweltbedingungen unterlegen, sodass sie von allen Pflanzenteilen am ursprünglichsten erhalten geblieben ist (z. B. Kakteenblüten). Man ordnet die Pflanzen mit ähnlichem Blütenaufbau derselben Familie zu. Daher können sehr verschiedenartig aussehende Pflanzen einer Familie angehören, wie z. B. Rose, Erdbeere und Apfelbaum, die alle drei der Familie der Rosengewächse (Rosaceae) zugeordnet werden. Nachfolgend sind einige der über 300 Pflanzenfamilien aufgeführt.

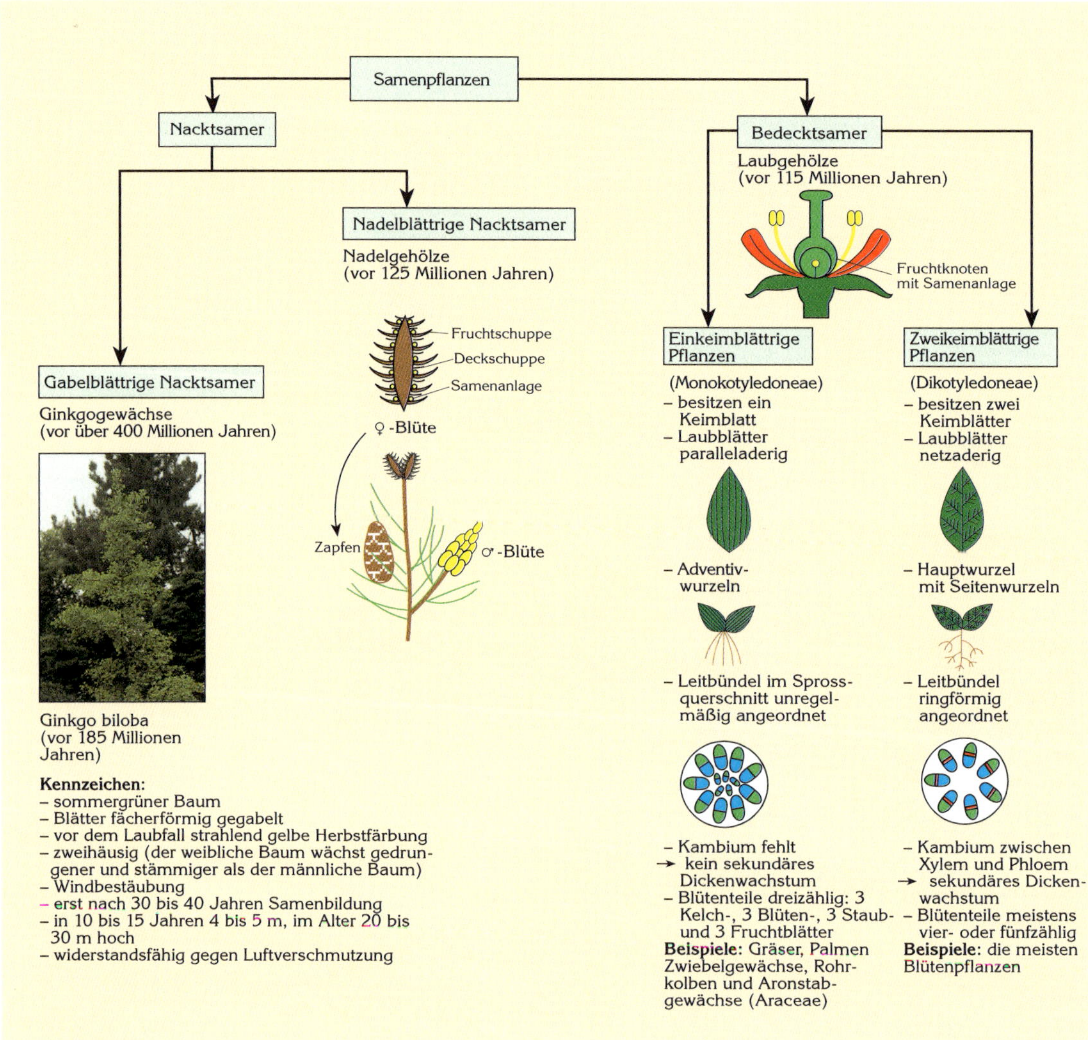

Abb. 1 Überblick Samenpflanzen

Doldengewächse (Apiaceae, früher Umbelliferae, etwa 2600 Arten)

Kennzeichen (s. Abb. 2):

- Blütenstand: Dolde (einfache oder zusammengesetzte)

Gattungen: z. B. *Aegopodium, Aethusa, Anethum, Anthriscus, Astrantia, Carum, Daucus, Eryngium, Foeniculum, Heracleum, Pastinaca, Petroselinum* und *Pimpinella*

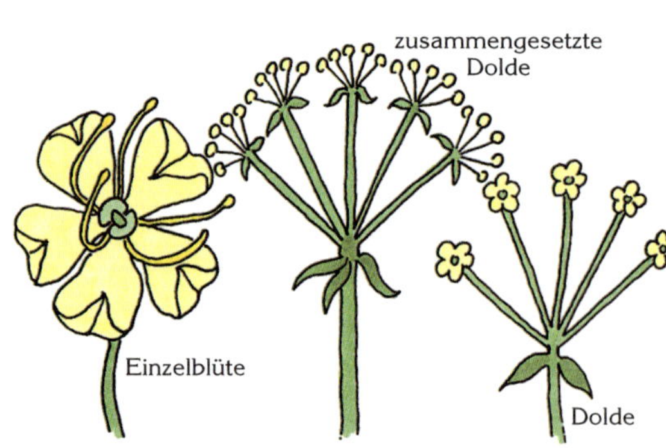

Abb. 2 Familie der Doldengewächse

Hahnenfußgewächse (Ranunculaceae, etwa 4000 Arten)
Kennzeichen (s. Abb. 1):
- Zwitterblüten mit sehr vielen Staubblättern und mehreren Fruchtblättern
- stark variierende Blütenformen
- Früchte: Balgfrüchte oder Nüsschen, selten Kapseln oder Beeren

Gattungen: z. B. *Aconitum, Adonis, Anemone, Aquilegia, Caltha, Cimicifuga, Clematis, Delphinium, Eranthis, Helleborus, Nigella, Pulsatilla, Ranunculus, Thalictrum und Trollius*

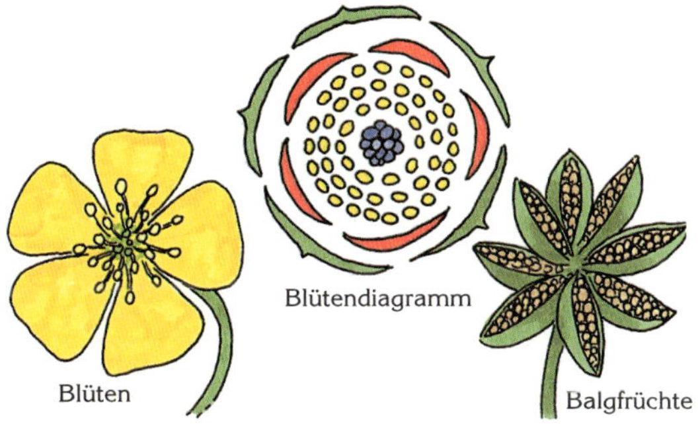

Abb. 1 Familie der Hahnenfußgewächse

Korbblütler (Asteraceae, früher Compositae, etwa 19 000 Arten)
Kennzeichen (s. Abb. 2):
- Blütenstand: Körbchen (Korbblütler)
- die fünf Staubblätter der Einzelblüte sind zu einer Röhre verwachsen (Röhrenblütler; Mehrzahl der Korbblütler)
- die Röhrenblüten des Blütenstandes sind häufig am Rande von Zungenblüten umgeben
- bei den Zungenblütlern bilden die einzelnen Blüten ein großes Blütenblatt aus
- Fruchtknoten unterständig
- grüne Hochblätter schützen den Blütenstand im Knospenstadium
- Selbstbefruchtung wird vermieden durch unterschiedliche Reife von Staub- und Fruchtblättern

Gattungen: z. B. *Achillea, Ageratum, Anaphalis, Arnica, Arctium, Argyranthemum, Artemisia, Aster, Bellis, Calendula, Callistephus, Carlina, Centaurea, Chrysanthemum, Cichorium, Cirsium, Coreopsis, Dahlia, Dendranthema, Doronicum, Echinacea, Echinops, Erigeron, Garania, Gerbera, Helenium, Helianthus, Helichrysum, Heliopsis, Hieracium, Lactuca, Leucanthemum, Leontopodium, Liatris, Ligularia, Matricaria, Rudbeckia, Senecio, Solidago, Sonchus, Tagetes, Taraxacum, Telekia, Tussilago und Zinnia*

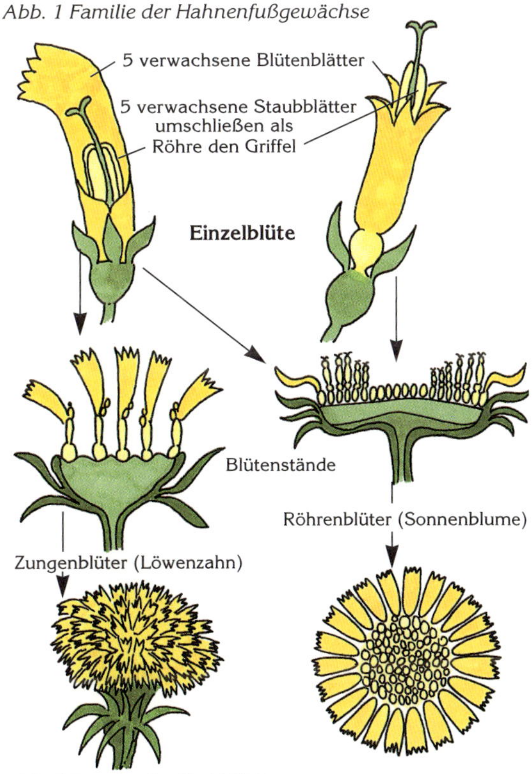

Abb. 2 Familie der Korbblütler

Kreuzblütler (Brassicaceae, früher Cruciferae, etwa 3000 Arten)
Kennzeichen (s. Abb. 3):
- kreuzförmige Anordnung der Blütenteile
- Einzelblüten häufig in Trauben angeordnet
- Früchte: Schoten/Schötchen

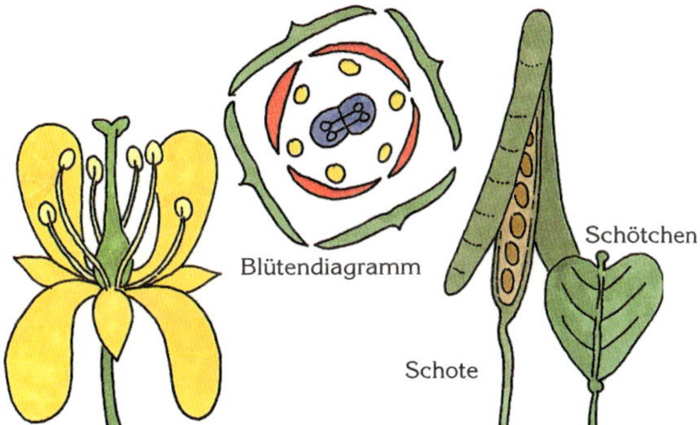

Abb. 3 Familie der Kreuzblütler

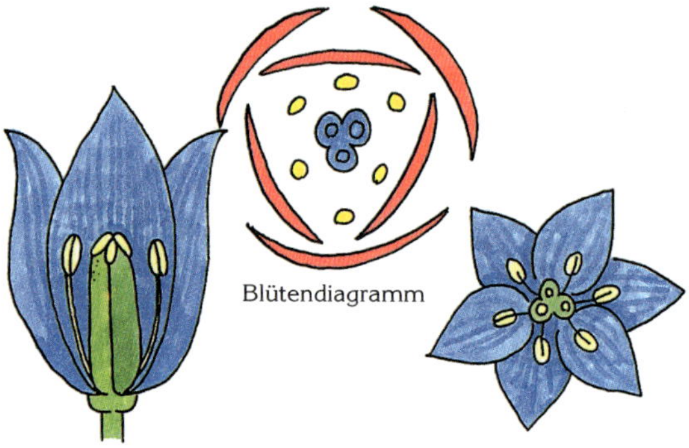

Abb. 1 Familie der Liliengewächse

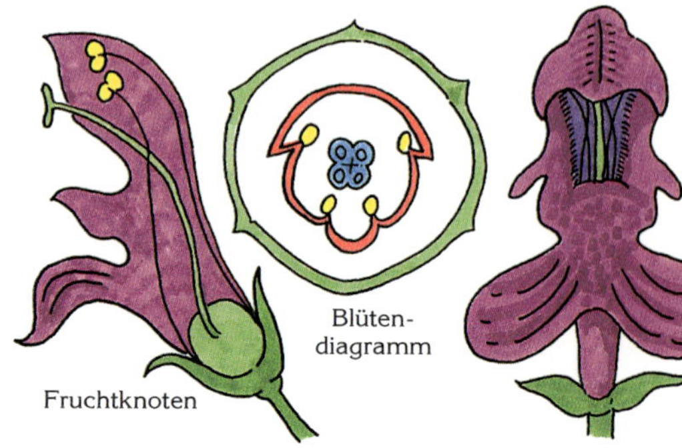

Abb. 2 Familie der Lippenblütler

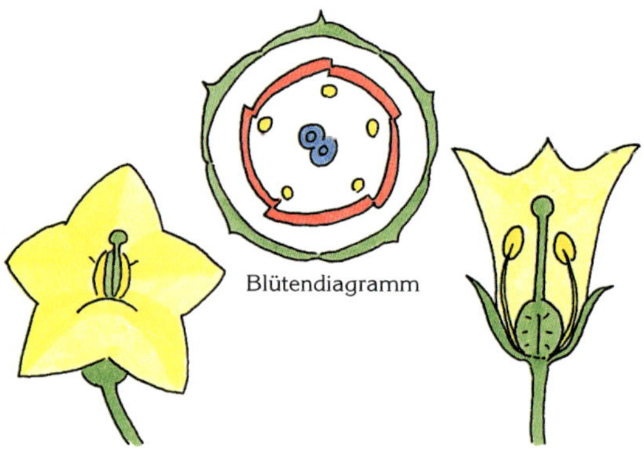

Abb. 3 Familie der Nachtschattengewächse

Abb. 4 Familie der Orchideen

Gattungen: z. B. *Alyssum, Arabis, Aubrieta, Brassica, Camelina, Capsella, Cheiranthus, Dentaria, Erysimum, Iberis, Lepidium, Lunaria, Matthiola, Nasturtium, Raphanus und Sinapis*

Liliengewächse (Liliaceae, etwa 4000 Arten)
Kennzeichen (s. Abb. 1):

- dreizählige, häufig sehr schöne Blüten
- Kelchblätter wandeln sich zu Blütenblättern um
- Blüten sternförmig symmetrisch
- Paralleladerung der Laubblätter
- bilden häufig Zwiebeln oder Knollen aus

Gattungen: z. B. *Agapanthus, Allium, Aloe, Asparagus, Aspidistra, Chlorophytum, Colchicum, Convallaria, Fritillaria, Galanthus, Gloriosa, Hosta, Hyacinthus, Kniphofia, Leucojum, Lilium, Muscari, Scilla und Tulipa*

Lippenblütler (Lamiaceae, früher Labiatae, etwa 3200 Arten)
Kennzeichen (s. Abb. 2):

- Blüte ist häufig zu einer Röhre mit einer Ober- und Unterlippe geformt

Gattungen: z. B. *Ajuga, Coleus, Glechoma, Lamium, Lavandula, Leonurus, Marrubium, Melissa, Mentha, Monarda, Origanum, Prunella, Rosmarinus, Salvia, Stachys und Thymus*

Nachtschattengewächse (Solanaceae, etwa 2300 Arten)
Kennzeichen (s. Abb. 3):

- die fünfzähligen Kelch- und Blütenblätter sind häufig miteinander verwachsen, sodass sie eine sternförmige Blütenröhre bilden
- enthalten Giftstoffe (Alkaloide)
- Frucht: Beere oder Kapsel

Gattungen: z. B. *Atropa, Brunfelsia, Capsicum, Datura, Lycopersicon, Nicotiana, Petunia, Physalis und Solanum*

Abb. 1 *Familie der Rosengewächse*

Abb. 2 *Familie der Storchschnabelgewächse*

Orchideen (Orchidaceae, über 20 000 Arten)
Kennzeichen (s. Abb. 4, S. 98):
- Blütenkrone besteht aus drei äußeren und drei inneren Blütenblättern
- Blüte besitzt nur zwei spiegelbildliche Hälften

Gattungen: z. B. *Cattleya, Cypripedium, Dactylorhiza, Neottia, Orchis, Ophrys, Paphiopedilum, Phalaenopsis, Phalandopsis und Traunsteinera*

Rosengewächse (Rosaceae, etwa 2000 Arten)
Kennzeichen (s. Abb. 1):
- große, häufig gefärbte Blütenblätter
- zahlreiche Staubblätter und mehrere Fruchtblätter (Steinobstarten nur ein Fruchtblatt!)

Gattungen: z. B. *Alchemilla, Amelanchier, Aruncus, Choenomeles, Cotoneaster, Crataegus, Cydonia, Filipendula, Fragaria, Geum, Kerria, Malus, Potentilla, Prunus, Pyracantha, Pyrus, Rosa, Rubus, Sorbus, Spirea, Stranvaesia und Waldsteinia*

Schmetterlingsblütler (Fabaceae, früher Leguminosae, etwa 7000 Arten)
Kennzeichen (s. Abb. 3):
- Form der Blüte erinnert an einen Schmetterling: Von den zehn Staubblättern sind häufig die neun unteren zusammengewachsen und bilden eine Röhre, in der sich Nektar sammelt
- Laubblätter sind häufig gefiedert
- Früchte: Hülsen (Hülsenfrüchtler)
- leben mit Knöllchenbakterien, die den Stickstoff der Luft binden können, in einer Lebensgemeinschaft

Gattungen: z. B. *Acacia, Aeschynomene, Albizia, Cassia, Cytisus, Genista, Gleditsia, Glycine, Laburnum, Lathyrus, Lotus, Lupinus, Mimosa, Phaseolus, Pisum, Pterocarpus, Robinia, Trifolium, Vicia und Wisteria*

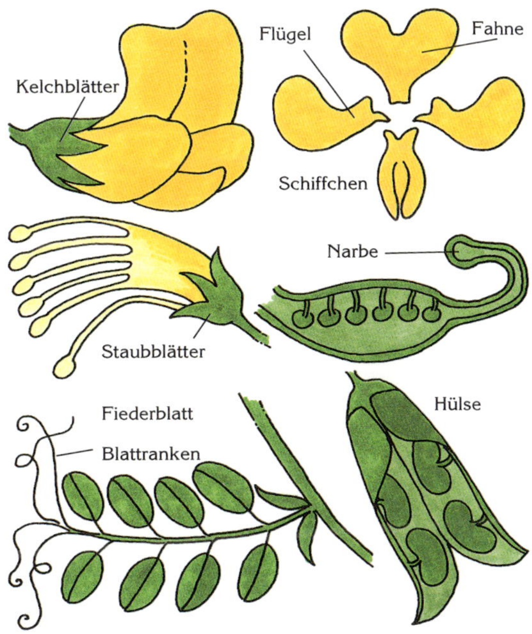

Abb. 3 *Familie der Schmetterlingsblütler*

Storchschnabelgewächse (Geraniaceae, etwa 850 Arten)
Kennzeichen (s. Abb. 2):
- bilden schnabelartige Früchte (lange Grannen) aus, die häufig ihre Samen bei Reife herausschleudern
- fünf Kelchblätter, fünf gefärbte Blütenblätter, zwei Kreise von jeweils fünf Staubblättern und fünf Fruchtblättern
- Blütenstängel mit zahlreichen Drüsenhaaren besetzt

Gattungen: z. B. *Geranium und Pelargonium*

Wolfsmilchgewächse (Euphorbiaceae, etwa 5000 Arten)

Kennzeichen (s. Abb. 1):

- die Blüten setzen sich aus vielen kleinen Blütenständen **(Cyathien, Sing. Cyathium = Scheinblüte)** zusammen, die, wie eine Zwitterblüte erscheinend, jedoch aus einer weiblichen Blüte, die von fünf männlichen Blüten umgeben ist, bestehen
- neben Nektardrüsen bei einigen Arten farbig ausgebildete Hochblätter zur Anlockung von Insekten
- enthalten einen giftigen, weißen Milchsaft

Gattungen: z. B. *Acalypha, Codiaeum, Croton, Euphorbia und Ricinus*

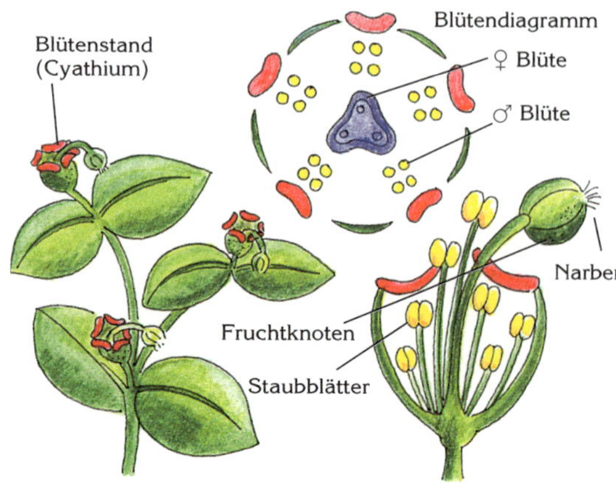

Abb. 1 Familie der Wolfsmilchgewächse

1.6 Ökologie

1.6.1 Ökosysteme

Die Ökologie ist die Wissenschaft, die sich mit den Wechselbeziehungen der Lebewesen untereinander und zu ihrer unbelebten Umwelt, wie Klima und Boden, befasst. In der Natur bilden Tier- und Pflanzenarten entsprechend dem jeweiligen **Lebensraum (Biotop)** bestimmte **Lebensgemeinschaften (Biozönosen)**.

Die Gesamtheit der Beziehungen von Biozönose und Biotop wird als **Ökosystem** bezeichnet. Je nach den sich daraus ergebenden Lebensbedingungen entwickeln sich unterschiedliche Ökosysteme, wie z. B. ein Wald, eine Wiese, ein Gewässer oder ein Moor (s. Abb. 1, S. 101). Im Laufe der Entwicklung stellt sich ein **ökologisches Gleichgewicht** ein, das durch zahlreiche miteinander vernetzte Stoffkreisläufe (z. B. Sauerstoff-, Kohlenstoff-, Wasser- und Nährstoffkreislauf) aufrechterhalten wird.

Nach ihrer Funktion bei der Aufrechterhaltung des ökologischen Gleichgewichts kann man die in einem Ökosystem lebenden Lebewesen in Produzenten, Konsumenten und Reduzenten einteilen. **Produzenten** sind die grünen Pflanzen, die zur Photosynthese befähigt sind. Zu den **Konsumenten** zählen die Tiere und der Mensch. Als heterotrophe Lebewesen sind sie auf die autotroph lebenden Pflanzen angewiesen. Bei den Tieren unterscheidet man zwischen den **Pflanzenfressern** (Primärkonsumenten) und den **Fleischfressern**, die je nach ihrer Stellung in der Nahrungskette als Sekundär-, Tertiärkonsumenten usw. bezeichnet werden. Daneben gibt es auch noch Allesfresser. **Reduzenten (Destruenten)** ernähren sich von toter organischer Substanz, die sie in ihre Ausgangssubstanzen zerlegen (z. B. Bakterien und Pilze).

Die von den Produzenten chemisch gebundene Strahlungsenergie der Sonne durchläuft die gesamte **Nahrungskette** der Konsumenten. Dabei kommt es aufgrund des Eigenbedarfs der Lebewesen an Energie innerhalb der Nahrungskette zu einem Energieverlust. Schwer abbaubare Stoffe, z. B. Schwermetalle, radioaktive oder chemische Stoffe, reichern sich jedoch innerhalb dieser Nahrungskette an. Dies ist besonders gefährlich für die am Ende einer Nahrungskette stehenden Konsumenten, wie z. B. der Mensch (s. Abb. 1, S. 102). Eine Nahrungskette bildet immer nur einen Strang des komplizierten Beziehungsgeflechts innerhalb eines Ökosystems (s. Abb. 1, S. 101).

Störungen des ökologischen Gleichgewichts rufen immer Gegenreaktionen hervor, sodass z. B. bei der Massenvermehrung einer Tierart eine sich

Abb. 1 Ökosystem Wald

einstellende Nahrungsverknappung und/oder die Zunahme der natürlichen Feinde wieder zu einem für das Ökosystem tragbaren Gleichgewicht führen (s. Abb. 2, S. 102). Unüberlegte Eingriffe des Menschen können das ökologische Gleichgewicht und damit den Regulationsmechanismus irreversibel schädigen. Die Folge ist eine Zerstörung des Ökosystems (Wald- und Gewässersterben!). Je komplexer ein Ökosystem ist, umso stabiler ist es in der Regel gegenüber Störungen, umso eher kann es jedoch auch bei starker Schädigung für immer vernichtet werden.

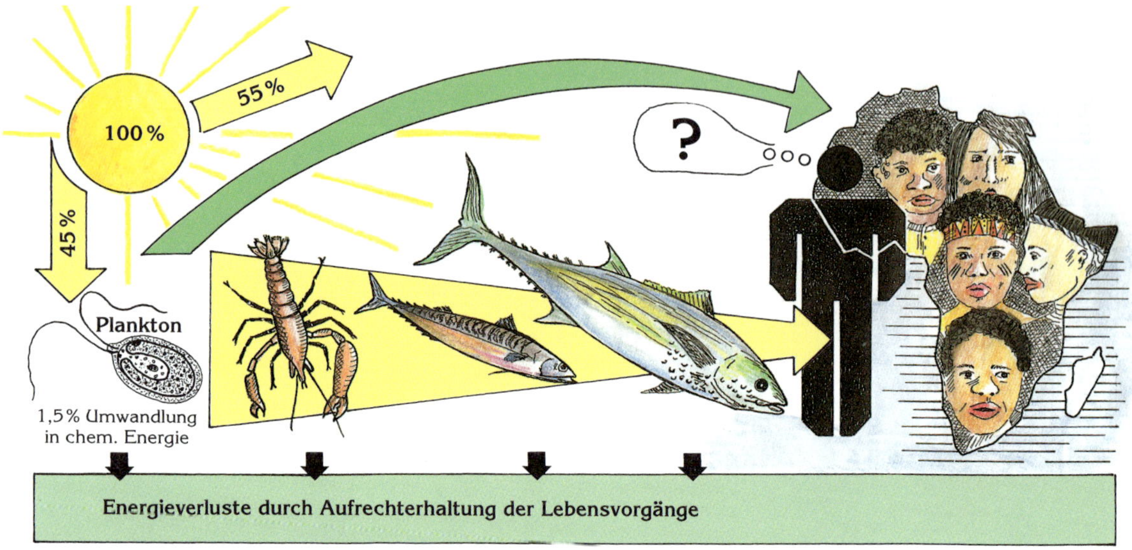

Abb. 1 Nahrungskette und Energiefluss

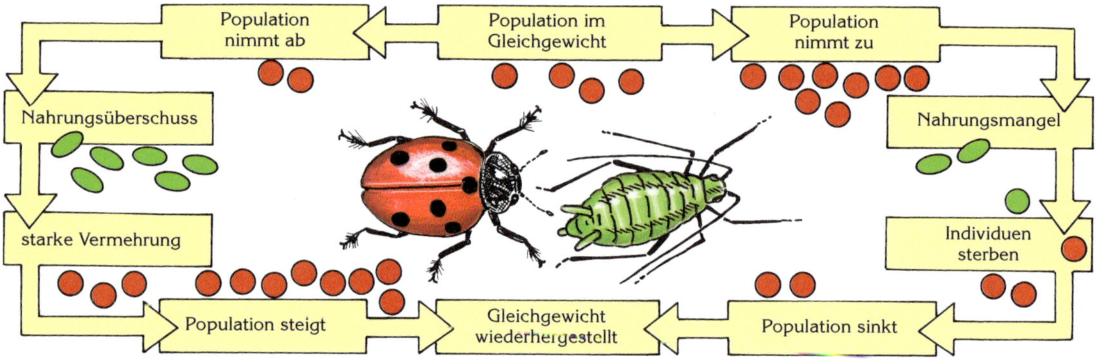

Abb. 2 Ein intaktes Ökosystem reguliert sein ökologisches Gleichgewicht selbst

1.6.2 Lebensraum Wald

Ökologische Bedeutung

Die natürliche Vegetationsform in Mitteleuropa ist der Wald. Ohne Eingriffe des Menschen würden die Laubbäume, vor allem die seit 5000 Jahren bei uns heimische Rotbuche, unsere Landschaft seit Jahrtausenden bis hoch in die Mittelgebirge bedecken. Als Lebensraum und Lebensgemeinschaft zahlreicher Tier- und Pflanzenarten gehören Wälder innerhalb der Evolution zu den am höchsten entwickelten Ökosystemen. Dem Menschen dient der Wald von alters her als Lieferant nachwachsender Rohstoffe und Ort der Erholung. Daneben erfüllt er wichtige Aufgaben im Naturhaushalt. Er reinigt unsere Atemluft und unser Trinkwasser, reguliert den Wasserhaushalt und beeinflusst unser Klima günstig. Seine Wurzeln schützen den Boden vor Erosion, sodass vor allem die Bergbevölkerung vor Erdrutschen, Steinschlägen und Schneelawinen geschützt wird (s. Abb. 1, S. 103). Ein natürlich gewachsener Wald setzt sich aus verschiedenen Stockwerken zusammen, die entsprechend den unterschiedlichen Lebensbedingungen (Lichtintensität, Luftfeuchtigkeit, Temperatur) verschiedenartige Lebensräume mit unterschiedlichen Lebensgemeinschaften bilden (s. Abb. 1, S. 104).

Der Wirtschaftswald

Obwohl wir unter natürlichen Bedingungen ein Land der Laubwälder wären, ist unser Land heute überwiegend von Nadelwäldern, vor allem von Fichte und Kiefer, bedeckt. Ohne den Menschen

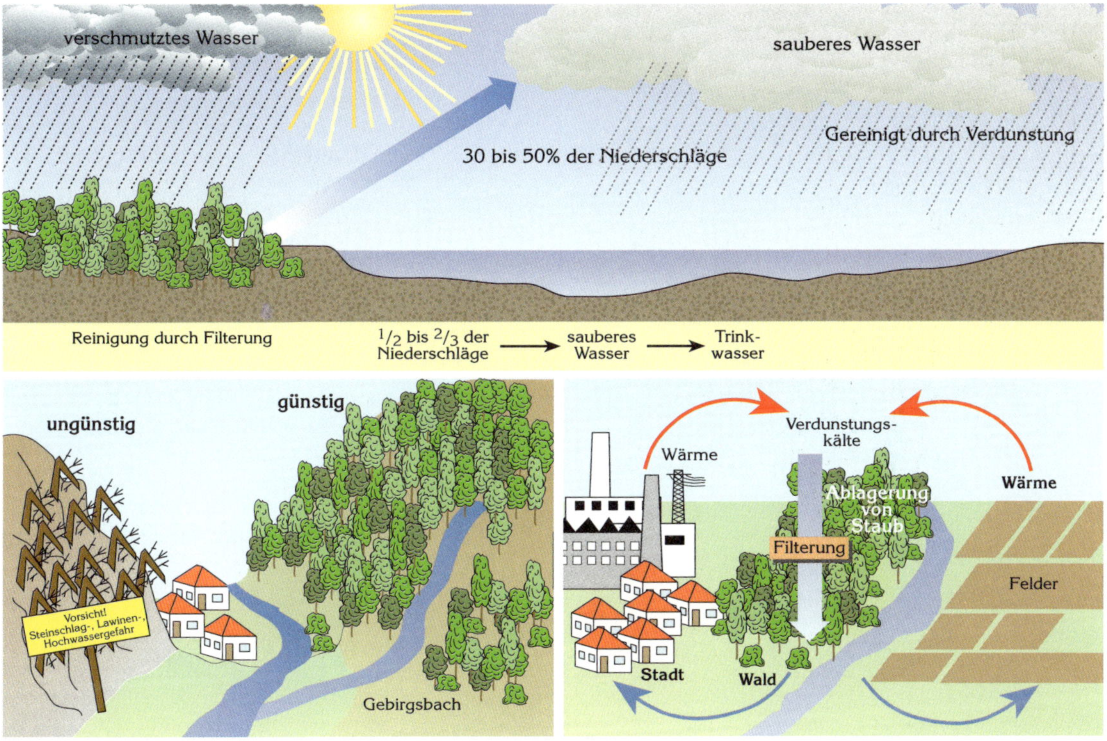

Abb. 1 Der Wald erfüllt wichtige Aufgaben im Naturhaushalt

hätten diese Pflanzen gegenüber den Laubbäumen, besonders der Rotbuche, bis in die Mittelgebirge hinein keine Chancen. Der Grund für ihre große Verbreitung ist darin zu sehen, dass der deutsche Wald überwiegend ein **Wirtschaftswald** ist. Schneller Holzzuwachs, hoher Holzpreis und arbeitseinsparende rationelle Bewirtschaftungsmaßnahmen führten zur Aufforstung von Nadelholzwäldern in Monokultur. Der heute zu verzeichnende **Trend zur Mischkultur** bei Neuaufforstungen beruht vor allem auf der Empfindlichkeit der Nadelholzmonokulturen gegenüber Sturm, Schädlings- und Krankheitsbefall. Teilweise wird sogar eine **naturnahe Waldwirtschaft** durchgeführt, sodass die Artenvielfalt gefördert wird und auch selten gewordene Waldgehölze, wie z. B. die Elsbeere, der Speierling, die Mispel, der Wildapfel und die Wildbirne, eine Überlebenschance bekommen. Ein Beispiel hierfür ist z. B. der **Plenterwald** – ein artenreicher Mischwald mit Naturverjüngung. Die Bäume samen sich selbst aus und wachsen im Schutze des Kronendaches heran, sodass alle Altersklassen der Bäume nebeneinander vorkommen. Entsprechend typisch ist der natürliche Stockwerkaufbau dieser Wälder. Im Gegensatz zu der aus gleichaltrigen Bäumen bestehenden Nadelholzmonokultur erfolgt auch kein Kahlschlag, sondern nur die Rodung einzelner Bäume einer bestimmten Fläche, sodass die Lebensgemeinschaft Wald vor radikalen Eingriffen geschützt ist. Nicht nur, dass diese abwechslungsreichen Wälder mit ihrer großen Artenvielfalt einen hohen Erholungswert aufweisen und damit zu den schönsten Wirtschaftswäldern gehören, sind sie auch wenig anfällig gegenüber Stürmen und dem Auftreten von Schadorganismen.

Das Baum- oder Waldsterben

Schadsymptome und Ursachen

Seit Beginn der Siebzigerjahre zeichnet sich eine immer erdrückendere Tatsache ab – der Wald stirbt! Waren zuerst nur Nadelbäume betroffen, sind heute auch die Laubbäume vom rasanten Fortschreiten des Baumsterbens erfasst. Zwei Drittel aller Bäume sind bereits erkrankt!

Auch wenn man sich heute einig ist, dass die Ursachen des Baumsterbens sehr komplexer Natur sind, weiß man doch, dass in der zunehmenden Luftverschmutzung die Hauptursache zu sehen ist (s. Abb. 1, S. 105).

Abb. 1 Stockwerkaufbau eines natürlich gewachsenen Waldes

Schadsymptome
- von der Blattspitze und vom Blattrand her beginnende Vergilbungen und Verbräunungen zuerst der älteren Blätter
- vorzeitiger Nadel-/Blattfall
- Baumkronen werden licht und sterben teilweise ab
- gehemmtes Wachstum (enge Jahresringe) und Bildung von Angsttrieben
- Wurzel- und Stammschäden (Fäule)
- minderwertige Holzqualität

Der saure Regen

Hauptursache des Waldsterbens ist der saure Regen, der neben einer direkten Schädigung durch Benetzung der oberirdischen Teile vor allem über die Versauerung des Bodens indirekt schädigend auf die Pflanzen wirkt. Der pH-Wert des „reinen" Regens beträgt aufgrund des natürlichen CO_2-Gehaltes der Luft pH 5,6. Vor allem durch die **Verbrennung fossiler Brennstoffe**, wie Kohle und Erdöl, werden große Mengen von Schwefeldioxid freigesetzt. Dazu kommen riesige Mengen von Stickoxiden, die vor allem bei den **Verbrennungsprozessen in Kraftfahrzeugmotoren und Feuerungsanlagen** entstehen. Schwefeldioxid und Stickoxide reagieren mit dem Wasser- und Sauerstoff der Atmosphäre zu **Schwefelsäure** (H_2SO_4) bzw. **Salpetersäure** (HNO_3), sodass der pH-Wert des Regens erniedrigt wird und im Durchschnitt um pH 4 liegt. Dabei ist zu bedenken, dass ein pH-Wert von 4,6 bereits den 10fachen, ein pH-Wert von 3,6 sogar den 100fachen Säuregehalt (Konzentration der Wasserstoffionen) aufweist wie das natürliche Regenwasser mit einem pH-Wert von 5,6. Liegt der pH-Wert unter 5,6, sprechen wir vom sauren Regen.

Direkte Schädigung

Die direkte Schädigung der Blätter durch den sauren Regen beruht auf **Zerstörung der Blattoberflächen** und **Funktionsstörungen der Spaltöffnungen**. Dadurch kommt es zur Zerstörung des Verdunstungsschutzes, was zu einem vorzeitigen Blattfall und zur Schwächung der Pflanze infolge eingeschränkter Photosynthese führt.

Indirekte Schädigung

Die **Erniedrigung des pH-Wertes des Bodens** durch den sauren Regen führt zur Freisetzung festgelegter und durch die Schadstofffilterung der Bäume im Boden als Folge langjähriger Luftverschmutzungen angereicherter **Schwermetalle**, wie Pb, Cd, Mn und Zn, sodass sehr schnell giftige Konzentrationen erreicht werden, die die Wurzeln der Bäume, ihre Mykorrhizen wie auch das Bodenleben schädigen. Bei pH-Werten unter 4,3 kommt es durch Zerfall der Tonminerale zur verstärkten Freisetzung von **Al-Ionen**, die bereits in geringen Konzentrationen die Wurzeln der Pflanzen schädigen. Die Schädigung von Wurzeln und Mykorrhizen hemmt die Wasser- und Nährstoffaufnahme. Letztere wird durch Hemmung der zersetzenden Tätigkeit der Bodenlebewesen verstärkt. Die erhöhte H-Ionenkonzentration führt ferner zur Verdrängung von vor allem Ca-, Mg- und Kalium-Ionen von den Tonmineralen des Bodens, sodass diese verstärkt ausgewaschen werden und der Boden an diesen Nährstoffen verarmt, was wiederum die Nährstoffversorgung der Pflanze, die Bodenstruktur und damit die Filterwirkung des Bodens verschlechtert (Belastung des Grundwassers!). Derartig durch den sauren Regen in ihrem Abwehrsystem geschwächte Bäume reagieren besonders empfindlich auf weitere Stressfaktoren, wie direkte Schädigung durch Schadstoffe in der Luft, Trockenheit, Schädlings- und Krankheitsbefall oder waldbauliche Fehler (s. Abb. 1, S. 105). Auf maximalen Holzzuwachs und Holzpreis ausgerichtete Nadelholzplantagen tun ihr Übriges dazu.

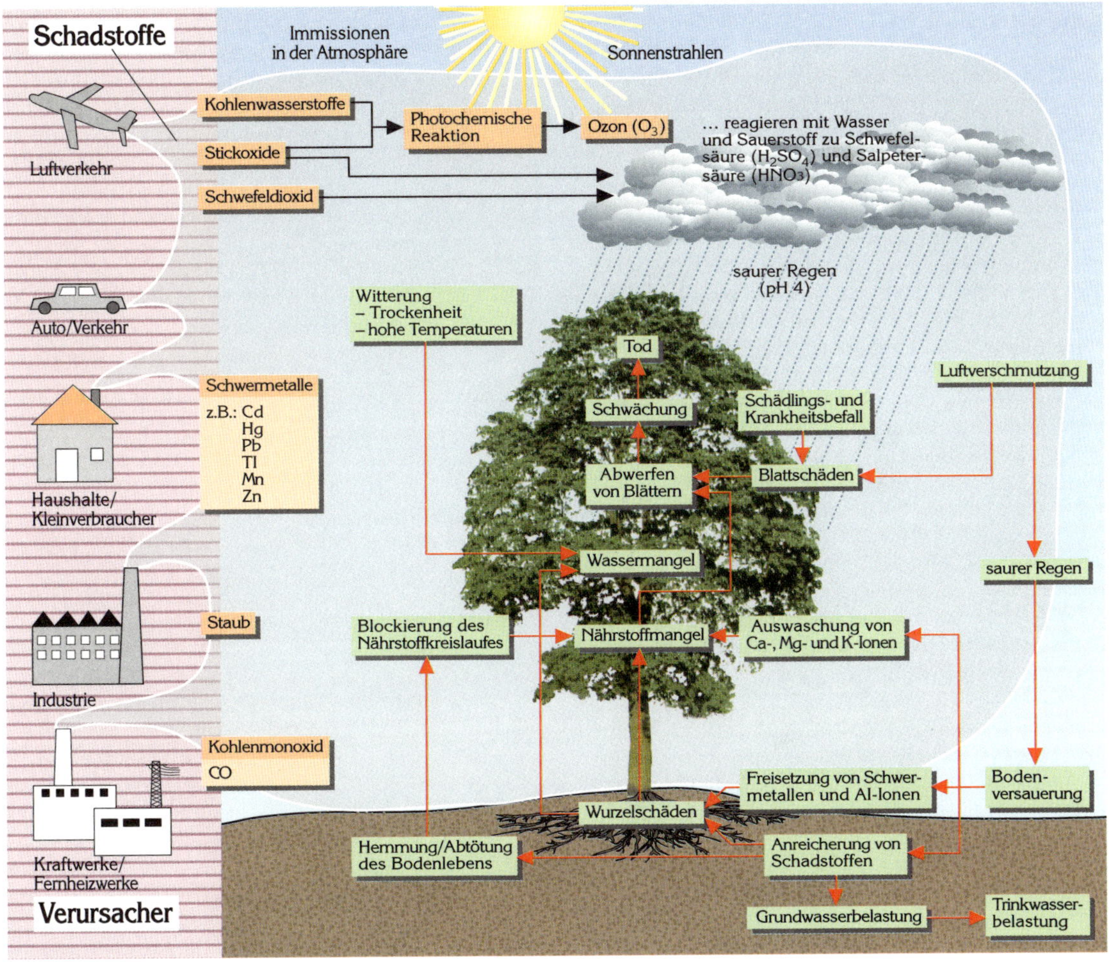

Abb. 1 Das Wald- bzw. Baumsterben

Abschließend bleibt festzuhalten, dass durch Luftverunreinigungen nicht nur Bäume, sondern auch der Mensch in seiner Gesundheit, z. B. in Form von Atemwegs- und Kreislauferkrankungen, Allergien und Krebs, ernsthaft gefährdet wird.

1.6.3 Lebensraum Hecke

Im Jahre 1770 vollzog der dänische König Christian VII., König von Dänemark und Norwegen, Herzog von Schleswig und Holstein, eine Landreform. Er ordnete an, dass jeder Bauer sein Land mit lebenden Zäunen, die auf Erdwällen gepflanzt werden sollten, zu umgeben hat. Dies war die Geburtsstunde der norddeutschen **Wallhecken (Knicks)**. Daneben bildete sich bei uns ein zweiter Typ von Hecke, die **Lesesteinhecke**. Auf den von den Feldern gelesenen und an den Rändern zu Wällen aufgeschichteten Steinen siedelten sich mit der Zeit Gehölze an. Obwohl Hecken vom Menschen geschaffen wurden, bilden sie naturnahe Lebensräume, wobei gerade ihre Lage inmitten unserer intensiv genutzten Kulturlandschaft ihre große Bedeutung für die Natur ausmacht.

- Sie bieten zahlreichen Tier- und Pflanzenarten Zuflucht, Rückzugsmöglichkeiten, Lebens- und Nahrungsraum.
- Ihre blühenden Randstreifen bieten vielen nützlichen Insektenarten Nahrung.
- Sie verbinden Ökosysteme miteinander und erhöhen somit die Überlebenschancen wild lebender Tier- und Pflanzenarten.
- Sie schützen vor Staub, Lärm, Wind, Frost, Austrocknung und Erosion des Bodens.

- Sie liefern Früchte, wie z. B. Schlehen, Holunderbeeren, Brom- und Himbeeren, Wildäpfel, Hagebutten und Pilze.
- Sie stellen nachwachsende Rohstoffquellen dar.
- Sie machen eine Landschaft abwechslungsreich und erhöhen ihren Erholungswert.

Hecken zählen zu den artenreichsten Ökosystemen, trotzdem wurden sie in den letzten Jahren, vor allem im Rahmen der **Flurbereinigung**, verstärkt gerodet. Die **Intensivierung der Landwirtschaft** führte zu immer größeren Maschinen und rationellerer Bewirtschaftung der Felder. Im Wege stehende Hecken und Feldgehölze wurden kurzerhand gerodet. So ist von dem dichten Heckennetz Schleswig-Holsteins, das fast 100 000 km zählte, die Hälfte bereits verschwunden. In dieser so ausgeräumten Natur entstanden riesige Monokulturen, die durch intensive Bewirtschaftung mit Düngern und Pestiziden weder Nahrung noch Entwicklungsmöglichkeiten für wild lebende Tier- und Pflanzenarten bieten. Damit wurden naturnahe Lebensräume zu lebensfeindlichen Agrarwüsten, die zwar billige Nahrungsmittel für den Menschen liefern, jedoch Boden, Grundwasser und Atemluft immer stärker belasten.

Die Neuanpflanzung von Hecken und Feldgehölzen ist ein erster wichtiger Schritt gegen die zunehmende ökologische Verödung unserer Kulturlandschaft. Dabei kann jedoch nur ein dichtes Netz von Hecken und Feldgehölzen die wenigen verbliebenen Naturinseln mit ihren isolierten Populationen sinnvoll miteinander verbinden. Nur ein solches **Biotopverbundnetz** bietet innerhalb unserer intensiv genutzten Agrarlandschaft Überlebenschancen für wild lebende Pflanzen- und Tierarten.

Abb. 1 Die Wiese – Symbol für ökologische Vielfalt

Abb. 2 Vogelhaus mit Wiese

1.6.4 Lebensraum Wiese

Die Wiese gilt zu Recht als ein Symbol für ökologische Vielfalt. Sie bietet ein vielfältiges Angebot an Nahrung und Lebensräumen für eine artenreiche Tierwelt (s. Abb. 1). Gemäß den jeweiligen Umweltbedingungen entwickelte sich im Laufe der Jahre vor allem auf den entwaldeten Flächen eine **standorttypische Lebensgemeinschaft**, sodass eine Wiese je nach Standortbedingungen aus sehr unterschiedlichen Pflanzen- und Tierarten bestehen kann.

So vielfältig und kompliziert das Ökosystem Wiese aufgebaut ist, so empfindlich ist es auch gegenüber menschlichen Eingriffen. Versiegelungen der Landschaft durch Tief- und Hochbau, Entwässerungsmaßnahmen, Flussbegradigungen, Flurbereinigungen, vor allem aber der großflächige Einsatz von Pestiziden in der Landwirtschaft haben zu einem rasanten Verlust an Feld- und Wiesenblumen mit der entsprechenden Begleitfauna geführt. Gerade beim Lebensraum Wiese kann jeder, der einen Garten besitzt oder für die Anlage und Pflege von Grünflächen in öffentlichen Anlagen zuständig ist, zur Artenvielfalt, zum Artenerhalt und damit zum Naturschutz beitragen. Durch Schaffung naturnaher Gärten und Grünflächen können statt einheitlicher grüner Rasenflächen artenreiche Blumenwiesen das Bild der Landschaft prägen. Der Verzicht auf chemische Pflanzenschutzmittel sollte hier selbstverständlich sein.

Da eine Wiese im Gegensatz zum Rasen jedoch keine belastbare Grasnarbe ausbildet, also nicht unbedingt als Spiel- und Liegewiese genutzt werden kann, sollte die Frage auch nicht lauten: Blumenwiese oder Rasen? Vielmehr ist eine Kombination aus beiden anzustreben, indem Teile, die nicht betreten werden, zur Blumenwiese umgestaltet, Rasen mit einer Blumenwiesenumrandung umgeben oder Blumenwieseninseln im Rasen angelegt werden. So kann ein begehbarer grüner Teppich erhalten werden, ohne dass auf ein Stück Wiese mit all ihren Vorteilen verzichtet werden muss. Auch zur Dachbegrünung sind Wiesenpflanzen sehr gut geeignet (s. Abb. 2, S. 106).

Abb. 1 Ein naturnaher Teich

1.6.5 Lebensraum Gewässer

Wasser ist das **Urelement** schlechthin. Ohne Gewässer (Meer, Fluss, See, Pfütze) wäre ein Leben auf der Erde nicht möglich. Sie machen unsere Landschaft abwechslungsreicher, tragen, vor allem in Ballungszentren, zur Verbesserung des Klimas bei und schaffen Möglichkeiten für Erholung und Naturbeobachtungen. Ihr Bestand ist eine Voraussetzung für den Artenreichtum unserer Tier- und Pflanzenwelt. In den letzten zweihundert Jahren sind durch Zuschüttung und Trockenlegung 97% der deutschen Feuchtgebiete verschwunden. Aktiver Naturschutz bedeutet daher, Gewässer und Feuchtbiotope in ihrem Bestand zu sichern und neu zu schaffen. Durch die Anlage naturnaher Teiche können wertvolle ökologische Nischen geschaffen werden, die in unserer Kulturlandschaft als Rettungsinseln für bedrohte Tier- und Pflanzenarten dienen können. Durch die Schaffung solcher Kleinbiotope (s. Abb. 1) kann eine wertvolle Vernetzung von Gewässerbiotopen entstehen, die die Kontaktaufnahme zwischen bis dahin isolierten Populationen ermöglichen und zu ihrer weiteren Ausbreitung beitragen kann.

1.6.6 Lebensraum Moor

Ökologische Bedeutung

Entwässerungsmaßnahmen, landwirtschaftliche Nutzung und Torfabbau haben Moore zu den mit am gefährdetsten Ökosystemen Mitteleuropas gemacht. Man schätzt, dass bereits ein Drittel aller Moore auf der Erde verschwunden ist.

Moore stellen **Reste von Naturlandschaften** dar (s. Abb. 1, S. 109). Vor allem bei den vor vielen tausend Jahren entstandenen Hochmooren handelt es sich um **einmalige Lebensräume**. Ihre lebensfeindlichen Bedingungen führten zur Entwick lung hoch spezialisierter Tier- und Pflanzenarten, von denen heute der größte Teil vom Aussterben bedroht ist. Aufgrund ihres Wasserhaltevermögens wirken Moore ausgleichend auf den Wasserhaushalt einer Landschaft. Auch für den Kohlenstoffkreislauf haben Moore eine wichtige Bedeutung. Da in ihnen die organische Substanz nicht mineralisiert wird, bleibt der Kohlenstoff gebunden. So werden jährlich Millionen Tonnen Kohlenstoff durch die Moore festgelegt. Man schätzt, dass die weltweit in den Mooren enthaltene Kohlenstoffmenge etwa der Hälfte des als Kohlendioxid in der Atmosphäre vorhandenen Kohlenstoffs entspricht.

Entstehung

Voraussetzung für die Entstehung eines Moores, in Norddeutschland auch Bruch, Fehn, Venn, Luch, Lohe, in Süddeutschland auch Filz, Moos oder Ried genannt, ist ein Wasserüberschuss, der anaerobe Verhältnisse schafft, die die Zersetzung und Mineralisierung der anfallenden organischen Substanz durch Mikroorganismen weitgehend hemmen, sodass es zu einer Vertorfung der Pflanzenreste kommt. Von einem Moor spricht man, wenn die Torfschicht mindestens 30 cm dick ist und mindestens aus 30% organischer Substanz besteht. Nach der Entstehung unterscheidet man Nieder-, Übergangs- und Hochmoore (s. Abb. 1, S. 108).

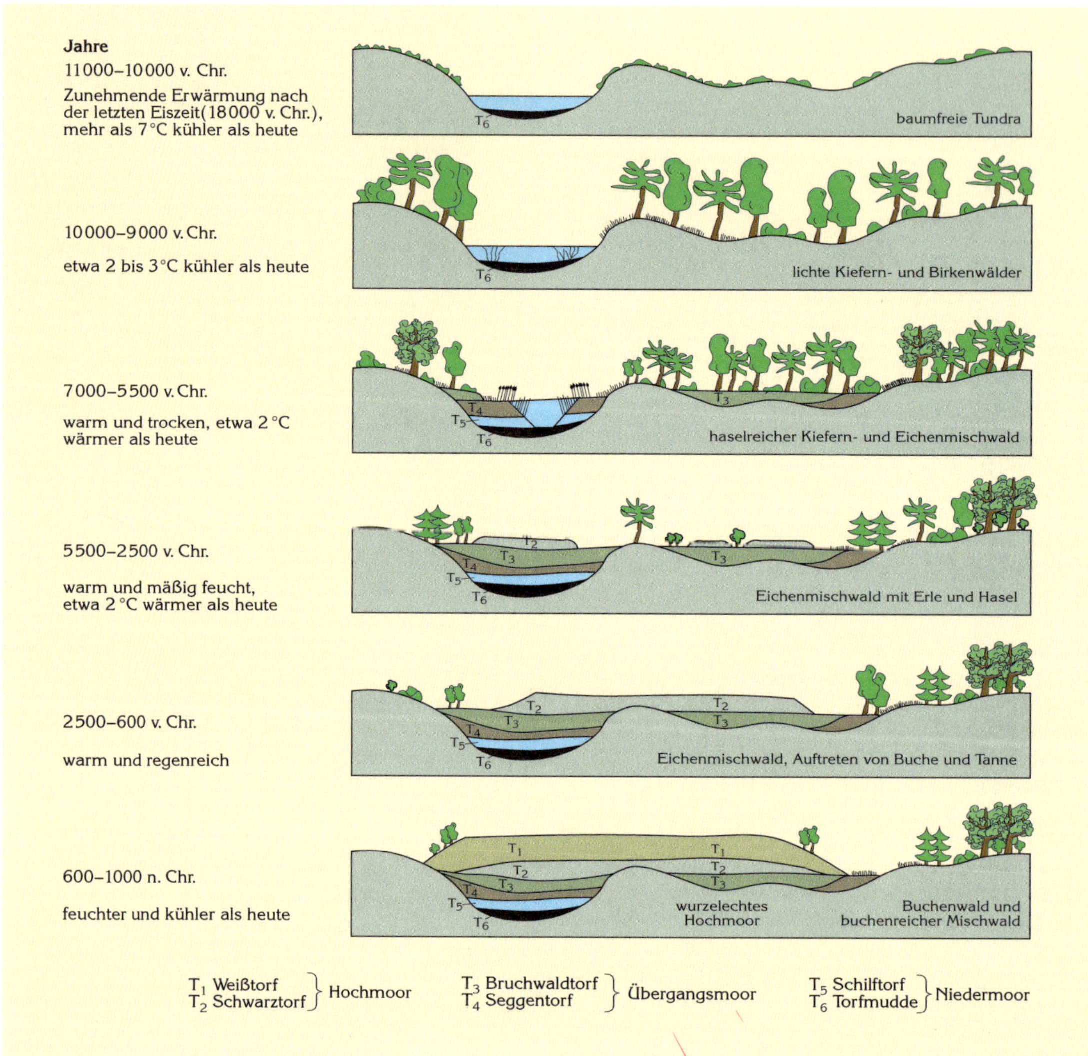

Abb. 1 Moorbildung

Niedermoore (Flachmoore)

Niedermoore liegen im Einflussbereich von Grund- und Oberflächenwasser und entstehen durch die Verlandung flacher Gewässer. Klimatische Erwärmungen nach den Eiszeiten und eine reichliche Nährstoffzufuhr durch aufsteigendes Grundwasser (Kapillarwasser) und/oder das Zufließen nährstoffreichen Oberflächenwassers sorgten für ein üppiges Wachstum der Ufer- und Wasservegetation. Absterbende Pflanzen, vor allem Rohrkolben, Schilf und Seggen, führten zu einem ständig wachsenden Eintrag organischer Substanz und einer Versumpfung. Die im sumpfigen Wasser herrschenden anaeroben Verhältnisse verhinderten die vollständige Zersetzung der abgestorbenen Pflanzen, sodass es zur Vertorfung der organischen Substanz – zur Torfbildung – kam.

Niedermoore sind in der Regel nährstoffreich und weisen pH-Werte von 5 bis 7,5 auf, sodass auf Niedermooren artenreiche Pflanzenbestände aus Wildkräutern, Gräsern und Gehölzen (Bruchwald) gedeihen.

Übergangsmoore

Als Übergangsmoor bezeichnet man den **Übergang** vom Niedermoor zum Hochmoor. Nach Schließung der Wasserfläche siedeln sich feuchtigkeitsliebende Gehölze wie Erlen und Weiden an, die einen so genannten **Bruchwald** bilden. Steigt in niederschlagsreichen Jahren das Grundwasser an, bedeutet dies den Tod der Bäume. Es kommt zur Bildung von Bruchwaldtorf. Mit dem Herauswachsen des Moores aus dem Einflussbereich des nährstoffreichen Grundwassers siedeln sich anspruchslosere Pflanzen, wie z. B. Wollgras und Moose, an.

Hochmoore
Im Gegensatz zum Niedermoor liegt das Hochmoor nicht im Einflussbereich des Grundwassers. Seine Wasserversorgung erfolgt ausschließlich über Niederschläge (Regenwassermoore), sodass Hochmoore nur unter niederschlagsreichen und feuchten Klimabedingungen entstehen können. Nur wenige, sehr anspruchslose Pflanzen, wie z. B. Wollgras, Moosbeere, Binsen, Fettkraut, Sonnentau- und Torfmoosarten, können sich unter diesen Bedingungen entwickeln. Vor allem die genügsamen, saure Böden bevorzugenden **Torfmoose (Sphagnum-Arten)** finden und schaffen sich ideale Lebensbedingungen. Statt mit Wurzeln nehmen sie mit ihrer gesamten Oberfläche Wasser und Nährstoffe auf. Außerdem sind sie in der Lage, große Mengen Wasser wie ein Schwamm aufzusaugen und zu speichern. Durch das Wachstum und die Vertorfung der Torfmoose erhöht sich das Hochmoor jährlich um etwa 1 mm, in 100 Jahren also um 10 cm. Das Wachstum der Mooroberfläche erfolgt nicht gleichmäßig, sodass sich bis 50 cm hohe Erhebungen, die so genannten **Bulte**, und dazwischen befindliche wassergefüllte Vertiefungen, die so genannten **Schlenken**, bilden. Im Gegensatz zu den Flach- oder Niedermooren können sich Hochmoore uhrglasförmig mehrere Meter hoch über das Niveau der Landschaft erheben (Name!).
Hochmoore sind sehr nährstoffarm und sauer (pH 2,5 bis 3,5). Beim Schichtenaufbau der Hochmoore unterscheidet man zwischen dem älteren, stärker zersetzten **Schwarztorf** (schwarze Färbung) und dem helleren, weniger zersetzten (Pflanzenrückstände sind in ihrer Struktur noch erkennbar) **Weißtorf**, der unter kühleren und regenreicheren Klimabedingungen gebildet wurde als Schwarztorf.
Hochmoore können sich unter entsprechenden Klimabedingungen auch auf nährstoffarmen Sandböden bilden, bei denen undurchlässige Schichten ein Aufsteigen des nährstoffreichen Grundwassers und ein Versickern überschüssigen Wassers verhindern. Im Gegensatz zu den über Niedermooren gebildeten Hochmooren spricht man in solchen Fällen von wurzelechten Hochmooren.

Abb. 1 Hochmoor

Schutzmaßnahmen

Neben der Ausweisung der wenigen noch verbliebenen naturnahen Hochmoore als Naturschutzgebiete stellen auch die Wiedervernässung von Abbauflächen und Wiederherstellung degenerierter Hochmoorflächen wichtige Maßnahmen zur Erhaltung bzw. Schaffung neuer Moorbiotope dar. Dabei spielt auch der Erhalt von Kleinstmooren zur Wiederbesiedlung benachbarter Regenerationsflächen eine wichtige Rolle. Wenn auch kurzfristig im Erwerbsgartenbau noch nicht vollständig auf Torf zur Herstellung von Substraten verzichtet werden kann, so sollten doch langfristig andere organische Substanzen, wie z. B. **Komposte und Rindensubstrate**, den Torf ersetzen.

1.6.7 Lebensraum Tropischer Regenwald

Ausmaß der Vernichtung

Einer aktuellen Studie zufolge wird der tropische Regenwald mit 50 000 km^2/Jahr langsamer vernichtet als bislang angenommen. Grund zum Aufatmen gibt es trotzdem nicht. Mit 9 Millionen km^2 (Größe der USA) umfasst der tropische Regenwald nur noch die Hälfte seiner ursprünglichen Ausdehnung. Das größte zusammenhängende Regenwaldgebiet der Erde mit 5 Millionen km^2 (14-mal so groß wie die Bundesrepublik Deutschland) ist das Amazonasbecken in Südamerika. Es bedeckt etwa 60 % der Fläche Brasiliens und ist das artenreichste Ökosystem der Erde. Dieser einzigartige Lebensraum ist extrem gefährdet. Innerhalb weniger Jahre droht die Vernichtung des gesamten Regenwaldes.

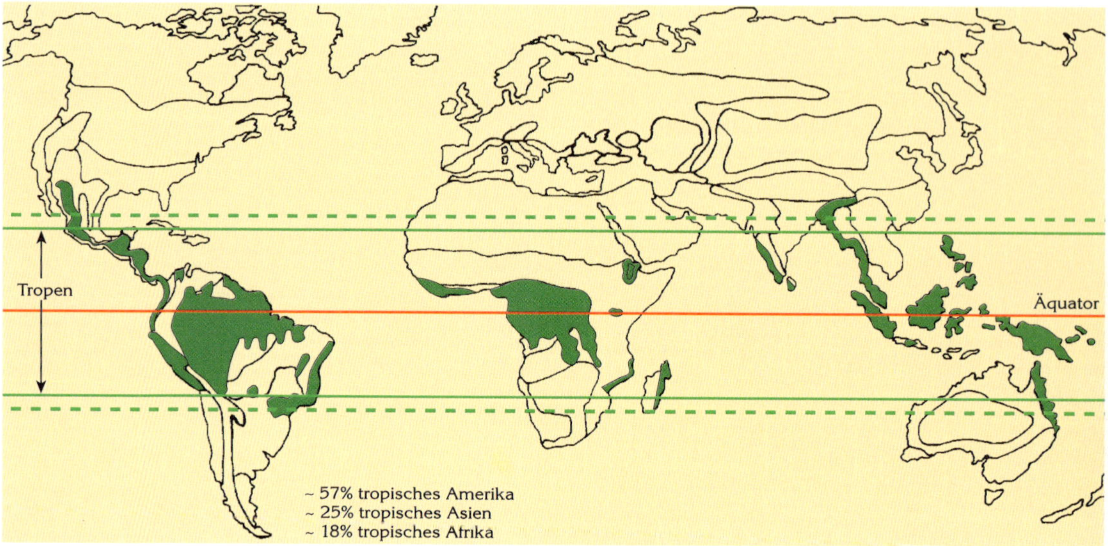

Abb. 1 Tropische Regenwälder – wichtige Vegetationszonen unserer Erde

Klima und Artenvielfalt

Als unterbrochenes grünes Band, das sich zwischen 20° Nord und 20° Süd erstreckt, umsäumt der tropische Regenwald den Äquator (s. Abb. 1). Starke Regenfälle (2000 bis 3000 mm/Jahr und mehr) und hohe Temperaturen (mittlere Jahrestemperatur 26 °C) das ganze Jahr über führen zu einem feuchtheißen Klima mit einer Luftfeuchtigkeit von 80 bis 90 % und idealen Wachstumsbedingungen. Während der regelmäßig auftretenden Regenzeit regnet es fast ununterbrochen. Jahreszeiten existieren nicht. Sonneneinstrahlung und Tageslänge (Tagundnachtgleiche) sind nahezu das ganze Jahr über konstant.

Aufbau

Die guten Wachstumsbedingungen führen unter den Pflanzen zu einem **Kampf ums Licht**, der wiederum bewirkt hat, dass der größte Teil der Arten im mosaikartig aufgebauten Kronendach der Urwaldriesen 40 bis 60 m über dem Erdboden lebt. Die Lebensgemeinschaft in diesem Bereich ist noch weitgehend unerforscht. Zahlreiche Tiere werden hier geboren und sterben hier, ohne jemals den Erdboden betreten zu haben. Viele Pflanzen, wie z. B. Orchideen (über 20 000 Arten), Bromelien, Kannenpflanzen und andere Epiphyten, haben sich an ein Leben weit über dem Erdboden angepasst. Das Laubdach der Urwaldriesen weist eine Schichtdicke von 6 bis 7 m auf und umfasst ⅔ des Volumens des tropischen Regenwaldes. Das Unterholz bildet einen weiteren Kronenbereich, der jedoch bei weitem nicht so dicht ist wie das Kronendach. Es sind kleinere Bäume, die sich dem Dämmerlicht angepasst haben, und Jungbäume, die auf eine Lücke im Kronendach warten. Die Blätter dieser Bäume sind häufig mehrere Quadratmeter groß, um die durch das Dach des Dschungels spärlich hindurchfallenden Lichtstrahlen auffangen zu können. Nachdem sie durch ein Loch im Kronendach an das Licht gelangt sind, bilden sie wieder Blätter von normaler Größe aus. Der Raum zwischen dem oberen und unteren Blätterdach ist weitgehend pflanzenleer. Da nur 1 bis 3 % des Sonnenlichts auf den Erdboden gelangen, fehlen dem tropischen Regenwald weitgehend eine Krautschicht und ein geschlossener Unterwuchs. Der Boden selbst ist nur von einer sehr dünnen und nährstoffarmen Humusschicht bedeckt. Hohe Temperaturen und hohe Feuchtigkeit führen zu einer schnellen Zersetzung abgestorbener organischer Substanz. Jede Schicht weist ihr eigenes Kleinklima auf. Vom Boden zu den Baumwipfeln nimmt die Luftfeuchtigkeit ab, die Temperatur, die Sonneneinstrahlung und die Windbewegung nehmen zu. Vor allem in den Wipfelzonen können große Temperatur- und Luftfeuchtigkeitsschwankungen auftreten. So haben Schwankungen der relativen Luftfeuchtigkeit zwischen 40 und 100 % bei vielen Pflanzen zur Ausbildung ledriger Blätter mit einer dicken Kutikula geführt (z. B. Ficus, Monstera, Philodendron). Die verschiedenen Stockwerke des Regenwaldes weisen entsprechend ihren unterschiedlichen Lebensbedingungen jeweils ganz spezielle Lebensgemeinschaften auf.

Abb. 1 Der tropische Regenwald erhält sich aus sich selbst

Nährstoff- und Klimakreislauf

Aufgrund der extrem starken Verwitterungs- und Zersetzungsrate ist der Boden des tropischen Regenwaldes an nährstoffspeichernden Humus- und Tonteilchen verarmt. Trotzdem finden wir auf diesen extrem nährstoffarmen Böden das stärkste und vielfältigste Pflanzenwachstum der Erde. Dies ist möglich, weil sich im Laufe von Millionen von Jahren die Lebensgemeinschaft des Regenwaldes ungestört so hoch entwickeln konnte, dass sich alle Nährstoffe in einem oberirdischen kurzgeschlossenen Kreislauf befinden. So wird ein Großteil der abgestorbenen Pflanzenteile bereits zersetzt, bevor sie auf den Boden fallen. In diesem Humus, der sich auf den Ästen der Bäume ansammelt, wurzeln zahlreiche Epiphyten. Die häufigen Gewitter führen zu einer nicht unerheblichen Stickstoffzufuhr mit dem Regen aus der Atmosphäre. Zusätzliche Nährstoffe werden beim Durchgang des Regenwassers durch das dichte Kronendach aufgenommen, indem sie aus den auf den Blättern und Ästen zersetzten Pflanzenresten und tierischen Exkrementen herausgewaschen werden. Die Bäume bilden ein flaches, fein verzweigtes Wurzelnetz aus. Ihre Standfestigkeit bekommen sie durch die Ausbildung oberirdischer 4 bis 5 m hoher und breiter **Brettwurzeln**. Das dichte Wurzelgeflecht, das häufig sogar aus dem Boden herausragt, entzieht dem Wasser schnell alle Nährstoffe, sodass bereits wenige Zentimeter unter der Bodenoberfläche das Regenwasser glasklar und so rein wie destilliertes Wasser ist.

Die Fruchtbarkeit des tropischen Regenwaldes liegt in der das ganze Jahr über vorherrschenden Wärme und Feuchtigkeit begründet. Ein großer Teil der Niederschläge wird bereits von den Oberflächen des dichten Kronendaches verdunstet.

Das in den Boden eindringende Wasser wird größtenteils von den Wurzeln der Bäume aufgenommen und bei der Transpiration wieder an die Atmosphäre abgegeben. Es kommt zur Wolken- und Niederschlagsbildung, sodass der **Wasserkreislauf** geschlossen ist. Das vom tropischen Regenwald geschaffene feuchte Klima ist die Voraussetzung für den Wasser- und Nährstoffkreislauf und damit für seine Existenz (s. Abb. 1).

Folgen der Vernichtung

Die rasante Vernichtung des tropischen Regenwaldes hält ungeachtet der ökologischen Zusammenhänge an. Ein einzigartiges Naturparadies droht innerhalb weniger Jahre zu verschwinden. Mit ihm gehen Tausende und Abertausende von Arten für immer verloren. Die ökologischen Folgen und ihre negativen Auswirkungen auf das Klima der Erde sind noch gar nicht überschaubar.

Die Brandrodung der riesigen Waldgebiete führt zu einer Anreicherung von CO_2 in der Atmosphäre und damit zu einer **Beschleunigung des Treibhauseffektes** (s. S. 293). Durch die riesige photosynthetische Produktion trägt der Regenwald ganz entscheidend zum Erhalt einer sauerstoffreichen Atmosphäre bei. Da mit der Vernichtung des Regenwaldes auch sein Klimakreislauf zerstört wird, nehmen Wolkenbildung und Niederschlagsmengen ab, sodass die Trockenzeiten länger und intensiver werden.

1.6.8 Artenschutz

Ausmaß und Folgen des Artenrückgangs

Zurzeit gelten in der Bundesrepublik Deutschland die Hälfte aller höheren Tierarten und ein Drittel aller höheren Pflanzenarten in ihrem Bestand als gefährdet. Ein bis zehn Prozent der Arten sollen bereits ausgestorben sein. Der rasante Rückgang der Arten hält auch weiterhin an, sodass nach Meinung namhafter Wissenschaftler mit einem weiteren Rückgang auf ein Drittel bis ein Zehntel der ursprünglichen Artenvielfalt innerhalb der nächsten

50 Jahre zu rechnen ist. So werden zurzeit weltweit täglich schätzungsweise zwischen 50 und 100 Tier- und Pflanzenarten für immer vernichtet. Stirbt eine Art aus, sind aufgrund der bestehenden Wechselbeziehungen zwischen den Arten auch immer eine Reihe anderer Arten in ihrer Existenz bedroht. So verschwinden mit jeder Pflanzenart etwa 10 bis 30 Tierarten, vor allem Insekten, von dieser Erde. In wenigen Jahrzehnten scheint der Mensch das zu vernichten, wozu die Natur Jahrmillionen benötigt hat – die **genetische Vielfalt**.

Ursachen des Artenrückgangs

Die Ursachen für die ständige Zunahme der Tier- und Pflanzenarten auf der **„roten Liste"** (in ihr sind die Arten aufgeführt, die bereits ausgestorben oder gefährdet sind) sind vor allem in der **Vernichtung natürlicher Lebensräume** zu sehen, wie z. B. durch Zersiedelung und Versiegelung der Landschaft; Trockenlegung von Feuchtwiesen, Sümpfen und Mooren; Schaffung eintöniger Kulturwüsten in der Landwirtschaft zur maschinengerechten Bearbeitung; durch flächendeckenden Einsatz von Pestiziden und anderen chemischen Stoffen der Industrie; wachsende Umweltverschmutzung und der damit verbundenen Vergiftung von Boden, Wasser und Atmosphäre; durch ungelenkten Massentourismus und damit Zerstörung auch noch der letzten Naturreservate; die Vernichtung des tropischen Regenwaldes durch Abholzung, Brandrodung und Umwandlung zu Viehweiden und Monokulturen.

Daneben spielt die **Entnahme von Pflanzenarten aus der Natur** eine immer größere Rolle bei der weltweiten Ausrottung der wild wachsenden Arten. So zahlen z. B. Liebhaber für eine Frauenschuhorchidee der auf den Philippinen beheimateten und stark gefährdeten Art Paphiopedilum sanderianum mehr als 1500,00 €. Aber auch mit weniger teuren Pflanzen lassen sich aufgrund der Massenimporte gute Geschäfte machen. Als Mode- und Massenware werden diese Pflanzen für den raschen Verbrauch zu Schleuderpreisen verramscht.

Maßnahmen zum Artenschutz

Der problematische Rückgang der Arten hat bereits zur Gründung von **Samenbanken** geführt. In ihnen werden die Samen von Tausenden von Wild- und Kulturpflanzen tiefgefroren gelagert.

Auch ganze Pflanzen werden mithilfe der Gewebekultur in Reagenzgläsern gehalten und so vor dem Aussterben geschützt. In **Genbanken (Genbibliotheken)** werden isolierte DNS gesammelt und aufbewahrt. Da trotz dieser weltweiten Bemühungen auf diese Weise nur ein Bruchteil der genetischen Vielfalt erhalten werden kann, ist der Gesetzgeber gefordert. In der Bundesrepublik Deutschland bildet das **Bundesnaturschutzgesetz (BNatSchG)** die Grundlage für Maßnahmen zum Schutze bedrohter Tier- und Pflanzenarten. In Ergänzung zum Bundesnaturschutzgesetz regelt die **Bundesartenschutzverordnung (BArtSchV)** den Artenschutz. So ist die Entnahme aus der freien Natur, der Erwerb und die Veräußerung von Pflanzen oder Pflanzenteilen der besonders geschützten wild lebenden Arten verboten. Bekannte Arten, die besonders geschützt sind, sind z. B.:

Aconitum-Arten (Eisenhut), *Aquilegia-Arten* (Akelei), *Armeria-Arten* (Grasnelke), *Aster amellus* (Bergaster), *Betula nana* (Zwergbirke), *Buxus sempervirens* (Buchsbaum), *Calla palustris* (Sumpfkalla), *Clematis alpina* (Alpen-Waldrebe), *Daphne-Arten* (Seidelbast), *Dianthus-Arten* (Nelke), *Drossera-Arten* (Sonnentau), *Fritillaria-Arten* (Schachbrettblume), *Galanthus-Arten* (Schneeglöckchen), *Gentiana-Arten* (Enzian), *Gladiolus-Arten* (Gladiolen), *Helleborus niger* (Christrose), *Ilex aquifolium* (Stechpalme), *Leontopodium alpinum* (Edelweiß), *Leucojum vernum* (Märzenbecher), *Lilium-Arten* (Lilien), *Muscari-Arten* (Traubenhyazinthe), *Narcissus-Arten* (Narzisse), *Nuphar lutea* (Gelbe Teichrose), *Nymphaea alba* (Weiße Seerose), *Osmunda regalis* (Königsfarn), *Phyllitis scolopendrium* (Hirschzunge), *Pinguicula vulgaris* (Gewöhnliches Fettkraut), *Pulsatilla-Arten* (Küchenschelle), *Scilla-Arten* (Blaustern), *Taxus baccata* (Eibe), *Trapa natans* (Wassernuss), *Trollius europaeus* (Trollblume), *Tulipa-Arten* (Tulpe), *Sphagnum-Arten* (Torfmoos), *Cladonia-Arten* (Rentierflechte).

Auch internationale Maßnahmen zum Schutze gefährdeter Arten wurden getroffen, wie z. B. 1973 das **Washingtoner Artenschutzübereinkommen (WA)**. Das Washingtoner Artenschutzübereinkommen regelt den internationalen Handel mit gefährdeten Tier- und Pflanzenarten, indem es z. B. den gewerbemäßigen Handel mit diesen Arten verbietet.

Geschützte Pflanzen aus gärtnerischem Anbau

Viele der vom Aussterben bedrohten Pflanzen lassen sich relativ leicht vermehren und stellen wirtschaftlich wichtige Kulturen im Gartenbau dar, wie z. B. Alpenveilchen (Cyclamen persicum), einheimische und tropische Orchideen, Bromelien, Kakteen und andere Sukkulente. Entsprechend wird der Umgang mit solchen Pflanzen durch die Bundesartenschutzverordnung und das Washingtoner Artenschutzübereinkommen geregelt. Laut BArtSchV ist eine genaue Buchführung über Erwerb (Bezugsquelle und Dokumente, die zum Erwerb berechtigen), Kultur und Verkauf (Zeitpunkt, Name und Anschrift des Empfängers) bzw. Verbleib gefährdeter Pflanzenarten vorgeschrieben. Um den Handel mit aus gärtnerischem Anbau gewonnenen Pflanzen nicht unnötig zu erschweren und einen Rückgang in der gärtnerischen Produktion und der damit verbundenen Gefahr einer fortschreitenden Plünderung der Wildbestände entgegenzutreten, wurde der Großteil der durch gärtnerischen Anbau gewonnenen Pflanzen von der Aufzeichnungs- und Begleitpapierpflicht (CITES[1]-Papiere) befreit. Dies trifft aber nur für Gartenbaubetriebe zu, die von einer nach Landesrecht zuständigen Behörde überprüft und von der Buchführungspflicht befreit wurden. Änderungen im Anbausortiment sind den Behörden unverzüglich mitzuteilen. Wildpflanzen sind als solche zu deklarieren und artenschutzrechtlich zu handhaben! Über die Rechtslage beim Umgang mit geschützten Pflanzen informieren das Bundesnaturschutzgesetz, die Bundesartenschutzverordnung und das Washingtoner Artenschutzübereinkommen.

Durch den Anbau von besonders bedrohten Pflanzen kann der Gartenbau aktiven Artenschutz betreiben. Durch Massenproduktionen und die daraus resultierenden relativ niedrigen Preise lässt sich der Import gefährdeter Pflanzen und der damit in der Regel verbundene Raubbau an der Natur vermeiden. Daneben können die langjährigen gärtnerischen Erfahrungen beim Umgang mit gefährdeten Pflanzen dem Naturschutz zugute kommen.

Biotop- und Ökosystemschutz

Auch wenn durch Erhaltungskulturen (Anbau bedrohter Pflanzen) aktiver Artenschutz betrieben werden kann, ist wirkungsvoller Artenschutz letztendlich nur durch umfangreichen Biotop- und Ökosystemschutz zu erreichen. Nur in intakten Lebensräumen (Ökosystemen) können sich Arten natürlich entwickeln, weiter **an der Evolution teilnehmen** und vor dem Aussterben gerettet werden.

Der Gesetzgeber unterscheidet verschiedene Arten von Schutzgebieten mit unterschiedlicher Schutzintensität:

Naturschutzgebiete

Naturschutzgebiete sind am strengsten geschützt und dienen dem Arten- und Biotopschutz. Alle Handlungen, die zur Zerstörung, Beschädigung oder Veränderung des Naturschutzgebietes bzw. zu einer nachhaltigen Störung führen können, sind verboten. Dies schließt jedoch nicht aus, dass Naturschutzgebiete auch genutzt werden (z. B. Jagdausübung, Fischereirecht), s. Abb. 1, S. 114.

Landschaftsschutzgebiete

Landschaftsschutzgebiete sind Landschaften, die z. B. wegen ihres Erholungswertes für den Menschen, ihrer landschaftlichen Eigenart und ihrer Artenvielfalt wegen geschützt sind. Im Gegensatz zu den Naturschutzgebieten steht nicht die Landschaft selbst, sondern ihre Funktion (z. B. ihr Erholungswert) unter Schutz. Entsprechend genießen Landschaftsschutzgebiete weniger Schutz als Naturschutzgebiete und können, wenn auch unter bestimmten Auflagen, wirtschaftlich und sogar militärisch genutzt werden, wie z. B. große Gebiete der Lüneburger Heide (s. Abb. 2, S. 114).

Naturparks

Naturparks umfassen größere Landschaftsgebiete und dienen vor allem der Erholung und dem Fremdenverkehr, wie z. B. der Naturschutzpark Lüneburger Heide. Auch sie können wirtschaftlich genutzt werden. Größere Flächen innerhalb der Naturparks werden in der Regel als Landschaftsschutzgebiete, kleinere als Naturschutzgebiete ausgewiesen (s. Abb. 3, S. 114).

Nationalparks

Bei den Nationalparks handelt es sich um großflächige vom Menschen nicht oder nur geringfügig beeinflusste Naturlandschaften, die von besonderer Eigenart und häufig einmalig auf der Erde sind. Bekannte Nationalparks sind z. B. der Yellowstone National Park in den USA, der Serengeti- und der Krüger-Nationalpark in Afrika, in der Bundesrepublik Deutschland z. B. Bayerischer Wald, Berchtesgaden, Schleswig-Holsteinisches Wattenmeer, Niedersächsisches Wattenmeer und Hamburger Wattenmeer. Die drei Wattenmeer-Nationalparks bilden zusammen die größte zusammenhängende Wattenlandschaft der Erde (s. Abb. 5, S. 114).

[1] Übereinkommen über den internationalen Handel mit gefährdeten Arten frei lebender Tiere und Pflanzen (engl. „Convention on International Trade in Endangered Species of Wild Fauna and Flora", abgekürzt CITES).

Abb. 1 Naturschutzgebiet

Abb. 4 Naturdenkmal Sumpfzypresse (Taxodium distichum)

Abb. 2 Landschaftsschutzgebiet

Abb. 5 Nationalpark

Abb. 3 Naturpark

Naturdenkmäler
Naturdenkmäler sind besonders schützenswerte Einzelschöpfungen, wie z. B. Bäume, Felsen (z. B. die „Lange Anna“ von der Insel Helgoland), Quellen, alte Alleen u. a. (s. Abb. 4).

Geschützte Landschaftsbestandteile
Es handelt sich hierbei um naturnahe und deshalb geschützte Landschaftsbestandteile, wie z. B. Hecken zur Gliederung und zum Schutz der Landschaft.

Private Organisationen

Besonders engagierte private Organisationen im Umweltschutz sind z. B. der WWF (World Wildlife Fund), der Bundesverband Bürgerinitiative Umweltschutz e. V. (BBU), der Bund für Umwelt und Naturschutz Deutschland e. V. (BUND), Naturschutzbund Deutschland e. V., Greenpeace Deutschland e. V. und ROBIN WOOD e. V.

2 Bodenkunde

Boden (Pedosphäre) ist die mit Wasser, Luft und Lebewesen durchsetzte Verwitterungsschicht der festen Erdkruste (Lithosphäre), die Pflanzen als Standort, Wasser- und Nährstoffquelle dient und die Existenz aller Lebensformen direkt oder indirekt ermöglicht (s. Abb. 1).

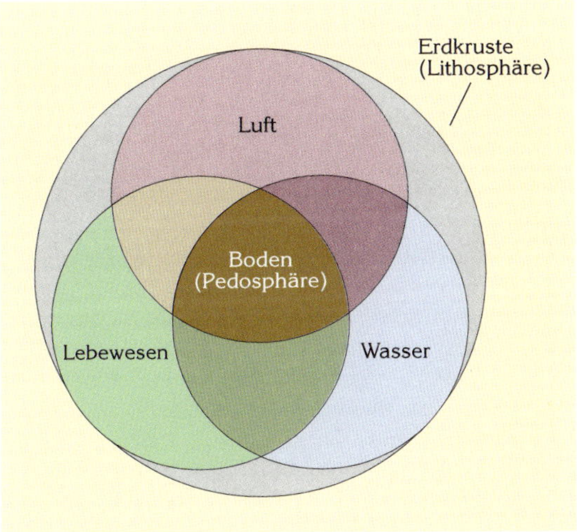

Abb. 1 Boden

2.1 Bodenbildung

2.1.1 Gesteine und Minerale

Vor schätzungsweise 4,6 Milliarden Jahren ist die Erde entstanden. Ihr Aufbau ist schalenförmig und wird in die drei Bereiche Kruste, Mantel und Kern unterteilt. Vergleicht man die Erde mit einem Hühnerei, ist die **Erdkruste** in ihrer Dicke mit der Eischale vergleichbar. Sie bildet den festen Teil der Erde, die so genannte **Lithosphäre**, und besteht aus verschiedenen Gesteinen. **Gesteine sind das Ausgangsmaterial für die Bodenbildung.** Sie bestehen aus **Mineralien** – feste, anorganische und chemisch einheitlich zusammengesetzte Substanzen der Erdkruste und des Erdmantels, deren Aufbau in der Regel kristallin ist (Kristallgitterbildung). Die Elemente in den Kristallgittern sind nach bestimmten Gesetzmäßigkeiten angeordnet und liegen als Moleküle, Atome oder Ionen vor (s. Abb. 2). Entsprechend ihrer chemischen Zusammensetzung unterscheidet man z. B. **Silikate** (z. B. Feldspäte, Augite, Hornblenden, Glimmer und Quarze), **Carbonate** (z. B. Dolomit), **Sulfate** (z. B. Gips) und **Tonminerale.** Gemäß der unterschiedlichen Mineralzusammensetzung der verschiedenen Gesteinsarten liegen in der Erdkruste die **Elemente** (z. B. O, Si, Al, Fe, Ca, Na, K) in unterschiedlichen Mengen vor (s. Abb. 1, S. 116). Nach der Art ihrer Entstehung werden Gesteine als Magmatite, Metamorphite oder Sedimentgesteine bezeichnet.

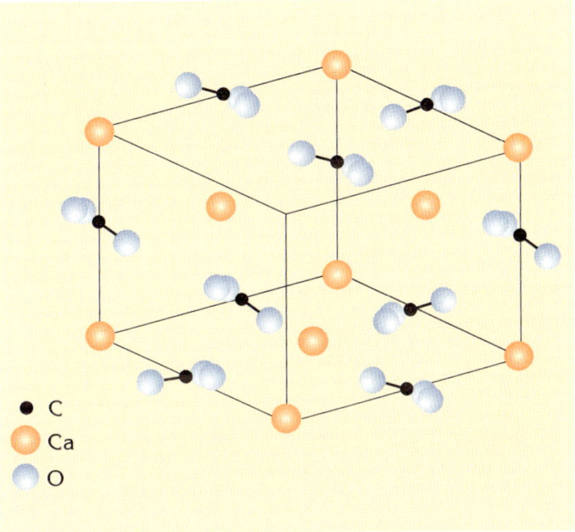

Abb. 2 Kristallgitteraufbau eines Minerals aus Calciumcarbonat (Kalkstein)

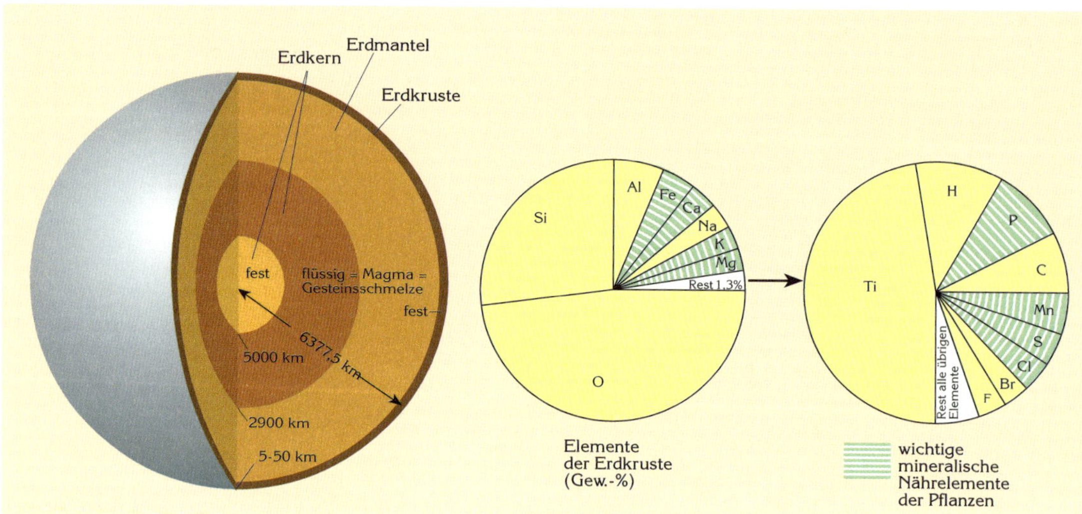

Abb. 1 Aufbau der Erde

Magmatite (Erstarrungsgesteine)

Der Durchmesser der Erde beträgt 12755 km. Je näher man dem Erdmittelpunkt kommt, desto wärmer wird es. Im Kern herrschen Temperaturen von über 3000 °C. Wegen der hohen Temperaturen bestehen Mantel und Kern, ausgenommen die innerste Kernschicht, die infolge des hohen Drucks fest ist, aus flüssigem Gestein, dem **Magma** (Gesteinsschmelze). Aufgrund seines geringen Gewichts kann es aufsteigen und in der Erdkruste erstarren, d. h. festes Gestein bilden. Bei Vulkanausbrüchen gelangt flüssiges Magma als Lava an die Erdoberfläche und erstarrt dort. Aus Magma entstandene Gesteine werden als **Magmatite** (Erstarrungsgesteine) bezeichnet. Nach dem Ort der Erstarrung unterscheidet man dabei zwischen **Ergussgesteinen**, die vulkanischen Ursprungs sind (Vulkanite), und **Tiefengesteinen**, die in der Tiefe, d. h. in der Erdkruste, erstarrt sind (Plutonite). Bekannte Magmatite sind z. B. Basalt, Bimsstein, Diabas und Porphyrit (Ergussgesteine) sowie Granit und Gabbro (Tiefengesteine). Die Erdkruste unter den Meeren besteht hauptsächlich aus Basalt, die des Festlandes vorwiegend aus Granit.

Sedimentgesteine (Absatzgesteine)

An der Erdoberfläche unterliegen die Gesteine dem Einfluss der Witterung. Durch die Einwirkung der Umweltfaktoren werden sie zerkleinert, verlagert und in ihrem Aufbau verändert. Nach der Art des Transportes oder dem Ort der Ablagerung unterscheidet man **äolische** (Windtransport; z. B. Löss, Flugsand), **fluviale** (Flusstransport; z. B. Kies, Sand, Lehm, Geröll), **glaziale** (Gletschertransport; z. B. Geschiebelehm, Geschiebemergel, Geschiebesand), **limnische** oder **marine Sedimente** (See- oder Meeresablagerungen; z. B. Schlick, Ton, Lehm, Sand, Kalkschalen). Häufig unterliegen die nach dem Transport locker geschichteten Ablagerungen (Sedimente) einer Verfestigung durch Druck oder chemische Umsetzungen zu massivem Gestein. So kann z. B. durch Druck aus Sand Sandstein, aus Kalkschalen Kalkstein, aus Ton Schieferton oder aus abgestorbener organischer Substanz Kohle (Anreicherung kohlenstoffreicher Pflanzenreste) entstehen. Die aus Verwitterung, Transport und Ablagerung der festen Erdoberfläche entstandenen Gesteine bezeichnet man als **Sediment- oder Absatzgesteine.** Da etwa 75% der Gesteine der Erdoberfläche Sedimentgesteine sind, haben sie für die Bodenbildung eine besonders große Bedeutung.

Metamorphite (Umwandlungsgesteine)

Geraten Gesteine in tieferen Erdschichten unter größeren Druck und höhere Temperaturen, sind ihre Minerale nicht mehr stabil. Ihr Aufbau verändert sich, sodass es zu Mineral- und damit Gesteinsneubildungen kommt. Man spricht in diesen Fällen von **Gesteinsmetamorphose**. Die entstehenden Gesteine werden als **metamorphe Gesteine oder Metamorphite** bezeichnet. Bekannte Metamorphite sind z. B. der aus Ton entstandene Tonschiefer und der aus Kalkstein entstandene Marmor.

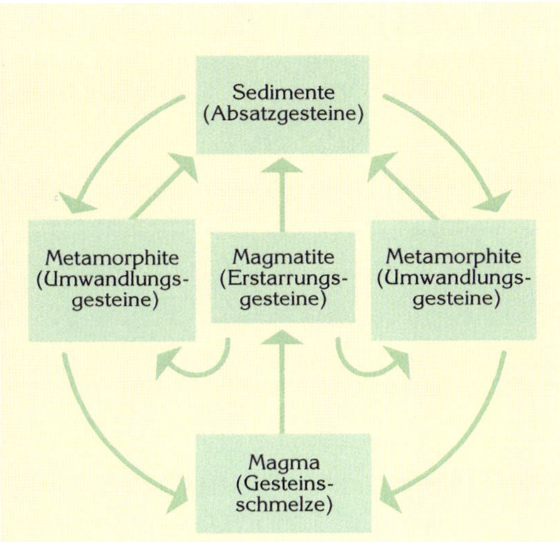

Abb. 1 Gesteinskreislauf

Zwischen Magmatiten, Sedimentgesteinen und Metamorphiten besteht ein Kreislauf, d. h., sie können ineinander übergehen. Durch die Einwirkung von Umwelteinflüssen entstehen aus oberflächennahen Magmatiten und Metamorphiten Sedimentgesteine. Gelangen Sedimentgesteine und Magmatite durch Überlagerungen in tiefere Erdschichten, entstehen infolge des steigenden Drucks und der höheren Temperaturen Metamorphite. Bei zunehmender Tiefenlage schmilzt das Gestein und bildet das Magma, das wiederum aufsteigen kann (s. Abb. 1).

2.1.2 Verwitterung

Als Verwitterung bezeichnet man die Veränderung der Gesteine und Minerale durch physikalische, chemische und biologische Vorgänge. Sie bewirkt ein Zerfallen des Ausgangsgesteins in einzelne Steine, Sand, Schluff und Ton (s. S. 119 ff.).

Physikalische Verwitterung

Unter der physikalischen Verwitterung versteht man die **mechanische Zerkleinerung des Gesteins**. Dabei kommt wechselnden Temperaturen und Frosteinwirkungen eine besondere Bedeutung zu.

Temperaturschwankungen

Da sich Stoffe bei Erwärmung ausdehnen und bei Abkühlung zusammenziehen, führen Temperaturschwankungen über die Erwärmung oder Abkühlung der Gesteinsoberflächen zu unterschiedlichen Ausdehnungen der äußeren und inneren Gesteinsschichten. Dadurch entstehen Spannungen, die über Risse und Spalten zum Zerfall des Gesteins führen. Die Auswirkungen sind umso stärker, je größer die Temperaturschwankungen sind und umso schneller diese aufeinander folgen.

Frostsprengung

Anders als andere Stoffe hat Wasser seine größte Dichte bei +4 °C, sodass es sich beim Gefrieren ausdehnt. Dabei vergrößert es sein Volumen um etwa 10 %. Wasser, das in die feinen Risse und Spalten der Gesteine gelangt, entfaltet somit beim Gefrieren eine starke Sprengkraft, die zum Zerfall des Gesteins führen kann.

Pflanzenwurzeln

In Risse und Spalten von Gesteinen eindringende Pflanzenwurzeln können durch ihr Dickenwachstum ebenfalls zu einer Zerkleinerung des Gesteins beitragen.

Reibungskräfte

Die Reibungskraft des Wassers führt dazu, dass sich Flüsse oder Wasserfälle mit der Zeit in das Gestein „hineinfressen". Ein bekanntes Beispiel dafür ist der 347 km lange, 6 bis 29 m breite und bis zu 1 800 m tiefe Grand Canyon in Arizona (USA), der durch den Colorado in die mächtigen Sand- und Kalksteinschichten eingeschnitten wurde. Beim Transport von Gesteinsmaterial im Wasser bewirken die auftretenden Reibungskräfte eine Abrundung und weitere Zerkleinerung des Materials. Mit dem Wind verfrachtete Gesteinsmaterialien führen zum Abschliff und damit zur Zerkleinerung anderer Gesteine. Je kleiner die Korngrößen der Gesteinsreste sind, desto weiter können sie mit Wasser oder Wind transportiert werden.

Chemische Verwitterung

Die physikalische Verwitterung schafft durch die Zerkleinerung des Gesteins Gemische aus verschiedenen Korngrößen. Die mit der Zerkleinerung verbundene Oberflächenvergrößerung bietet gute Angriffsmöglichkeiten und damit günstige Voraussetzungen für die chemische Verwitterung. Neben einer Zerkleinerung des Gesteins bewirkt die chemische Verwitterung über die Veränderung der Minerale eine Änderung der mineralischen Zusammensetzung. Dabei kommt es zur **Freisetzung von Elementen** (z. B. Nährelementen) und der **Bildung neuer Minerale**, wie z. B. der Tonminerale.

Temperaturschwankungen aufgrund unterschiedlicher Erwärmung und Abkühlung führen zur Riss- und Spaltenbildung im Gestein

Unter dem Einfluss von Wasser und Frost kommt es zur Frostsprengung. Erste Pionierpflanzen, wie Algen, Flechten und Moose, siedeln sich an

Auf der sich bildenden Humusschicht entwickeln sich höhere Pflanzen. Indem sie mit ihren Wurzeln in die Risse und Spalten des Gesteins eindringen, beschleunigen sie die Verwitterung

Unter dem Einfluss von Witterung, Pflanzen und der zersetzenden und mischenden Tätigkeit der Bodenlebewesen wird die Erdschicht immer dicker, sodass auch größere Pflanzen Fuß fassen können

Aus dem ursprünglichen Fels ist Boden entstanden, der auch großen Bäumen Halt bietet und pflanzenbaulich genutzt werden kann

Abb. 1 Bodenbildung – vom Fels zur Erde

Wasser

Die Lösung von Mineralen durch Wasser, die so genannte **Hydration**, hat vor allem bei wasserlöslichen Salzen eine Bedeutung. Sie beruht darauf, dass sich die als Ionen vorliegenden Elemente der Salze mit einer Wasserhülle umgeben (Hydration) und dadurch aus dem Kristallgitter der Minerale herausgelöst werden – das Salz geht in Lösung.

Wasser ist auch in der Lage, chemische Verbindungen zu spalten. Dieser Vorgang wird als **Protolyse** („Hydrolyse") bezeichnet. Die Protolyse spielt bei der Lösung von Salzen eine wichtige Rolle. Sie gründet sich darauf, dass Wassermoleküle (H_2O) zum Teil in H^+- und OH^--Ionen zerfallen. Die H^+-Ionen (Protonen) werden auf das Salz übertragen und führen zu dessen Lösung.

Säuren
Säuren sind Verbindungen, die in wässrigen Lösungen H^+-Ionen (Protonen) abgeben. Da sie wesentlich mehr H^+-Ionen freisetzen als die Wassermoleküle, werden Minerale durch die Einwirkung von Säuren (von H^+-Ionen), z. B. durch die Säureausscheidungen der Wurzeln, wesentlich schneller aufgelöst als durch die Einwirkung von Wasser.

Sauerstoff
Sauerstoff reagiert mit vielen Elementen, sodass es zu einer Oxidation (Sauerstoffaufnahme) kommt. Die Anlagerung von Sauerstoffionen (O^{2-}) führt zu einer Volumenvergrößerung der Minerale. Dadurch werden die Bausteine der Minerale nicht mehr so fest gebunden, sodass sie sich leichter aus dem Kristallgitter der Minerale herauslösen können.

Lebewesen
Auch Mikroorganismen und Pflanzen wirken bei der chemischen Verwitterung mit. So geben sie bei der Atmung Kohlendioxid (CO_2) ab, das zusammen mit dem Wasser (H_2O) Kohlensäure (H_2CO_3) bildet. Bei der Aufnahme von Kationen (positiv geladene Ionen, z. B. K^+) geben die Pflanzenwurzeln im Austausch H^+-Ionen an den Boden ab. Bei der Bodenbildung kommt den so genannten Pionierpflanzen, wie Algen, Moosen und Flechten, eine besondere Bedeutung zu. Als Erstbesiedler bilden sie die ersten dünnen Humusschichten, die weiteren Pflanzen eine Besiedlung ermöglichen. Je nach Intensität der Verwitterung kann die Mächtigkeit der Verwitterungsschicht von wenigen Zentimetern bis zu mehreren Metern betragen (s. Abb. 1, S. 118).

Die feste Bodensubstanz setzt sich aus mineralischen (anorganischen) und organischen Stoffen zusammen. Mineralische Stoffe stammen von toter Materie (Gestein), organische von Organismen.

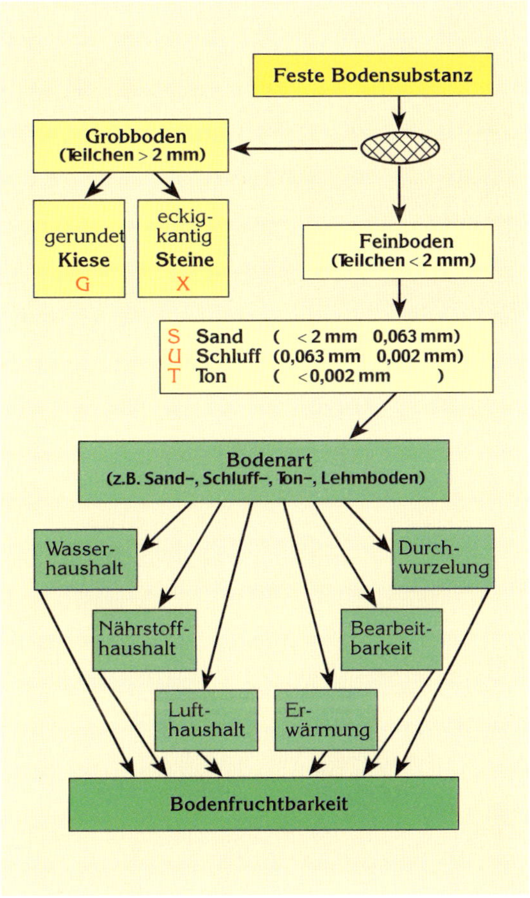

Abb. 1 Die Kornfraktionen des Feinbodens bestimmen die Bodenart und beeinflussen die Bodenfruchtbarkeit

2.2 Bodenbestandteile

2.2.1 Mineralische Bestandteile

Korngrößen
Durch die Verwitterung des Ausgangsgesteins entsteht ein Gemisch unterschiedlicher Korngrößen. Alle Bodenteilchen mit einer Korngröße größer als 2 mm bilden den **Grobboden** oder das **Bodenskelett**. Dabei unterscheidet man nach ihrer Form zwischen **Kiesen** (abgerundet) und Steinen (eckig-kantig). Die Teilchen mit einer Korngröße kleiner als 2 mm bilden den **Feinboden**. Nach ihrer Korngröße spricht man von **Sand** (<2 mm), **Schluff** (<0,063 mm) oder **Ton** (<0,002 mm), (s. Abb. 1).

Die Korngrößenzusammensetzung des Feinbodens bestimmt den Wasser-, Nährstoff-, Luft- und Wärmehaushalt des Bodens und damit seine Fruchtbarkeit. Zur Kennzeichnung der Eigenschaften eines Bodens benennt man die Bodenart nach dem Anteil der Kornfraktionen Sand, Schluff und Ton am Feinboden. Herrscht eine dieser drei Kornfraktionen vor, bezeichnet man den Boden

Bodenarten

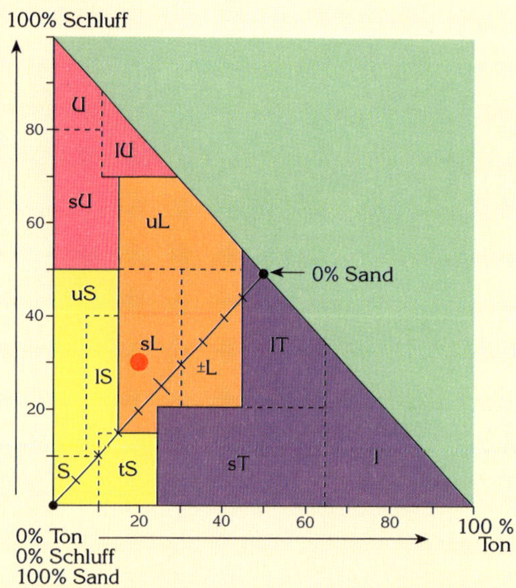

● Beispiel: Der Punkt entspricht einem Gehalt des Bodens an der Fraktion Ton = 20%, Schluff = 30% und Sand = 50% → sL = sandiger Lehmboden

Abb. 1 Dreiecksdiagramm (nach Ämter für Bodenforschung) zur Bestimmung der Bodenart

Sandboden	Tonboden
■ gute Wasserführung	■ schlechte Wasserführung (Gefahr der Staunässe)
■ gute Durchlüftung	■ schlechte Durchlüftung (Gefahr von Sauerstoffmangel)
■ schnelle Erwärmung und schnelle Abkühlung	■ langsame Erwärmung und langsame Abkühlung
■ geringes Wasser- und Nährstoffhaltevermögen (→ leichte Nährstoffauswaschung, schnelle Austrocknung)	■ hohes Wasser- und Nährstoffhaltevermögen
■ geringer Nährstoffgehalt	■ hoher Nährstoffgehalt
■ schlechte Pufferung (→ Düngerfehler und pH-Veränderungen werden schlecht aufgefangen)	■ gute Pufferung (→ Düngefehler und pH-Veränderungen werden gut aufgefangen)
■ gute Durchwurzelbarkeit	■ schlechte Durchwurzelbarkeit
■ leichte Bearbeitbarkeit („leichte Böden“)	■ schwere Bearbeitbarkeit („schwere Böden“)

Schluffboden
nimmt eine Mittelstellung zwischen Sand- und Tonboden ein.

als **Sand-, Schluff- oder Tonboden**. Enthält der Boden etwa gleiche Anteile dieser drei Kornfraktionen, spricht man von einem **Lehmboden** (s. Abb. 1, S. 119). Eine weitere Unterteilung wird durch die Hinzufügung der Bezeichnung sandig, schluffig oder tonig möglich. So wird z. B. ein Sandboden, der relativ viel Ton enthält, als toniger Sand oder ein Tonboden, der relativ viel Sand enthält, als sandiger Ton bezeichnet (s. Abb. 1).

Bodeneigenschaften

Entsprechend ihrer unterschiedlichen Korngrößenzusammensetzung haben die verschiedenen Bodenarten unterschiedliche Eigenschaften, die sich vor- oder nachteilig auf die Bodenfruchtbarkeit und damit auf das Pflanzenwachstum auswirken können:

Einkorngemische, d. h. reine Sand-, Schluff- und Tonböden, sind sehr selten. In der Regel handelt es sich um Korngemische. Dabei ist eine ausgeglichene Körnung günstiger für die Bodenfruchtbarkeit als eine einseitige Körnung. So vereinigen **Lehmböden** die positiven Eigenschaften von Sand- und Tonböden.

Bestimmung der Bodenart

Eine einfache Möglichkeit zur schnellen Bestimmung der Bodenart bietet die so genannte **Fingerprobe**. Dabei wird angefeuchteter Boden zwischen den Fingern zerrieben. Die verschiedenen Kornfraktionen sind an folgenden Merkmalen zu unterscheiden:

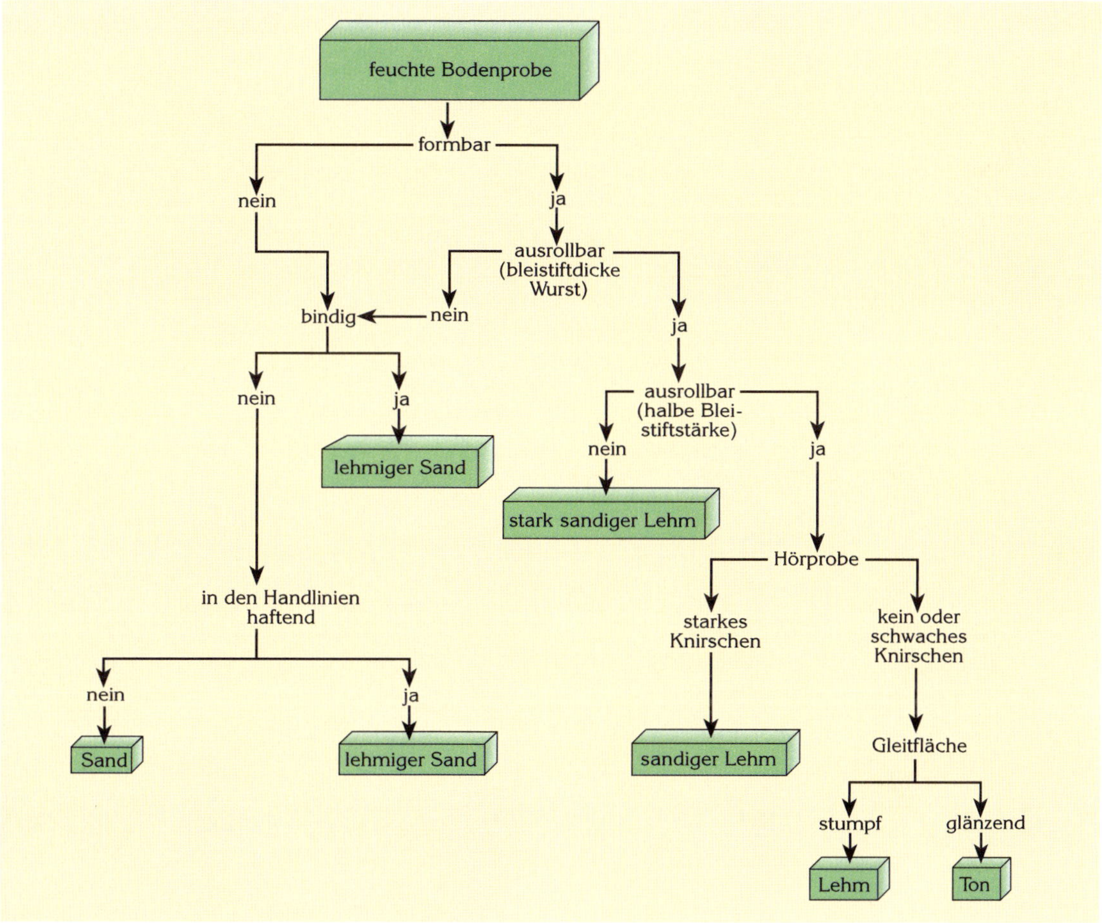

Abb. 1 Bestimmung der Bodenart mittels Fingerprobe

Sand (S)	Schluff (U)	Ton (T)
Körnung gut sichtbar und fühlbar	Körnung nicht oder wenig sicht- und fühlbar (samtartig-mehlig)	Körnung nicht sicht- und fühlbar
haftet nicht an den Händen	haftet deutlich in den Handlinien	bindig (klebrig)
nicht formbar	wenig formbar (zerbröckelt)	gut form- und ausrollbar
nicht bindig	raue Gleitfläche	glatte und glänzende Gleitfläche

Merke: Je höher der Anteil an gut fühlbaren Teilchen, desto sandiger oder „leichter" ist der Boden. Je bindiger (zusammenhaltend) und je schmutziger die Hände werden, desto tonhaltiger oder „schwerer" ist der Boden.

Mit einiger Übung können mithilfe der Fingerprobe alle Bodenarten ausreichend genau bestimmt werden. Zur Übung eignen sich bereits bekannte Bodenarten (s. Abb. 1). Eine genauere Bestimmung der Bodenart kann mithilfe von **Sieb- und Schlämmanalyse** erfolgen. Sie beruht darauf, dass sich im Wasser aufgeschlämmte Bodenteilchen entsprechend ihren verschiedenen Korngrößen unterschiedlich schnell absetzen, sodass sie voneinander getrennt werden können. Aus dem Anteil der abschlämmbaren Teilchen $<0{,}01$ mm kann mithilfe einer Tabelle auf die Bodenart geschlossen werden (s. Abb. 1, S. 122).

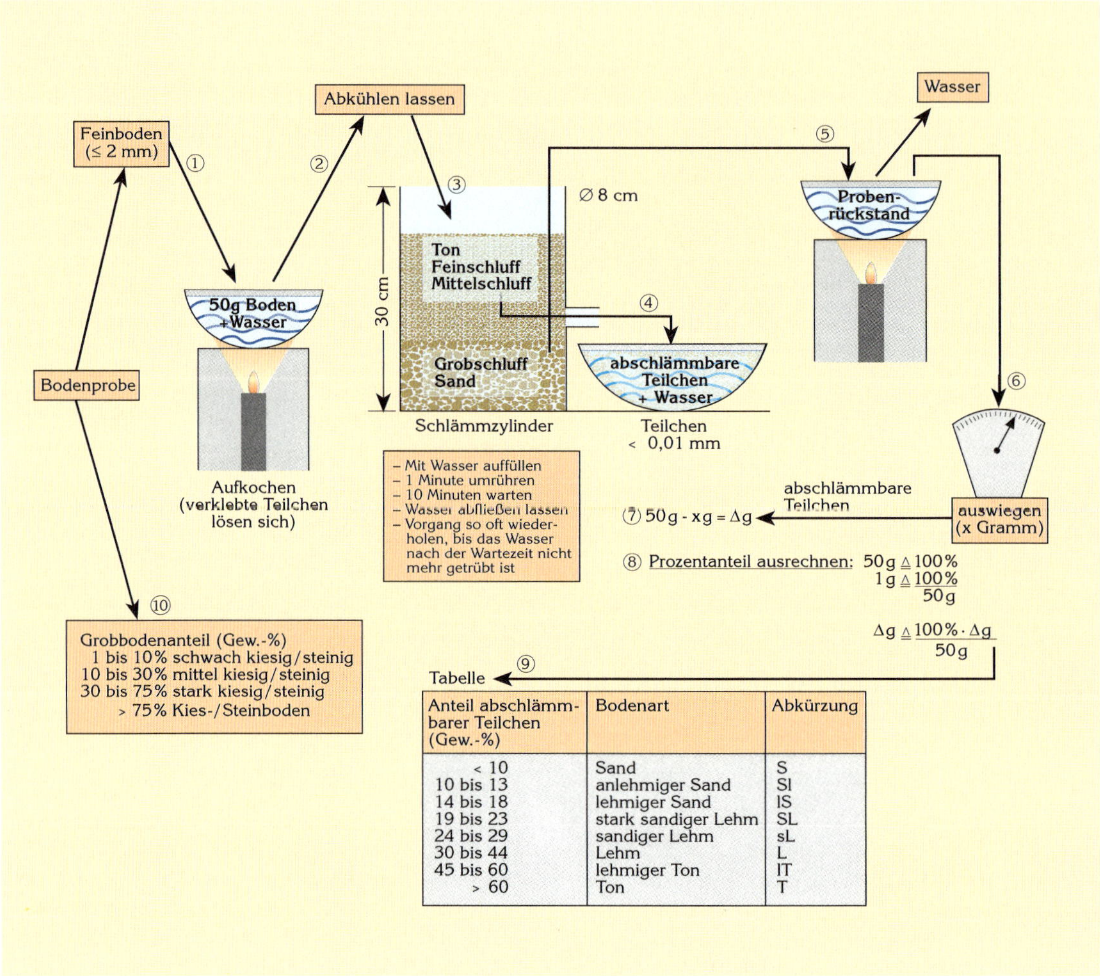

Anteil abschlämmbarer Teilchen (Gew.-%)	Bodenart	Abkürzung
< 10	Sand	S
10 bis 13	anlehmiger Sand	Sl
14 bis 18	lehmiger Sand	lS
19 bis 23	stark sandiger Lehm	SL
24 bis 29	sandiger Lehm	sL
30 bis 44	Lehm	L
45 bis 60	lehmiger Ton	lT
> 60	Ton	T

Abb. 1 Bestimmung der Bodenart mittels Sieb- und Schlämmanalyse

2.2.2 Organische Bestandteile

Neben den mineralischen Bestandteilen ist auch die organische Substanz von großer Bedeutung für die Fruchtbarkeit und Gesundheit eines Bodens. Zur organischen Substanz zählen neben abgestorbener pflanzlicher und tierischer Substanz auch die Bodenlebewesen.

Das Bodenleben

Die Vielfalt der Bodenorganismen ist beachtlich. So leben in einer Hand voll guten Bodens weitaus mehr Organismen als Menschen auf der Erde. Zwischen den Bodenlebewesen und dem Boden bestehen zahlreiche Wechselbeziehungen, die die Bodenbildung ganz entscheidend beeinflussen. Ein aktives Bodenleben ist Voraussetzung für die Bodenfruchtbarkeit und deren Erhalt. Die Gesamtheit der Bodenlebewesen wird als **Edaphon** bezeichnet. Dabei kann man unterscheiden zwischen pflanzlichen **(Bodenflora)** und tierischen Organismen **(Bodenfauna)**.

Bodenflora

Zur Bodenflora zählen z. B. **Bakterien, Strahlenpilze, Pilze, Algen und Flechten**. In nur 1 g Boden befinden sich bis zu mehreren Milliarden Bakterien. Sie sind es, die vor allem für die Aufrechterhaltung des Nährstoffkreislaufes sorgen. Unter den mikroskopisch kleinen Lebewesen (**Mikroorganismen**) befinden sich zahlreiche Spezialisten, wie z. B. die Stickstoff bindenden Bakterien. Sie sind in der Lage, den Stickstoff der Luft zu binden. Dabei kann man unterscheiden zwischen den mit Leguminosen (Schmetterlingsblütlern) in Symbiose lebenden **Knöllchenbakterien** (s. S. 174) und den frei im Boden lebenden **Azotobaktern** und **Amylobaktern**, die über die Bindung von Luftstickstoff den Boden mit Stickstoff versorgen.

Wichtig für die Stickstoffernährung der Pflanzen sind auch die im Boden lebenden **nitrifizierenden Bakterien**, die die Umwandlung von Ammonium- und Nitratstickstoff bewirken (s. S. 173).

Einige **Strahlenpilze** *(Actinomyceten)* können den Stickstoff der Luft ebenfalls nutzen. Erle und Sanddorn befinden sich mit solchen Strahlenpilzen in einer Symbiose. Obwohl Strahlenpilze pilzähnliche Hyphengeflechte ausbilden (Name!), sind sie keine Pilze, sondern bakterienähnliche Organismen. Beim Kampf gegen konkurrierende Bakterien und Pilze haben sie chemische Abwehrstoffe entwickelt, die wir als Antibiotika (z. B. Penicillin und Streptomycin) bezeichnen und medizinisch zur Bekämpfung von Infektionskrankheiten verwenden.

Viele Pilze leben räuberisch, indem sie mit ihren Hyphen andere Bodenorganismen, wie Nematoden, fangen (s. S. 228). Andererseits stellen auch Pilze und Bakterien für viele Organismen des Bodens wichtige Nahrungsquellen dar, z. B. für die mikroskopisch kleinen Amöben, die in den dünnen Wasserfilmen der Bodenteilchen leben. Strahlenpilze und Pilze verleihen dem Boden den typisch frischen Erdgeruch, der somit ein Zeichen für einen biologisch aktiven, gesunden Boden ist.

Viele Pilze gehen mit den Wurzeln der Pflanzen eine Lebensgemeinschaft zum beidseitigen Nutzen ein. In dieser Symbiose, der so genannten **Mykorrhiza**, übernehmen sie die Aufgabe der Wurzelhaare (s. S. 90). Auch sonst ist das Mikroorganismenleben im Bereich der Wurzelhaare, der Rhi-zosphäre, besonders aktiv. Dies lässt sich auf Zucker- und Aminosäureausscheidungen der Wurzeln sowie abgestorbenen Epidermiszellen zurückführen. Dabei hat man festgestellt, dass jede Pflanzenart einen speziellen Organismenbesatz innerhalb ihrer Rhizosphäre aufweist. Die zersetzende Tätigkeit dieser Mikroorganismenflora wirkt sich günstig auf die Nährstoffversorgung der Pflanzen aus. Andererseits können im Boden lebende Pilze und Bakterien auch Pflanzen befallen und ernsthaft schädigen (s. Kapitel Pflanzenschutz).

Optimale Entwicklungsmöglichkeiten finden Mikroorganismen bei ausreichender, leicht zersetzbarer organischer Substanz und Temperaturen um 20 °C. Bakterien bevorzugen gut durchlüftete und durchfeuchtete Böden mit schwach sauren bis alkalischen Reaktionen (pH 5,5 bis 7,0). Pilze vertragen auch Trockenheit und saure Reaktionen (pH< 5,5). Sie sind in der Lage, schwer zersetzbare organische Substanz (z. B. Holz) abzubauen.

Bodenfauna

Die im Boden lebenden Tiere bilden die Bodenfauna. Auch sie wirken in vielfältiger Weise bei der Bodenentwicklung mit. Als Zerkleinerer organischer Substanz schaffen sie gute Angriffsmöglichkeiten für die Mikroorganismen. Mit ihrer wühlenden Tätigkeit lockern und durchmischen sie den Boden. Die Vielfalt der im Boden lebenden Tiere ist unüberschaubar. **Protozoen** (Urtierchen) sind einzellige Tiere, wie z. B. **Amöben** und **Wimperntierchen**. Amöben verändern beim Fortbewegen ständig ihre Form. Sie leben im Feuchtigkeitsfilm der Bodenteilchen. Mit ihrem Körper umfließen sie die zu verdauende Nahrung, z. B. Bakterien.

Wimperntierchen sind die höchstentwickelten Einzeller (z. B. **Pantoffeltierchen**). Die den Körper bedeckenden Wimpern dienen der Fortbewegung und dem Herbeistrudeln von Nahrung. **Nematoden oder Älchen (Fadenwürmer)**, die im Durchschnitt nicht größer als 1 mm werden, besiedeln ebenfalls in größeren Mengen den Boden (bis zu 10 000 pro 1 g Boden). Sie ernähren sich vorwiegend von Pilzen, Algen, Bakterien und anderen Einzellern. Andere spielen eine wichtige Rolle bei der Zersetzung organischer Substanzen. Pflanzen befallende Arten schädigen durch ihre saugende Tätigkeit (s. S. 259). Andererseits werden Nematoden-Arten auch zur biologischen Bekämpfung von Schadorganismen eingesetzt (s. S. 228).

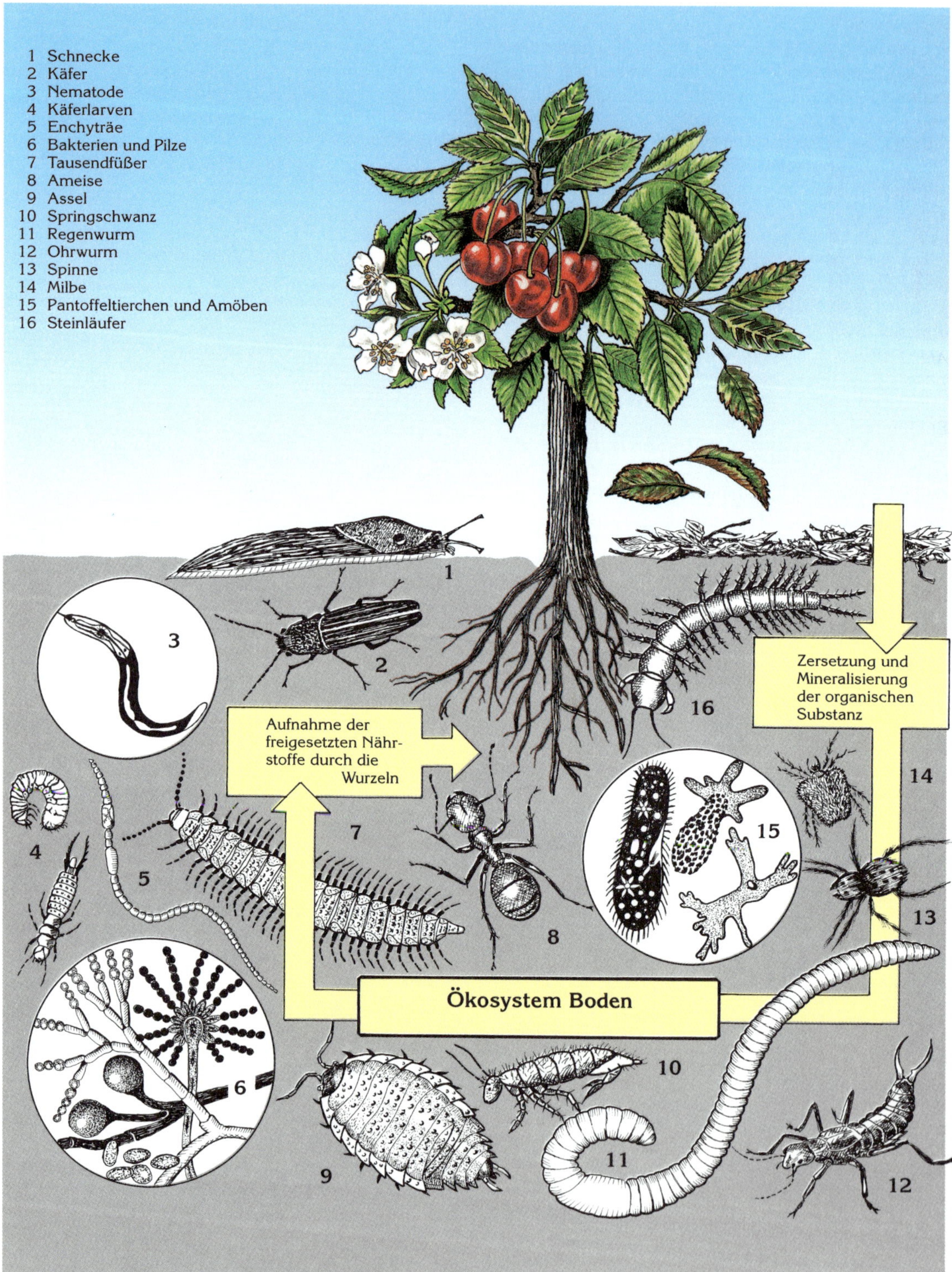

Abb. 1 Bodenlebewesen halten den Nährstoffkreislauf aufrecht

Abb. 1 Wurmlosung

Abb. 2 Links ohne, rechts mit Regenwürmern (nach 6 Wochen)

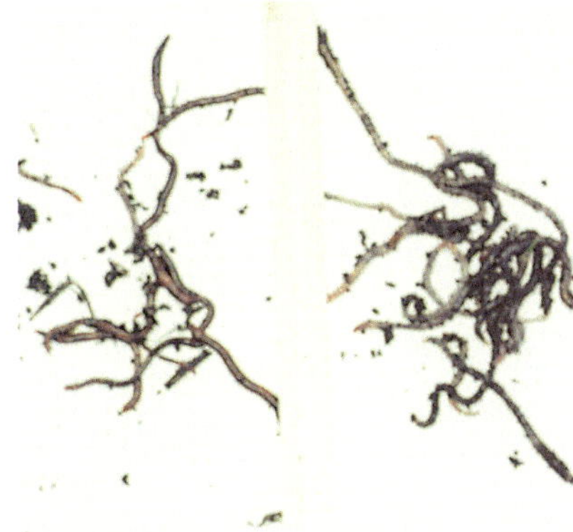

Abb. 3 Links Mistwürmer, rechts Regenwürmer

Enchyträen sind 2 bis 4 cm kleine Borstenwürmer, die von toter organischer Substanz, aber auch von Nematoden leben. **Springschwänze (Collembolen)** ernähren sich von toter organischer Substanz, Pilzen und Bakterien. Sie besitzen am Hinterleib eine Sprunggabel, mit der sie sich bei Gefahr hochschnellen und in Sicherheit bringen können.

Neben **Milben**, die Pflanzen schädigen können (s. S. 257), gibt es auch Raubmilben, die sich von anderen Tieren ernähren (s. S. 228). Im Boden machen sie z. B. Jagd auf Nematoden, Enchyträen und Springschwänze. Andere Arten wirken wiederum bei der Zersetzung organischer Substanz mit.

Asseln sind 1 bis 3 cm kleine Tierchen, die tote organische Substanz zersetzen. **Tausendfüßer** und **Steinläufer** ernähren sich vorwiegend räuberisch. Neben ausgewachsenen **Insekten** leben auch sehr viele **Insektenlarven** im Boden. Große Bedeutung kommt den **Ameisen** und bodenbewohnenden **Spinnen** zu, die große Mengen tierischer Organismen verzehren.

Besondere Bedeutung für die Bodenbildung haben **Regenwürmer**, von denen man in einem guten Boden bis zu 400 pro Quadratmeter finden kann. Von den 39 einheimischen Arten ist der Gemeine oder Große Regenwurm (bis 30 cm lang), *Lumbricus terrestris*, der bekannteste. Er besiedelt vor allem lehmige Böden. Andere, kleinere Arten, wie z. B. *Lumbricus rubellus* und *Lumbricus castaneus*, bevorzugen humusreiche Böden. Abgesehen davon, dass sie bei Nahrungsmangel mitunter kleine zarte Sämlinge in den Boden ziehen, können sie, da sie keine Mundwerkzeuge haben, keine Pflanzenschäden verursachen. Die leicht austrocknenden und gegen UV-Strahlung empfindlichen Tiere kommen bei genügend Feuchtigkeit, vor allem nachts, an die Bodenoberfläche. Sie leben von in Zersetzung befindlichen organischen Stoffen. Mit kreisenden Bewegungen suchen sie im Bereich ihrer Gangmündungen nach organischem Material, z. B. Blättern und Halmen, oder weiden die an den Erdwänden ihrer Gänge und die auf dem eigenen Kot gewachsenen Algen-, Pilz- und Bakterienrasen ab. Bei der oberirdischen Suche bleiben sie mit dem Hinterleib in der Erde, um bei Gefahr schnell flüchten zu können. Finden sie geeignetes Material – sie bevorzugen leicht zersetzbare organische Substanz –, saugen sie sich mit ihrer Mundöffnung daran fest und ziehen es in ihre Gänge. In der Erde beginnt das Material unter dem Einfluss von Feuchtigkeit, Wärme und Mikroorganismen zu faulen, sodass es für die Regenwürmer verdaulich, d. h. fressbar wird. Da Regenwürmer neben der organischen Nahrung auch ständig Boden mit zahlreichen Mikroorganismen aufnehmen, erfolgt eine intensive Durchmischung organischer und mineralischer Bodenbestandteile. Beim Vorhandensein von Ton kommt es zur Bildung der für die Krümelbildung so wichtigen **Ton-Humus-Komplexe**. Diese und andere unverdauliche Stoffe werden als humus- und nährstoffreiche **Wurmlosung** ausgeschieden. Im Darm der Würmer befinden sich Kalkdrüsen, die durch Ausscheidung von Kalk die bei der Zersetzung frei werdenden Huminsäuren binden, sodass die Regenwurmlosung einen pH-Wert von 6,5 bis 7,5 aufweist. Der Kalk muss jedoch zuvor von den Würmern aus dem Boden aufgenommen werden. Die nährstoffreiche Wurmlosung wird an der Bodenoberfläche oder in den Gängen abgegeben. Auf 10 bis 90 t pro ha wird die von den Regenwürmern ausgeschiedene Menge pro Jahr geschätzt (s. Abb. 1).

Regenwürmer fördern durch ihre Tätigkeit nicht nur die Krümelbildung des Bodens und seine intensive Durchmischung (s. Abb. 2, S. 125), sie durchlüften ihn auch mit ihren Gängen und fördern so den Gasaustausch und die Wasserführung. Die Regenwurmgänge bieten den Pflanzenwurzeln ideale Wachstumsbedingungen, sodass auch tiefere Bodenschichten gut durchwurzelt werden können.

Die Lebensdauer der Regenwürmer beträgt zwei bis drei Jahre. Werden sie durchschnitten, können sie sich wieder regenerieren, d. h., das vordere Stück kann sich ergänzen und weiterleben, das hintere Ende stirbt ab. Die zweigeschlechtlichen Würmer (Zwitter) vermehren sich geschlechtlich.

Bei den häufig zum Kauf angebotenen und mit Fantasienamen bedachten Würmern (z. B. „Tennessee Wiggler“ oder „Roter Kalifornier“) handelt es sich in der Regel um den **Mist-** oder **Kompostwurm** (*Eisenia foetida*). Mistwürmer sind kleiner als die Regenwürmer und weisen farbige Ringelungen (gelb/rot) auf. Bei Gefahr scheiden sie eine gelbliche, unangenehm riechende Substanz aus. Im Gegensatz dazu besitzt der Körper der Regenwürmer keine farbige Ringelung. Ihr Hinterleibsende ist auch deutlich abgeplattet (s. Abb. 3, S. 125). Mistwürmer können auf die Dauer nur im Mist- oder Komposthaufen leben.

Der im Handel angebotene **Wurmhumus** zur Verbesserung von Böden wird aus organischer Substanz (z. B. Mist oder Kompost), der Mistwürmer zugesetzt werden, gewonnen. Nachdem die Würmer die organische Substanz weitgehend verdaut haben, werden sie mithilfe von großen Trommeln vom Substrat, das als Wurmhumus verkauft wird, getrennt.

Eine Zuführung von Wurmhumus kann vor allem bei biologisch wenig aktiven Böden sinnvoll sein. Seine Qualität hängt in erster Linie von der Qualität des organischen Ausgangsmaterials und der Zeit ab, die den Würmern zur Verfügung stand, um das Substrat mit Wurmlosung anzureichern. Dabei ist zu bedenken, dass ohne den Zusatz von Ton keine Ton-Humus-Komplexe gebildet werden oder mit Schwermetallen angereicherte Ausgangssubstanzen (z. B. Müllkompost oder schwermetallreicher Stallmist) zu einer erhöhten Schwermetallkonzentration im Wurmhumus führen. Je nach Ausgangssubstanz sind die Nährstoffgehalte recht unterschiedlich.

Neben den unzähligen Kleinstlebewesen beherbergt der Boden auch größere Wirbeltiere, wie z. B. den **Maulwurf**, der im großen Umfang den Boden durchmischt und lockert. Im Winter hält er keinen Winterschlaf, sondern folgt den Beutetieren in tiefere Bodenschichten. Seine tägliche Nahrungsaufnahme beträgt bis zum Dreifachen seines Körpergewichtes. Dabei vertilgt er große Mengen pflanzenschädlicher Organismen. Der Maulwurf steht unter Naturschutz und darf nicht getötet werden (s. S. 228 und 263).

Verwesung und Mineralisierung
Unter **Verwesung** versteht man den Abbau der organischen Substanz durch die Tätigkeit zahlreicher Lebewesen. Durch sie werden die in der organischen Substanz enthaltenen mineralischen Nährstoffe freigesetzt **(Mineralisierung)** und damit wieder pflanzenverfügbar gemacht. Der mechanischen Zerkleinerung durch größere Bodenlebewesen folgt der mikrobielle Abbau durch das Heer der Mikroorganismen. Unter Aufnahme von Sauerstoff (Atmung!) erfolgt der Abbau der organischen Substanz zu Kohlendioxid und Wasser. Dabei werden die in der organischen Substanz enthaltenen mineralischen Nährstoffe freigesetzt und Teile der chemisch gebundenen Energie in Form von Wärme an die Umgebung abgegeben.

Ohne die Vielzahl der Bodenlebewesen und ihre sich ergänzende Arbeit könnte der **Nährstoffkreislauf** und damit das Leben auf der Erde nicht aufrechterhalten werden (s. Abb. 1, S. 124). Für eine optimale Entwicklung von Bodenflora und -fauna ist neben ausreichender organischer Substanz als Nahrung vor allem Sauerstoff zur Atmung notwendig. Schlecht durchlüftete, kalte, nasse und stark saure Böden hemmen die Entwicklung der Bodenlebewesen. So dauert z. B. die Verwesung einer Bananenschale in der Antarktis aufgrund der ungünstigen Lebensbedingungen (Jahresmitteltemperatur unter –30 °C) 100 Jahre.

Bei Sauerstoffmangel kommt es zur **Fäulnis**, d. h. zur anaeroben Zersetzung der organischen Substanz. Sie erfolgt durch Mikroorganismen (vor allem Bakterien), die ohne Sauerstoff leben können (anaerob). Dabei treten unangenehme Gerüche und z. T. giftige Stoffwechselprodukte auf.

Humus und Huminstoffe

Humusgehalt

Als **Humus** bezeichnet man die abgestorbene und mehr oder weniger zersetzte organische Substanz eines Bodens. Ein Boden mit 4 % organischer Substanz gilt bereits als stark humos (s. Tab. 1). Da es sich jedoch um Gewichtsprozente handelt und Humus relativ leicht ist, haben diese Gehalte doch schon einen großen Einfluss auf die Bodenqualität. Je intensiver ein Boden bearbeitet wird, d. h., je stärker die Durchlüftung und die mineralische Stickstoffdüngung ist, desto rascher erfolgt der Abbau der organischen Substanz und umso niedriger ist sein Humusgehalt. So weisen Ackerböden allgemein einen Humusgehalt von 1,5 bis 3 % auf. Bei Wiesen liegt er wegen der schlechteren Durchlüftung bei 5 bis 8 %. Da sich entsprechend den örtlichen Gegebenheiten ein Gleichgewicht zwischen Humusauf- und -abbau einstellt, kann der Humusgehalt eines Bodens langfristig nicht beliebig erhöht werden.

Nährhumus und Dauerhumus

Organische Substanz ist reich an Kohlenstoffverbindungen, die den Mikroorganismen als Nahrung dienen. Neben den Kohlenstoffverbindungen benötigen Bakterien für ihre schnelle Vermehrung (Teilung) zum Aufbau ihres Körpereiweißes vor allem Stickstoff. Daher ist, optimale Umweltbedingungen vorausgesetzt, für die Geschwindigkeit der Zersetzung das **C:N-Verhältnis der organischen Substanz** entscheidend. Je höher der Stickstoffgehalt, desto enger ist das C:N-Verhältnis, je niedriger der Stickstoffgehalt, desto weiter ist es.

Ab einem **C:N-Verhältnis** > 25:1 wird die Zersetzung und damit die Mineralisierung immer stärker gehemmt. Je enger das C:N-Verhältnis, umso schneller erfolgt die Bakterienvermehrung und damit die Zersetzung und Mineralisation der organischen Substanz. Krautige Pflanzenteile besitzen ein enges, holzige ein weites C:N-Verhältnis (s. Tab. 1, S. 194).

Leicht zersetzbare organische Substanz wird schnell mineralisiert und dient so der Nährstoffversorgung der Pflanze **(Nährhumus)**.

Schwer zersetzbare organische Substanz verbessert hingegen durch ihre längere Verweildauer im Boden vor allem das Bodengefüge **(Dauerhumus)**, s. S. 189. Die Bedeutung der organischen Substanz für Boden und Pflanze liegt also nicht nur in der Zuführung von Nährstoffen, sondern darin, dass beim Abbau der organischen Substanz schwer zersetzbare Humusteilchen (< 0,002 mm), so genannte **Huminstoffe**, entstehen. Sie bewirken nicht nur die typische Dunkelfärbung des Oberbodens („Mutterboden"), sondern verbessern maßgeblich den Wasser-, Nährstoff- und Lufthaushalt sowie die Struktur des Bodens (s. Bodenkolloide und -gefüge). Je dunkler ein Boden ist, desto höher ist in der Regel sein Humusgehalt. Den Vorgang der Huminstoffbildung bezeichnet man als **Humifizierung**.

< 1 % organische Substanz	=	humusarm
1–2 % organische Substanz	=	humushaltig
2–4 % organische Substanz	=	humos
4–8 % organische Substanz	=	stark humos
8–15 % organische Substanz	=	sehr stark humos
15–30 % organische Substanz	=	anmoorig
> 30 % organische Substanz	=	torfig

Tab. 1 Bezeichnung der Böden nach ihrem Gehalt an organischer Substanz (Humus)

2.2.3 Bodenkolloide

Als Bodenkolloide bezeichnet man Bodenteilchen, die kleiner als 0,002 mm (< 2 µm) sind. Sind diese Teilchen mineralischen Ursprungs, handelt es sich um **Tonminerale**. Sind sie organischen Ursprungs, spricht man von **Huminstoffen** (Humusteilchen < 0,002 mm). Aufgrund ihrer großen spezifischen Oberfläche – 1 g Ton oder Humus hat eine Oberfläche von etwa 800 m^2 (Sand etwa 0,1 m^2/g) – sind sie in der Lage, Wasser und Nährstoffe an ihrer Oberfläche pflanzenverfügbar anzulagern (s. Abb. 1, S. 128). Damit verbessern sie den Wasser- und Nährstoffhaushalt eines Bodens ganz entscheidend. Da sich zwischen den an der Oberfläche der Kolloide absorbierten Nährstoffen und den in der Bodenlösung gelösten Nährstoffen ein Gleichgewicht einstellt, finden bei Störungen dieses Gleichgewichts Austauschvorgänge zwischen den Bodenkolloiden und der Bodenlösung statt.

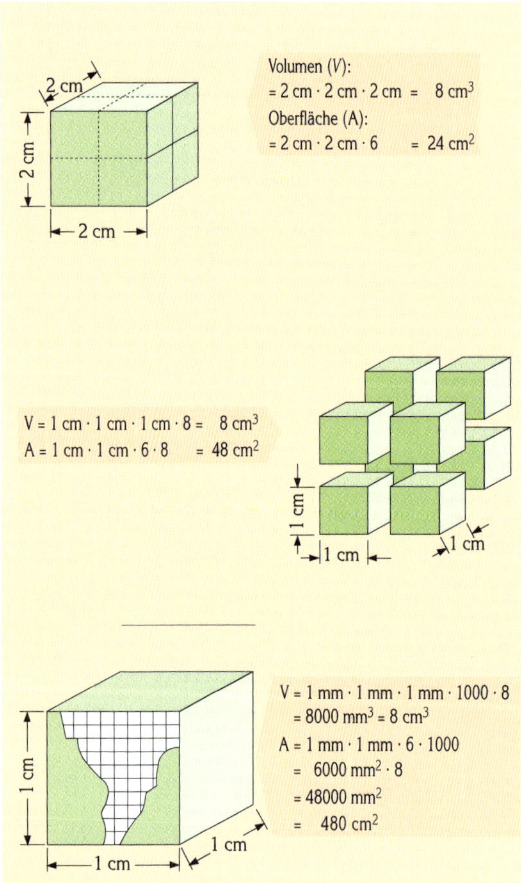

Abb. 1 Beziehung zwischen Teilchengröße, Teilchenanzahl und Oberfläche

Deswegen bezeichnet man Bodenkolloide auch als **Austauscher**. Wird die Konzentration der Nährstoffe in der Bodenlösung erhöht, lagern sich vermehrt Nährstoffe an den Kolloiden an. Wird hingegen die Konzentration der Nährstoffe in der Bodenlösung erniedrigt, z. B. durch Nährstoffentzug der Pflanzenwurzeln oder durch Auswaschung, diffundieren Nährstoffe von den Austauschern in die Bodenlösung hinein. Diese Fähigkeit, überhöhte oder zu niedrige Nährstoff- bzw. Ionenkonzentrationen in der Bodenlösung aufzufangen/auszugleichen, bezeichnet man als **Pufferung des Bodens** (s. auch S. 163f.). Je höher der Ton- oder Humusgehalt eines Bodens ist, desto besser ist seine Pufferkapazität.

2.2.4 Bodengefüge (Bodenstruktur)

Unter dem Bodengefüge oder der Bodenstruktur wird die räumliche Anordnung der festen Bestandteile des Bodens verstanden. Die Hohlräume zwischen den mineralischen und organischen Bodenbestandteilen bilden das **Porenvolumen** des Bodens. Dieses Porenvolumen, das aus Poren unterschiedlicher Größe besteht, ist mit Luft und Wasser gefüllt. Vom Bodengefüge hängt der Wasser-, Luft-, Nährstoff- und Wärmehaushalt des Bodens sowie seine Durchwurzelbarkeit, Bearbeitbarkeit und Eignung als Lebensraum für Bodenorganismen ab. Damit beeinflusst es alle für das Pflanzenwachstum wichtigen Bodeneigenschaften. Ein für das Pflanzenwachstum günstiges Bodenvolumen besteht zu 50 % aus fester Substanz, zu 30 % aus Wasser und zu 20 % aus Luft. Je nach Zusammenhalt der festen Bodenteilchen unterscheidet man unterschiedliche Gefügeformen, wie Einzelkorn- und Krümelgefüge. Zwischen diesen beiden Extremen bestehen zahlreiche Übergänge.

Einzelkorngefüge (Elementargefüge)

Beim Einzelkorn- oder Elementargefüge liegen die festen Bodenteilchen lose nebeneinander vor. Sie sind nicht miteinander verklebt, sodass bei Trockenheit der Boden zwischen den Fingern zerrieselt. Typisch ist dieses Gefüge für reinen Sand oder humusarme Sandböden. Hier wirkt sich ein solches Gefüge jedoch nicht so negativ aus, da das Porenvolumen für Wasser und Luft ausreichend ist. Anders ist dies bei einem Lehm- oder Tonboden. Der hohe Tongehalt dieser Böden (großer Anteil kleinster Teilchen) führt zu einer starken Reduzierung der für den Lufthaushalt wichtigen Grobporen (s. S. 131f.) und damit zur Bodenverdichtung mit Sauerstoffmangel und Verschlämmungen bei Regen.

Krümelgefüge

Das für Bodenleben und Pflanzenentwicklung günstigste Gefüge ist das Krümelgefüge. Durch lockere Aneinanderlagerung mineralischer und organischer Bodenteilchen entstehen Aggregate unterschiedlicher Größe (1 bis 10 mm) und Form. Schleimige Stoffwechselprodukte der Mikroorganismen und die innige Vermischung von organischen und mineralischen Bestandteilen im Darm der Bodenlebewesen, vor allem der Regenwürmer, führen zum Verkleben mineralischer und organischer Stoffe.

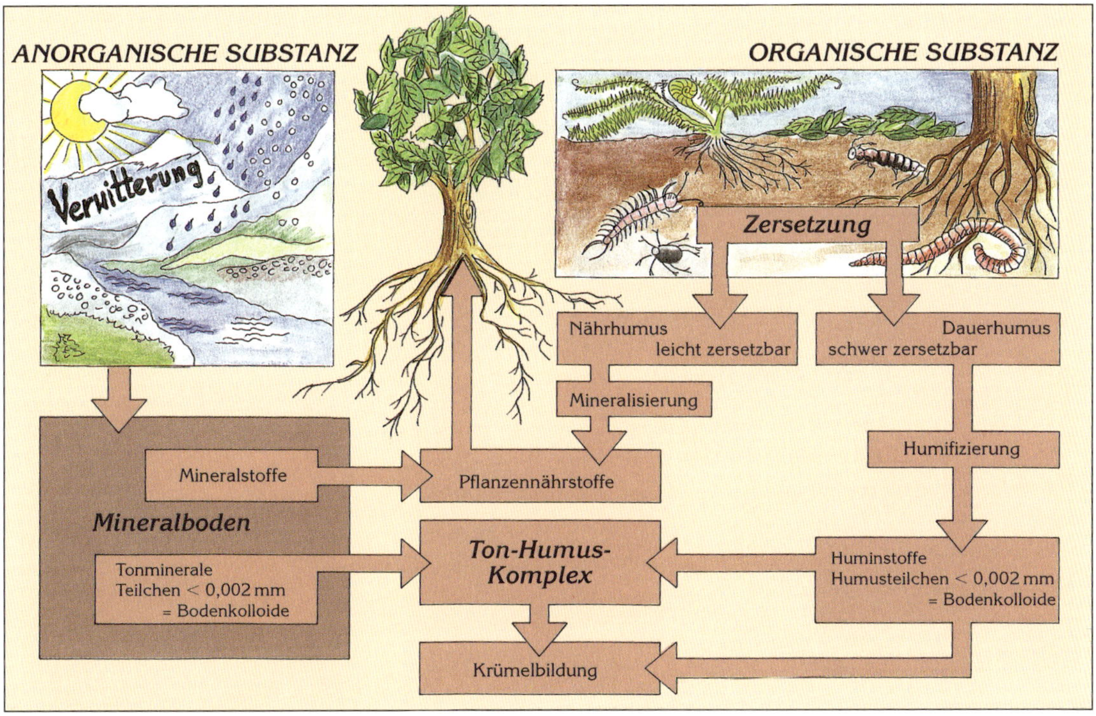

Abb. 1 Entstehung von Ton-Humus-Komplexen

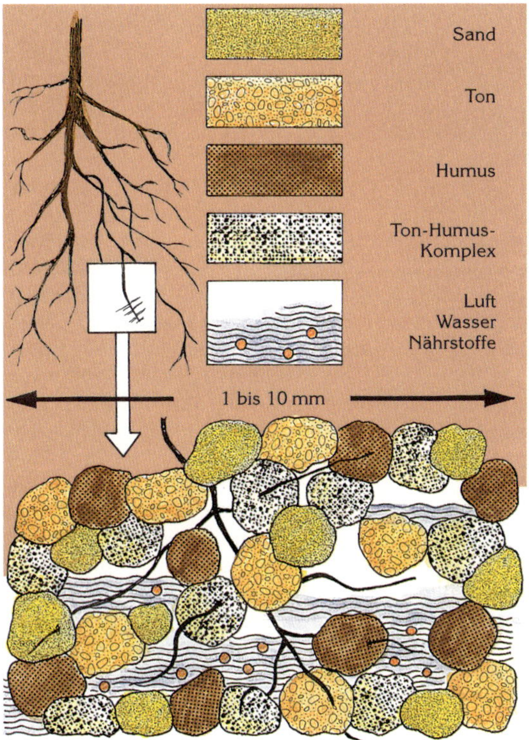

Abb. 2 Krümelaufbau

Die entstehenden **Ton-Humus-Komplexe** bilden die Grundsubstanz der Krümel (s. Abb. 1). Die locker aufgebauten **Krümel** sind von einem Netz feiner Poren durchzogen, in denen das Wasser wie in einem Schwamm festgehalten und bei Bedarf an die Pflanzen abgegeben wird. Zwischen den Krümeln besteht ein Netz größerer Poren, die vor allem mit Luft angefüllt sind. Sie fördern den Luft- und Wärmehaushalt des Bodens. Die locker aneinander gelagerten Krümel erleichtern den Luftein- und -austritt und damit den Gasaustausch. Die CO_2-reichere Bodenluft kann gegen die O_2-reichere Luft der Atmosphäre ausgetauscht werden. In einem lockeren, gut durchlüfteten Boden wird das Bodenleben gefördert. Schleimige Stoffwechselprodukte, Pilzhyphen, Bakterienkolonien, Humusstoffe und die feinen Wurzelhaare der Pflanzen sorgen für die Stabilität der Krümel (**Lebendverbauung**), die Milliarden von Mikroorganismen als Lebensraum dienen (s. Abb. 2). Die Krümelstruktur eines Bodens ist somit ein typisches Kennzeichen für biologisch aktive Böden. So stellt die Förderung des Bodenlebens eine wichtige Maßnahme zur Bodenverbesserung dar.

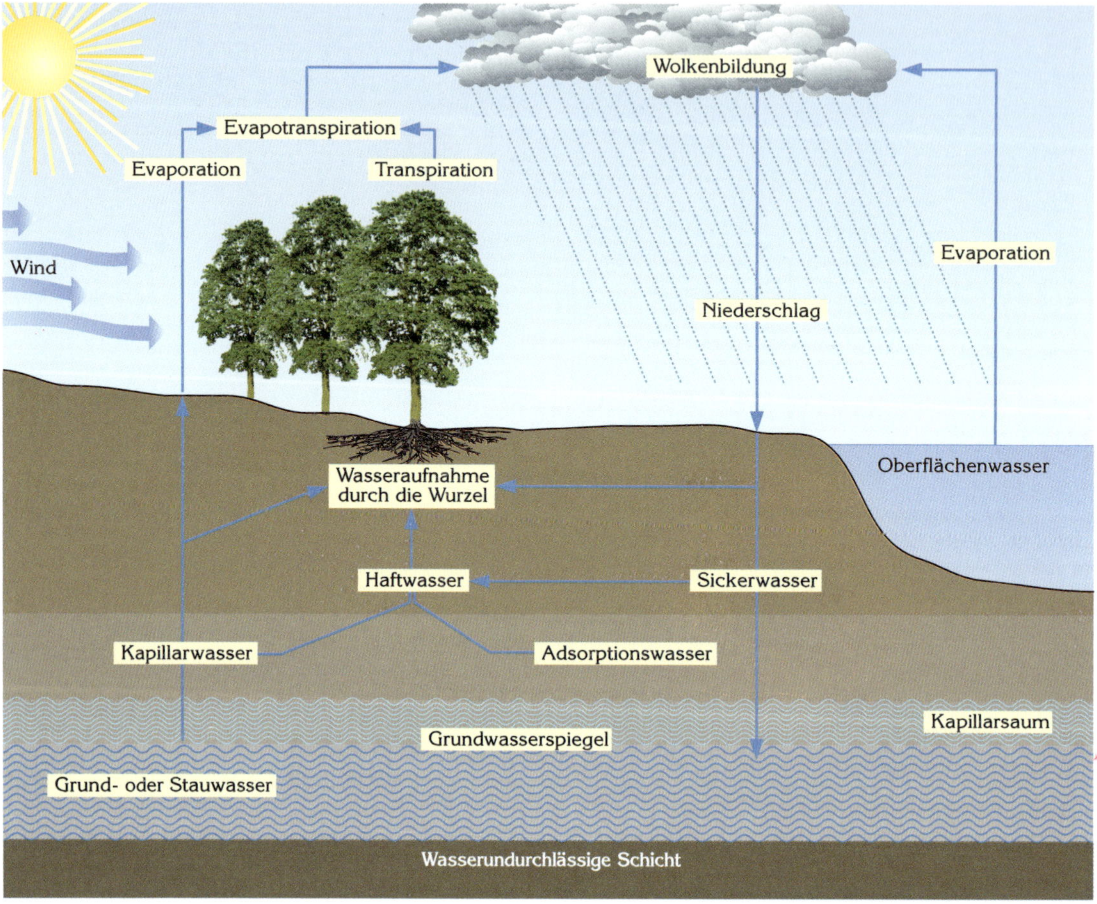

Abb. 1 Der Weg des Wassers

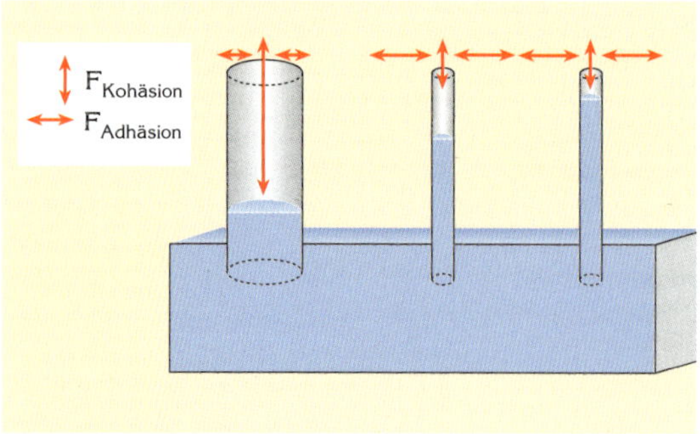

Abb. 2 Kapillarität

2.2.5 Bodenwasser

Wasserkreislauf

Wasser gelangt als **Niederschlag** auf den Boden. In der Bundesrepublik Deutschland beträgt die durchschnittliche jährliche Niederschlagsmenge etwa 800 mm. Dies entspricht 800 Liter Wasser je m^2 (1 mm = 1 l/m^2). Je nach Beschaffenheit des Bodens (locker/verdichtet) bzw. seiner Oberfläche (offen/versiegelt) fließt ein unterschiedlich großer Teil des Niederschlagswassers oberflächig ab. Das so entstehende **Oberflächenwasser** gelangt in Bäche, Flüsse, Seen und Meere. Das in den Boden eindringende Wasser wird zum Teil durch die Saugkräfte des Bodens festgehalten **(Haftwasser)**, zum Teil sickert es durch den Boden **(Sickerwasser)** und bildet auf undurchlässigen Schichten das **Grundwasser**. Das Haftwasser wird in haarfeinen Röhrchen, den Kapillaren **(Kapillarwasser)**, und an den Oberflächen der festen Bodenteilchen **(Adsorptionswasser)** gegen die Schwerkraft des Bodens festgehalten. Durch die ständige Wasserabgabe des Bodens an die Atmosphäre und den Wasserentzug der Pflanzen entsteht in den oberen Bodenschichten eine Saug-

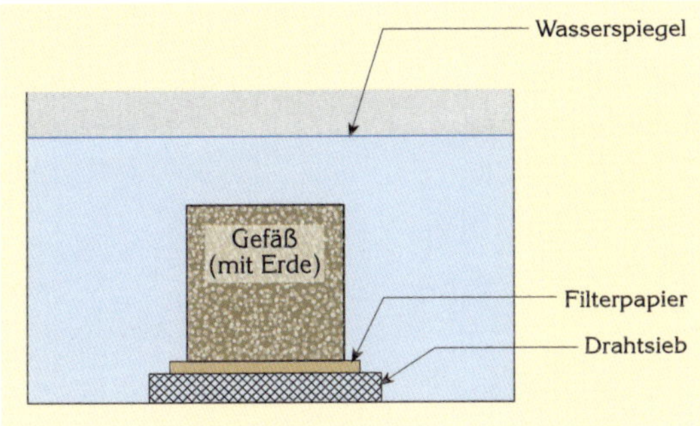

Abb. 1 Versuchsaufbau zur Bestimmung der Wasserkapazität

spannung, die bewirkt, dass Wasser aus dem Grundwasser als Kapillarwasser nach oben aufsteigt. Die dabei wirkenden Kapillarkräfte ergeben sich aus den Kohäsions- und Adhäsionskräften. Unter **Kohäsion** versteht man die Anziehungskräfte zwischen den Molekülen des gleichen Stoffes (z. B. des Wassers), unter **Adhäsion** die Anziehungskräfte zwischen den Molekülen verschiedener Stoffe (z. B. des Wassers und des Bodens). Sind die Adhäsionskräfte größer als die Kohäsionskräfte, kommt es zum kapillaren Wasseraufstieg. Je enger die Röhren, desto stärker ist die Adhäsion, desto höher kann das Wasser aufsteigen (s. Abb. 2, S. 130). Die Kapillarität ermöglicht einen Wasseraufstieg aus tiefen Bodenschichten, sodass auch bei Trockenheit die Pflanzen mit Wasser versorgt werden. Das durch die Pflanzen aufgenommene Wasser wird zum größten Teil wieder über die Verdunstung an die Atmosphäre abgegeben. Durch die Wasserverdunstung der Pflanzen **(Transpiration)** und des Bodens **(Evaporation)** wird der Wasserkreislauf aufrechterhalten (s. Abb. 1, S. 130).

Feld- und Wasserkapazität

Die maximale Haftwassermenge, die ein Boden gegen die Schwerkraft der Erde festhalten kann, bezeichnet man als **Feldkapazität** (FK). Von **Wasserkapazität** (WK) spricht man, wenn dieser Wert im Labor anhand von Bodenproben ermittelt wird. 70 % der Wasserkapazität entspricht etwa der Feldkapazität. Die Wasserkapazität eines Bodens kann mithilfe eines einfachen Versuchs annähernd genau bestimmt werden. Dazu entnimmt man eine bestimmte Bodenmenge und überstaut sie mindestens 1 Stunde mit Wasser (s. Abb. 1). Danach lässt man das überschüssige Wasser, das der Boden nicht halten kann, abtropfen und wiegt den mit Wasser gesättigten Boden. Anschließend wird der Boden 16 Stunden lang bei 105 °C getrocknet, bis kein Gewichtsverlust durch Wasserverdunstung mehr festgestellt werden kann. Nachdem der Boden abgekühlt ist, wird er erneut zur Feststellung des Trockengewichts gewogen. Aus dem Differenzgewicht kann die maximale Wasserkapazität wie folgt errechnet werden.

$$\text{WK\%} = \frac{\text{Gewicht wassergesättigte Bodenprobe} - \text{Trockengewicht}}{\text{Gewicht wassergesättigte Bodenprobe}} \cdot 100\,\%$$

Pflanzenverfügbares Wasser

Ob das im Boden gegen die Schwerkraft der Erde gebundene Haftwasser (Adsorptions- und Kapillarwasser) für die Pflanzen verfügbar ist oder nicht, hängt von der Intensität der Wasserbindung **(Wasserspannung)** ab. Diese ist abhängig vom Durchmesser der Poren. Je enger die Poren, desto stärker sind die wasserhaltenden **Adhäsions- und Kapillarkräfte** (Zusammenwirken von Adhäsions- und Kohäsionskräften). In den **Feinporen** mit einem Durchmesser kleiner als 0,0002 mm (< 0,2 µm) wird das Wasser so festgehalten, dass es für die Pflanzen nicht verfügbar ist. Entsprechend wird dieses Wasser auch als **Totwasser** bezeichnet. Pflanzenverfügbar hingegen ist das in den **Mittelporen** mit einem Durchmesser von 0,0002 bis 0,01 mm (0,2 bis 10 µm) gespeicherte Wasser. Trocknet der Boden aus, sind diese Poren mit Luft gefüllt. In den größeren Poren, den so genannten **Grobporen**, mit einem Durchmesser größer als 0,01 mm (> 10 µm) kann der Boden das Wasser nicht gegen die Schwerkraft der Erde festhalten, sodass das Wasser durch den Boden hindurchsickert (Sickerwasser). Von diesem Wasser kann die Pflanze nur das langsam fließende Sickerwasser (in Poren mit einem Durchmesser bis 0,05 mm = 50 µm) nutzen. Die Grobporen sind nach Abfluss des Sickerwassers mit Luft gefüllt. Ihr Anteil am Porenvolumen bestimmt den Lufthaushalt eines Bodens. Der Wasser- und Lufthaushalt eines Bodens wird also durch die Aufteilung des Porenvolumens in Fein-, Mittel- und Grobporen bestimmt. Die Aufteilung hängt vom Anteil der Kornfraktionen Sand, Schluff, Ton, ihrer Anordnung (s. Bodengefüge) und dem Humusgehalt des Bodens ab. So haben Tonböden wegen ihres hohen Tongehaltes ein großes Gesamtporenvolumen, jedoch nur wenig Grobporen und sehr viele Feinporen. Sandböden hingegen besitzen wegen ihres hohen Sandanteils ein kleines Gesamtporenvolumen mit wenig Feinporen, dafür aber vielen Grobporen. Entsprechend weisen Tonböden eine gute Wasserhaltekraft, aber eine schlechte Durchlüftung auf, Sandböden zeigen dagegen eine gute Durchlüftung, aber eine schlechte Wasserhaltekraft. Lehmböden nehmen aufgrund ihrer Porenvolumenaufteilung eine Mittelstellung zwischen Sand- und Tonböden ein:

Gesamtporenvolumen:	T > L > S
Grobporenanteil:	S > L > T
Mittelporenanteil:	L > T > S
Feinporenanteil:	T > L > S

Die unterschiedlichen Anteile von Grob-, Mittel- und Feinporen am Porenvolumen verschiedener Böden bedingen auch, dass Böden mit gleichem Wassergehalt unterschiedliche Mengen pflanzenverfügbaren Wassers enthalten können (s. Abb. 1). So ist z. B. ein Tonboden mit 20 Vol.-% Wasser extrem trocken, ein Lehmboden trocken und ein Sandboden mit dem gleichen Wassergehalt nass. Oder anders gesagt: Ein feuchter Sandboden enthält etwa 8 Vol.-% Wasser, ein Lehmboden mit gleicher Feuchtigkeit etwa 30 Vol.-% und ein Tonboden schon über 40 Vol.-% (s. Abb. 2). Entsprechend ist für die Kennzeichnung des pflanzenverfügbaren Wassers und damit der Wasserversorgung der Pflanzen nicht der Wassergehalt eines Bodens geeignet, sondern vielmehr sein **Feuchtigkeitsgrad**.

Wasserspannung

Ausgehend davon, dass das Bodenwasser umso stärker gebunden wird, je weniger Wasser im Boden ist, bildet die Wasserspannung ein gutes Kennzeichen für die Wasserversorgung der Pflanze. Je stärker das Wasser gebunden wird, desto schlechter ist seine Pflanzenverfügbarkeit, je schwächer es gebunden wird, desto höher ist der Wassergehalt eines Bodens und desto besser ist es somit für die Pflanzen verfügbar. Die Kraft, mit der das Wasser gehalten wird, wird in **Zentimetern Wassersäule** (**cm WS**) oder **Hektopascal** (**hPa**) angegeben. Die Luft übt infolge ihres Gewichtes einen Druck aus. In Meeresspiegelhöhe entspricht der Luftdruck im Durchschnitt dem Gewicht einer 10 m oder 1 000 cm hohen Wassersäule (= 100 hPa). Zur übersichtlichen Darstellung benutzt man den logarithmischen **pF-Wert** (log. cm WS = pF-Wert): Wasserspannung 1000 cm WS (= 1 000 hPa) = 10^3 cm WS = pF 3. Bei einer Wasserspannung von 15 000 cm WS (= 15 000 hPa) wird das Wasser so fest gebunden, dass es für die Pflanze nicht mehr verfügbar ist. Dies entspricht einem pF-Wert von 4,2 (pF = log. $1{,}5 \times 10^4$ = 4,17).

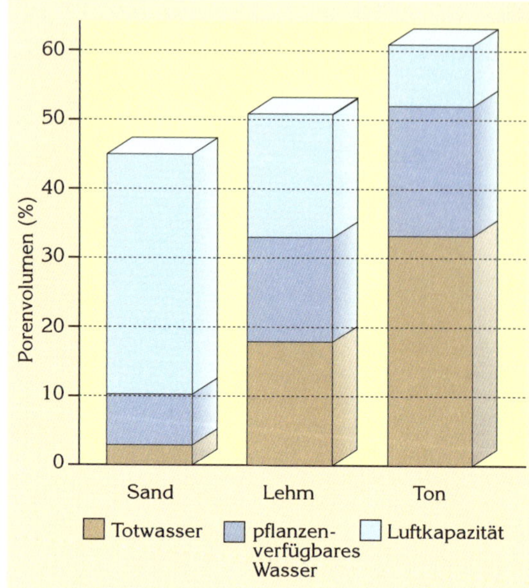

Abb. 1 Wasser- und Luftgehalt verschiedener Bodenarten

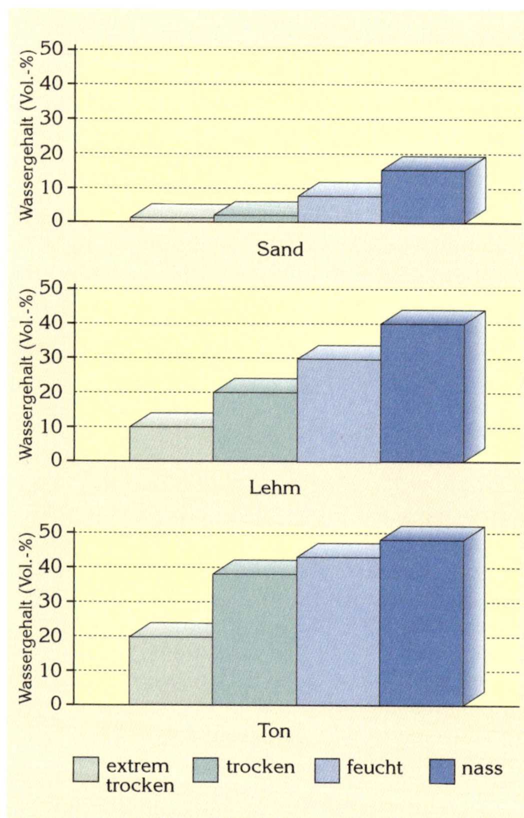

Abb. 2 Bodenfeuchte verschiedener Bodenarten

Wasserspannung (cm WS = hPa)	pF (log. cm WS)		Porengröße	
10 000 000 = 10^7 1 000 000 = 10^6 100 00 = 10^5	= 7,0 = 6,0 = 5,0	Totwasser		Feinporen
15 000 = 1,5 · 10^4	(extrem trocken) = 4,2	permanenter Welkepunkt	0,2 µm (= 0,000 2 mm)	
10 000 = 10^4 1 000 = 10^3	= 4,0 (trocken) = 3,0	pflanzenverfügbares Wasser		Mittelporen
300 = 10^2	(feucht) = 2,5	FK	10 µm (= 0,01 mm)	
100 = 10^2	= 2,0	langsam fließendes Sickerwasser		
60 = 6 · 10^1	(nass) = 1,8		50 µm (= 0,05 mm)	Grobporen
30 = 3 · 10^1 10 = 10^1 1 = 10^0	= 1,5 = 1,0 = 0,0	schnell fließendes Sickerwasser		

Tab. 1 Die Wasserspannung – ein gutes Kennzeichen für die Wasserversorgung der Pflanze

Den Wassergehalt des Bodens, bei dem die Pflanzen beginnen zu welken, bezeichnet man als **permanenten Welkepunkt**. Übersteigt der Wassergehalt die **Feldkapazität**, kann das darüber hinausgehende Wasser nicht mehr gegen die Schwerkraft der Erde festgehalten werden, sodass es versickert. Die Wasserspannung unterhalb der Feldkapazität ist kleiner als 300 cm WS oder pF < 2,5. Wasser ist also für die Pflanzen bei einer Wasserspannung von 2,5 bis 4,2 pF verfügbar (s. Tab. 1). Die pflanzenverfügbare Wassermenge ergibt sich demnach aus dem Wassergehalt bei Feldkapazität minus dem Wassergehalt beim Welkepunkt (Totwassergehalt).

Wasserspannungsmessung

In der Praxis kann die Wasserspannung (Bodenfeuchtigkeit) im gewachsenen Boden mit einem **Tensiometer** (Spannungsmesser) gemessen werden. Es handelt sich dabei um ein mit Wasser gefülltes, entlüftetes Rohr, das am unteren Ende mit einem porösen Tonkörper verbunden ist. Der Tonkörper wird in den Boden gesteckt (Stecktensiometer). Bei Trockenheit, d. h. bei hoher Wasserspannung des Bodens, wird das Wasser aus dem Tonkörper herausgesaugt, sodass im Rohr ein Unterdruck (Saugspannung) entsteht. Bei Feuchtigkeit, d. h. niedriger Wasserspannung im Boden, nimmt der Tonkörper durch seine Kapillaren Wasser auf, sodass der Unterdruck sinkt. Die Anzeige des Unterdrucks erfolgt in hPa. Mithilfe der Wasserspannungsmessung lässt sich der Bodenfeuchtegrad und damit der optimale Zeitpunkt für eine Bewässerung feststellen. Durch Ausrüstung mit einem Unterdruckwächter (elektromechanischer Membransprungschalter) kann die Bewässerung automatisiert werden. Beim Erreichen der eingestellten Wasserspannung wird durch den Membranschalter der Stromkreis für das Bewässerungssystem geschlossen. Bei der Verwendung eines elektronischen Drucksensors geschieht dies durch Übermittlung elektrischer Signale (Steuerbefehle). Elektromechanische und elektronische **Tensiostaten** (Feuchteregler) werden zur vollautomatischen Bewässerung im Freiland wie auch unter Glas eingesetzt.

Dränung

Der Grundwasserstand eines Bodens beeinflusst maßgeblich das Pflanzenwachstum. Je nach Bodenart sind unterschiedliche Grundwasserhöhen anzustreben: Sandboden etwa 1,0 m, Lehmboden etwa 1,5 m, Tonboden etwa 2,0 m. Bei zu hohem Grundwasserstand kann der Boden zur Verbesserung des Lufthaushaltes durch Dränung entwässert werden. Dies kann durch die Anlage von **Gräben** oder das Verlegen von **Dränrohren** erfolgen (s. Abb. 1, S. 134).

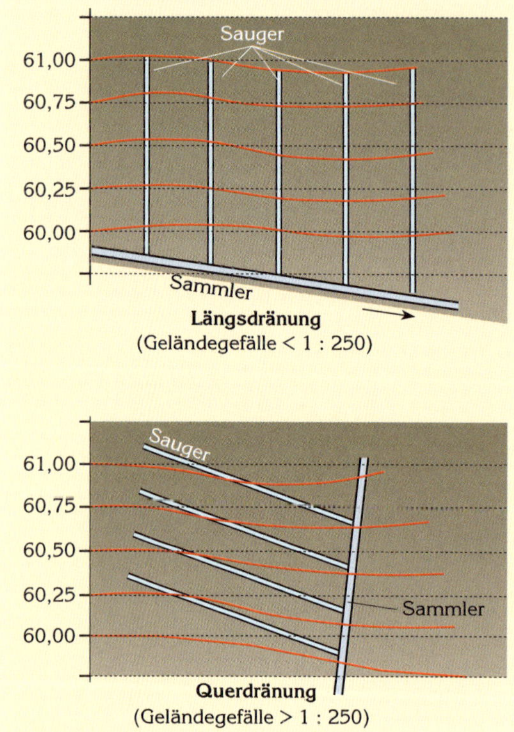

	Sauger	Sammler
Mindestnennweite	NW 50	NW 65
Gefälle: - mindestens - optimal - maximal	 0,3% 1 bis 3% 8%	 0,15% 4% 8%
Länge: - quer - längs	 ≤ 200 m ≤ 150 m	 ≤ 500 m ≤ 500 m
Abstände: - Tonböden - Sandböden	 4 bis 8 m bis 20 m	 – –
Tiefe	60 bis 80 cm	

Abb. 1 Dränung zur Entwässerung vernässter Böden

Dränrohre gibt es aus Kunststoff, Beton und Ton. Um das Eindringen feiner Bodenteilchen in die Rohre zu verhindern, werden sie mit einer Schicht Kies (8/16) oder Kiessand (0/32) umhüllt. Bei mit Kunststoff- oder Kokosfasern ummantelten Kunststoffrohren ist dies nicht notwendig. Bei der so genannten **Maulwurfsdränung** werden mit einem Maulwurfspflug im Abstand von 1,5 bis 3 m in 50 bis 90 cm Tiefe „Maulwurfsröhren" gezogen. Die etwa 5 Jahre haltenden Röhren sollten ein Mindestgefälle von 2% zum Vorfluter haben.

2.2.6 Bodenluft

Gase	O_2	CO_2	N_2
Atmosphäre	21%	0,03%	79%
Bodenluft	<21% <10% Wurzel-entwicklung gehemmt	>0,2%	um 79%

Tab. 1 Luftzusammensetzung (Vol.-%)

Das Porenvolumen eines Bodens ist mit Wasser und Luft gefüllt. Je mehr Wasser das Porenvolumen enthält, desto geringer ist der Luftgehalt und umgekehrt. Eine ausreichende Sauerstoffversorgung ist für das Bodenleben und die Wurzeln der Pflanzen Voraussetzung für eine optimale Entwicklung. Da wegen der Atmung der Bodenlebewesen und der Pflanzenwurzeln die Bodenluft einen geringeren Sauerstoff- und einen höheren Kolendioxidgehalt als die Atmosphäre hat, findet infolge von Diffusion (s. S. 52) ein Gasaustausch zwischen Bodenluft und Atmosphäre statt. Diesen Gasaustausch, bei dem CO_2 aus dem Boden heraus- und O_2 in den Boden hineindiffundiert, bezeichnet man als **Bodenatmung**. Die Bodenatmung ist von der Luftdurchlässigkeit des Bodens abhängig und wird vor allem durch den Anteil an Grobporen bedingt. Deswegen haben Sandböden einen guten, Tonböden einen schlechten Lufthaushalt. Den Luftgehalt eines Bodens bei Feldkapazität (voller Wassersättigung) bezeichnet man als die **Luftkapazität des Bodens**. Ein günstiges Verhältnis zwischen Luft- und Feldkapazität ist gegeben, wenn das Bodenvolumen aus 20% Grobporen (Luftkapazität) und 30% Mittel- und Feinporen (Wasserkapazität) besteht.

2.3 Bodengare

Unter Bodengare versteht man den für den Anbau von Pflanzen günstigsten Bodenzustand. Die Bedeutung eines optimalen Bodengefüges (s. 2.2.4) für die Bodengare wird dadurch deutlich, dass der Begriff der **Krümelbildung** praktisch mit dem der Bodengare gleichgesetzt wird. Maßnahmen zur Förderung der Bodengare zielen somit auf die Schaffung bzw. den Erhalt einer Krümelstruktur ab. Obwohl die Struktur eines Bodens in erster

Linie durch die Bodenbildung und damit durch die Bodenart bestimmt wird, können die Eigenschaften eines Bodens durch gezielte Maßnahmen verändert werden. So kann aus fast jedem Boden, wenn auch mit unterschiedlichem Aufwand, ein fruchtbarer Kulturboden werden, indem z. B. bei schweren Böden die Durchlüftung und Wasserdurchlässigkeit, bei leichten Böden die Wasser- und Nährstoffhaltekraft verbessert werden. Bodenlockerung und -bedeckung sowie die Zuführung organischer Substanz sind wichtige Maßnahmen zur Erzielung eines optimalen Gefüges.

2.3.1 Bodenlockerung

Durch die **Belastung des Bodens** beim Begehen und Befahren mit Geräten und Maschinen, aber auch durch das Eigengewicht des Bodens, kommt es zu einer Verfestigung der oberen Bodenschichten und damit zu einer Verringerung des Porenvolumens. Bei unbedeckten Böden führen **Witterungseinflüsse**, wie starke Niederschläge (z. B. Gewitterregen), direkte Sonneneinstrahlung und Wind, im Laufe der Zeit zur Zerstörung der oberflächigen Bodenkrümel und so zur Verschlämmung, Verdichtung und Verkrustung der Bodenoberfläche. Die Folgen sind eingeschränkte Durchlüftung des Bodens und eine erschwerte Wasseraufnahme. Die gestörte Durchlüftung führt zur Reduzierung des Sauerstoff- und Erhöhung des Kohlendioxidgehaltes in der Bodenluft, sodass Bodenleben und Wurzelwachstum gehemmt werden. Das verstärkt oberflächig abfließende Regenwasser reißt zudem Bodenteilchen mit sich, sodass es zu einem Bodenabtrag (Bodenerosion) kommt (s. Abb. 1).

Eine Bodenlockerung fördert die Durchlüftung und Erwärmung des Bodens, die Wasseraufnahme sowie den Gasaustausch. Die Unterbrechung der Bodenkapillaren reduziert die Wasserverdunstung und verbessert die Wasserverfügbarkeit für die Pflanze. Zusammen mit der Bodenlockerung erfolgt gleichzeitig eine sehr wirkungsvolle und umweltfreundliche Bekämpfung lästiger Wildkräuter. Sind in tieferen Bodenschichten Verdichtungen vorhanden, muss eine **Tiefenlockerung** erfolgen.

Auch der **Zeitpunkt der Bodenlockerung** hat einen Einfluss auf die Bodengare. Im Herbst in groben Schollen umgegrabenes (s. S. 343) bzw. gepflügtes Land (s. S. 346 f.) schafft gute Angriffsmöglichkeiten für den Frost. Der durch die Einwirkung des Frostes erreichbare Krümelzustand des Bodens wird auch als **Frostgare** bezeichnet. Diese ist vor allem für schwere Böden notwendig, um einen guten Strukturzustand bis zum Frühjahr zu erreichen. Ferner wird durch das grobschollige Umgraben bzw. Pflügen im Herbst die Winterfeuchtigkeit besser gespeichert, was für das Pflanzenwachstum im Frühjahr von Bedeutung ist. Wird im Frühjahr umgegraben bzw. gepflügt, sollten zur Schonung der Winterfeuchtigkeit die Schollen beim Umgraben zerschlagen bzw. die Pflugbalken durch nachlaufende Geräte zerkleinert werden.

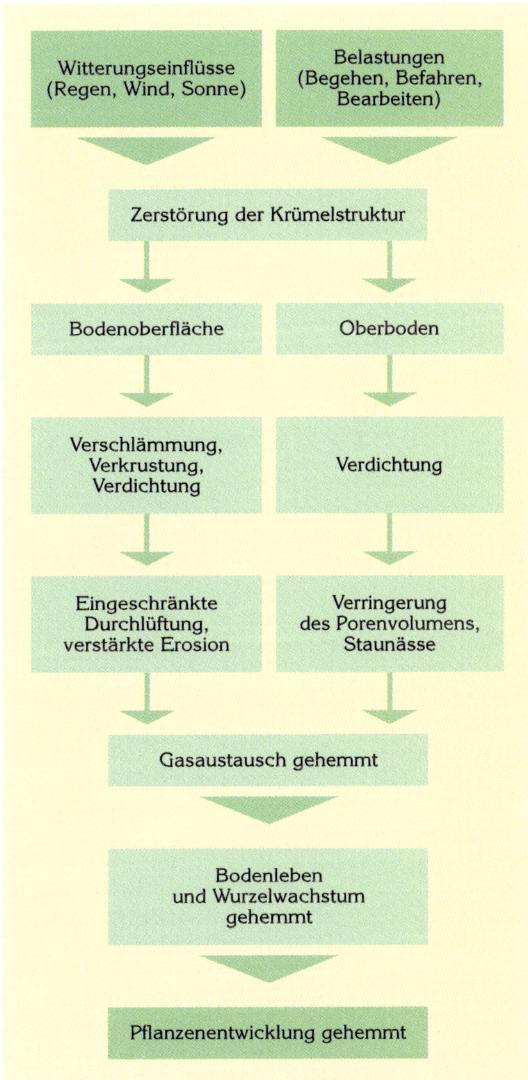

Abb. 1 Hemmung der Pflanzenentwicklung durch Zerstörung der Krümelstruktur

Böden, die nach der Bodenlockerung nicht genügend Zeit hatten, sich wieder zu setzen, weisen bei der Aussaat bzw. Pflanzung noch unterbrochene Kapillaren auf. Die Unterbrechung der Wasser führenden Kapillaren führt zu einer Störung der gleichmäßigen Wasserversorgung der oberen Bodenschicht und damit zu einem unregelmäßigen Auflaufen der Saat bzw. gehemmten Anwachsen der Pflanzen. Soll nach einer Bodenlockerung relativ schnell gesät oder gepflanzt werden, muss der Boden in einem bestimmten Maß wieder verfestigt werden, um einen **Bodenschluss**, d. h. die Bodenkapillarität, wieder zu erreichen. Mithilfe von Walzen oder Krumenpackern kann die kapillare Wasserversorgung der oberen Bodenschichten wieder hergestellt werden. Die danach bis an die Bodenoberfläche reichenden Kapillaren (erhöhte Wasserverdunstung durch den Boden!) können durch eine nachlaufende Egge, durch Harken oder Hacken wieder unterbrochen werden. Durch den Einsatz von Walzen, vor allem Rauwalzen (z. B. Cambridge-Walze), können auch verkrustete Bodenoberflächen aufgebrochen werden (s. Kapitel Technik). Die durch optimale Bodenbearbeitung erreichbare Krümelstruktur wird mit dem Begriff der **Bearbeitungsgare** umschrieben.

2.3.2 Bodenbedeckung/-bewuchs

Eine Bedeckung des Bodens (Mulchen) verhindert eine Zerstörung der oberflächigen Krümelstruktur durch Witterungseinflüsse. Feuchtigkeits- und Wärmeschwankungen in der oberen Bodenschicht werden abgeschwächt. Die Verdunstung des Bodens wird reduziert, sodass der Pflanze mehr Wasser zur Verfügung steht und weniger Wasser zugeführt werden muss. Das Bodenleben wird gefördert und damit auch die Lockerung und Durchmischung des Bodens mit organischer Substanz. Daneben führt organisches Mulchmaterial dem Boden Nährstoffe zu und unterdrückt das Wachstum von Wildkräutern. **Gründüngungspflanzen** wirken bereits als Pflanzenbestand durch Beschattung und Durchwurzelung des Bodens positiv auf die Bodenfruchtbarkeit (s. S. 196). Die durch Beschattung erreichbare Krümelstruktur des Bodens wird auch als **Schattengare** bezeichnet.

2.3.3 Zuführung organischer Substanz

Ein hoher Humusgehalt ist eine Voraussetzung für die Fruchtbarkeit eines Bodens. Im Gegensatz zu den mechanisch gebildeten Krümeln bei der Frost- und Bearbeitungsgare, die nicht sehr dauerhaft sind, wird die Krümelstruktur des Bodens durch die Lebendverbauung der Bodenlebewesen stabilisiert. Die mit der Bodenbearbeitung erfolgende Durchlüftung des Bodens führt über die Förderung des Bodenlebens zu einem beschleunigten Abbau der organischen Substanz und damit des Humusgehaltes eines Bodens. Um einer Strukturverschlechterung entgegenzuwirken, muss durch Zufuhr von organischer Substanz (s. Kapitel Pflanzenernährung) ein Gleichgewicht zwischen Abbau und Zufuhr erreicht werden. Die Mengen, die dazu erforderlich sind, hängen vom Klima, der Bodenart und der pflanzenbaulichen Nutzung ab. Im Gemüsebau mit seiner intensiven Bewirtschaftung des Bodens sollte z. B. mindestens 1 kg organische Substanz/m^2 und Jahr ausgebracht werden. Durch die zersetzende Tätigkeit der Mikroorganismen kommt es nicht nur zu einer Strukturverbesserung des Bodens, sondern auch über die Freisetzung von Nährstoffen und eine Kohlendioxidanreicherung (s. S. 189) in den bodennahen Luftschichten zu einer Förderung des Pflanzenwachstums. Daneben ermöglicht eine reichliche Zufuhr organischer Substanz eine allmähliche Vertiefung des fruchtbaren Oberbodens. Eine Einarbeitung der organischen Substanz in tiefere Bodenschichten sollte vermieden werden, da es dort aufgrund des geringen Sauerstoffgehaltes nicht zur Verwesung, sondern zur Fäulnis kommt. Dabei entstehen giftige Stoffe (z. B. Methan), die Bodenleben und Pflanzenwurzeln schädigen.

2.4 Bodenschutz

Die Entwicklung der Böden vollzog sich über Tausende von Jahren. Im Laufe dieser Zeit entstand ein kompliziertes Ökosystem, das die natürliche Lebensgrundlage aller Lebensformen auf der Erde bildet. So dient es

- als Standort und Lebensraum für Mensch, Tier und Pflanze,
- als Ort zahlreicher Abbau- und Umwandlungsprozesse,
- als Anbaufläche für Nahrungsmittel und nachwachsende Rohstoffe,
- zur Aufrechterhaltung des Nährstoff- und Wasserkreislaufes,
- als Grundwasserspeicher und Rohstofflieferant,
- als Filter für Schadstoffe, indem sie festgelegt oder abgebaut werden.

Abb. 1 Bodenschutz tut Not

Entsprechend seinen vielfältigen Funktionen unterliegt der Boden zahlreichen Einflüssen, die innerhalb kürzester Zeit zu seiner Zerstörung und zur Störung des gesamten Naturhaushaltes führen können. Da Boden nicht beliebig vermehrbar ist, kommt seinem Schutz zur Aufrechterhaltung der Lebensgrundlage für nachfolgende Generationen eine besondere Bedeutung zu.

2.4.1 Überbauung und Versiegelung

Die Überbauung und Versiegelung von Boden durch Wohnsiedlungen, Industriebauten und Verkehrswege führt in der Regel zu einer großflächigen Bodenzerstörung. Das Ausmaß dieser Zerstörung wird deutlich, wenn man bedenkt, dass alleine im Zeitraum 1981 bis 1985 die Siedlungsfläche in der Bundesrepublik Deutschland um durchschnittlich 120 ha pro Tag zunahm. Dabei ist zu berücksichtigen, dass die durch Baumaßnahmen erfolgende Zerschneidung der freien Landschaft die Entwicklung von Flora und Fauna negativ beeinflusst. So stellen vor allem asphaltierte Wege ein unüberwindliches Hindernis für viele kleine am und im Boden lebende Tiere dar.

Das dichte Verkehrswegenetz unserer Kulturlandschaft führt zur Isolation der einzelnen Populationen und damit zur Reduzierung des Austausches genetischer Informationen. Die Folgen sind eine Reduzierung der genetischen Vielfalt und ein Rückgang der einzelnen Arten. Weitere negative Auswirkungen von Überbauungsmaßnahmen sind der Verlust an landwirtschaftlich nutzbaren Flächen. Die Versiegelung der Flächen verhindert das Eindringen des Niederschlagswassers in den Boden. Dies führt zu einem beschleunigten Oberflächenabfluss und so zur verstärkten Bodenerosion und Eutrophierung der Gewässer (s. S. 179) sowie der Gefahr der Hochwasserbildung und einer reduzierten Grundwasserneubildung. Eine flächensparende Siedlungs- und Verkehrspolitik sind die wichtigsten Maßnahmen zur Einschränkung großflächiger Bodenvernichtungen.

2.4.2 Bodenverdichtung

Ursachen

Die intensive Nutzung der Böden bewirkt eine starke Belastung der Bodenstruktur. Vor allem der Einsatz schwerer Maschinen bei der Bodenbearbeitung kann zu einer Verdichtung der Böden führen. Schwer zu beheben sind Verdichtungen in tieferen Bodenschichten, da Bodenleben hier nicht existiert. Zudem beschränkt sich die Bodenlockerung auf die oberen 20 bis 30 cm. Tief liegende Verdichtungen, die vor allem beim Pflügen verursacht werden, wenn mit den Schlepperrädern auf der Sohle der Ackerfurchen gefahren wird, werden nicht behoben. Auch kommt es im Laufe der Zeit zu einer Verdichtung der unter der regelmäßig gelockerten Bodenschicht befindlichen Schicht. Diese so genannte Pflugsohlenverdichtung entsteht durch langjährige Bodenbearbeitung auf immer gleich bleibender Tiefe. Sie behindert den Abfluss des Sickerwassers und das Vordringen der Wurzeln in tiefere Schichten. Die Folgen sind Staunässebildung und Sauerstoffmangel. Vor allem das Bearbeiten zu feuchter Böden führt über den Druck und den Schlupf der Räder zu Gefügeschäden.

Gegenmaßnahmen

Bei durch intensive Nutzung stark belasteten Böden ist eine gute Bodenstruktur auf Dauer nur dann zu erhalten, wenn regelmäßig mechanische Bearbeitungsmaßnahmen zur Bodenlockerung durchgeführt werden. Dabei kommt der richtigen Auswahl der Bearbeitungsgeräte, der Bearbeitungsverfahren und dem Zeitpunkt der Bearbeitung im Hinblick auf Bodenart und -zustand eine große Bedeutung zu. Um Bodenverdichtungen zu vermeiden, sollte der Boden so wenig wie möglich mit schweren Maschinen oder Anhängelasten befahren werden. Gerätekombinationen, bei denen mehrere sich ergänzende Bodenbearbeitungsgeräte hintereinander gehängt in einem Arbeitsgang den Boden in den gewünschten Zustand überführen, stellen eine Möglichkeit zur geringeren Belastung durch Befahren dar. Gleiches gilt für Pflege- und Erntearbeit. Auch die Gewichtsverteilung auf vier gleich große Räder, die Verwendung überbreiter Reifen, Doppelreifen oder das Anbringen von Gitterrädern an die Räder der Zugmaschinen sowie die Reduzierung des Luftdrucks sind wirksame

Maßnahmen zur Verminderung des Bodendrucks und damit der Strukturbelastung des Bodens. Zur Vermeidung von Pflugsohlen sollten wechselnde Pflug- bzw. Bearbeitungstiefen gewählt werden. Um eine nachhaltige Bodenverbesserung zu gewährleisten, ist eine Belastung des gelockerten Bodens gering zu halten und organische Substanz (Stallmist, Kompost, Gründüngung) zur Stabilisierung des Bodengefüges (Lebendverbauung!) einzuarbeiten. Die Einteilung der Fläche in Beete mit immer gleichen befahrenen Wegen stellt ebenfalls eine Maßnahme zur bodenschonenden Bearbeitung dar. Eine weniger intensive Bodenbearbeitung und eine oberflächennahe Einarbeitung organischer Substanz schützen und fördern zudem vor allem die nützlichen Regenwürmer (s. Bodenfauna).

2.4.3 Bodenerosion

Ursachen

Unter Bodenerosion versteht man den Bodenabtrag durch Wind und Wasser. Hauptursachen für die Erosion sind in der Ausrottung der natürlichen Vegetation und falschen Kulturmaßnahmen zu sehen. Die Beseitigung von Hecken und Feldgehölzen („Ausräumung der Landschaft") sowie der verstärkte Anbau von Reihenkulturen führen vor allem auf leichten Böden verstärkt zur **Winderosion**. In Hanglagen kommt es vorwiegend zur **Wassererosion** durch oberflächig abfließendes Wasser. Die Bodenerosion führt zum Verlust fruchtbaren Oberbodens und damit zur Verflachung der Krumentiefe. Entsprechend reduziert ist die Nährstoff- und Wasserhaltekraft des Bodens. Unter erosionsfördernden Bedingungen kann der Bodenabtrag bis über 100 Tonnen/ha betragen, sodass es nur eine Frage der Zeit ist, bis die fruchtbare Bodenkrume verschwunden ist.

Gegenmaßnahmen

Gut geeignet zum Schutz gegen Winderosion sind Heckenpflanzungen mit einem maximalen Abstand von 200 bis 300 m, die, neben dem Erosionsschutz, vor allem auch dem Biotop- und Artenschutz dienen (s. S. 105). Auch andere Pflanzenarten, z. B. Sonnenblumen oder Getreide im Abstand von 20 bis 40 m quer zur Hauptwindrichtung angelegt, können den Boden vor Winderosion schützen. Den besten Schutz bietet eine geschlossene ganzjährige Vegetationsdecke. Entsprechend sollten Brachzeiten so kurz wie möglich gehalten werden. Daneben stabilisiert die Zuführung organischer Substanz über die verbesserte Wasserhaltekraft die Bodenoberfläche gegen Verwehungen. Bei Hanglagen sollte quer zum Gefälle gepflügt werden, sodass oberflächig abfließendes Wasser gehemmt wird. Dem Schutz vor Wassererosion dient auch das Anlegen von Hangterrassen bei sehr starker Hanglage.

2.4.4 Eintrag von Schadstoffen

Schadstoffemissionen von Industrie, Kraftwerken, Haushalten, Gewerbe und Verkehr führen in zunehmendem Maße zur Vergiftung und Zerstörung des Ökosystems Boden. Auch der flächendeckende Einsatz von **Agrochemikalien** (in Landwirtschaft und Gartenbau verwendete Chemikalien), wie Düngemittel (z. B. cadmiumhaltige Phosphatdünger) und Pestizide, trägt im erheblichen Umfang zur Bodenbelastung bei.

Schwermetalle

Schwermetalle, wie Cadmium (Cd), Quecksilber (Hg), Blei (Pb), Thallium (Tl), Zink (Zn), Kupfer (Cu), Mangan (Mn) und Nickel (Ni), wirken in erhöhter Konzentration giftig (toxisch) auf Pflanze, Tier und Mensch. Im Boden zerstören sie das Gefüge und vermindern die Pufferkapazität. Das führt zu einer verstärkten Auswaschung und damit Verarmung des Bodens an wichtigen Pflanzennährstoffen sowie zur Vergiftung von Bodenflora und -fauna. Einmal im Boden angereichert, können Schwermetalle nicht mehr entfernt werden.

Organische Schadstoffe

Von den schwer abbaubaren (persistenten) organischen Schadstoffen kommt vor allem den **chlorierten Kohlenwasserstoffen** (CKW, Stichwort „DDT"), den **polychlorierten Biphenylen** (PCB, Stichwort „Kühlmittel") und den **Dioxinen** (PCDD, Stichwort „Sevesogift") eine große Bedeutung bei der Vergiftung der Böden zu. Auf Pflanze, Tier und Mensch wirken sie Krebs auslösend (karzinogen) und erbverändernd (mutagen). Sie sind schwer abbaubar, sodass es im Laufe der Zeit zu einer Anreicherung in Boden, Wasser, Pflanze und über die Nahrungskette (s. S. 100) in Mensch und Tier kommen kann. Die Schadstoffbelastung des Bodens kann so hoch sein, dass eine landwirtschaftliche oder gartenbauliche Nutzung und sogar ein Bewohnen (Stichwort „Altlasten/Mülldeponien") wegen gesundheitlicher Risiken nicht mehr möglich sind.

Radioaktive Stoffe

Eine zunehmende Bedeutung kommt der Belastung des Bodens mit radioaktiven Stoffen zu. Die von diesen Stoffen ausgehende radioaktive Strahlung kann man nicht sehen, fühlen, riechen oder schmecken, und trotzdem kann sie Lebewesen schwer schädigen oder sogar töten. Gelangen radioaktive Stoffe in den menschlichen Körper, können sie diesen über Jahre hinweg mit radioaktiver Strahlung belasten.

Obwohl das Ausmaß der Schädigung von der Strahlungsintensität abhängt, kann aufgrund individueller Unterschiede keine generell gültige Dosis genannt werden, unterhalb der radioaktive Strahlung unschädlich ist. Theoretisch kann somit jede noch so geringe Strahlendosis zu Schäden führen. Diese Schäden können Jahre oder Jahrzehnte nach der Bestrahlung auftreten. Neben dem Fallout (radioaktiver Niederschlag) früherer oberirdischer Kernwaffentests (bis 1964) und Störfällen in kerntechnischen Anlagen hat vor allem der Reaktorunfall in Tschernobyl (am 26. April 1986) den Boden in der Bundesrepublik Deutschland radioaktiv belastet. Nach dem Super-GAU im sowjetischen Kernkraftwerk wurde ein Teil der austretenden Radioaktivität über weite Teile Europas verteilt. Durch Niederschläge gelangten radioaktive Stoffe, vor allem Jod 131 und Cäsium 137, auf und in den Boden, wo sie sich anreicherten. Besonders Cäsium 137 ist aufgrund seiner Halbwertzeit von 29,7 Jahren recht langlebig. Unter der **Halbwertzeit** versteht man den Zeitraum, in dem die radioaktiven Atome auf die Hälfte des Anfangswertes zerfallen (s. Abb. 1). Obwohl Cäsium relativ fest an den Bodenteilchen gebunden wird, ist in den kommenden Jahren mit einer Aufnahme durch die Pflanzen aus dem Boden und damit einer Aufnahme über die Nahrungskette zu rechnen (s. Abb. 2). Vor allem in den stärker betroffenen Gebieten Süddeutschlands hat sich Cäsium mittlerweile in stehenden Gewässern angereichert. Die große Hilflosigkeit gegenüber radioaktiven Strahlen wurde unter anderem durch die nach der Reaktorkatastrophe von Tschernobyl empfohlenen Maßnahmen zum Schutze der Bevölkerung deutlich

Empfohlene Maßnahmen zum Schutz vor Radioaktivität!

- Kleine Kinder nicht im Sand spielen lassen.
- Die oberste Bodenschicht (1 cm) abtragen und abfahren/isoliert lagern.
- Freilandgemüse und Wildfrüchte nicht verzehren.
- Gartenabfälle nicht kompostieren und zum Mulchen benutzen.
- Rasen mähen und Mähgut vernichten.
- Regentonnen entleeren und säubern.
- Aufgefangenes Regenwasser nicht zum Gießen verwenden.
- Bei Erdarbeiten Gummistiefel und Handschuhe tragen.
- Bei Schutzkleidungen Atemschutz auswechseln.

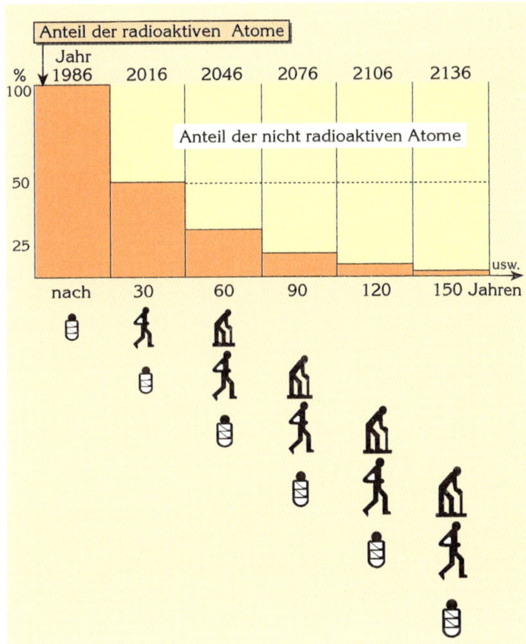

Abb. 1 Halbwertzeit am Beispiel von Cäsium 137

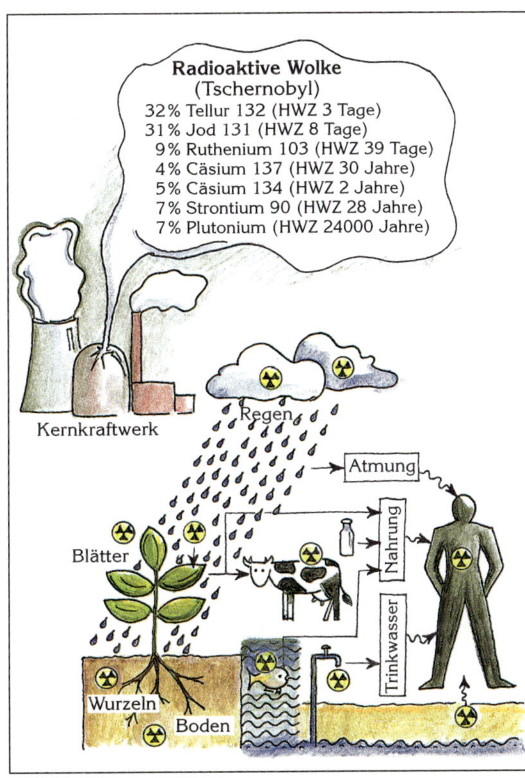

Abb. 2 Strahlenbelastung

2.4.5 Bodenversauerung

Bei der Verbrennung fossiler Brennstoffe (z. B. Kohle, Erdöl, Benzin) werden große Mengen Schwefeldioxid (SO_2) und Stickoxide (NO_x) emittiert. In der Atmosphäre reagieren sie zu Schwefel- und Salpetersäure und führen zu dem so genannten sauren Regen. Die Folgen einer zunehmenden Bodenversauerung sind eine verstärkte Freisetzung im Boden gebundener Schwermetalle und giftig wirkender Aluminiumionen, eine Verschlechterung der Bodenstruktur und Pufferkapazität sowie eine verstärkte Nährstoffauswaschung und Abtötung des Bodenlebens (s. S. 103 ff.).

Durch Kalken des Bodens kann einer zunehmenden Bodenversauerung entgegengewirkt werden. Bei leichten Böden (Sandböden) wird ein pH-Wert von 5,5 bis 6,0, bei schweren Böden (Lehm- und Tonböden) von 6,5 bis 7,5 angestrebt. Entsprechend dem festgestellten pH-Wert erfolgt dann die Kalkung (s. S. 165). Das Bestimmen des pH-Wer-tes bedarf zunächst einer repräsentativen Bodenprobe.

Entnahme einer Bodenprobe

Für eine **repräsentative Bodenprobe** werden je ha an etwa 20 Stellen, gleichmäßig über die gesamte Fläche verteilt, Bodenproben entnommen. Randflächen, Wege, Maulwurfshaufen und andere für die Fläche untypische Stellen werden ausgelassen. Bei kleineren Flächen sollte an mindestens fünf Stellen eine Probe entnommen werden.

Die Entnahme kann mithilfe eines Bohrstockes oder eines Spatens erfolgen. Bei der Entnahme mit einem Spaten werden dünne (3 bis 5 cm dick), gleichmäßige Scheiben aus dem Boden herausgestochen. Bei Erdhaufen (z. B. Komposthaufen) ist ebenso zu verfahren. Selbst gemischte Substrate sollten vor der Probennahme mindestens 14 Tage lagern. Pro m^2 werden fünf Einzelproben entnommen. Die Einstichtiefe bei der Entnahme beträgt in der Regel 20 bis 25 cm. Sie sollte der bearbeiteten Bodenschicht entsprechen. Bei Rasen ist eine Einstichtiefe von 10 cm ausreichend.

Bei Topfkulturen werden aus dem Pflanzenbestand 10 durchschnittliche Pflanzen ausgesucht, aus deren Topfballen jeweils ein schmaler Keil Erde von oben bis unten („Tortenstück") herausgeschnitten wird. Die entnommenen Einzelproben werden in einem sauberen Eimer gründlich zu einer Mischprobe vermischt. Von dieser Mischprobe werden 200 bis 500 g zur Analyse entnommen. Wenn man bedenkt, dass dies bei einer 20 cm tiefen Bodenschicht gerade der fünfzehn- (bei 200 g) bis sechsmillionste Teil (bei 500 g) ist, wird deutlich, wie wichtig eine sorgfältig durchgeführte Probennahme zur Gewinnung einer repräsentativen Bodenprobe ist (s. Abb. 1, S. 141).

Bestimmung des pH-Wertes

Nach einem Tag wird die lufttrockene Mischprobe durch ein Sieb mit 2 mm Maschenweite gesiebt bzw. gerieben (Feinboden) und abermals gut gemischt. Zur Bestimmung des pH-Wertes wird der Boden mit destilliertem Wasser oder einer Salzlösung im Verhältnis 1:2,5 (bei Torfsubstraten 1:10) versetzt. Bei der Verwendung einer Salzlösung als Extraktionslösung erhält man genauere Werte.

In der Bundesrepublik Deutschland wird in den Labors der Bodenuntersuchungsanstalten zur Bestimmung des pH-Wertes der Boden mit einer 0,01 molaren Calciumchloridlösung versetzt. Man kann eine solche Salzlösung auch selbst herstellen, indem man 1,46 g Calciumchlorid – 2 Hydrat ($CaCl_2 \times 2\ H_2O$) in einem Liter destillierten Wasser auflöst. Ein Mol ist das Molekulargewicht in Gramm: 0,01 *m* $CaCl_2 \times 2\ H_2O \rightarrow 40\ (Ca) + 70\ (2 \times Cl) + 36\ (2 \times H_2O) = 146$, davon 1/100 (0,01 *m*) = 1,46 g Calciumchlorid. Wird stattdessen destilliertes Wasser verwendet, bekommt man im Durchschnitt um 0,6 pH höhere Werte. Entsprechend dem Verhältnis 1:2,5 werden 100 g lufttrockener Boden mit 250 ml Lösungsmittel oder mindestens 20 g lufttrockener Boden (bzw. 20 ml Substrat) mit 50 ml Extraktionslösung verrührt. Nach 2 bis 4 Stunden, frühestens nach 30 Minuten, wird der pH-Wert gemessen. Die Messung des pH-Wertes kann mit unterschiedlichen Hilfsmitteln, z. B. pH-Meter, Indikatorstäbchen/-papier, Hellige pH-Meter und Calcitest, erfolgen (s. Abb. 1, S. 141).

pH-Meter

In den Labors der Bodenuntersuchungsanstalten wird der pH-Wert mit einer elektrischen Wasserstoffelektrode (pH-Meter) gemessen. Beim Eintauchen der Elektrode in die Bodensuspension entsteht eine Spannung. Sie gibt den pH-Wert an, der sich am Gerät ablesen lässt. Die elektrische pH-Messung mit dem pH-Meter liefert die genauesten Messergebnisse. Auch die häufig in Gartenbaubetrieben verwendeten tragbaren pH-Meter liefern gute Ergebnisse (s. Abb. 1, S. 141).

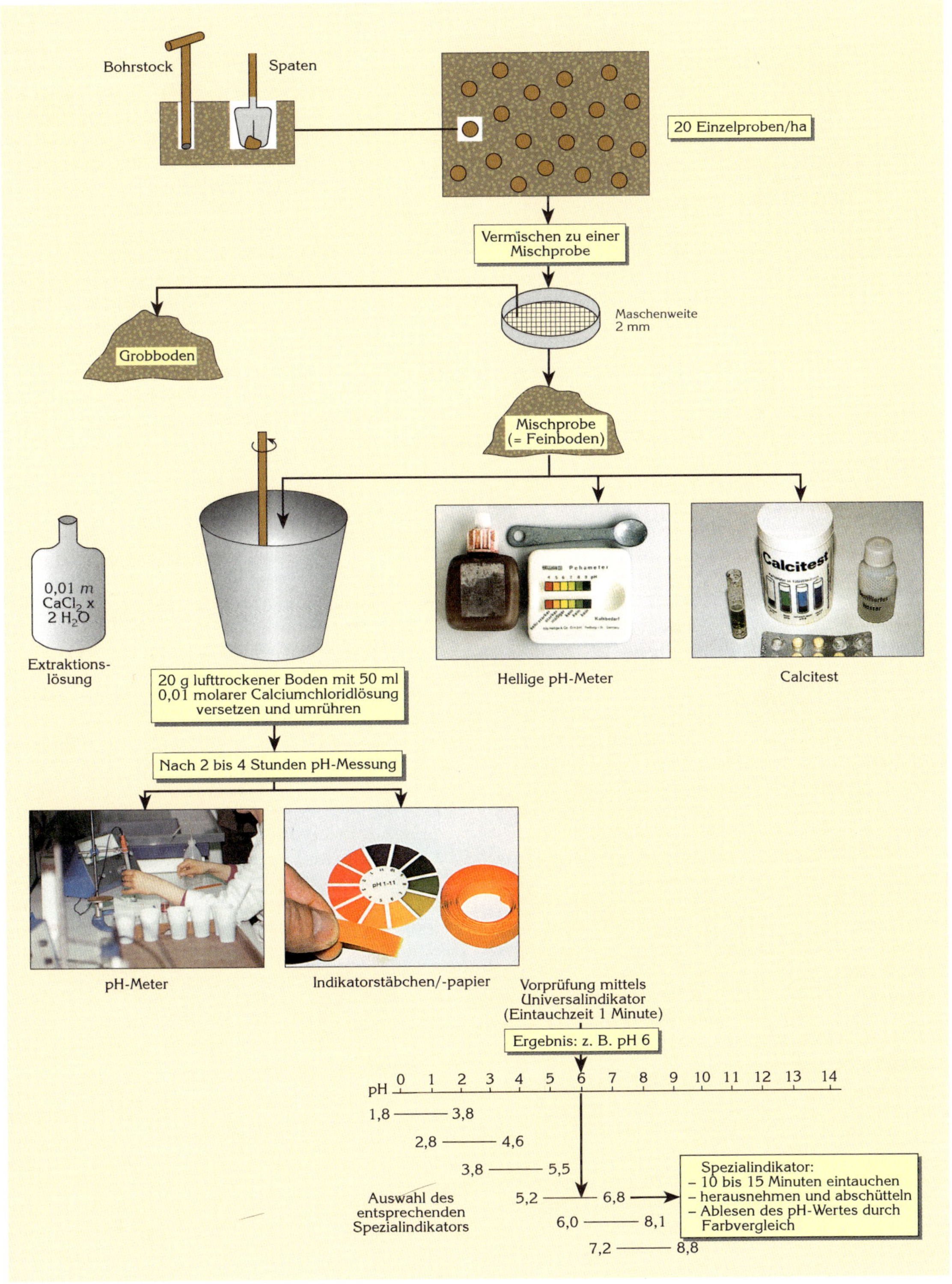

Abb. 1 Bodenprobeentnahme und pH-Wert-Bestimmung

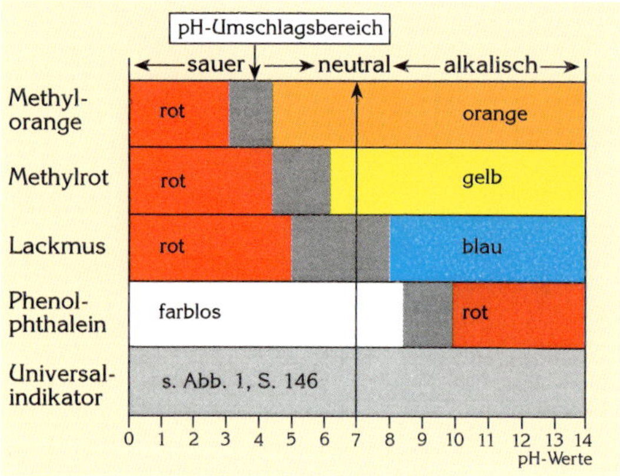

Abb. 1 Farbänderungen und Umschlagsbereiche verschiedener Indikatoren

Indikatorstäbchen/-papier

Mit nicht blutenden Indikatorstäbchen oder Indikatorpapier kann man den pH-Wert hinreichend genau (Abweichungen zur Labormessung ± 0,5 pH) und einfach messen. Es handelt sich dabei um Stäbchen oder Papierstreifen, die mit Indikatoren präpariert sind. **Indikatoren** sind Farbstoffe, die ihre Farbe mit dem pH-Wert ändern.

Bekannt ist das **Lackmuspapier**, das sich in sauren Lösungen rot (bei pH 5) und in alkalischen blau (bei pH 8) verfärbt. Entsprechend ist mit Lackmuspapier nur eine sehr grobe pH-Bestimmung möglich. Neben Lackmus gibt es noch eine ganze Reihe weiterer Indikatoren, z. B. Thymoblau, Methylorange, Methylrot, Phenolphthalein, die verschiedene Farbumschlagsbereiche aufweisen (s. Abb. 1). Durch die Mischung verschiedener geeigneter Indikatoren **(Mischindikatoren)** können die Farbumschläge so gestaltet werden, dass die pH-Werte auf eine Kommastelle genau abgelesen werden können. Die Messung erfolgt nun so, dass man zuerst zur groben Orientierung mit einem **Universalindikator** (Messbereich von pH 1 bis 11 vollkommen ausreichend) den pH-Wert misst. Die Eintauchzeit des Universalindikatorstäbchens sollte 1 Minute betragen. Nach dem festgestellten pH-Wert erfolgt die Auswahl des passenden **Spezialindikators**, der ein Ablesen des pH-Wertes auf eine Kommastelle genau ermöglicht. Das Spezialindikatorstäbchen wird für 10 bis 15 Minuten in die Messlösung gehalten. Nach dem Herausnehmen wird es abgeschüttelt und der pH-Wert durch Farbvergleich abgelesen (s. Abb. 1, S. 141).

Hellige pH-Meter

Das Hellige pH-Meter ermöglicht eine einfache und schnelle pH-Messung und ist zur groben Orientierung gut geeignet (s. Abb. 1, S. 141). Die pH-Messung erfolgt dabei mit einem **Flüssigindikator**. Mit einem Löffelchen wird Boden aus der Mischprobe entnommen und in eine kleine Vertiefung der mit einer Farbskala und Messrinne versehenen Kunststoffschale gefüllt. Anschließend wird die Probe mit Indikatorlösung beträufelt, bis sie völlig durchfeuchtet ist und etwas von der Lösung übersteht. Mit dem Löffelchen wird anschließend kurz umgerührt und 2 bis 3 Minuten gewartet. Danach wird das Hellige pH-Meter etwas schräg gehalten, sodass die überstehende verfärbte Lösung in die Messrinne abfließen kann. Mithilfe der neben der Messrinne angebrachten Farbskala kann durch Farbvergleich der pH-Wert ermittelt werden.

Calcitest

Gut geeignet zur pH-Messung ist auch der Calcitest (s. Abb. 1, S. 141). Bei ihm wird das Untersuchungsgläschen 1 cm hoch mit der Mischprobe gefüllt. Anschließend fügt man 2,5 cm hoch destilliertes Wasser hinzu. Nach der Zugabe einer Calcitest-Tablette wird das Gläschen mit dem Finger verschlossen und bis zur Auflösung der Tablette kräftig geschüttelt. Danach wartet man 2 bis 3 Minuten, bis die Lösung klar wird, und liest nach Vergleich von Farbton und beigefügter Farbskala den pH-Wert ab.

Einstichelektrode

Bei den so genannten Soil-Testern, Bodensonden oder -kegeln handelt es sich um pH-Messgeräte mit Einstichelektroden, die in den gewachsenen Boden gesteckt werden. Da die Messergebnisse nicht immer befriedigend sind (Abweichungen von 1 bis 2 pH), können diese Geräte nicht empfohlen werden.

2.5 Bodentypen

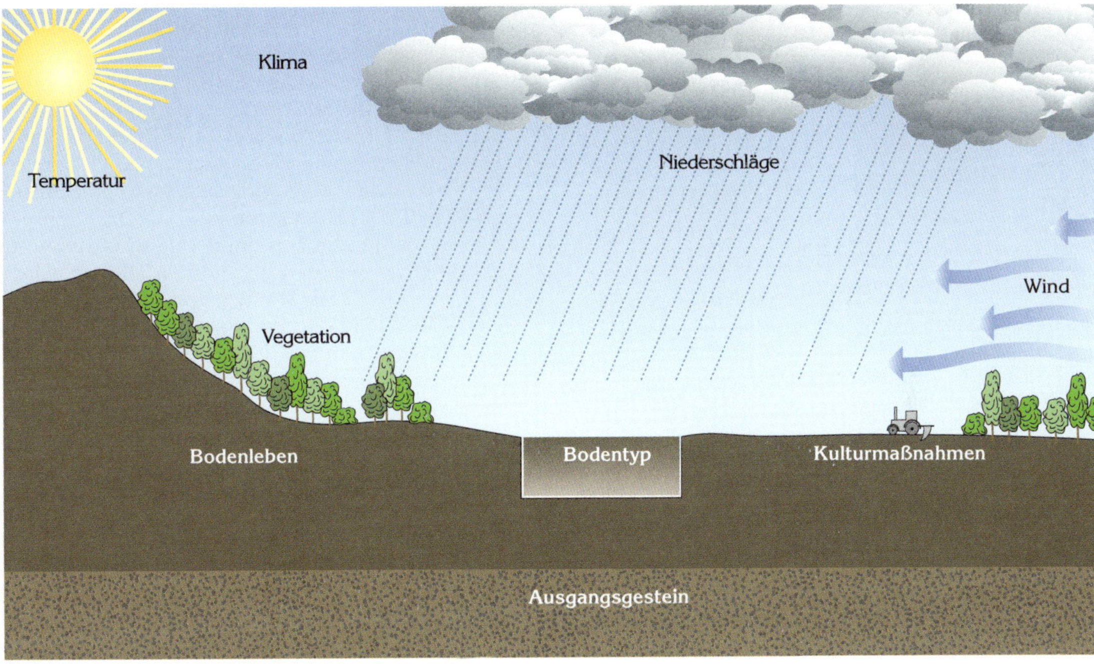

Abb. 1 Einflüsse auf die Bildung des Bodentyps

Die Böden Mitteleuropas sind vor 10 000 bis 14 000 Jahren unter dem Einfluss des Klimas, des Ausgangsgesteins und der Lebewesen entstanden. Von Beginn seiner Kulturnahme prägte auch der Mensch die Bodenentwicklung entscheidend mit. Aus den Naturböden wurden Kulturböden (s. Abb. 1).

Hebt man eine Bodengrube aus, erkennt man parallel zur Bodenoberfläche verlaufende, mehr oder weniger einheitliche Zonen, die **Bodenhorizonte**. Dabei kann man vor allem drei Haupthorizonte unterscheiden: Ganz oben befindet sich der mit organischer Substanz und Bodenleben durchsetzte und durch Humusanreicherungen dunkel gefärbte **Ober-** oder **Mutterboden (A-Horizont)**. Ihm folgt ein heller gefärbter Horizont, der humusarme **Unterboden (B-Horizont)**. Den Abschluss bildet der **Untergrund (C-Horizont)**, das unverwitterte Ausgangsgestein, aus dem der Boden durch Verwitterung entstanden ist. Die seitliche Ansicht der aufeinander folgenden Bodenhorizonte bezeichnet man als **Bodenprofil** (s. Abb. 2).

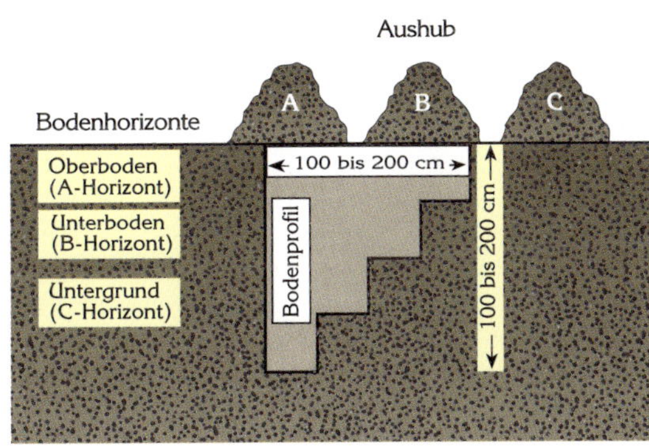

Abb. 2 Seitenansicht eines Bodeneinschlags

Unterschiedliche Entwicklungsbedingungen und Entwicklungszeiträume haben zu unterschiedlichen Bodenprofilen, d. h. zu unterschiedlichen Horizontkombinationen und -abfolgen, geführt. Böden mit gleichen Bodenprofilen und daher gleichen Eigenschaften werden zu **Bodentypen** zusammengefasst. Häufige Bodentypen, zwischen denen zahlreiche Übergänge bestehen, sind z. B. Braunerde, Parabraunerde, Podsol, Rendzina, Schwarzerde, Gley, Pseudogley, Marsch- und Moorböden (s. Abb. 1, S. 144).

Abb. 1 Häufige Bodentypen (weitere Informationen: Arbeitskreis „Boden im Unterricht und Weiterbildung" www.aw.fh-osnabrück.de/akboden)

2.5.1 Braunerde

Die Braunerde mit ihrem typischen A-B-C-Profil wurde nach der braunen Farbe des B-Horizontes benannt. Die Verbraunung ist eine Folge der Verwitterung eisenhaltiger Minerale. Dabei werden freigesetzte zweiwertige Eisenverbindungen zu dreiwertigen Eisenverbindungen oxidiert, die die braunrötliche Verfärbung bewirken. Da das Ausgangsgestein sehr unterschiedlich sein kann, sind auch die Eigenschaften von Braunerden recht verschieden. In der Regel haben sie ein günstiges Bodengefüge mit einem guten Luft-, Wasser- und Nährstoffhaushalt.

2.5.2 Parabraunerde

Der Name deutet auf die entwicklungsgeschichtliche Verwandtschaft mit Braunerden hin. Die tiefgründigen Parabraunerden sind gekennzeichnet durch Tonverlagerung infolge Auswaschung in tiefere Schichten. Deswegen ist der A-Horizont mehr oder weniger aufgehellt (Fahlerde) und der B-Horizont in den Schichten, in denen die Tonanreicherung erfolgte, tiefbraun verfärbt. Parabraunerden sind in der Regel fruchtbare Böden.

2.5.3 Podsol

Das Wort Podsol stammt aus dem Russischen und bedeutet etwa „Boden unter der Asche“. Es drückt aus, dass sich unter dem aschgrauen Oberboden („Ascheboden“) der eigentliche nährstoffreiche Boden befindet. Entstanden ist diese Horizontalfolge durch Auswaschen organischer und mineralischer Stoffe aus dem Oberboden und ihre Anreicherung in tieferen Schichten. Die Folge ist ein Ausbleichen des Oberbodens (Bleichhorizont oder Bleicherde) und die Bildung eines dunklen Anreicherungshorizontes im Unterboden. Letzterer ist häufig steinhart verfestigt und wird dann als **Ortstein** bezeichnet. Dabei kann man unterscheiden zwischen der dunkleren, humusreicheren Schicht (Humusortstein) und der darunter liegenden rostbraun gefärbten Schicht (Eisenortstein). Ortsteinschichten behindern das Pflanzenwachstum stark, da sie nicht durchwurzelt werden können und wasserundurchlässig sind. Bei geringerer Verfestigung des Anreicherungshorizontes spricht man von **Orterde**.

Podsole entwickelten sich vor allem auf Sanden unter Heidevegetationen (z. B. Lüneburger Heide). Es handelt sich dabei um saure, nährstoffarme Böden. Bei entsprechender Düngung, Kalkung und Wasserversorgung können diese „mageren“ Böden jedoch durchaus auch pflanzenbaulich (z. B. Gemüseanbau) genutzt werden. Hoch liegende Ortsteinschichten (< 60 cm Tiefe) sollten aufgebrochen werden. Tief liegende Ortsteinschichten können als Grundwassersohlen den Wasserhaushalt der Böden verbessern.

2.5.4 Rendzina

Der Name Rendzina stammt aus dem Polnischen und bedeutet „Rauscheboden“. Grund für die Benennung war das Rauschen, das ein Pflug beim Pflügen des steinreichen Bodens verursacht. Dem nur 10 bis maximal 30 cm mächtigen und humusreichen, mit Steinen durchsetzten Oberboden folgt unmittelbar das Ausgangsgestein (Carbonat- und Gipsgestein).

Ein B-Horizont fehlt (A-C-Profil). Aus dem massiven Gestein des C-Horizontes werden durch die Einwirkung der Bodenlebewesen und der Pflanzenwurzeln ständig Steine herausgelöst und mit dem Oberboden vermischt. Rendzina ist ein schwerer, fruchtbarer Boden, der, wenn er nicht zu flachgründig ist, gut pflanzenbaulich genutzt werden kann.

2.5.5 Schwarzerde (Tschernosem)

Die Bezeichnung Tschernosem kommt aus dem Russischen und bedeutet in etwa „schwarze Erde“. Die Benennung erfolgte nach dem schwarz gefärbten humosen A-Horizont dieser Erden, der bis 1 m mächtig sein und bis 10 % Humus enthalten kann. Dem A-Horizont folgt der aus Löss bestehende C-Horizont (A-C-Profil). **Löss** ist ein Windsediment, das aus den während der Eiszeit entstandenen Sand- und Schotterablagerungen verweht wurde. Schwarzerden haben ein optimales Krümelgefüge mit bestem Nährstoff-, Luft- und Wasserhaushalt. Sie sind die fruchtbarsten Böden. Entstanden sind Schwarzerden unter dem Einfluss von Steppenklima, -vegetation und der Tätigkeit der Bodenlebewesen. Typisch für das Steppenklima sind die hohen Niederschläge im Frühjahr, ein trockener, warmer Sommer, ein feuchter, kurzer Herbst und ein langer, sehr kalter Winter. Dieses Klima bewirkte, dass es im Laufe der Zeit zu einer Humusanreicherung kam, da die Mineralisierung der sich im Frühjahr gut entwickelnden Steppenvegetation durch sommerliche Trockenheit und winterliche Kälte gehemmt wurde. Regenwürmer und größere Steppentiere, wie Hamster, Ziesel und Maulwurf, arbeiteten die organische Substanz beim Rückzug in tiefere Bodenschichten weit in den Boden ein und vermischten sie mit den mineralischen Bodenbestandteilen.

Mit Verstärkung des humiden Klimaeinflusses in Mitteleuropa (5500 bis 2500 v. Chr.) setzte eine Verbraunung der Schwarzerden ein. In der Bundesrepublik Deutschland sind nur noch an wenigen Stellen Schwarzerden erhalten geblieben, wie z. B. im Raum Erfurt-Halle-Magdeburg. Große Gebiete findet man in den Steppen Russlands, der Ukraine, Asiens und Amerikas.

2.5.6 Gley

Die Bezeichnung Gley stammt aus dem Russischen und bedeutet schlammige Bodenmasse. Man findet ihn vor allem in Senken und Tälern mit einem hohen Grundwasserstand (bei 80 bis 100 cm Bodentiefe). Unter dem Einfluss des Grundwassers entstand im Unterboden ein besonderer Horizont (Grundwasser- oder G-Horizont). Oxidations- und Reduktionsprozesse bestimmen die Färbung des G-Horizonts. Die Nutzung der Gleyböden hängt in erster Linie von der Höhe des Grundwasserstandes ab. Für eine ackerbauliche Nutzung sollte er unter 80 cm liegen (evtl. Entwässerungsmaßnahmen). Als Grünland und forstwirtschaftlich sind die Böden auch mit höherem Grundwasserstand, vor allem für Bäume mit hohem Wasserbedarf, wie Pappel (Populus), Esche (Fraxinus) und Erle (Alnus), gut geeignet.

2.5.7 Pseudogley

Der Pseudogley ist ein Staunässeboden, bei dem sich auf undurchlässigen Schichten bei hohen Niederschlägen das Wasser staut. Da dieser Boden in vielen seiner Eigenschaften dem Gley ähnelt, wurde er als Pseudogley bezeichnet. Unter dem Einfluss des Stauwassers entstand im Unterboden ein besonderer Horizont (Stauwasser- oder S-Horizont). Charakteristisch sind die durch den ständigen Wechsel von Staunässe und Austrocknung entstandenen horizontal und vertikal verlaufenden Bleichzonen im S-Horizont. Die Nutzung entspricht denen der Gleyböden. Zur ackerbaulichen Verwendung ist eine Verbesserung des Bodens durch wiederholte Tiefenlockerung im Abstand von mehreren Jahren angebracht, verbunden mit dem Anbau tief wurzelnder Pflanzen. Eine Dränung ist nicht zweckmäßig, da sie in der Regel nicht ausreicht, das stark gebundene Wasser abzuführen. Zudem leiden diese Böden während des Sommers häufig unter Wassermangel.

2.5.8 Marschen (Klei- oder Polderböden)

Bei Marschen handelt es sich um Böden, die an den Küsten der Nordsee unter dem Einfluss der Gezeiten (Ebbe und Flut) durch Ablagerungen entstanden sind (Schwemmlandböden). Marschen sind in der Regel sehr fruchtbare Böden. Eine Verbesserung ist durch Dränung, Aufkalkung und Tiefenumbruch möglich.

2.5.9 Moorböden

Als Moorböden bezeichnet man Böden mit mehr als 30 % organischer Substanz und einem über 30 cm mächtigen Torfhorizont. Meistens enthalten sie wesentlich mehr organische Substanz (>90 %) und sind mehrere Meter mächtig. Aufgrund der hohen Wasserhaltekraft des Torfes erwärmen sich Moorböden im Frühjahr nur langsam (kalte Böden). Sie bilden Spät- und Frühfrostlagen. Bei Frost kommt es zu einem Auffrieren des Bodens und damit zur Wurzelschädigung. Um den notwendigen Bodenschluss zu bekommen, müssen Moorböden im Frühjahr gewalzt werden. Nach der Entstehung unterscheidet man Nieder-, Übergangs- und Hochmoore (s. S. 107 ff.). **Hochmoore** sind sehr sauer (pH 2,5 bis 3,5) und sehr nährstoffarm. Sie sind nur mittelmäßig **(Schwarztorf)** oder schwach zersetzt **(Weißtorf)**. Ihr hohes Wasserhaltevermögen bedingt einen schlechten Lufthaushalt. Nach einer Entwässerung, Aufkalkung und Düngung können Hochmoore pflanzenbaulich, z. B. zur Anzucht von Moorbeetpflanzen, genutzt werden. Durch den erhöhten pH-Wert und die verbesserte Sauerstoffzufuhr kommt es zu einem starken Abbau der organischen Substanz und damit zur Verschlechterung der Struktur. Für Hochmoorböden ist ein pH-Wert von 4,0 optimal. Trotzdem kann pro Jahr mit einem Torfverlust von 1 cm Höhe gerechnet werden, eine Höhe, für die ein Hochmoor 10 Jahre Wachstum (1 mm/Jahr) benötigt. Im Gegensatz zu den Hochmooren sind die **Niedermoore** stark humifiziert (schwarze Färbung) und nährstoffreich. Sie haben einen pH-Wert von 5,0 bis 7,5, sodass sie in der Regel keiner Aufkalkung bedürfen.

Bisher unberührte Moore dürfen heute nicht mehr in Kultur genommen werden. Bei den Mooren handelt es sich um Reste von Naturlandschaften, deren Entwicklung vor vielen tausend Jahren begann und meist bis in unsere Zeit nicht abgeschlossen ist. In ihnen hat sich eine eigene, hoch spezialisierte Tier- und Pflanzenwelt entwickelt. Mit der Zerstörung der Moore würde diese Lebensgemeinschaft aus dem Landschaftsbild verschwinden (s. S. 107 ff.).

Abb. 1 Hortisole – vom Menschen durch langjährige Gartenarbeit geprägte Böden

2.5.10 Anthropogene Böden (Kultosole)

Böden, deren Profile (Horizontfolgen) im Laufe der Zeit durch Kulturmaßnahmen völlig verändert wurden, werden als anthropogene Böden bezeichnet. Typisch hierfür sind – neben den in Kultur genommenen Moorböden – die Hortisole, Rigosole und Plaggenböden.

Hortisole

Bei Hortisolen handelt es sich um Gartenböden (lateinisch hortus = Garten, lat. solum = Boden), die im Laufe von Jahrzehnten bis Jahrhunderten durch gartenbauliche Nutzung entstanden sind (z. B. alte Klostergärten). Kennzeichnend für diese Böden ist ihr bis zu 80 cm mächtiger A-Horizont, der sich durch tiefe Bodenlockerung, starke Zufuhr organischer Substanz, Bewässerung und Beschattung gebildet hat – Maßnahmen, die das Bodenleben, vor allem die Regenwürmer, fördern.

Rigosole

Als Rigosole bezeichnet man Böden, deren Horizontenfolge durch Rigolen völlig verändert wurde. Typische Rigosole bilden die Weinbergböden, die – früher alle 30 bis 80 Jahre – heute alle 20 bis 40 Jahre rigolt werden. Im Gegensatz zu früher wird diese Arbeit heute mit Maschinen durchgeführt.

Plaggenböden (Plaggenesch)

Plaggenböden sind durch die Plaggenwirtschaft entstanden, die bis vor 50 Jahren auf kargen Sandböden üblich war. Vor allem zwischen Weser und Ems, im Emsland, war diese Wirtschaftsweise weit verbreitet. Da Dünger in früheren Zeiten knapp waren, versorgten die Bauern die Böden ihrer Felder, Esch genannt, mit Plaggen. **Plaggen** nannte man die Vegetationsnarbe der Heide. Sie wurde abgetragen und entweder direkt auf das Feld gebracht oder als Einstreu im Stall verwendet und später zusammen mit dem Mist auf den Feldern ausgebracht. So entstanden im Laufe der Jahre fruchtbare Ackerflächen mit bis über 1 m mächtigen humosen A-Horizonten. Das Umland jedoch versandete immer mehr, sodass das Ödland um die Ackerfläche immer größer wurde. Bis zur Mitte des 19. Jahrhunderts betrug der Anteil des Ödlandes im Herzogtum Oldenburg 60 % der Gesamtfläche.

2.6 Bodenbewertung

2.6.1 Zeigerpflanzen

Die Ansprüche der Pflanzen an ihren Standort sind, je nach Pflanzenart, recht unterschiedlich. Durch das Zusammenwirken der Umweltbedingungen entwickelt sich ohne Eingriffe des Menschen eine für den jeweiligen Standort typische Pflanzengesellschaft. Die unterschiedlichen Ansprüche verschiedener Pflanzen ermöglichen es daher, dass Pflanzen als **Zeigerpflanzen (Bioindikatoren)** genutzt werden können. So kann z. B. aus dem gehäuften Auftreten bestimmter Wildkräuter bzw. aus der Zusammensetzung der Pflanzengesellschaft eines Standortes auf die Klimabedingungen oder auch den Bodenzustand geschlossen werden.

Küchenschelle (Pulsatilla vulgaris)

Blutweiderich (Lythrum salicaria)

Sumpfdotterblume (Caltha palustris)

Kornblume (Centaurea cyanus)

Sumpfbaldrian (Valeriana dioica)

Wasserdost (Eupatorium cannabinum)

Anzeiger nährstoffarmer Böden

Arnika *(Arnica montana)*, Blutwurz *(Potentilla erecta)*, Teufelsabbiss *(Succisa pratensis)*, Weißklee *(Trifolium repens)*

Anzeiger nährstoffreicher Böden

Bärenklau *(Heracleum sphondylium)*, Gewöhnliches Kreuzkraut *(Senecio vulgaris)*, Große Brennnessel *(Urtica dioica)*, Kornblume *(Centaurea cyanus)*, Löwenzahn *(Taraxacum officinale)*, Nelkenwurz *(Geum urbanum)*, Osterglocken *(Narcissus pseudo-narcissus)*, Rote Taubnessel *(Lamium purpureum)*, Vogelmiere *(Stellaria media)*, Weiße Taubnessel *(Lamium album)*, Wiesenkerbel *(Anthriscus sylvestris)*, Zwergholunder *(Sambucus ebulus)*, Zaunwinde *(Calystegia sepium)*

Anzeiger trockener Böden

Gemeiner Andorn *(Marrubium vulgare)*, Kleiner Wiesenknopf *(Sanguisorba minor)*, Küchenschelle *(Pulsatilla vulgaris)*

Anzeiger feuchter bis nasser Böden

Ackerschachtelhalm *(Equisetum arvense)*, Binsen *(Juncus-Arten)*, Blutweiderich *(Lythrum salicaria)*, Gemeiner Beinwell *(Symphytum officinale)*, Großer Wiesenknopf *(Sanguisorba officinalis)*, Kriechender Hahnenfuß *(Ranunculus repens)*, Minze *(Mentha-Arten)*, Scharbockskraut *(Ficaria ranunculoides)*, Simsen *(Scirpus-Arten)*, Sumpfziest *(Stachys palustris)*, Sumpfdotterblume *(Caltha palustris)*, Sumpfvergissmeinnicht *(Myosotis palustris)*, Wasserdost *(Eupatorium cannabium)*, Wasserpfeffer *(Polygonum hydropiper)*, Wiesenknöterich *(Polygonum bistorta)*

Anzeiger kalkarmer Böden

Gelbklee *(Medicago lupulina)*, Hasenklee *(Trifolium arvense)*, Kleiner Sauerampfer *(Rumex acetosella)*, Kleiner Wiesenknopf *(Sanguisorba minor)*, Kornblume *(Centaurea cyanus)*, Kriechendes Fingerkraut *(Potentilla reptans)*, Sumpfbaldrian *(Valeriana dioica)*, Wildes Stiefmütterchen *(Viola tricolor)*

Anzeiger kalkreicher Böden

Ackersenf *(Sinapsis arvensis)*, Feldrittersporn *(Consolida regalis)*, Ysop *(Hyssopus officinalis)*

Die Artenzusammensetzung des Pflanzenbestandes ist immer aussagekräftiger als das Vorkommen nur einer Art. Vor allem Wildkräuter bieten eine wertvolle Hilfe bei der Beurteilung des Bodenzustandes. Dabei darf nicht außer Acht gelassen werden, dass das Verhalten einer Pflanze aus dem Zusammenspiel aller Umweltfaktoren resultiert. Deswegen sollte der Aussagewert von Zeigerpflanzen als spezifische Anzeiger bestimmter Einzelfaktoren nicht überbewertet werden. Auch darf nicht übersehen werden, dass durch menschliche Eingriffe die natürliche Lebensgemeinschaft der Pflanzen häufig so stark gestört ist, dass ihre Zeigerfunktion außer Kraft gesetzt wird. So findet man z. B. beim Einsatz von Herbiziden nur noch so genannte „Allerweltskräuter", die an fast jedem Standort gedeihen.

2.6.2 Bodenzahl

Die Bewertung eines Bodens für die landwirtschaftliche und gärtnerische Nutzung erfolgt nach einer Bodenbewertungstabelle, dem so genannten **Ackerschätzungsrahmen**. Kriterien für die Einschätzung sind das Ausgangsgestein, die Bodenart und der Bodenzustand (Entwicklungsgrad), nach denen die Böden mit einer Wertzahl, der so genannten Bodenzahl, versehen werden. Die **Bodenzahl** ist eine Verhältniszahl für die Bodenfruchtbarkeit. Als Richtwert (100) dient der Ertrag des fruchtbarsten deutschen Bodens, der Schwarzerde. Zu dieser Bodenzahl werden die erreichbaren Erträge der Böden in Beziehung gesetzt. So bedeutet z. B. die Bodenzahl 50, dass der erreichbare Ertrag nur 50 % des auf der Schwarzerde erreichbaren ausmacht. Beim Vergleich wird von einer Jahresdurchschnittstemperatur von 9 °C, 600 mm Jahresniederschlag, ebener Lage und einem optimalen Grundwasserstand (Sand 1,0 m, Lehm 1,5 m und Ton 2,0 m) ausgegangen. Bei Abweichungen von diesen Annahmen werden Zu- (günstigere Bedingungen) oder Abschläge (ungünstigere Bedingungen) vorgenommen. Das Ergebnis ist die so genannte **Ackerzahl**. Diese Zahl steht hinter der Bodenzahl, z. B. 70/76, und gibt die tatsächliche Ertragsfähigkeit des Bodens an. Die Boden-/Ackerzahl wird durch Schätzung bestimmt.

Für die Kultur von Pflanzen in Gefäßen benutzt man Erden oder Substrate. Aufgrund des begrenzten Wurzelraumes werden an diese besonders hohe Anforderungen gestellt, die ein gewachsener Boden nicht erfüllen kann (s. Abb. 1).

2.7 Gärtnerische Erden und Substrate

Abb. 1 Die Herstellung gärtnerischer Erden – früher ein gehütetes Betriebsgeheimnis

2.7.1 Erden

Gärtnerische Erden werden durch Kompostierung (s. S. 191) unterschiedlicher organischer Ausgangsstoffe hergestellt. Da verschiedene Pflanzenarten auch unterschiedliche Ansprüche an den Boden stellen, besaß früher jeder Gärtner für jede Pflanzenart eine spezielle Erdmischung. Die Zusammensetzung der Erden, die auf jahrzehntelangen gärtnerischen Erfahrungen beruhte, wurde in vielen Gärtnereien als Betriebsgeheimnis gehütet. Die Nachteile gärtnerischer Erden sind in ihrer uneinheitlichen Zusammensetzung und ihrer zeitaufwendigen Herstellung zu sehen. Daneben unterliegt ihre organische Substanz in der Regel einer schnellen Zersetzung, sodass es zu einer Verschlechterung des Lufthaushaltes kommen kann und die freigesetzten Nährstoffe eine gezielte Düngung erschweren.

Komposterde

Die Komposterde, die bereits früher eine Haupterde der Gartenbaubetriebe war, gewinnt heute wegen des Biotopschutzes (Moore), der begrenzten Torfvorräte und eines verstärkten Bemühens, organische Substanzen in den Naturkreislauf zurückzuführen, eine immer stärkere Bedeutung. Als Substrate werden Komposte allgemein mit einer Zumischung von 50 % Torf eingesetzt. Wegen ihrer hohen Pufferkapazität sind sie in der Lage, während der Kultur auftretende pH-Verschiebungen auszugleichen und überschüssige Nährstoffe zu binden.
Die Qualität der entstehenden Komposterde hängt von der Qualität der organischen Ausgangsstoffe und der Kompostierung ab (s. S. 192). Problematisch sind die teilweise recht hohen Schwermetallgehalte. Vor allem der Zinkgehalt ist häufig recht hoch. Um einheitliche und gleich bleibende Kompostqualität anbieten zu können, haben sich die Hersteller von Komposterden zu einer „Bundesgütegemeinschaft Kompost e. V." zusammengeschlossen.

Lauberde

Bei den Lauberden handelt es sich um schwachsaure humose Erden. Zur Herstellung wird im Herbst das Laub der Bäume kompostiert. Nach etwa 2 Jahren ist das Laub so weit vererdet, dass es verwendet werden kann. Laub von Bäumen, die in der Nähe stark befahrener Straßen oder in Gebieten mit hoher Luftverschmutzung stehen, ist nicht geeignet, da es zu viele Schadstoffe, wie z. B. Blei (Pb), Cadmium (Cd), Quecksilber (Hg) und andere Schwermetalle enthält.

Mistbeet- und Misterde

Die **Mistbeeterde** ist eine schwachsaure bis alkalische humose Erde. Sie entsteht durch die Mischung von Pferdemistpackungen und Erde (Mutterboden) der Mistbeetkästen. Statt Pferdemist sind auch Rindermist oder Laub geeignete Packungsmaterialien. Die im Herbst gemischte Erde kann im darauf folgenden Sommer verwendet werden.
Misterde wird aus kompostiertem Rinder- oder Pferdemist gewonnen. Ein im Herbst aufgesetzter Haufen ist im darauf folgenden Herbst so weit, dass er verwendet werden kann.

Nadelerde

Nadelerden sind saure Humuserden, die aus den natürlichen Ablagerungen der Nadelwälder gewonnen wurden. Sie haben keine Bedeutung mehr, da ihre Entnahme aus den Wäldern verboten ist.

2.7.2 Substrate

Im Gartenbau werden heute überwiegend standardisierte Industriesubstrate auf der Basis von Hochmoortorf eingesetzt. Als Substrate (Nährböden) bezeichnet man Erden, die kurzfristig durch Mischung verschiedener Ausgangsmaterialien hergestellt werden können. Die gebräuchlichsten Standarderden auf Torfbasis sind Einheitserden und Torfkultursubstrate. Sie werden elektronisch gesteuert hergestellt **(Industrieerden/-substrate)** und haben gegenüber den gärtnerischen Erden vor allem den Vorteil, dass sie in gleich bleibender Zusammensetzung geliefert werden und frei von Schadstoffen, Krankheitserregern und Schädlingen sind. Somit bieten sie für den Gärtner die größtmögliche Sicherheit bei der Kulturführung. Zur Verbesserung der Substrate und zur Einsparung von Torf (Schutz der Moore) werden verschiedene Zuschlagstoffe verwendet (s. 2.7.4).

Einheitserden

Die **Einheitserde** löste die Vielzahl der aus Kompost, Landerde (Mutterboden) und anderen Stoffen zusammengesetzten gärtnerischen Erdmischungen ab. Ursachen waren der Zwang zur Rationalisierung und die Erkenntnis von Professor Fruhstorfer vor über 30 Jahren, dass sehr verschiedene Pflanzen in ein und derselben Erde kultiviert werden können. Die Grundlage dieser Erde der so genannten Einheitserde, bildet ein Gemisch aus 70 Vol.-% Hochmoortorf, vor allem Weißtorf (s. Abb. 1, S. 152), und 30 Vol.-% Ton (Untergrundton). Das Volumengewicht dieser Mischung beträgt nur 300 bis 400 g/l. Im Vergleich dazu: Ein gewachsener Boden weist ein Gewicht von durchschnittlich 1,5 kg/l auf.
Torf fördert vor allem den Wasser- und Lufthaushalt. Sein hohes Porenvolumen bewirkt ein hohes Wasserhaltevermögen bei gleichzeitig guter Durchlüftung. Er vereinigt somit die guten physikalischen Eigenschaften eines Sand- (hohe Luftkapazität) und eines Tonbodens (hohe Wasserkapazität), sodass er beide Böden verbessern kann (s. Abb. 1, S. 151). Außerdem besitzt er noch eine hohe Kationenkapazität, sodass er positiv geladene Nährstoffionen in pflanzenverfügbarer Form speichern kann. **Ton** dient neben der Nährstoffspeicherung und Pufferung vor allem der Strukturstabilität. Je nach Einheitserden-Typ werden dieser Mischung aus Torf und Ton Kalk und Dünger zugegeben (s. Tab. 1, S. 151).
Die Nachdüngung erfolgt vom Gärtner entsprechend dem speziellen Nährstoffbedarf der Kultur und kann gewissermaßen rezeptartig durchgeführt werden.

Typ	Kennzeichen	Verwendung
O (Nullerde)	aufgekalkt (pH 5,5 bis 6,5)	für Sonderkulturen zur Aufdüngung nach Bedarf
VM (Vermehrungserde)	wie Typ O, zusätzlich Zusatz von Styromull → lockerer als Typ O, geringer Nährstoffgehalt(schnell und langsam wirkender Dünger; Salzgehalt 1 bis 1,5 g/l)	für Aussaaten und Stecklinge, zum Pikieren und zur Anzucht schwach wachsender und salzempfindlicher Kulturen (z. B. Farne)
P (Pikiererde)	wie Typ O, zusätzlich schwach aufgedüngt (Salzgehalt 1,5 bis 2 g/l)	zum Pikieren und Topfen salzempfindlicher Pflanzen, zum Topfen im Winter
T (Topferde)	wie Typ O, zusätzlich stark aufgedüngt (Salzgehalt 2,5 bis 3 g/l)	zum Topfen nähr stoffbedürftiger Pflanzen vom Frühjahr bis zum Herbst
ED 76	wie Typ O, neben schnell wirkendem Dünger auch Depotdünger Plantosan 4 D (Wirkung 2 bis 3 Monate), Salzgehalt 2 bis 2,5 g/l	zum Topfen von salzempfindlichen und nährstoff bedürftigen Pflanzen

Tab. 1 Einheitserden

Daneben werden auch noch **Spezialerden** angeboten, wie z. B. Hortensienerde „blau“ für blau zu färbende Sorten, die außer mit Nährstoffen mit Ammoniak- und Kalialaun angereichert ist und einen stark sauren pH-Wert (pH 4,0) aufweist. Weitere Spezialerden sind Hortensienerde zum Topfen von roten, rosa und weißen Hortensien (pH 6,0 bis 6,5), Poinsettien-, Primel- und Cyclamerde. Auch Sonderwünsche, z. B. im Hinblick auf die Gießwasserqualität (s. S. 168 f.) des Betriebes oder hinsichtlich der Düngerzumischung, können bei der Herstellung von Industrieerden berücksichtigt werden. Alle Substrathersteller bieten heute eine breite Palette standardisierter Substrate an, sodass die Vielfalt der Erden vor Einführung der Einheitserde wieder erreicht ist. Dies ist aufgrund der zunehmenden Spezialisierung der Betriebe durchaus erwünscht und bietet eine weitere Möglichkeit zur Qualitätssteigerung.

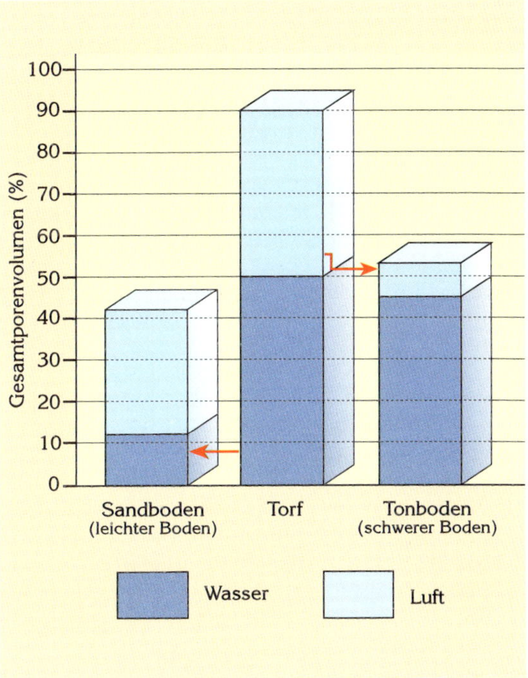

Abb. 1 Torf kann leichte und schwere Böden verbessern

Torfkultursubstrate

Bei den Torfkultursubstraten (TKS) handelt es sich um reine Torfsubstrate aus Hochmoortorf (vor allem Weißtorf), die auf einen pH-Wert von 5 bis 6 aufgekalkt und je nach Verwendungszweck unterschiedlich stark gedüngt sind (s. Tab. 2). Auch bei den Torfkultursubstraten ist das Angebot recht vielfältig.

Typ	Kennzeichen	Verwendung
TKS 1	niedriger Nährstoffgehalt	wie Einheitserde Typ VM
TKS 2	hoher Nährstoffgehalt	wie Einheitserde Typ T

Tab. 2 Torfkultursubstrate

Holzfasersubstrate

Eine mögliche Alternative zum Torf bieten die neuerdings auf dem Markt angebotenen Substrate aus Holzfasern. Ausgangsmaterial sind chemisch unbehandelte Holzabfälle (vorwiegend Fichte) der Holz verarbeitenden Industrie. Mithilfe von Hitze, Druck und Reibung werden die zu Holzschnitzeln verarbeiteten Abfälle in einem speziellen Verfahren fein zerfasert und mit verschiedenen Zuschlagstoffen (z. B. Ton und Steinmehl) imprägniert. Die so aufbereiteten Holzfasern können als Zusätze zu Erden und Substraten (z. B. im Verhältnis 50:50), als Substrat (100% Holzfasern) oder zur Bodenverbesserung eingesetzt werden. Holzfasersubstrate sind reich an Grobporen, sodass sie einen guten Luft- und Wärmehaushalt aufweisen. Aufgrund der im Vergleich zum Torf geringeren Wasserhaltekraft muss häufiger gegossen werden. Durch Mischung mit Komposterde oder anderen Erden/Substraten lässt sich die Wasserkapazität verbessern. Das C:N-Verhältnis von 80 bis 110:1 (N-Sperre!) macht eine erhöhte N-Düngung notwendig. Der pH-Wert liegt bei 5,0 bis 5,5.

Abb. 1 Weißtorf (links), Rindenhumus (rechts)

Abb. 2 Perlite (links), Reisspelzen (rechts)

Abb. 3 Hygromull (links), Styromull (rechts)

2.7.3 Rindenkompost

Bei den Rindensubstraten handelt es sich um fermentierte (kompostierte) Rindenabfälle (vor allem Nadelholzrinde). Bisher wurde die bei der Papierherstellung und Holzverarbeitung anfallende Schälrinde größtenteils Mülldeponien zugeführt. Unter dem Gesichtspunkt des Umweltschutzes wird heute ein großer Teil wieder verwertet und damit in den Stoffkreislauf zurückgeführt. Vor allem im Gartenbau gewinnen Rindenabfälle vor dem Hintergrund, den Torf langfristig durch andere Substrate zu ersetzen, eine zunehmende Bedeutung unter den industriell gefertigten Erden. Rindenkomposte können als Bodenverbesserungsmittel oder Kultursubstrate verwendet werden. Es wird unterschieden zwischen Rindenmulch, Rindenhumus, Rindensubstrat und Rindenerde.

Rindenmulch

Beim Rindenmulch (RM) handelt es sich um naturbelassene, zerkleinerte Nadelholzrinde ohne Zusätze (pH 3,5 bis 4,5), die vor allem zur Bodenabdeckung zwischen Pflanzungen (5 bis 10 cm hoch) und als Belag für Wege und Plätze (10 bis 15 cm hoch) eingesetzt wird. Damit es beim Einsatz von Rindenmulch wegen des weiteren C:N-Verhältnisses nicht zu Stickstoffmangel an den Pflanzen kommt (s. S. 172), müssen gemulchte Pflanzflächen zusätzlich mit Stickstoff versorgt werden (etwa 1,5 kg N/m^2 Rindenmulch). Rindenmulch wird in verschiedenen Typen angeboten, die sich in ihrer Körnungsgröße (10 bis 80 mm) und ihrem Anteil an Feinteilen (Teilchen $<$ 10 mm) unterscheiden.

Rindenhumus

Beim Rindenhumus (RH) handelt es sich um kompostierte Nadelholzrinde (pH-Wert $>$ 5,5) mit oder ohne Nährstoffzusätze, die zur Bodenverbesserung (2 bis 3 cm stark) und zur Substratherstellung eingesetzt wird. Rindenhumus (s. Abb. 1) wird in unterschiedlichen Typen angeboten, die sich in ihrer Körnung unterscheiden: RH fein (0 bis 10 mm), RH mittel (0 bis 20 mm) und RH grob (0 bis 40 mm).

Rindenkultursubstrat

Bei der Verwendung von Rindenkompost als Kultursubstrat müssen vor allem die Unterschiede zum Torf beachtet werden. Rindenkompost weist zwar eine gute Luftkapazität auf, sein Wasserhaltevermögen ist jedoch geringer als das von Torf. Deswegen erfolgt auch keine Kultur in reinem Rindenkompost. Um die Wasserkapazität zu erhöhen, werden allgemein mindestens 25 bis 30% Torf zugemischt. Bei Rindenkultursubstraten (RKS) handelt es sich demnach um Mischungen aus unterschiedlichen Anteilen von Rindenhumus, Weißtorf und anderen geeigneten Stoffen. Die Hersteller von Rindenkompost haben sich zu einer Gütegemeinschaft zusammengeschlossen, die bei der Einhaltung ihrer aufgestellten Gütekriterien ein Gütezeichen für das Substrat vergeben. Nach den Gütekriterien sollte z. B. der Rindenanteil bei zwei Komponenten (Rindenhumus und Torf) mindestens die Hälfte, bei mehr als 2 Komponenten mindestens ein Drittel betragen, wobei Rindenhumus unter den Einzelkomponenten den größten Anteil stellen muss. Außerdem muss wegen des weiten C:N-Verhältnisses beim Kompostieren genügend Stickstoff zugemischt werden, damit es während der Kultur nicht mehr zu einer Festlegung von Stickstoff durch Bakterien kommen kann. Durch Aufkalken und Zumischen von Eisen in Chelatform (s. S. 185) lassen sich toxische Mn-Konzentrationen (Nadelholzrinde enthält zum Teil hohe Mn-Gehalte) und Fe-Mangel während der Kultur vermeiden. Rindenkultursubstrate werden in verschiedenen Typen angeboten, die sich in ihrem Nährstoff- und Salzgehalt (< 1 g/l bis < 3 g/l) unterscheiden.

Rindenerde

Rindenerde besteht aus 50 bis 80 % Rindenhumus, dem 20 bis 50 % Kompost aus pflanzlicher Substanz (Grünabfälle) zugesetzt werden. Häufig enthalten diese Erden zur physikalischen Bodenverbesserung noch Zuschlagstoffe, wie Reisspelzen und Kokosfasern.

2.7.4 Zusschlagstoffe

Zuschlagstoffe sind Stoffe, die dem Substrat oder der Erde zur Verbesserung der physikalischen Eigenschaften zugegeben werden. Sie können dazu beitragen, den Torfverbrauch zu verringern. Grundsätzlich eignen sich die verschiedensten Materialien, vorausgesetzt, sie enthalten keine pflanzenschädigenden Stoffe.

Organische und anorganische Stoffe

Kokosfasern werden auf eine Länge von 2 bis 3 cm zerkleinert und bis zu 20 Vol.-% als Zuschlagstoff dem Substrat beigegeben. Je nach Faserlänge beträgt ihre Wasserkapazität 20 bis 70 Vol.-%. Über die Verbesserung des Porenvolumens fördern sie den Wasser- und Lufthaushalt und erhöhen die Strukturstabilität des Substrates. Je nach Standort der Kokosnusspflanzen und dem Aufbereitungsverfahren zur Fasergewinnung können der Nährstoffgehalt, vor allem Phosphor und Kalium, sowie der Salzgehalt stark schwanken. Deswegen sollte vor der Verwendung der Nährstoff- und Salzgehalt bekannt sein.

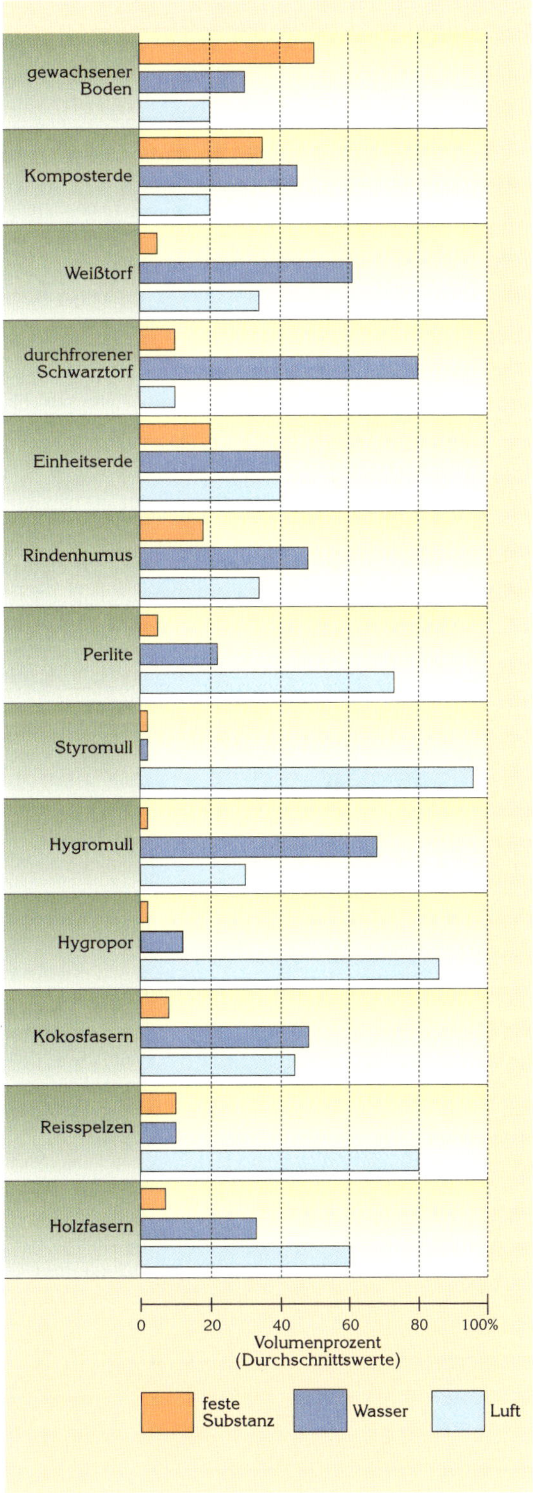

Abb. 1 Wasser- und Luftkapazität bei Wassersättigung

Reisspelzen haben eine Luftkapazität von etwa 80 %. Sie dienen der Verbesserung des Lufthaushaltes und der Wasserdurchlässigkeit von Substraten (s. Abb. 2, S. 152).

Perlite (s. Abb. 2, S. 152) ist ein vulkanisches Gestein, das durch Erhitzen auf 1 100 °C aufgeschäumt wird. Dabei vergrößert es sein Volumen um das 10- bis 20fache. Ein Liter dieses aufgeschäumten Gesteins wiegt nur 30 bis 120 g. In sauren Substraten oder Böden (pH $< 5{,}0$) kann es durch die Freisetzung von Aluminiumionen zu Pflanzenschäden kommen. Perlite, das in verschiedenen Korngrößen angeboten wird, verbessert die Luftkapazität der Substrate (s. Abb. 1, S. 153).

Tone, z. B. Bentonit, haben eine hohe Pufferkapazität. Sie erhöhen die Nährstoff- und Wasserhaltekraft sowie die Strukturstabilität der Substrate. Zumischung 10 bis 15 g Tonmehl/l bzw. 10 bis 30 Vol.-% Tongranulat.

Sande bewirken über die Erhöhung des Grobporenanteils eine Verbesserung des Lufthaushaltes und damit der Durchlüftung. Gemische von Torf und Sand (z. B. im Verhältnis 1:1) werden häufig als Aussaat- und Stecklingssubstrate verwendet. Wegen seines hohen Gewichts (etwa 1,5 kg/l) kann durch Zugabe von Sand die Standfestigkeit von Topfpflanzen in Torfkultursubstraten erhöht werden. Ferner vermindert eine Sandbeimischung zu organischen Substraten den Umpflanzschock beim Auspflanzen in einen vorwiegend aus mineralischen Bestandteilen bestehenden Boden.

Synthetisch hergestellte Stoffe

Styromull (s. Abb. 3, S. 152) ist aufgeschäumtes Polystyrol. Die luftgefüllten Zellen speichern weder Wasser noch Nährstoffe, sodass Styromull zur Verbesserung des Lufthaushaltes (Beimischung 20 Vol.-%) eingesetzt wird (s. Abb. 1, S. 153). Da 1 m^3 Styromull nur 15 bis 20 kg wiegt, wird er häufig Substraten für Dachgärten zugemischt. Zur Ver-besserung des Lufthaushaltes schwerer zur Ver-nässung neigender Böden werden 1 bis 4 m^3 Styromull/a (1 bis 4 cm dicke Schicht) empfohlen. Im Gegensatz zu Styromull hat **Hygromull** (s. Abb. 3, S. 152) offene Zellen, die sich – vergleichbar einem Schwamm – mit Wasser voll saugen. Sie können Wasser und Nährstoffe speichern. Hygromull wird zur Verbesserung der Wasserhaltekraft (s. Abb. 1, S. 153) zugemischt (Beimischung 20 Vol.-%). Zur Verbesserung leichter Böden werden 2 m^3 Hygromull/a empfohlen. Hygromull enthält etwa 30 % Stickstoff, der beim mikrobiellen Abbau (etwa 1 bis 5 %/Jahr) freigesetzt wird.

Negativ bei der Verwendung von Hygromull ist, dass beim Befeuchten Formaldehyd entweicht. Formaldehyd ist ein farbloses, stechend riechedes Gas, das Krebs und Erbveränderungen (Mutationen) auslösen kann und auf Pflanzen giftig wirkt. Beim Einatmen kann es zur Reizung und Entzündung der Atemwege kommen. Zur Vermeidung von Pflanzenschäden muss das Substrat nach dem Befeuchten einige Tage liegen bleiben, damit das Gas entweichen kann.

Bei **Hygropor** handelt es sich um eine Mischung aus Hygromull (70 %) und Styromull.

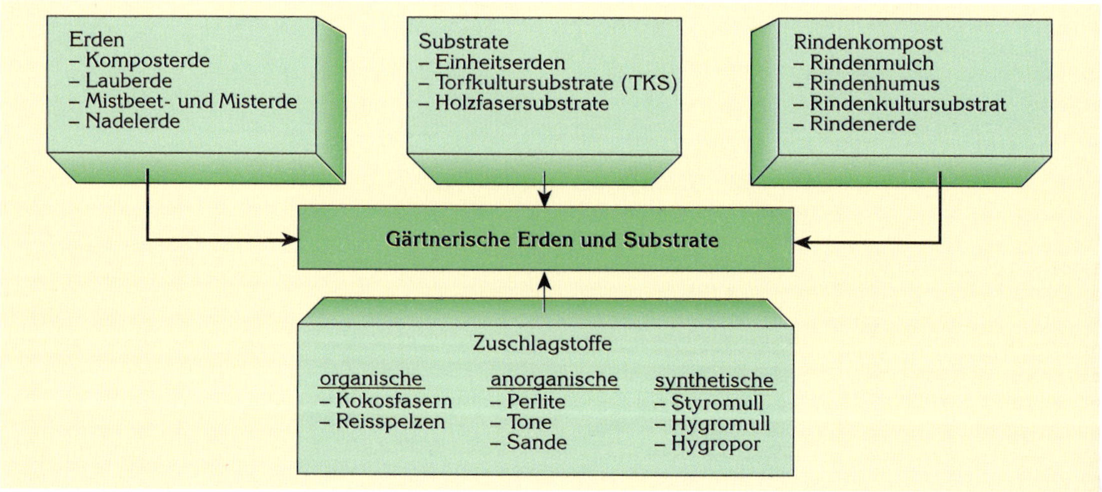

Abb.1 Übersicht

3 Pflanzenernährung

3.1 Die Bedeutung der Nährstoffe für die Pflanzen

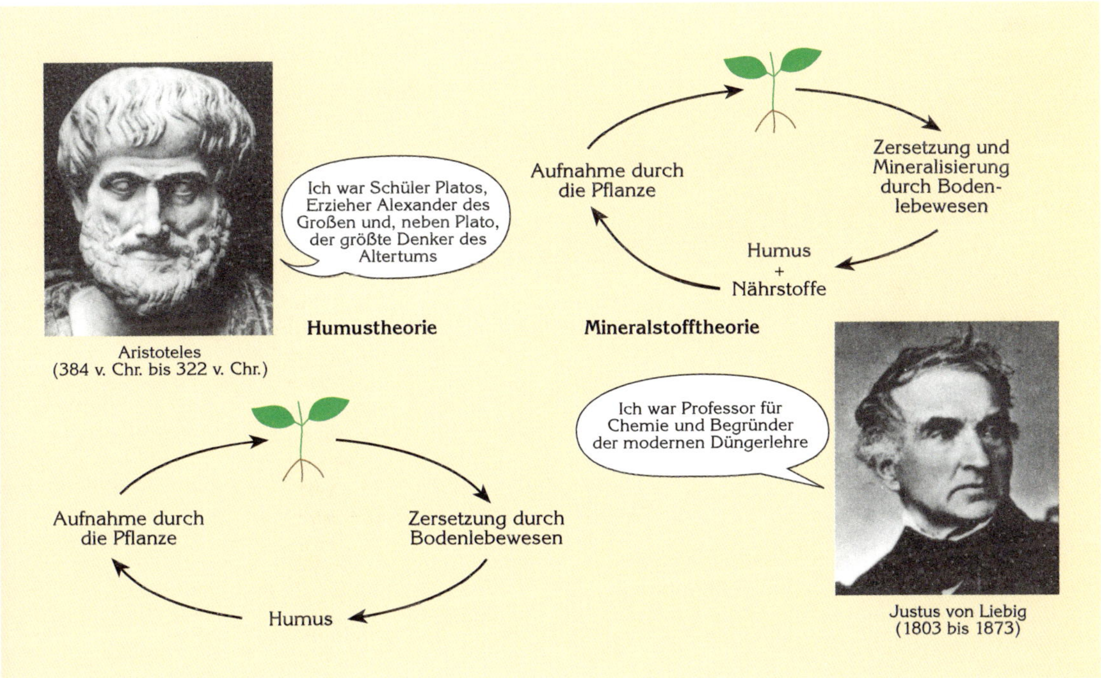

Abb. 1 Humus- und Mineralstofftheorie

Alle grünen Pflanzen können mithilfe der Photosynthese aus Kohlendioxid und Wasser **Kohlenhydrate** (Zucker, Stärke, Cellulose) aufbauen. Das reicht jedoch zum Wachsen, Blühen und Fruchten nicht aus. Zur Entwicklung, d. h. zum Aufbau von Eiweißen (Proteinen), Fetten (Lipiden), Vitaminen, Hormonen und Chorophyll, zur Regulierung des Wasserhaushaltes und zum Ablauf der Stoffwechselvorgänge benötigen Pflanzen bestimmte **Nährstoffe (Nährelemente)**, die sie dem Boden und der Luft entnehmen.

3.1.1 Humus- und Mineralstofftheorie

Bis zur Mitte des 19. Jahrhunderts ging man noch allgemein davon aus, dass sich Pflanzen von Humusstoffen ernähren, die sie aus dem Boden aufnehmen. Diese **Humustheorie** wurde etwa 350 v. Chr. von dem griechischen Philosophen und Naturforscher **Aristoteles** begründet. Mit fortschreitenden chemischen Kenntnissen und Analyseverfahren wurde Anfang des 19. Jahrhunderts die **Mineralstofftheorie** entwickelt. Im Gegensatz zur Humustheorie konnten die Vertreter der

Abb. 1 Offener Nährstoffkreislauf

Mineralstofftheorie nachweisen, dass sich Pflanzen nicht direkt von Humusstoffen, sondern von Mineralstoffen ernähren, die auch im Humus enthalten sind. Somit hat Humus nicht als Nährstoff, aber als Nährstofflieferant seine Bedeutung für das Pflanzenwachstum. Erst 1840 verhalf der deutsche Chemiker **Justus von Liebig** mit seinen Untersuchungen der Mineralstofftheorie zum endgültigen Durchbruch (s. Abb. 1, S. 155).

3.1.2 Nährstoffkreisläufe

Alle Nährstoffe unterliegen einem Kreislauf. Bei einem **„geschlossenen Nährstoffkreislauf"** gelangen die entzogenen Nährstoffe in den Boden zurück (s. Abb. 1, S. 124). So ein geschlossener Nährstoffkreislauf ist jedoch relativ selten. In der Regel haben wir es mit **„offenen Nährstoffkreisläufen"** zu tun. Hier werden die dem Boden entzogenen Nährstoffe, die die Pflanze zum Aufbau ihrer organischen Substanz verwendet, mit der Ernte weggeführt. Nur ein kleiner Teil gelangt über Erntereste (z. B. Wurzelrückstände) in den Nährstoffkreislauf zurück. Soll der Boden im Laufe der Zeit nicht an Nährstoffen verarmen, die Ernährung der Pflanzen gesichert bleiben, müssen dem Boden die entzogenen Nährstoffe zugeführt werden. Diesen Vorgang bezeichnen wir als **Düngung** (s. Abb. 1).

3.1.3 Lebensnotwendige Elemente

Mithilfe von Pflanzenanalysen und Wachstumsversuchen hat man herausgefunden, dass für alle Pflanzen **16 Nährelemente lebensnotwendig** (essentiell) sind. Nach dem Mengenbedarf der Pflanze an diesen Nährelementen unterscheidet man zwischen **Haupt-** und **Spurennährstoffen** (s. Abb. 1, S. 157). Da jedes einzelne Haupt- und Spurenelement im Leben der Pflanze ganz spezielle Aufgaben übernimmt, kommt es beim Mangel an einem dieser Nährelemente zu typischen Krankheitssymptomen (Mangelsymptome, s. Abb. 1, S. 158).

Hauptnährstoffe (Hauptnährelemente) benötigt die Pflanze in größeren Mengen			**Spurennährstoffe** (Spurennährelemente) benötigt die Pflanze nur in sehr kleinen Mengen	
mineralische Nährelemente	1. Stickstoff (N) *(lat. Nitrogenium)* 2. Phosphor (P) 3. Kalium (K) 4. Magnesium (Mg) 5. Calcium (Ca) 6. Schwefel (S)	**Kernnährelemente N, P, K** (sind in allen mineralischen und organischen „Volldüngern" enthalten)	mineralische Nährelemente	1. Eisen (Fe) *(lat. Ferrum)* 2. Mangan (Mn) 3. Zink (Zn) 4. Kupfer (Cu) *(lat. Cuprum)* 5. Bor (B) 6. Molybdän (Mo) 7. Chlor (Cl)
nichtmineralische Nährelemente	7. Kohlenstoff (C) aus der Luft als CO_2 *(lat. Carboneum)* 8. Sauerstoff (O) aus der Luft als O_2 *(lat. Oxygenium)* 9. Wasserstoff (H) aus dem Boden als H_2O *(lat. Hydrogenium)*			

Abb. 1 Haupt- und Spurennährstoffe

3.1.4 Nützliche Elemente

Neben den lebensnotwendigen Nährelementen gibt es auch so genannte **nützliche Elemente**. Diese sind zwar für Pflanzen nicht lebensnotwendig (!), sie fördern aber die Entwicklung bestimmter Pflanzenarten. So wirkt **Natrium (Na)** wachstumsfördernd auf Spinat, Rote Bete, Sellerie und Kohl; **Silicium (Si)** trägt zur Festigung des Pflanzengewebes bei und erhöht damit die Standfestigkeit sowie die Widerstandsfähigkeit der Pflanzen gegen Pilzbefall und saugende Insekten; **Cobalt (Co)** fördert die Entwicklung der Knöllchenbakterien und somit das Wachstum der mit ihnen in einer Lebensgemeinschaft lebenden Leguminosen.

3.1.5 Schädliche Elemente

Schadstoffe in Luft, Wasser und Boden beeinflussen die Pflanzenentwicklung und die Nahrungsqualität negativ. Eine Anreicherung in den Pflanzen über die Nahrungskette (s. S. 100) kann in hohem Maße die Gesundheit von Mensch und Tier gefährden. Zu diesen Schadstoffen zählen vor allem Schwermetalle wie **Blei (Pb)**, **Cadmium (Cd)** und **Quecksilber (Hg)**, s. Tab. 1. Aber auch die lebensnotwendigen Spurenelemente Cu, Zn, Mn, Fe und Mo gehören zu den Schwermetallen

Schadstoff	Hauptursachen	Gesundheitsschäden beim Menschen
Blei (Pb)	Kfz-Verkehr, Müllverbrennung, Verbrennung fossiler Brennstoffe, Verhüttung und Verarbeitung von Metallen, industrielle Emissionen, Schießplätze, Jagd	Schädigung des Nervensystems und der Nieren, Schwächung des Immunsystems, Blutarmut, Missbildung bei Embryonen
Cadmium (Cd)	Kfz-Verkehr, Müllverbrennung, Verbrennung fossiler Brennstoffe, Verhüttung und Verarbeitung von Metallen, Einsatz von Müllkompost, Klärschlamm und cadmiumhaltigem Phosphordünger, industrielle Emission, PVC-Herstellung	Lungenkrebs, Herz- und Kreislauferkrankungen, Nieren- und Leberschäden, Schrumpfung des Skeletts (Itai-Itai-Krankheit)
Quecksilber (Hg)	Kfz-Verkehr, Abwässer, Farben-, Batterie- und Fungizidherstellung, Einsatz von Müllkompost und Klärschlamm, Chlorherstellung	Schädigung des Nervensystems (Minamata-Krankheit), der Leber und der Nieren, Missbildungen, Mutationen

Tab. 1 Schwermetalle können in hohem Maße die Gesundheit des Menschen gefährden

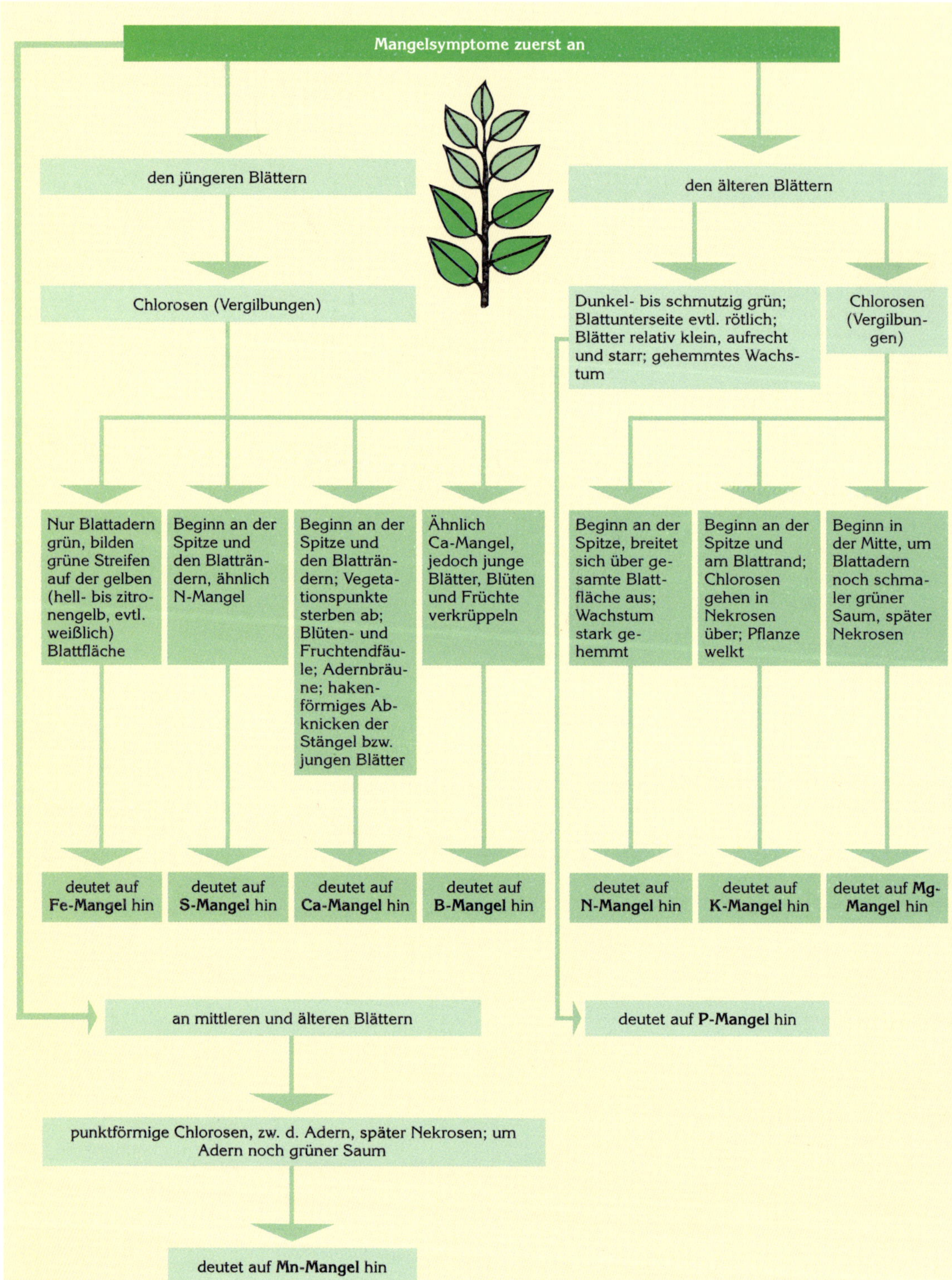

Abb. 1 Einfacher „Bestimmungsschlüssel“ zum Erkennen der häufigsten Mangelsymptome

Abb. 1 Verringerung der Schwermetallbelastung

und können bei übermäßiger Anreicherung im Boden Pflanze, Tier und Mensch schädigen. So hat man in zahlreichen Böden, vor allem in den Städten, sehr hohe Schwermetallgehalte gemessen. Als Hauptursache gelten die Abgase der Autos, der Industrie und der privaten Haushalte. Gerade in Gebieten mit hoher Luftverschmutzung kann das umweltbewusste Kompostieren zur Belastung der Böden beitragen. Durch die Kompostierung von Garten- und Küchenabfällen bleiben die Schwermetalle im Nährstoffkreislauf erhalten bzw. werden mit der Zeit im Boden angereichert. Einmal im Boden vorhandene Schwermetalle können nicht mehr entfernt werden. Deshalb sollte generell vor der Verwendung von Komposten eine Analyse der Inhaltsstoffe erfolgen.

Maßnahmen zur Verringerung der Schwermetallbelastung (s. Abb. 1)

- Pflanzen vor dem Verzehren bzw. der Zubereitung gründlich waschen. Dies sollte bereits vor dem Putzen oder Schälen geschehen, damit anhaftende Schwermetalle nicht auf den Komposthaufen gelangen.
- Laub von Straßenbäumen und Aschen nicht verkompostieren.
- Bei Cadmiumbelastung des Bodens keinen Anbau von Wurzel- und Blattgemüse, da in Wurzeln und Blättern verstärkt Cadmium eingelagert wird.
- Bei Blei- und Quecksilberbelastung kein Blattgemüse anbauen.
- Keinen Klärschlamm oder Müllkompost verwenden, da hohe Schwermetallgehalte.

3.2 Wachstumsgesetze

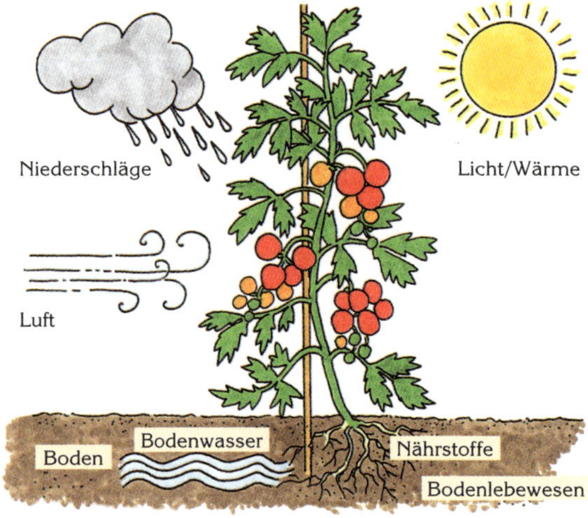

Abb. 1 Wachstumsfaktoren

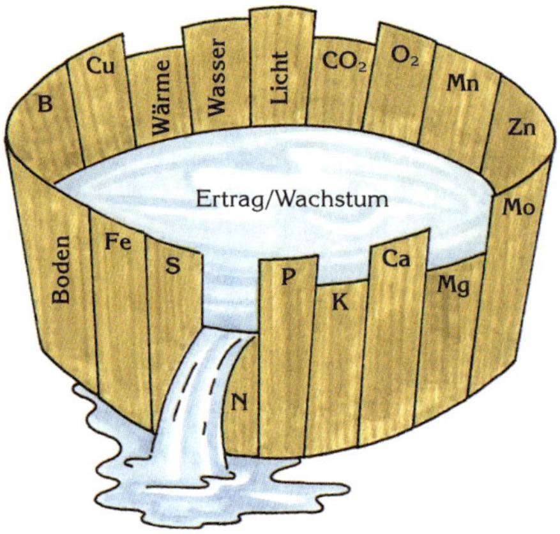

Abb. 2 Das Minimumgesetz

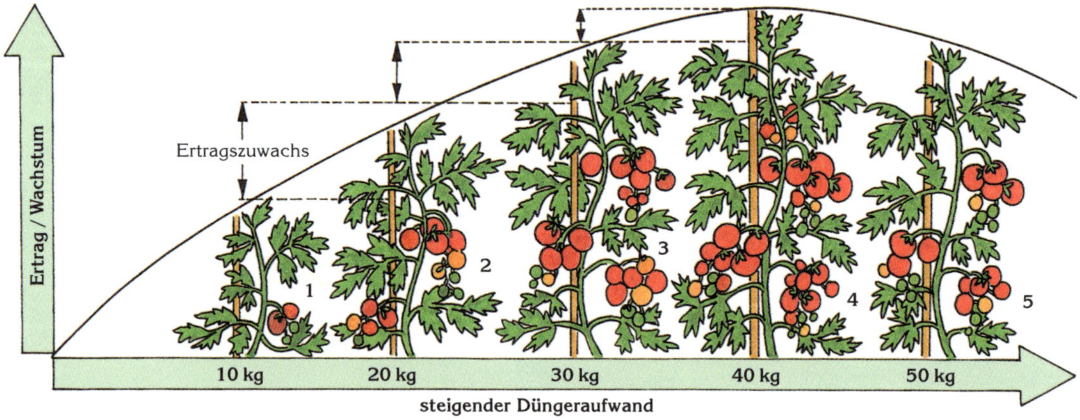

Abb. 3 Das Gesetz vom abnehmenden Ertragszuwachs

Das Wachstum und damit der Ertrag der Pflanzen richtet sich nach Gesetzen, so genannten **Wachstums-** bzw. **Ertragsgesetzen**. Der Chemiker Justus von Liebig (s. Abb. 1, S. 155) erkannte bereits 1855, dass das Pflanzenwachstum von dem Wachstumsfaktor (s. Abb. 1) begrenzt wird, der im Verhältnis zum Bedarf im Minimum vorhanden ist. Diese Aussage stellt das **Gesetz vom Minimum** dar. Es besagt also, dass – wenn z. B. Stickstoff im Minimum vorliegt – durch eine Düngung mit anderen Nährstoffen das Wachstum der Pflanzen nicht gesteigert werden kann. Eine Düngung mit Stickstoff erhöht hingegen das Wachstum so lange, bis ein anderer Wachstumsfaktor, z. B. Magnesium, im Verhältnis zum Bedarf im Minimum vorliegt und nun seinerseits das Wachstum begrenzt (s. Abb. 2).

Die Wechselwirkungen zwischen den einzelnen Wachstumsfaktoren schränken die Aussage des Minimumgesetzes jedoch ein. Wenn z. B. ein weiterer Wachstumsfaktor, z. B. das Wasser, auch nicht optimal vorhanden ist, kann durch erhöhte Wassergaben das Pflanzenwachstum verbessert werden, obwohl der im Minimum vorhandene

Zeile	Versuchsfeld	I	II	III	IV	V	VI	VII	VIII
1	N-Düngung (kg/ha)	0	30	60	90	120	150	180	210
2	Weizenertrag (dt/ha)	25	38	47	51	53	54	54,5	53
3	Ertrags-zuwachs (dt/ha)		13	9	4	2	1	0,5	–1,5
4	zusätzlicher Erlös in € (1 dt Weizen = 25 €)		325	225	100	50	25	12,5	–37,5
5	zusätzliche Dünger-kosten in € (1 kg N = 0,80 €)		24	24	24	24	24	24	24
6	zusätzlicher Gewinn in €		301	201	76	26	1	–11,5	–61,5

Tab. 1 Ergebnisse einer N-Steigerung zu Winterweizen

Wachstumsfaktor nicht erhöht wurde. Der Grund dafür ist der, dass durch die erhöhten Wassergaben ein besserer Antransport der Nährstoffe an die Wurzel und damit eine bessere Ausnutzung des Stickstoffs erfolgt. Diese Zusammenhänge erkannte Liebscher 1895 und veränderte dementsprechend das Minimumgesetz zum **Optimumgesetz**. Dieses besagt, dass der im Verhältnis zum Bedarf im Minimum vorhandene Wachstumsfaktor umso stärker das Wachstum bzw. den Ertrag beeinflusst, je mehr die anderen Wachstumsfaktoren im Optimum sind.

Durch Steigerung der Wachstumsfaktoren kann das Wachstum bzw. der Ertrag jedoch nicht beliebig erhöht werden. Jede Pflanze kann nur entsprechend ihren Erbanlagen seinen bestimmten Höchstertrag bringen. Dabei steigt der Ertrag bei gleich bleibender Düngersteigerung nicht gleichmäßig, sondern im Verhältnis zu dem am Höchstertrag fehlenden Ertrag. Das heißt, dass mit zunehmender Düngung zwar der Ertrag bis zum Höchstertrag steigt, der **Ertragszuwachs** aber immer geringer wird, je dichter man an den Höchstertrag kommt. Dementsprechend bezeichnete Mitscherlich (1906) dieses Ertragsgesetz als das **Gesetz vom abnehmenden Ertragszuwachs.** Wird die Düngermenge, die zum Erreichen des Höchstertrages notwendig ist, überschritten, kommt es zur Ertragsabnahme und Krankheiten durch Überdüngung (s. Abb. 3, S. 160).

3.3 Düngeverfahren

Grunddüngung

Die Grunddüngung erfolgt vor der Aussaat, dem Pikieren, Pflanzen oder Topfen. Sie erfolgt nach Boden-/Substratanalysen und soll den Grundbedarf der Pflanzen abdecken. Der Dünger wird in den Boden eingearbeitet bzw. in das Substrat eingemischt. **Faustzahl:** ½ bis ⅔ des gesamten Nährstoffbedarfs der Kultur.

Ergänzungsdüngung (Nachdüngung)

Die Ergänzungsdüngung dient der Ergänzung der Grunddüngung während der Kultur. Sie ermöglicht eine Anpassung an das Pflanzenwachstum. Erfolgt sie zu bestimmten Terminen, spricht man von einer **Termindüngung**. Nach der Art der Durchführung unterscheidet man:

Kopfdüngung

Die Kopfdüngung wird mit festen Düngern während der Wachstumsphase, vor allem im Freiland, vorgenommen.

Blattdüngung

Die Blattdüngung erfolgt durch **Flüssigdüngung auf das Blatt** (Nährstoffspritzung). Die gelösten Nährstoffe können über feinste Mikroporen auf Blattober- und -unterseite aufgenommen werden. **Faustzahl:** 0,05- bis 0,1 %ig (0,5 bis 1 g/l H_2O). Bei zu hohen Salzkonzentrationen besteht Verätzungsgefahr. Die Temperaturen sollten möglichst nicht über 20 °C und die relative Luftfeuchtigkeit nicht unter 40 % liegen. Entsprechend günstig ist die Ausbringung bei bedecktem Himmel oder in den Abendstunden. Hauptanwendung bei Spurennährelemente-Mangel und der N-Düngung mit Harnstoff.

Flüssigdüngung

Die **Intervalldüngung** erfolgt im Wechsel mit der Bewässerung in der Regel ein- bis zweimal wöchentlich. **Faustzahl:** 0,05- bis 0,3 %ig (0,5 bis 3 g/l).

Bei der **Bewässerungsdüngung** erfolgt die Zufuhr von Nährstoffen mit jedem Gießvorgang. Sie ermöglicht eine gleichmäßige, an den Bedarf der Pflanze angepasste Nährstoffversorgung. **Faustzahl:** 0,02- bis 0,2 %ig (0,2 bis 2 g/l H_2O).

3.4 Nährstoffdynamik des Bodens

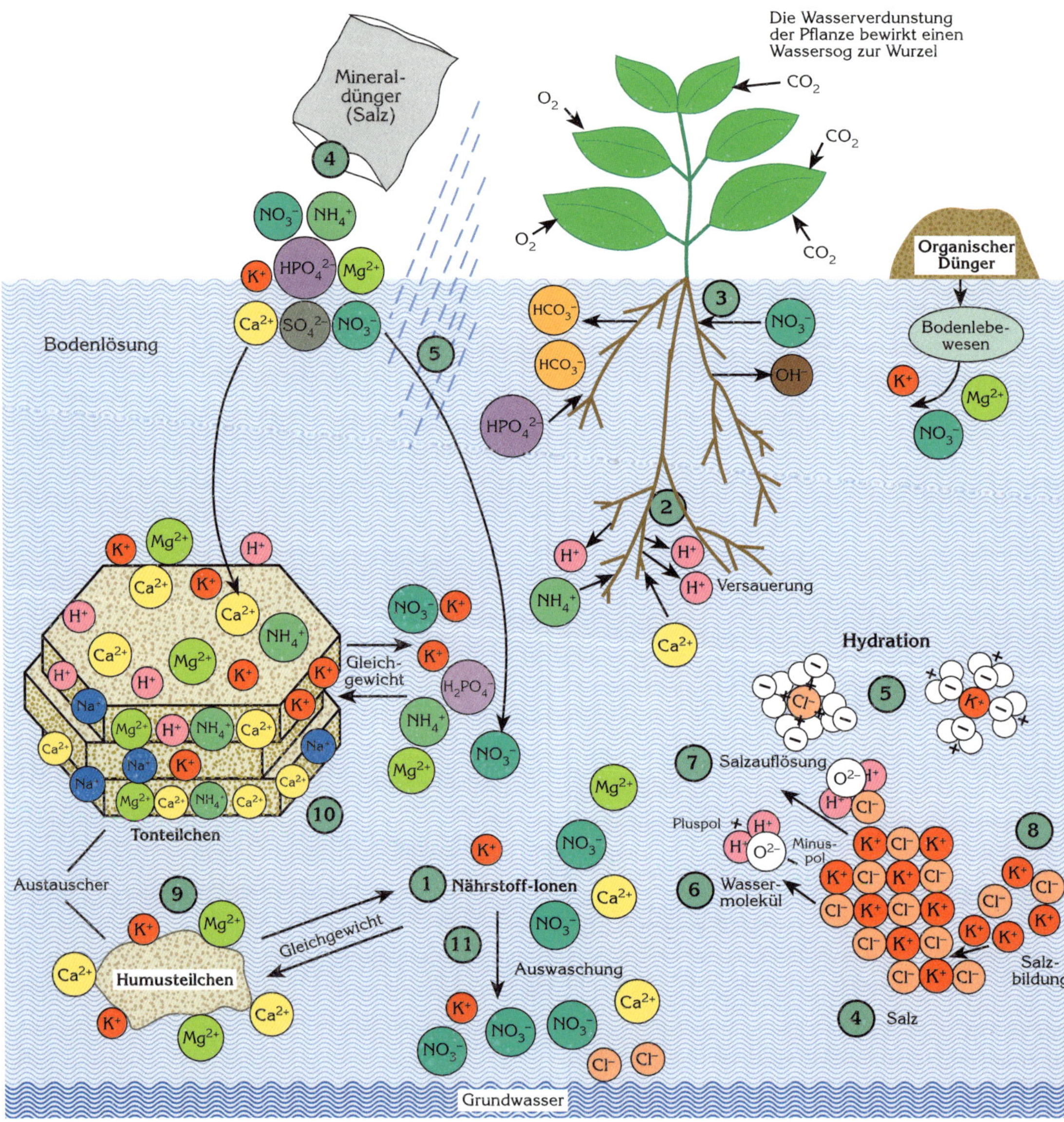

Abb. 1 Nährstoffdynamik des Bodens

3.4.1 Massenfluss und Diffusion

Das eigentliche Nährmedium für die Pflanze stellt die **Bodenlösung** (Bodenwasser mit gelösten Nährstoffen) dar. Aus ihr entzieht die Pflanzenwurzel die meisten Nährstoffe. Da sich nur ein geringer Teil der Nährstoffe in unmittelbarer Nähe der Wurzel befindet, muss der größte Teil zur Pflanzenwurzel transportiert werden. Dieser Antransport erfolgt mit dem Wasser. Unter anderem entsteht durch den Wasserentzug der Pflanze ein Wasserstrom in Richtung Wurzel, sodass die im Bodenwasser gelösten Nährstoffe zur Wurzel gelangen (**Massenfluss**). Die Menge der antransportierten Nährstoffe hängt von der **Nährstoffkonzentration der Bodenlösung, der Verdunstungsrate der Pflanze und dem durchwurzelten Bereich**

	Aufnahme als Kation*	Anion*
Stickstoff	NH_4^+ (Ammonium)	NO_3^- (Nitrat)
Phosphor		$H_2PO_4^-$ (Dihydrogen-phosphat) HPO_4^{2-} (Hydrogen-phosphat)
Kalium	K^+	
Magnesium	Mg^{2+}	
Calcium	Ca^{2+}	
Schwefel		SO_4^{2-} (Sulfat)
Eisen	Fe^{2+}	
Mangan	Mn^{2+}	
Zink	Zn^{2+}	
Kupfer	Cu^{2+}	
Bor	wird überwiegend als Borsäure-Molekül H_2BO_3 aufgenommen	
Molybdän		MoO_4^{2-} (Molybdat)
Chlor		Cl^-
* Hochzahlen geben die Wertigkeit an		

Tab. 1 Nährstoffe werden als Ionen aufgenommen

des Bodens ab. Indem die Pflanze der Bodenlösung Nährstoffe entzieht, schafft sie Konzentrationsunterschiede, sodass Nährstoffe auch durch **Diffusion** (s. S. 52) die Wurzeloberfläche erreichen können. Aufgrund der geringen Geschwindigkeit ist jedoch die Diffusion auf nur wenige Millimeter um die Wurzel begrenzt. Die Art, nach der der Antransport erfolgt, wird hauptsächlich von der Konzentration des jeweiligen Nährstoffs in der Bodenlösung bestimmt. Calcium, Magnesium und Nitrat, die in der Regel hoch konzentriert vorliegen, gelangen vorwiegend durch Massenfluss zur Wurzel. Phosphor und Kalium erreichen dagegen die Wurzel aufgrund ihrer relativ niedrigen Konzentration überwiegend durch Diffusion.

3.4.2 Kationen und Anionen

Im Gegensatz zu den nichtmineralischen Nährstoffen Kohlenstoff, Sauerstoff und Wasserstoff, die als ungeladene Moleküle (CO_2, O_2, H_2O) aufgenommen werden, erfolgt die Aufnahme der mineralischen Nährstoffe gelöst in Wasser in Form von Ionen (geladene Teilchen) 1. Dabei kann man unterscheiden zwischen **Kationen** (positiv geladene Ionen) und **Anionen** (negativ geladene Ionen), s. Tab. 1. Damit sich durch die Nährstoffaufnahme (s. auch S. 55) in Form von Ionen die Ladung der Pflanze nicht verändert, gibt sie im Austausch gegen aufgenommene Kationen H^+-Ionen 2 und im Austausch gegen Anionen HCO_3^-/OH^--Ionen ab 3, die bei der Atmung der Wurzel aus CO_2 und H_2O entstehen.

3.4.3 Auflösung/Bildung von Salzen

In mineralischen Düngern liegen die Nährstoffionen in einer festen Verbindung vor – als **Salz** (Ionenverbindung) 4. Durch Anlagerung von Wassermolekülen an die Kationen und Anionen **(Hydration)** 5 kommt es zur Auflösung des Salzes. Obwohl das Wassermolekül als Ganzes elektrisch neutral ist, weist es aufgrund seiner unterschiedlichen Ladungsverteilung ein positiv und ein negativ geladenes Ende auf. Man spricht von einem **Dipol** 6. Aufgrund dieser dipolen Ladung können sich Wassermoleküle an positiv und negativ geladene Teilchen anlagern. Indem sich die Ionen mit einer Wasserhülle umgeben, werden die Anziehungskräfte zwischen den Kationen und Anionen verringert, sodass sich das Salz beginnt aufzulösen, d. h., die im Kristallgitter des Salzes gebundenen Ionen werden frei beweglich (in Wasser gelöst) 7. **In dieser gelösten Form können sie von der Pflanze aufgenommen, an Austauschern angelagert (Kationen) oder ausgewaschen werden.** Wird die Nährstoffionenkonzentration in der Bodenlösung erhöht, kann es durch eine verstärkte Annäherung unterschiedlich geladener Ionen auch zu einer Anziehung von Kationen und Anionen kommen, sodass es zur **Ausfällungsreaktion**, d. h. zur **Salzbildung**, kommt 8. Die vorher gelösten Nährstoffionen liegen dann wieder in einer ungelösten, d. h. nicht pflanzenverfügbaren Form vor. Je nach Löslichkeit der sich bildenden Salze können die Nährstoffionen leicht oder nur schwer wieder gelöst werden.

3.4.4 Austauschvorgänge

Aufgrund ihrer positiven Ladung können sich Kationen an die negativ geladenen Ton- und Humusteilchen (Bodenkolloide) anlagern 9. Zwischen den an der Oberfläche der Kolloide absorbierten Nährstoffen und denen in der Bodenlösung stellt sich ein Gleichgewicht ein 10. **Wird dieses Gleichgewicht gestört, finden Austauschvorgänge zwischen den Bodenkolloiden und der Bodenlösung**

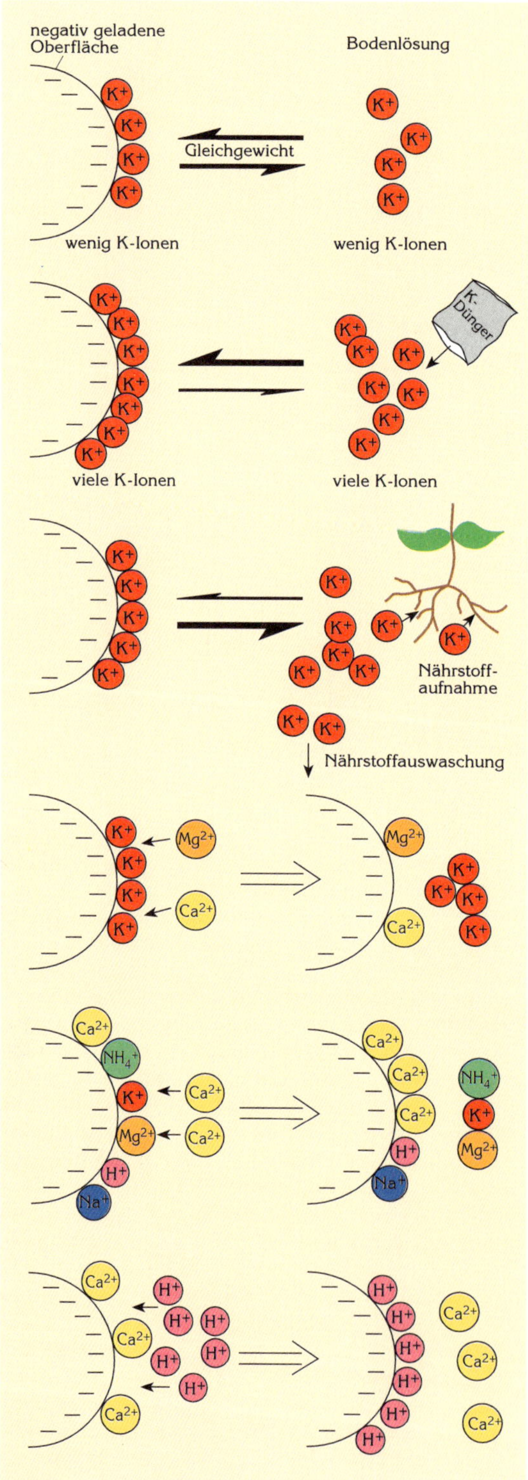

Abb. 1 Austauschvorgänge

statt, mit dem Ziel, ein neues Gleichgewicht einzustellen. Wird die Konzentration der Nährstoffe in der Bodenlösung erhöht (z. B. durch Düngung), lagern sich vermehrt Nährstoffe an den Kolloiden an. Wird hingegen die Konzentration der Nährstoffe in der Bodenlösung erniedrigt (z. B. durch Nährstoffentzug der Pflanze oder durch Auswaschung), diffundieren Nährstoffe von den Bodenkolloiden in die Bodenlösung. Diese Austauschvorgänge sind der Grund dafür, dass nicht nur die in der Bodenlösung befindlichen Nährstoffe pflanzenverfügbar sind, sondern auch die an den Bodenkolloiden angelagerten Nährstoffe pflanzenverfügbar bleiben (s. Abb. 1). Dort, wo ein direkter Kontakt zwischen der Wurzeloberfläche und den Bodenkolloiden stattfindet, kann ein direkter Ionenaustausch zwischen Wurzel und den Austauschern erfolgen (Kontaktaustausch). Da negativ geladene Nährstoffionen nicht angelagert werden, unterliegen sie in der Bodenlösung einer verstärkten Auswaschung ⑪.

3.4.5 Ionenkonkurrenz/-förderung

Zwischen Ionen gleicher Ladung besteht eine Konkurrenz bei der Anlagerung an die Bodenkolloide und der Aufnahme durch die Pflanzen. So können positiv geladene Ionen andere Kationen von den Austauschern verdrängen und gleich geladene Ionen um die Aufnahme durch die Pflanze konkurrieren. Dabei setzen sich die höher wertigen Ionen gegenüber denen mit niedriger Wertigkeit und die höher konzentrierte Ionenart gegenüber der niedriger konzentrierten durch (s. Abb. 1). Der Gesamtgehalt der Kationen (K^+, Ca^{2+}, Mg^{2+}, NH_4^+, Na^+) und Anionen (NO_3^-, Cl^-, SO_4^{2-}, $H_2PO_4^-/HPO_4^{2-}$) in der Pflanze tendiert dazu, konstant zu bleiben, sodass eine überhöhte Gabe einer Kationen- bzw. Anionenart den Gehalt an anderen Kationen bzw. Anionen über eine gehemmte Aufnahme erniedrigt. So senkt z. B. ein steigendes Calcium-Angebot die Aufnahme von Kalium sowie Magnesium und umgekehrt. Gleiche Verhältnisse bestehen unter den Anionen. Dieses Gegeneinanderwirken gleich geladener Ionen bezeichnet man als **Ionenkonkurrenz** oder **Ionenantagonismus**. Unterschiedlich geladene Ionen fördern sich hingegen in der Aufnahme. So kann z. B. ein steigendes Kalium-Angebot (K^+) die Aufnahme von Nitrat (NO_3^-) fördern und umgekehrt. In solchen Fällen spricht man von **Ionenförderung** oder **Ionensynergismus**.

3.5 Der pH-Wert und die Kalkung

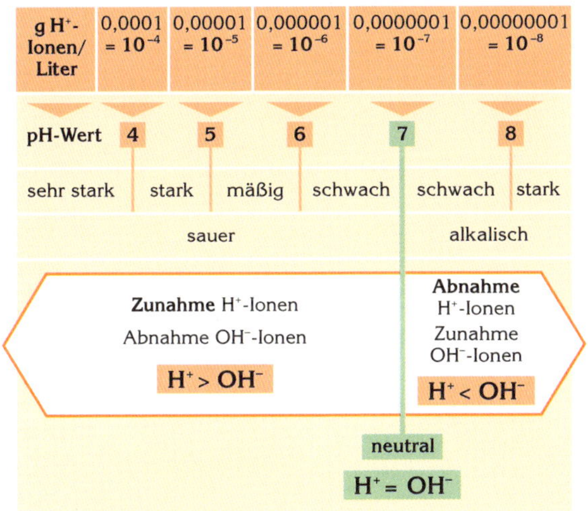

Abb. 1 pH-Bereich der meisten Kulturböden

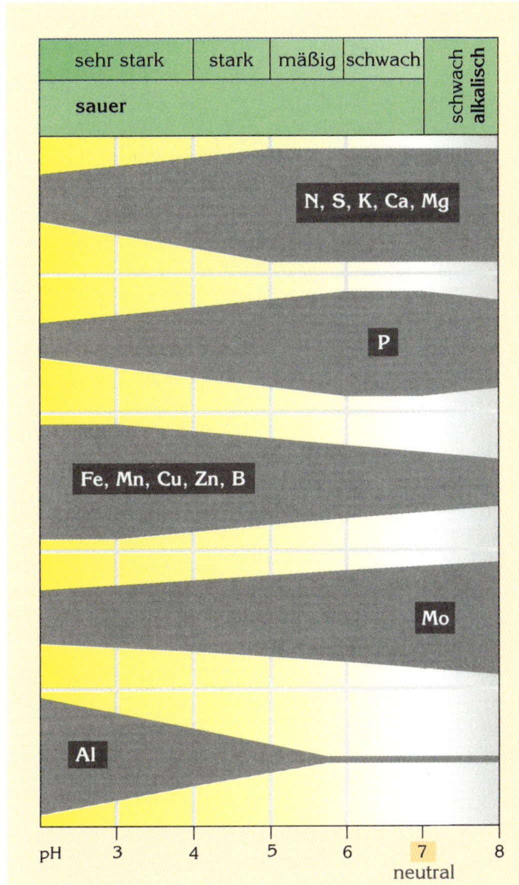

Abb. 2 Einfluss des pH-Wertes auf die Nährstoffverfügbarkeit

Der **pH-Wert** (lat. potentia hydrogenii = Potenz des Wasserstoffs) ist ein **Maß für die Konzentration der Wasserstoffionen** (H^+-Ionen, genauer: Hydronium-Ionen H_3O^+) **in einem Liter Wasser. Er kennzeichnet die saure, neutrale oder alkalische Reaktion des Bodens.** Wassermoleküle (H_2O) zerfallen z. T. in H^+- und OH^--Ionen (Hydroxyl-Ionen). So enthält chemisch reines Wasser 10^{-7}g H^+-Ionen ($^1/_{10^7}$ g = 0,0000001 g) pro Liter. Da das **Ionenprodukt des Wassers** immer 10^{-14} ist, sind in chemisch reinem Wasser ebenso viele OH^--Ionen wie H^+-Ionen vorhanden:

$$[H^+] \cdot [OH^-] = [10^{-14}] \rightarrow [10^{-7} g\ H^+] \cdot [10^{-7} g\ OH^-] = [10^{-14}]$$

Weil die Anzahl der H^+-Ionen gleich der Anzahl der OH^--Ionen ist, ist das Wasser chemisch neutral: $H^+ + OH^- \rightarrow H_2O$. Nimmt die Anzahl der H^+-Ionen zu, muss entsprechend dem Ionenprodukt die Anzahl der OH^--Ionen abnehmen und umgekehrt:

$$[10^{-3} g\ H^+] \cdot [10^{-11} g\ OH^-] = [10^{-14}]$$
$$[10^{-5} g\ H^+] \cdot [10^{-9} g\ OH^-] = [10^{-14}]$$
$$[10^{-8} g\ H^+] \cdot [10^{-6} g\ OH^-] = [10^{-14}]$$

Merke: Man multipliziert Potenzen, indem man ihre Exponenten (Hochzahlen) addiert.

Der anzustrebende pH-Wert wird, ausgenommen bei Moorbeetpflanzen, nicht von den Pflanzen, sondern von der Bodenart bestimmt. **Kalk erhöht nicht nur den pH-Wert, er fördert über die Verkittung der Bodenteilchen auch die Krümelbildung und damit die Bodenstruktur.** Davon ausgehend, dass ein hoher pH-Wert die Verfügbarkeit an Spurennährelementen verringert (s. Abb. 2), die Bodenstruktur aber verbessert, sind bei leichten und schweren Böden unterschiedliche pH-Werte anzustreben. Da leichte Böden eine relativ gute Bodenstruktur besitzen, jedoch aufgrund ihres geringen Tongehaltes wenig Nährstoffe speichern können, muss bei ihnen vor allem verhindert werden, dass die Nährstoffverfügbarkeit durch einen zu hohen pH-Wert weiter verringert wird. **Daher strebt man bei leichten Böden einen mäßig sauren pH-Wert von 5,5 bis 6,0 an** und nimmt damit eine leichte Verschlechterung der Bodenstruktur in Kauf. Genau umgekehrt ist es bei den schweren

Böden. Sie weisen aufgrund ihres hohen Tongehaltes eine gute Nährstoffhaltekraft, aber eine schlechte Bodenstruktur auf. Bei diesen Böden muss es vor allem darum gehen, die Struktur zu verbessern. **Daher strebt man bei schweren Böden einen schwach sauren bis schwach alkalischen pH-Wert von 6,5 bis 7,5 an** und nimmt damit eine leichte Verschlechterung der Nährstoffverfügbarkeit in Kauf. **Der „optimale" pH-Wert stellt somit einen Kompromiss zwischen einer optimalen Spurenelementeverfügbarkeit und einer optimalen Bodenstruktur dar** (s. Abb. 2, S. 167). Auch der **Gehalt an organischer Substanz** beeinflusst den anzustrebenden pH-Wert. Ein pH-Wert um 7 stellt für Bakterien das Optimum dar. Dies bedeutet jedoch auch, dass bei diesem pH-Wert die Zersetzung der organischen Substanz am schnellsten erfolgt. Bei Böden mit einem besonders hohen Gehalt an organischer Substanz ist eine rasche Zersetzung nicht erwünscht, da sie zu einer Verschlechterung der Bodenstruktur führt. Deswegen strebt man bei **Moorböden einen pH-Wert von 4,0** an. Dies ist auch deswegen möglich, weil Moorböden keine **Al-Ionen** – die schon in geringen Mengen auf die Pflanzen schädlich wirken – enthalten, sodass es bei diesem niedrigen pH-Wert auch nicht zu toxischen Konzentrationen kommen kann (s. Abb. 2, S. 165).

Zur Feststellung des pH-Wertes muss zunächst eine repräsentative **Bodenprobe** von der zu untersuchenden Fläche genommen werden. Die **Messung des pH-Wertes** kann dann nach unterschiedlichen Verfahren erfolgen (s. S. 140 ff.). Tabelle 1 gibt Richtwerte für die Aufkalkung zu saurer Böden an. **Mit der Kalkung werden nicht nur überschüssige H^+-Ionen neutralisiert (pH-Erhöhung), sondern es wird auch der Nährstoff Calcium zugeführt** (s. Abb. 1, S. 167). Nur wenn beides erfolgt, sprechen wir von einer Kalkung. Stimmt der pH-Wert, ist auch der Calcium-Bedarf der Pflanzen gedeckt.

Ausgangsmaterialien für die Herstellung von **Kalkdüngern** sind Kalkgesteine, Algen (Algenkalke) und Meeresablagerungen aus Kleinstlebewesen mit Kalkpanzern und Algen. Die Vorräte sind riesig groß, da ganze Gebirge aus Kalkgestein bestehen, z. B. Dolomiten, Kalkalpen und Jura. Bei der **Ausbringung** der Kalkdünger (s. Tab. 1, S. 167) ist auch auf eine gleichmäßige Verteilung und eine Einmischung in die zu kalkende Bodenschicht (Oberboden) zu achten. Eine notwendige pH-Erniedrigung, z. B. bei einer Pflanzung von Moorbeetpflanzen, kann durch Einarbeitung von nicht aufgekalktem Torf (pH 2,5 bis 3,5), elementarem Schwefel oder Eisensulfat erfolgen.

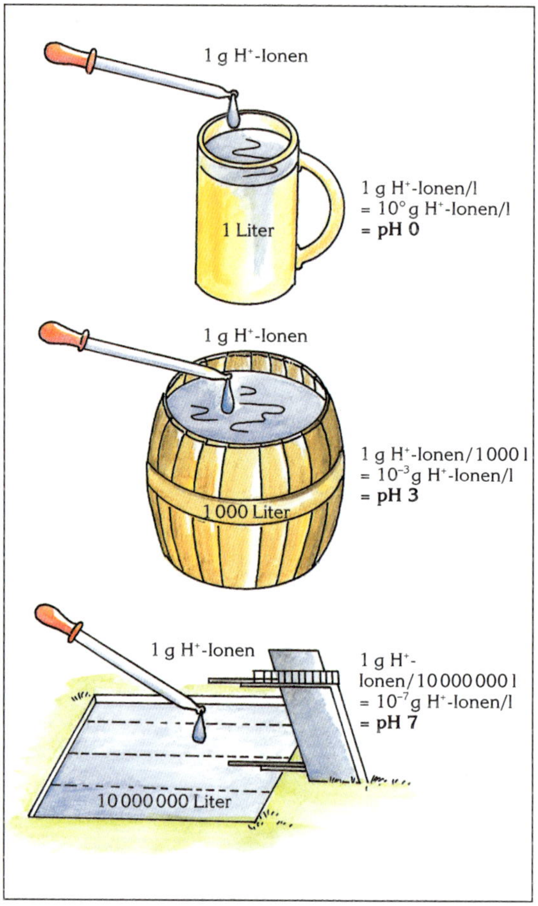

Abb. 1 pH-Werte in Abhängigkeit von der Wasserstoffionenkonzentration

Ist die Anzahl der H^+-Ionen größer als die der OH^--Ionen, reagiert der Boden sauer. Überwiegen die OH^--Ionen, reagiert der Boden alkalisch. Befinden sich in der Bodenlösung gleich viele H^+- und OH^--Ionen, reagiert der Boden neutral. Wegen der einfacheren Handhabung benutzt man als Maßzahl für die Reaktion einer Lösung nur den negativen Potenzexponenten ihrer Wasserstoffionenkonzentration, der als pH (Potenz der H^+-Ionenkonzentration) bezeichnet wird (s. Abb. 1, S. 165). Gemäß dem Ionenprodukt des Wassers gibt es pH-Werte von 0 bis 14 (s. Abb. 1).

Die Pflanzenverfügbarkeit der Nährstoffe wird ganz entscheidend vom pH-Wert des Bodens beeinflusst (s. Abb. 2). Da Böden aufgrund des sauren Regens (pH < 5,6) zur Versauerung neigen – pro ha und Jahr ist mit einer Kalkauswaschung von 200 bis 500 kg CaO (!) zu rechnen – sollte jährlich eine **Kalkung** durchgeführt werden.

Name	Düngerform	Vergleichsbasis CaO	Bemerkungen
Kohlensaurer Kalk (Kalkmergel)	75 bis 95% $CaCO_3$ (Calciumcarbonat)	∅ 50%	Vermahlenes Kalkgestein; weiß-grau; langsam wirkend → gut für leichte Böden geeignet, da Überkalkungsgefahr gering
Branntkalk	65 bis 95% CaO (Calciumoxid)	∅ 80%	Durch Brennung von $CaCO_3$ entstanden; weiß; ätzend; schnelle Wirkung → für schwere Böden, bei leichten Böden Überkalkungsgefahr
Löschkalk	80 bis 90% $Ca(OH)_2$ (Calciumhydroxid)	∅ 65%	Durch Löschen (Wasserzugabe) von Branntkalk entstanden, weiß; ätzend; schnell wirkend → für schwere Böden geeignet
Hüttenkalk	75% Ca_2SiO_4 (Calciumsilikat)	∅ 45%	Vermahlene Hochofenschlacke; grau; sehr langsame Wirkung → für leichte Böden geeignet
Algenkalk	≥70% $CaCO_3$ (Calciumcarbonat)	≥ 40%	Vermahlenes kalkhaltiges Pflanzenmaterial (Rotalgen aus 30 bis 50 m Meerestiefe); langsame Wirkung → für leichte Böden geeignet
Umrechnungsfaktoren	$CaCO_3$ → CaO: × 0,56; CaO → $CaCO_3$: × 1,79		Ca → CaO: × 1,40; CaO → Ca: × 0,715

Tab. 1 Kalkdünger

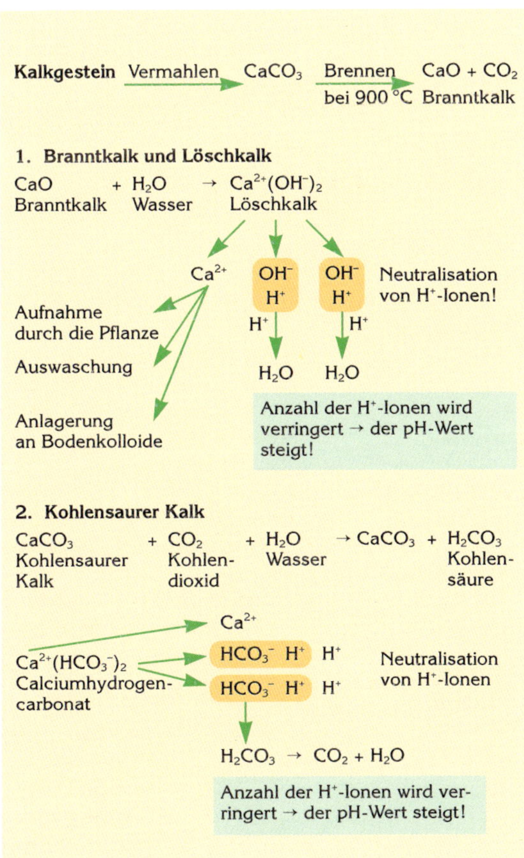

Abb. 1 pH-Erhöhung durch Kalkung

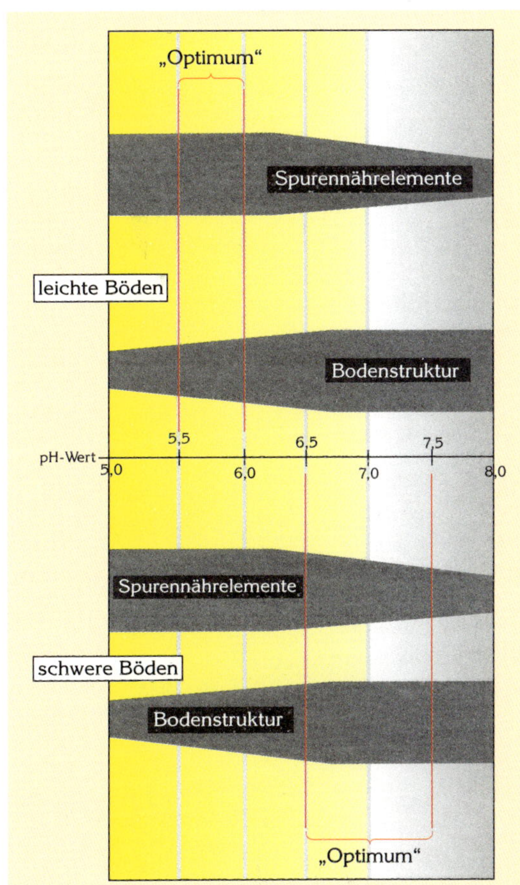

Abb. 2 Der „optimale“ pH-Wert – ein Kompromiss

	leichte Böden	schwere Böden
	kohlensaurer Kalk/ Hüttenkalk/Algenkalk	Brannt-/Löschkalk
pH-Wert	in g/m²	
4,0	150	600 / 700[1]
5,0	60	400 / 470
6,0	0	100 / 120
7,0	0	0

Faustzahlen

Bei Torfsubstraten: 3 kg $CaCO_3/m^3$ bei einem Ausgangs-pH von 3,8 und einer Anhebung auf 5,5. Zur Erhaltung des optimalen pH-Wertes alle 3 bis 4 Jahre:

- leichte Böden 100 bis 200 g $CaCO_3/m^2$
- schwere Böden 100 bis 200 g CaO/m^2

[1] Gabe auf 2 bis 3 Jahre verteilen

Tab. 1 Richtwerte für die Aufkalkung

3.6 Versalzung und Wasserqualität

3.6.1 Ursachen der Versalzung und ihre Folgen

Unter einer Versalzung des Bodens versteht man eine überhöhte **Anreicherung von Salzen in der Bodenlösung.** Zu einer Salzanreicherung kommt es im Gartenbau vor allem durch eine **zu starke mineralische Düngung** und die **Verwendung salzhaltigen Gießwassers.** Durch die Erhöhung der Salzkonzentration in der Bodenlösung wird die Wasseraufnahme gehemmt (s. S. 53). **Symptome** sind Wachstumsstockungen, Chlorosen und Verbrennungen an den Blättern (Nekrosen), Welken der Pflanzen und ein vorzeitiger Blattfall. Qualitätsverluste und Ertragsminderungen sind **Folgen** dieser Salzschäden. Die Salzverträglichkeit der Pflanzen ist unterschiedlich, sodass die Salzkonzentration, bei der eine Schädigung erfolgt, auch von der Pflanzenart abhängt. Der **Einsatz von Streusalzen** (Kochsalz = Na^+Cl^-) im Winter führt zusätzlich zu einer Verarmung des Bodens an Nährelementen und einer Zerstörung der Bodenstruktur. Die Na^+-Ionen verdrängen Ca^{2+}-, Mg^{2+}- und K^+-Ionen von den Bodenteilchen, sodass sie verstärkt der Auswaschung unterliegen (→ Nährstoffmangel). Durch die Verdrängung der Ca^{2+}-Ionen (verkitten die Bodenteilchen) beginnt die Krümelstruktur des Bodens zu zerfallen (→ Bodenverdichtungen → Sauerstoffmangel → Hemmung des Bodenlebens). Vor allem die mit dem Streusalz zugeführten Cl^--Ionen bewirken eine Erhöhung der Salzkonzentration in der Bodenlösung und damit eine Hemmung der Wasseraufnahme durch die Pflanze, sodass es zu Salzschäden kommt.

Für die **Entnahme einer Wasserprobe** Wasser 5 bis 15 Minuten laufen lassen und mindestens 0,7 l in einer gut gesäuberten Flasche abfüllen.

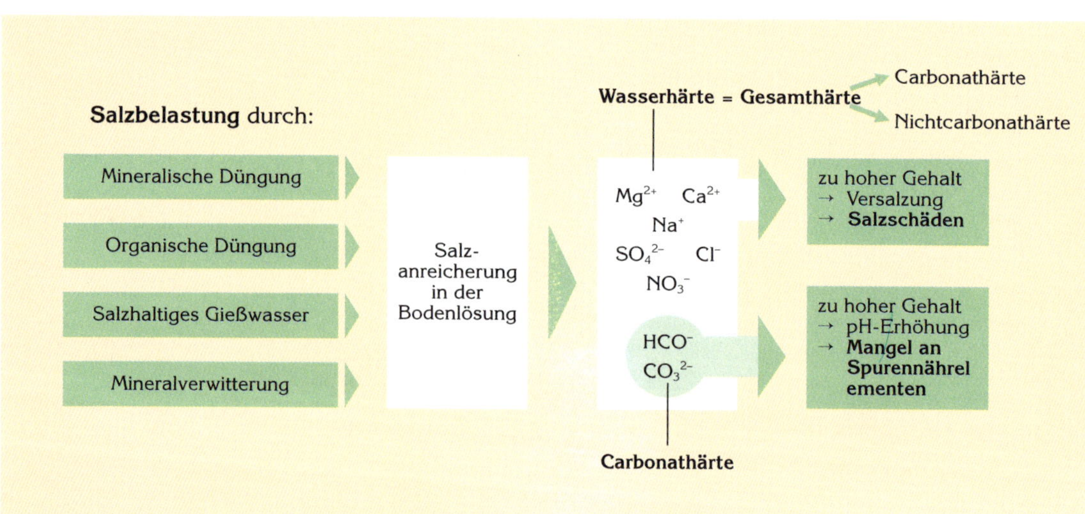

Abb. 1 Auswirkungen überhöhter Salzkonzentrationen in der Bodenlösung

pH-Wert	6,0–8,0
Salzgehalt	200–500 mg/l (unter Glas <350 mg/l)
Gesamthärte	15–20 °dGH
Carbonathärte	6–10 °dKH (s. auch Tab. 2)
Calcium (Ca^{2+})	100 mg/l
Magnesium (Mg^{2+})	25 mg/l (Werte >10 mg/l → bei der Düngung berücksichtigen)
Kalium (K^{+})	25 mg/l (Werte >5 mg/l → bei der Düngung berücksichtigen)
Natrium (Na^{+})	50 mg/l
Ammonium (NH_4^{+})	5 mg/l (Werte über 2 mg/l → bei Düngung berücksichtigen; Werte >10mg/l → Belüftung des Wassers)
Nitrat (NO_3^{-})	50 mg/l (Werte über 5 mg/l → bei Düngung berücksichtigen)
Eisen (Fe^{2+})	5 mg/l (höhere Werte → bei Düngung berücksichtigen; Werte >1 mg/l → Belüftung des Wassers, s. S. 170)
Chlorid (Cl^{-})	50 mg/l
Sulfat (SO_4^{2-})	<150 mg/l
Kohlenstoffdioxid	100 mg/l

Tab. 1 Grenzwerte für Inhaltsstoffe im Gießwasser

3.6.2 Wasserhärte und pH-Wert

Die **Wasserhärte** oder **Gesamthärte des Wassers** ergibt sich aus der Summe der im Wasser gelösten Alkali- (Na^{+}, K^{+}) und Erdalkali-Ionen (Ca^{2+}, Mg^{2+}) sowie ihrer begleitenden Anionen (Carbonate, Nitrate, Chloride und Sulfate). **Je höher der Salzgehalt, desto härter das Wasser!** Dabei wird unterschieden zwischen der **Carbonathärte** (Gehalt an gelösten Carbonaten) und der **Nichtcarbonathärte** (Gehalt an gelösten Nitraten, Chloriden und Sulfaten). Je mehr CO_2 das Wasser enthält, desto mehr lösen sich die Carbonatsalze auf, desto höher ist der Gehalt an Carbonat-Ionen (HCO_3^{-} und CO_3^{2-}), d. h. die Carbonathärte:

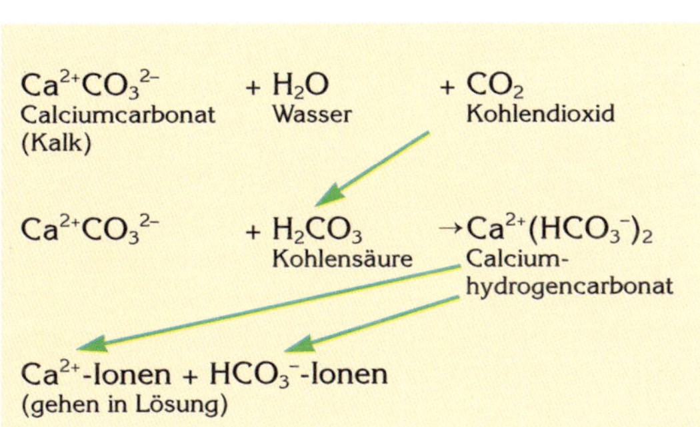

Da Carbonat-Ionen über die Bindung von H^{+}-Ionen zu einer pH-Erhöhung führen, besteht bei der Verwendung harten Gießwassers die Gefahr eines Mangels an Spurenelementen (s. Abb. 2, S. 165). Die Carbonathärte wird in **deutschen Härtegraden (°dH) oder Säurekapazität (mol/m³)** angegeben (s. Tab. 2).

3.6.3 Entsalzungs-/Enthärtungsverfahren

Zur Aufbereitung von Gießwasser sind unterschiedliche Verfahren geeignet. Welches Wasseraufbereitungsverfahren gewählt wird, muss durch eine Wirtschaftlichkeitsberechnung festgestellt werden.

Verwendung von Ammoniumoxalat

Pro abzusenkenden Härtegrad werden 25,3 mg Ammoniumoxalat ($NH_4^{+}COO^{-}$)/m³ Wasser ins offene Becken gegeben. Der Kalk fällt dann z. B. als Calciumoxalat $Ca^{2+}(COO^{-})_2$ aus, d. h., er setzt sich auf dem Beckenboden ab. Daneben bildet sich schwefelsaures Ammoniak $(NH_4^{+})_2SO_4^{2-}$, das sich im Wasser auflöst. Eine Enthärtung sollte auf diese Weise nur bis 5 °dH erfolgen, da sonst die Gefahr besteht, dass freie Säuren auftreten, die zu Pflanzenschäden führen können.

Verwendung von Schwefelsäure

Durch etwa 10 ml konzentrierte Schwefelsäure (H_2SO_4)/m³ Wasser wird 1 °dH beseitigt. Beachte: Nie Wasser in Säure geben, da sich die Säure bei

Wasserhärtebereich	Härtegrade °dH (1 °dH = 10 mg CaO/l)	Säurekapazität Mol/m³ (1 mol/m³ = 5,61 °dH)	Gut geeignet für
1 weich	< 7,5	< 1,3	Orchideen, Bromelien, Kamelien, Farne, Anthurien, Primeln, Hortensien und Moorbeetpflanzen wie Callunen, Azaleen, Rhododendren, Blaubeeren
2 (mittelhart)	7,5 bis 15	1,3 bis 2,5	die meisten Pflanzen
3 (hart)	15 bis 21	2,5 bis 3,8	Enthärtung erforderlich!
4 (sehr hart)	> 21	> 3,8	

Tab. 2 Carbonathärte

der Verdünnung so stark erwärmt, dass sie zum Sieden kommt (Spritzgefahr!). Deswegen immer **Säure ins Wasser gießen, nie umgekehrt!**

Verwendung von Torf

Indem man Wasser durch Torf leitet, kann mit 300 g Torf/l Wasser 1 °dH beseitigt werden.

Verwendung von Regenwasser

Regenwasser ist sehr weich (ideales Gießwasser), sodass durch Vermischung von Regenwasser und Gießwasser eine Enthärtung möglich ist.

Verwendung von abgekochtem Wasser

Nur für kleine Mengen im Haushalt geeignet. Beim Erhitzen carbonhaltigen Wassers entweicht CO_2, sodass sich der gelöste Kalk als so genannter **Kesselstein** niederschlägt (Umkehr obiger Reaktion!).

Verwendung von Ionenaustauschern

Ionenaustauscher (Kunstharze) entziehen dem durchlaufenden Wasser die gelösten Ionen. Zur Entziehung der gelösten Carbonate (Teilentsalzung) dient als Austauscher ein **Kationenaustauscher**, der schwach sauer reagiert (s. Abb. 1). Soll das Wasser vollständig entsalzt werden, werden die im Wasser enthaltenen Salze durch eine **Kombination von Kationen- und Anionenaustauschern** entfernt (s. Abb. 2).

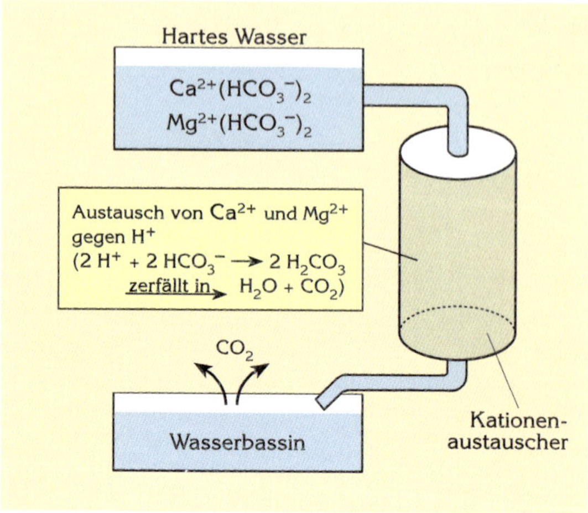

Abb. 1 Entcarbonisierung mittels Kationenaustauscher

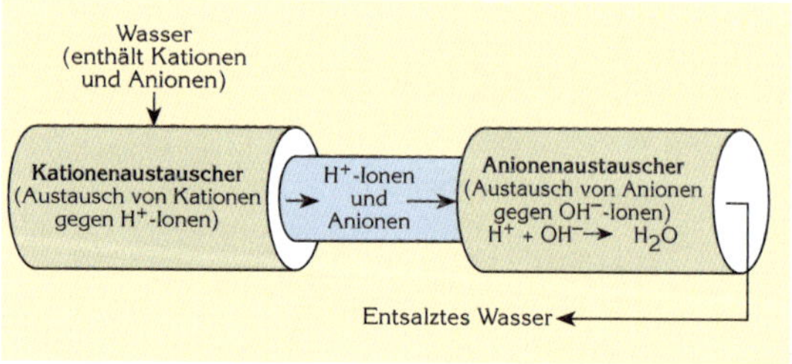

Abb. 2 Entsalzung mittels Kationen- und Anionenaustauscher

Verwendung des Prinzips der umgekehrten Osmose

Bei der Osmose (s. S. 52) diffundiert das Wasser durch eine halbdurchlässige Membran von der geringer konzentrierten Lösung (niedriger osmotischer Druck) in die höher konzentrierte Lösung (hoher osmotischer Druck). Bei der Anwendung des Prinzips der umgekehrten Osmose setzt man die höher konzentrierte Lösung, das salzhaltige Gießwasser, mit einer Druckerhöhungspumpe unter einen höheren Druck als ihren osmotischen Druck, sodass das Wasser in umgekehrter Richtung fließt (s. Abb. 3).

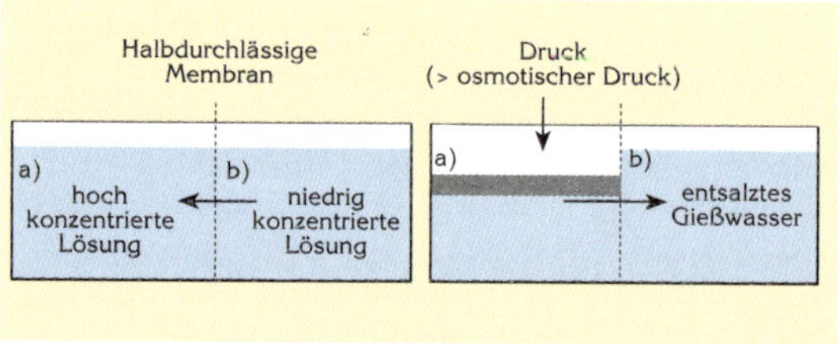

Abb. 3 Anwendung der umgekehrten Osmose bei der Wasseraufbereitung

3.6.4 Eisenbelastung

Bei Eisengehalten von mehr als 1 mg/l Wasser kann es zu Wachstumsdepressionen und beim Gießen zu Flecken auf den Blättern kommen. Wird eisenhaltiges Wasser belüftet, wird das gelöste zweiwertige Eisen (Fe^{2+}) zu unlöslichen dreiwertigen Eisenverbindungen ($Fe^{3+}_2\ O^{2-}_3$) oxidiert. In dieser braun gefärbten Form kann es Leitungen und Düsen verstopfen sowie Flecken auf den Blättern verursachen. Daher sollte eisenhaltiges Wasser vor der Verwendung intensiv belüftet werden, damit sich der Eisenschlamm im Auffangbecken absetzen kann.

3.7 Hauptnährelemente

3.7.1 Stickstoff

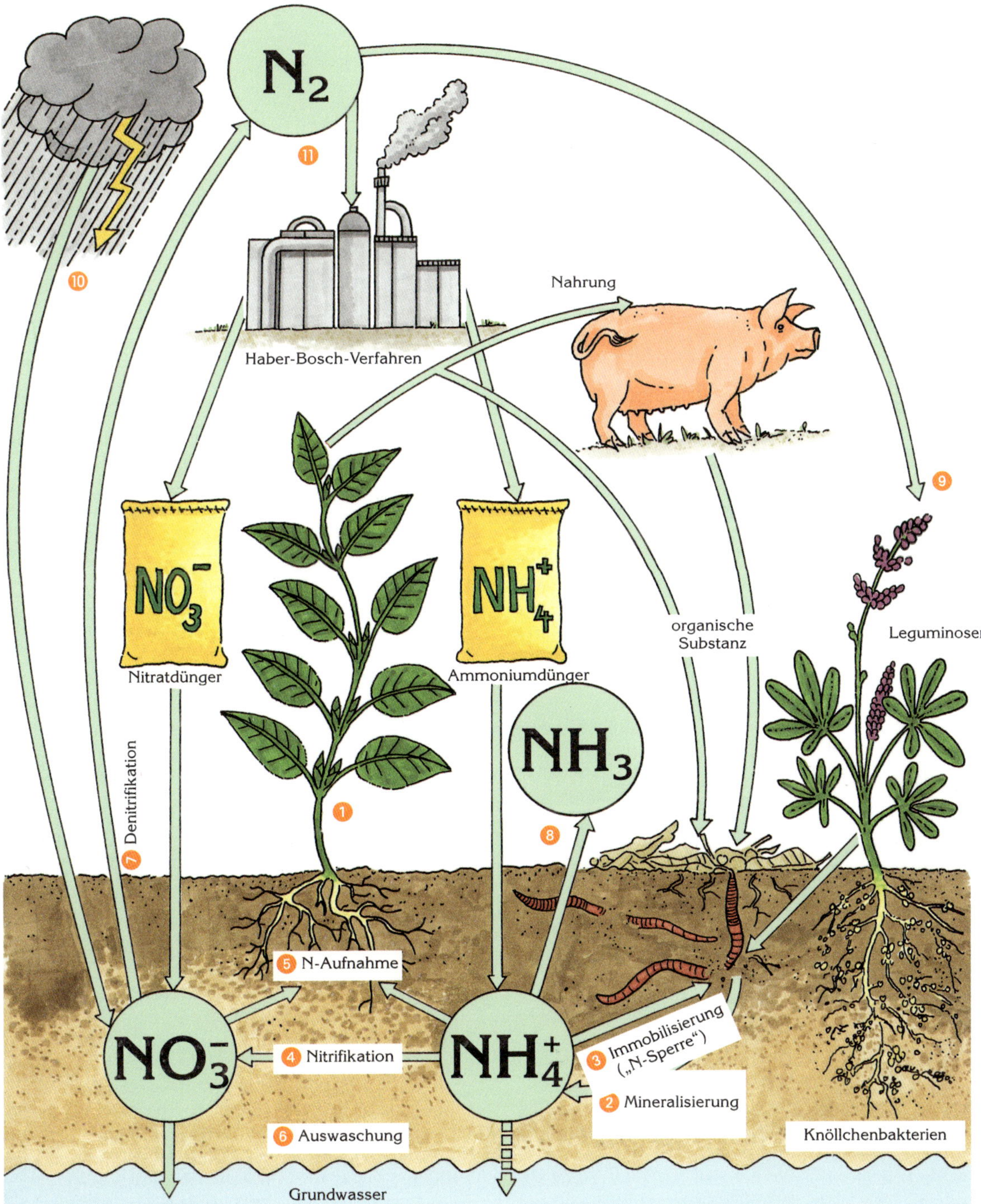

Abb. 1 Stickstoffkreislauf

Aufgaben

Stickstoff (N) wird vor allem zum **Aufbau von Eiweiß, DNS** (Desoxyribonukleinsäure) und **Chlorophyll** (s. Abb. 1) benötigt. Daher gilt Stickstoff als „Motor" des vegetativen Wachstums.

Mangelsymptome

Bei Stickstoffmangel kommt es zu **Vergilbungen** (Chlorosen) der Blätter (s. Abb. 1, S. 180). Da Stickstoff in der Pflanze gut beweglich ist, wird er bei nicht ausreichender N-Ernährung aus den älteren in die jüngeren Blätter verlagert, sodass die **Mangelsymptome zuerst an den älteren Blättern** auftreten. Die mangelhafte Chlorophyllbildung führt über die Hemmung der Photosynthese zu **Kümmerwuchs** und einer schlechten Blüte (**Notblüte**, s. Abb. 1, S. 158).

Überschusssymptome

Eine überhöhte Stickstoffdüngung macht sich allgemein in einem **üppigen Wachstum** und der **Bildung von dunkel- bis schmutzig grünen, großen Blättern** bemerkbar, wobei das **Blattgewebe schwammig und weich** wirkt. Die Pflanze bildet vermehrt Assimilations- und weniger Festigungsgewebe. Dadurch kommt es zu einer **Verringerung der Standfestigkeit** krautiger Pflanzen und einer erhöhten **Anfälligkeit gegenüber Pilzkrankheiten und saugenden Insekten.** Bei Gehölzen wird der **Triebabschluss verzögert** und die **Frostresistenz verringert.** Der in hohen Mengen aufgenommene Stickstoff kann nicht mehr in Eiweiß umgesetzt werden, sodass die Pflanzen einen stark **erhöhten Nitratgehalt** aufweisen (s. S. 173).

Stickstoffkreislauf

Stickstoff geht zahlreiche Verbindungen ein, die in einem Kreislauf miteinander verbunden sind (s. Abb. 1, S. 171):

1 Neben C, H und O ist N das am häufigsten vorkommende Element in der pflanzlichen Substanz. Der in der Pflanze gebundene Stickstoff gelangt direkt oder indirekt, z. B. über das Tier, als organische Substanz in den Boden.

2 Die organische Substanz wird durch die Mikroorganismen des Bodens zersetzt. Dabei werden die in der organischen Substanz enthaltenen mineralischen Nährstoffe freigesetzt (**Mineralisierung**). Der in der organischen Substanz enthaltene Stickstoff wird als **Ammoniak** (NH_3) frei und reagiert mit dem Bodenwasser zu **Ammonium** (NH_4^+):

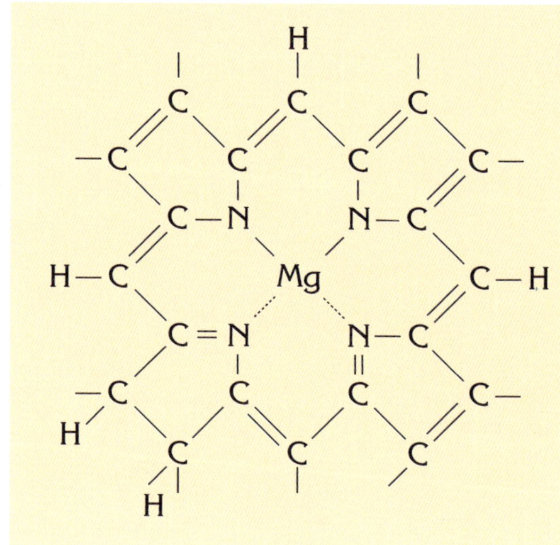

Abb. 1 Aufbau Chlorophyllmolekül (Ausschnitt)

$$\overset{\longleftarrow H^+ \text{———}}{NH_3 + H_2O} \longrightarrow NH_4^+ + OH^-$$

Ammoniak — Wasser — Ammonium — Hydroxyl-Ionen

3 Für die Geschwindigkeit der Zersetzung der organischen Substanz ist das **C:N-Verhältnis der organischen Substanz** entscheidend (s. S. 127). Je enger das C:N-Verhältnis, umso rascher erfolgt die Mineralisierung der organischen Substanz. Ab einem **C:N-Verhältnis >25:1** wird die Zersetzung und damit die Mineralisierung immer stärker gehemmt. Stroh besitzt z. B. ein C:N-Verhältnis von 70:1. Allgemein kann man sagen, dass krautige Pflanzenteile ein enges und holzige Pflanzenteile ein weites C:N-Verhältnis aufweisen (s. Tab. 1, S. 194). Bei der Zersetzung organischer Substanz mit einem weiten C:N-Verhältnis entziehen die Bakterien dem Boden den fehlenden Stickstoff. Erst nach dem Tode der Bakterien wird dieser wieder pflanzenverfügbar. Da die Bakterien bei der Einarbeitung von organischer Substanz mit einem weiten C:N-Verhältnis mit den Pflanzen um den im Boden gelösten Stickstoff konkurrieren, kann es zu N-Mangel für die Pflanzen kommen. Deswegen sollte bei der Verwendung von organischer Substanz mit einem weiten C:N-Verhältnis eine so genannte **N-Ausgleichdüngung** durchgeführt werden, um einem N-Mangel durch die **N-Sperre** der Mikroorganismen vorzubeugen. Bei der Einarbeitung von Stroh sind dies ca. 1 kg N/dt Stroh. Allgemein geht man von einer um etwa 20 % erhöhten N-Düngung aus.

(4) Ammonium wird im Boden durch die **nitrifizierenden Bakterien** (Nitrit- und Nitratbakterien) innerhalb weniger Tage über Nitrit zu Nitrat umgewandelt (**Nitrifikation**):

Nitritbakterien (Nitrosomonas) — Nitratbakterien (Nitrobakter)

$$NH_4^+ \rightarrow NO_2^- \rightarrow NO_3^- + H^+$$

Ammonium — Nitrit — Nitrat

Nitrifikation

(5) Die Nitrifikation ist auch der Grund dafür, dass die Pflanze Stickstoff vor allem als **Nitrat (NO_3^-)** aufnimmt, auch wenn Stickstoff als Ammonium gedüngt wird und obwohl Nitrat und Ammonium gleich gut von der Pflanze aufgenommen werden können.

(6) **Ammonium (NH_4^+)** kann aufgrund seiner positiven Ladung an die negativ aufgeladenen Bodenkolloide angelagert und so vor **Auswaschung** geschützt werden. Da Nitrat nicht angelagert werden kann, liegt es frei beweglich in der Bodenlösung vor und unterliegt verstärkt der Auswaschung, sodass es sich im Grundwasser anreichern kann. Mit steigender N-Düngung erhöht sich nicht nur die Gefahr der N-Auswaschung, sondern auch der **Nitratgehalt in der Pflanze**. Eine zu hohe Nitrataufnahme mit Nahrung und Trinkwasser birgt unkalkulierbare Gesundheitsrisiken in sich.

Gesundheitsschädigende Wirkung zu hoher Nitratgehalte

Nitrate selbst sind für den Menschen harmlos. Warum man aber trotzdem auf die Nitratwerte in Nahrung und Trinkwasser achten sollte, liegt daran, dass sie in Nitrite umgewandelt werden können, die mit dem roten Blutfarbstoff Hämoglobin reagieren und diesen daran hindern, den Sauerstoff zu transportieren. Es kommt zu Sauerstoffmangel und damit zu Erstickungsgefahr. Besonders gefährdet sind Säuglinge (**Blausucht** = Blaufärbung durch Atemnot) bis zum 6. Lebensmonat. Auch können Nitrite mit Eiweißen reagieren und **Nitrosamine**, Krebs erregende Stoffe, bilden.

Die Umwandlung von Nitrat zu Nitrit ist umso größer, je höher die Nitratgehalte sind. Nach der **Trinkwasserverordnung** beträgt der **Grenzwert** für Nitrat im Trinkwasser 25 mg/l. Für Kleinkinder und Säuglinge sollte der Wert nicht über 10 mg/l liegen. Unter intensiv bewirtschafteten Ackerflächen hat man bis zu 500 mg/l Grundwasser (∅ 100 mg/l) festgestellt. Die tägliche Aufnahme beträgt durchschnittlich etwa 130 mg/Tag (70 % aus Gemüse, 15 % aus Trinkwasser). Beim erwachsenen Menschen treten Vergiftungen ein, wenn 3,65 mg Nitrat/kg Körpergewicht und Tag überschritten werden. Nach der WHO (World Health Organization), der Weltgesundheitsorganisation, sollten 220 mg Nitrat/Tag nicht überschritten werden.

Einen wesentlichen Einfluss auf den Nitratgehalt in den Pflanzen hat auch das Licht. **Je geringer die Lichtintensität, desto höher ist die Nitratanreicherung,** da Lichtmangel den Eiweißaufbau hemmt und sich das Nitrat in der Pflanze anreichert. Deswegen ist z. B. Gewächshaussalat in der Regel, vor allem aber während der lichtarmen Jahreszeiten, nitratreicher als Freilandsalat. So sind durchschnittliche Gehalte von 2500 mg Nitrat/kg Kopfsalat keine Seltenheit.

Verschiedene Gemüsearten weisen häufig ein **unterschiedliches Anreicherungsvermögen für Nitrat** auf. So enthalten Fruchtgemüse im Allgemeinen niedrigere Nitratgehalte als Blattgemüse (s. Tab. 1, S. 174).

Maßnahmen zur Verringerung der Nitratbelastung

- Überdüngung vermeiden
- Düngung nach Bodenuntersuchung
- Mit organischer Substanz zugeführte Nährstoffe bei der Düngung berücksichtigen
- Gesamten N-Bedarf auf mehrere Einzelgaben aufteilen
- Land nicht brachliegen lassen (z. B. Zwischenfrüchte, Gründüngungspflanzen)
- Mineralische und organische Düngung nach Möglichkeit im Frühjahr und nicht im Herbst durchführen
- Im Zeitraum Oktober bis Februar keine Gülle oder Jauche ausbringen (laut **Gülleerlass** verboten, da während dieser Zeit verstärkte Grundwasserneubildung stattfindet)
- Gründüngungspflanzen nicht im Herbst, sondern im Frühjahr in den Boden einarbeiten (Auswahl winterharter Gründüngungspflanzen)
- Im Herbst Stroh in den Boden einarbeiten

Nitratgehalte pro kg Frischsubstanz	Pflanzenarten
sehr niedrig (<250 mg)	Bohne, Erbse, Spargel, Tomate
niedrig (250 bis 500 mg)	Getreide, Gurke, Melone, Obst, Paprika, Rosenkohl
mittel (500 bis 1000 mg)	Blumenkohl, Kartoffeln, Kopfkohl, Möhren, Sellerie
hoch (1000 bis 2000 mg)	Chinakohl, Endivien, Fenchel, Mangold, Porree, Radieschen, Rettich, Rhabarber
sehr hoch (>2000 mg)	Feldsalat, Kopfsalat, Rote Bete, Spinat

Tab. 1 Anreicherungsvermögen für Nitrat in Pflanzen

7 Bakterien benötigen zur Atmung Sauerstoff. Bei Sauerstoffmangel (Bodenverdichtung, Staunässe) können manche Bakterien den Sauerstoff der N-Verbindungen nutzen. Diesen Vorgang bezeichnet man als **Denitrifikation**, die Bakterien als **denitrifizierende Bakterien**:

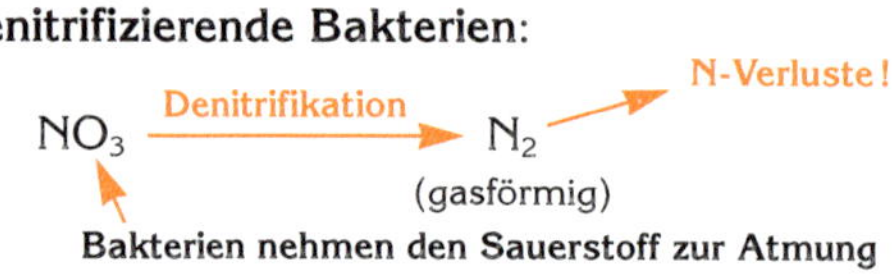

Da sich die Stickstoffatome der Nitrat-Ionen zu **elementarem Stickstoff (N_2)** verbinden, kommt es zu N-Verlusten an die Atmosphäre. Die Denitrifikation findet man mehr oder weniger in allen Böden. Unter besonders günstigen Lebensbedingungen für Bakterien (warm und feucht), z. B. im Gewächshaus, können die durch Denitrifikation verursachten N-Verluste bis zu 30 % und mehr des gedüngten Stickstoffs ausmachen.

8 N-Verluste können auch in Form von **Ammoniak (NH_3)** erfolgen. Ammoniak ist eine gasförmige N-Verbindung und kann in die Atmosphäre entweichen. Die Verluste an Ammonium-Stickstoff sind umso größer, je höher der pH-Wert ist:

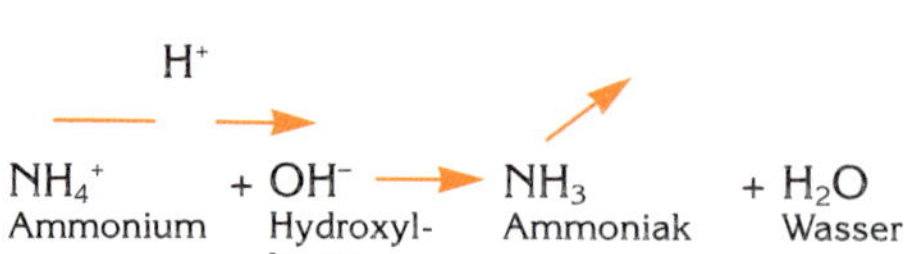

Wegen dieser Reaktion sollten ammoniumhaltige Dünger nicht zusammen mit Kalkdüngern ausgebracht werden. Desgleichen sollten auf Böden mit einem pH >7,5 keine ammoniumhaltigen N-Dünger eingesetzt werden.

9 Das riesige Stickstoffreservoir der Atmosphäre **(Luft besteht zu fast 80 % aus N_2)** kann nur von wenigen Pflanzen genutzt werden. So können die mit den Leguminosen (z. B. Erbse, Bohne, Wicke, Lupine, Klee, Luzerne, Serradella) in einer Symbiose lebenden **Knöllchenbakterien** (Rhizobium-Arten) den Stickstoff der Luft binden (100 bis 200 kg N/ha) und der Pflanze zur Verfügung stellen (s. auch S. 44). Daneben gibt es auch **frei lebende Bakterien** und mit einigen Gehölzen (z. B. Erle und Sanddorn) **in Symbiose lebende Strahlenpilze,** die den Stickstoff der Luft nutzen können.

10 Bei **elektrischen Entladungen** in der Atmosphäre (Gewitter) entstehen Stickstoffoxide (z. B. NO_3^-), die mit dem Regenwasser in den Boden gelangen. Die Größenordnung liegt bei etwa 10 kg/ha und Jahr. In den Tropen sind die Gewitter wesentlich häufiger und stärker als bei uns. Dort hat die Zufuhr von N aus der Atmosphäre eine wesentlich größere Bedeutung (s. S. 111). Die zunehmende Luftverschmutzung hat dazu geführt, dass wir heute mit etwa 20 bis 60 kg N/ha und Jahr aus der Atmosphäre rechnen können, die mit den Niederschlägen in den Boden eingetragen werden.

11 Nach dem **Haber-Bosch-Verfahren** wird unter hohen Drücken und Temperaturen Ammoniak aus dem Stickstoff der Luft und Wasserstoff gewonnen. Das Ammoniak dient als Ausgangssubstanz zur Herstellung der N-Dünger. Nachteilig ist der sehr hohe Energieaufwand. Für die Herstellung von 1 kg N werden 2 Liter Erdöl benötigt:

$$N_2 + 3\,H_2 \xrightarrow[\text{+ Katalysator}]{\text{325 bar und +500 °C}} 2\,NH_3 \longrightarrow \text{N-Dünger}$$

N-Düngung

Das größte Problem bei der praktischen Düngung ergibt sich aus der Bemessung der optimalen N-Düngergabe. Stickstoff hat – im Gegensatz zu den meisten anderen Nährstoffen – ein enges Optimum, d. h., es kommt sehr schnell zu Mangel und Überschuss. Eine falsche N-Düngung wirkt sich daher sehr schnell negativ auf Wachstum, Ertrag und Qualität aus. Der Grund ist darin zu sehen, dass Stickstoff im Boden vor allem als Nitrat (NO_3^-) vorliegt. Da Nitrat nicht an den Ton- und Humusteilchen gebunden wird, liegt es frei beweglich in der Bodenlösung vor. Entsprechend wirkt sich jede Schwankung im Nitratgehalt sofort auf die Pflanze aus. Weil Stickstoff ständig bei der Zersetzung von organischer Substanz frei wird, die Höhe in der Bodenlösung und ihre Wirkung

Art	Name	Form	Gehalt %	wichtige Nebenbestandteile	Bemerkungen
Ammoniumdünger (enthalten N in Form von NH_4^+)	**Ammoniak**	NH_3 (gasförmig)	82	–	wird als verflüssigtes Gas gelagert und ausgebracht → wird etwa 15 bis 20 cm tief in den Boden induziert; hoher technischer Aufwand → bei uns keine Bedeutung
	Schwefelsaures Ammoniak	$(NH_4^+)_2SO_4^{2-}$ Ammoniumsulfat	21	Schwefel	weißes, nadelförmiges Salz; gut wasserlöslich; mäßig schnelle Wirkung, da Anlagerung an Bodenteilchen; physiologisch sauer (Kalkverlust 3,0 kg CaO/kg N)
Nitratdünger = Salpeterdünger (enthalten N in Form von NO_3^-)	**Kalksalpeter**	$Ca^{2+}(NO_3^-)_2$ Calciumnitrat	16	Calcium	weißes, gekörntes Salz; gut wasserlöslich → schnelle Wirkung; stark Wasser anziehend; physiologisch alkalisch (Kalkgewinn 0,8 kg CaO/kg N)
Ammonnitratdünger (enthalten N in Form von NH_4^+ und NO_3^-)	**Kalkammonsalpeter**	$NH_4^+NO_3^-$ Ammoniumnitrat + $Ca^{2+}CO_3^{2-}$ Calciumcarbonat	27,5	Calcium	häufig gefärbte Körner; gut wasserlöslich → schnelle (NO_3^-) und nachhaltige (NH_4^+) Wirkung; keine nennenswerte pH-Veränderung
	Ammonsulfatsalpeter	$NH_4^+NO_3^-$ Ammoniumnitrat + $(NH_4^+)_2SO_4^{2-}$ Ammoniumsulfat	26	Schwefel	gefärbte Körner; gut wasserlöslich → s. o.; physiologisch sauer (Kalkverlust 2,0 kg CaO/kg N)
Amiddünger (enthalten oder ergeben nach Umsetzung N in Amidform)	**Harnstoff**	$CO(NH_2)_2$	46	–	weiße organische Verbindung – mikrobielle Umsetzung im Boden – langsame Wirkung, als Blattdüngung schnelle Wirkung (!); physiologisch sauer (Kalkverlust 1,0 kg CaO/kg N)
	Kalkstickstoff	CaNCN Calciumcyanamid + CaO Calciumoxid	22	Kalkwirkung entspricht 60 % CaO	schwarzes Pulver oder gekörnt (z. B. Korn- und Perlkalkstickstoff); mikrobielle Umsetzung → langsame Wirkung; ätzend → Handschuhe, nicht einatmen, kein Alkohol; physiologisch alkalisch (Kalkgewinn 1,7 kg CaO/kg N); herbizide und fungizide Wirkung (s. Abb. 2, S. 176)
N-Depotdünger	**Crotodur**	CD-Harnstoff	28	–	Depotdünger sind besonders langsame und langzeitig wirkende Dünger (organische N-Bindung oder Kunststoffumhüllung), (s. auch Tab. 2, S. 188)
	Isodur	ID-Harnstoff	28	–	
	Floranid	90 % CD-Harnstoff + 10 % Nitrat	32	–	
Organische N-Dünger	**Hornmehl, Horngrieß, Hornspäne, Blutmehl**	organische Substanz	5 bis 14		aus anfallenden Abfällen auf Schlachthöfen; mikrobielle Umsetzung im Boden → langsame und nachhaltige Wirkung; (s. Abb. 1, S. 176)

Tab. 1 Wichtige Stickstoffdünger

Abb. 1 Von links nach rechts: Hornspäne, Horngrieß, Hornmehl

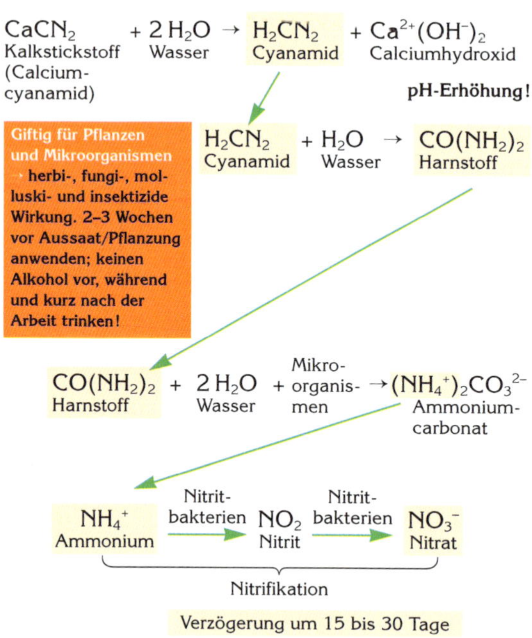

Abb. 2 Umsetzung von Kalkstickstoff im Boden

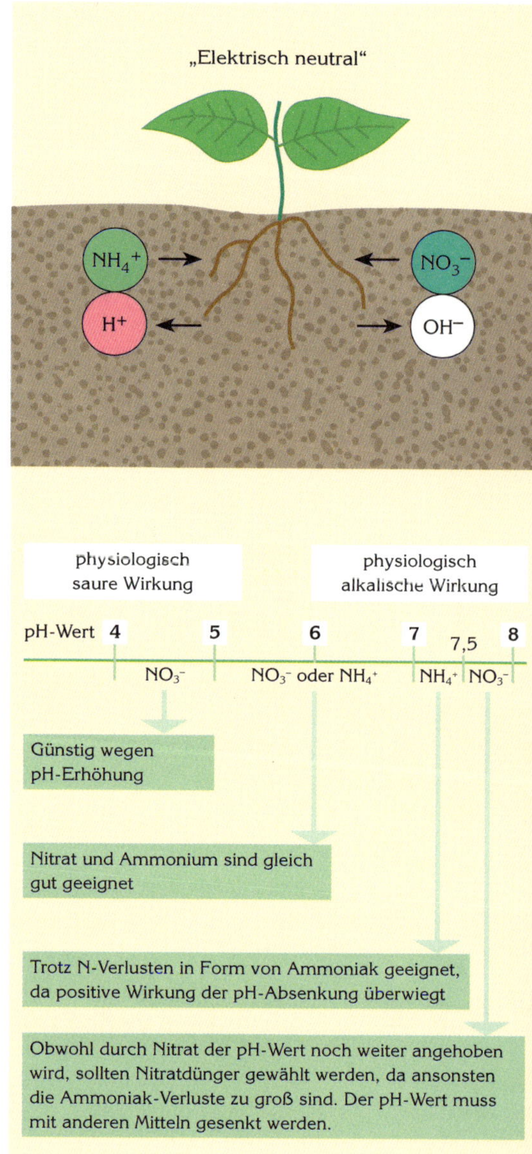

Abb. 3 Auswahl der N-Form im Hinblick auf den pH-Wert

jedoch von zahlreichen Faktoren (z. B. Witterungsfaktoren, Pflanzen- und Bodenart) abhängt, erfolgt die N-Düngung in der Regel nach **Erfahrungs-/Richtwerten**. Eine gute Hilfe bei der richtigen Bemessung der N-Düngung bietet die **N_{min}-Methode**. Mit ihr wird im Frühjahr, also zu Beginn der Vegetationsperiode, der pflanzenverfügbare, d. h. mineralisierte Stickstoffvorrat des Bodens bestimmt. Bei der Düngung kann dieser Vorrat eingespart werden (s. S. 203).

Die **Auswahl des richtigen N-Düngers** (s. Tab. 1, S. 175) ergibt sich vor allem aus der **Wirkungsgeschwindigkeit** und der **Beeinflussung des pH-Wertes**. Die **physiologisch saure und alkalische Wirkung der N-Dünger** beruht darauf, dass die Pflanze sozusagen „elektrisch neutral“ bleiben möchte. Deswegen gibt die Wurzel bei der Aufnahme eines Kations ein Kation (H^+-Ion) und bei der Aufnahme eines Anions ein Anion (OH^-- bzw. HCO_3^--Ion) an die Bodenlösung ab (s. Abb. 3).

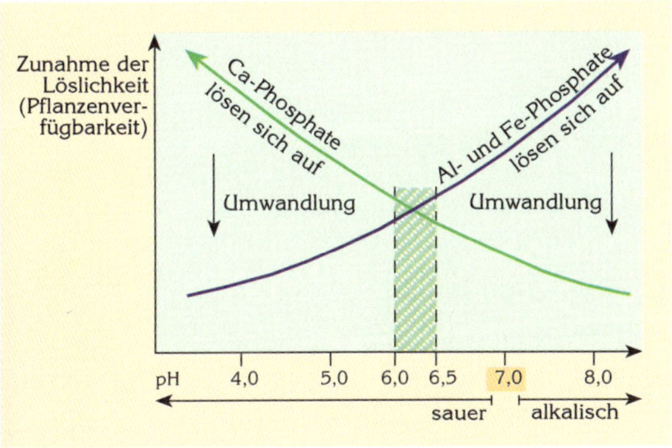

viele Fe- und Al-Ionen → Ausfällung von Phosphor als Eisen ($Fe^{3+}PO_4^{3-}$) und Aluminiumphosphate ($Al^{3+}PO_4^{3-}$)

viele Ca-Ionen → Ausfällung von Phosphor als Calciumphosphate $Ca^{2+}_3(PO_4^{3-})_2$

Abb. 1 Phosphorverfügbarkeit in Abhängigkeit vom pH-Wert

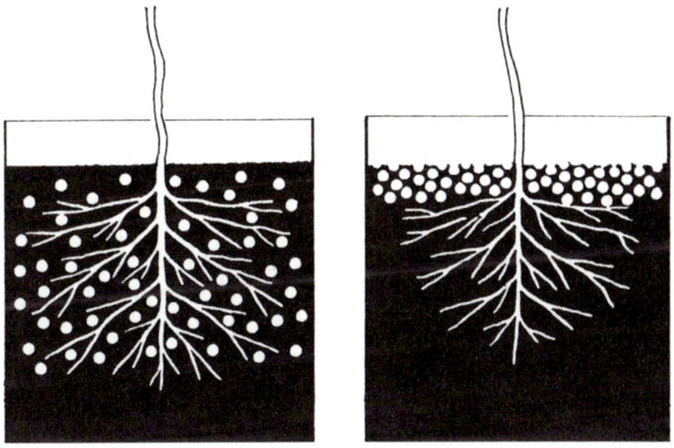

Abb. 2 Phosphatverteilung im Boden

3.7.2 Phosphor

Aufgaben

Die Pflanze benötigt Phosphor vor allem zum **Aufbau von Eiweiß (Enzyme!)**, der **DNS** (Desoxyribonukleinsäure) und **ATP** (Energiespeicher und -überträger). Daneben fördert er vor allem die **Blüten- und Fruchtbildung**. Im Boden unterstützt Phosphor durch Verkittung der Bodenteilchen die **Krümelbildung.**

Mangelsymptome

Die Symptome ähneln denen bei N-Mangel. Die Pflanze zeigt ein **gehemmtes Wachstum** mit entsprechend **verringerter Blüten- und Fruchtbildung.** Auffallend ist die häufig recht starre Haltung der Blätter (**„Starrtracht"**). Im Unterschied zum N-Mangel vergilben die Blätter jedoch nicht. Aufgrund des gehemmten Blattwachstums und der weiterhin erfolgenden Chlorophyllbildung weisen sie zuerst sogar eine **dunkel- bis schmutzig grüne Färbung** auf (Konzentrationseffekt). Teilweise kommt es auch zu einer rötlichen Verfärbung der Blattunterseite (s. Abb. 2, S. 180). Da Phosphor in der Pflanze gut beweglich ist, wird er bei Mangel aus den älteren in die jüngeren Blätter verlagert, sodass die **Mangelsymptome zuerst an den älteren Blättern** auftreten (s. Abb. 1, S. 158).

Überschusssymptome

Eine überhöhte P-Düngung führt im Allgemeinen nicht direkt zu einer Schädigung der Pflanze, da Phosphor im Boden festgelegt wird. Die Auswirkungen sind vielmehr indirekter Natur, indem die Verfügbarkeit anderer Nährstoffe beeinträchtigt wird. So kann es infolge von Ionenkonkurrenz (s. S. 164) bei geringem Stickstoffangebot zu **N-Mangel** und durch Bildung von schwer löslichen Eisen- und Zinkphosphaten zu **Fe- und Zn-Mangel** kommen.

Phosphordynamik des Bodens

Obwohl die Pflanze Phosphor als Anion aufnimmt, wird es im Gegensatz zum Nitrat so gut wie nicht ausgewaschen. Der Grund ist darin zu sehen, dass Phosphor im Boden festgelegt wird, d. h. mit anderen Ionen Verbindungen eingeht. Im sauren Bereich kommt es zur Bildung von **Fe- und Al-Phosphaten,** im alkalischen Bereich zur Bildung von **Ca-Phosphaten** (Apatiten). Diese Bindungen sind zunächst locker (**labiles Phosphat**), sodass das gebundene Phosphat wieder in Lösung gehen kann, d. h. pflanzenverfügbar wird. Die Löslichkeit hängt wiederum vom pH-Wert des Bodens ab (s. Abb. 1). Mit der Alterung der Phosphate werden die Verbindungen stabiler, sodass ihre Löslichkeit abnimmt (**stabiles Phosphat**).

Name	Gehalt (% P_2O_5*)	Löslichkeit	Bemerkungen
Superphosphat	18	wasserlöslich	grau; grob granuliert; sofort wirkend; beste Wirkung auf schwach sauren bis neutralen Böden, da es dort zu Ca-Phosphat umgewandelt wird, das lange im Boden verfügbar bleibt (labiles Phosphor); enthält 50 % $CaSO_4$ (Gips); geringe pH-Erniedrigung
Triple-Superphosphat	50	wasserlöslich	etwa 3fach höher konzentriertes Superphosphat (Bemerkungen s.o.)
Thomasphosphat	15	säurelöslich	grauschwarzes Pulver (fällt bei der Stahlherstellung an); langsame Anfangswirkung; beste Wirkung im sauren pH-Bereich, da es sich bei hohem pH-Wert nur langsam umsetzt; pH-Erhöhung
Hyperphos	29	säurelöslich	graues Pulver (z. T. granuliert); vermahlenes Rohphosphat (Apatit = Calciumphosphat) → wirkt umso besser, je saurer der Boden (pH < 6,0/6,5) → „Moordünger"; pH-Erhöhung
Novaphos	23	40 % wasserlöslich 60 % säurelöslich	grau; granuliert; teilaufgeschlossenes Rohphosphat (Superphosphat + Rohphosphat) → schnelle Anfangswirkung; pH-Erhöhung
Knochenmehl	13	–	organischer P-Dünger aus Knochenabfällen von Schlachthöfen; mikrobielle Umsetzung im Boden → langsame und nachhaltige Wirkung

Alle P-Dünger enthalten auch Spurennährelemente, wie Mn, Cu, Zn, Mo und B. Unerwünscht ist das Cadmium (Cd), das in den Rohphosphaten enthalten ist. Um eine Cd-Anreicherung im Boden zu vermeiden, sollten nur P-Dünger aus Cd-armen Rohphosphaten verwendet werden!

Umrechnungsfaktoren

$$P \xrightarrow{\times 2{,}29} P_2O_5^*$$
$$P_2O_5^* \xrightarrow{\times 0{,}436} P$$

* Phosphor kommt in dieser Form weder im Boden, im Dünger noch in der Pflanze vor. Trotzdem wird es als Bezugsbasis verwendet.

Tab. 1 Phosphordünger

P-Düngung

Phosphordünger werden durch Vermahlen oder chemischen Aufschluss aus Rohphosphaten hergestellt. Größere Lagerstätten befinden sich in Nord- (Marokko, Algerien, Tunesien) und Westafrika (Togo, Senegal), der USA (Florida) und der Gemeinschaft Unabhängiger Staaten (Halbinsel Kola). Die gesamten Weltvorräte werden laut Schätzungen nur noch 500 Jahre reichen.

Wegen seiner schlechten Beweglichkeit im Boden sollte Phosphor bei der Ausbringung eingearbeitet werden (s. Abb. 2, S. 177). In der Bodenlösung sind maximal nur 1 bis 2 kg Phosphor/ha gelöst. Entsprechend der geringen Konzentration und dem ständigen Entzug durch die Pflanze muss eine schnelle und fortlaufende Nachlieferung gewährleistet sein. Dies geschieht aus dem Phosphorvorrat des Bodens (labiles Phosphor) und der Düngung (s. Abb. 1, S. 179). Bei schlecht versorgten Böden erfolgt die Nachlieferung nur aus dem gedüngten Phosphor.

Die **Phosphordünger** werden nach ihrer Löslichkeit in wasser- und säurelösliche unterschieden. Die säurelöslichen Phosphate werden durch die Einwirkung der Bodensäure gelöst und damit in die wasserlösliche Form überführt. Gleichgültig, ob wasser- oder säurelösliche Phosphatformen verwendet werden, mit der Zeit erfolgt ihre Umwandlung in bodeneigene Phosphate. Dabei entsteht immer die Phosphatform, die am schwersten löslich ist (s. Abb. 1, S. 177). Da dadurch die Verfügbarkeit und somit die Wirksamkeit der P-Dün-

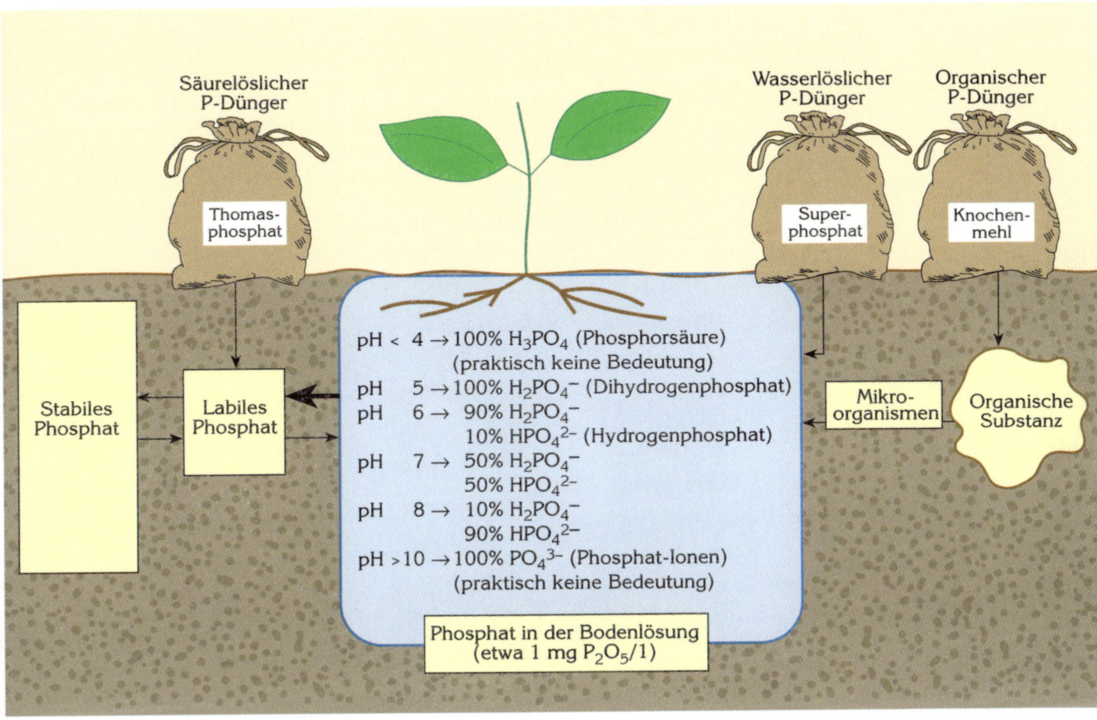

Abb. 1 Umsetzung von P-Düngern im Boden

ger zurückgeht, verzögert man die Umsetzung bei wasserlöslichen Formen durch geringen Bodenkontakt, indem diese grob granuliert (kleinere Oberfläche im Vergleich zur Pulverform!) oder nesterweise in Wurzelnähe (hohe Konzentration!) ausgebracht werden. Bei den säurelöslichen Phosphaten ist hingegen eine Umsetzung mit dem Boden erwünscht, weil sie erst dadurch in eine pflanzenverfügbare Form überführt werden. Entsprechend werden sie fein vermahlen (große Oberfläche!) eingesetzt. Eine Granulierung würde ihre Wirkung verringern. Je besser die Böden mit P versorgt sind – unsere Böden sind allgemein recht gut versorgt –, desto unwichtiger ist jedoch Form und Art des P-Düngers, da er dann in erster Linie zur Auffüllung des Bodenvorrates (labiles P) dient (s. Abb. 1). Bei schlecht versorgten Böden sollten bei der Auswahl des richtigen P-Düngers obige wie auch die Bemerkungen in der Düngertabelle (s. Tab. 1, S. 178) berücksichtigt werden.

Wegen der P-Umwandlung im Boden kann die Pflanze nur 15 bis 20 % des gedüngten Phosphors im ersten Jahr nutzen. Langfristig – über Jahrzehnte – beträgt der Ausnutzungsgrad 50 bis 65 %, sodass bei der Erhaltungsdüngung (s. S. 202) in der Regel das 2- bzw. 1,5fache des Entzugs gedüngt wird.

P-Eutrophierung

Obwohl Phosphor so gut wie nicht ausgewaschen wird, gelangt er doch verstärkt in Flüsse und Seen. Der Eintrag erfolgt vor allem über Abwässer (früher besonders durch die Verwendung phosphorhaltiger Waschmittel) und Bodenerosionen. Zusammen mit Stickstoff führt die **Phosphoranreicherung in Gewässern** (P-Eutrophierung) zur „Explosion" des Algenwachstums. Die im Laufe der Zeit in großen Mengen absterbenden Algen werden von den Bakterien zersetzt, die sich dabei enorm vermehren und in stark erhöhtem Maße den in Wasser gelösten Sauerstoff verbrauchen. Das Wasser wird dabei zunehmend sauerstoffärmer, sodass Frische, Bakterien, Pflanzen und andere Lebensformen sterben. Man sagt, das Gewässer stirbt oder kippt um.

Abb. 1 N-Mangel (links)

Abb. 2 P-Mangel (rechts)

Abb. 3 Mg-Mangel (rechts)

Abb. 4 K-Mangel an Brakteen

Abb. 5 Fe-Mangel

Abb. 6 Ca-Mangel (Stippe)

Abb. 7 Ca-Mangel

Abb. 8 Sauerstoffmangel der Wurzel (Staunässe)

Abb. 9 Baumsterben als Folge der Luftverschmutzung

3.7.3 Kalium

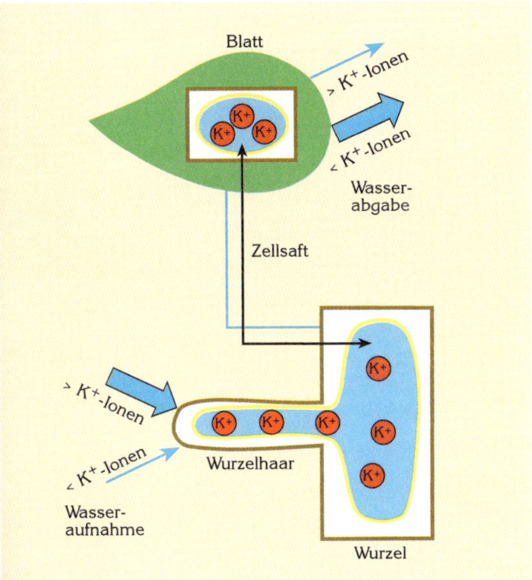

Abb. 1 Kalium reguliert den Wasserhaushalt der Pflanze

Aufgaben

Im Gegensatz zu anderen Nährelementen wird Kalium nicht in die organische Substanz eingebaut, sondern hauptsächlich in den Vakuolen gespeichert. Damit steigert es über die Erhöhung der Zellsaftkonzentration den osmotischen Wert/ die osmotische Saugkraft der Zelle, sodass die Wasseraufnahme verbessert und das aufgenommene Wasser stärker vor Verdunstung geschützt, d. h. besser ausgenutzt wird. Kalium ist somit ganz wesentlich an der **Regulierung des Wasserhaushaltes** der Pflanze beteiligt (s. Abb. 1). Durch die Erhöhung der Zellsaftkonzentration kommt es ferner zur Erniedrigung des Gefrierpunktes der Zelle, sodass die **Frostresistenz** der Pflanze erhöht wird. Indem Kalium die **Aktivität zahlreicher Enzyme unterstützt,** beeinflusst es viele Stoffwechselvorgänge positiv. So trägt Kalium zur **Festigung des Pflanzengewebes** bei, indem es die Ausbildung der Zellwände fördert. Ferner begünstigt es den Aufbau höhermolekularer Verbindungen, sodass der Gehalt an löslichen Zuckern und Aminoverbindungen (Nahrung saugender Insekten!) zurückgeht. Kalium erhöht somit die **Standfestigkeit** und die **Resistenz gegenüber pilzlichen Schaderregern und saugenden Insekten.**

Mangelsymptome

Kaliummangel führt zu einer erhöhten Transpiration und einer gehemmten Wasseraufnahme (s. Abb. 1), sodass es zu **Wassermangel** kommen kann. Durch die Abnahme des Zellinnendrucks (Turgordrucks) macht die Pflanze einen welken Eindruck („**Welketracht**"). **Chlorosen**, die später in Nekrosen übergehen, **beginnen an den Blattspitzen und Blatträndern** (Orte der größten Verdunstung!) (s. Abb. 4, S. 180). Da Kalium in der Pflanze sehr gut beweglich ist, wird es bei Mangel aus den älteren in die jüngeren Blätter verlagert, sodass die **Mangelsymptome zuerst an den älteren Blättern** auftreten (s. Abb. 1, S. 158). Standfestigkeit, Frostresistenz und Resistenz gegenüber pilzlichen und tierischen Schadorganismen werden verringert.

Überschusssymptome

Auf sorptionsschwachen Böden (leichten Böden) kann eine überhöhte Konzentration in der Bodenlösung zu **Salzschäden** („Verbrennungen") führen, an denen jedoch auch das begleitende Anion, insbesondere das **Chlorid,** beteiligt ist (s. K-Düngung). Infolge von Ionenkonkurrenz (s. S. 164) ist **Mg- und Ca-Mangel** möglich. Im Boden wirken hohe K+-Konzentrationen **krümelzerstörend,** da sie dann die Ca-Ionen (fördern die Krümelbildung!) von den Bodenteilchen verdrängen.

Kaliumdynamik des Bodens

(s. Abb. 1, S. 182)

Kalium wird von der Pflanze als einwertiges Kation (K^+) aufgenommen. Seine Beweglichkeit im Boden ist sehr gut. Daher unterliegt es auch leicht der Auswaschung. Die Höhe der Auswaschung ist vom Tongehalt des Bodens abhängig, da Kalium aufgrund seiner positiven Ladung an den Tonteilchen angelagert werden kann, sodass es vor Auswaschung geschützt ist und trotzdem pflanzenverfügbar bleibt. Auf leichten Böden und Moorböden hingegen kann bis zu ¼ des Kaliumverlustes auf Auswaschung beruhen. **Tonminerale** sind aus einzelnen Schichten aufgebaut und besitzen neben einer äußeren auch eine innere Oberfläche ①. Das an der äußeren Oberfläche angelagerte Kalium ist austauschbar (**austauschbares Kalium**) und damit pflanzenverfügbar. Das zwischen den Tonschichten eingelagerte Kalium ist nicht austauschbar und damit nicht unmittelbar pflanzenverfügbar ②. Bei Verarmung der äußeren Oberfläche an Kalium kann es jedoch an die Bodenlösung abgegeben werden (**nachlieferbares Kalium**), sodass es wieder pflanzenverfügbar wird ③. Ist die K-Düngung über mehrere Jahre geringer als der K-Entzug der Pflanzen, führt dies zu einer Verarmung der Tonminerale an Kalium ④. Wird auf solchen verarmten Böden Kalium gedüngt, wandert dieses bevorzugt in die Zwischenschichten der Tonminerale, sodass das gedüngte Kalium

Bodenteilchen	Gesamte Oberfläche (m^2/g)
Sand	0,1
Schluff	0,2 bis 1,0
Ton	600 bis 800!

Der Austausch durch Calcium bewirkt eine Aufweitung der Tonminerale vom Rande her, sodass die zwischen den Tonschichten gebundenen K-Ionen herausdiffundieren.

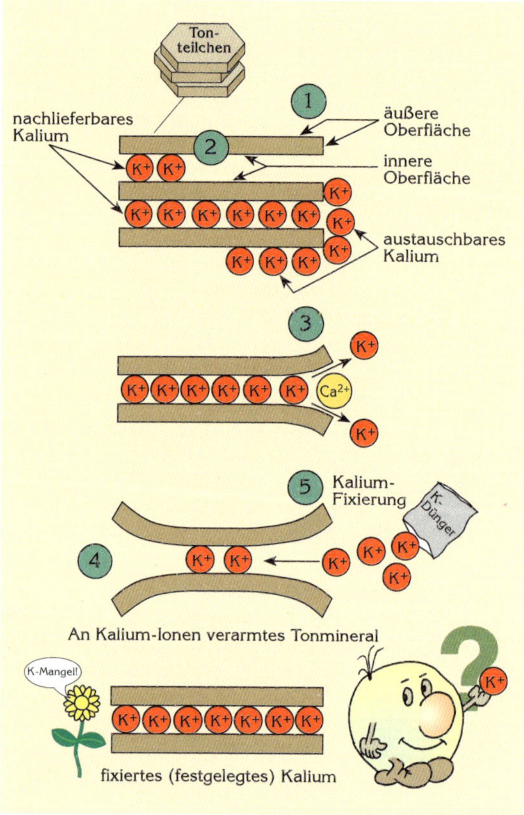

Abb. 1 Ursachen der Kalium-Fixierung

nicht zur Wirkung kommt, d. h. nicht pflanzenverfügbar ist. Es wird vom Boden sozusagen festgelegt oder fixiert (**K-Fixierung**) 5. Bevor Kalium wieder an der äußeren Oberfläche angelagert wird, müssen zuerst die Zwischenschichten der Tonminerale mit Kalium aufgefüllt werden. Auf sehr tonreichen Böden können dazu 600 kg/ha und Jahr (durchschnittliche Düngungshöhe 100 bis 250 kg/ha) über einen Zeitraum von 5 bis 10 Jahren erforderlich sein. Kennt man den Tongehalt und die austauschbare K-Menge (Bodenuntersuchung!), kann abgeschätzt werden, ob der Boden zur Fixierung neigt oder nicht. Wenn auf 1 g Ton weniger als 0,5 mg austauschbares Kalium kommt, besteht K-Fixierungsgefahr.

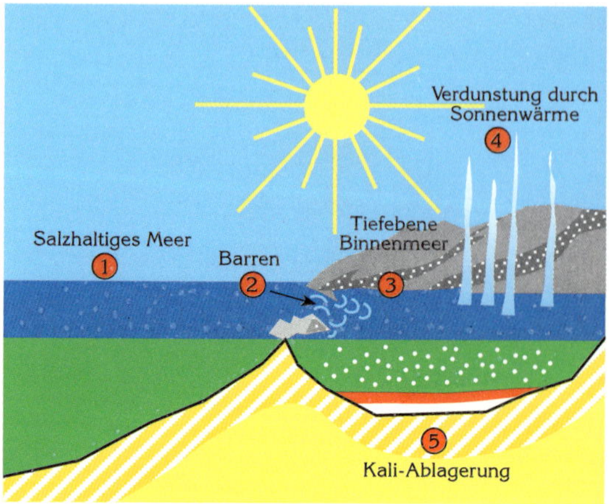

Abb. 2 Entstehung der Kalilager

K-Düngung

Kalidünger werden aus **Kalirohsalzen** hergestellt. Die Vorräte sind recht groß, vor allem in der Bundesrepublik Deutschland. Größere Lagerstätten finden wir in Niedersachsen, im Werra-Fulda-Gebiet, im Thüringischen Becken, um Magdeburg, Staßfurt und Halle. Die **Entstehung der Kalilager** erfolgte bei uns vor etwa 200 Millionen Jahren (s. Abb. 2). Zu dieser Zeit waren Teile Nord- und Mitteleuropas vom Meerwasser überschwemmt, sodass sich ein riesiges Binnenmeer bildete. Im Laufe der Zeit verdunstete unter der Einwirkung der Sonne ein großer Teil des Wassers. Dadurch stieg die Salzkonzentration immer mehr an, sodass sich die im Meerwasser gelösten Salze auf dem Boden absetzten. Die in diesen Ausfällungen befindlichen Kalisalze (**Kalirohsalze**) werden bei uns in Tiefen von 400 bis 1250 m bergmännisch abgebaut und zu K-Düngemitteln aufbereitet.

Die **Düngung mit Kalium** erfolgt in der Form von **K^+Cl^- (Kaliumchlorid)** oder **$K^+_2SO_4^{2-}$ (Kaliumsulfat).** Bei der Verwendung von Kaliumchlorid nehmen die meisten Pflanzen recht hohe Chlorid-Mengen auf. Besonders für **chloridempfindliche Pflanzen,** wie Kartoffeln, Wein, Obst, Beerenobst (vor allem Rote Johannisbeere), Erdbeere, Tomate, Gurke, Zwiebel, Radieschen, Lauch und die meisten Zierpflanzen, wirkt Chlor (Cl^-) bei höheren Konzentrationen schädlich. Deswegen sollte bei der Düngung chloridempfindlicher Pflanzen Kaliumsulfat eingesetzt werden. Vor allem unter Glas dürfen nur sulfathaltige Dünger ausgebracht werden, da sich dort das Chlorid aufgrund der fehlenden Auswaschung (arides Klima) im Boden anreichert. Zu den **chlorverträglichen Pflanzen** zählen unter anderem Kohl, Sellerie, Spinat und Salat.

Name	Form	Gehalt (% K_2O*)	Bemerkungen
40er Kali	KCl	40	gut wasserlöslich; für chloridverträgliche Pflanzen
50er Kali	KCl	50	
60er Kali	KCl	60	
Schwefelsaures Kali	K_2SO_4	50	gut wasserlöslich; für chlorempfindliche Pflanzen und unter Glas
Kalimagnesia (Patentkali)	K_2SO_4 $MgSO_4$	30 10 MgO	gut wasserlöslich; für chloridempfindliche Pflanzen; günstig, wenn auch Mg gedüngt werden muss

* In dieser Form weder im Dünger noch von der Pflanze aufgenommen. Wird trotzdem als Bezugsbasis verwendet (sinnvoller K).

Umrechnungsfaktoren

$KCl \xrightarrow{\times 0,632} K_2O$, $K_2O \xrightarrow{\times 1,583} KCl$

$K_2O \xrightarrow{\times 0,830} K$, $K \xrightarrow{\times 1,205} K_2O$

$K \xrightarrow{\times 1,907} KCl$, $KCl \xrightarrow{\times 0,524} K$

$K_2SO_4 \xrightarrow{\times 0,541} K_2O$, $K_2O \xrightarrow{\times 1,850} K_2SO_4$

$K \xrightarrow{\times 2,228} K_2SO_4$, $K_2SO_4 \xrightarrow{\times 0,449} K$

Tab. 1 Kalidünger

3.7.4 Magnesium

Aufgaben

Als wichtiger **Baustein für das Chlorophyll** (s. Abb. 1, S. 172) ist das Magnesium für die Photosynthese unentbehrlich. Daneben fördert es zahlreiche **Stoffwechselvorgänge,** wie z. B. Atmung, Eiweißaufbau, ATP-Bildung und andere enzymatische Reaktionen.

Mangelsymptome

Mg-Mangel hemmt vor allem die Photosynthese. Beginnend **von der Blattmitte her werden die Blätter chlorotisch** und später nekrotisch. Dabei bleiben die Blattadern grün, wie auch ein sie umgebender schmaler Saum des Blattgewebes (s. Abb. 3, S. 180). Bei Mg-Mangel wird das Magnesium aus den älteren in die jüngeren Blätter verlagert, sodass die **Mangelsymptome zuerst an den älteren Blättern** auftreten (s. Abb. 1, S. 158).

Überschusssymptome

Die Gefahr der Überdüngung mit Magnesium ist gering. Direkte Schäden durch überhöhte Mg-Konzentrationen sind unter praxisüblichen Verhältnissen nicht zu erwarten. Indirekt kann es aufgrund von Ionenkonkurrenz zu K- und Ca-Mangel kommen.

Magnesiumdynamik des Bodens

Magnesium wird von der Pflanze als zweiwertiges Kation (Mg^{2+}) aufgenommen. Im Boden ist es gut beweglich, sodass es auch stark ausgewaschen werden kann. Aufgrund seiner positiven Ladung wird es zwar an den Tonteilchen gebunden, kann aber relativ leicht von den in höherer Konzentration vorliegenden Ca^{2+}-, K^+- und H^+-Ionen verdrängt werden.

Mg-Düngung

Viele Böden weisen niedrige Mg-Gehalte auf, da Magnesium verstärkt der Auswaschung unterliegt (s. o.). Neben den Mg-Düngern sind vor allem **Kalimagnesia** und **magnesiumhaltige Kalke** zur Mg-Düngung geeignet. Kalimagnesia (Patentkali) ist ein recht „praktischer" Dünger, weil mit ihm bei der üblichen K-Düngung in der Regel auch der Mg-Bedarf gedeckt wird. Wenn der Boden nicht nur Mg-Mangel aufweist, sondern der pH-Wert auch zu niedrig ist, sind magnesiumhaltige Kalke gut geeignet. Die Zufuhr von Mg über magnesiumhaltige Kalke ist eine langfristige Maßnahme zur Verbesserung der Mg-Gehalte. Zur kurzfristigen Beseitigung akuten Mg-Mangels sind die **Magnesiumsulfate** ($Mg^{2+}SO_4^{2-}$) besser geeignet (s. Tab. 2).

Name	Form	Gehalt (% MgO*)	Bemerkungen
Kieserit	$MgSO_4$	28	schnelle Wirkung
Bittersalz	$MgSO_4$	16	schnelle Wirkung; gut zur Blattdüngung geeignet

* Wird als Bezugsbasis verwendet, obwohl die Angabe als Mg sinnvoller.

Umrechnungsfaktoren

$MgO \xrightarrow{\times 0,603} Mg$, $Mg \xrightarrow{\times 1,658} MgO$

Tab. 2 Magnesiumdünger

3.7.5 Calcium

Aufgaben

Calcium ist ein wichtiger **Baustein der Zellwände.** Daneben ist es für zahlreiche Prozesse, wie Atmung, Zellteilung und -streckung, notwendig. Im Boden fördert Calcium maßgeblich die Bodengare, indem es über die Verkittung der Bodenteilchen eine **stabile Krümelbildung** bewirkt (Strukturverbesserung).

Mangelsymptome

Die Wurzelbildung und das Wachstum der Pflanzen ist gehemmt. Da Calcium nur mit dem Transpirationsstrom transportiert wird, erscheinen **Ca-Mangelsymptome zuerst an den jüngeren Pflanzenteilen.** In den älteren Pflanzenteilen kann sich aufgrund der längeren Transpiration mehr Calcium ansammeln. Die Pflanze stirbt bei Ca-Mangel sozusagen von oben her. Entsprechend sterben zuerst die Vegetationspunkte ab, und **Chlorosen beginnen an den Spitzen und Blatträndern der jüngsten Blätter.** Wegen der schlechten Zellwandausbildung kommt es zum **Zusammenbruch des Gewebes.** Die Folge ist ein **hakenförmiges Abknicken von Trieben und Blütenstielen** (s. Abb. 7, S. 180). Bei Äpfeln führt der Zusammenbruch der Gewebe zu braunen Flecken im Fruchtfleisch, der so genannten **Stippe** (s. Abb. 6, S. 180). Bei Tomaten entstehen größere schwarze Flecken an der Fruchtspitze (**Fruchtendfäule der Tomate**), beim Kohl kommt es zur **Innenblattnekrose** (s. Abb. 1, S. 158).

Überschusssymptome

Direkte Schäden durch Ca-Überschuss sind nicht bekannt. Indirekte Schäden können durch die Hemmung der Verfügbarkeit anderer Nährelemente entstehen. So wird z. B. die **P-Verfügbarkeit verschlechtert,** indem es zur Bildung von Ca-Phosphaten (s. S. 177) kommt. Auch kann die Ionenkonkurrenz zwischen Ca, K und Mg die Versorgung der Pflanzen mit K oder Mg bei einer überhöhten Ca-Düngung gefährden, sodass **K- oder Mg-Mangel** auftreten kann.

Calciumdynamik des Bodens

Calcium wird von der Pflanze als **zweiwertiges Kation** (Ca^{2+}) aufgenommen. Obwohl Ca recht gut an den Tonteilchen gebunden wird, unterliegt es einer starken **Auswaschung.** Der Grund ist im hohen Ca-Gehalt der Böden zu sehen. In sauren Böden werden die Ca-Ionen an den Austauschern verstärkt durch H-Ionen ersetzt, was einer Bodenversauerung entspricht (s. Abb. 1, S. 164).

Ca-Düngung

In den meisten Böden ist der Ca-Gehalt so hoch, dass der Bedarf der Pflanzen gedeckt ist. Die Zufuhr von Calcium geschieht mit der Kalkung (s. S. 165). **Kalkdünger** versorgen die Pflanze nicht nur mit dem Nährelement Calcium, sie erhöhen den pH-Wert und verbessern die Bodenstruktur. Die Versorgung der Pflanze mit dem Nährelement Calcium ist dabei von untergeordneter Bedeutung, da bereits bei einem pH-Wert $>4{,}5$ der Ca-Gehalt so groß ist, dass der Bedarf der Pflanzen gesichert ist. Deswegen findet man an Blättern Ca-Mangelsymptome recht selten. **Ca-Mangel tritt vor allem an Pflanzenteilen mit niedriger Transpiration auf,** z. B. an Früchten. So deckt der Apfel seinen Wasserbedarf kaum aus dem Transpirationsstrom des Xylems, sondern fast ausschließlich aus dem Assimilatestrom des Phloems, der nur sehr wenig Ca enthält. **Maßnahmen zur Erhöhung der Transpiration** der Früchte erhöhen ihren Ca-Gehalt, da sie dann den zusätzlichen Wasserbedarf aus dem Ca-haltigeren Transpirationsstrom decken. Entsprechend sollten die Baumkronen licht gehalten werden. Auch ist auf eine **ausreichende und gleichmäßige Wasserversorgung,** vor allem während Trockenzeiten, zu achten. Bei empfindlichen Sorten können vorbeugende **Calciumspritzungen** mit Calciumchlorid ($CaCl_2$) sinnvoll sein. Gegen Stippebefall auf dem Lager (Lagerstippe) hat sich das Tauchen der Früchte in 1%-ige Calciumchloridlösung bewährt.

3.7.6 Schwefel

Aufgaben

Schwefel dient der Pflanze vor allem zum **Aufbau von Eiweiß.** Daneben fördert er zahlreiche Stoffwechselvorgänge.

Mangelsymptome

Schwefel-Mangel äußert sich ähnlich dem N-Mangel. Im Unterschied zum N-Mangel treten **S-Mangelsymptome zuerst an den jüngeren Blättern** auf, da Schwefel in der Pflanze nicht so gut beweglich ist (s. Abb. 1, S. 158). Der **Eiweißaufbau ist gehemmt.**

Überschusssymptome

Schäden durch überhöhte Schwefelkonzentrationen treten kaum auf. Schädlich können zu hohe **Schwefeldioxidgehalte (SO_2)** in der Luft werden. Es kommt zu so genannten **Rauchgasschäden,** die bei zweikeimblättrigen Pflanzen zu scharf abgegrenzten Blattnekrosen, bei einkeimblättrigen zu Nekrosen an den Blattspitzen führen.

Der **Grenzwert,** bei dessen Überschreiten Schäden auftreten können, liegt bei 0,2 bis 0,4 mg SO_2/m^3 Luft. Riechen kann man Schwefeldioxid (stechender Geruch) erst bei einer Konzentration von 12 bis 13 mg SO_2/m^3 Luft. Pflanzen reagieren also schon unterhalb der Geruchsschwelle.

Die Diagnose von Rauchgasschäden ist schwierig, da auch andere Gase bzw. Schadstoffe aus dem Boden mit beteiligt sein können. Ein Nachweis ist möglich durch eine **Luftanalyse.** Besonders empfindlich auf erhöhte SO_2-Gehalte reagiert die Buschbohne, die als **Indikatorpflanze** genutzt werden kann. Der hohe SO_2-Gehalt der Luft ist mit die Hauptursache für das **Waldsterben** (s. S. 103 ff.).

Schwefeldynamik des Bodens

Im Boden befindet sich bis zu 90% des Schwefels in organischen Verbindungen. Bei der Mineralisation der organischen Substanz wird der frei werdende Schwefel von den **farblosen Schwefelbakterien** zu elementarem Schwefel (S) oder Sulfat (SO_4^{2-}) oxidiert. Auch der elementare Schwefel wird schließlich von den farblosen Schwefelbakterien zu Sulfat umgewandelt. Dabei kommt es zur Bildung von **Schwefelsäure (H_2SO_4),** sodass der pH-Wert erniedrigt wird. Auch bei der Umsetzung von sulfathaltigen Düngern (z. B. Ammonium- und Eisensulfat) führt die Bildung von Schwefelsäure zur pH-Erniedrigung.

S-Düngung

Die Pflanze nimmt Schwefel als **Sulfat-Ion (SO_4^{2-})** aus dem Boden und bis zu ⅓ ihres Bedarfs als **Schwefeldioxid (SO_2)** über die Spaltöffnungen aus der Luft auf. Die Schwefeldüngung selber hat keine praktische Bedeutung, da über die Atmosphäre (Verbrennung fossiler Brennstoffe, wie Kohle, Öl, Benzin) und über sulfathaltige Düngemittel mehr Schwefel zugeführt wird, als die Pflanze benötigt. Auch aus dem Meer entweichen große Mengen **Schwefelwasserstoff (H_2S),** die mit den Niederschlägen in den Boden gelangen, wo sie zu Sulfat umgewandelt werden.

3.8 Spurennährelemente (Mikronährelemente)

Spurennährelemente werden von den Pflanzen nicht nur in geringen Mengen („Spuren") benötigt, sie dürfen ihnen auch nur in geringen Mengen zugeführt werden, da höhere Konzentrationen sehr schnell zu Pflanzenschäden führen. Beim Auftreten von Mangelsymptomen handelt es sich in der Regel weniger um eine Verarmung des Bodens, sondern häufig um einen **Mangel aufgrund von Festlegungsprozessen.** So werden mit steigendem pH-Wert alle Spurennährelemente – mit Ausnahme des Molybdäns – schlechter verfügbar.

Deswegen sollte bei akutem Mangel an Spurennährelementen nicht über den Boden, sondern über das Blatt (**Blattdüngung**) gedüngt werden. Über den Boden kann eine **Düngung in Chelatform** durchgeführt werden. **Chelate** sind Verbindungen von Kationen, z. B. des Eisens, mit organischen Molekülen, die eine Festlegung der Spurennährelemente im Boden verhindern. Sie entstehen auch im Boden durch die Tätigkeit der Mikroorganismen. Ein aktives Mikroorganismenleben fördert die Chelatbildung. Auch zur Blattdüngung sind Chelate gut geeignet, da bei ihrer Anwendung die Verätzungsgefahr geringer ist als bei der Verwendung von in Wasser gelösten Salzen (z. B. Eisensulfaten). Häufig reicht auch eine **pH-Absenkung** zur Beseitigung des Mangels, da mit sinkendem pH-Wert die Verfügbarkeit der meisten Spurennährelement verbessert wird. Auf sauren Standorten können sogar giftig wirkende (toxische) Konzentrationen auftreten (s. Abb. 2, S. 165).

Eine **Düngung mit Spurennährelementen** sollte durchgeführt werden, wenn

1. Pflanzen typische Mangelsymptome zeigen,
2. Substrate keine Spurennährelemente enthalten oder
3. Boden- bzw. Substratuntersuchungen einen Mangel ergeben haben.

Spurennähr-element	Aufgaben	Mangelsymptome	Dünger	Bemerkungen
Eisen	dient über die Steuerung von Enzymaktivitäten vor allem dem Chlorophyll- und Eiweißaufbau sowie der Atmung	Chlorosen beginnend an den jüngeren Blättern, bei starkem Mangel ins Weiße übergehend, dicht an die Blattadern herangehend, Blattadern grün (s. Abb. 5, S. 180)	Eisensulfat, Fetrilon, Fe-Chelat, Sequestren, Radigen	hohe pH-Werte, P- (Fe-Phosphate) und Ca-Gehalte verringern Fe-Verfügbarkeit; Ionenkonkurrenz (vor allem Mn, Cu, Zn), können Fe auch aus Chelatbindung verdrängen; starke Bindung an organischer Substanz
Mangan	dient über die Steuerung von Enzymaktivitäten vor allem dem Chlorophyll- und dem Eiweißaufbau	punktförmige Chlorosen zwischen den Blattadern der mittleren und älteren Blätter, im Gegensatz zu Fe-Mangel nicht gesamtes Feld zwischen Blattadern grün (s. Abb. 1, S. 158)	Mangansulfat, Mn-Chelat, Mn-Oxid, Radigen	starke Bindung an organischer Substanz kann vor allem auf Moorböden zu Mangel führen; Ionenkonkurrenz (Mg, Fe u. a. Spurennährelemente); Sandböden nicht über pH 6
Zink	fördert über die Aktivierung von Enzymen die Chlorophyll- und Auxinbildung	Chlorosen beginnend an jüngeren Blättern; starke Verkürzung der Internodien bei Obstgehölzen (Blattrosettenbildung)	Zinksulfat, Zn-Chelat, Zn-Oxid, Excello, Radigen	hohe P-Gehalte verringern Verfügbarkeit (Zn-Phosphate)
Kupfer	fördert über die Aktivierung von Enzymen den Chlorophyllaufbau und die Photosynthese	Chlorose und Weißfärbung der jüngsten Blätter	Kupfersulfat, Cu-Oxid, Excello, Radigen	hohe P-Gehalte verringern Verfügbarkeit (Cu-Phosphate)
Bor	am Aufbau der Zellwände beteiligt; fördert Blüten- und Fruchtbildung	ähnlich Ca-Mangel, jedoch junge Blätter, Blüten und Früchte verkrüppelt (s. Abb. 1, S. 158)	Borax, Borsäure (sehr giftig für den Menschen: 8 g tödliche Dosis), Radigen	wird vor allem als Borsäure aufgenommen; auf leichten Böden verstärkte Auswaschung, auf schweren verringerte Verfügbarkeit; Spanne zwischen Überschuss und Mangel sehr klein
Molybdän	fördert den Abbau von Nitrat in der Pflanze und die N-Bindung der Knöllchenbakterien	Chlorose jüngerer Blätter; Nitratanreicherung; beim Blumenkohl Blattspreite unvollständig entwickelt, teilweise nur noch Mittelrippe vorhanden	Natrium- und Ammonium-Molybdat, Radigen	Verringerung der Verfügbarkeit mit sinkendem pH-Wert, bei pH >5 bis 6 steigt Verfügbarkeit; Indikatorpflanzen Blumenkohl und Weihnachtsstern
Chlor	trägt u. a. zur Erhöhung des osmotischen Wertes bei	nicht bekannt	nicht erforderlich	überhöhte Konzentrationen in der Bodenlösung führen zu Salzschäden (s. S. 168)

Tab. 1 Spurennährelemente

3.9 Mineralische Mehrnährstoffdünger

Abb. 1 Vor- und Nachteile von Ein-/Mehrnährstoffdünger

Mehrnährstoffdünger sind Dünger, die mehr als einen für die Düngung wesentlichen Nährstoff enthalten, wie NP-, NK- und NPK-Dünger. NK-Dünger gewinnen vor allem im Hinblick auf überhöhte P-Gehalte in vielen Böden eine wachsende Bedeutung. Die wichtigsten Mehrnährstoffdünger sind die **NPK-Dünger** (Dreinährstoffdünger). Enthalten Dünger die drei **Kernnährelemente N, P und K,** werden sie in der Praxis als **„Volldünger“** bezeichnet. Beträgt der Magnesiumgehalt mehr als 2% MgO, darf er laut **Düngemittelgesetz** bei der Nährstoffangabe berücksichtigt werden. Die **Gehaltsangaben** erfolgen auf den Düngersäcken in % und immer in der **Reihenfolge N – P_2O_5 – K_2O – MgO.** Angeboten werden Dünger in fester (**Düngesalz**) oder gelöster Form (**Flüssigdünger**). Der N-Anteil liegt häufig je zur Hälfte als Ammonium und Nitrat, der P-Anteil als wasser- und säurelösliche bzw. als voll wasserlösliche Form, der K-Anteil als KCl oder K_2SO_4 und der Mg-Anteil in der Regel als $MgSO_4$ vor. Die **Farbkennzeichnung** weist auf die K-Form (Kaliumchlorid oder –sulfat) hin. So sind Dünger bei roter Kennzeichnung (Typ „rot“) **chloridhaltig**, bei blauer Kennzeichnung (Typ „blau“) **chloridarm**.

Die Variation der Nährstoffgehalte und damit das Düngerangebot ist sehr groß, sodass man allgemein auch mit Mehrnährstoffdüngern den unterschiedlichen Nährstoffansprüchen der Pflanzen gerecht werden kann. Eine Auswahl gebräuchlicher fester und flüssiger **Düngermitteltypen** zeigt Tab. 1 und Tab. 1, 2, S. 188. Zur Aufdüngung von Torfkul-tursubstraten mit Spurennährelementen eignen sich Spurennährstoff-Mischdünger besonders gut. Ein Spurennährstoff-Mischdünger mit langsamer Wirkung (Depotdünger) ist z. B. Radigen. Er wird in Aufwandmengen von 0,5 bis 1 g/10 l Torfkultursubstrat eingesetzt.

Durch das **Mischen von Einnährstoffdüngern** können auch im Betrieb „Mehrnährstoffdünger“ hergestellt werden. Dabei müssen jedoch bestimmte **Mischungsregeln** beachtet werden (s. Abb. 1, S. 188).

	Nährstoffverhältnis N : P_2O_5 : K_2O : MgO	Handelsprodukte (Auswahl)
ausgeglichen (etwa 1:0,8:1,2)	12 – 12 – 17 – 2	Nitrophoska blau, Rustica blau, Blaukorn, Nitrophoska blau extra
	14 – 10 – 14 – 1	Poly Crescal, Terraktiv S grün
	14 – 12 – 14	Mairol
	15 – 11 – 15 – 1	Flory 3 Grün, Hakaphos blau
N-betont	15 – 5 – 25 – 2	Flory 2 Blau, Plantaaktiv blau
	18 – 6 – 12 – 1	Alkrisal, Mannalin A
	20 – 5 – 10 – 2	Flory 1 Rot, Plantaaktiv rosa, Hakaphos grün
P-betont	4 – 20 – 32 – 2	Hortal
	8 – 12 – 16 – 2	Hakaphos rot
	8 – 14 – 18 – 1	Poly Fertisal
	8 – 15 – 20	Mannalin B
	8 – 15 – 24 – 2	Flory 4 weiß

Tab. 1 Düngesalze

	Nährstoffverhältnis N : P_2O_5 : K_2O	Handelsprodukte (Auswahl)
ausgeglichen	8 - 8 - 6	Gabi plus, Wuxal super, Kamasol blau, Mannalin F, Hornoska flüssig
N-betont	12 - 4 - 6	Complesal grün, Rustica flurid, Wuxal normal
	12 - 8 - 11	Gabi plus
	15 - 4 - 7	Gabi plus Z

Tab. 1 Flüssigdünger

Nährstoffverhältnis N : P_2O_5 : K_2O	Wirkungsdauer
14 - 14 - 14	100 Tage
16 - 10 - 10	100/180/270 Tage
15 - 9 - 15	2 bis 3 Monate
20 - 10 - 15	2 bis 3 Monate
15 - 12 - 15	3 bis 4 Monate
16 - 11 - 14 - 2	3 bis 4 Monate
16 - 8 - 12	3 bis 4 Monate
16 - 10 - 13	8 bis 9 Monate

Tab. 2 Depotdünger zur Vorratsdüngung

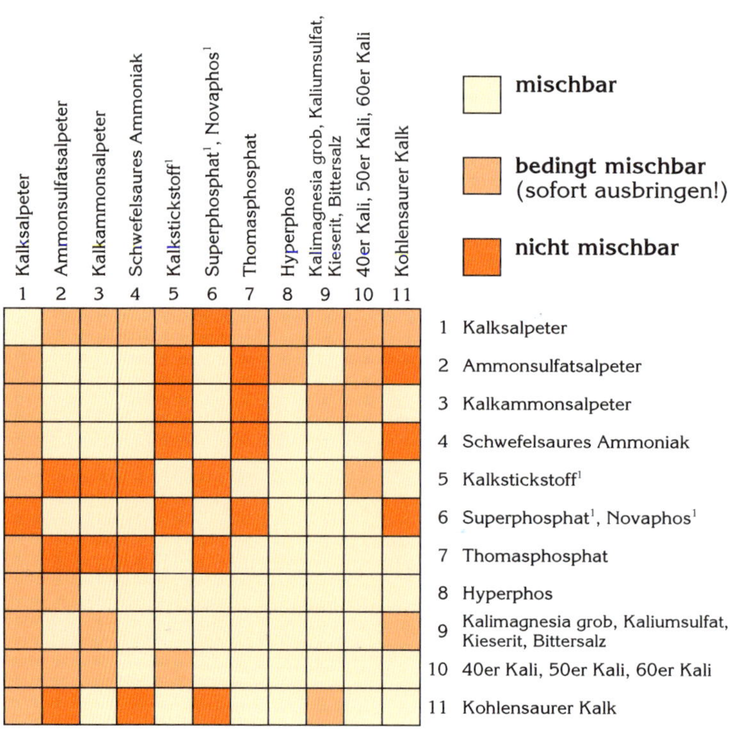

Abb. 1 Mischungsregeln für Mineraldünger

Merke:
- Bei der Mischung von Kalk und kalkhaltigen Düngern mit ammoniumhaltigen Düngern kommt es zu Stickstoffverlusten durch die Bildung von Ammoniak (NH_3).
- Bei der Mischung von Kalk und kalkhaltigen Düngern mit Superphosphat kommt es zur Bildung von Calciumphosphaten und damit zum Verlust der Wasserlöslichkeit des Phosphors.
- Bei der Mischung von nitrathaltigen Düngern mit Superphosphat kommt es zur Bildung von nitrosen Gasen (Stickoxide NO_2). Diese gasförmigen Stickstoffverbindungen entweichen (N-Verluste!) und können die Pflanzen schädigen (Schädigungsgrenzwert 3 mg NO_2/m^3 Luft). Beim Menschen führen erhöhte Konzentrationen zu Erkrankungen der Atemwege und Atmungsorgane (Grenzwerte: Langzeitwert 0,1 mg NO_2/m^3 Luft, Kurzzeitwert 0,3 mg NO_2/m^3 Luft).

[1] Gekörnter Kalkstickstoff und Perlkalkstickstoff sind mit gekörntem Superphosphat und Novaphos bedingt mischbar.

3.10 Organische Düngung

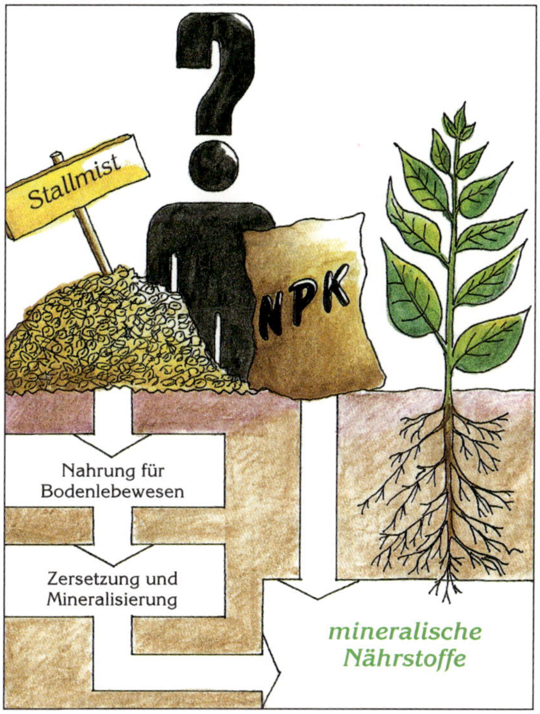

Abb. 1 Entzogene Nährstoffe müssen ersetzt werden

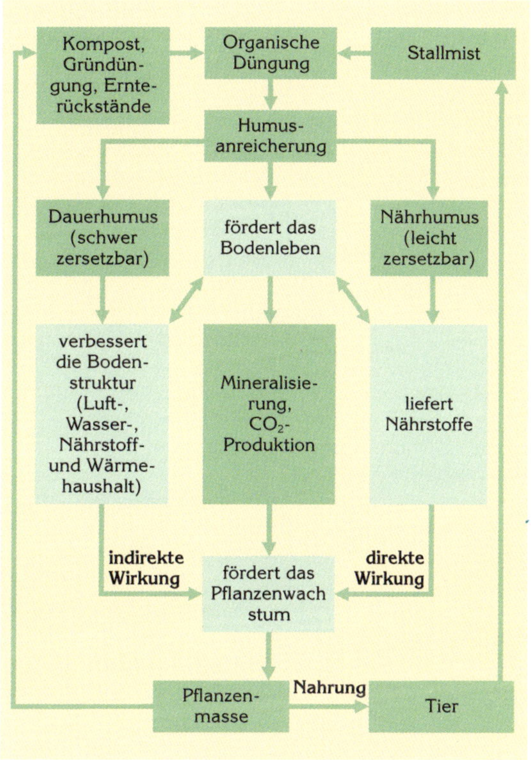

Abb. 2 Einfluss der organischen Substanz auf das Pflanzenwachstum

Mineraldünger	Organischer Dünger	
z. B. Nitrophoska blau (12 : 12 : 17 : 2)	**Stallmist**	**Kompost (Durchschnittswerte)**
12 % N	0,5 % N	0,3 % N
12 % P_2O_5	0,1 % P_2O_5	0,1 % P_2O_5
17 % K_2O	0,5 % K_2O	0,3 % K_2O
2 % MgO	0,1 % MgO	0,06 % MgO
+ Spurennährelemente	+ Spurennährelemente	

Tab. 1 Nährstoffgehalte (in Gew.-%) im Vergleich

Um die Fruchtbarkeit des Bodens zu erhalten, werden mit der Düngung die dem Boden entzogenen bzw. fehlenden Nährstoffe zugeführt. Dabei unterscheidet man zwischen der **mineralischen** und der **organischen** Düngung. Mineralische Dünger, die häufig auch als „Kunstdünger" bezeichnet werden, enthalten die Nährstoffe in Salzform (anorganischer Form). Die Salze lösen sich im Bodenwasser, sodass die Pflanze mit ihren Wurzeln die Nährstoffe aufnehmen kann. Die organischen Dünger enthalten die Nährstoffe in organisch **gebundener Form.** Damit die so gebundenen Nährstoffe pflanzenverfügbar werden, müssen sie erst freigesetzt werden. Diese Freisetzung (Mineralisierung) erfolgt bei der Zersetzung der organischen Substanz durch die Bodenlebewesen. Sie liegen dann in der gleichen pflanzenverfügbaren Form vor wie die Nährstoffe der Mineraldünger (s. Abb. 1).

Die Nährstoffgehalte organischer Dünger sind, verglichen mit denen von Mineraldüngern, relativ niedrig (s. Tab. 1). Ihre Bedeutung liegt daher vor allem in der Versorgung des Bodens mit organischer Substanz. Diese ist reich an Kohlenstoffverbindungen, die den Bodenlebewesen als Nahrung dienen. Die mit einer organischen Düngung verbundene Förderung der Bodenlebewesen führt über die Anreicherung mit Humus zur Verbesserung der Bodenstruktur und damit des Pflanzenwachstums (s. Abb. 2). Bei der Anhebung des Humusgehaltes ist jedoch zu bedenken, dass je nach Bodenart, Klima und Art der Bodenbearbeitung

ein standortspezifisches Gleichgewicht zwischen Humusauf- und -abbauprozessen besteht. Wird das Gleichgewicht gestört, z. B. durch Umbruch einer Grasnarbe zum Gemüseanbau, stellt sich sehr bald ein den veränderten Umweltbedingungen des Gemüsebaus (stärkere Belüftung!) entsprechend niedrigerer Humusgehalt ein. Je intensiver die Bewirtschaftung der Böden, desto stärker erfolgt der Abbau der organischen Substanz. Eine Erhöhung des Humusgehaltes über das standorteigene Gleichgewicht hinaus ist nur sehr schwer und nur vorübergehend möglich.
Nachteilig bei der organischen Düngung ist, dass die Freisetzung der Nährstoffe je nach Witterungsverlauf recht unterschiedlich stattfindet. So kann es im Frühjahr bei noch kalten Böden zu Nährstoffmangel und im Herbst bei noch regem Mikroorganismenleben zu größeren N-Auswaschungen über den Winter kommen. Die witterungsabhängige Nährstofffreisetzung ist auch der Grund dafür, dass mit einer organischen Düngung nicht so gezielt gedüngt werden kann wie mit mineralischen Düngern. Vorteilhaft ist, dass durch die langsam fließende Nährstofffreisetzung Düngefehler (Mangel/Überdüngung) weitgehend vermieden werden.

3.10.1 Stallmist

Ein besonders wertvoller organischer Dünger ist der Stallmist (C : N = 15 – 20 : 1), der ein Gemisch aus festen und flüssigen Ausscheidungen der Tiere und Einstreu darstellt. Je nach Futter, Einstreu und Art der Tiere ist er in seiner Zusammensetzung recht variabel. So ist z. B. **Geflügelmist** mit durchschnittlich etwa 2,8% N, 2,8% P_2O_5 und 1,5% K_2O nährstoffreicher als **Rinder- oder Schweinemist** (s. Tab. 1, S. 189). Der Gehalt an organischer Substanz liegt bei 20 bis 25% (Rest Wasser!). Verluste an organischer Substanz und Stickstoff treten bei der Lagerung aufgrund beginnender Zersetzung ein. Durch Hemmung des Sauerstoffzutritts können sie reduziert werden, indem z. B. der Mist festgetreten (Tretmist aus Laufställen) bzw. -gefahren wird. Von Vorteil bei der Lagerung ist die Verkleinerung des C : N-Verhältnisses. In der Regel werden alle zwei bis drei Jahre 200 bis 300 dt Stallmist/ha bzw. 100 dt/ha und Jahr ausgebracht. Auf leichten Böden sollte er gegen Ende des Winters eingearbeitet werden. Eine Ausbringung im Herbst führt zu starken N-Verlusten durch Auswaschung. Die Einbringungstiefe richtet sich nach der Bodenart. Je leichter der Boden, desto tiefer sollte die Einarbeitung erfolgen, da sonst die Mineralisierung zu schnell fortschreitet. Je schwerer hingegen der Boden, umso flacher sollte der Mist eingearbeitet werden, da sonst die Mineralisierung zu langsam abläuft.
Stallmist verbessert auf leichten Böden vor allem den Wasser- und auf schweren Böden den Lufthaushalt. Mit seinen langsam fließenden Nährstoffen deckt er den Grundbedarf der Pflanzen und verringert das Risiko eines Nährstoffmangels. Dies ist besonders wichtig für Magnesium und die Spurennährelemente. Zeitlich bedingter Spitzenbedarf der Pflanzen kann durch eine zusätzliche Mineraldüngung gedeckt werden.
Auf mit Stallmist frisch versorgtem Land sollten aus hygienischen Gründen (z. B. Wurmeier, Krankheitserreger) keine der Ernährung dienenden Pflanzen mit kurzer Kulturzeit (z. B. Salat, Radieschen) angebaut werden.

3.10.2 Strohdüngung

Eine gute Alternative zur Stallmistdüngung bietet die Strohdüngung zusammen mit einer N-Ausgleichsdüngung (C : N-Verhältnis!). Die Düngung beträgt 50 bis 100 dt Stroh/ha. Die N-Ausgleichsdüngung (1 kg N/dt Stroh) sollte im Frühjahr gegeben werden, um eine Auswaschung im Herbst/Winter zu vermeiden. Besonders gut wirkt eine Strohdüngung zusammen mit dem Anbau von Leguminosen.

3.10.3 Jauche

Als Jauche bezeichnet man den Harn der Tiere. Da kaum Phosphor ausgeschieden wird, handelt es sich bei der Jauche vor allem um einen schnell wirkenden **NK-Dünger**:

Durchschnittliche Nährstoffgehalte (in kg/m³)		
N	P_2O_5	K_2O
4	0,2	8

Tab. 1 Nährstoffgehalte von Jauche (Rinderjauche)

Die Aufwandmenge liegt zwischen 20 und 50 m^3/ha und Jahr. Warmes und sonniges Wetter bei der Ausbringung führt zu hohen N-Verlusten (NH_3!) und Geruchsbelästigungen. **Vorsicht (!)** – in Jauchegruben bildet sich **Sumpfgas** (Explosions- und Erstickungsgefahr!). Beim Einstieg ist man zum Anseilen verpflichtet (durch zweite Person absichern) und darf kein offenes Feuer benutzen!

3.10.4 Gülle

Bei der Gülle handelt es sich um eine Art Flüssigmist – einem Gemisch aus Kot und Harn der Tiere (teilweise auch geringer Anteil an Einstreu). Sie stellt somit ein Mittelding zwischen Stallmist und Jauche dar.

Tierart	org. Subst.	N	P_2O_5	K_2O	MgO
Rind	80	4	2	5	0,8
Schwein	60	5	3	3	1
Huhn	140	8	6	5	1,7
Ausbringungsmenge: bis 2,5 Dungeinheiten[1]/ha und Jahr. Einzelgaben sollten 40 m³/ha nicht überschreiten.					

Tab. 1 Durchschnittliche Gehalte an organischer Substanz und Nährstoffen (in kg/m³) von Gülle

Eine zu hohe Gülleausbringung wirkt sich nicht nur auf Ertrag und Qualität, sondern auch auf die Umwelt schädlich aus. Erhöhte Gülleausbringungen führen zu einer verstärkten Auswaschung von Nitrat ins Grundwasser. Im Zeitraum von Mitte Oktober bis Mitte Februar (Zeit überwiegender Grundwasserneubildung!) sollte keine Gülle ausgebracht werden. Die rechtlichen Regelungen zur Ausbringung (**Gülleverordnung**) sind in den einzelnen Bundesländern unterschiedlich geregelt, was Ausbringungshöhe und -zeitraum betrifft.

3.10.5 Müllkompost

Unter Müllkompost versteht man kompostierten Hausmüll. **Rohkompost** ist nur mechanisch aufbereitet, d. h., nicht zersetzbare Stoffe wurden entfernt. **Fertigkompost** ist mehr oder weniger verrottet. Die Zusammensetzung ist sehr variabel. Nachteilig ist der sehr **hohe pH-Wert** (>7,5), **Salzgehalt** (10 g/l) und **Gehalt an Schwermetallen,** wobei die Belastung des Bodens mit Schwermetallen das größte Problem darstellt. Zusätzlich besteht die Gefahr der Anreicherung von weiteren Schadstoffen, wie z. B. dem Krebs erregenden **Benzpyren** (Kohlenwasserstoffverbindung).

3.10.6 Klärschlamm

Die Beseitigung des in den Kläranlagen entstehenden Klärschlamms stellt ein **Umweltproblem** dar. Probleme bei der Anwendung ergeben sich aus der damit verbundenen **pH-Erhöhung, Schwermetallanreicherung** und **Zufuhr von Giftstoffen** (z. B. Dioxine). Die Verwendung von Klärschlamm auf landwirtschaftlich oder gärtnerisch genutzten Böden ist mit zahlreichen Auflagen verbunden und wird in der **Klärschlammverordnung** geregelt. Das Ausbringen von Klärschlamm auf Gemüse- und Obstanbauflächen ist verboten.

3.10.7 Kompost

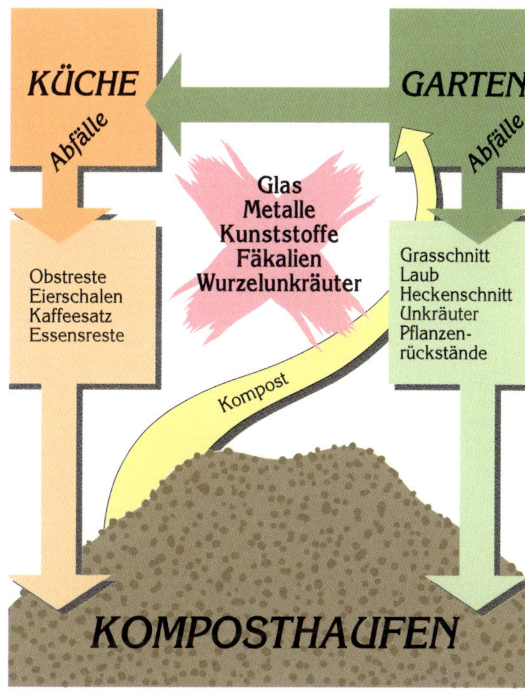

Abb. 1 Recycling mithilfe des Komposthaufens

Kompost (C : N = 15–25 : 1) kommt vom lateinischen compositus und bedeutet so viel wie zusammengesetzt. Die Zusammensetzung von Kompost ist dann auch entsprechend den verwendeten Abfällen sehr unterschiedlich. Grundsätzlich gilt, dass alle organischen Abfälle aus Küche und Garten zur Kompostierung geeignet sind (s. Abb. 1). Eine Ausnahme bilden mit Schadstoffen belastete Substanzen, wobei den Gehalten an Pb, Cd, Co, Cu und Zn besondere Aufmerksamkeit zu widmen ist (s. S. 157). So genannter **Grünkompost** enthält keine Küchenabfälle, sondern nur pflanzliches Material, das vornehmlich bei Pflegemaßnahmen in privaten Gärten und öffentlichem Grün anfällt.

[1] 1 Dungeinheit = 80 kg N

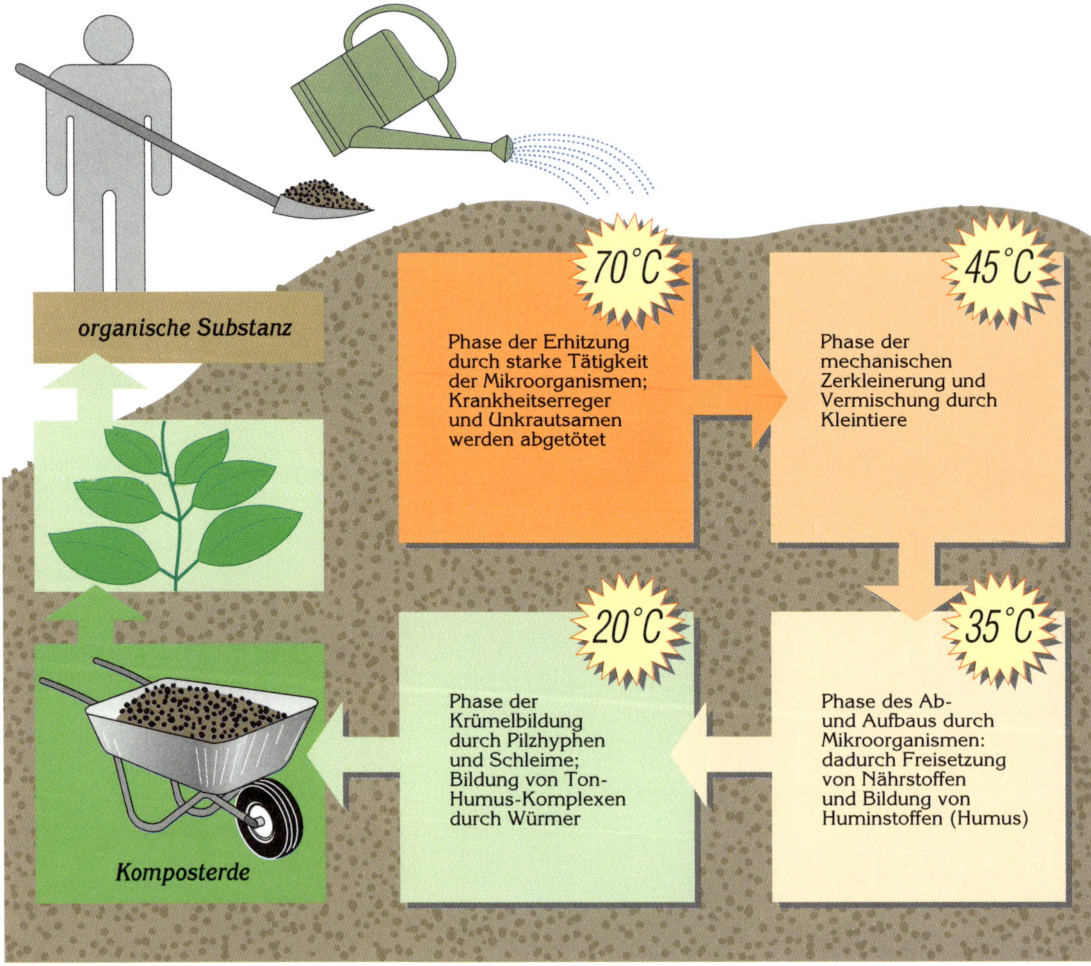

Abb. 1 Umsetzungsvorgänge im Komposthaufen

Lebensbedingungen von Mikroorganismen ▶ bestimmen die ▶	**Regeln für das Kompostieren**
Feuchtigkeit Der Wassergehalt sollte bei 25 % liegen	Standort Halbschatten → verhindert ein zu starkes Austrocknen; bei Trockenheit wässern
Sauerstoff Mikroorganismen benötigen Sauerstoff zur Atmung	Begrenzte Haufenhöhe (1,50 m), trapezförmiger Aufbau, häufiges Umsetzen
Wärme Optimale Temperatur zwischen 20 und 45 °C	Standort nicht im Vollschatten → optimale Erwärmung nicht gewährleistet
Nährstoffe Kohlenstoffreiche Nahrung	Förderung der Zersetzung durch enges C : N-Verhältnis → Vermischung unterschiedlichen Materials
pH-Wert Optimal zwischen pH 5,5 bis 7,5	Einpudern der Schichten mit Kalk (1 bis 2 kg/m^3)

Tab. 1 Optimale Lebensbedingungen für Mikroorganismen entscheiden über die Qualität des Kompostes

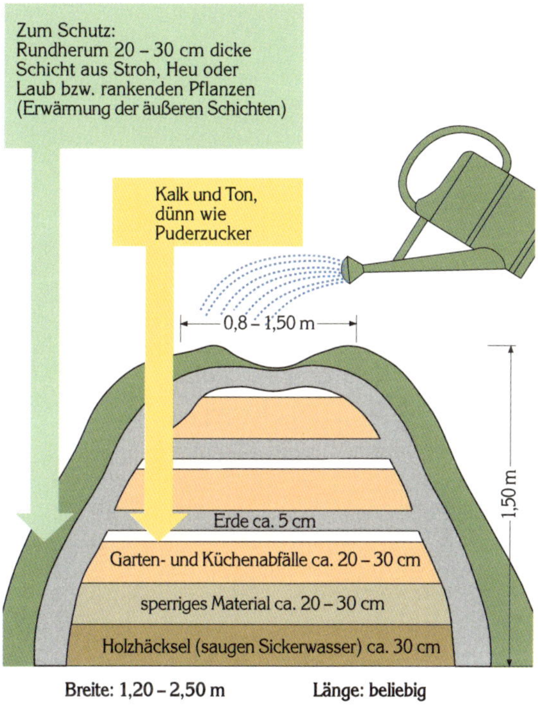

Abb. 1 Aufbau eines Komposthaufens

Haufenkompostierung

Die organischen Stoffe werden im Komposthaufen von Milliarden von Kleinstlebewesen in neue nährstoff- und humusreiche Erde umgewandelt. In den ersten Wochen der beginnenden Zersetzung werden durch die hohe Aktivität der Mikroorganismen Temperaturen bis über 70 °C (**Heißrotte**) erreicht. Diese Temperaturen reichen aus, um Krankheitskeime und Unkrautsamen abzutöten (s. Abb. 1, S. 192). Die Qualität der entstehenden Komposterde hängt von den Lebensbedingungen dieser Mikroorganismen ab. Die „Kunst" des Kompostierens besteht also darin, den Kleinstlebewesen optimale Lebensbedingungen zu verschaffen (s. Tab. 1, S. 192).

Standortwahl

Als Standort ist eine halbschattige, windgeschützte Stelle, die nicht zu klein bemessen sein sollte, gut geeignet (s. Abb. 1, S. 194). Beim Platzbedarf ist zu bedenken, dass der fertige Komposthaufen folgende Maße aufweist:

- untere Breite: 1,20 bis 2,50 m
- obere Breite: 0,80 bis 1,50 m
- Höhe: 0,80 bis 1,50 m
- Länge: beliebig

Aufschichten (s. Abb. 1)

Erst das richtige Schichten macht einen guten Kompost, wobei die Schichtung nach und nach entsteht.

1. Schicht: ca. 30 cm dicke Schicht aus Holzhäcksel, die durchsickernde Feuchtigkeit aufsaugt und somit vor Nährstoffauswaschung schützt.

2. Schicht: sperriges Material, z. B. kleinere Zweige, Äste, Heckenschnitt, damit auch von unten genügend Luft in den Haufen eindringen kann. Bei Sauerstoffmangel entsteht Fäulnis. Die dabei entstehenden Fäulnisprodukte führen zu einem qualitativ schlechten Kompost, der Boden und Pflanze mehr schadet als nützt.

3. Schicht: 20 bis 30 cm dicke Schicht aus Garten- und Küchenabfällen. Um die Zersetzung zu beschleunigen, sollte holziges Material (weites C : N-Verhältnis) mit krautigem (enges C : N-Verhältnis) gemischt werden (s. Tab. 1, S. 194). Das Zerhäckseln der Gartenabfälle vor dem Aufschichten vergrößert die Angriffsflächen für die Mikroorganismen, wodurch die Zersetzungsgeschwindigkeit enorm gefördert wird (s. Abb. 3, S. 194).
Ein leichtes Einpudern der Schicht mit **kohlensaurem Kalk oder Algenkalk bindet die bei der Zersetzung entstehenden Säuren** und fördert damit die Qualität des Komposts. Wer ein Weiteres tun will, kann pro m^2 vier Hand voll Horn- oder Blutmehl (organische N-Dünger) ausstreuen. Diese N-Düngung führt über die **Verkleinerung des C : N-Verhältnisses** zu einer rascheren und besseren Zersetzung. Handelt es sich bei dem zu zersetzenden Material weitgehend um organische Substanz mit einem engen C : N-Verhältnis, kann auf eine Stickstoffzufuhr verzichtet werden. Das feine Einpudern mit Ton unterstützt die **Bildung von Ton-Humus-Komplexen** (s. S. 128 f.).

4. Schicht: ca. 5 cm dicke Erdschicht. Dadurch wird der Kompost mit Mikroorganismen geimpft und folglich die Zersetzung beschleunigt.
Wässern: Nun wird das Schichtpaket gewässert. Die richtige Feuchtigkeit ist dann erreicht, wenn beim Pressen mit der Hand einzelne Wassertropfen zwischen den Fingern hervortreten.

5. Schicht: wie 3. Schicht

6. Schicht: wie 4. Schicht usw.
Die Schichtung erfolgt so lange, bis die Endhöhe (maximal 1,50 m) erreicht ist. Die letzte Schicht bildet eine Erdschicht. Zur besseren Erwärmung der äußeren Schicht kann der Haufen mit einer 10 cm dicken Schicht aus Stroh oder Laub abgedeckt werden (s. Abb. 1, S. 194).

Abb. 1 Ein optimal angelegter Komposthaufen

Abb. 4 Fertiger Kompost ist braun, krümelig und riecht angenehm nach Waldboden

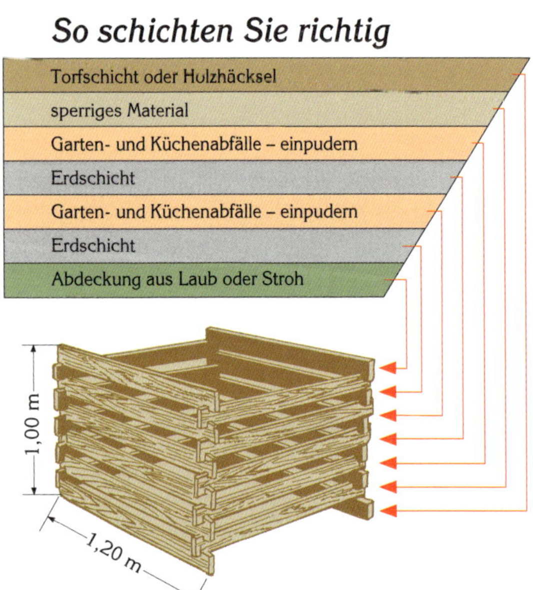

Abb. 2 Selbst gebauter Kompostbehälter aus Holz

Abb. 3 Häcksler

Organische Substanz	C:N-Verhältnis
Stallmist	15–20 : 1
Kompost	15–25 : 1
Gründüngung	20 : 1
Weißbuchenblätter	23 : 1
Rindenkompost	25 : 1
Ulmenblätter	30 : 1
Fichtennadeln sowie Eichen-, Rotbuchen- und Birkenblätter	50 : 1
Weißtorf, Rindenmulch	55 : 1
Kiefernnadeln	65 : 1
Sägemehl, Stroh	70 : 1
Lärchennadeln	110 : 1

Tab. 1 C:N-Verhältnis (Durchschnittswerte)

Umsetzen

Das Umsetzen des Komposthaufens fördert über die Durchlüftung die Aktivität der Mikroorganismen und damit die zur Abtötung von Krankheitserregern und Unkrautsamen notwendige Erwärmung des Haufens. Dabei sollte darauf geachtet werden, dass eine gründliche Durchmischung erfolgt und die äußeren Schichten nach innen kommen, sodass auch sie den hohen Innentemperaturen ausgesetzt werden. Kompost ist dann fertig (reif), wenn sich der „Abfallhaufen" in braune, krümelige, nach Waldboden riechende Erde verwandelt hat (s. Abb. 4).

Wo nicht genügend Platz ist, z. B. in Kleingärten, können einfache Kompostbehälter aus Holz leicht selbst hergestellt werden (s. Abb. 2). Bei guter Durchmischung der Abfälle ist eine Umsetzung solcher kleinen Kompostbehälter nicht notwendig.

Wichtig ist nur, dass der Kompostbehälter zur Seite hin offen ist, damit genügend Luft für den Zersetzungsvorgang eindringen kann.

Kompostwirtschaft im größeren Maßstab

Fallen größere Mengen organischer Substanz auf einmal an, wird die Kompostierung in einer abgewandelten Form durchgeführt. Die Zerkleinerung des organischen Materials erfolgt mit Großschreddern. Anschließend wird es mit Radladern zu **Mieten von 3 bis 5 m Breite und 1,80 bis 3 m Höhe** aufgesetzt. Zusätze werden in der Regel nicht zugegeben. Zur Förderung der **Heißrotte,** die bis zu 12 Wochen dauert, werden die Mieten mit dem Radlader **dreimal – in der 2., 4. und 8. Woche nach dem Aufsetzen – umgesetzt**, wobei gleichzeitig eine Befeuchtung des Materials erfolgt. Stagniert die Temperatur (Temperaturmessung alle 2 bis 3 Tage!), ist der Haufen häufig zu nass. Durch Umsetzen und Einarbeiten von Holzhäckseln lässt sich Abhilfe schaffen. Zur **Nachrotte** bei Temperaturen unter 40 °C wird die Miete mit Folie abgedeckt, wodurch ein Zuflug von Samen verhindert wird. Unter der Folie kann der Kompost bis zu 6 Monate gelagert werden. **Die gesamte Kompostierung dauert 5 bis 6 Monate.** Nach der Rotte wird das Material über Siebanlagen mit Maschenweiten von 10 bis 40 mm, je nach Verwendung, abgesiebt.

Reines Mähgut braucht vor der Kompostierung nicht zerkleinert zu werden. Aufgrund seines hohen Wassergehaltes verklumpt Grasschnitt sehr leicht, sodass der Luftzutritt und damit der Rottevorgang gehemmt ist. Es kommt zur Fäulnis, Geruchsbelästigung und Qualitätsverschlechterung der entstehenden Erde. Deswegen sollten Mieten aus reinem Grasschnitt eine **Breite von 3 m und eine Höhe von 1,80 m nicht überschreiten**. Zudem muss während der **Heißrotte**, bei reinem Grasschnitt dauert sie **6 bis 8 Wochen, einmal wöchentlich umgesetzt** werden. Eine Absiebung ist nicht erforderlich. Da bei der Kompostierung reinen Mähguts während der Heißrotte **Sickersäfte** auftreten, die Boden- und Grundwasser belasten können, müssen die zur Heißrotte dienenden Flächen abgedichtet und muss austretende Flüssigkeit in Sickergruben aufgefangen werden. Die Sickersäfte dienen zum Befeuchten der Mieten, wobei überschüssige Mengen einer Kläranlage zugeführt werden müssen.

Der erzeugte, hochwertige Kompost ist vielseitig verwendbar (s. Tab. 2). Nach dem Zeitpunkt der Verwendung unterscheidet man Frischkompost (Rohkompost) und Reifekompost (Fertigkompost). **Frischkompost** ist 4 bis 8 Wochen alt. Er wird vor allem als Mulchschicht und zur Einarbeitung in den Boden (flach einarbeiten) zwecks Nährstoffzuführung verwendet. **Reifekompost** erhält man nach etwa 6 Monaten. Er liefert neben Nährstoffen vor allem Dauerhumus und dient in erster Linie zur Verbesserung der Bodenstruktur. Bei der Verwendung von Komposten ist zu beachten, dass sie relativ nährstoffreich sind (s. Tab. 1). Bei häufiger Anwendung größerer Mengen kann es leicht zu einer Überdüngung mit Phosphor (Anreicherung im Boden, s. S. 177) und Kalium kommen. **Auf jeden Fall sind die mit dem Kompost zugeführten Nährstoffe bei der Mineraldüngung zu berücksichtigen.**

pH	7,5
organische Substanz	30 %
Salzgehalt	1,5 g/l
Stickstoff (N)	40 mg/l
Phosphor (P_2O_5)	600 mg/l
Kalium (K_2O)	1 300 mg/l

Tab. 1 Durchschnittswerte von Grünkomposten

Verwendung als	l/m² und Jahr	Absiebung auf
Mulch	50 bis 100	15 bis 25 mm
Bodenverbesserung	5 bis 10 10 bis 50[1]	15 mm 15 bis 25 mm
Substratzuschlag	bis 50 Vol.-% (kulturabhängig)	10 bis 15 mm

Tab. 2 Anwendung von Grünkompost

Flächenkompostierung/Mulchen

Eine einfachere und wirkungsvollere Kompostierung für den Boden als die Haufenkompostierung stellt die **Flächenkompostierung** oder das **Mulchen** dar.

Hierbei wird, entsprechend dem Vorbild in der Natur, der Boden mit klein gehäckselter organischer Substanz bedeckt (gemulcht). Die Vorteile sind:

- Es werden dem Boden kontinuierlich Nährstoffe zugeführt.
- Es muss weniger gegossen werden.
- Das Bodenleben wird gefördert (Schattengare!).
- Die Aktivierung der Bodenlebewesen, vor allem der Regenwürmer, führt zu einer Durchmischung und Lockerung des Bodens.
- Wildkrautwuchs wird unterdrückt (5 cm Schichthöhe bei Staudenpflanzungen, zweijähriger Turnus, N-Ausgleichsdüngung 15 gN/m²).

[1] Frischkompost

3.10.8 Gründüngung

Lupinen

Phacelia

Weißer Senf

Abb. 1 Gründüngungspflanzen

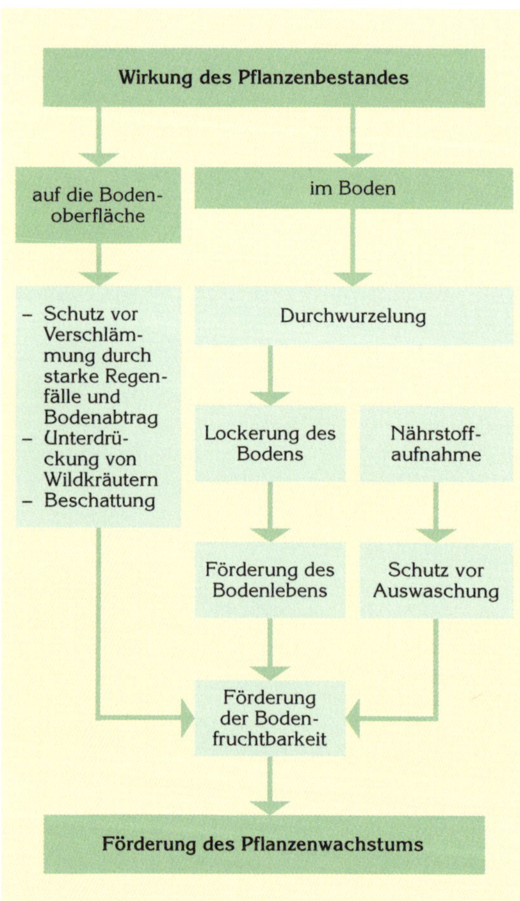

Abb. 2 Wirkung der Gründüngung als Pflanzenbestand

Bei der Gründüngung erfolgt die Bedeckung des Bodens mit lebenden Pflanzen. Unter Gründüngung versteht man das **Einarbeiten eines Pflanzenbestandes in den Boden, der eigens hierfür ausgesät wurde.** Die positive Wirkung der Gründüngung erstreckt sich jedoch nicht nur auf die **Humusanreicherung** und Nährstoffzuführung nach der Einarbeitung in den Boden, sondern sie fördert bereits als Pflanzenbestand nachhaltig die Fruchtbarkeit des Bodens (s. Abb. 2).
Zur Gründüngung sind alle Pflanzen geeignet, die schnell viel Blattmasse und ein kräftiges Wurzelsystem bilden. Besonders gut geeignet sind Leguminosen (Familie der Schmetterlingsblütler), wie z. B. Lupinen und Klee (s. Tab. 1, S. 197), die den Boden zusätzlich mit Stickstoff aus der Luft versorgen. Der Handelt bietet verschiedene Gründüngungsmischungen an.

3.10.9 Organisch-mineralische Dünger

Neben rein organischen Handelsdüngern werden auch organisch-mineralische Dünger angeboten. In ihnen liegen die Nährstoffe in mineralischer (vor allem Kalium und Magnesium) und in organischer Form (Stickstoff als Eiweißverbindung und Phosphor als Knochenmehl) vor.

Lignin	15–19 % N
Hornoska	8 % N, 4 % P_2O_5, 10 % K_2O, 2 % MgO
Oscorna Animalin[1]	7 % N, 4 % P_2O_5, 0,8–1,6 % K_2O

Tab. 1 Organisch-mineralische Dünger (Auswahl)

[1] Seit Juli 2001 frei von Rizinusschrot (enthält giftiges Rizin)

Gründüngungs-pflanzen	Aussaat	g Saat/m²	Entwicklungs-dauer in Wochen (Durch-schnittswerte)	Bemerkungen
Alexandrinerklee	III–IX	5	8	nicht vor Erbsen und Bohnen, Stickstoffsammler, winterhart
Erbsen	III–X	25	10	nicht vor Erbsen und Bohnen, Stickstoffsammler, nicht winterhart
Lupine	IV–IX	15	10	sehr guter Stickstoffsammler, gut geeignet zur tiefen Bodenlockerung, nicht winterhart, viel Grünmasse
Luzerne	III–X	3	10	Stickstoffsammler, gut geeignet zur tiefen Bodenlockerung, auch für trockene Standorte geeignet, winterhart
Phacelia	III–IX	1,5	9	Tiefwurzler, gute Bienenweide, viel Blatt- und Wurzelmasse
Raps	IV–IX	2	9	nicht vor Kohlgewächsen, gute Futterpflanze, winterhart, viel Blatt- und Wurzelmasse
Senf	III–X	10	8	lockert gut den Boden, wächst schnell, nicht vor Kohlgewächsen, viel Grünmasse
Serradella	IV–IX	20	10	Stickstoffsammler, gut für leichte Böden geeignet, wenig empfindlich gegen Trockenheit, nicht winterhart
Sonnenblume	IV–IX	2,5–3	9	entwickelt sehr viel Grünmasse, auch für trockene Standorte geeignet
Weißklee/Rotklee	III–IX	1–2	9	Stickstoffsammler, gute Bienenweide, gut für schwere Böden geeignet, gute Durchwurzelung, winterhart
Winterroggen	IX–X	16	bis Frühjahr	winterhart, gute Durchwurzelung des Bodens, Queckenkonkurrenz

Tab. 1 Auswahl einiger zur Gründüngung gut geeigneter Pflanzen

3.11 Biologischer Land-/Gartenbau

Das **Bio-Siegel** für Produkte des ökologischen Landbaus darf von Erzeugern, Verarbeitern und dem Handel zur Kennzeichnung von Lebensmitteln genutzt werden, die nach den streng kontrollierten Standards der EG-Öko-Verordnung produziert werden. Das Bio-Siegel soll für Transparenz und Sicherheit beim Kauf von Öko-Ware sorgen.

Abb. 1 Bio-Siegel nach EG-Öko-Verordnung

Der biologische Land-/Gartenbau, auch **alternativer** oder **ökologischer Land-/Gartenbau** genannt, beruht auf dem Konzept einer natürlichen, biologischen Produktion. Dabei kann man zwischen zwei Hauptrichtungen unterscheiden: der **organisch-biologischen** und der **biologisch-dynamischen Wirtschaftsweise**, in denen es wiederum verschiedene Richtungen gibt (s. Abb. 1, S. 198), die sich zur **Arbeitsgemeinschaft ökologischer Landbau (AGÖL)** zusammengeschlossen haben.

Schutzzeichen	Gründung	Anbaufläche ha (ca.)	Betriebe (ca.)	Adresse
	1979	7.299	317	**Biokreis e.V.**; Passau e-mail: biokreis@t-online.de
	1982	55.366	1.357	**Naturland-Verband für naturgemäßen Landbau e.V.**; Gräfelfing e-mail: naturland@naturland.de Web: www.naturland.de
	1962	2.956	67	**ANOG e.V.**; Bonn e-mail: anogev@t-online.de Web: www.bonnet.de/ANOG
	1985	875	194	**ECOVIN-Bundesverband Ökologischer Weinbau e.V.**; Oppenheim e-mail: ecovin@t-online.de Web: www.ecovin.de
	1989	38.444	354	**Gäa e.V.**; Dresden e-mail: info@gaea.de Web: www.gaea.de
	1988	1.213	24	**Ökosiegel e.V.**; Gerdau
	1991	127.244	575	**Biopark e.V.**; Karow e-mail: info@biopark.de Web: www.biopark.de

Abb. 1 Mitgliedsverbände des AGÖL

Schutzzeichen	Gründung	Anbaufläche ha (ca.)	Betriebe (ca.)	Adresse
	1924	51.175	1.336	**Demeter e.V.**; Darmstadt e-mail: info@demeter.de Web: www.demeter.de
	1971	129.935	3.583	**Bioland e.V.**; Mainz e-mail: info@bioland.de Web: www.bioland.de

Abb. 2 Die Vereine Bioland und Demeter sind 2001 aus der AGÖL ausgetreten

Gemeinsam ist ihnen, dass sie sich als Alternative zur **herkömmlichen (konventionellen)** Agrarwirtschaft sehen. Ihr Ziel ist der Erhalt natürlicher Kreisläufe, wobei der natürlichen Bodenfruchtbarkeit und damit der Förderung des Bodenlebens eine besondere Bedeutung zukommt. Nach Rudolf Steiner (1861 bis 1925) wird nicht die Pflanze gedüngt, sondern der Boden versorgt, um der Pflanze optimale Lebensbedingungen zu geben. Entsprechend dient die Düngung einer Verlebendigung des Bodens. Bodenbearbeitungen erfolgen nur unter weitgehender Schonung der Bodenorganismen nach dem Grundsatz „flach wenden, tief lockern". Mineralische Dünger („Kunstdünger/synthetische Dünger") und chemische Pflanzenschutzmittel werden nicht oder nur mäßig eingesetzt (s. Abb. 1, S. 199).

Abb. 1 Herkömmlicher und biologischer Anbau im Vergleich

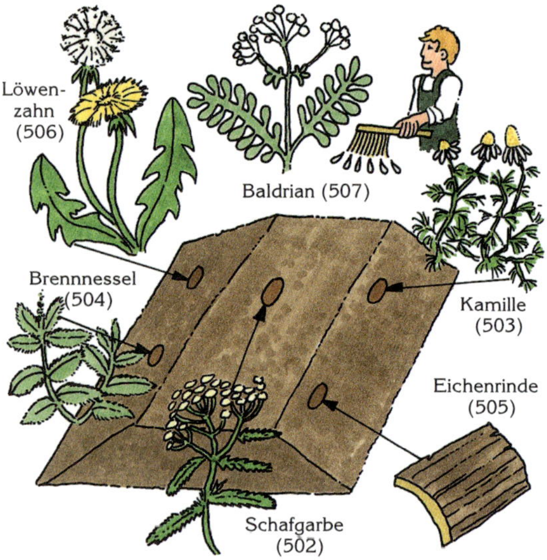

Abb. 1 Mistbehandlung mit Kompostpräparaten (502 bis 507) im biologisch-dynamischen Land-/Gartenbau

Abb. 2 Herstellung und Ausbringung von Hornmist

Im Gegensatz zum organisch-biologischen Land- und Gartenbau spielen bei der biologisch-dynamischen Wirtschaftsweise **kosmische Einflüsse** und die **Verwendung von Spezialpräparaten** eine zentrale Rolle. So geht man davon aus, dass wie Ebbe und Flut das gesamte Leben auf der Erde kosmischen Rhythmen unterliegt. Dabei wird dem Umlauf des Mondes zur Stellung der Sternbilder der Tierkreise eine besondere Bedeutung zugemessen. Durch entsprechende Wahl der Aussaat-, Pflanz-, Pflege- und Erntezeiten sollen die kosmischen Kräfte nutzbar gemacht werden. So soll der **aufsteigende Mond** den Säftestrom der Pflanze in die oberirdischen Teile ziehen und damit die Haltbarkeit, das Aroma, den Duft und den Vitamingehalt der Pflanze steigern. Entsprechend wird diese Phase als Erntezeit genutzt. Ein **absteigender Mond** soll hingegen die Bewurzelung der Pflanze fördern, sodass diese Phase die Pflanzzeit kennzeichnet.

Grundlage der organischen Düngung bilden kompostierter Mist („Mistkompost") und Kompost aus Pflanzenresten. Durch Einsatz von bestimmten Präparaten sollen Bodenfruchtbarkeit und Pflanzenwachstum gefördert werden. So wird Mist mit speziell zubereiteten Kräutern und Eichenrinde behandelt (s. Abb. 1). Wichtige Präparate im biologisch-dynamischen Pflanzenbau sind auch **Hornmist** und **Hornkiesel.**

Hornmist wird auf den Boden gespritzt und soll vor allem das Bodenleben aktivieren. Hornkiesel wird aus gemahlenem Quarz (Sand) hergestellt.

Er wird auf die Pflanzen gespritzt und soll die Blatt-, Blüten- und Fruchtbildung sowie die Widerstandsfähigkeit der Pflanzen positiv beeinflussen. Die Aufbereitung erfolgt ähnlich dem Rindermist bei der Herstellung von Hornmist (s. Abb. 2). Die Übergänge zwischen konventionellem und biologischem Anbau sind fließend. Auch im so genannten konventionellen Anbau wurden immer schon und werden zunehmend ökologische Methoden eingesetzt. So wird im Rahmen des so genannten „Integrierten Pflanzenbaus" versucht, einen Kompromiss zwischen den ökonomischen Zwängen und ökologischen Erfordernissen zu finden. Nach der Fördergemeinschaft Integrierter Pflanzenbau e.V. versteht sich der **integrierte Pflanzenbau** als ein „Bodennutzungssystem, bei dem unter Berücksichtigung ökonomischer Ansprüche und ökologischer Erfordernisse Bodenbearbeitung, Fruchtfolge, Arten- und Sortenwahl, Nährstoffversorgung und Pflanzenschutz unter Beachtung der standorttypischen Boden-, Klima- und Witterungseinflüsse derart miteinander verbunden sind, dass langfristig die natürliche Fruchtbarkeit des Bodens gefördert wird und die Artenvielfalt der Pflanzen und Tiere in ihrer Gesamtheit erhalten bleibt".

3.12 Boden- und Substratuntersuchung

Eine unzureichende Nährstoffversorgung der Pflanze führt zu Mangelkrankheiten (s. S. 158). Andererseits kann es durch eine erhöhte Nährstoffzufuhr zu Überdüngungsschäden kommen. In beiden Fällen treten zunächst Engpässe bzw. Störungen im Stoffwechsel auf (latente Schädigung), die bei weiterer Verschärfung schließlich zu äußerlich sichtbaren Schadsymptomen führen (s. Abb. 1, S. 202). Entsprechend ist die Ermittlung des Düngerbedarfs die entscheidende Aufgabe der praktischen Pflanzenernährung.

Der **Düngerbedarf** hängt allgemein ab:
- vom Nährstoffgehalt des Bodens
- vom Nährstoffbedarf der Pflanzenart
- vom Ausnutzungsgrad des Düngers (z. B. Nährstoffauswaschung, -festlegung) und
- von der angestrebten Ertragshöhe

Die einfachste und daher wichtigste Methode zur Bestimmung des Düngerbedarfs ist die Boden-/Substratuntersuchung. Voraussetzung dazu ist vor allem die **richtige Entnahme der Bodenprobe!** Sie muss in ihrer Zusammensetzung repräsentativ für die zu untersuchende Fläche sein (s. S. 140). Die Untersuchung findet in den Landwirtschaftlichen Untersuchungsanstalten (LUFA) oder anderen Bodenuntersuchungsinstituten statt. Probetüten, Versandtaschen und Probenlisten werden auf Anforderung von den Instituten zugesandt.

Die Grunduntersuchung im Labor beinhaltet in der Regel die Bestimmung
- der Bodenart
- des Volumengewichtes
- des pH-Wertes, wenn dieser zu niedrig ist, des notwendigen Kalkbedarfs
- des Phosphorgehaltes
- des Kaliumgehaltes
- des Magnesiumgehaltes
- des Kupfergehaltes (nur bei Moorbeetpflanzen)
- des Salzgehaltes (nur bei Substraten und Gewächshausböden)

Weiter gehende Untersuchungen können auf Wunsch zusätzlich durchgeführt werden.
Die **Bestimmung des pH-Wertes** erfolgt so, dass der Boden mit einer 0,01 molaren $CaCl_2$-Lösung aufgeschlämmt wird. Nach etwa 10 Minuten wird der pH-Wert mit einer Glaselektrode (pH-Meter) gemessen (s. S. 140). Die **Bestimmung der Nährstoffgehalte** beruht darauf, dass der Boden mit einer Extraktionslösung geschüttelt wird, die sozusagen den Nährstoffentzug durch die Wurzel simulieren soll. Dabei geht ein Teil der Nährstoffe in Lösung. Die Lösung wird anschließend durch Filtrieren vom Boden getrennt. Die Konzentration der einzelnen Nährstoffe in der filtrierten Lösung wird dann mithilfe komplizierter Verfahren wie der Flammenphotometrie und der Atomabsorptionsspektroskopie bestimmt.

Die Angabe der Nährstoffgehalte erfolgt in mg/100 g Boden bzw. bei den torfhaltigen Substraten in mg/l. Diese Werte dienen der Ermittlung des Düngerbedarfs, indem sie mit Grenzwerten verglichen werden, die bei Feld- und Gefäßversuchen ermittelt wurden. Dabei werden verschiedene **Versorgungsstufen** (Gehaltsklassen) unterschieden (s. Tab. 1, S. 202).

Man geht davon aus, dass bei der **Versorgungsstufe C** eine optimale Nährstoffversorgung der Pflanzen gewährleistet ist. Befinden sich die Böden in dem Versorgungsbereich C, braucht nur noch eine so genannte **Erhaltungsdüngung** durch-

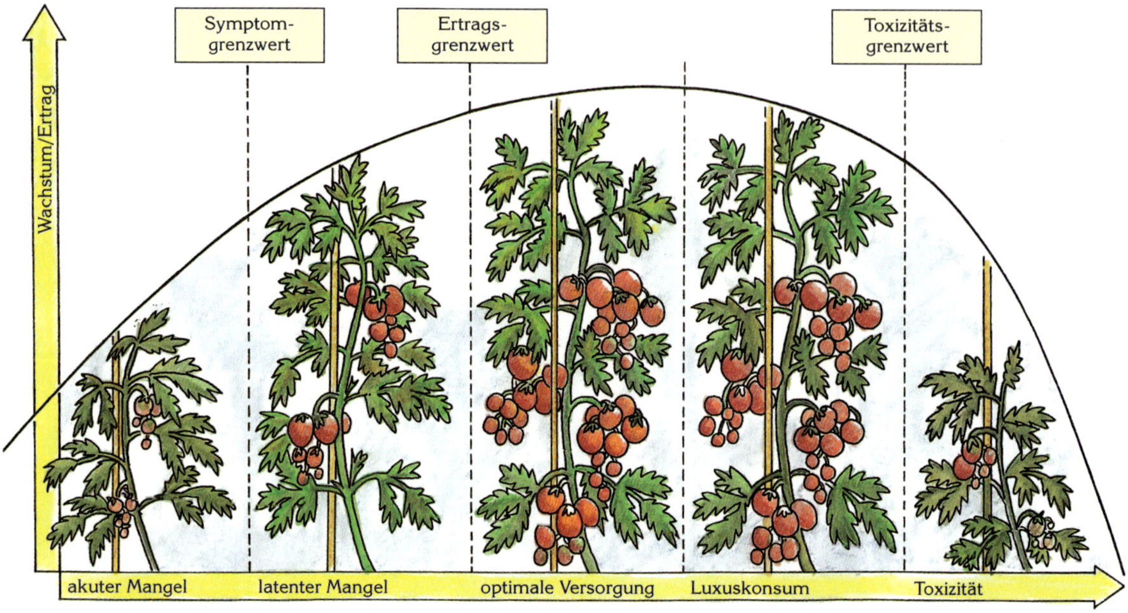

Abb. 1 Einfluss der Nährstoffversorgung auf das Pflanzenwachstum

geführt zu werden, die sich **am Entzug orientiert.** Orientieren bedeutet, dass bei der Erhaltungsdüngung nicht grundsätzlich die entzogenen Nährstoffe ersetzt werden. So muss die Düngung bei Böden mit hoher Nährstoffnachlieferung (z. B. Kaliumnachlieferung) unter dem Entzug, hingegen bei solchen mit hoher Festlegungsrate (z. B. Kalium-Fixierung) über dem Entzug liegen. Auf leichten Sandböden kann aufgrund der erhöhten K-Auswaschung eine über dem Entzug liegende K-Düngung notwendig werden. Beim Phosphor muss wegen der starken P-Festlegung im Boden grundsätzlich mehr gedüngt werden, als dem Entzug entspricht (in der Regel über 50% des Entzugs). Die **Entzüge,** an denen sich die Düngung orientiert, stellen keine feststehenden Werte dar. Vielmehr sind sie veränderlich, je nach angestrebter Ertragshöhe und Pflanzenart. Ziel der Düngung ist es, in der Versorgungsstufe C zu bleiben. Die Nährstoffgehalte, die für die einzelnen Versorgungsstufen empfohlen werden (**Grenzwerte**), sind unter den Wissenschaftlern umstritten und variieren häufig je nach Untersuchungsanstalt (s. Tab. 1, S. 204).

Versorgungsstufe	Nährstoffversorgung	Düngungsempfehlung
M	sehr niedrig	Meliorationsdüngung (2- bis 2,5fache)
A	niedrig (starker Mangel)	stark erhöhte Düngung (1,5- bis 2fache)
B	mittel (schwacher Mangel)	erhöhte Düngung (1,3- bis 1,5fache)
C	hoch (optimale Versorgung)	Erhaltungsdüngung (1 = Normaldüngung)
D	sehr hoch	verringerte Düngung (½fache)
E	extrem hoch	keine Düngung
S	überhöht	Maßnahmen gegen Schäden

Tab. 1 Versorgungsstufen (Gehaltsklassen)

Das größte Problem in der Pflanzenernährung ist die richtige **Stickstoffdüngung.** Die witterungsabhängige Mineralisierung führt dazu, dass die Stickstoffgehalte in der Bodenlösung von Tag zu Tag starken Schwankungen unterliegen. Zudem ist der Bereich optimaler N-Versorgung recht schmal: Wenn zu wenig gedüngt wird, bekommt man sehr schnell Ertragsdepressionen infolge von N-Mangel. Das gleiche Ergebnis kann sich auch relativ schnell bei Überdüngung (N-Überschuss) einstellen, ganz zu schweigen von der erhöhten Nitrat-Auswaschung (s. S. 173). Mithilfe der **N_{min}-Methode** wird der mineralisierte, d. h. der pflanzenverfügbare N-Vorrat (NO_3^- und NH_4^+) zu Beginn der Vegetationsperiode (Frühjahr) ermittelt.

Dazu werden repräsentative Bodenproben, je nach durchwurzelter Bodentiefe, aus 0 bis 30 cm, 30 bis 60 cm, 60 bis 90 cm und 90 bis 120 cm Tiefe genommen. Bei flach wurzelnden Kulturen wie Radieschen, Kopf- und Feldsalat reichen 0 bis 30 cm, bei tiefer wurzelnden wie Blumenkohl oder Spinat sollte zur Kopfdüngung zusätzlich der Bereich 30 bis 60 cm untersucht werden. Für lang stehende und tief wurzelnde Pflanzen wie Rosenkohl muss auch der N-Gehalt aus 60 bis 90 cm Tiefe berücksichtigt werden. Die Analyse des mineralisierten Stickstoffs erfolgt im Labor. Die Höhe der N-Düngung ergibt sich aus dem N-Bedarf der Kultur minus dem N_{min}-Gehalt des Bodens.

Die Tab. 1 und 2, S. 205 geben **Düngungsempfehlungen** für verschiedene Pflanzenarten im Erwerbsgartenbau, Haus- und Kleingarten an. Die notwendige Düngermenge kann am einfachsten mit nachfolgender Formel ausgerechnet werden:

$$\frac{\textbf{Nährstoffbedarf in g/m}^2 \cdot \textbf{100\%}}{\textbf{\%-Gehalt des Düngers}} = \textbf{Menge des Düngers in g/m}^2$$

Beispiel:
- Nährstoffbedarf/Düngeempfehlung 8 g N/m^2
- vorhandener Dünger z. B. Kalkammonsalpeter mit einem Gehalt von 27,5 % N

Um nun herauszubekommen, wie viel Kalkammonsalpeter pro m^2 gedüngt werden muss, um 8 g N pro m^2 auszubringen, müssen die Zahlen in die obige Formel eingesetzt werden. Es ergibt sich dann:

$$\frac{8\ g\ N/m^2 \cdot 100\,\%}{27{,}5\,\%} = 29\ g\ \text{Kalkammonsalpeter}/m^2$$

Ergebnis: Es müssen 29 g Kalkammonsalpeter pro m^2 ausgestreut werden.

Auf leichten Böden sollten nicht mehr als 10 g Reinnährstoff (N, P_2O_5, K_2O oder MgO)/m^2 in einer Gabe verabreicht werden. Bei höherem Bedarf ist die gesamte Nährstoffmenge auf zwei bis drei Gaben im Jahr zu verteilen.

Die **Bedeutung der Boden-/Substratuntersuchung** ist darin zu sehen, dass sie Anhaltswerte für die Höhe der Düngung gibt, rechtzeitig die Gefahr eines Nährstoffmangels bzw. -überschusses aufzeigt und mit ihrer Hilfe kontrolliert werden kann, wie sich unter dem Einfluss der Düngung die Nährstoffgehalte im Boden/Substrat verändern und ob unter dem Einfluss der Düngung der Gehalt konstant bleibt oder ein abnehmender bzw. zunehmender Trend zu verzeichnen ist. Entsprechend kann die Düngung geändert werden.

Vor allem im Obstbau wird als Ergänzung zur Bodenuntersuchung die **Blattanalyse** durchgeführt. Aus dem Nährstoffgehalt der Blätter wird der Ernährungszustand der Pflanze abgeleitet. Die Blattanalyse ermöglicht ein Erkennen von latentem (verstecktem) Mangel/Überschuss. Nachteilig ist, dass sie nichts über die Ursachen (z. B. Mangel im Boden oder gehemmte Aufnahme) aussagt. Die Bodenuntersuchung wiederum gibt keinen Aufschluss über die Wirkung der Nährstoffe in der Pflanze. Beide Methoden haben Vor- und Nachteile, sodass eine Kombination von Boden- und Pflanzenanalyse eine gezielte Düngung am ehesten ermöglicht.

Humus	% Ton		Gehaltsklasse M	A	B	C	D	E	S
Phosphat (DL- bzw. CAL-Auszug)			**mg P_2O_5/100 g Boden**						
0–4	0–5 Sand		0–3	4–6	7–15	**16–30**	31–50	51–200	>200
	>5 tonhaltig		0–2	3–5	6–13	**14–26**	27–40	41–200	>200
4,1–15	0–5 Sand		0–4	5–8	9–17	**18–35**	36–60	61–200	>200
	>5 tonhaltig		0–3	4–6	7–15	**16–30**	31–50	51–200	>200
			mg P_2O_5/100 ml Boden						
>15	Anmoor, Moor		–	0–2	3–5	6–11	12–20	21–100	>100
Kali (DL- bzw. CAL-Auszug)			**mg K_2O/100 g Boden, alle Böden außer Marsch**						
0–4	0–5	S, U	–	0–2	3–6	**7–15**	16–25	26–80	> 80
	5,1–12	l 'S, t 'U	–	0–4	5–9	**10–18**	19–30	31–80	> 80
	12,1–17	llS, tU	–	0–5	6–11	**12–20**	21–35	36–100	>100
	17,1–35	sL, t 'L, ttU, uuT	–	0–6	7–13	**14–22**	23–40	41–100	>100
	35	tL, uT, T	–	0–9	10–17	**18–28**	29–45	46–100	>100
4,1–15	0–5	S, U	–	0–3	4–8	**9–18**	19–30	31–80	> 80
	5,1–12	l 'S, t 'U	–	0–5	6–11	**12–20**	21–35	36–100	>100
	12,1–17	llS, tU		0–6	7–14	**15–23**	24–40	41–100	>100
	17,1–35	sL, t 'L, ttU, uuT	–	0–8	9–17	**18–26**	27–45	46–100	>100
	35	tL, uT, T	–	0–10	11–20	**21–30**	31–50	51–100	>100
			mg K_2O/100 ml Boden						
>15	Anmoor, Moor		–	0–4	5–9	**10–15**	16–30	31–100	>100
			mg K_2O/100 g Boden, Marschböden						
0–4	5,1–17	l 'S, llS, t 'U, tU	–	0–4	5–10	**11–15**	16–25	26–100	>100
	17,1–35	sL, t 'L, ttU, uuT	–	0–5	6–12	**13–20**	21–30	31–100	>100
	35	tL, uT, T	–	0–6	7–15	**16–25**	26–40	41–100	>100
4,1–15	5,1–17	l 'S, llS, t 'U, tU	–	0–5	6–12	**13–20**	21–30	31–100	>100
	17,1–35	sL, t 'L, ttU, uuT	–	0–6	7–15	**16–25**	26–35	36–100	>100
	35	tL, uT, T	–	0–8	9–20	**21–30**	31–45	46–100	>100
Magnesium ($CaCl_2$-Auszug nach Schachtschabel)			**mg Mg/100 g Boden**						
0–4	0–5	S, U	0–1	2	3	**4–5**	6–8	9–	
	5,1–17	l'S, llS, t'U, tU	0–2	3	4	**5–7**	8–12	13–	
	17,1–35	sL, t'L, ttU, uuT	0–2	3–4	5–6	**7–9**	10–16	17–	
	>35	tL, uT, T	0–3	4–5	6–8	**9–12**	13–20	21–	
4,1–8	0–5	S, U	0–1	2	3–4	**5–7**	8–12	13–	
	5,1–17	l'S, llS, t'U, tU	0–2	3–4	5–6	**7–11**	12–16	17–	
	17,1–35	sL, t'L, ttU, uuT	0–3	4–6	7–9	**10–14**	15–20	21–	
	>35	tL, uT, T	0–4	5–8	9–12	**13–17**	18–24	25–	
8,1–15	0–5	S, U	0–2	3–4	5–6	**7–9**	10–15	16–	
	5,1–17	l'S, llS, t'U, tU	0–3	4–5	6–9	**10–13**	14–19	20–	
	17,1–35	sL, t'L, ttU, uuT	0–5	6–8	9–12	**13–17**	18–24	25–	
	>35	tL, uT, T	0–6	7–11	12–16	**17–21**	22–29	30–	
			mg Mg/100 ml Boden						
>15	Anmoor, Moor		–	0–2	3–4	**5–6**	7–10	11–	

Korrektur der Mg-Versorgungsstufen bei hohen Kaligehalten

Bei K_2O-Versorgungsstufe	Mg-Versorgungsstufe					
M–D	**M**	**A**	**B**	**C**	**D**	**E**
E	M	M	A	B	C	D
S	M	M	M	A	B	C

Tab. 1 Versorgungsstufen für Phosphor, Kalium und Magnesium[1]

5,91

Phosphat – P_2O_5 –	Versorgungsstufen M + A	B	C	D	E + S
Blumen, Rot-, Weißkohl, Kartoffeln, Tomaten, Gurken	160 (140)	120 (105)	80 (70)	50 (30)	0* (–)
Möhren, Sellerie, Porree, Rettich, Wirsing, Kohlrabi, Zwiebel, Rosenkohl	120 (105)	90 (70)	60 (50)	40 (20)	0* (–)
Salat, Endivie, Feldsalat, Radieschen, Erbse, Bohne, Spargel, Spinat	80 (70)	60 (50)	40 (30)	30 (10)	0* (–)
	*Kupferversorgung überprüfen				
Kali – K_2O –					
Blumen, Rot-, Weißkohl, Kartoffeln, Tomaten, Gurken	300 (250)	220 (200)	160 150)	100 (60)	20* (–)
Möhren, Sellerie, Porree, Rettich, Wirsing, Kohlrabi, Zwiebel, Rosenkohl	220 (200)	170 (150)	120 (100)	60 (45)	10* (–)
Salat, Endivie, Feldsalat, Radieschen, Erbse, Bohne, Spargel, Spinat	170 (150)	130 (100)	100 (60)	40 (30)	0* (–)
	* Magnesiumversorgung überprüfen				
Magnesium – MgO					
Blumen, Rot-, Weißkohl, Kartoffeln, Tomaten, Gurken	100	80	60	30	10
Möhren, Sellerie, Porree, Rettich, Wirsing, Kohlrabi, Zwiebel, Rosenkohl	80	70	50	20	0
Salat, Endivie, Feldsalat, Radieschen, Erbse, Bohne, Spargel, Spinat	70	50	30	10	0
Stickstoff – N – (N_{min}-Gehalt des Bodens berücksichtigen)					
Blumen, Rot-, Weißkohl, Kartoffeln, Tomaten, Gurken	200–300 (150–200)				
Möhren, Sellerie, Porree, Rettich, Wirsing, Kohl–rabi, Zwiebel, Rosenkohl	100–200 (100–150)				
Salat, Endivie, Feldsalat, Radieschen, Erbse, Bohne, Spargel, Spinat	50–100 (50–100)				

Tab. 1 Düngungsempfehlungen (kg/ha) für den Erwerbsgartenbau und Haus-/Kleingarten (Klammerwerte)[1]

Nährstoff	Kultur	M+A	B	C	D	E+S
P_2O_5	Kernobst	120	75	50	–	–
	Steinobst	120	75	50	–	–
	Strauchbeeren	80	45	30	–	–
	Erdbeeren	80	45	30	–	–
K_2O bei Böden mit mehr als 40 Bodenpunkten						
	Kernobst	280	195	130	65	–
	Steinobst	300	240	160	80	–
	Strauchbeeren	280	195	130	65	–
	Erdbeeren	260	195	130	60	–
K_2O bei Böden mit weniger als 40 Bodenpunkten						
	bei allen Obstarten und Versorgungsstufen 40 kg K_2O/ha zusätzlich (Nährstoffmengen in mehrere Gaben aufteilen)					
MgO	**alle Obstarten**	**160**	**120**	**80**	**50**	**–**
N	Die meisten Obstarten benötigen eine jährliche Stickstoffgabe in Höhe von 40–80 g N/10 m². Stickstoff lässt sich aufgrund seiner besonderen chemischen Eigenschaften keinen Gehaltsklassen zuordnen.					

Tab. 2 Düngungsempfehlungen (g/10 m²) für den Obstbau[1]

[1] Quelle: LUFA der Landwirtschaftskammer Weser-Ems, Oldenburg

4 Pflanzenschutz

4.1 Schadursachen

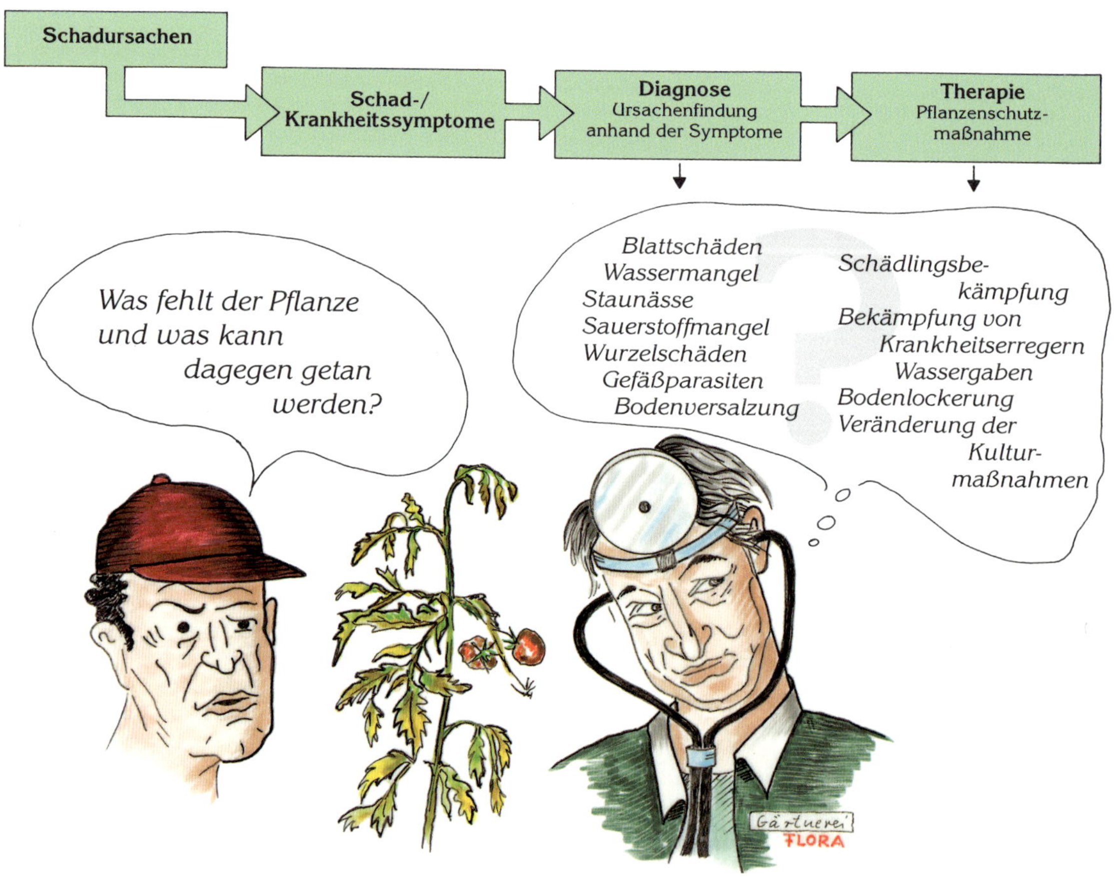

Abb. 1 Der Gärtner als Pflanzenarzt

Wie Mensch und Tier können auch Pflanzen von **Schädlingen** (tierische Schaderreger) und **Krankheitserregern** (Pilze, Bakterien und Viren) befallen und geschädigt werden. Daneben führen vor allem ungünstige Klima- und Witterungsbedingungen, schlechte Bodenverhältnisse, Schadstoffe aus Luft, Boden und Wasser sowie falsche Kulturmaßnahmen zu Pflanzenschäden. Im ersten Fall spricht man von **parasitären**, im zweiten Fall von **nichtparasitären** Schäden (s. Abb. 1, S. 207).

Pflanzenschäden durch

nichtparasitäre (unbelebte = abiotische)

parasitäre (belebte = biotische)

Ursachen

Kulturmaßnahmen

Düngung
- Überdüngung
- Nährstoffmangel
- Versalzung

Pestizide
- falsche Konzentration
- falsches Mittel
- falscher Zeitpunkt

Bewässerung
- Wassermangel
- Wasserüberschuss
- Kälteschock
- Bodenverschlämmung

Boden
- Sauerstoffmangel
- Verdichtungen
- Staunässe

Witterung
- Hitzeschäden (Verbrennungen)
- Kälteschäden (>0 °C)
- Frostschäden (<0 °C)
- Wind (Bruch, Wurf, Austrocknung)
- Schneebruch
- Hagelschäden
- Lichtmangel

Umweltbelastungen
- Schadstoffe aus Luft, Wasser und Boden

Schädlinge
- Insekten
- Milben
- Schnecken
- Nematoden
- Nagetiere

Krankheitserreger
- Pilze
- Bakterien
- Mykoplasmen
- Viren

Wildkräuter
- Konkurrenz um Licht, Wasser, Nährstoffe und Standort

Abb. 1 Ursachen für Pflanzenschäden

Die Abgabe von festen, flüssigen oder gasförmigen Schadstoffen an die Umgebung **(Emission)** führt über die Verunreinigung von Luft, Boden und Wasser zur Belastung der Umwelt und damit von Pflanze, Mensch und Tier. Vor allem über **Nahrungsketten** kann es zu einer hohen Anreicherung von Schadstoffen in der Nahrung kommen (s. Abb. 1, S. 208).

Die häufigste gasförmige Verunreinigung der Luft ist das **Schwefeldioxid (SO_2)**. Hierbei handelt es sich um ein Gas, das vor allem bei der Verbrennung schwefelhaltiger Stoffe (z. B. Kohle, Öl, Benzin) entsteht. **Akute Schäden** an den Pflanzen entstehen durch kurzfristige Einwirkung höherer Schadstoffkonzentrationen, **chronische Schäden** durch langfristige Einwirkung niedriger Schadstoffkonzentrationen. Konzentrationen von 1 bis 2 ppm SO_2 können innerhalb weniger Stunden zu akuten Pflanzenschäden führen. Dies entspricht etwa 2,5 bis 5 mg SO_2 pro m^3 Luft (s. Abb. 1, S. 208). Bei empfindlichen Pflanzen können bereits ab 0,3 ppm chronische Schäden auftreten.

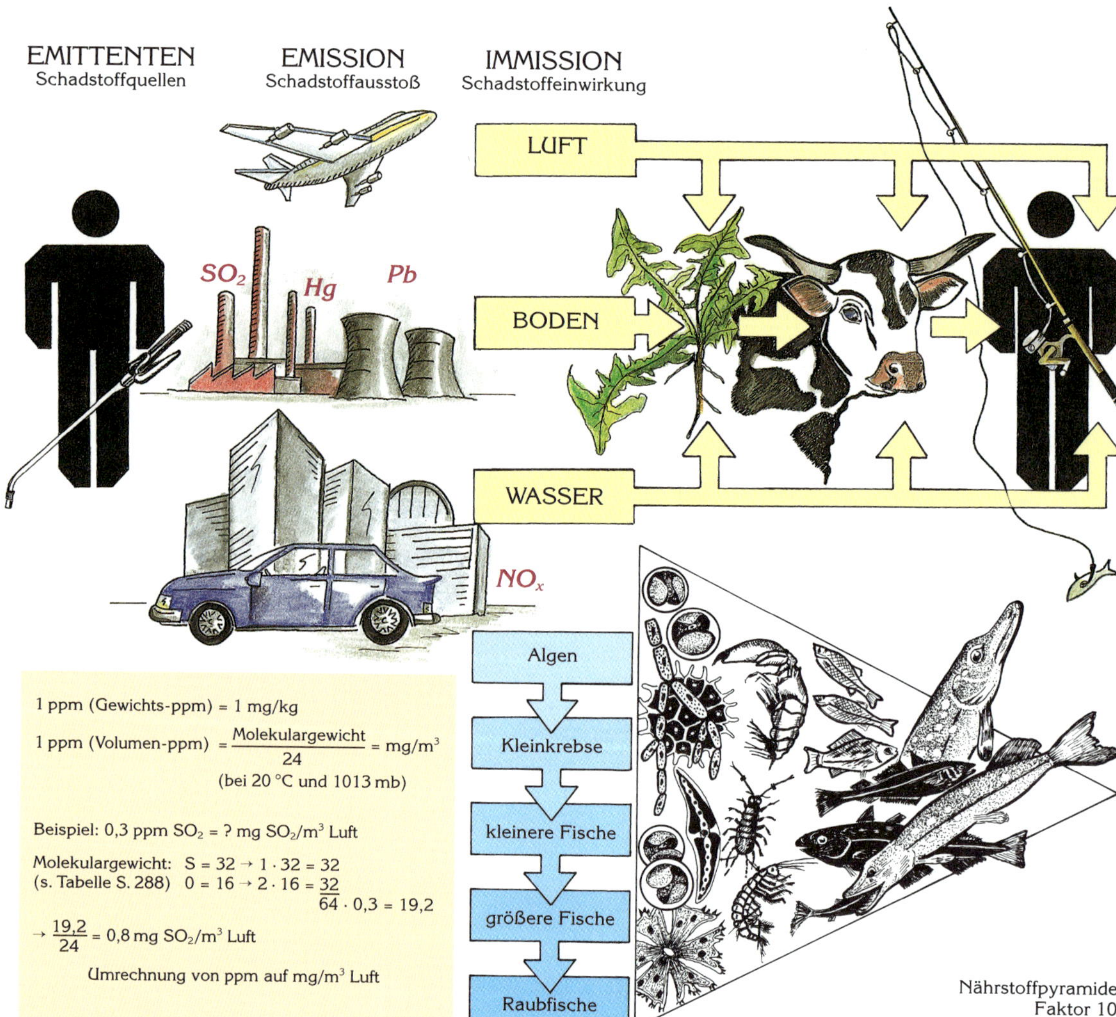

Abb. 1 Schadstoffverbreitung und -anreicherung über Nahrungsketten

Beim gleichzeitigen Auftreten mehrerer Luftschadstoffe können sich diese in ihrer Wirkung gegenseitig verstärken, sodass es bereits bei niedrigeren Konzentrationen zu Schäden kommen kann. Weitere schädliche Stoffe sind z. B. **Fluorwasserstoff (HF), Chlorwasserstoff (HCl), Stickstoffoxide (NO, NO_2, N_2O_3), Stäube, Schwermetalle** (z. B. **Pb, Cd** und **Hg**) und **Giftstoffe** (z. B. **Pestizide**).

Indem nichtparasitäre Schäden die Pflanzen schwächen, schaffen sie günstige Voraussetzungen für einen Befall durch solche Schädlinge und Krankheitserreger, die gesunde, widerstandsfähige Pflanzen nicht befallen bzw. ernsthaft schädigen können. Man bezeichnet solche Schadorganismen als **Schwächeparasiten**.

Ähnlich einem Arzt muss der Gärtner in der Lage sein, anhand von **Schad-/Krankheitssymptomen** eine **Diagnose** zu erstellen. Nur auf der Grundlage einer richtigen Diagnose kann die richtige Therapie gewählt werden. Wie im Gesundheitsbereich kommt auch hier der **prophylaktischen** (vorbeugenden) **Pflanzenschutzmaßnahme**, also der **Krankheits-/Schadensverhütung**, eine große Bedeutung zu (s. Abb. 1, S. 206).

4.2 Was macht eine Tierart zum Schädling?

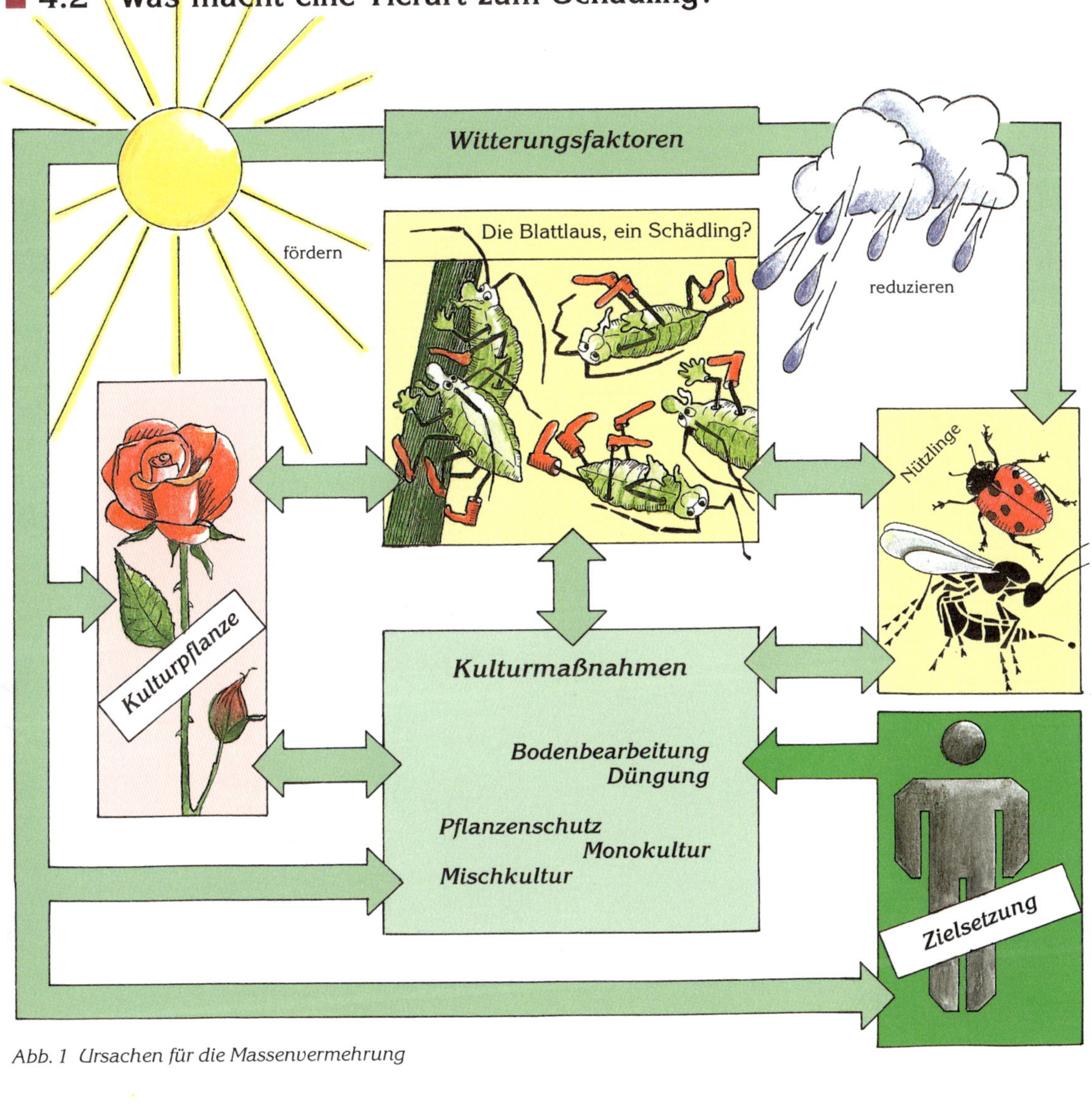

Abb. 1 Ursachen für die Massenvermehrung

Pflanzen dienen nicht nur dem Menschen und seinen Nutztieren als Lebensgrundlage, sondern auch sehr vielen anderen Lebewesen. Richten diese Lebewesen an unseren Kulturpflanzen Schäden an, bezeichnet man sie als **Schädlinge** (z. B. Blattläuse). Als **Nützlinge** bezeichnet man hingegen solche Lebewesen, die Pflanzenschädlinge vernichten (z. B. Marienkäfer), dem Menschen also nützlich sind. Die Einteilung in Schädlinge und Nützlinge entspricht also den Interessen des Menschen. Die Natur kennt diese Begriffe nicht, da jedes Lebewesen seine ganz bestimmte Aufgabe im kompliziert vernetzten Naturhaushalt hat.

Ob eine Tierart pflanzenschädlich werden kann oder nicht, hängt in erster Linie von der **Art der Nahrungsaufnahme** (s. S. 238) und davon ab, ob es zur Massenvermehrung kommt oder nicht. Obwohl die Art der Nahrungsaufnahme und die **Fähigkeit zur Massenvermehrung** erblich bedingt sind, entscheiden die Wechselbeziehungen zwischen der jeweiligen Tierart und der Umwelt (ökologische Gegebenheiten), ob eine Tierart zum Pflanzenschädling wird oder nicht. So hat die **Witterung** Einfluss auf die Entwicklung von Schädlingen und Nützlingen. Vor allem aber beeinflusst der Mensch mit seinen **Kulturmaßnahmen** die Umweltbedingungen. Die Art der Kulturmaßnahmen hängt wiederum von der **Zielsetzung des Gärtners** (z. B. Ertragshöhe, Qualität, Arbeitsaufwand) ab. Z. B. führt der **Einsatz chemischer Gifte** auch zur Vernichtung von Nützlingen. Der großflächige Anbau nur einer Pflanzenart **(Monokultur)** fördert die Massenvermehrung ihrer „Feinde". **Artenvielfalt** (z. B. **Mischkultur**) fördert hingegen ein **biologisches Gleichgewicht** zwischen „Nützlingen" und „Schädlingen" und schränkt somit die Gefahr einer Massenvermehrung ein. **Die Massenvermehrung einer Tierart hängt von einer Vielzahl von Faktoren ab, die mehr oder weniger miteinander vernetzt sind und sich gegenseitig beeinflussen** (s. Abb. 1, S. 209).

4.3 Pflanzenschutzmaßnahmen

4.3.1 Kulturmaßnahmen

Wie alle Lebewesen entwickeln sich auch Pflanzen unter ungünstigen Lebensbedingungen schlecht, d. h., sie werden anfälliger gegenüber Schädlingen und Krankheitserregern. Die Kunst des Gärtnerns besteht dementsprechend darin, optimale Lebensbedingungen für die Pflanzen und damit ungünstige für die Schadorganismen zu schaffen. Optimale Kulturführung ist demgemäß auch immer vorbeugender Pflanzenschutz. Nur wenn gute Kenntnisse über die Lebens- und Entwicklungsweisen der für die jeweilige Pflanzenart wichtigen Schadorganismen vorhanden sind, können optimale Kultur-/Wachstumsbedingungen geschaffen werden (s. Abb. 1, S. 212).

Biologisches Gleichgewicht

Monokultur

Biologische Bekämpfung

Chemische Bekämpfung

Abb. 1 Das biologische Gleichgewicht und seine Beeinflussung

Pflanzen-/Sortenwahl

Die Verwendung gesunder Pflanzen ist eine grundlegende Voraussetzung für eine optimale Pflanzenentwicklung. Kranke oder schwach entwickelte Jungpflanzen sollten daher von vornherein von einer Weiterkultur ausgeschlossen werden. Da sich die Sorten einer Pflanzenart in vielen Fällen auch in der Anfälligkeit bzw. Widerstandsfähigkeit (Resistenz) gegenüber ungünstigen Einflüssen unterscheiden, bietet die Wahl der resistenten Sorte (falls vorhanden) einen einfachen und sicheren Pflanzenschutz. Entsprechend kommt der **Resistenzzüchtung** eine große Bedeutung zu. Jedoch kann mit der Zeit auch die Resistenz gegenüber einem Schädling oder Krankheitserreger verloren gehen, da die resistente Sorte auf den Schaderreger einen gewissen **Selektionsdruck** ausübt. Das heißt, es werden mit der Zeit Schaderreger ausgelesen, die die Resistenz der Sorte durchbrechen. Resistenzen werden also immer wieder durch neue Schaderreger-Rassen durchbrochen. So gibt es bereits beim Falschen Mehltau an Kopfsalat über 15 verschiedene Rassen. Indem man Pflanzen mit unterschiedlicher Resistenz anbaut (so genannte **Feldresistenz**) oder die Sorten häufig wechselt, kann man den Selektionsdruck und damit die Gefahr der Resistenzdurchbrechung senken.

Standortwahl

Der Standort muss den Ansprüchen der Pflanze entsprechen. Dies bedeutet, dass auch die Standortbedingungen im Hinblick auf die Entwicklung möglicher Schadorganismen beurteilt werden müssen.

Klima

Je besser der Gärtner die Zusammenhänge zwischen Pflanzenentwicklung, Klima und Lebensweise der Schadorganismen kennt, umso genauer kann er die Auswirkungen seiner Kulturmaßnahmen im Hinblick auf eine gesunde Pflanzenentwicklung beurteilen. So fördert z. B. feucht-warmes Klima den Befall durch Pilze und Bakterien, trocken-warmes Klima hingegen den Befall durch Insekten. Da eine Klimaveränderung im Freiland durch gärtnerische Maßnahmen nur sehr begrenzt möglich ist, kommt dem Gärtnern unter Glas große Bedeutung zu. Mithilfe technischer Einrichtungen kann das Gewächshausklima (Temperatur, Lichtstrahlung, Boden- und Luftfeuchtigkeit und sogar die Luftzusammensetzung) gesteuert werden.

Ernährung

Neben den bekannten nichtparasitären Krankheiten (s. Kapitel Pflanzenernährung) kommt es durch falsche Ernährung auch zu verstärktem parasitären Befall. So verringert die Stickstoffüberdüngung nicht nur die Standfestigkeit krautiger Pflanzen, sondern sie fördert auch den Befall durch Pilzkrankheiten und saugende Insekten. Nur durch gezielte Düngung, d. h. auf der Grundlage von Bodenuntersuchungen oder/und Pflanzenanalysen, lassen sich Krankheiten infolge von falscher Ernährung vermeiden. Auch die Art und der Zeitpunkt der Düngung sind entscheidend für eine gesunde Pflanzenentwicklung. Organische Düngung fördert das Bodenleben und die Bodenstruktur und damit eine gesunde Pflanzenentwicklung, während zu späte Stickstoffgaben die Holzausreife der Bäume und Sträucher verzögern, was zu Frostschäden und zum Erfrieren dieser Pflanzen führen kann.

Saat-, Pflanz- und Erntezeiten

Pflanzen sind vor allem während der Jugendphase besonders anfällig gegenüber Schädlingen und Krankheitserregern. Durch die Wahl des **Saat- oder Pflanzzeitpunktes** kann in vielen Fällen das Zusammentreffen des empfindlichen Jugendstadiums mit der Hauptentwicklungszeit des Schädlings- bzw. Krankheitserregers vermieden und damit die Gefahr eines Befalls stark reduziert werden (s. Abb. 1, S. 212). Die Aussaat- und Pflanzzeiten sind ferner so zu wählen, dass eine optimale Pflanzenentwicklung gewährleistet ist. So werden viele Pflanzen aufgrund ihres hohen Wärmebedarfs erst nach den Eisheiligen ins Freiland gepflanzt.

Fruchtfolge/Kulturfolge

Ein Boden, auf dem Jahr für Jahr die gleiche Pflanzenart angebaut wird, wird mit der Zeit **„müde“**, Ertrag hervorzubringen bzw. den Pflanzen eine normale Entwicklung zu ermöglichen. Die Folgen sind Kümmerwuchs und Missernten infolge von Krankheits- und Schädlingsbefall: **„Bodenmüdigkeit“**. Die Ursachen sind neben einer mangelhaften Bodenpflege und Düngung vor allem darin zu sehen, dass durch den ständigen Anbau immer der gleichen Pflanzenart

1. sich bestimmte **Schädlinge** (z. B. Nematoden) und **Krankheitserreger** (z. B. Erreger der Kohlhernie) im Boden anreichern,
2. der Boden durch den **einseitigen Nährstoffentzug** an bestimmten Nährstoffen verarmt,
3. sich durch Blätter und Wurzeln der Pflanzen ausgeschiedene giftige (toxische) bzw. auf die Entwicklung der Pflanzen **hemmende Stoffe** im Boden anreichern.

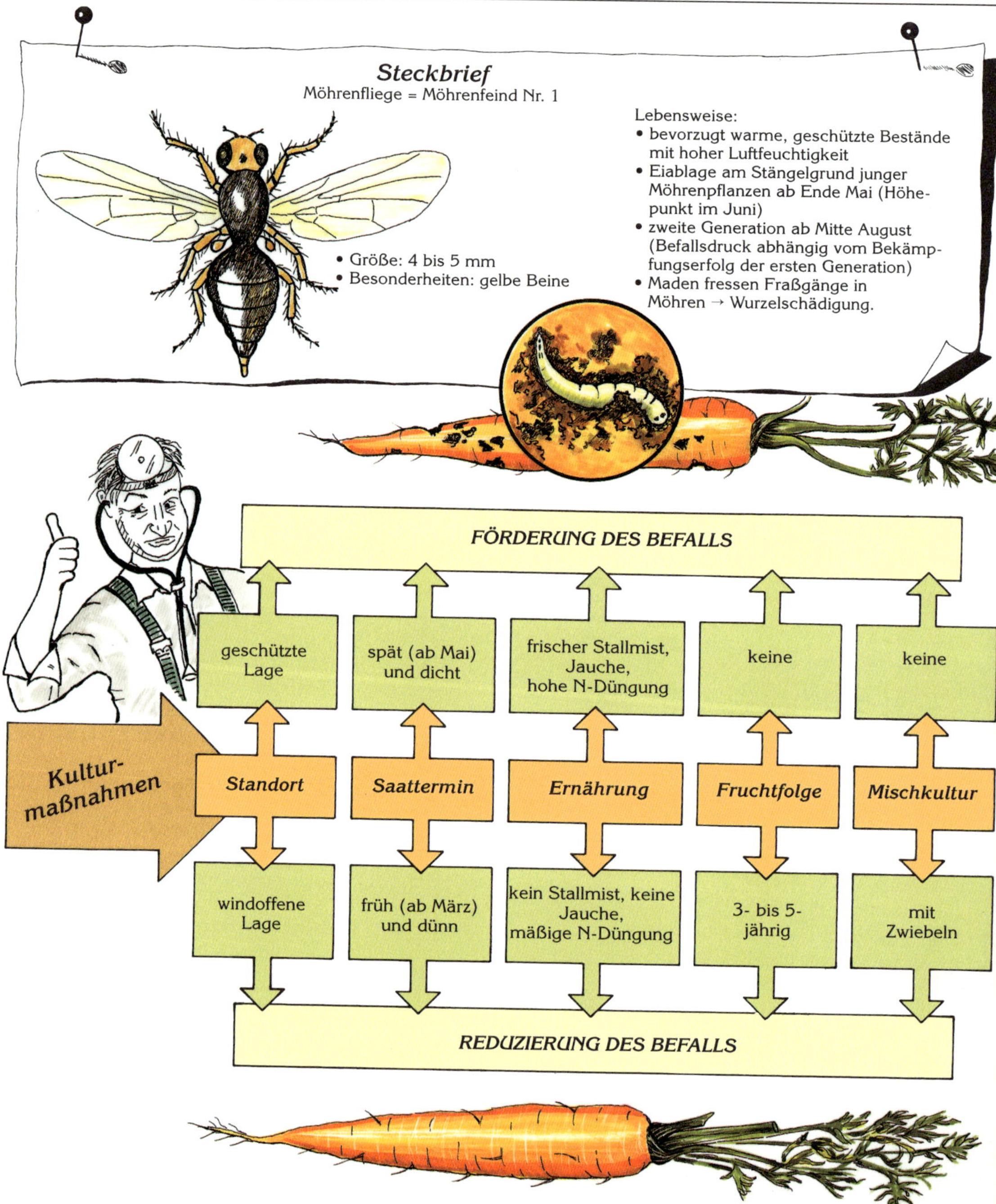

Abb. 1 Kulturmaßnahmen zum Schutze der Möhren gegen den Befall durch die Möhrenfliege

Auch die Wurzelausscheidungen eng verwandter Arten (Angehörige einer Gattung oder Familie) können sich gegenseitig in der Entwicklung hemmen und sollten dementsprechend nicht nacheinander angepflanzt werden (s. Tab. 1, S. 213). Als wichtiges Mittel gegen die Bodenmüdigkeit – neben einer optimalen Bodenpflege und Pflanzenernährung – ist der jährliche Fruchtwechsel mit einer weit gestellten Fruchtfolge (= Kulturfolge) zu sehen. So sollte höchstens alle drei bis fünf Jahre die gleiche Kultur auf derselben Fläche angebaut werden.

Familie[1]	Gemüseart
Doldengewächse (Apiaceae, früher Umbelliferae)	Möhre, Petersilie, Sellerie
Gänsefußgewächse (Chenopodiaceae)	Mangold, Rote Bete, Spinat
Kreuzblütler (Brassicaceae, früher Cruciferae)	Kohlarten, Radieschen, Rettich
Kürbisgewächse (Cucurbitaceae)	Gurke, Kürbis
Liliengewächse (Liliaceae)	Porree, Zwiebel
Schmetterlingsblütler (Fabaceae, früher Leguminosae)	Erbse, Bohne

[1] s. auch S. 99 ff.

Tab. 1 Verwandtschaftliche Beziehungen wichtiger Gemüsearten

	Zwiebeln	Tomaten	Stangenbohnen	Spinat	Sellerie	Rhabarber	Radies/Rettich	Pflücksalat	Petersilie	Lauch	Kopfsalat	Kohlrabi	Kohlgewächse	Knoblauch	Kartoffeln	Karotten/Möhren	Gurken	Erbsen
Erbsen		–	–				+			–	+	+	+	–	–	+		
Gurken	+		+		+		–				+		+	+				
Karotten/Möhren	+	+					+			+				+				+
Kartoffeln		–		+	–							+	–					–
Knoblauch		+	–										+			+	+	–
Kohlgewächse	–	+	+	+	+	+	+	+		+	+		–	–	–		+	+
Kohlrabi		+	+	+	+		+			+	+				+			+
Kopfsalat	+	+	+		+	+	+		–	+			+				+	+
Lauch		+	–		+						+	+	+			+		–
Petersilie		+					+				–							
Pflücksalat		+				+							+					
Radies/Rettich	+	+	+	+				+	+		+	+	+			+	–	+
Rhabarber				+				+			+		+					
Sellerie		+	+	+	–					+		+	+		–			
Spinat		+	+		+	+	+					+	+		+			
Stangenbohnen	–			+	+		+			–	+	+	+	–			+	–
Tomaten				+	+		+	+	+	+	+	+	+	+	–	+		–
Zwiebeln			–								+		–			+	+	

+ = gute Nachbarn – = schlechte Nachbarn (leer) = neutral

Abb. 3 „Gute und schlechte Nachbarn“

Abb. 1 Mischkultur – vorbeugender Pflanzenschutz

Abb. 2 Mischkultur mit Sellerie gegen Kohlweißlingsraupen

Artenvielfalt

Die marktwirtschaftlichen Vorteile des intensiven und spezialisierten Anbaus haben dazu geführt, dass im Erwerbsgartenbau durchweg **Monokultur**, d. h. der großflächige Anbau nur einer Pflanzenart, betrieben wird. Diese Monokulturen schaffen ideale Voraussetzungen für die Massenvermehrung von Schädlingen und Krankheitserregern, indem die Nahrung geradezu paradiesisch, d. h. unerschöpflich angeboten wird und damit ein wichtiger natürlicher Begrenzungsfaktor entfällt. Daneben bewirkt die zwangsläufige **Artenarmut** solcher Monokulturen, dass weniger Nützlinge zur Bekämpfung vorhanden sind und somit von diesen keine durchschlagenden bzw. rechtzeitigen Bekämpfungserfolge zu erwarten sind. Der zwangsläufig notwendige Gifteinsatz tut ein Übriges dazu.

Den natürlichen Wachstumsbedingungen schon näher kommend ist die **Mischkultur**, d. h. der Anbau verschiedener Pflanzenarten nebeneinander (s. Abb. 1). Innerhalb einer Mischkultur kann man sich auch die **Abwehrmechanismen** vieler Pflanzen gegenüber bestimmten Schädlingen/Krankheitserregern zunutze machen (s. Abb. 2). Manche Pflanzen scheiden **Abwehrstoffe (= Repellentien)** aus, die bestimmte Schädlinge vor einem Befall abschrecken. So können Tomatenpflanzen benachbarte Kohlpflanzen vor dem Befall durch

Abb. 1 Netze (Maschenweite 1,6 × 1,2 mm) gegen Möhrenfliege

Abb. 2 Netze (M.-weite 1,8 × 1,8 mm) gegen Kleine Kohlfliege

Abb. 3 Netze gegen Kohlweißling am Rosenkohl

Abb. 4 Netze gegen Vogelfraß am Beerenobst

den Kohlweißling schützen, während Zwiebelpflanzen Möhren vor dem Befall durch die Möhrenfliege bewahren. Die Möhrenpflanzen wiederum können die Zwiebelpflanzen vor der Zwiebelfliege schützen. Pflanzen können sich jedoch auch gegenseitig durch die Ausscheidung von **Hemmstoffen (Suppressoren)** in ihrer Entwicklung hemmen (so genannte **Allelopathie**). Es gibt also Pflanzen, die sich in ihrer Entwicklung fördern bzw. hemmen, also gute und schlechte Nachbarn sind (s. Abb. 3, S. 213). Bei den ökologisch orientierten Anbauverfahren spielt die Artenvielfalt unter Ausnutzung pflanzeneigener Abwehrmechanismen eine zentrale Rolle bei der Schaffung gesunder Entwicklungsmöglichkeiten der Kulturpflanzen.

4.3.2 Physikalische Maßnahmen

Physikalische Verfahren sind von alters her bekannt und dienen überwiegend dem vorbeugenden Pflanzenschutz. Dabei kann man unterscheiden zwischen mechanischen Maßnahmen und dem Einsatz von Hitze:

Beispiele für mechanische Maßnahmen:

- **Wildkrautbekämpfung** mittels Hacke, Egge, Pflug, Fräse usw.
- **Einsatz von Netzen und Vliesen** während der Obstreife bzw. der Flugzeit schädlicher Insekten (s. Abb. 1 bis 4)
- **Schnittmaßnahmen** zur Entfernung kranker Pflanzenteile an Gehölzen (z. B. bei Pilz- und Bakterienkrankheiten)
- **Abduschen/-spritzen** saugender Insekten
- **Einzäunung / Drahtgeflechte / Plastikspiralen** gegen Wildverbiss
- **Fallen** (z. B. gegen Wühlmäuse)
- **Filtration** zirkulierenden Wassers (z. B. bei der Anstaubewässerung)

Beispiele für den Einsatz von Hitze:

- Bei der **Bodendämpfung** wird heißer Wasserdampf zur Abtötung im Boden lebender (bodenbürtiger) Schaderreger und Wildkrautsamen in den Boden eingeleitet. Um eine optimale Bekämpfung zu gewährleisten, sollte für mindestens 30 Minuten eine Temperatur von 90 bis 100 °C herrschen. Obwohl das Dämpfen aufwendiger und teurer als die chemische Bodenentseuchung ist, sollte es wegen seiner Umweltfreundlichkeit bevorzugt werden. Zudem ist es, vor allem im Hinblick auf pilzliche Krankheitserreger, sicherer im Bekämpfungserfolg.

- **Tauchen in ein Heißwasserbad**, z. B. zur Desinfektion von Kulturgefäßen (20 Minuten bei mindestens 60 °C)

- **Erhitzen** zirkulierenden Wassers (z. B. bei der Anstaubewässerung)

- **Tauchen in Spiritus und Abflammen** (z. B. Messer beim Stecklingsschnitt, um Virus- bzw. Bakterienkrankheiten nicht zu übertragen)

- **Abflammen** von Wildkräutern (s. S. 274)

4.3.3 Chemischer Pflanzenschutz

Bei der chemischen Bekämpfung werden chemische Gifte zum Abtöten von Schadorganismen (Pestizide) eingesetzt. Nach ihrer Wirkung auf verschiedene Schadorganismen unterscheidet man:

Giftstoffe	zur Abtötung von	**Schadorganismen**
Akarizide		Milben
Aphizide		Blattläuse
Fungizide		Pilze
Herbizide		Wildkräuter
Insektizide		Insekten
Molluskizide		Schnecken
Nematizide		Nematoden
Ovizide		Eistadien
Rodentizide		Nagetiere

Die chemischen Pflanzenschutzmittel bestehen aus dem **Wirkstoff** (von ihm geht die giftige Wirkung aus) und **Zusatzstoffen**, die die Wirkung des Mittels durch eine bessere Haftfähigkeit, Netzfähigkeit, Verteilung oder Löslichkeit verbessern sollen.

Die **Vorteile der chemischen Bekämpfung** sind vor allem in der schnellen und sicheren Wirkung (hohe Abtötungsrate), der einfachen Handhabung und den relativ niedrigen Kosten zu sehen.

Zum **Ausbringen von Pflanzenschutzmitteln** können verschiedene Verfahren, wie Spritzen, Sprühen, Nebeln, Stäuben, Gießen, Streuen, Bestreichen, Räuchern und Begasen, eingesetzt werden (s. Abb. 2, S. 216).

Wirkung chemischer Mittel

Bei der Wirkung der Gifte auf die Schaderreger unterscheidet man (s. Abb. 1, S. 216):

- **Kontaktgifte** wirken bei Kontakt (Berührung), indem sie auf die Blattfläche bzw. Schadorganismen ausgebracht werden. Einige Mittel weisen auch eine Tiefenwirkung auf, d. h., bei einer Behandlung der Blattoberseite werden auch auf der Blattunterseite befindliche Schadorganismen abgetötet.

- **Atemgifte** gelangen über die Atmungsorgane in den Körper.

- **Fraßgifte** werden mit der Nahrung aufgenommen.

- **Systemisch wirkende Gifte** können über die Wurzeln oder Blätter der Pflanze aufgenommen werden. Über die wasserleitenden Gefäße (Leitungsbahnen) erfolgt die Verteilung in den Zellen der gesamten Pflanze.

  Die Vorteile systemisch wirkender Mittel gegenüber Kontaktgiften sind darin zu sehen, dass

  - sie durch nachfolgenden Regen nicht abgewaschen bzw. verdünnt werden;
  - Schadorganismen auch an schlecht oder nicht zugänglichen Stellen (z. B. in Blattrollungen oder im Innern der Pflanze) getroffen werden;
  - sie eine **kurative** (heilende) Wirkung haben, da sie Schaderreger auch abtöten können, nachdem diese bereits in die Pflanze eingedrungen sind;
  - die Pflanze nicht aus dem Spritzbelag herauswachsen kann bzw. sich neu entwickelnde Pflanzenteile über das Leitungssystem der Pflanze mit dem Wirkstoff versorgt werden und somit ebenfalls geschützt sind.

Einwirkung auf Boden, Luft und Wasser

Es ist beim Einsatz von Pflanzenschutzmitteln unvermeidlich, dass diese auch auf und in den Boden gelangen. Hier unterliegen sie einer Reihe von Einflüssen (z. B. mikrobieller Abbau, Anlagerung an Ton- und Humusteilchen, chemische Reaktionen), die in der Regel zu einem Abbau führen. Die Geschwindigkeit des Abbaus ist von einer Reihe von Faktoren abhängig (z. B. Art des Wirkstoffes, der Bodenart und der -struktur, der Aktivität des Bodenlebens und der Witterung). Mit letzter Sicherheit kann jedoch nicht gesagt werden, wie die Vielzahl der Giftstoffe bzw. deren Abbauprodukte miteinander reagieren bzw. auf den Boden mit seiner komplizierten Tier- und Pflanzenwelt wirken werden.

Wie Untersuchungen der Biologischen Bundesanstalt gezeigt haben, verdunstet ein sehr großer Teil der Pflanzenschutzmittel und belastet damit unsere Atemluft. Was mit diesen Giftstoffen, die auf diese Weise großräumig bis in die entlegensten Gebiete der Erde verteilt werden können, geschieht bzw. welche Spätfolgen durch sie verursacht werden, ist weitgehend unerforscht.

In den Boden gelangte Wirkstoffe können mit dem Sickerwasser verlagert werden und schließlich ins Grundwasser gelangen. So wurden bereits größere Konzentrationen von Pflanzenschutzmitteln im Grundwasser nachgewiesen. Pflanzenschutzmittel, die besonders leicht in das Grundwasser gelangen können, werden mit **Wasserschutzauflagen** belegt (Kennzeichnung mit dem Buchstaben **W**). Solche Mittel dürfen in Wassereinzugsgebieten zur Trinkwassergewinnung nicht benutzt werden! Zuwiderhandlungen werden mit hohen Geldstrafen, Schadenersatzansprüchen bzw. Freiheitsstrafen geahndet. Für den Anwender von Pflanzenschutzmitteln ist deshalb eine genaue Kenntnis über den Verlauf örtlich vorhandener Wasserschutzgebiete unumgänglich. Auskünfte erteilen die Wasserbehörden/Wasserwirtschaftsämter bei den Kreis- oder Stadtverwaltungen.

Resistenzbildung

Das verstärkte Auftreten von Resistenzen beim Einsatz von Pestiziden erklärt sich dadurch, dass innerhalb großer **Populationen** (Lebewesen einer Art, die untereinander in Kontakt stehen) immer alle Abstufungen von Empfindlichkeit gegenüber bestimmten Giftstoffen vorliegen. Der häufige Einsatz eines bestimmten Wirkstoffes führt demnach dazu, dass die empfindlicheren Schadorganismen abgetötet werden, die weniger empfindlichen hingegen optimale Entwicklungsmöglichkeiten bekommen, da durch die Ausschaltung von Lebe-

Abb. 1 Gifte wirken unterschiedlich

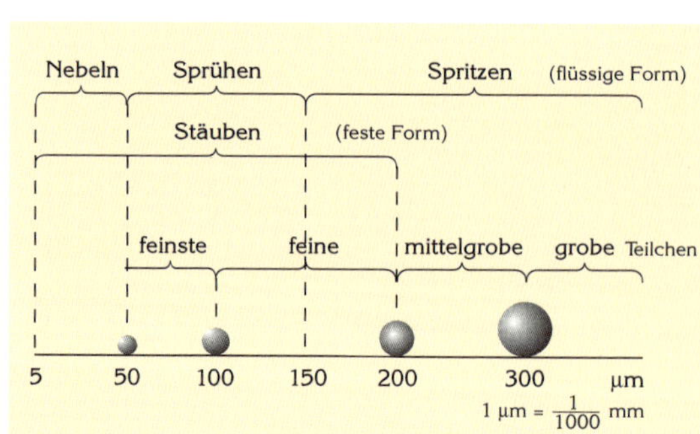

Abb. 2 Ausbringungsverfahren

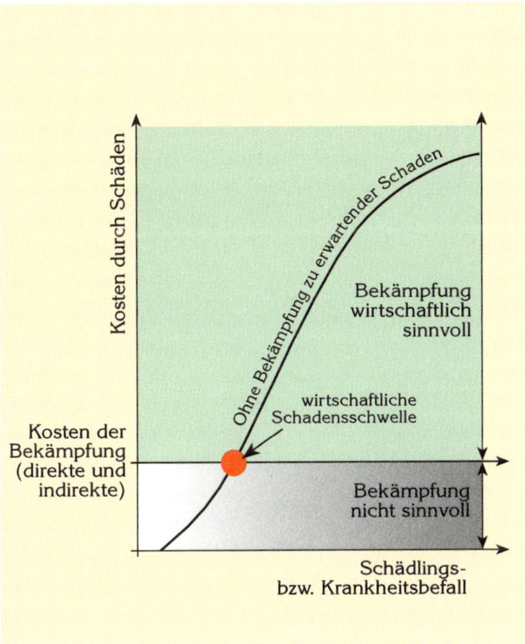

Abb. 1 Wirtschaftliche Schadensschwelle

Abb. 2 Bienenschutzverordnung

wesen der gleichen Art die Konkurrenz um Nahrung und Lebensraum nicht mehr so groß ist. Diese Entwicklung läuft umso schneller ab, je rascher die Generationsfolge und je höher die Vermehrungsrate der jeweiligen Art ist. Die Folge ist, dass immer höhere Giftkonzentrationen in immer kürzeren Abständen verabreicht werden müssen, um den gleichen Bekämpfungserfolg zu erzielen. Dies führt jedoch zu einer beschleunigten Resistenz durch den erhöhten **Selektionsdruck**, d. h. zu einer erhöhten Intensität, mit der die resistenten Schadorganismen ausgelesen werden. Letztendlich führt die Resistenzbildung dazu, dass die zur Bekämpfung eingesetzten Mittel keine Wirkung mehr zeigen. Auch bei der Wildkrautbekämpfung sind durch den verstärkten Gifteinsatz vermehrt Resistenzen gegenüber einer Reihe von chemischen Mitteln zu beobachten. Eine starke Reduzierung des Gifteinsatzes wie auch die Verlängerung der Behandlungspausen, verbunden mit einem häufigen Wechsel der Mittel/Wirkstoffe, kann die Resistenzbildung zumindest verzögern.

Wirtschaftliche Schadensschwelle

Ein wichtiger Schritt zur Reduktion des Gifteinsatzes ist die Berücksichtigung der wirtschaftlichen Schadensschwelle bei der Bekämpfung von Schaderregern. **Die wirtschaftliche Schadensschwelle ist dann erreicht, wenn der ohne Bekämpfung zu erwartende Schaden genauso groß ist wie die Kosten, die durch eine Bekämpfung der Schaderreger entstehen würden.** Eine chemische Bekämpfung ist also erst dann wirtschaftlich sinnvoll, wenn die wirtschaftliche Schadensschwelle überschritten wird (s. Abb. 1).

Neben den direkten Kosten einer Bekämpfung (Mittel-, Geräte- und Arbeitskosten) sind jedoch auch, soweit überhaupt möglich, die indirekten (Folgekosten) einer chemischen Bekämpfung zu berücksichtigen. Hierzu würden z. B. nicht nur die Kosten für notwendige Folgespritzungen durch Abtötung natürlicher Feinde und auftretende Resistenz zählen, sondern auch diejenigen, die normalerweise von der Gesellschaft getragen werden, wie Kosten, die durch die Belastung des Grundwassers, die Schäden an Flora und Fauna oder die Gesundheit des Menschen durch den Einsatz von Pestiziden entstehen. Häufig wird zur Berücksichtigung dieser nur schwer oder gar nicht erfassbaren indirekten Kosten die wirtschaftliche Schadensschwelle dort angenommen, wo die Verluste doppelt so hoch sind wie die Kosten für eine Bekämpfung. Zur Abschätzung, ob der ohne Bekämpfung zu erwartende Schaden die wirtschaftliche Schadensschwelle überschreitet oder nicht, bedient man sich der Hilfe von Richtwerten.

Die Ermittlung solcher Richtwerte/wirtschaftlicher Schadensschwellen ist häufig nicht ganz einfach, da die ökologischen Bedingungen und damit der Schadensverlauf von vielen Faktoren (z. B. Befallszeitpunkt, Witterungsverlauf, Populationsdichte der natürlichen Feinde, Produktionsintensität, angestrebte Ertragshöhe und Qualität) beeinflusst werden. Entsprechend stellen die Richtwerte nur Annäherungswerte dar. Trotzdem hat sich in der Praxis das Konzept der wirtschaftlichen Schadensschwelle bewährt. Weitere Fortschritte sind mit zunehmender Kenntnis ökologischer Zusammenhänge zu erwarten.

Bienenschutzverordnung

Entsprechend der Gefahr, die von chemischen Mitteln auf andere Tiere ausgeht, wurde die Bienenschutzverordnung zum Schutze der Bienen erlassen. Bienen, die sich von Nektar und Pollen ernähren, sind wichtige Bestäuber für viele Pflanzenarten. Um 1 kg Pollen zu sammeln, müssen 60 000 Flüge durchgeführt und bis zu 5 000 000 Blüten besucht werden. Vor allem im Obstbau bedient man sich der Hilfe der Bienen, da ohne Bienen die Erträge in Quantität und Qualität sänken. Pro ha Obstbäume werden vier bis fünf Bienenvölker eingesetzt. Außerdem sind Bienen wichtige Bioindikatoren, d. h., aus dem Verhalten der Bienen und dem Honigertrag kann der Imker auf Veränderungen im Naturhaushalt schließen. Und nicht zuletzt ist die Produktion von Honig (durchschnittlich werden pro Jahr von einem Bienenvolk 15 kg Honig produziert) ein nicht zu unterschätzender Wirtschaftsfaktor.

Die **Bienenschutzverordnung** regelt den Einsatz bienengefährlicher Mittel. Die Bienengefährlichkeit eines Mittels wird durch die Kennbuchstaben B 1, B 2, B 3 und B 4 angegeben (s. Abb. 2, S. 217). Im Umkreis von 60 m um Bienenstände dürfen bienengefährliche Mittel ohne Zustimmung des Imkers nur außerhalb der Zeit des täglichen Bienenflugs angewandt werden. Blühen in diesem Bereich Pflanzen, darf selbstverständlich während dieser Zeit kein bienengefährliches Mittel eingesetzt werden! Pflanzen, an denen deutliche Honigtauausscheidungen erkennbar sind, dürfen ebenfalls nicht mit bienengefährlichen Mitteln behandelt werden.

Neben den Bienen gibt es aber eine ganze Reihe nützlicher Insekten, die sich nicht an die Flugzeiten der Bienen halten. So sind z. B. die Hummeln besonders gefährdet, da sie bereits sehr früh und auch noch sehr spät fliegen, wenn die Bienen noch oder bereits wieder in ihrem Stock sind. Selbst bei Kälteeinbrüchen – Bienen fliegen erst bei Temperaturen über 15 °C – fliegen sie bis in die späten Abendstunden hinein. Bei Frostwetter während der Obstbaumblüte sorgen vor allem sie für einen Fruchtansatz. Hummeln sammeln drei- bis fünfmal schneller und viermal mehr als Bienen. Jedoch umfassen ihre Völker höchstens 300 bis 500 Tiere. Daneben sind in vielen Fällen nur Hummeln aufgrund ihres langen Saugrüssels in der Lage, bestimmte Pflanzenarten (z. B. Ackerbohnen) zu bestäuben. Da Hummeln nicht wie die Bienen große Vorräte anlegen, stirbt ihre Brut, wenn sie eine Woche lang keinen Pollen und Nektar sammeln können. Artenarme Landschaften, das Roden von Hecken, großflächige Monokulturen, ständig steigender Gifteinsatz, Vernichtung von Wildkräutern usw. führen dazu, dass der Bestand an Hummeln immer mehr zurückgeht. Teilweise werden Hummeln bereits wie Bienen gehalten, um sie vor dem Aussterben zu schützen. Bei Tomaten unter Glas werden sie zur Bestäubung eingesetzt, um das arbeitsintensive Trillern (Auslösen der Bestäubung von Tomaten mittels Vibrationsgerät) einzusparen.

Kennzeichnung chemischer Mittel

Pflanzenschutzmittel dürfen nach dem Pflanzenschutzgesetz nur in den Handel gebracht werden, wenn sie von der **Biologischen Bundesanstalt für Land- und Forstwirtschaft (BBA)** in Braunschweig im Einvernehmen mit dem **Bundesgesundheitsamt** und dem **Umweltbundesamt** zugelassen sind. Zugelassene Mittel weisen auf ihrer Packung das Zeichen der Biologischen Bundesanstalt (Ährenschlange in einem Dreieck) und eine Zulassungsnummer auf (s. S. 408, Abb. 1). Die Zulassung eines Mittels bedeutet nicht, dass von ihm keine schädlichen Auswirkungen auf die Gesundheit von Mensch und Tier bzw. der Natur ausgehen können, sondern nur, dass diese bei bestimmungsgemäßer und sachgerechter Anwendung der Mittel vermieden werden bzw. nach dem heutigen Stande wissenschaftlicher Erkenntnisse vertretbar sind. Entsprechend einer EU-Richtlinie werden giftige Pflanzenschutzmittel nach dem Grad ihrer akuten Giftigkeit (Giftigkeit bei einmaliger Verabreichung) mit den Gefahrensymbolen für gefährliche Arbeitsstoffe gekennzeichnet (s. S. 219, 220). Nicht umsonst warnt die Berufsgenossenschaft für Gartenbau, dass **alle Pflanzenschutzmittel Gifte sind und bei unsachgemäßer Anwendung zu Gesundheitsschäden und unter Umständen in wenigen Minuten zum Tode führen können. Auch wenn Mittel nicht als „giftig“ gekennzeichnet sind, also keiner Giftgruppe zugeordnet sind, können schwere Gesundheitsschäden hervorgerufen werden.**

Vorsichtsmaßnahmen beim Umgang mit chemischen Mitteln

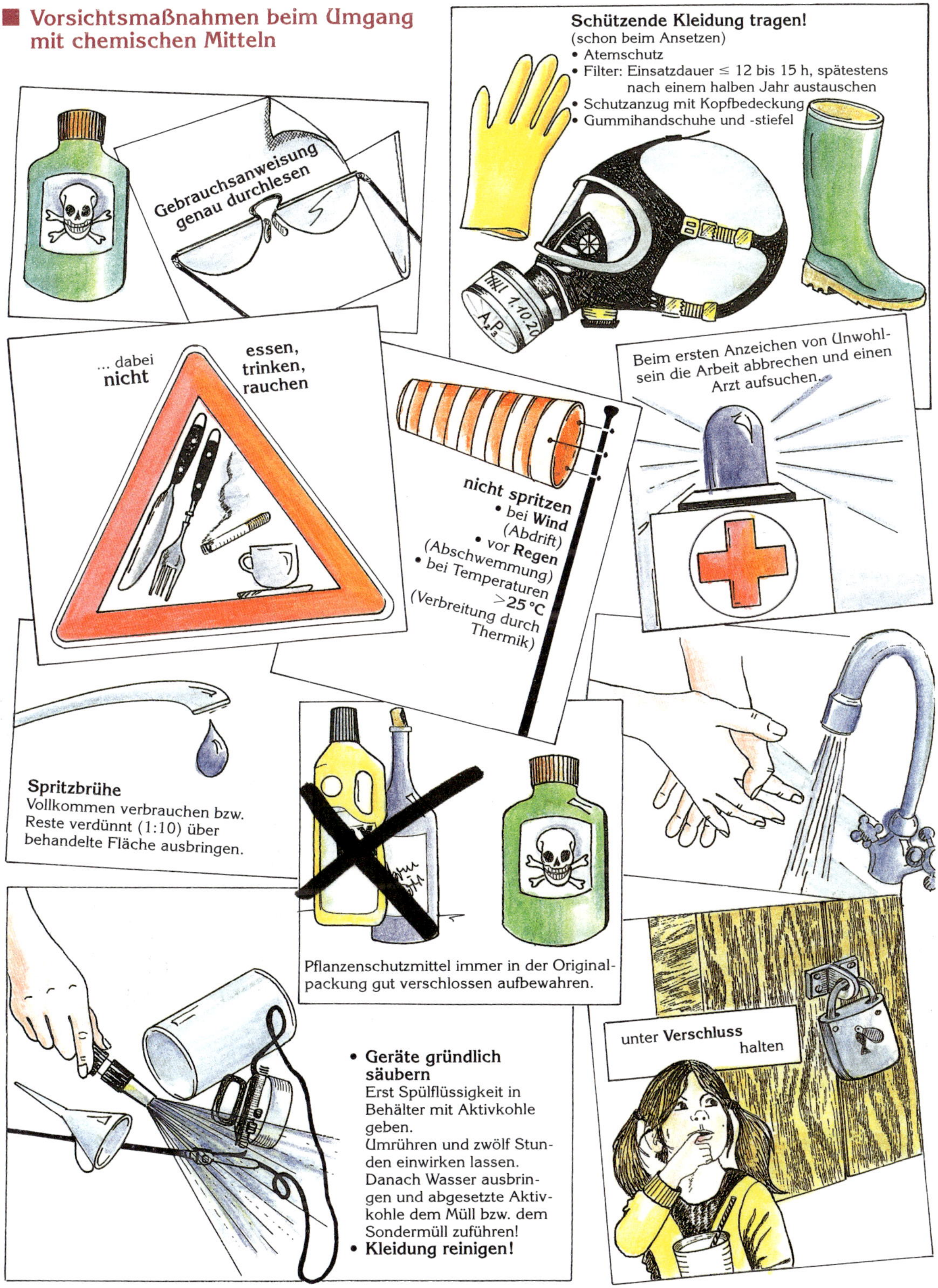

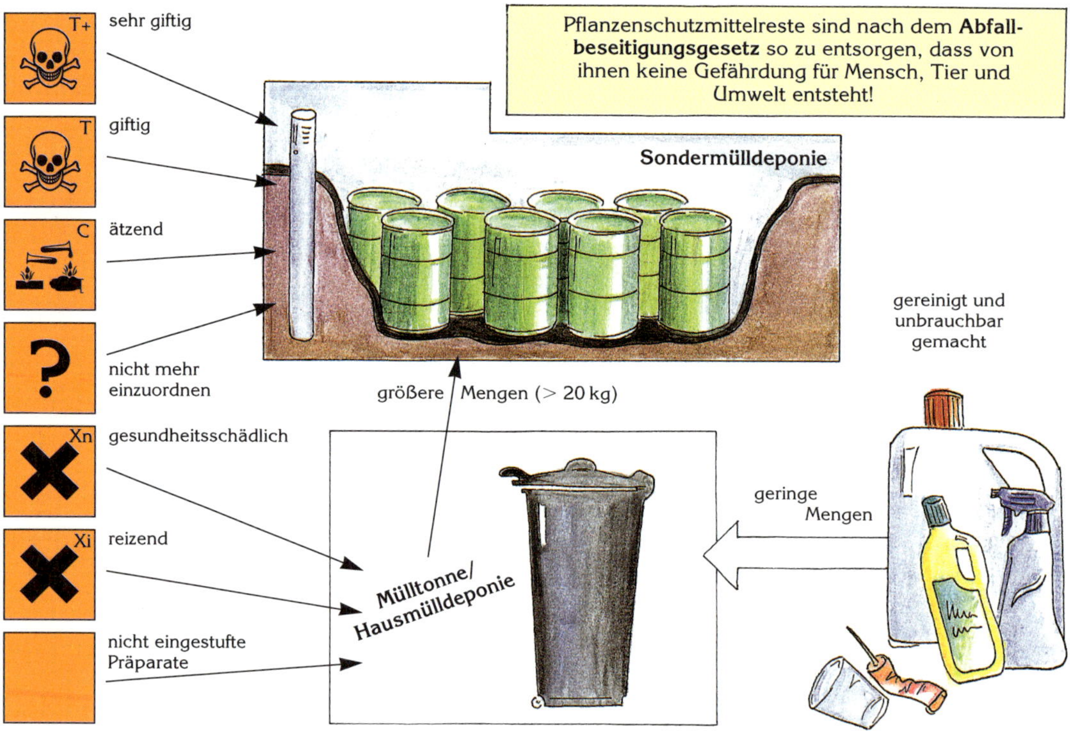

Abb. 1 Vorsichtsmaßnahmen beim Umgang mit chemischen Mitteln

Die Aufnahme der Mittel kann über den Mund, die Haut (z. B. Hände, Arme und Gesicht) und über die Atmungsorgane erfolgen. Entsprechend muss der Anwender eine ganze Reihe von Vorschriften beim Umgang mit chemischen Pflanzenschutzmitteln beachten, um eine akute Gefährdung zu vermeiden. Verzicht auf Schutzmaßnahmen bedeutet nicht nur die Gefahr einer akuten Vergiftung, sondern vor allem die einer chronischen Vergiftung – einer Vergiftung, zu der es durch die Aufnahme von kleineren Giftmengen in den Körper über einen längeren Zeitraum kommen kann. So kann die giftige Wirkung eines Mittels beim Anwender z. B. erst nach Jahrzehnten zu einer unheilbaren Krankheit führen.

Höchstmengenverordnung und Wartezeiten

Unterliegen in der Regel nur Anwender chemischer Pflanzenschutzmittel einer akuten Vergiftungsgefahr, so werden dagegen mit der Nahrung von allen Menschen Spuren von Rückständen aufgenommen. Die für den Menschen als duldbar erklärte Tagesdosis an Rückständen wird anhand von Tierversuchen unter Einbeziehung eines Sicherheitsfaktors ermittelt und in der Höchstmengenverordnung aufgeführt (s. Abb. 2).

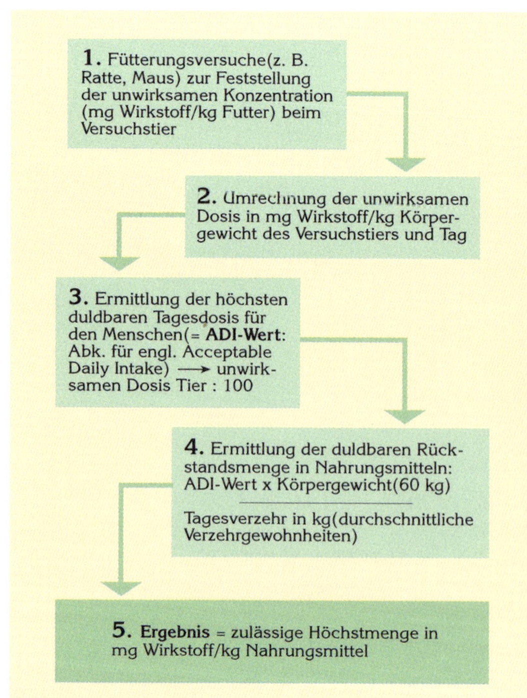

Abb. 2 Ermittlung der Höchstmenge

Mehrere Wattebäusche an Fäden anfeuchten

Wattebäusche in Kressesamen tauchen

Wattebäusche in Gläser mit Bodenproben des behandelten und des unbehandelten Bodens (jeweils drei Gläser) hängen und luftdicht verschließen

Nach zwei bis drei Tagen Keimergebnisse vergleichen. Ist die Keimung in beiden Bodenproben gleich gut, kann der behandelte Boden wieder in Kultur genommen werden – Aufstellung bei 20 bis 22 °C.

Abb. 1 Der Kressetest – ein Test zur Ermittlung pflanzenschädigender Gasreste

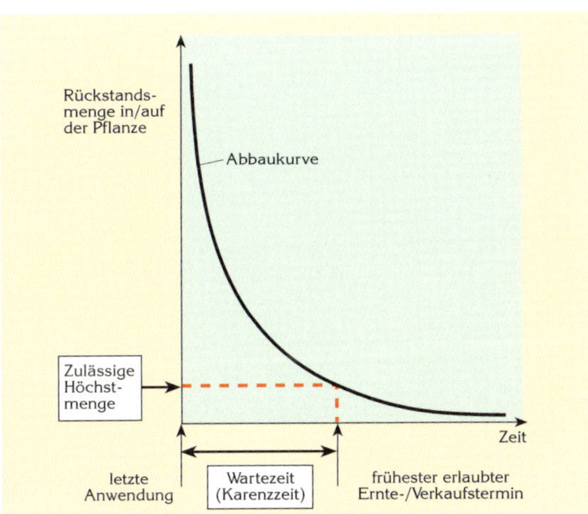

Abb. 2 Abbaukurve eines Pflanzenschutzmittels

Da der Verbraucher diese Spuren von Rückständen in bzw. auf der Pflanze nicht feststellen kann, hat die Biologische Bundesanstalt **Wartezeiten** festgelegt. Diese sagen aus, wie viele Tage zwischen dem letzten Pflanzenschutzmitteleinsatz und der Ernte mindestens liegen müssen, damit die zulässige Höchstmenge nicht überschritten wird (s. Abb. 2). Die Wartezeiten garantieren jedoch nur das Nichtüberschreiten der zulässigen Höchstmenge an Rückständen, wenn das Mittel richtig angewendet, also z. B. richtig dosiert wurde. Eine Unbedenklichkeitsgarantie hat der Verbraucher damit auch nicht, da weder die Abbauwege noch die genaue Wirkung der Abbauprodukte auf den Menschen bzw. Naturhaushalt der meisten Substanzen im Einzelnen bekannt sind. So sind in der Regel Langzeitschäden bzw. latente (versteckte) Gefährdungen nicht kontrollierbar.

Die Wartezeiten hängen u. a. von der Bodentemperatur, -feuchtigkeit, -art und -struktur ab. Bevor der Boden wieder neu bestellt werden kann, muss geprüft werden, ob noch pflanzenschädliche Stoffe im Boden sind. Dazu dient der **Kressetest** (s. Abb. 1).

Indikationszulassung

Pflanzenschutzmittel dürfen nur in dem mit der Zulassung festgesetzten und genehmigten Anwendungsgebiet (Indikation) eingesetzt werden (**Indikationszulassung**). In allen nicht in der Gebrauchsanleitung genannten Anwendungsgebieten ist der Einsatz verboten. Probleme können sich dadurch ergeben, dass vor allem für Kulturarten mit geringem Anbauumfang keine oder nicht mehr genügend Pflanzenschutzmittel ausgewiesen sind, sodass **Indikationslücken** (Bekämpfungslücken) bestehen. Nach §§ 18, 18a und 18b PflSchG können über Einzel- oder Sammelanträge für bestimmte Anwendungsgebiete befristete Anwendungsgenehmigungen (**Lückenindikationen**) erreicht werden.

In **Haus- und Kleingärten** dürfen Pflanzenschutzmittel nur angewandt werden, wenn sie von der BBA als geeignet für diesen Bereich eingestuft und entsprechend gekennzeichnet sind.

Sachkundenachweis

Der Einsatz chemischer Mittel im Gartenbau ist aufgrund wirtschaftlicher Gegebenheiten in absehbarer Zeit nicht verzichtbar. Umso mehr kommt es darauf an, dass der Anwender von Pflanzenschutzmitteln sich seiner Verantwortung für einen sachgemäßen Umgang bewusst ist. So fordert der Gesetzgeber von jedem Anwender und Vertreiber (Verkäufer) einen Sachkundenachweis für die Anwendung bzw. Abgabe von Pflanzenschutzmitteln. Dieser kann durch eine Prüfung oder durch das Zeugnis der bestandenen Abschlussprüfung im Gärtnerberuf erworben werden.

In der Natur bilden Tier- und Pflanzenarten entsprechend dem jeweiligen Lebensraum (**Biotop**; z. B. Meer, See, Teich, Sumpf, Stein- oder Reisighaufen) bestimmte Lebensgemeinschaften (**Biozönosen**). Zwischen den Lebewesen, wie auch zwischen ihnen und ihrer Umgebung, bestehen sehr komplizierte Wechselbeziehungen. Die Gesamtheit der Beziehungen von Biozönose und Biotop wird als **Ökosystem** bezeichnet (s. Abb. 1). Ökosysteme (z. B. See, Wald, Wiese) stellen in sich abgeschlossene, sich selbst regulierende Systeme dar. Zwischen den Lebewesen bestehen **biologische Gleichgewichte**, die die Massenvermehrung einer Art aufgrund ihrer gegenseitigen Abhängigkeiten einschränken.

Im intensiven Gartenbau mit seinen Monokulturen handelt es sich um **künstliche Ökosysteme** ohne biologische Gleichgewichte. Schadorganismen, denen optimale Entwicklungsmöglichkeiten geboten werden, stehen so gut wie keine natürlichen Gegenspieler gegenüber, sodass es sehr schnell zu Massenvermehrungen und damit zu Schädigungen der Kulturpflanzen kommen kann. Mit der biologischen Bekämpfung versucht man, entsprechend dem Vorbild in der Natur biologische Gleichgewichte wiederherzustellen. Ziel der biologischen Bekämpfung ist demnach nicht die vollständige Ausrottung der Schadorganismen, sondern vielmehr die Herstellung eines Gleichgewichts zwischen Nützlingen und Schädlingen auf einem Niveau, bei dem der durch die Schädlinge angerichtete Schaden unterhalb der wirtschaftlichen Schadensschwelle bleibt. **Unter biologischer Bekämpfung versteht man den Einsatz (s. Nützlingslexikon S. 226) und/oder die Förderung von Lebewesen zur Bekämpfung von Schadorganismen:**

4.3.4 Biologischer Pflanzenschutz

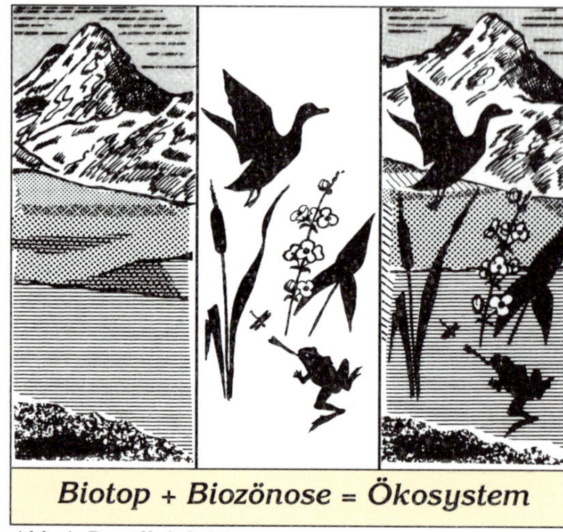

Abb. 1 Begriffsdefinitionen

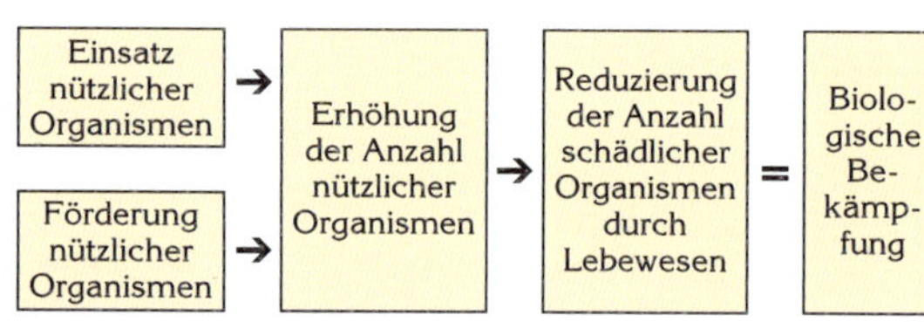

Förderung von Nützlingen

Gehölzhecken (s. Abb. 3, S. 224)
Hecken werden als Lebensadern der Landschaft bezeichnet. Sie bieten einer Vielzahl von Tieren Zuflucht, Nahrung und Lebensraum (z. B. für über 80 Vogelarten in Mitteleuropa). Im Zusammenhang mit blühenden Randstreifen fördern sie die Entwicklung vieler nützlicher Insektenarten wie Schlupfwespen, Florfliegen, Schwebfliegen, Raupenfliegen und vieler anderer Insekten, die sich als erwachsene Tiere hauptsächlich von Nektar ernähren. Auch Brennnesselstreifen tragen, indem sie über 100 Insekten als Nahrung dienen, zum Erhalt der Artenvielfalt bei. Daneben dienen Hecken als Windschutz und dem Schutz vor Erosion und Austrocknung des Bodens. Damit He-

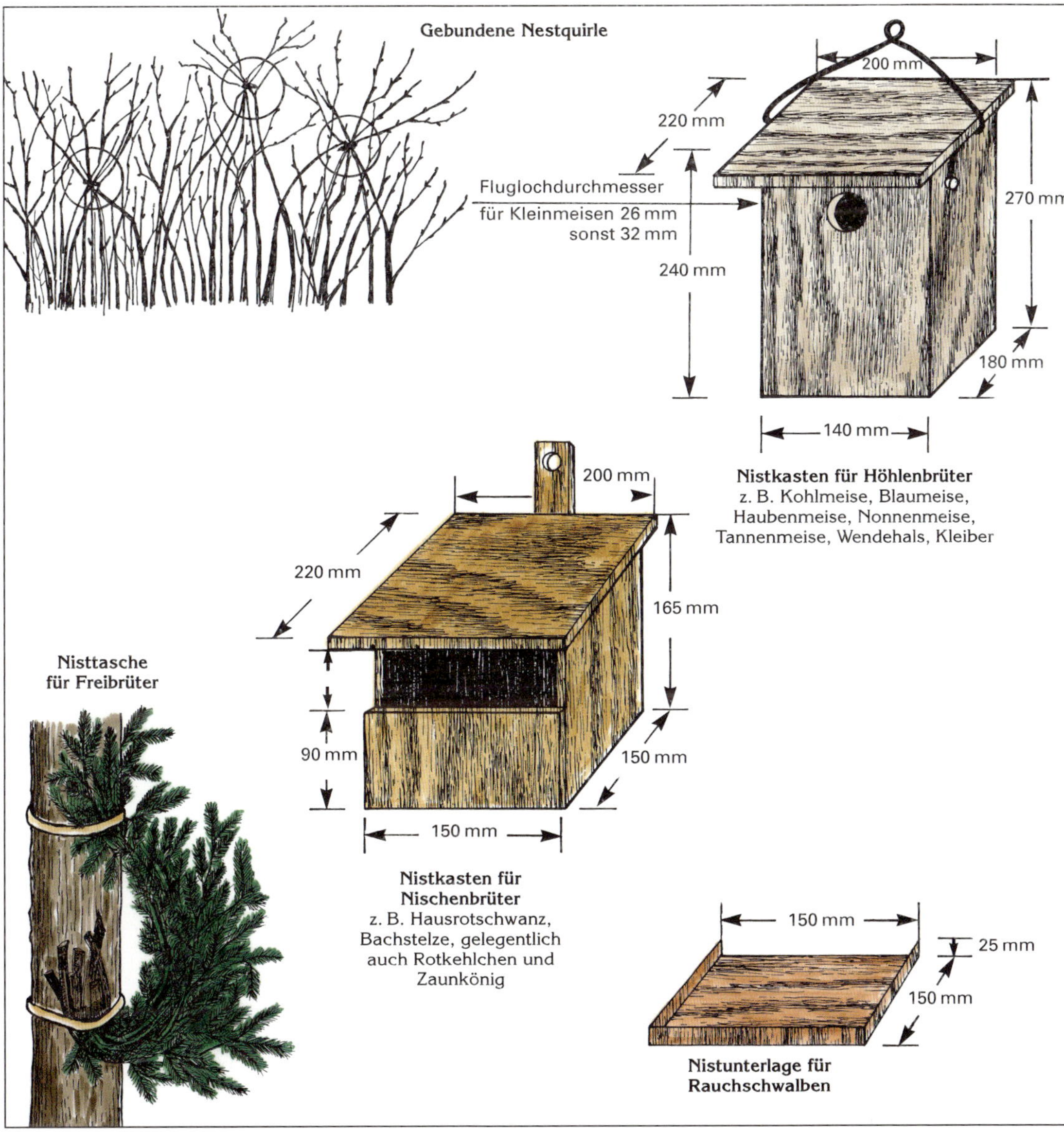

Abb. 1 Nisthilfen

cken biologisch am Leben bleiben, brauchen sie Pflege. Das heißt, nach acht bis zwanzig Jahren sollten sie zur Verjüngung bis kurz über den Boden zurückgeschnitten werden. Bei längeren Hecken sollte dies in Abschnitten erfolgen, um das biologische Gleichgewicht nicht zu sehr zu stören (nicht während der Brutzeiten der Vögel!).

Nistplätze

Vor allem Vögel sind unermüdliche Helfer bei der Schädlingsbekämpfung. Entsprechend gilt es, ihnen dort Nistmöglichkeiten zu schaffen, wo diese nicht mehr gegeben sind. Indem man Zweige zusammenbindet, Reisighaufen errichtet und Nisttaschen baut, schafft man **Nisthilfen** für frei brü-

Abb. 1 Vogelkästen

Abb. 2 Nisthilfen für einzeln lebende Insekten (Hautflügler)

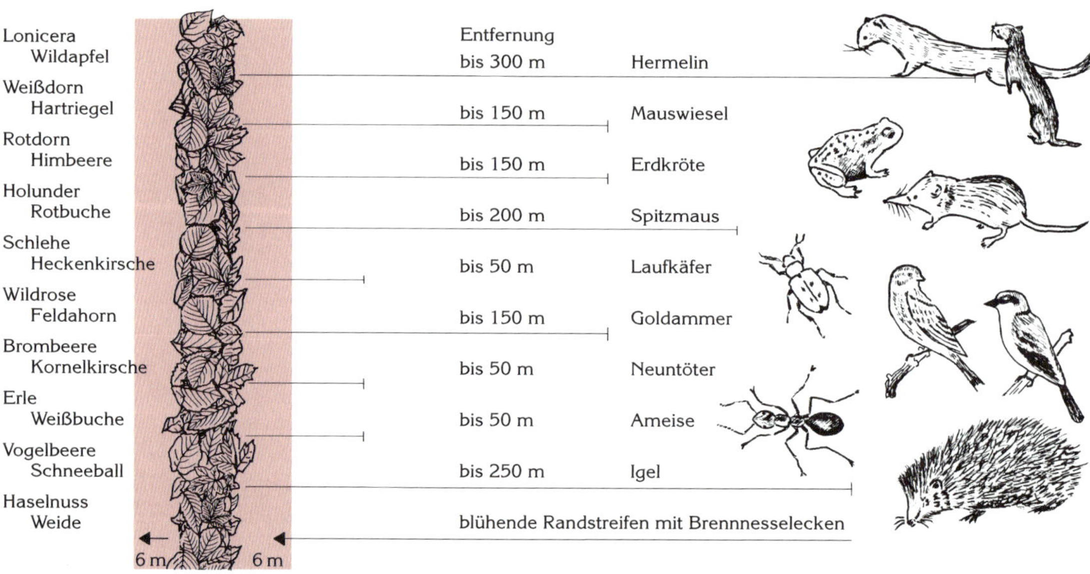

Abb. 3 Hecken – Lebensadern der Landschaft

tende Vogelarten wie Rotkehlchen, Zaunkönig, Grasmücken, Finken, Drosseln, Heckenbraunelle, Baumläufer u. a.; Höhlenbrüter wie Meise, Star, Trauerschnäpper, Wendehals, Kleiber, Gartenrotschwanz und Eule benötigen **Nisthöhlen** (s. Abb. 1, S. 223). Im Handel gibt es für alle Vogelarten Nistkästen bzw. Kunstnester (s. Abb. 1). Beim Kauf sollte jedoch darauf geachtet werden, dass sie das Gütezeichen der Biologischen Bundesanstalt (BBA) tragen. Wer gerne bastelt, kann Anleitungen von den Naturschutzvereinen und Vogelwarten anfordern.

Nisthölzer

Schlupfwespen sind ausgesprochene Nützlinge bei der Bekämpfung von schädlichen Insekten. Als Nisthöhlen benutzen sie bevorzugt die Bohrlöcher Holz bewohnender Käferlarven. Durch das Bohren von Löchern in Holzstücke kann man geeignete Nisthöhlen schaffen. Um allen einheimischen Schlupfwespenarten Bruträume anzubieten, sollten unterschiedlich große Löcher mit einem Durchmesser von 2 bis 8 mm gebohrt werden. Die so vorbereiteten Hölzer können überall aufgehängt oder abgelegt werden (s. Abb. 2).

Ohrwurmtöpfe
Ohrwürmer zählen zu den Nützlingen, die vor allem sehr wirkungsvoll Blattläuse bekämpfen. Man kann diese nachtaktiven Tiere zur gezielten Bekämpfung einsetzen, indem man ihnen Verstecke anbietet, in denen sie sich den Tag über verbergen können. Gute Unterschlupfmöglichkeiten stellen mit Holzwolle oder Stroh ausgefüllte Tontöpfe dar.

Holz-/Reisighaufen
Ein Holz- bzw. Reisighaufen wird sehr gerne von frei brütenden Vogelarten, so vor allem von Rotkehlchen, Grasmücke, Zaunkönig, Amsel und Fitis, als Zufluchtsort und Brutplatz benutzt. Daneben bietet er sehr vielen nützlichen Tierarten (z. B. Igel, Spitzmaus, Kröte, Zauneidechse, Blindschleiche) Unterschlupf.
Zur Errichtung eines solchen Haufens werden anfallende Äste, Zweige, Stämme und auch Wurzeln von Laub- und Nadelgehölzen auf einen Haufen in einer Ecke des Gartens geworfen. Indem man Brombeeren, Heckenrosen oder die Waldrebe (Clematis vitalba) in die Nähe des Haufens pflanzt und einzelne Triebe darüber leitet, lässt sich nicht nur ein nützliches, sondern auch ein schön anzuschauendes Biotop (Lebensraum) erstellen.

Steinhaufen
Auch ein Steinhaufen bietet durch die entstehenden Hohlräume Unterschlupf und Lebensraum für viele Kleintiere (z. B. Kröten, Spitzmaus, Eidechsen, Laufkäfer, Asseln). Beim Aufschichten der Steine sollte man darauf achten, dass unterschiedlich große Hohlräume entstehen. Dies geschieht am einfachsten durch die Verwendung unterschiedlich großer und geformter Steine. Indem einige Hohlräume mit Erde aufgefüllt werden und eine Bepflanzung vorgenommen wird, lässt sich ein optimaler Lebensraum für Kleintiere schaffen. Die gleichen günstigen Entwicklungsmöglichkeiten für viele Nützlinge bieten Naturstein-/Trockenmauern.

Vorteile einer biologischen Bekämpfung
- keine Belastung der Umwelt (Boden, Wasser, Luft) mit Pestiziden
- keine Gefährdung der Gesundheit von Anwender und Verbraucher
- keine Pestizidrückstände in der Nahrung
- keine Resistenzprobleme
- keine Wartezeiten
- keine Entsorgung giftiger Mittel
- keine Spritzschäden

Schwierigkeiten bei der biologischen Bekämpfung
- Das biologische Gleichgewicht kann oberhalb der wirtschaftlichen Schadensschwelle liegen
- Das biologische Gleichgewicht unterliegt Schwankungen
- Biologische Gleichgewichte resultieren aus komplizierten Zusammenhängen, sodass Kulturmaßnahmen in ihren Auswirkungen nicht immer abschätzbar sind
- Vielfach treten mehrere Schadorganismen zusammen auf, was auch den Einsatz verschiedener Nützlinge erfordert bzw. einen chemischen Einsatz unverzichtbar machen kann

Eine erfolgreiche biologische Bekämpfung erfordert
- das Erkennen von Schädlingen und Nützlingen
- ein gutes Wissen über die Lebensweise von Schädlingen und Nützlingen und Auswirkungen von Kulturmaßnahmen auf diese
- die Kenntnis wirtschaftlicher Schadensschwellen und ihre Übertragung auf die örtlichen Gegebenheiten
- laufende Kontrollen und genaue Beobachtung der Pflanzenbestände
- das rechtzeitige Entdecken von Schadorganismen (schon vor den Schadsymptomen!) und damit den rechtzeitigen Nützlingseinsatz
- die Reduzierung/den weitgehenden Verzicht auf chemische Pflanzenschutzmaßnahmen
- die Verwendung selektiv wirkender, d. h. nützlingsschonender Pestizide
- das Tolerieren einer gewissen Schädlingspopulation
- eine begleitende Beratung durch Fach- bzw. Pflanzenschutzberater und/oder den Nützlingslieferanten in der Anfangszeit dieser Art der Bekämpfung

4.3.5 Nützlingslexikon

Ameisen
Wenn Ameisen auch durch die Förderung von Blattläusen schädigend auf Pflanzen einwirken können (s. S. 240), spielen sie doch, vor allem die **Rote Waldameise**, eine wichtige Rolle im Naturhaushalt. So decken sie ihren hohen Eiweißbedarf überwiegend durch das Fangen von Insekten (s. Abb. 1, S. 230). Die kleine Rote Waldameise ist die ökologisch bedeutendste von den bei uns einheimischen Arten. Ein Volk kann pro Tag bis zu 30 000 Insekten erbeuten. Und so verwundert es auch nicht, dass die Rote Waldameise nicht nur im Forstbau, sondern auch bereits im Obstbau angesiedelt wird.
Natürliche Feinde der Ameisen sind vor allem Specht und Dachs, die im Winter große Schäden an den Ameisennestern (Ameisenhaufen) anrichten können.

Amphibien leben teils im Wasser, teils auf dem Land. → Grasfrosch, → Kröten, → Teichmolch

Bakterien
Bakterien *(Bacillus thuringiensis)* werden zur Bekämpfung von Schmetterlingsraupen eingesetzt. Das Bakterium ist gegen eine Reihe von Schmetterlingsarten, so z. B. Kohlweißling, Kohleule, Kohlmotte, Traubenwickler, Apfel- und Pflaumengespinstmotte sowie Frostspanner, wirksam. Die Bakterien/-sporen werden mit herkömmlichen Spritzgeräten auf die Pflanzen ausgebracht, sodass die Raupen diese mit ihrer Nahrung aufnehmen. Die Raupen sterben nach einigen Tagen an den Folgen der durch das Bakterium verursachten Infektion ab, jedoch tritt bereits innerhalb von 24 Stunden nach der Aufnahme ein Fraßstopp ein. Die Wirksamkeit des Spritzbelages hält sieben bis zehn Tage an. Nach großflächigem Einsatz kann es zu kritischen Anhäufungen im Boden kommen.

Blindschleiche
Die Blindschleiche ist eine Echse und keine Schlange. Sie kann bis zu 50 cm lang werden. Ihre Färbung variiert zwischen Hellbraun und Schwarz. Sie geht vor allem in der Dämmerung und nachts auf Jagd nach Insekten, Nacktschnecken und Würmern. Blindschleichen stehen wie alle Reptilien unter Naturschutz.

Eidechsen → Zauneidechse, → Blindschleiche

Eulen
Eulen sind Nachtvögel, die in der Dämmerung und nachts jagen. Sie ernähren sich vor allem durch das Fangen von Kleinsäugern, wie Mäusen und Ratten, aber auch von Vögeln, Insekten und Würmern.

Fledermäuse
Fledermäuse sind die einzigen Säugetiere, die fliegen können. In der Abenddämmerung verlassen sie ihre Unterkünfte. Dachböden, hohle Bäume oder verlassene Spechthöhlen, um nachtaktive Fluginsekten zu fangen. Um ihren hohen Nahrungsbedarf zu decken, benötigen Fledermäuse intakte Jagdgebiete: Wiesen, Sümpfe, Gewässer und Hecken. Vor allem der intensive Einsatz von Pestiziden hat die empfindlichen Tiere stark reduziert, sodass alle bei uns lebenden Arten vom Aussterben bedroht sind. Durch fingerbreite Schlitze in Dachgiebeln können Unterschlüpfe geschaffen werden. Im Handel werden spezielle Fledermauskästen angeboten.

Florfliegen
Die Familie der Florfliegen umfasst mehrere Arten, wobei zur biologischen Bekämpfung die Art *Chrysoperla carnea* eingesetzt wird. Es handelt sich um ca. 1,5 cm große, grüne Insekten mit auffallend großen, netzartigen Flügeln (Netzflügler) und golden schimmernden Augen (deutscher Name auch Goldauge, s. Abb. 4, S. 231).
Die erwachsenen nachtaktiven Tiere, vor allem aber die Larven, ernähren sich von Blattläusen und Thripsen. So kann eine Larve während ihrer zwei- bis dreiwöchigen Entwicklungszeit bis zu 500 Blattläuse verzehren. Wegen ihres großen Appetits wird die Larve der Florfliege auch Blattlauslöwe genannt (s. Abb. 7, S. 231).

Frösche → Grasfrosch

Gallmückenlarven
Nicht alle Gallmücken verursachen Gallen an Pflanzen. Einige Arten, wie die einheimische *Aphidoletes aphidimyza* (s. Abb. 5, S. 231), leben räuberisch, d. h., ihre Larven ernähren sich von Blattläusen. Die nachtaktiven, ca. 2,5 mm großen Mücken legen ihre Eier (bis zu 150 pro Weibchen) in Blattlauskolonien. Die ca. 3 mm langen, orangeroten Larven stechen die Blattläuse an und saugen sie aus (s. Abb. 8, S. 231). Auf diese Weise kann eine Larve während ihrer ca. zweiwöchigen Entwicklungszeit ca. 20 bis 50 Blattläuse vernichten.

■ **Grasfrosch**
Der Grasfrosch ist etwa 10 cm groß, braun gefärbt mit dunklen Querbändern auf den Hinterbeinen, dunklen Flecken auf dem Rücken, großen dunklen Ohrflecken und gelblich rotbraun gefleckter Unterseite (s. Abb. 3, S. 230). Er hält sich vorwiegend außerhalb des Wassers, in Gärten und Parks auf. Wasser sucht er nur zur Fortpflanzung (Februar/März) und z. T. zur Überwinterung auf. Seine Nahrung besteht aus Insekten, Nacktschnecken und Würmern.

■ **Greifvögel**
Die typischen Kennzeichen der Greifvögel sind der kurze, kräftige, gekrümmte Schnabel und die scharfen Krallen ihrer Fänge. Sie jagen vor allem Wirbeltiere, wobei der Mäusebussard fast ausschließlich von Mäusen lebt.

■ **Hornissen** → Wespen

■ **Igel** (s. Abb. 2, S. 230)
Igel sind nachtaktive Raubtiere, die sich vorwiegend von Insekten, Würmern, Spinnen, Schnecken und Mäusen, aber auch von Früchten, Eiern und Speiseresten ernähren. Bei ihrer Nahrungssuche sammeln sie Schädlinge aus dem Boden heraus, indem sie mit ihrer spitzen Schnauze im Boden wühlen. Ihre Verstecke legen sie in Hecken, Holzstößen, Laubhaufen oder unter dichten Sträuchern an. Bei Beginn der Abenddämmerung beginnen sie ihre Streifzüge, wobei in der Regel der erste nach 18.^{00} Uhr, der zweite gegen 24.^{00} Uhr und ein dritter zwischen 4.^{00} und 6.^{00} Uhr morgens erfolgt. Feinde des Igels sind Uhu, Greifvögel, Füchse, Dachse und vor allem der Straßenverkehr.

■ **Kreuzotter**
Die Kreuzotter ist die einzige Giftschlange bei uns. Typische Kennzeichen dieses 70 bis 80 cm großen, braun bis schwarz gefärbten Tieres sind eine dunkle X-förmige Zeichnung im Nacken und ein Zickzackband auf dem Rücken. Die Kreuzotter jagt vor allem in der Dämmerung und nachts Mäuse, Vögel und Frösche. Sie steht wie alle Reptilien unter Naturschutz.

■ **Kröten**
Kröten sind als Vertilger von Schadinsekten und Schnecken sehr nützlich und stehen unter Naturschutz. Im Gegensatz zu den Fröschen können sie nur kleine, hoppelnde Sprünge oder Schritte ausführen. Ihre Haut ist sehr warzig. Lebens- und Überwinterungsräume sind vor allem Hecken, Stein- und Geröllhaufen. Die Fortpflanzung (das Laichen) erfolgt im Wasser. Da Kröten sehr standorttreu sind, suchen sie immer die gleichen Laichgewässer auf. Dabei kommt es im Frühjahr (März/April) zu den bekannten Krötenwanderungen. Schutzzäune und Krötentunnel unter den Straßen hindurch können die nachtaktiven Tiere vor dem Überfahren bewahren. Im Garten kommt vor allem die Erdkröte (Bufo bufo) vor, die sich bis zu 2 km von ihrem Laichgewässer entfernt.

■ **Laufkäfer**
Laufkäfer und ihre Larven sind sehr nützlich, da sie vorwiegend räuberisch von einer Vielzahl von Insekten, Milben, Nematoden und, je nach Art, von Schnecken leben. Die Käfer sind vor allem nachtaktiv, tagsüber halten sie sich in Verstecken, z. B. unter Laub, Reisig und Steinen, verborgen. Kennzeichnend ist ihr schlanker Körper mit den relativ großen Beinen und langen, antennenartigen Fühlern (s. Abb. 10, S. 230).

■ **Libellen**
Libellen sind hervorragende Flieger, die ihre Nahrung, Mücken und andere Fluginsekten, im Flug fangen. Ihre Eier legen sie in Gewässern ab, in denen sich die Larven entwickeln.

■ **Marienkäfer**
Marienkäfer gehören wohl zu den bekanntesten Blattläuse verzehrenden Käferarten. Unser größter (5,5 bis 8 mm) und bekanntester einheimischer Marienkäfer ist der Siebenpunkt *(Coccinella septempunctata)*. Daneben kommen aber noch über 80 weitere Marienkäferarten bei uns vor. Die Käfer und ihre Larven (s. Abb. 4 und 7, S. 230) sind gefräßige **Räuber** (Tiere, die ihre Beutetiere verzehren; auch Prädatoren genannt). So frisst der Siebenpunkt ca. 150 Blattläuse/Tag bzw. 4000 Blattläuse im Verlauf seines Lebens, die Larve während ihrer Entwicklung ca. 800 Blattläuse. Neben den überwiegend von Blattläusen lebenden Arten gibt es auch einige Marienkäferarten, die sich von Schildläusen, Spinnmilben oder Mehltaupilzen ernähren (s. Abb. 5 und 8, S. 230). In der Regel bringen unsere einheimischen Marienkäfer ein bis zwei Generationen pro Jahr hervor. Die Eier werden meist in kleinen Gruppen in der Nähe von Blattlauskolonien gelegt. Nach ca. ein bis drei Monaten verpuppen sich die aus den Eiern schlüpfenden Larven. Aus den Puppen schlüpfen die Käfer, die in Rindenritzen, unter Laub oder Gras überwintern.

Zur **Bekämpfung von Woll-/Schmierläusen** wird der australische ca. 4 mm große Marienkäfer *Cryptolaemus montrouzieri* eingesetzt. Auffallend sind seine starke Behaarung und sein orangefarbener Kopf bei sonst schwarzen Flügeldecken (s. Abb. 6, S. 230). Die Weibchen legen bis zu 500 Eier, die einzeln in die Wolllauspopulation gelegt werden. Nach ca. acht Tagen schlüpfen die etwa 1,5 cm langen Larven. Während ihrer Entwicklung kann eine Larve über 350 Wollläuse fressen (s. Abb. 9, S. 230). Geliefert werden die erwachsenen Käfer.

■ Maulwurf

Maulwürfe sind unterirdisch lebende Säugetiere, die sich hauptsächlich von Insekten, Würmern und Schnecken ernähren. Der Maulwurf steht unter Naturschutz, darf also nicht gefangen und getötet werden! Maulwürfe leben in unterirdischen Gangsystemen. Die beim Graben anfallende Erde wird nach oben ausgestoßen und bildet die typischen Maulwurfshaufen (s. auch S. 263).

■ Molch → Teichmolch

■ Nematoden

Zur **Bekämpfung des Dickmaulrüsslers** (s. S. 251) werden räuberisch lebende Nematoden der Gattung *Heterorhabditis* und *Steinernema* eingesetzt. Die etwa 0,1 mm bis 0,2 mm großen Nematodenlarven werden in Wasser eingerührt und mit einer Gießkanne oder Spritze auf den Boden ausgebracht bzw. in das Kultursubstrat eingemischt. Empfohlen werden mindestens 0,5 Millionen Nematoden/m^2 Boden bzw. 1 Millionen Nematoden/Liter Substrat. Die Nematoden suchen die im Boden lebenden Larven und Puppen des Dickmaulrüsslers auf und dringen in diese ein. Im Innern geben sie ein mitgeführtes Bakterium **(Xenorhabdus)** ab, das in die Blutbahn des Insektes eindringt, sich dort stark vermehrt und zum Tode der Larve bzw. Puppe führt. Die gelblich weißen Dickmaulrüssler-Larven verfärben sich dabei bräunlich rot. Die Nematoden selber ernähren sich nur von den Bakterien, ihrer natürlichen Nahrung.

Gegen Larven und Puppen der **Trauermücke** können Nematoden der Gattung *Neoaplectana* und *Steinernema*, gegen Schnecken Nematoden der Gattung Phasmarhabditis eingesetzt werden.

■ Ohrwürmer

Obwohl Ohrwürmer gelegentlich auch pflanzliche Nahrung zu sich nehmen können, leben die bräunlichen, flugfähigen Insekten überwiegend räuberisch von Blattläusen und anderen kleinen Insekten. Auch Eigelege und Mehltaupilze werden nicht verschmäht (s. auch S. 225).

■ Pilze

Zur **Bekämpfung des Dickmaulrüsslers** werden auch parasitisch lebende Pilze eingesetzt, so z. B. die Gattung Metarrhizium anisopliae. Im Gegensatz zu den räuberisch lebenden Nematoden können Pilze auch zur vorbeugenden Bekämpfung verwendet werden, da ihre Sporen mehrere Jahre im Boden überdauern können.

Zur **Bekämpfung Pflanzen schädigender Nematoden** eigenen sich ebenfalls parasitische Pilze (z. B. *Metarrhizium anisopliae*). Dabei unterscheidet man zwischen frei lebenden Pilzen, die mit Fangorganen die Nematoden fangen, und solchen, deren Sporen außen am Körper haften bleiben, dort keimen und in den Wirt eindringen, oder die in Form von Sporen über die Nahrung in den Nematoden gelangen und ihn töten.

■ Raubmilben

Sie sind die natürlichen **Feinde der Spinnmilben** (s. S. 257). Im Freiland kommen verschiedene Arten vor, wie z. B. *Typhlodromus pyri*, *Amblyseius potentillae* und *Amblyseius finlandicus*, die mit etwa 0,5 mm Körpergröße nicht größer als die Spinnmilben sind. Sie machen kein Gespinst wie die Spinnmilben und sind beweglicher. Im Gewächshaus, besonders im Gemüsebau in der Gurkenkultur, wird die etwa 2,5 mm große, aus Chile stammende subtropische Raubmilbe Phytoseiulus persimilis zur Spinnmilbenbekämpfung eingesetzt. Sie unterscheidet sich von den Spinnmilben (ca. 0,5 mm groß) neben ihrer Größe vor allem durch ihre leuchtend rote Färbung und ihre größere Beweglichkeit (s. Abb. 11, S. 231). Sie benötigt Mindesttemperaturen von 18 °C (optimal 21 bis 26 °C) und eine relative Luftfeuchtigkeit von 60 bis 85 %. Unter optimalen Bedingungen entwickelt sich die Raubmilbe etwa dreimal so schnell wie die Spinnmilbe. Eine Raubmilbe kann fünf Spinnmilben oder 20 Eier bzw. Jungtiere pro Tag aussaugen. Die Lebensdauer beträgt etwa drei Wochen.

Zur **Bekämpfung von Thripsen** (s. S. 245 f.) sind die Raubmilben Neoseiulus barkeri und Amblyseius cucumeris im Handel erhältlich. Sie saugen pro Tag zwei bis drei Thripslarven aus.

■ Raupenfliegen (s. Abb. 10, S. 231) parasitieren sehr viele Insektenarten, vor allem aber die Raupen der Schmetterlinge. Die erwachsenen Fliegen leben von Nektar und Honigtau.

■ Reptilien (Kriechtiere) → Molche, → Schlangen, → Blindschleiche

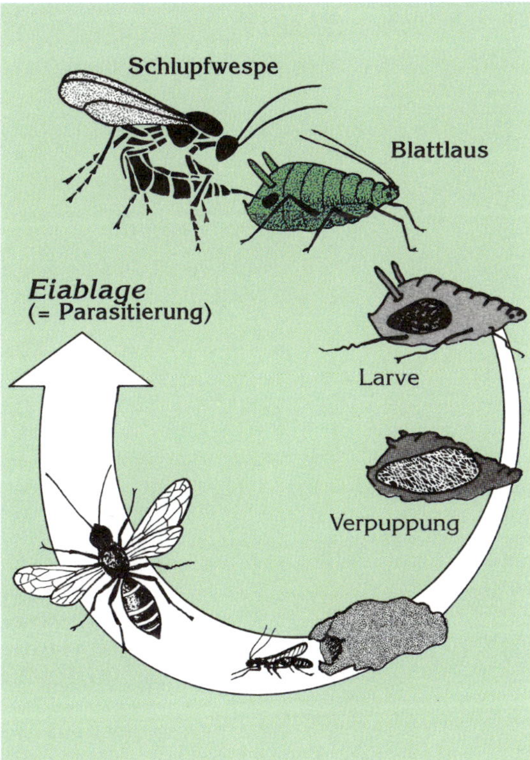

Abb. 1 Parasitierung durch die Schlupfwespe

Abb. 2 Schlupfwespe bei der Eiablage

Abb. 3 Parasitierte Blattläuse

■ **Ringelnatter**

Die Ringelnatter ist die häufigste noch vorkommende Schlange bei uns. Sie steht wie alle Reptilien unter Naturschutz. Das typische Kennzeichen dieser dunkelgrau bis schwarz gefärbten 1,5 bis zu 2 m langen Schlange ist je ein gelber Fleck zu beiden Seiten des Nackens. Sie lebt gerne am und im Wasser, wo sie als ausgezeichnete Schwimmerin Jagd auf Insekten und Frösche macht. Die im Gegensatz zu Blindschleiche und Kreuzotter tagaktiven Tiere legen ihre Eier zwischen Juni und September in Kompost-, Mist- und Laubhaufen. Für den Menschen ist diese Schlange völlig ungefährlich.

■ **Schlangen** → Kreuzotter → Ringelnatter

■ **Schlupfwespen**

Schlupfwespen sind wichtige Feinde vieler Insekten, so auch der Blattläuse (s. Abb. 2). Sie legen mit ihrem Legestachel ein oder mehrere Eier in ihre Wirtstiere **(Parasitierung)**. Die aus den Eiern schlüpfenden Larven leben im Inneren der **Wirte** (Lebewesen, die einen Parasiten beherbergen) und fressen ihn von innen her auf (Endoparasiten). Nach der Verpuppung schlüpft die neue Wespe (Name Schlupfwespe!) heraus, indem sie ein Loch in die Rückenhaut ihres Wirtes schneidet (s. Abb. 1). Parasitierte Blattläuse sind an ihrer Verfärbung und Aufblähung gut zu erkennen (s. Abb. 3). Diese **Blattlausmumien** sollten nicht vernichtet werden, denn in ihnen entwickelt sich der Nützling! In der Natur gibt es eine ganze Reihe von Blattlaus-parasitierenden Schlupfwespen. Im Handel sind Schlupfwespen der Gattungen *Aphidius* und *Aphelinus* erhältlich.

Eine in der Natur vorkommende Schlupfwespe, die die Raupen des Kohlweißlings befällt, ist *Apanteles glomeratus* aus der Familie der Brackwespen. Sie legt ca. 30 Eier in jede Raupe. Am Ende ihrer Entwicklung bohren sich die Larven aus der Raupe heraus, um sich in ihrer unmittelbaren Nähe zu verpuppen (s. Abb. 9, S. 231). Da ein Weibchen bis zu 2000 Eier ablegen kann, ist die

Abb. 1 Rote Waldameisen beim Beutefang

Abb. 2 Igel – nachtaktive Raubtiere

Abb. 3 Grasfrosch

Abb. 4 Marienkäfer (7-Punkt, bis 8 mm groß)

Abb. 5 Marienkäfer (22-Punkt, etwa 4 mm groß)

Abb. 6 Austral. Marienkäfer (Cryptolaemus montrouzieri)

Abb. 7 Marienkäferlarve – ein gefräßiger Blattlausfeind

Abb. 8 Marienkäferlarve (22-Punkt)

Abb. 9 Larve des australischen Marienkäfers

Abb. 10 Laufkäfer – wichtige Nützlinge

Abb. 11 Wespen – nützliche Raubinsekten

Abb. 12 Weichwanze (grün) und Blumenwanze

Abb. 1 Schwebefliegen – wichtige Blattlausfeinde

Abb. 2 Schwebefliegenlarve (Episyrphus balteatus)

Abb. 3 Schwebfliegenlarve (Scaeva pyrastri)

Abb. 4 Florfliege (Chrysoperla carnea)

Abb. 5 Räuberische Gallmücke (Aphidoletes aphidimyza)

Abb. 6 Amselmännchen bei der Fütterung

Abb. 7 Florfliegenlarve (Blattlauslöwe)

Abb. 8 Räuberische Gallmückenlarven

Abb. 9 Brackwespe und verpuppte Larven

Abb. 10 Raupenfliegen parasitieren vor allem Raupen

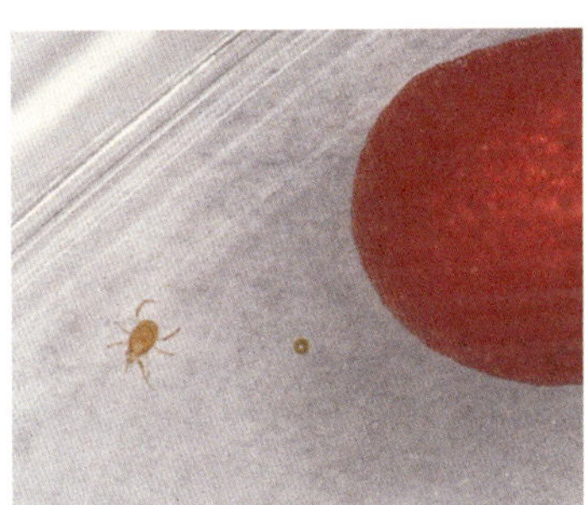

Abb. 11 Raubmilben (Phytoseiulus persimilis)

Abb. 12 Encarsia formosa und parasitierte Larven

Brackwespe als der wichtigste Parasit des Kohlweißlings anzusehen. Die erwachsenen Schlupfwespen ernähren sich von Nektar und Honigtau.
Die aus Nordamerika stammende, etwa 0,8 mm große *Aphelinus mali* (aus der Familie der Zehrwespen) wurde bei uns eingeführt, um die aus Nordamerika eingeschleppte **Blutlaus** *(Eriosoma lanigerum)*, einen gefährlichen Apfelbaumschädling, zu parasitieren. Die Blutlaus ruft durch ihre Saugtätigkeit an Zweigen und Ästen krebsartige Wucherungen hervor (Blutlauskrebs). Besonders in wärmeren und größeren zusammenhängenden Obstanbaugebieten ist die Bekämpfung recht erfolgreich. Die parasitierten Blutläuse sind an ihrer schwarzen Verfärbung gut zu erkennen.
Die ebenfalls aus Nordamerika eingeschleppte, für Obstgehölze sehr gefährliche **San-José-Schildlaus** *(Quadraspidiotus perniciosus)* kann mit der aus Nordamerika eingeführten, etwa 0,8 mm großen Zehrwespe *Prospaltella perniciosi* erfolgreich bekämpft werden. Die Zehrwespe wird auf mit San-José Schildläusen besetzten Melonen-/Kürbisarten gezüchtet. Nach der Parasitierung werden die Melonen in die befallenen Obstbäume mithilfe von Netzen gehängt. Eine Zehrwespe kann bis zu 40 Schildläuse parasitieren. Die Überwinterung erfolgt in den Wirten.
Eine ca. 0,6 mm große Wespe aus der Familie der Erzwespen, die zur **Bekämpfung der Weißen Fliege** (s. S. 242) im Gewächshaus, vor allem im Gemüsebau, aber auch zunehmend im Zierpflanzenbau, erfolgreich eingesetzt wird, ist *Encarsia formosa* (s. Abb. 12, S. 231). Bei Temperaturen unter 13 °C stirbt die Schlupfwespe ab. Für eine erfolgreiche Bekämpfung ist darauf zu achten, dass die Temperaturen zwischen 18 und 35 °C und die relative Luftfeuchtigkeit zwischen 60 und 80% liegen. Die Erzwespe belegt bis zu 50 Larven (drittes und viertes Larvenstadium) bzw. Puparien mit einem Ei. Parasitierte Insekten sind nach ca. zehn Tagen an ihrer Schwarzfärbung zu erkennen (s. Abb. 12, S. 231). Bei Bemisia (s. S. 242) verfärben sich Larven und Puparien braun.
Bei hoher Populationsdichte des Nützlings, z. B. bei laufender wöchentlicher Aussetzung, kommt es zum so genannten **„Host-Feeding“**, d. h., Eier und junge Larvenstadien (erstes und zweites Larvenstadium) werden von der Wespe angestochen und ausgesaugt. Letzteres Verfahren hat sich vor allem im Zierpflanzenbau, z. B. bei Poinsettien und Fuchsien, bewährt.
Bei der sehr kleinen (nur bis zu 0,5 mm groß) Schlupfwespe *Trichogramma evanescens* handelt es sich um einen Eiparasiten, der die Eier einer Reihe schädlicher Schmetterlingsarten (z. B. der Kohleule und des Apfelwicklers) parasitiert. Geliefert wird Trichogramma in Form parasitierter Eier.
Zur **Bekämpfung von Minierfliegen** werden die Schlupfwespen *Dacnusa sibirica* und *Diglyphus isaea* angeboten. Im Gegensatz zu den bisher besprochenen Schlupfwespen, die alle Endoparasiten sind, d. h., sie entwickeln sich innerhalb ihres Wirtes, handelt es sich bei *Diglyphus isaea* um einen Ektoparasiten, also um einen Schmarotzer, der sich außerhalb seines Wirtes entwickelt. Die etwa 2 bis 3 mm großen Wespen gelangen häufig auch aus dem Freiland in das Gewächshaus.

Schwebfliegen

Schwebfliegen gehören mit zu den wirkungsvollsten Blattlausfeinden. Typisches Kennzeichen ist ihr wespenähnliches Aussehen und ihre Fähigkeit, in der Luft auf der Stelle stehen zu bleiben bzw. zickzackartig ihre Flugrichtung zu ändern (s. Abb. 1, S. 231). Während die erwachsenen Schwebfliegen nur von Nektar, Pollen und Honigtau leben, verzehrt eine Larve während ihrer etwa zweiwöchigen Entwicklungszeit ca. 700 Blattläuse. Entsprechend den unterschiedlichen Schwebfliegenarten variieren auch ihre Larven im Aussehen (s. Abb. 2 und 3, S. 231).

Spinnen

Spinnen gehören überwiegend zu den Insektenfressern. In den Spinnennetzen bleiben fast ausschließlich Pflanzenschädlinge hängen, da räuberisch oder parasitisch lebende Insekten typische Netzvermeider sind. Dies trifft auch für Blüten besuchende Insekten zu. Dadurch tragen Spinnen in einem erheblichen Umfang zu einer Verschiebung des Verhältnisses Schädling zu Nützling zugunsten der Nützlinge bei. Neben den Fangnetze bauenden Arten, wie die Familien der Radnetz- und Baldachinspinnen, gibt es auch solche, die ihre Beute ohne Netze fangen, indem sie sich auf die Lauer legen bzw. anschleichen. Hierzu gehören die Familien der Lauf-, Wolfs- und Krabbenspinnen. Auch die so genannten Weberknechte gehören zu den Spinnentieren, die kleine Insekten jagen.

Spitzmäuse

Spitzmäuse sind keine Nagetiere und somit auch keine Mäuse, sondern sehr nützliche Insekten fressende Raubtiere. Neben Insekten (z. B. Käfer, Engerlinge, Drahtwürmer, Schmetterlinge, Raupen, Maulwurfsgrillen) jagen die nachtaktiven Tiere auch Schnecken, Würmer, Spinnen und anderes Kleingetier. Sie haben einen großen Nahrungsbedarf (pro Tag vertilgen sie ihr Eigengewicht) und fressen, was sie überwältigen können, z. B. auch Hausmäuse. Spitzmäuse sind kleine, mäuseartig aussehende Säugetiere mit rüsselförmiger (spitzer) Schnauze. Kennzeichnend ist ihr samtartiges Fell. In Gärten, Friedhöfen und Parks trifft man vor allem die Haus-, Garten- und Feldspitzmaus an (s. auch S. 263).

Teichmolch

Der bis 11 cm große Teichmolch ist die häufigste Molchart bei uns. Er lebt fernab von Gewässern. Wassergräben oder sonstige feuchte Unterschlüpfe sind bereits ausreichend für ihn. Tagsüber versteckt er sich unter Steinen, im Laub oder in Erdlöchern. Nachts geht der Teichmolch auf Jagd nach Insekten, Nacktschnecken und Würmern.

Vögel

Obwohl einige Vogelarten durch Fraß an Früchten (Amsel und Star) und Knospen (Spatz, Grünfink oder Grünling und Dompfaff) Schäden anrichten können, zählen Vögel durch das Verfüttern riesiger Mengen an Schadinsekten bei der Brutaufzucht zu den Nützlingen (s. Abb. 6, S. 231). So verfüttert beispielsweise die Kohlmeise zur Aufzucht ihrer Jungen bis zu 30 kg Raupen. Außerdem ist der Schaden in der Regel nur auf eine bestimmte Jahreszeit beschränkt. So können Stare zur Zeit der Obsternte große Schäden, vor allem in Wein- und Kirschanbaugebieten, anrichten. Andererseits vertilgen sie große Mengen im und auf dem Boden lebender Insekten (z. B. Tipulalarven, Raupen, Käfer, Mücken, Fliegen) und Schnecken. Auch der Spatz ist nützlich. Obwohl sich Spatzen überwiegend von pflanzlicher Kost ernähren, füttern sie ihre Jungen fast ausschließlich mit Insekten. So hat man durch Beobachtungen festgestellt, dass ein Spatzenpaar zur Aufzucht seiner Brut etwa 300 Fütterungen pro Tag mit durchschnittlich drei Insekten vornimmt. Bei einer Aufzuchtdauer von vierzehn Tagen und dreimal pro Jahr sind dies ca. 40 000 Schadinsekten, die jährlich von einem einzigen Spatzenpaar vernichtet werden können.
Daneben tragen Vögel durch das Fressen von Samen zur Pflanzenverbreitung und damit zum Artenerhalt und zur Artenvielfalt bei. Da sie sehr empfindlich auf Veränderungen in ihrer Umwelt reagieren, sind sie zuverlässige Anzeiger für Umweltbelastungen (Bioindikatoren = lebende Anzeiger). Nicht zuletzt erhöhen Vögel durch ihren Gesang (z. B. Amsel, Singdrossel), ihre Farben- und Formenvielfalt und die Eleganz ihres Fluges ganz entscheidend den Erholungswert und die Lebensqualität einer Landschaft.

Wanzen

Obwohl viele Wanzenarten Pflanzen schädigen, gibt es auch nützliche Wanzen, die sich fast ausschließlich räuberisch von Blattläusen und anderen Insekten ernähren (z. B. Sichel-, Blumen- und Weichwanzen; s. Abb. 12, S. 230).

Weichkäfer

Auch die Käfer aus der Familie der Weichkäfer leben vorwiegend von Insekten. Dabei ist ihre Fraßgier so groß, dass sie selbst vor dem Verzehr von Artgenossen nicht zurückschrecken.

Wespen

Die Nahrung der erwachsenen Wespen und Hornissen (Großwespen: zwei- bis dreimal so groß wie eine Wespe) besteht vor allem aus zuckerhaltigen Säften. Entsprechend können sie durch das Benagen reifer Früchte und Äste von Gehölzen (z. B. Esche) Schäden anrichten. Doch hält sich dieser Schaden in Grenzen, da zu diesem Zeitpunkt bereits das Leben des Wespenvolkes zu Ende geht (nur die befruchteten Königinnen überwintern). Wespen und Hornissen sind als Nützlinge anzusehen, da sie ihre Larven mit dem Fleisch erbeuteter Insekten (z. B. Fliegen, Raupen, Schmetterlinge und Käfer) ernähren (s. Abb. 11, S. 230). Sie sind also Raubinsekten, die große Mengen schädlicher Insekten vernichten können. Da Hornissen vom Aussterben bedroht sind, werden vielerorts bereits Nistkästen für Hornissen aufgestellt.

Wiesel

Das Kleine Wiesel (Mauswiesel) und das Große Wiesel (Hermelin) leben vor allem von Mäusen und Ratten. Entsprechend sind sie wichtige Feinde der Wühlmäuse (s. S. 262ff), die sie in ihren eigenen Bauten jagen.

Zauneidechse

Die Zauneidechsen sind tagaktive Raubtiere, die Insekten, Spinnen, Würmer und kleine Schnecken jagen, wobei sie auch Halme und Zweige erklimmen. Die Zauneidechse hat eine Körperlänge von 20 bis 30 cm. Ihr Körper ist mit einem Schuppenkleid vor Austrocknung geschützt. Im Gegensatz zum Weibchen, das unscheinbar braungelb gefärbt ist, ist die Bauchunterseite des Männchens grün. Während der Paarungszeit (April/Mai) verfärbt sich das Schuppenkleid des Männchens leuchtend grün. Zauneidechsen stehen unter Naturschutz. Ihre Hauptfeinde sind Greifvögel, Krähen, Wiesel, Igel und Fuchs.

4.3.6 Biotechnische Maßnahmen

Biotechnische Verfahren nutzen zur Bekämpfung von Schadorganismen deren natürliche Reaktionen auf chemische und physikalische (akustische und optische) Reize aus. Bekannte Verfahren sind die Verscheuchung von Vögeln durch **Geräusche** oder der Einsatz von **Gelbfallen** zum Fangen von Insekten. Bei den Gelbfallen macht man sich die Erkenntnis zunutze, dass Insekten von gelben Farben angezogen werden. Die mit gelber Farbe angestrichenen Tafeln sind mit einem Insektenleim-Spray behandelt (s. Abb. 1). Eine andere Variante von Gelbfallen stellen mit Wasser gefüllte Gelbschalen dar.

Abb. 1 Gelbtafeln zur Bekämpfung von Trauermücken

Gelbfallen werden zur direkten Bekämpfung und zur **Prognose**, d. h. zur Vorhersage über das Auftreten, den Verlauf und die Schadenshöhe eines Schädlingsbefalls, eingesetzt. Nachteilig beim Einsatz von Gelbfallen ist, dass auch nützliche Insekten getroffen werden. Entsprechend ist auch umstritten, ob bei einem schwachen Befall die positiven oder negativen Auswirkungen überwiegen.

Abb. 2 Pheromonfalle

Eine zukunftsweisende Form der biotechnischen Bekämpfung ist der Einsatz von **Pheromonen**. Pheromone sind Wirkstoffe, die den menschlichen Hormonen ähneln. Im Gegensatz zu den Hormonen werden sie jedoch über Drüsen an die Umgebung abgegeben (Duftstoffe) und lösen bei Lebewesen derselben Art bestimmte Reaktionen aus. Sie stellen also eine Art „chemische Signalsprache" dar, mit der sich Tiere verständigen und ihre Umgebung wahrnehmen können. Jedes Pheromon besteht aus einem Gemisch verschiedener chemischer Stoffe. Beim Einsatz von Pheromonen zur Schädlingsbekämpfung können unterschiedliche Strategien verfolgt werden:

- **Sexualpheromone** (Sexuallockstoffe) dienen zur Anlockung des Geschlechtspartners. Mittels weiblicher Sexualpheromone können Männchen in großen Massen angelockt und vernichtet werden. Häufig werden jedoch solche gefangenen Männchen sterilisiert und wieder freigelassen. Sie treten dann als natürliche Konkurrenten der unbehandelten Männchen in der Natur auf (Selbstvernichtungsverfahren).
- Eine andere Möglichkeit zur Bekämpfung von z. B. Apfel- und Traubenwickler besteht darin, die Konzentration der Sexualpheromone in der Luft zu erhöhen. Durch Ausbringen **erhöhter Sexuallockstoffkonzentrationen** kommt es zu einem regelrechten Wirrwarr von Duftspuren, sodass eine Duftorientierung der Männchen anhand von Duftspuren der Weibchen nicht mehr möglich ist. Die Folge ist, dass die Faltermännchen die Weibchen nicht mehr finden und eine Fortpflanzung unterbleibt. Zur Erzeugung solcher verwirrender Duftwolken ist die Verströmung von nur 5 mg Pheromon pro 10 000 m^2 und Stunde notwendig.

Abb. 1 Borkenkäferschlitzfalle

- Der Einsatz von **Sexuallockstoffen zur Prognose** dient der Ermittlung des optimalen Bekämpfungszeitpunktes. Zur Überwachung des Falterfluges (z. B. beim Apfelwickler) werden so genannte **Pheromonfallen** (s. Abb. 2) aufgestellt. Die vom Pheromon angelockten Falter bleiben am Leimboden der Fallen kleben. Die laufende Kontrolle der Falter ermöglicht unter Berücksichtigung der Witterungsbedingungen, der wirtschaftlichen Schadensschwelle und der Entwicklung der natürlichen Gegenspieler eine genaue Festlegung des optimalen Bekämpfungszeitpunktes. Pheromonfallen stellen somit ein wertvolles Prognosehilfsmittel im Rahmen des integrierten Pflanzenschutzes dar.

Auch zur Bekämpfung von Borkenkäfern (s. S. 250 f.) werden Pheromonfallen erfolgreich eingesetzt. In der Nähe gefährdeter Bäume werden so genannte **Borkenkäferschlitzfallen** aufgestellt. Die Fallen enthalten den Lockstoff in kleinen Beuteln. Beim Suchen nach dem vermeintlichen Baum fliegen die Käfer gegen die Blechschlitze der Fallen und rutschen durch diese in einen mit reusenartigen Schlitzen versehenen Fangkasten. In gewissen Zeiträumen werden die Fallen kontrolliert und die gefangenen Käfer vernichtet. Solche Fallen lassen sich zur Prognose und zur direkten Bekämpfung einsetzen (s. Abb. 1).

Vorteile des Einsatzes von Pheromonen
- keine Schädigung anderer Lebewesen
- Schonung der Nützlinge
- kein Hantieren mit giftigen Mitteln
- Schonung der Umwelt
- keine Rückstandsprobleme
- keine Resistenzprobleme
- nur sehr geringe Wirkstoffkonzentrationen

Nachteil: Die Wirkung der hochflüchtigen Pheromone ist stark witterungsabhängig. So verdampft bei Wärme sehr viel und bei Kälte entsprechend wenig Lockstoff. Daneben hängt die Verteilung von Windstärke und -richtung ab. Auch ist der Wirkungsgrad in der Bekämpfung nicht so hoch wie bei einer chemischen Bekämpfung. Dies ist aber auch im Sinne des modernen Pflanzenschutzes, denn die völlige Vernichtung einer Art würde nur dazu führen, dass eine andere Art diese Lücke füllt und somit erst zum Schädling wird.

4.3.7 Integrierter Pflanzenschutz

Mit dem integrierten Pflanzenschutz wird versucht, einen tragfähigen Kompromiss zwischen ökonomischen Zwängen und ökologischen Ansprüchen im Pflanzenschutz zu erreichen.

Unter integriertem Pflanzenschutz versteht man die Kombination, d. h. das Aufeinanderabstimmen, verschiedener Pflanzenschutzverfahren mit dem vorrangigen Ziel, die Anwendung chemischer Pflanzenschutzmittel auf das unbedingt notwendige Maß zu beschränken und damit die Umweltbelastung durch den Pflanzenschutz zu vermindern (s. Abb. 1, S. 236).

Im integrierten Pflanzenschutz geht es dementsprechend darum,

- Anbauverfahren zu entwickeln, die die Entwicklung der Pflanzen, nicht aber die der Schadorganismen fördern,
- biologische, biotechnische und mechanische Pflanzenschutzmaßnahmen zu bevorzugen,
- wirtschaftliche Schadensschwellen zu ermitteln, zu kennen und einzuhalten,
- chemische Pflanzenschutzmittel nur dann einzusetzen, wenn es unbedingt notwendig ist,
- beim Einsatz chemischer Pflanzenschutzmittel selektiv wirkende, d. h. nützlingsschonende Mittel zu bevorzugen,
- Kenntnisse über die Lebensweise von Schädlingen und Nützlingen und die sie beeinflussenden Kulturmaßnahmen zu besitzen,
- ökologische Zusammenhänge zu verstehen.

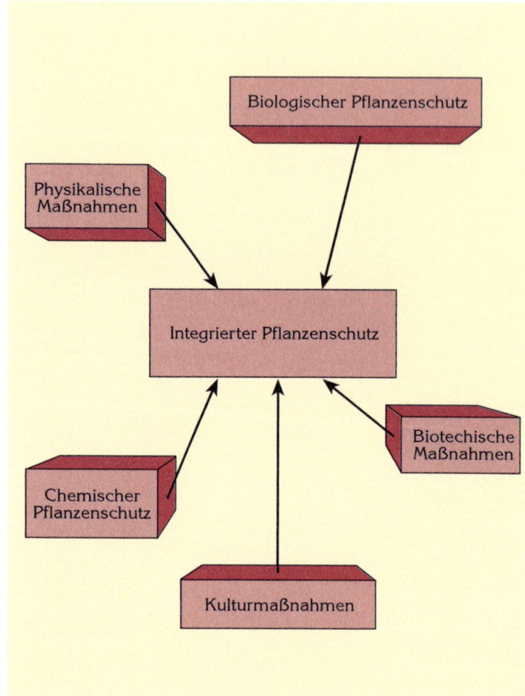

Abb. 1 Integrierter Pflanzenschutz

Eine internationale Pflanzenschutzorganisation für Europa und den Mittelmeerraum, die sich vor allem für die Entwicklung biologischer und integrierter Pflanzenschutzmaßnahmen einsetzt, ist die **EPPO** (European and Mediterranean Plant Protection Organization).

Wichtig für die Wahl zwischen verschiedenen Bekämpfungsmaßnahmen ist die frühzeitige Vorhersage (Prognose) eines zu erwartenden Befalls durch Schadorganismen. Pflanzenschutzämter unterhalten einen so genannten **Warndienst**. Die Aufgabe des Warndienstes ist es, der Praxis folgende Fragen zu beantworten:

1. Ist überhaupt mit einem wirtschaftlich ins Gewicht fallenden Schaderregerauftreten zu rechnen?
2. Und wenn ja, wann ist der günstigste Zeitpunkt für die Bekämpfung?
3. Wie kann unter den gegebenen Umständen die Bekämpfung zweckmäßig und möglichst umweltschonend durchgeführt werden?

Die Information der Praxis erfolgt über Rundfunk (Landfunksendungen), Ansagedienst, Faxabruf und Videotext im Fernsehen. Vor allem werden aber die Warnmeldungen von den Pflanzenschutzämtern gezielt (Abonnenten) verschickt.

4.4 Insekten

Von den bis heute bekannten auf der Erde lebenden Tierarten sind etwa 80% Insekten. Entsprechend haben Insekten eine große Bedeutung als Pflanzenschädlinge.

4.4.1 Der äußere und innere Aufbau

Äußerer Aufbau

Trotz ihrer Formenvielfalt weisen Insekten bestimmte Gemeinsamkeiten auf. So ist der Körper der erwachsenen Insekten (**Vollinsekten**) durch Einkerbungen (**Kerbtiere**) in die drei Abschnitte Kopf, Brustabschnitt und Hinterleib eingeteilt. Ein weiteres Kennzeichen sind die drei Beinpaare am Bruststück (**Sechsfüßler**, s. Abb. 1, S. 237). Die Art der Mundwerkzeuge bestimmt die Art der Nahrungsaufnahme und damit, ob ein Schaden verursacht werden kann (s. Abb. 1, S. 238).
Die Außenhülle der Insekten besteht aus einer chitinhaltigen Kutikula (Ausscheidung der Insektenhaut). Dieser „**Chitinpanzer**" hält den Körper der

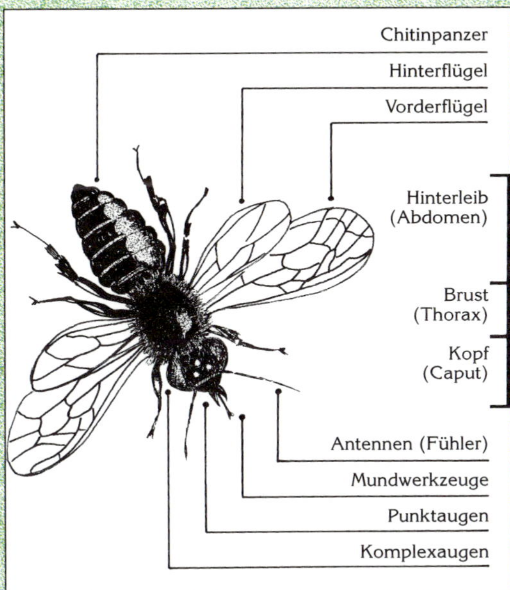

Abb. 1 Aufbau eines Insekts

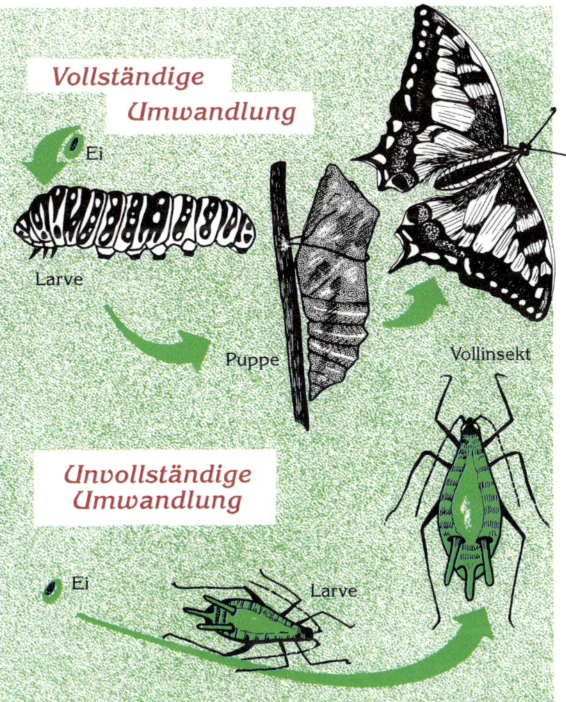

Abb. 2 Vollständige (z. B. Schmetterlinge) und unvollständige Umwandlung (z. B. Blattläuse)

Insekten wie eine Ritterrüstung zusammen und schützt ihn vor Austrocknung und Verletzungen. Da dieser Panzer aus toter Substanz besteht und nicht mitwächst, muss er von Zeit zu Zeit abgeworfen werden (Häutung).

Bei der Entwicklung der Insekten unterscheidet man zwischen vollständiger (Holometabolie) und unvollständiger Umwandlung (Hemimetabolie, s. Abb. 2):

a) **Insekten mit vollkommener Umwandlung**
Kennzeichen:
- Puppenstadium
- grundverschiedenes Aussehen von Larve und Vollinsekt
- in der Regel unterschiedliche Ernährungsweise von Larve und Vollinsekt

b) **Insekten mit unvollkommener Umwandlung**
Kennzeichen:
- kein Puppenstadium
- ähnliches Aussehen von Larve und Vollinsekt
- gleiche Ernährungsweise von Larve und Vollinsekt

Insekten mit vollständiger Umwandlung machen ein **Puppenstadium** durch, in dem die Verwandlung zum Vollinsekt erfolgt. Dabei können die Insektenpuppen recht unterschiedlich aussehen. Bei den meisten Käfern sowie Bienen, Wespen und manchen Mücken tritt die **freie Puppe** auf. Bei dieser sind die Körperanhänge (Extremitäten) wie Fühler, Flügel und Beine frei vom Körper abstehend. Bei der **Mumienpuppe** sind die Körperanhänge mit dem Körper verklebt. Sie kommt bei Schmetterlingen und Marienkäfern vor, Fliegen bilden tönnchenförmige Puppen, so genannte **Tönnchenpuppen** (s. Abb. 1 bis 3, S. 239).

Die Jugendformen der Insekten bezeichnet man als Larven. In diesem Stadium richten sie in der Regel die meisten Pflanzenschäden an. Larven werden auch bezeichnet als:

Raupen	= Larven der Schmetterlinge
Afterraupen	= Larven der Blattwespen
Engerlinge	= Larven der Familie der Blatthornkäfer, z. B. Maikäfer
Drahtwürmer	= Larven der Familie der Schnellkäfer
Maden	= Larven der Fliegen

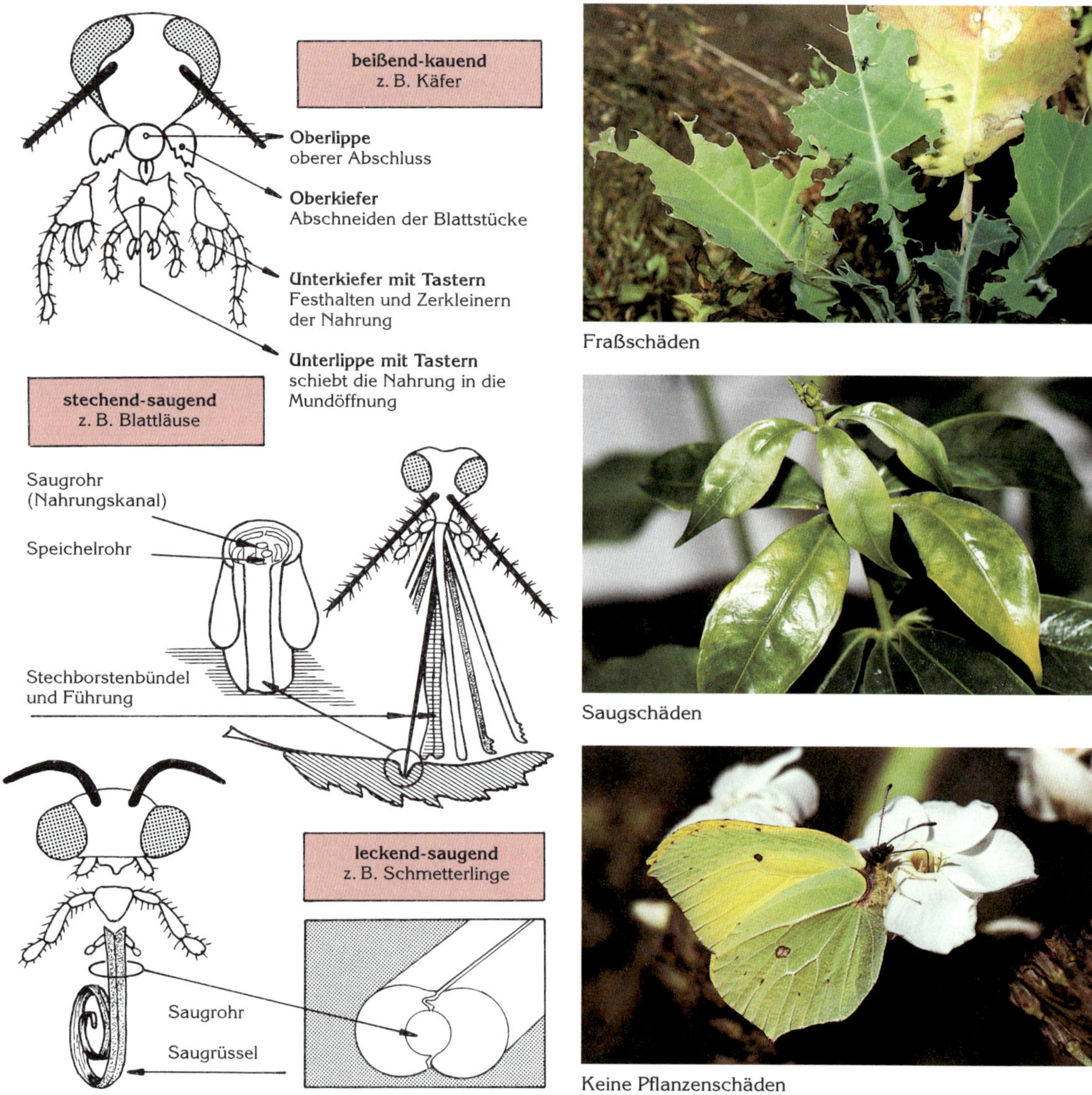

Abb. 1 Die Art der Mundwerkzeuge bestimmt die Art der Nahrungsaufnahme

■ Innerer Aufbau (s. Abb. 5, S. 239)

Bei den Insekten schwimmen die inneren Organe in einem blutgefüllten Hohlraum.

Das Nervensystem

Damit auf einen Reiz hin eine Reaktion erfolgen kann, ist ein Nervensystem notwendig. Die **Reiz-Reaktions-Kette** läuft wie folgt ab:

Reiz (z. B. Duftstoffe des Weibchens) → Aufnahme durch Sinnesorgan (Antenne des Männchens; es kommt zur Erregung) → Leitung des Reizes über Nervenleitungen zum → Gehirn (Verarbeitung der Information) → Weiterleitung über Nervenleitung zu den entsprechenden → Muskeln (z. B. Flugmuskulatur) → Reaktion (Männchen fliegt zum Weibchen).

Die meisten chemischen Gifte zur Bekämpfung von Insekten **(Insektizide)** sind **Nervengifte**, die in die Reiz-Reaktions-Kette eingreifen. Die Schädigung des Nervensystems/lebenswichtiger Gehirnzentren führt zum Tod der Insekten. Symptome sind u. a. zunehmende Erregung der Tiere, unkoordinierte Bewegungen mit Gleichgewichtsstörungen, krampfartige Zuckungen, Lähmungen und schließlich der Tod.

Abb. 1 Freie Puppe (Käferpuppe)

Abb. 2 Mumienpuppe (Schmetterlingspuppe)

Abb. 3 Tönnchenpuppe (Fliegenpuppe)

a) Zwischen Brust- und Bauchbeinen **ein beinfreies Segment** oder ohne Bauchbeine (Gespinstblattwespen). Wenn Bauchbeine, dann immer mehr als fünf Paare.

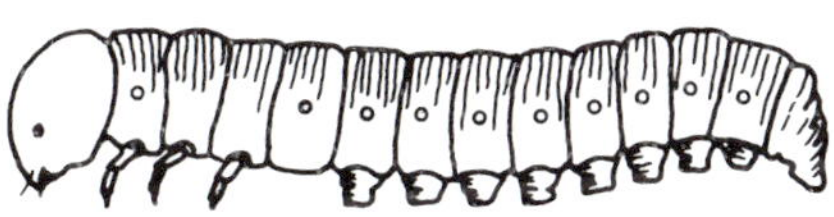

b) Zwischen Brust- und Bauchbeinen **mindestens zwei beinfreie Segmente**. Besitzen maximal vier Bauchbeinpaare.

Abb. 4 a) Blattwespenlarve (Afterraupe) und b) Schmetterlingslarve (Raupe) im Vergleich

Das Atmungssystem

Beim Menschen erfolgt der Sauerstofftransport im Blut mithilfe der roten Blutkörperchen. Da Insekten keine roten Blutkörperchen haben, muss bei ihnen der Sauerstofftransport anders erfolgen. Sie besitzen ein **Tracheensystem**. Es handelt sich hierbei um ein fein vernetztes System von Röhren (Tracheen), das den gesamten Körper durchzieht und über Öffnungen am Hinterleib (Stigmen) mit der Außenluft verbunden ist. Durch dieses Tracheensystem werden alle Organe des Körpers mit Sauerstoff versorgt. Das Ein- und Ausatmen erfolgt durch Strecken und Zusammenziehen des Hinterleibes.
Viele Insektizide wirken als **Atemgifte**, d. h., die Gifte gelangen als Dämpfe, Gase, Nebel, Rauch oder Staub über die Atemwege in den Körper der Insekten.

Das Blutsystem

Insekten haben nicht wie der Mensch ein geschlossenes, sondern ein **offenes Blutsystem**. Ein röhrenförmiges Herz pumpt das Blut in den Kopf. Von dort fließt es nicht in Blutgefäßen, sondern frei im Körper zum Hinterleib zurück (offenes Blutsystem). Im Hinterleib wird das Blut durch Öffnungen wieder in das Röhrenherz hineingesaugt, und der Kreislauf beginnt von vorne. Beim Zurückfließen durch den Körper nimmt das Blut Nährstoffe vom Darm auf und versorgt damit beim erneuten Zurückfließen die einzelnen Körperzellen.

Ausscheidungsorgane

Die Ausscheidungsorgane der Insekten nennt man **Malpighi'sche Gefäße**. Sie entnehmen dem Blut die Stoffe, die ausgeschieden werden müssen (Blutreinigung). Damit entsprechen sie in ihren Aufgaben den Nieren des Menschen.

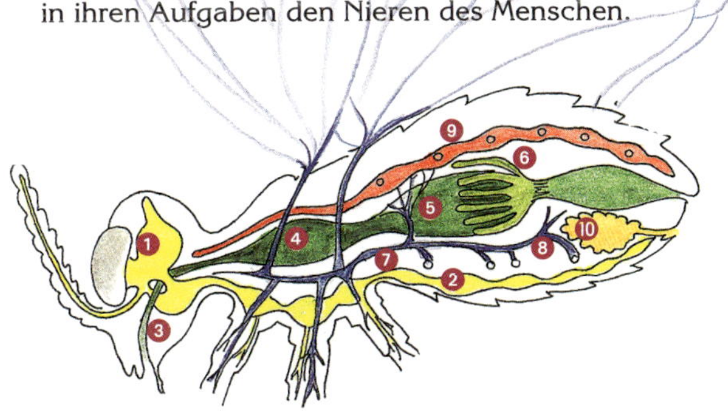

1. Gehirn
2. Bauchmark
3. Speiseröhre
4. Magen
5. Darm
6. Malpighi'sche Gefäße („Nieren")
7. Tracheen (Atemröhren)
8. Stigmen (Atemöffnungen)
9. Röhrenförmiges Herz
10. Eierstock

Abb. 5 Der innere Aufbau eines Insekts

4.4.2 Blattläuse

Bei den Blattläusen handelt es sich um 1 bis 6 mm große grüne, gelbliche, rötliche, weißgraue oder schwarze Insekten.

Schädigung

Sie schädigen durch den **Entzug von Pflanzensaft**. Dabei kommt es zur Ausscheidung von **Honigtau** (zuckerhaltiger Pflanzensaft). Dieser ist ein vorzüglicher Nährboden für Pilze, so genannte **Rußtau- oder Schwärzepilze** (s. Abb. 3, S. 241). Es gibt kaum ein Insekt, das diese zuckerhaltigen Ausscheidungen nicht zu schätzen wüsste. Vor allem die **Ameisen** „melken" die Blattläuse regelrecht, d. h., sie betrillern den Hinterleib der Blattläuse mit ihren Fühlern. Hierdurch werden sie angeregt, noch stärker zu saugen und damit verstärkt Honigtau auszuscheiden. So können Ameisenvölker von den zuckerhaltigen Ausscheidungen der Blattläuse weitgehend und vorübergehend ausschließlich leben. Aber auch die Blattläuse profitieren von den Ameisen, indem sie von diesen vor ihren Feinden geschützt werden.

Die Blattläuse entziehen den Pflanzen nicht nur Pflanzensaft und damit Zuckerverbindungen und Eiweiße, sondern sie scheiden beim Saugen auch **giftigen Speiche**l aus, der bei Pflanzen zu Blattkräuselungen, -rollungen und -verkrüppelungen führen kann. Der wichtigste Schaden ist aber ein indirekter. Blattläuse können wie alle Pflanzensauger Viren übertragen. Diese können zu **Viruskrankheiten** an den Pflanzen führen. Entsprechend werden Blattläuse auch als **Vektoren** – Lebewesen, die Krankheiten übertragen können – bezeichnet. Der gefährlichste Virusüberträger ist die Grüne Pfirsichblattlaus *(Myzus persicae)*, die bis zu 150 verschiedene Virusarten überträgt und über 400 verschiedene Pflanzenarten befallen kann.

Entwicklungskreislauf (s. Abb. 1, S. 241)

Das **Fortpflanzungsvermögen** der Blattläuse ist sehr groß, sodass es schnell zu einer Massenvermehrung kommen kann (s. Abb. 2, S. 241). Blattlausmännchen treten nur periodisch im Herbst auf. Das ganze Jahr kommen nur Weibchen vor! Entsprechend vermehren sich die Blattläuse ungeschlechtlich, also ohne Befruchtung **(Parthenogenese oder Jungfernzeugung)**. Durch die Geburt von lebenden Jungen (**Viviparie**) wird die Entwicklungszeit von der Larve zum Vollinsekt auf zehn oder noch weniger Tage verkürzt. Dadurch erreichen die Blattläuse bis zu zehn Generationen (im Gewächshaus sogar bis zu dreizehn Generationen), wobei die Einsparung der Männchen die Fortpflanzungshöhe pro Generation verdoppelt. Geflügelte Weibchen sorgen für eine ausgedehnte Verbreitung. Im Herbst werden Männchen geboren, die die nachfolgenden Weibchen befruchten. Bei der einmal im Jahr erfolgenden **sexuellen Vermehrung** kommt es zur Vermischung der Erbanlagen (Gene) der beiden Geschlechtspartner.

Dies führt zu einer Neukombination der Erbanlagen bei den Nachkommen, die eine Anpassung an veränderte Umweltbedingungen ermöglicht und damit die Überlebenschancen erhöht. Dies ist z. B. der Grund, warum Blattläuse mit der Zeit gegen ein häufig verwendetes chemisches Spritzmittel resistent (widerstandsfähig) werden können. Die befruchteten Weibchen legen schwarz gefärbte Eier, so genannte **Wintereier**. Sie dienen der Überwinterung und werden an den Blattknospen der Gehölze abgelegt (s. Abb. 4, S. 241).

Bei einer Vielzahl von Blattlausarten kommt es im Frühjahr und Herbst zur Geburt geflügelter Nachkommen. Es handelt sich hierbei um Blattläuse, die im Sommer auf krautigen Pflanzen leben und im Herbst ihre Wintereier auf überwinternden Pflanzen (Gehölzen) ablegen. Im Frühjahr zum Zeitpunkt des Blattaustriebes schlüpfen die Blattläuse und fliegen im Mai auf ihre Sommerwirte, um im Herbst wieder zurückzukommen. Solche Blattläuse nennt man **wirtswechselnd** (z. B. Schwarze Bohnenblattlaus). Diejenigen, welche ihr Leben nur auf einer Pflanzenart verbringen, werden entsprechend als **nicht wirtswechselnd** bezeichnet (z. B. Rosenblattlaus).

Bekämpfung

Dass Blattläuse sich trotz ihrer Fähigkeit zur Massenvermehrung aber nicht unbegrenzt vermehren können, liegt vor allem an ihren vielen natürlichen Feinden, wie z. B. an Marienkäfern und deren Larven, Schwebfliegenlarven, Florfliegen und ihren Larven, Schlupfwespen, räuberischen Gallmückenlarven, Lauf- und Weichkäfern, Ohrwürmern, Spinnen, Raubwanzen, Wespen und den vielen Vogelarten (s. Nützlingslexikon, S. 226). Viele dieser Nützlinge kann man bereits im Handel erhalten. Weitere Bekämpfungsmaßnahmen s. Kapitel 4.3.

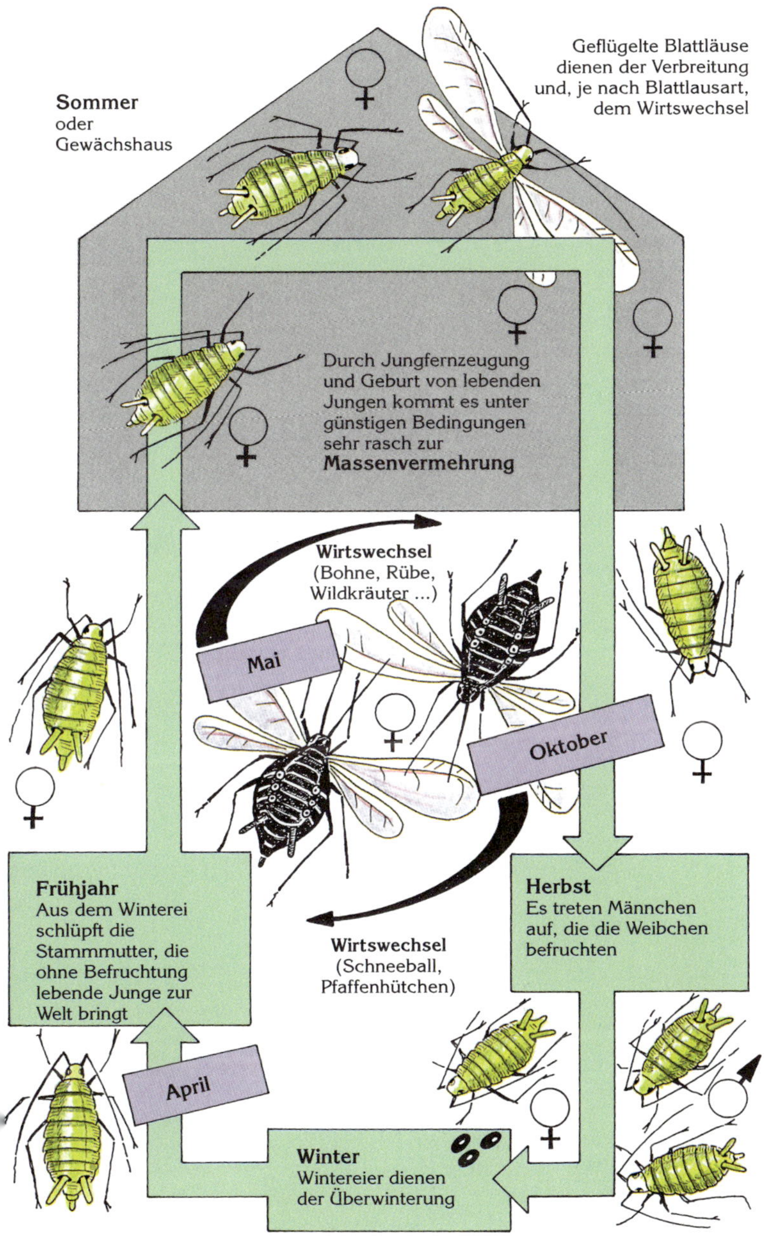

Abb. 1 Entwicklungskreislauf am Beispiel der Rosenblattlaus (grün) und der Schwarzen Bohnenblattlaus (Letzterer ist nur dort eingezeichnet, wo er sich von dem der Rosenblattlaus unterscheidet!).

Abb. 2 Starke Vermehrung der Rosenblattlaus

Abb. 3 Ansiedelung von Rußtaupilzen auf Honigtau

Abb. 4 Wintereier der Blattlaus am Schneeball (Viburnum)

4.4.3 Weiße Fliege (Mottenschildlaus)

Weiße Fliegen *(Trialeurodes vaporariorum)* sind 1 bis 2 mm große geflügelte Insekten, die mit weißem Wachsstaub überzogen sind, den sie produzieren und mit den Beinen über ihren Körper verteilen. Seit einigen Jahren tritt neben der Weißen Fliege *(Trialeurodes vaporariorum)* verstärkt eine weitere Mottenschildlaus *(Bemisia tabaci)* auf. Die beiden Mottenschildläuse unterscheiden sich hinsichtlich ihrer Lebensweise und ihres Aussehens kaum. Sie befallen zahlreiche Pflanzen (z. B. Tomaten, Paprika, Gurken, Poinsettien, Pelargonien, Fuchsien, Wildkräuter).

Abb. 1 Die Weiße Fliege und ihre Larven (schwarz gefärbte Larven sind parasitiert)

Die **Vermehrung** erfolgt durch Eier, die auf der Blattunterseite mit einem Stielchen im Blattgewebe befestigt werden. Da die Eiablage zu verschiedenen Terminen erfolgt, kommen alle Entwicklungsstadien (Eier, Larven, Vollinsekten) nebeneinander vor. Die Weiße Fliege und ihre schildlausähnlichen Larven (s. Abb. 1) schädigen durch Saugtätigkeit. Von den verschiedenen Larvenstadien, die die Weiße Fliege bis zur Entwicklung zum Vollinsekt durchläuft, ist nur das erste Stadium frei beweglich. Diese Larven, die sehr winzig (ca. 0,2 mm) und glasklar sind, laufen über die Blätter und suchen einen günstigen Saugplatz. Nachdem sie diesen gefunden haben, wandeln sie ihre Beine und Fühler zu Hafthaken um und sind dann nicht mehr beweglich (→ Phloemsauger). Die Umwandlung zum Vollinsekt erfolgt in einem so genannten **Puparium**. Hierbei handelt es sich um das letzte Larvenstadium, das mit Wachsplatten überdeckt und dessen Rückenhaut stark verdickt ist.

Durch das Saugen wird die Pflanzenentwicklung stark beeinträchtigt (s. Abb. 2, S. 243). Die rasante Entwicklung und starke Vermehrung der Weißen Fliege führt sehr schnell zur Resistenz gegenüber häufig verwendeten chemischen Mitteln.

Entsprechend ist ein ständiger Wechsel der verwendeten Präparate unumgänglich. Da alle Entwicklungsstadien nebeneinander vorkommen und außer dem ersten Larvenstadium und den erwachsenen Insekten die anderen Stadien relativ unempfindlich gegenüber chemischen Mitteln sind, sind für eine erfolgreiche Bekämpfung 3 bis 5 Behandlungen im Abstand von jeweils 4 bis 5 Tagen erforderlich. Ein gutes Hilfsmittel zur Bekämpfung bei geringem Befall bzw. Befallskontrolle sind Gelbtafeln (s. S. 234), die im Pflanzenbestand oder knapp darüber hängend angebracht werden. Zur **biologischen Bekämpfung** im Gewächshaus wird die Schlupfwespe *Encarsia formosa* eingesetzt (s. S. 232).

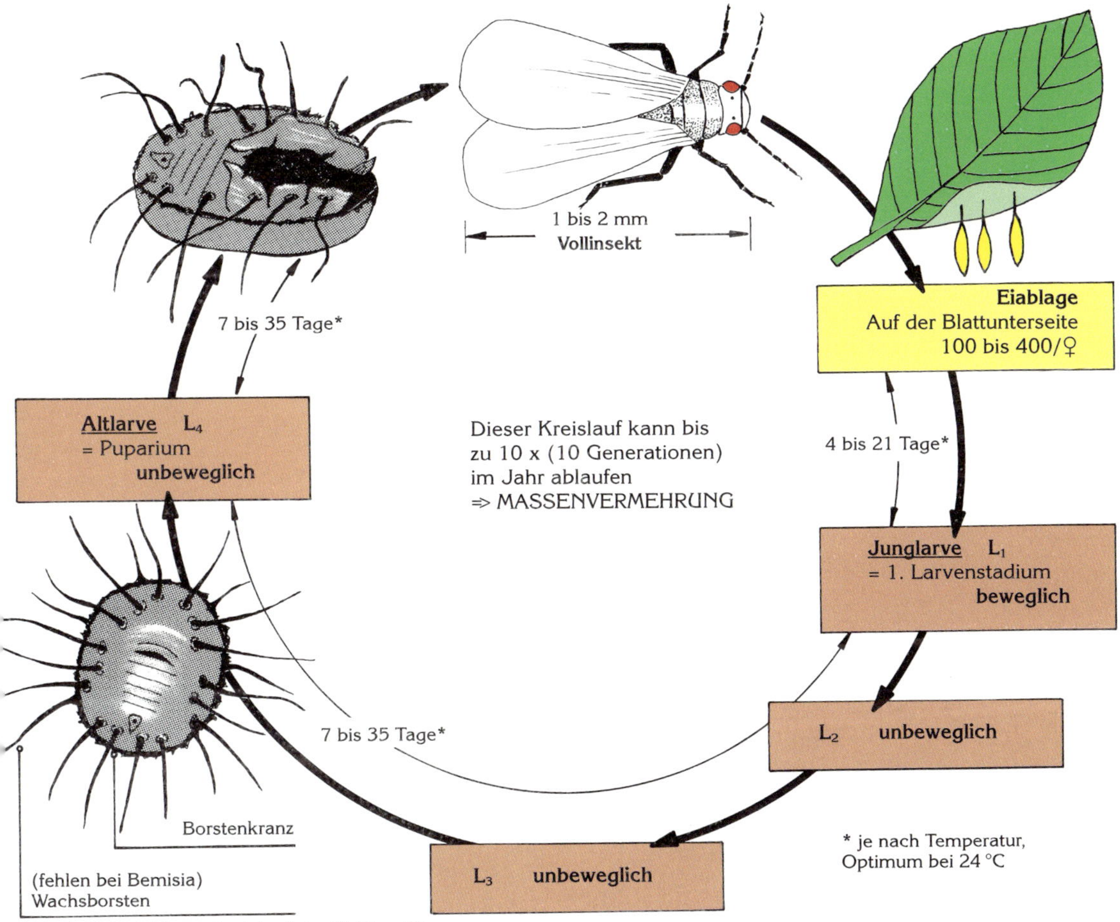

Abb. 1 Entwicklungskreislauf der Weißen Fliege

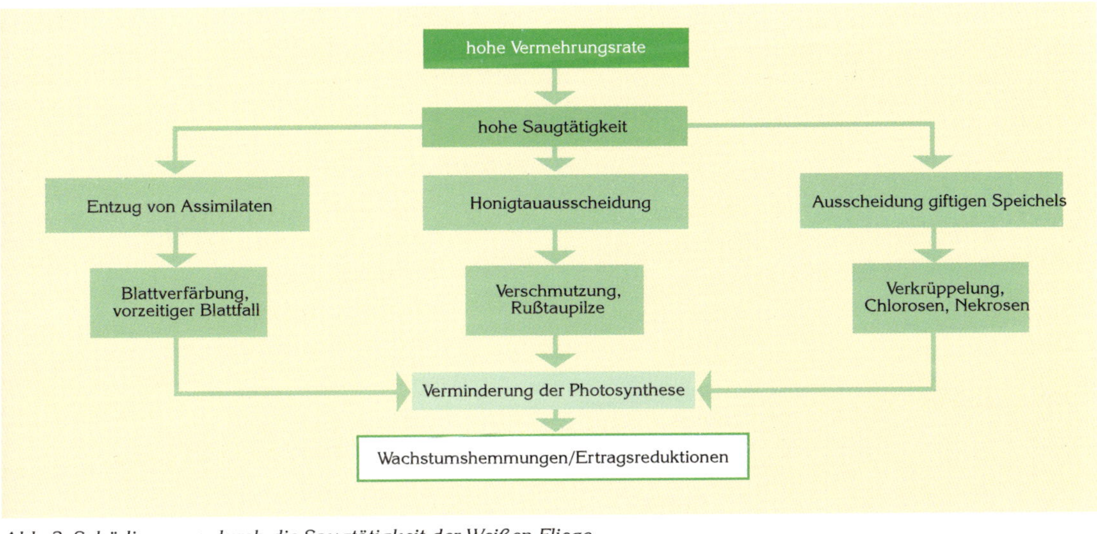

Abb. 2 Schädigungen durch die Saugtätigkeit der Weißen Fliege

4.4.4 Schildläuse

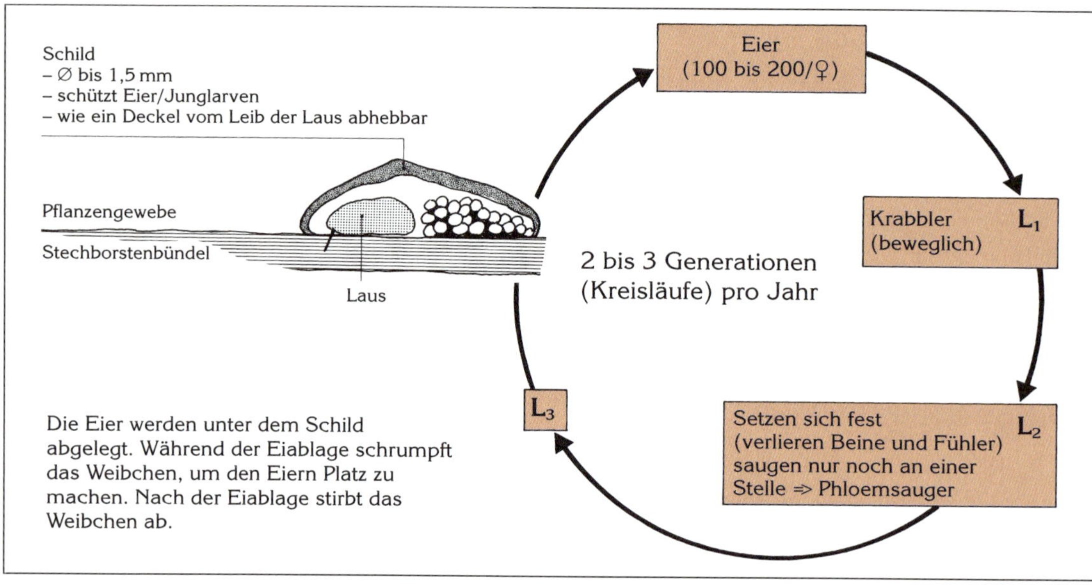

Abb. 1 Deckelschildlaus

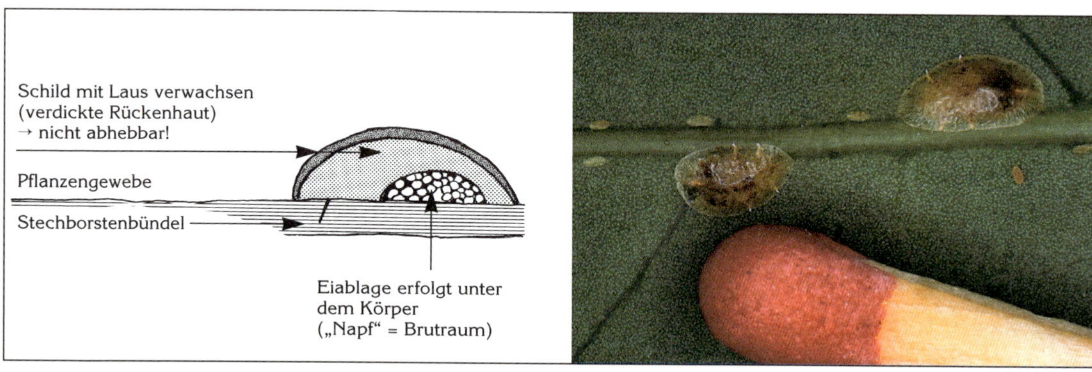

Abb. 2 Napfschildlaus

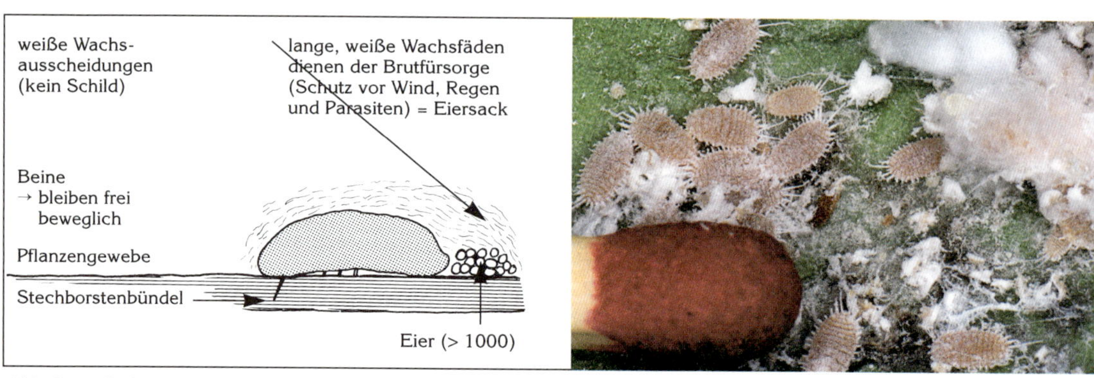

Abb. 3 Woll-/Schmierlaus

Die bis 6 mm großen Schildläuse schädigen durch ihre Saugtätigkeit (Phloemsauger) und die Ausscheidung großer Mengen Honigtau. Im Gartenbau werden vor allem die Familien der Deckelschildläuse, Napfschildläuse und Woll-/Schmierläuse schädlich (s. S. 244).

Deckelschildläuse befallen vor allem Gehölze (z. B. Obstbäume) und derblaubige Pflanzen (z. B. Blattsukkulente). Vor allem geschwächte Pflanzen werden befallen (Schwächeparasiten). Zu den gefürchtetsten Obstbaumschädlingen gehört die aus Asien stammende und über die USA (Stadtgebiet von San José) zu uns eingeschleppte San-José-Schildlaus *(Quadraspidiotus perniciosus)*. Ihr sehr giftiger Speichel führt zum Absterben ganzer Äste. Beim Auftreten muss das Pflanzenschutzamt benachrichtigt werden.

Napfschildläuse befallen sehr viele Pflanzen, wie Gehölze und Zierpflanzen (z. B. Yucca, Schefflera, Ficus). Es handelt sich um ausgesprochene Schwächeparasiten.

Woll-/Schmierläuse befallen hauptsächlich Zierpflanzen (z. B. Hoya bella, Crassula arborescens, Schefflera, Clivia, Codiaeum, Kakteen).

Die **Bekämpfung** ist aufgrund der sehr stark ausgebildeten Rückenschilder bzw. der Wachsausscheidungen der erwachsenen Insekten schwierig. Die hohe Vermehrungsrate (Eier) bedingt, dass selbst gut wirksame Mittel wiederholt gespritzt werden müssen, in der Regel dreimal im Abstand von zehn Tagen. Zur Bekämpfung der Schild- und Napfläuse sowie der Eier sind Mineralöle gut geeignet. Sie decken die Schadstadien luftdicht ab und führen so zum Erstickungstod.

Natürliche Feinde der Schildläuse sind u. a. Marienkäfer, Ohrwürmer und Schlupfwespen. Zur biologischen Bekämpfung der San-José-Schildlaus wird die aus Nordamerika eingeführte, etwa 0,8 mm große Schlupfwespe *Prospaltella perniciosi*, zur Bekämpfung von Woll-/Schmierläusen der australische etwa 4 mm große Marienkäfer *Cryptolaemus montrouzieri* eingesetzt (s. Nützlingslexikon).

4.4.5 Thripse (Blasenfüße oder Fransenflügler)

Von den etwa 90 einheimischen Arten lebt ein Teil räuberisch, z. B. von Milben und Blattläusen, andere befallen vor allem Zierpflanzen (Gladiolen, Cyclamen, Chrysanthemen, Saintpaulien, Nelken, Beet- und Balkonpflanzen u. a.), Gemüsepflanzen (Erbsen, Gurken, Tomaten, Zwiebeln u. a.) und Wildkräuter.

Der **Gladiolenthrips** *(Thaeniothrips simplex)* wird auch als „Schwarze Fliege“ bezeichnet. Auch bei den bekannten „Gewitterfliegen“ handelt es sich um Thripse, die an schwülen Sommertagen in großen Massen auftreten. Seit einigen Jahren tritt in den Gewächshäusern neben **Thrips tabaci** eine neue Thrips-Art, der **Kalifornische Thrips** *(Frankliniella occidentalis)*, verstärkt auf. Neben Blättern und Früchten befällt er vor allem die Blüten der Pflanzen. Thripse schädigen die Pflanzen, indem sie die Epidermis- und Parenchymzellen aussaugen. Die leer gesogenen Zellen füllen sich mit Luft. Das hierauf fallende Licht wird reflektiert, sodass die Blätter den für einen Thripsschaden typischen **Silberglanz** erhalten. Besaugte Pflanzenteile sterben vom Rande her ab (s. Abb. 1, S. 246). Junge Pflanzenteile werden im Wachstum gehemmt und verkrüppeln. Typisch für das Aussaugen von Parenchymzellen ist die Ausscheidung **grünlich schwarzer Kothäufchen**, hervorgerufen durch die Aufnahme von Chlorophyll bei der Nahrungsaufnahme. Neben den Saugschäden kann es auch zur **Virusübertragung** kommen.

Der Einsatz chemischer Pflanzenschutzmittel führt häufig nicht zum gewünschten Erfolg, sodass der vorbeugenden Bekämpfung eine große Bedeutung zukommt. Dabei geht es vor allem darum, das Einschleppen mit gekauften Pflanzen bzw. den Zuflug aus benachbarten Kulturen und von Wildkräutern zu verhindern. Zur Früherkennung werden **hellblaue Leimtafeln** und **Indikatorpflanzen** (z. B. *Exacum affine*), bei denen Thripsschäden rasch und deutlich auftreten, verwendet. Zur **biologischen Bekämpfung** dienen Raubmilben *(Amblyseius cucumeris, Amblyseius barkeri* u. a.), Wanzen *(Orius-Arten)*, Schlupfwespen *(Thripobius semiluteus)*, Marienkäfer *(Hippodamia convergens)* und räuberische Thripse.

Saugschaden an Gerbera

Thripse auf einer Phloxblüte

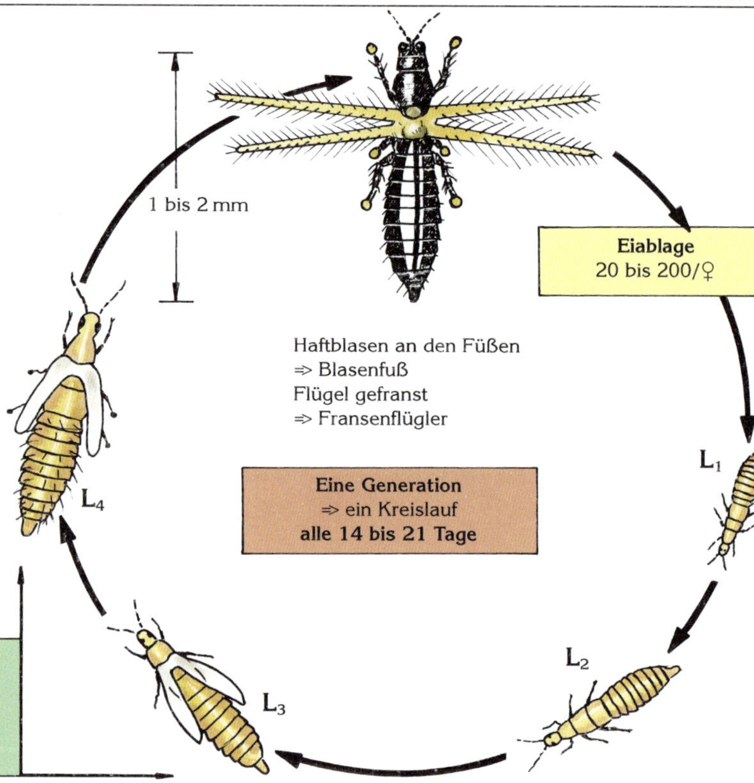

Abb. 1 Entwicklungskreislauf der Thripse

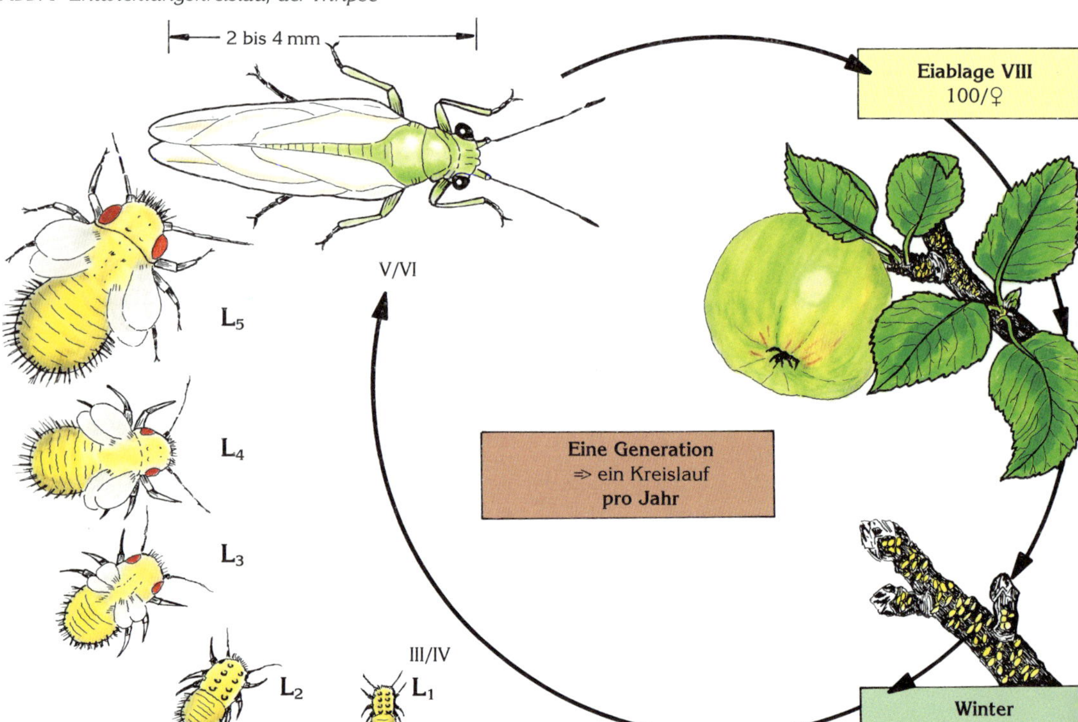

Abb. 2 Entwicklungskreislauf des Frühjahrs-Apfelblattsaugers

4.4.6 Blattsauger (Blattflöhe)

Bei den Blattsaugern handelt es sich um 2 bis 4 mm große sprungfähige (Blattflöhe!), mit Flügeln versehene Insekten. Ihre gelblichen, blattlausähnlichen Larven fallen durch einen breiten, flach gedrückt erscheinenden Körper mit relativ langen Fühlern und roten Augen auf.

Ein gefährlicher Schädling der Apfelbäume ist der **Apfelblattsauger**. Es gibt hier zwei Arten, Frühjahrs- und Sommer-Apfelblattsauger, von denen der Frühjahrs-Apfelblattsauger *(Psylla mali)* der gefährlichste ist (s. Abb. 2, S. 246). Die Larven schädigen durch ihre **Saugtätigkeit** (Phloemsauger) an jungen Pflanzenteilen (Verkrüppelungen) und starke **Honigtauausscheidung** (Rußtaupilze). Bei starkem Befall können die jungen Blätter so verkleben, dass sie sich nicht mehr entwickeln können und absterben. Es kommt zur Schwächung der Bäume und zu Ertragsverlusten. Auch an Birnen (Birnenblattsauger) und Möhren (Möhrenblattsauger) können größere Schäden durch Blattsauger verursacht werden. Eine Bekämpfung ist in der Regel nur bei starkem Befall notwendig.

So sind beim Frühjahrs-Apfelblattsauger erst Schäden zu erwarten, wenn an mehr als 60 % der Kurztriebe (Fruchtholz) Eier abgelegt sind. Winterspritzungen mit Ölemulsionen zur Bekämpfung der Eier (ersticken unter dem Belag) oder Spritzungen zu Vegetationsbeginn (Austriebsspritzungen) zur Bekämpfung der schlüpfenden Larven können dann erforderlich werden. **Natürliche Feinde** sind z. B. Raubwanzen (*Anthocoris nemoralis*). Bei einzelnen Bäumen können stark befallene Triebe abgeschnitten und vernichtet werden.

4.4.7 Zikaden

Bei den Zikaden handelt es sich um 3 bis 4 mm große saugende Insekten. Kennzeichnend sind ihre in Ruhestellung dachförmig über dem Hinterleib zusammengelegten Flügel und ihr Sprungvermögen (s. Abb. 1). Ihre Larven besitzen Ähnlichkeit mit Blattläusen. Bei den Schaumzikaden befinden sich die Larven in einer Schaumhülle („Kuckuckspeichel" = schaumiger Kot).

Abb. 1 Rosenzikadenschaden

Die Zikaden und ihre Larven saugen vor allem auf der Blattunterseite aus Parenchymzellen (dunkle Kottröpfchen). Das Schadbild ähnelt dem der Spinnmilben und Thripse. In der Regel hält sich der durch Zikaden angerichtete Schaden in Grenzen.

4.4.8 Blattwespen

Bei den Blattwespen handelt es sich um wenige Millimeter große geflügelte Insekten mit beißenden Mundwerkzeugen. Im Gegensatz zu den erwachsenen Tieren, die sich vor allem von Nektar und Honigtau ernähren, können ihre mit den Schmetterlingsraupen leicht zu verwechselnden Larven (Afterraupen; s. S. 239) große Schäden durch Blattfraß (Kahlfraß innerhalb weniger Tage!) verursachen (s. Abb. 2). Wichtige Schädlinge im Gartenbau sind z. B. die Stachelbeerblattwespen, die Rosenblattrollwespen, die Kohlblattwespen, Gespinstblattwespen sowie die Apfel-, Pflaumen- und Birnensägewespen, die ihre Eier mit einem sägeartigen Legestachel in die Früchte ablegen (vorzeitiger Fruchtfall!).

Abb. 2 Blattfraß durch raupenartige Larven der Blattwespen (Croesus septentrionalis)

4.4.9 Käfer

Abb. 1 Maikäfer (Melolontha melolontha)

Abb. 2 Engerling des Maikäfers

Abb. 3 Lilienhähnchen

Abb. 4 Spargelhähnchen

Abb. 5 Zwölfgepunkteter Spargelkäfer

Abb. 6 Kartoffelkäfer

Abb. 7 Gartenlaubkäfer

Abb. 8 Schnellkäfer (braun oder schwarz)

Abb. 9 Drahtwurm (Schnellkäferlarve)

Abb. 10 Borkenkäfer

Abb. 11 Apfelblütenstecher

Abb. 12 Junikäfer

Allgemeine Kennzeichen:

- Es findet eine vollständige Umwandlung statt: Ei → Larve → Puppe → Vollinsekt.
- Die Käferpuppe ist in der Regel eine freie Puppe.
- Käfer und Larve besitzen beißende Mundwerkzeuge und verursachen Fraßschäden.
- Um die Geschlechtsreife zu erlangen, müssen die Käfer über eine gewisse Zeit (in der Regel einige Wochen) größere Mengen Nahrung zu sich nehmen (Reifungsfraß).
- Der Körper der Käfer ist zum Schutz vor Feinden und Austrocknung von einem starken „Chitinpanzer" umgeben.
- Käfer besitzen zwei Flügelpaare, von denen das erste zu Flügeldecken umgebildet ist und das darunter liegende häutige Flügelpaar schützt.
- Larven besitzen nur drei Brustbeinpaare (z. B. Engerlinge) bzw. sind beinlos (z. B. Larven der Borken- und Rüsselkäfer).

Blatthornkäfer

Die **Kennzeichen** dieser Käferfamilie sind die blattförmig verbreiterten Antennen und die zum Graben verbreiterten Vorderbeine (Grabbeine). Der bekannteste Käfer dieser Familie ist der **Maikäfer** (*Melolontha melolontha* = Feldmaikäfer), der eine mehrjährige Entwicklung im Boden durchläuft (s. Abb. 1). Nahm man bis vor wenigen Jahren noch an, der Maikäfer, der in den 40er Jahren ganze Wälder kahl gefressen hatte, sei vom Aussterben bedroht, kann man heute wieder ein verstärktes Auftreten registrieren. Der Grund ist in erster Linie in den langfristigen natürlichen Zyklen der Käfer – von 30 bis 50 Jahren – zu sehen, in denen ihre Population immer wieder zu- und dann abnimmt.

Schaden

Die **Käfer** schädigen während ihrer dreiwöchigen Flugzeit durch Blattfraß an Bäumen (Reifungsfraß), wobei mit Vorliebe Eichen und Ahorne befallen werden. Die aus den in den Boden abgelegten Eiern schlüpfenden **Larven (Engerlinge)** ernähren sich hingegen von den Wurzeln verschiedener Pflanzen. Unter günstigen Bedingungen kommt es zur Massenvermehrung, einem so genannten **Maikäferjahr**. Bei starkem Befall können die Engerlinge in Rasen- und Grünlandflächen große Schäden verursachen. Die von Wurzeln befreite Grasnarbe lässt sich wie bei einem Rollrasen abrollen. Zudem können beträchtliche **Folgeschäden** (Sekundärschäden) durch Krähen, Dachse, Igel und Wildschweine entstehen, die auf der Suche nach den Insektenlarven den Boden regelrecht umpflügen. Besonders in den Steilhängen der Gebirge kann der Wurzelfraß der Engerlinge katastrophale Folgen haben. Ohne eine feste Pflanzendecke ist eine Bewirtschaftung der Wiesen nicht mehr möglich, die Hänge setzen sich in Bewegung, die Erde rutscht ab, Schlamm-, Stein- und Schneelawinen bedrohen die Existenz der Talbewohner.

Bekämpfung

Auf Wiesen in Steilhängen haben sich zur Bekämpfung der Maikäfer **Ziegen** bewährt. Die sich kreuz und quer über das Gelände bewegenden Tiere zertreten viele der im Boden befindlichen Schädlinge. Im Gegensatz zu Schafen und Kühen treten sie zudem keine Stufen in die Hänge (Erosionsgefahr!). Zur **biologischen Bekämpfung** kann der **Pilz** *Beauveria brongniartii* eingesetzt werden, der Larven und Käfer im Boden befällt und abtötet. Dazu werden mit Beauveria-Pilzsporen infizierte keimungsunfähige Weizenkörner mittels Sämaschinen in den Boden gebracht (oder Fläche mit Hohlspoons überfahren → Weizenkörner ausbringen und in die maximal 8 cm tiefen Löcher einfegen → Löcher mit Sand auffüllen). Im Grasland liegt die **wirtschaftliche Schadensschwelle** bei 20 bis 40 Engerlingen/m².

Abb. 1 Entwicklungsverlauf des Maikäfers

Im Obstbau ist diese Art der Bekämpfung weniger erfolgreich, da bereits bei zwei Engerlingen/m^2 die wirtschaftliche Schadensschwelle erreicht ist. Hier haben sich **Bodennetze** bewährt. Sie verhindern, dass sich die nach dem Reifungsfraß zurückkehrenden Weibchen in den Boden zur Eiablage eingraben. Wichtig ist, dass die Netze nicht zu früh, bevor alle Käfer den Boden verlassen haben, ausgelegt werden. Ansonsten können sich die darunter verbliebenen Käfer paaren (Geschlechtskennzeichen: Männchen große, Weibchen kleine Antennen). Als Reifungsfraß dient ihnen dann Gras und Klee. Man hat beobachtet, dass es in Einzelfällen sogar ohne Reifungsfraß zur Eiablage kommen kann. Auch **Hagelschutznetze** können gegen die Käfer mit Erfolg eingesetzt werden. Auch hier kommt es darauf an, die Netze erst zu schließen, wenn der letzte Käfer den Boden verlassen hat, aber früh genug, bevor der erste Käfer wieder zurückgekehrt ist. Um Bienen den Zuflug zur Obstbaumblüte zu ermöglichen, sind Bienenvölker unter den Netzen aufzustellen.

Weitere, häufig als Pflanzenschädlinge auftretende Käfer dieser Familie sind z. B. der **Junikäfer** *(Amphimallon solstitiale)* und der **Gartenlaubkäfer** *(Phyllopertha horticola)*, die wie der Maikäfer als Käfer an den Blättern von Gehölzen und als Larven durch Wurzelfraß schädigen. Auch ihre Entwicklung im Boden dauert drei Jahre (s. Abb. 7 und 12, S. 248).

Blattkäfer

Die Käfer dieser Familie weisen meist eine gedrungene Form auf und sind metallisch gefärbt. Einige häufig als Schädlinge auftretende Käfer dieser Familie sind das **Lilienhähnchen** (befällt Liliengewächse; s. Abb. 3, S. 248), das **Spargelhähnchen** und der **Zwölfgepunktete Spargelkäfer** (befallen den Spargel; s. Abb. 4 u. 5, S. 248), der **Kartoffelkäfer** (befällt Nachtschattengewächse, z. B. Auberginen, vor allem aber die Kartoffel; s. Abb. 6, S. 248) und die Erdflöhe (z. B. Kohlerdfloh), die allesamt durch Blattfraß starke Schäden an den Pflanzen verursachen können. Die regelmäßige Kontrolle der Pflanzenbestände und das Absammeln und Vernichten von Larven und Käfern kann eine sinnvolle Bekämpfungsmaßnahme sein. Häufiges Hacken und Feuchthalten des Bodens hemmt die Entwicklung der Erdflöhe. Natürliche Feinde vieler Blattkäfer sind z. B. Kröten, Grasfrösche, Zauneidechsen und Vögel.

Schnellkäfer (s. Abb. 8, S. 248)

Die häufig braun oder schwarz gefärbten Schnellkäfer können sich mit einem knipsenden Geräusch aus der Rückenlage bis zu 30 cm hochschnellen. Der Schaden der Käfer durch Blattfraß hält sich in Grenzen. Viel gefährlicher sind ihre Larven, die so genannten **Drahtwürmer**, die vor allem im Feldgemüsebau zu ernsthaften Schädlingen werden können. Die gelbbraunen, harten, drehrunden Larven (s. Abb. 9, S. 248) leben drei bis fünf Jahre im Boden und schädigen zahlreiche Pflanzen durch Wurzelfraß. Feuchte, humose Böden fördern ihre Entwicklung, intensive Bodenbearbeitung hemmt sie. Natürliche Feinde der Drahtwürmer sind Maulwürfe, Laufkäfer, Spitzmäuse, Vögel u. a. (s. Nützlingslexikon). Zum Ködern können halbierte Kartoffeln in den Boden gedrückt werden (Stellen markieren!). Die Köder werden regelmäßig kontrolliert und bei Befall vernichtet. Als Fangpflanzen eignen sich Salatpflanzen, die besonders gerne von Drahtwürmern befallen werden. **Viele Drahtwürmer sind auch Fleisch fressend und vertilgen die Larven zahlreicher Insekten.**

Borkenkäfer (s. Abb. 10, S. 248)

Die Entwicklung dieser 2 bis 5 mm kleinen Käfer erfolgt in Nadel- oder Laubgehölzen (z. B. **Obstbaumsplintkäfer**). Die meisten Borkenkäferarten befallen als so genannte Sekundärschädlinge bereits geschwächte oder absterbende Bäume, da sie nur hier günstige Entwicklungsmöglichkeiten finden. Durch die Fraßtätigkeit der Käfer und Larven kommt es zur Zerstörung des Bastteils (Leitung von Assimilaten!) und des jungen Splintholzes (Wasser- und Nährstoffleitung!), was zum Absterben der Bäume führt (s. Abb. 1, S. 251).

Daneben übertragen einige Borkenkäferarten (z. B. **Ulmensplintkäfer**) Sporen des Pilzes *Ceratocystis ulmi.* Dieser schädigt die Bäume durch Myzelbildung in ihren Gefäßen und Ausscheidung giftiger Stoffe. In den USA und Europa sind so bereits über 50 % der Ulmen vernichtet worden **(Ulmensterben)**. Eine wirkungsvolle Bekämpfung der Krankheit ist bisher nicht möglich. Durch Vernichtung befallener Bäume und Bekämpfung der Überträger (Borkenkäfer) kann die weitere Ausbreitung nur eingedämmt, aber nicht verhindert werden. Ein Wegschnitt infizierter Äste und Zweige ist nur im frühen Befallsstadium Erfolg versprechend. Die Züchtung resistenter Ulmensorten stellt eine vorbeugende Maßnahme dar. Eine zukunftsweisende Art der Borkenkäferbekämpfung ist im

Abb. 1 Fraßbild unter der Rinde (Ulmensplintkäfer)

In der so genannten **Rammelkammer** werden mehrere Weibchen befruchtet. Jedes Weibchen frisst sich von dort einen **Muttergang** ins Holz. Entlang der Gänge werden **Einischen** angelegt, in die jeweils ein sandkorngroßes Ei abgelegt und mit Holzgenagsel bedeckt wird. Nach fünf Tagen schlüpfen die Larven und fressen sich durch das Holz **(Larvengänge)**. Am Ende ihrer Gänge legen sie Erweiterungen **(Puppenwiegen)** an, in denen sie sich nach dem 4. Larvenstadium verpuppen. Sechs Wochen nach der Eiablage ist die nächste Generation herangewachsen. Nach dem **Reifefraß** fressen sich die geschlechtsreifen und flugfähigen Käfer nach draußen, wo sie Witterung nach kränkelnden Bäumen aufnehmen. Der Kreislauf beginnt von vorne **(bis drei Generationen/Jahr)**. Die Überwinterung erfolgt als Larve, Puppe oder Käfer unter der Baumrinde oder eingegraben in der Erde. Wenn im Februar/März des nächsten Jahres die Temperaturen steigen, verlassen die Käfer ihre Winterquartiere und suchen neue Brutbäume auf.

Einsatz von Pheromonen zu sehen (s. S. 235). Natürliche Feinde der Borkenkäfer sind z. B. Spechte und verschiedene Buntkäfer (z. B. Ameisenbuntkäfer), die Borkenkäfer und ihre Larven jagen.

Rüsselkäfer

Die Familie der Rüsselkäfer ist die artenreichste Käferfamilie und stellt dementsprechend auch die meisten Pflanzenschädlinge. Das typische Kennzeichen dieser Käfer ist der von den Augen aus zu einem mehr oder weniger langen und dicken Rüssel gezogene Kopf. Einige wichtige Schädlinge aus dieser Familie sind der Gefurchte Dickmaulrüssler, der Apfelblütenstecher und der Birnenknospenstecher. Im Unterschied zum **Birnenknospenstecher** vernichtet der **Apfelblütenstecher** nicht ganze Blütenstände, sondern einzelne Knospen. Eine Bekämpfung des etwa 4 mm kleinen Apfelblütenstechers ist nur bei einem geringen Blütenansatz erforderlich. Bei starkem Blütenansatz kann diese natürliche Ausdünnung des Fruchtbehangs als durchaus positiv angesehen werden.

Im Gegensatz zu vielen anderen Käfern der Familie ist der **Gefurchte Dickmaulrüssler** *(Otiorrhynchus sulcatus)* nicht auf bestimmte Pflanzen spezialisiert, sondern befällt sehr viele verschiedene Pflanzen im Freiland (z. B. Rhododendren, Cotoneaster-Arten, Ulmen, Flieder, Rosen, Reben, Beerensträucher) und unter Glas (z. B. Cyclamen, Efeu, Farne, Pelargonien, Chrysanthemen). Seinen Namen hat er von seinem kurzen, breiten, mit einer Mittelfurche versehenen Rüssel (s. Abb. 1, S. 252). Der Käfer ist **flugunfähig**, da seine Unterflügel fehlen und die Deckflügel miteinander verwachsen sind. Die Hauptverbreitung erfolgt dementsprechend durch das Verschleppen mit Pflanzen und Erde. Der Dickmaulrüssler ist ein nachtaktiver Käfer.

Die Käfer schädigen durch Fraß an oberirdischen Pflanzenteilen. Dabei „reiten“ sie auf den Blatträndern, wodurch das für den Dickmaulrüssler typische Schadbild des **Buchtenfraßes** entsteht. Der Fraß beeinflusst die Pflanzen nur wenig, der Hauptschaden wird vielmehr durch die im Boden lebenden Larven verursacht, die durch ihren Fraß Wurzeln und Knollen zerstören.

Im Freiland tritt eine Generation pro Jahr auf (s. Abb. 1, S. 252). Unter den ganzjährig optimalen Entwicklungsbedingungen der Gewächshäuser verschieben sich die Generationen so, dass während des ganzen Jahres Käfer und Larven auftreten können. Natürliche Feinde sind z. B. Spitzmaus, Igel, verschiedene Nematoden- oder Pilzarten, wobei Letztere bereits zur biologischen Bekämpfung im Erwerbsgartenbau eingesetzt werden (s. Nützlingslexikon S. 228).

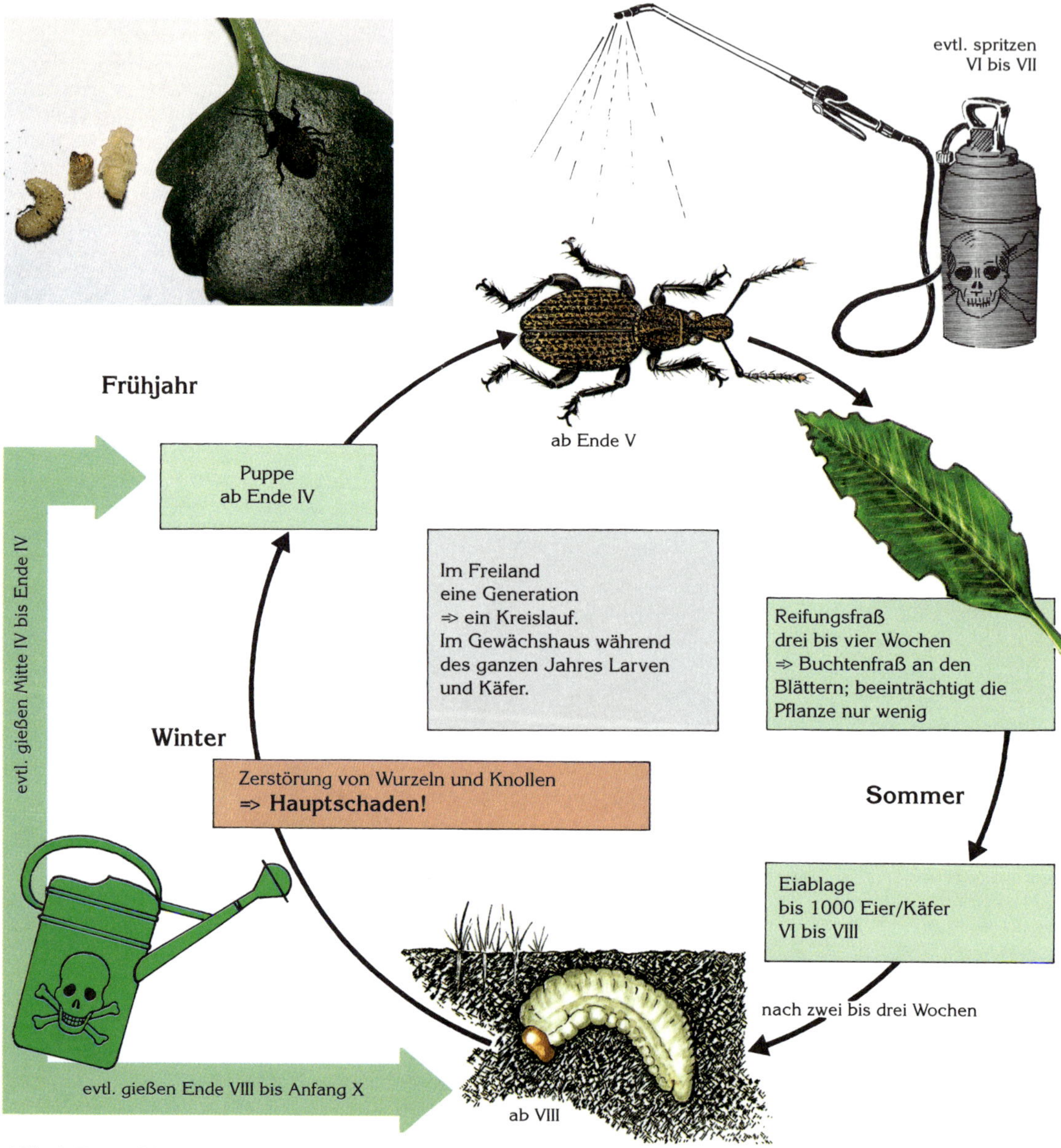

Abb. 1 Entwicklungskreislauf des Dickmaulrüsslers

4.4.10 Schmetterlinge *(Lepidoptera)*

Schmetterlinge können ausschließlich als Larven (Raupen) schädlich werden, da nur diese Mundwerkzeuge besitzen, die an Pflanzen Schäden hervorrufen können. Eine Raupe ist eine Art „Fressmaschine". Innerhalb kürzester Zeit kann sie große Pflanzenschäden bis hin zum Kahlfraß (s. Abb. 2, S. 253) verursachen. Der erwachsene Schmetterling ernährt sich von Nektar, Honigtau und gegebenenfalls vom Saft überreifer Früchte. Pflanzenschäden kann er aufgrund seiner leckend-saugenden Mundwerkzeuge nicht verursachen. Schmetterlinge, die ausschließlich am Tage fliegen, bezeichnet man als **Tagfalter**. Im Gegensatz zu den **Nachtfaltern**, die nachts fliegen und unscheinbar sind, sind die Tagfalter auffallend bunt gefärbt. Obwohl den Schmetterlingen eine wichtige Rolle bei der Bestäubung zukommt und bereits viele unserer einheimischen Arten auf der roten Liste

Abb. 1 Großer Kohlweißling

Abb. 2 Kahlfraß durch Raupen des Großen Kohlweißlings

Abb. 3 Schädigung durch die Raupe des Apfelwicklers

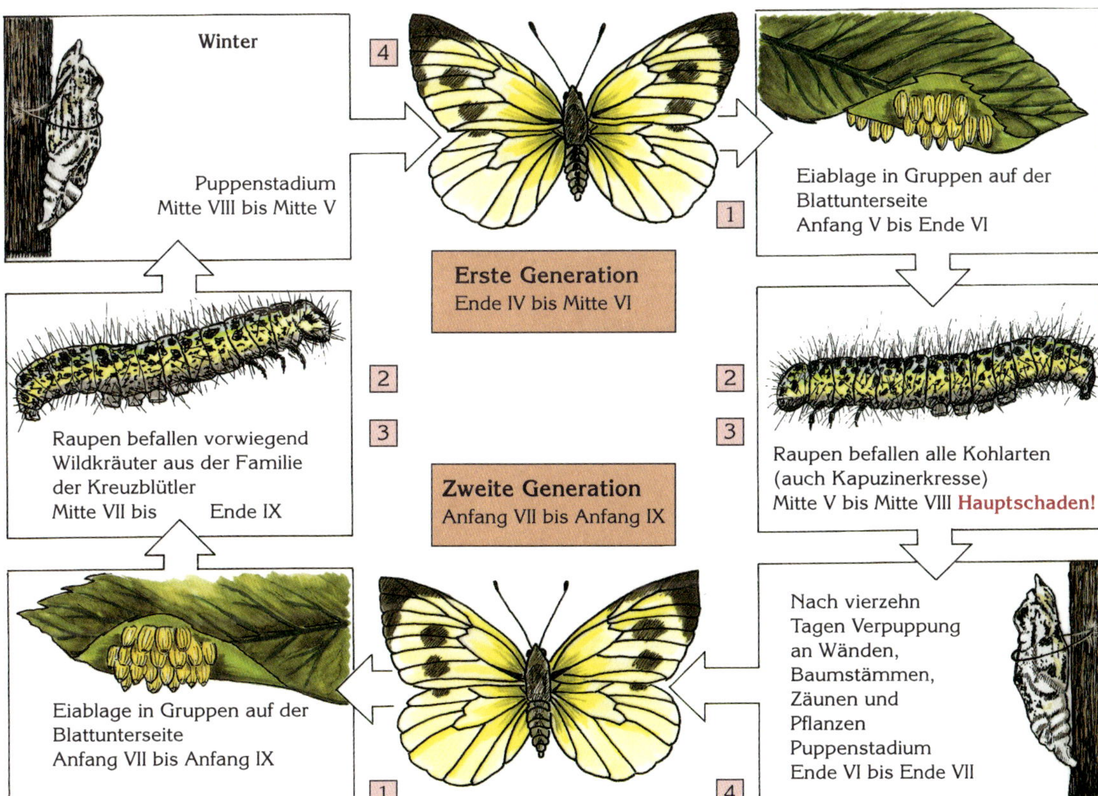

Bekämpfungsmaßnahmen

1 Pflanzen alle drei Tage auf abgelegte Eier und Raupen kontrollieren

2 Absammeln, evtl. spritzen mit Bacillus thuringiensis

3 Keine parasitierten Raupen vernichten

4 Förderung von Vögeln

Abb. 4 Entwicklungskreislauf des Großen Kohlweißlings

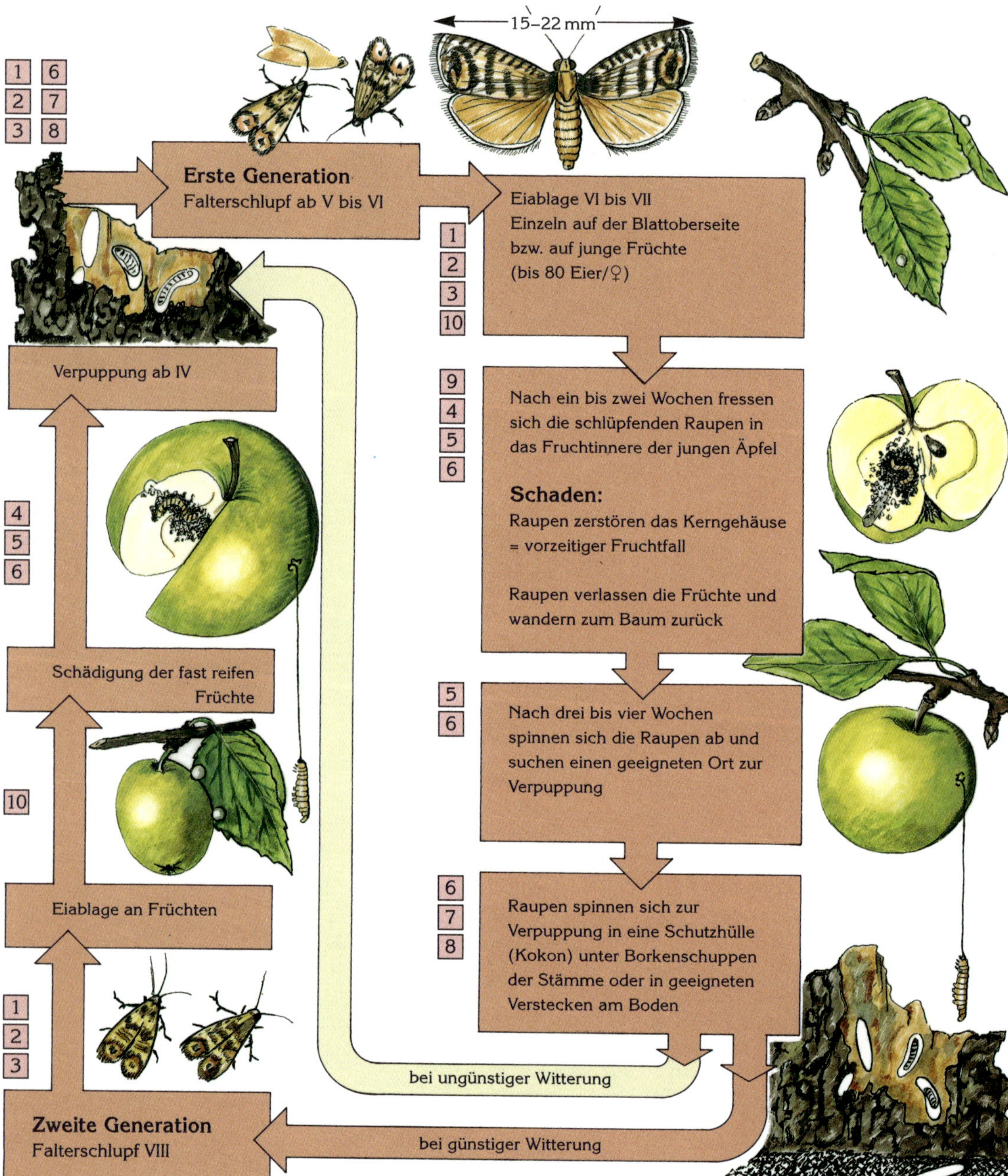

1 Förderung von Fledermäusen

2 Warndienst beachten

3 Einsatz von Pheromonfallen (wirtschaftliche Schadensschwelle: 15 Falter/Woche)

4 Fallobst wegsammeln

5 Ende V/VIII Fanggürtel anlegen und Ende VII/X verbrennen

6 Einsatz von Hühnern, Förderung von Spitzmaus und Igel

7 Förderung von Meise und Specht

8 Lose Borke mit Drahtbürste entfernen

9 Ausbringung von Granuloseviren (z. B. Granupom). Die Raupen müssen die Viren aufnehmen, bevor sie sich in die Äpfel einbohren

10 Einsatz von Erzwespen der Gattung Trichogramma dendrolimi und T. cacoeciae zur Eiparasitierung. Kärtchen mit parasitierten Getreidemotteneiern („Trichokarten") werden in die Bäume gehängt

Abb. 1 Entwicklungskreislauf des Apfelwicklers (Cydia pomonella), vorbeugende und direkte Bekämpfung

stehen, darf nicht übersehen werden, dass vor allem Raupen der nachfolgenden Familien große Schäden an Pflanzen anrichten können:

Weißlinge: Die Schmetterlinge dieser Familie sind weiß bis gelb gefärbt, mit schwarzen Punkten oder Streifen (z. B. Baumweißling, Kleiner und Großer Kohlweißling, s. Abb. 1, S. 253). Der wichtigste Parasit des Kohlweißlings ist eine Schlupfwespe aus der Familie der Brackwespen (s. S. 229).

Wickler: Sie gehören zu einer Schmetterlingsfamilie, deren Raupen häufig Pflanzenteile mithilfe von Gespinstfäden zusammenwickeln (z. B. Pflaumenwickler, Erbsenwickler, Traubenwickler, Apfelwickler, s. Abb. 3, S. 253 und Abb. 1, S. 254).

Spanner: Auffallendes Merkmal ist die „spannende" Fortbewegung der Raupen, d. h. die Buckelbildung beim Kriechen (z. B. Kleiner Frostspanner und Großer Frostspanner, Rosenspanner, Buchenfrostspanner).

Eulen: Die Raupen sind nackt, d. h. nicht behaart. Bei Störungen rollen sie sich zusammen. Meistens verbergen sie sich tagsüber in der Nähe ihrer Futterpflanzen im Boden (Erdraupen). Sie fressen nachts oder bei trübem Wetter.

Motten: So werden viele kleine, vor allem nachts fliegende Schmetterlinge (z. B. Gespinstmotte, Miniermotte, Kohlmotte, Lauchmotte) bezeichnet.

4.4.11 Zweiflügler (Diptera)

Zweiflügler sind Insekten, die nur zwei Flügel, also nur ein voll entwickeltes Flügelpaar, besitzen. Das hintere Flügelpaar ist zu flugstabilisierenden Schwingkölbchen (Halteren) reduziert (s. Abb. 2, S. 256). Die Zweiflügler lassen sich unterteilen in Fliegen und Mücken:

Fliegen	Mücken
Larven	
besitzen keine Beine, Bewegung erfolgt wurmartig	
keine Kopfkapsel	besitzen eine Kopfkapsel
Puppe	
Tönnchenpuppe	freie Puppe oder Mumienpuppe
Vollinsekt	
kurzer Hinterleib, kurze Antennen	langer Hinterleib und lange, dünne Antennen

Fliegen

Neben räuberischen (z. B. **Raubfliegen** und **Gelbe Dungfliegen** [Mistfliegen]), Insekten parasitierenden Arten (z. B. **Raupenfliegen**; s. S. 228) und organische Substanz zersetzenden (z. B. Larven der **Goldfliegen** und **Schmeißfliegen**) gibt es auch pflanzenschädliche Arten, deren Larven (Maden) durch Fraß schädigen. Zum Schutze vor ungünstigen Witterungseinflüssen und Feinden leben die Larven vieler pflanzenschädigender Fliegen im Innern von Pflanzen. Sie minieren, d. h., sie bewegen sich fressend in Blättern, Stängeln, Wurzeln und Früchten fort (s. Abb. 1). Typisch für den Befall durch **Blattminierfliegen** sind die minenartigen, hellen Larvenfraßgänge in den Blättern (s. Abb. 1, S. 256).

Die erwachsenen Fliegen leben von Nektar, Pollen und Honigtau. Entsprechend haben viele Arten eine nicht zu unterschätzende Bedeutung bei der Bestäubung und damit Arterhaltung der Blütenpflanzen. Beispiele für im Gartenbau schädigende Fliegenarten siehe Tab. S. 256.

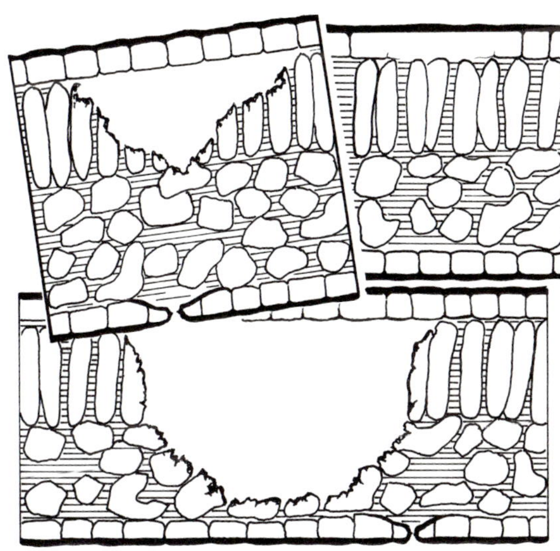

Abb. 1 Formen des Minierfraßes

Abb. 1 Schäden durch Blattminierfliegenmaden

Abb. 2 Schnake (Tipula)

Abb. 3 Tipulalarven

Schädling	Schädigung	weitere Wirtspflanzen
	Im Gemüsebau	
Möhrenfliege (s. S. 221)	Wurzelschädigung	Petersilie, Sellerie, Pastinak, Dill, Kümmel u. a. Doldengewächse
Kohlfliege (= Kleine Kohlfliege)	Wurzelschädigung	Kohlarten, Rettich, Radieschen u. a. Kreuzblütler
Zwiebelfliege	Zwiebelschädigung	Allium-Arten (z. B. Porree, Schnittlauch)
Zwiebelminierfliege	Minierfraß in den Blättern	Lauch
Bohnenfliege	Zerstörung von Wurzelhals, Keimblättern und Herz der jungen Pflanzen	Spargel, Gurken, Spinat
Rettichfliege (= Große Kohlfliege)	Wurzelschädigung	Radieschen
Spargelfliege	Minierfraß in Spargeltrieben	
Selleriefliege	Minierfraß in den Blättern	
	Im Zierpflanzenbau	
Blattminierfliege	Minierfraß in den Blättern	unterschiedliche Arten, die zahlreiche Zierpflanzen befallen können (s. Abb. 1)
	Im Obstbau	
Kirschfruchtfliege	Fraß in Früchten	
Mittelmeerfruchtfliege (Quarantäneschädling)	Fraß in Früchten	befällt sehr viele Früchte wie z. B. Apfel, Birne, Aprikose, Pfirsich

Mücken

Auch bei den Mücken treten nur die Larven pflanzenschädigend auf. Je nach Art besitzen sie beißende oder saugende Mundwerkzeuge. Im Unterschied zu den **Schnaken** (s. Abb. 2) sind die meisten pflanzenschädigenden Mücken nur wenige Millimeter groß. Die Larven der Schnaken (Tipulalarven) leben im Boden, bevorzugt an feuchten Stellen, und schädigen durch Fraß an Wurzeln, Stängeln und jungen Blättern (s. Abb. 3). Auch die Larven der **Trauermücken**, die vor allem von faulenden Pflanzenresten leben, können an Wurzeln und Stängelgrund von Sämlingen und Stecklingen durch Fraß Schaden anrichten. Andere wiederum leben in Gallen von Blättern, Stängeln, Blüten und Früchten, die sie durch ihre Saugtätigkeit hervorrufen (z. B. **Chrysanthemengallmücke**, **Erbsengallmücke**, **Birnengallmücke**, **Buchenblattgallmücke**), oder auf den Pflanzenteilen, die sie durch ihre Saugtätigkeit schädigen (z. B. **Kohldrehherzmücke**). Bei der so genannten **Okuliermade** handelt es sich ebenfalls um eine Mückenlarve, die, in Rindenwunden lebend, Gewebewucherungen und Absterben des Gewebes verursachen kann.

Neben den schädlichen Mückenarten gibt es auch nützliche. Zur biologischen Bekämpfung von Blattläusen wird z. B. die einheimische Gallmücke *Aphidoletes aphidimyza* eingesetzt, deren Larven räuberisch von Blattläusen leben (s. S. 226).

4.5 Milben

Milben gehören nicht zu den Insekten, sondern zu den Spinnentieren. Sie haben acht Beine, wovon sie das erste Beinpaar zum Tasten benutzen. Eine Ausnahme bilden ihre Larven, die drei Beinpaare besitzen. Im Gegensatz zu den Insekten ist der Körper der Milben nicht dreigeteilt. Auch fehlen Antennen (Fühler).

Spinnmilben

Die für den Gartenbau bedeutendsten Schädlinge aus der Gruppe der Milben stellen die Spinnmilben. Es handelt sich um ca. 0,5 mm große Tierchen, die Spinndrüsen besitzen, mit denen sie Spinnfäden produzieren können. Auf diesen vielfach dichte Netze bildenden Fäden seilen sich die Spinnmilben entlang (s. Abb. 1, S. 258). Dabei können sie gut mit den Spinnweben vom Wind verbreitet werden. Die Färbung der Tiere variiert sehr stark, zwischen Gelbgrün und Orangerot je nach Wirtspflanzenart und Jahreszeit. Die Vermehrung erfolgt das ganze Jahr über geschlechtlich. Ihre Entwicklung wird durch trockene (niedrige Luftfeuchtigkeit) und warme Witterung gefördert. Je nach Spinnmilbenart erfolgt die Überwinterung in Form von Eiern (z. B. Obstbaumspinnmilbe) an Ästen und Stämmen von Gehölzen oder als erwachsene Tiere (z. B. Gemeine Spinnmilbe, Nadelholzspinnmilbe) unter Knospenschuppen, Rindenritzen, Laub usw. Die überwinternden Tiere sind rot gefärbt, daher der Name „Rote Spinne".

Die Gemeine Spinnmilbe *(Tetranychus urticae)*, auch Bohnenspinnmilbe genannt, tritt an Gemüse- (z. B. Bohnen, Gurken, Tomaten, Paprika) und Zierpflanzen (z. B. Efeu, Codiaeum, Cissus, Dieffenbachia, Zimmerlinde, Fatsia, Saintpaulia, Fatshedera, Ananas, Palmen, Gerbera, Nelken, Chrysanthemen) im Freiland wie im Gewächshaus auf.

Die Obstspinnmilbe *(Panonychus ulmi)* befällt vor allem Obstgehölze wie Apfel, Birne, Johannisbeere, Kirsche, Pfirsich, Pflaume, Schlehe, Aprikose, Stachelbeere, aber auch andere Pflanzen, z. B. Rosen. Sie bildet keine Spinnfäden (s. Abb. 3, S. 258).

Die **Nadelholzspinnmilbe** *(Oligonychus ununguis)* schädigt Nadelgehölze.

Schädigung der Pflanzen

Spinnmilben schädigen die Pflanzen, indem sie Epidermis- und Parenchymzellen aussaugen. Die ausgesogenen Zellen füllen sich mit Luft und verleihen dem Blatt eine glänzende Weißscheckung. Die Zerstörung der Epidermiszellen reduziert den Verdunstungsschutz, sodass die Verdunstung stark erhöht wird und die Blätter welken, vertrocknen und vorzeitig abfallen. Die Nekrosen breiten sich vom Blattrand her über das gesamte Blatt aus (s. Abb. 2, S. 258). Beim Saugen kommt es zur Ausscheidung giftigen Speichels, der zu Missbildungen führen kann. Auch können Viruskrankheiten übertragen werden.

Weichhautmilben

Die sehr kleinen (ca. 0,2 mm groß) weißlichen, glasig durchscheinenden Milben leben vorwiegend an jungen, sich noch entwickelnden Pflanzenteilen, z. B. an Vegetationspunkten, zwischen den Knospenschuppen und den Blatthaaren junger Blätter. Ihre Saugtätigkeit führt zu Verkrüppelungen und Verkümmerungen der befallenen Pflanzenteile. Die sehr weichhäutigen Milben sind im Gegensatz zu den Spinnmilben sehr empfindlich gegenüber trockener Witterung (Gefahr der Austrocknung!). Entsprechend finden sie vor allem in Gewächshäusern bei hoher relativer Luftfeuchtigkeit (80 %) und Temperaturen zwischen 20 und 30 °C optimale Entwicklungsmöglichkeiten. Aber auch im Freiland können unter günstigen Bedingungen große Schäden (z. B. an Erdbeerpflanzen) angerichtet werden.

Gallmilben

Die nur 0,1 bis 0,2 mm großen Gallmilben haben einen lang gestreckten, wurmförmigen Körper und nur zwei Beinpaare. Befallen werden vor allem Obst- und Ziergehölze. Gallmilben verursachen durch ihre Speichelausscheidung die Bildung von Gallen, die je nach Art unterschiedlich geformt sein können.

Wurzelmilben

Wurzelmilben (ca. 0,5 mm groß) schädigen im Gegensatz zu den bisher besprochenen Milben durch Fraß an unterirdischen Pflanzenteilen (z. B. Möhren, Knollen und Zwiebeln).

Die wichtigsten natürlichen Feinde der Milben sind die **Raubmilben**, von denen verschiedene Arten im Freiland vorkommen (s. S. 228). Weitere wichtige Feinde der Spinnmilben sind **Marienkäfer** *(Stethorus punctilum)* und **Raubwanzen** (z. B. Blumenwanze, s. Abb. 12, S. 230).

Abb. 1 Spinnmilben (Tetranychus urticae)

Abb. 2 Spinnmilbenschaden

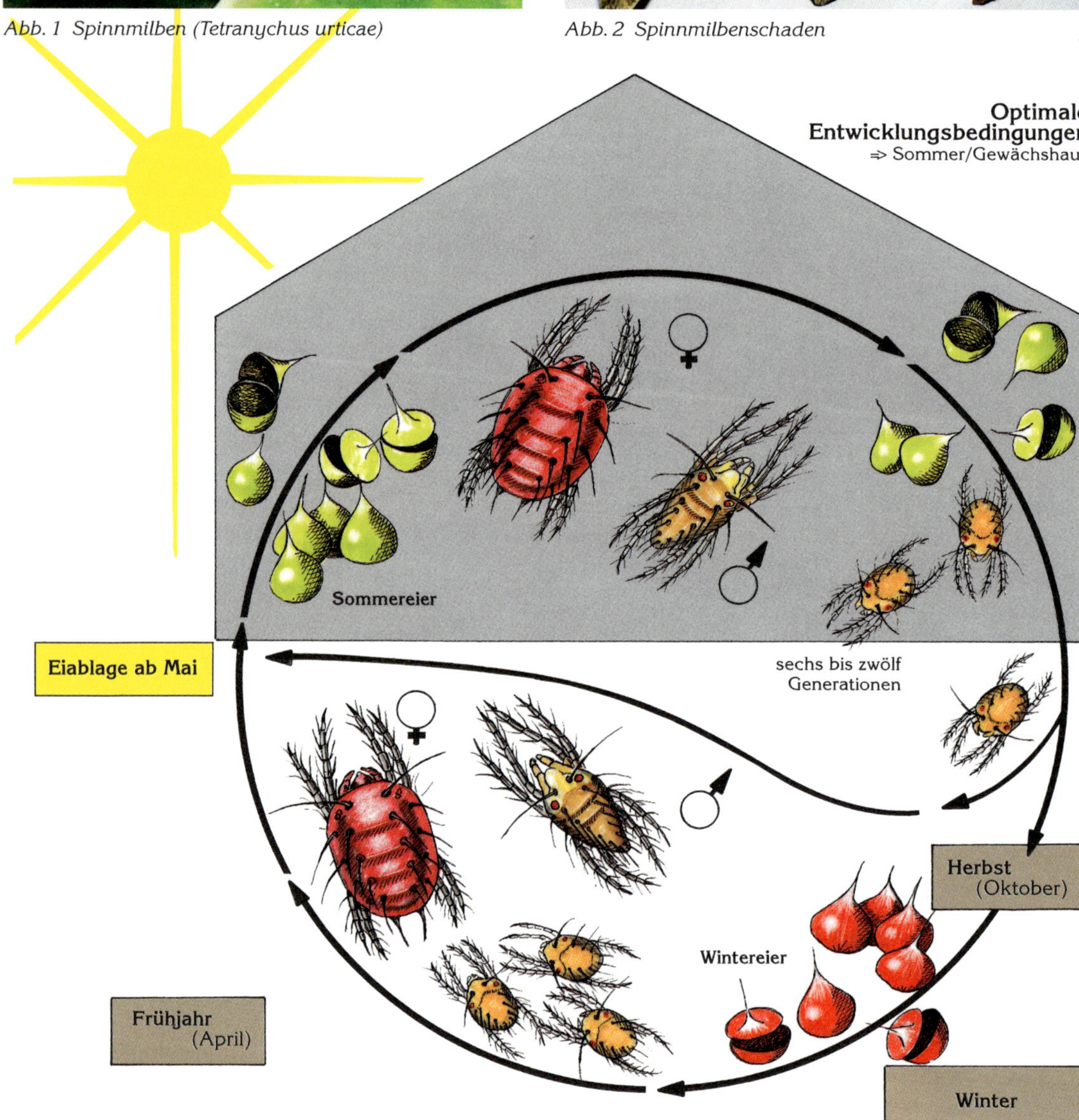

Abb. 3 Entwicklungskreislauf der Obstbaumspinnmilbe

4.6 Nematoden (Fadenwürmer, Älchen)

Nematoden sind sehr kleine, durchsichtig erscheinende Fadenwürmer, die zu Millionen im Boden leben. Die Fortbewegung erfolgt schlängelnd wie ein Aal („Älchen") im Wasser, wozu bereits dünne Wasserfilme ausreichend sind. Neben organische Substanz zersetzenden und räuberisch lebenden Arten gibt es auch solche, die Pflanzen schädigen. Je nach Nematodenart können Wurzeln, Stängel, Blätter und Blüten der Pflanzen befallen werden. Im Unterschied zu den anderen Nematoden besitzen die pflanzenschädigenden Nematoden einen stilettartigen Mundstachel, mit dem sie die Pflanzenzellen anstechen und aussaugen. Dabei scheiden sie giftigen Speichel aus, der zu Wucherungen und Stauchungen, d. h. krankhaften Wuchsveränderungen, führen kann. Eine Virusübertragung ist ebenfalls möglich. Die Fortpflanzung geschieht geschlechtlich über Eier (in der Regel mehrere hundert pro Weibchen), die im Boden oder im Gewebe der befallenen Pflanzen abgelegt werden. Nach der Lebensweise und den hauptsächlich befallenen Pflanzenteilen kann man die pflanzenschädigenden Nematoden in verschiedene Gruppen einteilen (s. Abb. 1, S. 260).

Unterirdisch schädigende Nematoden

Im Boden **frei lebende Wurzelnematoden**
Die frei im Boden lebenden Wurzelnematoden stechen von außen die Wurzelzellen an und saugen sie aus. Die dabei entstehenden Stichverletzungen stellen gute Eintrittspforten für Pilze und Bakterien dar. In vielen Fällen kommt es auch unterhalb der Einwirkung der Saugtätigkeit zu Anschwellungen der Wurzelenden.

In der Wurzel **wandernde Wurzelnematoden**
Diese Nematoden dringen in das Rindengewebe der Wurzel ein und zerstören durch ihre Saugtätigkeit das Gewebe, unterstützt durch von Pilzen und Bakterien hervorgerufene Fäulnis. Typisch für das Schadsymptom ist, dass der Zentralzylinder der Wurzel vorerst erhalten bleibt.

Gallen bildende Nematoden
Es handelt sich hierbei um Nematoden, die sich nach dem Eindringen in die Wurzel festsetzen. Ihre Saugtätigkeit führt zur Bildung von millimeter- bis zentimetergroßen Gallen, d. h. zur Wucherung des umliegenden Gewebes.

Zysten bildende Nematoden (Entwicklungskreislauf, s. Abb. 1, S. 260)
Nachdem die Zysten bildenden Nematoden in die Wurzel eingedrungen sind (1), lösen sie mithilfe ihres Speichels die Zellwände auf, sodass die Zellen zusammenfließen und so genannte Riesenzellen bilden (2). Die Nematodenweibchen schwellen mit der Zeit so stark an, dass sie mit ihren Hinterleibern das Wurzelgewebe durchbrechen und nur noch mit dem Kopf im Gewebe stecken.

Die Nematodenmännchen verlassen nun die Wurzel und befruchten die Weibchen (3). Im Körper der Weibchen entwickeln sich danach bis zu mehrere hundert Eier. Mit der Entwicklung der Eier und der daraus schlüpfenden Larven stirbt das Weibchen ab. Der Körper der Weibchen wird zu einer festen braunen Hülle, der stecknadelkopfgroßen Zyste, die Eier bzw. Larven schützend umhüllt (4, 5). So können die in den Zysten eingeschlossenen Larven acht bis zehn Jahre, teilweise noch länger, ohne Nahrung im Boden überdauern und auf günstige Bedingungen zum Ausschlüpfen warten (6). Die unterhalb der Zysten befindlichen Wurzelabschnitte sterben ab. Da die Pflanze diesen Verlust durch verstärkte Wurzelneubildung auszugleichen versucht, kommt es zu einer starken Verzweigung der Wurzel, die dieser ein bärtiges Aussehen verleiht („Wurzelbart").

Oberirdisch schädigende Nematoden

Blattnematoden leben in den Interzellularen der Blätter, von wo aus sie die einzelnen Zellen anstechen und aussaugen. Die geschädigten Zellen verfärben sich erst chlorotisch und dann nekrotisch. Typisch für Nematodenbefall ist dabei, dass diese Saugschäden in der Anfangszeit scharf von den Blattadern begrenzt sind.

Stängelnematoden leben in der Sprossachse der Pflanze und schlängeln sich zwischen den Zellen hindurch, indem sie mit ihrem enzymhaltigen Speichel die Mittellamellen zwischen den einzelnen Zellen auflösen. Dadurch verliert das Gewebe seinen Halt, fällt zusammen und verleiht der Sprossachse ein schwammiges, angeschwollenes Aussehen.

Blütennematoden leben in den Blüten und schädigen diese durch ihre Saugtätigkeit.

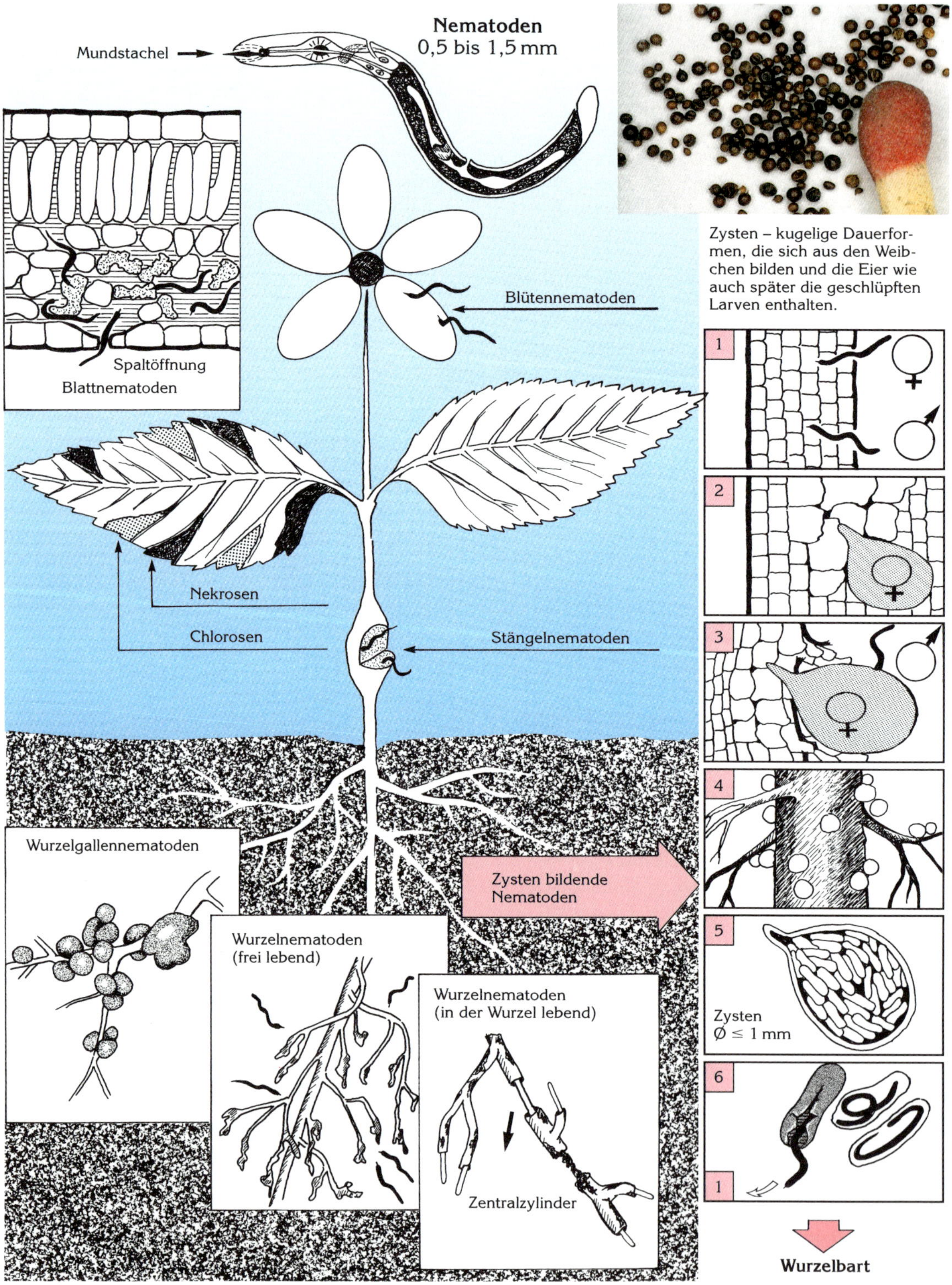

Zysten – kugelige Dauerformen, die sich aus den Weibchen bilden und die Eier wie auch später die geschlüpften Larven enthalten.

Abb. 1 Einteilung der Nematoden nach ihrer Lebensweise und den befallenen Pflanzenteilen

Typisch für einen Nematodenbefall ist das Auftreten in Nestern, denn Nematoden können nur sehr geringe Entfernungen zurücklegen (etwa 20 bis 30 cm/Monat bzw. 1 m/Jahr). Ihre Ausbreitung erfolgt vor allem durch Verschleppung mit Erde (z. B. an Schuhen und Maschinen) und Pflanzen.
Als natürliche Feinde sind vor allem räuberisch lebende Nematoden, Milben, Collembolen, Pilze (s. auch S. 228) und Bakterien hervorzuheben, die durch eine gute Humusversorgung des Bodens gefördert werden können. Als vorbeugende Maßnahme kommt vor allem der Verhinderung der Verschleppung eine große Bedeutung zu. Eine weit gestellte Fruchtfolge (vier bis fünf Jahre), Mischkulturen und auch die Verwendung resistenter Sorten (z. B. bei Kartoffeln) können die Vermehrung spezialisierter Nematoden einschränken. Die Bodendämpfung stellt eine Möglichkeit der direkten Bekämpfung dar. Als Feindpflanze wird Tagetes empfohlen.

4.7 Schnecken

Schnecken gehören zu den Weichtieren (Mollusken). Ihr Schleim absondernder Körper (wirkt verdunstungshemmend!) besteht zu 80 bis 90 % aus Wasser. Am Kopf besitzen sie zwei Paar Fühler, von denen das längere Paar die Augen trägt (Augenfühler). Beine zur Fortbewegung besitzen sie nicht. Sie bewegen sich fort, indem sie Schleim absondern und darauf entlanggleiten (Schleimspuren!). Dieser Schleim schützt die Schnecke gleichzeitig vor Verletzungen. So können selbst Rasierklingen unbeschadet überwunden werden. Schnecken sind Zwitter, die sich gegenseitig befruchten. Die Eiablage, je nach Art bis zu einigen hundert, erfolgt in kleine Erdlöcher.

Hauptsächlich die **Nacktschnecken** (gehäuselos) treten bei feuchter, kühler Witterung als Pflanzenschädlinge auf. Junge, zarte Pflänzchen werden zum Teil bis zum Erdboden abgefressen.

An älteren Pflanzen verursachen Schnecken vor allem **Rand- und Lochfraß**. Dabei kann eine Schnecke bis zur Hälfte ihres Körpergewichtes pro Tag an Pflanzenmasse verzehren. Beim Fressen stülpen sie ihr Maul über das Grün und ziehen es in ihren Schlund. Dort wird es von der Zunge, einer Art Reibeplatte, in kleine Stücke geschabt. Neben diesem **Schabefraß** ist Schneckenbefall an den hinterlassenen silbrig glänzend vertrockneten **Schleimspuren** und **graugrünen Kothäufchen** erkennbar.

Der größte Feind der Schnecken ist die Sonne. Sie kann innerhalb weniger Stunden zur Austrocknung und damit zum Tode der Tiere führen. Entsprechend halten sich Schnecken bei warmer, trockener Witterung zusammengerollt an feuchten Stellen, z. B. zwischen krautigen Pflanzen, im Schatten, unter Steinen oder Brettern, verborgen. Die Nahrungssuche erfolgt demnach vor allem nachts und in den frühen Morgenstunden.

Wichtige natürliche Feinde sind Igel, Spitzmaus, Vögel, Kröten, Laufkäfer, Enten und Gänse. Maßnahmen zur Schneckenbekämpfung sind z. B. die **Förderung der natürlichen Feinde**; das **Absammeln**; das **Auslegen von z. B. Brettern** u. Ä. und das Wegsammeln der sich am Tage darunter versteckenden Schnecken; das Einsenken von mit Bier gefüllten Schalen in den Boden **(Bierfallen)**; das **Errichten von Schneckenzäunen** zum Schutze vor Einwanderung: Etwa 20 cm breite Streifen aus verzinktem Blech, Dachpappe oder Kunststoff werden um die zu schützenden Pflanzen herum in den Boden gesteckt. Damit die Schnecken diesen Zaun nicht überwinden können, wird die Oberkante so nach außen gebogen, dass im Profil eine 1 entsteht. Chemische Mittel zur Schneckenbekämpfung **(Molluskizide)** bewirken in der Regel eine Entschleimung und damit den Tod der Schnecken.

Abb. 1 Fraß durch Nacktschnecken an Erdbeeren

4.8 Nagetiere

4.8.1 Wühlmäuse (s. Abb. 4, S. 263)

Wühlmäuse werden vor allem durch das Benagen der Rinde junger Laub- und Nadelgehölze, das Zerfressen von Knospen, Trieben, Wurzeln, Zwiebeln (s. Abb. 1, S. 263) und Knollen schädlich. Sie leben in unterirdischen Bauen, die sie zur Nahrungsaufnahme verlassen. Im Unterschied zu den so genannten echten Mäusen (z. B. Hausmaus) besitzen sie einen gedrungenen Körper mit kurzen Beinen, einen relativ dicken Kopf mit stumpfer Schnauze, kleinen Augen und kurzen, nur wenig aus dem Pelz hervorragenden Ohren. Der Schwanz ist kurz (⅓ bis ½ der Körperlänge) und stark behaart. Für den Gartenbau interessant sind vor allem folgende Arten:

Rötelmaus

Die Rötelmaus ist unsere kleinste Wühlmaus. Ihr Lebensraum sind Laub- und Nadelholzwälder, Waldränder, Baumgruppen, Hecken und Büsche. Sie klettert bis in die Baumkronen und schädigt vor allem im Winter durch Benagen von Knospen und Rinde.

Feldmaus

Die Feldmaus findet vor allem in Feldern, Wiesen, Böschungen und Gräben Verbreitung. Zur Nahrungssuche verlässt sie das stark verzweigte Gangsystem, in dem sie mit ihren Artgenossen gesellig zusammen lebt. In der Regel ist alle drei Jahre – bei trocken-warmen Sommern – mit einer Massenvermehrung zu rechnen (zyklische Massenvermehrungen), die zu großen Pflanzenschäden führen kann. Dicht über der Erde benagte junge Bäume sind ein typisches Schadbild für die Feldmaus. Die Feldmaus frisst auch Insekten und anderes Kleingetier.

Schermaus („Wühlmaus“)

Die Schermaus ist unsere größte Wühlmaus und allgemein gemeint, wenn man von Wühlmäusen spricht. Sie schwimmt und taucht vorzüglich, was ihr auch den Namen Wasserratte eingebracht hat. Entsprechend hält sie sich gern in der Nähe von Wasser auf. Im Gegensatz zu den bisher besprochenen Wühlmäusen lebt sie überwiegend unterirdisch. Durch das Benagen und Durchfressen von Wurzeln können beträchtliche Pflanzenschäden verursacht werden.

Natürliche Feinde der Wühlmäuse sind vor allem Greifvögel, Eulen, Schlangen, Igel und Wiesel (s. Nützlingslexikon), aber auch Katzen.
Zur Bekämpfung von Rötel- und Feldmaus verwendet man häufig so genannte **Köderstationen**, in denen (verdeckt und für andere Tiere nicht zugänglich) vergiftete Köder (z. B. Giftweizen) ausgelegt werden. Die verwendeten **Rodentizide** wirken häufig als Blutgerinnungshemmer, dabei verenden die Tiere an inneren Blutungen. Bei der Verwendung von Giftködern ist die Gebrauchsanweisung strengstens zu beachten!

Die Bekämpfung der Schermaus wird durch ihre unterirdische Lebensweise sehr erschwert. Zur Bekämpfung werden u. a. **Räucher- bzw. Begasungspatronen** in die Gänge gelegt (nicht in Wasserschutzgebieten!) oder auch **Auspuffgase** (giftiges Kohlenmonoxid!) in das Gangsystem eingeleitet (Zeitdauer 5 Minuten). Auf leichten Böden können die Gase jedoch leicht entweichen, sodass hier die Bekämpfungserfolge oft unzureichend sind. Besser geeignet ist das Einleiten von **Kohlendioxidgas**. Da dieses schwerer als Luft ist, dringt es bis in die tiefsten Stellen des Baues vor. Das CO_2-Gas bewirkt einen schmerzlosen Erstickungstod. Eine andere Art der Bekämpfung ist der Einsatz von so genannten **Wühlmausfallen**. Die Zuwanderung von Wühlmäusen kann verhindert werden, indem verzinkter Draht (Maschenweite 16 × 16 mm) 50 bis 80 cm tief in den Boden eingegraben wird.

Egal, für welches Bekämpfungsverfahren man sich entscheidet, zuerst muss man sich davon überzeugen, ob es sich nicht um einen Maulwurfsbau handelt (s. Abb. 4, S. 263). Maulwürfe verzehren neben Regenwürmern große Mengen von Insektenlarven, sind also nützlich, stehen unter Artenschutz und dürfen nicht getötet werden.

4.8.2 Wildkaninchen

Mit vier bis sechs Würfen/Jahr und jeweils drei bis vier Jungen ist die Fruchtbarkeit zwar nicht so groß wie oft angenommen, die Fraßschäden, die diese Nager anrichten, können jedoch beträchtlich sein. In schneereichen Wintern werden verstärkt Gehölze benagt. Oft wird dabei der Stamm rundherum benagt, sodass der Assimilatestrom zur Wurzel unterbrochen wird und der Baum abstirbt. Vor allem in Parks, Gärten und auf Friedhöfen können Wildkaninchen zur Plage werden, da

Abb. 1 Wühlmausschäden

Abb. 2 Wildkaninchen

Abb. 3 Drahthosen an Obstbäumen

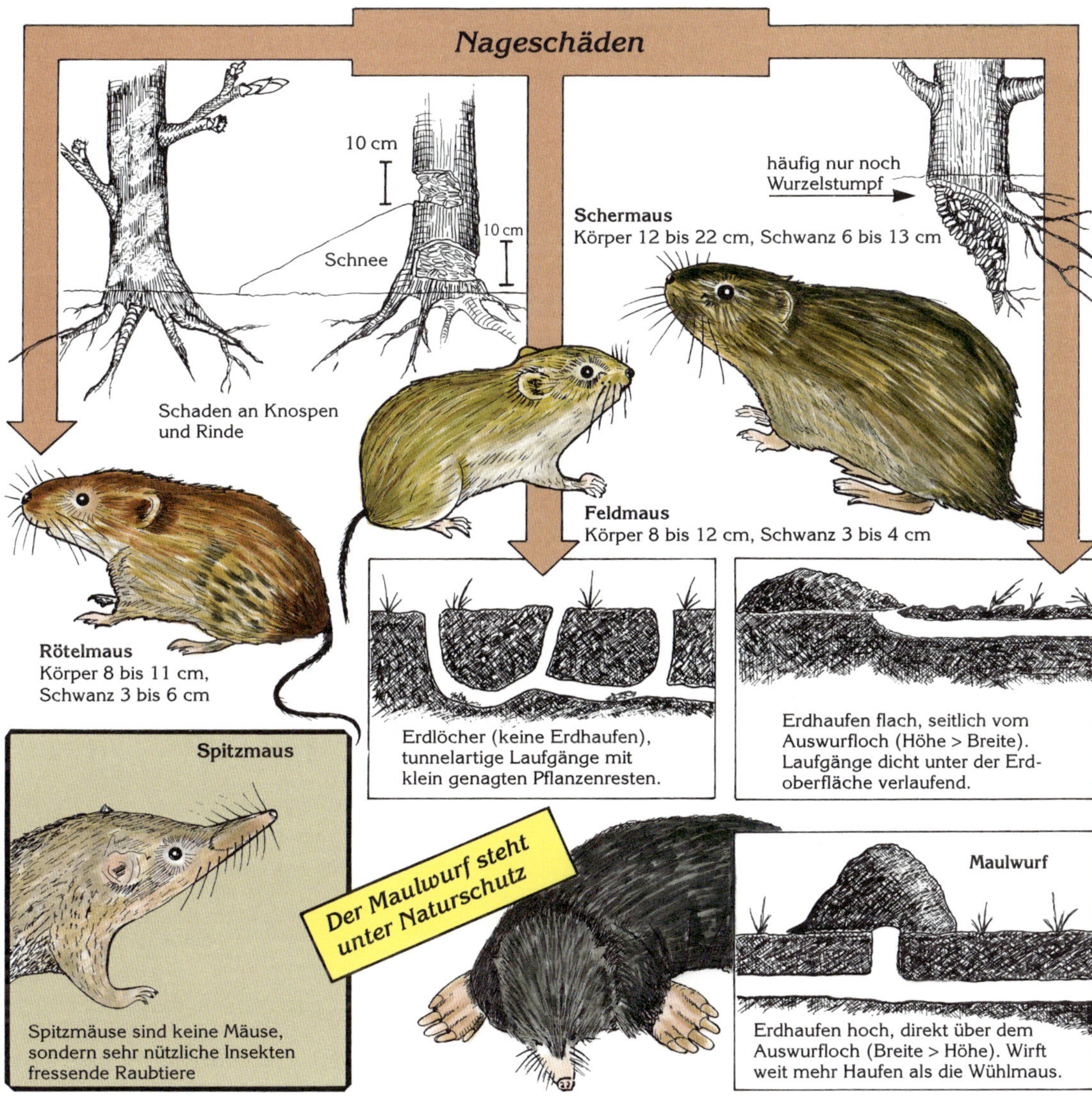

Abb. 4 Übersicht

hier ihre natürlichen Feinde, wie z. B. Habicht, Fuchs und Wiesel, selten anzutreffen sind und eine wirkungsvolle Bekämpfung nur schwer möglich ist (s. Abb. 2, S. 263). So ist der größte Feind der Kaninchen (auch Hauskaninchen!) eine Viruskrankheit, die **Myxomatose**, die sich von Frankreich aus, wo sie zur Bekämpfung der Kaninchenplage künstlich eingeleitet wurde, rasch über ganz Europa verbreitet hat. Diese von stechenden Insekten übertragbare Krankheit flackert von Zeit zu Zeit immer wieder auf und tötet bis zu 90 % des Bestandes innerhalb weniger Wochen. Ein sicherer Schutz gegen Kaninchen ist die **Einzäunung** mit Draht (1 m hoch, Maschenweite 4 mm, 30 cm tief in den Boden eingegraben). Gegen Wildverbiss durch Rehe sollte die Umzäunung mindestens 1,80 m hoch sein. **Plastikspiralen** oder **feinmaschige Drahtgeflechte**, um die Stämme von Bäumen gelegt, schützen vor dem so gefährlichen Benagen der Rinde (s. Abb. 3, S. 263).

4.9 Krankheitserreger

4.9.1 Bakterien

Bakterien kommen überall vor: in der Luft, im Wasser, in der Erde, in Pflanzen, im Körper von Mensch und Tier. Bei den Bakterien handelt es sich um einzellige kugelförmige oder stäbchenförmige Lebewesen, die sich durch Zellteilung vermehren, und zwar alle 10 bis 25 Minuten. Diese starke Vermehrung ist der Grund für die schnelle Ausbreitung von Bakterienkrankheiten (**Bakteriosen**).

Wenn auch die weitaus meisten Bakterien harmlos bzw. nützlich sind (z. B. Zersetzung organischer Substanz), so können doch ernsthafte Pflanzenkrankheiten von diesen mikroskopisch kleinen Wesen ausgelöst werden. Je nach Bakterienart kommt es zur Auflösung der Zellwände (→ **Nassfäule**, Gewebe verfault in einer nassen Form), zur Abtötung der Zellen (→ **Nekrosen**), zur Verstopfung der Gefäße (→ **Welke**) oder zu abnormem Zellwachstum (→ **Tumorbildung**).

Beispiele für gefährliche Bakteriosen

Schadsymptome

Krebsartige Zellwucherungen (Tumorbildung) vor allem an Wurzel, Wurzelhals und Sprossachse (s. Abb. 1, S. 265).

Verursacher

Bakterienkrebs *(Agrobacterium tumefaciens)*
Typischer Wunderreger (befällt die Pflanzen über Wunden); tritt bei sehr vielen Pflanzen (z. B. zahlreichen Obst-, Ziergehölzen und Zierpflanzen) auf.

Schadsymptome

Blätter, Blüten, Früchte und Triebe von Gehölzen verfärben sich graubraun, dunkelbraun bis schwarz (wie verbrannt), bleiben aber an den Pflanzen noch relativ lange hängen. Erkrankte Triebspitzen sind hakenartig abgekrümmt (s. Abb. 2, S. 265). Schleimaustritt bei feuchter Witterung.

Verursacher

Feuerbrand *(Erwinia amylovora)*
Befällt sehr viele Gehölze aus der Familie der Rosengewächse (z. B. Pyrus, Malus, Cydonia, Chaenomeles, Crataegus, Cotoneaster, Pyracantha, Sorbus, Stranvaesia). Stein- und Beerenobst sowie Koniferen werden nicht befallen. Die Infektion erfolgt vor allem über die Blüten (Narben und Nektarien).

Schadsymptome

An den Blättern von Pelargonien ölig durchscheinende, dunkelgrüne Flecken mit rötlicher oder graubrauner Mitte und chlorotischem Rand; Blätter vergilben, verbräunen und welken vom Blattrand her; Fäule geht auf Stängel und Wurzel über (s. Abb. 3, S. 265); bei Stecklingen von der Stängelbasis beginnend; Schleimaustritt bei feuchter Witterung.

Verursacher

Bakterielle Blatt- und Stängelfäule der Pelargonie *(Xanthomonas pelargonii)*
Infektion über Wunden und Spaltöffnungen. Hohe Luftfeuchtigkeit, Temperatur und Düngung fördern den Befall.

Schadsymptome

Einzelne Fiederblättchen der Tomatenpflanzen welken und vertrocknen, später welkt und vertrocknet die ganze Pflanze. Ein Querschnitt durch die Sprossachse zeigt braune Gefäße (Gefäßbündelparasit!)

Verursacher

Bakterienwelke *(Corynebacterium michiganense)*
Infektion vor allem über Wunden an den Wurzeln. Die Verbreitung im Bestand erfolgt vorwiegend beim Ausgeizen mit infizierten Messern.

Abb. 1 Bakterienkrebs an Euonymus fortunei

Abb. 2 Feuerbrand an Cotoneaster

Abb. 3 Bakterielle Blatt- und Stängelfäule der Pelargonie

Aufbau

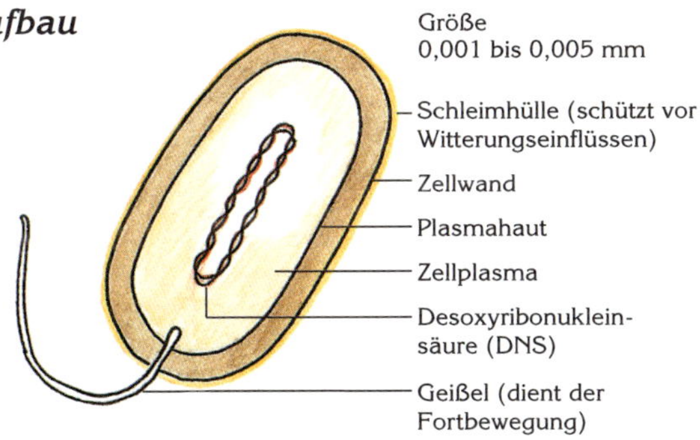

Vermehrung

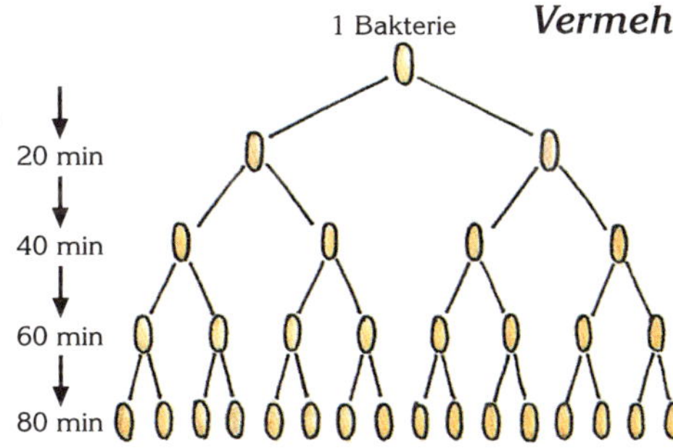

Infektion

über
- Wunden(!)
- Spaltöffnungen
- Lentizellen
- Hydathoden (Wasserspalten)
- Narben von Blatt- und Fruchtstielen
- Blüten (Narbe und Nektarien)
- Wurzelhaare

Merke:

Können keine intakte Kutikula durchdringen; benötigen Feuchtigkeit!

Ausbreitung

(in der Pflanze)
- aktiv zwischen den Zellen, durch Auflösung der Mittellamellen
- passiv im Xylemstrom (etwa 5 cm/Stunde)

Übertragung

(auf andere Pflanzen) durch:
- Pflege- und Kulturmaßnahmen (z. B. Gehölzschnitt)
- Wind
- Wasser (Gieß-, Spritz- und Regenwasser)
- infizierte Pflanzen
- blütenbesuchende Insekten
- saugende Insekten
- Vögel

Abb. 4 Entwicklungsverlauf einer Bakteriose

Bekämpfung
Chemische Mittel zur Bekämpfung von Bakterien stehen nicht zur Verfügung. Es kann also nur versucht werden, einen Befall zu verhindern. Dazu dienen vorbeugende Maßnahmen, die sich aus der Kenntnis der Entwicklung von Bakterienkrankheiten ableiten lassen (s. Abb. 4, S. 265). Der Befall durch Feuerbrand muss beim Pflanzenschutzamt gemeldet werden (Feuerbrandverordnung!). Maßnahmen zur **Bekämpfung des Feuerbrandes** sind:

- erkrankte Äste und Zweige herausschneiden (bis 30 cm ins gesunde Holz) und verbrennen,
- stark befallene Gehölze roden,
- Arbeitsgeräte (Schnittwerkzeuge, Fahrzeuge) und Kleidung nach der Arbeit desinfizieren/waschen. Auf Kleidung kann trockener Bakterienschleim noch Monate später lebensfähige Bakterien enthalten. Zur vollständigen Desinfektion der Hände muss ein geeignetes Mittel (z. B. Sagrosept) vier bis fünf Mal aufgetragen und während je 50 Sekunden eingerieben werden. Messer und Scheren lassen sich mit z. B. Natriumhypochlorid 3% (Eintauchzeit bei Messern 5, bei Scheren 20 Minuten), heißem Wasser (Eintauchzeit 5 Minuten in mindestens 85 °C heißes Wasser) oder durch Abflammen bei Messern in Verbindung mit Tauchen in Äthanol 70% (15 Sekunden) erfolgreich desinfizieren.

Die Spritzung mit Kupfermittel kann eine Infektion durch Feuerbrand stark reduzieren. Dazu ist eine genaue Kenntnis des Infektionszeitpunktes/der **Infektionstage** (relative Luftfeuchtigkeit mindestens 75% bzw. Niederschläge >2,5 mm, Temperatur >21 °C) erforderlich, da nur dann Spritzungen sinnvoll sind. Viele Pflanzen sind jedoch empfindlich gegenüber Kupferspritzungen (vor allem die Blüten!). Versuche der Biologischen Bundesanstalt haben gezeigt, dass Spritzungen mit Pflanzenextrakten von Mahonia aquifolium und Berberis vulgaris während der Blütezeit die Ausbreitung von Feuerbrand hemmen. Die biologische Bekämpfung mit antagonistischen Bakterien brachte erste Erfolge.

4.9.2 Viren

Es gibt keine Lebewesen, die nicht von Viren befallen werden können. Entsprechend sind sie auch Verursacher vieler Pflanzenkrankheiten. So haben z. B. Viren bei Pfeffinger (Ort bei Basel) innerhalb von 40 Jahren ausgedehnte Kirschwälder völlig vernichtet (Pfeffingerkrankheit).

Aufbau
Bei den Viren handelt es sich um sehr kleine (0,00001 bis 0,0004 mm) Organismen. Sie sind so klein, dass man sie nicht mit einem Lichtmikroskop (Vergrößerung bis zu 2000fach), sondern nur mit einem Elektronenmikroskop (Vergrößerung bis zu 1 × 1 Million) erkennen kann.

Je nach Virusart müsste man bis zu 1000000 Viren aneinander reihen, um die Länge von 1 mm zu erreichen. Ein Virus ist nichts anderes als eine wandernde Erbinformation, denn es besteht nur aus einer mit einer Proteinhülle (Eiweißhülle) umgebenen Erbinformation (RNS = Ribonukleinsäure). Einerseits besitzen Viren zwar eine Erbinformation, andererseits fehlen ihnen aber die typischen Kennzeichen von Leben, wie Wachstum und Vermehrung. Sie bewegen sich sozusagen zwischen toter und lebender Materie.

Lebensweise
Da sich Viren nicht selbständig vermehren können, bedienen sie sich lebender Zellen, in die sie nur über Wunden (!) eindringen können (s. Abb. 1, S. 267): Nach dem Eindringen trennt sich die Virus-RNS von ihrer Proteinhülle ❶ und dringt in die Steuerzentrale der Zelle, den Zellkern, ein ❷. Hier entschlüsselt sie den Code der pflanzlichen Erbinformation, der DNS (Desoxyribonukleinsäure), und baut die eigene Erbinformation (Virus-RNS) an entsprechender Stelle der Chromosomen ein. Da die pflanzliche Zelle nicht zwischen ihrer Erbinformation und der des Virus unterscheiden kann, folgt sie nun den Befehlen der eingebauten Virusinformation – nämlich nur noch Virus-RNS zu produzieren. Nach der Rückkehr in das Zellplasma veranlasst die Virus-RNS an den Ribosomen die Bildung von Virus-Protein ❸. Virus-RNS und Virus-Protein verbinden sich in der Zelle zum neuen Virus ❹. Indem die Zelle so gezwungen wird, nur noch Viren zu produzieren, kann sie ihren eigentlichen Aufgaben nicht mehr nachkommen. So kommt es zu Stoffwechselstörungen, die zum Tode der einzelnen Zelle und schließlich zum Tode der gesamten Pflanze führen können. **Viren schädigen also nicht, indem sie sich von Pflanzen ernähren, sondern indem sie die befallenen Zellen für sich arbeiten lassen, wozu sie neue, zusätzliche genetische Informationen in die Wirtszelle einschleusen!**

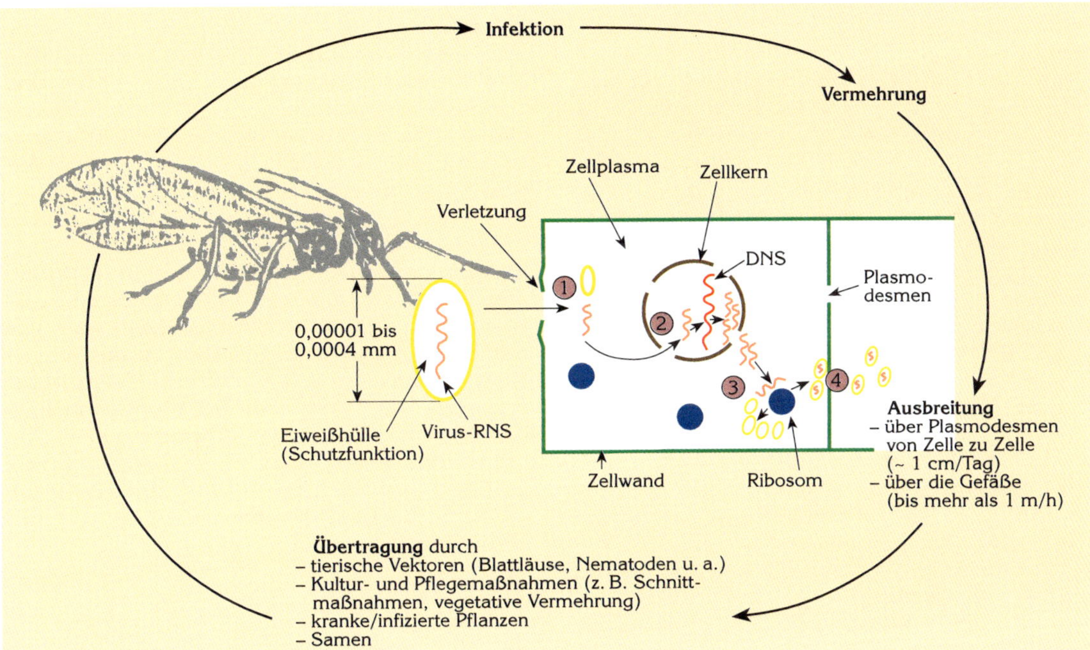

Abb. 1 Entwicklungskreislauf einer Virose

Schäden

Da sich die Symptome einer Viruserkrankung **(Virose)** aus den Wechselwirkungen zwischen der Empfindlichkeit der befallenen Pflanzenart, der Virusart und den Umweltbedingungen ergeben, können sie sehr variabel sein: Vergilbungen, mosaikartige Blattverfärbungen, krankhafte Verzweigung (Triebsucht), Gummiholz (mangelnde Lignineinlagerung), Steinfrüchtigkeit der Birne (Früchte hart wie Stein), Verunstaltung und Ungenießbarkeit von Früchten (z. B. Sharkakrankheit der Pflaumen), Nekrosen, Verkrüppelungen, Blattrollungen usw.

Bekämpfung

Eine direkte Bekämpfung ist sehr schwierig, weil zwischen Virus und Zelle eine weitgehende Stoffgleichheit besteht – beide bestehen hauptsächlich aus Eiweiß. Die Beeinträchtigung des Virus würde daher zwangsläufig auch zu Störungen der Zellfunktionen und damit zum Tode der Zelle bzw. Pflanze führen. Die direkte Bekämpfung der Viren beschränkt sich daher hauptsächlich auf die rigorose **Vernichtung erkrankter Pflanzen**. Entsprechend sind **vorbeugende Maßnahmen** zur Verhinderung eines Virusbefalls sehr wichtig.

Da Viren sich nicht selbst verbreiten können, d. h. auf eine Übertragung angewiesen sind (s. Abb. 1), kommt es vor allem darauf an, die Verbreitung der Viren durch Übertragung zu verhindern. Dies ist nicht einfach, da von Viren befallene Pflanzen nicht immer Symptome aufweisen. Solche Pflanzen stellen versteckte (latente) Infektionsquellen dar. So werden Viren sehr leicht durch vegetative Vermehrung in großem Umfang verbreitet. Im Gegensatz zu anderen vegetativen Vermehrungsweisen ist die Vermehrung durch Meristemkultur (s. Kapitel Kultur- und Arbeitsverfahren) relativ sicher. Die Meristeme der Sprossspitzen sind in der Regel virusfrei, weil die Virusausbreitung hier aufgrund der fehlenden Leitbündel nur sehr langsam erfolgt. Die so gewonnenen Pflanzen dienen in erster Linie zum Aufbau von virusfreien Mutterpflanzenbeständen.

4.9.3 Mykoplasmen (Abkürzung MLO)

Abb. 1 Blütenvergrünungen durch Mykoplasmen

Erst seit 1967 ist bekannt, dass Mykoplasmen als Krankheitserreger an Pflanzen auftreten können. Die Mykoplasmen (genauer: mykoplasmaähnliche Organismen = mycoplasma-like organisms) haben die Größe von Viren, besitzen aber wie die Bakterien einen eigenen Stoffwechsel und können sich selbständig vermehren. Entsprechend sind Mykoplasmen die bis heute kleinsten bekannten existierenden Lebewesen.

Obwohl Mykoplasmen nur im Phloem vorkommen, sind die durch sie verursachten Pflanzenkrankheiten **(Mykoplasmosen)** sehr variabel: Vergilbungen der Blattadern und Blätter, Blütenvergrünungen, -verlaubungen, -verblassungen, -verkrüppelungen, Stauchungen, übermäßiger Austrieb von Knospen (so genannter **Hexenbesen**) usw. (s. Abb. 1). Da demzufolge Mykoplasmosen sehr leicht mit Virosen und anderen Ursachen zu verwechseln sind, ist für eine genaue Diagnose die Untersuchung mit einem Elektronenmikroskop unumgänglich. **Die Übertragung erfolgt überwiegend durch Zikaden.**

Da chemische Mittel zur Bekämpfung von Mykoplasmen nicht zur Verfügung stehen und eine Verhinderung der Übertragung durch Zikaden nicht wirksam möglich ist, ist praktisch nur durch die Vernichtung befallener Pflanzen eine Bekämpfung möglich.

4.9.4 Pilze

Obwohl die Pilze zu den Pflanzen zählen, besitzen sie weder Wurzeln, Stängel, Blätter, Blüten noch Chlorophyll. Ihr Körper besteht vielmehr aus aneinander gereihten Zellen, so genannten **Pilzfäden (Hyphen)**. Durch Wachstum und Verzweigung dieser Pilzfäden entsteht mit der Zeit ein Pilzgeflecht, das so genannte **Myzel**. Dieses Myzel stellt den eigentlichen Pilz dar. Die Verbreitung erfolgt mittels **Sporen** (Sporenpflanzen), die in großen Mengen gebildet werden (s. Abb. 1, S. 269). Ungeschlechtlich entstandene Sporen (während der Vegetationszeit der Fall) werden auch als **Konidien** bezeichnet. Geschlechtlich entstehen Sporen in den **Dauerkörpern** (Fruchtkörpern). Neben **Saprophyten**, die von toter organischer Substanz leben, gibt es auch **Parasiten** (Schmarotzer), die zum Schaden anderer Lebewesen leben. Dabei kann man unterscheiden zwischen fakultativen Parasiten, die als Saprophyten leben, bei günstigen Bedingungen aber zum Parasitismus übergehen (z. B. Grauschimmel), und obligaten Parasiten, die nur als Parasiten leben können. Die durch Pilze verursachten Krankheiten bezeichnet man als **Mykosen**.

Mehltaupilze

Echter Mehltau

<u>Schadbild:</u> Blätter (Ober- und Unterseite!), Stängel, Knospen, Blüten und Früchte sind mit einem weißlichen, mehlartigen Belag bedeckt (s. Abb. 1, S. 269). Erkrankte Pflanzenteile welken, werden braun und sterben ab.

<u>Lebensweise:</u> Der Echte Mehltau ist ein obligater Parasit, der außen auf den Pflanzen lebt **(Ektoparasit)**. Gemeinsam ist obligaten Parasiten, dass sie mit speziellen **Saughyphen (Haustorien)** in die Zellen des Wirtes eindringen und die Assimilate entziehen. Da sich der Echte Mehltau aus den Epidermiszellen ernährt, kommt er überall dort vor, wo eine Epidermis vorhanden ist. Daneben schädigt er durch Verkleinerung der Photosynthesefläche und Zerstörung des Verdunstungsschutzes (Epidermis!). Er befällt viele Pflanzen (z. B. Rosen, Stachelbeeren, Apfelbäume, Erdbeeren, Begonien, Chrysanthemen, Nelken, Gurken, Erbsen usw.). Starke Temperaturschwankungen, dichter Stand und hohe Stickstoffdüngung fördern den Befall. Im Freiland kommt es vor allem im Spätsommer/Frühherbst zu einem stärkeren Befall.

Falscher Mehltau

Der Falsche Mehltau kann wie der Echte Mehltau zahlreiche Pflanzen (z. B. Rosen, Primeln, Stiefmütterchen, Salat, Spinat, Erbsen, Gurken) befallen. Im Gegensatz zum Echten Mehltau ist der Falsche Mehltau ein innen lebender Pilz (**Endoparasit**). Das heißt, er breitet sich zwischen den

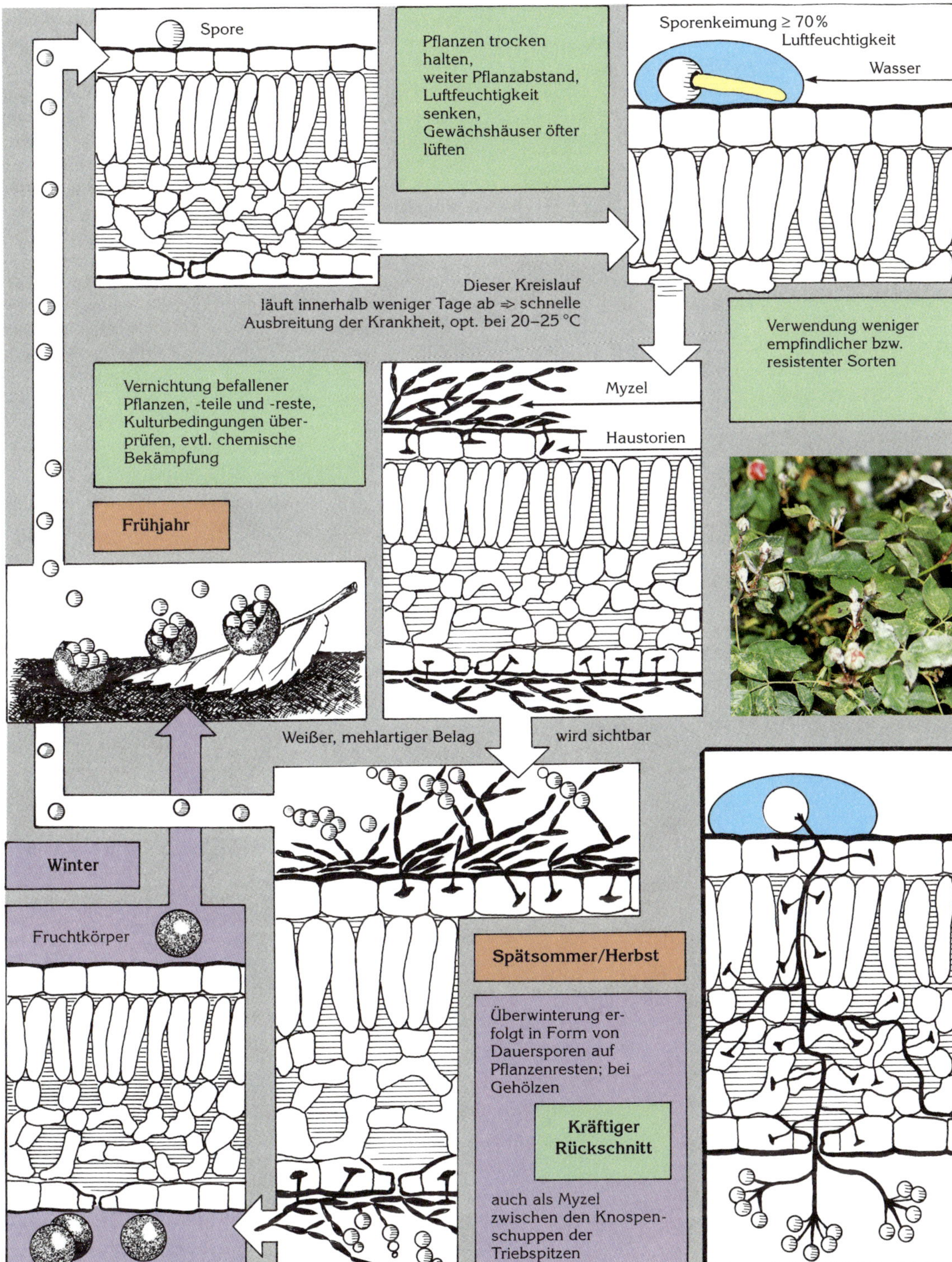

Abb. 1 Entwicklungskreislauf des Echten Mehltaus und die daraus ableitbaren Bekämpfungsmaßnahmen

Abb. 2 Der Falsche Mehltau – ein Endoparasit

Pflanzenzellen (interzellulär) aus. Von hier aus dringt er mit Haustorien in die Zellen ein und entzieht diesen Assimilate. Er befällt also nicht nur die Epidermiszellen, sondern alle lebenden Zellen. Zur Verbreitung bildet er Sporenträger, die aus den Spaltöffnungen (blattunterseits!) herausragen und Sporen produzieren (s. Abb. 2, S. 269). Die Überwinterung erfolgt in Form von Dauersporen in befallenen Pflanzenteilen bzw. im Boden.

Grauschimmel (Botrytis)

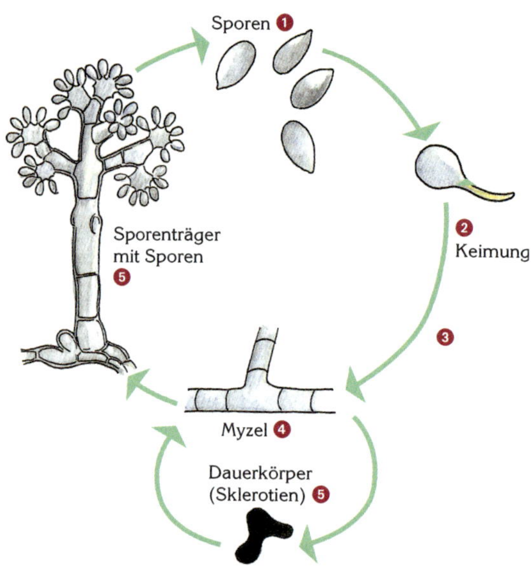

Entwicklungskreislauf

❶ Sporen gelangen mit Wind oder Wasser auf Pflanzenteile.
❷ Keimung: (10) 15 – 20 °C optimal, hohe Luftfeuchtigkeit/Feuchtigkeit notwendig
❸ Infektion der Pflanze (Pilz dringt in Pflanze ein). Befällt vorzugsweise geschwächte Pflanzen (= Schwächeparasit)
❹ Myzel breitet sich in der Pflanze aus und bringt die Zellen zum Absterben → Fäulnis
❺ Auf dem abgetöteten Gewebe bildet sich ein mausgrauer Schimmelbelag (= Sporenbildung)
❻ Verbreitung (sehr viele Wirtspflanzen) → Pilz ist überall verbreitet
❼ Bildung schwarzer Dauerkörper (Überwinterungsform)

Bekämpfungsmaßnahmen

- Beseitigung von Pflanzenrückständen (Hygiene!) ❶, ❷
- Größere Pflanzenabstände, häufiges Lüften ❷
- Verwendung resistenter Pflanzen ❸
- Verwendung gesunder, kräftiger Pflanzen ❸
- Optimale Kulturführung, Standortwahl usw. ❸
- Bodendesinfektion (dämpfen) ❼
- Chemische Bekämpfung (z. B. mit Euparen) ❷, ❸, ❺, ❻

Abb. 1 Entwicklungskreislauf des Grauschimmels und die sich daraus ableitenden Bekämpfungsmaßnahmen

Schadbild: An Blättern, Stängeln und Früchten braune Faulstellen, die mit einem mausgrauen Schimmelbelag (Name!) bedeckt sind. An den Blüten durchscheinende Flecken, die später verbräunen (s. Abb. 1, S. 273).

Lebensweise: Der Grauschimmel ist ein **fakultativer Parasit**, d. h., er kann als Saprophyt und Parasit leben. Entsprechend dringt er mit seinem gesamten Myzel in die Pflanzenzellen ein und tötet sie ab. Es entstehen braune Faulstellen, auf denen sich bei hoher Luftfeuchtigkeit der typische mausgraue Schimmelrasen (Sporenbildung!) bildet. Die Sporenproduktion ist sehr groß, sodass es bei feuchter Witterung sehr rasch zu Infektionen kommen kann. Unter günstigen Bedingungen kann sich die Krankheit wie ein Feuer über den gesamten Pflanzenbestand ausbreiten (z. B. „Tulpenfeuer"). Der Grauschimmel kommt an sehr vielen Pflanzenarten vor (z. B. Erdbeeren, Cyclamen, Tulpen, Pfingstrosen, Salat und Zwiebeln). Er befällt vor allem junge und geschwächte Pflanzen. Zur Überwinterung bildet der Pilz schwarze, unregelmäßig geformte, stecknadelkopfgroße Dauerkörper, so genannte **Sklerotien**, aus. In diesen kann der Pilz ohne Nahrungsaufnahme mehrere Jahre überdauern (s. Abb. 1).

Rostpilze

Schadbild: Blattober- und blattunterseits Chlorosen. Daneben auf der Blattober- oder Blattunterseite rostrote, gelbrote, rotorange, rotbraune, schwarze oder weißliche Pusteln (Sporenlager!) (s. Abb. 2 bis 6, S. 273). Die Blätter vertrocknen und fallen vorzeitig ab.

Lebensweise: Alle Rostpilze sind **obligate Parasiten**, die in der Pflanze leben. Für ihren Entwicklungskreislauf (s. Abb. 1) benötigen einige Rostpilze zwei verschiedene Wirtspflanzenarten. Dabei wird der Wirt, auf dem die Überwinterungssporen (Wintersporen) gebildet werden, als Haupt- und der andere als Zwischenwirt bezeichnet: z. B. Birnengitterrost (Hauptwirt Wacholder-Arten, Zwischenwirt Birne) und Weymouthskiefernblasenrost (Hauptwirt Schwarze Johannisbeere, Zwischenwirt fünfnadelige Kiefern-Arten). Bei den Winterwirten dringt der Pilz über die Blätter (Nadeln) in das Holz der Zweige und Äste. Die Triebe sterben oberhalb der Befallsstellen ab. Andere benötigen keine Zwischenwirte wie z. B. Rosen-, Pelargonien-, Löwenmaul-, Chrysanthemen-, Weißer Chrysanthemenrost, Malven-, Bohnen-, Spargel- und Porreerost. Rostpilze, die zu ihrer Entwicklung zwei verschiedene Pflanzenarten benötigen, nennt man **wirtswechselnde Rostpilze**, solche, deren Entwicklung sich auf einer Pflanzenart vollzieht, **nicht wirts-**

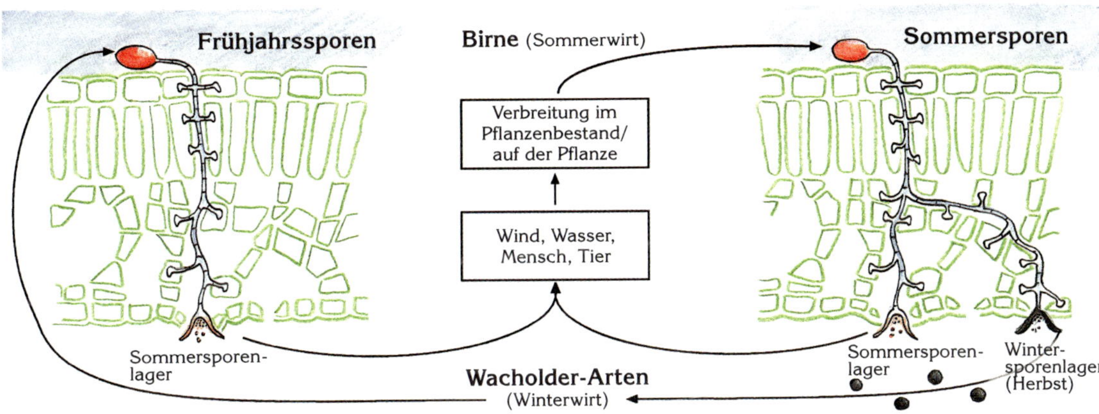

Abb. 1 Entwicklungskreislauf eines wirtswechselnden Rostpilzes (Birnengitterrost)

wechselnde Rostpilze. Der Zeitraum zwischen der Infektion und dem Sichtbarwerden der ersten Krankheitssymptome (Inkubationszeit) kann, je nach Rostart und Umweltbedingungen, wenige Tage bis Wochen (z. B. Pelargonienrost, Weißer Chrysanthemenrost), aber auch bis zu zwei Jahren (z. B. Weymouthskiefernblasenrost an Kiefern) betragen. Die Sporenbildung erfolgt innerhalb des Blattes. Mit zunehmender Entwicklung durchbrechen die Sporenlager (Pusteln) die Epidermis. Dadurch kommt es zur Zerstörung des Verdunstungsschutzes und zur Reduzierung der Photosynthesefläche. Während ihrer Entwicklung bilden die Rostpilze verschiedene Sporenformen aus, die sich auch in der Farbe unterscheiden. Vereinfacht kann man sie in Frühjahrs-, Sommer- und Wintersporen unterscheiden (s. Abb. 2).

Pythium

Besonders in der Vermehrung spielen Wurzelfäulen eine groß Rolle. Ein wichtiger Vertreter dieser Fäulen ist der Pilz Pythium, der zahlreiche Pflanzen befällt. **Pythium ist ein Bodenpilz,** der saprophytisch und parasitisch leben kann. Als ausgesprochener Schwächeparasit befällt er vor allem Stecklinge und Sämlinge (**Vermehrungskrankheit**). Hier verursacht er durch Fäule die gefürchtete **Umfallkrankheit**. Typische Kennzeichen sind die schwarzen Verfärbungen des Wurzelhalses und des unteren Stängelteils (sog. **„Schwarzbeinigkeit“**). Auch bei älteren und großen Pflanzen kann bei entsprechender Schwächung der Pflanzen (z. B. durch falsche Kulturführung) das Wurzelsystem innerhalb kurzer Zeit zerstört werden. Vor allem ungünstige Bedingungen im Substrat, wie

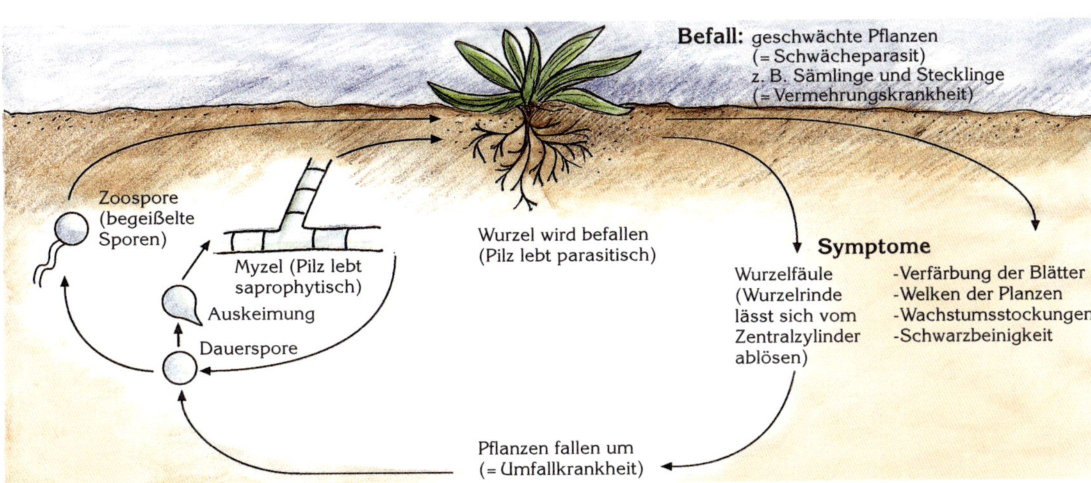

Abb. 2 Entwicklungskreislauf von Pythium

Staunässe, Bodenverdichtungen, falsche Düngung, zu hohe Salzkonzentration usw., führen zum Auftreten dieser Krankheit. Eine mögliche Kausalkette wäre demnach:
Boden zu nass → Sauerstoffmangel → Wurzel fault → Pflanze wird geschwächt → Pythiumbefall.
Entsprechend sind die **Befallssymptome** (Wurzelfäule, Welke, Chlorosen, Nekrosen, Kümmerwuchs) die typischen Symptome des „Vergießens". Bei Nässe im Substrat oder Boden breitet sich der Pilz mit **Zoosporen** (begeißelte Sporen), die sich schwimmend fortbewegen können, besonders schnell aus (s. Abb. 2, S. 271). Neben Pythium befallen häufig noch andere Pilze, wie z. B. Botrytis, Fusarium, Phytophthora, Rhizoctonia und Thielaviopsis, Sämlinge und Stecklinge („Vermehrungspilze", s. Abb. 7, S. 273).
Eine direkte Bekämpfung ist sehr schwierig und beschränkt sich in der Regel auf die Vernichtung befallener Pflanzen. Umso wichtiger sind vorbeugende Maßnahmen in Form von optimalen Kulturbedingungen.

Weitere Pilze im Überblick

Schadsymptome	Krankheitserreger und Lebensweise
Pflanzen welken und vertrocknen. Beim Durchschneiden der Sprossachse erkennt man braune Verfärbungen (s. Abb. 8, S. 273).	**Welkepilze** (z. B. Fusarium und Verticillium) Pilze (Bodenpilze) leben in Wasser leitenden Gefäßen (Gefäßparasiten) und verstopfen diese (→ Welkekrankheiten = Tracheomykosen).
Blätter von Kartoffel und Tomate vertrocknen (bei trockener Witterung) oder verfaulen (bei feuchter Witterung). Auf den Kartoffelknollen bilden sich eingesunkene Flecken (s. Abb. 9, S. 273).	**Kraut- und Braunfäule** *(Phytophthora infestans)* Der Pilz befällt Kartoffel und Tomate gleichermaßen. Durch Regen können die auf dem Laub gebildeten Sporen in den Boden gewaschen werden und die Knollen infizieren (nicht mehr lagerfähig!). Der Pilz benötigt mindestens 20 °C und hohe Luftfeuchtigkeit.
An Zweigen und Stämmen von Gehölzen offene oder geschlossene Wucherungen. Die über diesen Stellen befindlichen Teile kümmern bzw. vertrocknen.	**Obstbaumkrebs** *(Nectria galligena)* Der Pilz befällt Gehölze (z. B. Apfel, Birne, Buche, Birke, Linde, Erle, Pappel) und tötet das Gewebe ab. Eine Infektion kann nur über Wunden (Blattnarben, Fruchtansatzstellen, Schnittwunden, Verletzungen) erfolgen.
Äste und Zweige von Gehölzen sterben ab. Auf den abgestorbenen Pflanzenteilen bilden sich 1 bis 3 mm große, weißlich orange, später dunkelrote Pusteln (Sporenlager; s. Abb. 10, S. 273).	**Rotpustelkrankheit** *(Nectria cinnabarina)* Pilz (Schwächeparasit) kann Gehölze nur über Wunden oder abgestorbene Zweige befallen. Im Vergleich zum Obstbaumkrebs nur geringe Schäden.
Auf der Ober- und Unterseite der Blätter von Apfel- und Birnbäumen bräunliche bis schwarze Flecken, die mit der Zeit zusammenwachsen → vorzeitiger Blattfall. Später bilden sich auf den Früchten verschorfte Flecke und Risse.	**Schorf** *(Venturia)* Der Schorf überwintert in den infizierten, am Boden liegenden Blättern. Im Frühjahr zur Zeit der Blütenbildung erfolgt die Infektion der Blätter. Diese ist abhängig von der Zeitdauer der Blattbenetzung und der Höhe der Temperatur. Je höher die Temperatur, umso kürzer kann die Blattbenetzung sein, und umgekehrt (ab 24 °C steigt jedoch die Länge der Blattbenetzung wieder) → Schorfwarndienst.
Braune, kreisrunde Faulstellen an reifenden Früchten von Kern- und Steinobst (vor allem Sauerkirschen). Auf diesen Faulstellen bilden sich später konzentrisch angeordnete weißliche Sporenlager. Die Früchte fallen vorzeitig ab oder trocknen am Baum ein und bleiben den Winter über als Fruchtmumien hängen. Vor allem beim Steinobst kommt es zum Absterben der Triebspitzen (Spitzendürre; s. Abb. 11, S. 273).	**Monilia** Der Pilz dringt in der Regel über die Blüten in die Triebe ein und tötet das Gewebe ab. Später werden auch Früchte befallen. Hierzu ist der Pilz auf Verletzungen angewiesen. Die Überwinterung erfolgt in den Fruchtmumien wie auch in dem Gewebe der befallenen Triebe.
An Pflanzen aus der Familie der Kreuzblüter (vor allem Kohlgewächsen) kommt es zu unregelmäßigen, kropfartigen Wurzelwucherungen (Tumorbildungen). Die Pflanzen welken und kümmern (s. Abb. 12, S. 273).	**Kohlhernie** *(Plasmodiophora brassicae)* Der Pilz befällt die Wurzeln der Pflanzen. In den Wurzelverdickungen bildet er Dauersporen, die im Herbst nach der Zersetzung des Wurzelgewebes in den Boden gelangen. Hier können sie vier bis sechs Jahre überdauern. Bei günstigen Bedingungen (Feuchtigkeit, Wärme und der Anwesenheit von Wirten) entlassen die Dauersporen Zoosporen, die wiederum neue Pflanzen infizieren. Die notwendige Temperatur ist vom pH-Wert abhängig! Im sauren Bereich werden Temperaturen von 18 bis 20 °C, im neutralen bis leicht alkalischen Bereich hingegen Temperaturen von >23 bis 25 °C benötigt.

Abb. 1 Grauschimmel an Erdbeeren

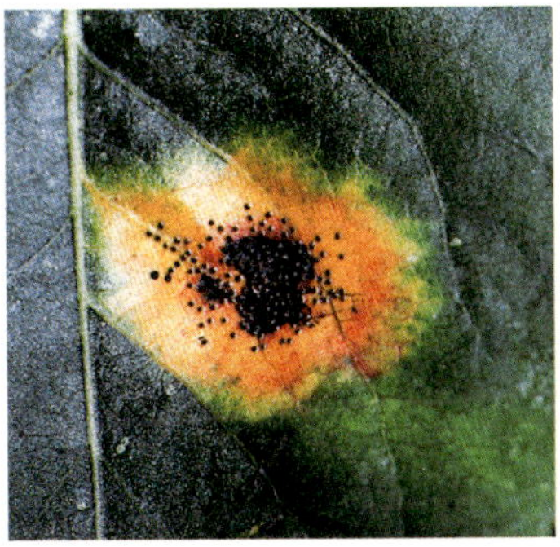

Abb. 2 Birnengitterrost

Abb. 3 Wacholder-Birnengitterrost

Abb. 4 Weymouthskiefernblasenrost

Abb. 5 Pelargonienrost

Abb. 6 Weißer Chrysanthemenrost

Abb. 7 Wurzelfäule durch Pythium

Abb. 8 Fusarium an Cyclamen

Abb. 9 Kraut- und Knollenfäule

Abb. 10 Rotpustelkrankheit

Abb. 11 Monilia an Sauerkirsche

Abb. 12 Kohlhernie an Kohlrabi

4.10 Wildkräuter

Wildkräuter sind wild wachsende, züchterisch nicht veränderte, krautige Pflanzen. Treten sie an Standorten auf, an denen sie vom Menschen nicht erwünscht sind, werden sie als **„Unkräuter“** bezeichnet. In der Praxis unterscheidet man zwischen Samen- und Wurzelunkräutern, obwohl dies nicht ganz korrekt ist, da auch die so genannten Wurzelunkräuter Samen ausbilden:

Samenunkräuter sind in der Regel einjährige Pflanzen, die sich über Samen vermehren (z. B. Vogelmiere, Gemeines Kreuzkraut und Franzosenkraut)

Wurzelunkräuter sind ausdauernde Pflanzen, die sich zwar auch über Samen vermehren, daneben aber auch einen Wurzelstock oder eine Speicherwurzel besitzen (z. B. Quecke, Große Brennnessel, Girsch, Huflattich, Löwenzahn, Distel, Schachtelhalm).

Obwohl Wildkräuter unter bestimmten Bedingungen die Entwicklung der Kulturpflanzen durch Konkurrenz um Raum, Luft, Licht, Wasser und Nährstoffe hemmen, Kulturarbeiten erschweren, Wirte für Krankheits- und Schaderreger sowie giftig für Mensch und Tier sein können, sind sie doch alles andere als unnütze Pflanzen:

- Sie dienen zahlreichen Tierarten als Nahrung und Unterschlupf (z. B. ernähren sich von Brennnesseln über 100 Insektenarten).
- Sie stellen als Wildformen unserer Kulturpflanzen wichtige Genzentren für die Züchtung.
- Sie dienen dem Menschen seit Jahrhunderten als Heilpflanzen.
- Sie tragen zur Bodenfruchtbarkeit bei, indem sie den Boden durchwurzeln, vor Erosion und Austrocknung schützen.
- Sie können die Qualität bzw. den Zustand eines Bodens anzeigen (Zeigerpflanzen = Bioindikatoren; s. S. 147).
- Viele Kräuter können in ihrer Schönheit durchaus mit den so genannten Zierpflanzen konkurrieren und als solche verwendet werden (z. B. als Wildstauden in naturnahen Gärten oder als Wiesenpflanzen).

Wildkrautbekämpfung

Durch die Eingriffe des Menschen in die Natur sind bereits zahlreiche Pflanzenarten ausgestorben und damit einmalige genetische Informationen für immer verloren gegangen. Dabei werden viele Pflanzen bereits vernichtet, bevor der Mensch sie entdeckt und ihre Bedeutung für den Naturhaushalt erkannt hat. Entsprechend kann das Ziel einer „Unkrautbekämpfung“ nicht in dem absolut „unkrautfreien“ Acker bzw. Garten liegen, sondern sollte sich auf die Reduktion des Wildkrautbestandes auf ein erträgliches Maß beschränken. Da Wildkräuter sehr viele Samen ausbilden (s. Tabelle 1), sollten sie vor der Samenbildung bekämpft werden. Bei Wurzelunkräutern muss auch die Wurzel entfernt werden.

Pflanze	Anzahl Samen
Löwenzahn	3000
Gemeines Kreuzkraut	7000
Vogelmiere	10000 bis 20000
Große Brennnessel	15000 bis 30000
Franzosenkraut	bis 300000

Tab. 1 Samenbildung verschiedener Wildkräuter

1. Kulturtechnische Maßnahmen

- Kulturfolge und Fruchtwechsel einhalten (Wildkräuter entwickeln sich in unterschiedlichen Kulturen unterschiedlich).
- Mulchen, durch eine 7 bis 10 cm dicke Rindenmulchschicht lässt sich Wildkrautwuchs weitgehend unterdrücken. Auch schwarze Folie ist geeignet, um größere Flächen umweltschonend von Unkräutern freizuhalten.
- Kompostierung → thermische Hygienisierung der Komposterde durch Selbsterhitzung auf Temperaturen über 55 °C (s. S. 192).

2. Mechanische Bekämpfung

Für die Wildkrautbekämpfung auf „Nichtkulturland“, wie Straßenböschungen, öffentlichen Wegen und Plätzen, Friedhöfen und Wasserschutzzonen, verbietet sich nach dem Pflanzenschutzgesetz der Einsatz chemischer Pflanzenschutzmittel, die nach diesem Gesetz grundsätzlich nur auf landwirtschaftlichen, forstwirtschaftlichen oder gärtnerisch genutzten Flächen eingesetzt werden dürfen, aber auch nur dann, wenn schädliche Auswirkungen auf Mensch, Tier, Grundwasser oder den übrigen Naturhaushalt nicht zu befürchten sind. Eine umweltfreundliche Art der Wildkrautbekämpfung ist nach wie vor das Hacken bzw. Jäten.

3. Physikalische Bekämpfung

Der Einsatz von Hitze zur Wildkrautvernichtung (thermische Bekämpfung) wird vor allem im kommunalen Pflegebereich immer häufiger eingesetzt. Hierbei werden mit Gasbrennern kurze Hitzestöße (75 °C) auf Pflanzenteile ausgeführt, die zum Gerinnen des Pflanzeneiweißes und innerhalb weniger Tage zum Absterben der Pflanzen führen.

4. Biologische Bekämpfung

Zur biologischen Bekämpfung auflaufender Wildkräuter haben sich Seidenhühner bewährt. Zum Abweiden von Gras in Erdbeeren oder anderen Kulturen sind Hausgänse gut geeignet. In Baumschulen wurde die Schafrasse Shropshire in Nadelgehölzpflanzungen mit Erfolg gegen Gräser und Wildkräuter eingesetzt.

5. Chemische Bekämpfung

Für die „Unkrautbekämpfung" gibt es spezielle chemische Mittel, **Herbizide**. Fast 50 % der eingesetzten Pestizide sind Herbizide! Sie können vorbeugend oder zur direkten Bekämpfung eingesetzt werden:

Vorbeugende Bekämpfung

Bei der vorbeugenden Bekämpfung erfolgt der Einsatz von Herbiziden vor dem Auflaufen der Wildkräuter, d. h., sie werden auf den noch unbewachsenen Boden ausgebracht. Entsprechend werden sie als **Bodenherbizide** bezeichnet. Damit diese Mittel optimal wirken können, muss der Boden feucht und feinkrümelig sein. Bodenherbizide werden von der Pflanze über die Wurzel aufgenommen bzw. töten während der Samenkeimung den Keimling ab. Auf leichten Böden besteht die Gefahr, dass die Wirkstoffe in die Wurzelzone der Kulturpflanzen eingeschwemmt werden und dort Schäden anrichten. Bei schweren Böden können sie hingegen so stark sorbiert werden, dass die Wirkung unbefriedigend bleibt.

Direkte Bekämpfung

Bei der direkten Bekämpfung erfolgt der Herbizideinsatz erst, wenn Wildkräuter aufgelaufen sind. Nach der Wirkungsweise kann man zwischen Kontakt- und Wuchsstoffherbiziden unterscheiden:

Kontaktherbizide werden auf die grünen Pflanzenteile gespritzt. Die getroffenen Pflanzenteile werden verätzt oder durch hervorgerufene Stoffwechselstörungen abgetötet. Die benetzten Pflanzenteile sehen häufig wie verbrannt aus. Von Nachteil bei diesen Mitteln ist, dass die Wurzel nicht abgetötet wird, sodass der Bekämpfungserfolg bei Wurzelunkräutern unbefriedigend ist.

Wuchsstoffherbizide werden über die oberirdischen Pflanzenteile (vor allem Blätter) aufgenommen und verteilen sich über die Leitbündel in der gesamten Pflanze (systemische Wirkung!). Ihre Wirkung beruht darauf, dass sie in den Stoffwechsel der Pflanze eingreifen und ein verstärktes, aber unkontrolliertes, oder ein gehemmtes Wachstum hervorrufen. Im ersten Fall wächst sich die Pflanze sozusagen zu Tode, im zweiten verkümmert sie. In beiden Fällen kommt es zu Verkrüppelungen der Pflanzen. Voraussetzung für eine optimale Wirkung sind ausreichende Blattmasse und mindestens Temperaturen >5 °C.

Im Hinblick auf ihre Wirkungsspektren kann man zwischen **Totalherbiziden** (breit wirkende Unkrautmittel, die auch Kulturpflanzen abtöten) und **selektiv wirkenden Herbiziden** (Unkrautmittel mit einem begrenzten Wirkungsspektrum, die nur bestimmte Pflanzenarten vernichten) unterscheiden. Letztere können bei einer Reihe von Kulturpflanzen gespritzt werden, ohne diese zu schädigen. Neue Wege der chemischen Wildkrautbekämpfung eröffnen sich durch die Möglichkeit, auf gentechnischem Wege Kulturpflanzen resistent gegenüber Totalherbiziden zu machen. Es besteht jedoch die Gefahr, dass durch die Entwicklung solcher herbizidresistenter Pflanzen der Herbizideinsatz noch großflächiger und häufiger als bisher erfolgt.

Abb. 1 Löwenzahn und Quecke, häufige Wurzelunkräuter

4.11 Wichtige Rechtsgrundlagen für den Pflanzenschutz

Das **Pflanzenschutzgesetz** (PflSchG) ist ein Gesetz zum Schutz der Pflanzen, insbesondere der Kulturpflanzen, vor Schadorganismen und nichtparasitären Beeinträchtigungen. Bei der Definition von Schadorganismen geht das Pflanzenschutzgesetz von Tieren, Pflanzen und Mikroorganismen aus, die **erhebliche Schäden** an Pflanzen verursachen können. Daneben ist das Ziel dieses Gesetzes vor allem die Vermeidung von Gefahren für die Gesundheit von Mensch und Tier und für den Naturhaushalt, die sich aus Pflanzenschutzmaßnahmen ergeben können. Entsprechend dürfen Pflanzenschutzmittel (hierzu zählen auch Wachstumsregler, Keimhemmungsmittel und Hilfsstoffe, wie z. B. Netzmittel) nur nach guter fachlicher Praxis angewendet werden. **Gute fachliche Praxis** bedeutet, dass die Grundsätze des integrierten Pflanzenschutzes (s. S. 235) berücksichtigt werden müssen. Dies besagt, dass der Anwender von chemischen Pflanzenschutzmitteln zuerst einmal prüfen muss, ob der Einsatz von Pestiziden überhaupt erforderlich ist (s. wirtschaftliche Schadensschwelle, S. 217). Es bedeutet auch, dass zur Vorbeugung und Bekämpfung von Schadorganismen vorrangig biologische, biotechnische, pflanzenzüchterische und pflanzenbauliche Maßnahmen einzusetzen sind und der Einsatz chemischer Mittel auf das unbedingt notwendige Maß beschränkt wird.

Ist eine chemische Bekämpfung unbedingt notwendig, sollten möglichst selektiv wirkende, nützlingsschonende Mittel eingesetzt werden. Dabei ist zu berücksichtigen, dass nach dem Pflanzenschutzgesetz Pflanzenschutzmittel auch nur auf Freilandflächen eingesetzt werden dürfen, die landwirtschaftlich, forstwirtschaftlich oder gärtnerisch genutzt werden. Entsprechend ist in der Regel verboten, Feldraine, Böschungen, nicht bewirtschaftete Flächen, Wege und Wegränder mit chemischen Pflanzenschutzmitteln zu behandeln. In und in unmittelbarer Nähe von Gewässern ist der Einsatz chemischer Pflanzenschutzmittel ebenfalls verboten.

Dies alles besagt auch, dass gute fachliche Praxis nur durch eine gute Ausbildung und laufende Fort- und Weiterbildung erworben werden kann, wobei ökologische Zusammenhänge als Lerninhalte verstärkt Berücksichtigung finden müssen. Um sicherzustellen, dass fachliche Kenntnisse und Fertigkeiten im Hinblick auf die Verwendung von Pflanzenschutzmitteln vorhanden sind, fordert der Gesetzgeber von Anwendern chemischer Pflanzenschutzmittel in landwirtschaftlichen, gartenbaulichen und forstwirtschaftlichen Betrieben sowie für Personen, die Pflanzenschutzmittel für andere (außer gelegentlicher Nachbarschaftshilfe) anwenden, und von Verkäufern von Pflanzenschutzmitteln einen **Sachkundenachweis**. Außerdem schreibt die Gefahrenstoffverordnung vor, dass giftige Pflanzenschutzmittel im Einzelhandel nur abgegeben werden dürfen, wenn dafür eine Erlaubnis der Ordnungsämter der Landkreise vorliegt. Diese wird nur erteilt, wenn der Antragsteller persönlich zuverlässig, mindestens 18 Jahre alt ist und eine **„Giftprüfung" vor dem Amtsarzt** abgelegt hat.

Pflanzenstärkungsmittel sind Stoffe, die ausschließlich zur Erhöhung der Widerstandsfähigkeit von Pflanzen gegen Schadorganismen eingesetzt werden und keine schädlichen Auswirkungen auf die Gesundheit von Mensch und Tier oder den Naturhaushalt haben. Sie dürfen nur in den Verkehr gebracht werden, wenn sie bei der Biologischen Bundesanstalt angemeldet sind.

Weitere wichtige Rechtsvorschriften zum Pflanzenschutz sind z. B. die **Bienenschutzverordnung** (s. S. 218), die **Verordnung zur Bekämpfung der San-José-Schildlaus** (s. S. 245), die **Verordnung zur Bekämpfung von Viruskrankheiten im Obstbau**, die **Feuerbrandverordnung** (s. S. 266), die **Pflanzenschutzmittel – Höchstmengenverordnung** (s. S. 220), die **Gefahrenstoffverordnung** (s. S. 218), das **Bundesnaturschutzgesetz** (s. S. 112), die Bundesartenschutzverordnung (s. S. 112), das **Abfallgesetz** (s. S. 220).

4.12 Öffentliche Pflanzenschutzeinrichtungen

Die **Biologische Bundesanstalt für Land- und Forstwirtschaft (BBA)** ist eine Einrichtung des Bundes, die ihren Hauptsitz in Braunschweig hat. Sie unterhält mehrere Forschungsinstitute, die sich mit verschiedenen Fragestellungen im Rahmen des Pflanzenschutzes beschäftigen. Wichtige Aufgaben sind z. B.:

- Durchführung des Pflanzenschutzgesetzes auf Bundesebene
- Forschung auf dem Gebiet des Pflanzenschutzes
- Prüfung und Zulassung von Pflanzenschutzmitteln im Einvernehmen mit dem Bundesgesundheitsamt und dem Umweltbundesamt (veröffentlicht eine beschreibende Liste der zugelassenen Pflanzenschutzmittel)
- Prüfung und Anerkennung von Pflanzenschutzgeräten und -verfahren
- Beratung und Unterrichtung der Bundesregierung in Fragen des Pflanzenschutzes
- Dokumentation und Information in Fragen des Pflanzenschutzes auf nationaler und internationaler Ebene
- Untersuchung von Bienen auf Schäden durch zugelassene Pflanzenschutzmittel

Die **BBA**, Hauptsitz Braunschweig, unterhält folgende Institute: **Institute für pflanzliche Infektionskrankheiten, Schadtiere, Schadpflanzen und Immissionsschäden** in Braunschweig und Berlin, **Institut für biologische Schädlingsbekämpfung** in Darmstadt, **Institut für Nematologie** in Münster, **Institut für Pflanzenschutz im Weinbau** in Bernkastel-Kues und das **Institut für Resistenzgenetik** in Grünbach bei Erdingen.

Die **Pflanzenschutzdienststellen** (Pflanzenschutzämter/Landesanstalten für den Pflanzenschutz) sind Einrichtungen der Länder. Ihre Aufgaben sind z. B.:

- Durchführung des Pflanzenschutzgesetzes auf Landesebene
- Beratung des Berufsstandes und der Öffentlichkeit in Fragen des Pflanzenschutzes
- Schulungs- und Vortragstätigkeiten im Rahmen des Pflanzenschutzes
- Unterhaltung von Pflanzenschutzwarndiensten
- Überwachung von Import- und Exportbestimmungen im Hinblick auf den Pflanzenschutz (Quarantänebestimmungen)
- Ausstellung von Pflanzengesundheitszeugnissen
- Kontrolle von Pflanzen auf Schädlings- und Krankheitsbefall
- Zusammenarbeit mit der BBA

Internetadresse: www.bba.de

	Hauptgruppen		Nebengruppen										Hauptgruppen					
	I	II	IIIa	IVa	Va	VIa	VIIa	VIIIa	VIIIa	VIIIa	Ia	IIa	III	IV	V	VI	VII	VIII
1. Periode	1,0 **H** Wasserstoff 1																	4,0 **He** Helium 2
2. Periode	6,9 **Li** Lithium 3	9,0 **Be** Beryllium 4											10,8 **B** Bor 5	12,0 **C** Kohlenstoff 6	14,0 **N** Stickstoff 7	16,0 **O** Sauerstoff 8	19,0 **F** Fluor 9	20,2 **Ne** Neon 10
3. Periode	23,0 **Na** Natrium 11	24,3 **Mg** Magnesium 12											27,0 **Al** Aluminium 13	28,1 **Si** Silicium 14	31,0 **P** Phospor 15	32,1 **S** Schwefel 16	35,5 **Cl** Chlor 17	39,9 **Ar** Argon 18
4. Periode	39,1 **K** Kalium 19	40,1 **Ca** Calcium 20	45,0 **Sc** Scandium 21	47,9 **Ti** Titan 22	50,9 **V** Vanadium 23	52,0 **Cr** Chrom 24	54,9 **Mn** Mangan 25	55,8 **Fe** Eisen 26	58,9 **Co** Cobalt 27	58,7 **Ni** Nickel 28	63,5 **Cu** Kupfer 29	65,4 **Zn** Zink 30	69,7 **Ga** Gallium 31	72,6 **Ge** Geranium 32	74,9 **As** Arsen 33	79,0 **Se** Selen 34	79,9 **Br** Brom 35	83,8 **Kr** Kryton 36
5. Periode	85,5 **Rb** Rubidium 37	87,6 **Sr** Strontium 38	88,9 **Y** Yttrium 39	91,2 **Zr** Zirkonium 40	92,9 **Nb** Niob 41	95,9 **Mo** Molybdän 42	(99) **Tc*** Technetium 43	101,1 **Ru** Ruthenium 44	102,9 **Rh** Rhodium 45	106,4 **Pd** Palladium 46	107,9 **Ag** Silber 47	112,4 **Cd** Cadmium 48	114,8 **In** Indium 49	118,7 **Sn** Zinn 50	121,8 **Sb** Antimon 51	127,6 **Te** Tellur 52	126,9 **I** Iod 53	131,3 **Xe** Xenon 54
6. Periode	132,9 **Cs** Cäsium 55	137,3 **Ba** Barium 56	57 bis 71	187,5 **Hf** Hafnium 72	180,9 **Ta** Tantal 73	183,9 **W** Wolfram 74	186,2 **Re** Rhenium 75	190,2 **Os** Osmium 76	192,2 **Ir** Iridium 77	195,1 **Pt** Platin 78	197,0 **Au** Gold 79	200,6 **Hg** Quecksilber 80	204,4 **Tl** Thallium 81	207,2 **Pb** Blei 82	209,0 **Bi** Bismut 83	(209) **Po*** Polonium 84	(210) **At*** Astat 85	(222) **Rn*** Radon 86
7. Periode	(223) **Fr*** Francium 87	226,1 **Ra*** Radium 88	89 bis 103	(261) **Unq*** Unnilquadium 104	(262) **Ha*** Hahnium 105	(263) **Unh*** Unnilhexium 106	(262) **Ns*** Nielsborium 107	(265) **Hs*** Hassium 108	(266) **Mt*** Meiterium 109									

Abb. 1 Periodensystem der Elemente

5 Wetter- und Klimakunde

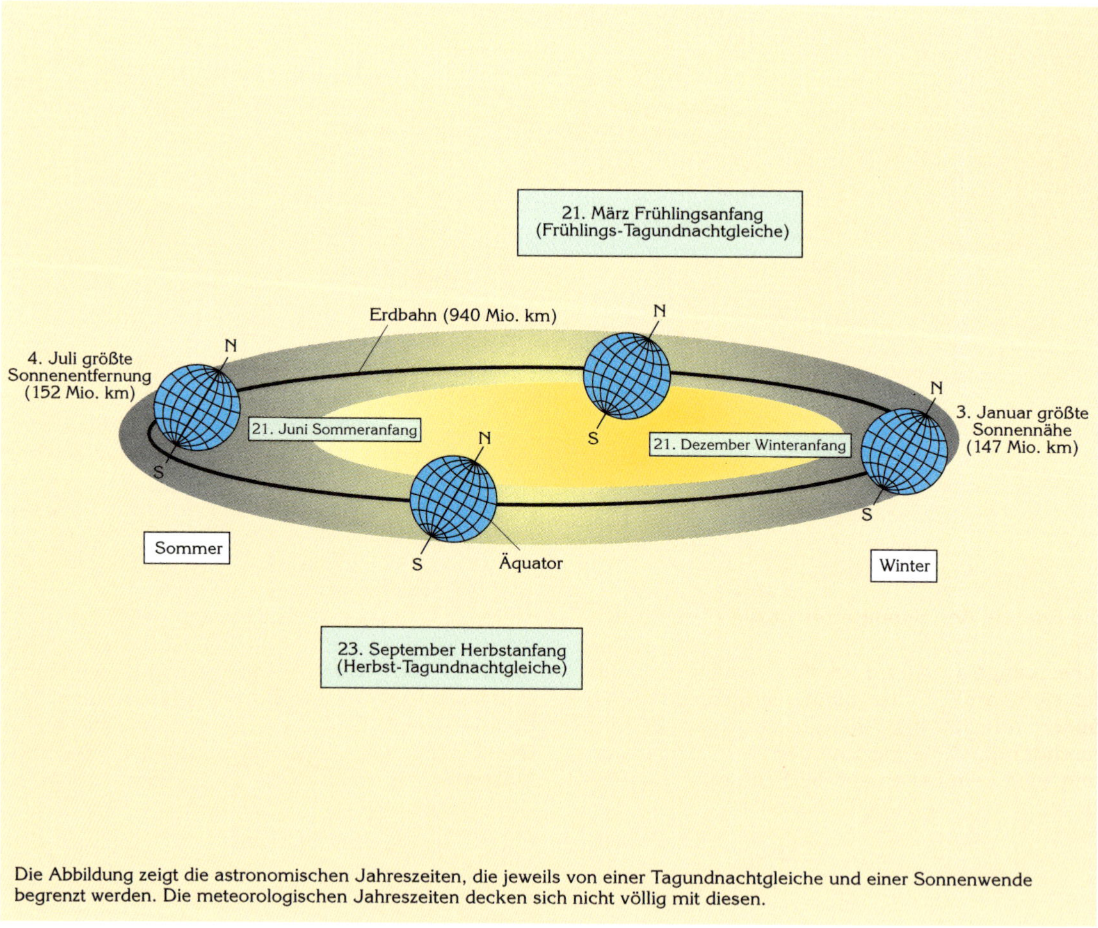

Abb. 1 Die Entstehung der Jahreszeiten (Angaben gelten für die Nordhalbkugel)

Wetter und Klima bestimmen die Entwicklung und Verbreitung der Pflanzenarten. Für ein erfolgreiches Gärtnern sind somit Kenntnisse auf dem Gebiet der Wetter- und Klimakunde unerlässlich.

Die Wissenschaft, die das Wettergeschehen in der Atmosphäre erforscht, ist die **Meteorologie**. Ein Teilgebiet der Meteorologie ist die **Klimatologie**, die sich mit dem Klima auf der Erde beschäftigt.

5.1 Wetter

Unser Wetter ist das Ergebnis aus einem komplizierten Zusammenspiel von Sonne, Erde und Atmosphäre. Den Wetterverlauf während einer größeren Zeitspanne nennt man **Witterung**.

5.1.1 Sonne – Motor des Wetters

Abb. 1 Die Sonne – Energiequelle des Lebens

Die Sonne (s. Abb. 1) entstand vor etwa 5 Milliarden Jahren durch die zunehmende Zusammenballung und Verdichtung von Gasen. Sie ist ein Feuerball, in und auf dem unvorstellbar hohe Temperaturen (bis zu 15 000 000 °C) herrschen. Von den Energiemengen, die sie in jeder Sekunde in den Weltraum ausstrahlt, fängt die Erde nur einen winzigen Bruchteil auf. Aber diese Menge ist so groß, dass innerhalb einer Minute mehr Energie auf die Erde gelangt, als die gesamte Menschheit innerhalb eines Jahres verbraucht.
Die **Energie der Sonne** erreicht die Erde in Form von elektromagnetischen Wellen unterschiedlicher Länge (s. Kap. 1, S. 46), wovon vor allem der sichtbare Teil der Sonnenstrahlung (Wellenlängen von 380 bis 760 nm) die Erdatmosphäre durchdringt. Ohne die Energie dieser **Lichtstrahlung** wäre kein Leben auf der Erde möglich (Photosynthese!). Zugleich ist sie der Motor des Wettergeschehens auf der Erde, denn sie verursacht die Winde und den Wasserkreislauf.

5.1.2 Erde – ein Planet des Sonnensystems

Die Erde ist eine an den Polen abgeplattete Kugel, die die Sonne auf einer elliptischen Bahn (Umfang 940 000 000 km) mit einer Geschwindigkeit von 29.8 km/s entgegen dem Uhrzeigersinn im Verlauf eines Jahres (365 Tage) einmal umkreist, wobei die Sonne nicht ganz im Mittelpunkt steht. Dabei rotiert die Erde innerhalb eines Tages (24 Stunden) von West nach Ost um die um 66,5 ° geneigte eigene Achse. Ihre Neigung und kugelähnliche Form bewirken, dass die Sonnenstrahlung die Erdoberfläche in unterschiedlichen Winkeln trifft. Die Strahlungsintensität ist am größten, wenn die Strahlen im rechten Winkel auftreffen. Je flacher der Winkel, desto größer ist die Fläche, auf die sich die Strahlungsenergie verteilt. Daher herrschen auf der Erde entsprechend der jeweiligen geografischen Breite recht große Temperaturunterschiede. Die größte Wärmemenge fällt auf den Äquator, die geringste auf die Polregionen. Unterschiedliche Einfallswinkel und Strahlungsdauer bedingen die **vier Jahreszeiten** auf der Nord- und Südhalbkugel. Dort, wo die Erdoberfläche von der Sonne weggedreht ist, herrscht Winter, dort, wo sie zur Sonne hingedreht ist, Sommer (s. Abb. 1, S. 278).

5.1.3 Atmosphäre – Schutzschild der Erde

Die Atmosphäre ist die **Lufthülle der Erde**. Sie besteht aus einem Gemisch verschiedener Gase, vor allem Stickstoff (78,1 Vol.-% N_2), Sauerstoff (21 Vol.-% O_2) und Kohlendioxid (0,03 Vol.-% CO_2). Nicht eingerechnet ist der **Wasserdampf**, dessen Menge (maximal 4 Vol.-%) je nach Luftfeuchtigkeit starken Schwankungen unterliegt, für die Wetter- und Klimabildung aber von größter Bedeutung ist.
Ohne die Erdatmosphäre wäre ein Leben auf der Erde nicht möglich! Erst die mit ihrer Bildung einhergehende Sauerstoffanreicherung hat die Entwicklung des Lebens ermöglicht. Die Atmosphäre sorgt dafür, dass auf der Erde Temperaturen herrschen, die ein Leben ermöglichen. Sie absorbiert nicht nur den größten Teil der Wärmestrahlung (Infrarotstrahlung) der Sonne, sondern auch den überwiegenden Teil der gefährlichen Ultraviolett- und Röntgenstrahlung. Nur die lebensnotwendige Lichtstrahlung wie auch die Radiostrahlung (s. S. 46) können die Lufthülle ungehindert durchdringen. Die Erdatmosphäre setzt sich aus unterschiedlichen Schichten zusammen (s. Abb. 1, S. 280), wobei sich das Wettergeschehen in der **Troposphäre** abspielt. Nur in dieser Schicht tritt Wasserdampf auf, der zur Wolken- und Niederschlagsbildung führt. Hier wird die Strahlungsenergie der Sonne in Bewegungsenergie (Bewegung der Luftmassen) umgesetzt und damit die Voraussetzung für die Entstehung der Winde geschaffen.

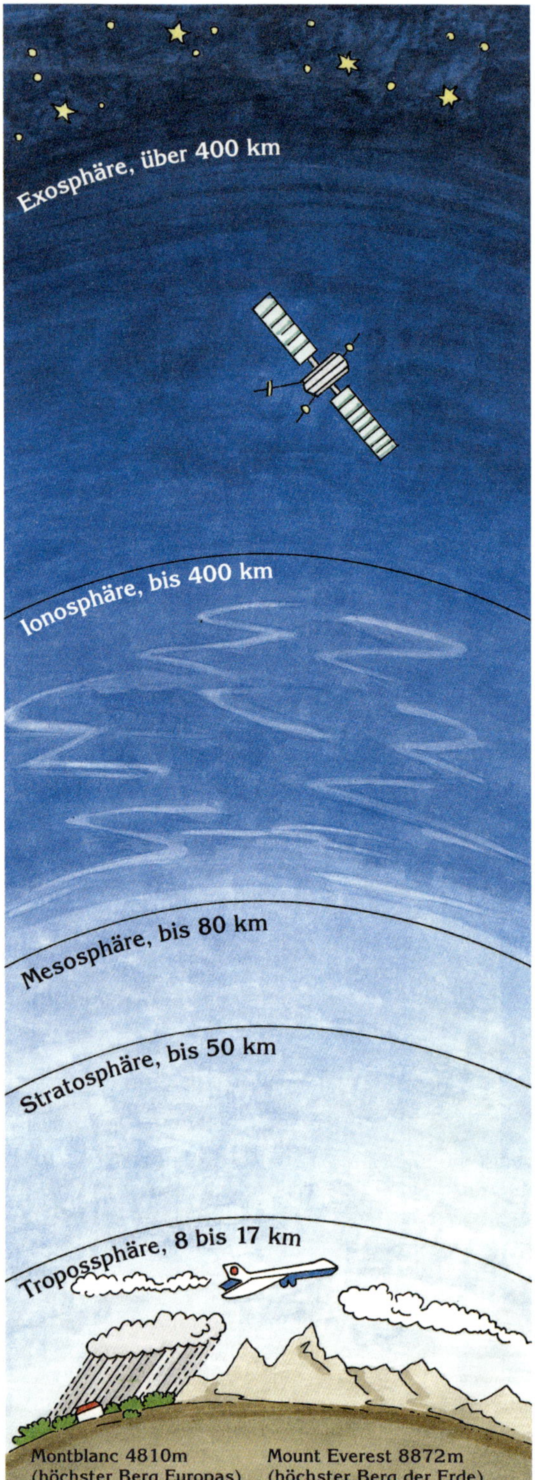

Abb. 1 Aufbau der Erdatmosphäre

5.1.4 Wetterfaktoren

Temperatur

Ungefähr 28 % der von der Sonne einstrahlenden Energie wird durch die Wolkenoberfläche zurück in den Weltraum reflektiert, etwa 22 % wird von der Atmosphäre absorbiert, die restliche Energie erreicht die Erde vor allem in Form von Lichtstrahlung. Die kurzwellige Lichtstrahlung wird von der getroffenen Oberfläche absorbiert und bringt die Moleküle der jeweiligen Materie in Schwingung. Je größer die Energieaufnahme, desto stärker ist die Bewegung und desto wärmer ist der Körper. **Die Energie der Lichtstrahlung wird über die Bewegung der Moleküle in Wärmestrahlung umgewandelt, die zum Teil an die Umgebung abgestrahlt wird.** Durch diese Abstrahlung kommt es zur Erwärmung der Luft. **Die Luft erwärmt sich von unten nach oben,** sodass die Temperatur von unten nach oben um durchschnittlich 0,7 °C je 100 m abnimmt. In der so genannten **Tropopause**, dem Übergang von der Troposphäre zur Stratosphäre, herrschen Temperaturen von –40 °C bis –85 °C. In der **Stratosphäre** steigt die Temperatur dann wieder an, weil die dort befindliche Ozonschicht verstärkt die Wärmestrahlung der Sonne (Infrarotstrahlung) absorbiert.

Temperaturmessung

Die Temperatur wird überwiegend in **Grad Celsius** (°C) angegeben. In der Physik verwendet man allgemein die Temperaturskala nach **Kelvin** (K = °C + 273). Zur Messung benutzt man das **Thermometer** (s. Abb. 1, S. 281). Dabei handelt es sich häufig um so genannte Ausdehnungsthermometer, die mit Flüssigkeit oder Gasen gefüllt sind, die sich mit zunehmender Temperatur ausdehnen. Am bekanntesten ist das mit Quecksilber gefüllte Quecksilberthermometer, das auch als Fieberthermometer eingesetzt wird. Das **Maximumthermometer** zeigt die während eines beliebigen Zeitraums maximal erreichte Temperatur an. Sinkt die Temperatur, reißt der Quecksilberfaden ab, sodass das abgerissene Stück den Höchstwert anzeigt. Durch Zurückschütteln des Fadens wie bei einem Fieberthermometer wird das Maximumthermometer wieder messbereit. Das **Minimumthermometer** zeigt die tiefste erreichte Temperatur an. Das **Maximum-Minimum-Thermometer** ist eine Kombination aus Maximum- und Minimumthermometer.

Es handelt sich dabei um ein U-förmiges Alkoholthermometer, in dem ein kurzer Quecksilberfaden zwei Eisenstäbchen vor sich herschiebt (s. Abb. 2, S. 281). Bei Erwärmung dehnen sich die Flüssig-

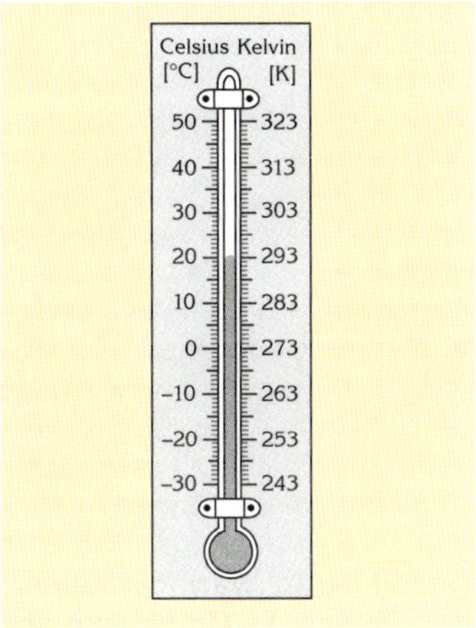

Abb. 1 Thermometer

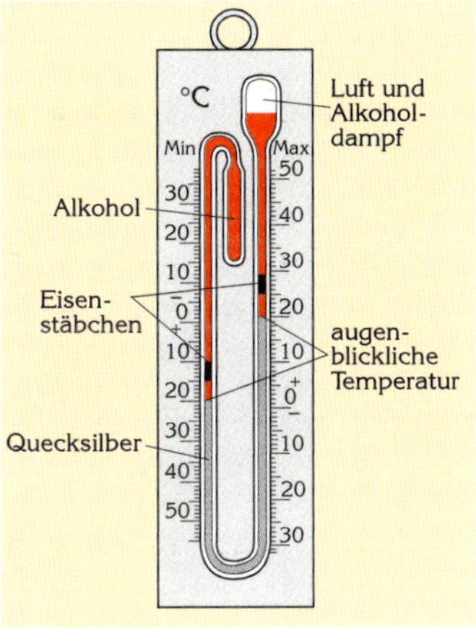

Abb. 2 Maximum-Minimum-Thermometer

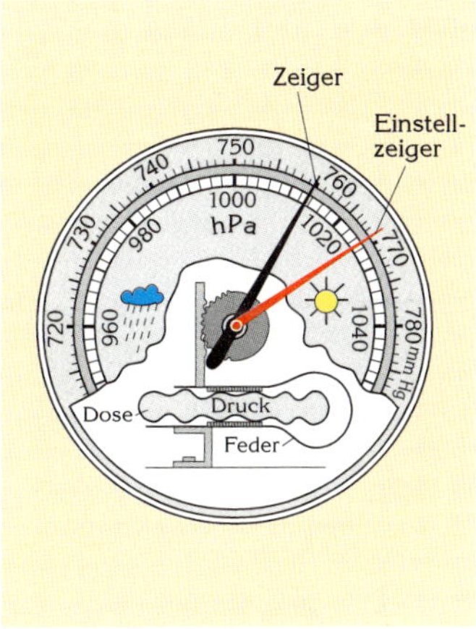

Abb. 3 Dosenbarometer

keiten aus und schieben das rechte Eisenstäbchen vor sich her. Beim Abkühlen ziehen sich die Flüssigkeiten zusammen, sodass das Quecksilber zurückfließt, wobei das Eisenstäbchen der rechten Seite vom Alkohol umflossen wird und stehen bleibt, sodass es die höchste erreichte Temperatur (Maximum) anzeigt. Das Eisenstäbchen der linken Seite wird bei sinkender Temperatur so lange von dem Quecksilberfaden vor sich hergeschoben, bis die Temperatur wieder ansteigt. An ihm wird die tiefste erreichte Temperatur (Minimum) abgelesen. Für eine erneute Messung müssen die Eisenstäbchen mithilfe eines Magneten an den Quecksilberfaden herangeschoben werden. **Bimetallthermometer** bestehen aus zwei aufeinander geschweißten Metallstreifen, die sich bei Erwärmung unterschiedlich ausdehnen, sodass es zur Krümmung zu der Seite des Metalls mit der geringeren Ausdehnung kommt. Bimetallstreifen werden vor allem in Thermographen zur Temperaturmessung eingesetzt. **Thermographen** registrieren den Verlauf der Lufttemperatur. Dazu wird die Biegung des Bimetalls auf eine Schreibfeder übertragen, unter der sich langsam eine Uhrtrommel mit Registrierpapier hindurchdreht (s. Abb. 2, S. 285). Zur Messung der Temperatur im Boden gibt es spezielle **Bodenthermometer**.

Luftdruck

Aufgrund der Schwerkraft drückt die Atmosphäre mit einem Gewicht von 1 kg/cm^2 (in Meereshöhe) auf die Erdoberfläche. Für einen Menschen bedeutet dies je nach Größe und Hautoberfläche, einem Druck von 10 bis 20 Tonnen standzuhalten.

Die Dichte der Luft und die Höhe der Luftdrucksäule nehmen mit steigender Höhe ab, sodass mit zunehmender Höhe über dem Meeresspiegel der Luftdruck sinkt. Etwa alle 5,5 km verringert sich der Luftdruck um die Hälfte. Die Luft wird immer dünner und ihr Sauerstoffgehalt immer geringer, je höher wir kommen.

Luftdruckmessung

Die Maßeinheit für den Luftdruck ist das **Hektopascal** (hPa). Es entspricht dem früheren Millibar (1 hPa = 1 mb). Der Normaldruck in Meereshöhe beträgt 1013,25 hPa. Gemessen wird der Luftdruck mit dem **Barometer**. Das in der Praxis allgemein verwendete **Dosenbarometer** (Anaeroidbarometer) enthält eine luftleer gepumpte Metalldose, die bei steigendem Luftdruck zusammengedrückt wird und sich bei sinkendem Luftdruck wieder entspannt. Die Formveränderungen werden durch ein Hebelsystem auf einen Zeiger übertragen, sodass man den Luftdruck auf einer Skala ablesen kann (s. Abb. 3). Ist das Barometer mit einer Schreibvorrichtung zur Notierung des Verlaufs der Luftdruckschwankungen ausgerüstet, handelt es sich um einen **Barographen**. Obwohl sich bei hohem Luftdruck schönes, bei niedrigem Luftdruck schlechtes Wetter in etwa vorhersagen lassen, ist eine genaue Wettervorhersage anhand des Barometers nicht möglich. Der Wert eines Barometers ist vielmehr darin zu sehen, dass man von einer veränderten Druckanzeige auf eine Änderung des bestehenden Wetters schließen kann.

Wind

Wie wir bereits gehört haben, wird die auf der Erdoberfläche auftreffende Lichtstrahlung in Wärmestrahlung umgewandelt, die von der Erdoberfläche reflektiert wird und von unten her die Luftschichten der Troposphäre erwärmt. Diese Energiezufuhr in Form von Wärme führt dazu, dass die Bewegung der Luftmoleküle zunimmt.

Mit zunehmender Bewegung entfernen sich die Luftmoleküle immer weiter voneinander, sodass sich das Luftvolumen mit zunehmender Erwärmung ausdehnt und das Gewicht der Luft und somit der Luftdruck verringert wird.

Dies führt dazu, dass sich angrenzende kältere Luft aufgrund ihrer höheren Dichte und somit höheren Luftdrucks beginnt zu den Orten niedrigen Drucks auszudehnen, was wiederum dazu führt, dass die wärmere Luft nach oben verdrängt wird, sodass sie wie in einem Heißluftballon aufsteigt (thermischer Aufwind). Beim Aufsteigen gerät sie unter geringeren Druck, sodass sie sich ausdehnt. Für die Ausdehnung ist Energie notwendig, die der Umgebung entzogen wird. Deswegen kühlt sich aufsteigende Luft umso mehr ab, je höher sie kommt (etwa um 1 °C/100 m).

Hat sie die Temperatur der Umgebungsluft erreicht, steigt sie nicht weiter auf. **Die als Folge von Luftdruckunterschieden auftretende Luftströmung bezeichnet man als Wind.** Zur Herbeiführung eines Druckausgleichs fließt sie immer von Gebieten hohen Luftdrucks zu Gebieten niedrigen Luftdrucks. Ursache für solche Luftströmungen oder Windbewegungen ist die unterschiedliche Erwärmung der Erdoberfläche durch die Sonnenstrahlung. So erwärmt sich z. B. das Wasser langsamer als das Land, kühlt sich aber auch langsamer ab. Dies erklärt z. B. die kühle Seebrise, die am Tage zum Land weht: Über dem stärker erwärmten Land steigt die Luft auf, strömt in der Höhe nach den Seiten weg, kühlt sich ab und sinkt über dem Meer wieder nach unten, von wo sie als kühler **Seewind** wieder zum Land weht.

Da sich das Meer langsamer abkühlt als das Land, ist es in der Nacht wärmer, sodass jetzt der Wind als so genannter **Landwind** vom Land zum Meer weht (s. Abb. 1). In den Gebirgen treten als lokale Winde der Berg- und Talwind auf. Am Tage erwärmt sich die Luft an den Gebirgswänden stärker als die Luft in gleicher Höhe über dem Tal, sodass die wärmere Hangluft als Hangaufwind aufsteigt und durch nachfließende kältere Talluft ersetzt wird, die sich erwärmt und als talaufwärts wehender **Talwind** aufsteigt. Abends kühlt sich die Luft an den Gebirgswänden schneller ab als die Luft über dem Tal, sodass die an den Hängen gebildete Kaltluft als **Bergwind** ins Tal hinabströmt (s. Abb. 2, S. 283). Besonders Segler nutzen die durch unterschiedliche Erwärmung der Erdoberfläche entstehenden natürlichen vertikalen Luftströmungen (s. Abb. 1, S. 283). Da es sich bei den lokalen Winden um relativ kleine Luftbewegungen mit nur geringer Ausdehnung handelt, werden sie häufig von großräumigen Luftbewegungen, den globalen Windsystemen der Atmosphäre, überdeckt.

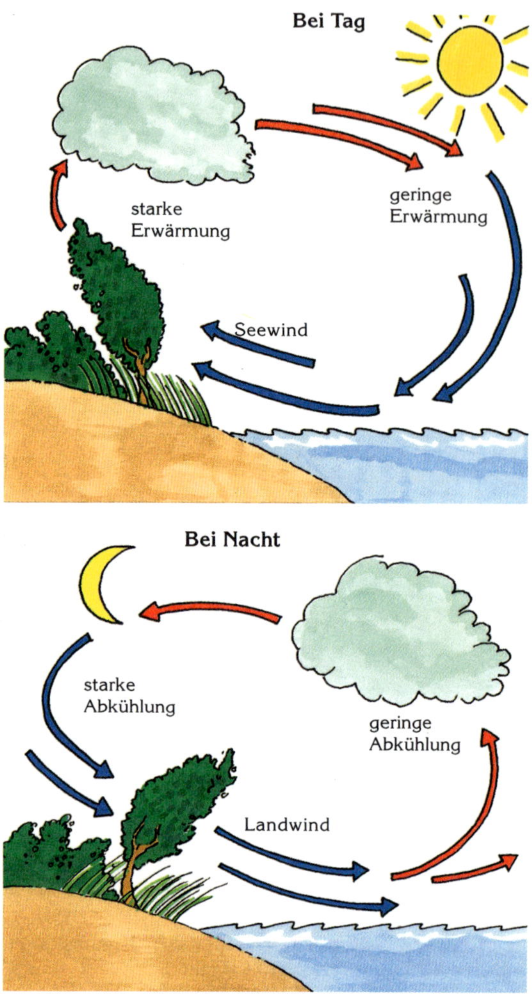

Abb. 1 Entstehung von See- und Landwind

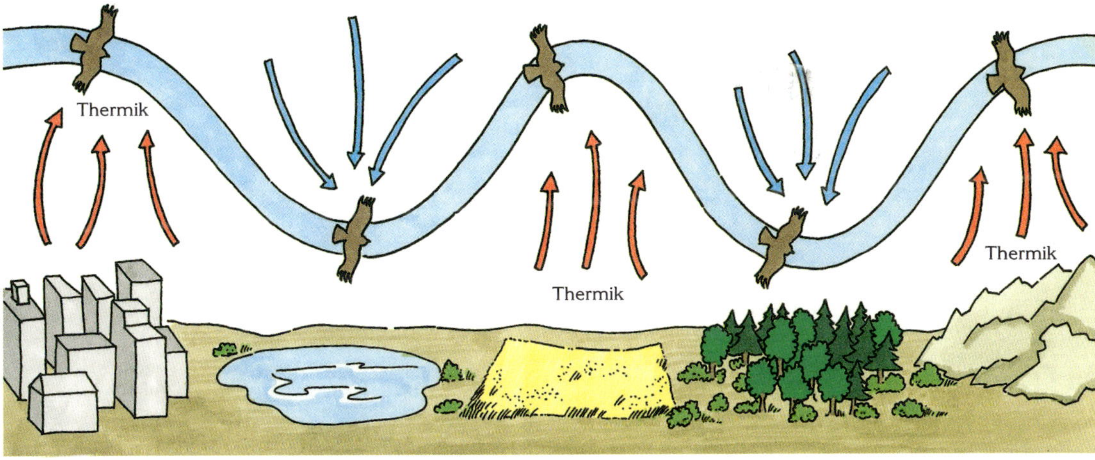

Abb. 1 Ausnutzung der natürlichen vertikalen Luftströmungen

Abb. 2 Tal- und Bergwind

Abb. 3 Schalenkreuzanemometer mit Windfahne

Windmessung

Zur Messung der Windgeschwindigkeit dient das **Schalenkreuzanemometer**. Es besteht aus drei oder vier halbkugelförmigen Schalen, die an einer Achse mit einem Drehzahlmesser verbunden sind. In der Regel ist an dem Gerät auch eine **Windfahne** angebracht, die die Windrichtung anzeigt (s. Abb. 3). Die Angabe der Windgeschwindigkeit erfolgt in m/s, km/h oder in kn (Knoten). Mithilfe einer vom britischen Admiral Sir Francis Beaufort (1774 bis 1857) aufgestellten 12-stufigen Skala (später auf 17 Stufen erweitert) lässt sich anhand der Wirkung des Windes die Windstärke schätzen (s. Tab. 1, S. 284).

Luftfeuchtigkeit

Von den Pflanzen und der Erdoberfläche wird ständig Wasser in Form von gasförmigem Wasserdampf an die Atmosphäre abgegeben. Bei der Verdunstung geht das Wasser vom flüssigen zum gasförmigen Zustand über. Hierzu müssen die Wassermoleküle ihre gegenseitige Anziehung überwinden. Dies geschieht durch Zufuhr von Energie. Je höher die Energiezufuhr, desto stärker bewegen sich die Moleküle, wobei die Wärmebewegung den zwischenmolekularen Anziehungskräften entgegenwirkt. Ist die Wärmebewegung größer als die Anziehungskräfte unter den Wassermolekülen, treten freie, nicht mehr aneinander

Windstärke (Beaufortgrad)	Bezeichnung	Auswirkungen des Windes	Windgeschwindigkeit in m/s	km/h	kn
0	still	Windstille, Rauch steigt gerade empor	0,0– 0,2	0,0– 0,7	0,0– 0,4
1	leiser Zug	Windrichtung angezeigt nur durch Zug des Rauches, aber nicht durch Windfahne	0,3– 1,5	1,1– 5,4	0,6– 2,9
2	leichte Brise	Wind am Gesicht fühlbar, Blätter säuseln, Windfahne bewegt sich	1,6– 3,3	5,8– 11,9	3,1– 6,4
3	schwache Brise	Blätter und dünne Zweige bewegen sich, Wind streckt einen Wimpel	3,4– 5,4	12,2– 19,4	6,6– 10,5
4	mäßige Brise	Hebt Staub und loses Papier, bewegt Zweige und dünnere Äste	5,5– 7,9	19,8– 28,4	10,7– 15,3
5	frische Brise	Kleine Laubbäume beginnen zu schwanken, Schaumköpfe bilden sich auf Seen	8,0–10,7	28,8– 38,5	15,6– 20,8
6	starker Wind	Starke Äste in Bewegung, Pfeifen in Telegraphenleitungen, Regenschirme schwierig zu benutzen	10,8–13,8	38,9– 49,7	21,0– 26,8
7	steifer Wind	Ganze Bäume in Bewegung, fühlbare Hemmung beim Gehen gegen den Wind	13,9–17,1	50,0– 61,6	27,0– 33,3
8	stürmischer Wind	Bricht Zweige von den Bäumen, erschwert erheblich das Gehen im Freien	17,2–20,7	61,9– 74,5	33,4– 40,2
9	Sturm	Kleinere Schäden an Häusern (Rauchhauben und Dachziegel werden abgeworfen)	20,8–24,4	74,9– 87,8	40,4– 47,4
10	schwerer Sturm	Entwurzelte Bäume, bedeutende Schäden an Häusern	24,5–28,4	88,2–102,2	47,6– 55,2
11	orkanartiger Sturm	Verbreitete Sturmschäden (sehr selten im Binnenland)	28,5–32,6	102,6–117,4	55,4– 63,4
12	Orkan	Schwerste Verwüstungen	32,7–36,9	117,7–132,8	63,6– 71,7
13	}		37,0–41,4	133,2–149,0	71,9– 80,5
14		Nur auf dem Meer	41,5–46,1	149,4–166,0	80,7– 89,6
15		und	46,2–50,9	166,3–183,2	89,8– 98,9
16		an den Küsten	51,0–56,0	183,6–201,6	99,1–108,9
17			>56,0	>201,6	>108,9

Tab. 1 Windmesstabelle

gebundene Wassermoleküle auf. Das Wasser geht vom flüssigen in den gasförmigen Zustand über – es verdunstet. Da die notwendige Wärmeenergie zur Überwindung der zwischenmolekularen Kräfte der Umgebung entzogen wird, kommt es zur Abkühlung – der so genannten **Verdunstungskälte** (s. Abb. 1).

Den Feuchtigkeitsgehalt der Luft kann man als absolute oder relative Luftfeuchtigkeit angeben. **Die absolute Luftfeuchtigkeit gibt den Wasserdampfgehalt in g/m³ an, während die relative Luftfeuchtigkeit den Grad der Wasserdampfsättigung der Luft in Prozent angibt.** Die Aufnahmefähigkeit für Wasserdampf ist begrenzt und hängt von der Lufttemperatur ab. **Je höher die Temperatur, desto mehr Wasserdampf kann Luft aufnehmen und umgekehrt.** Ist ihre Aufnahmekapazität erschöpft, sagt man, die Luft ist mit Wasserdampf gesättigt. In diesem Fall beträgt die relative Luftfeuchtigkeit 100%.

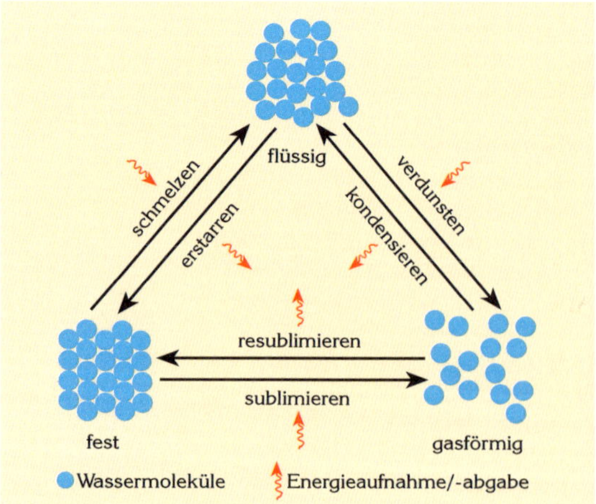

Abb. 1 Aggregatzustände des Wassers

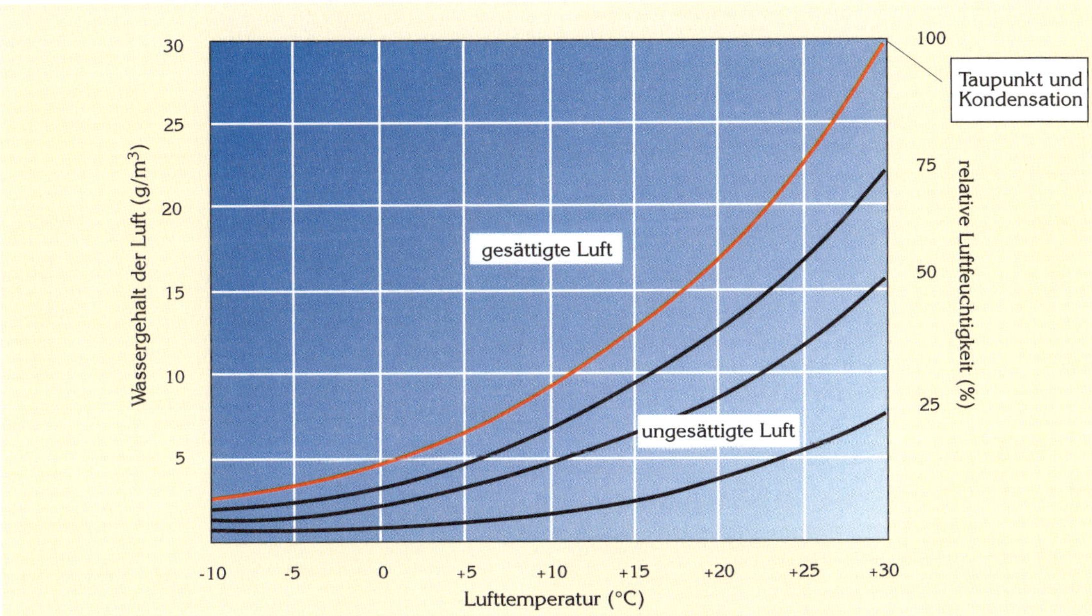

Abb. 1 Zusammenhang von Lufttemperatur und Luftfeuchtigkeit

Der überschüssige Wasserdampf, der nicht mehr aufgenommen werden kann, geht vom gasförmigen in den flüssigen Zustand über – er kondensiert. Bei diesem Vorgang wird die Energie als Wärme in die Atmosphäre wieder abgegeben, die zuvor zur Verdunstung notwendig war. Wasserdampf ist somit ein großer Energiespeicher und -transporteur der Atmosphäre (s. Abb. 1, S. 284). Die Kondensation erfolgt an so genannten **Kondensationskernen/-keimen,** mikroskopisch kleinen in der Atmosphäre schwebenden Teilchen, wie z. B. Salz-, Staub- und Rußpartikeln. **Die Tem-peratur, bei der der Wasserdampf der Luft zu kondensieren beginnt, bezeichnet man als ihren Taupunkt.**

Je niedriger der Wassergehalt der Luft ist, desto mehr muss sich die Luft abkühlen, um ihren Taupunkt zu erreichen und umgekehrt. Die Temperatur des Taupunktes hängt also von dem jeweiligen Wasserdampfgehalt der Luft ab (s. Abb. 1).

Luftfeuchtigkeitsmessung
Die relative Luftfeuchtigkeit wird mit einem **Hygrometer** gemessen. Als Feuchtefühler werden entfettete Menschenhaare (Haarhygrometer) oder Kunststofffolien benutzt, die mit zunehmender Feuchtigkeit länger und mit abnehmender Feuchtigkeit kürzer werden. Die Längenänderung wird

Abb. 2 Thermohygrograph

über einen Zeiger auf einer Skala angezeigt. Bei einem **Hygrographen** erfolgt die Übertragung über einen Schreiber auf eine Uhrtrommel mit Registrierpapier. Gebräuchlich ist die Verwendung des **Thermohygrographen** – eine Kombination von Thermo- und Hygrograph (s. Abb. 2). Gerade diese Kombination liefert wichtige Erkenntnisse für eine Wetteränderung. Steigt z. B. die Luftfeuchtigkeit, ohne dass die Temperatur steigt, oder fällt die Temperatur und die Luftfeuchtigkeit ändert sich nicht, sind dies gute Hinweise für einen möglichen Regen (s. Abb. 1).

Steigen warme Luftmassen auf, kühlen sie sich infolge von Ausdehnung ab, sodass ihre relative Luftfeuchtigkeit zunimmt. Wird die relative Luftfeuchtigkeit von 100 % erreicht, kommt es zur Kondensation des überschüssigen Wasserdampfs. Millionen mikroskopisch kleiner Wasserdampfmoleküle kondensieren zu feinsten Wassertröpfchen (0,02 bis 0,1 mm). **Der vorher unsichtbare Wasserdampf wird als Wolke sichtbar.**

Dieser Vorgang wird besonders deutlich durch die Kondensstreifenbildung hoch fliegender Flugzeuge. Der in der Luft und den Flugzeugabgasen enthaltene Wasserdampf kondensiert an den in den Abgasen enthaltenen Rußpartikeln. Je dunkler sich eine Wolke verfärbt, desto höher ist i. d. R. ihr Wassergehalt, der die Erde als Niederschlag wieder erreicht. Bei nachlassender Sonnenstrahlung können Wolken auch wieder absinken und sich auflösen. Dies ist bei den Schönwetterhaufenwolken (Kumulus) der Fall. Wolken, die sich in Bodennähe bilden, bezeichnen wir als **Nebel**. Er entsteht häufig in der Nähe von Gewässern, da hier die Luft eine hohe relative Luftfeuchtigkeit aufweist, sodass es durch Abkühlung sehr schnell zur Sättigung der Luft mit Wasserdampf und damit zur Kondensation kommen kann. Wolken können sehr unterschiedliche Formen annehmen, wobei jeder Form ein bestimmtes Wettergeschehen zugrunde liegt. Somit ermöglichen sie Rückschlüsse auf die Vorgänge in der Troposphäre oder, anders gesagt, auf das bevorstehende Wetter (s. S. 287).

Niederschlag

Etwa 86 % des zwischen Atmosphäre und Erde zirkulierenden Wassers stammen aus den Weltmeeren und die restlichen 14 % vom Festland. Jedoch fallen ungefähr 22 % des verdunsteten Wassers als Niederschlag auf das Land, das so mehr bekommt, als es abgibt. **Die Wasserabgabe aus der Atmosphäre bezeichnen wir als Niederschlag.** Er kann in unterschiedlicher Form erfolgen und hängt von der Luftströmung, der Temperatur und der Luftfeuchtigkeit ab.

Die häufigste Niederschlagsform ist der **Regen**. In den gemäßigten Zonen entsteht er meist aus Schnee. Dies beruht darauf, dass die meisten Wolken in ihren oberen Schichten Eiskristalle enthalten. Diese vergrößern sich mit der Zeit, indem die in ihrer Nähe befindlichen Wassertröpfchen gefrieren. Ihre ständige Größenzunahme bewirkt schließlich, dass sie zu Boden fallen, wobei sie sich auf dem Weg dorthin weiter vergrößern und

Abb. 1 Regenmesser

Schneeflocken bilden. Beim Passieren wärmerer bodennaher Luftschichten schmelzen sie und gelangen als Regentropfen auf den Boden. Nach der Tropfengröße unterscheidet man z. B. Niesel- oder Sprühregen (< 0,5 mm), Landregen (0,5 bis 4 mm) und Platz- oder Gewitterregen (> 4 mm). Herrschen auch in den bodennahen Luftschichten niedrige Temperaturen, fallen die Eiskristalle als **Schneeflocken** – es schneit.

Der **Hagel** entsteht in großen Schauer- und Gewitterwolken. Die in diesen Wolken herrschenden starken Turbulenzen führen dazu, dass die Eiskristalle immer wieder in Auf- und Abwinde geraten, wobei sie oben gefrieren und unten schmelzen. Bei diesem Hin- und Hertransport wachsen die Hagelkörner immer mehr an, bis sie schließlich groß genug sind, um gegen die Aufwinde zu Boden zu fallen. Dabei können Hagelkörner von über 5 cm Dicke auftreten und schwere Schäden an Pflanzen und Gewächshäusern anrichten. Schmelzen sie beim Passieren bodennaher Warmluftschichten, entsteht der **Platz- oder Gewitterregen**. Gelangen Regentropfen in Bodennähe in kalte Luftschichten, können sie wieder gefrieren und als **Graupel** (Eiskörner) zur Erde fallen. Kühlt sich die Luft an der Oberfläche des Bodens und der Pflanzen unter den Taupunkt ab, legt sich der überschüssige Wasserdampf als **Tau**, bei Temperaturen unter Null Grad als **Raureif** nieder. Der gefährliche **Eisregen** entsteht durch auf gefrorenen Boden fallenden oder durch unterkühlten Regen, der beim Auftreffen sofort gefriert.

Wolken

Abb. 1 **Feine Schäfchenwolken** (Zirrokumulus) als Vorboten einer Wetterstörung (Höhe: 6 000 bis 12 000 m)

Abb. 2 **Federwolken**(Zirrus) deuten auf eine Wetterverschlechterung hin (Höhe: 6 000 bis 12 000 m)

Abb. 3 **Regenwolken** (Nimbostratus) bringen lang anhaltende Regen- oder Schneefälle (Höhe: < 2 500 m)

Abb. 4 **Haufen-/Quellwolken** (Kumulus)bringen in der Regel keinen Regen, sondern lösen sich gegen Abend wieder auf (Schönwetterwolken)

Abb. 5 **Haufenschichtwolken** (Stratokumulus) bringen in der Regel keinen Regen, deuten auf Wetteränderung hin (Höhe: < 2 500 m)

Abb. 6 **Mittelhohe Schichtwolken** (Altostratus)bilden eine graue, dichte Wolkendecke (Höhe: 2 000 bis 6 000 m)

Abb. 7 **Tiefe Schichtwolken** (Stratus) flache Wolkenschicht ohne deutliche Untergrenze („Hochnebel“) (Höhe: < 2 500 m)

Abb. 8 **Nebel** – eine Wolke am Erdboden

Niederschlagsmessung

Zur Ermittlung flüssiger und fester Niederschläge dient der **Regenmesser** (s. Abb. 1, S. 286). Die Tagesmenge wird ermittelt, indem die Wassermenge aufgefangen wird, die auf eine 200 cm² große Auffangfläche in 1 m Höhe fällt. Die Angabe erfolgt in mm: **1 mm = 1 l Wasser/m²** (s. Abb. 1).

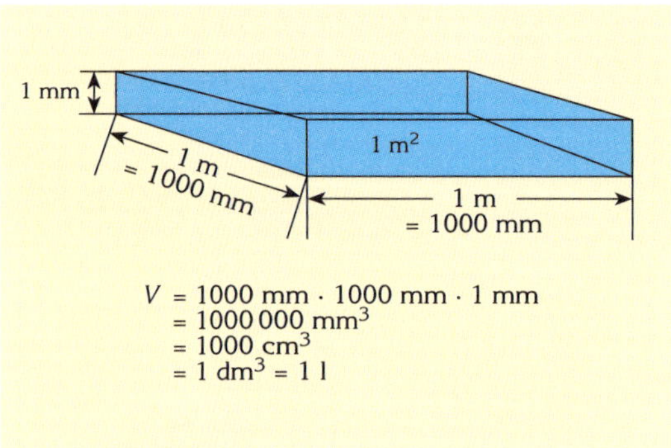

Abb. 1 Die Angabe der Niederschlagsmenge erfolgt in Millimeter

5.1.5 Hoch- und Tiefdruckgebiete

Abb. 2 Entstehung des Föhns

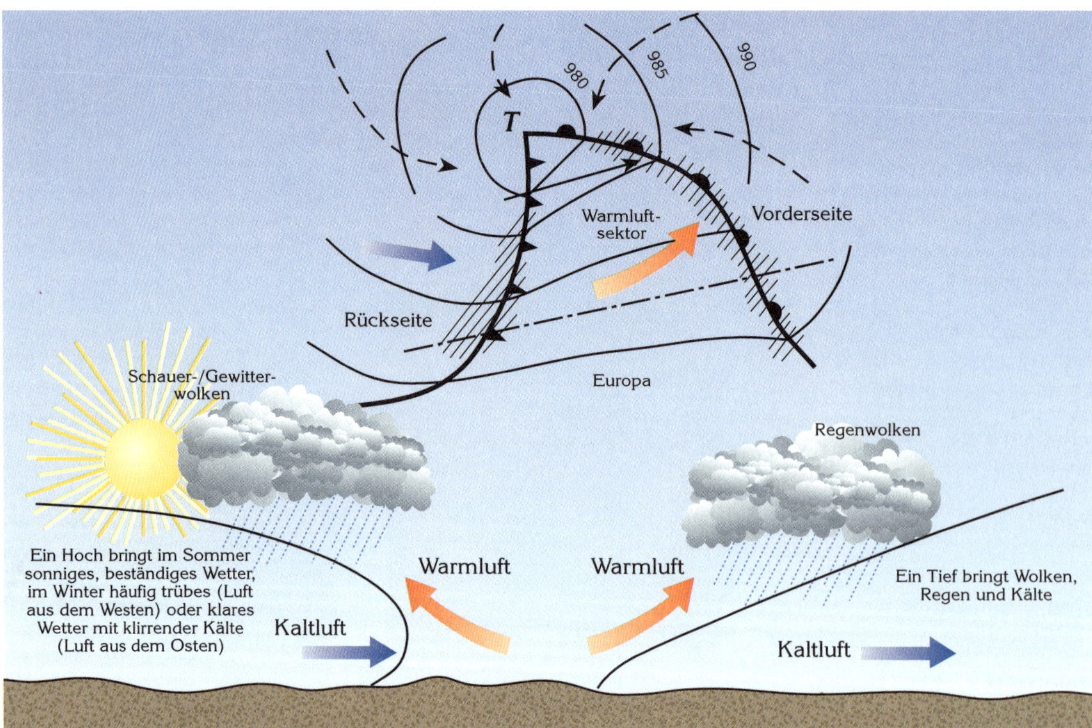

Abb. 3 Schnitt durch ein Tiefdruckgebiet (unten) und seine Darstellung auf der Wetterkarte (oben)

Das veränderliche, instabile Wetter der gemäßigten Zone wird durch das ständige Zusammentreffen warmer feuchter Luftmassen aus der Äquator- und kalter trockener Luftmassen aus der Polregion bestimmt. Die dabei erfolgende Vermischung führt zur Bildung von riesigen Luftwirbeln unterschiedlichen Drucks, den **Hoch- und Tiefdruckgebieten**. Auf der Wetterkarte werden diese ausgedehnten Luftdruckgebiete durch **Isobaren** dargestellt. Das sind Linien, die Orte gleichen Luftdrucks verbinden und im Abstand von 5 Hektopascal (hPa) eingetragen werden. Der **Normaldruck** beträgt in Meereshöhe 1013,25 hPa.

Aufgrund der Erdrotation entsteht eine Kraft, die einen sich bewegenden Körper auf der Nordhalbkugel nach rechts und auf der Südhalbkugel nach links abweichen lässt. Die **Corioliskraft** bewirkt, dass die Luftströmungen vom Hochdruck- zum Tiefdruckgebiet auf der Nordhalbkugel nach rechts abgelenkt werden, sodass die Luftmassen um den Kern eines Hochdruckgebietes im Uhrzeigersinn kreisen und mit einem Linksdrall in das Tiefdruckgebiet strömen, in dem die Luftmassen entgegengesetzt dem Uhrzeigersinn fließen (s. Abb. 1).

Die Grenzflächen vordringender Warm- (Tief) und Kaltluftmassen (Hoch) bezeichnet man als **Fronten**. Verdrängen warme Luftmassen kalte, spricht man von einer **Warmfront**. Im umgekehrten Fall handelt es sich um eine **Kaltfront**. Stößt eine Warmfront vor, schiebt sich die wärmere Luft über die kältere empor. Beim Aufstieg kühlt sie sich ab, sodass es in großen Höhen zur Bildung von **Federwolken** (Zirrus) kommt, denen **Schleierwolken** (Zirrostratus), **Schichtwolken** (Altostratus) und schließlich dunkle **Regenwolken** (Nimbostratus) folgen. Letztere bringen lang anhaltende Niederschläge. Stößt eine vordringende Kaltfront auf Warmluft, schiebt sich die schwere Kaltluft unter die warme Luft und drückt sie nach oben, dabei entstehen **Haufenwolken** (Kumulus), die sich zu **Schauer-** oder **Gewitterwolken** (Kumulonimbus) entwickeln können (s. Abb. 3, S. 288).

Gewitter entstehen dadurch, dass sich in bis zur Stratosphäre reichenden Wolken starke Turbulenzen mit kräftigen Auf- und Abwinden bilden. Dieses Auf und Ab führt zu starken Reibungen und Zusammenstößen der Wassermoleküle, sodass eine elektrische Aufladung entsteht. Gleichzeitig erfolgt eine Ladungstrennung, wobei sich positiv geladene Tröpfchen in dem oberen und negativ geladene Tröpfchen im unteren Teil der Wolke sammeln. Eine Gewitterwolke ist also im oberen

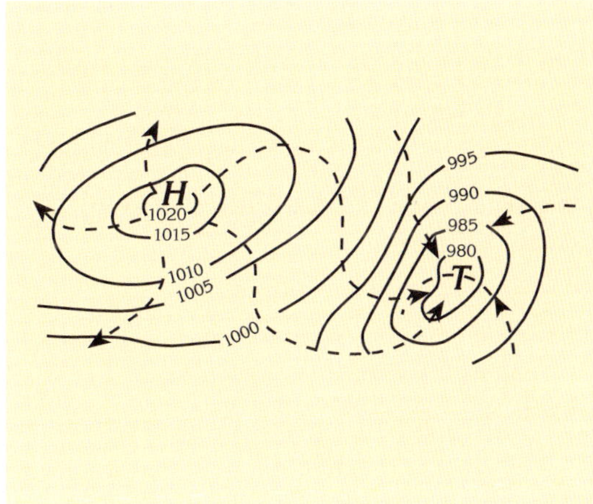

Abb. 1 Windrichtungen um ein Hoch- und Tiefdruckgebiet auf der Nordhalbkugel

Teil positiv und im unteren Teil negativ aufgeladen. Die Erde wiederum wirkt als Pluspol, wobei zwischen Wolke und Erde Spannungsunterschiede von mehreren Millionen Volt auftreten können. Die elektrische Entladung erfolgt in Form von Blitzen. Da der **Blitz** gewöhnlich vom höchsten Punkt angezogen wird, sollten bei einem Gewitter Bäume (alle!), andere hohe Punkte, wie Masten usw., und die Nähe von Metallen (z. B. Fahrräder) gemieden werden. Stattdessen sollte man sich, die Füße dicht beieinander, hinhocken (nicht hinlegen!). In Metallgehäusen, wie im Auto oder Flugzeug, ist man sicher vor Blitzen. Der Blitz erreicht Temperaturen von 5 000 bis 10 000 °C, wodurch es zur starken Ausdehnung der Luft kommt. Bei der unmittelbar darauf erfolgenden Abkühlung verdichtet sich die Luft wieder, was den **Donner** erzeugt. Aus der Zeit, die zwischen dem Aufleuchten des Blitzes und dem Hören des Donners vergeht, lässt sich die Entfernung des Gewitters errechnen, da der Schall 3 Sekunden für 1 Kilometer braucht.

Trifft die Luftströmung beim Druckausgleich zwischen Hoch- und Tiefdruckgebieten auf ein Hindernis, fließt sie darum herum oder strömt darüber hinweg. Beim Überströmen von Gebirge kühlt sich die aufsteigende Luft ab. Enthält sie genügend Feuchtigkeit, kommt es zur Wolken- und Niederschlagsbildung auf der windzugewandten Seite (Luv), sodass auf der windabgewandten Seite (Lee) ein trockener, warmer Wind in das Tal fällt. Diesen Fallwind bezeichnet man als **Föhn** (s. Abb. 2, S. 288).

Abb. 1 Satellitenbild zur Wetterkarte vom 3. Juli 1992

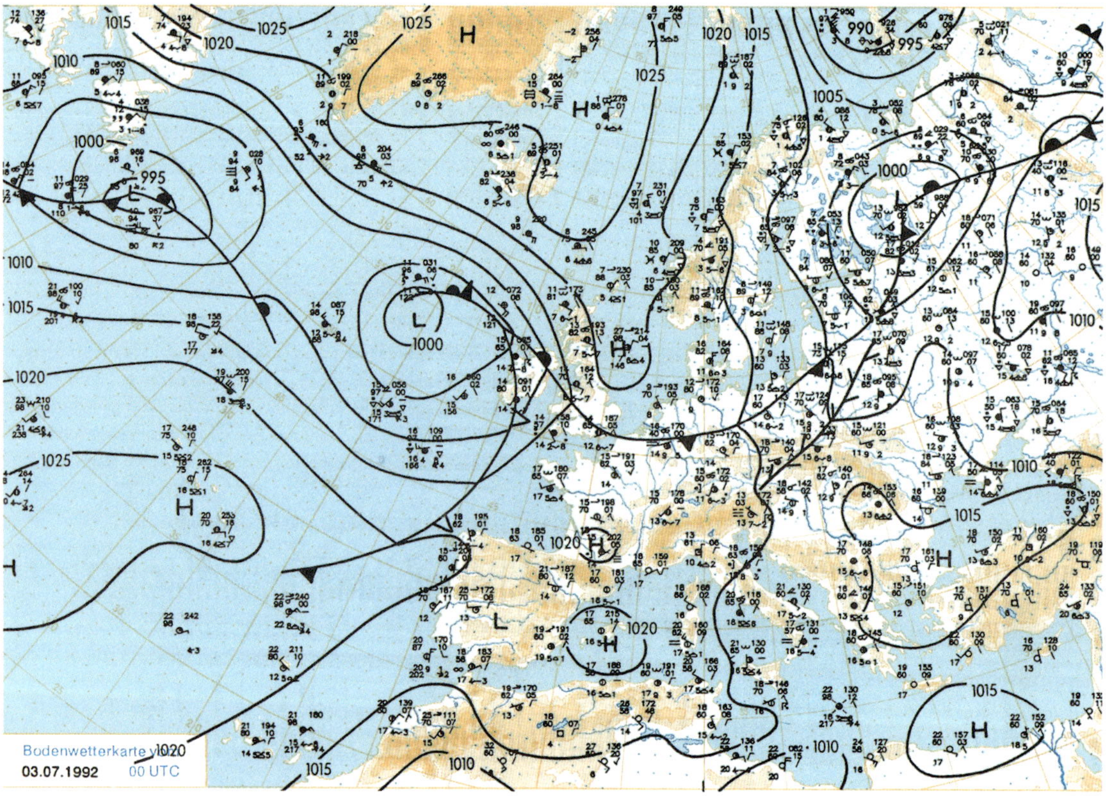

Abb. 2 Wetterkarte vom Deutschen Wetterdienst in Offenbach

5.1.6 Wettervorhersage

Wir alle sind maßgeblich vom Wetter abhängig. Täglich verfolgen Millionen von Menschen den Wetterbericht in den Medien. Er gibt uns Informationen und Entscheidungshilfen, wo und wann wir Urlaub machen, wie wir uns anziehen, ob wir einen Regenschirm mitnehmen oder nicht, welche gärtnerischen Kulturarbeiten sinnvollerweise durchgeführt werden, ob mit Spät- oder Frühfrösten zu rechnen ist, ob Straßenglätte den Verkehr behindert, ob Luftverschmutzungen oder Radioaktivität unsere Gesundheit beeinträchtigen oder Unwetter uns bedrohen usw. Deswegen ist eine möglichst genaue und weit reichende Wettervorhersage unentbehrlich. Mithilfe moderner Wettersatelliten (z. B. METEOSAT für Europa und Afrika) wird in 36 000 km Höhe über dem Äquator rund um die Uhr das Wetter beobachtet. Die zur Erde gesandten Wetterdaten werden von der Europäischen Weltraumorganisation ESA mithilfe moderner Großrechner aufbereitet und wieder zum Satelliten hinaufgeschickt. Von dort gelangen die Daten unter anderem zum Deutschen Wetterdienst (DWD) in Offenbach am Main, wo der digitale Datenstrom alle 30 Minuten mithilfe mathematischer Modelle in ein schwarzweißes **Satellitenbild** umgewandelt wird. Indem diese Bilder elektronisch eingefärbt (s. Abb. 1, S. 290) und hintereinander gesetzt werden, entsteht ein Satellitenfilm, der das Wettergeschehen des Tages zusammenfasst und im Fernsehen bei der Wettervorhersage gesendet wird. Für eine möglichst genaue Wettervorhersage reicht der Satellitenfilm alleine jedoch nicht aus, vielmehr müssen weitere Daten, wie Temperatur, Luftfeuchtigkeit, Luftdruck usw., von Wetterstationen aus ganz Deutschland abgefragt sowie eingehende Daten aus aller Welt von Großrechnern analysiert werden. Mithilfe dieser Informationen über das gegenwärtige Wetter und Computersimulationen wird auf das zukünftige Verhalten der Atmosphäre geschlossen und werden **Wetterkarten** (s. Abb. 2, S. 290) sowie die **Wettervorhersage** für den nächsten Tag erstellt.
Da das Wettergeschehen von unzähligen Faktoren beeinflusst wird, ist die Wetterprognose mit gewissen Unsicherheiten behaftet. Voraussagen von 12 bis 18 Stunden weisen heute eine Genauigkeit von 85 % auf. Eine genaue Vorhersage ist auf maximal drei Tage begrenzt, wobei die Treffsicherheit 75 % erreicht. Laufende Beobachtungen des Wetters und der Wetterzeichen fördern die Fähigkeit, aus der vorhergesagten Wetterentwicklung das regionale Wettergeschehen abzuleiten. So verheißt z. B. das Abendrot häufig gutes Wetter, während Morgenrot oder tief fliegende Schwalben häufig Regen ankündigen.

5.2 Klima

Unter **Klima** versteht man den durchschnittlichen Zustand der bodennahen Atmosphäre für ein bestimmtes Gebiet während vieler Jahre. Bestimmt wird es vor allem durch die geografische Breite, die Höhe über dem Meeresspiegel und die Lage zu den globalen Luftzirkulationen. Man unterscheidet Großklima, Lokalklima und Kleinklima.

5.2.1 Groß- oder Makroklima

Die globalen Windsysteme haben dazu geführt, dass sich ausgeprägte Klimazonen rund um die Erde als gleichförmige Landschaftsgürtel ziehen, die die Erdoberfläche in Gebiete mit ähnlichem Klima unterteilen. Nach der Einstrahlungsintensität der Sonne kann man vier **Klimazonen** (s. Abb. 1, S. 292) unterscheiden:

Tropen (Tropische Zone)
Sie befinden sich beidseits des Äquators zwischen den Wendekreisen (23½° nördlicher und südlicher Breite). Kennzeichnend sind hohe Temperaturen – im Mittel +18 °C – und das Fehlen jahreszeitlicher Schwankungen. In Abhängigkeit von der jährlichen Niederschlagshöhe und ihrer zeitlichen Verteilung umfassen sie sowohl den tropischen Regenwald (s. S. 109) als auch Savannen (Steppen mit einzelnen oder gruppenweise stehenden Bäumen), Steppen (baumlose, niederschlagsarme Gebiete) und Wüsten.

Subtropen (Subtropische Zone)
Die Subtropen erstrecken sich beiderseits der Tropen etwa bis 30° geografischer Breite. Kennzeichnend sind feuchte, milde Winter und trockene, heiße Sommer. In ihnen befinden sich fast alle Wüstengebiete der Erde.

Gemäßigte Breiten/Zone (Mittelbreiten)
Die Mittelbreiten umfassen etwa 52 % der Erdoberfläche. Sie sind im Allgemeinen durch das Auftreten von vier ausgeprägten Jahreszeiten gekennzeichnet und werden in eine warm- und kühlgemäßigte Klimazone unterteilt.

Polarregionen (Polare Zone)
An die gemäßigten Breiten schließen sich ab 60° nördlicher und südlicher Breite die Polarregionen an: die Arktis um den Nordpol und die Antarktis um den Südpol.

Trotz der einheitlichen Sonneneinstrahlung befinden sich innerhalb der einzelnen Zonen recht unterschiedliche Klimagebiete, die vor allem durch die ungleiche Verteilung von Land, Meer und Niederschlägen bedingt sind. So wird vom Meer beeinflusstes Klima als **maritimes Klima** (Seeklima, ozeanisches Klima) bezeichnet. Die vom Meer strömenden feuchten, wolkenreichen Luftmassen führen zu ergiebigen Niederschlägen. Die jahreszeitliche Verteilung hat ihr Maximum im Herbst und Winter. Kennzeichnend sind kühle Sommer und milde Winter. Als **Kontinentalklima** (Landklima, Binnenklima) bezeichnet man das meerferne Klima über dem Festland. Kennzeichnend sind niedrige Luftfeuchtigkeit und dementsprechend geringe Bewölkung und Niederschlagsmengen mit einem Sommermaximum sowie heiße Sommer und kalte Winter. Der Nordwesten Europas ist maritim beeinflusst. Von West nach Ost nimmt der Kontinentaleinfluss zu. So herrscht bei uns bei Westwindlage ein mildes, atlantisch bestimmtes Klima. Eine Ostwindlage hingegen führt im Sommer zu großer Hitze und im Winter zu starker (sibirischer) Kälte.

Die **klimatische Wasserbilanz**, die sich aus der Differenz zwischen Niederschlag und Verdunstung ergibt, bestimmt, ob ein Klima **arid** (trocken, dürr) oder **humid** (feucht, nass) ist. Im **ariden Klima**, wie z. B. in den Wüstengebieten der Erde und im Gewächshaus, ist die mögliche jährliche Verdunstung höher als die jährliche Niederschlagsmenge.

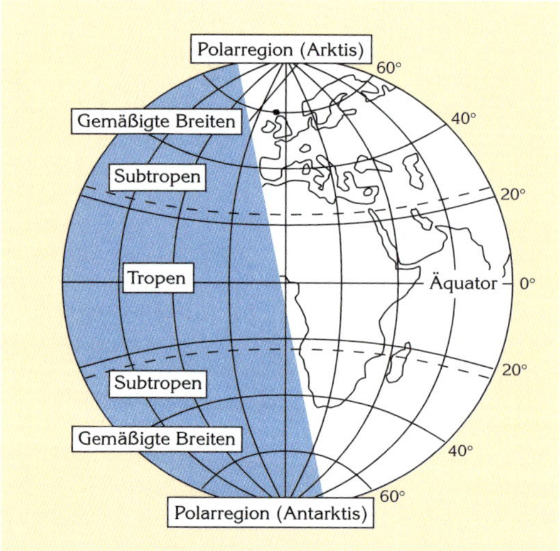

Abb. 1 Die Klimazonen der Erde

Im **humiden Klima**, wie z. B. im tropischen Regenwald und großen Teilen der gemäßigten Breiten – so auch bei uns –, ist die jährliche Niederschlagsmenge größer als die jährliche Verdunstung. Nach der Zahl der humiden und ariden Monate während eines Jahres unterscheidet man ferner das semiaride und das semihumide Klima. Von einem **semiariden Klima** spricht man, wenn während des größeren Teils des Jahres aride Bedingungen herrschen. Im **semihumiden Klima** übertrifft die Niederschlagsmenge in 6 bis 9 Monaten im Jahr die Verdunstungsrate. So herrscht in der Bundesrepublik Deutschland ein maritimes, semihumides, warmgemäßigtes Klima.

5.2.2 Lokal- oder Mesoklima

Unter dem Lokal- oder Mesoklima wird ein begrenzt klimatisches Gebiet verstanden, das sich aufgrund der Geländegestaltung klimatisch von der Umgebung unterscheidet. Solche Lokalklimate sind z. B. das Hang-, Tal-, Berg-, Wald- oder Stadtklima.

5.2.3 Klein- oder Mikroklima

Unter dem Klein- oder Mikroklima versteht man die klimatischen Verhältnisse in der bodennahen Luftschicht bis 2 m Höhe. Diese Schicht bezeichnet man auch als Störungszone. Am Tage ist sie relativ warm, in der Nacht relativ kalt, da Erwärmung und Abkühlung vom Boden her erfolgen. Darum werden alle internationalen Messgeräte in einer Höhe über 2 m angebracht. Unterschiedliche Kleinklimate finden wir z. B. auf den verschiedenen Seiten eines Hauses, im Bereich einer Hecke, im Gewächshaus oder in verschiedenen Pflanzenbeständen.

5.2.4 Globale Klimaveränderungen

Zunehmende Luftverschmutzungen und Zerstörungen der natürlichen Vegetation beeinflussen unser Klima immer mehr. Saurer Regen, Smog- und Ozonalarm, Wald- und Gewässersterben, Artenrückgang, Trinkwasserverschmutzung und Bodenverseuchung gehören zu den Folgeerscheinungen menschlicher Umweltverschmutzung, an die wir uns schon gewöhnt haben. Welche Folgen globale Klimaveränderungen für das Leben auf der Erde mit sich bringen können, zeigen uns der Treibhauseffekt und das Ozonloch.

Treibhauseffekt

Ein Treib- oder Gewächshaus erwärmt sich dadurch, dass das Glas zwar die **kurzwelligen Lichtstrahlen** hindurchlässt, die **langwelligen Wärmestrahlen** aber zurückhält: Die Lichtstrahlen der Sonne dringen durch das Glas in das Treibhaus ein und wandeln sich beim Auftreffen auf Boden und Pflanzen in Wärmestrahlen um. Da die Wärmestrahlen vom Glas zurückgehalten werden, kommt es zu einer Erwärmung im Innern des Treibhauses (s. Abb. 1). Dieser so genannte **Treibhaus- oder Gewächshauseffekt** lässt sich auf die Erde übertragen, wobei die Atmosphäre die Funktion des Glases übernimmt. Verantwortlich dafür sind vor allem zwei Gase – der **Wasserdampf** und das **Kohlendioxid**. Auf der einen Seite hat gerade dieser Treibhauseffekt dazu geführt, dass die Erde bewohnbar wurde, denn ohne die Wärmeabsorption und -reflexion durch die Atmosphäre würde sämtliche Wärme von der Erde in den Weltraum gestrahlt. Statt der heute durchschnittlich +15 °C würden auf der Erde ganzjährig –20 °C herrschen.

Eine Verstärkung des natürlichen Treibhauseffektes führt jedoch dazu, dass immer mehr Wärme auf der Erde wie in einem Treibhaus gefangen bleibt. Vor allem die seit dem 19. Jahrhundert kontinuierlich steigende CO_2-Konzentration in der Atmosphäre verstärkt den Treibhauseffekt (s. Abb. 2).

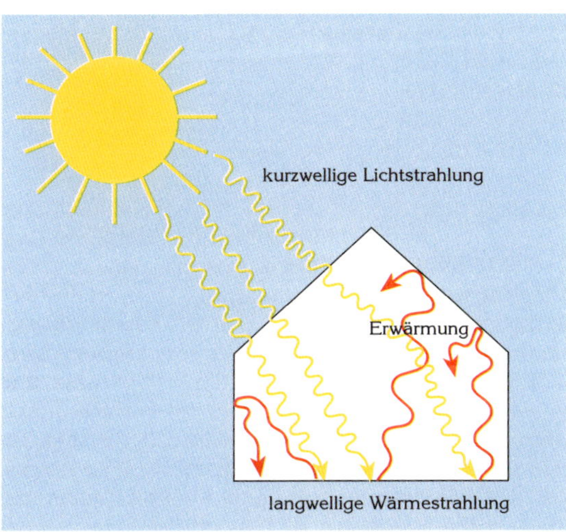

Abb. 1 Der Treibhauseffekt

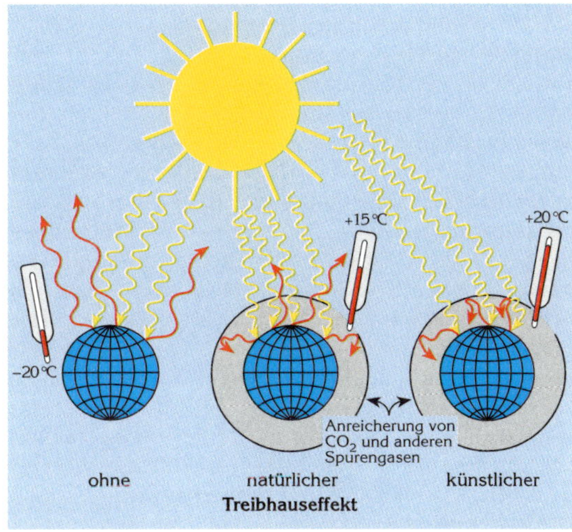

Abb. 2 Fortschreitende Erwärmung der Erdatmosphäre

Ursachen sind in erster Linie in der **Verbrennung fossiler Energieträger** und der **Vernichtung des tropischen Regenwaldes** zu sehen. Jeden Tag werden mehr Erdöl, Erdgas und Kohle verbraucht als sich in tausend Jahren in der Natur gebildet haben. Bei der Abbrennung des tropischen Regenwaldes erfolgt nicht nur die Freisetzung riesiger Mengen an CO_2, sondern auch die Vernichtung biologischer Speichermasse gewaltigen Ausmaßes. Betrug der CO_2-Gehalt in der Mitte des vergangenen Jahrhunderts noch 0,028 % CO_2/l Luft (280 l CO_2/1 000 000 l Luft = 280 ppm), sind es heute bereits 0,0355 % CO_2/l Luft (355 l CO_2/1 000 000 l Luft = 355 ppm) – mit steigender Tendenz! Neben Kohlendioxid tragen auch andere wärmeabsorbierende Spurengase, wie **Methan** (CH_4), **Stickstoffoxide** (N_2O), **Ozon** (O_3) und **Fluorchlorkohlenwasserstoffe** (FCKW), zur Verstärkung des Treibhauseffektes bei. Methan hat eine 11fach stärkere Wirkung als CO_2, und FCKW halten pro Molekül gar bis zu 7 000-mal mehr Wärme fest.

Wenn der Ausstoß von Kohlendioxid und anderen wärmeisolierenden Spurengasen nicht drastisch eingeschränkt wird, befürchten Wissenschaftler einen durchschnittlichen Temperaturanstieg um 1,5 bis 4,5 °C in den nächsten 50 bis 100 Jahren.

Dieser reicht aus, um über **veränderte Wind-, Wolken- und Niederschlagsverhältnisse** eine **Verschiebung der Klima- und Anbauzonen** zu bewirken – vielerorts mit katastrophalen Folgen: Die abnehmenden Niederschläge, vor allem in den meerfernen Gebieten, führen zu einer **Ausdehnung der Wüstengebiete** nach Norden, sodass **Dürren und Hungersnöte** zunehmen. Die Aufheizung der Meere bewirkt über die Ausdehnung des Wassers einen **Anstieg des Meeresspiegels** von schätzungsweise 1 bis 3 m. Ein evtl. Abschmelzen großer Teile des Gletscher- und Polareises würde diesen Prozess noch verstärken. Es wird davon ausgegangen, dass die mit dem Ansteigen des Meeresspiegels verbundene **Überflutung weiter Landstriche** dazu führen wird, daß ⅕ der Weltbevölkerung ihre Heimat verlassen muss.

Maßnahmen zur Senkung des CO_2-Ausstoßes sind – neben der **Reduzierung des Energieverbrauchs** – die verstärkte **Nutzung alternativer Energien**, wie Sonnen-, Wind- und Wasserenergie. Die **Energiegewinnung aus schnell nachwachsenden Rohstoffen**, z. B. Holz und Stroh, führt zu einer neutralen CO_2-Bilanz, da nur so viel CO_2 bei der Verbrennung freigesetzt wird, wie die Pflanzen zuvor aus der Luft entnommen haben. **Maßnahmen gegen das Waldsterben – großflächige Aufforstungen** und der **Schutz des tropischen Regenwaldes** – führen zu einem CO_2-Entzug aus der Atmosphäre und einer langfristigen biologischen Speicherung.

Ozonloch

Die in 20 bis 50 km Höhe befindliche **Ozonschicht der Stratosphäre** (s. Abb. 1, S. 280) schützt die Erde vor der harten UV-Strahlung (Wellenlänge 200 bis 300 nm), die hier zum größten Teil beim Auf- und Abbau von Ozon absorbiert wird, sodass nur ein geringer Teil der für Mensch, Tier und Pflanze schädlichen UV-Strahlung auf die Erdoberfläche gelangt. Presst man die Ozonmoleküle, die in der Stratosphäre verteilt sind, ganz dicht zusammen, würden sie eine Schicht von nur 3,5 mm Dicke bilden! Der Ozonschutzschirm entsteht aus einem natürlichen **Ozonkreislauf** heraus: Sauerstoffmoleküle (O_2), die ebenfalls UV-Strahlen absorbieren können, zerfallen bei dieser Absorption zu Sauerstoffatomen (O), die sich mit nicht gespaltenen Sauerstoffmolekülen zu dreiatomigem Sauerstoff verbinden – dem **Ozon (O_3)**. Absorbieren die Ozonmoleküle nun UV-Strahlen, zerfallen sie wieder zu Sauerstoffmolekülen und Sauerstoffatomen. Letztere reagieren mit Ozon zu Sauerstoffmolekülen ($O_3 + O \rightarrow 2\ O_2$). Der Kreislauf beginnt von vorne. So findet in der Stratosphäre

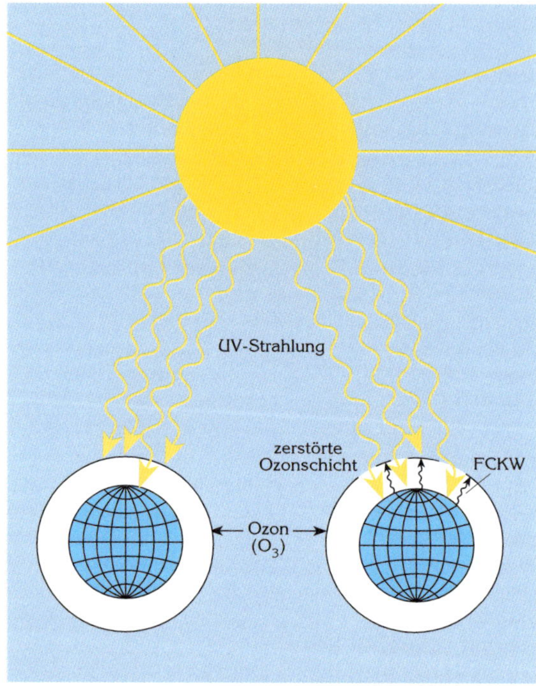

Abb. 1 Erhöhte UV-Strahlung durch Ozonzerstörung

ein ständiger Auf- und Abbau von Ozon statt – ein Kreislauf, der durch den Einfluss des Menschen aus dem Gleichgewicht gebracht wird. Erstmals 1984 wurde festgestellt, dass die Ozonschutzschicht zerstört wird. Über der Antarktis (Südpol) wurde eine starke Abnahme des Ozongehalts registriert. Dieses „Ozonloch“ erstreckt sich über eine Fläche in der Größe der Vereinigten Staaten von Amerika. Hauptverursacher sind **Fluorchlorkohlenwasserstoffe (FCKW)**, die vor allem als Treibgase (z. B. in Spraydosen), Kühl- (z. B. in Kühlschränken), Lösungs- und Schäumungsmittel (z. B. in Polyurethanen) verwendet werden. Die FCKW, die in der Atmosphäre keinerlei Verbindung mit anderen Stoffen eingehen, gelangen im Laufe von 10 bis 15 Jahren in die Stratosphäre, wo es durch die Einwirkung der UV-Strahlung zur Abspaltung der Chloratome (Cl) kommt. Die Chloratome reagieren mit dem Ozon zu Sauerstoff und Chlormonoxid, die wiederum Sauerstoffmoleküle und Chloratome bilden. Die Chloratome reagieren wieder mit Ozon usw. Ein Cl-Atom kann diesen Kreislauf etwa 10 000-mal durchlaufen und somit regelrecht als „Ozonkiller“ wirken. Als Quelle für Chloratome sind somit die FCKW Hauptverursacher der Ozonzerstörung. Der jetzige Vorrat an FCKW in der Atmosphäre wird nach Schätzungen für weitere 60 Jahre

Durch die Zerstörung der Ozonschicht nimmt die UV-Strahlung auf der Erde zu (s. Abb. 1, S. 294). UV-Strahlung kann in den Zellen unserer nur 0,2 mm dicken Oberhaut genetische Veränderungen (Mutationen) hervorrufen, die zu **Hautkrebs** führen. In Australien sterben bereits jährlich 1 000 Menschen an Hautkrebs und die Zahl der **Augenkrankheiten** nimmt zu (s. Abb. 1). Die Bekanntgabe der aktuellsten UV-Messung gehört hier zum täglichen Wetterbericht. Bei Pflanzen wirkt eine erhöhte UV-Strahlung hemmend auf das Wachstum und damit auf den Ertrag. Besonders empfindlich reagiert das pflanzliche Plankton der Meere – der größte Sauerstoffproduzent und ein bedeutendes Glied in der Nahrungskette.

In kleineren Mengen tritt Ozon auch in der Troposphäre auf. **Während in der Stratosphäre der Ozongehalt abnimmt, nimmt er in der Troposphäre zu.** Vor allem in Gebieten mit starker Abgasentwicklung, wo Ozon aus Stickstoff- und Schwefeldioxiden unter Einwirkung des Sonnenlichts entsteht, kann es zu erhöhten Ozonwerten kommen. Bei Überschreitung des EU-Richtwerts von 180 Mikrogramm pro Kubikmeter Luft werden gesundheitlich bedenkliche Werte erreicht. Folgen sind in erster Linie Erkrankungen der Atemwege. Da sich die Aufnahme bei körperlicher Aktivität stark erhöht, sollten bei erhöhten Ozonwerten körperliche Aktivitäten im Freien eingeschränkt werden. Zudem sollte alles vermieden werden, was zur Abgaserhöhung beiträgt. Bei Pflanzen behindert Ozon die Photosynthese und hemmt den Chlorophyllaufbau.

Abb. 1 Hose, Pullover, Hut, Sonnenbrille – auch bei uns notwendig für im Freien arbeitende Personen?

5.2.5 Beeinflussung des Mikroklimas

Abgesehen vom Gewächshaus, in dem das Klima mithilfe moderner Technik genau gesteuert werden kann, sind die Möglichkeiten einer Klimasteuerung im Freiland zur Verbesserung des Pflanzenwachstums begrenzt und im Wesentlichen auf das Mikroklima beschränkt.

Auswahl des Pflanzenstandortes

Die größte Beeinflussung des Mikroklimas erfolgt über die Auswahl des Pflanzenstandortes. Dabei müssen vor allem die Temperatur-, Licht- und Feuchtigkeitsansprüche der Pflanzenarten berücksichtigt werden. So ist allgemein das ausgeglichene maritime Klima günstig für den Obstbau. Frühe Spätfröste und späte Frühfröste schützen Blüten und Früchte vor einer Frosteinwirkung und fördern durch die verlängerte Wachstumszeit das Ausreifen von Früchten und Trieben. Lange Vegetationszeiten mit sonnenreichen Herbstmonaten und geringen Niederschlägen fördern die Samenausreife und damit den Samenanbau. Eine hohe Luftfeuchtigkeit ist günstig für den Anbau von immergrünen Gehölzen und Nadelgehölzen.

Frostschutz

Die Empfindlichkeit gegenüber **Frost** ist je nach Pflanzenart und -sorte recht unterschiedlich. Besonders empfindlich sind Pflanzen, die in wärmeren Gebieten beheimatet sind. Schäden werden vor allem durch **Früh- und Spätfröste** verursacht, da viele Pflanzen dann noch nicht bzw. nicht mehr so widerstandsfähig gegen Kälte sind. Mit dem Auftreten von Frühfrösten ist ab Mitte Oktober, mit den letzten Spätfrösten zwischen Ende April und Mitte Mai zu rechnen. Sie treten vor allem bei wolkenlosem, klarem Abendhimmel, Windstille und Temperaturen wenig über dem Nullpunkt auf.

Niedrige Luftfeuchtigkeit erhöht die Gefahr, da die Taupunkttemperatur erniedrigt wird, sodass es infolge Temperaturrückgangs nicht so schnell zur

Kondensation und damit zur Nebelbildung und Energiefreisetzung kommt. Die Windstille verhindert eine Durchmischung der Kaltluft mit der darüber befindlichen Warmluft. Durch die fehlende Wolkendecke kann eine starke Wärmeabstrahlung des Bodens erfolgen, sodass die Temperatur der bodennahen Luftschicht sehr schnell unter die Nullgradgrenze fällt. Diese so genannten **Strahlungsfröste** treten als Nachtfröste auf. Besonders gefährdet sind Tallagen, Mulden oder Senken, in denen sich die Kaltluft sammelt. Durch Gehölzanpflanzungen kann auf dem Boden hangabwärts strömende Kaltluft um- und abgeleitet werden. Bewölkter Himmel oder Nebel behindert die Wärmeabstrahlung des Bodens und damit das Auftreten von Strahlungsfrösten. Diese Erkenntnis macht man sich beim Einsatz von Nebel- oder Rauchpatronen zum Schutz vor Spätfrösten zur Zeit der Obstbaumblüte zunutze.

Am wirkungsvollsten ist jedoch die **Frostschutzberegnung**. Hierbei werden die Pflanzen mit einer Wassermenge von 3,0 bis 3,5 mm pro Stunde beregnet. Das auf die Pflanze fallende Wasser gefriert und gibt dabei Energie in Form von Wärme frei. Diese Erstarrungswärme reicht aus, um bei Temperaturen von bis zu –7 °C die Temperatur auf der Pflanzenoberfläche über dem Gefrierpunkt zu halten.

Wichtig ist, dass die Beregnung beginnt, bevor die Temperatur unter den Gefrierpunkt absinkt. Auch muss sie so lange beibehalten werden, bis das Eis geschmolzen ist. Andernfalls würde die zum Schmelzen des Eises benötigte Schmelzwärme der Pflanze entzogen, sodass es zu Frostschäden kommen kann (s. Abb. 1, S. 284). Niedrig wachsende Pflanzen können durch **Abdeckung** mit Stroh, Laub, Reisig, wärmeisolierender Folie oder anderen Materialien geschützt werden. Zur Vermeidung von Kältebrücken sollte Folie nicht direkt auf den Pflanzen aufliegen. Eine sehr gute wärmeisolierende Wirkung hat **Schnee**. Pflanzenteile, die aus der Schneedecke herausragen, sind jedoch durch die starke Wärmereflexion des Schnees und die stark gehemmte Wärmeabstrahlung des Bodens besonders frostgefährdet. Das Gleiche gilt für Pflanzen mit einem eng begrenzten Bodenvolumen, wie dies z. B. bei Pflanzen in Containern, Pflanzkübeln oder Balkonkästen der Fall ist. An den Stämmen von Gehölzen führt das tägliche Gefrieren und Auftauen der Oberfläche zu Gewebespannungen, sodass **Frostrisse** entstehen können. Schutz bietet das **Kalken** (starke Wärmereflexion) oder **Umwickeln der Stämme** mit z. B. Stroh.

Hagelschutz

Hagelkörner mit einem Durchmesser von 5 bis 50 mm (in Extremfällen von über 10 cm) können beträchtliche Schäden an Pflanzen und Gewächshäusern anrichten. Zur Abdeckung empfindlicher Kulturen gibt es **spezielle Kunststoffnetze**, mit denen die Hagelkörner abgefangen werden. In von Hagelschlag besonders gefährdeten Gebieten empfiehlt sich der Abschluss einer **Hagelversicherung**.

Bewässerung

Die **Niederschlagsmenge** in der Bundesrepublik Deutschland schwankt je nach Region zwischen 400 und 2500 mm/Jahr. Der Jahresdurchschnitt liegt in Westdeutschland bei 600 bis 800 mm, in Ostdeutschland bei 500 bis 600 mm. Die **künstliche Bewässerung** ergänzt bzw. ersetzt den natürlichen Niederschlag und soll den Wasserbedarf der Pflanzen decken. Eine nur oberflächige Befeuchtung des Bodens ist nutzlos, da das Wasser nicht in die Wurzelzonen der Pflanzen gelangt. Deswegen sollte lieber weniger häufig, aber durchdringend gegossen werden. Je feiner die Tropfengröße, desto besser erwärmt sich das Wasser in der Luft und desto bodenschonender ist eine Beregnung.

Windschutz

Je nach Stärke des Windes können mehr oder weniger große Schäden an Pflanzen und Gebäuden angerichtet werden. Zudem wird die Verdunstung der Pflanzen und des Bodens erhöht, wodurch vor allem während Trockenzeiten der Wassermangel noch verstärkt wird. Als **Windschutz** sind vor allem Hecken sehr gut geeignet. Höhe und Dichte der Hecke bestimmen das Ausmaß und die Reichweite der Windschwächung. Der geschützte Bereich ist proportional der Heckenhöhe. Das bedeutet, dass der Windschutz einer 3 m hohen Hecke dreimal so weit reicht wie der einer 1 m hohen Hecke.

6 Kultur- und Arbeitsverfahren

6.1 Generative Vermehrung

Unter der generativen oder geschlechtlichen Vermehrung versteht man die **Vermehrung durch Aussaat.** Ihr Vorteil ist vor allem darin zu sehen, dass sie eine schnelle und relativ einfache Massenvermehrung auf kleinem Raum ermöglicht. Zudem stellt sie für viele Pflanzenarten (z. B. einjährige Pflanzen) die einzige Möglichkeit der Vermehrung dar.

6.1.1 Saatgutqualität

Saatgut, das zur Vermehrung dienen soll, muss eine bestimmte Qualität aufweisen. Das **Saatgutverkehrsgesetz** regelt den Vertrieb von Saatgut für die Landwirtschaft und den Gemüsebau. Nur anerkanntes Saatgut darf in den Handel kommen. Die **Saatgutqualität** wird im Wesentlichen bestimmt durch:

Gesundheitszustand
Nur gesundes Saatgut kann auch gesunde Pflanzen hervorbringen. Deswegen sollte nur von gesunden Mutterpflanzen Saatgut gewonnen werden.

Erbgut
Das Erbgut (genetische Information) bestimmt die Entwicklung und Eigenschaften der daraus wachsenden Pflanzen.

Reinheit
Die Reinheit gibt den Grad der Reinheit des Saatgutes in Prozent an. Eine Reinheit von z. B. 95 % bedeutet, dass in 100 g Saatgut 5 g Verunreinigungen, wie z. B. Sand, Steinchen, Spreu oder Samen anderer Pflanzen, enthalten sind.

Keimfähigkeit
Im Laufe der Zeit verbraucht der Embryo die im Nährgewebe des Samens gespeicherten Nährstoffe, sodass mit zunehmendem Alter die Keimfähigkeit des Samens erlischt (s. S. 63). Die Keimfähigkeit, die je nach Pflanzenart unterschiedlich lange anhält, liegt im Allgemeinen zwischen ein und sechs Jahren. Zu ihrer Erhaltung sollte Saatgut kühl (optimal +5 °C bis –5 °C), trocken und unter weitgehendem Luftabschluss gelagert werden. Samen, die kein Nährgewebe besitzen, müssen sofort nach der Samenreife ausgesät werden. Die Keimfähigkeit der Saat wird in Prozent angegeben. Eine Keimfähigkeit von z. B. 80 % bedeutet, dass nur 80 % der Samen keimen.

Gebrauchswert
Der Gebrauchswert dient der Ermittlung des genauen Saatgutbedarfs. Er gibt den Anteil der keimfähigen Samen unter Berücksichtigung der Keimfähigkeit und Reinheit in Prozent an. Die Berechnung erfolgt nach folgender Formel:

$$\text{Gebrauchswert} = \frac{\text{Reinheit (\%)} \cdot \text{Keimfähigkeit (\%)}}{100\%}$$

Beispiel: Reinheit 95 %, Keimfähigkeit 80 %

$$\text{Gebrauchswert} = \frac{95\,\% \cdot 80\,\%}{100\,\%} = 76\,\%$$

Gemüsepflanzen

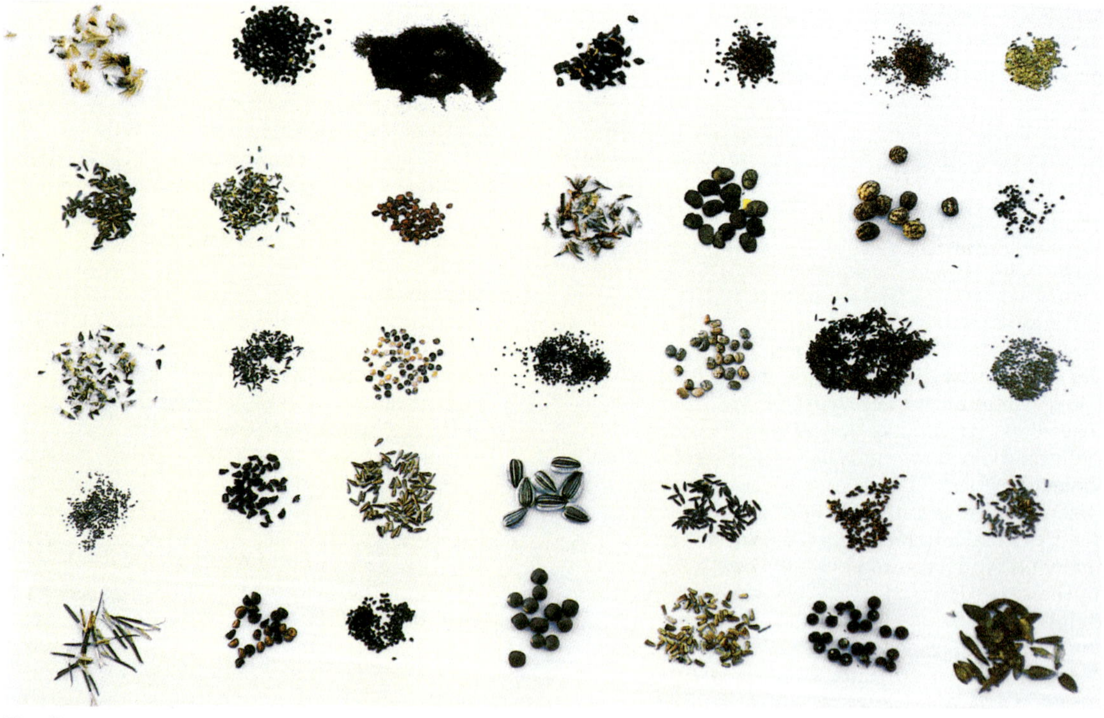

Zierpflanzen

Abb. 1 Vielfalt der Samen

(zu Abb. 1, S. 298)

Gemüsepflanzen (von links nach rechts):

Brokkoli, Buschbohnen, Chinakohl, Puffbohnen (Dicke Bohnen), Aubergine (Eierfrucht), Endivien, Erbsen,

Feldsalat, Grünkohl (Blätter-/Krauskohl), Gurken, Knollensellerie, Kohlrabi, Steckrübe (Kohlrübe), Kopfsalat,

Kresse, Mairüben (Weiße Rübe), Mais, Mangold (Römerkohl), Möhren (Karotten, Wurzeln), Ölrettich, Paprika,

Petersilie, Porree (Lauch), Radieschen, Rettich, Rotkohl, Rosenkohl, Schwarzwurzeln,

Spinat, Stangenbohnen, Tomaten, Weißkohl (Weißkraut/Kappes), Wirsingkohl (Welschkraut), Zichorien, Zwiebel

Zierpflanzen (von links nach rechts):

Bärenohr (Arctotis acaulis), Bartnelke (Dianthus barbatus), Eisbegonien (Begonia-Semperflorens-Hybriden), Fackellilie (Kniphofia-Hybriden), Fleißiges Lieschen (Impatiens walleriana), Fingerhut (Digitalis purpurea), Gänseblümchen (Bellis perennis),

Gazanie (Gazania-Hybriden), Gämswurz (Doronicum orientale), Goldlack (Cheiranthus cheiri), Grasnelke (Armeria maritima), Judassilberling (Lunaria annua), Kapuzinerkresse (Tropaeolum majus), Kissenprimel (Primula vulgaris),

Kokardenblume (Gaillardia pulchella var. picta), Leberbalsam (Ageratum houstonianum), Levkoje (Matthiola incana), Löwenmaul (Antirrhinum majus), Lupine (Lupinus-Einjährige-Hybriden), Mädchenauge (Coreopsis tinctoria), Mittagsblume (Dorotheanthus bellidiformis),

Petunia (Petunia-Hybriden), Rittersporn (Delphinium-Hybriden), Sommeraster (Callistephus chinensis), Sonnenblume (Helianthus annuus), Statice (Limonium sinuatum), Stiefmütterchen (Viola-Wittrockiana-Hybriden), Strohblume (Helichrysum bracteatum),

Studentenblume (Tagetes-Patula-Hybriden), Trichterwinde (Pharbitis purpurea), Vergissmeinnicht (Myosotis alpestris), Wohlriechende Wicke (Lathyrus odoratus), Wucherblume (Chrysanthemum segetum), Zierspargel (Asparagus densiflorus), Zinnie (Zinnia elegans)

Der Gebrauchswert von 76 % besagt, dass von 100 g Saatgut 76 g keimfähig sind. Häufig wird zusätzlich ein Verlust von 20 % (z. B. durch Auflaufkrankheiten, Schädlingsbefall, Aussortierung schlecht entwickelter Pflanzen) einkalkuliert. Für unser Beispiel würde dies bedeuten, dass wir bei der Berechnung des Saatgutbedarfs letztendlich einen Gebrauchswert von 56 % zugrunde legen müssen (s. auch Kapitel Fachrechnen).

Tausendkorngewicht (TKG)
Pflanzensamen sind je nach Art und Sorte recht unterschiedlich gestaltet (s. S. 298). Das Samengewicht ein und derselben Art/Sorte unterliegt bestimmten Schwankungen. Bei günstigen Wachstumsbedingungen bildet die Pflanze schwerere Samenkörner aus als bei ungünstigen. Nährgewebe und Embryo entwickeln sich kräftiger, sodass Keimung und Entwicklung der Pflanzen gefördert werden. Als Maßeinheit bedient man sich des Gewichts von 1 000 Samenkörnern – dem Tausendkorngewicht. Zudem kann mithilfe des Tausendkorngewichts der benötigte Saatgutbedarf berechnet werden. Das Tausendkorngewicht wird in der Regel so ermittelt, dass 4-mal 100 Samenkörner abgezählt und gewogen werden. Aus den vier Ergebnissen wird der Mittelwert errechnet und mit 10 multipliziert.

6.1.2 Saatgutformen

Der Handel bietet unterschiedlich aufbereitete Sämereien an:

Kalibriertes Saatgut ist nach Größe sortiertes (abgesiebtes) Saatgut. Es ermöglicht den Einsatz von Einkornsämaschinen und begünstigt eine gleichmäßige Pflanzenentwicklung.

Graduiertes Saatgut ist kalibriertes Saatgut, das zusätzlich nach dem Gewicht sortiert wurde. Es bietet die besten Voraussetzungen für ein gleichmäßiges Auflaufen und Wachstum der Pflanzen.

Pilliertes Saatgut ist qualitativ hochwertiges Saatgut, bei dem die einzelnen Samen mit einer Hüllmasse (z. B. Lehm, Ton, Torf) umgeben sind. Durch die Pillierung erhalten die Samen eine einheitlich große Kugelform, die eine maschinelle Einzelkornaussaat auch sehr kleiner und unregelmäßig geformter Samenkörner ermöglicht. Häufig sind in der Hüllmasse Beimischungen von Fungiziden, Insektiziden oder Nährstoffen enthalten. Pillensaat wird vor allem für den Gemüse- und Zierpflanzenbau angeboten (s. Abb. 1, S. 300).

Inkrustiertes Saatgut ist Saatgut, das eine dünne, der Samenform angepasste Ummantelung aufweist, in der Fungizide, Insektizide, Nährstoffe oder andere Wirkstoffe enthalten sind. Inkrustiertes Saatgut wird vor allem im Gemüsebau angeboten. Der Vorteil bei dieser Art des Pflanzenschutzmitteleinsatzes ist in der starken Reduzierung der Wirkstoffmengen im Vergleich zu einer Flächen- oder Reihenspritzung zu sehen, sodass Boden- und Umweltbelastung deutlich verringert werden (s. Abb. 2, S. 300).

Granuliertes Saatgut ist Saatgut, bei dem die einzelnen zylinderförmigen Granulate mehrere Samenkörner enthalten. Die Anzahl der Samenkörner variiert in Abhängigkeit von der Keimfähigkeit

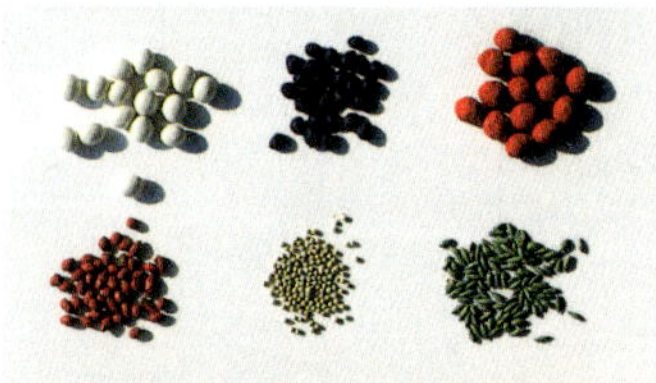

(von links nach rechts)
oben: Salat, Zwiebel, Radieschen
unten: Möhre, Begonia-Semperflorens-Hybriden, Grassamen

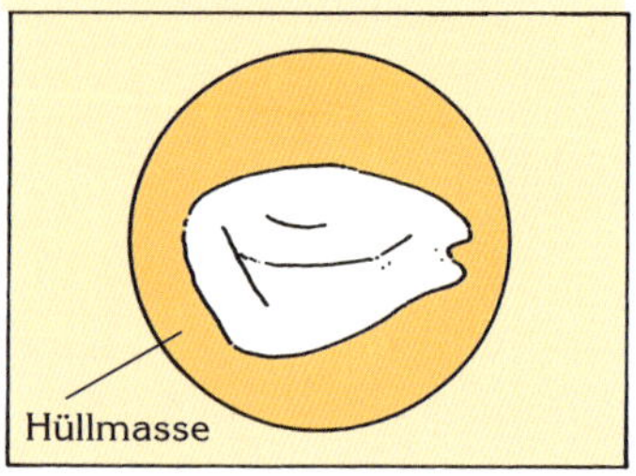

Abb. 1 Pilliertes Saatgut

(von links nach rechts)
oben: Möhre, Zwiebel, Kohl
unten: Möhre, Radieschen, Porree

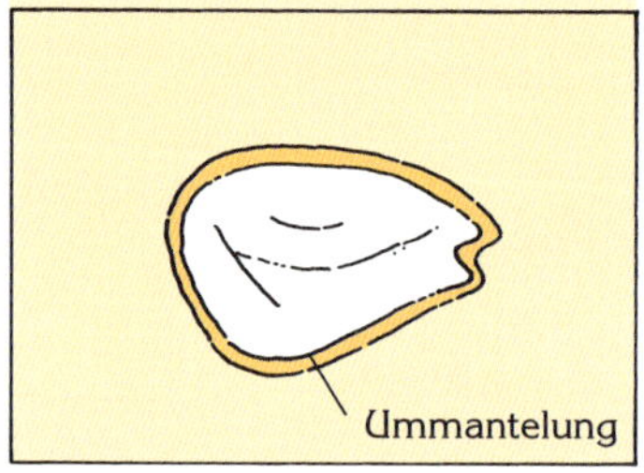

Abb. 2 Inkrustiertes Saatgut

Lobelien

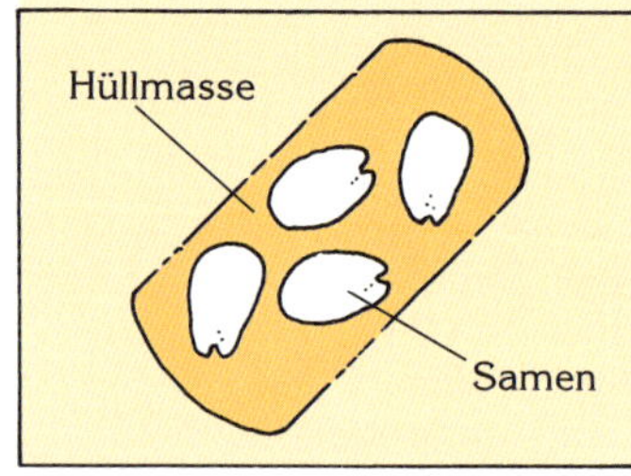

Abb. 3 Granuliertes Saatgut

und soll ein gleichmäßiges Auflaufen gewährleisten. Verwendet werden die Granulate vor allem zur Aussaat von feinsamigen Pflanzenarten im Gemüse- und Zierpflanzenbau sowie bei der Rasenaussaat. Die Samengranulate ermöglichen eine gleichmäßigere Verteilung bei der Aussaat. Bei der Grassaat sind Kern- und Spurennährstoffe zugegeben, sodass eine schnelle Anfangsentwicklung der Gräser gefördert, Arbeitszeit (erste Düngung entfällt) eingespart wird und Düngefehler vermieden werden (s. Abb. 3).

Gebeiztes Saatgut

Beim **Beizen** wird das Saatgut mit Pflanzenschutzmitteln behandelt. Je nach den verwendeten Pestiziden bietet gebeiztes Saatgut einen Schutz vor im Boden lebenden pilzlichen Krankheitserregern, z. B. Pythium- und Phytophthora-Arten, und/oder tierischen Schädlingen, wie z. B. Drahtwürmern und Gemüsefliegen, sodass das **Auflaufen** der Saat gefördert wird. Nach der Art der Saatgutbehandlung unterscheidet man zwischen der Trocken- und Nassbeize. Bei der **Trockenbeize** wird ein pulverförmiges Beizmittel verwendet. Gebeizt wird im so genannten **Überschussverfahren**. Dazu wird das Beizpulver zusammen mit der Saat in ein Gefäß (z. B. Glas) gegeben (Vorsicht Gift!), das so lange geschwenkt wird, bis die einzelnen Samenkörner eingepudert sind. Das überschüssige Pulver wird abgesiebt. Bei der **Nassbeize** wird die Saat kurze Zeit in das flüssige Beizmittel eingetaucht.

Saatbänder, -platten und -teppiche bestehen aus Spezialpapier, auf dem die Samen in bestimmten Abständen zwischen zwei Papierlagen befestigt sind. Im Erwerbsgartenbau werden die Saatplatten bevorzugt. Saatplatten gibt es als Stückware für die Anzuchtkisten (40 × 60 cm) und als Rollenware. Sie werden auf den vorbereiteten Boden gelegt, angegossen und flach mit Erde bedeckt. Das Papier zersetzt sich mit der Zeit. Ihr Einsatz erfolgt vor allem zur Jungpflanzenanzucht. Durch die Ablage der Samenkörner auf den Endabstand entfällt der Arbeitsaufwand für das Pikieren der Sämlinge.

6.1.3 Keimbedingungen

Feuchtigkeit

Wasser ist Voraussetzung zum Quellen des Samens. Die Feuchtigkeitsaufnahme durch das trockene Gewebe bewirkt eine erhöhte Stoffwechseltätigkeit, sodass der Embryo sein unterbrochenes Wachstum wieder aufnimmt (Keimung des Samens!). Kommt es während der Keimung zu einem Trockenwerden des Samens, führt dies zum Absterben des Embryos!

■ Aussaaten müssen feucht gehalten werden!

Sauerstoff

Den hohen Energiebedarf während der Keimung deckt der Embryo durch die Veratmung der im Nährgewebe des Samens gespeicherten Nährstoffe (hoher Energiebedarf → hohe Atmungsintensität → hoher Sauerstoffbedarf). Die Nährstoffe, von denen der ruhende Embryo mehrere Jahre zehren kann, werden während des Keimungsprozesses in wenigen Tagen verbraucht.

- Das Aussaatsubstrat muss locker und luftdurchlässig sein, um den notwendigen Gasaustausch zu ermöglichen!

Wärme

Wärme fördert die Stoffwechselvorgänge und damit die Keimung. Die optimale Keimtemperatur ist je nach Pflanzenart unterschiedlich. Sie liegt in etwa in dem Bereich, der auch für das spätere Wachstum optimal ist (s. Abb. 1). Ist bei der Aussaat der Boden zwar feucht, aber die Temperatur zu niedrig, verfault der Samen. Im Freiland sollten kälteempfindliche Pflanzen (z. B. Tomaten, Buschbohnen) so ausgesät werden, dass sie nach den **Eisheiligen** (Mitte Mai) auflaufen. In Norddeutschland treten die Eisheiligen in der Regel vom 11. bis 13. Mai (Mamertus, Pankratius, Servatius), in Süddeutschland vom 12. bis 15. Mai (Pankratius, Servatius, Bonifatius und die Kalte Sophie) auf.

- Die optimale Keimtemperatur ist je nach Pflanzenart unterschiedlich und entspricht in etwa der für das spätere Wachstum optimalen Temperatur!

Licht/Dunkelheit

Die meisten Samen keimen bei Licht und Dunkelheit gleich gut. Die so genannten Licht- und Dunkelkeimer werden lediglich durch Licht bzw. Dunkelheit in der Keimung gefördert. Lichtkeimer werden häufig abgedeckt, z. B. bei der Grasaussaat wird der Samen 0,5 bis 1,5 cm tief mit Erde bedeckt, um ein zu schnelles Austrocknen zu vermeiden.

- Die meisten Samen keimen bei Licht und Dunkelheit gleich gut!

Lichtkeimer	Dunkelkeimer
Salat, Möhren, Fuchsien, Pfingstrosen, Lobelien, Vergissmeinnicht, Ginkgo, Goldregen, Fichte, Kiefer, Thuja.	Gurke, Kürbis, Tulpe, Alpenveilchen, Jungfer im Grünen, Lilien, Buchsbaum.

Tab. 1 Beispiele

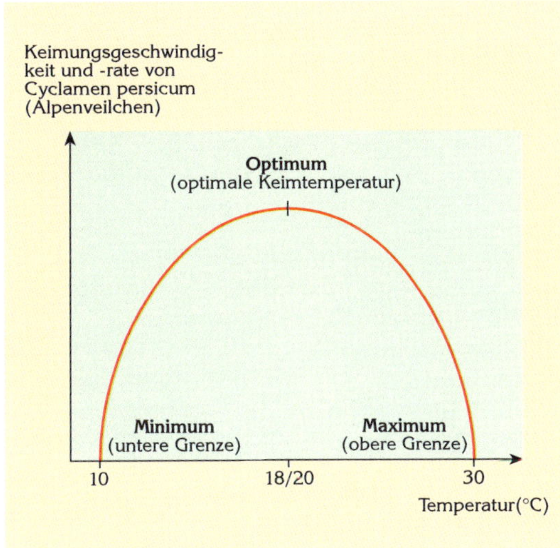

Abb. 1 Die Temperatur beeinflusst die Keimung in Form einer Optimumkurve

6.1.4 Verkürzung der Keimruhe

Die meisten Pflanzensamen erreichen erst nach einer **Keimruhe** ihre volle Keimfähigkeit. Sie keimen erst nach Monaten oder Jahren. Der Gärtner spricht vom „Überliegen" der Samen. Diese natürliche Keimhemmung schützt die Samen in der Natur vor einer Keimung während ungünstiger Wachstumsbedingungen, wie Trocken- und Winterzeiten. Ihre Ursachen können unterschiedlicher Art sein:

Keimhemmende Stoffe im Fruchtfleisch

Keimhemmende Stoffe befinden sich vor allem im Fruchtfleisch saftiger Früchte, wie z. B. Apfel, Birne, Tomate, Holunder, Hagebutte, Eberesche. Der Abbau der Hemmstoffe erfolgt in der Natur durch Zersetzung des Fruchtfleisches oder Auswaschung durch reichliche Niederschläge (z. B. in Trockengebieten).
Indem der Gärtner das Fruchtfleisch entfernt, kann er die Keimruhe beenden. Geeignete Verfahren sind das Gären oder die feuchtwarme Stratifikation der Früchte. Bei der **Gärung** ahmt der Gärtner im Prinzip das nach, was im Magen der Vögel stattfindet, die Lösung des Fruchtfleisches vom Samen. Dazu werden die Früchte in einen Eimer mit Wasser gegeben. Das mit der Zeit weich werdende Fruchtfleisch wird auf Sieben vom Samen abgespült. Unter **Stratifikation** versteht man die Schichtung von Saatgut in feuchtem Material (z. B. Sand, Torf oder Sand-Torf-

Gemische). Durch die Stratifikation sollen optimale Bedingungen zum Abbau des Fruchtfleisches durch Mikroorganismen geschaffen werden. Deswegen müssen die eingeschichteten Früchte feucht und warm gehalten werden. Man spricht daher auch von einer **feuchtwarmen Stratifikation.**

Undurchlässigkeit der Samenschale

Eine hartschalige, undurchlässige Samenschale verhindert die zur Keimung notwendige Wasser- und Sauerstoffaufnahme des Samens. Wir finden sie z. B. bei Kern- und Steinobstarten, Leguminosen, Pelargonien, Malven und der Weyhmouthskiefer. In der Natur wird die Samenschale allmählich durch die Tätigkeit der Mikroorganismen porös. Deswegen ist auch hier die **feuchtwarme Stratifikation** zur Verkürzung der Keimruhe geeignet. Eine weitere Möglichkeit bietet das **Einritzen der Samenschale.** Dazu werden die Samen in einem Behälter mit Scherben bzw. in speziellen Maschinen geschüttelt.

Embryo unvollständig entwickelt

Bei einigen Pflanzen, wie z. B. Feldahorn, Hainbuche, Haselnuss, Buche, Eiche und Walnuss, muss der Samen nach dem Abfallen vom Baum noch nachreifen. Während der **Nachreife** beendet der Embryo seine Entwicklung. Die Zeiten, die dazu notwendig sind, sind je nach Pflanzenart verschieden. Bei der Walnuss dauert die Nachreife z. B. 5 bis 6 Monate. Sie ist genetisch festgelegt und kann nicht verkürzt werden. Zur Schaffung optimaler Bedingungen führt der Gärtner eine **feuchtwarme Stratifikation** während dieser Zeit durch.

Frostkeimer

Die so genannten Frostkeimer benötigen zur Überwindung der Keimruhe die Einwirkung niedriger Temperaturen. Es handelt sich hierbei vor allem um Pflanzen winterkalter Gebiete (Gehölze und Stauden), deren Samen dadurch vor der Keimung während zu kalter Zeiten geschützt werden. Die Behandlung erfolgt in Form einer **kalten Stratifikation**. Als günstig gelten Temperaturen von +1 °C bis +10 °C. Für Rosa multiflora und Thuja occidentalis sind z. B. Temperaturen von +5 °C optimal, bei einer Einwirkungsdauer von 50 bzw. 30 Tagen. Zur Keimung benötigen aber auch die „Frostkeimer“ – wie alle Pflanzen – Wärme.

Häufig wirken mehrere keimhemmende Faktoren zusammen, so z. B. bei der Esche (Fraxinus excelsior). Bei ihr beruht die Keimruhe auf Hemmstoffen im Fruchtfleisch, undurchlässiger Samenschale und unvollständig entwickeltem Embryo. Es gibt aber auch Pflanzenarten, deren Samen sofort nach dem Loslösen von der Mutterpflanze keimt, z. B. bei Anthurien, Weiden, Citrusgewächsen und dem Zuckerahorn (Acer saccharinum). Im Handel erhältliches Saatgut hat die Keimruhe bereits beendet.

6.1.5 Aussaatverfahren

Bei der Art der Samenausbringung kann man zwischen der Breit- und Reihensaat wählen:

Breitsaat

Bei der Breitsaat wird die Saat breitwürfig mit der Hand oder mithilfe von Maschinen ausgestreut. Sie ermöglicht eine gute Platzausnutzung und eine rasche Aussaat. Sie wird bevorzugt, wenn die Sämlinge bald nach dem Auflaufen pikiert oder gepflanzt werden, da Pflegemaßnahmen, wie Wildkrautbekämpfung und Bodenlockerung, nur schwer möglich sind. Bei der Rasenaussaat ist die Breitsaat das übliche Aussaatverfahren. Wird die Breitsaat mit der Hand vorgenommen, ist besonders auf eine gleichmäßige Verteilung der Samenkörner zu achten (s. Abb. 1, S. 303).

Reihensaat

Bei der Reihensaat (Drillsaat) erfolgt die Aussaat in vorgezogenen Reihen. Bei der **Bandsaat** wird die Saat in 3 bis 5 cm breiten Bändern abgelegt. Erhalten die einzelnen Samenkörner innerhalb der Reihe den gleichen Abstand, spricht man von **Einzelkornaussaat**. Die gleichmäßigen Abstände in der Reihe führen zu einer gleichmäßigeren und besseren Entwicklung der Pflanzen sowie zur Saatguteinsparung. Bei der Einzelkornaussaat auf Endabstand braucht nicht vereinzelt zu werden. Voraussetzung ist hochwertiges Saatgut mit einer hohen Keimfähigkeit. Auch die **Dibbel-** oder **Horstsaat** ist in der Regel eine Reihensaat. Hierbei werden mehrere Samenkörner in Häufchen mit bestimmten Abständen abgelegt. Das annähernd gleichzeitige Auflaufen der Sämlinge erleichtert das Durchstoßen des Bodens, vor allem bei zur Verschlämmung und Verkrustung neigender Oberfläche, und verbessert so das Auflaufergebnis. Reihensaat wird vor allem dann durchgeführt, wenn die Sämlinge länger stehen, sodass Pflegemaßnahmen erleichtert werden. Zudem ermöglicht sie das frühzeitige Erkennen und Bekämpfen von auflaufenden Wildkräutern (s. Abb. 1, S. 303).

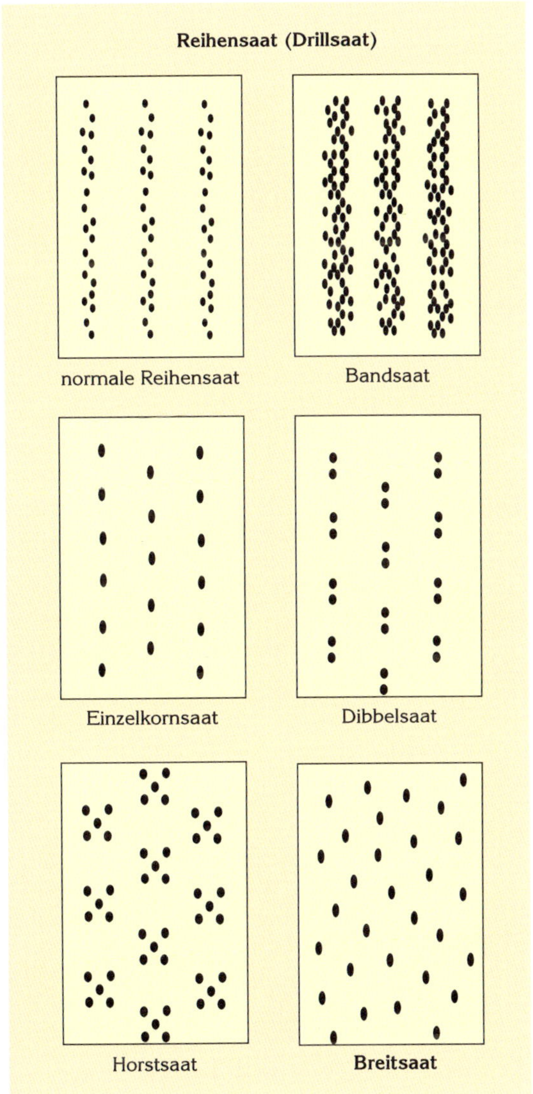

Abb. 1 Aussaatverfahren

6.1.6 Durchführung der Aussaat

Vor der **Aussaat im Freiland** müssen die Aussaatflächen gut gelockert und geebnet werden. Durch die Bodenlockerung wird die Durchlüftung des Bodens gefördert und Staunässe verhindert. Ein anschließendes Andrücken der Oberfläche stellt die unterbrochene Kapillarität wieder her und verhindert spätere Setzungen. Die Aussaat erfolgt als Breit- oder Reihensaat. Bei der Reihensaat werden die Reihenabstände an den Beetenden gekennzeichnet. Einfache Hilfsmittel zur Kennzeichnung von Reihen sind leichte Ketten oder dünne Schnüre. Durch wechselseitiges Bewegen zu den Endpunkten einer Reihe wird die gewünschte Richtung auf den Boden übertragen. An gespannten Ketten oder Schnüren lässt sich auch mit einem Harkenstiel eine Saatrille markieren. Daneben gibt es Rillenzieher, die auf unterschiedliche Reihenabstände eingestellt werden können. Sie ermöglichen das gleichzeitige Ziehen mehrerer Saatreihen. Langsam auflaufender Saat kann so genannte **Markierungssaat** beigemischt werden. Darunter versteht man schnell auflaufende Saat (z. B. Radieschen). Sie ermöglicht eine frühzeitige Wildkrautbekämpfung und Bodenlockerung zwischen den Reihen. Da eine gleichmäßige Bodenfeuchtigkeit durch eine etwas tiefere Aussaat besser gewährleistet ist, wird entsprechend den Witterungsverhältnissen und der Größe der Samenkörner eine Saattiefe von 2 bis 5 cm eingehalten. Werden Herbizide als Vorauflaufmittel eingesetzt, dürfen 3 cm Saattiefe nicht unterschritten werden. Nach der Aussaat zieht man die Erde mit der Harke vorsichtig über die Samen und drückt sie an. Anschließend wird angegossen.

Für die **frühzeitige Aussaat kälteempfindlicher Pflanzen,** z. B. Beet- und Balkonpflanzen, sind nicht nur Gewächshäuser, sondern auch **Kulturkästen** geeignet. Die Aussaat erfolgt als Breit- oder Reihensaat. Die Abdeckung mit Fenstern bewirkt über den Gewächshauseffekt (s. S. 293) eine schnelle Erwärmung des Bodens. Bis zum Auflaufen der Saat bleiben die Fenster geschlossen. Bei Frostgefahr werden die Kästen über Nacht zusätzlich mit Strohmatten abgedeckt. Während der Keimung muss die Saat gleichmäßig feucht gehalten werden. Das Gießen soll am späten Vormittag erfolgen, da sich zu diesem Zeitpunkt die Erde bereits etwas erwärmt hat. Nach dem Auflaufen der Pflanzen wird der Kulturkasten bei überhöhten Temperaturen gelüftet – erst wenig, dann mit zunehmender Pflanzenentwicklung öfter und länger. Das Lüften dient nicht nur der Temperaturregulierung und dem Gasaustausch, sondern auch der Abhärtung der Pflanzen. Bevor die Sonne am Nachmittag die Kraft verliert, wird wieder abgelüftet. Bei starker Sonneneinstrahlung müssen die Kästen neben dem Lüften auch schattiert werden. Mit zunehmender Entwicklung der Pflanzen werden die Fenster während des Tages schließlich ganz von den Kästen genommen. Über Nacht werden sie vorerst wieder aufgelegt. Kurz bevor die Pflanzen ausgepflanzt oder verkauft werden – und mit Nachtfrösten nicht mehr zu rechnen ist –, bleiben die Fenster zur Abhärtung der Pflanzen auch während der Nacht abgedeckt.

Abb. 1 Durchführung der Handaussaat in Aussaatkisten

Nicht nur die **Aussaat im Gewächshaus** erfolgt allgemein in Aussaatkisten, sondern auch viele Pflanzen, die im Freiland herangezogen werden könnten, werden häufig zweckmäßigerweise in Kisten ausgesät. Zur Erzielung guter Ergebnisse ist die Handaussaat sorgfältig durchzuführen. Dabei wird in folgenden Schritten vorgegangen (s. Abb. 1, S. 304):

❶ In desinfizierten Anzuchtgefäßen wird die Aussaaterde eingefüllt; Einheitserden und Torfkultursubstrate sind keimfrei; selbst hergestellte Erden werden erst gedämpft oder mit Fungiziden angegossen.

❷ Aussaatgefäß kurz aufstoßen, sodass sich die Erde setzt; am Kistenrand die Erde mit den Handkanten andrücken, da sie sich hier später am stärksten setzt; Oberfläche grob mit den Fingerspitzen andrücken.

❸ Oberfläche mit einem Streichbrett glätten.

❹ Substrat etwa 1 cm tief andrücken; der Rand schützt vor einem Abschwemmen der Erde beim Gießen und ermöglicht eine Abdeckung mit Papier oder Glas zur Förderung einer gleichmäßigen Feuchtigkeit.

❺ Aussaat erfolgt breitwürfig oder in Reihen.

❻ Aussaaterde übersieben: Je feiner das Saatgut, desto flacher muss es liegen (Faustzahl: Tiefe = Korndurchmesser); sehr feine Sämereien und Lichtkeimer nur anbrausen.

❼ Leichtes Andrücken fördert den Bodenschluss und verhindert das Zusammenschwemmen der Saat beim Angießen.

❽ Aussaatkisten wasserfest etikettieren: Datum der Aussaat (am Kopfende), botanischer Name und Sorte (längs geschrieben).

❾ Mit feiner Brause Saat vorsichtig angießen (fördert über den Bodenschluss die Quellung des Samens); während der Keimung darf das Substrat nicht austrocknen!

❿ Aussaatkiste entsprechend den Temperaturansprüchen aufstellen und zum Schutz vor zu schneller Austrocknung mit Papier abdecken; nach dem Sichtbarwerden der Keimlinge abnehmen.

Weitere Behandlung:

- gleichmäßiges Feuchthalten;
- aufgelegte Scheiben zur Vermeidung von Tropfenfall (Verbrennungsgefahr) täglich wenden;
- bei starker Sonneneinstrahlung schattieren;
- mit zunehmender Entwicklung der Sämlinge lüften und ans Licht gewöhnen;
- rechtzeitiges Pikieren zur Vermeidung von Wachstumsstockungen.

6.2 Vegetative Vermehrung

Viele Pflanzen können sich nicht nur **geschlechtlich** (generativ oder sexuell), sondern auch **ungeschlechtlich** (vegetativ oder asexuell) fortpflanzen. Auch sind Pflanzen in der Lage, verletzte, abgestorbene oder verloren gegangene Grundorgane neu zu bilden, d. h. sich zu regenerieren. Im Gartenbau nutzt man diese Fähigkeiten zur vegetativen Vermehrung der Pflanzen. Die Organneubildung erfolgt so, dass zunächst die in Wundnähe befindlichen Zellen ihre Teilungsfähigkeit wiedererlangen. Das heißt, sie verhalten sich wie meristematische (embryonale) Zellen, die sich ständig teilen und undifferenzierte Tochterzellen bilden. Ihre fortlaufende Teilung bewirkt, dass es zur Gewebewucherung, der so genannten Kallusbildung, kommt. Als **Kallus** bezeichnet man das an Wunden neu gebildete, meristematische Gewebe. Dieses Wundgewebe, auch **Wundkallus** genannt, führt zu einer Abdichtung der Wunde nach außen. Mit fortschreitender Zellteilung differenzieren sich die neu gebildeten Zellen, d. h., sie übernehmen bestimmte Aufgaben und schließen sich im Rahmen der Arbeitsteilung zu speziellen Gewebearten zusammen. Durch die Bildung und den Zusammenschluss verschiedener spezialisierter Gewebearten kommt es schließlich zur Neubildung der fehlenden Grundorgane, d. h. zur **Regeneration** der Pflanze (s. Abb. 3, S. 310).
Da sich bei der vegetativen Vermehrung die Tochterpflanzen über Mitose aus Teilen der Mutterpflanze entwickeln, besitzen sie die gleiche genetische Information (Erbanlagen) wie diese. Die durch vegetative Vermehrung hervorgegangene erbgleiche Nachkommenschaft einer Mutterpflanze wird als **Klon**, die vegetative Vermehrung einer Pflanze als **Klonen** oder **Klonieren** bezeichnet.
Die **Vorteile der vegetativen Vermehrung** sind u. a. in einer schnelleren Pflanzenentwicklung und somit kürzeren Kulturzeit sowie der Schaffung einheitlicher Pflanzenbestände zu sehen. Daneben ermöglicht sie die Vermehrung von Pflanzen, die schlecht (ungünstige Klima- bzw. Wachstumsbedingungen) oder keinen Samen ansetzen (sterile Blüten) bzw. deren Nachkommenschaft bei geschlechtlicher Vermehrung aufspaltet.
Da vor allem Sprosse und Sprossteile zur Vermehrung eingesetzt werden, ist in der Regel die Bewurzelung das A und O der vegetativen Vermehrung. Dabei geht es darum, dass die Wurzelbildung möglichst rasch erfolgt, bevor die Pflanzenteile vertrocknet bzw. die Nährstoffreserven verbraucht sind (s. Abb. 1, S. 306).

6.2.1 Optimierung der Regenerationsbedingungen am Beispiel der Stecklingsvermehrung

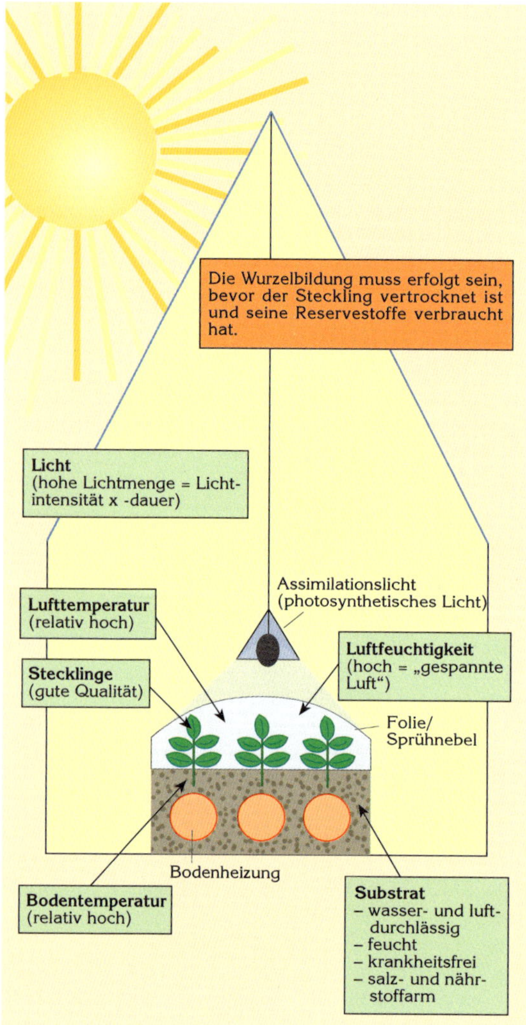

Abb. 1 Vegetative Vermehrung durch Stecklinge

Luftfeuchtigkeit

Da bei Stecklingen aufgrund der fehlenden Wurzeln die Wasseraufnahme stark gehemmt ist, die vorhandenen Blätter jedoch weiterhin Wasser verdunsten, muss die Transpiration so weit wie möglich verringert werden. Man kann einen Teil der Blätter entfernen bzw. die Blattflächen durch Einkürzungen mit einem Messer verkleinern, wobei jedoch energiereiche Reservestoffe verloren gehen und die Photosynthesefläche reduziert wird. Zudem schwächen Verletzungen die Stecklinge und schaffen Angriffsflächen für Krankheitserreger. Besser ist eine Erhöhung der Luftfeuchtigkeit. Je höher die relative Luftfeuchtigkeit ist, desto weniger Wasser kann verdunstet werden. In mit Wasserdampf gesättigter Luft kann keine Transpiration mehr erfolgen, obwohl die Spaltöffnungen unter diesen Bedingungen geöffnet bleiben, sodass der Gasaustausch und damit die Photosynthese ungehemmt ablaufen kann. Der Gärtner erreicht eine hohe relative Luftfeuchtigkeit – so genannte **„gespannte Luft"** – durch die Verkleinerung des Luftvolumens, indem er die Pflanzen z. B. mit einer durchsichtigen Folie überdeckt. Der sich einstellende Wasserkreislauf bedingt, dass auf das Gießen der Stecklinge weitgehend verzichtet werden kann. Nachteilig ist, dass durch die Folienabdeckung die Lichtintensität und damit die Photosynthese verringert wird. Aufgrund des kleinen Luftvolumens kommt es zudem bei direkter Sonneneinstrahlung schnell zu überhöhten Temperaturen, sodass schattiert werden muss. Entsprechend vorteilhaft ist eine **Sprühnebelvermehrung**. Bei ihr sind die Pflanzen ständig von einem feinen Wasserfilm bedeckt, sodass die sie umgebende Luft praktisch permanent eine relative Luftfeuchtigkeit von 100 % aufweist. Wird dieser Wert unterschritten, schaltet sich die mit einem Messfühler ausgestattete Anlage (s. Kapitel Technik) automatisch ein und erzeugt sekundenlang einen feinen Sprühnebel. Auf eine Schattierung kann weitgehend verzichtet werden, da durch die ständige Wasserverdunstung von Pflanzen- und Bodenoberfläche die Blatttemperatur auch bei direkter Sonneneinstrahlung vor Überhitzung geschützt wird (Verdunstungskälte!). Weil über die Verdunstungskälte auch eine Temperaturerniedrigung im Substrat stattfindet, für eine erfolgreiche Stecklingsvermehrung jedoch ein „warmer Fuß" unabdingbar ist, ist für die Vermehrung unter Sprühnebel eine Bodenheizung erforderlich. Damit es gerade bei dieser Art der Vermehrung nicht zur Staunässe und damit zu Sauerstoffmangel in der Zone der Wurzelbildung kommt, muss das Substrat gut wasserdurchlässig sein. Dies kann erreicht werden durch Einmischen von Sand oder Styromull.

Wärme

Die Wurzelbildung ist die Folge einer intensiven Zellteilung. Der damit verbundene erhöhte Energiebedarf muss nicht nur durch mitgelieferte energiereiche Reservestoffe der Mutterpflanze und Photosynthese gedeckt werden, er muss den sich teilenden Zellen auch durch eine gesteigerte Energiefreisetzung, d. h. Atmung, zugänglich gemacht

werden. Da mit steigenden Temperaturen der Stoffwechsel und somit auch die Atmungsintensität beschleunigt wird, führt eine Erhöhung der **Bodentemperatur** zur Förderung des Wurzelwachstums. Als optimal gelten für die meisten Pflanzenarten Temperaturen zwischen 18 und 25 °C. Allgemein gilt, dass die optimale Bodentemperatur zur Bewurzelung etwas höher liegt als die für die Kultur der jeweiligen Pflanzenart optimale Lufttemperatur. Dies ist am einfachsten durch eine im Substrat verlegte Bodenheizung (s. Kapitel Technik) zu erreichen. Nach erfolgter Wurzelbildung muss die Bodentemperatur gesenkt werden, damit das Wurzelwachstum nicht einseitig zu Lasten des Sprosswachstums gefördert wird.
Eine Erhöhung der **Lufttemperatur** (zwischen 18 und 25 °C) fördert bei Optimierung der anderen Wachstumsfaktoren die Photosynthese und damit die Wurzelbildung. Zu hohe Temperaturen infolge direkter Sonneneinstrahlung müssen gegebenenfalls durch Schattierung vermieden werden.

■ Licht

Der mit der Wurzelbildung einhergehende erhöhte Energiebedarf bedingt, dass alle Maßnahmen, die die Photosynthese fördern, auch die Wurzelentwicklung beschleunigen. So führt eine Erhöhung der Lichtintensität und/oder -dauer, z. B. durch eine Zusatzbelichtung mit Assimilationslicht während der dunkleren Jahreszeit, über die Steigerung der Photosynthese zu einer schnelleren und besseren Wurzelbildung.

■ Substrat

Aufgrund des erhöhten Sauerstoffbedarfs der sich entwickelnden Wurzeln muss das Vermehrungssubstrat locker und gut durchlüftet sein. Um eine Schädigung der empfindlichen neu gebildeten Wurzeln zu vermeiden, sollte es krankheitsfrei, salz- und nährstoffarm sein. Geeignete Substrate zur Vermehrung sind u. a. Torfsandgemische (z. B. 1:1), Einheitserde (Typ VM), Torfkultursubstrate (TKS 1), reiner Torf (z. B. für Rhododendren und Azaleen) oder reiner Sand (z. B. für *Forsythia, Magnolia, Weigelia* und *Philadelphus*).

■ Wuchsstoffe

Zur Wurzelbildung sind relativ hohe Wuchsstoffkonzentrationen notwendig. Deswegen werden Stecklinge meistens auch dicht unterhalb eines Blattknotens (ca. 2 mm) geschnitten, da hier in der Regel die höchsten Wuchsstoffkonzentrationen vorliegen. Durch das Eintauchen der Schnittstellen in Bewurzelungshormone vor dem Stecken kann der Gärtner von außen Wuchsstoffe (Auxine) zuführen. Auch das Dunkelhalten der Stecklingsbasis vor dem Stecken fördert die Bewurzelung, weil Wuchsstoffe durch Licht inaktiviert werden.

■ Stecklingsqualität

Der Vermehrungserfolg hängt außer von den Wachstumsfaktoren ganz entscheidend von der Qualität der Stecklinge ab. Sie ist weitgehend vom Zustand der Mutterpflanze während des Schnitts abhängig. Nur gesunde, optimal kultivierte Pflanzen können brauchbare Stecklinge liefern.
Beim Schneiden von Kopfstecklingen sollte man bedenken, dass sich allgemein Stecklinge von Haupttrieben besser entwickeln als Stecklinge von Seitentrieben. Auch dürfen Stecklinge mit Blütenknospen nicht verwendet bzw. müssen vorhandene Blütenknospen ausgebrochen werden, da ansonsten die Blütenbildung zu Lasten der Wurzelentwicklung stattfindet. Haben sich die Stecklinge ausreichend bewurzelt, können sie getopft oder gepflanzt werden. Ein deutliches Zeichen dafür ist das einsetzende Sprosswachstum.

■ 6.2.2 Ableger

Die Vermehrung durch Ableger erfolgt bei Gehölzen im Frühjahr vor dem Austrieb (Februar/März). Dazu werden vorjährige Triebe in ihrer ganzen Länge in flache Erdrillen „abgelegt“ und festgesteckt. Die Rillen bleiben zunächst offen. Nach dem Austreiben der Knospen wird mit fortschreitendem Wachstum der Seitentriebe (Mai/Juni) zur Förderung der Wurzelbildung mehrmals angehäufelt. Dabei ist darauf zu achten, dass das obere Drittel der Triebe frei bleibt. Die im Laufe der Vegetationsperiode bewurzelten Seitentriebe werden im Herbst nach dem Laubfall von der Mutterpflanze getrennt und ausgepflanzt (s. Abb. 1, S. 309).
Beispiele: Vogelkirsche *(Prunus avium)*, Zierjohannisbeere *(Ribes sanguineum)*, Großfrüchtige Moosbeere *(Vaccinium macrocarpon)*, Glyzine/Blauregen *(Wisteria sinensis)*.

■ 6.2.3 Abmoosen

Beim Abmoosen (Markottieren) bewurzeln sich Kopfstecklinge direkt an der Mutterpflanze. Dort, wo sich die Wurzeln bilden sollen, wird die Sprossachse verletzt, indem ein etwa zentimeterbreiter bis auf das Kambium reichender Rindenstreifen entfernt wird. Zur Förderung der Wurzelbildung wird die Wunde mit einem Bewurzelungshormon eingestrichen und mit einer Hand voll feuchtem Moos oder Torf umgeben. Dazu wird feuchtem Moos oder Torf umgeben. Dazu wird unterhalb der Wunde eine Polyethylenfolie so um den Trieb gewickelt, dass eine Tüte geformt werden kann, die, nachdem sie gefüllt wurde, am oberen Ende um den Trieb herum zugebunden wird. Obwohl die Folie das Substrat weitgehend vor Austrocknung schützt, sollte in gewissen Abständen kontrolliert und gegebenenfalls Wasserverlust ersetzt werden. Haben sich genügend Wurzeln gebildet, wird der obere Teil der Pflanze unter dem Wurzelballen abgeschnitten und eingetopft. Frisch getopfte Pflanzen müssen in den ersten Tagen vor überhöhter Verdunstung geschützt werden. Dies kann durch Überstülpung eines Folienbeutels für zwei bis drei Tage geschehen (s. Abb. 1).

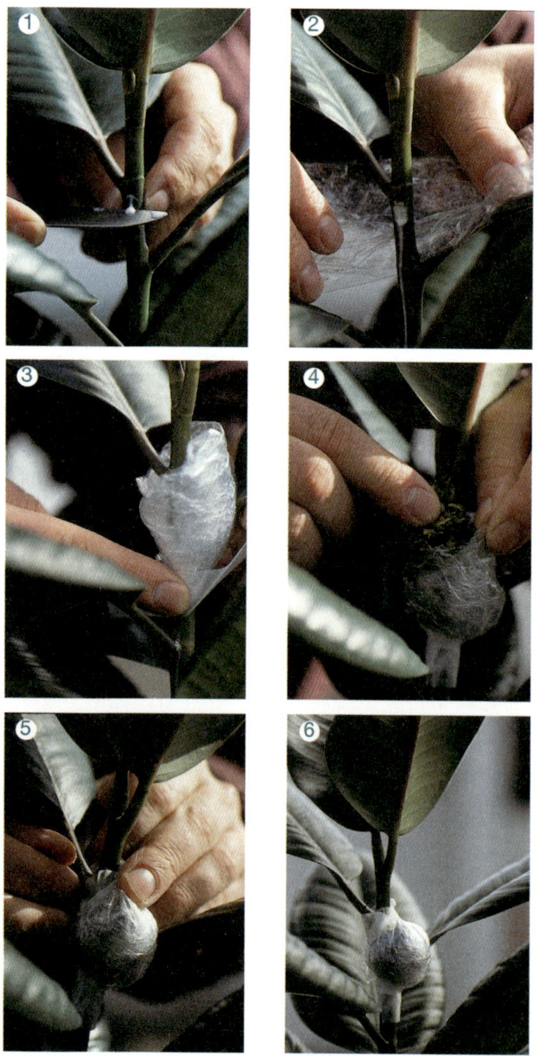

Abb. 1 Arbeitsschritte beim Abmoosen

Beispiele: Croton *(Codiaeum variegatum)*, Drachenbaum *(Dracaena deremensis)*, Gummibaum *(Ficus elastica)*, Gartenmagnolien *(Magnolia-Soulangiana-Hybriden)*, Sternmagnolie *(Magnolia stellata)*, Fensterblatt *(Monstera deliciosa)*.

6.2.4 Absenken

Beim Absenken werden die Triebe der Mutterpflanzen nicht in ganzer Länge in den Boden gelegt, sondern bogenförmig so abgesenkt, dass die Triebspitze aus dem Boden herausragt. Bei Gehölzen eignen sich vor allem ein- und zweijährige Triebe. Eine Beschleunigung der Wurzelbildung kann dadurch erfolgen, dass an der Stelle, an der die Wurzelbildung stattfinden soll, durch Einkerbungen (Kambium freilegen) oder durch Abschnürung/Ringelung mit einem Draht (bis auf das Kambium) ein Stau der von den Blättern abgeleiteten Assimilate eintritt. Die Unterbrechung des Phloems führt zu einer verbesserten Versorgung der an der Wunde angrenzenden Zellen mit Assimilaten, sodass es zu einer besseren Wundkallusbildung und somit zu einer schnelleren und verstärkten Wurzelbildung kommt. Sind genügend Wurzeln gebildet, werden die Jungpflanzen von der Mutterpflanze abgeschnitten und aufgepflanzt (s. Abb. 1, S. 309).

Beispiele: Russischer Wein *(Cissus antarctica)*, Königswein *(Cissus rhombifolia)*, Waldrebe *(Clematis vitalba)*, Perückenstrauch *(Cotinus coggygria)*, Klettergummibaum *(Ficus pumila)*, Japanische Zaubernuss *(Hamamelis japonica)*, Chinesische Zaubernuss *(Hamamelis mollis)*, Efeu *(Hedera helix)*, Gartenmagnolien *(Magnolia-Soulangiana-Hybriden)*, Sternmagnolie *(Magnolia stellata)*, Scheinbuche *(Nothofagus antarctica)*, Kletterphilodendron *(Philodendron scandens)*, Alpenrosen *(Rhododendron-Hybriden)*, Schwarze Johannisbeere *(Ribes nigrum)*, Rote Johannisbeere *(Ribes rubrum)*, Zierjohannisbeere *(Ribes sanguineum)*, Stachelbeere *(Ribes uva-crispa)*, Efeutute *(Scindapsus pictus)*.

6.2.5 Ausläufer

Manche Pflanzen entwickeln zur vegetativen Vermehrung Tochterpflanzen an ihren waagerecht über den Boden wachsenden Seitentrieben (Ausläufer). Haben sich die Jungpflanzen ausreichend bewurzelt, können sie von der Mutterpflanze abgetrennt werden. Bei Kartoffeln bilden sich Knollen am Ende der unterirdischen Ausläufer (s. Abb. 2 u. 3, S. 309).

Beispiele: Grünlilie *(Chlorophytum comosum)*, Erdbeere *(Fragaria x magna)*, Schwertfarn *(Nephrolepis exaltata)*, Judenbart *(Saxifraga stolonifera)*, Kartoffel *(Solanum tuberosum)*, Topinambur *(Helianthus tuberosus)*.

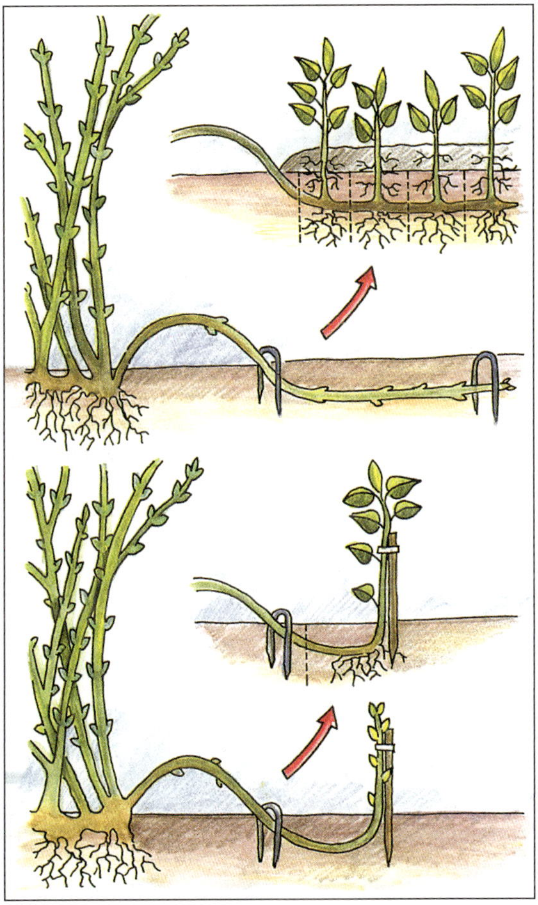

Abb. 1 Vermehrung durch Ableger und Absenker

Abb. 2 Unterirdische Ausläufer bei der Kartoffel

Abb. 3 Oberirdische Ausläufer bei der Grünlilie (Chlorophytum comosum)

6.2.6 Blattabschnitte

Durch Blattabschnitte kann man bei bestimmten Pflanzen aus einem Blatt mehrere neue Pflanzen heranziehen. Die Blätter werden in 5 bis 10 cm lange Abschnitte zerschnitten und gesteckt. Dabei ist darauf zu achten, dass die Blattabschnitte mit der Wuchsrichtung nach oben gesteckt werden (s. Abb. 1, S. 310).
Beispiel: Bogenhanf *(Sansevieria trifasciata)*.

Abb. 4 Blattgliedstecklinge vom Weihnachtskaktus (Schlumbergera-Hybriden)

Abb. 1 Vermehrung durch Blattabschnitte

An den angeschnittenen Nebenadern haben sich junge Pflänzchen entwickelt (Streptocarpus-Hybriden)

Abb. 2 Vermehrung durch Blattstückstecklinge

Abb. 3 Regeneration eines Blattstecklings

6.2.7 Blattgliedstecklinge

Bei dieser Vermehrung werden die aus einzelnen Gliedern aufgebauten Triebe der Mutterpflanze an ihren Nodien auseinander gebrochen und gesteckt. Bei den so genannten Blattgliedstecklingen handelt es sich nicht um Blätter, sondern um Flachsprosse (Platykladien), blattähnlich verbreiterte Sprossachsen, die die Aufgaben der fehlenden Blätter übernehmen (s.Abb. 4, S. 309).
Beispiele: Feigenkakteen *(Opuntia-Arten)*, Osterkaktus *(Hatiora gaertneri)*, Weihnachtskakteen *(Schlumbergera-Hybriden)*.

6.2.8 Blattstecklinge

Bei der Vermehrung durch Blattstecklinge werden Blätter der Mutterpflanze mit oder ohne Blattstiel geschnitten und in Vermehrungssubstrate gesteckt. An der Basis entstehen Adventivwurzeln und -triebe, die eine neue Pflanze bilden. Das ursprüngliche Blatt stirbt mit der Zeit ab (s. Abb. 3).
Beispiele: Elatiorbegonien *(Begonia-Elatior-Hybriden)*, Lorrainebegonien *(Begonia-Lorrainebegonien-Hybriden)*, Dickblatt *(Crassula arborescens)*, Geldbaum *(Crassula ovata)*, Venusfliegenfalle *(Dionaea muscipula)*, Kannenpflanzen *(Nepenthes-Hybriden)*, Peperomie *(Peperomia caperata)*, Usambaraveilchen *(Saintpaulia ionantha)*, Bogenhanf *(Sansevieria trifasciata)*, Fetthenne *(Sedum-Arten)*, Drehfrucht *(Streptocarpus-Hybriden)*.

6.2.9 Blattstückstecklinge

Bei der Vermehrung durch Blattstückstecklinge werden Teile eines Blattes zur Vermehrung genutzt.

Dazu werden an den Blattadern eingeschnittene Blätter auf das Substrat oder geschnittene Blattstücke gesteckt (s. Abb. 2).
Beispiele: Rexbegonien *(Begonia-Rex-Hybriden)*, Drehfrucht *(Streptocarpus-Hybriden)*.

Abb. 1 Kleine Pflänzchen haben sich an den Blatträndern von Kalanchoe daigremontiana entwickelt

Abb. 2 Unterscheidung: links Zwiebel (Tulpe), rechts Knolle (Krokus)

Abb. 3 Gladiolenknollen mit Brutknollen

Abb. 4 Narzissenzwiebel mit Brutzwiebeln, links bereits abgetrennte Brutzwiebeln

6.2.10 Brutblätter

An den Blättern bestimmter Pflanzen entwickeln sich kleine Pflänzchen (Brutknospen), die der vegetativen Vermehrung dienen. Nach dem Ablösen wachsen sie zu neuen Pflanzen heran (s. Abb. 1).

Beispiele: Brutblätter *(Kalanchoe daigremontiana, Kalanchoe tubiflora)*.

6.2.11 Brutknollen

Brutknollen bilden sich an der Basis der Mutterknollen. Bei Gladiolen schwankt die Zahl der Brutknollen zwischen 5 und 30 (s. Abb. 3). Die kleinen Brutknollen werden wie die ausgewachsenen Knollen behandelt, d. h., sie werden im Herbst aus dem Boden genommen, über Winter frostfrei gelagert und im Frühjahr (Ende April/Anfang Mai) in 2 bis 3 cm tiefe Rillen gestreut. Je nach Größe sind sie nach 2 bis 3 Jahren ausgewachsen und blühen.

Beispiele: Krokus *(Crocus vernus)*, Freesien *(Fresia-Hybriden)*, Gladiolen *(Gladiolus-Hybriden)*.

6.2.12 Brutzwiebeln

Bei den Zwiebelgewächsen bilden sich in den Achseln der Zwiebelschalen wie auch am Zwiebelboden kleine Tochterzwiebeln, so genannte Brutzwiebeln. Bei Zwiebelpflanzen, bei denen die Mutterzwiebel nach der Blüte abstirbt (z. B. Tulpen), entwickelt sich die größte dieser Brutzwiebeln (unmittelbar neben dem Blütenschaft) im Laufe des Sommers (Mai bis August) zur Ersatzzwiebel, die im nächsten Jahr die Blüte hervorbringt. Die kleineren Brutzwiebeln brauchen je nach Größe 2 bis 3 Jahre bis zur Blüte. Zwiebeln können sich im Laufe der Jahre zu einem ganzen Bündel von Zwiebeln entwickeln. Zur Vermehrung werden dann die seitlichen Brutzwiebeln weggebrochen und mehrteilige Zwiebeln, wie man sie häufig bei Narzissen findet, getrennt (s. Abb. 4). Um die Vermehrungsrate zu erhöhen, werden z. B. bei Narzissen die Zwiebeln regelrecht zerschnitten und ausgelegt. An den Bruchstellen bilden sich kleine Brutzwiebeln, die entnommen und aufgepflanzt werden. Bei Hyazinthen fördert das Aushöhlen des Zwiebelbodens den Ansatz von Brutzwiebeln. Schon nach wenigen Wochen sind die Schnittstellen von neu gebildeten Brutzwiebeln überwuchert, die nach 2 Jahren verkaufsfähig sind.

Beispiele: Zwiebeln *(Allium cepa)*, Schneeglöckchen *(Galanthus nivalis)*, Ritterstern *(Hippeastrum-Hybriden)*, Hyazinthe *(Hyacinthus orientalis)*, Märzbecher *(Leucojum vernum)*, Lilien

Abb. 1 Bulbillen in den Blattachseln von Lilium lancifolium

Abb. 2 Kindelbildung bei Aechmea fasciata

Abb. 3 Ananas (Ananas comosus, var. variegatus)

(Lilium-Hybriden), Traubenhyazinthe *(Muscari botryoides)*, Narzisse *(Narcissus pseudonarcissus)*, Blaustern *(Scilla sibirica)*, Tulpen *(Tulipa Garten-Tulpen)*, Knöllchensteinbrech *(Saxifraga granulata)*.

6.2.13 Bulbillen

Als Bulbillen werden brutzwiebelähnliche Organe in den Blattachseln bestimmter Pflanzen bezeichnet. Abgetrennt von der Mutterpflanze, entwickeln sie sich zu vollständigen Pflanzen (s. Abb. 1).
Beispiele: Schlangenlauch *(Allium scorodoprasum)*, Zahnwurz *(Dentaria bulbifera)*, Feuerlilie *(Lilium bulbiferum)*, Tigerlilie *(Lilium lancifolium)*, Scharbockskraut *(Ranunculus ficaria)*.

6.2.14 Kindel

Als so genannte Kindel werden Tochterpflanzen bezeichnet, die sich unmittelbar an der Basis der Mutterpflanzen aus Seitentrieben heraus entwickeln. Durch das Abtrennen dieser Kindel können neue Pflanzen gewonnen werden. Typisch ist diese Kindelbildung für die meisten Bromelien (s. Abb. 2). Bei der Ananas bildet sich zudem über der Frucht ein Blattschopf, der mit einer dünnen Fruchtscheibe abgeschnitten und nach Abtrocknung der Schnittstelle gesteckt werden kann (s. Abb. 3 und 4).

Beispiele: Lanzenrosette *(Aechmea fasciata)*, Agave *(Agave americana)*, Ananas *(Ananas comosus)*, Billbergie *(Billbergia nutans)*, Guzmanie *(Guzmania lingulata)*, Neoregelie *(Neoregelia carolinae)*, Nestrosette *(Nidularium fulgens)*.

Abb. 4 Blattschopfvermehrung bei Ananas comosus

6.2.15 Kopfstecklinge

Die häufigste und damit wichtigste vegetative Vermehrung im Gartenbau ist die Vermehrung durch Kopfstecklinge. Es handelt sich dabei um krautige, beblätterte Triebspitzen von diesjährigen Trieben (s. Abb. 1, S. 313). Ihre Länge und Blattzahl variieren je nach Pflanzenart. In der Regel erfolgt der Schnitt dicht unter einem Blattknoten (ca. 2 mm), da in diesem Bereich die größte Wuchsstoffproduktion stattfindet, sodass die Wurzelbildung gefördert wird. Das zum Schnitt benutzte Messer muss scharf sein, damit Quetschverletzungen – die häufigsten Fäulnisursachen – vermieden werden. Bei der Auswahl der Kopfstecklinge ist auf eine optimale Reife zu achten, unausgereifte (zu weiche) Stecklinge faulen leicht und zu ausgereifte (harte) Stecklinge bilden schlecht Wurzeln. Allgemein entwickeln sich Kopfstecklinge von Haupttrieben besser als von Seitentrieben.

Abb. 1 Gewinnung von Kopfstecklingen

Abb. 2 Vermehrung durch Stammstecklinge

Abb. 3 Vermehrung von Zypergras

Beim Zypergras *(Cyperus alternifolius)* wird eine gute Bewurzelung der Kopfstecklinge im Wasser erreicht. Dazu kürzt man die Blätter und Stiele der abgeschnittenen Blattschöpfe auf etwa 5 cm ein und legt sie ins Wasser. Nach der Bewurzelung werden sie eingetopft (s. Abb. 3).

Beispiele: Schönmalven *(Abutilon-Hybriden)*, Beloperone *(Beloperone guttata)*, Bougainvillie *(Bougainvillea spectabilis)*, Besenheide/Heidekraut *(Calluna vulgaris)*, Croton *(Codiaeum variegatum)*, Zwergmispel *(Cotoneaster dammeri)*, Chrysantheme *(Dendranthema x grandiflorum)*, Schneeheide *(Erica carnea)*, Gummibaum *(Ficus elastica)*, Fuchsien *(Fuchsia-Hybriden)*, Roseneibisch *(Hibiscus rosa-sinensis)*, Hortensie *(Hydrangea macrophylla)*, Fensterblatt *(Monstera deliciosa)*, Passionsblume *(Passiflora caerulea)*, Edel-, Efeu- und Zonalepelargonien *(Pelargonium-Arten)*, Eibe *(Taxus baccata)*.

6.2.16 Risslinge

Werden Stecklinge von den Trieben der Mutterpflanzen abgerissen, spricht man von Risslingen. Grundlage dieser Art der Vermehrung ist die Erkenntnis, dass durch Verwunderung zur Teilung angeregte Kambiumzellen bei Erdkontakt Wurzeln bilden. Durch das Abreißen der Stecklinge verbleibt ein größeres Stück Rinde mit freigelegtem Kambium am Fuß des Stecklings, sodass aufgrund der größeren Kambiumfläche die Wurzelbildung gefördert wird.

Beispiele: Scheinzypresse *(Chamaecyparis lawsoniana)*, Fuchsien *(Fuchsia-Hybriden)*, Wacholder *(Juniperus chinensis)*, Liguster *(Ligustrum vulgare)*, Eibe *(Taxus baccata)*.

6.2.17 Stammstecklinge

Bei Stammstecklingen handelt es sich um blattlose Teiltriebstücke mit „schlafenden Augen“ (ruhende Knospen). Zur Gewinnung werden nicht verholzte Sprossachsen so zerschnitten, dass sich die Blattknoten (Nodien) mit den Augen in der Mitte der Stammstecklinge befinden (s. Abb. 2).

Beispiele: Große Falmingoblume *(Anthurium-Andreanum-Hybriden)*, Kleine Flamingoblume *(Anthurium-Scherzerianum-Hybriden)*, Cordyline *(Cordyline fruticosa)*, Dieffenbachie *(Dieffenbachia maculata)*, Dracaene *(Dracaena fragrans)*, Fensterblatt *(Monstera deliciosa)*.

6.2.18 Steckholz

Die Vermehrung durch Steckhölzer ist eine wichtige, weit verbreitete und relativ einfache Art der vegetativen Vermehrung von Gehölzen. Als Steckhölzer werden ausgereifte einjährige, mehr oder weniger verholzte, blattlose Triebe benutzt. Die richtige Holzreife kann durch Biegen der Triebe geprüft werden. Stark durchbiegende oder brechende Hölzer sind nicht geeignet. Der Schnitt erfolgt im Winter ab November/Dezember (nicht bei Frost!).

Die mehr oder weniger langen Triebe werden in etwa 20 cm lange Stücke (Scherenlänge) geschnitten. Das obere Ende wird 1 bis 2 cm über einem Auge gerade (kleine Schnittfläche → Verringerung der Verdunstung) und das untere Ende 0,5 cm unterhalb eines Auges schräg geschnitten (größere Kambiumfläche → mehr Wundgewebe → Förderung der Wurzelbildung). Die fertigen Steckhölzer werden je nach Stärke zu 25 oder 50 Stück gebündelt, etikettiert und an einem kühlen, frostfreien Ort in Sand oder sandiger Erde etwa bis zur Hälfte ihrer Länge eingeschlagen. Eine Lagerung in Folienbeuteln bei +1 bis +3 °C (Kühlräume) ist auch möglich. Eine Ausnahme bilden z. B. Ribes-Arten, die bei Beginn des Blattfalls im September geschnitten und sofort gesteckt werden. Allgemein erfolgt das Stecken jedoch im Frühjahr (März/April), wenn keine Frostgefahr mehr besteht (Hochfrieren des Bodens!). Gesteckt wird in einen tiefgründig gelockerten und mit Torf oder Kompost versetzten Boden so, dass nur noch das oberste Knospenpaar herausschaut. Bei Gehölzen mit einem sehr engen Knospenabstand (z. B. Salix-Arten) werden die Steckhölzer zu ⅔ ihrer Länge in den Boden gesteckt. Die austreibenden Triebe sollten zur Reduzierung der Verdunstung in der ersten Zeit gespannte Luft erhalten oder häufiger mit Wasser übersprüht werden (s. Abb. 1).

Beispiele: Baumwürger *(Celastrus orbiculatus)*, Hartriegel *(Cornus alba)*, Roter Hartriegel *(Cornus sanguinea)*, Deutzie *(Deutzia scabra)*, Schlingknöterich *(Fallopia baldschuanica)*, Forsythie *(Forsythia x intermedia)*, Kolkwitzie *(Kolkwitzia amabilis)*, Liguster *(Ligustrum vulgare)*, Wilder Wein *(Parthenocissus-Arten)*, Falscher Jasmin *(Philadelphus-Virginalis-Hybriden)*, Platane *(Platanus x hispanica)*, Fingerstrauch *(Potentilla fruticosa)*, Schwarze Johannisbeere *(Ribes nigrum)*, Rote Johannisbeere *(Ribes rubrum)*, Zierjohannisbeere *(Ribes sanguineum)*, Stachelbeere *(Ribes uva-crispa)*, Weide *(Salix alba)*, Schwarzer Holunder *(Sambucus nigra)*, Traubenholunder *(Sambucus racemosus)*, Schneebeere *(Symphoricarpos x chenaultii)*, Weigelie *(Weigela japonica)*.

Abb. 1 Steckholzvermehrung

Abb. 1 Teilsteckling

Abb. 2 Geteilte Fackellilie; vor der Pflanzung müssen die Blätter stark eingekürzt werden

6.2.19 Teilstecklinge

Bei den Teilstecklingen handelt es sich um krautige, beblätterte Triebstücke ohne Endknospen (s. Abb. 1).

Beispiele: Glanzkölbchen *(Aphelandra squarrosa)*, Brunfelsie *(Brunfelsia pauciflora var. calycina)*, Kamelie *(Camellia japonica)*, Klimme *(Cissus antarctica)*, Russischer Wein *(Cissus rhombifolia)*, Croton *(Codiaeum variegatum)*, Keulenlilie *(Cordyline fruticosa)*, Crossandra *(Crossandra infundibuliformis)*, Dracaene *(Dracaena-Arten)*, Klettergummibaum *(Ficus pumila)*, Efeu *(Hedera helix)*, Roseneibisch *(Hibiscus rosa-sinensis)*, Wachsblume *(Hoya carnosa)*, Fensterblatt *(Monstera deliciosa)*, Passionsblume *(Passiflora caerulea)*, Philodendron *(Philodendron erubescens, Philodendron scandens)*, Efeutute *(Scindapsus pictus)*, Kranzschlinge *(Stephanotis floribunda)*.

6.2.20 Teilung

Die Vermehrung durch Teilung ist eine sehr einfache und sichere Art der vegetativen Vermehrung. Es ist lediglich darauf zu achten, dass jedes Teilstück mindestens eine Knospe und genügend Wurzeln aufweist. Besonders bei der Staudenvermehrung wird die Teilung durchgeführt. Bei Pflanzen, die im Frühjahr oder Frühsommer blühen, ist die günstigste Vermehrungszeit nach der Blüte, da sie dann genügend Zeit haben, um sich bis zum Winter zu regenerieren. Später blühende Pflanzen sollten besser im Frühjahr, zu Beginn des Pflanzenwachstums geteilt werden. Gräser werden kurz vor dem Austrieb und Irisgewächse gleich nach der Blüte geteilt (s. Abb. 2).

Beispiele: Schafgarbe *(Achillea filipendulina)*, Glockenblume *(Campanula-Arten)*, Maiglöckchen *(Convallaria majalis)*, Mädchenauge *(Coreopsis-Arten)*, Pampasgras *(Cortaderia selloana)*, Rittersporn *(Delphinium-Hybriden)*, Tränendes Herz *(Dicentra spectabilis)*, Gämswurz *(Doronicum orientale)*, Storchschnabel *(Geranium-Arten)*, Sonnenbraut *(Helenium-Hybriden)*, Purpurglöckchen *(Heuchera-Hybriden)*, Fackellilie *(Kniphofia-Hybriden)*.

6.2.21 Veredlung

Beim Veredeln wird ein Auge oder Reis (Edelreis) einer zu vermehrenden Pflanze mit einer anderen bewurzelten Pflanze, die als Unterlage dient, zusammengefügt. Damit Unterlage und Edelreis/Auge miteinander verwachsen, müssen die Schnittflächen so zusammengefügt werden, dass die Kambien beider Partner aufeinander liegen. Voraussetzung ist ferner, dass beide Pflanzen eng miteinander verwandt sind, d. h. der gleichen Familie und Gattung angehören.

Gründe für das Veredeln

- Die „Edelsorte“ entwickelt sich auf der eigenen Wurzel schlecht.
- Geringere Baumgrößen zum leichteren Bearbeiten (Obstbau), sodass auf Unterlagen mit einer geringen Wuchskraft veredelt wird.
- Man erhält schneller verkaufsfähige Pflanzen.
- Wegen der hohen Ausbeute ist nur ein kleiner Mutterpflanzenbestand notwendig.
- Andere Vermehrungsmethoden bringen nicht das gewünschte Ergebnis.

Okulation

Die Okulation ist eine der gebräuchlichsten vegetativen Vermehrungsarten von Rosen, Obst- und Ziergehölzen. Bei der Okulation (lat. oculus = Auge) von Rosen (s. Abb. 1, S. 316) wird im Juli/August ein schlafendes Auge (treibt erst im nächsten Frühjahr aus) eines Edelrosentriebes in die Rinde des Wurzelhalses bzw. bei Stammrosen in die Rinde der Sprossachse der auf 40 bis 140 cm hochgezogenen als Unterlage dienenden Wildrose eingesetzt. Bei Obst- und Ziergehölzen

Für die Okulation wird der mittlere Teil eines kräftigen, abgeblühten Triebes der Edelsorte verwendet. Von diesem werden alle Blätter abgeschnitten, nur die Blattstiele – in deren Achseln die Augen sitzen – werden belassen

Mit einem etwa 5 cm langen T-Schnitt wird die Rinde der Unterlage durchtrennt; zuvor wurde die Stelle mit einem Lappen von Erde befreit

Mit dem Löser des Okuliermessers werden die beiden Rindenflügel vorsichtig aufgeklappt, sodass das Kambium freiliegt

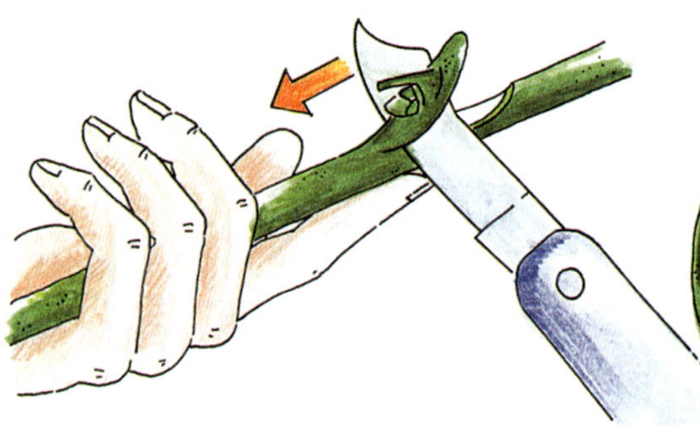

Mit einem ziehenden Schnitt wird das Auge herausgeschnitten, dabei zeigt das Edelreis mit dem oberen Ende zum Körper

Mit herausgeschnittene Holzstreifen werden herausgelöst. Das Holzschildchen sollte möglichst dünn sein, ansonsten besteht die Gefahr, dass die zum Auge führenden Gefäßbündel mit herausgerissen werden (winziges Loch, ansonsten rundlich gewölbte Fläche!)

Das Auge wird vorsichtig mithilfe des Okuliermessers eingeschoben

Das über den T-Schnitt herausragende Ende des Augenschildes wird sauber abgeschnitten, indem das Okuliermesser in den Querschnitt des T gedrückt wird

Die beiden abgehobenen Rindenflügel werden zugeklappt, sodass nur noch das Auge aus dem verbleibenden Schlitz herausguckt

Die Veredlungsstelle wird mit Bast oder einem Schnellverschluss aus dehnbarem Naturkautschuk verbunden

Abb. 1 Okulation von Rosen

wird das Auge etwa 10 cm über dem Wurzelhals eingesetzt. Als Rosenunterlagen dienen überwiegend Sämlinge von Rosa canina (Hundsrose), Rosa multiflora, Rosa laxa und Rosa rugosa (Kartoffelrose). Im nächsten Frühjahr, nachdem das Edelauge angewachsen und ausgetrieben ist, wird der obere Teil der Wildrose direkt über der Veredlungsstelle abgeworfen. Bei einigen Gehölzen erfolgt die Okulation auf das „treibende" Auge, d. h. im Frühjahr (Mai/Juni) zu Beginn der Wachstumsperiode, sodass das Auge noch im Sommer des gleichen Jahres austreibt.
Beispiele (Unterlagen in Klammern): *Polyantha- und Hochstammrosen (Rosa canina), Floribunda,-, Edel- und Kletterrosen (Rosa multiflora), Fliedersorten (Syringa vulgaris), Acer negundo 'Variegatum' (Acer negundo), Acer palmatum 'Atropurpureum' (Acer palmatum), Amelanchier canadensis (Crataegus laevigata), Corylus avellana 'Contorta' (Büsche auf C. avellana, Stämme auf C. colurna).*

Abb. 1 Kopulation

Abb. 2 Kopulation mit Gegenzungen

Kopulation

Im Unterschied zur Okulation wird bei der Kopulation ein Reis mit mehreren Augen (drei bis sechs) auf eine Unterlage aufgesetzt. Von Januar bis März wird in dieser gewünschten Stammhöhe, bei Obstgehölzen mindestens 10 cm über dem Wurzelhals, der Kopf der Unterlage mit einem Schrägschnitt abgeworfen. Ein Schrägschnitt von gleicher Länge – etwa viermal so lang wie der Durchmesser – und Form wird am unteren Ende des Edelreises durchgeführt, damit die Kambien der beiden Partner genau aufeinander zu liegen kommen.
Durch die Schrägschnitte wird eine möglichst große Kambium- und damit Verwachsungsfläche erreicht. Beide Schnittstellen werden mit Bast oder Gummiveredlungsbändern fest verbunden sowie mit Baumwachs, der die Veredlung vor Austrocknung schützt, verstrichen (s. Abb. 1). Bei der Kopulation von Obstgehölzen dürfen nur auf Virusfreiheit getestete Reiser verwendet werden (bei den Pflanzenschutzämtern erhältlich!).

Beispiele (Unterlagen in Klammern): *Amelanchier laevis (Cotoneaster bullatus), Betula pendula 'Tristis' (Betula pendula), Carpinus betulus 'Fastigiata' (Carpinus betulus), Corylus avellana 'Contorta' (Corylus avellana für Büsche, Corylus colurna für Stämmchen), Cotoneaster salicifolius var. floccosus (Cotoneaster bullatus), Fraxinus excelsior 'Pendula' (Fraxinus excelsior), Laburnum x watereri 'Vossii' (Laburnum anagyroides), Larix kaempferi 'Pendula' (Larix kaempferi), Prunus serrulata 'Kanzan' (Prunus avium), Syringa-Vulgaris-Hybriden (Syringa vulgaris/Ligustrum ovalifolium), Quercus robur 'Fastigiata' (Quercus robur).*

Kopulation mit Gegenzungen

Hierbei werden in den Schrägschnitten von Edelreis und Unterlage senkrechte Einschnitte vorgenommen, sodass Zungen entstehen, die ineinander geschoben werden (s. Abb. 2). Das führt zu einer besseren Verbindung zwischen Edelreis und Unterlage und zu einer Vergrößerung der Verwachsungsfläche und damit besseren Anwachsergebnissen.

Beispiele: siehe Kopulation

Pfropfung

Kakteen-Arten, die auf der eigenen Wurzel schlecht gedeihen, werden auf andere Kakteen aufgesetzt, d. h. gepfropft. Durch das Pfropfen werden eine schnellere und bessere Entwicklung schwachwüchsiger Arten, eine raschere Blüte,

eine längere Lebensdauer, robustere Pflanzen oder das Überleben chlorophyllfreier Kakteen erreicht (s. Abb. 1).
Eine bedeutende Rolle spielt das Pfropfen bei der Reiserveredlung von Gehölzen. Gepfropft wird, wenn das Edelreis wesentlich dünner als die Unterlage ist. Dabei unterscheidet man zwischen Geißfußpfropfen, Pfropfen in den Spalt und hinter die Rinde sowie seitlichem Einspitzen und Anplatten.

Geißfußpfropfen
In der gewünschten Veredlungshöhe wird der Kopf der Unterlage waagerecht abgeschnitten. Anschließend wird aus dem Kopf der Unterlage ein 3 bis 4 cm langer Keil entnommen. Das wie bei einer Kopulation zurechtgeschnittene Edelreis wird mit einem zusätzlichen Schnitt so keilförmig zugeschnitten, dass es haargenau in den keilförmigen Ausschnitt der Unterlage passt (erfordert einige Übung!). Anschließend wird die Veredlungsstelle mit Bast verbunden und mit Baumwachs verstrichen (s. Abb. 1, S. 319).
Beispiele: siehe Kopulation

Pfropfen in den Spalt
Wenn der Geißfußschnitt zu schwierig zu handhaben ist, z. B. bei sehr dünnen Edelreisern wie bei Hibiscus, Sambucus oder Parthenocissus, wird das Pfropfen in den Spalt durchgeführt. Dazu wird der Kopf der waagerecht geschnittenen Unterlage mit dem Messer in der Mitte aufgespalten. In den Spalt werden in der Regel zwei keilförmig zugeschnittene Edelreiser so hineingeschoben, dass sie nach außen mit der Rinde der Unterlage abschließen (Kambiumkontakt!), s. Abb. 2, S. 319.
Beispiele: siehe Geißfußpfropfen/Kopulation

Pfropfen hinter die Rinde
Die Rinde wird so von der Unterlage gelöst, dass das mit einem Längsschnitt versehene Edelreis hinter die Rinde der Unterlage geschoben werden kann und Kambiumkontakt bekommt (s. Abb. 3, S. 319). Angewandt wird dieses Verfahren z. B. bei der Umveredlung von Apfel- und Birnbäumen.

Seitliches Anplatten
Diese Methode wird vor allem bei den Nadelgehölzen angewandt, bei denen Edelreis und Unterlage etwa gleich stark sind (z. B. Abies, Picea, Pinus). Dabei wird von der Unterlage ein 3 bis 5 cm langer Rindenstreifen gelöst **(seitliches Anplatten mit langer Gegenzunge)** oder bis auf ein kurzes Endstück, das als Auflage für das Edelreis dient, abgeschnitten **(seitliches Anplatten mit kurzer Gegenzunge)**. Das mit einem entsprechenden Längsschnitt versehene Edelreis (von zwei Seiten bei langer Gegenzunge und an einer Seite bei kurzer Gegenzunge) wird nun angeplattet und verbunden (s. Abb. 4, S. 319). Ein Verstreichen mit Baumwachs erübrigt sich wegen des starken Harzflusses bei Nadelgehölzen. Nach dem Anwachsen wird der Kopf der Unterlage abgeworfen.

Abb. 1 Veredlung von Kakteen durch Pfropfung

Abb. 1 Geißfußpfropfen

Abb. 4 Seitliches Anplatten

Abb. 2 Pfropfen in den Spalt

Abb. 5 Seitliches Einspitzen

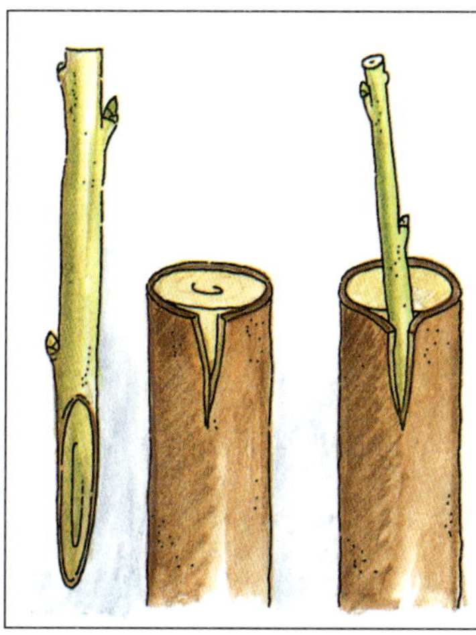

Abb. 3 Pfropfen hinter die Rinde

Abb. 6 Ablaktieren

Beispiele (Unterlagen in Klammern): *Abies koreana (Abies alba), Abies procera 'Glauca' (Abies alba), Acer palmatum 'Dissectum Atropurpureum' (Acer palmatum), Cedrus atlantica 'Clauca' und 'Clauca Pendula' (Cedrus deodara), Chamaecyparis nootkatensis 'Pendula' (Thuja orientalis), Chamaecyparis obtusa 'Nana Gracilis' (Chamaecyparis lawsoniana), Hamamelis japonica und Hamamelis mollis (Hamamelis virginiana), Juniperus chinensis 'Plumosa Aurea' (Juniperus virginiana), Picea abies 'Acrocona' (Picea abies), Picea abies 'Inversa' (Picea abies), Picea omorika 'Nana' (Picea abies), Picea pungens 'Hoopsii' (Picea abies), Taxus baccata 'Fastigiata' (Taxus baccata).*

Seitliches Einspitzen
Es wird statt des seitlichen Anplattens durchgeführt, wenn das Edelreis schwächer als die Unterlage ist. Dabei wird die Rinde der Unterlage mit einem senkrechten seitlichen Einschnitt vorsichtig vom Kambium so weit gelöst, dass das beidseitig (!) leicht keilförmig zugeschnittene Edelreis eingeschoben werden kann (s. Abb. 5, S. 319). Nach dem Anwachsen wird der Kopf der Unterlage abgeworfen.
Beispiele (Unterlage in Klammern): *Chamaecyparis nootkatensis 'Pendula' (Thuja orientalis), Euonymus planipes (Euonymus europaea), Juniperus chinensis 'Plumosa Aurea' (Juniperus virginiana).*

Ablaktieren
Ablaktieren kommt aus dem Lateinischen (ablactare) und bedeutet so viel wie „den Säugling von der Muttermilch entwöhnen". Hierbei müssen Edelreismutterpflanze und Unterlage(n) in unmittelbare Nähe gepflanzt bzw. gebracht werden. In der gewünschten Veredlungshöhe wird an jeweils einem Trieb der Edelreismutterpflanze und der Unterlage das Kambium auf einer Länge von etwa 3 cm freigelegt und die Triebe so miteinander verbunden, dass die Schnittstellen genau aufeinander liegen. Erst wenn beide miteinander verwachsen sind, wird das Edelreis von der Mutterpflanze getrennt (s. Abb. 6, S. 319). Das Ablaktieren wird bei Pflanzen durchgeführt, die nur sehr schwer miteinander verwachsen. Wie bei der Kopulation ist auch beim Ablaktieren eine Veredlung mit Gegenzungen möglich.
Beispiele: Veredlung von Gurken auf Feigenblattkürbissen *(Cucurbita ficifolia)* zum Schutz gegen Fusariumwelke, Veredlung von Akazien.

6.2.22 Wurzelschnittlinge

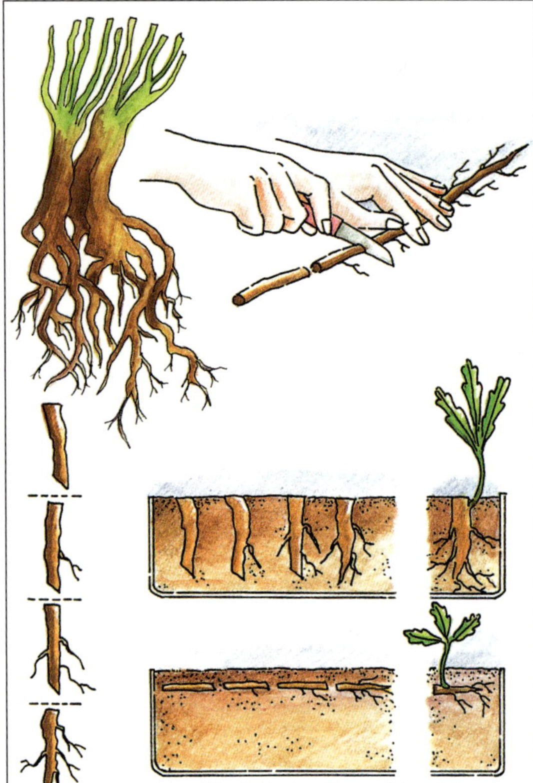

Abb. 1 Vermehrung durch Wurzelschnittlinge

Bei Pflanzen, die die Fähigkeit haben, sich vollständig aus Wurzeln zu regenerieren, kann die vegetative Vermehrung durch Wurzelschnittlinge erfolgen. Dazu werden während der Wachstumsruhe von der Mutterpflanze etwa bleistiftdicke, noch nicht zu sehr verholzte Wurzeln ausgegraben und in etwa 5 bis 10 cm lange Teilstücke geschnitten. Da sich aus dem jeweilig oberen Ende der Wurzelstücke der Spross und aus dem unteren Ende die Wurzel entwickelt, sollte zur Kennzeichnung das untere Ende schräg angeschnitten werden. Die so vorbereiteten Wurzelschnittlinge werden senkrecht in lockere Erde gesteckt oder waagerecht ausgelegt und mit Erde bedeckt (s. Abb. 1).
Beispiele: Akanthus *(Acanthus dioscoridis)*, Herbstanemonen *(Anemone-Japonica-Hybriden)*, Japanischer Angelicabaum *(Aralia elata)*, Trompetenblume *(Campsis radicans)*, Bergflockenblume *(Centaurea montana)*, Sonnentau *(Drosera capensis)*, Sonnenhut *(Echinacea purpurea)*, Kugeldistel *(Echinops bannaticus)*, Mohn *(Papaver orientale)*, Essigbaum *(Rhus typhina)*.

6.2.23 Wurzelschössling

Abb. 1 *Wurzelschösslinge bei Aralia elata (Japanischer Angelicabaum)*

Schösslinge sind Sprosse, die sich aus den Wurzeln mancher Gehölze entwickeln. Die Schösslinge werden, nachdem sie sich ausreichend bewurzelt haben, von der Mutterpflanze abgetrennt und aufgepflanzt (s. Abb. 1). Bilden veredelte Pflanzen Schösslinge aus, handelt es sich um vegetative Nachkommen der Unterlage. Solche Austriebe werden bei Rosen als Wildtriebe bezeichnet. Sie müssen entfernt werden, da sie ansonsten die Edelsorte unterdrücken.

Beispiele: Japanischer Angelicabaum *(Aralia elata)*, Essigbaum *(Rhus typhina)*.

6.2.24 In-vitro-Vermehrung

Eine besondere Form der vegetativen Vermehrung ist die In-vitro-Vermehrung, die **„Vermehrung im Reagenzglas"**. Bei dieser Art der Vermehrung werden im Labor auf künstlichen Nährböden in Reagenzgläsern, Kolben oder anderen verschließbaren Glasgefäßen aus kleinsten Gewebeteilchen oder gar einzelnen Zellen vollständige Pflanzen regeneriert (s. Abb. 2). Nach der Art der entnommenen Explantate spricht man u. a. von der Gewebe-/Meristemkultur, Organ-, Embryo- oder Einzelzell-/Protoplastenkultur (s. Abb. 1, S. 323). Voraussetzung für eine erfolgreiche Vermehrung ist, dass Geräte und Nährböden keimfrei sind und alle Arbeiten unter absolut sterilen Bedingungen stattfinden (s. Abb. 3). Nur so kann ein Abtöten der empfindlichen Explantate durch Bakterien- oder Pilzinfektionen vermieden werden.

Ganz entscheidend für den Kulturerfolg ist die Zusammensetzung der flüssigen oder festen Nährmedien. Allgemein bestehen sie aus unterschiedlichen Anteilen von Haupt- und Spurennährelementen, Kohlenhydraten in Form von Zuckern, Vitaminen und Phytohormonen. Zur Verfestigung flüssiger Medien wird Agar-Agar benutzt, ein Produkt aus Rot- und Braunalgen. Auf die Nährböden werden die Explantate übertragen und zur Kallusbildung angeregt. Durch Art und Konzentration der in den Nährmedien enthaltenen Hormone wird ihre Regeneration induziert, wobei in der Regel Cytokinine die Sprossbildung und Auxine die

Abb. 2 *Venusfliegenfallen im Reagenzglas herangezogen*

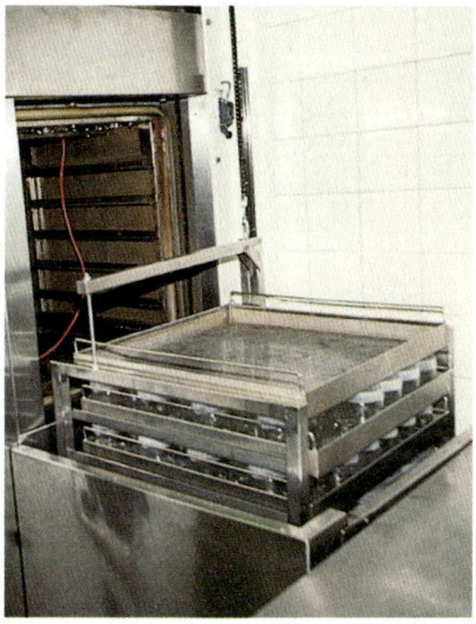

Abb. 3 *Desinfektion von Nährböden im Autoklaven*

Abb. 4 *Spathiphyllum aus der Gewebekultur*

Abb. 1 Gewebekulturen unter Folientunnel im Gewächshaus

Abb. 2 Weiterkultur von Spathiphyllum unter normalen Gewächshausbedingungen

Abb. 3 Gewebekulturen können über Jahre hinweg in Reagenzgläsern gehalten werden

Wurzelbildung bewirken. Haben die durch In-vitro-Kultur herangezogenen Pflänzchen eine bestimmte Größe erreicht, werden sie in ein normales, keimfreies Substrat pikiert oder gepflanzt (s. Abb. 4, S. 321). Zur langsamen Gewöhnung an normale Gewächshausbedingungen müssen sie bei hoher relativer Luftfeuchtigkeit („gespannte Luft") gehalten werden (s. Abb. 1 und 2).

Für den praktischen Gartenbau hat die In-vitro-Vermehrung vor allem ihre **Bedeutung** in der Möglichkeit zur schnellen Massenvermehrung genetisch identischer Pflanzen, der Erzeugung oder Erneuerung virusfreier Mutterpflanzenbestände und dem schnellen Auffinden und Nutzen von neuen Genotypen im Rahmen der Mutationszüchtung. Zudem kann sie ohne Rücksicht auf die Jahreszeit über das ganze Jahr hinweg durchgeführt werden und ermöglicht auch die Vermehrung solcher Pflanzen, die mit anderen Methoden gar nicht oder nur schwer zu vermehren sind. Die in In-vitro-Kultur erzeugten Pflänzchen können in den Reagenzgläsern bei 2 bis 3 °C und geringer Lichtintensität über Jahre hinweg gehalten werden. Bei Bedarf können von ihnen Mikrostecklinge geschnitten und auf Nährböden innerhalb weniger Wochen bewurzelt werden (s. Abb. 3).

Zur **Massenvermehrung** werden die Explantate nach der Kallusbildung in flüssige Nährmedien übertragen, die ständig in Bewegung gehalten werden. Das Schütteln der Nährmedien verhindert eine Differenzierung der sich neu bildenden Zellen, sodass sich weiterhin Kallus bildet. Zugleich lösen sich durch den Schüttelvorgang von den nur locker miteinander verbundenen Zellen des entstehenden Kallusklumpens ständig Zellen oder kleine Gewebestücke ab, die wiederum neuen Kallus mit neu sich abtrennenden Zellen und Gewebestückchen produzieren. Aus den Zellsuspensionen entwickeln sich Kalluskulturen. Durch Abfiltrieren können die einzelnen Kallusklümpchen auf feste Nährmedien übertragen werden, wo sie sich zu vollständigen Pflanzen regenerieren. Über das ständige Fortführen der Kallusschüttelkulturen kann theoretisch von einem winzigen Explantat eine unbegrenzte Anzahl von Pflanzen erzeugt werden (s. Abb. 1. S. 324).

Zur **Erzeugung oder Erneuerung virusfreier Mutterpflanzenbestände** wird die Meristemkultur durchgeführt, bei der die 0,1 bis 0,3 mm kleinen, virus- und bakterienfreien Meristeme aus den Triebspitzen der Mutterpflanzen isoliert und in die In-vitro-Kultur übernommen werden (s. auch S. 267).

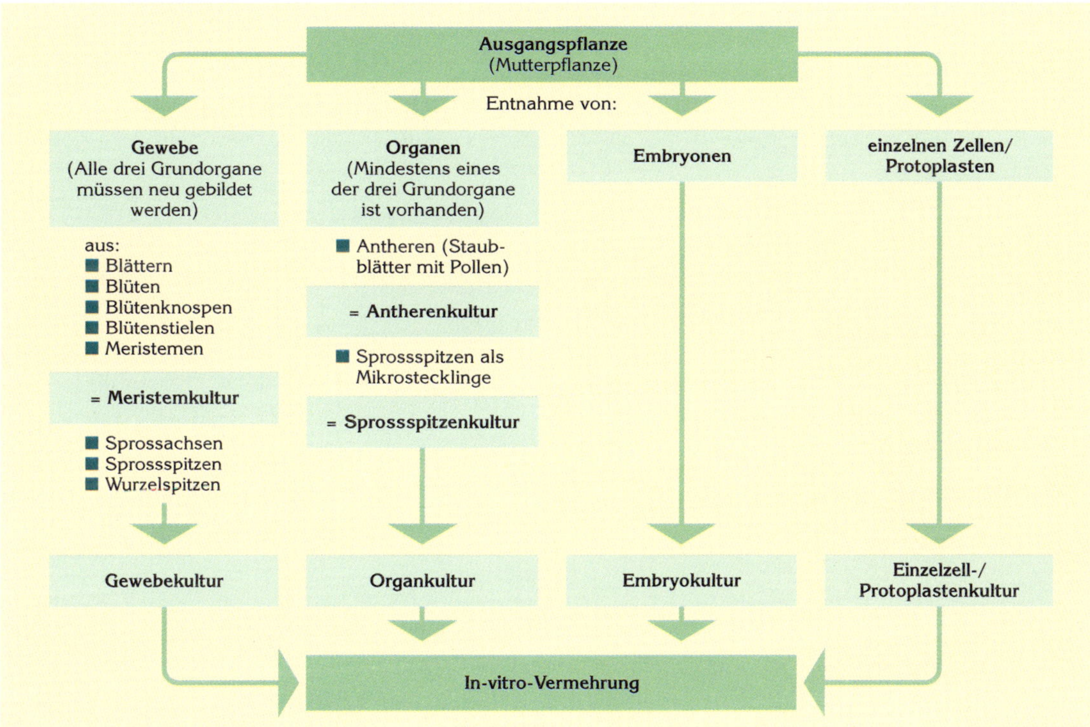

Abb. 1 In-vitro-Vermehrung

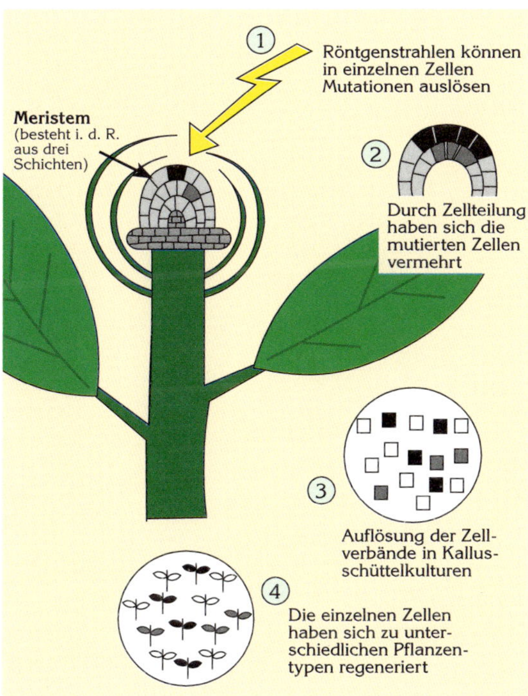

Abb. 2 Schnelles Auffinden von Mutationen

Schnellere Züchtungserfolge werden z. B. im Rahmen der Mutationszüchtung (s. S. 84) durch Einsatz der In-vitro-Vermehrung möglich, da sie ein rasches Auffinden und Nutzen neuer Genotypen ermöglicht. Bei der Mutationszüchtung wird z. B. meristematisches Gewebe wenige Sekunden bis Minuten radioaktiver Strahlung ausgesetzt. Als Folge dieser Bestrahlung können in einzelnen Zellen genetische Veränderungen (Mutationen) stattfinden. Nach der Bestrahlung werden die Meristeme auf Nährböden übertragen und zur Kallusbildung angeregt. In Kallusschüttelkulturen erfolgt dann eine Auflösung der Kallusklumpen zu kleinen Zellverbänden bzw. Einzelzellen, die abfiltriert und auf festen Nährböden zu vollständigen Pflanzen regeneriert werden. Entsprechend den genetischen Veränderungen in den bestrahlten Ursprungszellen entstehen dann verschiedene Pflanzen (s. Abb. 2).

Der notwendige hohe technische und personelle Aufwand zur Durchführung der In-vitro-Vermehrung hat dazu geführt, dass sich neben Forschungsinstituten vor allem spezialisierte Labore mit der Produktion von In-vitro-Pflanzen beschäftigen.

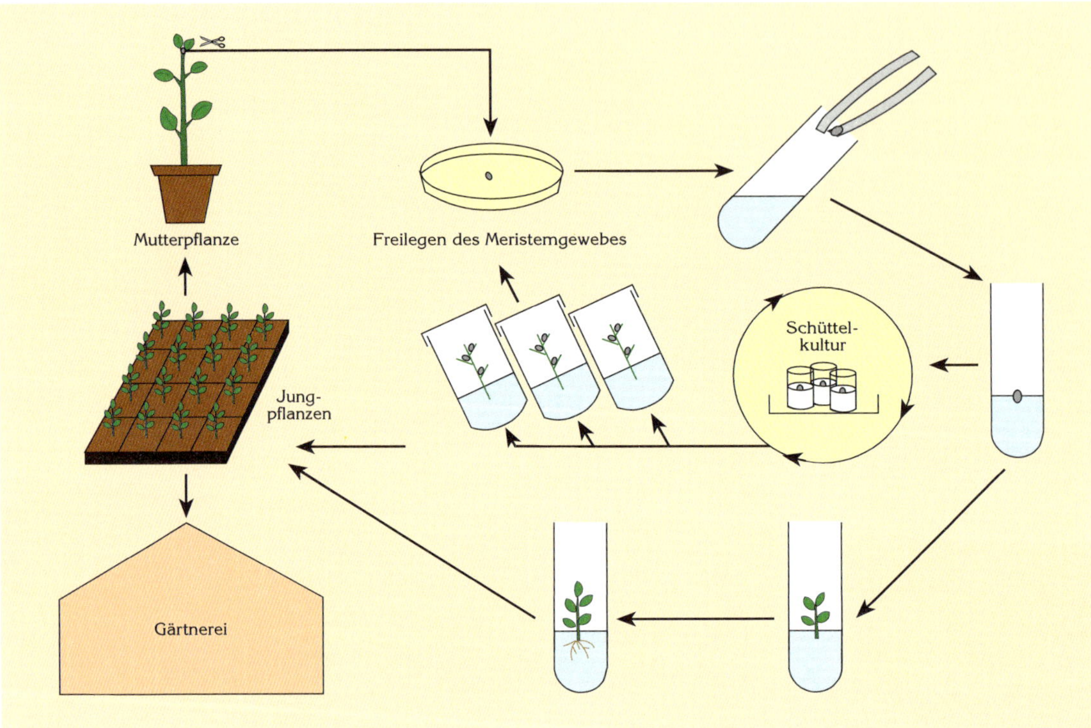

Abb. 1 Massenvermehrung mithilfe der In-vitro-Vermehrung

6.3 Pikieren

Unter Pikieren versteht man das Verpflanzen von zu dicht stehenden Sämlingen auf größere Abstände (s. Abb. 2, S. 325). Das Pikieren ermöglicht eine optimale Standraumverteilung, wobei sich der Pikierabstand nach der Pflanzenart, der Standzeit und dem verwendeten Gefäß (z. B. Kiste und Topf) richtet. In Kisten beträgt er im Allgemeinen 3 × 3 cm bis 4 × 5 cm. Das rechtzeitige Pikieren verhindert, dass es aufgrund von Licht-, Luft- und Nährstoffmangel zu Wachstumsstockungen kommt. Als günstiger Zeitpunkt gilt das Stadium der vollen Keimblattentfaltung. Das Herausnehmen der Pflänzchen aus der Erde führt über die entstehenden Wurzelverletzungen zu einem Wundreiz, der die Wurzeln zu einer verstärkten Verzweigung anregt, wodurch die Wurzel- und Ballenbildung gefördert wird (s. Abb. 1, S. 325). Andererseits führt der eintretende Wurzelverlust zu Wachstumshemmungen. Der Vorteil des Pikierens ist vor allem in der Platz- und der damit verbundenen Energieeinsparung unter Glas zu sehen, der Nachteil ist die erhebliche Arbeitsbelastung. Dabei ist die Höhe der Belastung von der Arbeitsplatzgestaltung und dem Verfahren des Pikierens abhängig. Damit ein Überschreiten des optimalen Pikierzeitpunktes vermieden wird, müssen bei größeren Aussaatmengen gestaffelte Aussaaten erfolgen. Hat man früher während der Jungpflanzenanzucht bis zu dreimal pikiert, bevor eingetopft wurde, wird heute zum Teil ganz auf das Pikieren verzichtet. Das ist möglich, wenn qualitativ hochwertiges Saatgut (pilliert/kalibriert) in Einzelkornaussaat direkt in die Töpfe bzw. an Ort und Stelle auf Endabstand gesät wird.

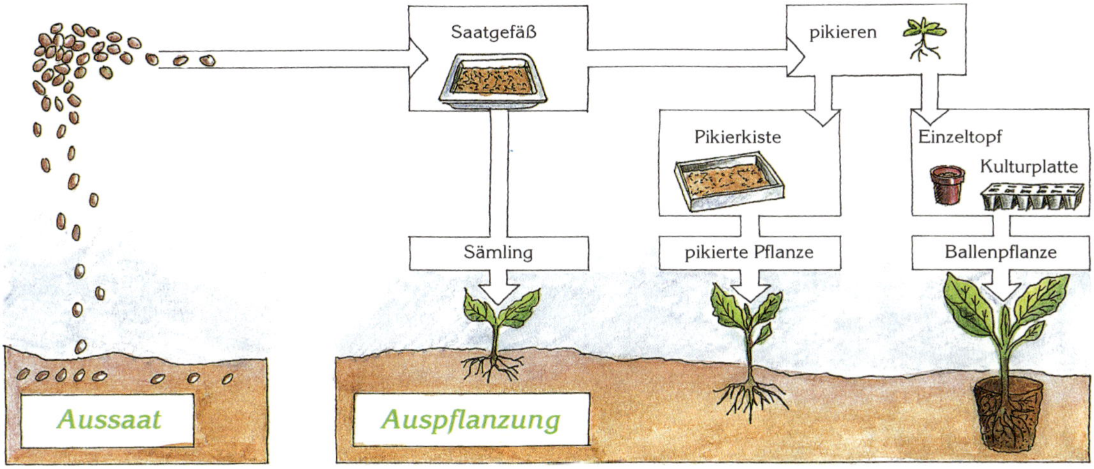

Abb. 1 Verschiedene Möglichkeiten der Jungpflanzenanzucht

Abb. 2 Das Pikieren am Beispiel einer Staudenaussaat (Lychnis chalcedonica)

❶ Linke Hand erfasst Sämling (Druckschäden vermeiden!); Pikierholz unter Wurzel stechen und Sämling lockern

❷ Loch in Erde stechen

❸ Sämling etwas tiefer ins Pikierloch halten, als er in der Saatkiste gestanden hat; Wurzeln nicht krümmen; zu lange Wurzeln einkürzen

❹ Erde mit dem Pikierholz seitlich gegen die Wurzel drücken (fester Stand!)

❺ Pikieren im Verband → optimale Platzausnutzung!

❻ Angießen → Schließung der Hohlräume, Förderung der kapillaren Wasseraufnahme

6.4 Ein- und Umtopfen

Austopfen

Arbeitsplatzaufbau

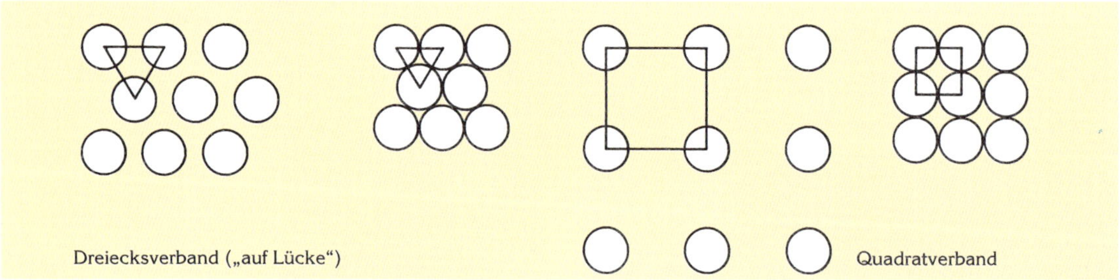

Ausstellen

1

2

3

4

Abb. 1 Das Topfen von Hand

Töpfe haben als Kulturgefäße im Gartenbau eine große Bedeutung. Ein- und Umtopfen von Pflanzen sind demgemäß wichtige Kulturmaßnahmen. Zum Topfen sehr großer Stückzahlen werden heute weitgehend Topfmaschinen eingesetzt (s. Kapitel Technik). Ist ihr Einsatz nicht möglich oder wirtschaftlich unrentabel, wird von Hand getopft. Bevor mit dem Ein- und Umtopfen begonnen wird, muss der Arbeitsplatz so hergerichtet werden, dass unnötige Handgriffe vermieden werden (s. S. 326). Das **Eintopfen** von Hand erfolgt in fünf Schritten (s. S. 326):

❶ Die rechte Hand ergreift den Topf und zieht ihn so weit voll Erde, dass die einzutopfende Pflanze die richtige Höhe erhält.

❷ Die linke Hand ergreift die einzutopfende Pflanze und hält sie in die Mitte des Topfes.

❸ Mit der rechten Hand wird Erde gleichmäßig um den Ballen herum in den Topf gefüllt.

❹ Mit beiden Händen wird die Erde festgedrückt: Mit Zeigefinger und Daumen beider Hände wird die Pflanze leicht angedrückt, sodass sie in der Mitte des Topfes steht. Anschließend wird mit den Daumenseiten der Topfrand angedrückt und der Topf zur Setzung der Erde kurz auf den Tisch aufgestoßen.

❺ Die linke Hand stellt den Topf in die Transportkiste.

Umgetopft wird, wenn der Topf für die Pflanze zu klein geworden, d. h. der Ballen voll durchwurzelt ist. Ist es bereits zu einem Platzmangel für die Wurzel gekommen, sind Wachstumsstockungen unvermeidlich. Zudem wirkt sich die Versorgung mit neuer Erde günstig aus, weil es im Lauf der Kulturzeit durch Düngen und Wässern zu Salzanreicherungen, pH-Erhöhungen und Strukturverschlechterungen kommt. Zum Austopfen stößt man den umgedrehten Topf mit dem oberen Rand auf die Tischkante (s. S. 326). Ist das Wurzelwerk sehr verfilzt, muss der Wurzelfilz aufgerissen werden, damit sich neue Wurzeln bilden können. Ansonsten sollten die Wurzeln nicht beschädigt werden.

Der neue Topf sollte 2 bis 4 cm im Durchmesser (zwei bis vier Nummern) größer sein als der alte. Das weitere Umtopfen erfolgt wie das Eintopfen. Aus wirtschaftlichen Gründen werden viele Pflanzen bereits beim Eintopfen in den End- oder Verkaufstopf gesetzt, wobei von Anfang an ein höherer Platzbedarf im Gewächshaus einkalkuliert werden muss.

Das **Ausstellen der Töpfe** erfolgt im **Dreiecksverband**, d. h. auf Lücke, oder im **Quadratverband** (s. S. 326). Der Vorteil des Dreiecksverbandes liegt in der optimalen Platzausnutzung, denn im Vergleich zum Quadratverband ist der notwendige Reihenabstand kleiner (s. Abb. 1). Der Vorteil des Quadratverbandes liegt in der kreuz und quer durchführbaren maschinellen Bearbeitbarkeit. Beim Ausstellen ist darauf zu achten, dass die Töpfe gerade und fest stehen. Als günstiger Abstand gilt, wenn sich die Blätter der benachbarten Pflanzen leicht berühren. Im Winter sollten die Pflanzen zur Vermeidung von Pilzinfektionen (hohe Luftfeuchtigkeit und Lichtmangel!) nicht zu dicht stehen. Mit zunehmendem Wachstum müssen die Abstände durch Rücken vergrößert werden. Das arbeitsaufwendige Rücken lässt sich vermeiden, wenn die Pflanzen nicht erst auf Zwischenabstand, sondern gleich auf Endabstand gestellt werden.

Beispiel: Pflanzenabstand 30 cm

Quadratverband

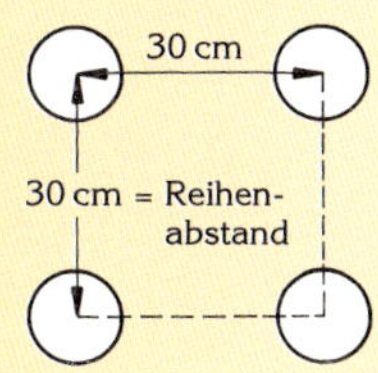

Dreiecksverband
(„auf Lücke")

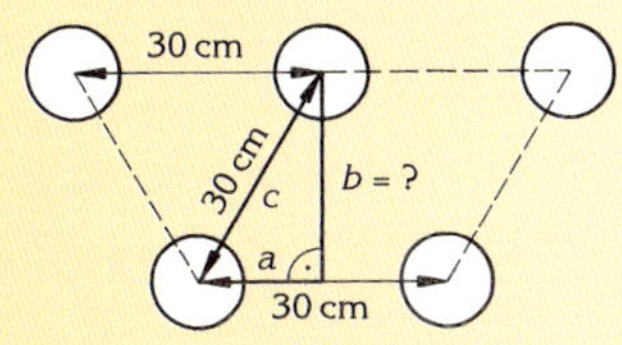

pythagoreischer Lehrsatz

$c^2 = a^2 + b^2$

$b^2 = c^2 - a^2$

$b = \sqrt{c^2 - a^2} = \sqrt{900\,cm^2 - 225\,cm^2}$

b = 25,98 cm = **26 cm** Reihenabstand

Abb. 1 Optimale Platzausnutzung

6.5 Pflanzen

6.5.1 Beet- und Gemüsepflanzung

❶

❷

❸

❹

❺

Abb. 1 Pflanzen mit dem Pflanzholz

Besitzen die Pflanzen einen größeren Wurzelballen, wird bei gut gelockerten Böden das Pflanzloch mit der rechten Hand geschaffen. Bei schwereren Böden muss die Pflanzkelle benutzt werden. Pflanzen ohne Wurzelballen werden mit dem Pflanzholz gepflanzt (s. Abb. 1):

❶ Mit dem Pflanzholz wird ein Loch in die Erde gestochen, das groß genug sein muss, um die Wurzel aufnehmen zu können.

❷ Die Pflanze wird in das Pflanzloch gehalten, dabei ist darauf zu achten, dass die Wurzeln nicht geknickt werden und die Pflanze nicht tiefer steht, als sie ursprünglich gestanden hat. Wenige Zentimeter neben dem Pflanzloch wird das Pflanzholz schräg zur Wurzel in den Boden gestoßen.

❸ Das Pflanzholz wird gegen die Wurzel hochgedrückt, sodass die Wurzel einen guten Erdkontakt und die Pflanze einen festen Stand bekommt.
❹ Das entstandene Loch wird mit dem Pflanzholz zugestrichen.
❺ Das Angießen schließt Hohlräume um die Wurzel und fördert damit die kapillare Wasseraufnahme.

6.5.2 Gehölzpflanzung

Bäume

Bäume gehören zu den bemerkenswertesten Erscheinungen der Natur, die durch ihr üppiges Wachstum und ihre Langlebigkeit das Bild eines Gartens, einer Stadt oder Landschaft maßgebend prägen. Bei jeder Pflanzung müssen bestimmte Regeln beachtet werden, damit die Pflanzen anwachsen und sich gesund weiterentwickeln. Günstige **Pflanzzeiten** sind das **Frühjahr** (März bis Mai, vor dem Laubaustrieb) und der **Herbst** (Oktober bis Mitte Dezember, nach dem Laubfall), wobei die Herbstpflanzung zu bevorzugen ist, da bei dieser die Pflanzen nur anwachsen und nicht gleichzeitig austreiben. Bis zum Austreiben der Blätter im Frühjahr (Wasserverdunstung!) haben sie über Herbst und Winter genügend Zeit, um ausreichend neue Wurzeln zur Sicherung der Wasserversorgung zu bilden. **Immergrüne Nadelgehölze** sollten etwas früher im Herbst (Mitte August bis September) und etwas später im Frühjahr (April bis Mai) gepflanzt werden. Da sie laufend Wasser verdunsten, müssen sie rasch einwurzeln bzw. ihre Mykorrhiza entwickeln, was durch höhere Bodentemperaturen zu den genannten Zeiten gefördert wird. **Containerpflanzen** (in Gefäßen > 2 Liter Inhalt kultivierte Pflanzen) können ganzjährig gepflanzt werden. Der **Pflanzvorgang** (s. Abb. 1, S. 330) erfolgt in bestimmten Schritten:

❶ Pflanzloch ausheben
Mit dem Spaten wird das Pflanzloch ausgehoben. Es sollte mindestens doppelt so tief und breit sein wie das Wurzelwerk bzw. der Wurzelballen. Beim Aushub ist darauf zu achten, dass Ober- und Unterboden getrennt gelagert, d. h. nicht miteinander vermischt werden. Der Untergrund des Pflanzloches sollte mit einer Grabegabel gut gelockert werden. Liegen undurchlässige Schichten vor, müssen zur Vermeidung von Staunässe ein bis drei Löcher bis in den sickerfähigen Untergrund gebohrt und mit Kies verfüllt werden. Größere Steine sind zu entfernen.

❷ Baumpfahl setzen
Ein Pfahl schützt den Baum vor Windschiefe und -bruch. Vor allem verhindert er aber ein Hin- und Herbewegen im Wind, was zum Abreißen der sich neu bildenden feinen Wurzelhaare und damit zur Hemmung der Wasser- (!) und Nährstoffaufnahme führen würde. Der Baumpfahl wird etwa 30 cm tief in den gewachsenen Boden des Pflanzloches geschlagen. Dabei ist darauf zu achten, dass er gerade und zur Hauptwindrichtung steht (Windschutz!). Zur Vermeidung von Verletzungen durch ein Scheuern der Kronenäste darf der Pfahl nicht in die Krone reichen. Bei Ballenpflanzen erfolgt die Sicherung der Pflanze mit zwei oder drei/vier Pfählen (Pfahlgerüst), die außerhalb der Pflanzgrube in den Boden (etwa 50 cm tief) geschlagen werden. Kleinere Ballenpflanzen können mit einem Schrägpfahl, der nach dem Pflanzen schräg in den gewachsenen Boden eingeschlagen wird und zur Hauptwindrichtung zeigt, verankert werden. Ist der Baum gut verwurzelt und der Stamm kräftig, kann der Pfahl entfernt werden.

❸ Boden verbessern
Zur Bodenverbesserung wird der Aushub (Oberboden) mit gut zersetztem Kompost – auf 2 Teile Aushub 1 Teil Kompost – vermischt. Organische Substanz sollte nicht tiefer als maximal 30 cm eingearbeitet werden, da es aufgrund des geringen Sauerstoffgehaltes in größerer Tiefe leicht zur Fäulnis und damit zur Schädigung der Wurzel kommen kann.

❹ Pflanz- und Wurzelschnitt
Bei Laubgehölzen ist der Pflanzschnitt ein **Auslichtungsschnitt**, d. h., nur verletzte, kranke, zu dicht stehende Äste und Konkurrenztriebe werden entfernt. Dabei sollte auf ein Gleichgewicht zwischen Spross (Versorgung der Wurzel mit Assimilaten) und Wurzel (Versorgung des Sprosses mit Wasser- und Nährstoffen) geachtet werden. Ballenpflanzen sollten leicht ausgelichtet werden, da auch sie einen Teil ihrer Wurzeln bei der Herausnahme aus dem Boden verloren haben. Eine Ausnahme bilden Obstbäume, bei denen ein stärkerer Schnitt erfolgt. Bei ihnen ist der Pflanzschnitt ein **Erziehungsschnitt**. An den Wurzeln darf nicht mehr als unbedingt notwendig geschnitten werden. Nur beschädigte und überlange Wurzeln werden mit einer scharfen Schere entfernt. Die Schnittstellen sollten nach unten zeigen. Ein leichtes Anschneiden der Wurzelspitzen (Einkürzung um ca. 1 cm) fördert die Wurzelbildung. Wunden an Trieben und Wurzeln mit einem Durchmesser größer als 1 cm sollten mit Wundverschlussmitteln verstrichen werden.

Abb. 1 Baumpflanzung

5 Einsetzen des Baumes
Das Einpflanzen sollte von zwei Personen durchgeführt werden, wobei die eine den Baum gerade in das Pflanzloch hält und die andere die Erde einfüllt. Dabei ist darauf zu achten, dass die Wurzeln gut verteilt sind. Die Pflanze sollte genauso tief gepflanzt werden, wie sie in der Baumschule gestanden hat, was an der dunklen Verfärbung am Wurzelhals erkennbar ist. Da der Boden sich mit der Zeit noch setzt, muss etwa 5 cm höher gepflanzt werden. Bei zu tiefer Pflanzung erhalten die sich neu bildenden, sehr atmungsaktiven Wurzeln nicht genügend Sauerstoff. Bei Obstbäumen ist zudem darauf zu achten, dass die Veredelungsstelle über dem Boden liegt, weil sich sonst die Edelsorte „freimacht", d. h. Wurzeln bildet. Ballenpflanzen werden so tief gepflanzt, dass der Wurzelballen ganz dünn mit Erde überdeckt ist. Ballentücher und Drahtballen müssen aufgeknüpft werden (Einschnürungsgefahr!), verbleiben aber im Pflanzloch, da sie verrotten bzw. verrosten. Die Wurzeln sollten feucht in den Boden kommen. Auf keinen Fall dürfen Ballenpflanzen trocken gepflanzt werden. Gegebenenfalls müssen sie bis zur vollen Durchfeuchtung in Wasser gestellt werden. Während des Einfüllens der Erde (Unterboden zuerst!) sollte bei ballenlosen Pflanzen der Baum leicht gerüttelt werden, damit sich die Erde gut um die Wurzeln legt. Nach dem Füllen des Pflanzloches wird die Erde angetreten.

6 Wässern
Nach dem Einpflanzen des Baumes wird eine Gießmulde geformt und mehrmals mit Wasser gefüllt. Das Einschlämmen erzeugt den notwendigen Bodenschluss zur kapillaren Wasseraufnahme. Die Gießmulde dient weiterhin zur Bewässerung während Trockenperioden.

7 Anbinden
Der Baum wird mit Kokosstrick oder Kunststoffbändern an den Pfahl gebunden. Dabei ist darauf zu achten, dass keine Rindenverletzungen auftreten. Die Bindung mit Kokosstrick erfolgt so, dass der Strick zunächst 2- bis 3-mal um Stamm und Pfahl geschlungen und dann zwischen Stamm und Pfahl vom Stamm zum Pfahl hin umwickelt wird, sodass die Wickelung einen stabilen Abstandshalter (etwa Handbreite) bildet, der ein Andrücken des Stammes an den Pfahl verhindert. In halbjährlichen Abständen sollten die Bindungen kontrolliert werden, damit es durch das Dickenwachstum des Stammes nicht zu Einschnürungen kommt. Da sich der Boden noch setzt, sollte der Baum zuerst nur leicht und nach der Setzung fest angebunden werden.

8 Mulchen
Ein Mulchen der Baumscheibe gegen schnelle Bodenaustrocknung und Wildkrautwuchs ist günstig.

Sträucher

Das Pflanzen von Sträuchern unterscheidet sich von Baumpflanzungen dadurch, dass der Pflanzschnitt ein **Rückschnitt** ist. Dabei wird der oberirdische Teil um etwa ⅓ eingekürzt. Im Gegensatz zu Bäumen benötigen Sträucher keine Pflanzpfähle.

Hecken

Hecken sind nicht nur lebende Sicht-, Windschutz- und Abgrenzungswände, sondern auch Zufluchtstätten und Lebensraum vieler Tierarten (s. auch S. 105 f.). Es gibt viele Arten: sommergrüne, immergrüne, durch Schnitt streng geformte oder natürlich wachsende Laub-, Blüten- oder Nadelholzhecken. Auch gemischte Hecken können gepflanzt werden. Besonders naturnah sind Hecken aus einheimischen Pflanzen wie Weiß- und Rotbuche, Feldahorn, Liguster und Berberitze sowie gemischte Hecken aus Schlehe, Wildrose, Holunder, Weißdorn, Brom- und Himbeeren. Bei der Wahl zwischen einer geformten und einer natürlich wachsenden Hecke ist neben dem Verwendungszweck auch die Größe des Gartens entscheidend. Ist der Garten relativ klein und soll die Hecke vor allem Sichtschutz und Grenze sein, eignet sich sehr gut die **Formhecke**. Damit die Hecke schön dicht wird und nicht von unten verkahlt, muss sie jährlich 1- bis 2-mal – Ende Juni und Ende August oder nur Ende August (wenn die jungen Vögel die Nester verlassen haben!) – geschnitten werden. Dabei ist darauf zu achten, dass die Seitenwände nicht senkrecht, sondern nach oben trapezförmig zulaufen. Für eine Formhecke sind grundsätzlich alle Sträucher geeignet, die einen Schnitt gut vertragen und schön dicht werden. In größeren Gärten oder Parks können auch **natürlich wachsende Hecken** angelegt werden. Diese zeichnen sich dadurch aus, dass sie nicht durch regelmäßigen Schnitt geformt werden. Alle drei bis vier Jahre sollte jedoch ein Auslichtungsschnitt erfolgen. Solche Hecken dienen vor allem als Blüten- und Fruchthecken.

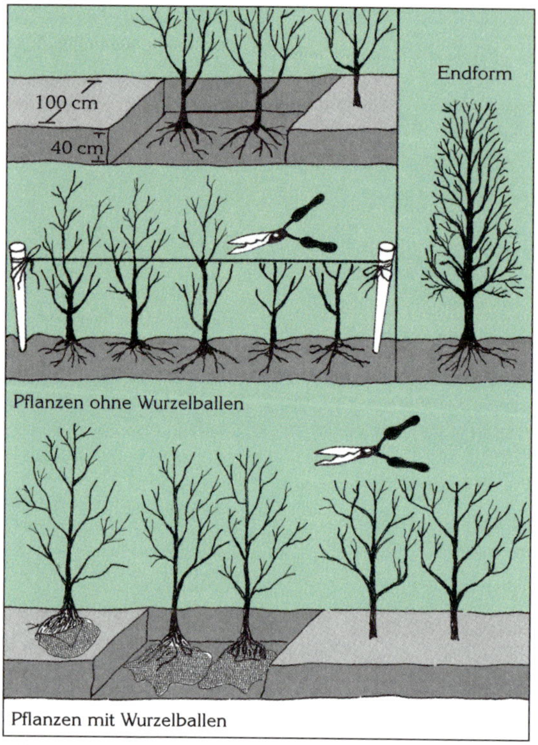

Abb. 1 Heckenpflanzung

Bevor man bei einem Kunden die Pflanzung vornimmt, sollte der genaue Grenzverlauf festgestellt werden, um spätere Rechtsstreitigkeiten zu vermeiden. Aus dem gleichen Grund ist es sinnvoll, beim zuständigen Gartenbauamt Erkundigungen über den notwendigen Grenzabstand und die erlaubte Höhe einzuholen.

Die **Pflanzung einer Formhecke** erfolgt in folgenden Arbeitsschritten (s. Abb. 1):

1. Schnur spannen
2. Tiefgründige Lockerung des Bodens, am besten durch Holländern (s. Kap. Technik, S. 342)
3. Ausheben des Pflanzgrabens
4. Verbesserung des Aushubs mit Kompost (auf 2 Teile Aushub 1 Teil Kompost)
5. Wurzelschnitt (nicht bei Ballenpflanzen!) und Auslegen der Pflanzen
6. Pflanzen verteilen und aufstellen
7. Graben zuschaufeln
8. Erde festtreten und evtl. Pflanzen ausrichten
9. Gießmulde herstellen
10. Gut wässern
11. Starker Rückschnitt (½ bis ⅔); das Schnittgut kann klein gehäckselt als Mulch liegen bleiben

Rosen

Ob auf Rabatten, entlang von Wegen, an Wänden, Pergolen oder als undurchdringliche Hecke, Rosen sind seit jeher beliebte Gartenpflanzen. Rosen benötigen einen sonnigen Standort. Der Boden sollte tief gelockert und humusreich sein.

Geeignete **Pflanzzeiten** sind das **Frühjahr** (März/April) und der **Herbst** (Mitte Oktober bis Ende November). Die Herbstpflanzung ist zu bevorzugen, da die Frühjahrsrosen den Winter im Einschlag oder in Kühlräumen überdauern, sodass sie geschwächt werden. Zudem müssen sie im Frühjahr anwachsen und austreiben. Containerrosen können ganzjährig gepflanzt werden. Der **Pflanzvorgang** (s. Abb. 1, S. 334) erfolgt in folgenden Schritten:

1 Wässern
Vor dem Pflanzen sollen die Rosen 2 (Herbstpflanzung) bis 24 Stunden (Frühjahrspflanzung) in Wasser gelegt werden, damit sich das ausgetrocknete Pflanzengewebe voll saugen kann.

2 Wurzelschnitt
Die Wurzeln werden auf etwa 20 bis 30 cm unter der Veredlungsstelle (Verdickung am Wurzelhals) eingekürzt (nicht zu stark!). Beschädigte Wurzeln werden entfernt.

3 Rückschnitt
Bei der Herbstpflanzung erfolgt kein Rückschnitt, da die Triebe über Winter zurückfrieren. Der eigentliche Rückschnitt wird im Frühjahr nachgeholt. Bei der Frühjahrspflanzung erfolgt er beim Pflanzen, und zwar auf 3 (schwache Triebe) bis 5 Augen (kräftige Triebe). Eine Ausnahme bilden Strauch- und Wildrosen, die auf die Hälfte eingekürzt, sowie Kletterrosen, die auf 10 Augen zurückgeschnitten werden. Geschnitten wird ½ cm über einem nach außen stehenden Auge mit einer Rosenschere, wobei darauf zu achten ist, dass der Schnitt schräg nach oben und glatt verläuft.

4 Pflanzloch ausheben
Das Pflanzloch muss so tief ausgehoben werden, dass die Veredlungsstelle 5 cm unter der Erdoberfläche (ca. 3 Finger breit) liegt und die Wurzeln sich gut ausbreiten können. Der Aushub sollte mit einem halben Spaten guter Komposterde gemischt werden.

5 Einsetzen der Pflanze
Die Pflanze wird mit der einen Hand in das Pflanzloch gehalten, während mit dem Spaten das Pflanzloch gleichmäßig mit Erde gefüllt wird. Anschließend wird die Erde angetreten und eine Gießmulde geformt.

Abb. 1 Floribundarosen stehen im äußeren Erscheinungsbild zwischen Polyantha- und Edelrosen

Abb. 2 Zwergrosen sind unermüdliche Dauerblüher

Abb. 3 Rote Kletterrosen vor weißen Mauern sind besonders schön anzuschauen

Rosengruppen	Kennzeichen	Verwendung	Pflanz-weiten	Jährlicher Frühjahrsschnitt
Edelrosen (= Teehybriden)	Edel geformte, große, zumeist gefüllte und einzeln stehende Blüten auf einem langen Stiel	Einzel- oder Gruppenpflanzung, Schnittblume	30 bis 40 cm (je nach Sorte) = 6 bis 11 Pflanzen pro m^2	Auf 3 bis 5 Augen bzw. bei sehr stark wachsenden Pflanzen auf 6 bis 9
Beetrosen (Polyantha- und Floribundarosen)	Zahlreiche doldenähnliche Blütenstände, einfach oder halb gefüllt (= Polyantharosen) oder mehr Edelrosen-Charakter (= Floribundarosen); Triebe stärker verzweigt (s. Abb. 1)	Beet- und Flächenbepflanzung	s. Edelrosen	s. Edelrosen
Strauchrosen	Starkwüchsiger als Edel- und Beetrosen: zwischen 1 und 4 m in Höhe und Breite; Blüte ähnelt Polyantharosen	Einzelpflanzung (Solitär), Gruppenpflanzung (3 Rosen), ungeschnittene Hecke	1 bis 2 m, als Hecke 70 cm	Auslichtungsschnitt (Entfernung zu eng stehender Triebe)
Zwergrosen	Höhe 20 bis 30 cm; bilden eine Fülle kleiner Blüten aus (s. Abb. 2)	Einfassung, Pflanzgefäße, größere Balkonkästen, kleinere Flächen	s. Edelrosen	Leichtes Stutzen und Ausputzen
Kletterrosen (= Heckenrosen)	Triebe neigen zum Klettern; benötigen jedoch einen Halt (s. Abb. 3)	Bewachsung von Mauern, Zäunen, Pergolen, Gerüsten	2 bis 6 m	Endspitzen abschneiden, Auslichtung
Bodendeckende/ bodenüberwachsende Rosen	Triebe breiten sich über dem Boden aus und bilden im Laufe der Jahre eine geschlossene Decke; Höhe 10–120 cm; Triebe 3 bis 6 m lang	Flächenbepflanzung, nicht zur Wildkrautunterdrückung geeignet	1 bis 4 Pflanzen pro m^2	Totes, erfrorenes Holz herausschneiden
Wildrosen	Wildformen bzw. züchterisch wenig bearbeitete Arten; anspruchslos und robust; einmalige Blüte im Jahr; ungefüllte Blüte; i. d. R. reicher Hagebuttenbehang	s. Strauchrosen, daneben gutes Vogelnährgehölz und Unterlagen für Rosenzüchtungen	s. Strauchrosen	s. Strauchrosen

(Hochstammrosen sind auf Stämme veredelte Rosensorten. Auf Stämmchen veredelte Kletterrosen bezeichnet man aufgrund ihrer bogig herabhängenden Triebe als Trauerrosen.)

Abb. 4 Die Vielzahl der Rosen wird in Rosengruppen zusammengefasst

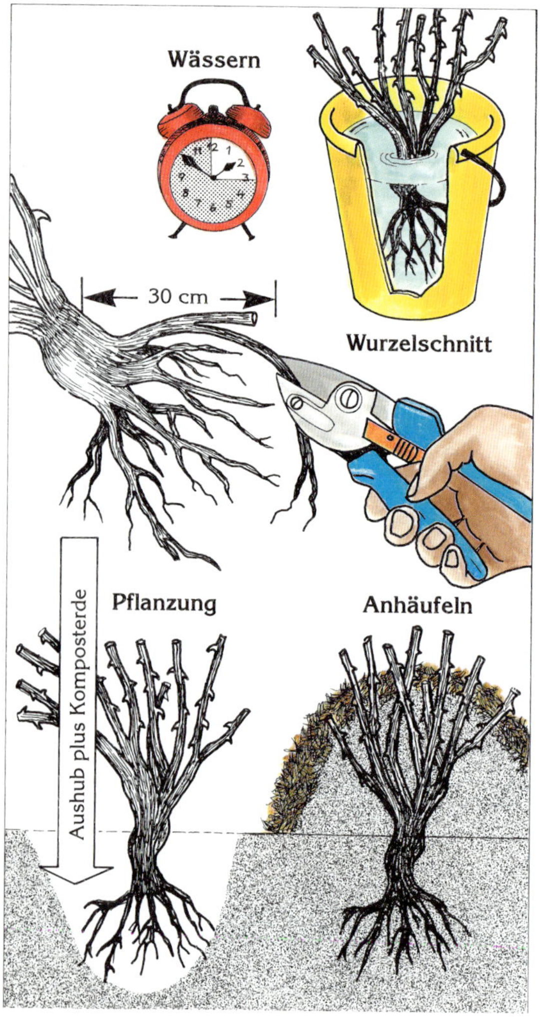

Abb. 1 Rosenpflanzung im Herbst

❻ Angießen
Zur Erreichung des Bodenschlusses wird kräftig angegossen (einschlämmen).

❼ Anhäufeln
Das Anhäufeln erfolgt mit Erde, strohigem Mist, Kompost oder Laub zum Schutz vor Frost und/oder Austrocknung durch Wind/Sonneneinstrahlung (Frühjahr!). Abgehäufelt wird, wenn die Pflanzen austreiben und kein Frost mehr zu erwarten ist (Ende April/Anfang Mai).

Um in die unüberschaubare Vielzahl von Rosenarten und -sorten eine Ordnung zu bringen, werden Rosen in Gruppen mit ähnlichen Wuchseigenschaften und ähnlichem Verwendungszweck eingeteilt (s. S. 333).

6.5.3 Staudenpflanzung

Die **Auswahl der Stauden** richten sich nach dem beabsichtigten Standort. Dabei sind Licht-, Feuchtigkeits- und Nährstoffansprüche sowie Wuchshöhe, Blütezeit und -farbe der einzelnen Stauden zu beachten.

Geeignete Pflanzzeiten sind der Herbst und das Frühjahr nach der Blüte. Entsprechend erfolgt die Pflanzung bei frühjahrsblühenden Stauden im Frühjahr bzw. Frühsommer, bei sommer- und herbstblühenden im Herbst bzw. Frühjahr. Containerpflanzen können das ganze Jahr über gepflanzt werden.

Da Stauden mehrere Jahre am gleichen Standort verweilen, muss die **Bodenvorbereitung** besonders gründlich erfolgen. Im Herbst sollte der Boden tiefgründig umgegraben werden. Dabei ist darauf zu achten, dass Wurzelunkräuter sorgfältig herausgesammelt werden. Die Bodenverbesserung erfolgt entsprechend den Ansprüchen der jeweiligen Pflanzenart.

Bei der **Pflanzung** wird eine bestimmte Reihenfolge eingehalten. Zuerst erfolgt die Pflanzung der **Leitstauden**, sie bilden das Grundgerüst der Pflanzung, an denen sich alle nachfolgenden Stauden in Blütezeit, Farbe und Wuchshöhe orientieren sollten. Ihre Pflanzung erfolgt einzeln oder in kleinen Gruppen (z. B. Eisenhut, Herbstanemone, Funkie, Schafgarbe, Phlox, Ehrenpreis, Rittersporn, Sonnenbraut, Sonnenauge, Indianernessel). Zwischen den Leitpflanzen werden die **Begleitstauden** angeordnet. Da sie nach der Blüte unansehnlich werden, sollten sie mehr in den Hintergrund gepflanzt werden (z. B. Fackellilie, Lupine, Mohn, Schlüsselblume, Fingerhut, Christrose, Akelei, Tränendes Herz). Auch Zwiebel- und Knollengewächse gehören zu den Begleitstauden. Zwischen den Leit- und Begleitstauden werden **flächendeckende Stauden** in Gruppen angeordnet (z. B. Goldnessel, Waldsteinie). Neben den Leitstauden sind sie das tragende Gerüst der Pflanzung (s. S. 335).

Der **Pflanzvorgang** erfolgt in folgenden Schritten:

❶ Das Pflanzloch wird mit der Pflanzkelle oder dem Spaten so ausgehoben, dass alle Wurzeln bequem Platz finden.

❷ Zu lange und verletzte Wurzeln werden mit einem scharfen Messer bzw. einer scharfen Schere entfernt.

❸ Die Pflanzen werden so tief eingesetzt, dass sie genauso tief stehen wie vorher.

❹ Mit den Händen wird die Erde in das Pflanzloch gefüllt und gut angedrückt.

❺ Zum Schluss wird gründlich angegossen.

Abb. 1 Bergflockenblume (Centaurea montana)

Abb. 2 Tränendes Herz (Dicentra spectabilis)

Abb. 3 Margerite (Leucanthemum maximum)

Abb. 4 Schafgarbe (Achillea filipendulina)

Abb. 5 Sonnenbraut (Helenium autumnale)

Abb. 6 Sonnenauge (Heliopsis helianthoides)

Abb. 7 Rittersporn (Delphinium-Hybriden)

Abb. 8 Phlox (Phlox-Paniculata-Hybriden)

Die **Pflege** umfasst folgende Tätigkeiten:

- Wässerung bei lang anhaltender Tockenheit
- Nährstoff- und Humuszuführung entsprechend der Pflanzenauswahl
- Entfernung verblühter Blüten zur Verlängerung der Blütezeit
- Eingrenzung stark wachsender Pflanzen mit dem Spaten
- Jäten von Wildkräutern; durch eine Bodenabdeckung mit Rindenmulch (5 bis 7 cm dick) wird Wildkrautwuchs weitgehend unterdrückt (N-Sperre möglich, s. S. 172)
- Stützung der Stauden, die bei Regen oder Wind auseinander zu brechen drohen
- Abdeckung nicht ganz winterharter Stauden (z. B. Fackellilie) vor Frostbeginn mit Tannenreisig oder Laub
- Teilung und Verpflanzung älterer Stauden bei nachlassender Wüchsigkeit und Blühwilligkeit

von links nach rechts: *Tulipa, Narcissus pseudonarcissus, Fritillaria imperialis, Eremurus stenophylus, Hyacinthus orientalis, Iris danfordiae, Sparaxis tricolor, Ranunculus asiaticus, Anemone coronaria, Crocus vernus, Galanthus nivalis, Chiondoxa gigantea, Scilla siberica, Muscari botryoides, Brodiaea elegans, Allium moly, Anemone blanda, Allium sphaerocephalon, Fritillaria meleagris*

Abb. 1 Blumenzwiebeln und -knollen

6.5.4 Zwiebel- und Knollenpflanzung

Blumenzwiebeln und -knollen verschönern mit ihrem Blütenflor den Garten das ganze Jahr über: die Blumenzwiebeln vorwiegend im Frühjahr (III bis V) als erste Frühlingsboten, die Blumenknollen vorwiegend im Sommer (VII bis IX) als Sommerblüher. Frühlingsblüher werden allgemein im Herbst (IX bis XII) und Sommerblüher im Frühjahr (III bis V) gepflanzt. Bei der Frühjahrspflanzung ist darauf zu achten, dass frostempfindliche Pflanzen, wie Dahlien und Knollenbegonien, zeitlich so gepflanzt werden, dass sie erst nach den Eisheiligen (Mitte Mai) aus dem Boden kommen. Zwiebel- und Knollengewächse sind in der Regel ausgezeichnete Schnittblumen (s. S. 337). Beim Schneiden sollte jedoch darauf geachtet werden, dass nicht alle Laubblätter mit entfernt werden. Je länger die Blätter an der Pflanze bleiben, desto besser wird die Blüte im nächsten Jahr (s. S. 26). Bereits beim Kauf von Zwiebeln sollte man berücksichtigen: Je größer die Zwiebel, desto besser ist allgemein die Qualität.

Die überwiegende Mehrzahl der Zwiebel- und Knollengewächse liebt einen sonnigen Standort. Der Boden sollte locker sein und nicht zur Nässe neigen. Gegebenenfalls muss eine Hand voll Sand mit ins Pflanzloch gegeben werden. Vor dem Pflanzen werden die Zwiebeln und Knollen ausgelegt, um einen räumlichen Überblick zu bekommen. Dabei sollten Wuchshöhe (kleinere nach vorne, größere nach hinten), Blütezeit und Blütenfarbe berücksichtigt werden. Dekorativ wirken Pflanzen in Gruppen von 10 bis 25 pro m². Dazu wird eine flache Grube geschaufelt, in der die Zwiebeln bzw. Knollen ausgelegt werden. Zur Erzielung eines natürlichen Effekts sollten Kreis- und Vierecksformen vermieden werden. Die Pflanztiefe richtet sich nach der Zwiebel- bzw. Knollengröße. Eine Faustregel besagt: etwa dreimal so tief, wie die Zwiebel bzw. Knolle hoch ist. Abweichend davon erfolgt die Pflanzung von Dahlien so, dass noch ein Stückchen des alten Stängels aus dem Boden herausschaut. Knollenbegonien und Indisches Blumenrohr (Canna-Indica-Hybriden) werden nur 1 bis 2 cm mit Erde bedeckt. Viele Lilien-Arten bilden bei Bodenkontakt an ihren Sprossachsen Adventivwurzeln. Diese Lilien werden relativ tief (20 cm) gepflanzt. Eine Kennzeichnung der Pflanzstellen erleichtert die spätere Bodenbearbeitung. Im Gegensatz zu den Blumenzwiebeln sind viele Knollen nicht winterhart (z. B. Dahlien und Gladiolen). Sie müssen im Herbst, wenn die ersten Fröste das Laub zerstört haben, aus dem Boden genommen und an einem luftigen, frostfreien Ort überwintert werden. Zuvor sollten sie an der Sonne getrocknet und ausgeputzt werden (s. Tab. 1, S. 337).

Name	Blütezeit Wuchsform	Blütenfarbe	Wuchshöhe in cm	Pflanzzeit Pflanztiefe	Winter-hart	Bemerkungen
Anemone *(Anemonea coronaria)*	III–V Knolle	weiß, rot, gelb, blau, violett, zweifarbig	20–30	Frühjahr oder Herbst 5 cm	ja	vertragen Halbschatten; vor dem Pflanzen 12 Std. in Wasser legen; ✂
Blaustern *(Scilla siberica)*	III–IV Zwiebel	blau	10	Herbst 10 cm	ja	in Gruppen zu 25 stecken; ▽
Dahlie *(Dahlia-Hybriden)*	VII–X Knolle	alle Farben	15–150	Frühjahr 15 cm	nein	schön als Dreier- oder Fünfergruppen
Freesie *(Freesia-Hybriden)*	VII–IX Knolle	alle Farben	30–50	Frühjahr 5 cm	nein	verlangen warmen, geschützten Platz; ✂
Gladiole *(Gladiolus-Hybriden)*	VI–IX Knolle	alle Farben	50–150	Frühjahr 10 cm	nein	benötigen eine Stütze; ✂
Hyazinthe *(Hyacinthus orientalis)*	III–IV Zwiebel	blau, rosa, rot, weiß	25	Herbst 15 cm	ja	alle 2 Jahre den Standort wechseln; Ⓝ
Krokus *(Crocus-Hybriden)*	II–IV Knolle	alle Farben	10–15	Herbst 7 cm	ja	auch im Rasen geeignet
Lilien *(Lilium-Hybriden)*	VI–VIII Zwiebel	orange, gelb, weiß	50–200	Herbst oder Frühjahr 15–20 cm	ja	Madonnenlilie im Herbst 20cm tief pflanzen; lieben einen beschatteten Boden
Märzbecher *(Leucojum vernum)*	II–III Zwiebel	weiß	20	Herbst 10 cm	ja	verbreiten sich selbst; ▽; ✕
Osterglocke *(Narcissus pseudonarcissus)*	III–V Zwiebel	gelb, weiß	10–40	Herbst 15–20 cm	ja	nach 4 bis 5 Jahren teilen und Standortwechsel; ✂; ✕
Schneeglöckchen *(Galanthus nivalis)*	II–III Zwiebel	weiß	15	Herbst 8 cm	ja	werden von Ameisen verbreitet; ▽; ✻
Traubenhyazinthe *(Muscari botryoides)*	III–V Zwiebel	blau	15	Herbst 6 cm	ja	passen gut zu Scilla und Schneeglöckchen; ▽
Tulpe *(Tulipa, Gartentulpe)*	IV–VI Zwiebel	alle Farben	20–80	Herbst 10–20 cm	ja	sehr viele Sorten; Bodenmüdigkeit beachten; ✂
Winterling *(Eranthis hyemalis)*	II–III Knolle	dottergelb	10	Herbst 8 cm	ja	ungestört wachsen lassen; ✕

Tab. 1 Kennzeichen beliebter Zwiebel- und Knollengewächse

6.6 Treiberei/Verfrühung

Die meisten Pflanzen machen während ihrer jährlichen Entwicklung eine **Ruheperiode** durch. Bekannt sind z. B. die Samenruhe und die Winterruhe der Gehölze. Während dieser Zeit des Wachstumsstillstandes sind die Stoffwechselvorgänge auf ein Minimum reduziert. Das vorzeitige Erwecken der Pflanzen aus ihrer Ruheperiode wird als Treiberei oder Verfrühung bezeichnet.

Nach den Ursachen, die zur Unterbrechung des Wachstums geführt haben, unterscheidet man die Zwangsruhe und die wahre Wachstumsruhe. Die **Zwangsruhe** wird durch ungünstige Wachstumsbedingungen hervorgerufen und kann durch die Behebung der Ursachen jederzeit beendet werden. Erfolgt die Ruheperiode unabhängig von den äußeren Wachstumsbedingungen, spricht man von der **wahren Wachstumsruhe**. In unseren Breiten fällt sie mit dem Winter zusammen. Die wahre Wachstumsruhe ist genetisch bedingt und lässt sich in drei Phasen gliedern: die **Vorruhe**, die **Vollruhe** und die **Nachruhe**. Eine vorzeitige Beendigung der Ruhezeit ist allgemein nur während der Nachruhe möglich. Dazu sind besondere Verfahren notwendig. So werden Fliedertriebe zur Beendigung der Nachruhe für 12 Stunden in ein Warmwasserbad (28 bis 35 °C) gelegt. Andere Verfahren sind der Einsatz von niedrigen Temperaturen – Kältereiz baut austriebshemmende Stoffe ab (z. B. bei Freesienknollen) – und Wirkstoffen (z. B. bei Christrosen). Während der Vollruhe ist ein Austreiben der Pflanzen in der Regel nicht zu erreichen. Die Verkürzung der Ruheperiode durch Brechung der Nachruhe wird als **Treiberei**, die Beendigung der Zwangsruhe durch Schaffung optimaler Wachstumsbedingungen als **Verfrühung** bezeichnet.

Bei vielen Gehölzen, wie z. B. Flieder, Forsythie, Zierjohannisbeere, Kornelkirsche, Mandelbäumchen und Obstgehölzen, ist die Nachruhe Anfang Dezember beendet. Danach unterliegen die Pflanzen einer Zwangsruhe, aus der sie durch Temperaturerhöhungen erweckt werden können. Ein bekannter Brauch in Europa ist das Schneiden von Gehölzzweigen (vor allem von Kirschzweigen) am Barbaratag, dem 4. Dezember. Die ins Wasser gestellten **„Barbarazweige"** blühen zu Weihnachten und sollen Glück bringen.

6.7 Hydrokultur

Abb. 1 Hydrokultur

Unter **Hydrokultur** (Wasserkultur oder Hydroponik) versteht man die erdlose Kultur von Pflanzen. Statt in Erde wurzeln sie in einem mehr oder weniger sterilen **Füllsubstrat**, wie z. B. Steinwolle, Kies, Splitt, Blähschiefer oder Blähton, das den Wurzeln Halt und der Pflanze Standfestigkeit verleiht. Vor allem **Blähton** – bei 1 200 °C gebrannter und dabei aufgeblähter Ton – hat sich in der Hydrokultur durchgesetzt. Beim Aufblähen entstehen im Innern der Tonkugeln zahlreiche Luftporen, während die Oberfläche zu einer kapillaren, rotbraun gefärbten Außenhaut schmilzt. Da sich Blähton nicht mit Wasser voll saugt, sondern lediglich in der kapillaren äußeren Haut Nährlösung aufnehmen kann, bleibt oberhalb des Wasserspiegels aufgrund der grobkörnigen, porösen Struktur des Materials genügend Luft für die Wurzelatmung erhalten. Getopft wird in den **Kulturtopf**, einen Kunststoffgittertopf bzw. einen am Boden oder auch im unteren Teil seitlich geschlitzten Kunststofftopf (s. Abb. 1, S. 340).

Die **Wasser- und Nährstoffzuführung** erfolgt in Form einer Nährlösung (Wasser und gelöste Nährstoffe), die von unten her angestaut wird. Zur Düngung werden in erster Linie voll wasserlösliche Mehrnährstoffdünger, Flüssig- oder Ionenaustauschdünger verwendet. Im Gegensatz zu Ionenaustauschdüngern, die überwiegend im Objektbereich eingesetzt werden, werden im Produktionsbereich allgemein Salzdünger vorgezogen. Die Gründe dafür sind vor allem darin zu sehen, dass Salzdünger wesentlich billiger sind und mit ihnen eine genaue, auf die Nährstoffansprüche der Pflanze abgestimmte Düngung möglich ist. Zudem kann beim Einsatz von Ionenaustauschdüngern zusammen mit weichem Wasser (Härtebereich 1 bis 2) der Ionenaustausch und damit die Nährstoffversorgung der Pflanze, vor allem mit Calcium, gehemmt werden (s. unten). Wegen der fehlenden **Pufferung** ist es besonders wichtig, dass der pH-Wert (optimal zwischen pH 5 und 6,5), die Nährstoffkonzentration (allgemein 0,2 bis 2 %) und -zusammensetzung auf den Bedarf und die Salzempfindlichkeit der jeweiligen Kultur genau abgestimmt sind und ständig (täglich) überwacht werden.

Im Gegensatz zum Umlaufsystem, bei dem ständig ein gleichmäßiger **Wasserstand** eingehalten wird, wird heute in der Regel je nach Kultur und Jahreszeit der Wasserstand alle paar Tage oder mehrmals täglich so angestaut, dass die Kulturtöpfe für eine bestimmte Zeit in einer 2 bis 4 cm tiefen Nährlösung stehen. Über ein geringes Gefälle der mit wasserdichter Folie ausgekleideten Tische oder Grundbeete kann die Nährlösung in einem Sammelbehälter abfließen, von wo sie bei Bedarf zum erneuten Anstauen hochgepumpt wird. Das **An- und Abstauen des Wasserstandes** in bestimmten Intervallen nach dem **Prinzip von Ebbe und Flut** fördert den Luftaustausch im Wurzelbereich und damit die Sauerstoffversorgung der Wurzel. Gleichzeitig wird die Wasserverdunstung reduziert und damit die hohe Luftfeuchtigkeit (80 bis 100 %) vermindert.

Auch der **Wassertemperatur** kommt in der Hydrokultur eine besondere Bedeutung zu. Zu niedrige Temperaturen hemmen die Nährstoffaufnahme und führen leicht zu Wurzelfäule. Da mit steigender Temperatur der Sauerstoffgehalt des Wassers abnimmt, bewirken zu hohe Temperaturen ($>30\,°C$) einen Sauerstoffmangel in der Nährlösung ($<4\,mg\ O_2/l$). Als optimale Nährlösungstemperaturen gelten Temperaturen von 20 bis 25 °C, die mithilfe von im Wasser verlegten Heizschläuchen erreicht werden (s. Abb. 1, S. 338).

Abb. 1 In Hydrokultur herangezogene Jungpflanze

Abb. 2 Bei der Umstellung von Erd- auf Hydrokultur muss die Erde gründlich herausgespült werden

Für die Hydrokultur werden Pflanzen extra herangezogen, d. h., es wird direkt in Blähton ausgesät oder gesteckt. Der Vorteil ist darin zu sehen, dass die Pflanzen bereits von Anfang an wasserangepasste Wurzeln, so genannte **„Wasserwurzeln"**, bilden. Diese Wurzeln besitzen keine Wurzelhaare und bilden auch nicht so feine Wurzeln aus wie die normalen Erdwurzeln, sodass die Fäulnisgefahr geringer ist. Zur Anzucht dient

Blähton in einer Kornzusammensetzung von 2 bis 4 mm, gemischt mit zerkleinertem Material. Für die Jungpflanzenkultur ist eine Korngröße von 4 bis 8 mm gut geeignet (s. Abb. 1. S, 339). Größere Pflanzen bekommen durch Körnungen von 8 bis 16 mm optimalen Halt. Im Prinzip lassen sich auch alle in Erde kultivierten Pflanzen auf Hydrokultur umstellen. Bei älteren Pflanzen und solchen mit besonders feinem Wurzelwerk muss die Erde vollständig aus dem Wurzelwerk herausgespült werden, um Fäulnis zu vermeiden (s. Abb. 2, S. 339). Anschließend wird in Blähton getopft. Vor der Verwendung sollte dieser gründlich gespült werden, um lösliche Salze und den feinen Abrieb zu entfernen.

Das **Topfen** erfolgt so, dass zunächst auf den Boden des Kulturtopfes eine etwa 3 cm dicke, als Drainage wirkende Schicht aus Blähton kommt. Dann wird die Pflanze so in den Kulturtopf gehalten, dass sich der Wurzelhals in Höhe des Topfrandes befindet. Beim Auffüllen des Topfes mit Blähton ist auf eine gute Verteilung zwischen den Wurzeln zu achten. Ein kurzes Aufstoßen nach dem Füllen bewirkt, dass sich die Tonkugeln gut um die Wurzeln legen. Um Fäulnis zu vermeiden, sollten die alten Erdwurzeln nicht in die angestaute Nährlösung reichen, sondern die sich neu bildenden „Wasserwurzeln" in diese hineinwachsen. Zur Verringerung der Wasserverdunstung werden die Pflanzen bis zur Umgewöhnung unter gespannter Luft gehalten.

In Büroräumen, Krankenhäusern, Restaurants, Privathaushalten usw. wird allgemein das **„Topf-in-Topf-System"** angewandt. Dabei befindet sich der Kulturtopf in einem wasserdichten Übertopf mit Nährlösung (s. Abb. 1). Gegossen wird mit handwarmem Wasser auf den Blähton.

Abb. 1 Das „Topf-in-Topf-System"

Die Höhe des Wasserspiegels ist an Wasserstandsanzeigern mit den Marken Minimum – Optimum – Maximum ablesbar, die es für jeden Kulturtopf passend gibt. Die richtige Wasserhöhe ist bei der Markierung „Optimum" erreicht. Nachgegossen wird erst 2 bis 4 Tage nach dem Absinken auf die Minimum-Marke (Sauerstoffversorgung der Wurzel!). Die Wassermenge sollte so bemessen sein, dass sie spätestens nach 2 Wochen verbraucht ist. Bis zur Maximum-Markierung darf nur ausnahmsweise, z. B. bei längerer Abwesenheit, und auch nur während der Wachstumszeit aufgefüllt werden. **Ionenaustauschdünger** vereinfachen die Düngung. Sie werden entweder auf das Tongranulat gestreut und mit dem Gießwasser in die Wurzelzone eingespült oder in Form einer so genannten Nährstoffbatterie in die vorgefertigte Mulde unter dem Kulturtopf eingelegt. Diese Langzeitdünger bestehen aus einem Gemisch von mit Nährstoffen beladenen An- und Kationenaustauschern. Die Lösung der Nährstoffe von den 0,5 bis 1 mm großen Kunstharzkörnern (Ionenaustauscher, s. Abb. 1, S. 341) erfolgt nach und nach durch die mit dem Gießwasser zugeführten Salze (vor allem Ca^{2+}-, Mg^{2+}-, CO_3^{2-}und SO_4^{2-}-Ionen) und die über die Wurzeln ausgeschiedenen Stoff-wechselprodukte durch **Ionenaustausch** (s. S. 162 ff.). Über ihren Wasserverbrauch steuert die Pflanze somit den Nährstoffzufluss, sodass in Abhängigkeit vom Pflanzenwachstum der Nährstoffvorrat nach 4 bis 6 Monaten erschöpft ist. Die Kunstharzkörner können im Gefäß verbleiben, alte Batterien werden gegen neue ausgewechselt. Nährlösungen sollten regelmäßig ausgetauscht werden, damit giftige Wurzelausscheidungen sich nicht darin anreichern.

Vorteile der Hydrokultur

- Sie ermöglicht eine gezielte, auf den Bedarf der Pflanzen abgestimmte Steuerung der Wasser- und Nährstoffzuführung.
- Es erfolgen keine Nährstoffauswaschungen.
- Die Verwendung von Torf zur Herstellung von Torfkultursubstraten entfällt.
- Bodenschädlinge sowie bodenbürtige Krankheitserreger können weitgehend vermieden werden.

Nachteile der Hydrokultur

- Eine Pufferung fehlt, sodass das Kulturrisiko, vor allem bei Unkenntnis der genauen Nährstoffansprüche, erhöht wird.
- Eine ständige Überwachung der Nährlösung im Hinblick auf die Nährstoffkonzentration und -zusammensetzung, pH-Wert, Salzgehalt, Wasserqualität, Temperatur und Sauerstoffgehalt ist erforderlich.
- Eine optimale Sauerstoffversorgung der Wurzel ist häufig nicht gewährleistet.
- Die angestaute und erwärmte Nährlösung führt zu einer hohen Wasserverdunstung und damit zu einem hohen Wasserverbrauch.
- Eine sehr hohe Luftfeuchtigkeit (80 bis 100 %) wird erzeugt, die die Gefahr von Pilzinfektionen (z. B. Penicillium, Mehltau) – vor allem im Winter – sowie Energiekosten (Verdunstungskälte!) erhöht.
- In zirkulierenden Nährlösungen besteht die Gefahr, dass es zur schnellen Krankheitsausbreitung (z. B. durch wurzelschädigende Pilze wie Pythium und Phytophthora) kommt.
- Hydrokultur erfordert, verglichen mit der Erdkultur, in der Regel einen höheren technischen Aufwand und dementsprechend höhere Investitionen.

Übertopf (wasserdicht), Kulturtopf, Tongranulat, Nährstoffbatterie, Wasserstandsanzeiger

Anzuchtset

Abb. 1 Ionenaustauschdünger

7 Technik

7.1 Bodenbearbeitungsgeräte und -maschinen

7.1.1 Spaten und Grabegabel

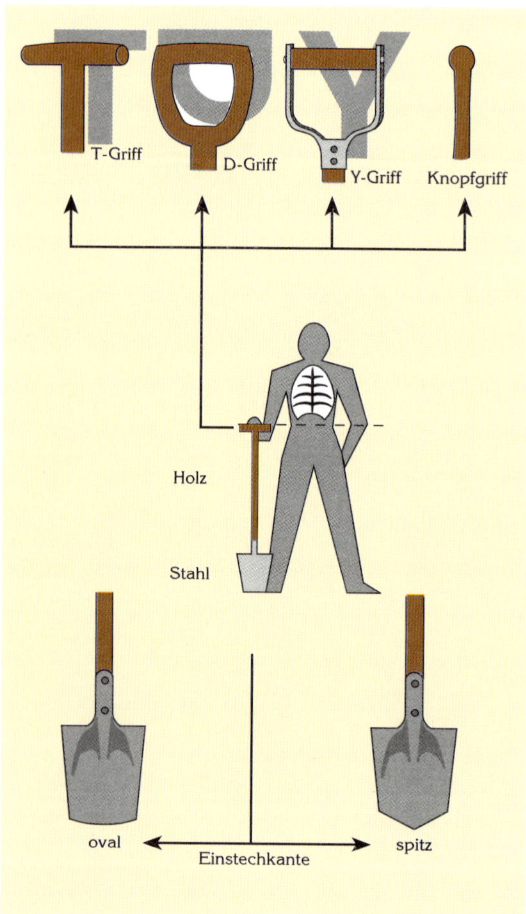

Abb. 1 Der Spaten – ein altbewährtes Bodenbearbeitungsgerät

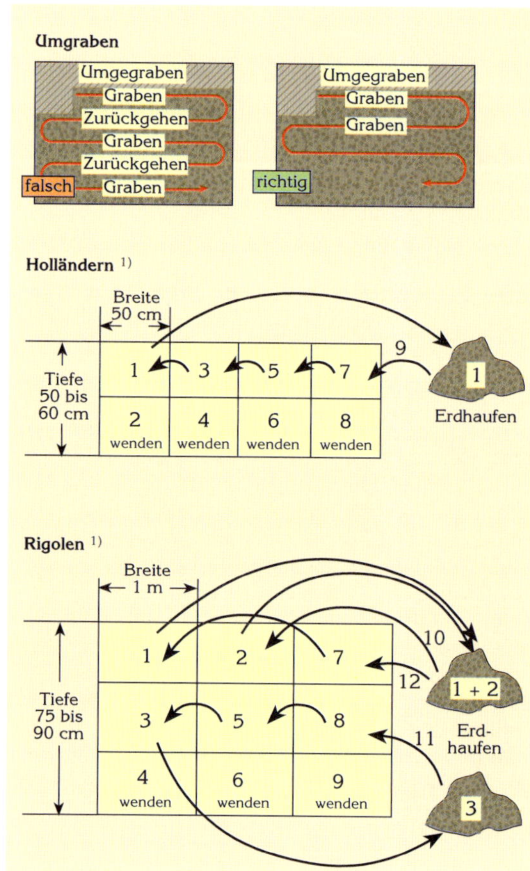

[1] Zahlen geben die Reihenfolge der Arbeitsschritte an

Abb. 2 Umgraben, Holländern und Rigolen

Abb. 1 Bodenlockerung mit Grabegabel und Sauzahn

Auswahlkriterien

Spaten und Grabegabel sind vielseitig einsetzbare Arbeitsgeräte. Mit ihrer Hilfe werden vor allem Bodenlockerungen, Pflanzungen und die Einarbeitung organischer Substanz in den Boden durchgeführt. Zur Vermeidung von Haltungsschäden durch falsche Körperhaltung und unnötige Belastung während der Arbeit müssen bei der Auswahl der Geräte bestimmte Kriterien beachtet werden.

So gelten Spaten und Grabegabel als körpergerecht, wenn sie vom Boden bis zur unteren Rippe bzw. zum Ellenbogen der arbeitenden Person reichen. Ihre Handhabung wird daneben ganz wesentlich von der Form des Griffes beeinflusst. Optimal ist der T-Griff, der im Vergleich zum D- und Y-Griff wesentlich leichter und handlicher ist. Ungeeignet sind die Geräte mit Knopfgriffen (Knaufgriff). Stiel und Griff werden im Allgemeinen aus Eschenholz angefertigt. Das Spatenblatt besteht aus Stahl und ist in unterschiedlichen Größen und Qualitäten lieferbar. Die Form der Einstechkante sollte im Hinblick auf den Boden ausgewählt werden. Für normalen Boden eignet sich eine ovale Form am besten, bei harten Böden ist eine spitze Einstechkante zu bevorzugen (s. Abb. 1, S. 342).

Neben dem normalen Grabespaten sind noch eine Reihe von Sonderformen für bestimmte Arbeiten, wie Aufschulen, Umstechen oder Roden von Gehölzen, erhältlich. Grabegabeln weisen statt des Blattes vier bis fünf etwa 2 cm breite Stahlzinken auf. Sie eigenen sich besonders gut für das Umgraben steiniger und verqueckter Böden.

Umgraben

Das Umgraben erfolgt im Herbst vor Eintritt des Frostes in groben Schollen (s. S. 135 f.). Die Bearbeitungstiefe beträgt 25 bis 30 cm. Im Frühjahr oder während des Sommers wird zur Verhinderung einer zu starken Wasserverdunstung des Bodens nur flach umgegraben und die Schollen werden sofort zerschlagen.

Arbeitsablauf: Nachdem die umzugrabende Fläche von Unrat beseitigt wurde, werden die Schollen der ersten Furche zurückgeworfen, sodass eine durchgehende Grabefurche entsteht, die während der gesamten Arbeit beibehalten wird. Eine Einteilung größerer Flächen in handtuchartige Streifen ist zu vermeiden, da es hierbei vorkommen kann, dass der Grenzbereich zwischen zwei Streifen nicht oder zweimal umgegraben wird (s. Abb. 2, S. 342). Bei der Einarbeitung organischer Substanz ist darauf zu achten, dass diese beim Wenden der Schollen gleichmäßig in den Boden kommt. Größere Steine und Wurzelkräuter werden beim Umgraben sorgfältig mit der Hand herausgelesen. Nach der Arbeit werden die Geräte von Erde gesäubert und trockengerieben.

Zur Lockerung des Bodens sind vor allem **Grabegabel** und **Sauzahn** geeignet. Die Grabegabel wird dazu im Abstand von 10 cm in den Boden gestochen und hin- und herbewegt. Auf diese Weise wird der Boden streifenweise durchgearbeitet. Eine schnellere Lockerung erfolgt mit dem Sauzahn, der diagonal von Beetkante zu Beetkante durch den Boden gezogen wird (s. Abb. 1).

Holländern und Rigolen

Bei der Behebung tieferer Verdichtungen mit dem Spaten ist darauf zu achten, dass der fruchtbare Oberboden nicht mit dem darunter liegenden unfruchtbaren Unterboden vermischt oder vertauscht wird. Gewährleistet wird dies durch zwei althergebrachte gärtnerische Verfahren, das Holländern und das Rigolen. Beim Holländern wird der Boden auf zwei, beim Rigolen auf drei Spatenstiche tief umgegraben (s. Abb. 2, S. 342).

7.1.2 Handhacken

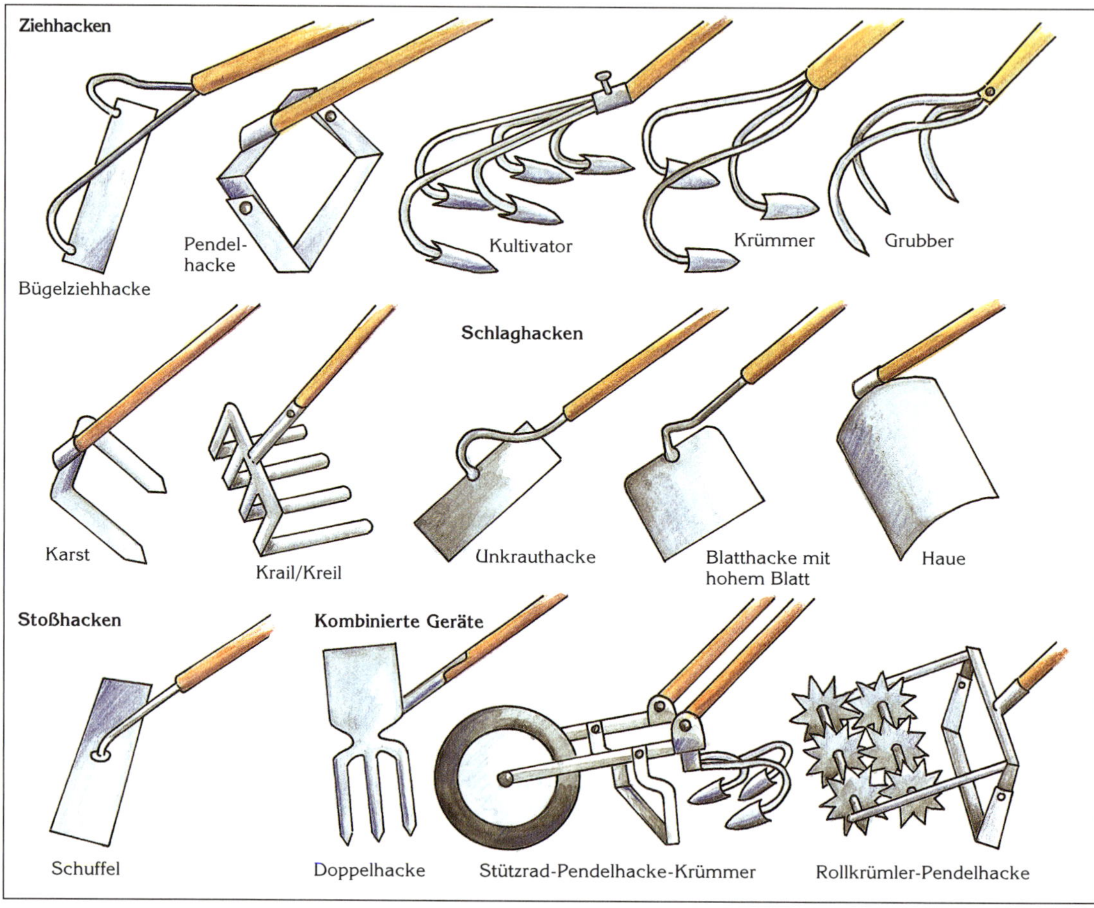

Abb. 1 Hacken

Als altbewährte Handgeräte zur Wildkrautbekämpfung bieten Hacken eine umweltschonende Alternative zur chemischen Wildkrautbekämpfung. Sie lockern den Boden flach und unterbrechen die Kapillaren, sodass die Wasserverdunstung von der Bodenoberfläche (Evaporation) verringert wird. Die Blätter sollten aus rostfreiem Edelstahl bestehen bzw. durch Verzinkung einen dauerhaften Korrosionsschutz erhalten haben. Die Stielverbindungen werden in Form wechselbarer Stecksysteme oder fester Tüllenverbindungen angeboten. Die Stiele bestehen entweder aus Holz oder kunststoffbeschichtetem Aluminium. Eine Hacke ist körpergerecht, wenn sie vom Boden bis zur Stirn reicht, wobei Schlaghacken etwas kürzer und Kultivatoren etwas länger sein sollten. Die vielfältigen Geräteformen lassen sich nach der Arbeitsweise in Zieh-, Schlag- und Stoßhacken einteilen. So genannte kombinierte Geräte bestehen aus verschiedenen Hackgeräten (s. Abb. 1).

Ziehhacken

Ziehhacken werden rückwärts gehend durch den Boden gezogen, damit die gelockerte Fläche nicht wieder betreten werden muss. Sie eignen sich vor allem zur Bekämpfung auflaufender Wildkräuter. Kennzeichnend für die **Bügelziehhacke** ist ein schmales Blatt (etwa 4 cm), das fast waagerecht durch den Boden gezogen wird. Der Bügel schützt die Pflanzen vor Beschädigungen durch die Ecken des Gerätes, bewirkt jedoch auch eine gewisse Unhandlichkeit. Bei der **Pendelhacke** ist ein dünnes Messer mit einem Pendelgelenk an einem Rahmen angebracht. Mit ihr kann man stoßend und ziehend arbeiten. **Zinkenziehhacken** werden vor allem zur flachen Bodenlockerung eingesetzt. Sie ermöglichen eine schonende Bodenbearbeitung und hinterlassen einen grob gekrümelten Boden. Nach der Zinkenform unterscheidet man:

- **Kultivator**, der deutliche Schare (Gänsefüße) aufweist und bei der Bodenlockerung die Wildkräuter dicht unter der Erde abschneidet,
- **Krümmer**, der lanzenartige Zinken besitzt,
- **Grubber**, der mit spitzrunden Zinken ausgestattet ist. Im Gegensatz zum Kultivator sind Krümmer und Grubber in der Regel nur dreizinkig,
- **Karst** und **Krail/Kreil** haben nur zwei bzw. vier Zinken, die beim Krail klauenartig im rechten Winkel abgebogen sind. Sie können anstelle eines Rechens eingesetzt werden, um Wurzelunkräuter (z. B. Quecke) zu entfernen, den Boden zu lockern, Erdschollen zu zerkleinern und Kompost in den Boden einzuarbeiten.

Schlaghacken

Mit Schlaghacken wird das Unkraut beim Vorwärtsgehen kurz über der Wurzel ab- bzw. zusammen mit der Wurzel herausgeschlagen. Sie erfordern im Vergleich zu den Ziehhacken mehr Kraft, sind jedoch auch gut zur Entfernung größerer Wildkräuter geeignet. Die bekannteste Schlaghacke ist die so genannte **„Unkrauthacke“**. Ihr Blatt ist mit 5 bis 6 cm etwas breiter als das der **„Rübenhacke“**. Soll neben der Wildkrautbekämpfung eine tiefere Bodenlockerung erfolgen, werden Blatthacken mit höheren Blättern (10 bis 12 cm) eingesetzt. Bei der Haue handelt es sich um eine schwere Blatthacke, deren Einsatz einen hohen Kraftaufwand erfordert. Sie dient vor allem zur tiefen Bodenlockerung und Bekämpfung größeren Wildkrautbewuchses (z. B. auf Brachland).

Stoßhacken

Stoßhacken, auch als **Schuffel** bezeichnet, werden durch den Boden gestoßen, wobei ein allseitig geschliffenes Blatt stoßende und ziehende Bewegungen erlaubt. Sie werden vor allem auf steinfreien Böden zur Wildkrautbekämpfung (z. B. auf Wegen) eingesetzt.

7.1.3 Schlepper

Auswahl, Größe und Bauart des Schleppers sowie die Anzahl der Maschinen richten sich nach den betriebswirtschaftlichen Erfordernissen. Von der Vielzahl der angebotenen Schlepper sind am meisten verbreitet:

- **Universalschlepper.** Neben einem Heckanbau und einem Frontanbau ist er überwiegend mit Allradantrieb ausgestattet. Dieser Standardschlepper kann für alle anfallenden Arbeiten ausgerüstet werden.
- **Systemschlepper** haben zusätzlich zu den vorderen und hinteren Anbauräumen eine Ladefläche hinter der Fahrerkabine. Vier gleich große Räder und Allradantrieb sind kennzeichnend.
- **Geräteträger**, auch als angetriebene „Montagerahmen“ bezeichnet, weisen mit ihrem Heck-, Front- und Zwischenachsenanbau den größten Anbauraum auf. Die kompakte Konstruktion der Maschine ermöglicht dem Fahrer eine gute Sicht auf die angebauten Geräte.
- **Frontsitzschlepper** gestatten dem Fahrer eine gute Frontsicht. Auf der Straße erreichen sie Geschwindigkeiten von 60 km/h. Auf dem Felde verleiht ihnen ihr Vierradantrieb eine große Zugkraft.
- **Spezialschlepper**, wie z. B. Stelz-, Schmalspur- und Kleinschlepper, sind für den Einsatz im Sonderkulturanbau sowie im Garten- und Landschaftsbau konstruiert.
- **Einachsschlepper** haben Motorleistungen von 2,5 bis 10 kW, sind mit Zwei- oder Viertaktmotoren ausgestattet und verfügen über Zapfwelle, Mehrganggetriebe, Aufnahmevorrichtungen für Heck- und Frontanbau, Einzelradschaltung sowie verstellbare Spurweite. Wegen ihrer großen Wendigkeit sind sie für Arbeiten im Gewächshaus und auf kleinen Freilandflächen besonders gut geeignet. Gerätereihen zu den einzelnen Typen ermöglichen die Verwendung zahlreicher durch Schnellverschlüsse anbaubarer Arbeitswerkzeuge, sodass sie zum Fräsen, Hacken, Anhäufeln, Pflügen, Grubbern, Eggen, Planieren, Kehren, Mähen, Schneeräumen, Transportieren usw. einsetzbar sind (s. Abb. 1, S. 346).

Universalschlepper (Standardschlepper)

Geräteträger

Frontsitzschlepper

Einachsschlepper (Fräse)

Abb. 1 Schlepperbauarten

7.1.4 Pflüge

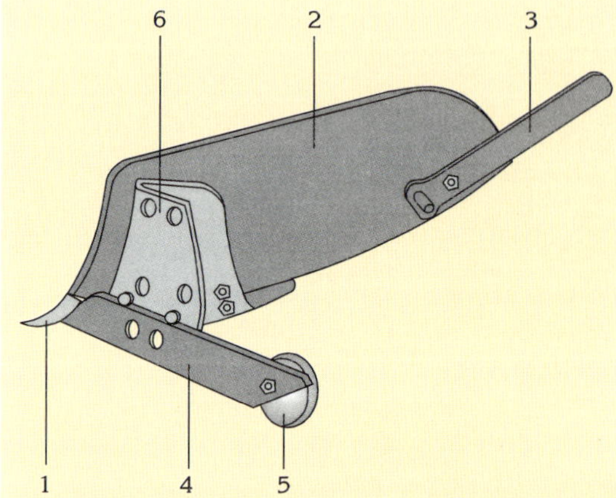

1 Schar schneidet den Erdbalken aus dem Boden
2 Streichblech wendet und krümelt den Boden
3 Streichschiene verhindert das Zurückfallen des Erdbalkens und hilft krümeln
4 Anlage dient der Führung des Pfluges
5 Schleifklotz verhindert einen zu schnellen Verschleiß des Anlagenendes
6 Rumpf dient zur Befestigung der Pflugbauteile

Abb. 2 Aufbau eines Pflugkörpers

Pflüge (s. Abb. 2) dienen vorwiegend der Grundbodenbearbeitung, d. h. der Lockerung des Bodens über die gesamte Krumentiefe (25 bis 35 cm). Dazu werden heute statt der **Beetpflüge** (s. Abb. 1, S. 347) überwiegend **Anbau-Drehpflüge** (s. Abb. 2, S. 347) mit Universalstreichblechkörpern in drei- und vierfurchiger Ausführung eingesetzt. Pro Pflugkörper werden allgemein 20 kW (27 PS) Motorleistung gerechnet. Die durchschnittliche Flächenleistung liegt bei 0,2 ha/Körper und Stunde. Drehpflüge können aufgrund ihrer um 180 ° drehbaren doppelten Pflugkörper in der gleichen Furche zurückfahren, sodass Leerfahrten entfallen, Wendezeiten verringert werden und nur auf einer Feldseite eine Furche verbleibt. Hingegen können Beetpflüge nur in eine Richtung (nach rechts) pflügen, sodass zur Verminderung der Leerfahrten größere Schläge in 30 bis 40 m breite Beete eingeteilt werden (Name!).

Streifenpflugkörper (s. Abb. 3, S. 347) stellen eine Sonderform des Pflugkörpers dar. Sie werden vor allem auf schweren, klebenden Böden eingesetzt, wo sie den Zugkraftbedarf reduzieren und eine bessere Arbeitsqualität ermöglichen. Ihr geringerer Verschleiß macht sie jedoch auch zunehmend für leichte, vor allem steinreiche Böden interessant.

Abb. 1 Beetpflug

Abb. 2 Drehpflug

Abb. 3 Pflug mit Streifenpflugkörpern

Die Auswahl des Schars richtet sich nach den Bodenverhältnissen. Zur Erhöhung der Lebensdauer des Scharblattes und damit der Reduzierung der Verschleißkosten werden heute überwiegend Schare mit austauschbaren Wechselspitzen eingesetzt. Davon abgesehen, ist auf steinreichen Böden eine **Steinsicherung** notwendig, die jeden Pflugkörper mechanisch oder hydraulisch über das Hindernis hinweg- und anschließend automatisch in die Arbeitsstellung zurückführt. Zur Unterstützung und Verbesserung der Pflugarbeit werden häufig so genannte **Pflugvorwerkzeuge**, wie z. B. Vorschäler, Messer- und Scheibensech, eingesetzt.

Durch die wendende Arbeitsweise des Pfluges wird der Boden nachhaltig gelockert, gekrümelt und durchlüftet und Erntereste, Wildkräuter und organische Dünger werden untergepflügt. Das grobschollige Pflügen im Herbst („Winterfurche") schafft die für schwere Böden so wichtige Frostgare (s. S. 135). Zur Vermeidung von Pflugsohlen (s. S. 137f.) sollten wechselnde Pflugtiefen gewählt werden.

7.1.5 Bodenfräsen

Die Fräse (s. Abb. 1, S. 348) ist ein im Gartenbau häufig eingesetztes Bodenbearbeitungsgerät. Mit ihr kann in einem Arbeitsgang ein optimales Saat- bzw. Pflanzbett hergerichtet werden. An einer rotierenden Welle befinden sich bis zu sechs Werkzeugsterne, die mit geschärften, unterschiedlich gewinkelten federnden oder starren Messern bestückt sind. Die Fräsmesser sind gegeneinander versetzt, sodass ein gleichmäßiges Arbeiten der Maschine gewährleistet wird. Die Auswahl der Messerform erfolgt im Hinblick auf die durchzuführende Arbeit. Als Pflugersatz und zur Einarbeitung organischer Substanzen werden scharf abgewinkelte Winkelmesser (90 bis 110°) eingesetzt. Zur Krümelung des Bodens nach dem Graben, Pflügen oder Grubbern werden leicht bis stark gekrümmte Messer verwendet. Von diesen Grundformen gibt es eine Reihe von Abarten in unterschiedlichsten Formen.

Das **Arbeitsprinzip** der Fräse besteht darin, dass die rotierenden Messer einen „Bissen" nach dem anderen aus dem festen Boden herausschneiden und nach hinten gegen das Prallblech bzw. Fräsgehäuse schleudern (s. Abb. 2, S. 348). Dabei kommt es zu einer Lockerung, Krümelung und intensiven Durchmischung des Bodens. Organische Substanz wird optimal in den Boden eingemischt. Die Intensität der Bodenbearbeitung ist abhängig von der Bodenart, dem Bodenzustand, der Anzahl und Form der Fräsmesser, der Bissengröße und der Stellung des Prallbleches. Je größer die Bissengröße, desto gröber ist die Krümelung des Bodens. Die Bissengröße hängt wiederum ab von der Fahrgeschwindigkeit (2 bis 8 km/h) und der Drehzahl der Fräswelle. Je langsamer die Geschwindigkeit und je höher die Drehzahl, desto kleiner ist die Bissengröße und desto feiner wird der Boden zerschlagen. Je weiter das am Ende der Abdeckhaube verstellbare Prallblech heruntergelassen ist, desto mehr Boden wird durch die Abdeckung wieder mit nach vorne genommen, sodass dieser erneut in den Messerbereich gerät und weiter zerkleinert wird. Die maximale Bearbeitungstiefe hängt vom Durchmes-

Abb. 1 Fräse

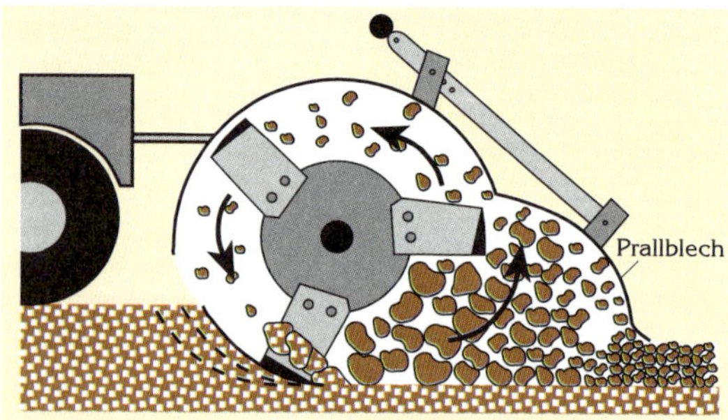

Abb. 2 Arbeitsweise des Messerrotors

ser der Messerkränze ab und liegt allgemein bei 15 cm (Durchmesser 300 mm) bis 25 cm (Durchmesser 550 mm). Die Arbeitsbreiten betragen bis zu 5 m. Je Meter werden 25 bis 30 kW (34 bis 40 PS) Motorleistung benötigt. Die Motorleistung der im Gartenbau häufig eingesetzten Einachsschlepper liegt in der Regel bei 2,5 bis 9 kW (3,5 bis 12 PS).

Trotz aller Vorteile sollte ein zu häufiges und zu feines Fräsen vermieden werden, da die Gefahr besteht, dass der Boden mit der Zeit **„totgefräst"** wird. Die intensive Durcharbeitung des Bodens fördert über die Entmischung der Kornfraktionen die Zerstörung der Krümelstruktur und den Verlust des Bodenschlusses zum Unterboden (Unterbrechung der Kapillarität). Zudem werden durch das Fräsen größere Bodentiere, vor allem Regenwürmer, in großen Mengen abgetötet. Auch bewirkt die mit der Fräsarbeit einhergehende starke Durchlüftung des Bodens einen verstärkten Humusabbau durch Bakterien, was bei nicht ausreichender Zufuhr von organischer Substanz zur Strukturverschlechterung und letztendlich zur Abnahme der Mikroorganismenaktivität führt.

7.1.6 Zapfwelleneggen

Spatenmaschine

An einer rotierenden Welle befinden sich spatenartige Werkzeuge, die den Boden umgraben. Dabei werden die Schollen aus dem Boden gestochen, gewendet und wieder abgelegt. Die **Spatenmaschine** hinterlässt einen gut gelockerten Boden mit grober Krümelung. Vor allem auf kleinen und schmalen Flächen ist die Spatenmaschine eine gute Alternative zum Pflug. Die maximale Arbeitsleistung der Maschinen, die in der Regel in Arbeitsbreiten von 1 bis 2,40 m angeboten werden, beträgt etwa 3 000 bis 7 000 m² pro Stunde. Mit dem Spaten können etwa 15 bis 30 m² pro Stunde umgegraben werden.

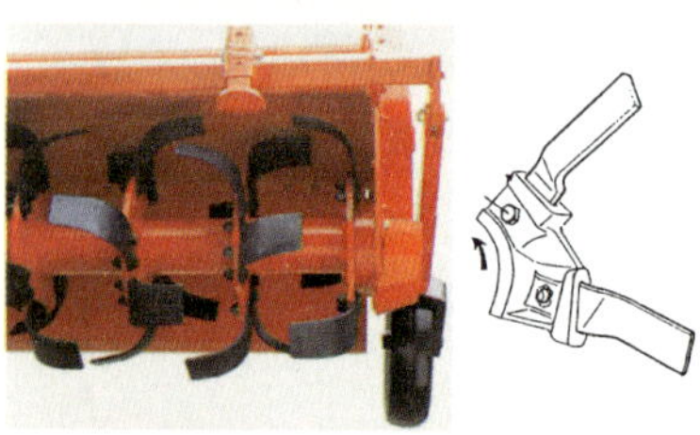

Rotoregge

Die **Rotoregge** ist im Prinzip wie eine Fräse aufgebaut, bei der der Messerrotor gegen einen Zinkenrotor ausgetauscht ist. Die Zinken schlagen, drücken oder stechen von oben in den Boden, wobei sie die nach dem Pflügen, Graben oder Grubbern entstandenen Schollen zerkleinern. Zudem bewirkt ihre „packende" Arbeitsweise bereits eine Rückverfestigung des gelockerten Bodens. Rotoreggen benötigen etwa nur die Hälfte des Leistungsbedarfs einer Fräse und haben einen geringen Verschleiß, sodass sie, vor allem auf steinreichen Böden, eine gute Alternative zur Fräse darstellen.

Kreiselegge

An einer Achse befinden sich Kreisel, die aus zwei bis vier starren oder gefederten Zinken bestehen. Die Kreisel rotieren horizontal und gegenläufig, wobei sie so angeordnet sind, dass die Zinken benachbarter Kreisel ineinander greifen und sich die Arbeitskreise überschneiden. **Kreiseleggen** krümeln, mischen und ebnen den Boden ein, ohne seine Schichtung zu verändern. Sie eignen sich vor allem zur Saatbeetbereitung auf schweren Böden. Auf steinreichen Böden ist mit hohem Verschleiß und entsprechend hohen Reparaturkosten zu rechnen.

Abb. 3

Rüttelegge

An zwei bis vier hintereinander liegenden Balken, die gegenläufig hin- und herbewegt werden, befinden sich 20 bis 30 cm lange, leicht nach vorne gebogene Zinken. Die **Rüttelegge** krümelt, mischt und ebnet den Boden. Eingesetzt wird sie vor allem nach dem Pflügen oder Fräsen. Auf nicht zu sehr verfestigten Böden kann sie die Fräse ersetzen. Für steinreiche Böden sind Rütteleggen wegen des hohen Verschleißes weniger geeignet.

Hubschwenklockerer

Es handelt sich hierbei um einen zapfwellenangetriebenen Untergrundlockerer mit beweglichen Werkzeugen. Die maximalen Lockerungstiefen liegen bei 60 bis 100 cm, wobei die Zinken in Fahrtrichtung hin- und herbewegt werden. Der **Hubschwenklockerer** dient zur Beseitigung von Verdichtungen unterhalb des Oberbodens. Weitere Geräte zur Tiefenlockerung sind **Wippscharlockerer** (Schare werden wippend auf- und ab bewegt), **Tiefpflüge** und **Heckaufreißer.**

7.1.7 Gezogene Geräte

Grubber

Grubber bestehen aus einem Rahmen, an dem starre oder gefederte Grubberzinken mit Scharen angebracht sind. Entsprechend dem Verwendungszweck weisen die Schare der ein- bis fünfreihigen Geräte unterschiedliche Formen und Strichabstände auf. Grubber brechen den Boden bis zu einer Tiefe von 10 bis 30 cm auf. Dabei kommt es neben der Lockerung auch zu einer Krümelung des Bodens. Grubber ermöglichen eine strukturschonende Bodenbearbeitung.

Scheibenegge

An V- oder X-förmigen Achsen sind gewölbte, schräg gestellte, sich selbst schärfende und säubernde Stahlscheiben mit einem Durchmesser von 45 bis 90 cm angebracht, die einen glatten oder gezackten Rand aufweisen. Sie schneiden in den Boden und reißen ihn auf. Dabei erfolgt durch die Drehung der Scheiben eine Krümelung und Mischung des Bodens. **Scheibeneggen** eignen sich durch ihre schneidende Arbeit gut zur Einarbeitung von organischer Substanz (Gründüngungspflanzen, Erntereste) in den Boden.

Spatenrollegge

Aufbau wie Scheibeneggen, nur besitzen sie statt der Scheiben kleinere spatenähnliche, vierzackige an einer Welle rotierende Messerkränze. Aufgrund des kleineren Durchmessers (30 bis 40 cm) und der kleineren Fläche dieser Werkzeuge müssen zur Erzielung befriedigender Ergebnisse mehrere Messerwalzen (bis zu vier) hintereinander angeordnet und die Fläche muss kreuzweise mit relativ hoher Geschwindigkeit (8 bis 12 km/h) überfahren werden. **Spatenrolleggen** dienen vor allem zur Oberflächenbearbeitung nach dem Pflügen sowie zur Einarbeitung gehäckselter organischer Substanz.

Wälzegge

Wälzeggen, auch als **Krümelwalzen** bezeichnet, vereinigen die Arbeitsweisen von Eggen und Walzen. Sie krümeln, ebnen und verfestigen die gelockerte Bodenoberfläche. Zur Erzielung befriedigender Ergebnisse ist in der Regel die Anordnung von zwei Wälzeggen hintereinander erforderlich. Eingesetzt werden die zylindrischen Gitterwalzen mit unterschiedlichen Durchmessern als Nachlaufgeräte in Gerätekombinationen, z. B. hinter Grubbern, Kreisel-, Scheiben- oder Rütteleggen. Je nach Bodenart und -zustand stehen verschiedene Gerätetypen zur Auswahl.

Krumenpacker

Krumenpacker dienen auf frisch gelockerten Böden zur Wiederherstellung des Bodenschlusses und damit der Kapillarität. Sie haben eine Welle, auf der im Abstand von etwa 15 cm schmale Stahlringe aufgereiht sind. Durch ihr Gewicht dringen diese bis zu 20 cm in den gelockerten Boden ein und verfestigen die unteren Schichten des Oberbodens. Die Bodenoberfläche selber bleibt locker und krümelig. Eingesetzt werden Krumenpacker vor allem in Gerätekombinationen als Nachlaufgeräte von Pflug und Grubber.

Glattwalze

Bei den **Glattwalzen** handelt es sich um starre, sich drehende Zylinder mit glatter Oberfläche, die zur Erhöhung des Gewichts mit Sand oder Wasser gefüllt werden können. Durch ihr Gewicht bewirken sie eine Wiederherstellung des Bodenschlusses und damit der kapillaren Wasserversorgung der oberen Bodenschichten. Zudem glätten sie die Bodenoberfläche.

Rauwalze (Cambridgewalze)

Rauwalzen bestehen aus mehreren beweglichen Ringen mit gezähnten Oberflächen, häufig auch glatte und gezähnte Ringe im Wechsel. Allgemein werden zur Bodenbearbeitung Kombinationen aus mehreren nebeneinander und hintereinander laufenden Walzen eingesetzt. Die gezahnte Oberfläche führt zu einem Aufbrechen verkrusteter Bodenoberflächen sowie zu deren Krümelung. Letzteres bewirkt durch die Unterbrechung der an die Bodenoberfläche reichenden Kapillaren eine Verminderung der Wasserverdunstung durch den Boden.

7.1.8 Gerätekombinationen

Gerätekombination (Grubber – Spatenrollegge – Wendelstabwälzegge)

Bei Gerätekombinationen werden mehrere sich ergänzende Geräte hintereinander gehängt, mit dem Ziel, den Boden in einem Arbeitsgang in den gewünschten Zustand zu überführen.

7.2 Anbau unter Glas und Folie

Abb. 1 Vliesfolie

Abb. 2 Schwarzes Mulchvlies

Abb. 3 Niederglas und Niedertunnel

Der Wunsch, Pflanzen unabhängig von den jeweiligen klimatischen Verhältnissen zu kultivieren mit dem Ziel der Ernteverfrühung und Angebotsverlängerung, hat zum geschützten Anbau geführt. Je nach Grad des technischen Aufwands ermöglicht er eine Verlängerung der Pflanzenproduktion bis hin zur ganzjährigen Kultur wertvoller subtropischer und tropischer Pflanzen.

7.2.1 Geschützter Anbau

Flachfolien

Flachfolien werden vor allem im Gemüsebau zur Ernteverfrühung eingesetzt. Bereits mit schwarzer oder transparenter **Mulchfolie** kann über die Erhöhung der Bodentemperatur um 2 bis 5 °C (Förderung des Bodenlebens und des Wurzelwachstums) eine Ernteverfrühung von ein bis zwei Wochen erreicht werden. Vor allem die Verwendung von transparenter Folie führt zu erhöhten Bodentemperaturen am Tage und in der Nacht. Unter einer schwarzen Folie sind hingegen bei starker Sonneneinstrahlung die Bodentemperaturen am Tage allgemein niedriger als in einem unbedeckten Boden. Falls keine Beregnung möglich ist, wird die 0,04 bis 0,1 mm starke PE-Folie (PE = Polyethylen) zur Ausnutzung der Winterfeuchtigkeit bereits Ende Februar/Anfang März direkt auf den Boden ausgelegt. Die Aussaat oder Pflanzung erfolgt in vorgestanzten Löchern.

Verbreiteter und wirksamer als die Verwendung von Folien zum Mulchen ist der Einsatz von transparenten 0,05 mm starken **Folien,** die direkt auf die Aussaat oder Pflanzung aufgelegt werden. Mit ihnen ist eine Ernteverfrühung von ein bis vier Wochen möglich. Angeboten werden sie als ungelochte und gelochte PE-Folien (Lochfolie). Ihre Lichtdurchlässigkeit beträgt 75 bis 80 %. Da unter der Folie nur ein begrenztes Luftvolumen vorhanden ist, besteht vor allem bei ungelochten und wenig gelochten Folien (<250 Löcher/m^2) die Gefahr von Pflanzenschäden durch Überhitzung. Mit zunehmender Lochzahl (Lochdurchmesser 10 mm) pro m^2 wird zwar durch die Förderung des Luftaustausches die Gefahr von Pflanzenschäden verringert, gleichzeitig wird jedoch auch der Verfrühungseffekt vermindert. Deshalb werden im Gemüsebau neben Folien mit 100 bis 250 Löchern/m^2 zur kurzfristigen Abdeckung (ein bis drei Wochen) vorwiegend Folien mit 400 bis 1000 Löchern/m^2 zur längerfristigen Pflanzenbedeckung (allgemein drei bis fünf Wochen) verwendet. Lochzahlen >250/m^2 bewirken zudem über den erhöhten Luftaustausch eine verbesserte CO_2-Versorgung der Pflanzen und ermöglichen das Eindringen von Wasser (Niederschlag, Beregnung, Flüssigdüngung, Pflanzenschutz). Nachteilig ist, dass bei Nachtfrost die Pflanzen an der Folie festfrieren können. Bei Sonnenbestrahlung besteht dann die Gefahr, dass sie infolge zu schnellen Auftauens erfrieren.

Die Folienabnahme erfolgt in der Regel nach Erfahrungswerten zu bestimmten Terminen (z. B. erste April- oder zweite Maiwoche).

Als Hilfsmittel für die Wahl des günstigsten Abnahmezeitpunktes bedient man sich der **Wärmesummentheorie.** Dabei werden die Durchschnittstemperaturen der einzelnen Tage (Tagesmaximum + Tagesminimum : 2) addiert. Der Zeitpunkt für die Abnahme der Folie ist gekommen, wenn eine Wärmesumme von 100 °C (bei ungelochter Folie) bzw. von 250 bis 500 °C (bei gelochter Folie) erreicht ist. Zur Verringerung des Pflanzenschocks erfolgt die Abdeckung bei bedecktem Wetter in den Nachmittags- bzw. frühen Abendstunden. Je nach Auflagedauer können Folien zwei- bis dreimal verwendet werden, bevor sie wegen Versprödung ersetzt werden müssen.

Vliesfolien bestehen aus einem Netz unregelmäßig verlaufender Kunststofffasern, zwischen denen sich zahlreiche unterschiedlich große und geformte Zwischenräume befinden, die für eine gute Luft-, Wasser- und Lichtdurchlässigkeit sorgen. Da ihre Luftdurchlässigkeit in etwa einer Folie mit 750 bis 1000 Löchern/m^2 entspricht, wird eine geringere Erwärmung als mit den üblicherweise im Gartenbau verwendeten Lochfolien erzielt. Durch eine Verlängerung der Bedeckung kann dieser Nachteil im weiteren Verlauf der Pflanzenentwicklung wieder ausgeglichen werden (s. Abb. 1, S. 351). Obwohl Vliese etwa doppelt so teuer sind wie vergleichbare PE-Folien, nimmt ihr Gebrauch zur Abdeckung von Pflanzen immer mehr zu. Die Gründe dafür sind:

- geringeres Gewicht
- leichtere Handhabung
- bessere Windstabilität (→ weniger Blattschäden)
- gute Luft-, Wasser- und Lichtdurchlässigkeit
- geringere Hitzeentwicklung bei starker Sonneneinstrahlung
- niedrigere Luftfeuchtigkeit (→ geringere Gefahr von Pilzinfektionen)

Folientunnel

Folientunnel haben gegenüber Flachfolien einen erhöhten Luftraum, sodass die Temperaturschwankungen geringer sind. Zudem liegt die Folie nicht auf den Pflanzen auf, wodurch die Gefahr von Frostschäden verringert und die Entwicklung gefördert wird. Folientunnel werden eingeteilt in niedere Tunnel und begehbare Hochtunnel.

- Die **niederen Tunnel** mit einer Höhe bis zu 1 m werden aufgrund ihres hohen Arbeits- und Materialaufwandes nur noch wenig verwendet, da der mit ihnen zu erreichende Verfrühungseffekt auch nur geringfügig über dem der Flachfolien liegt. Vermehrt werden Kunststoffnetze zur Abdeckung eingesetzt. Sie bieten einen gewissen Schutz vor Witterungseinflüssen und verhindern Verbrennungen).
- **Hochtunnel** haben eine Firsthöhe bis zu 2 m und eine Mindestbreite von 3 m. Wegen ihrer Begehbarkeit können die Kulturarbeiten leichter, rationelle rund witterungsunabhängiger durchgeführt werden. Das vergrößerte Luftvolumen wirkt ausgleichend auf Temperaturschwankungen. Das Lüften erfolgt durch seitliches Hochschieben oder/und Öffnen der in den Giebelseiten eingesetzten Türen. Hochtunnel mit Vegetationsheizung oder Heizlüfter ermöglichen eine ganzjährige Kultur. In Baumschulen dienen sie u. a. der Vermehrung, dem Frostschutz und der Überwinterung frostempfindlicher Pflanzen. Zum Schutz vor zu starker Sonneneinstrahlung und Temperaturschwankung sind sie häufig mit eingefärbten milchig weißen Folien (PE-Milchfolien) mit begrenzter Lichtdurchlässigkeit (Schattierwerte allgemein um 40 bis 50 %) eingedeckt.

Kulturkästen

Kulturkästen (Frühbeetkästen, kalte Kästen, Niederglas) als Einfach- oder Doppelkästen bestehen aus Holz, Beton oder Aluminium mit aufgelegten Glasfenstern (teilweise auch Folie mit Lichtplatten). Gebräuchlich sind die genormten **Holländerfenster** (80 × 150 cm) und das **Deutsche Fenster** (100 × 150 cm). Zur optimalen Ausnutzung der Einstrahlung erfolgt die Aufstellung der Einfachkästen so in Ost-West-Richtung, dass sie nach Süden geneigt sind, die der **Doppelkästen** in Nord-Süd-Firstrichtung. Verwendet werden Kulturkästen vor allem zur Gemüse-, Beet- und Balkonpflanzenanzucht in direkt absetzenden Betrieben wie auch zur Anzucht in Staudengärtnereien und Baumschulen (s. Abb. 3, S. 351).

Die Kultur erfordert einige Erfahrungen. Wegen des geringen Luftvolumens treten große Temperaturschwankungen auf, die durch Lüften, Schattieren, Abdeckung usw. ausgeglichen werden müssen. Obwohl sich durchaus gute Ergebnisse mit der Kastenkultur erreichen lassen, ist die Niederglasfläche aufgrund des hohen Arbeitsaufwandes (Lüften, Gießen, Beschatten, Ab- und Zudecken) und der erschwerten Arbeitsbedingungen bei schlechter Witterung stark rückläufig.

Wanderkästen werden in Kleingärten verwendet. Zur Erleichterung des Transports bestehen sie aus Aluminium oder Kunststoff.

- Mögliche Hausbreiten 6, 8, 10 und 12 m sowie Sondermaße
- Länge variabel bei 2 m Binderabstand
- Stehwandhöhen von 1,70 bis 4 m
- Dacheindeckung mit aufblasbarer Doppelfolie
- Giebelfronten mit Stegdoppelplatten
- Ausschwenkbare Giebelfronten mit integrierter Schiebetür
- Seitenlüftung beidseitig von oben nach unten komplett zu öffnen
- In Einzel- oder Schiffbauweise

Abb. 1 Foliengewächshaus (Thermohaus)

Gewächshäuser

Gewächshäuser können mit Folie, Kunststoffplatten (Lichtplatten) oder Glas eingedeckt sein. Die Übergänge zwischen Hochtunneln und Foliengewächshäusern sind fließend. **Folien- und Kunststoffplattenhäuser** bieten eine kostengünstige Alternative zu den Glasgewächshäusern. Die mit ihrem Einsatz verbundenen erhöhten Anforderungen an die Klimaführung sowie eine erschwerte Mechanisierung führen jedoch allgemein zu einer Beschränkung der Kulturmöglichkeiten. Hinzu kommt, dass die Haltbarkeit der Folien begrenzt ist, sodass sie in Abhängigkeit von der Qualität in Abständen von ein bis vier Jahren ausgetauscht werden müssen (hoher Arbeits- und Reparaturaufwand!).

Auch bei den mit Platten oder Bahnen aus glasfaserverstärktem Polyester (UP, GF-UP), Acryl-/Plexiglas (PMMA), Polyvinylchlorid (PVC) oder Polycarbonat (PC) eingedeckten Kunststoffplattengewächshäusern tritt im Laufe der Jahre eine Eintrübung ein, die die Lichtdurchlässigkeit verringert. Vorteile der **Lichtplatten** gegenüber Glas sind ihr niedriger Preis, ihr geringes Gewicht (preiswertere Unterkonstruktion = Leichtbauweise) sowie ihre schnellere Montage und Reparatur (lassen sich sägen, bohren, schrauben und nageln). Nachteilig sind, wie auch bei den Foliengewächshäusern, die erhöhte Kondenswasserbildung bei niedrigeren Außentemperaturen („Folienhausklima“ = gespannte Luft) und die damit verbundene erhöhte Gefahr von Pilzinfektionen durch Tropfenfall sowie Energieverluste (s. Abb. 1, S. 284) und eine verringerte Lichtdurchlässigkeit um bis zu 20 % (s. auch Tab. 1, S. 358). Um diese Nachteile zu vermeiden, dürfen Kondenswassertropfen nicht abtropfen (Gefahr vor allem bei Rundbogendächern/-häusern), sondern müssen ablaufen. **Glasgewächshäuser** bieten die besten Voraussetzungen für eine ganzjährige Kultur von Pflanzen unterschiedlichster Klimate, da die Wachstumsfaktoren exakt gesteuert werden können. Im Gartenbau stellen sie die technisch aufwendigsten und teuersten Betriebsmittel dar (s. 7.2.2).

7.2.2 Gewächshausbau

Dachformen

Ein Gewächshaus ist ein intensiv genutzter Raum, der gegen Hitze und Kälte, Sturm und Nässe dauerhaft bestehen muss. Entsprechend werden besonders hohe Qualitätsansprüche an ein Gewächshaus gestellt. Je nach Verwendungszweck sind Formen und **Bauweisen der Gewächshäuser** unterschiedlich (s. Abb. 1, S. 354). So können die tragenden Teile eines Gewächshauses aus Stahl, Aluminium oder Holz und seine Eindeckung aus Glas, Folie oder Kunststoffplatten bestehen.

Nach den **Dachformen** unterscheidet man Sattel- oder Giebeldach, Shed- oder Sägedach, Bogen- oder Tunneldach und Pultdach. Hohe Dächer und große Räume sind stets klimatisch günstiger als flache Dächer und kleine Räume. Bei Letzteren heizt sich das geringe Luftvolumen bei starker Sonneneinstrahlung schnell auf und kühlt bei Kälte relativ schnell aus. Sie sind wenig geeignet zum Einfangen der flachen Wintersonne, der Schnee rutscht schlechter ab, sodass es zur Lichtminderung kommt. Bei ungeheizten Häusern können Schäden durch Schneedruck eintreten. Je größer die Dachneigung, desto schneller rutscht

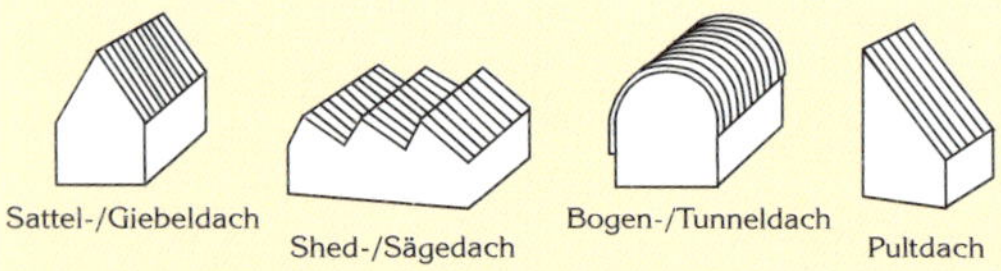

Gewächshauseinteilung nach der Temperaturführung während der kalten Jahreszeit:

- Warmhaus ab 18 °C
- Temperiertes Haus 12 bis 18 °C
- Kalthaus bis 12 °C
- Überwinterungshaus frostfrei 1 bis 3 °C

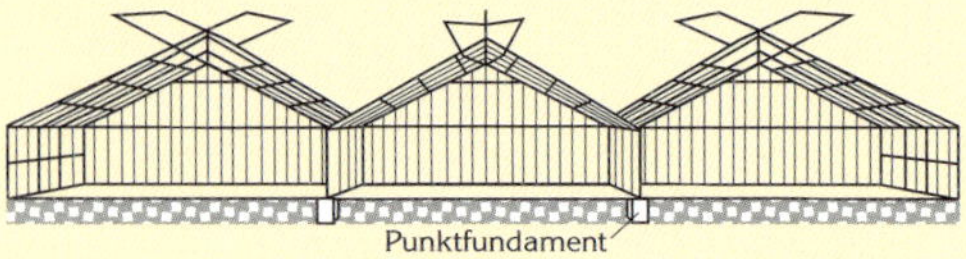

Blockbauweise (dreischiffig)

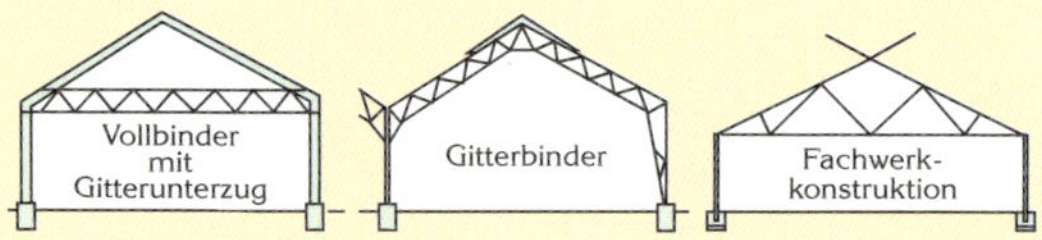

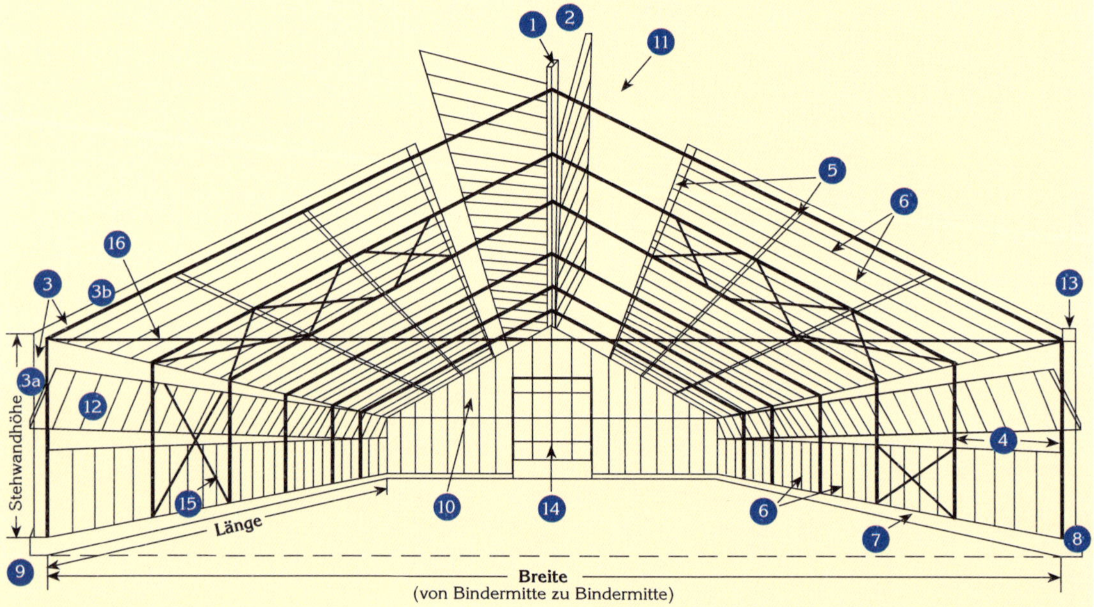

1. First
2. Firstpfette
3. Binder (Vollbinder)
3a. Rahmenstiel
3b. Rahmenriegel
4. Binderabstand (Rastermaß)
5. Pfetten (Längsunterzüge)
6. Sprossen (Querunterzüge)
7. Fundament (Streifenfundament)
8. Fundamentsockel
9. Gründungstiefe
10. Giebeldreieck
11. Firstlüftung
12. Stehwandlüftung
13. Rinne/Traufe
14. Tür
15. Windverband
16. Zugband

Abb. 1 Gewächshausbau

der Schnee ab und desto größer ist der Lichteinfall. Bei einem Einfallswinkel von 90 ° (senkrechter Lichteinfall!) ist die Lichtdurchlässigkeit am größten. Mit steigender Dachneigung wird jedoch auch die Hüllfläche vergrößert, was wiederum die Wärmeabgabe und damit den Energieverbrauch erhöht. Deswegen wird eine **Dachneigung um 27 °** als günstiger Kompromiss angesehen. Allgemein liegt er bei den unterschiedlichen Gewächshaustypen zwischen 22 und 30 °.

Die heute übliche Bauweise ist die **Blockbauweise,** bei der mehrere Einzelhäuser, die auch als „Schiffe“ bezeichnet werden, zusammengefasst sind (z. B. zwei-, drei- oder mehrschiffige Bauweise). Gegenüber der **Einzelbauweise** hat die Blockbauweise ein günstigeres Verhältnis von Grundfläche zur Hüllfläche. Da die Wärmeabgabe hauptsächlich über die Hüllfläche erfolgt, wird somit die Wärmeabgabe verringert (Energieeinsparung!). Angestrebt werden sollte ein Verhältnis von 1:1,3. Außerdem sind bei gleicher Flächenüberbauung bei der Blockbauweise aufgrund der wegfallenden Zwischenwände die Investitionskosten geringer. Weitere Vorteile sind kurze im Inneren verlaufende Transportwege.

Betonfundamente

Das Betonfundament übernimmt die auf das Gewächshaus einwirkenden Kräfte (Eigengewicht des Gewächshauses, Schnee-, Wind- und Verkehrslasten) und überträgt sie auf den Boden. Zum Schutz vor Frost ist eine Mindesttiefe (Gründungstiefe) von 80 cm (maximale Frosttiefe) erforderlich, damit es in strengen Wintern nicht hochfriert und so zu Bauschäden führt. Als **Streifenfundament** ist es durchlaufend gebaut, z. B. als Abschluss nach außen gegen das Erdreich, als **Punktfundament** nur punktuell, z. B. unter den Bindern innerhalb des Gewächshauses bei Blockbauweise. Die Gewächshausfirmen liefern in der Regel ausgearbeitete Fundamentpläne.

Binder und Pfetten

Binder und Pfetten stellen die eigentliche **Tragkonstruktion des Gewächshauses** dar. Sie müssen in der Lage sein, alle auf das Gewächshaus einwirkenden Kräfte aufzunehmen und in das Fundament einzuleiten. Die als Querunterzüge eingebauten **Binder** (senkrechter Teil: **Rahmenstiel,** schräger Teil: **Rahmenriegel**) bestehen in der Regel aus feuerverzinktem Stahl mit I-Profil. In Traufenhöhe angebrachte **Zugbänder** führen durch Aufnahme horizontaler Kräfte zu einer Entlastung der Binder, sodass bei ihnen an Material gespart werden kann. Gleichzeitig bilden sie die Auflage oder Halterung für die obere Rohrheizung. Zur Materialeinsparung dienen auch die in der Herstellung aufwendigeren **Gitterunterzüge** (geschweißte Gitterkonstruktionen). Man findet sie vor allem bei den Leichtbauweisen, wie z. B. der Venlobauweise, wo sie die Einsparung störender Binder (Rahmenstiele) ermöglichen. Anstelle der Binder im Dachraum (Rahmenriegel) werden bei einigen Gewächshauskonstruktionen so genannte **Fachwerkkonstruktionen** als tragendes Element eingebaut. Die **Pfetten** sind als Längsunterzüge mit den Bindern verschraubt, auf die sie die einwirkenden Kräfte übertragen. Pfetten bestehen aus feuerverzinktem Stahl (Schutz vor Korrosion!) oder Aluminium. Aluminium gehört zu den Leichtmetallen, sodass Pfetten aus Aluminium etwa dreimal leichter sind als solche aus Stahl. Zudem ist es korrosionsbeständig. Neben U-Profilen wird eine Reihe von Sonderprofilen, z. B. für First-, Lüftungs- und Traufenpfetten, angeboten.

Sprossen

Die Sprossen dienen als Auflage für Glasscheiben und Lichtplatten. Kunststoffplatten werden direkt an den Pfetten befestigt. Die bei älteren Gewächshäusern noch zu findenden Holzsprossen sind heute weitgehend durch Aluminium- oder feuerverzinkte Stahlsprossen verdrängt. Neben T-Profilen gibt es Spezialprofile aus Aluminium, wobei heute fast ausschließlich Alu-Sprossentypen zur kittlosen Verglasung verwendet werden. Zur Verringerung der Wärmeabgabe durch Wärmeleitung werden die Sprossen mit Gummi-/Kunststoffdichtungen zur Wärmedämmung versehen.

Eindeckmaterialien

Als Anforderungen an Eindeckmaterialien für Gewächshäuser gelten vor allem eine hohe Lichtdurchlässigkeit bei einem hohen Wärmerückhaltevermögen, Alterungsbeständigkeit, hohe Bruchsicherheit (z. B. bei Hagel), geringes Gewicht und ein niedriger Preis.

Glas

Glas bewirkt den so genannten **Treibhaus-/Gewächshauseffekt** (s. S. 293), der im Innern eines Gewächshauses zu einer Temperaturerhöhung gegenüber der umgebenden Außenluft führt. Im

Gartenbau werden vor allem zwei Glassorten eingesetzt: Gartenblank- und Gartenklarglas. **Gartenblankglas** (gezogenes Flachglas) ist farblos, beidseitig eben und bietet von beiden Seiten einen freien Durchblick. **Gartenklarglas** (gegossenes Flachglas) ist im Gegensatz zum Blankglas nicht durchsichtig, sondern nur durchscheinend. Zudem besitzt es eine genörpelte Innen- (Schutz vor Verschmutzung) und eine glatte Außenseite. Durch die Nörpelung wird eine bessere Streuung der einfallenden Lichtstrahlen bewirkt. Die Lichtdurchlässigkeit beträgt bei beiden Glasarten 89 bis 93 %. Blank- und Klarglas werden zur Einfach- und Doppelverglasung eingesetzt, wobei zur Bedachung häufig Einfachglas in 4 mm Stärke verwendet wird.
Die **Doppelverglasung** dient zur Reduzierung der Wärmeabstrahlung nach außen und damit der Energieeinsparung. Bei ihr sind zwei Scheiben übereinander in Spezialsprossen verlegt. Es besteht jedoch die Gefahr, dass es in den nicht dicht abgeschlossenen Zwischenräumen zur Kondenswasserbildung sowie Schmutzansammlung und damit zur Lichtminderung kommt. Bei der teureren **Isolierverglasung** besteht die Gefahr nicht. Isolierglas besteht aus zwei Einzelscheiben, die an ihren Rändern miteinander verklebt (verklebte Isolierglasscheiben) oder verschweißt sind (Ganzglasisolierscheiben). Bei den verklebten Isolierscheiben besteht jedoch die Gefahr, dass sich die Dichtigkeit des Klebstoffes durch Witterungseinflüsse (z. B. UV-Strahlung) mit der Zeit verändert. Im Zwischenraum der beiden Scheiben befindet sich trockene Luft oder CO_2. Beide Gase sind sehr schlechte Wärmeleiter, sodass sie sehr gut zur Isolierung gegen Wärmeverluste (Wärmedämmung) geeignet sind. Der k-Wert solcher Verglasung beträgt 2,6 bis 3,0 $W/m^2 K$ (Watt pro m^2 in Grad Kelvin), gegenüber Einfachglas mit 5,8 W/m^2K eine deutliche Verbesserung. Der **k-Wert**, der so genannte **Wärmedurchgangskoeffizient,** gibt an, wie viel Wärme in einer Stunde bei 1 Grad Unterschied zwischen Innen- und Außentemperatur von einem bestimmten Material hindurchgelassen wird. Je kleiner der k-Wert, desto besser ist der Wärmeschutz und desto geringer sind die Heizkosten. **Einfachglas** mit einem k-Wert von 5,8 lässt bei einer Temperaturdifferenz von 1 °C somit stündlich die Wärmemenge von 5,8 Watt/m^2 hindurch. **Isolierglas** der Spitzenausführung hat heute einen k-Wert von 1,3 (vergleichbar mit einer 25 cm dicken Wand aus Hohlblocksteinen). Der Grund dafür ist eine nicht sichtbare Edelmetallschicht auf der Innenseite der Außenscheibe, die die Wärme kaum entweichen lässt. Nachteile einer Isolierverglasung sind die auf etwa 85 % reduzierte Lichtdurchlässigkeit, die höheren Investitionskosten (Glas, stabilere Unterkonstruktion), eine erhöhte Gefahr von CO_2-Mangel (gehemmter Luftaustausch) sowie eine höhere Luftfeuchtigkeit (Gefahr von Pilzinfektionen).

Kunststoffe

Im Gartenbau werden Kunststoffe in **Form** von **Folien** und **Lichtplatten** als Bedachungsmaterial eingesetzt. Die Vorteile der Kunststoffe liegen in ihrer einfachen Verarbeitung und Handhabung (geringes spezifisches Gewicht) sowie den geringeren Investitionskosten (s. Tab. 1, S. 358).

Normgewächshaus und Venlo-Bauweise

Im Jahre 1971 wurde das **Deutsche Normgewächshaus** nach DIN 11536 entwickelt. Es sollte durch kostengünstige Serienfertigung optimale Wachstums- und Arbeitsbedingungen schaffen. Das Normgewächshaus in einschiffiger Bauweise mit einer Nennbreite von 12 m lässt sich nach dem Baukastensystem in Länge und Breite verändern sowie in Blockbauweise erstellen (s. Abb. 1, S. 357). Neben dem Normgewächshaus bestehen weiterhin unterschiedliche Gewächshaustypen, u. a. auch firmeneigene Norm-Reihen, mit zahlreichen Sonderkonstruktionen.
Neben dem Deutschen Normgewächshaus bzw. Ausführungen in Anlehnung an diesem hat sich aufgrund geringerer Investitionskosten die **Venlo-Bauweise**[1)] (ursprünglich holländische Bauweise) durchgesetzt. Vor allem in den letzten Jahren wurden zahlreiche technische Neuerungen vorgenommen, die vor allem das Luftvolumen vergrößerten und damit die Temperaturführung verbesserten (s. S. 357). In Holland sind 80 bis 85 % der neu gebauten Gewächshäuser Venlokonstruktionen.
Entscheidend für die Auswahl ist letztlich die beabsichtigte Nutzung (Kultur), der Preis und die geographische Lage des Betriebes (Schneefall, Windhäufigkeit und -geschwindigkeit, Hagelgefährdung, Frostlage, Einstrahlung).
Das **Ziel im Gewächshausbau** ist eine maximal lichtdurchlässige (wenig Schatten werfende) und energiesparende Konstruktion mit großem Luftvolumen und optimalen Lüftungsmöglichkeiten.

[1] Die grenznahe Stadt Venlo (Zentrum eines Obst- und Gemüseanbaugebiets) in der Provinz Limburg, Niederlande, gab diesem Gewächshaustyp seinen Namen.

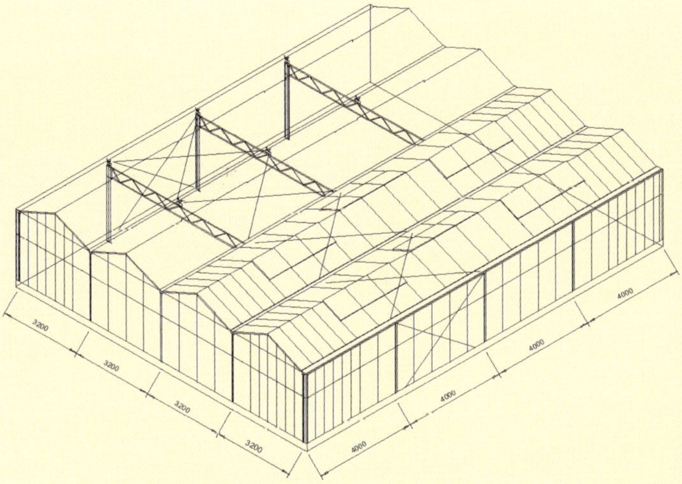

Abb. 1 Venlo-Produktionsgewächshäuser (Nennbreite 12,80 m)

• **Kappenbreite (Breite, die von einer Dachkappe überbaut ist)**	3,20 m (auch 4,00 m)
• **Nenn-/Achsbreite (= Binderstützweite)**	6,40 m/9,60 m/12,80 m (Standardbreite)/ 16,00 m (durch Gitterunterzüge werden Spannweiten von 2 bis 5 Kappen erreicht)
• **Dachneigung**	24°
• **Firsthöhe**	4,00 m/5,00 m
• **Stehwandhöhe**	3,00 m/4,00 m
• **Fachmaß (Binderabstand in Firstrichtung)**	4,00 m
• **Scheibenbreite**	1,00 m (max. 1,50 m)
• **Dachlüftung**	3-Scheibenlüftung (½ Scheibenlänge) mit einer fest stehenden Scheibe dazwischen, wechselseitig angeordnet (Klappbreite 3,00 m · 0,87 m); auch mit durchgehenden Firstlüftungen erhältlich
• **Eindeckung**	Blankglas 4 mm (Dach), Stegdoppelplatte (Stehwand/Giebel)

Tab. 1 Technische Kennzeichen der Venlo-Produktionsgewächshäuser

- **Sehr große Lüftungskapazität** aufgrund großer Lüftungsöffnungen (zwei durchgehende 2,00 m breite Firstöffnungen, Öffnungsweite 1,80 m, Dachneigung 28,8°) → im Sommer lassen sich Freilandbedingungen (vergleichbar mit Cabrio-Konstruktionen, bei denen sich das komplette Dach öffnen lässt) erreichen.
- **Hohe Lichtdurchlässigkeit** aufgrund 2,00 m breiter Scheiben in Dach und Lüftung (4 mm Einscheiben-Sicherheitsglas = ESG, ggf. UVB-durchlässig z. B. für Beet- und Balkonpflanzen → kompakteres Wachstum, bessere Abhärtung)
- **Großes Luftvolumen** aufgrund 4,00 m hoher Stehwände → gute Temperaturverteilung → gute Klimaführung → gleichmäßiges Klima

Abb. 2 Climax-Produktionsgewächshaus (CLIMAX 9,6 mit 9,60 m Schiffbreite und 4 m Standard-Stehwandhöhe)

Kunststoff	Eigenschaften/Verwendung
Polyethylen hart (**PE HD** = Polyethylene, High Density), **Polyethylen weich** (**PE LD** = Polyethylene, Low Density)	Lichtdurchlässigkeit mit Glas (89 bis 93 %) vergleichbar; geringe UV-Stabilität → lässt UV-Strahlung durch, versprödet schnell im Freiland → rasche Minderung der Lichtdurchlässigkeit, geringe Haltbarkeit → ein Jahr als Gewächshausfolie, UV-stabilisierte PE-Folie zwei bis drei Jahre. UV-stabilisierend wirkt auch die Einfärbung mit Ruß (z. B. schwarze Mulchfolie, Töpfe → Erhöhung der Lebensdauer bis zum Zehnfachen; IR-Durchlässigkeit hoch (56 bis 76 %) → geringes Wärmerückhaltevermögen; IR-stabilisierte PE-Folie → verringerter Wärmedurchgang → besseres Wärmerückhaltevermögen; spezifisches Gewicht 0,94–0,96 g/cm^3 (PE HD) bzw. 0,91–0,94 g/cm^3 (PE LD) → schwimmt (Dichte von Wasser 1,0 g/cm^3); relativ niedriger Preis Töpfe (z. B. Gittertöpfe, Schlitztöpfe), Container (Gefäße ab 2 l Inhalt), Mulch- und Verdunklungsfolien, Flachfolien zur Ernteverfrühung (ungelochte und gelochte Folien, Schlitzfolien), Tunnel- und Gewächshauseindeckung, Luftpolsterfolie (zwei- oder dreischichtig mit noppenartigen Luftpolstern) zur Wärmedämmung, Regenwassersammelbecken, Teichbau, Schattierung (PE-Milchfolien), Rohre, Eimer, Schüsseln, Tragetaschen, Schrumpffolien für Verpackung, Benzinkanister, Heizöl- und Lagertanks, Mülltonnen
Polyvinylchlorid hart (**PVC u** = unplasticized), **Polyvinylchlorid weich** (**PVC p** = plasticized)	Lichtdurchlässigkeit mit Glas vergleichbar (87 bis 91 %); UV-undurchlässig; Haltbarkeit 3 bis 4 Jahre, geringe Wärmedurchlässigkeit (16 bis 25 %), relativ teuer, spez. Gewicht > 1,0 → schwimmt nicht; beim Verbrennen von PVC entsteht gasförmige Salzsäure (HCl) → stechender Geruch, Folien und Lichtplatten zur Gewächshauseindeckung (hohe Hagelempfindlichkeit), Pikierkisten, Multitopfplatten, Drain-, Regen- und Heizrohre, Dachrinnen, Schläuche, Teichfolie, Handläufe, Lastwagenplanen
EVA (Ethylenvinylacetat)	EVA-Folien: Lichtdurchlässigkeit mit Glas vergleichbar (91 bis 94 %), mit oder ohne UV-Stabilisierung, Wärmedurchlässigkeit entspricht in etwa PVC-Folie (21 bis 57 %), Haltbarkeit etwa 3 Jahre
Polypropylen (PP)	Töpfe, Etiketten, Rohre, Bodenheizung, Schattiergewebe, Vogelschutznetze, Bewässerungsmatten, Abdeckvliese zur Gemüseverfrühung und zum Frostschutz, Baumanbinder, Verpackungsfolien
Polystyrol (PS)	Einwegverpackungen, Töpfe, Folien, Pikierkisten und -stäbe
Polystyrol-Schaum (**EPS** = expandiertes PS)	Wärme- und Kältedämmung, Verpackungsmaterial, Durchlüftung schwerer Böden (Styromull = gemahlenes PS), Substratbeigabe 2 kg/m^3 nach dem Dämpfen, Saat- und Pikierkisten (extrem leicht, stark belastbar)
Polycarbonat (PC)	Lichtplatten zur Gewächshauseindeckung (ähnliche Eigenschaften wie PMMA), Sicherheits- und Schutzhelme
Polyesterharz (**UP** = ungesättigtes Polyesterharz, **GF-UP** = glasfaserverstärktes Polyesterharz), Synonym Duroplast	Lichtplatten als Stegdoppel-(Hohlkammerplatten) und Stegdreifachplatten (Doppelhohlkammerplatten) zur Isolierbedachung (undurchlässig für IR-Strahlung, geringer Durchlass von UV-Strahlung, gute Hagelfestigkeit, leichte Entflammbarkeit)
Polyamid (PA)	Laufrollen, Ketten, Netze, Benzinleitungen, Heizöl- und Lagertanks, Holzschrauben
Polymethylmethacrylat (PMMA)	Lichtplatten (Acryl-/Plexiglas) zur Gewächshauseindeckung, meist in Form von Stegdoppelplatten zur Isolierbedachung (auch als Stegdreifachplatten)
Polyethylenterephthalat (PET)	PET ist ein veredelter Polyester, der in jede beliebige Form gebracht werden kann; Verpackungen, Behälter (z. B. Getränkeflaschen), Kulturkisten, Folien

Tab. 1 Kunststoffe im Gartenbau

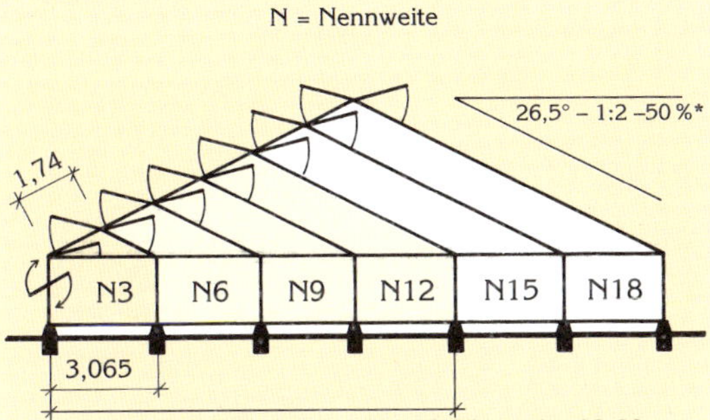

12 m-Haus (Binderstützweiten 12,55 m oder 12,80 m ergeben sich aus den Längen der Dachscheiben). Aus der Anzahl der verwendeten Dachscheiben ergeben sich die unterschiedlichen **Nennweiten**.

Ein- und mehrschiffig

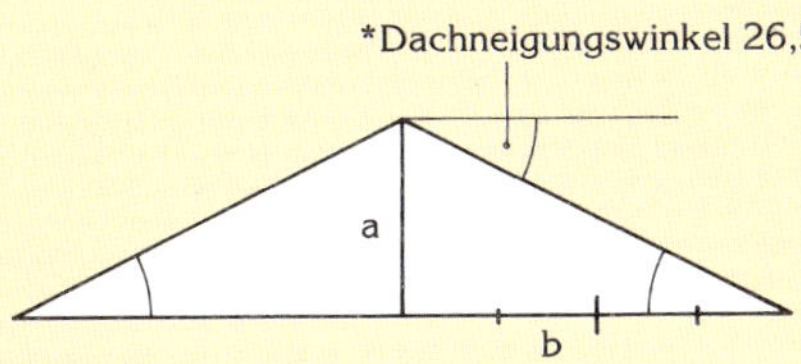

Giebeldreieck
$a = \frac{1}{2} b$
b = 100 % = 2
a = 50 % = 1
Die halbe Gewächshausbreite verhält sich zur Dachhöhe wie 2:1

Merkmale:

– Rastermaß	3,065 m (Abstand Bindermitte)
– Dachneigungswinkel	26,5° (Typ B) oder 24° (Typ A)
– Stehwandhöhe	2,30 m oder 2,80 m (einschl. Fundamentsockel)
– Scheibenmaße	a) **bei 5 Scheiben pro Binderfeld** • 60 · 174 cm (Dach) • 60 · 200 cm (Stehwand) b) **bei 4 Scheiben pro Binderfeld** • 75,2 · 174 cm (Dach) • 75,2 · 200 cm (Stehwand)
– Dachlüftung	mind. 15° über die Horizontale ausstellbar, durchgehend in der Breite einer Scheibenlänge (1,74 m)
– Regenrinne	200 mm lichte Weite, Verbindungsglied bei mehrschiffiger Bauweise, stabilisiert Binder, begehbar

Abb. 1 Das deutsche Normgewächshaus

7.2.3 Kulturflächen unter Glas

Abb. 2 Pflanzen in Kisten, auf Grundbeeten ausgestellt

Die Flächenaufteilung unter Glas in Kultur- und Wegeflächen erfolgt so, dass Kultur- und Transportarbeiten ohne Behinderung und mit möglichst geringem Zeitaufwand durchgeführt werden können und eine hohe Flächenausnutzung (hoher Nutzflächenanteil) erreicht wird. Als Kulturflächen dienen vor allem Boden-, Grund-, Bank- und Trogbeete sowie Tische und Hängen.

Bodenbeete
Bodenbeete sind ebenerdig im gewachsenen Boden angelegt. Man findet sie vor allem im Gemüsebau und bei Schnittblumenkulturen. Sie sind preiswert, bieten den Pflanzen einen unbegrenzten Wurzelraum, weisen eine hohe Pufferkapazität auf und verringern den Wasserbedarf aufgrund von Kapillarität aus tieferen Bodenschichten.

Grundbeete
Grundbeete unterscheiden sich von den Bodenbeeten dadurch, dass der Boden der Beete mit Folie, Beton oder anderen Materialien abgedeckt ist, sodass die Pflanzen nicht mehr im gewachsenen Boden wurzeln. Als Wurzelraum dienen Substrate, Steinwoll- oder Schaumstoffmatten. Bei dem so genannten **Sackkulturverfahren** („Grow bags") im Gemüsebau werden mit Substrat gefüllte Plastiksäcke auf den Boden gelegt und bepflanzt (z. B. bei Gurken-, Tomaten- oder Paprikakulturen). Grundbeete bieten vor allem dann eine Alternative zu den Bodenbeeten, wenn der Boden mit Schadstoffen, Salzen oder schwer bekämpfbaren bodenbürtigen Schaderregern (Fusarium, Verticillium, Nematoden) angereichert ist und eine Regeneration bzw. Entseuchung mit erheblichen Kosten verbunden ist (s. Abb. 2).

Bankbeete
Bankbeete sind mit Wänden versehene und entsprechend hoch mit Boden, Erden oder Substraten aufgefüllte Bodenbeete, deren Höhe (meist zwischen 30 und 50 cm) je nach Verwendungszweck variiert. Im Vergleich zu ebenerdig angelegten Beeten erleichtern sie dem Gärtner die Arbeit (bessere Arbeitshaltung) und fördern die Erwärmung des Bodens.

Trogbeete
Trogbeete sind Bankbeete, die durch Beton oder Folie vom gewachsenen Boden getrennt sind, sodass wannenförmige Beete entstehen. **Rolltrogbeete** ermöglichen eine Erhöhung der Nutzfläche. Sie bestehen aus Aluminiumwannen, die mit ihren Rollrohren auf parallel zu den Hauptwegen verlegten Rohren liegen. Durch feste Anschläge wird die Beweglichkeit der Tische so begrenzt, dass beim Verschieben stets ein Querweg entsteht. Trogbeete verhindern die Übertragung bodenbürtiger Schaderreger und verbessern die Wirkungsdauer einer Bodendesinfektion. Zudem kann das Substrat relativ einfach ausgetauscht werden.

Tische
Tische dienen vor allem als Kulturfläche für Topfpflanzen (s. Abb. 1, S. 361). Ihre Höhe ist meist verstellbar und liegt zwischen 60 bis 80 cm. Ihre Breite bewegt sich zwischen 2 und 2,40 m. Zur Erhöhung der Nutzfläche werden neben festen Tischen (Nutzflächenanteil 70 bis 75 %) zunehmend bewegliche Tische, wie Roll- und Mobiltische, verwendet.

Rolltische
Rolltische ermöglichen durch ihre Verschiebbarkeit eine erhöhte Platzausnutzung (Nutzflächenanteil etwa 85 %). Sie haben auf dem Tischunterbau, der aus Aluminium, verzinktem Stahl oder Beton bestehen kann, zwei rollbare Rohre, auf denen eine Tischwanne aus Aluminium liegt, die einen Tisch und einen Querweg bedeckt. Durch seitliches Verschieben der Tischwanne kann der Querwegabstand zwischen den Tischen an jede beliebige Stelle verlegt werden. Zwischen den Tischen wird ein Abstand von 10 cm eingehalten, wodurch eine gegenseitige Beeinträchtigung der äußeren Pflanzenreihen benachbarter Tische vermieden und ein rationelles Verschieben der Tische ermöglicht wird. Durch das Zusammenschieben von vier Tischplatten wird ein Weg freigerollt, sodass ein Tisch entweder einseitig von einem 70 cm breiten Weg oder beidseitig von zwei 40 cm breiten Wegen aus bearbeitet werden kann (s. Abb. 2, S. 361).

Mobiltische
Mobiltische sind eine Weiterentwicklung der Rolltische. Die auf vier kugelgelagerten Metallrollen montierten, bis zu 6 Meter langen und 2 m breiten Tischwannen, auch als Container bezeichnet, werden auf Laufschienen oder Heizungsrohren (Untertischheizung) bewegt. Mithilfe von Rollbahnen (s. Abb. 3, S. 361) oder speziellen Transportwagen (s. Abb. 4, S. 361) können die Container durch die Gewächshäuser manuell oder automatisch transportiert werden. Übertischhebegeräte ermöglichen die Herausnahme einzelner Container aus den Kulturreihen. Leere Container können in Stauraumbahnen unterhalb der Kulturfläche gelagert werden, sodass kein zusätzlicher Platzbedarf beansprucht wird. Das Heben und Senken der leeren Container erfolgt durch einen elektrisch angetriebenen Lift. Alle Kultur- und Vermarktungsarbeiten erfolgen nur noch in einer zentral gelegenen Arbeitshalle, in der Rück- und Ausstellautomaten sowie Topfmaschinen die Effektivität des Mobiltischsystems erhöhen (s. Abb. 5, S. 361). Der innerbetriebliche Transport durch Mobiltische bewirkt eine hohe Flächenausnutzung (Nutzflächenanteil $>$90%) und einen hohen Rationalisierungsgrad.
Rollmobiltische können wie Mobiltische transportiert werden und ermöglichen wie bei den Rolltischen die Bildung von Querwegen zur Durchführung von Kulturarbeiten.
Die immer intensivere Ausnutzung der Gewächshausflächen hat in einigen Betrieben zur **„2-Lagen-Kultur“** (teilweise sogar „3-Lagen-Kultur“) geführt. Hier sind die Container in zwei Etagen übereinander angeordnet (s. Abb. 6, S. 361). Da die Container dicht an dicht stehen, bekommen die Pflanzen auf der unteren Etage nicht genügend Licht, sodass Kunstlicht erforderlich ist (s. Abb. 7, S. 361). Um eine gute und gleichmäßige Pflanzenqualität zu erreichen, müssen die Etagen in einem bestimmten Turnus miteinander vertauscht werden. Dies geschieht mithilfe von elektronisch programmierten Robotern, die auch während der Nacht arbeiten.

Hängen und Übertischstellagen

Rationalisierungsmaßnahmen, wie automatische Bewässerungsverfahren, und das Streben nach immer intensiverer Ausnutzung der Gewächshausflächen haben Hängen und Übertischstellagen wieder an Bedeutung gewinnen lassen. Da beide durch Schattenwurf den Lichteinfall für darunter befindliche Pflanzen verringern, eignen sie sich besonders für Tischkulturen mit geringerem Lichtbedarf bzw. für solche, die keine volle

Abb. 1 Herkömmliche Tische aus Beton

Abb. 2 Rolltische

Abb. 3 Rollbahnen zum Containertransport

Abb. 4 Containertransport mit Transportwagen

Abb. 5 Arbeitshalle

Abb. 6 Hohe Flächenausnutzung durch 2-Lagen-Kultur

Abb. 7 Assimilationsbelichtung der unteren Etage

Abb. 8 Übertischstellagen bei Anthurien

Sonne vertragen, wie Anthurien (s. Abb. 8, S. 361) und Saintpaulien. Mithilfe beweglicher Hängen bzw. Stellagen können auch die Wegeflächen genutzt werden. Zum Begehen der Wege werden sie über die Tische geschoben. Als Kulturflächen sind Hängen und Übertischstellagen vor allem für wenig pflegebedürftige Pflanzen mit einem erhöhten Lichtbedarf geeignet.

7.2.4 Kulturgefäße

Pflanzen werden in einer Vielzahl unterschiedlicher Gefäße kultiviert. Das Angebot auf dem Markt ist unüberschaubar und laufend werden neue Produkte entwickelt. Ein gutes Kulturgefäß sollte

- eine optimale Pflanzenentwicklung gewährleisten,
- ein rationelles Arbeiten ermöglichen,
- preiswert sein,
- eine gute Platzausnutzung und Standfestigkeit gewährleisten,
- für alle Bewässerungsverfahren geeignet sein,
- ein leichtes Entnehmen der Pflanzen ermöglichen,
- bruch- und schlagfest und für Verpackungs- und Transportsysteme geeignet sein,
- leicht zu reinigen und zu desinfizieren sein,
- eine Platz sparende Lagerung ermöglichen,
- die Umwelt nicht belasten,
- wieder verwendbar oder recycelbar sein bzw. in den natürlichen Stoffkreislauf zurückgeführt werden können.

Ton- und Kunststofftöpfe

Die Kultur von Topfpflanzen findet überwiegend in Ton- und Plastiktöpfen statt, wobei der Plastiktopf den Tontopf aufgrund betriebswirtschaftlicher Vorteile weitgehend verdrängt hat (s. Tab. 1). Wichtige Kunststoffe zur Herstellung von Plastiktöpfen sind Polypropylen (PP), Polyethylen (PE) und Polystyrol (PS) (s. Tab. 1, S. 358).

Gefäße zur Jungpflanzenanzucht

Die früher häufig zur **Pflanzenanzucht** verwendeten **Holzkisten** sind heute fast vollständig durch Gefäße aus Kunststoff oder anderen Materialien ersetzt. Weit verbreitet sind die so genannten **Pikierkisten** (Kulturkisten) aus PTE (s. Abb. 1,

Tontopf	Kunststofftopf
Vorteile	
■ poröse Wandungen → guter Gasaustausch; Wasser und Nährstoffe können hindurchdiffundieren ■ kaum Gießschäden aufgrund hoher Verdunstung ■ gute Wurzelballenbildung (Wurzeln nach außen orientiert) ■ gute Standfestigkeit ■ natürliches, umweltfreundliches Material (gebrannter Ton) ■ ansprechendes Aussehen	■ keine zusätzliche Wasserverdunstung über die Topfwände → Wasser sparend → geringer Wasserverbrauch → weniger Gießen → geringere Verdunstungskälte (zusätzliche Heizenergie!) und Luftfeuchtigkeit ■ kein Veralgen und Verkalken der Topfwände ■ geringes Gewicht → leichteres Arbeiten, geringere Transportkosten und Stabilitätsanforderungen an Kulturtische ■ leichtes Reinigen ■ maschinengerecht → gut für Topfmaschineneinsatz geeignet → erhöhte Arbeitsproduktivität ■ relativ bruchunempfindlich (PP, PE) → lange Lebensdauer ■ Raum sparendes Stapeln ■ relativ preiswert
Nachteile	
■ leichtes Austrocknen → höherer Wasserverbrauch (bis zu ⅓ höher) → häufigeres Gießen → höhere Verdunstungskälte (zusätzliche Heizenergie) und Luftfeuchtigkeit ■ bei längerer Kultur Salzablagerung und Algenbildung an den Wänden → schwer zu reinigen ■ hohes Gewicht → erschwertes Arbeiten, erhöhte Transportkosten und Stabilitätsanforderungen an Kulturtische ■ bruchempfindlich → nur begrenzt stapelbar → größerer Lagerplatz ■ relativ teuer	■ keine porösen Wandungen → Gefahr von Gießschäden größer; Gasaustausch gehemmt ■ nicht so fester Wurzelballen (Wurzeln nach innen bzw. unten orientiert) ■ schlechtere Standfestigkeit als vergleichbarer Tontopf

Tab. 1 Ton- und Kunststofftöpfe im Vergleich

S. 365), PS oder PS-Regenerat, die zur Aussaat, zum Pikieren, zur Stecklingsvermehrung und zum Transport eingesetzt werden. Ihre Vorteile gegenüber Holzkisten sind:

- einfache Reinigung und Desinfektion,
- geringes Gewicht, sodass die Arbeit erleichtert und entsprechend die Arbeitsproduktivität erhöht werden kann,
- lieferbar in standardisierten Maßen, sodass ein rationeller Einsatz möglich wird,
- Platz sparende Lagerung, da die Kisten ineinander gestapelt werden können,
- lange Haltbarkeit.

Die Kisten sind in unterschiedlichen Größen (z. B. 50 × 32 × 6 cm und 60 × 40 × 6 cm) und Stärken, mit oder ohne Wasserabzugslöcher erhältlich. Passend werden durchsichtige Abdeckhauben angeboten. Sie eignen sich vor allem für den Hobbygärtner bzw. bei der Vermehrung kleiner Stecklingssätze zur Schaffung gespannter Luft (hoher relativer Luftfeuchtigkeit).

Saat- und Pikierkisten aus Styropor (Schaumstoffkisten aus Polystyrol-Schaum) sind extrem leicht, stabil und nach unten gegen den Boden wärmeisoliert (s. Abb. 2, S. 365).

Die **Jungpflanzenanzucht in Töpfen** hat gegenüber der in Kisten den Vorteil, dass jede Pflanze ihren eigenen Wurzelraum hat. Dies ermöglicht die Ausbildung eines festen Wurzelballens. Das Auseinanderreißen der Wurzeln beim Herausnehmen der Pflanzen entfällt, sodass Wurzelverletzungen und -verluste verhindert werden und der übliche Umpflanzschock weitgehend vermieden wird. Aus betriebswirtschaftlicher Sicht nachteilig sind der höhere Platzbedarf und die höhere Arbeitsbelastung (z. B. Befüllung mit Substrat, Austopfen, Transport). Mithilfe so genannter **Systemplatten** lassen sich runde oder quadratische Einzeltöpfe in Topfeinheiten zusammenfassen, sodass die Arbeitsproduktivität erheblich gesteigert werden kann.

Gittertöpfe bestehen aus einem Kunststoffgitter aus PE (s. Abb. 3, S. 365). Sie ermöglichen aufgrund der verbesserten Wurzelatmung eine optimale Wurzelentwicklung. Die Wurzeln wachsen ohne Probleme durch die Gitter hindurch, sodass das arbeitsaufwendige Austopfen beim Umtopfen oder Verpflanzen eingespart werden kann. Probleme ergeben sich jedoch beim späteren Kompostieren, daher dürfen z. B. auf den meisten Friedhöfen Pflanzen mit Gittertöpfen im Wurzelballen nicht verwendet werden.

Erdpresstöpfe dienen vorwiegend zur Massenanzucht von Jungpflanzen im Gemüsebau. Sie werden mithilfe von Erdpressen aus betriebseigenen Erden in unterschiedlichen Größen hergestellt. Die Qualität der Erdtöpfe hängt von der Pressung, der Feuchtigkeit und Zusammensetzung der verwendeten Erde ab. Schwierigkeiten können sich bei der Schaffung eines optimalen Porenvolumens (Luft- und Wasserhaushalt!) und der nötigen Stabilität ergeben (dürfen nicht bröckeln).

Torftöpfe (Jiffy-Pots) haben Wandungen aus Torf. Nach dem Befüllen mit Substrat kann in ihnen gesät, pikiert oder gesteckt werden. Weil die Torftopfwände von den Wurzeln durchwachsen werden können, wird eine optimale Wurzelentwicklung und Ballenbildung gewährleistet. Zur Erhöhung der Arbeitsproduktivität werden quadratische Torftöpfe in zusammenhängenden Einheiten als so genannte **Strips** (Streifen) angeboten. Weitere Vorteile gegenüber Einzeltöpfen mit rundem Querschnitt sind eine größere Standsicherheit, eine bessere Platzausnutzung und ein größerer Wurzelraum (s. Abb. 4, S. 365).

Torfquelltöpfe (Jiffy 7 und Jiffy 9) kommen als Tabletten aus gepresstem Torf, der mit Nährstoffen versehen und aufgekalkt ist, in den Handel. Das auf $\frac{1}{10}$ seines Ursprungsvolumens zusammengepresste Torfsubstrat quillt bei Wasserzugabe (Schlauchbrause, Anstau, Sprühanlage) innerhalb kurzer Zeit auf (s. Abb. 5, S. 365). Zusammengehalten wird es mit einem Kunststoffnetz (Jiffy 7), das von den hindurchwachsenden Wurzeln später gesprengt wird, oder einem organischen Bindemittel (Jiffy 9). Auf gelochte PE-Folien oder dünnem Bewässerungsvlies angeheftete Torftabletten ermöglichen ein schnelles Auslegen der Torfquelltöpfe (bis zu 40 000 Tabletten pro Akh), was vor allem für große Jungpflanzenbetriebe interessant ist. Die Folienbahnen mit den im Verband angeordneten Torftabletten werden aufgerollt geliefert und wie ein Teppich auf der Kulturfläche ausgebreitet (s. Abb. 6, S. 365).

Papiertöpfe (Paperpots) ermöglichen eine relativ preiswerte Jungpflanzenanzucht. Bei den so genannten Paperpots handelt es sich um sechseckige, bodenlose Töpfe aus Papier, die durch wasserlöslichen Leim zusammengehalten werden. Sie sind in verschiedenen Größen, Papierqualitäten und mit unterschiedlicher Topfzahl lieferbar. Zum Befüllen werden die zusammengefalteten Bögen (Platz sparende Lagerung!) wie eine Ziehharmonika auseinander gezogen und aufgespannt (s. Abb. 7, S. 365). Vorteile der Paperpots sind, dass sie eine relativ preiswerte Topfanzucht ermöglichen, ein Austopfen beim Verpflanzen überflüssig machen, die Bildung eines Wurzelballens sowie ein ungestörtes Wurzelwachstum zulassen, nur einen geringen Lagerraum für Topfvorräte erfordern sowie aufgrund ihres Gewichts die Arbeit erleichtern und die Transportkosten beim Jungpflanzenversand verringern.

Ökonomisch wie ökologisch interessant ist die Verwendung von **Recycling-Papiertöpfen** aus Altpapier zur Pflanzenanzucht (s. Abb. 8, S. 365). Mit einer Lebensdauer von vier bis sechs Monaten sind Altpapiertöpfe vor allem zur Anzucht von Gemüse-, Beet- und Balkonpflanzen, Sommerblumen, Callunen und Eriken geeignet. Daneben werden auch Töpfe mit einer Haltbarkeit von bis zu einem Jahr angeboten, die zur Kultur von Stauden und Gehölzen gedacht sind. Bei einigen Fabrikaten sind die Wände mit Stickstoff angereichert, um einen N-Mangel bei der Verrottung des Topfes zu vermeiden. Vor dem Auspflanzen empfiehlt sich ein Eintauchen der Pflanzballen in Wasser und das Einreißen/-drücken der Topfwände.

Die Verwendung von Recycling-Papiertöpfen, die in verschiedenen Größen, Formen und Farben angeboten werden, ermöglicht, große Mengen Altpapiers sinnvoll wieder zu verwenden und in den Naturkreislauf zurückzuführen. Für den Gärtner entfällt die arbeitsaufwendige Reinigung und Sortierung vom Kunden zurückgebrachter Kunststofftöpfe. Voraussetzung für die Verwendung von Altpapiertöpfen ist jedoch, dass das Recyclingpapier nicht mit Schwermetallen oder anderen Schadstoffen belastet ist. Neben Töpfen werden auch Container, Saat- und Pikierkisten und sogar Kübel, Ampeln mit Ketten und Balkonkästen aus Altpapier angeboten.
Anforderungen an biologisch abbaubare Töpfe sind:

- gute Haltbarkeit über die Kulturzeit,
- ein Aus- und Umtopfen ohne Beschädigung des Topfes,
- gute Handhabung (geringer Arbeitsaufwand für Ausstellen, Rücken und Versand),
- Topfmaschineneignung,
- Eignung für alle Bewässerungverfahren,
- glatte, trockene Topfwände ohne sichtbare Verpilzung und Veralgung,
- keine Wasserverdunstung über Topfwand,
- gute Standfestigkeit,
- gute Transportfähigkeit,
- Pflanze sollte mit Topf ausgepflanzt werden können und den Topf rasch durchwurzeln,
- vollständig abbaubar,
- preiswert.

Multitopfplatten (Topfanzuchtplatten) sind Kunststoffplatten (PVC oder PS) mit eingepressten Töpfen. Sie werden in verschiedenen Größen mit unterschiedlicher Einzeltopfzahl und -form angeboten. Anzuchtplatten mit vergrößerten Bodenlöchern haben einen optimalen Wasserabzug und das Herausnehmen der Pflanzen wird erleichtert. Allerdings besteht die Gefahr, dass die Pflanzen durch die Löcher in den Tischbelag bzw. Boden wurzeln. Zur Pflanzenentnahme werden die Topfplatten mit den Bodenlöchern auf eine Noppenplatte (Aushebeplatte) gedrückt. Multitopfplatten vereinigen die positiven Eigenschaften von Pikierkisten und Töpfen (s. Abb. 9, S. 365).

Steigende Energie- und Lohnkosten haben zur Entwicklung von **Multizellplatten**, so genannten **Plug-trays**, geführt. Es handelt sich hierbei um Anzuchtplatten **(Trays)** mit Minitöpfen/Zellen (**Plugs**), die zur Platz und Substrat sparenden Anzucht von Kleinballenpflanzen dienen (s. Abb. 10, S. 365). Bei den so genannten **Zapfencontainer-Platten** laufen die Töpfe spitzkegelig zu (s. Abb. 11, S. 365), sodass sich die Jungpflanzen leicht entnehmen lassen. Zudem wird aufgrund der Topfgestaltung 60 % Substrat eingespart. Beim **Euroformat** von 60 × 40 cm enthält eine Platte je nach Topfgröße zwischen 54 bis 260 Töpfe, beim **Dänenmaß** von 53 × 32 cm zwischen 54 bis 252. Vorteil des Dänenmaßes ist es, dass jeweils vier Platten auf eine CC-Stellage der häufig verwendeten CC-Karren passen. Zapfencontainer werden vor allem für die Anzucht von Gemüsejungpflanzen, Beet- und Balkonpflanzen, Baumschulgehölzen, Dachstauden für dünne Substratschichten (8 bis 10 cm) sowie Eriken, Callunen und Azaleen verwendet.

Je größer die Anzahl der Plugs, d. h. je kleiner die einzelnen Zellen sind, desto empfindlicher reagieren die Pflänzchen auf Feuchtigkeits-, Temperatur-, Nährstoff-, Sauerstoff- oder pH-Schwankungen im Substrat. Zur exakten Steuerung von Temperatur und Feuchtigkeit während der Keimung werden besäte Trays deswegen häufig auf Etagenwagen in spezielle Keimräume eingestellt. Verwendung finden Plug-trays vorwiegend zur Aussaat von Gemüse-, Beet- und Balkonpflanzen sowie zur Stecklingsvermehrung.

Zur **erdlosen Pflanzenanzucht** werden u. a. Würfelverbundplatten aus Phenol- oder Polyurethanhartschaum sowie Grodanblocks aus Steinwollfasern eingesetzt (s. Abb. 12, S. 365). Ihr großes Porenvolumen gewährleistet eine hohe Wasseraufnahme.

Abb. 1 Pikierkiste aus PET

Abb. 2 Styroporkisten

Abb. 3 Gittertöpfe

Abb. 4 Torftöpfe (Jiffy-Strips und Jiffy-Einzeltöpfe)

Abb. 5 Jiffy-7 Torfquelltöpfe

Abb. 6 Torftabletten auf perforierter Folie

Abb. 7 Paperpots

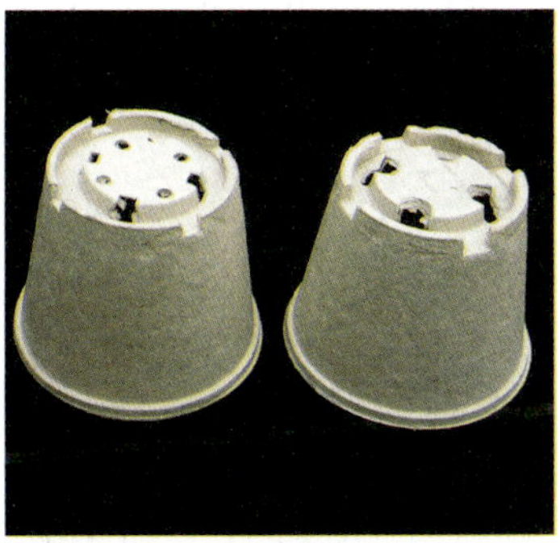

Abb. 8 Töpfe aus Altpapier

Abb. 9 Multitopfplatte

Abb. 10 Multizellplatte (Plug-trays)

Abb. 11 Jungpflanzen in Zapfencontainer-Platte

Abb. 12 Grodanblocks

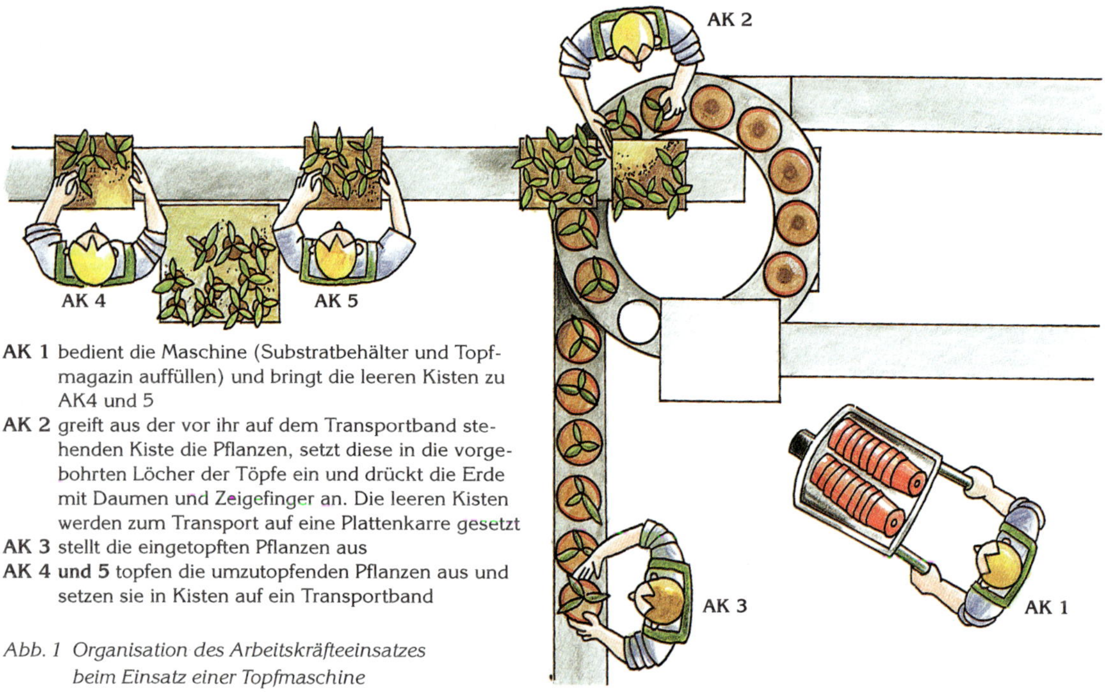

AK 1 bedient die Maschine (Substratbehälter und Topfmagazin auffüllen) und bringt die leeren Kisten zu AK4 und 5

AK 2 greift aus der vor ihr auf dem Transportband stehenden Kiste die Pflanzen, setzt diese in die vorgebohrten Löcher der Töpfe ein und drückt die Erde mit Daumen und Zeigefinger an. Die leeren Kisten werden zum Transport auf eine Plattenkarre gesetzt

AK 3 stellt die eingetopften Pflanzen aus

AK 4 und 5 topfen die umzutopfenden Pflanzen aus und setzen sie in Kisten auf ein Transportband

Abb. 1 Organisation des Arbeitskräfteeinsatzes beim Einsatz einer Topfmaschine

7.2.5 Topfmaschinen

Für das Topfen von Hand liegt die Topfleistung einer Arbeitskraft – inklusive Neben-, Rüst- und Ausstellarbeiten – je nach Arbeitsverfahren, Pflanzenart und Topfgröße in etwa zwischen 80 und 200 Töpfe/Stunde. Zur Erhöhung der Topfleistung beim Ein- und Umtopfen großer Stückzahlen werden in den meisten Betrieben Topfmaschinen eingesetzt.

Zur Bedienung sind ein bis zwei Arbeitskräfte notwendig, wobei mindestens ein bis zwei weitere Personen für den Material- und Pflanzentransport hinzukommen. Bei den Maschinen kann man zwischen zwei Arbeitsweisen unterscheiden:

1. Die zu topfende Pflanze wird von einer Arbeitskraft (AK) oder einem speziellen Pflanzhalter in den noch leeren Topf gehalten. Über Rutschbahnen läuft an der Füllstelle die Erde von zwei Seiten um die nackte Wurzel in den Topf. Während des Befüllens verteilt und verdichtet eine Vibrationsrüttelplatte das Substrat. Überschüssige Erde wird von der AK abgestreift.

2. Der Topf wird zunächst mit Erde gefüllt und verdichtet. Anschließend wird mit einem Bohrer ein Loch gebohrt, das der Größe des Wurzel-/Topfballens entspricht. Die Pflanze wird von einer AK eingesetzt und mit Daumen und Zeigefinger beider Hände angedrückt.

Auf dem Markt werden zahlreiche unterschiedliche Gerätetypen mit Stundenleistungen zwischen 400 und 4000 Töpfen angeboten. Bei der Verwendung von Topfmagazinen entfällt das Topfeinlegen von Hand. Geräte mit Doppelbohrern und Doppeltopfmagazinen ermöglichen eine Verdoppelung der Topfleistung. Mithilfe von Zusatzgeräten können Folienbeutel (z. B. für den Arbeitseinsatz in Baumschulen) und Kisten/Anzuchtplatten verschiedenster Ausführungen befüllt werden.

Das Arbeitstempo hängt vom **Arbeitstakt** der Maschine ab. Er ist veränderbar und kann entsprechend den Arbeitsbedingungen eingestellt werden. So bedeutet ein Arbeitstakt von 0,025 Minuten, dass in jeder Minute 40 Töpfe bzw. in einer Stunde 2400 Töpfe die Maschine verlassen. Will man die **Arbeitsleistung** einer Topfmaschine mit der Leistung beim Topfen von Hand vergleichen, muss die Topfleistung durch die Zahl der eingesetzten Arbeitskräfte (AK) geteilt werden. Beispiel: 2400 Töpfe/h: 4 AK = 600 Töpfe/AKh (Arbeitskraftstunde). Voraussetzungen für einen rationellen Einsatz von Topfmaschinen sind hohe Topfzahlen/Jahr, hohe Lohnkosten, genügend Arbeitskräfte und eine optimale Organisation des Arbeitskräfteeinsatzes (s. Abb. 1, S. 366).

7.2.6 Transporteinrichtungen

Der Transport von Pflanzen, Substraten, Töpfen, Kisten usw. macht einen Großteil der anfallenden Arbeit in einem Gartenbaubetrieb aus. Durch geeignete Transportmittel kann die Arbeit erleichtert und schneller durchgeführt werden, sodass sich Arbeitszeit und Kosten einsparen lassen. In vielen Betrieben haben **computergesteuerte Transportsysteme** Einzug gehalten, die auf den jeweiligen Betrieb und dessen Arbeitsabläufe zugeschnitten sind: In **Rollcontainern** aus Aluminium bis 6 m Länge (Mobiltische) werden die Pflanzen wie von Geisterhand auf **Rollbahnen** zu zentral eingerichteten Arbeitsplätzen transportiert. Das Aufnehmen und Rücken der Pflanzen geschieht ebenfalls automatisch mithilfe von **Absetz- und Rückautomaten** (Robotern). Die Sortierung der Pflanzen nach unterschiedlichen Qualitäten wird mithilfe **digitaler Farbbildverarbeitung** durchgeführt. Dazu werden bei den auf einem **Förderband** an einer Bildaufnahmestation vorbeifahrenden Pflanzen mithilfe hoch auflösender Grauwert- und Farbkameras die Pflanzenhöhen, Blüten-, Knospen- und Blattflächen gemessen und mit den vorgegebenen Werten im Rechner verglichen. In Abhängigkeit von den Messergebnissen werden die Pflanzen durch eine Sortieranlage auf eine bestimmte Stelle des Bandes geschoben und am Ende des Förderbandes entsprechend der Sortierung z. B. für den Verkauf verpackt oder automatisch mittels **Ausstellroboter** auf **Mobiltische** in vorgegebenen Abständen ausgestellt und in Gewächshäuser transportiert, wo sie entsprechend den Kulturbedürfnissen der jeweiligen Sortierung weiterkultiviert werden.

Ein solcher Rationalisierungsgrad ist nur in großen und spezialisierten Gartenbaubetrieben sinnvoll. Abb. 1, S. 368 zeigt eine Auswahl von Transportmitteln, die je nach betriebsspezifischen Gegebenheiten zu einer Erleichterung und Rationalisierung des innerbetrieblichen Transports beitragen können.

7.3 Klimasteuerung

Gewächshäuser bieten dem Gärtner die Möglichkeit zur exakten Klimasteuerung, sodass z. B. auch mitten im Winter grünende und blühende Pflanzen zum Verkauf angeboten werden können, die in unseren Breiten normalerweise nicht gedeihen. Mithilfe moderner Technik können alle Wachstumsfaktoren je nach den Bedürfnissen der Pflanzen gesteuert werden. In vielen Betrieben erfolgen Steuerung und Kontrolle der Wachstumsfaktoren über die im Gewächshaus installierten Regelsysteme bereits mit **Klimacomputern**. Sämtliche Klimasteuerungen werden an einem zentralen Terminal (Ein- und Ausgabeeinheit einer EDV-Anlage) vorgenommen. Über Messfühler werden alle Wachstumsfaktoren ständig vom Computer erfasst und ausgewertet. Entsprechend den gemessenen Werten (Istwerte) erfolgt dann bei Abweichungen von den eingegebenen Werten (Sollwerten) eine automatische Regulierung. Die jeweiligen Messdaten inner- und außerhalb des Gewächshauses (z. B. Außentemperatur, Windgeschwindigkeit) können jederzeit am Bildschirm in grafisch übersichtlicher Form dargestellt, mit den früheren Werten verglichen, gespeichert und mithilfe eines Druckers ausgedruckt werden. Treten Störungen auf, wird bei Gefahr Alarm ausgelöst.

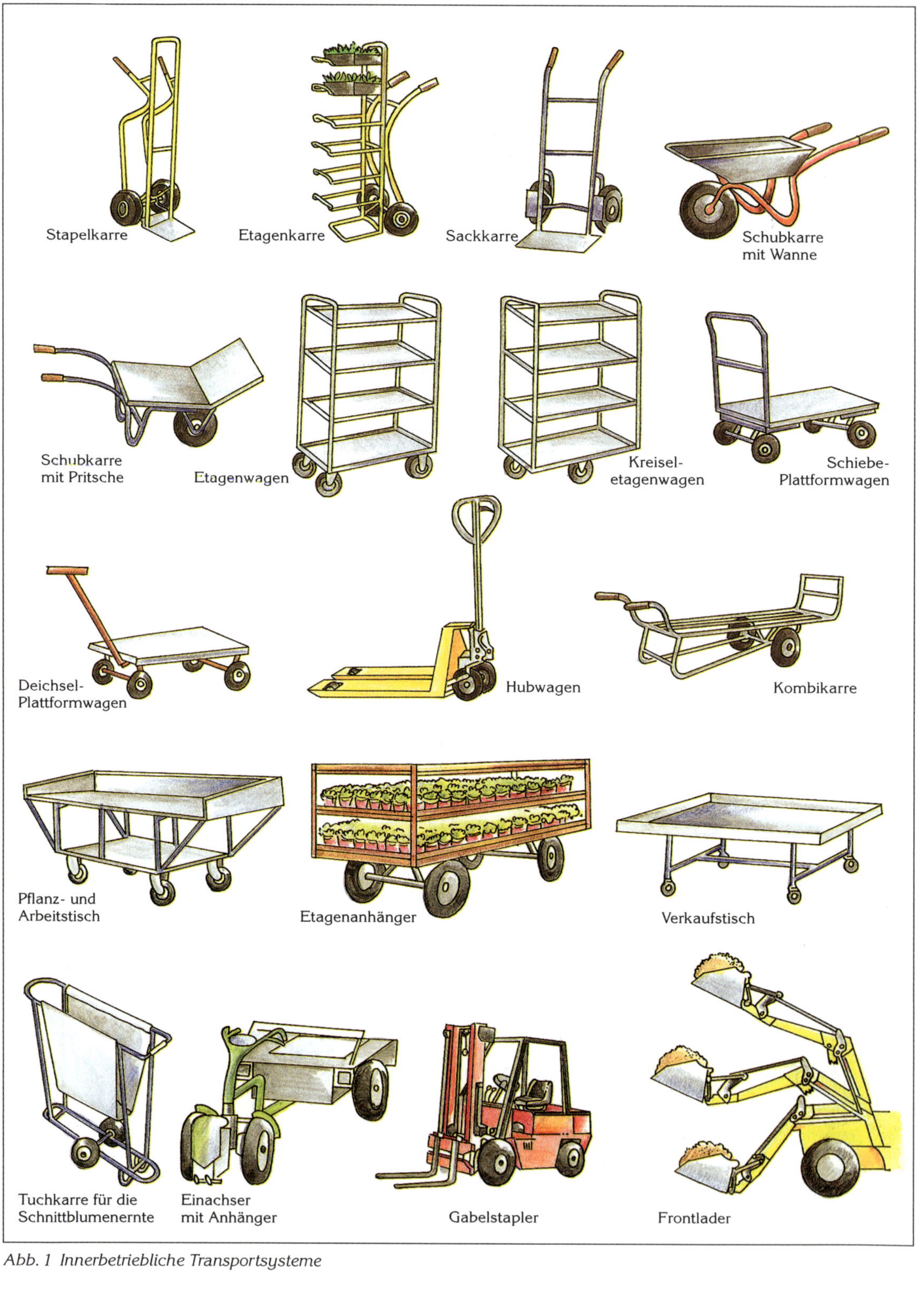

Abb. 1 Innerbetriebliche Transportsysteme

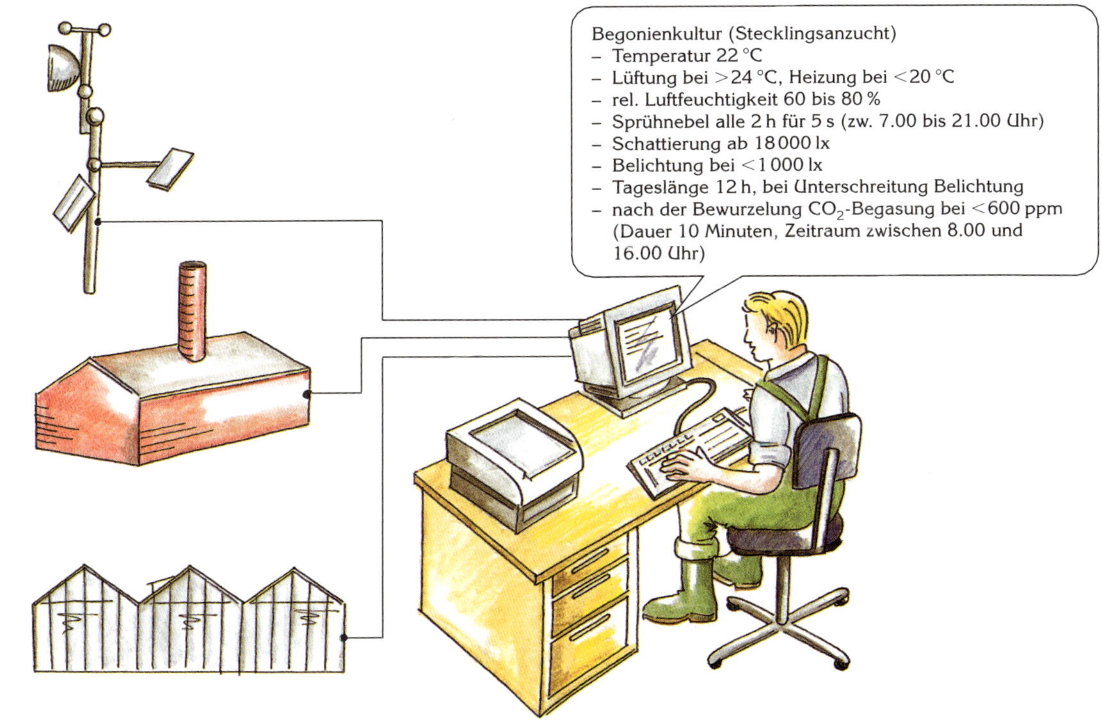

Abb. 1 Die Eingabe der richtigen Sollwerte erfordert hohes gärtnerisches Können

7.3.1 Lüftung

Aufgaben

Zur Lüftung der Gewächshäuser sind in den Dachflächen, Stehwänden oder Giebeln Lüftungsklappen als **Einzelklappenlüftung** oder in Form von **Lüftungsbändern** (über die gesamte Gewächshauslänge durchgehende Lüftungsklappen) eingebaut, die je nach den Erfordernissen geöffnet oder geschlossen werden können. Ohne eine Lüftung würden im Sommer wegen des Treibhauseffektes (s. S. 293) die Temperaturen unter Glas sehr rasch auf 60 bis 70 °C ansteigen. Deswegen dient die Lüftung vor allem zur Abführung überschüssiger Wärme. Daneben hat sie die Aufgabe der Lufterneuerung mit dem Ziel, eine ausreichende Zufuhr von Kohlendioxid (Photosynthese!) und Sauerstoff zu gewährleisten, die Luftfeuchtigkeit zu regulieren und Verunreinigungen in der Gewächshausluft zu beseitigen.

Kenngrößen für die Lüftungswirkung

Kenngrößen für die Größe des Luftaustausches und damit für die Lüftungswirkung sind die Luftaustauschzahl und die Luftwechselzahl. Die **Luftaustauschzahl** gibt das Luftvolumen an, das, bezogen auf die Gewächshausgrundfläche pro m² und Stunde, ausgetauscht wird:

$$\text{Luftaustauschzahl } (V_A) = \frac{\text{Luftvolumen } (m^3/h)}{\text{Gewächshausgrundfläche } (m^2)} = \frac{(m^3)}{(m^2h)}$$

Die **Luftwechselzahl** gibt an, wievielmal innerhalb einer Stunde das Luftvolumen des jeweiligen Gewächshauses mithilfe der Lüftung ausgetauscht werden kann:

$$\text{Luftwechselzahl } (Z) = \frac{\text{Luftvolumen } (m^3/h)}{\text{Gewächshausvolumen } (m^3)} = \frac{(1)}{(h)}$$

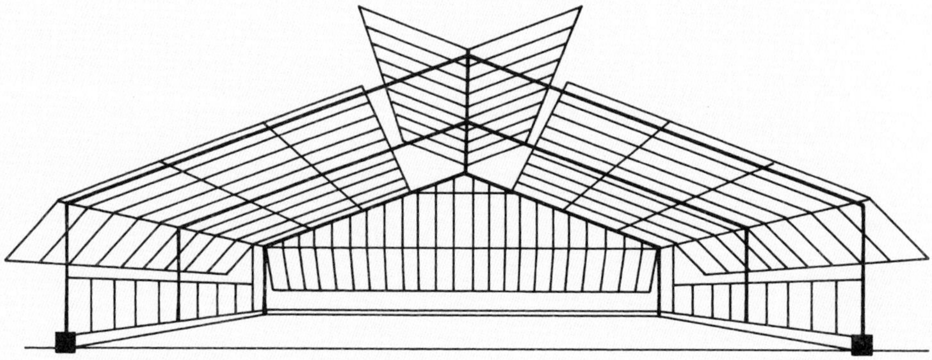

Klappflügellüftung als Stehwand-, First- und Giebellüftung

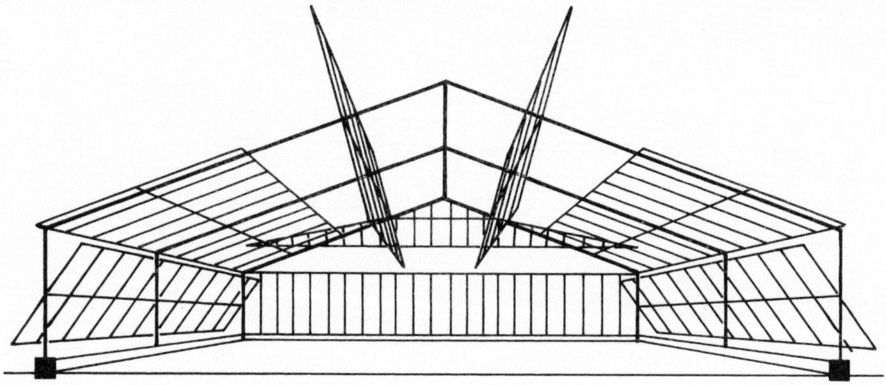

Schwingflügel-/Wendeklappenlüftung als Stehwand-, First- und Giebellüftung

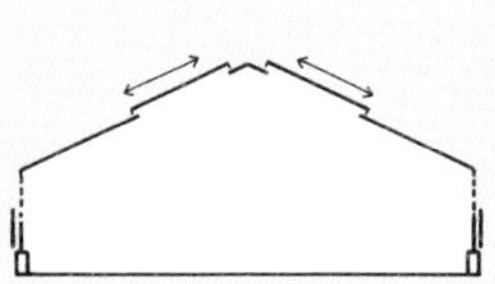

Schiebeflügellüftung als Stehwand- und Firstlüftung

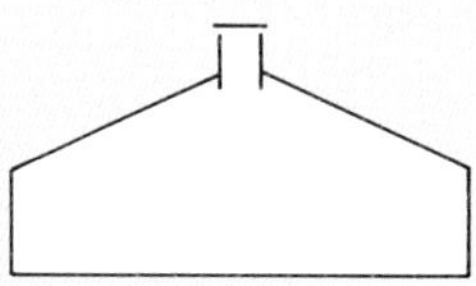

Schornstein-/ Kaminlüftung

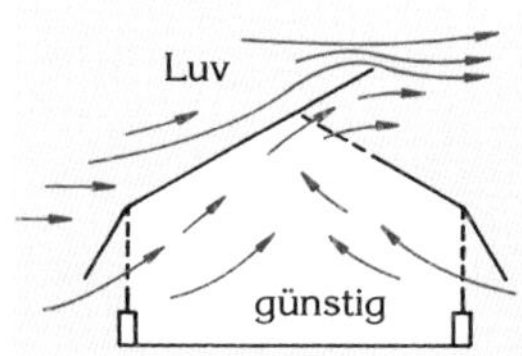

In der Nähe der Lüftungsöffnung strömt die Außenluft mit erhöhter Geschwindigkeit vorbei, der dadurch erzeugte Unterdruck saugt die Luft aus dem Gewächshaus

Stehwand- und Firstlüftung (hohe Windgeschwindigkeit)

Abb. 1 Lüftungsbauweisen und -arten

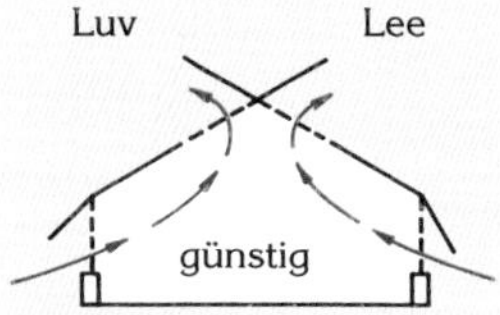

(niedrige Windgeschwindigkeit)

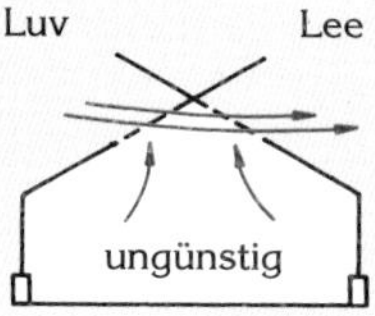

(hohe Windgeschwindigkeit)

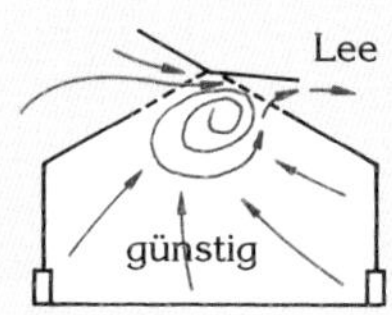

Durchwirbelung der Gewächshausluft

Bei höheren Windgeschwindigkeiten (>3 m/s) Leeseite möglichst wenig öffnen

nur Firstlüftung

(hohe Windgeschwindigkeit)

Abb. 2 Die Stellung der Lüftungsflügel beeinflusst die Wirkung der Lüftung

Eine gute Lüftung weist eine Luftwechselzahl von >50 auf. Auch bei geschlossener Lüftung findet ein gewisser Luftwechsel statt (Z = 0,2 bis 2). Dieser unkontrollierte Luftaustausch sollte aus Gründen der Energieeinsparung (erhöhte Wärmeverluste) möglichst gering gehalten werden. Nachteilig wirkt sich die mit zunehmender Abdichtung einhergehende Gefahr eines CO_2-Mangels und einer zu hohen Luftfeuchtigkeit (Pilzinfektionen!) aus.

Freie Lüftung

Nach der Wirkungsweise unterscheidet man zwischen der freien Lüftung und der Zwangslüftung. Die freie Lüftung ist die Regel im Gewächshausbau. Bei ihr erfolgt ein selbständiger („freiwilliger") Luftaustausch über die Lüftungsklappen, die je nach Konstruktion unterschiedlich zu öffnen sind (s. Abb. 1, S. 370). Die notwendige Luftströmung entsteht durch Temperaturunterschiede (erwärmte Luft steigt auf!), s. S. 282. Je höher die Temperaturunterschiede zwischen innen und außen und je größer die Windbewegungen sind, desto wirksamer ist die freie Lüftung. Alle Baumaßnahmen, die die natürliche Luftströmung unterstützen, fördern die Lüftungswirkung. Sie ist umso besser, je größer die Lüftungsöffnungen sind, je ungehinderter die aufwärts gerichtete Luft durch das Gewächshaus strömen kann und je größer der Höhenunterschied zwischen Abluft- und Zuluftöffnung (Förderung der natürlichen Thermik!) ist.
Musste der Gärtner früher mittels Handwinden lüften und ablüften, erfolgt dies heute überwiegend mit elektrisch angetriebenen Motorwinden. Die Kraftübertragung auf die Lüftungsflügel geschieht vornehmlich mithilfe von Zahnstangen **(Zahnstangenlüftung)**.

Nach dem Ort ihres Einbaus unterscheidet man zwischen First-, Dach-, Stehwand-, Giebel- und Schornstein-/Kaminlüftung (s. Abb. 1, S. 370). Am verbreitetsten und wirksamsten ist eine **Kombination von First- und Stehwandlüftung**, mit der bei richtiger Stellung der Lüftungsflügel eine günstige Luftströmung zu erreichen ist. Da sich der größte Wärmestau an der höchsten Stelle des Gewächshauses bildet, kann mithilfe der Firstlüftung die Wärme am schnellsten abgeführt werden. Um eine gute, d. h. möglichst ungehemmte Luftströmung und damit eine hohe Luftwechselzahl zu erreichen, sollte sie so weit wie möglich, mindestens 15° über die Waagerechte, zu öffnen sein. Da frische, kühlere Luft vor allem aus dem bodennahen Bereich nachströmt, ist eine Stehwandlüftung besonders wirksam zur Einleitung kühler Luft in das Gewächshaus (s. Abb. 2, S. 370). Bei der Anbringung der Lüftung bzw. beim Lüften ist darauf zu achten, dass kein direkter Kaltlufteinfall in den Pflanzenbestand erfolgt und die Pflanzen keiner Zugluft ausgesetzt werden. Großraumhäuser (Breiten ab 18 m) sind häufig mit zusätzlich eingebauten **Dachlüftungen** zur Unterstützung der Firstlüftung ausgestattet. **Giebellüftungen** findet man vorwiegend bei Folien-/Kunststoffhäusern. Als alleinige Lüftung sind sie für Gewächshäuser bis 30 m Länge allgemein ausreichend. Die früher häufiger anzutreffende **Schornstein-/Kaminlüftung** wird heute wegen ihrer unzureichenden Lüftungswirkung (begrenzte Lüftungsfläche, gehemmter Warmluftabfluss), ihrer Windanfälligkeit und ihres Schattenwurfes im Erwerbsgartenbau nicht mehr eingesetzt.

Zwangslüftung

Bei der Zwangslüftung erfolgt der Luftaustausch zwangsweise mithilfe von **Ventilatoren**, die in Giebel- oder Stehwänden eingebaut sind und die Außenluft durch das Gewächshaus saugen (Sauglüftung) oder drücken (Drucklüftung). Im Sommer kann ein zusätzlicher Kühleffekt dadurch erreicht werden, dass die angesaugte Luft beim Eintritt in das Gewächshaus durch mit Wasser berieselte Vliesmatten, so genannte **Kühlmatten**, geleitet wird. Da durch die hindurchströmende Außenluft mit relativ niedriger Luftfeuchte die Wasserverdunstung erhöht wird, kommt es zu einer Abkühlung der einströmenden Luft. Zudem wird die Luft angefeuchtet, gereinigt und der Einflug von Schadinsekten (z. B. Blattläuse) verhindert. Für die Lüftungsklappen der freien Lüftung gibt es passende Insektenschutznetze. Die Anhebung der relativen Luftfeuchtigkeit beim Einsatz von Kühlmatten führt ferner dazu, dass die Spaltöffnungen der Pflanzen auch bei höheren Temperaturen geöffnet bleiben (s. Abb. 2, S. 54), sodass die Photosynthese auch dann ungehemmt abläuft. Nachteilig bei der Zwangsbelüftung sind der hohe Energieaufwand und die Lärmbelästigung.

Lüftungsautomatik

Wird die Lüftung von Hand gestartet und erfolgt die Endabschaltung automatisch, dann handelt es sich um eine **halbautomatische** Lüftung. In der Regel erfolgt die Lüftung heute in Abhängigkeit vom Klima durchweg **automatisch** („vollautomatisch") mithilfe von Regelgeräten. Elektronische **Temperaturfühler** (Sensoren/Thermostaten) sorgen für eine **temperaturabhängige Lüftungsregelung**. Die im Gewächshaus herrschende Temperatur (Istwert) wird von einem Fühler gemessen und an ein Regelgerät weitergegeben. Dieses vergleicht den Istwert mit dem Sollwert (eingestellter, gewünschter Wert). Unterschiedliche Eingaben für Tag und Nacht sind möglich. Je nach Ergebnis und unter Berücksichtigung zulässiger Temperaturabweichungen geht an die Lüftungsmotoren der Befehl zum stufenweisen/sofortigen Öffnen bzw. Schließen der Lüftung. Für das schrittweise Lüften/Ablüften bestehen Einstellmöglichkeiten für Lüftungspausen (z. B. 1 bis 99 s) und Lüftungstakte (z. B. 1 bis 9 s). Eine **automatische Sollwertverschiebung** in Abhängigkeit von den Licht- und Luftfeuchtigkeitsverhältnissen ermöglicht ein wirtschaftliches Lüften. **Regenfühler, Windgeschwindigkeits- und Windrichtungsmesser** (s. Abb. 3, S. 283) gehören ebenfalls zur Lüftungsautomatik. Auch sie melden laufend ihre gemessenen Werte an die Steuerzentrale. Bei aufkommendem Wind meldet der Windsensor ab einem bestimmten Grenzwert an den Lüftungsregler Sturm, sodass die Lüftung geschlossen wird. Droht also z. B. sommerliches Hitzewetter in Sturm und Gewitter umzuschlagen, wird automatisch abgelüftet und die Schattierung geöffnet. Bricht hingegen an einem Wolkentag plötzlich die Sonne hervor, funktioniert die Klimasteuerung umgekehrt. Ein getrennter **Luv- und Lee-Betrieb** (Luv: die dem Wind zugekehrte Seite; Gegensatz: Lee) der Lüftung sorgt dafür, dass die windzugewandte Seite geschlossen und die windabgewandte Seite geöffnet werden kann, sodass es bei länger anhaltenden höheren Windgeschwindigkeiten und starker Sonneneinstrahlung nicht zu Hitzeschäden an den Pflanzen kommt.

7.3.2 Schattierung und Energieschirme

Schattierung

Jede Pflanze hat einen optimalen Licht- und Wärmebedarf. Wird dieser überschritten, kommt es zu Pflanzenschäden infolge zu hoher Strahlungsintensität (Licht-/Wärmeschäden). Durch eine Schattierung der Gewächshäuser kann über die **Verringerung der Sonneneinstrahlung** die Lichtintensität reduziert und damit die Luft-, vor allem aber die **Pflanzentemperatur** (Blatttemperatur), abgesenkt werden. Letztere liegt üblicherweise über der Lufttemperatur – bei starker Sonneneinstrahlung bis zu 15 °C!

Wurden früher zur Reduzierung der Sonneneinstrahlung außen auf den Gewächshausdächern angebrachte Strohmatten abgerollt oder Schattierungsfarbe auf die Gewächshäuser gespritzt,

Abb. 1 Innenschattierung (Längszug)

bedient man sich heute vorwiegend beweglicher, durch Elektromotoren angetriebener, automatisch steuerbarer Schattierungsvorrichtungen. Die Steuerung erfolgt in Abhängigkeit von der Strahlungsintensität (Beleuchtungsstärke) mithilfe einer Fotozelle. Beim Über-/Unterschreiten des eingestellten Wertes wird ein Impuls an das Steuergerät gegeben, der ein Schließen/Öffnen der Schattierung bewirkt. Eine eingebaute Verzögerungsautomatik sorgt dafür, dass der Impuls erst mit einer fünf- bis zehnminütigen Verzögerung weitergegeben wird, sodass bei wechselhaftem Wetter nicht auf jede vorbeiziehende Wolke mit einem Öffnen und Schließen der Anlage reagiert wird.

Nach dem Ort ihrer Anbringung unterscheidet man zwischen Außen- und Innenschattierung. Der wesentliche Vorteil einer **Außenschattierung** ist, dass sie im Gegensatz zur Innenschattierung die Wärme erst gar nicht in das Gewächshaus hineinlässt. Trotzdem hat sich die **Innenschattierung** (s. Abb. 1) im Gewächshaus durchgesetzt, zumal auch mit ihr bei entsprechender Konstruktion und Kombination mit der Lüftung ein guter Klimaeffekt erreicht wird (s. Tab. 1, S. 373). So kann, wenn der Abstand zwischen der Dachverglasung und der Innenschattierung groß genug bemessen ist, die Wärme aufgefangen und über die Dach-/Firstlüftung abgeführt werden. Die aus geknüpften Kunststofffasern (Acryl) bestehenden Gewebebahnen sind fäulnisfest und UV-stabilisiert.

Schattierung

Dauerschattierung (Schattierungsfarbe)

Vorteile
- einfaches und preiswertes Verfahren
- Luftaustausch wird nicht behindert
- Im Winter (abgewaschen!) keine Lichtminderung

Nachteile
- keine Anpassung an veränderte Einstrahlungsverhältnisse (!)
- arbeitsaufwändig
- Abwaschung durch Regen
- nicht zur Wärmedämmung einsetzbar
- Verschmutzung des Regenwassers (Bedeutung z. B. bei der Nutzung als Gießwasser)

bewegliche Schattierung

Vorteil
- Anpassung an veränderte Lichtverhältnisse (!)

Außenschattierung

Vorteile
- Sonnenstrahlung gelangt erst gar nicht in das Gewächshaus

Nachteile
- störanfällig durch Witterungseinflüsse (z. B. Gefahr des Einfrierens)
- relativ teuer durch aufwändige Konstruktion
- geringe Wärmedämmung im Winter

Innenschattierung

Vorteile
- geringere Störanfälligkeit
- längere Lebensdauer
- gute Wärmedämmung
- preiswerter als Außenschattierung

Nachteile
- Lichtstrahlung gelangt in das Gewächshaus
- gewisse Beeinträchtigung des Luftaustausches durch Störung der Luftzirkulation

Tab. 1 Unterschiedliche Schattierungsverfahren

Je nach Farbe und Gewebeschicht lassen sich Schattierungseffekte zwischen 30 und 95 % erreichen. Weitere zur Schattierung verwendete Materialien sind Polyester, Polyethylen, Polyamid und Aluminium sowie Kombinationen aus diesen Materialien, z. B. Gewebe aus Acryl mit eingewebten Aluminiumbändchen, die eine hohe Lichtreflexion bewirken (s. Abb. 1). Die Anbringung der Schattierung erfolgt in Traufenhöhe oder parallel zum Dach mit Zug in Längs- oder Querrichtung. Dabei ist darauf zu achten, dass im geschlossenen Zustand der Luftaustausch und im geöffneten Zustand der Lichteinfall so wenig wie möglich behindert wird.

Die Innenschattierungen sind häufig so konstruiert, dass sie neben der Schattierung auch zur Energieeinsparung – vor allem im Winter – dienen können. Nachts, wenn der Energieverbrauch am größten ist, werden sie geschlossen gehalten, sodass die Wärmeabstrahlung an die Dacheindeckung bzw. in den Dachraum hinein verringert wird. Neben der Einsparung von Heizenergie (bis zu 25 %) wird durch die Nutzung der Innenschattierung als

Abb. 1 Drei verschiedene Schattierungsgewebe aus Acryl (unten mit eingewebten Aluminiumbändchen)

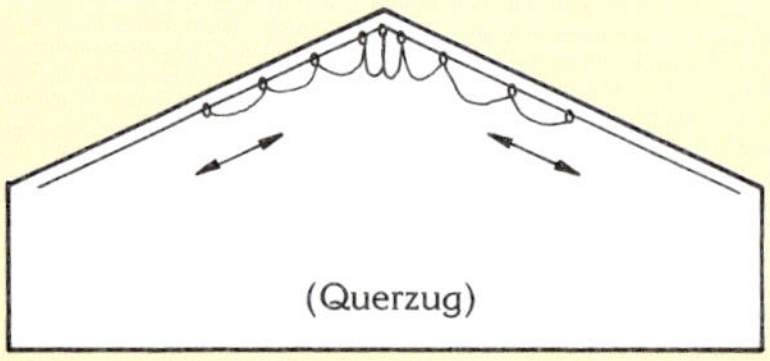

Vorteil
- gute Abpufferung von Temperaturschwankungen

Nachteile
- schlechte Abführung der eingestrahlten Wärme
- starke Behinderung des Luftaustausches
- zur Wärmedämmung wenig geeignet
- aufwändige Konstruktion und Handhabung

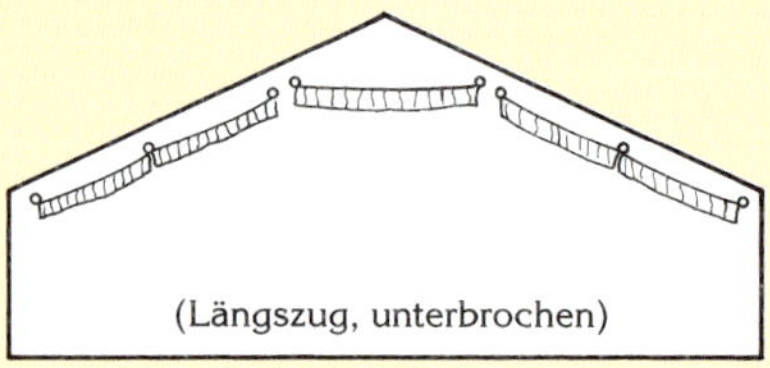

Vorteil ■ gute Luftzirkulation
Nachteil ■ schlechte Wärmedämmung

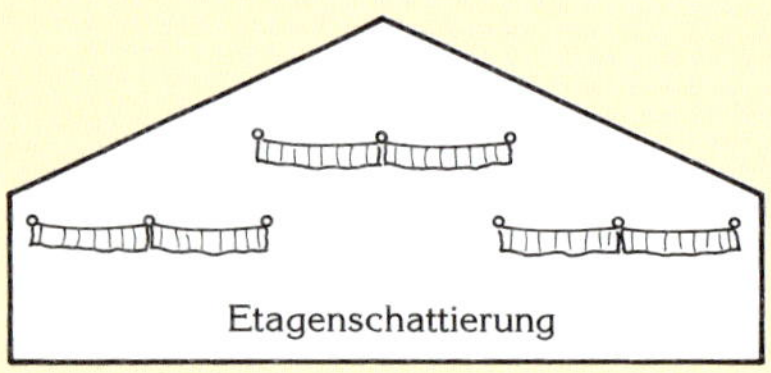

Vorteil ■ gute Luftzirkulation
Nachteil ■ schlechte Wärmedämmung

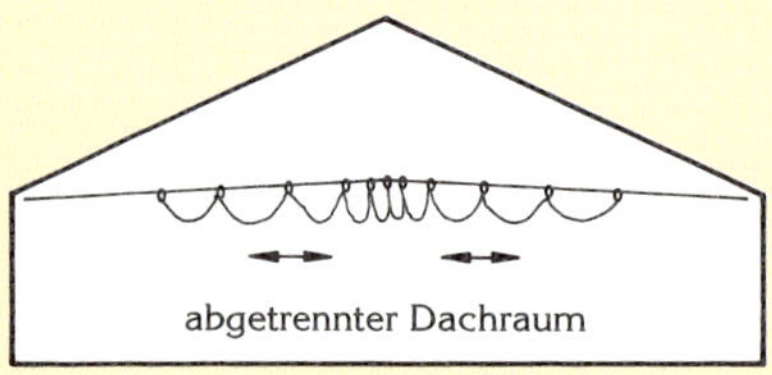

Vorteile
- gute Wärmedämmung
- gute Abführung eingestrahlter Sonnenwärme
- einfache Konstruktion und Handhabung

Nachteile
- Verringerung des Luftvolumens
- Behinderung der Luftzirkulation

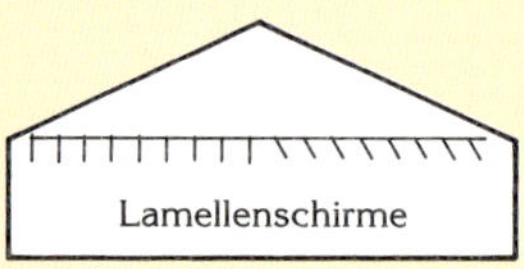

Vorteile
- Anpassung an Sonneneinstrahlung
- gute Luftzirkulation und Wärmedämmung

Nachteil
- relativ teuer

Abb. 1 Innenschattierung

Energieschirm auch der Gefahr einer Unterkühlung der Pflanzen (Pflanzentemperatur < Lufttemperatur) durch eine zu starke Wärmeabstrahlung während klarer Winternächte entgegengewirkt. Je nach Anbringung der Innenschattierung ergeben sich Vor- und Nachteile hinsichtlich der Klimatisierung des Gewächshauses (s. Abb. 1).

Energieschirme

Mithilfe von Energieschirmen, die allgemein in Traufenhöhe angebracht werden, lassen sich bei zusätzlicher Isolierung von Steh- und Giebelwänden bis zu 60 % der Heizenergie einsparen. Im Gegensatz zu Schattierungen wird mit ihnen der Luftaustausch weitgehend verhindert. Angeboten werden Energieschirme aus verschiedenen Materialien, wobei reflektierende Materialien die Wirkung erhöhen. Lamellenschirme mit dreh- oder klappbaren Aluminiumlamellen ermöglichen je nach Stellung der Lamellen einen Luftdurchtritt, sodass sie auch gut zur Schattierung eingesetzt werden können (s. Abb. 1).
Da im Laufe der Nacht eine Abkühlung im Dachraum stattfindet, sollte die Öffnung der Schattierung bzw. des Energieschirms am Morgen in Schritten bzw. erst nach einer gewissen Erwärmung des oberen Luftraums erfolgen. Anderenfalls kann sich infolge von plötzlicher Abkühlung Kondenswasser an den Pflanzen bilden (Gefahr von Pilzinfektionen!).

7.3.3 Heizungsanlagen

Der Treibhauseffekt (s. S. 293) führt zur Erwärmung der Gewächshäuser. Reicht die natürliche Sonneneinstrahlung nicht aus, um die gewünschte Innentemperatur zu halten, muss Wärme zugeführt werden. Dies geschieht mithilfe einer Heizungsanlage, die im Wesentlichen aus der Wärmeerzeugungsanlage und den zur Wärmeabgabe bestimmten Teilen, dem Heizsystem, besteht.
Die Hauptbestandteile einer Wärmeerzeugungsanlage sind der Heizkessel und der Brenner.

Heizkessel

Im Heizkessel, der allgemein aus Stahl oder Gusseisen besteht, erfolgt die Verbrennung der Brennstoffe. Kennzeichen von Stahl- und Gusskesseln sind:

Stahlkessel	Gusskessel
■ aus einem Stück geschweißt ■ relativ leicht und preiswert ■ korrosionsanfällig ■ schweißbar ■ hohe Wärmeübertragung je Flächeneinheit → geringe Baugröße	■ aus einzelnen Gliedern aufgebaut (Gliederkessel) ■ relativ schwer und teuer ■ Montage vor Ort möglich ■ wenig korrosionsanfällig ■ einfache Reparatur ■ stoß- und schlagempfindlich ■ vorwiegend für kleine und mittlere Leistungen ■ kann entsprechend dem Leistungsbedarf in der Größe variiert werden

Eine Unterscheidung der Wärmeerzeugungsanlagen kann nach vielen Kriterien erfolgen, z. B. nach der Art des Brennstoffes (z. B. Öl-, Gas- oder Kohleheizung), der Rauchgasführung (Zwei- oder Dreizugkessel) und der Art des Wärmeträgers (z. B. Warmwasser- oder Luftheizung).

Brennstoffe

Als Brennstoffe zur Erzeugung von Wärme dienen vor allem Heizöl, Erdgas und Kohle (s. Abb. 1):

■ **Heizöl** wird bei der Destillation von Erdöl gewonnen. Im Gartenbau wie auch in den Haushalten wird vorwiegend Heizöl der Sorte EL (extra leichtflüssig) verwendet. Heizöl der Sorte S (schwerflüssig) ist nur für Feuerungsanlagen über 5 MW (Megawatt) zugelassen. Damit es fließen kann, muss es vorgewärmt werden. Der maximal zulässige Schwefelgehalt beträgt 0,2 (EL) bzw. 1,0 Gew.-% (S). Weitere Kenndaten sind der Pour Point und der Flammpunkt. Der **Pour Point** (engl. Fließpunkt) ist ein Maß für das Kälteverhalten von Erdöl. Er gibt die Temperatur an, bei der es gerade noch fließt. Bei Heizöl EL ist dies bei −6 °C der Fall. Der **Flammpunkt** (FP) gibt die niedrigste Temperatur brennbarer Flüssigkeiten an, bei der sich so viel Dämpfe entwickeln, dass sich ein durch Fremdentzündung entflammbares Dampf-Luft-Gemisch bildet. Nach dem Flammpunkt werden brennbare Flüssigkeiten in Gefahrenklassen eingeteilt: Gefahrenklassen I (FP <21 °C, z. B. Benzin), II (FP 21 bis 55 °C) und III (FP 55 bis 100 °C, z. B. Heizöl), s. Abb. 1, S. 376.

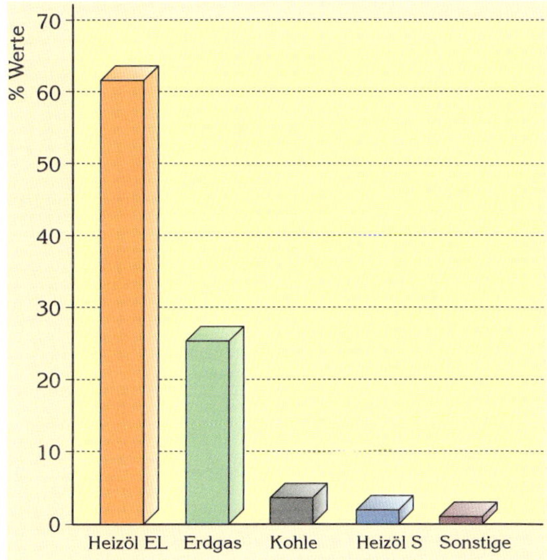

Abb. 1 Energieträger im Gartenbau

■ **Erdgas** ist eine Sammelbezeichnung für in der Erdkruste vorkommende Naturgase. Diese werden u. a. in die Gruppen L (Erdgas) und H (Erdölgas = Erdgas, das bei der Erdölförderung frei wird) unterteilt. Erdgas besteht hauptsächlich aus dem farblosen, bläulich brennenden Methan (CH_4). Je höher der Gehalt an diesem Kohlenwasserstoff, desto höher ist sein Brennwert. Erdgas ist ein relativ umweltfreundlicher Brennstoff. Im Gegensatz zu den anderen fossilen Brennstoffen ist sein Schwefelgehalt so gering, dass bei der Verbrennung so gut wie keine Schwefelverbindungen freigesetzt werden. Der Ausstoß von Stickoxiden (NO_x) und Staub sowie der Gehalt an anderen schadstoffbildenden Stoffen, wie z. B. Fluor und Chlor, ist ebenfalls äußerst gering. Beim **Propangas** handelt es sich um ein verflüssigtes, unter Druck stehendes Gas (Flüssiggas), das bei der Verarbeitung von Erdgas und Erdöl gewonnen wird. Im Gegensatz zum Erdgas, das über unterirdische Ferngasleitungen (Pipelines) in den Betrieb gelangt, wird es in Druckflaschen bzw. in mit speziellen Sicherheitsvorrichtungen ausgestatteten Tanklastzügen geliefert. Lagerung und Verwendung sind mit hohen Sicherheitsauflagen verbunden (Explosionsgefahr!).

■ **Kohle** ist ein kohlenstoffreicher fester Brennstoff, der durch die Verkohlung organischer Substanz entstanden ist. Dabei unterscheidet man zwischen Braun- und Steinkohle. Im Gartenbau hat nur die Steinkohle als Energieträger eine Be-

o brandfördernd

F leicht entzündlich
F+ hochentzündlich

E explosionsgefährlich

Radioaktiv

Abb. 1 Gefahrensymbole und -bezeichnungen nach der Gefahrstoffverordnung

deutung, die in verschiedenen Arten, wie Anthrazit und Gasflammkohle, unterteilt wird. **Koks** entsteht überwiegend durch die Verkokung (starkes Erhitzen auf Temperaturen um 1000 °C unter Luftabschluss) von Steinkohle.

Neben diesen fossilen, nicht erneuerbaren (nicht regenerierbaren) Energiequellen werden im geringen Umfang auch regenerative (sich erneuernde) Energiequellen – z. B. Wind- und Wasserkraft, Sonnenenergie, Biogas, Erd- und Abwärme sowie nachwachsende Rohstoffe wie Stroh und Holz – eingesetzt (s. Abb. 1, S. 375).

Brenn- und Heizwert

Entscheidend für die Auswahl der Energiequelle ist neben dem Preis pro Energieeinheit vor allem die Verfügbarkeit sowie der mit einer Nutzung verbundene technische Aufwand und die Umweltbelastung/Umweltauflagen. Vergleichsmaß für die Güte eines Brennstoffes sind sein Brenn-/Heizwert (s. Abb. 1, S. 377). Der **Brennwert** (früher: oberer Heizwert/Verbrennungswärme) ist ein Maß für die bei der Verbrennung von 1 kg eines flüssigen (z. B. Erdöl) oder festen (z. B. Kohle) bzw. 1 m^3 eines gasförmigen Brennstoffes (z. B. Erdgas) frei werdende Wärmemenge:

$$\text{Brennwert } (H_O) = \frac{\text{Wärmeenergie (kJ)}}{\text{Masse (kg) oder Volumen } (m^3)}$$

Da Brennstoffe auch Wasser enthalten bzw. bei der Verbrennung Wasserdampf entsteht (s. Verbrennung), wird ein Teil der frei werdenden Energie zur Verdampfung des Wassers verbraucht (s. Abb. 1, S. 284). Dadurch wird die Wärmeabgabe verringert, sodass die für die Verdampfung des Wassers notwendige Wärmemenge vom Brennwert abgezogen werden muss, um den nutzbaren Teil des Brennwertes, den **Heizwert** (früher: unterer Heizwert), zu bekommen:

$$\text{Heizwert } H_u = \text{Brennwert} - \text{Verdampfungsenergie}$$

Wirkungsgrad

Wie weit der Heizwert eines Brennstoffes tatsächlich genutzt werden kann, hängt u. a. vom Wirkungsgrad (η = Eta) der Feuerungsanlage ab (**feuerungstechnischer Wirkungsgrad** → Schornsteinfegermessung). Er ist auf den Brenner bezogen und gibt an, wie viel der im Brennstoff enthaltenen Energie (bezogen auf den Heizwert!) an den Kessel abgegeben wird. Bestimmt wird er durch den CO_2-Gehalt im Abgas als Maß für den Luftüberschuss und die Abgastemperatur (s. Verbrennung). Unvollständige Verbrennung und Wärmeverluste mit den Abgasen führen dazu, dass die an den Kessel abgegebene Wärmemenge immer kleiner ist als die zugeführte Wärmemenge. Deswegen ist der feuerungstechnische Wirkungsgrad stets kleiner als 1 bzw. 100 % (üblich > 90 %). Hinzu kommen noch Wärmeverluste des Kessels durch Wärmeabstrahlung. Die Höhe dieser Verluste hängt vor allem von der Kesseloberfläche und -isolierung ab. Bei guter Isolierung moderner Kessel liegen sie bei unter 0,2 % der Kesselnennleistung, sodass der **Kesselwirkungsgrad** etwas niedriger als der feuerungstechnische Wirkungsgrad ist. Der Kesselwirkungsgrad ergibt sich aus dem Verhältnis der vom Kessel an das Heizungswasser abgegebenen Wärmemenge zu der mit dem Brennstoff zugeführten Wärmemenge unter Berücksichtigung der Wärmeverluste (Abgaswärmeverluste, Verluste durch unvollständige Verbrennung, Wärmeabstrahlung des Kessels). Berücksichtigt man, dass von 8 760 Stunden im Jahr der Brenner in der Regel nur 500 bis 1500 Stunden in Betrieb ist, der Kessel aber in Bereitschaft, d. h. auf Temperatur gehalten wird, wird deutlich, wie wichtig eine gute Kesselisolierung ist. Der **Jahreswirkungsgrad** (Gesamtwirkungsgrad) eines Kessels gibt Aufschluss über die tatsächliche Nutzung des Brennstoffs unter zusätzlicher Berücksichtigung der Stillstands- oder Bereitschaftsverluste. Er liegt heute allgemein bei 85 bis 90 %.

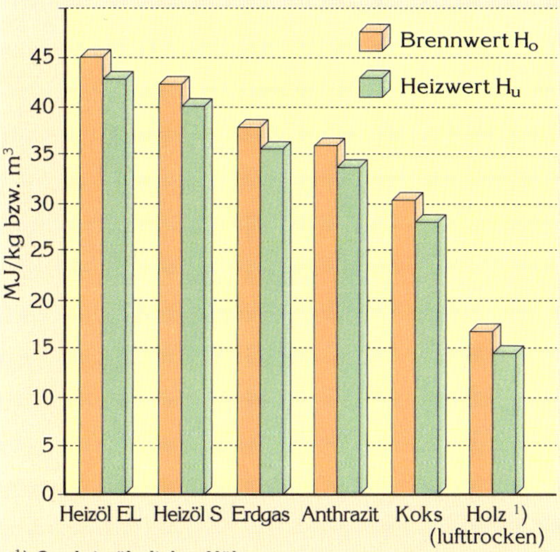

[1] Stroh in ähnlicher Höhe

Umrechnungswerte

1 kJ (Kilojoule) = 1 000 J
1 MJ (Megajoule) = 1 000 kJ
1 J (Joule) = 1 Ws (Wattsekunde)
3600 J = 1 Wh (Wattstunde)
3600 kJ = 3,6 MJ = 1 kWh (Kilowattstunde)

Abb. 1 Brenn- und Heizwerte (Durchschnittswerte)

Verbrennung

Eine Verbrennung ist nichts anderes als eine besonders schnell ablaufende Oxidation, d. h. Reaktion chemischer Elemente oder Verbindungen mit Sauerstoff, bei der eine rasche Freisetzung der im Brennstoff chemisch gebundenen Energie in Form von Wärme erfolgt:

Beispiel:

$C + O_2 \rightarrow CO_2$ (Kohlendioxid)
$2\,H_2 + O_2 \rightarrow 2\,H_2O$ (Wasser)
$S + O_2 \rightarrow SO_2$ (Schwefeldioxid)
} + Wärme

Eine Verbrennung kann nur unter Sauerstoffzufuhr erfolgen. Nur wenn jedes Brennstoffmolekül mit Sauerstoff reagieren kann, kommt es zu einer **vollständigen Verbrennung.** Die dazu erforderliche Luftmenge hängt von dem Brennstoff und der Heizungsanlage ab und lässt sich berechnen. Da es jedoch unter praktischen Bedingungen nicht möglich ist, Brennstoff und Luft so optimal zu vermischen, dass die errechnete Luftmenge (theoretischer Luftbedarf) für eine vollständige Verbrennung ausreicht, muss eine größere Luftmenge (praktischer Luftbedarf) zugeführt werden. Ein Kennzeichen für den notwendigen Luftüberschuss und Beurteilungskriterium für die Verbrennung einer Heizungsanlage ist die **Luftüberschusszahl λ** (Lambda), die sich nach folgender Formel errechnet:

$$\text{Luftüberschusszahl } \lambda = \frac{\text{praktischer Luftbedarf}}{\text{theoretischer Luftbedarf}}$$

$$\text{z. B. Heizöl EL} = \frac{12{,}8\ m^3/kg}{10{,}7\ m^3/kg} = 1{,}2$$

Da bei einer vollständigen Verbrennung nur eine in Abhängigkeit vom Brennstoff bestimmte maximale Menge CO_2 entsteht und Kohlendioxid relativ einfach gemessen werden kann, erfolgt die Bestimmung der Luftüberschusszahl der Einfachheit halber über die Messung der **CO_2-Konzentration in den Abgasen:**

$$\lambda = \frac{\text{maximale } CO_2\text{-Konzentration}}{\text{gemessene } CO_2\text{-Konzentration}}$$

Je höher der Luftüberschuss ist, desto höher ist auch der Gehalt an überschüssigen O_2-Molekülen in den Abgasen. Da sich der überschüssige Sauerstoff nicht mehr mit Kohlenstoffatomen verbinden kann, sinkt die CO_2-Konzentration. Somit ist die CO_2-Konzentration in den Abgasen umso geringer, je schlechter die Verbrennung oder, anders gesagt, je höher der notwendige Luftüberschuss ist. Obwohl für eine vollständige Verbrennung ein gewisser Luftüberschuss notwendig ist, muss darauf geachtet werden, dass dieser nicht zu groß ist. Da die überschüssige Luft die Abgasmenge erhöht und zusätzlich erwärmt werden muss, führt ein zu hoher Luftüberschuss zu einer Zunahme der Abgaswärmeverluste.

Unvollständige Verbrennung

Kennzeichen der **unvollständigen Verbrennung** ist die **Rußbildung.** Durch die Ablagerung von Ruß an den Heizflächen des Kessels kommt es wegen der isolierenden Wirkung zu einer Verschlechterung der Wärmeübertragung. Die Folgen sind eine Erhöhung der Abgastemperatur und damit der Abgaswärmeverluste. Je dicker die Rußschicht, desto größer sind die Wärmeverluste. So verschlechtert bereits eine 1 mm dicke Rußschicht den Kesselwirkungsgrad um 2,5 %. Zur Beurteilung des Verbrennungsprozesses bei flüssigen Brennstoffen anhand der Rußbildung im Abgas dient der **Rußtest nach Bacharach.** Dabei wird mithilfe einer Luftpumpe eine bestimmte Rauchgasmenge (10 Pumpenhübe) aus den Abgasen entnommen und durch ein Filterpapier geleitet. Entsprechend dem Rußgehalt verfärbt sich das Filterpapier. Mit einer zehnteiligen Rauchbildskala (Bacharach-Skala) wird der Grad der Schwärzung (auch als **Rußzahl** bezeichnet) und damit der Rußgehalt der Abgase bestimmt. Verfärbt sich das Filterpapier nicht, enthalten die Abgase keinen Ruß, die Rußzahl ist 0. Bei guter Verbrennung liegt die Rußzahl zwischen 0 und 1. Bei höheren Werten sollte der Brenner neu eingestellt werden. Nach der **TA Luft** (Technische Anleitung zur Reinhaltung der Luft) beträgt der zulässige Maximalwert 2 (Heizöl EL) bzw. 3 (Heizöl S). Neben Ruß und unverbranntem Sauerstoff (O_2) enthalten die Abgase bei unvollständiger Verbrennung auch das seht giftige, geruchlose Kohlenmonoxid (CO). Als unverbranntes Gas trägt es wesentlich zum Wärmeverlust bei.

Abgaswärmeverluste

Neben Kohlendioxid (CO_2), Wasserdampf (H_2O), Schwefeldioxid (SO_2) und Stickoxiden (NO_x) enthalten die über den Schornstein an die Außenluft abgeführten Abgase auch fühlbare Wärme. Je wärmer die Abgase sind, desto höher sind die Abgaswärmeverluste. Zur schnellen Ermittlung der Abgaswärmeverluste in Abhängigkeit vom CO_2-Gehalt und der Temperatur der Abgase werden Tabellen oder Diagramme benutzt. Der feuerungstechnische Wirkungsgrad ist umso besser, je niedriger die Abgastemperatur und je höher die CO_2-Konzentration der Abgase ist. Bei einer Absenkung der Abgastemperatur muss jedoch verhindert werden, dass die **Taupunkttemperatur des Wasserdampfes** (s. S. 285) unterschritten wird, da es sonst infolge von Kondensation zur verstärkten Korrosion im Kessel und Schornsteinschäden aufgrund von Durchfeuchtung kommt.

Zweizug- und Dreizugkessel

Die bei der Verbrennung frei werdende Energie wird zum größten Teil (45 bis 55 %) durch Wärmestrahlung an die Heizfläche des Kessels (Strahlungsheizfläche = Heizfläche im Bereich der Flammenstrahlung) abgegeben. Zur Ausnutzung der in den Rauchgasen (Verbrennungsgase) enthaltenen Wärmeenergie werden die Rauchgase nicht direkt aus dem Feuerraum in den Schornstein geleitet, sondern zunächst durch im Kessel installierte Rohre (Rauchgasrohre) geschickt. Beim Hindurchströmen übertragen die heißen Rauchgase durch Berührung einen Teil der Abgaswärme (etwa 20 %) auf diese zusätzlichen, von Wasser umspülten Heizflächen (Berührungsheizfläche). Nach der **Rauchgasführung** unterscheidet man zwischen Zweizug- und Dreizugkessel. Als 1. Zug wird das **Flammrohr** (Feuerraum) bezeichnet, das den Kessel in seiner vollen Länge durchzieht und in seinen Abmessungen der Flamme des Brenners angepasst ist. Beim Zweizugkessel werden die Rauchgase am Ende des Kessels in einer Wendekammer wieder so nach vorne umgelenkt, dass sie durch Rauchgasrohre (2. Zug = Rauchgaszug) in Richtung Brenner zurückströmen. Erfolgt eine nochmalige Umlenkung und Rückführung der Rauchgase durch einen weiteren Rauchgaszug (3. Zug), handelt es sich um einen **Dreizugkessel**, der in einen Flammrohrzug und zwei Rauchrohrzüge aufgeteilt ist. Er ist im Gartenbau am gebräuchlichsten (s. Abb. 1, S. 379).

Eine **Nutzung der Abgaswärme** verringert die Abgaswärmeverluste und erhöht den feuertechnischen Wirkungsgrad des Kessels. Es ist jedoch darauf zu achten, dass sich die Abgase in den Rauchgaszügen nicht zu stark abkühlen. Wird die **Taupunkttemperatur des Wasserdampfes** – je nach Brennstoff/Luftüberschuss etwa zwischen 45 und 55 °C – unterschritten, reagiert das kondensierende Wasser mit den schwefelhaltigen Rauchgasen (SO_2, SO_3) zur schwefligen Säure (H_2SO_3) und Schwefelsäure (H_2SO_4), die zu schweren **Korrosionsschäden** im Kessel führen können. Zur Vermeidung einer Taupunktsunterschreitung sollte in den Rauchgasrohren eine Mindesttemperatur von 55 bis 60 °C eingehalten werden. Da die Heizflächen der Rauchgasrohre wegen ihrer guten Wärmeleitfähigkeit stets die Temperatur des Heizungswassers haben, darf das in den Kessel zurückfließende Wasser eine Temperatur von **60 °C (Rücklauftemperatur)** nicht unterschreiten. Im Gegensatz zur Taupunkttemperatur des Wassers liegt die Taupunkttemperatur der Schwefelsäure mit etwa 130 °C relativ hoch, sodass an den Kesselteilen der Schwefelsäuretaupunkt unterschritten wird und sich Schwefeldioxid niederschlägt, welches mit kondensierendem Wasser Schwefelsäure bilden kann. Zur Vermeidung/Verringerung schwefelhaltiger Niederschläge muss die Abgastemperatur so hoch sein, dass sie **am Kesselausgang mehr als 150 °C** beträgt (allgemein 220 °C). Zudem sollte eine hohe Fließgeschwindigkeit der Rauchgase eingehalten werden, da dadurch eine Temperaturschichtung in den Rauchgasrohren vermieden wird und schwefelhaltige Niederschläge zum großen Teil mit den Rauchgasen aus dem Kessel abgeführt werden.

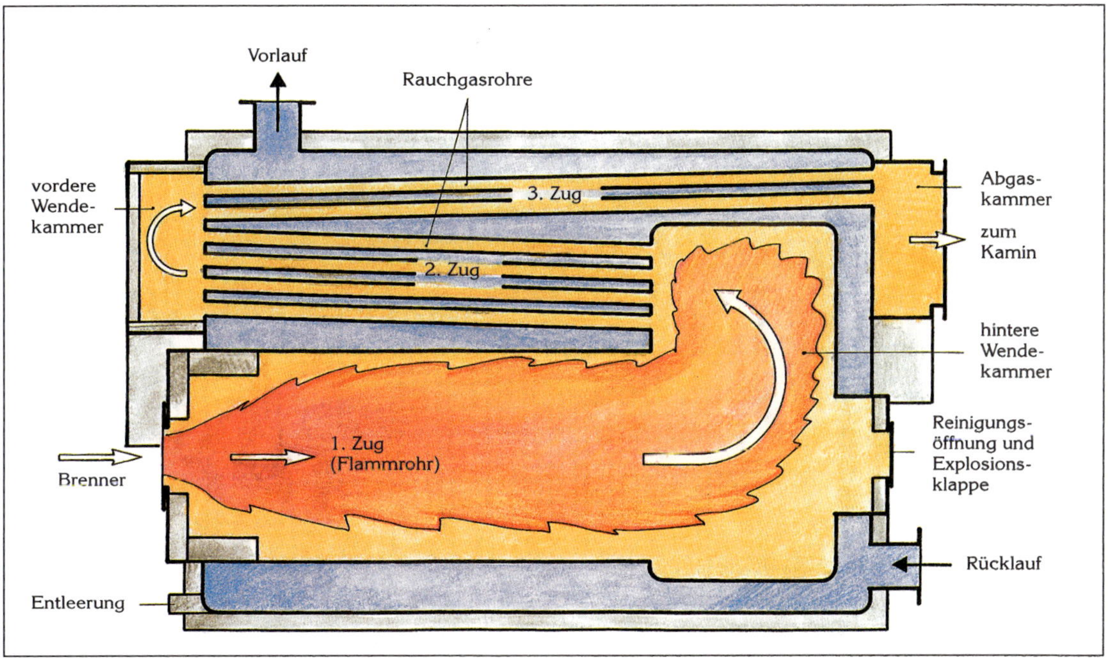

Abb. 1 Dreizugkessel

Brenn- und Heizwertgeräte

Da die Kondensation des Wasserdampfes zur Vermeidung von Korrosion verhindert werden muss, lässt sich üblicherweise nur die Wärmemenge des Heizwertes (H_u) nutzen (s. Abb. 1, S. 377). Der Brennwert, der die **Kondensationswärme** der Gesamtwassermenge des Brennstoffes einschließt, kann nur dann berücksichtigt werden, wenn die Heizungsanlage mit Zusatzeinrichtungen ausgestattet ist, die es ermöglichen, die bei der Kondensation des Wasserdampfes frei werdende Wärmemenge (s. Abb. 1, S. 284) zu nutzen. Solche zusätzlichen Einrichtungen sind **Brennwertgeräte** (Abgaskondensatoren), die in der Regel dem Kessel nachgeschaltet werden. Sind sie im Kessel integriert, spricht man von **Brennwertkesseln.** Die gewonnene Wärme wird über eine **Niedertemperaturheizung** (Vegetationsheizung) genutzt. Im Gegensatz zu den üblichen Hochtemperaturkesseln (HT-Kessel) weisen Niedertemperaturkessel eine größere Toleranz gegenüber niedrigeren Rücklaufwassertemperaturen (notwendig 30 bis 40 °C) auf, sodass sie mit niedrigeren Kesselwassertemperaturen gefahren werden (geringere Vorlaufheizung → Energieeinsparung). Da der Wirkungsgrad einer Heizungsanlage immer auf den Heizwert (H_u) bezogen wird, können sich beim Einsatz von Brennwertgeräten Wirkungsgrade von über 100 % ergeben (s. Abb. 2). Brennwertgeräte können nur bei Verwendung schwefelfreier Brennstoffe (z. B. Erdgas) eingesetzt werden.

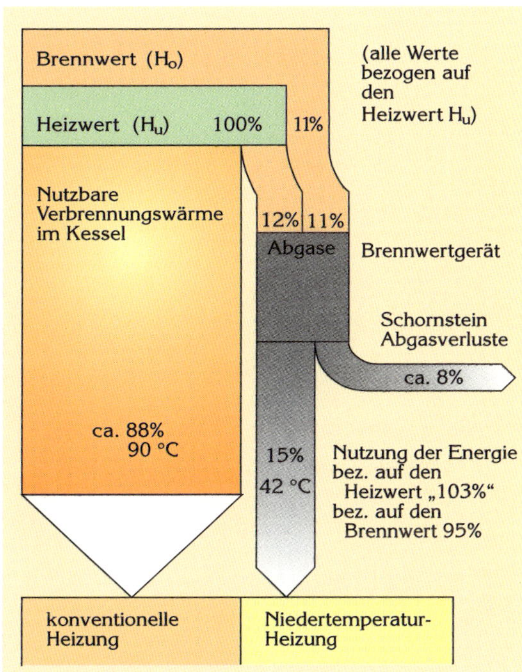

Abb. 2 Energiebilanz beim Einsatz eines Brennwertgerätes (Erdgas) [Tantau 1979]

Heizwertgeräte dienen zur besseren Ausnutzung des Heizwertes. Sie können bei schwefelhaltigen Brennstoffen (z. B. Heizöl) verwendet werden. In ihnen erfolgt ebenfalls über die Senkung der Abgastemperatur (160 °C) eine Wärmerückgewinnung aus den Abgasen, wobei eine Taupunktsunterschreitung jedoch verhindert werden muss. Mithilfe von Heizwertgeräten können bis zu 96 % des Heizwertes genutzt werden.

Brenner

Bei der Verwendung von flüssigen oder gasförmigen Brennstoffen ist zur Herstellung eines zünd- und brennstofffähigen Brennstoff-Luft-Gemisches ein so genannter Brenner erforderlich. Seine Aufgaben sind:

- die Zuführung und Vermischung des Brennstoffes mit Luft,
- die Zündung des entstehenden Gemisches
- sowie die Überwachung und Regelung der Verbrennung.

Nach der Art des verwendeten Brennstoffes unterscheidet man zwischen Öl-, Gas- und Zweistoffbrennern:

Bei der Verwendung flüssiger Brennstoffe muss zur Herstellung eines zünd- und brennfähigen Öl-Luft-Gemisches das Öl zuvor fein zerstäubt werden. Dies geschieht überwiegend mithilfe von **Zerstäubungsbrennern** (s. Abb. 1). In ihnen wird das durch einen **Ölfilter** angesaugte Öl mithilfe einer **Ölpumpe** durch eine **Öldüse** (Dralldüse) gedrückt und in feine Tröpfchen zerstäubt (Düsendruckzerstäuber). Das zerstäubte Öl wird verdampft (Vergasung), mit der über ein **Gebläse** angesaugten Verbrennungsluft gemischt und durch **Zündelektroden** gezündet. Der Antrieb der Ölpumpe und des Gebläses erfolgt durch einen **Elektromotor.** Ein so genannter **Flammenwächter** (Fotozelle) dient zur optischen Flammenüberwachung. Entsteht beim Zünden keine Flamme oder erlischt sie während des Betriebes, wird der Brenner abgeschaltet und auf Störung gestellt (Anzeige über rote Kontrolllampe).

Gasbrenner müssen mit zusätzlichen Sicherheitsvorrichtungen (Gasstrecke: Druckwächter für Gas und Luft, von Hand zu betätigende Absperreinrichtung sowie zwei unabhängig voneinander automatisch schließende Magnetventile in der Gaszuführungsleitung) ausgerüstet sein, die die Gaszufuhr überwachen und bei Störungen (z. B. Unterschreitung des Mindestgasdruckes, Ausfall der Verbrennungsluft oder Steuerungsenergie, Erlöschen der Flamme) sofort absperren. Bei austretendem Gas besteht Explosionsgefahr!

Bei **Zweistoffbrennern** ist wahlweise der Betrieb mit Gas oder Heizöl (EL) möglich. Über einen Wahlschalter wird die gewünschte Brennstoffart festgelegt.

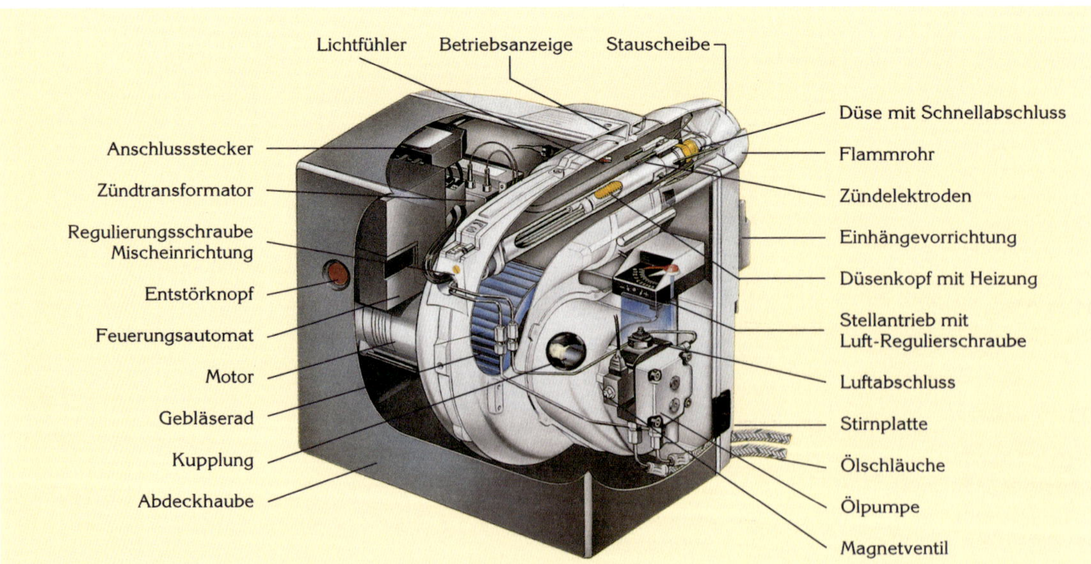

Abb. 1 Brenneraufbau (Leichtölbrenner)

7.3.4 Heizungssysteme

Aufgabe des Heizungssystems ist es, **Wärme** zu transportieren und an die Gewächshausluft oder den Boden abzugeben. Als Wärmeträger dienen vor allem Wasser (Warmwasserheizung) und Luft (Luftheizung).

Physikalische Grundlagen der Wärmeübertragung

Nach der Art der Wärmeübertragung unterscheidet man zwischen Wärmeströmung oder Konvektion, Wärmeleitung, Wärmestrahlung sowie Verdunstung und Kondensation. Dabei erfolgt die Wärmeübertragung stets so, dass der Körper mit der höheren Temperatur Wärme abgibt und sich dadurch abkühlt.

Wärmeströmung oder Konvektion

Unter Wärmeströmung oder Konvektion versteht man den Transport von Wärmeenergie durch bewegliche Wärmeträger (Flüssigkeiten und Gase).

Ausgelöst wird sie durch Dichteunterschiede. So führt die Erwärmung von Flüssigkeiten und Gasen dazu, dass die Bewegung ihrer Moleküle zunimmt. Da sich die Moleküle mit zunehmender Bewegung immer weiter voneinander entfernen, dehnen sich Flüssigkeiten und Gase bei Erwärmung aus, sodass ihr Volumen größer und ihre Dichte ($\rho = m/v$) geringer wird. Dies ist z. B. der Grund dafür, dass erwärmte Luft aufsteigt. Beim Aufsteigen gerät sie unter geringeren Druck, sodass sie sich weiter ausdehnt. Da die für die Ausdehnung erforderliche Energie der Umgebung entzogen wird, kühlt sich aufsteigende Luft ab, sodass sie mit zunehmender Dichte wieder beginnt abzusinken. In der Natur bestimmen vorwiegend Wärmeströmungen das Wettergeschehen und Klima auf unserer Erde (s. Kap. 5). Eine praktische Anwendung erfährt die Wärmeströmung in der Warmwasserheizung (s. Abb. 1, S. 382).

Wärmeleitung

Bei der Wärmeleitung erfolgt die Wärmeübertragung von Molekül zu Molekül, ohne dass sich der Körper, in dem die Wärmeleitung stattfindet, fortbewegt.

Der Wärmetransport beruht darauf, dass mit zunehmender Erwärmung eines Körpers die Schwingungsbewegungen seiner Moleküle zunehmen. Diese molekularen Wärmebewegungen führen dazu, dass benachbarte Moleküle fortwährend zusammenstoßen, sodass sich die Schwingungen ausbreiten. Dabei kommt es zur Ausbreitung von Wärme, die von Molekül zu Molekül in Richtung des Wärmegefälles weitergegeben wird. Dies ist z. B. der Grund dafür, dass die Wärme von den heißen Stellen eines festen Körpers auf die benachbarten kälteren Stellen übergeht. Wird der Temperaturunterschied nicht durch Energiezufuhr aufrechterhalten, gleicht er sich aus.
Die Fähigkeit, Wärme zu leiten, ist bei Flüssigkeiten und vor allem Gasen sehr klein, da es aufgrund der größeren Entfernung ihrer Moleküle zueinander weniger häufig zu Zusammenstößen kommt. So sind vor allem die meisten Metalle gute, Flüssigkeiten und Gase hingegen schlechte Wärmeleiter. Ein Maß für die Fähigkeit eines Stoffes, Wärme zu leiten, ist die **Wärmeleitfähigkeit** λ (sprich Lambda). Sie gibt die Wärmemenge in Watt (W) an, die pro Stunde durch einen Stoff von 1 m^2 Fläche und 1 m Dicke hindurchgeht, wenn die Temperaturdifferenz der beiden Seiten 1 Kelvin (K) beträgt. Je schlechter die Wärmeleitfähigkeit eines Stoffes, desto besser ist er zur Wärmedämmung geeignet (s. Tab. 1).

Kupfer	390	GFUP	0,3	Schnee	0,05
Aluminium	215	PP	0,25	Ziegelsteine	0,04
Eisen	57	PMMA	0,2	Glaswolle	0,04
Kesselstein	1,3	Holz	0,15	Styropor	0,04
Beton	1,15	Gummi	0,19	Luft	0,02
Glas	0,8	PVC	0,17	CO_2	0,015
PE	0,4	Ruß	0,05		

Tab. 1 Wärmeleitfähigkeit λ bei 20 °C in W/(mK)

Wärmestrahlung

Bei der Wärmestrahlung erfolgt die Ausbreitung von Wärmeenergie in Form von elektromagnetischen Wellen.

Sie ist unabhängig von der Temperatur der Umgebung und kann auch durch einen luftleeren Raum (Vakuum) erfolgen (z. B. die Wärmestrahlung der Sonne = Infrarotstrahlung). Treffen Wärmestrahlen auf einen Körper, werden sie zum Teil von diesem zurückgestrahlt (reflektiert), aufgesaugt (absorbiert) oder hindurchgelassen (transmittiert). Je dunkler ein Körper, desto stärker ist seine Wärmeabsorption und damit seine Erwärmung; je heller, desto größer ist die Reflexion und dementsprechend gering ist seine Erwärmung. Da sich

Temperaturunterschiede durch Wärmeausbreitung auszugleichen suchen, strahlen Körper umso mehr Wärme ab, je größer ihr Absorptionsgrad ist. Ausstrahlung (Emission) und Absorption sind zueinander proportional (Ausstrahlung = Absorption). Entsprechend besitzt ein vollkommen schwarzer Körper die größte Absorption und auch die größte Ausstrahlung. Der **Emissionsgrad** ϵ (sprich Epsilon) gibt die Abstrahlungsfähigkeit eines Stoffes im Vergleich zu einem vollkommen schwarzen Körper ($\epsilon = 1$) an (s. Tab. 1).

schwarzer Lack	0,97	Aluminiumbronze	0,55
Heizkörperlack	0,93	Eisen (verzinkt)	0,25
Mennigeanstrich	0,93	(gerostet)	0,73
Glas	0,92	Aluminium	0,04
Wasser	0,92	Kupfer	0,02

Tab. 1 Emissionsgrade

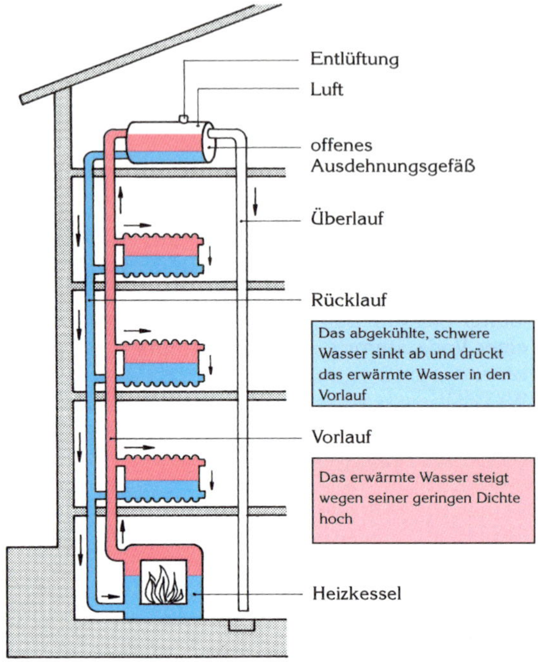

Abb. 1 Warmwasserheizung als Schwerkraftheizung

Verdunstung und Kondensation

Neben Wärmeströmung, -leitung und -strahlung finden auch Wärmetransporte statt, bei denen die Wärme nicht fühlbar ist. Träger dieser latenten (versteckten) Wärme ist der Wasserdampf. Beim Kondensieren (Übergang des Wassers vom gasförmigen in den flüssigen Zustand) wird diese Energie als fühlbare Wärme freigesetzt, die zuvor für die Verdunstung (Übergang des Wassers vom flüssigen in den gasförmigen Zustand) der Umgebung entzogen wurde (Verdunstungskälte; s. Abb. 1, S. 284). Der Nutzung dieser latenten Wärme kommt auch bei der Verbrennung eine große Bedeutung zu (s. S. 379 f.).

Die Wärmeübertragung von einem Körper auf einen anderen erfolgt in der Regel durch mehrere Übertragungsarten gleichzeitig.

Warmwasserheizung

Die Warmwasserheizung ist die gebräuchlichste Heizung. Als Wärmeträger dient Wasser, das im Heizungskessel auf etwa 90 °C (Vorlauftemperatur) erwärmt und durch Rohrleitungen in die Gewächshäuser geleitet wird. Bei der Rohrheizung erfolgt die Wärmeabgabe an die zu erwärmende Luft zu etwa 50 % durch Strahlung und 50 % durch Konvektion. Das abgekühlte Wasser (Rücklauftemperatur 60 °C) fließt zur erneuten Wärmeaufnahme zurück in den Heizungskessel. Nach der Art der Wasserzirkulation unterscheidet man zwischen Schwerkraftheizung und der Pumpenwarmwasserheizung.

Schwerkraft- und Pumpenwarmwasserheizung

Da **Schwerkraftheizungen** (s. Abb. 1) in Gartenbaubetrieben mit ihren großen Flächenausdehnungen und geringen Höhenunterschieden nur eine geringe Wassergeschwindigkeit erreichen und daher schlecht regulierbar sind, werden heute Warmwasserheizungen nur noch als **Pumpenwarmwasserheizungen** betrieben. Bei ihnen übernehmen durch Elektromotoren angetriebene Umwälzpumpen den Wassertransport. Mithilfe der in den Vor- oder Rücklauf eingebauten Umwälzpumpen wird eine wesentlich schnellere Wasserzirkulation und damit eine bessere Wärmeübertragung und Temperaturregulierung erreicht. Vorteilhaft ist auch, dass der Heizkessel nicht mehr am tiefsten Punkt der Anlage aufgestellt werden braucht und die Heizungsrohre beliebig verlegt werden können. Wegen der beschleunigten Wasserzirkulation und der dadurch verminderten Temperaturdifferenz zwischen Vor- und Rücklauf können niedrigere Vorlauftemperaturen gefahren, geringere Wassermengen verwendet sowie kleiner dimensionierte und weniger Heizungsrohre eingesetzt werden, was wiederum zu einer Verringerung der Anlage- und Betriebskosten führt.

Offene und geschlossene Anlagen
Da sich Wasser bei Erwärmung ausdehnt, muss die Warmwasserheizung aus Sicherheitsgründen (Vermeidung zu großer Drucksteigerung!) und zur Verhinderung von Wasserverlusten durch Überlaufen mit einem Ausdehnungsgefäß ausgerüstet sein, welches das durch die Erwärmung des Wassers erhöhte Wasservolumen aufnimmt. Der Nutzinhalt muss so bemessen sein, dass das gesamte Ausdehnungsvolumen des Wassers (Expansionswasser) im Heizungssystem bei der höchsten Vorlauftemperatur aufgenommen werden kann. Bei einer Vorlauftemperatur von 90 °C beträgt die Volumenvergrößerung 3,6 %. Bei einer umlaufenden Wassermenge von 10 000 Liter ergibt das 360 l Expansionswasser.
Nach der Ausführung des Ausdehnungsgefäßes unterscheidet man zwischen offenen und geschlossenen Anlagen. Bei der **offenen Anlage** (mit Deckel) steht das am höchsten Punkt der Heizung angebrachte offene Ausdehnungsgefäß in Verbindung mit der Atmosphäre. Dadurch entspricht der Druck im Ausdehnungsgefäß dem normalen Atmosphärendruck von 1 bar. Wird die zulässige Wassertemperatur von 100 °C überschritten, beginnt das Wasser im Ausdehnungsgefäß zu sieden, wobei der sich bildende Wasserdampf ungehindert entweichen kann, sodass es weder zu einer Überschreitung der Wassertemperatur von 100 °C noch des Dampfdrucks auf über 1 bar kommen kann. Somit erhält die Heizungsanlage über das offene Ausdehnungsgefäß eine physikalische Absicherung. Das Fassungsvermögen des Ausdehnungsgefäßes muss so bemessen sein, dass es nach Aufnahme des Expansionswassers nur zu ¾ gefüllt ist (Sicherheitszuschlag). Da bei einer Vorlauftemperatur von 90 °C das Ausdehnungsvolumen des Wassers 3,6 % beträgt, müsste z. B. bei einer umlaufenden Wassermenge von 10 000 l das Ausdehnungsgefäß ein Fassungsvermögen von 480 l aufweisen:

Ausrechnung
3,6 % von 10 000 l = 360 l

75 %	entsprechen	360 l
100 %	entsprechen	x l

Gleichungsumstellung nach x:

$$x = \frac{360\,l \cdot 100\,\%}{75\,\%} = 480\,l$$

Nachteilig wirken sich der erhöhte Wasserverbrauch durch Verdunstung, die verstärkte Korrosionsgefahr im Heizungssystem durch ständige Sauerstoffaufnahme sowie die erheblichen Kosten durch die Anbringung der schweren Ausdehnungsgefäße an der höchsten Stelle der Anlage aus. Deswegen werden heute überwiegend **geschlossene Anlagen** verwendet. Ihre Ausdehnungsgefäße haben keinen Kontakt mit der Atmosphäre und müssen nicht am höchsten Punkt der Anlage angebracht sein, sondern können ebenerdig montiert werden. Es handelt sich dabei in der Regel um Membrangefäße, bei denen das in das Ausdehnungsgefäß strömende Heizungswasser durch eine Membran von einem Gas (häufig N_2) getrennt ist. Durch das hineinströmende Wasser wird dieses zusammengedrückt, sodass sein Volumen kleiner und sein Druck größer wird. Der steigende Gegendruck bewirkt, dass das Wasser mit zunehmender Abkühlung zurück in das Heizungssystem gedrückt wird. Da geschlossene Ausdehnungsgefäße keine Sicherheitsfunktionen übernehmen, sind zusätzliche Sicherheitseinrichtungen vorgeschrieben. So muss z. B. ein Sicherheitsventil vorhanden sein, das sich bei Überschreitung des zulässigen Betriebsdruckes automatisch öffnet (s. Abb. 1, S. 390).

Rohrheizungen

Hohe Rohrheizung
(In Traufenhöhe verlegte Rohre)
Vorteile
- einfache und kostengünstige Konstruktion
- verhindert Wärmeabstrahlung durch die Pflanzen in den Dachraum → ein Absinken der Pflanzentemperatur unter die Lufttemperatur wird verhindert
- kein Kälteeinfall beim Öffnen des Energieschirms
- arbeitswirtschaftlich günstig angebracht
- Schneemassen auf Dachflächen und in -rinnen (Schneedruck, Lichtmangel) können schnell abgetaut werden

Nachteile
- durch Strahlung und Konvektion (!) Wärmeabgabe in den Dachraum → Temperaturen im Dachraum höher als im Pflanzenbestand → erhöhter Energieverbrauch (k'-Wert 8,2). Ein Anstrich der Rohroberseiten mit Metallfarben (z. B. Aluminiumbronze) verringert die Wärmeabstrahlung in den Dachraum → Energieeinsparung ca. 10 %
- Verringerung des Lichteinfalls
- vertikale Luftbewegung im Pflanzenbestand gehemmt → Verringerung des Luftaustausches → Gefahr von CO_2-Mangel (vor allem im Winter)

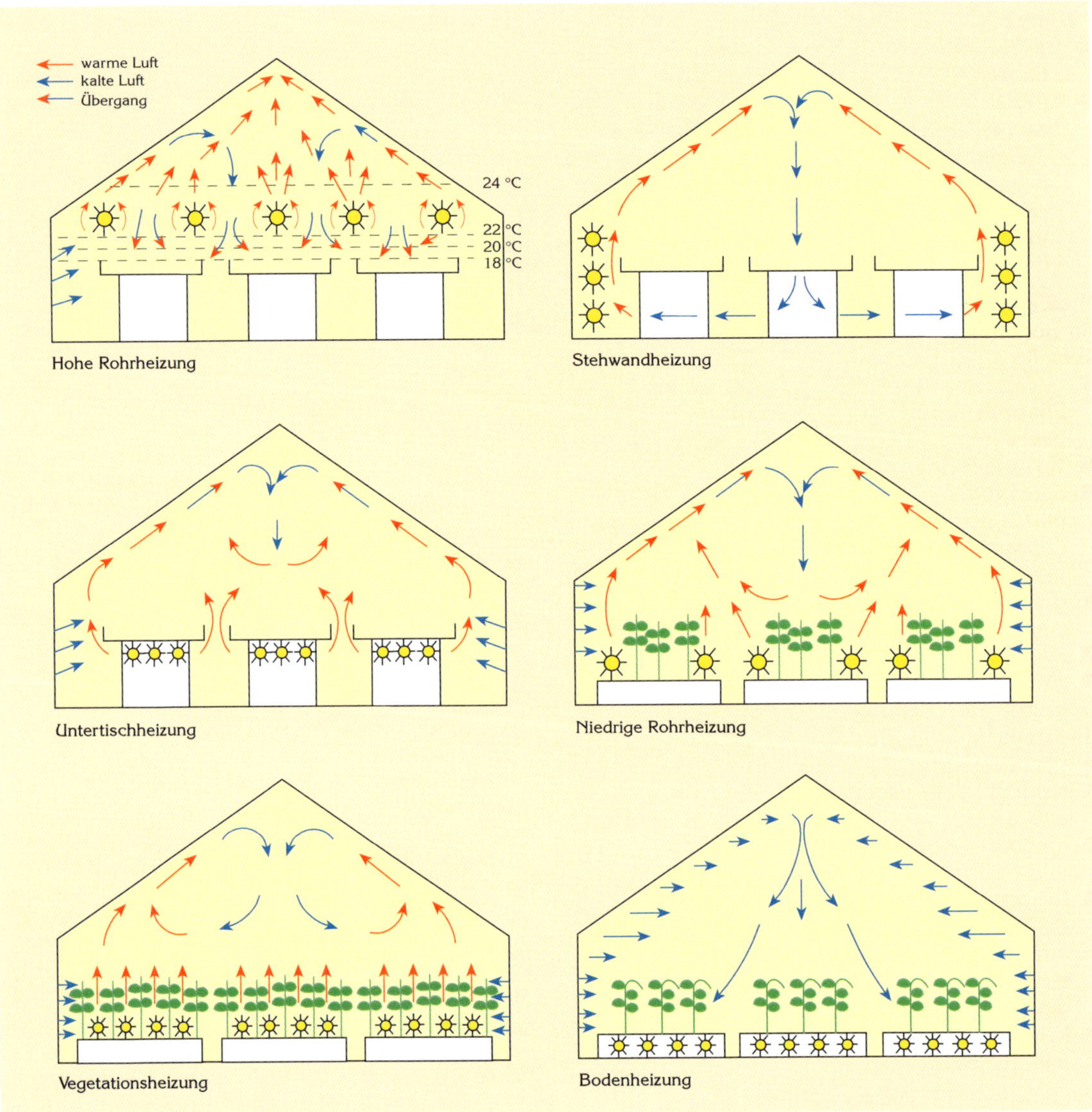

Abb. 1 Luftströmungen bei verschiedenen Heizungssystemen

Stehwandheizung
(An Steh- und Giebelwänden verlegte Rohre)
Vorteil
- die einströmende oder durch Abkühlung an den Glasscheiben entstehende Kaltluft wird erwärmt → verhindert den Einfall von Kaltluft in den Pflanzenbestand (!)

Nachteil
- etwa 50 % der Wärme wird direkt an das Glas abgegeben (Wärmedämmung durch Anbringung von Luftpolsterfolie an den Stehwänden des Gewächshauses; durch Verlegung der Rohre in der unteren Stehwandhälfte wird die Wärmeabgabe in den Dachraum verringert)

Untertischheizung
(Unter den Tischen verlegte oder als Bestandteile der Tischkonstruktion dienende Rohre)
Vorteile
- gute Erwärmung im Wurzelbereich
- günstige vertikale Temperaturverteilung → guter Luftaustausch im Pflanzenbestand
- arbeitswirtschaftlich günstig angebracht
- Energieeinsparung (k'-Wert 7,4)

Nachteile

- bei zu hohen Vorlauftemperaturen Gefahr von Pflanzenschäden → auf 60 °C begrenzt
- erhöhte Wärmeverdunstung → Energieverluste (latente Wärme); erhöhter Wasserbedarf → häufigeres Gießen → erhöhte Luftfeuchtigkeit im Pflanzenbestand mit der Gefahr der Kondenswasserbildung auf den Blättern → erhöhte Gefahr von Pilzinfektionen

Niedrige Rohrheizung
(In Bodennähe verlegte Rohre)
Vorteile

- gesamte abgegebene Wärme kommt den Pflanzen zugute (wird dort abgegeben, wo sie gebraucht wird)
- Energieeinsparung (k'-Wert 6,7)
- gleichmäßige vertikale Temperaturverteilung und Luftbewegung im Pflanzenbestand → guter Luftaustausch → Gefahr des CO_2-Mangels wird verringert
- geringere rel. Luftfeuchtigkeit im Pflanzenbestand → weniger Pilzbefall
- keine Lichtminderung
- zur Nutzung von Niedertemperaturheizungskreisläufen geeignet

Nachteile

- Platzverlust
- störend bei Kulturarbeiten → erhöhter Arbeitsaufwand
- erhöhte Korrosionsgefahr durch Düngungs- und Pflanzenschutzmaßnahmen
- bei zu hohen Vorlauftemperaturen (maximal 60 °C) Gefahr von Pflanzenschäden → bei tieferen Außentemperaturen ist ein zweites Heizungssystem (Rohr- oder Luftheizung) notwendig
- kein ausreichender Schutz vor Kaltlufteinfall von den Stehwänden

Vegetationsheizung
(Im Pflanzenbestand verlegte PE-Rohre)
Vorteile

- die Wärme wird direkt am Ort des Bedarfs abgegeben
- günstige vertikale Temperaturverteilung und Luftbewegung im Pflanzenbestand
- Energieeinsparung
- zur Nutzung von Niedertemperaturheizungskreisläufen geeignet

Nachteile

- Gefahr von Material- und Pflanzenschäden bei zu hohen Vorlauftemperaturen (maximal 60 °C)
- zweites Heizungssystem (Rohr- oder Luftheizung) notwendig

Bodenheizung
(20 bis 40 cm tief im Boden verlegte PE-Rohre)
Vorteile

- optimale Temperaturen im Wurzelbereich (günstig um 20 °C) → Förderung des Wurzel- und damit Pflanzenwachstums
- Förderung des Bodenlebens → CO_2-Freisetzung
- zur Nutzung von Niedertemperaturheizungskreisläufen geeignet

Nachteile

- erhöhte Wasserverdunstung → erhöhter Wasserbedarf → häufigeres Gießen; erhöhte Versalzungsgefahr
- keine Erhöhung der Lufttemperatur
- Gefahr von Material- und Wurzelschäden bei zu hohen Vorlauftemperaturen (maximal 30 bis 50 °C)
- ein Teil der Wärme wird in tiefere Bodenschichten geleitet → Wärmeverluste
- evtl. störend bei Bodenbearbeitungen → erhöhter Arbeitsaufwand
- hohe Installations- und Reparaturkosten

Konvektorheizungen

Wie der Name schon sagt, wird bei der Konvektorheizung die Wärme überwiegend durch Konvektion und nur zum geringen Teil durch Strahlung an die umgebende Luft abgegeben. Zur Vergrößerung der Wärme abgebenden Oberfläche – bis zum Zehnfachen normaler Heizungsrohre – sind an den dünnen, Wasser leitenden Stahl- oder Kupferrohren in geringen Abständen Metalllamellen aufgelötet/-geschweißt. Durch die seitliche Verkleidung mit Blechen wird ein Sog erzeugt (Schornsteineffekt), durch den die Luftumwälzung und damit die Wärmeabgabe durch **freie Konvektion** (Luftströmung kommt nur durch Temperaturunterschiede zustande) stark erhöht wird. Die Luft erwärmt sich, indem sie von unten nach oben durch die an den Stehwänden oder unter den Tischen angebrachten Konvektoren strömt (s. Abb. 1, S. 386). Die Konvektorheizung schafft eine gleichmäßige Luftbewegung und Temperaturverteilung im Gewächshaus und schützt vor Kaltlufteinfall von Stehwänden und Dachraum, wobei sie den Lichteinfall nur geringfügig verringert. Ihre hohe Wärmeleistung (9- bis 20fach höhere Wärmeabgabe als Heizungsrohre) ermöglicht eine schnelle Erwärmung der Gewächshäuser und eine gute Regelbarkeit. Nachteilig ist, dass bei der Anbringung an den Stehwänden die erwärmte Luft zunächst an den kalten Glasflächen des Gewächshauses entlangströmt, bevor sie vom Dachraum in den Pflanzenbestand

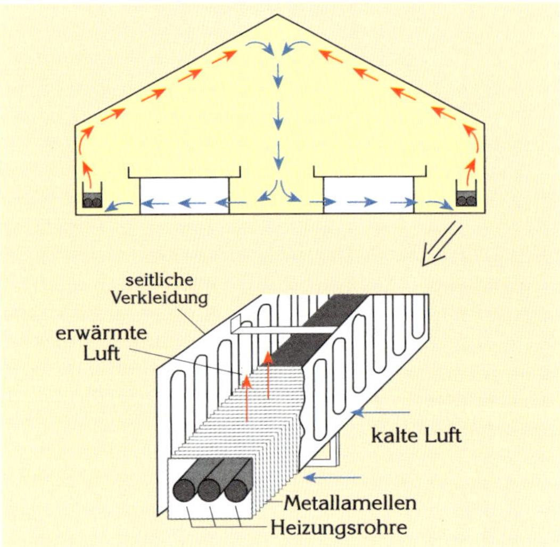

Abb. 1 Konvektorheizung

gelangt. Entsprechend ist der Wärmeverbrauch der Konvektorheizung mit einem k'-Wert von 7,8 relativ hoch. Zudem sind die Anlagekosten höher als die für eine Rohrheizung.

Luftheizungen

Luftheizungen geben die Wärme überwiegend durch Konvektion und nur zum geringen Teil durch Strahlung ab. Da dies bei der Konvektorheizung auch der Fall ist, wird sie häufig auch zu den Luftheizungssystemen gerechnet. Luftheizungen ermöglichen aufgrund der geringen Wassermengen und der hohen Wärmeabgabe durch erzwungene Konvektion eine schnelle Aufheizung der Gewächshäuser. Bei einem Ausfall der Lufterhitzer kühlen sie aber wegen der geringen Wassermengen und der damit verbundenen fehlenden Wärmespeicherkapazität auch sehr rasch aus. Da die Wärme vor allem über Konvektion und nur zum kleinen Teil durch Strahlung abgegeben wird, liegt die Pflanzentemperatur bis zu 2 °C unter der Lufttemperatur. Als Luftheizgeräte werden überwiegend Warmwasser- und Feuerlufterhitzer eingesetzt.

Warmwasserlufterhitzer

Warmwasserlufterhitzer sind an das Heizungssystem der Warmwasserheizung angeschlossen. Sie werden im Dachraum des Gewächshauses (Deckenlufterhitzer) oder an den Stehwänden (Wandlufterhitzer) angebracht und setzen sich aus einem Ventilator und einem Wärmetauscher zusammen. Der Wärmetauscher besteht aus einem Rohrsystem, durch welches das erwärmte Hei-

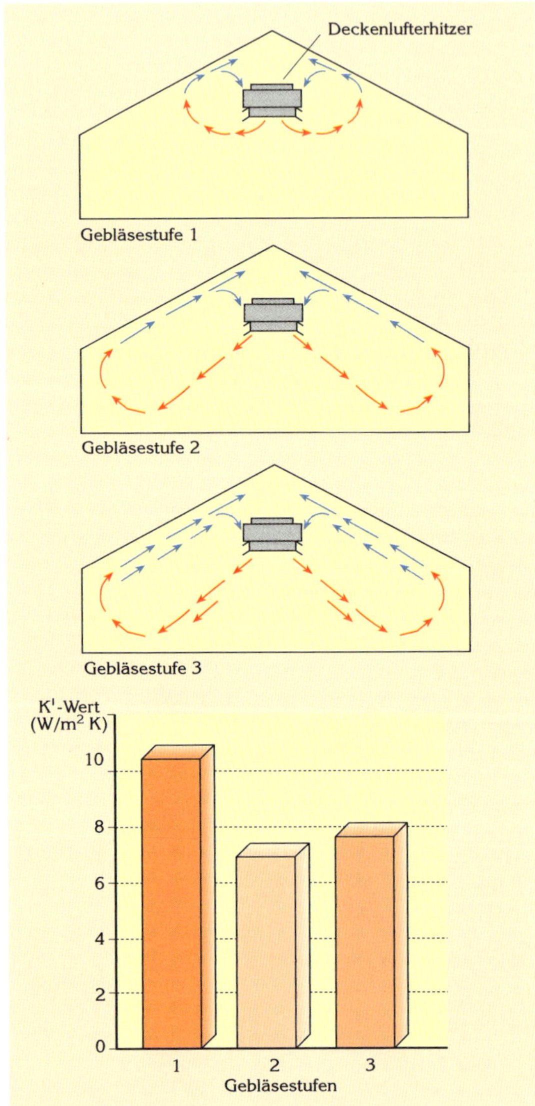

Abb. 2 Lufterhitzer

Abb. 3 Lufterhitzer mit Folienschlauch

zungswasser fließt. Zur Vergrößerung der Wärme abgebenden Oberfläche sind wie bei einem Konvektor Metalllamellen angebracht. Mithilfe des Ventilators wird die Luft angesaugt, zur Erwärmung durch die Heizlamellen des Wärmetauschers gedrückt **(erzwungene Konvektion)** und in das Gewächshaus geblasen. Dabei kann die Leistung des Ventilators über verschiedene Gebläsestufen dem jeweiligen Wärmebedarf angepasst werden. Bei der Einstellung der Ausblaswinkel ist darauf zu achten, dass die Pflanzen nicht direkt von der intensiv ausgeblasenen Luft (Primärluftstrom) getroffen werden. Bei richtiger Auf- und Einstellung entstehen durch die Vermischung des Primärstroms mit der Gewächshausluft sekundäre Luftströmungen, die den Pflanzenbestand mit niedriger Geschwindigkeit durchströmen. Vorteilhaft ist, dass mithilfe der Ventilatoren eine ständige Luftumwälzung im Gewächshaus stattfindet, sodass der Luftaustausch im Pflanzenbestand gefördert wird. Probleme beim Einsatz bereitet die gleichmäßige Verteilung der Wärme. Dies spiegelt sich auch im Wärmeverbrauch wider, der in Abhängigkeit von der jeweiligen Gebläsestufe schwankt (s. Abb. 2, S. 386). Eine gleichmäßigere Wärmeverteilung und eine Verringerung des Wärmeverbrauchs werden dadurch erreicht, dass am Luftheizer in Längsrichtung des Gewächshauses ein gelochter Folienschlauch befestigt wird (s. Abb. 3, S. 386). Die Löcher sind in der Regel so angeordnet, dass die erwärmte Luft schräg nach unten ausgeblasen wird. Damit die Warmluft auch in den Pflanzenbestand gelangt, sollte der Folienschlauch nicht höher als 2 m darüber aufgehängt werden. Eine noch wesentlich bessere Wärmeausnutzung wird erreicht, wenn Folienschläuche im Pflanzenbestand als so genannte **„Luftvegetationsheizung“** oder unter den Tischen verlegt werden. Zudem wird der Lichteinfall nicht behindert.

Feuerlufterhitzer

Feuerlufterhitzer bestehen aus einem öl- oder gasbefeuerten Brenner, einer Brennkammer und einem Wärmetauscher. Sie werden im Gewächshaus aufgehängt oder -gestellt. Die entstehenden Abgase werden ins Freie geleitet. Bei der Verbrennung von Erdgas können diese auch zur CO_2-Nutzung (CO_2-Begasung) zusammen mit der Warmluft ins Gewächshaus geblasen werden. Der Vorteil solcher Geräte mit Abgasnutzung liegt außerdem darin, dass keine Abgaswärmeverluste auftreten und durch die Kondensation des bei der Verbrennung entstehenden Wasserdampfs im Gewächshaus die Wärmemenge des Brennwertes (s. S. 379) genutzt werden kann. Ihr Einsatz erfordert jedoch zusätzliche Sicherheitsvorrichtungen, die ein Überschreiten der maximalen Arbeitsplatzkonzentration **(MAK-Wert)** für CO_2 von 5 000 ppm (= 0,5 %), die Bildung für den Menschen giftiger (Kohlenmonoxid!) und für die Pflanzen schädlicher Verbrennungsstoffe (z. B. Stickoxide) sowie das Eintreten von Sauerstoffmangel verhindern. Da mit steigender Heizleistung die CO_2-Konzentration im Gewächshaus durch einen erhöhten Luftwechsel (Zwangsluftwechsel mit Außenluftventilatoren) gesenkt werden muss und so die Menge der aufzuheizenden Kaltluft zunimmt, sinkt die Wirtschaftlichkeit solcher Geräte mit steigenden Temperaturdifferenzen zwischen innen und außen.

■ Heizungsregelung

Grundlagen der Regeltechnik

Mithilfe moderner Regel- und Computertechnik können heute alle wichtigen Wachstumsfaktoren vollautomatisch geregelt werden. Dem Gärtner obliegt es nur noch, die gewünschten Werte einzustellen und deren Einhaltung zu überwachen. Die automatische Einhaltung der gewünschten **Regelgröße** (z. B. Temperatur, Lichtintensität, Luft- und Bodenfeuchtigkeit) auch bei störenden Einflüssen erfolgt über einen **Regelkreis** (s. Abb. 1, S. 388). Unter einem Regelkreis versteht man einen geschlossenen Wirkungskreis, der aus der Regelstrecke und einem Regler besteht. Die **Regelstrecke** ist das zu regelnde Gewächshaus und der Regler (Zentralgerät) das Glied im Regelkreis, das die eingestellte (angestrebte) Regelgröße **(Sollwert)** mit der gemessenen **(Istwert)** vergleicht. Ein **Messglied** (z. B. Temperaturfühler) misst die einzuhaltende Regelgröße. Weicht der Istwert infolge von Störungen **(Störgrößen)**, wie Witterungseinflüsse (z. B. Bewölkung, Sonneneinstrahlung, Frost) oder Kulturmaßnahmen (z. B. Schattierung, Lüftung), vom Sollwert ab **(Regelabweichung)**, leitet der Regler einen Regelvorgang ein, der der Abweichung entgegenwirkt. Eine Abweichung vom Sollwert bewirkt einen Regelbefehl, der über den Regler ein **Stellglied** (z. B. Ventile, Getriebemotoren, Schaltuhren, Fühler, Umwälzpumpen) so steuert, dass die Abweichung aufgehoben wird. Dabei ist die Sollgröße keine feststehende Größe. Vielmehr unterliegt sie im Beispiel der Wärmeregulierung in Abhängigkeit von der Lichtintensität (s. S. 49 ff.) und Außentemperatur Veränderungen. Solche Einflussfaktoren, durch die eine Veränderung des Sollwertes erfolgt, bezeichnet man als **Führungsgrößen.** Sie ermöglichen z. B. eine außentemperatur- und lichtabhängige Temperatursteuerung und -absenkung

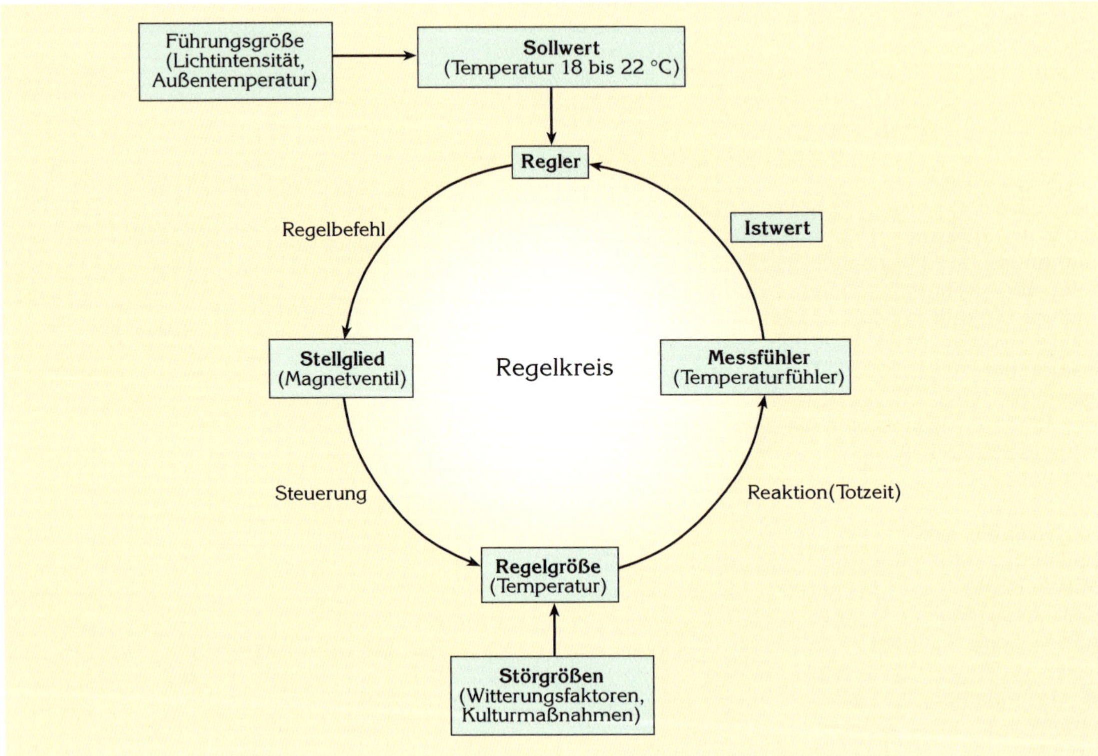

Abb. 1 Der Regelkreis am Beispiel der automatischen Temperaturregelung

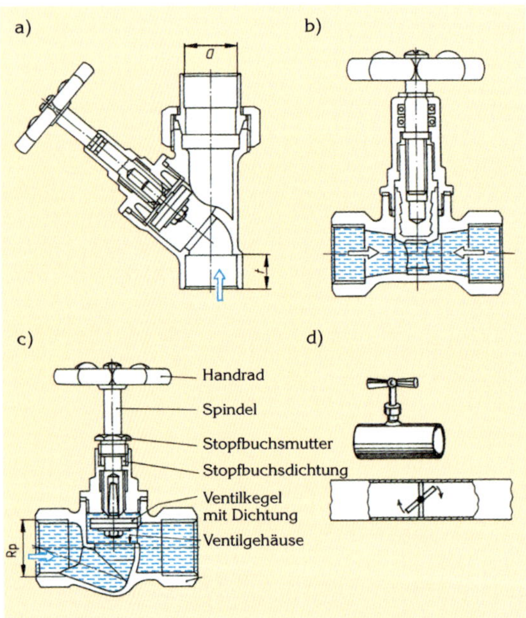

Abb. 2 Schrägsitzventil (a), Gradsitzventil (b), Schieber (c) und Drosselklappe (d)

während der Nacht. Die Größe, um die das Stellglied geöffnet oder geschlossen wird, bezeichnet man als **Stellgröße.** Je geringer die Zeit, die nach der Veränderung der Stellgröße bis zur Reaktion des Messfühlers auf die Änderung der Regelgröße vergeht **(Totzeit),** desto besser ist die Regelgröße regelbar.

Der **Klimacomputer** bietet die beste Regelmöglichkeit. Er reagiert nicht erst auf eine Regelabweichung, sondern leitet bereits bei der Veränderung einer Störgröße den Regelvorgang ein, sodass eine Abweichung vom Sollwert vermieden wird.

Regelorgane

Absperrschieber und **Absperrventile** ermöglichen die wasserdichte Absperrung der Rohre. Mithilfe einer Schraubenspindel wird eine keilförmige Sperrplatte zur Abdichtung in den Rohrquerschnitt bewegt (s. Abb. 2). Absperrorgane ermöglichen die Abtrennung des Kessels, der Pumpen und der Regelventile vom übrigen Heizungssystem, sodass an diesen Reparatur- oder Wartungsarbeiten durchgeführt oder einzelne Heizkreisläufe stillgelegt werden können, ohne dass das

gesamte Rohrnetz entleert werden muss. Schieber haben gegenüber Ventilen den Vorteil, dass durch ihren Einbau nur ein geringer zusätzlicher Strömungswiderstand erzeugt wird. Die teureren Ventile arbeiten jedoch zuverlässiger.
Drosselklappen und **Durchgangsventile** dienen zur Regulierung der durchfließenden Wassermenge. Sie dichten die Rohrleitungen nicht wasserdicht ab, sondern drosseln lediglich den Wasserdurchfluss (s. Abb. 2, S. 388). Ihre Regelung erfolgt über Raumthermostaten mithilfe von Stellmotoren (Motordrosselklappen/-ventile).

Rückschlagventile und **-klappen** sind Absperrorgane, die sich selbsttätig bei Richtungsumkehr des hindurchströmenden Wassers schließen. Sie verhindern somit ein Zurückfließen bzw. -saugen des Wassers.

Regelventile dienen der Regelung der Gewächshaustemperatur. Dabei kann man zwischen **Mischventilen** und **Verteilerventilen** unterscheiden. Ihre Verstellung erfolgt mithilfe von Stellmotoren. Gebräuchliche Regelventile im Gartenbau sind:

- **Dreiwegeverteilerventile** besitzen einen Zulauf und zwei Abläufe. Sie haben die Aufgabe, die vom Kessel kommende Wassermenge aufzuteilen bzw. zu variieren (s. Abb. 1).
- **Dreiwegemischventile** haben drei Anschlüsse: zwei Wassereintritte (Zuläufe aus dem Vorlauf und Rücklauf) und einen Wasseraustritt (Ablauf in das Heizungssystem = Gewächshauskreislauf). Sie mischen das vom Kessel kommende heiße Vorlaufwasser mit kälterem Rücklaufwasser aus dem Gewächshaus auf die erforderliche Vorlauftemperatur herunter. Dabei bleibt die Wassermenge im Heizungssystem konstant (s. Abb. 2).
- **Vierwegemischventile** haben zwei Zuläufe (Kesselvorlauf und Gewächshausrücklauf) und zwei Abläufe (Kesselrücklauf und Gewächshausvorlauf). Im geschlossenen Zustand existieren zwei getrennte Kreisläufe (Kesselkreislauf und Gewächshauskreislauf), über die der gesamte Vor- und Rücklauf zirkuliert und die durch Öffnen des Mischers beliebig miteinander gemischt werden können, ohne dass sich die Wassermenge ändert (s. Abb. 3).

Mengen-/Mischregelung
Hohe Kesseltemperaturen sind notwendig, um einer Taupunktsunterschreitung und damit einer Kesselkorrosion vorzubeugen (s. S. 278). Eine Anpassung der Wärmezufuhr an den wechselnden Wärmebedarf im Gewächshaus kann durch die Wassermengen- oder Wärmemengenregelung

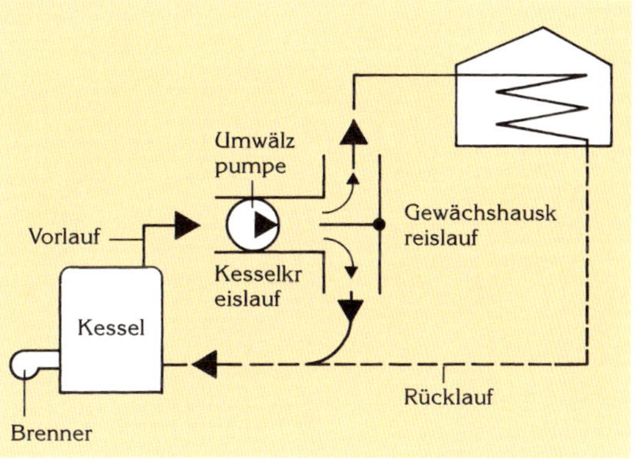

Abb. 1 Dreiwegeverteilerventil zur Wassermengenregelung

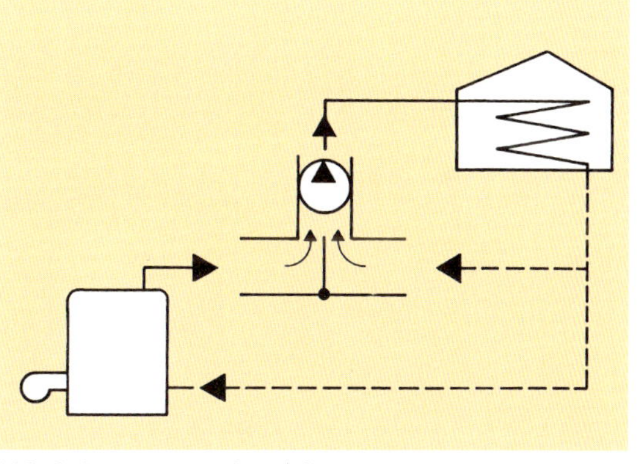
Abb. 2 Dreiwegemischventil zur Wärmemengenregelung

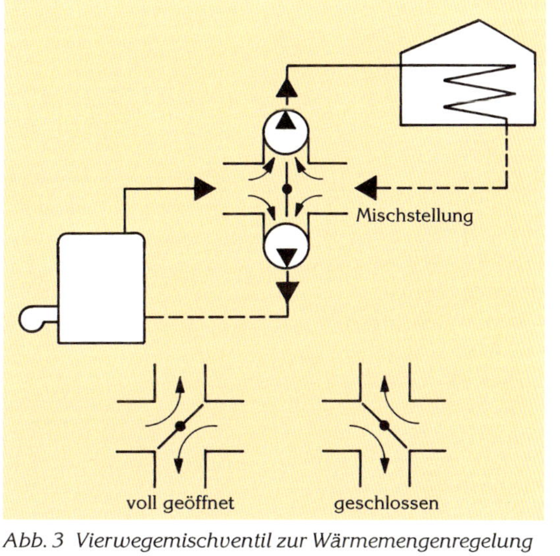

Abb. 3 Vierwegemischventil zur Wärmemengenregelung

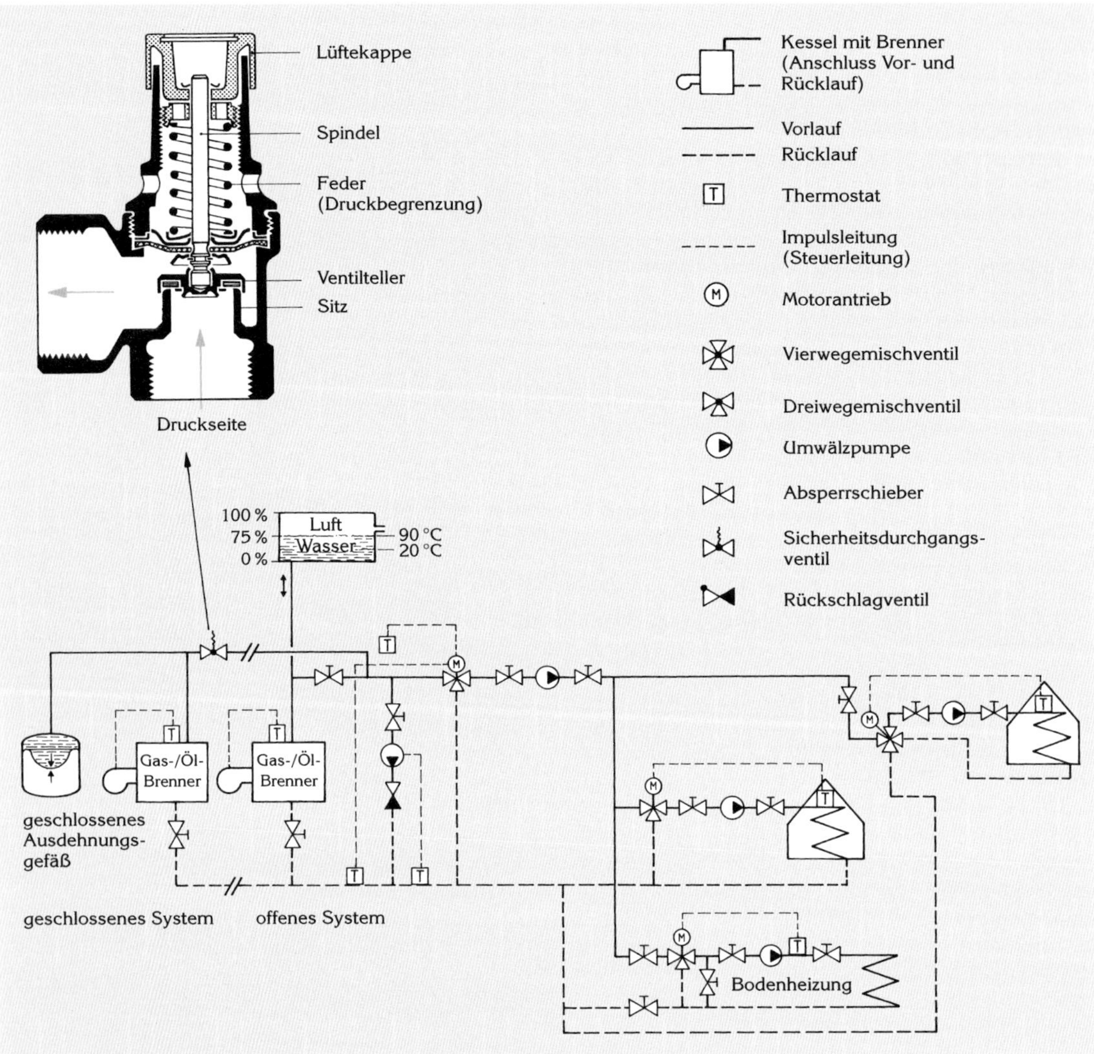

Abb. 1 Heizungsregelung für Gewächshäuser (Vorlauftemperatur außentemperaturabhängig vorgesteuert)

erfolgen. Bei der so genannten **Mengenregelung** wird die Wärmezufuhr mithilfe von Verteilerventilen durch die Veränderung der im Gewächshauskreislauf im Umlauf befindlichen Wassermenge geregelt. Je geringer die Wassermenge bei gleicher Temperatur, desto geringer die Wärmezufuhr (s. Abb. 1, S. 389). Die beste Regelbarkeit lässt sich durch die **Mischregelung** erreichen. Bei ihr wird die Wärmezufuhr mit Mischventilen geregelt, indem heißes Vorlaufwasser mit kälterem Rücklaufwasser gemischt wird. Dabei bleibt die durchfließende Wassermenge gleich und eine gegenseitige Beeinflussung einzelner Heizkreise wird vermieden (s. Abb. 2 und 3, S. 389).

Vor-/Nachregelung

Eine außentemperaturabhängige **Vorregelung** der Vorlauftemperatur zur Verringerung der Wärmeverluste in den Zuleitungen zum Gewächshaus findet bereits am Kessel über einen kurzen **Kesselkreislauf** statt. Dazu misst ein Außenfühler laufend die Außentemperaturen. Über eingebaute Regelventile als Mischorgane wird durch die Zumischung von kühlerem Rücklaufwasser zum heißen Kesselvorlaufwasser eine der Außentemperatur angepasste Vorlauftemperatur erreicht. Ist die Außentemperatur hoch, ist die Vorlauftemperatur niedrig. Ein Vorlauffühler kontrolliert, ob die vorgegebene Wassertemperatur erreicht ist. Beide

Fühler sind an dem Regler angeschlossen, der das Drei- oder Vierwegemischventil so steuert, dass die in Abhängigkeit zur jeweiligen Außentemperatur eingestellte Vorlauftemperatur erreicht wird (s. Abb. 1, S. 390). Eine **Nachtabsenkung** zur Reduzierung der Atmungsverluste (s. S. 49 f.) und der Heizkosten kann über die Verstellung des Sollwertes durch eine Zeitschaltuhr oder einen Dämmungsschalter erfolgen. Zur Vermeidung der **Kesselkorrosion durch Unterschreitung des Taupunktes** (s. S. 378) muss gewährleistet sein, dass die Temperatur des Wassers im Kesselrücklauf nicht unter 60 °C absinkt. Dies geschieht dadurch, dass bei Unterschreitung dieser Temperatur dem kalten Rücklaufwasser so lange heißes Kesselvorlaufwasser zugemischt wird, bis seine Temperatur 60 °C übersteigt. Bei der Verwendung von Dreiwegemischventilen ist zu beachten, dass nur in Verbindung mit einer Kesselbeimischpumpe ein ausreichender Kesselschutz gewährleistet ist, da das Ventil nur den Kessel auf Temperatur hält und das heiße Kesselvorlaufwasser auf die erforderliche Betriebstemperatur heruntermischt. Die Beimischpumpe erhöht die Temperatur im Kesselrücklauf (s. Abb. 1, S. 390). Beim Einbau eines Vierwegemischventils ist eine Beimischpumpe nicht erforderlich, weil die Rücklaufbeimischung durch das Mischventil erfolgt. Durch die Vorregelung wird auch eine verbesserte **Nachregelung** erreicht. Darunter versteht man die Regelung der Wärmezufuhr zur Aufrechterhaltung der unterschiedlichen Solltemperaturen in den verschiedenen Gewächshäusern. Zur lichtabhängigen Temperaturregelung wird die Temperatur im Pflanzenbestand gemessen und mit dem sich selbsttätig in Abhängigkeit von der Lichtintensität einstellenden Sollwert verglichen (s. Abb. 1, S. 388).

7.3.5 Wärmebedarfsberechnung

Der Wärmebedarf zur Aufrechterhaltung bestimmter Innentemperaturen bildet die Grundlage für die Berechnung und Auslegung der Heizungsanlage. Als Kenngröße für den Wärmeverlust dient der Wärmedurchgangskoeffizient k. Er gibt an, welche Wärmemenge in Watt (W) durch jeden Quadratmeter der Hüllfläche des Gewächshauses pro Stunde nach außen dringt, wenn die Innentemperatur 1 Kelvin (K) höher ist als die Außentemperatur. Durch zusätzliche Berücksichtigung der Wärmeverluste infolge von Undichtigkeit und Wärmebrücken (k_L) erhält man den Wärmverbrauchskoeffizienten k' (k' = k + k_L). Neben der Fähigkeit des Eindeckmaterials, Wärme zu leiten, bestimmt vor allem die Größe der Gewächshausoberfläche (Hüllfläche) und die Höhe der Temperaturdifferenz zwischen Innen- und Außentemperatur den Wärmeverlust und damit den Wärmebedarf eines Gewächshauses:

$$Q = k' \cdot A_H \cdot (\vartheta_{Li} - \vartheta_{La})$$

Beispiel:
Q = Wärmebedarf
k' = Wärmeverbrauchskoeffizient
A_H = Hüllfläche Gewächshaus
ϑ_{Li} = (sprich Theta) Lufttemperatur innen
ϑ_{La} = (sprich Theta) Lufttemperatur außen
$\Delta\vartheta$ = (sprich Groß-Delta Theta) Temperaturdifferenz

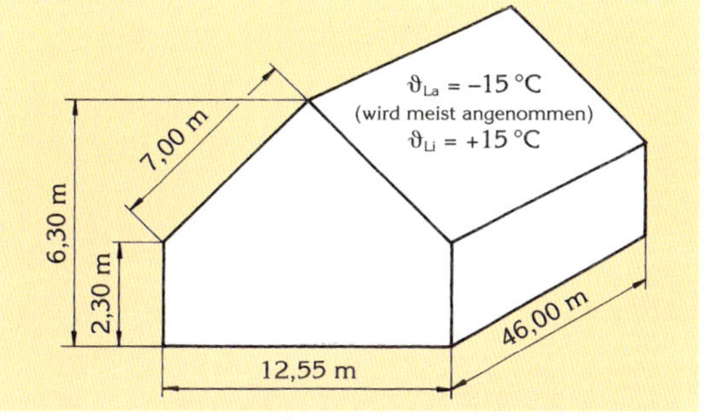

k'-Wert = 7,6 W/m²K entspricht einer gemischten Heizungsanlage (Untertisch-, Stehwand- und Luftheizung) bei Einfachverglasung

1. Berechnung der Hüllfläche (A_H)

a) Stehwandfläche

A_1 = 12,55 m · 2,30 m · 2 + 46,00 m · 2,30 m · 2
= 57,73 m² + 211,60 m² = 269,33 m²

b) Giebelfläche

$$A_2 = \frac{g \cdot h \cdot \not{2}}{\not{2}} = 12{,}55\ m \cdot 4{,}00\ m = 50{,}20\ m^2$$

c) Dachfläche

A_3 = 7,00 m · 46,00 m · 2 = 644 m²

$A_H = A_1 + A_2 + A_3$ = 963,55 m² ≙ **964 m² Hüllfläche**

2. Berechnung des Wärmebedarfs (Q)

$$Q = k' \cdot A_H \cdot (\vartheta_{Li} - \vartheta_{La})$$

$$= \frac{7{,}6\ W \cdot 964\ m^2 \cdot [15\ °C - (-15\ °C)]}{m^2 \cdot K}$$

$$= \frac{7{,}6\ W \cdot 964\ m^2 \cdot [15\ °C + 15\ °C]}{m^2 \cdot K}$$

$$= \frac{7{,}6\ W \cdot 964\ \not{m^2} \cdot 30\ \not{K}}{\not{m^2} \cdot \not{K}} = 219\,792\ Watt \triangleq \underline{\underline{220\ kW}}$$

220 kW beträgt der Wärmebedarf für das Gewächshaus. Dies entspricht etwa 381 Watt pro m² Gewächshausgrundfläche, die für die Auslegung der Heizung anzusetzen sind. Durch die Verwendung von Doppel- statt Einfachglas lässt sich der Wärmebedarf um etwa 40 % senken.

7.3.6 Warnanlagen

Warnanlagen sollen den Gärtner rechtzeitig bei Störungen an technischen Einrichtungen durch optische oder/und akustische Signale warnen. Im Gartenbau werden sie vor allem zur Meldung von gefährlichen Temperaturabweichungen vom Sollwert (z. B. durch Ausfall der Heizung, Störungen am Brenner, Pumpen- oder Stromausfall) wie auch zur Überwachung der Frostschutzberegnung eingesetzt.

Bei der Betriebsweise unterscheidet man zwischen dem Arbeitsstrombetrieb und dem Ruhestrombetrieb. Beim **Arbeitsstrombetrieb** fließt der Strom nur im Arbeitszustand, d. h. nach dem Einschalten eines Signalstromkreises und dem Ansprechen eines Relais. Beim **Ruhestrombetrieb** wird hingegen die im Ruhestand befindliche Anlage ständig von Strom (Ruhestrom) durchflossen. Die Betätigung erfolgt durch die Unterbrechung des Stromes. Zur Gewährleistung der Betriebsbereitschaft arbeiten Alarmanlagen gewöhnlich im Ruhestrombetrieb.

Abb. 1 Schlauchbrause

7.3.7 Bewässerungssysteme

Wasserbedarf und -beschaffung

Der **Wasserbedarf** im Gartenbau ist relativ hoch. Im Unterglasanbau rechnet man, je nach Fachsparte, mit 1 bis 2 m^3 pro m^2 und Jahr. Im Freilandanbau wird zur Ergänzung der natürlichen Niederschläge – je nach Witterung, Pflanzen- und Bodenart – von bis zu 0,5 m^3 Wasser pro m^2 und Jahr ausgegangen.

Weit verbreitete **Bewässerungsfehler** sind häufige kleine oder zu hohe Wassergaben. Im ersten Fall ist die Wasserausnutzung zu gering (hohe Verdunstungsverluste), im zweiten Fall kommt es zu Strukturschäden (Bodenverschlämmung) und erhöhter Nährstoffauswaschung. Zur bedarfsgerechten und umweltverträglichen Wasserversorgung sind die Aufstellung einer **klimatischen Wasserbilanz** (Gegenüberstellung von Zufuhr durch Niederschläge und Verluste durch Verdunstung) unter Berücksichtigung der Pflanzenentwicklung und Bodenart sowie die **Messung der Bodenfeuchte** (s. S. 133) hilfreich.

Die **Deckung der benötigten Wassermengen** erfolgt durch die Entnahme von Leitungswasser, von Oberflächenwasser, aus betriebseigenen Brunnen oder durch das Auffangen von Regenwasser. Gerade Letzteres wird wegen seiner guten Gießwasserqualität und wegen steigender Wasserpreise immer interessanter. Da jedoch die Regenwassermenge pro m^2 Gewächshausfläche und Jahr meist nicht ausreicht, um den gesamten Wasserbedarf der Unterglasfläche zu decken, dient es vor allem zur Qualitätsverbesserung.

Hinzu kommt, dass Zeiten mit größeren Niederschlägen (Winter) nicht unbedingt parallel verlaufen mit Zeiten größeren Wasserbedarfs (Frühjahr und Sommer), sodass Sammel- und Speichermöglichkeiten geschaffen werden müssen, die mit nicht unerheblichen Kosten verbunden sind.

Automatisierung der Bewässerung

Das arbeitsintensive Gießen von Hand mit der Schlauchbrause (s. Abb. 1) oder gar Gießkanne ist heute weitgehend durch halb- oder vollautomatische Bewässerungsverfahren ersetzt worden, mit denen auch Flüssigdünger und Pflanzenschutzmittel ausgebracht werden können. Bei der **halbautomatischen Bewässerung** wird die Anlage auf Knopfdruck von Hand ein- und ausgeschaltet. Eine **vollautomatische Bewässerungsanlage** hingegen führt bei Wasserbedarf selbsttätig und sich selbst steuernd den Bewässerungsvorgang durch. Die Regelung erfolgt über einen **Regelkreis** (s. S. 388): Mit einem Fühler (Messglied) wird die Feuchte im Boden (Regelgröße) ständig gemessen. Die Messwerte werden als elektrische Signale an den Regler übermittelt, dort ausgewertet und bei Abweichungen vom Sollwert in Regelbefehle für das Magnetventil (Stellglied) umgesetzt. Eine über einen Regelkreis geregelte Bewässerung spart nicht nur Arbeitszeit, Arbeitskräfte und damit Produktionskosten ein, sondern ermöglicht auch eine dem Pflanzenbedarf angepasste Wasserversorgung.

Zur Regelung der Bewässerung über die Feuchtigkeitsmessung im Boden/Substrat hat sich das **Tensiometerprinzip** bewährt (s. S. 133).

Bewässerungsverfahren

Im Gartenbau werden zahlreiche Bewässerungsverfahren zur Versorgung der Pflanzen mit Wasser und Nährstoffen eingesetzt. Zur Einsparung von Wasser, Dünger, Heizkosten und Arbeit sowie zum Schutz des Grundwassers und zur Vermeidung bodenbürtiger Krankheiten werden im Gartenbau unter Glas **geschlossene Bewässerungsverfahren** bevorzugt. Im Gegensatz zu **offenen Systemen** gelangen überschüssiges Wasser, Dünge- und Pflanzenschutzmittel nicht mehr auf bzw. in den gewachsenen Boden, sondern fließen in Sammelbecken zurück, von wo aus sie dem Kreislauf der Bewässerung in unveränderter oder aufbereiteter Form wieder zugeführt werden können. Nachteilig beim Einsatz geschlossener Systeme im Freiland, z. B. in Baumschulen bei der Containerkultur, sind die hohen Investitionskosten und die unerwünschte Versiegelung großer Flächen. Wichtige **Kriterien bei der Auswahl des Bewässerungssystems** sind:

- Art der Boden-, Substrat- oder Topfkultur,
- Möglichkeiten zur Automatisierung, Wasser- und Düngereinsparung,
- Gewährleistung einer optimalen, dem Pflanzenbedarf angepassten, gleichmäßigen Wasser- und Nährstoffversorgung,
- Höhe der Investitions- und Folgekosten,
- Benutzerfreundlichkeit, Funktionssicherheit und Reparaturanfälligkeit,
- Gefahr der Krankheitsausbreitung sowie Beeinflussung von Luftfeuchtigkeit und Temperatur im Pflanzenbestand,
- Beeinträchtigung von Kulturarbeiten.

Abb. 1 Düsenrohrbewässerung im Gewächshaus

Düsenrohrbewässerung

Kennzeichen der Düsenrohrbewässerung sind mit Metall- oder Kunststoffdüsen versehene Aluminium- oder Kunststoffrohre, die in Abständen von 1 bis 3 m über dem Pflanzenbestand verlegt werden. Bei der Verlegung ist darauf zu achten, dass sich die Sprühradien so wenig wie möglich überschneiden. Die früher vor allem verwendeten **Pralldüsen,** bei denen der Wasserstrahl auf einen Prallkörper trifft und dabei in kleine Wassertropfen zerteilt wird, werden heute zunehmend durch **Mikrosprinkler,** Miniregner aus Kunststoff, ersetzt. Gründe dafür sind eine bessere Wasserverteilung und eine niedrigere Niederschlagsdichte (Vermeidung von Bodenverschlämmungen). Zur Vermeidung von Tropfrinnen unter den Rohren werden Düsen oder Sprinkler auf der Unterseite der Rohre installiert (s. Abb. 1).
Einsatz: Jungpflanzenanzucht, Beetkulturen.

Sprühnebelanlagen

Sprühnebelanlagen werden vor allem bei der Stecklingsvermehrung **(Sprühnebelvermehrung)** eingesetzt. Durch Metalldüsen mit sehr feinen Bohrungen wird das Wasser in kurzen Sprühstößen (nur wenige Sekunden) in Form eines feinen Nebels („Nebeldüsen“) über die Pflanzen verteilt. Dieser schafft eine hohe relative Luftfeuchtigkeit („gespannte Luft“), ohne die Lichteinstrahlung und damit die Photosyntheseaktivität der Stecklinge zu verringern (s. S. 306 f.). Das wiederholte kurzzeitige Übersprühen der Pflanzen garantiert eine ständige Benetzung der Blätter, ohne dass es zu einer Durchnässung des Substrates kommt.

Die **Regelung der Sprühnebelanlagen** erfolgt vollautomatisch. Aufgabe der Steuergeräte (Regler) ist es dabei, die Verdunstungsgeschwindigkeit des Wassers von den Blattoberflächen zu messen. Ein bekanntes Steuergerät ist die **Helfert'sche Tauwaage,** bei der eine mit einer Folie überzogene und auf einer Waage befindliche Testfläche so aufgestellt wird, dass sie genauso dem Sprühnebel ausgesetzt ist wie die Blätter der Pflanzen. Da sich durch das Besprühen das Gewicht der Testfläche erhöht, kommt es zu einer Senkung der Waage. Diese führt dazu, dass der Stromfluss zum Magnetventil unterbrochen und damit der Sprühimpuls beendet wird. Durch die Verdunstung des Wassers von der Testfläche – ähnlich der von den Blättern – hebt sich die Waage wieder, der Stromfluss zum Magnetventil wird wieder hergestellt und ein erneuter Sprühstoß ausgelöst.

Beim so genannten **Elektrodenblatt** wird die elektrische Leitfähigkeit des Wassers zur Bestimmung der Verdunstungsgeschwindigkeit benutzt. Das im Pflanzenbestand befindliche „Blatt" wird beim Sprühen ebenfalls wie die Pflanzen befeuchtet. Durch die Fähigkeit des Wassers, Strom zu leiten, wird ein elektrischer Kontakt geschlossen, der den Sprühimpuls beendet. Umgekehrt wird beim Abtrocknen des Elektrodenblattes durch die Unterbrechung des elektrischen Kontaktes ein Sprühimpuls ausgelöst. Neben Tauwaage und Elektrodenblatt gibt es eine Reihe weiterer Steuergeräte, die mithilfe spezieller Fühler die Wasserabgabe ihrer Messflächen elektronisch messen **(elektronische Feuchtefühler)** oder andere Messgrößen, wie die Strahlungsintensität **(Sonnenintegrator),** zur Feststellung der Verdunstungsgeschwindigkeit benutzen.

Auch zur **Absenkung der Luft- und Pflanzentemperatur** (Blatttemperatur) sind Sprühnebelanlagen gut geeignet, da sie im Gegensatz zur Schattierung den Lichteinfall nicht hemmen. Entsprechend werden bestimmte Kulturen an heißen Tagen kurzzeitig und in bestimmten Intervallen mit Wasser übersprüht. Bei seiner Verdunstung entzieht das Wasser den Pflanzen die dazu notwendige Energie in Form von Wärme (Verdunstungskälte, s. Abb. 1, S. 284). Zudem wird die Luftfeuchtigkeit im Pflanzenbestand erhöht, sodass ein Schließen der Spaltöffnungen und damit eine Hemmung der Photosynthese durch Verringerung der CO_2-Aufnahme vermieden wird.

Tropfbewässerung
Bei der Tropfbewässerung wird das Wasser tropfenweise an den Boden/die Pflanze abgegeben. Dies geschieht mithilfe von feinen Schläuchen (Tropfschläuche) oder Tropfelementen, die in bestimmten Abständen an Wasser leitenden Verteilerschläuchen/-rohren angebracht sind.

Die **Vorteile der Tropfbewässerung** liegen in der gezielten Wasserausbringung in den Wurzelbereich der Pflanzen und der damit verbundenen Verringerung der unproduktiven Wasserverdunstung (Wasserabgabe nicht über die Pflanze). Entsprechend wird der Wasserverbrauch stark gesenkt. Zudem schont die tropfenweise Ausbringung des Wassers die Bodenstruktur und ermöglicht aufgrund des geringen Druckbedarfs die gleichzeitige Bewässerung großer Flächen. Bei Bedarf können dem Bewässerungswasser Nährstoffe beigefügt werden. Außerdem bleiben die Pflanzen trocken, sodass die Gefahr von Pilzinfektionen sinkt.

Nachteile der Tropfbewässerung ergeben sich unter den ariden Bedingungen des Gewächshauses dadurch, dass die geringen Wassermengen, die mit den Tropfschläuchen zugeführt werden, nicht ausreichen, Salze auszuwaschen, wodurch ihre Anreicherung in der oberen Bodenschicht und damit die Versalzung des Bodens gefördert wird. Zudem ist die Verlegung zur Einzeltopf- / Einzelpflanzenbewässerung recht arbeitsaufwändig, vor allem dann, wenn die Pflanzenabstände während der Kultur geändert werden müssen. Probleme können bei eisen- (Belüftung → Ausfällung im Auffangbecken!) oder stark kalkhaltigem Wasser (Spülung mit stark verdünnter Salpetersäure!) durch Ausfällungen auftreten, die zur Verstopfung der Tropfer führen können. Auch sollte eine Filterung des Wassers auf Teilchen $< 0{,}5$ mm erfolgen.

Einsatz: Einzeltopf-/Einzelpflanzenbewässerung (Reihenkulturen im Gemüsebau, z. B. unter der Mulchfolie bei der Tomatenkultur) sowie über synthetische Bewässerungsmatten zur Flächenbewässerung (s. Mattenbewässerung). Neben der Unterglasbewässerung dient die Tropfbewässerung in zunehmendem Maße auch zur Freilandbewässerung von Container- und Topfpflanzen (s. Abb. 1, S. 395), begrünten Schall- und Lärmschutzwänden, Balkonkästen, Dachbepflanzungen, Unterflurbewässerung von Spiel- und Sportplätzen (ermöglicht eine Wasser- und Nährstoffzufuhr auch während des Spielbetriebs) sowie Steppen- und Wüstengebieten.

Abb. 1 Topfbewässerung

Kapillarbewässerung

Die Kapillarbewässerung ist ein Verfahren, bei dem den Pflanzen das Wasser von unten zugeführt wird. Dabei stehen die Töpfe in angestautem Wasser oder auf Bewässerungsmatten (früher Sandschicht), die über eine Tropfbewässerung gleichmäßig feucht gehalten werden. Da das Substrat eine höhere Saugspannung aufweist als die Matte, gelangt das Wasser durch den kapillaren Aufstieg über die Löcher in den Töpfen bzw. bei Tontöpfen zusätzlich durch die porösen Wandungen zur Pflanzenwurzel. Nachteilig kann sich bei der Kapillarbewässerung die mit der Zeit eintretende Salzanreicherung im oberen Drittel des Topfes und die damit einhergehende schlechtere Nährstoffversorgung der Wurzel – der Hauptanteil der Nährstoff aufnehmenden Wurzeln befindet sich im unteren Topfbereich – auswirken. Deswegen sollte gelegentlich von oben bewässert werden, um die abgelagerten Nährsalze in den Wurzelbereich zu waschen und damit pflanzenverfügbar zu machen.
Einsatz: Topfpflanzenbewässerung

Anstaubewässerung (Ebbe-Flut-Bewässerung)

Bei der **Anstaubewässerung** erfolgt die Bewässerung wie bei der Hydrokultur nach dem **„Ebbe-Flut-System"**. Nach der Flutung der exakt in Waage stehenden (gleichmäßige Wasserverteilung, Vermeidung von Wasserlachen) und mit einer Wanne aus wasserdichtem Material (Kunststoff, kunststoffummantelter Stahl, Aluminium) versehenen Tische auf 0,5 bis 2 cm Höhe stehen die Töpfe für eine begrenzte Zeit – in der Regel 10 bis 15 Minuten – zur Deckung ihres Wasserbedarfs im angestauten Wasser.

Faustregel:
Topfgröße in Zentimeter = Anstauzeit in Minuten.

Das bei der Bewässerung nicht verbrauchte Wasser wird in einen Sammelbehälter geleitet, gefiltert und beim nächsten Bewässerungsvorgang wieder verwendet.
Um eine schnelle Wasseraufnahme und ein schnelles Abfließen überschüssigen Wassers aus dem Topf nach dem Anstauen zu gewährleisten, sollte der Topfboden große Öffnungen (Löcher und/oder Schlitze) am Boden und seitlich aufweisen.
Die Bewässerung nach dem „Ebbe-Flut-System" ist ein relativ einfaches und sicheres Verfahren. Dabei kann man unterscheiden zwischen Anstautischen und Anstaurinnen:

- **Anstautische**
  In den Tischrahmen aus Aluminium ist eine Tischwanne aus Kunststoff eingelegt. Tiefe Längs- und Querrillen sorgen für eine schnelle und gleichmäßige Wasserzu- und Wasserabführung.

- **Anstaurinnen**
  Bei der Rinnenbewässerung stehen die Töpfe in Rinnen aus Kunststoff oder Aluminium, die von Zeit zu Zeit geflutet werden. Auf einem Tisch liegen mehrere Rinnen nebeneinander. Der Abstand zwischen den einzelnen, unabhängig voneinander flutbaren Rinnen kann beliebig verändert werden. Vorteilhaft gegenüber der Wanne in Tischbreite sind eine bessere Luftzirkulation und Wärmeverteilung im Pflanzenbestand. Nachteilig ist die aufwändige Technik aufgrund der vielen erforderlichen Wasseranschlüsse sowie die Einschränkung der Aufstellmöglichkeiten, z. B. können Töpfe nicht Topf an Topf gestellt werden (s. Abb. 1, S. 396).

Fließrinnenbewässerung

Bei der Fließrinnenbewässerung stehen die Töpfe in Alu- oder PVC-Rinnen mit einem Gefälle von 0,5 bis 1%, durch die ein 2 bis 5 mm starker Wasserfilm von Zeit zu Zeit fließt. Die Fließrinnenbewässerung weist gegenüber Anstau- und Mattenbewässerung den geringsten Wasserverbrauch auf (s. Abb. 2, S. 396).

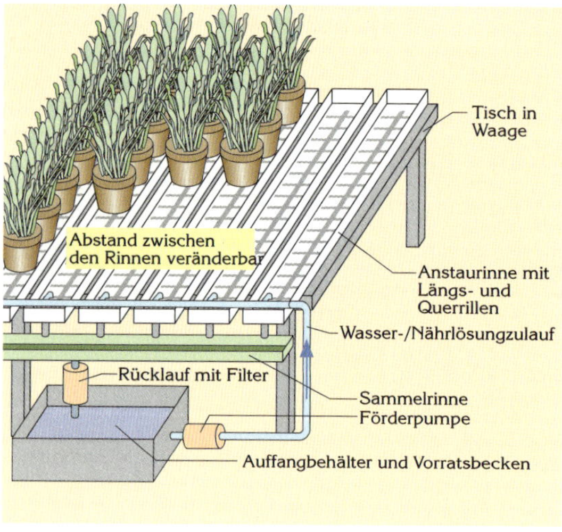

Abb. 1 Anstaubewässerung (= Ebbe-Flut-System)

Abb. 2 Fließrinnenbewässerung

Mattenbewässerung

Die **Mattenbewässerung** stellt eine preiswerte Alternative zur Anstaubewässerung dar. Als Bewässerungsmatten dienen z. B. 0,4 mm dünne Glasfaser- oder Synthetikmatten, die zwischen zwei Folien ausgelegt und in gewissen Zeitintervallen gewässert werden. Die obere schwarze Abdeckfolie (Nadelfolie) ist schwach perforiert (12 Nadellöcher/cm^2). Alle drei Lagen werden auch als Verbundmatte angeboten (vereinfachtes Auslegen).

Die Mattenbewässerung erlaubt die volle Nutzung der Stellfläche (ohne Matte keine Querverteilung des Wassers) und ist für die meisten Töpfe und Topfplatten geeignet. Die Befeuchtung der Matten unter der Folie geschieht über Tropfschläuche oder freien Wasserstrahl. Mithilfe eines Tensiostaten (Feuchtefühler) mit Matten- oder Topffühler lässt sich die Mattenfeuchte regeln. Nachteilig ist, dass ausgetrocknete Töpfe nur schwer wieder befeuchtet werden können, sodass häufig ein Ausgießen von Hand erforderlich wird. Die nach der Bewässerung von der Matte gehaltene Restfeuchtigkeit führt zu einer Erhöhung der Luftfeuchtigkeit mit der Gefahr des Pilzbefalls.

Bei der Mattenbewässerung kann unterschieden werden zwischen der Fließmatte und der geschlossenen Matte:

- **Fließmatte (Flutmatte)**

  Bei der **Fließmattenbewässerung** weist der Untergrund (Tisch oder Bodenfläche) ein Gefälle von 0,5 bis 1% auf. Das an der oberen Seite mithilfe eines Tropfschlauches aufgebrachte Wasser durchläuft die Matte als Wasserfilm. Zur Gewährleistung einer guten Wasserverteilung sollte die Fließlänge 15 m nicht überschreiten. Am unteren Ende wird das Überschusswasser über eine Sammelrinne in einen Auffangbehälter geleitet.

- **Geschlossene Matte**

  Bei der geschlossenen Matte weist der Untergrund kein Gefälle auf. Auch fehlen Sammelrinnen und Auffangbehälter. Entsprechend darf bei der Bewässerung immer nur so viel Wasser zugeführt werden, wie die Matte aufnehmen kann bzw. durch Pflanzen und Verdunstung verbraucht wird! Die Zuführung des Wassers erfolgt im Allgemeinen mit auf der Fläche verteilten Tropfschläuchen. Vorteilhaft ist, dass kein Überschusswasser und somit keine Kosten für das Auffangen, Sammeln, Reinigen und Recyceln des Gießwassers anfallen.

Dünnschichtkultur

Bei der Dünnschichtkultur werden die Pflanzen auf sehr dünnen Substratschichten (allgemein zwischen 2 und 7 cm) in Folienwannen kultiviert. Sie bietet eine relativ preiswerte Möglichkeit, Gemüsepflanzen und Schnittblumen abgetrennt vom gewachsenen Boden zu kultivieren. Da die ausgebrachte Nährlösung vollständig verbraucht werden muss, erfordert die Dünnschichtkultur eine exakte Nährstoff- und Wasserdosierung, um Versalzung, Austrocknung oder Staunässe zu vermeiden.

Nährfilmtechnik (NFT)

Bei der Nährfilmtechnik (Nutrient-Film-Technik) handelt es sich um ein erdloses Kulturverfahren. Die nackten Pflanzenwurzeln hängen in einem dünnen, ständig zirkulierenden Nährlösungsfilm. Allgemein werden hierfür Kunststoffrinnen mit einem Gefälle von etwa 2 % verwendet. Zur Vermeidung von Pflanzenschäden ist eine ständige Überwachung der Nährlösungskonzentration, -temperatur und -zusammensetzung sowie des pH-Wertes und des Sauerstoffgehaltes erforderlich.

Aeroponik (Wurzelsprühkultur)

Bei der Aeroponik, der Wurzelsprühkultur, wird die Nährlösung ständig oder in bestimmten Zeitabständen fein verteilt an die Pflanzenwurzeln gesprüht. Auch bei diesem System kommt es auf eine ständige Überwachung der Nährlösung an.

Gießwagen

Ein Gießwagen ist ein auf Schienen fahrbares Gestell mit Spannweiten zwischen 24 und 48 m, das mit Bewässerungsdüsen oder Gießröhrchen versehen ist und durch einen Elektromotor bewegt wird. Er wird vorwiegend zur Bewässerung und Düngung von Eriken-, Azaleen-, Hortensien- und Baumschulquartieren im Freiland eingesetzt. Mithilfe elektronisch gesteuerter **Impulsgießwagen** ist gegenüber herkömmlichen Gießwagen eine gezieltere Wasser- und Düngerausbringung möglich (s. Abb. 1). Die Impulse zum Öffnen und Schließen der über Magnetventile gesteuerten Gießdüsen erfolgen durch „Kontaktfinger" oder Lichtschranken (Fotozelle). Voraussetzung sind zentimetergenau aufgestellte Topfreihen, da die „Leittöpfe" am Anfang der jeweiligen Reihe den Gießimpuls auslösen. Das Anbringen einer Röllchenbahn oder eines Förderbandes am Gießwagen ermöglicht ein rationelles Ausstellen und Abräumen der Pflanzen.

Abb. 1 Impulsgießwagen

Regner

Regner werden vor allem im Freiland eingesetzt. Dabei unterscheidet man zwischen mobilen und stationären Beregnungsanlagen. Bei **mobilen Anlagen** wird das Wasser den Regnern durch ortsveränderliche Verteileranlagen, wie z. B. Schläuche und Schnellkupplungsrohre, zugeführt. Bei **stationären Anlagen** sind die Verteileranlagen ortsfest verlegt und in der Regel mit fest installierten Regnern ausgestattet. Die Investitionskosten für eine stationäre Beregnungsanlage sind zwar relativ hoch, im Gegensatz zur mobilen Anlage entfällt jedoch das arbeitsaufwendige Auf- und Abbauen. Die meisten Beregnungsanlagen lassen sich automatisieren, sodass auch nachts beregnet werden kann. Die Wasserzufuhr erfolgt über Schläuche oder Rohre aus Kunststoff/verzinktem Stahl, die ober- oder unterirdisch verlegt werden können. Auf dem Markt wird eine Vielzahl verschiedener Regnertypen angeboten, sodass für alle Kulturen, Boden- und Klimaverhältnisse der passende Regner ausgewählt werden kann. Nach der Art der Flächenberegnnung unterscheidet man Kreis- und Viereckregner.

Beim **Kreis-/Drehstrahlregner** dreht sich ein mit einer Strahldüse versehenes Stahlrohr um eine vertikale Achse, sodass eine kreisförmige Fläche beregnet wird. Die Drehung wird durch den Wasserdruck des durchströmenden Wassers bewirkt. Bei dem häufig als **Schwinghebelregner** konstruierten Kreisregner trifft der aus der Düse kommende Wasserstrahl auf einen Schwinghebel, der periodisch in den Strahl eintaucht. Beim

Abb. 1 Schwinghebelregner

Abb. 2 Schwenkregner mit Bogendüse

Zurückfedern schlägt der Hebel gegen das Stahlrohr, wodurch der Regner um 3 bis 5° weitergedreht wird (s. Abb. 1). Die meisten Kreisregner verfügen über Einstelleinrichtungen, die die Beregnung von Kreisausschnitten beliebigen Winkels ermöglichen. Mithilfe solcher Sektorenregner können die zwangsläufig auftretenden Überschneidungen bei der Flächenberegnung verringert werden.
Nach der Beregnungsdichte (Niederschlagsdichte) unterscheidet man zwischen **Schwach-/Langsamregnern** (<7 mm/h), **Mittelstarkregnern** (7 bis 20 mm/h) und **Starkregnern** (>20 mm/h). Je höher die Beregnungsdichte, desto größer ist die Gefahr der Bodenverschlämmung. Auch können empfindliche Pflanzen beschädigt werden, sodass zur boden- und pflanzenschonenden Beregnung vor allem Schwachregner eingesetzt werden. Die feinen Tropfen und die geringe Regendichte ermöglichen zudem eine gute Erwärmung zu kalten Wassers auf dem Wege durch die Luft. Zur Vermeidung von Pflanzenschäden durch Früh- und Spätfröste werden Schwachregner mit einer Beregnungsdichte von 3 bis 3,5 mm zur Frostschutzberegnung eingesetzt (s. S. 296).
Beregnungsmaschinen sind mit einer Rohrtrommel ausgestattet. Der Schlauch (PE-Rohr) rollt sich darauf auf. Am Ende ist ein Kreisregner auf einem Fahrgestell montiert. Zur Beregnung wird der Schlauch über das Feld ausgelegt. Der Wasserdruck bewirkt ein Aufrollen des Schlauches auf die Trommel, sodass der Regner während der Beregnung langsam über das Feld zum Ausgangspunkt zurückgezogen wird. Beim Erreichen des Feldendes schaltet sich die Maschine automatisch ab. Beregnungsmaschinen können auch zur Verregnung von Abwasser, Gülle oder Klärschlamm eingesetzt werden. Kleinere Geräte, so genannte **Rain-Mobile,** werden häufig zur Beregnung von Sportplätzen eingesetzt. Sie haben eine Seiltrommel, die durch den Wasserdruck bewegt wird. Dabei rollt sich das Stahl- oder Kunststoffseil auf und zieht den Regner selbsttätig weiter. Neben Maschinen mit Regnereinzug gibt es auch **selbstfahrende Beregnungsmaschinen.**

Versenkregner werden vor allem im Rahmen stationärer Beregnungsanlagen auf Sport- und Golfplätzen sowie in Parkanlagen eingesetzt. Es handelt sich dabei um Kreisregner, die unter der Erdoberfläche in einem Schutzgehäuse installiert sind. Bei Einschaltung des Wassers öffnet sich der Deckel des Gehäuses und der Regner hebt sich durch den Wasserdruck aus dem Boden heraus. Wird die Wasserzufuhr unterbrochen, geht der Regner wieder in seine Ausgangsstellung unter der Erdoberfläche zurück.

Viereck-/Schwenkregner besitzen drehbar gelagerte Bogendüsen (s. Abb. 2) bzw. bis zu 100 m lange Düsenrohrstränge, die durch Wasserturbinen/-motoren innerhalb eines einstellbaren Schwenkwinkels hin- und hergeschwenkt werden. Sie ermöglichen die randscharfe Beregnung viereckiger Flächen. Viereck-/Schwenkregner sind im Vergleich zu den Kreis-/Drehstahlregnern störanfälliger.

7.3.8 Düngerbeimischer

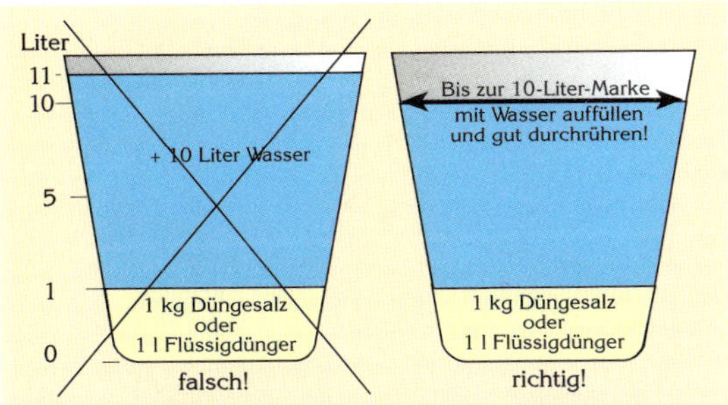

Merke: Eine Lösung ist 10%ig, wenn

100 g	Lösung	10 g gelösten Stoff enthalten
100 kg	Lösung	10 kg gelösten Stoff enthalten
100 t	Lösung	10 t gelösten Stoff enthalten
10 l	Lösung	1 l / 1 kg Dünger enthalten

Abb. 1 Das Ansetzen einer 10%igen Stammlösung

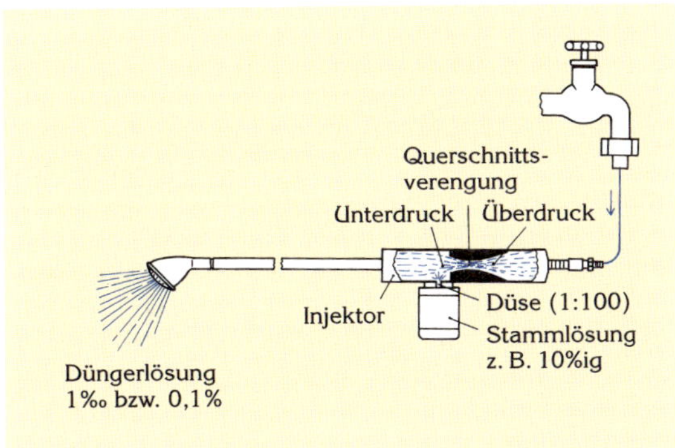

Abb. 2 Injektorprinzip

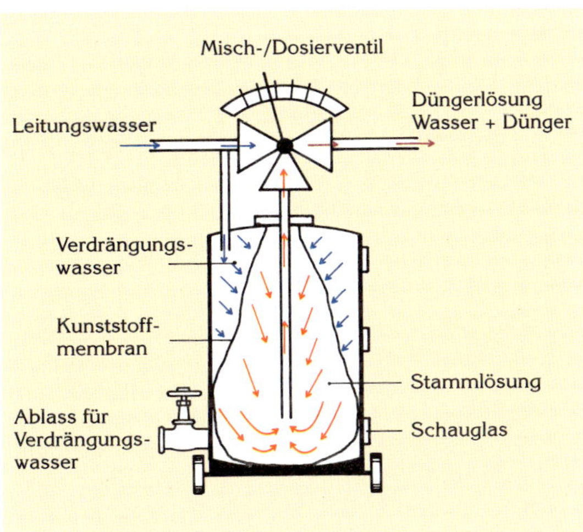

Abb. 3 Verdrängungsprinzip

Die Ausbringung von Nährstoffen zusammen mit dem Gießwasser über die Bewässerungsanlage ermöglicht eine arbeitssparende, gleichmäßige und gezielte Düngung der Pflanzen. Die Beimischung voll wasserlöslicher oder flüssiger Dünger erfolgt mithilfe von **Düngerbeimischern**. Auf dem Markt wird eine Reihe unterschiedlicher Fabrikate mit verschiedenen Arbeitsprinzipien angeboten:

Beim **Injektorprinzip** wird nach dem Prinzip der Wasserstrahlpumpe, einer Saugpumpe, bei der ein Wasserstrahl Luft aus einem Gefäß saugt, gearbeitet. Statt Luft wird eine hoch konzentrierte Düngerlösung (**Stammlösung,** s. Abb. 1) angesaugt. In dem Injektor erhöht der eintretende Wasserstrom infolge einer Querschnittsverengung seine Geschwindigkeit. Der dadurch erzeugte Unterdruck führt dazu, dass die Stammlösung über ein Rohr angesaugt und über eine Düse dem vorbeifließenden Leitungswasser beigemischt wird. Die Beimischung erfolgt in Abhängigkeit von der gewählten Düse in einem bestimmten Verhältnis. Bei einem Beimischungsverhältnis von 1:100 (auf 100 Liter Düngerlösung 1 Liter Stammlösung) und einer 10%igen Stammlösung beträgt die Nährlösungskonzentration 1‰ bzw. 0,1% (s. Abb. 2).

In der Praxis weit verbreitet sind Geräte, die nach dem **Verdrängungsprinzip** arbeiten. In einem Druckbehälter ist ein Kunststoffsack eingehängt, der die hoch konzentrierte Düngerlösung enthält. Das beim Betrieb in den Zwischenraum zwischen Behälterwand und Kunststoffsack einströmende Leitungswasser drückt den Kunststoffsack zusammen, sodass die Stammlösung in das Mischventil fließt, wo sie entsprechend dem eingestellten Mischverhältnis (von 1 bis 16 ‰ oder 0,5 bis 8 ‰) dem durchfließenden Gießwasser beigemischt wird. Der fortschreitende Verbrauch der Stammlösung kann durch Schaugläser am Apparat beobachtet werden. Vor einer erneuten Füllung mit Stammlösung muss zunächst die Wasserzuleitung abgesperrt und das Verdrängungswasser über den Ablasshahn abgelassen werden (s. Abb. 3). Mithilfe eines Pumpautomaten kann aus Düngeransatzbecken beliebiger Größe fortlaufend Stammlösung entnommen werden, sodass eine Unterbrechung der Düngerzufuhr durch Nachfüllen des Druckbehälters entfällt.

Andere Geräte arbeiten mit **Misch-/Dosierpatronen.** Bei ihnen ist die Stammlösung nicht vom Verdrängungswasser getrennt. Eine Durchmischung wird aufgrund der hoch konzentrierten Stammlösung ($\geq$10 %) vermieden (höheres spezifisches Gewicht). Entsprechend der zugrunde

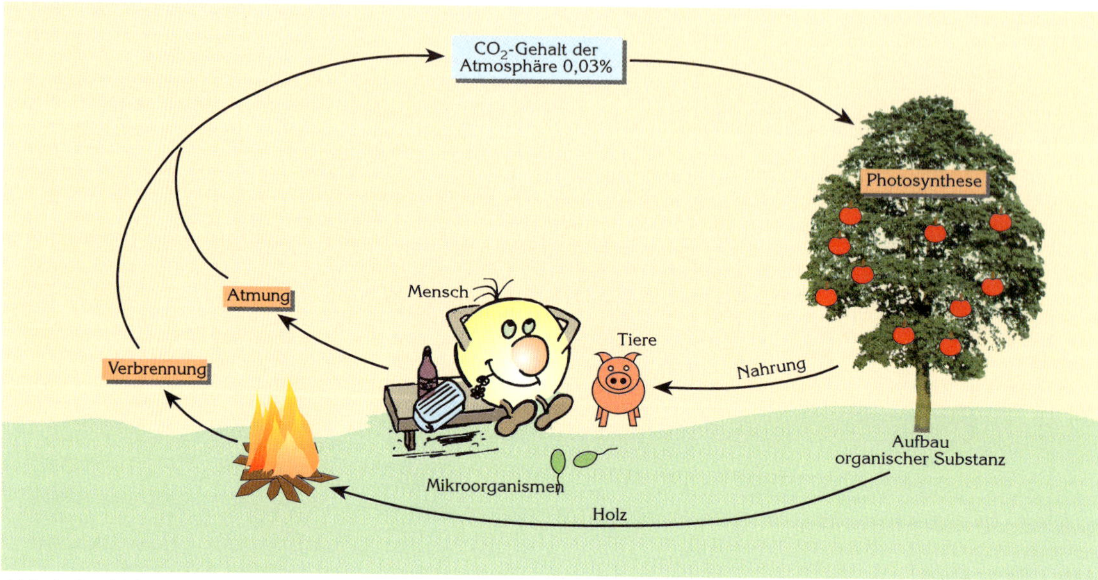

Abb. 1 Der Kohlenstoffkreislauf

gelegten Stammlösung können durch die Wahl austauschbarer Dosierpatronen unterschiedliche Düngerkonzentrationen eingestellt werden.

Düngerbeimischungen nach der **Wasserdurchflussmenge** erfolgen mithilfe von Kolben- oder Membranpumpen. Dabei steuern Pumpen über einen Strömungs- bzw. Durchflussmesser die Düngerbeimischung.
Die Beimischung in Abhängigkeit von der **Salzkonzentration des Gießwassers** erfolgt durch Leitfähigkeitsmesser/-fühler, die über ein Motorventil die Zudosierung der Stammlösung steuern.
Eine sehr genaue Dosierung lässt sich mit **Schlauchsystemen** erreichen. Neunundneunzig Schläuche fördern reines Wasser, während einer die Stammlösung ansaugt. Die Konzentration des Gießwassers erfolgt in Abhängigkeit von der Konzentration der Stammlösung und den Schlauchquerschnitten. So beträgt z. B. die Gießwasserkonzentration bei einer 10%igen Stammlösung und gleichen Schlauchquerschnitten 1‰ bzw. 0,1%.

7.3.9 CO_2-Versorgung

Kohlenstoff (C) ist ein lebensnotwendiger Nährstoff, der von der Pflanze in Form von Kohlendioxid (CO_2) über die Spaltöffnungen der umgebenden Luft entzogen wird. Als Ausgangsprodukt für die Photosynthese (s. S. 45) beeinflusst die CO_2-Konzentration der Luft ganz entscheidend die Entwicklung der Pflanzen. Mit 0,03 Vol.-% (= 300 ppm) ist der CO_2-Gehalt der Luft nicht optimal (s. Abb. 2, S. 51), sodass CO_2 als Wachstumsfaktor ein Minimumfaktor darstellt, durch dessen Steigerung das Pflanzenwachstum gefördert wird. Im Freiland ist dies von untergeordneter Bedeutung, da der schnelle Luftaustausch eine ständige CO_2-Nachlieferung gewährleistet (s. Abb. 1). In Gewächshäusern kann es jedoch durch den behinderten Luftaustausch zu einem Mangel kommen, sodass durch eine zusätzliche Versorgung mit CO_2 **(CO_2-Düngung/-Begasung)** das Wachstum, der Ertrag und die Qualität der Pflanzen erheblich verbessert werden können. Da die Wirkung der CO_2-Düngung mit der Lichtintensität zunimmt, ist insbesondere an hellen Tagen für ein ausreichendes CO_2-Angebot zu sorgen. In der lichtarmen Jahreszeit ist die Wirkung einer zusätzlichen CO_2-Versorgung zwar gering, aber auch hier wird ein Zuwachs bewirkt (s. Abb. 2, S. 51), sodass aus pflanzenphysiologischer Sicht eine CO_2-Düngung ganzjährig sinnvoll ist.

Ob eine zusätzliche Versorgung mit CO_2 durchgeführt wird oder nicht, hängt neben dem Ziel der Pflanzenproduktion vor allem von der Wirtschaftlichkeit des Verfahrens ab. Als günstig haben sich – je nach Pflanzenart und Entwicklungsphase sowie in Abhängigkeit von den Wachstumsfaktoren Licht und Temperatur (s. S. 51) – CO_2-Konzentrationen zwischen 400 und 3 000 ppm erwiesen. Allgemein werden in den Gewächshäusern Gehalte von 600 bis 900 ppm angestrebt.

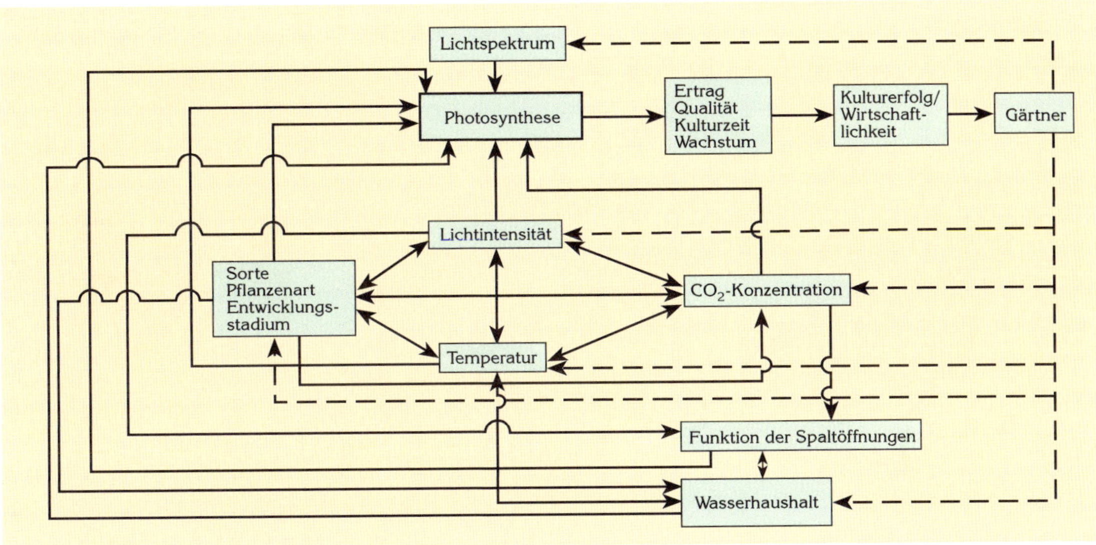

Abb. 1 Physiologische Vorgänge sind komplexe Prozesse, die der Gärtner nur dann optimal beeinflussen kann, wenn ihm die theoretischen Hintergründe seines Tuns bewusst sind

Bei der CO_2-Begasung ist zu berücksichtigen, dass überhöhte Konzentrationen zu Pflanzenschäden führen und der MAK-Wert (maximale Arbeitsplatzkonzentration), unterhalb dem eine Belästigung oder Gesundheitsgefährdung nach dem heutigen Wissensstand nicht zu erwarten ist, 5 000 ppm (0,5 Vol.-% CO_2) beträgt. Ein Gehalt von 8 Vol.-% CO_2 in der Atemluft führt innerhalb weniger Minuten beim Menschen zum Erstickungstod. Zur kontinuierlichen **Überwachung der CO_2-Konzentrationen** in den Gewächshäusern dienen überwiegend Analysegeräte, die nach dem Prinzip der Infrarot-Strahlungs-Absorption arbeiten. Das Messprinzip beruht auf der Eigenschaft des Kohlendioxids, Infrarotstrahlung (Wärmestrahlung) zu absorbieren. Aus der Höhe der Infrarotabsorption der angesaugten Gewächshausluft wird die CO_2-Konzentration ermittelt. Zur stichprobenartigen Messung sind spezielle Prüfröhrchen erhältlich, die sich in Abhängigkeit von der CO_2-Konzentration verfärben.

Förderung der Mikroorganismen

Eine Erhöhung der natürlichen CO_2-Nachlieferung aus dem Boden (bodenbürtiges CO_2) kann über die Förderung der Mikroorganismen geschehen, indem z. B. der Boden regelmäßig mit organischer Substanz versorgt wird (s. Abb. 2, S. 189). Früher hat man sich diese Erkenntnis zur CO_2-Begasung zunutze gemacht, indem in den Gewächshäusern durchfeuchtete und mit Stickstoff gedüngte Strohballen (C:N-Verhältnis!) aufgestellt wurden.

Begasung mit reinem CO_2-Gas

Eine einfache und regulierbare CO_2-Düngung kann mit reinem CO_2-Gas (technisches/flüssiges CO_2) erfolgen. Es handelt sich hierbei um unter Druck und bei niedrigen Temperaturen verflüssigtes CO_2-Gas in reiner Form (frei von Schadstoffen!). Das unter Druck stehende Flüssiggas (rd. 57 bar bei 20 °C) gelangt aus Druckgasbehältern (CO_2-Flaschen, -Batterien oder -Tanks) über dünne Rohre oder Schläuche mithilfe von Druckminderungsventilen (Reduzierung des Drucks unter 4 bar) als CO_2-Gas zur Begasung in die Gewächshäuser. Dabei erhält man aus 1 kg flüssigem CO_2 0,5 m^3 CO_2-Gas. Die Dosierung der Begasung erfolgt am sichersten über CO_2-Mess- und Regelanlagen, die mit CO_2-Analysegeräten zur genauen CO_2-Messung ausgestattet sind. Nachteilig ist der relativ hohe Preis des Flaschengases.

Einsatz von CO_2-Brennern

Die Tatsache, dass bei der Verbrennung kohlenstoffhaltiger Verbindungen Kohlendioxid freigesetzt wird, macht man sich beim Einsatz so genannter CO_2-Brenner zunutze. Sie werden in den Gewächshäusern aufgehängt und mit Propan oder Erdgas betrieben. Gebläsebrenner saugen die Verbrennungsluft aus dem Gewächshaus oder über Schläuche von außen an und verteilen die Verbrennungsgase durch Luftumwälzung im Gewächshaus.

Einsatz von CO_2-Generatoren

Auch CO_2-Generatoren („CO_2-Kanonen") – **Feuerlufterhitzer** mit offener Brennkammer – werden mit Propan oder Erdgas betrieben. Sie dienen zwar in erster Linie zum Heizen, aber das bei der Verbrennung entstehende Kohlendioxid wird zusammen mit Warmluft ins Gewächshaus geblasen. Nachteilig ist, dass der Einsatz der Geräte nicht nach dem CO_2-Bedarf, sondern nach dem Wärmebedarf der Kulturen erfolgt. Da überwiegend nachts geheizt werden muss, wird vor allem dann CO_2 freigesetzt, wenn keine Photosynthese stattfindet. Bei zu langen Laufzeiten werden pflanzen- und gesundheitsschädliche CO_2-Konzentrationen erreicht. Deshalb sind beim Einsatz von Feuerlufterhitzern zusätzliche Sicherheitsvorrichtungen notwendig.

CO_2-Gewinnung aus Abgasen

Eine Gewinnung von CO_2 aus den Abgasen von Heizkesseln ist bei der Verwendung von Erdgas als Brennstoff ebenfalls möglich. Sie geht einher mit einer Wärmerückgewinnung aus den Abgasen mithilfe von Brenn- und Heizwertgeräten (s. S. 379 f.). Beim Einsatz von Heizwertgeräten zur Abgaskühlung kann zusätzlich die in den Abgasen enthaltene Restwärme sowie die im Wasserdampf gebundene latente Wärme genutzt werden. Auch hierbei sind zusätzliche Sicherheitsvorrichtungen (s. CO_2-Generator) notwendig.

7.3.10 Belichtung und Verdunklung

Licht ist der sichtbare Teil der Sonnenstrahlung. Es beeinflusst in vielfältiger Weise das Wachstum und die Entwicklung der Pflanzen:

- Licht liefert die für die Photosynthese erforderliche Energie (s. S. 45 ff.),
- steuert Wachstumsbewegungen (s. S. 73ff.) und
- beeinflusst über die Tageslänge die vegetative und generative Pflanzenentwicklung (s. S. 57 f.)

Ungenügende Lichtmengen führen zu Wachstums- und Entwicklungshemmungen sowie zu formativen Veränderungen (Gestaltänderungen) und machen die Pflanze anfälliger gegenüber Krankheits- und Schädlingsbefall. Ein deutliches Zeichen für Lichtmangel ist das **Vergeilen** (Etiolieren) der Pflanzen. Um in Bereiche mit ausreichendem Licht zu gelangen, steckt die Pflanze ihre gesamte Energie in das Streckenwachstum, sodass die Internodien auffallend verlängert, das Blattwachstum verringert wird und der Chlorophyllaufbau sowie die Ausbildung von Festigungsgewebe gehemmt werden. Durch Belichtung mit photosynthetisch oder photoperiodisch wirkendem Licht kann der Gärtner in den Gewächshäusern zu jeder Jahreszeit optimale Wachstums- und Entwicklungsbedingungen schaffen.

Grundlagen der Beleuchtungstechnik

In der Beleuchtungstechnik wird eine Reihe unterschiedlicher Größen, Einheiten und Begriffe verwendet, deren Kenntnis für die Beurteilung einer Lichtquelle notwendig ist (s. Tab. 1, S. 407):

Die **Strahlungsleistung** (Strahlungsfluss) gibt den Energiestrom an, der von einer Lichtquelle ausgestrahlt wird. Die Einheit ist das **Watt (W).** Der Teil der ausgesandten Strahlung, der vom menschlichen Auge wahrgenommen werden kann, wird als **Lichtstrahlung** bezeichnet (Bereich zwischen 380 und 760 nm), s. S. 46.

Der **Lichtstrom** ist ein Maß für die ausgestrahlte Lichtmenge (Lichtleistung) einer Lichtquelle. Die Einheit ist das **Lumen (lm).** Durch Verschmutzung und Alterung vermindert sich der von einer Lampe ausgehende Lichtstrom. Die Verminderung durch Alterung kann bis zu 40 % betragen. Dies wird bereits bei der Auslegung der Lampen berücksichtigt, indem man allgemein eine Lichtleistung von 120 bis 140 % anstrebt.

Die **Lichtstärke** gibt den in eine bestimmte Richtung (einem bestimmten Raumwinkel) abgestrahlten Lichtstrom an. Die Einheit für die Lichtstärke ist die **Candela (cd),** wobei 1 cd etwa der Lichtstärke entspricht, die eine mittlere Wachskerze in waagerechter Richtung ausstrahlt.

Lichtverteilungskurven dienen zur anschaulichen Darstellung der Verteilung der Lichtstärken einer Lampe. Dazu werden in einem räumlichen Polarkoordinatensystem mit der Lichtquelle als Nullpunkt die in allen Richtungen gemessenen Lichtstärken eingetragen und die Endpunkte mit einer Kurve verbunden. Die eingetragenen Lichtstärken werden in der Regel auf einen Lichtstrom von 1 000 Lumen bezogen. Mithilfe von Reflektoren oder Reflexschichten lässt sich der größte Teil des nach oben gestrahlten Lichts in den Pflanzenbestand leiten. Außerdem kann mit entsprechend gestalteten Reflektoren eine gleichmäßigere Lichtverteilung erreicht werden (s. Abb. 1, S. 403).

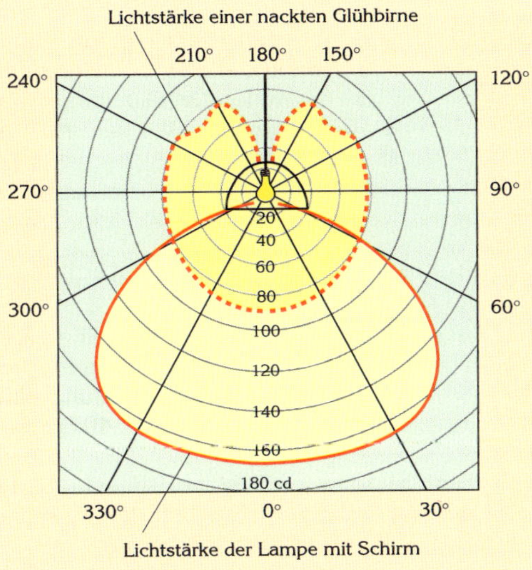

Abb. 1 Lichtverteilungskurven mit und ohne Reflektor

Helligkeit	Beleuchtungsstärke (Lux)
Vollmond	0,2
Straßenbeleuchtung	10–20
Kompensationspunkt	**200–1000**
Erforderlich:	
– zum Lesen	300
– für Büroarbeiten	250–500
– für sehr feine Arbeiten	1000–4 000
An einem trüben Wintertag	1500
Volle photosynthetische Leistung bei	**10 000**
Sommerliche Mittagshelligkeit bis	120 000

Tab. 1 Luxwerte

Die **Lichtausbeute** gilt als Maß für die Wirtschaftlichkeit einer Lichtquelle. Sie gibt an, wie viel Lichtstrom pro Watt elektrischer Energie erzeugt wird. Die Einheit ist Lumen pro Watt (lm/W). Je größer die Lichtausbeute einer Lampe, desto höher ist ihr Wirkungsgrad und desto wirtschaftlicher ist sie.

Die **Beleuchtungsstärke (E)** gibt den auf eine Fläche auftreffenden Lichtstrom (l) an (Lichtleistung pro Fläche). Sie ist ein Maß für die Helligkeit. Die Einheit ist das **Lux (lx).** Die Beleuchtungsstärke beträgt 1 lx, wenn ein Lichtstrom von 1 lm auf eine Fläche von 1 m^2 fällt (1 lx = 1 Lumen pro Quadratmeter). Zur besseren Vorstellung: 1 lx wird auf einer 1 m^2 großen Fläche erreicht, die im Abstand von 1 m senkrecht von einer Kerze mit der Lichtstärke 1 cd bestrahlt wird (1 lx = 1 cd/m^2), s. auch Tab. 1. Mit zunehmender Entfernung von der Lichtquelle wird die Lichtstärke auf einer immer größeren Fläche verteilt, sodass die Beleuchtungsstärke pro Flächeneinheit abnimmt. Dabei verhält sie sich umgekehrt proportional dem Quadrat des Abstandes (s. Abb. 2, S. 404).

Der **Beleuchtungswirkungsgrad** dient zur Auslegung der Belichtungsanlage. Er gibt an, wie viel Licht der Lampen auf die Nutzfläche gelangt. Der Beleuchtungsgrad der heute verwendeten Lampen liegt üblicherweise zwischen 75 und 80 %.

Luxmeter (Luxmesser) dienen zur Messung der Beleuchtungsstärke. Die Bezugsfrequenz für die Messung entspricht einer Wellenlänge von 555 nm, bei der die Helleempfindlichkeit des menschlichen Auges am größten ist. Die Messung der Beleuchtungsstärke ist also dem menschlichen Auge, aber nicht der photosynthetischen Empfindlichkeit der Pflanze angepasst (s. Abb. 1, S. 404). Da die Beleuchtungsstärke zur Bewertung der photosynthetischen Leistung einer Pflanze nur bedingt geeignet ist, erfolgt die Auslegung von Beleuchtungsanlagen heute üblicherweise nach der Bestrahlungsstärke der Lampen im sichtbaren Bereich.

PAR-Messgeräte messen wie Luxmeter den sichtbaren Strahlungsbereich, berücksichtigen dabei jedoch mehr die photosynthetische Empfindlichkeit der Pflanze (photosynthetic active radiation = pflanzenwirksamer Strahlungsbereich: 400 bis 700 nm). Aber auch mit ihnen lässt sich keine exakte Messung der photosynthetisch wirksamen Lichtmenge durchführen. Hohe Gerätekosten, schwierige Handhabung und der gewohnte Umgang mit dem Luxmeter haben bisher eine Verbreitung in der Praxis verhindert.

Die **Bestrahlungsstärke** (Strahlungsdichte) ergibt sich aus dem Quotienten der auf eine Fläche auftreffenden Strahlungsleistung einer Lichtquelle im sichtbaren Bereich und der Größe der Fläche. Die Einheit ist Watt pro Quadratmeter (W/m^2). Sie stellt die geeignetste Berechnungsgrundlage für die Planung einer Beleuchtungsanlage dar. Die installierten Leistungen bei der Assimilationsbelichtung liegen allgemein zwischen 30 und 50 W/m^2.

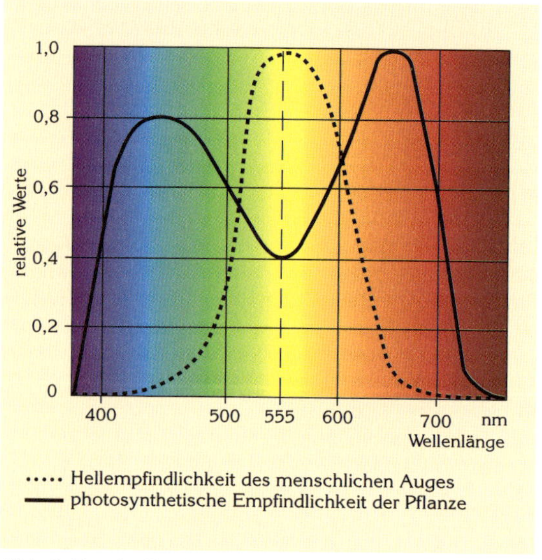

Abb. 1 Empfindlichkeitskurven

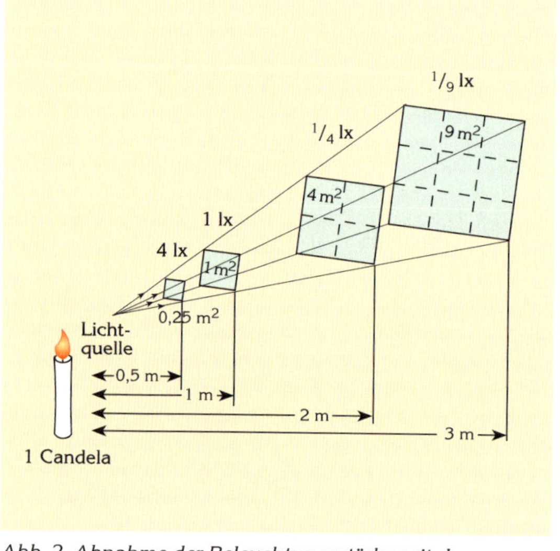

Abb. 2 Abnahme der Beleuchtungsstärke mit der Entfernung von der Lichtquelle

$$\text{Beleuchtungsstärke (E)} = \frac{\text{Lichtstärke (I)}}{\text{Quadrat des Abstandes } (r^2)}$$

Die **Strahlungsausbeute** dient dem energetischen Vergleich verschiedener Lampen. Sie gibt an, wie viel pflanzenverfügbare Energie von einem Watt elektrischer Energie erzeugt wird. Die Einheit ist Milliwatt pro Watt (mW/W).

Photosynthetische Belichtung

Durch eine Zusatzbelichtung mit photosynthetisch wirksamem Licht (s. S. 46) kann während lichtarmer Zeiten die Photosynthese („Assimilation") der Pflanzen gesteigert werden. Bei der Auswahl der Lampen ist zu beachten, dass bei künstlichen Lichtquellen eine andere spektrale Energieausstrahlung vorliegt als bei der Sonne. Da überwiegend die Lichtstrahlen des blauvioletten und vor allem des rotorangen Spektralbereiches photosynthetisch wirksam sind (s. Abb. 1), kommen nur Lampen infrage, die eine für die Pflanzen ausreichende spektrale Lichtverteilung in diesen Bereichen aufweisen. Zur Erzeugung von Assimilationslicht werden im Gartenbau vor allem Hochdrucknatriumdampflampen, teilweise auch noch Hochdruckmetallhalogendampflampen, eingesetzt (s. Tab. 1, S. 407).

Entscheidend für die Photosynthese ist nicht nur die spektrale Zusammensetzung des Lichts, die **Lichtqualität,** sondern auch die **Lichtmenge,** die den Pflanzen zur Verfügung steht. Sie hängt ab von der Lichtintensität und der Dauer der Belichtung. Nach dem Gesetz vom abnehmenden Ertragszuwachs (s. S. 160 f.) gilt allgemein eine Zusatzbelichtung von 2 000 bis 5 000 Lux als wirtschaftlich sinnvoll. Wegen des höheren Wirkungsgrades sollte sie in den Morgen-/Abendstunden bzw. bei besonders niedriger natürlicher Einstrahlung auch während des Tages eingeschaltet werden (s. Abb. 7, S. 361).

Die **Steuerung der Assimilationsbelichtung** kann über eine Schaltuhr oder einem Dämmerungsschalter erfolgen. Dieses elektronische Gerät schaltet die Beleuchtung mithilfe eines Fotoelementes ein und aus. Häufig wird zur Steuerung bereits ein Computer benutzt, der die Belichtung morgens zu einer festgesetzten Zeit ein- und bei Überschreitung einer bestimmten Beleuchtungsstärke (meistens zwischen 3 000 und 5 000 lx) wieder abschaltet. Dabei wird ein 12- bis 14-Stunden-Tag zugrunde gelegt. Sinkt während dieser Zeit die Beleuchtungsstärke unter den eingestellten Wert ab, schaltet sich die Anlage automatisch wieder ein. Die Assimilationsbelichtung kann auch in Abhängigkeit von der täglichen Lichtmenge durchgeführt werden (**„Lichtmengenregelung"**). Ein Regelgerät/Klimacomputer summiert die während des Tages eingestrahlte Lichtmenge (in klx · h) und vergleicht diese am Abend mit dem eingegebenen Sollwert. Die fehlende Lichtmenge wird während der Nacht oder am folgenden Tag als Assimilationslicht verabreicht.

Die notwendige **Beleuchtungsdauer** wird nach folgender Formel errechnet:

$$\text{Beleuchtungsdauer} = \frac{\text{Sollwert (klx} \cdot \text{h) – nat. Lichteinstrahlung (klx} \cdot \text{h)}}{\text{Beleuchtungsstärke (klx)}}$$

Da viele **Zierpflanzen in Wohn- und Arbeitsräumen** unter Lichtmangel leiden, liegt eine wichtige Aufgabe des Gärtners in der Beratung des Kunden bei der Wahl des richtigen Pflanzenstandortes (s. Tab. 1, S. 406). Bei der Auswahl von Lampen zur Zusatzbelichtung in Wohn- und Arbeitsräumen ist darauf zu achten, dass die Lampen neben einer hohen Lichtausbeute auch eine ansprechende Lichtfarbe aufweisen.

Erhöhung des natürlichen Lichtangebots

Da eine künstliche Belichtung zur Photosynthese erhebliche zusätzliche Kosten verursacht, sollte der Gärtner zunächst alle Möglichkeiten zur Steigerung des natürlichen Lichtangebotes ausschöpfen. Möglichkeiten ergeben sich z. B. durch:

- Vermeidung zu dichter Aussaaten bzw. rechtzeitiges Pikieren
- ausreichende Pflanzabstände bzw. rechtzeitiges Rücken getopfter Pflanzen
- regelmäßiges Säubern der Gewächshauseindeckung von Schmutz, vor allem während der lichtarmen Jahreszeit (Herbst, Winter)
- Vermeiden unnötigen Schattenwurfes durch Gewächshauskonstruktion und Inneneinrichtung
- Anlage der Gewächshäuser in Ost-West-Richtung. Die Lichtdurchlässigkeit ist im Winter 10 % höher als bei Nord-Süd-Richtung
- Wahl eines günstigen Dachneigungswinkels (zwischen 20 und 30 °), da mit steigendem Einfallswinkel die Lichteinstrahlung wegen zunehmender Reflexion geringer wird

Photoperiodische Belichtung

Photoperiodisch reagierende Pflanzen (s. S. 57 f.) können über die Verlängerung der Tageslänge durch Belichtung (Langtagbehandlung) bzw. Verkürzung durch Verdunklung (Kurztagbehandlung) in ihrer vegetativen und generativen Entwicklung gesteuert werden. Die Belichtung in der Nacht als **Störlicht** (Nachtunterbrechung) ist besonders wirkungsvoll. Zur Kostenersparnis wird sie häufig als **Intervallbeleuchtung** eingesetzt (z. B. zwei Minuten Licht und acht Minuten Dunkelheit). Bei einer Tagesverlängerung um eine Stunde würde die notwendige Belichtung dadurch nur zwölf Minuten betragen. Die Pflanzen reagieren so, als würde das Licht ständig brennen. Zur Auslösung eines photoperiodischen Effekts sind bereits geringe Beleuchtungsstärken von weniger als 10 lx ausreichend. Sicherheitshalber werden jedoch zur Langtagbehandlung in der Regel zwischen 50 und 200 lx gegeben. Im Gartenbau dienen vor allem Glüh- und Kompaktleuchtstofflampen zur photoperiodischen Belichtung (s. Tab. 1, S. 407).

Verdunklung

Die Kurztagbehandlung photoperiodisch reagierender Pflanzen erfolgt durch Verkürzung des Tages, indem die Pflanzen mit schwarzer PE-Folie oder schwarzem Tuch verdunkelt werden. So beginnt bei der Kurztagbehandlung in der Regel die Nacht bereits am Nachmittag um 17.00 Uhr und endet erst nach 15-stündiger Dunkelheit um 8.00 Uhr morgens. Die Verdunklung erfolgt von Hand, halbautomatisch (auf Knopfdruck) oder automatisch. Das Verdunklungsmaterial muss absolut lichtundurchlässig sein, da bereits wenige Lux (z. B. Straßenlaterne oder Mondschein) die Blüteninduktion der Pflanzen verzögern können. Gewebe hat gegenüber der preiswerteren Folie den Vorteil, dass es länger haltbar und vor allem luftdurchlässig ist. Bei Folienabdeckung kann es unter der Folie zu Kondens- und Tropfwasserbildung kommen, die die Entwicklung von Krankheiten im Pflanzenbestand begünstigt. Deswegen sollte bei der Verwendung von Folie als Verdunklungsmaterial darauf geachtet werden, dass das Luftvolumen unter der Abdeckung nicht zu klein bemessen wird. Bei automatischer Verdunklung kann zur besseren Luftzirkulation während der Nacht kurzfristig die Verdunklung aufgefahren werden. Dies setzt jedoch voraus, dass in näherer Umgebung kein Störlicht vorhanden ist.

Lampenarten

Gasentladungslampen

Gasentladungslampen sind Lampen, die mit einem Gas-/Dampfgemisch gefüllt sind. Ihr Leuchten entsteht durch elektrische Entladung beim Durchgang des Stromes durch das Gas-/Dampfgemisch, wobei die Zusammensetzung der Lampenfüllung die Lichtzusammensetzung und -ausbeute bestimmt. Je nach Füllgasdruck der Lampen unterscheidet man Niederdruck- (zwischen 1

Hohe Lichtansprüche (mindestens 1000 lx und mehr)	Weniger hohe Lichtansprüche (mindestens 800 bis 1000 lx)
Anthurium-Arten (Flamingoblume)	Acorus gramineus (Kalmus)
Aphelandra squarrosa (Glanzkölbchen)	Aechmea fasciata (Lanzenrosette)
Asparagus-Arten (Zierspargel)	Aeschynanthus radicans (Schamblume)
Citrofortunella microcarpa (Apfelsinenbäumchen)	Ananas comosus (Ananas)
Codiaeum-Arten (Croton)	Araucaria heterophylla (Zimmertanne)
Columnea-Arten (Columnee)	Asplenium nidus (Nestfarn)
Crossandra infundibuliformis (Crossandre)	Beaucarnea recurvata (Nolina)
Cyperus alternifolius (Zyperngras)	Begonia-Elatior-Hybriden (Elatiorbegonie)
Dizygotheca elegantissima (Fingeraralie)	Begonia-Rex-Hybriden (Rexbegonie)
Euphorbia milii (Christusdorn)	Ensete ventricosum (Zierbanane)
Euphorbia pulcherrima (Weihnachtsstern)	Euonymus japonicus (Spindelstrauch)
Ficus benjamina (Birkenfeige)	Guzmania-Hybriden (Guzmanie)
Gardenia jasminoides (Gardenie)	Monstera deliciosa (Fensterblatt)
Grevillea robusta (Australische Silbereiche)	Neoregelia carolinae (Neoregelie)
Hibiscus rosa-sinensis (Roseneibisch)	Nephrolepis exaltata (Schwertfarn)
Kakteen-Arten	Paphiopedilum-Hybriden (Venusschuh)
Kalanchoe blossfeldiana (Flammendes Käthchen)	Peperomia caperata (Peperomie)
Myrtus communis (Brautmyrte)	Pilea cadierei (Kanonierblume)
Pachypodium lamieri (Madagaskarpalme)	Sansevieria trifasciata (Bogenhanf)
Phalaenopsis-Hybriden (Malaienblume)	Schlumbergera-Hybriden (Weihnachtskaktus)
Phoenix canariensis (Kanarische Dattelpalme)	Solanum pseudocapsicum (Korallenbäumchen)
Saxifraga stolonifera (Judenbart)	Streptocarpus-Hybriden (Drehfrucht)
Sparmannia africana (Zimmerlinde)	Vriesea speldens(Vriesee)
	Yucca elephantipes (Palmlilie)

Mittlere Lichtansprüche (mindestens 600 bis 800 lx)	Geringe Lichtansprüche (mindestens 400 bis 600 lx)
Acalypha hispida (Katzenschwanz)	Billbergia nutans (Billbergie)
Adiantum raddianum (Frauenhaarfarn)	Chamaedorea elegans (Bergpalme)
Aucuba japonica (Aukube)	Cissus antarctica (Klimme)
Calathea zebrina (Korbmarante)	Cissus rhombifolia (Russischer Wein)
Chrysalidocarpus lutescens (Areca-Palme)	Dracaena fragrans (Drachenlilie)
Cocos nucifera (Kokospalme)	Dracena marginata (Drachenbaum)
Coffea arabica (Kaffee)	Epipremnum pinnatum (Efeutute)
Cordyline fruticosa (Keulenlilie)	Ficus lyrata (Geigenfeige)
Cycas revoluta (Palmfarn)	Howeia forsteriana (Kentie)
Dieffenbachia maculata (Dieffenbachie)	Maranta leuconeura (Marante)
Euterpe edulis (Assaipalme)	Spathiphyllum wallisii-Hybriden (Einblatt)
Fatshedera lizei (Efeuaralie)	
Fatsia japonica (Zimmeraralie)	
Ficus elastica (Gummibaum)	
Ficus pumila (Klettergummibaum)	
Hedera helix (Efeu)	
Hoya carnosa (Wachsblume)	
Philodendron erubescens (Baumfreund)	
Platycerium bifurcatum (Geweihfarn)	
Pteris cretica (Saumfarn)	
Saintpaulia ionantha (Usambaraveilchen)	
Schefflera actinophylla (Strahlenaralie)	
Tillandsia cyanea (Tillandsie)	

Tab. 1 Mindestlichtbedarf verschiedener Zierpflanzen

bis 20 mbar) und Hochdrucklampen (zwischen 0,1 und 10 bar). Im Gartenbau werden wegen ihres photosynthetisch günstigen Lichtspektrums sowie wegen ihrer hohen Licht- und Strahlungsausbeute vor allem **Natriumhochdruckdampflampen** zur Assimilationsbelichtung eingesetzt (s. Tab. 1, S. 407).

Entladungslampen erreichen erst nach ein bis zwei Minuten ihre volle Lichtleistung.

Lampenart	Nennleistung (inkl. Vorschaltgerät) W	Lichtstrom lm	Umrechnungsfaktor von lm auf mW	Strahlungsleistung mW	Lichtausbeute lm/W	Strahlungsausbeute mW/W	Anwendung	Mittlere Lebensdauer h
Hochdruckdampflampen								
– Natrium	400 (436)	47 000	2,3	108 100	108	248	Photosynthese	8 000 bis 12 000
– Metallhalogen	400 (413)	31 500	2,8	88 200	76	214	Photosynthese	8 000
– Quecksilber	400 (423)	23 000	2,9	66 700	54	158	Photosynthese	8 000 bis 12 000
Leuchtstofflampe	58 (70)	4 800	2,9	14 000	69	200	Photoperiodismus und Photosynthese	7 500
Kompaktleuchtstofflampe	18 (18)	900	2,8	2 500	50	139	Photoperiodismus	6 000
Glühlampe	150 –	2 220	4,2	9 320	15	62	Photoperiodismus	1 000

Tab. 1 Kenndaten gebräuchlicher Lampenarten

Bei den **Leuchtstofflampen** handelt es sich um Niederdruckentladungslampen. Im Hinblick auf ihre spektrale Lichtverteilung sind sie ebenfalls zur Assimilationsbelichtung wie auch zur Langtagbehandlung geeignet. Wegen der geringen Lichtausbeute und des relativ hohen Schattenwurfes aufgrund der Baugröße der einzelnen Lampen werden sie, abgesehen von der Belichtung in Kunstlichträumen und bei niedriger Aufhänghöhe (geringe Wärmeausstrahlung, große Leuchtoberfläche), für die photosynthetische Belichtung im Gewächshaus wenig eingesetzt.

Bei den so genannten Energiesparlampen handelt es sich um **Kompaktleuchtstofflampen** (Gasentladungslampen), die mit einem eingebauten Minivorschaltgerät und einem der Glühlampe angepassten Schraubsockel ausgestattet sind, sodass sie in eine gewöhnliche Glühlampenfassung eingedreht werden können. Sie werden zur photoperiodischen Belichtung eingesetzt, wobei ihre Lebensdauer, Licht- und Strahlungsausbeute wesentlich höher sind als bei vergleichbaren Glühlampen (s. Tab. 1).

Glühlampen

Im Jahre 1879 entwickelte Thomas Alva Edison die erste brauchbare Glühlampe. Heute ist die Glühlampe neben der Leuchtstofflampe die gebräuchlichste Lichtquelle. Die Lichtausstrahlung erfolgt durch einen Glühdraht (Metallfaden), der von dem durchfließenden Strom auf 2 500 bis 3 000 °C erhitzt und damit zum Glühen gebracht wird. Dabei werden etwa 95 % der zugeführten elektrischen Energie in Wärme (Infrarotstrahlung) umgewandelt und nur der Rest von etwa 5 % wird in Form von Licht ausgestrahlt. Wegen ihrer geringen Lichtausbeute (s. Tab. 1) und ihres hohen Infrarotanteils sind Glühlampen nicht zur photosyn-thetischen Belichtung geeignet. Aufgrund ihres photoperiodisch wirksamen Strahlungsspektrums (hoher Hellrotanteil) sind sie hingegen zur photoperiodischen Belichtung gut geeignet. Im Gegensatz zu den Leuchtstoff- und Hochdruckgasentladungslampen, deren Lebensdauer durch häufiges An- und Ausschalten erheblich verkürzt wird, sind Glühlampen schaltunempfindlich, sodass sie auch sehr gut zur Intervallbeleuchtung eingesetzt werden können.

Alle Leuchten in den Gewächshäusern müssen den **VDE-Vorschriften** (**V**erband **D**eutscher **E**lektrotechniker) für feuchte und nasse Räume entsprechen (tropf-/spritzwassergeschützt). Elektroinstallationen und Arbeiten an elektrischen Anlagen dürfen nur von Fachleuten (Elektroinstallateuren) durchgeführt werden!

7.4 Pflanzenschutzgeräte

Ein bestimmungsgemäßer und sachgerechter Einsatz chemischer Pflanzenschutzmittel ist nur möglich, wenn sich die zum Einsatz verwendeten Geräte in einem ordnungsgemäßen Zustand befinden und exakt arbeiten, d. h. eine richtige Dosierung und Verteilung der Mittel gewährleisten. Auf dem Markt wird eine Fülle unterschiedlicher Geräte und -typen angeboten. Pflanzenschutzgeräte, die von der Biologischen Bundesanstalt für Land- und Forstwirtschaft (BBA) geprüft und für Pflanzenschutzmitteleinsätze als geeignet anerkannt wurden, tragen das **Anerkennungszeichen der BBA** mit der **Geräteprüfnummer**. Sie werden in einer Pflanzenschutzgeräteliste aufgeführt. Mit dem **GS-Zeichen** (geprüfte Sicherheit) werden Geräte versehen, die erfolgreich einer sicherheitstechnischen Bauartprüfung unterzogen worden sind (s. Abb. 1). Zur Gewährleistung der Funktionssicherheit sind Pflanzenschutzgeräte nach der Arbeit entsprechend den Herstellerangaben gründlich zu reinigen und zu warten. Wegen Materialverschleiß und -alterung sollten die Geräte alle ein bis zwei Jahre von einem durch den amtlichen Pflanzenschutz anerkannten Fachbetrieb auf einwandfreie Funktion überprüft werden. Kontrollierte und als in Ordnung befundene Geräte werden mit einer **Plakette** gekennzeichnet.

7.4.1 Spritzbrühenaufbereitung

Die **Ausbringung der Pflanzenschutzmittel** erfolgt im Freiland vorwiegend durch Spritzen und Sprühen, teilweise auch durch Gießen, Stäuben und Streuen. Im geschützten Anbau unter Glas wird daneben auch genebelt und begast (s. Abb. 2, S. 216). Der Großteil der Pflanzenschutzmittel wird im Gartenbau durch Spritzen und Sprühen ausgebracht. Nach der **Form der Aufbereitung** unterscheidet man Lösungen, Emulsionen und Suspensionen:

- **Lösungen** enthalten den gelösten Stoff (das Pflanzenschutzmittel) in homogener (einheitlicher) Verteilung im Lösungsmittel (dem Wasser).
- Bei einer **Emulsion** ist das flüssige, unlösliche Mittel in Form feinster Tropfen im Wasser verteilt (wie z. B. Öl in Wasser).
- Unter einer **Suspension** versteht man die Aufschwemmung sehr kleiner, fester, unlöslicher Teilchen in einer Flüssigkeit (wie z. B. Mehl in Wasser).

Abb. 1 Anerkennungszeichen der BBA und GS-Zeichen

Da im Gegensatz zu Lösungen bei Emulsionen und vor allem Suspensionen eine Entmischung möglich ist, muss mithilfe eines Rührwerkes im Flüssigkeitsbehälter bzw. von Zeit zu Zeit durch Aufrühren von Hand die Flüssigkeit in Bewegung gehalten bzw. vermischt werden.

Tropfengröße und Verteilung der Spritzbrühe werden durch die Art der Düse (s. Tab. 1, S. 409) und die Höhe des Flüssigkeitsdrucks bestimmt, der durch eine Luft- oder Flüssigkeitspumpe erzeugt wird. Je größer die Zerstäubung der Spritzbrühe ist, desto feiner ist die Tropfengröße und desto besser ist die Benetzung der Pflanze mit dem Wirkstoff, da die Gesamtoberfläche des verfügbaren Flüssigkeitsvolumens vergrößert wird (s. Abb. 1, S. 128). So kann aufgrund der relativ kleinen Tropfengröße beim **Sprühen** (0,05 bis 0,15 mm) gegenüber dem **Spritzen** (> 0,15 mm) der Wasseraufwand verringert werden. Allerdings muss, um die gleiche Wirkstoffmenge auszubringen, die Konzentration der Spritzbrühe erhöht werden. Nachteilig beim Sprühen ist vor allem, dass mit sinkender Tropfengröße die Abdriftgefahr durch den Wind und die Verdunstungsgeschwindigkeit steigen, sodass Wirkstoffverluste und Umweltbelastung zunehmen.

Allgemein sollten Pflanzenschutzmittel nicht bei zu hohen Temperaturen (> 25 °C) und direkter Sonneneinstrahlung ausgebracht werden. Gespritzt wird mit relativ großen Tropfen, tropfnass, d. h., bis die Flüssigkeit von den Pflanzen abzulaufen beginnt. Beim Spritzen werden Pflanzenschäden vermieden, weil die Konzentration des Pflanzenschutzmittels durch großen Wasseraufwand niedrig gehalten werden kann. Hingegen steigt der Abtropfverlust mit zunehmender Tropfengröße und Wassermenge. Beim Ausbringen der Spritzbrühe ist darauf zu achten, dass die Pflanzen auch von der Blattunterseite her gründlich behandelt werden. Um ein Verstopfen der Düsen zu vermeiden, müssen die Geräte mit einem herausnehmbaren, leicht zu reinigenden Einfüllsieb und einem Filter zwischen Pumpe und Düse ausgestattet sein.

Düsentyp	Beschreibung
Kegelstrahldüsen 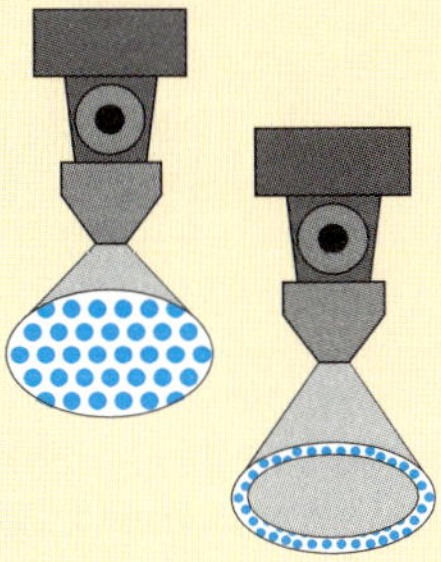	Im Gegensatz zu den Vollkegeldüsen weisen Hohlkegeldüsen nur exzentrische Bohrungen auf. **Vollkegeldüse:** Arbeitsdruck 1 bis 3 bar → grobe Tropfen → sehr geringe Abdriftgefahr. **Hohlkegeldüse:** Arbeitsdruck 3 bis 20 bar (optimal 5 bar) → feine Tropfen (sehr niedrige Ausbringmengen möglich). **Einsatz:** Einzelpflanzen, hohe und dichte Kulturen (Zierpflanzen, Gemüse, Bäume und Sträucher).
Flachstrahldüsen 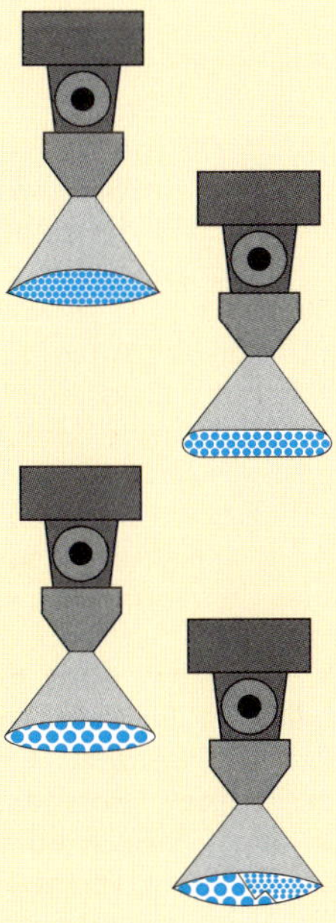	Gleichmäßige Ausbringmenge über gesamte Spritzbreite der Düse. **Standard-Düsen:** Arbeitsdruck 2 bis 4 bar → mittlere Tropfengröße, gute Durchdringung. **E-Düsen:** Arbeitsdruck 2,5 bis 4 bar (optimal 2,5) → mittlere Tropfengröße, gute Querverteilung. **LP-Düsen (Niederdruckdüsen):** Arbeitsdruck 1 bis 3 bar (optimal 1,5 bar) → grobe Tropfen → geringe Abdriftgefahr, gute Querverteilung im niedrigen Druckbereich. **XR-Düsen:** Arbeitsdruck 1 bis 4 bar → grobe und feine Tropfen möglich, gute Querverteilung im niedrigen und hohen Druckbereich. **Einsatz:** Flächenspritzung zur Behandlung niedriger Flächenkulturen (z. B. Salat, Möhren), Bandspritzungen, Unterbaum- und -stockbehandlung. **Materialien:** Messing, Kunststoff, Edelstahl, Keramik (von links nach rechts abnehmender Verschleiß)

Tab. 1 Auswahl häufig verwendeter Düsentypen

7.4.2 Gerätetypen

Handspritzen

Handspritzen, besser bekannt unter der Bezeichnung **Handzerstäuber**, sind Kleingeräte mit bis zu 1,5 l Füllinhalt, bei denen der Flüssigkeitsdruck mit einer einfachen im Handgriff befindlichen Kolbenpumpe erzeugt wird. Mit zunehmender Pumpenfolge nimmt die Tropfengröße infolge steigenden Drucks ab. Bei vielen Geräten kann auch durch Drehen der Zerstäuberdüse eine stufenlose Veränderung der Tropfengröße erfolgen. Im Gegensatz zu den Handspritzen mit einfach wirkender Kolbenpumpe, bei denen die Flüssigkeit nur bei Druck gefördert wird, fördern Geräte mit doppelt wirkender Kolbenpumpe bei Zug und Druck, sodass mit ihnen eine gleichmäßigere Verteilung der Spritzbrühe erreicht wird. Sie werden in Größen von bis zu 10 Liter Füllinhalt angeboten.

Rückenspritzen mit Pumpenhebel

Bei diesen Geräten (Füllinhalt 10 bis 20 l) wird der Spritzdruck während der Behandlung durch gleichmäßigeres Pumpen erzeugt. Auf jeden Druckhub folgt ein Saughub, der die Flüssigkeit stoßweise fördert. Ein **Ausgleichsbehälter** (Windkessel) gleicht die Druckschwankungen während des Pumpens aus, sodass ein gleichmäßiger Spritzstrahl gewährleistet wird. Häufig sind die Geräte (s. Abb. 1, S. 412) mit zwei Düsen ausgestattet, die zugleich spritzen können. Spritz- und Sprühgeräte ab 10 l Inhalt müssen am Handabstellventil ein **Manometer** (Druckmesser) haben, das den Druck an der Düse anzeigt. Ausbringmenge und Tropfengröße können dadurch kontrolliert und an die jeweiligen Bedingungen angepasst werden.

Motorrückenspritzen

Bei den Motorrückenspritzen liegt die Flächenleistung etwa fünfmal so hoch wie bei den handbetriebenen Geräten. Eine Veränderung des Drucks erfolgt durch Änderung der Motordrehzahl oder mithilfe eines Reduzierventils (s. Abb. 5, S. 412).

Karrenspritzen

Tragbare Spritzgeräte sind vor allem für kleinere Flächen geeignet. Für größere Flächen werden Karrenspritzen eingesetzt. Sie bestehen aus einem fahrbaren Spritzfass (60 bis 200 Liter), einem Schlauch mit Düsenrohr und einer Kolbenmotorpumpe (s. Abb. 2, S. 412).

Druckspeicherspritzen

Druckspeicherspritzen werden zu maximal ⅔ mit der Spritzbrühe gefüllt. Der notwendige Druck wird dadurch aufgebaut, dass in den verbleibenden Freiraum vor dem Spritzen mithilfe einer Handpumpe oder eines Kompressors so lange Luft eingepumpt wird, bis ein Überdruck von 3 bis 6 bar erzeugt ist. Da während des Spritzens der Druck abnimmt, muss während der Behandlung wiederholt ein **Druckluftpolster** durch Betätigung der Kolbenpumpe aufgebaut werden. Vorteilhaft ist, dass während des Spritzens nicht gepumpt werden muss. Andererseits nimmt während der Arbeit der Druck ständig ab, sodass Ausstoßmenge und Tropfengröße stärkeren Schwankungen unterliegen. Beim Anschluss an einen Kompressor ist dies nicht der Fall. Geräte ab 10 l Inhalt müssen am Handabstellventil mit einem **Druckeinstellventil** und einem **Manometer** ausgestattet sein. Aus Sicherheitsgründen müssen Druckspeicherspritzen zudem ein **Manometer mit Strichmarkierung für den höchstzulässigen Druck** am Behälter und ein **Überdruckventil** haben. Eine **Druckentlastungseinrichtung** sorgt dafür, dass der Druck vor vollständiger Öffnung des Geräts entweicht (s. Abb. 6, S. 412).

Sprühgeräte

Im Gegensatz zu den Spritzen sind Sprühgeräte zusätzlich mit einem durch einen Motor angetriebenen Gebläse ausgerüstet. Durch Schwerkraft oder durch eine Kreiselpumpe wird die Flüssigkeit über eine separate Leitung kurz vor der Austrittsöffnung in den Luftstrom des Gebläses eingeleitet, wo sie in feine Tröpfchen (0,05 bis 0,15 mm) zerrissen und verteilt wird. Über die durch den Luftstrom bewirkte Bewegung der Pflanzen kommt es zu einer guten Durchdringung auch dichter Bestände und einer allseitig intensiven Benetzung der Pflanzen. Die große Reichweite der Geräte macht sie auch für schwer zugängliche Stellen gut geeignet. Verwendung finden sie vor allem in „Raumkulturen“, wie Wein-, Obst- und Hopfenanbau. Die Ausbringmenge kann über die Veränderung der Durchflussöffnung der Spritzbrühenleitung eingestellt werden. Durch Austausch des Verteilerkopfes auf der Ausblasöffnung des Sprührohres lässt sich der austretende Sprühstrahl den Erfordernissen anpassen (s. Abb. 3, S. 412).

Feldspritzgeräte

Feldspritzen dienen zum Spritzen bzw. Sprühen größerer Flächen im Obst- und Gemüsebau sowie in Baumschulen in Form von Anbau-, Aufbau- und Anhängergeräten für Schlepper oder selbstfahrenden Geräten. Sie werden mit Behältergrößen von 300 bis 9000 l und Spritzgestängebreiten bis 24 m eingesetzt. Eine sehr exakte und umweltschonende Ausbringung von Pflanzenschutzmitteln ermöglichen rechnergestützte Geräte. Vor der Arbeit werden alle notwendigen Sollwerte, wie z. B. Spritzmittelausstoß, Fahrgeschwindigkeit, Arbeitsbreite, eingegeben. Während der Arbeit vergleicht der Bordcomputer die Sollwerte mit den Istwerten und informiert den Fahrer laufend. Bei Abweichungen wird automatisch während der Fahrt eine Regulierung durchgeführt.

Nebelgeräte

Mithilfe von Nebelgeräten wird ein **künstlicher Nebel** erzeugt, der das konzentrierte Präparat in Form feinstverteilter Tröpfchen (Tropfengröße $<$0,05 mm) enthält. Erreicht wird diese feinste Verteilung in der Luft durch hohen Druck **(Kalt- oder Dispersionsnebeln)** oder heiße Gase **(Heiß- oder Kondensationsnebeln)**, die um die Düse des Gerätes strömen und die Flüssigkeit zerstäuben. Die vernebelten Tröpfchen durchdringen aufgrund ihrer hohen Schwebefähigkeit den gesamten Raum und hüllen die Pflanzen vollständig ein, sodass bei minimaler Ausbringmenge eine gute Wirkstoffverteilung erzielt werden kann. Bodenbelastungen durch Abtropfverluste werden vermieden. Durch Verwendung von **Nebelzusatzstoffen** lassen sich Größe und Schwebfähigkeit des Nebels beeinflussen. Wegen der sehr hohen Abdriftgefahr durch Wind wird nur in geschlossenen Gewächshäusern genebelt. Die im Gartenbau verbreitetsten Geräte zum Nebeln (Heißnebeln) sind tragbare **Schwingfeuergeräte**, bei denen infolge von Treibstoffexplosionen in Schwingung geratene Heißluft die Flüssigkeit in kleinste Tröpfchen vernebelt (s. Abb. 4, S. 412). Mit ihnen lassen sich innerhalb weniger Minuten mehrere tausend Kubikmeter Gewächshausvolumen behandeln. Um Pflanzenschäden infolge hoher Konzentrationen und Temperaturen zu vermeiden, sollten die Pflanzen nicht direkt angenebelt werden. Bei den elektrisch betriebenen **Kaltnebelgeräten** wird mit der Rotationspumpe ein Luftstrom erzeugt. Dieser schafft einen Unterdruck im Tank, fördert den Wirkstoff und zerstäubt ihn am Düsenkopf zu einem feinen Nebel. Mithilfe starker Ventilatoren wird der erzeugte Nebel bis zu 60 m weit verteilt. Nach Vorwahl der Startzeit erfolgt das Nebeln automatisch. Die Nebeldauer ist abhängig von der vorwählbaren Wirkstoffmenge. Ist diese verbraucht, schaltet sich das Gerät selbständig ab (s. Abb. 7, S. 412).

Stäubegeräte

Beim Stäuben werden pulverförmige, fertig konzentrierte chemische Mittel ausgebracht. Die Ausbringung geschieht wie bei den Sprühgeräten mithilfe eines Luftstroms. Eingesetzt werden Hand- und Motorstäubegeräte. Da fast alle Sprühgeräte mit Stäubezusätzen angeboten werden, können auch sie zum Stäuben verwendet werden. Wegen der geringen Haftfähigkeit der Stäubemittel an den Pflanzen und ihrer leichten Abdrift durch den Wind ist beim Einsatz im Freiland besondere Vorsicht geboten.

Granulatstreuer

Immer häufiger werden Pflanzenschutzmittel in Form von Granulaten mit Korngrößen zwischen 0,5 bis 5 mm bzw. Mikrogranulate $<0{,}5$ mm angeboten. Zur Ausbringung können Spezialstreugeräte, Granulatstreuer, eingesetzt werden. Es gibt sie in Form von tragbaren Geräten, Aufsätzen für Sä- und Pflanzmaschinen sowie Anbaugeräten für Schlepper.

Verdampfer

Bei der Begasung werden leicht verdampfbare chemische Mittel zur Bekämpfung von Schad- und Krankheitserregern eingesetzt. Die elektrisch betriebenen Verdampfgeräte werden in den Gewächshäusern vorwiegend zur Bekämpfung des Echten Mehltaus mit Schwefel (mit positiver Wirkung gegen Spinnmilben) eingesetzt. Der Schwefel wird durch die sich erhitzende Heizplatte des Gerätes verdampft, sodass er sich im Gewächshaus verteilt und auf die Pflanzen niederlegt. Mithilfe einer Zeitschaltuhr kann die Begasung auch in die Nachtstunden verlegt werden.

Abflammgeräte

Mithilfe von Abflammgeräten können Wildkräuter thermisch, d. h. durch Wärme abgetötet werden. Beim Abflammen werden die Pflanzen nicht verbrannt, sondern es werden nur kurze Hitzestöße auf die Pflanzenteile ausgeführt, die die Zellen auf 50 bis 70 °C erwärmen. Bei diesen Temperaturen kommt es zur Gerinnung des Zelleiweißes, sodass durch die Zerstörung (Denaturierung) des Zellplasmas (s. S. 36) die Pflanzenzellen abgetötet werden. Die so behandelten Pflanzen beginnen erst nach einigen Stunden zu welken. Nach zwei bis drei Tagen sind sie abgestorben. Zur frühzeitigen Kontrolle einer erfolgreichen Bekämpfung sollte die Fingerdruckprobe durchgeführt werden. Bilden sich beim Zusammendrücken des Blattes zwischen Daumen und Zeigefinger dunkle Flecken, war die Anwendung erfolgreich. Die beste Wirkung wird bei Anwendung im Keim- bis Zweiblattstadium erreicht. Probleme ergeben sich bei der Bekämpfung von Wurzelunkräutern, die zwar geschwächt, aber nicht abgetötet werden.

Die allgemein mit Propangas (rückstandsfreie Verbrennung zu CO_2 und Wasserdampf) betriebenen Geräte werden als Rücken-, Schubkarren- und Anbaugeräte angeboten. Nach der Art der Wärmeübertragung kann unterschieden werden zwischen **Geräten mit offener Flamme**, bei denen die Pflanzen von der Flamme und den Verbrennungsgasen allseitig berührt werden (Wirkung durch Wärmeströmung), und den **Infrarotstrahlern**, bei denen das Gerät über eine erhitzte Fläche indirekt Wärmestrahlen (Infrarotstrahlen) an die Pflanzen abgibt. Die Luft wird nicht erwärmt (Wirkung durch Wärmestrahlung). Verglichen mit den Infrarotstrahlern, sind bei Geräten mit offener Flamme die erforderlichen Wärmeeinwirkungszeiten kürzer, die Arbeitsgeschwindigkeiten höher und die Geräte- und Behandlungskosten geringer. Infrarotstrahler ermöglichen hingegen eine genauere Randabgrenzung und werden durch Wind in ihrer Wirkung nicht beeinflusst. Bei **kombinierten Geräten** erfolgt die Wärmeübertragung direkt durch die entstehenden Verbrennungsgase und indirekt durch Infrarotstrahlung.

Hackbürsten/Wildkrautbesen

Eine umweltfreundliche Art der Wildkrautbekämpfung ist der Einsatz von Hackbürsten/Wildkrautbesen. Die Entfernung der Wildkräuter erfolgt durch schnell rotierende Kunststoff- oder Stahlbürsten, die in unterschiedlichen Größen und Stärken angeboten werden. Die Geräte eignen sich für Flächen, auf denen keine Pflanzenschutzmittel eingesetzt werden dürfen, wie z. B. auf gepflasterten Parkplätzen, Gehwegen, Hofflächen oder in Rinnsteinen.

7.4.3 Dämpfen

Bei der Bodendämpfung wird **heißer Wasserdampf** zur Abtötung im Boden lebender (bodenbürtiger) Schaderreger und Wildkrautsamen in den Boden eingeleitet. **Um eine optimale Bekämpfung zu gewährleisten, sollte für mindestens 30 Minuten eine Temperatur zwischen 90 und 100 °C herrschen.** Vor dem Dämpfen muss der zu behandelnde Boden möglichst tief (30 bis 40 cm) grobschollig gelockert werden (Spaten-

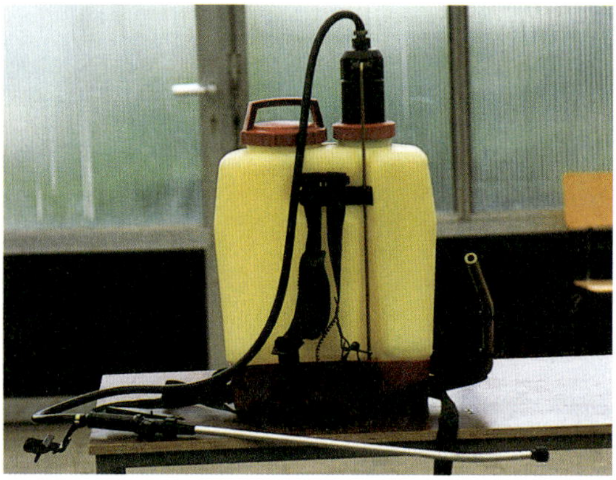

Abb. 1 Rückenspritze mit Pumpenhebel

Abb. 2 Karrenspritze

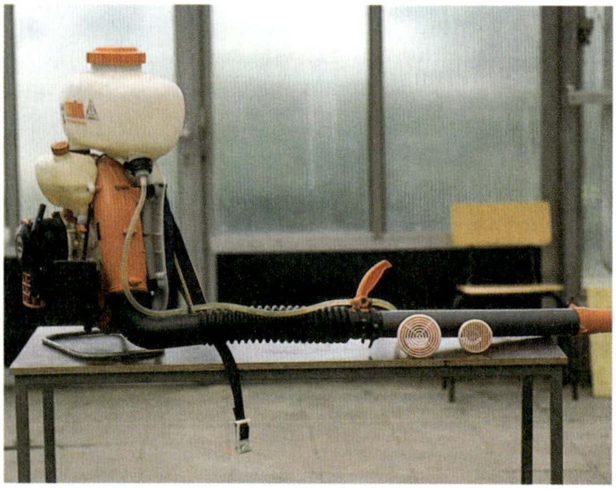

Abb. 3 Sprühgerät

Abb. 4 Schwingfeuergerät (Heißnebelgerät)

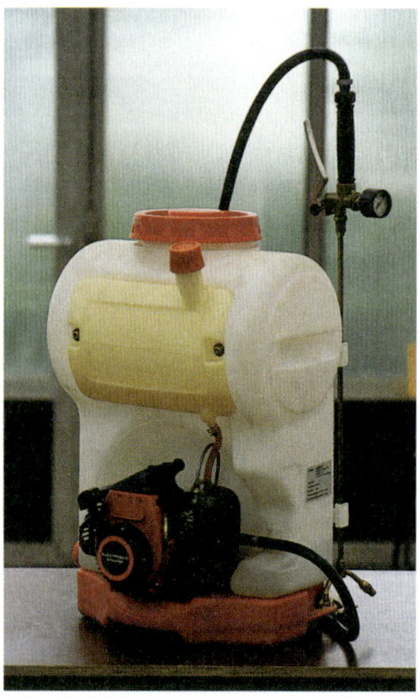

Abb. 5 Motorrückenspritze

Abb. 6 Druckspeicherspritze

Abb. 7 Kaltnebelgerät

maschine ist gut geeignet) und trocken (Sandboden mäßig feucht) sein, damit der Dampf tief in den Boden eindringen kann. Auch sollte das Gewächshaus (Konstruktionen, Fundamente, Wege) vorher gründlich gereinigt und desinfiziert werden (z. B. durch Abflämmen mit dem Propangasbrenner). Obwohl das Dämpfen im Vergleich zur chemischen Bodenentseuchung aufwendiger und teurer ist, hat es den Vorteil, umweltfreundlich und sicherer im Bekämpfungserfolg – vor allem im Hinblick auf pilzliche Krankheitserreger – zu sein. Da bei der Bodendämpfung alles Leben im Boden abgetötet wird, also auch die natürlichen Gegenspieler der Schadorganismen, ist unbedingt darauf zu achten, dass keine neuen Schadorganismen auf den frisch gedämpften Flächen eingeschleppt werden, da diese sich ohne natürliche Gegenspieler sehr schnell ausbreiten würden.

Überziehschuhe bzw. mit Desinfektionsmittel getränkte Fußmatten können die Einschleppung von Schadorganismen an den Schuhen verhindern. Nach zwei bis drei Wochen hat sich das Bodenleben wieder erholt. Da nach einer Dämpfung hohe N- und Mn-Konzentrationen auftreten können, sollte entweder sofort nach dem Dämpfen in den noch warmen Boden (Förderung der Wurzelentwicklung und damit der Widerstandsfähigkeit) oder erst nach 2 bis 3 Wochen gepflanzt werden.

Als Dampferzeuger dienen durchweg **Niederdruckdampfkessel** (max. Betriebsüberdruck bis 1,0 bar). Den Hauptteil bilden ein Feuer- und Wasserraum sowie ein Überhitzer. Wegen der Schäden, die an Kessel und Rohren durch Kesselstein entstehen können, sind die Geräte allgemein mit einer **Wasserenthärtungsanlage** (Ionenaustauscher) ausgestattet (s. auch S. 169 f.). Zur Verhinderung einer zu schnellen Kondensation wird der etwa 100 °C heiße Wasserdampf in den Überhitzer geleitet, wo seine Temperatur ohne Drucksteigerung auf bis zu 250 °C erhöht (überhitzt) werden kann.

Flächendämpfung

Die Flächendämpfung erfolgt allgemein als **Foliendämpfung.** Dazu wird auf die zur Dämpfung vorbereitete Fläche eine 0,25 bis 0,3 mm dicke, hitzebeständige Folie ausgebreitet, die an den Rändern mithilfe von Sandsäcken beschwert und abgedichtet wird. Der unter die Folie eingeleitete Wasserdampf verteilt sich und wölbt die Folie auf, bevor er durch den zunehmenden Druck in den gelockerten Boden eindringt. Beim Einströmen in den kühleren Boden kühlt sich der Wasserdampf ab und kondensiert. Die dabei freigesetzte Wärme (s. Abb. 1, S. 284) erhitzt den Boden.

Die mit der Foliendämpfung erreichte Dämpftiefe liegt bei 15 (schwere Böden) bis 30 cm (leichte Böden). Größere Tiefen von bis zu 50 cm können mithilfe von **Dämpfpflügen** mit Pflugbreiten von 1,5 bis 3 m und einer Geschwindigkeit von 5 bis 15 m/h (nur bei großen Flächen bzw. sehr langen Häusern rationell einsetzbar) oder über **Dämpfrohre,** die in einer Tiefe von 80 cm fest verlegt werden (evtl. bei Anlage von Grund- und Bankbeeten gleich mit einbauen) erzielt werden. Beide Verfahren sind relativ aufwendig und kostenintensiv, sodass ihr Einsatz beschränkt ist.

Haufendämpfung

Die Haufendämpfung wird zur Entseuchung von Erden (z. B. Komposterden) und Substraten eingesetzt. Sie erfolgt üblicherweise ebenfalls als Foliendämpfung, die im Prinzip wie bei der Flächendämpfung durchgeführt wird, mit dem Unterschied, dass bei der Haufendämpfung 30 cm hoch aufgeschüttete Erd- oder Substrathaufen mit der Dämpffolie abgedeckt werden.

Behälterdämpfung

Die Behälterdämpfung eignet sich gut zur Entseuchung kleinerer Erd-/Substratmengen. Häufig werden elektrisch beheizbare Geräte mit einem Fassungsvermögen von wenigen Litern bis 0,5 m^3 verwendet. Dabei kann man unterscheiden zwischen Erddämpfern und -erhitzern. Im Gegensatz zu den elektrischen Erddämpfern, bei denen durch Erhitzung Wasserdampf erzeugt wird, findet bei den Erhitzern die Entseuchung durch direkte Erhitzung der Erde mit einer elektrischen Heizung statt.

Halbfett gedruckte Seitenzahlen verweisen auf Schwerpunkte, mit Sternchen (*) versehene Seitenzahlen auf Abbildungen.

A

Abbaukurve 221
Abdomen 237
Abdrift 219
Abendrot 291
Abfallbeseitigungsgesetz 220
Abflammen 215
Abflammgeräte **411**
Abgase 377, 402
Abgaswärme 378
Abgaswärmeverlust **378**
Abiotisch 207
Ablaktieren 319* **f.**
Ableger **307**, 309*
Abmoosen **307 f.***
Absatzgesteine **116**
Abschlussgewebe 39
Abscisinsäure 76
Absenken **308***
Absetzautomaten 367
Absorptionsgewebe 39
Absperrschieber 388
Absperrventil 388
Abteilung 87, 89 **ff.**
Abwehrstoffe 213
Achäne 64
Achillea filipendulina 335*
Achsbreite 357
Achselknospe 18 f.
Achselvegetationspunkt 19
Ackerschätzungsrahmen 149
Ackerzahl **149**
A-C-Profil 145
Acrylglas 358
Adenin 76 f.
Adenosintriphosphat, ATP 37, 45, 48
Adhäsion 53 f., 130 f.
Adhäsionskräfte 131
ADI-Wert 220
Admiral Sir Francis Beaufort 283
Adsorptionswasser 130
Adventivwurzel 8 f., 96
Aechmea fasciata 312*
Aerobe Bakterien 89
Aeroponik **397**
Afterraupe 237, 239*
Aggregatzustände des Wassers 284
AGÖL 197
Agrobacterium tumefaciens 86, 264
A-Horizont 142, 149, 147
Ähre 34
–, zusammengesetzte 24
Ährenschlange 218
Akarizide 215
Akuter Mangel 202
Älchen 123, 259
Algen 89 **f.**, 123, 179
Algenkalk 89, 167 f.
Algenwachstum 179
Alkalisch 165
Alkaloide 38
Allelopathie 214
Allerweltskräuter 149
Alleswinder 29
Al-Phosphate 177
Alternativer Landbau 197
– Gartenbau 197
Altostratus 287*, 289
Ameise 124 f., 226, 240
Ameisenbuntkäfer 250
Ameisenhaufen 225
Ameisennester 226
Amiddünger 175
Aminosäure 78, 84
Ammenpilze 90
Ammoniak (NH_3) 172, 174 ff.
Ammonium (NH_4^+) 163, 172 f., 178
Ammoniumcarbonat 176
Ammoniumdünger 171, 175
Ammoniumoxalat **169**
Ammonnitratdünger 175
Ammonsulfatsalpeter 175
Amöben 123 f.
Amphibien 226
Amselmännchen 231*
Amylobakter 123
Anaerobe Bakterien 89
Anaeroidbarometer 281
Ananas 312*
– comosus 312*
Anaphase 57
Anatomie 7, **35 ff.**
Anbau-Drehpflüge 346 f.*
Andrözeum 32
Anerkennungszeichen der BBA 408*
Angiospermae 95
Anhäufeln 334
Anheftung an der Sprossachse **15**
Anion **169 f.**, 176
Anionenaustauscher 170*
Anlage, geschlossene 383
–, offene 383
ANOG e. V. 198
Anschneiden der Wurzelspitzen 10
Anstaubewässerung **395**, 396*
Anstaurinnen **395**
Anstautische **395**
Antarktis 292
Antennen 237 , 255
Anthere (Staubbeutel) 30
Antherenkultur 323
Antheridium 92, 94
Anthocyane 37 f.
Anthropogene Böden **147**
Anthropologie 7
Apanteles glomeratus 229
Apatite 177 f.
Apfelbäume, Befruchtungsverhältnisse bei 61
Apfelblattsauger **247**
Apfelblütenstecher 248*, 251
Apfelfrüchte 67
Aphidaletes aphidimyza 226, 231*, 256
Aphizide 215
Apiaceae **96**, 213
Apomixis 63
Äquationsteilung **57**
Aralia elata (Japanischer Angelicabaum) 321*
Arbeitsgemeinschaft ökologischer Landbau 197
Arbeitshalle 361*
Arbeitsleistung 367
Arbeitsplatzaufbau 326
Arbeitsplatzkonzentration (MAK-Wert) 387
Arbeitsstrombetrieb 392
Arbeitstakt 367
Arbeitstisch 368*
Arbeitsweise des Messerrotors 348*
Archegonium 92, 94
Areolen 25
Arid 292
Aristoteles 155
Arktis 292
Aronstabgewächse 34*
Art 87
Artbastard 83
Arten 174
Artengrenze 83
Artenrückgang 111 f.*
Artenschutz **111** ff.
Artenschutzübereinkommen, Washingtoner (WA) 112
Artenvielfalt **213**
Artnamen 87
Ascheboden 145
Asexuell 305
Assel 124 f.
Assimilate 41
Assimilation (Photosynthese) 40, 45, 49
Assimilationsbelichtung 361*, 404, 406
Assimilationsgewebe 39 f.
Assimilationslicht 46, 306, **404**
Assimilationsparenchym 39 f.
Assimilationsstärke 46
Ast 17
Asteraceae **97**
Atemgifte 215, 239
Atemschutz 219
Atemwurzel 20, **21**
Ätherische Öle 38
Atmosphäre 191, 279
Atmung 11, 37, **48** f.
Atmungssystem **239**
Atmungswärme 48
Atmunsgleichung 48
ATP (Adenosintriphosphat) 37, 45, 48, 177
Ätzend 220
Aufbau der DNS 76
– der Erde 116*
– einer Flechte 91*
– eines Insekts 237*, 239
– eines Komposthaufens 193
– eines Pflugkörpers 346*
Auflaufen 300
Auflösung **163**
Aufsitzer 20
Aufzeichnungspflicht 113
Auge 18, 28, 316
Augenkrankheiten 295.
Ausbringungsverfahren 216
Ausdehnungsgefäß 382*f.
Ausfällungsreaktion 163
Ausgabe **143**
Ausgangsgestein 143
Ausgleichsbehälter 409
Ausläufer **27** f.*, **308** f.*
Auslese 83
Auslesezüchtung **83**
Auslichtungsschnitt 329
Auspuffgase 262
Aussaat 297, 300, 303 ff.
Aussaaterde 10
Aussaatverfahren **302** f.*
Ausscheidungsgewebe 39
Ausscheidungsorgane **239**
Außenschattierung 372, **373**
Ausspracheregeln **88**
Ausstellroboter 367
Austauschbares Kalium 181 f.
Austauscher 128, 162 ff.
Austauschvorgänge **162 f.***
Austopfen 326*
Auswaschung 64, 167, 171, 184, 173
Autoklav 321*
Automatisierung der Bewässerung **392**
Autonome Bewegungen 75
– Suchbewegungen 75*
Autotroph 44
– Lebewesen 44
Auxine 73, 76, 321
Azotobakter 123

B

Bacillus thuringiensis 253
Bacteriophyta 88
Bakterielle Blatt- und Stängelfäule der Pelargonie 265

Bakterien (Bacillus thuringiensis) **89**, 123 f., 226, **264**
–, aerobe 49
–, anaerobe 49
–, nitrifizierende 123
–, sauerstofffeindliche 49
–, sauerstoffliebende 49
Bakterienkrebs 264 f.*
Bakterienwelke 264
Bakteriosen **264**
Balgfrüchte 64, 66 f., 97
Bandsaat 302 f.*
Bankbeete **360**
Barbaratag 338
Barbarazweige 338
Bärlappgewächse 93
Barograph 281
Barometer 281
Basenpaare 76 f.
Basenreihenfolge (genetischer Code) 77
Basensequenz 77 f., 84
Basentriplett 77
Bastarde 81
Bastteil 41 **f.**
Bauchbeine 239
Baum 17, **103 f.**
Baumfarn 93*
Baumflechte 91*
Baumpfahl 234
Baumpflanzung 330*
Baumsterben 103, 105*, 180*188*
Bausteine der Eiweiße 78
Bearbeitbarkeit 119
Bearbeitungsgare 136
Beaufortgrad 284
Beauveria brongniartii 249
Bedecktsamer 95 f.
Beere 97, 98
Beerenfrüchte 64 f., 67*
Beerenfruchtstand 66 f.
Beetpflanzung **328**
Beetpflug 346 f.*
Beetrosen 333
Befruchtersorten 61
Befruchtung **62***, 79
– der Eizelle 62
– des sekundären Embryosackkerns 62
–, doppelte 62
Befruchtungsverhältnisse bei Apfelbäumen 61
– der wichtigsten Obstgehölze 62
Befruchtungsvorgang 62
Begasung **401**
Begasungspatronen 262
Begeißelte Geschlechtszellen 92
Begleitpapierpflicht 113
Begleitstauden 334
Begonienkultur 369
Begriffsdefinition 222*
Behälterdämpfung **413**
Beiknospen 18
Beizen 300
Bekämpfung des Feuerbrandes 266
–, biologische 210*, 222, **225**
–, chemische 210*, 215
Bekämpfung, thermische 274
Bekämpfungslücken 221
Beleuchtungsstärke (E) 403 f.*
Beleuchtungstechnik **402**
Beleuchtungswirkungsgrad 403
Belichtung 58, 402
–, photoperiodisch 58
Bemisia tabaci 242
Benennung der Pflanzen **87**
Benzpyren 191
Beregnungsmaschinen 398
Bergflockenblume 335*
Bergklima 292
Bergwind 282 f.
Berührungsreize 74
Beschreibende Sortenliste 84
Bestandteile, mineralische **119**
–, organische **122**
Bestäubung 58 f., 62
Bestimmung der Bodenart **120**
– der Nährstoffgehalte 201
– des pH-Wertes 201
Bestimmungsmerkmale **11**
Bestimmungsschlüssel 158
Bestrahlungsstärke **403**
Betonfundamente **355**
Bewässerung 296
–, halbautomatische 392
–, vollautomatische 392
Bewässerungsdüngung 161
Bewässerungsfehler 392
Bewässerungssystem **392** f.
Bewässerungsverfahren **393**
–, geschlossene 393
Bewurzelungshormone 10
Beziehungen
–, verwandtschaftliche 219
B-Horizont 143, 145
Bienenschutzverordnung 217*f., 276
Bierfallen 261
Bildung **163**
– der Jahresringe **72**
– von Geschlechtszellen 78
Bildungsgewebe (Meristem) 39
Bimetallthermometer 281
Binäre Nomenklatur 87
Binder 354, **355**
Binderabstand 354
Binderstützweite 357
Bindung 331
Binnenklima 292
Bioindikatoren 91, **147**, 233
Biokatalysatoren 48
Biokreis e.V. 198
Bioland e.V. 198
Biologie 7
Biologisch-dynamischer Land-/Gartenbau 200
– Wirtschaftsweise 197
Biologische Bekämpfung 210*, **225**
– Bundesanstalt (BBA) 218, 276 f.
Biologischer Anbau 199, 200
– Land-/Gartenbau **197**
– Pflanzenschutz **222**
Biologisches Gleichgewicht 210*
Biopark e. V. 198
Bio-Siegel 197
Biotisch 207
Biotop 100, 222
Biotopschutz 113
Biotopsystemschutz **113**
Biotopverbundnetz 106
Biotypen 87
Biozönosen 100, 222
Biphenyle, polychlorierte (PCB) 138
Birnengallmücke 256
Birnengitterrost 271*, 273
Birnenknospenstecher 251
Bittersalz 183
Blähton 338
Blasenfuß **245**, 246
Blasentang 89
Blattabschnitte 309
Blattadern 11, 41
Blattanlagen 18
Blattaufbau 11*
–, äußerer 41
–, innerer 40* **f.***
Blattbasis 11
Blättchen 14
Blattdornen **22**, 25
Blattdüngung **161**, 175, 185
Blattfläche 11
Blattflöhe **247**
Blattformen 12 f.*
Blattgliedstecklinge 309* **f.**
Blattgrün 44
Blattgrund 11
Blatthacke 344*
Blatthornkäfer **249**
Blattkäfer **250**
Blattknospen 19 f.
Blattknoten (Nodium) 17 f.
Blattläuse **240**
–, parasitierte 229
Blattlauslöwe 231
Blattlausmumien 229
Blattmetamorphosen **22**
Blattminierfliege 255 f.
Blattminierfliegenmaden 258*
Blattnarben 11, 29
Blattnematoden 259 **f.**
Blattrand 11, **15***
Blattranken **22**, 24, 99
Blattsauger **247**
Blattscheide 15
Blattschopfvermehrung 312*
Blattspitze 11
Blattspreite 11
Blattstecklinge **310***
Blattstellungen **16***
Blattstiel 11
Blattstückstecklinge **310***
Blattsukkulenz **22**, 24*
Blatttemperatur 372, 394
Blattwespen **247***
Blattwespenlarve 239
Blattzisternen **22**, 24*
Blaualgen **89**
Blausucht 173
Blei (Pb) 157
Bleicherde 145
Bleichhorizont 145
Blindschleiche 226
Blitz 289
Blockbauweise 354* ff.
Blühreife 57
Blumenblatt (Petalen) 29 f., 32
Blumenknollen **336**
Blumenwanze 230*
Blumenzwiebeln **336**
Blüte 8, **29**, 30* f. 95
–, eingeschlechtliche 31, 61
–, kurzgriffelige 61
–, langgriffelige 61
–, männliche 31
–, radiäre 32
–, vormännige 61
–, vorweibige 61
–, weibliche 31
–, zweigeschlechtliche (zwittrige) 31, 60
–, zygomorphe (dorsiventrale) 32
Blütenanlegung 57
Blütenaufbau **29**
Blütenbildung **57**, 177
Blütenblatt 29 ff.
Blütenboden 29 f.
Blütendiagramm 32*, 97 ff.
Blütenformel **32***
Blütenfüllung 31
Blütenhülle (Perianth) **29** f.
Blüteninduktion 57
Blütenknospen 19 f.
Blütenkrone 29
Blütennematoden 259 f.*
Blütenröhren 59
Blütenscheide 22
Blütensporn 59
Blütenstände **33 f.***, 97
Blütenstaub 30, 58
Blütenvergrünungen durch Mykoplasmen 268*
Blutlaus 232
Blutmehl 175
Blutsystem **239**
Blutweiderich 148*

B-Mangel 158
Boden **115**, 144
–, Ökosystem 124
–, Pufferung 128
Bodenabtrag **138**
Bodenart 119, 121
–, Bestimmung der **120**
Bodenarten **120**
Bodenatmung 134
Bodenbearbeitungsgeräte **342** ff.
Bodenbeete **359**
Bodenbestandteile **119 ff.**
Bodenbewertung **147 ff.**
Bodenbildung **115,** 118*
Bodendämpfung 215, **411**
Bodendeckende Rosen 333
Bodeneigenschaften **120**
Bodeneinschlag 143*
Bodenerosion **138**
Bodenfauna 122, **123**
Bodenfeuchte 132
Bodenflora 122, **123**
Bodenfräsen **347** f.
Bodenfruchtbarkeit 119
–, Förderung 196
Bodengare **134**
Bodengefüge **128**
Bodenheizung 384* f.
Bodenherbizide 275
Bodenhorizont 143*
Bodenkolloide **127**, 129, 163
Bodenkunde **115 ff.**
Bodenleben **122**
Bodenlebewesen 124, 162
Bodenlockerung **135**
Bodenlösung 52 f., 163, 168, 179
Bodenluft **134**
Bodenmaschinen **342** ff.
Bodenmüdigkeit **211**, 212
Bodennetz 250
Bodenpilz 271 f.
Bodenprobe 121 f., **140**, 166, 201, 203
–, repräsentative 140
Bodenprobeentnahme 141
Bodenprofil 143
Bodenschluss 136
Bodenschutz **136 ff.**
Bodenskelett 119
Bodenstruktur **128**, 165 f.
Bodenteilchen 112
Bodentemperatur 307
Bodenthermometer 281
Bodentypen **143** f.*
Bodenüberwachsende Rosen 333
Bodenuntersuchung **201** ff.
Bodenverdichtung **137**
Bodenversauerung 105, **140**
Bodenwasser **130**
Bodenzahl **149**
Bogendach 354*
Bogendüse 398
Bohnenblattlaus, schwarze 241*
Bohnenfliege 256
Bohnenrost 270
Bonifatius 301
Bor 157, 163, **180**
Borke 72*
Borkenbildung 72*
Borkenkäfer 235*, 248*, **250**
Borkenkäferschlitzfalle 235*
Borsäure 163
Botanik **7 ff.**, 24, 26, 28
Botanische Nomenklatur **87**
Boten-RNS 78
Botrytis **270**, 272
Brackwespe 231, 232
Brakteen 22, 24*
Branntkalk 167 f.
Brassicaceae **97**, 213
Braunalgen 89
Braunerde 143, **145**
Braunfäule 272
Breiten, gemäßigte 292
Breitsaat **302** f.*
Brenner 379* f.
Brenneraufbau 380*
Brennstoffe **375**
Brennwert **376 f.**
Brennwertgerät **379 f.**
Brennwertkessel 379
Brettwurzel 111
Bromelien 24*
Bruchwald 109
Bruchwaldtorf 108
Brustbeine 239
Brutblätter **311***
Brutknollen **311**
Brutzwiebeln 26, 28, **311***
Bryophyta 88
Buchenblattgallmücke 256
Buchtenfraß 251 f.
Bufo bufo 227
Bügelziehhacke 344*
Bulbillen **312***
Bulte 109
– für Umwelt und Naturschutz Deutschland (BUND) 114
Bundesartenschutzverordnung (BArtSchV) 112
Bundesgesundheitsamt 218
Bundesgütegemeinschaft Kompost e. V. 150
Bundesnaturschutzgesetz (BNatSchG) 112
Bundesverband Bürgerinitiative Umweltschutz (BBU) 114
Büschelwurzel 8

C

C:N-Verhältnis 127, 152 f., 172, 190 f., 193 f.
Ca_2SiO_4 167
Ca s. Calcium 157, 163, **184**
$CaCO_3$ 167
Ca-Düngung **184**
Ca-Mangel 158, 180* f. 183 f.
Ca-Mangelsymptome **184**
$Ca(OH)_2$ 167
Ca-Phosphate 177
Ca-Überschusssymptome **184**
Cactaceae 26
Cadmium (Cd) 157
Calcitest 141, 142*
Calcium **184**
Calciumcarbonat 115, 167
Calciumchlorid ($CaCl_2$) 184
Calciumchloridlösung 140 f.
Calciumcyanamid 175 f.
Calciumdynamik des Bodens **184**
Calciumhydroxid 167, 176
Calciumoxid 167
Calciumphosphate 178
Calciumsilikat 167
Calciumspritzungen 184
Caltha palustris 148
Calvinzyklus 45
Cambridgewalze 350
Candela 402
Caput 237
Carbonate 115
Carbonathärte 169* f.
Carboneum 157
Carl von Linné 86 f.*
Carotin 37
Cäsium 139
Cellulose 35
Centaurea cyanus 148*
– montana 335*
Ceratocystis ulmi 250
Charles Darwin 86 f.*
Chelate 185
Chemische Bekämpfung 210*
– Pflanzenschutz **215**
– Reize 74
– Verwitterung **117**
Chemonastie **75**
Chemotropismus **74**
Chenopodiaceae 213
Chiasma 82
Chiasmabildung 82
Chimäre 85
Chitinpanzer 236 f., 249
Chlor 157, 163, **186**
Chlorempfindliche Pflanzen 183
Chloridempfindliche Pflanzen 182
Chloridverträgliche Pflanzen 183
Chlorophyll 37, 45, 172, 183
Chlorophyllkörner 37
Chlorophyllmolekül 172*
Chlorophytum comosum 309*
Chloroplaste 35* f., **37** f.
Chlorosen 158, 172, 260
Chlorverträgliche Pflanzen 182
C-Horizont 143, 145
Chromatide 79, 82
Chromatin 57
Chromatingerüst 57
Chromoplast 35* f., **37**
Chromosomen 76
Chromosomenhälften 79
Chromosomenmutation **84**
Chromosomensatz 78
Chromosomenspalthälften (Chromatide) 57
Chrysanthemengallmücke 256
Chrysanthemenrost 270
Chrysoperla carnea 226, 231*
CITES-Papiere 113
CKW 138
Climax-Produktionsgewächshaus 357*
CO_2-Begasung 50, 400, 401
– -Brenner 401
– -Düngung 50, 400
– -Gas 401
– -Generatoren **402**
– -Konzentration 51, 401
– -Konzentration der Luft 50
– -Vorsorgung **400**
Cobalt 157
Coccinella septempunctata 227
Codon 77
Colchicin 85
Collembolen 125
Compositae **97**
Computergesteuertes Transportsystem 367
Containerpflanzen 329
Containertransport 361*
Corioliskraft 289
Corolla 29, 32
Corynebacterium michiganense 264
Croesus septentrionalis 247
Crossing-over **81 f.***
Crossover **82**
Crotodur 175
Cruciferae **97**, 213
Cryptolaemus montrouzieri 228, 230, 245
Cucurbitaceae 213
Cyanamid 176
Cyanophyta 88
Cyathien 100
Cyathium 100
Cydia pomonella 254
Cyperus alternifolius 313*
Cytokinine 76, 321
Cytosin 76 f.

D

Dachformen **353**
Dachlüftung 357, 359, 371
Dachneigung 355, 357
Dachneigungswinkel 359

Dämpfen **411**
Dämpfpflüge 413
Dämpfrohre 413
Dänenmaß 364
Darwinismus 68
Dauergewebe 39
Dauerhumus **127**, 129
Dauerkörper 268
Dauerschattierung **373**
Dauerspore 269, 271*
Dauerzellen **35**
DDT 138
Deckblätter 22
Deckelschildlaus 244* f.
Deichselplattformwagen 368*
Delphinium-Hybriden 335*
Demeter e. V. 198
Denitrifikation 171, 174*
Denitrifizierende Bakterien 174
Depotdünger 175, 188
Desoxyribonukleinsäure 36, 77, 172, 177, 266
Destruenten 100
Deutsche Härtegrade (°dH) 169
– Wetterdienst (DWD) 291
Deutsches Fenster 352
– Normgewächshaus **356**, 359
Diagnose 206
Dibbelsaat 302 f.*
Dichogamie 61
Dickblatt 24*
Dickenwachstum **71**
– der Wurzel 43
–, primäres 71
–, sekundäres **71** f.*
Dickmaulrüssler 228
–, gefurchte 251
Dictyosomen 38
Diffusion 52, **162 f.**
Digitale Farbbildverarbeitung 367
Dihydrogenphosphat 163, 179
Dikotyledoneae 96
– s. zweikeimblättrige Pflanzen
Dikotyledonen 79
Dioxin 138
Diözische Pflanzen 31
Diploid 78 f.
Dipol 163
Diptera **255**
Dischidia pectenoides 24*
Dissimilation 48 f.
DNA 77
DNS (genetische Information) 36, 56, 76 f.84 ff., 172, 177, 266 f.
–, identische Reduplikation der 56
Dolde 34*, 96
–, zusammengesetzte 34*
Doldengewächse 96, 213
Doldenrispe 34*
Doldentraube 34*
Dominant-rezessive Vererbung 80
– -rezessiver Erbgang 80 f.*
Donner 289
Doppelhacke 344*
Doppelkästen 352
Doppelte Namensgebung 87
Doppelverglasung 356
Dornen 22, 28
Dosenbarometer 281*
Dosierpatrone 399
Drahtgeflechte 264
Drahthosen 263*
Drahtwürmer 237, 248, 250
Dränung **133** f.*
Drehpflug 346 f.*
Drehstrahlregner 397
Dreiecksdiagramm 120*
Dreiecksverband 326* **f.**
Dreinährstoffdünger 187
Dreiwegemischventil 389*
Dreiwegeverteilerventil 389*
Dreizugkessel **378** f.*
Drillsaat 303
Druck, osmotischer 52 f.
Druckmesser 409
Druckspeicherspritze 410, 412
Drüsensekret 38
Duftdrüsen 30 f., 58
Duftstoffe 31, 234
Dünger **186**
Düngerbedarf 201
Düngerbeimischer **399**
Düngesalze 187
Düngeverfahren **161**
Düngung 156
– in Chelatform 185
– mit Spurennährelementen 185
Düngungsempfehlung 202, 205
Dunkelkeimer 301
Dunkelreaktion 45 f.*, 51
Dünnschichtkultur 397
Durchgangsventil 389
Durchwurzelung 119
Düsenrohrbewässerung **393***
Düsentypen 409*

E

Ebbe-Flut-Bewässerung **395**
– -Flut-System **395** f.*
Echter Mehltau **268**
ECOVIN-Bundesverband Ökologischer Weinbau e. V. 198
ED 76, 151
Edaphon 122
Edelreis 318
Edelrosen 333
EG-Öko-Verordnung 197
Eidechsen 226
Eiersack 244
Einachser 368*
Einachsschlepper 345 f.*
Eindeckmaterialien **355**
Eindeckung 357
Einfachglas 356
Eingeschlechtliche Blüten 31
Einhäusige Pflanzen 31
Einheitserde **150**, 153* f.
Einischen 251
Einjährige (annuelle) Pflanzen **70**
– überwinternde Pflanzen 71
Einkeimblättrige Pflanzen 9, 11, 41, 69, 95 f.
Einkornsämaschinen 299
Einnährstoffdünger 187
Einstichelektrode **142**
Eintopfen 326 f.
Einzelbauweise 355
Einzelblüten, Arbeitsteilung der 33
Einzelklappenlüftung 369
Einzelkornaussaat 299, 302
Einzelkorngefüge **128**
Einzelkornsaat 303
Einzellige Grünalgen 89*
Einzelzellkultur 321
Eiparasiten 232
Eiparasitierung 254
Eisen (Fe) 157,163, **186**
Eisenbelastung **170**
Eisengehalt 170
Eisenortstein 145
Eisheilige 301
Eisregen 286
Eiszeit 108
Eiweiß 78, 172, 177, 184
Eiweißsynthese 37, **77**
Eizelle 30, 62 f., 79 ff.
–, Befruchtung der 62
Ektomykorrhiza 90
Ektoparasit 44, 268
Elektrischen Entladungen 174
Elektrodenblatt **394**
Elementarer Stickstoff (N_2) 174
Elementargefüge **128**
Elemente 115, 156 f.
Embryo 62 f., 65, 69, 302
Embryokultur 321 f., 323
Embryosack 62
Embryosackkern, sekundärer 62 f.
Emission 208 f.
Emissionsgrad 382
Emittenten 208
Emulsion 408
Encarsia formosa 231*
Enchyträe 124 f.
Endknospe 18
Endodermis 43, 54
Endodermiszellen 53
Endokarp 64 f.
Endomykorrhiza 90
Endoparasit 44, 268 f.
Endoplasmatisches Retikulum 35* ff.
Endosperm 63
Endvegetationspunkt 18
Energieschirm **372** ff.
Energiespeicher 177
Energieträger 375
Energieüberträger 177
Engerling 236, 247* f.
Entcarbonisierung 170*
Enthärtungsverfahren **169**
Entsalzung 170*
Entsalzungsverfahren **169**
Entstehung der Jahreszeiten 278
– der Kalilager 182
– des Föhns 288*
Entwicklung, generative 55
–, geschlechtliche 55
–, ungeschlechtliche 55
–, vegetative 55
Entwicklungskreislauf 92, 241*
– der Obstbaumspinnmilbe 258*
– der Thripse 246
– der Weißen Fliege 243*
– des Apfelwicklers 254
– des Dickmaulrüsslers 252*
– des Echten Mehltaus 269
– des Frühjahrs-Apfelblattsaugers 246*
– des Grauschimmels 270*
– des Großen Kohlweißlings **253***
– des Maikäfers 249*
– einer Bakteriose 365*
– einer Virose 267*
– eines wirtswechselnden Rostpilzes 271
– von Pythium 271
Entzug 202
Enzyme (Fermente) 48, 75, **77**, 84, 177
Epidermis **39** ff., 45 f., 71
– der Wurzel 43
Epidermiszellen 9
Epigäische Keimung **69**
Epikotyl 21, 29
Epiphyten 20, 22
Episyrphus balteatus 231
Eppo (European and Mediterranean Plant Protection Organization) 236
EPS 358
Erbanlage 76, 85
Erbbild 76
Erbgut 297
Erbinformation 266
Erbse 24*
Erbsengallmücke 256
Erdatmosphäre 279, 293*
Erddämpfer 413
Erde **149**, 154*, **279**
–, Aufbau der 116
–, Vegetationszonen 110
–, Wasserkreislauf der 55

Erdgas **375**
Erdkern 116
Erdkröte 227
Erdkruste 115 f.
Erdmantel 116
Erdöl 375
Erdpresstöpfe 363
Erdsprosse 26
Erdwurzel 19
Ergänzungsdüngung **161**
Ergastoplasma 35*, 37
Ergussgesteine 116
Erhaltungsdüngung 201
Erhaltungszüchtung 83
Eriosoma lanigerum 232
Ernährung **211**
–, autotrophe 69
–, heterotrophe 69
Ernährungsweisen **44**
Ernährungszone **9**, 43
Erntezeiten **211**
Erosion **138**
Ersatzzwiebel 26
Erscheinungsbild 76
Erstarren 284
Erstarrungsgestein 117
Erstbesiedler 91
Erste Reifeteilung (Reduktionsteilung) 78
Ertrag 159, 202
Ertragsgesetze **159**
Ertragsgrenzwert 202
Ertragszuwachs 161
Erwärmung 110
–, fortschreitende 293
Erwinia amylovora 264
Erziehungsschnitt 329
Erzwespen 232, 254
Etagenanhänger 368*
Etagenkarre 368*
Etagenwagen 368*
Ethylen 76
Ethylenvinylacetat (EVA) 358
Eulen 226, 255
Eupatorium cannabinum 148*
Euphorbia 27*
Euphorbiaceae 26, **100**
Euphorbien **25 f.**
Euroformat 364
Evaporation 130 f.
Evapotranspiration 130
Evolution 85, **86**, 113
Exkrete 38
Exodermis 43
Exokarp 64 f.
Exosphäre 280
Extraktionslösung 140 f.
Extremitäten 237

F

F_1-Generation 80 f.
F_2-Generation 80 f.
Fabaceae **99**, 213
Fächel 34*
Fachmaß 357
Fachwerkkonstruktion 354* f.
Fadenwürmer 123, 259
Fahlerde 145
Fahne 99
Falscher Mehltau **268** f.
Familie 87
– der Doldengewächse 96
– der Hahnenfußgewächse 97
– der Korbblütler 97
– der Kreuzblütler 97*
– der Liliengewächse 98*
– der Lippenblütler 98*
– der Nachtschattengewächse 98*
– der Orchideen 98
– der Rosengewächse 99*
– der Schmetterlingsblütler 99*
– der Storchschnabelgewächse 99*
– der Wolfsmilchgewächse 100*
Fangblätter **23** f.*
Fanggürtel 254
Farbkennzeichnung 187
Farblose Schwefelbakterien 185
Farbstoff 37 f.
Farbstoffträger 37
Farne 88, 93 f.*
Farnwedel 93
Faserzellen 39
Fäulnis 89, 126
Fäulnisbewohner 44, 90
Federwolken 287, 289
Feigenkakteen 25
Feigenkaktus 27*
Feinboden 119, 122, 131 f., 133
Feinporenanteil 132
Feldkapazität **131**, 133
Feldmaus **262**
Feldresistenz 211
Feldspritzgeräte **410**
Fe-Mangel 158, 180
Fe-Phosphate 177
Fermente (Enzyme) **75**
Fertigkompost 191
Fest 284
Festigung des Pflanzengewebes 181
Festigungsgewebe 39, 41
Fettkraut, Gemeines 23
Feuchtbiotop 107
Feuchtefühler, elektronische 394
Feuchtigkeitsgrad 132
Feuerbrand 265*, 266
Feuerbrandverordnung 266
Feuerlufterhitzer **387**, 402
Feuerraum 378
Fiederblatt 99
Filament (Staubfaden) 30
Filialgeneration (Tochtergeneration) 80
Filter 219
Fingerprobe 120 **f.***
First 354*
Firsthöhe 357
Firstlüftung 354, 370* f.
Firstpfette 354
Flächendämpfung **413**
Flächendeckende Stauden 334
Flächenkompostierung **195**
Flachfolien **351**
Flachmoore **108**
Flachsprosse 25, 27, 28*
Flachstrahlen 409
Flachwurzler 8, 10
Flammenwächter 380
Flammpunkt 375
Flammrohr 378 f.*
Flavone 37
Flechten 88, **91**, 123
Fledermäuse 59, 226
Fleisch fressende Pflanzen 23
Fliege **255**
–, Weiße 232, **242*** f.
Fliegenpuppe 239*
Fließmatte **396**
Fließmattenbewässerung **396**
Fließrinnenbewässerung **395** f.*
Floranid 175
Florfliege 226, 231
Florfliegenlarve 231*
Floribundarosen **333**
Flügel 99
Flügeldecken 249
Flugsamenfrüchte 68
Flugvorrichtungen, Früchte mit 68
–, Samen mit 68
Fluorchlorkohlenwasserstoffe (FCKW) 293 f.
Flurbereinigung 106
Flüssigdünger 188
Flüssigdüngung **161**
Flüssiggas 375
Flüssigindikator 142
Flutmatte **396**
Föhn 389 f.
Folie 267 f.
Foliendämpfung **413**
Foliengewächshaus 353*
Folienplattenhäuser 353
Folientunnel 322*,
Förderband 367
Fördergemeinschaft Integrierter Pflanzenbau e. V. 201
Förderung der Bodenfruchtbarkeit 196
– der Fremdbefruchtung **60**
– der Wurzelentwicklung **10**
Form (forma = f.) 87
Formhecke 331
Fortpflanzung 29
Fransenflügler **245** f.
Fräse **347 f.***
Fraßbild 251*
Fraßgifte 215
Fraßschäden 238*
Frei lebende Bakterien 174
Freie Lüftung **371**
Fremdbefruchtung 60
–, Förderung der **60**
Fremdbestäubung 58 f.*
Fremdverbreitung **68**
Frischkompost 195
Fronten 289
Frontlader 368*
Frontsitzschlepper 345 f.*
Frösche 226
Frost 295
Frostgare 135
Frostkeimer 70, **302**
Frostresistenz 181
Frostrisse 296
Frostschutz **295**
Frostschutzberegnung **296**
Frostsprengung 117
Frucht 30, 63 f.
Fruchtbildung **63**, 177
Fruchtblatt (Stempel) 30, 62
Fruchtblätter **30**, 64, 66
–, Gesamtheit der 32
Früchte **64, 66** f.
– der Gräser 64
– mit Flugvorrichtungen 68
– mit Grannen 68
–, Systematik der 67
–, Verbreitung **68**
Fruchtendfäule der Tomate 184
Fruchtfleisch 64, 301
Fruchtfolge **211** f.
Fruchtholz 19
Fruchtknoten 30, 62 ff.
–, mittelständig 30
–, oberständig 30
–, unterständig 30
Fruchtknotenstellung **30**, 32
Fruchtknotenwand 62
Fruchtkörper 268 f.
Fruchtmumien 272
Fruchtschale 63 f.
Fruchtstände 66 **f.**
Fruchtwand 63 f.
Frühbeetkästen 352
Frühfrost 295 f.
Frühholz 72
Frühjahrssporen 271*
Frühlingsanfang 278
Fühler 237
Führungsgröße 387 f.
Füllsubstrat 338
Fundament 354
Fundamentsockel 354
Fungizide 215
Fusarium 272 f.*
Fütterungsversuche 220

G

Gäa e. V. 198
Gabelblättrige Nacktsamer 95 f.
Gabelstapler 368*
Gallmilben **257**
Gallmücke 256
–, räuberische 231*
Gallmückenlarven 226
–, räuberische 231*
Gameten 78
Gametophyt 92, 94
Gänsefußgewächse 213
Gartenblankglas 356
Gartenböden 147
Gartenklarglas 356
Gartenlaubkäfer 248*, 250
Gärtnerische Erden **149 ff.**
Gärung 49, 301
Gasaustausch 11
Gasbrenner 380
Gasentladungslampen **405 f.**
Gattung 87
Gattungsnamen 87
Gebeiztes Saatgut **300**
Gebrauchswert 297, 299
Gefäßbündelparasit 364
Gefäße 42 **f.**, 72
Gefäßparasiten 272
Gefäßteil 41 f.
Geflügelmist 190
Gehaltsklassen 202
Gehölze 70
Gehölzhecken 222
Gehölzpflanzung **329**
Geißel 265
Geißfußpfropfen **318** f.*
Gelbe Dungfliege 255
Gelbfallen 234
Gelbtafel 234, 242
Gemäßigte Breiten/Zone **291**
Gemeines Fettkraut 23
– Spinnmilbe 257
Gemüsearten 213
Gemüsepflanzen 299
Gemüsepflanzung **328**
Genbank 112
Genbibliotheken 112
Gene 76 f., 84
Generationswechsel 92, 94
Generativ 305
– Entwicklung 55
– Vermehrung **297** ff.
– Wachstum **55**
Genetik 7, **76 ff.**
Genetische Information (DNS) 56, **76 f.**, 84, 297
– Manipulation 85*
– Variabilität 85
Genetischer Code 77
Genmutation **84**
Genom 78
Genotyp 76, 79 ff., 84
Genspender 86
Gentechnologie 85
Gentransfer 86
Genübertragung mittels Bakterien **86**
Geotropisch, negativ 75
–, positiv 74, 75*
Geotropismus **74***
Geraniaceae **99**
Gerätekombination 350
Geräteprüfnummer 408
Geräteträger 345 f.*
Gerbstoffe 73
Geruchsschwelle 185
Gesamthärte 169*
Gesamtporenvolumen 131 f.
Geschlechtlich 306
– Entwicklung 55
– Generation 92, 94
– Vermehrung 297
Geschlechtsorgane, männliche 30 f.
–, weibliche 30 f.
Geschlechtsverhältnisse **31**
Geschlechtszellen 78 f., 80 f.
–, begeißelte 92
Geschlechtszellenbildung 84
Geschlossener Nährstoffkreislauf 156
Geschützte Pflanzen 113*
Geschwisterkreuzung 82
Gesetz vom abnehmenden Ertragszuwachs 159 ff.
– vom Minimum 160
Gespannte Luft **306**
Gesteine **115**
–, metamorphe 116
Gesteinskreislauf 117*
Gesteinsmetamorphose 116
Gesteinsschmelze 116*
Gesundheitsschädigend 173
Gesundheitsschädlich 226
Gesundheitszustand 297
Geteilte Laubblätter **13***
Gewächshausbau **354**
Gewächshauseffekt 293, 355
Gewächshäuser 353
Gewächshauskreislauf 389
Gewässer, Lebensraum **107**
Gewebe **39**, 184
–, meristematisches 42
–, Zusammenbruch 184
Gewebearten 39
Gewebekern (Nucellus) 62
Gewebekultur 321 f.*
Geweihfarn 24*
Gewitter **289**
Gewitterregen 286
Gewitterwolken 288
G-Horizont 146
Gibberelline 76
Giebeldach 354*
Giebeldreieck 354
Giebellüftung 370* f.
Gießwagen **397**
Gifte, chemische 215
–, systemisch wirkende 215
Giftig 220
Giftigkeit 218
Giftprüfung 276
Giftstoffe 215
Ginkgo biloba 95 f.
– -Gewächse 95
Gipfelknospe 18
Gips 178
Gitterbinder 354*
Gittertöpfe 363, 365*
Gitterunterzüge 355
Gladiolenknollen 311
Gladiolenthrips 245
Glas **355**
Glasgewächshäuser 353
Glattwalze 350*
Gleichförmigkeitsregel 80
Gleichgewicht, biologisches 210, 222
Gleitfallenprinzip 25
Gley 143f.*, **146**
Gliederung des Pflanzenreiches 87*
Globale Klimaveränderungen 292
Gloriosa superba 24*
Glühlampe 58, 407
Glukose 45
Goldfliegen 255
Golgi-Apparat 35* f., **38**
– -Vesikel 35*, 38
Grabegabel **342** f.
Grabwespenweibchen 60
Grad Celsius 280
Gradsitzventil 388*
Graduiertes Saatgut 299
Grannen, Früchte mit 68
Granulatsteuer **411**
Granuliertes Saatgut 299 f.*
Granuloseviren 254
Gräser, Früchte der 64
Grasfrosch 227, 230
Graupel 286
Grauschimmel **270**, **273**
Gravitropismus **74**
Greenpeace 114
Gregor Mendel 79*
Greifvögel 227
Grenzwerte 185, 202
– für Inhaltsstoffe im Gießwasser 169
– für Nitrat 173
Griffel 30, 62
Grobboden 119, 122, 141
Grobporen 131 ff.
Grobporenanteil 132
Grodanblock 365*
Große Flamingoblume 24*
– Kohlfliege 256
Großklima **291**
Großwespen 233
Grow bags 359
Grubber 344* f., 349
Grünalgen 89, 91
Grundbeete **359**
Grunddüngung **161**
Grundorgane **8**, 19
Grundplasma **36**
Gründungspflanzen 136
Gründungstiefe 354
Gründüngung **196** f.
Gründüngungspflanzen 197*
Grundwasser 130
Grundwasserhorizont 146
Grünkompost 191, 195
Grünlilie 309*
GS-Zeichen 408*
Guanin 76 f.
Gülle **191**
Gülleerlass 173
Gülleverordnung 191
Gummiholz 267
Gusskessel 375
Guttation 54 f.
Gymnospermae 95
Gynäzeum 32

H

H^+-Ionen 165 f.
Haarbüschel 68
Haare 41
–, lebende 55
–, tote 55
Haarpolster 25
Haber-Bosch-Verfahren 171, 174
Hackbürsten **411**
Hacken 344*
Häcksler 194*
Haftscheiben 27
Haftwasser 130
Haftwurzel 20
Hagebutte 67
Hagel 286
Hagelkörner 296
Hagelschutz 296
Hagelschutznetz 256
Hagelversicherung 296
Hahnenfußgewächse **97**
Halbautomatische Lüftung 371
Halbdurchlässig (semipermeabel) 52
Halbparasit 21, 44
Halbschattenpflanzen 49
Halbschmarotzer 44
Halbstrauch 17
Halbwertzeit 139
Halm 17
Halteren 255
Handaussaat 303*
Handhacken **344**
Handspritzen **409**
Handzerstäuber 409
Hängen **360**
Hangklima 292
Haploid 79
Haploide Zellen 78 f.
Haptonastie 75
Haptotropismus **74**
Harnstoff 175 f.
Harrhygrometer 285
Härtegrade (°dH) 169
Haue 344*

Haufendämpfung **413**
Haufenkompostierung **193**
Haufenschichtwolken 287*
Haufenwolken 287*, 289
Hauptnährelemente **171 ff.**
Hauptnährstoffe **156**
Hauptspross 19
Hauptsprossachse 18
Haupttrieb 19
Hauptwurzel 8 f.
Haustorien 20 f., 268 f.
Hautflügler 224*
Hautkrebs 295
Heckaufreißer 349
Hecken 224, **331**
–, Lebensraum 105
Heckenpflanzung 332
Heckenrosen 333
Heißnebelgerät 412*
Heißrotte 195
Heißwasserbad 215
Heizkessel **374 f.**, 382
Heizöl **375**
Heizungsanlagen **374**
Heizungsregelung **387**, 390*
Heizungssystem **381**, 384
Heizwert **376** f.
Heizwertgerät **379** f.
Hektopascal (hPa) 132, 281
Helenium autumnale 335*
Helfert'sche Tauwaage **394**
Heliopsis helianthoides 335*
Hellempfindlichkeit 404*
Hellige pH-Meter 141, **142**
Helligkeit 403
Hemmstoff 76, 214
Herbizide 215
–, selektiv wirkende 275
Herbstanfang 278
Herbstzeitlose 84*
Herkogamie 61
Herkömmlicher Anbau 199
Hermelin 233
Heterosiseffekt 84
Heterostylie **61***
Heterotroph 44
– Lebewesen 44
Heterozygoten 81
Hexenbesen 268
Hoch 288
Hochblätter **22, 24*, 33**
Hochdruckdampflampen 407
Hochdruckgebiet **288**
Hochmoor 93, **109***, **129**, 146
–, wurzelechtes 109
Hochmoortorf 150
Hochstammrosen 333
Höchstmenge, Ermittlung der 220*
–, zulässige 220
Höchstmengenverordnung **220**
Hochtunnel 352
Holländer 342* f.
Holländerfenster 352
Holzfasern 153
Holzfasersubstrate **151**, 154
Holzhaufen 225
Holzkisten 362
Holzteil **41** ff., 72
Homolog 78
Homozygote 82
Honigdrüsen 30 f.
Honigtau 240, 247
Honigtauausscheidung 247
Horngrieß 175 f.*
Hornissen 227, 233
Hornkiesel 200
Hornmehl 175 f.*
Hornmist 200 f.
Hornoska 196
Hornspäne 175 f.
Horstsaat 302 f.*
Hortensienerde 151
Hortisole **147**
Host-Feeding 232
Hubschwenklockerer 349*
Hubwagen 368*
Hülse 64, 66 f., 99
Hülsenfrüchtler 99
Humifizierung 127, 129
Huminstoffe **127**, 129,
Humus **127**, 129, 204
Humusgehalt 127
Humusortstein 145
Humusteilchen 127, 129, 162 f.
Humustheorie **155***
Hüttenkalk 167 f.
Hybridchimäre 86
Hybriden 81
Hybridzüchtung 83 f.
Hydathoden (Wasserspalten) 55, 265
Hydration 162*, 163 f.
Hydrogenium 157
Hydrogenphosphat 163, 179
Hydrokultur **338** f., 341
Hydrolyse 118
Hydronium-Ionen 165
Hydrophyten 55
Hydroponik 338
Hydrosphäre 101
Hydroxyl-Ionen 165, 172
Hygrographen 285
Hygrometer 285
Hygromull 152
Hygrophyten 55
Hygropor 153 f.
Hyperphos 178
Hyphen 90 f., 268
Hypogäische Keimung **69**
Hypokotyl 21, 29, 63

I

Identische Replikation 77
– Verdopplung der DNS 77
IES = ß-Indolylessigsäure 76
Igel 227, 230*
Immergrüne Pflanzen 11
Immission 105, 208
Immobilisierung (N-Sperre) 171
Impulsgießwagen 397*
Indikation 221
Indikationslücken 221
Indikationszulassung **221**
Indikatoren 140, 142
Indikatorpapier **141**, 142
Indikatorpflanze 185, 245
Indikatorstäbchen 141, **142**
Industrieerden/-substrate 150
Induzierte Mutation 84
Infektionstage 266
Infloreszenzen 33
Infrarotstrahlung 279 f.
Inhibitor 70, 76
Injektorprinzip 399
Inkrustiertes Saatgut 299 f.*
Innenblattnekrose 184
Innenschattierung 372* ff.
Insekten 59, 125, 224*, **236** ff., 237
–, Aufbau 237*, 239*
– fressende Pflanzen 23
Insektenblütigkeit 59
Insektenblütler 59
Insektivoren 23
Insektizide 215, 238
Integrierter Pflanzenbau 201
Intensität 46
Intensivierung der Landwirtschaft 106
Intermediärer Erbgang 80*
Internodien 19
Internodium, Internodien 17
Interphase 57
Intersterilität 61
Intervallbeleuchtung 58, 405
Intervalldüngung 161
Interzellularen 40
In-vitro-Vermehrung **321 ff.***
Inzucht **82**
Inzuchtsdepressionen 60
Ionen 163
Ionenantagonismus 164
Ionenaustausch 340
Ionenaustauschdünger 340
Ionenaustauscher **170**, 340
Ionenförderung **164**
Ionenkonkurrenz **164**
Ionenprodukt des Wassers 165
Ionensynergismus 164
Ionenverbindung 163
Ionosphäre 280
IR-Durchlässigkeit 358
Islandmoos 91
Isobaren **289**
Isodur 175
Isolierglas 356
Isolierverglasung 356
Istwert 367, 387 f.

J

Jahresringbildung 72*
Jahresringe 73*
–, Bildung der **72***
Jahreswirkungsgrad 376
Jahreszeiten **279**
–, astronomische 278
–, meteorologische 278
Jauche **190**
Jiffy-7 **363**
– -9 **363**
– -7 Torfquelltöpfe 365*
– -Einzeltöpfe 365*
– -Pots **363**
– -Strips 365*
Jod 139
Jungfernfrüchtigkeit 63
Jungfernzeugung 63, 240 f.
Jungpflanzenanzucht 325*
Junikäfer 248*, 250
Justus von Liebig 155 f.*, 159

K

K s. Kalium 157, 163
Käfer 124, **248**, 249
Käferlarven 124
Käferpuppe 239*
Kahlfraß 252 f.
Kakteen **25**, 27*
Kaktus 26 f.*
Kaktusgewächse 26
Kalanchoe daigremontiana 311*
Kali (40er) 183
– (50er) 183
– (60er) 183
Kalibriertes Saatgut 299
Kalidünger 183
Kalimagnesia 183
Kalirohsalze 182
Kalisalze 182
Kalium **181** ff.
Kaliumchlorid (K^+Cl^-) 182
Kaliumdynamik des Bodens 181
Kalium-Fixierung 182
Kaliummangel **181**
Kaliumsulphat ($K^+_2SO_4^{2-}$) 182
Kalk 167
Kalkammonsalpeter 175
Kalkauswaschung 166
Kalkdünger 166 f., 184
Kalken 296
Kalkgewinn 175
Kalkmergel 167
Kalksalpeter 175
Kalkstein 115
Kalkstickstoff 175 f.
Kalkung **165** ff., 167*
Kalkverlust 175
Kalli 85
Kallus (Wundgewebe) 72, 205
Kallusbildung 85

Kalte Kästen 352
- Sophie 301
- Stratifikation 302
Kältebehandlung 57
Kaltfront 289
Kalthaus 354*
Kaltluft 288 f., 296
Kaltnebelgerät 410, 412*
Kambium 41 ff., 71, 96, 316
Kambiumring 71
Kaminlüftung 370* f.
Kannenpflanzen 24* f.
Kapillarbewässerung **395**
Kapillarität 54, 130
Kapillarkräfte 53
Kapillarsaum 130
Kapillarwasser 130
Kappenbreite 357
Kapseln 64, 66 f., 97, 98
Karnivoren 23
Karrenspritze **409**, 412*
Karst 344* f.
Kartoffelkäfer 248*, 250
Karyoplasma 36
Karyopsen 64
Kation **163** f., 176
Kationenaustauscher **170***
Kätzchen 34*
K-Aufgaben **181**
K-Düngung **182**
Kegelstrahldüsen 409
Keimachse 63
Keimbedingungen **300**
Keimblätter (Kotyledonen) 63, 69 f., 96
Keimfähigkeit 63, 297
Keimhemmende Stoffe 301
Keimhemmung **76**
Keimknospe 63
Keimling 69
Keimruhe **70**, 301
Keimtemperatur 301
Keimung **69**, 301
-, epigäische **69**
-, hypogäische **69**
-, oberirdische 70
-, unterirdische 70
Keimvorgang **69**
Keimwurzel 8 f., 63
Kelch 29
Kelchblätter (Sepalen) 29 f.
Kelvin 280
Kennzeichnung chemischer Mittel **218**
Kerbtiere 236
Kern, generativer 62
-, vegetativer 62
Kernfrüchte 66 f.
Kerngehäuse 66
Kernholz **73**
Kernhülle 36
Kernkörperchen (Nukleolen) 35* f.
Kernmembran 57
Kernnährelemente 157, 187
Kernplasma 36
Kesselkorrosion 391
Kesselkreislauf 389 f.
Kesselwirkungsgrad 376
K-Fixierungsgefahr 182
Kiese 119
Kieserit 183
Kindel **312**
Kindelbildung 312*
Kirschfruchtfliege 256
Kladodien 25
Klappfallenprinzips 23
Klappflügellüftung 370*
Klärschlamm **191**
Klärschlammverordnung 191
Klasse 87
Klebfallen 23
Kleiböden **146**
Kleine Kohlfliege 256
Kleinklima 292
Kletterrosen **333**
Kletterwurzel **19**
Klima **211, 291**
-, arides 292
-, humides 292
-, semiarides 292
-, semihumides 292
Klimacomputer 367, 388
Klimakreislauf 111
Klimakunde **278**
Klimasteuerung **367 ff.**
Klimatologie 278
Klimaveränderungen, globale **292**
Klimazonen **291**
- der Erde 292*
Klon 85, 305
Klonen 305
Klonieren 305
K-Mangel 158, 180, 183 f.
K-Mangelsymptome **181**
Knicks 105
Knochenmehl 178 f.
Knöllchenbakterien 99, 123, 157, 171, 174
Knolle 311*
Knollenfäule 273*
Knollengewächse **337**
Knollenpflanzung **336**
Knospe **18***, 19
Knospenmutationen 85
Knospenschuppen 18
Knoten 283
Kochsalz 168
Köderstation 262
Kohäsion 53 f., 130 f.
Kohäsionskräfte 131
Kohldrehherzmücke 256
Kohle 375 f.
Kohlendioxid 279, 293
Kohlendioxidgehalt der Luft 50
Kohlenhydrate 45, 155
Kohlenstoff 157
Kohlenstoffkreislauf 400
Kohlenwasserstoffe, chlorierte (CKW) 138
Kohlfliege 156
Kohlhernie 272 f.*
Kohlmeise 233
Kohlweißling, Großer 253
Kokosfasern **153**, 154
Koks **376**
Kolben 34*
Kollenchym 39, 42
Kombikarre 368*
Kombinationsmöglichkeiten 81
Kombinationszüchtung **83**
Kosmische Einflüsse 200
Kompaktleuchtstofflampe 407
Kompensationspunkt 49, 403
Komplexaugen 237
Kompost 150, 189, **191**, 194* f.
Kompostbehälter 194*
Komposterde **150**, 153 f.
Komposthaufen 194*
-, Umsetzungsvorgänge 192*
Kompostieren 192*,
Kompostierung 191, **195**
Kompostpräparate, Mistbehandlung 200*
Kompostwurm 126
Kondensation 285, 286, 382
Kondensationskeim 285
Kondensationskern 285
Kondensationswärme 379
Kondensieren 284
Konidien 268
Konsumenten 100
Kontaktaustausch 164
Kontaktgifte 215
Kontaktherbizide 275
Kontinentalklima 292
Konvektion **381**
-, erzwungene 387
-, freie 385
Konvektorheizung **385** f.*
Konzentration der Wasserstoffionen 165
Köpfchen 34*
Kopfdüngung **161**
Kopfstecklinge 307, **312** f.
Kopra (Nährgewebe) 65
Kopulation **317***
- mit Gegenzungen **317***
Korbblütler **97**
Körbchen 34*, 97
Kork 72
Korkeiche 72
Korkgewebe 39, 43, 71
Korkkambium 71
Kornblume 148*
Kornfraktion 119*
Korngrößen **119**
Körperanhänge 237
Korrosionsschäden 378
Kotyledonen (Keimblätter) 63, 69
Krabbler 244
Kraftwerke der Zelle 37
Krail 344* f.
Krankheitserreger 206 f., **264** ff.
Krankheitssymptome 206
Krautfäule 272 f.
Kreil 344* f.
Kreiselegge 348*
Kreiseletagenwagen 368*
Kreisstrahlregner 397
Kressetest **221**
Kreuzblütler **97**, 213
Kreuzotter 227
Kreuzung 83
- von Pflanzen 83*
Kreuzungsdaten 82
Kreuzungsunverträglichkeit 61
Kreuzungszüchtung **89**
Kriechtiere 228
Kristallgitteraufbau 115
Kronblätter 29, 30, 32
Kröten 227
Krümel 129
Krümelaufbau 129
Krümelbildung 129, 134, 165, 177
Krümelgefüge **128**
Krümelstruktur 135
Krümelwalzen 350
Krumenpacker 350
Krümmer 344* f.
Krümmungsbewegungen 73 f.
Krustenflechten 91
K-Überschusssymptome **181**
Küchenschelle 148*
Kuckucksspeichel 247
Kühlmatten 371
Kultivator 344* f.
Kultosole **147**
Kultur und Arbeitsverfahren **297** ff.
Kulturflächen unter Glas **359**
Kulturfolge **211** f.
Kulturgefäße **362** ff.
Kulturkästen 303, **352**
Kulturkisten 362
Kulturmaßnahmen 207, **210, 212**
Kümmerwuchs 172
Kumulus 289*
Kunstdünger 189, 198
Künstliches System 86
Kunststoffe 356, **358**
Kunststoffplattenhäuser 353
Kunststofftöpfe **362**
Kupfer 157, 163, **186**
Kürbisgewächse 213
Kurze Gegenzunge 318
Kurzgriffeligkeit 61
Kurztag 57
Kurztagbehandlung 405
Kurztagpflanzen 57 f.
Kurztriebe 19
Kutikula 40f., 54
K-Wert 356, 386

L

Labiatae **98**
Labiles Phosphat 177, 179
Lackmus 142
Lackmuspapier 142
Lagen-Kultur-2 360 f.*
- -3 **360**
Lamiaceae **98**
Lampenarten 405, 407
Landerde 150
Landesanstalten **277**
Landklima 292
Landregen 286
Landschaftsbestandteile, geschützte 114
Landschaftsschutzgebiet **114***, 117
Landwind 282*
Landwirtschaft, Intensivierung der 106
Lange Gegenzunge 318
Langgriffeligkeit 61*
Langsamregner 398
Längsunterzüge 354
Langtag 57
Langtagbehandlung 405
Langtagpflanzen 57 f.
Langtriebe 19
Larven 237, 242
Latenter Mangel 202
Laubblatt 8, **11**, 21
–, geteiltes **13***
–, ungeteiltes 12 f.*
–, zusammengesetzte **14***
Lauberde **150**, 154
Laubflechten 91
Laubgehölze 95 f.
Laubmoose 93
Laufkäfer 227, 230*
Lebendverbauung 129
Lebensbedingungen für Mikroorganismen 192
Lebensdauer 11
- der Pflanzen 70
Lebensgemeinschaft 99 f.
–, standorttypische 106
Lebenslauf einjähriger Pflanzen 71
- zweijähriger Pflanzen 71
Lebensraum 100, **102**
- Gewässer **107**
- Hecke **105**
- Moor **107**
- Tropischer Regenwald **109**
- Wiese **106**
Lebermoose 93
Lebewesen, autotrophe 44
–, heterotrophe 44
Lee 289, 370
- -Betrieb 372
Leguminosae **99**, 213
Leguminosen (Schmetterlingsblütler) 64, 157, 171, 196
Lehm 121, 132
Lehmboden 119 f., 132
Lehrsatz des Pythagoras 327
Leichte Böden 167 f.
Leichtölbrenner 380*
Leimtafel, blaue 249
Leitbündel 18, **41** f., 54, 96
Leitgewebe 39, 42
Leitstauden 334
Lentizellen 72* f.
Lepidoptera **252**
Lesesteinhecke 105
Leucanthemum maximum 335
Leuchtstofflampe 407
Leukoplast 35*, 36 f.
Libellen 227
Lichenes 88, **91**
Licht 306 f.
–, photosynthetisches **46**
Lichtangebot 405
Lichtausbeute 403
Lichtdauer(Photoperiode), tägliche 57
Lichtdurchlässigkeit 357
Lichtintensität 50 f., 54
Lichtkeimer 301
Lichtmenge 404
Lichtmengenregelung 404
Lichtplatten 353, 356, 358
Lichtqualität 46, 404
Lichtreaktion **45**, 46*, 51
Lichtreize 73
Lichtstärke 402
Lichtstrahlen 293
Lichtstrahlung 46, **279** f., 282, 402
–, kurzwellige 293
Lichtstrom 402
Lichtverteilungskurven 402 f.*
Lignin 196
Liliaceae **98**, 213
Liliengewächse **98**, 213
Lilienhähnchen 248
Lilium lancifolium 312
Linkswinder 29
Lippenblütler **98**
Lithosphäre 115
Lizenzgebühr 84
Lochfolie 351
Lochfraß 261
Lockstoff 235
Lokalklima 292
Löschkalk 167 f.
Löss 145
Lösungen 408
Löwenmaulrost 270
Löwenzahn 275*
Lückenindikation 222
Luft, CO_2-Konzentration der 50
–, Kohlendioxidgehalt der 50
Luftanalyse 185
Luftaustausch 369
Luftdruck **281**
Luftdruckgebiete 289
Luftdruckmessung **281**
Lufterhitzer 386*
Luftfeuchtigkeit 54, **283** f., 285, **306**
–, relative 54
Luftfeuchtigkeitsmessung **285**
Lufthaushalt 119
Luftheizung **386**
Lufthülle der Erde 279
Luftkapazität 132, 134, 154
Luftströmungen 284
Lufttemperatur 285, 307
Luftüberschusszahl 377
Lüftung **369**, **371 f.**
Lüftungsautomatik **371** f.
Lüftungsbänder 369
Lüftungsbauarten 370*
Lüftungsbauweisen 370*
Lüftungskapazität 357
Lüftungsklappen 369
Luftvegetationsheizung 387
Luftverschmutzungen 104 f.
Luftvolumen 357
Luftwechselzahl 369
Luftwurzel 19 f.
Luftzusammensetzung 134
Lumen (Lm) 402
Lupinen 196
Luv 289, 370
- -Betrieb 372
Lux (Lx) 49, 403
Luxmesser **403**
Luxmeter 46, **403**
Luxuskonsum 202
Luxwerte 403
Lythrum salicaria 148

M

Maden 237, 255
Magma 116
Magmatite 115, 116 f.
Magnesium 157, 163, **183** f.
Magnesiumdünger 183
Magnesiumdynamik des Bodens **183**
Magnesiumhaltige Kalke 183
Magnesiumsulfate 183
MAK-Wert 387
Maikäfer 248*, **249**
Maikäferjahr 249
Makroklima **291**
Malpighi'sche Gefäße 239
Malvenrost 270
Mamertus 301
Mangan 157, 163, **186**
Mangelsymptome 156, **158**, 177, 181, **186**
Männliche Blüten 31
- Geschlechtsorgane 30 f.
Manometer 409, 410
Mantelblätter **22**, 24*
Margerite 335*
Marienkäfer 227, 257
–, 7-Punkt 230*
–, 22-Punkt 230*
–, australischer 228, 230*, 245
Marienkäferlarve 230*
–, 22-Punkt 230*
Maritimes Klima 292
Mark 18, 41 f., 73
Markierungssaat 303
Markottieren 307
Markstrahlen 43, 74 ff.
Marschboden 143
Marschen **146**
Massenauslese, negative 83
–, positive 83
Massenfluss **162**
Massenvermehrung 209 f., 241, 322, 324*
Maßnahmen 60
–, biotechnische **234**
–, mechanische 214
–, physikalische **214**
Mattenbewässerung **396**
Maulwurf 126, 228, 263*
Maulwurfsdränung 134
Mauswiesel 233
Maximum-Minimum-Thermometer 281*
Maximumthermometer 280
Mehltau, echter **268**
–, falscher **268**
Mehltaupilze **268**
Mehrkeimblättrige Pflanzen 69
Mehrnährstoffdünger **187**
Meiose (Reifeteilung) **78*** ff.
Melolontha melolontha 248*
Membran, semipermeable (halbdurchlässige) 53
Mendel 81
Mendel'sche Regeln 79 ff.
Mengenregelung 389 f.
Meristem (Bildungsgewebe) 39, 322 f.
Meristemkultur 321 f.
Mesokarp 64 f.
Mesoklima 292
Mesophyll **40**
Mesosphäre 280
Messenger-RNS 78
Messglied 387
Metamorphite 115, **116**, 117
Metamorphosen **19**
Metaphase 57
Meteorologie 278
Meteosat 291
Methan 293
Methylorange 142
Methylrot 142
Mg-Düngung **183**
- -Mangel 158, 180* f., **183** f.
- -Mangelsymptome **183**
- **Überschusssymptome 183**
Mikroinjektion von Genen **86**
Mikroklima 292
–, Beeinflussung **295**
Mikronährelemente 185 f.

Mikroorganismen 89, 123, 401
–, Lebensbedingungen 192
Mikropyle 62
Mikrosprinkler 393
Milben 124 f., **257** f.
Milchsaft 100
Mindeslichtbedarf 406
Mineralboden 129
Mineraldünger 162
Minerale **115**
Mineralische Bestandteile **119**
- Mehrnährstoffdünger **187**
- Nährelemente 157
Mineralisierung 126, 129, 171 f.
Mineralöl 245
Mineralstoffe 129
Mineralstofftheorie 155 f.*
Minierfliegen 232
Minierfraß 255*
Minimumgesetz **160**
Minimumthermometer 280
Minitöpfe 364
Mischerbig (heterozygot) 79, 81, 82
Mischerbigkeit 79
Mischfarben 37
Mischindikatoren 142
Mischkultur 103, 210, 213*
Mischpatrone 399
Mischprobe 141
Mischregelung 389 f.
Mischungsregeln 187
- für Mineraldünger 188
Mischventil 389
Mistbeeterde **150**, 154
Mistbehandlung mit Kompostpräparaten 200*
Misterde **150**, 154
Mistfliegen 255
Mistkompost 200
Mistwürmer 125* f.
Mitgliedsverbände des AGÖL 198
Mitochondrien 35* ff.
Mitose **56**, 79, 84
Mittelbreiten **291**
Mittellamelle 35
Mittelmeerfruchtfliege 256
Mittelporen 131 ff.
Mittelporenanteil 132
Mittelstarkregner 398
MLO **268**
Mn-Mangel 258
Mobiltische 360, 367
Modifikationen 76
Möhrenfliege 212, 256
Molch 228
Molluskizide 215, 261
Molybdän 157, 163, **186**
Molybdat 163
Monilia 272 f.*
Monokotyledoneae s. einkeimblättrige Pflanzen 42
Monokotyledonen 69
Monokultur 210*, 213
Monözische Pflanzen 31
Montblanc 280
Moor, Lebensraum **107**
Moorbildung 108*
Moorböden 143, **146**, 166
Moordünger 178
Moore **107**, 146
Moose 88, **92*** f.
Morgenrot 291
Morphologie 7, **8 ff.**, 25, 27, 29
Motorrückenspritzen **409**, 412*
Motten 255
Mottenschildlaus **242**
Mount Everest 280
m-RNS 77 f.
Mücken **256**
Mulchen **195**, 331
Mulchfolie 351
Mulchvlies 351*
Müllkompost **191**
Multitopfplatten **364** f.*
Multizellplatte 364 f.*
Mumienpuppe 237, 239*, 255
Mundwerkzeuge 237 f.
Mutagene 84
Mutanten 85, 87
Mutationen 83 ff., 323
–, induzierte 84
–, spontan 84
Mutationszüchtung **84** f., 323
Mutterboden 131, 143, 150
Muttergang 251
Mycophyta 88
Mycoplasma-like organisms 268
Mykoplasmen **268**
Mykoplasmosen 268
Mykorrhiza 20 f., **90**, 104, 123
Mykosen 268
Myxomatose 264
Myzel 90, 271, 268 f.

N

Nachbarbestäubung 58 f.*
Nachbarn, gute 213
–, schlechte 213
Nachdüngung **161**
Nachlieferbares Kalium 181
Nachregelung **390** f.
Nachreife 302
Nachrotte 195
Nachruhe 338
Nachtabsenkung 391
Nachtfalter 252
Nachtfrost 296
Nachtschattengewächse **98**
Nachtunterbrechung 58, 405
Nacktsamer 95 f.
–, gabelblättrige 95
–, nadelblättrige 95
Nacktschnecken 261*
Nadelblättrige Nacktsamer 95 f.
Nadelerde **150**, 154
Nadelgehölze 95 f.
Nadelholzspinnmilbe 257
Nageschäden 263*
Nagetiere **262**
Nährelemente **155** f.
–, mineralische 116
Nährfilmtechnik (NFT) **397**
Nährgewebe (Kopra) 62 f., 65, 69
Nährhumus **127**, 129
Nährstoffaufnahme **55**
Nährstoffauswaschung 164
Nährstoffdynamik des Bodens **162***
Nährstoffe **155 ff.**, 163
Nährstoffhaushalt 119
Nährstoffkreislauf 111, 124*, 126, 156
Nährstoffpyramide 208
Nährstoffspeicherung 70
Nährstoffspritzung 161
Nährstoffverfügbarkeit 165*
Nährstoffverhältnis 187 f.
Nährstoffversorgung 201
Nahrungsaufnahme 209, 238
Nahrungskette 100, **102***, 139, 207 f.
Namensgebung 87
Napfschildläuse 244* f.
Narbe 30, 62
Narbensekret 62
Narzissenzwiebel 311*
Nassbeize 300
Nassfäule 264
Nastien **73**, 75
Nationalpark **113** f.*
Natrium 157
Natriumhochdruckdampflampen 406
Naturdenkmal 114*
Naturland 198
Natürliche Auslese 86
- Sortenschutz 84
Natürliches System 86
Naturnahe Waldwirtschaft 103
Naturparks **113** f.*
Naturschutzbund 114
Naturschutzgebiete **113** f.*
N-Ausgleichdüngung 172
- -Depotdünger 175
- -Dünger **174**
- -Düngung 174
- -Form 176
- -Mangel 158, 180
- min-Methode 176, 203
- -Sperre 152, 172
Nebel 286 f.*
Nebeldüsen 393
Nebelgeräte **410**
Nebenblätter 11
Nectria cinnabarina 272
Nectria galligena 272
Negative Massenauslese 83
Nekrosen 158, 260, 264
Nektar 31, 59 f.
Nektarien 30 f., 58
Nematizide 215
Nematoden 123 f., 228, 251, **259**, **260*** f.
Nennbreite 357
Nennweite 359
Nervengifte **238**
Nervensystem **238**
Nestquirle 223*
Netze 214*
Neutral 165
Neutralisation von H^+-Ionen 167
Neuzüchtung 81
Nichtcarbonathärte 168 f.
Niederblätter 18, 26
Niederdruckdampfkessel 413
Niederglas 351* f.
Niedermoore **108***, 146
Niederschlag 130, **286**
Niederschlagsmenge 288
Niederschlagsmessung **288**
Niedertemperaturheizung 379
Niedertunnel 351*
Nieselregen 286
Nimbostratus 287*, 289
Nischenblätter **22**, 24*
Nisthilfen 223 f.*
Nisthöhlen 224
Nisthölzer 224
Nistkasten 223*
Nistplätze 223
Nisttasche 223*
Nistunterlage 223*
Nitrat (NO_3^-) 163, 173, 176
Nitratanreicherung 173
Nitratbakterien 176
Nitratdünger 171, 175
Nitratgehalte 173 f.
Nitrifikation 171, 173, 176
Nitrifizierende Bakterien 173
Nitrit 176
Nitritbakterien 173, 176
Nitrogenium 157
Nitrophoska blau 189
Nitrosamine 173
NK-Dünger 190
Nodium 18
–, Nodien 17
Normaldruck 289
Normgewächshaus 356
Notblüte 172
Novaphos 178
NPK-Dünger 187
Nucellus (Gewebekern) 62
Nukleolen (Kernkörperchen) 36
Nukleus **36**
Nukloeoplasma 36
Nüsschen 64, 66, 97
Nüsse 64

Nussfrüchte 65*, 67
Nützliche Elemente **157**
Nützlinge **209**
–, Förderung von **222**
Nützlingslexikon **226** ff.
Nymphenstadien 246

O

Oberboden 143
Oberflächenwasser 130
Obstbaumkrebs 272
Obstbaumspinnmilbe 257
Obstbaumsplintkäfer 250
Obstgehölze, Befruchtungsverhältnisse der wichtigsten 62
Offener Nährstoffkreislauf 155 f.*
Offenes Blutsystem **239**
OH⁻ Ionen 165 f.
Ohrwurm 124, 228
Ohrwurmtöpfe 225
Ökologie 7, **100 ff.**
Ökologische Bedeutung 102, 105, 107
– Land-/Gartenbau 197
Ökologisches Gleichgewicht 100, **102***
Ökosiegel e. V. 198
Ökosystem 11, **100 ff.***, 107, 222
– Boden 124
–, künstliche 222
Ökosystemschutz **113**
Okulation **315** f.*
Okuliermade 256
Okuliermessers 316
Öle, ätherische 38
Oligonychus ununguis 257
Optimale Versorgung 202
Optimumgesetz **161**
Opuntia 27*
Opuntien 25, 27*
Orchidaceae **99**
Orchideen **99**
Ordnung 87
Organe der Zelle 36
Organisationen, private **114**
Organisch-biologische Wirtschaftsweise 197
– -mineralische Dünger **196**
Organische Bestandteile **122**
– Dünger 162
– Düngung **189** ff.
– N-Dünger 175
– P-Dünger 178
Organismen, mykoplasmaähnliche 268
Organkultur 321, 323
Orientierung zur Schwerkraft 74
Orterde 145
Ortsbewegungen, freie 74
–, gerichtete 74
Ortstein 144* f.
Oscorna Animalin 196
Osmose 36, **52** f., 54, 55, 170
–, umgekehrte 53
Osmotischer Druck 52 f.
– Wert 52 f.
Otiorrhynchus sulcatus 251
Ovizide 215
Ozeanisches Klima 292
Ozon 105, 293
Ozongehalt 295
Ozonkreislauf 294
Ozonloch **294**
Ozonschicht 280, 294
Ozonwerte 295
Ozonzerstörung 294*

P

P s. Phosphor 157, 163
P.-Gen 81
Palisadengewebe (Palisadenparenchym) 39, **40** f.
Pankratius 301
Panonychus ulmi 257
Pantoffeltierchen 123 f.
Paperpots 364 f.*
Papiertöpfe **363** f.
Parabraunerde 143 f.*, **145**
Parasit 270
–, fakultativer 270
–, obligate 270
Parasiten 44, 90, 268
Parasitierung 229*
Parasitismus 44
Parental-Generation = Elterngeneration 80
PAR-Messgerät 403
Parthenogenese 63, 240
Parthenokarpie 63
Patentkali 183
PCB 138
PCDD 138
P-Dünger 178 f.
P-Düngung **178**
Pedosphäre 101, 115
Pelargonienrost 270, 273*
Pendelhacke 344*
Perianth (Blütenhülle) 29 f.
Perigon 29, 32
Perikarp 64
Periodensystem der Elemente 277*
Perizykel 43
Perlite **152*** ff.
Pestizide 215
Petalen (Blumenblatt) 29 f.
P-Eutrophierung **179**
pF 133
Pfahlwurzel 8
Pfeffingerkrankheit 266
Pfetten **354** f.
Pflanzen **328** ff.
–, ausdauernde (perenne) **70**
–, diözische 31
–, einhäusige 31
–, einjährig überwinternde 71
–, einjährige (annuelle) **70** f.
–, einkeimblättrige 9, 11, 41, 69
–, Fleisch fressende 23
–, geschützte 113*
–, immergrüne 11
–, Insekten fressende 23
–, krautige 70
–, Lebensdauer der 70
–, Lebenslauf einjähriger 71
–, Lebenslauf zweijähriger 71
– mit dem Pflanzholz 328*
–, mehrkeimblättrige 69
–, monözische 31
–, polygame 31
–, sommergrüne 11
–, stammsukkulente 25
–, Steuerung photoperiodisch reagierender 58
–, tagneutrale **58**
–, Wasserhaushalt der **51**, 54
–, wintergrüne 11
–, zweihäusige 31
–, zweijährige (bienne) **70**
–, zweikeimblättrige 9, 11, 41, 69
Pflanzenämter **276 f.**
Pflanzenarzt 206
Pflanzenernährung **155** ff.
Pflanzenfamilien **95**
Pflanzennährstoffe 129
Pflanzenreich **88** ff.
Pflanzenschäden 207
–, nichtparasitäre 207
–, parasitäre 207
Pflanzenschutz 206 ff.
–, biologischer **222**
–, chemischer **215** f.
–, integrierter **235** f.*
–, Rechtsgrundlage **275**
Pflanzenschutzdienststellen **277**
Pflanzenschutzeinrichtungen, öffentliche 276
Pflanzenschutzgeräte **408**
Pflanzenschutzgesetz 275
Pflanzenschutzmaßnahmen **210** ff.
–, prophylaktische 208
Pflanzenschutzmittel 221*
–, Ausbringung 408
Pflanzenstandort 295
Pflanzenstärkungsmittel 276
Pflanzensystematik 86
Pflanzentemperatur 372, 394
Pflanzenverfügbares Wasser **131**
Pflanzenwachstum(s), Steuerung des 50 f.
Pflanzenwahl **211**
Pflanzenzelle **35***
Pflanzenzüchtung 89
Pflanzholz 328*
Pflanzliches Plankton 89
Pflanzloch 329*, 332
Pflanzschnitt 329
Pflanztisch 368*
Pflanzvorgang 334
Pflanzzeiten **211**, 329, 332, 334
Pflüge **346** f.
Pflugvorwerkzeuge 347
Pfropfen **318**
– hinter die Rinde **318** f.*
– in den Spalt **318** f.*
Pfropfung **317** f.*
pF-Wert 132
pH 165*
– -Bestimmung 141
– -Messung 141
– -Meter **140** f.
– -Wert 104, 140, 142, **165** ff.*
Phacelia 196*
Phänotypen 76*, 81 f.
Phenolphthalein 142
Pheromone 235
Pheromonfallen 235, 254
Phloem 39 f., **41** f., **43**, 71 f., 96
Phloemsauger 242, 244, 247
Phloemzellen 71
Phlox 335*
– -Paniculata-Hybriden 335*
Phosphatformen 178
Phosphat-Ionen 179
Phosphatverteilung im Boden 177
Phosphor **177** ff.
Phosphoranreicherung in Gewässern 179
Phosphordünger **178*** f.
Phosphordynamik des Bodens **177**
Phosphorsäure 179
Phosphorverfügbarkeit in Abhängigkeit vom pH-Wert 177
Photolyse 45
Photonastie **75**
Photoperiodische Belichtung 405
Photoperiodismus **57**
Photosynthese (Assimilation) 11, 40, **44** f., **47**, **49**, 69
Photosynthesegleichung 45
Photosynthesekurve 51
Photosynthetische Belichtung **404**
– Licht **46**, 306
Phototropisch, positiv 73
Phototropismus **73** f.*
–, negative 73
Phycophyta 88
Phyllokladien 25
Physikalische Verwitterung **117**
Physiologie 7, **44** ff.

Physiologisch alkalisch 175
- Wirkung 176
Physiologisch sauer 175
- Wirkung 176
Phytohormone **76**
Phytophthora 272
- infestans 272
Phytoseiulus persimilis 231*
Pikieren 10, **324** f.*
Pikiererde 151
Pikierkisten 362 f., 365*
Pilliertes Saatgut 299 f.*
Pilze **88** ff., 123 ff., 228, 249, 268, 272
Pilzfäden 90, 268
Pilzgeflecht 90 f.
Pilzhyphen 91
Pilzwurzel **21**, 90
Pionierpflanzen 91 f.
Plaggen 147
Plaggenböden **147**
Plaggenesch **147**
Plasma 35*, **36**, 40
Plasmahaut 35* f., 52, 55
Plasmalemma 36
Plasmamembran **36**
Plasmodesmen 37, 267
Plasmodiophora brassicae 272
Plasmolyse 52
Plastiden 37 f.
Plastikspiralen 264
Platykladien 25
Platzregen 286
Plenterwald 103
Plexiglas 358
Plug-trays 364 f.*
Plumula 63
Plutonite 116
Plutonium 139
P-Mangel 158, 180*
P-Mangelsymptome **177**
Podsol 143 f.*, **145**
Polare Zone **291**
Polarregion **291** f.
Polderböden **146**
Pollen 30, 58 f.
Pollenkern 62
Pollenkorn 62
Pollensack 30
Pollenschlauch 62
Pollenzelle 79, 80 f.
Polyamid (PA) 358
Polyantharosen 333
Polycarbonat (PC) 358
Polyesterharz 358
Polyethylen PE 358
Polyethylenterephthalat (PET) 358
Polygame Pflanzen 31
Polykotyledonen 69
Polymethylmethacrylat (PMMA) 358
Polyploidie 84 f.
Polypropylen (PP) 358
Polystyrol (PS) 358
- -Schaum 358
Polyvinylchlorid (PVC) 358
Population 216
Porengröße 133
Porenvolumen 128, 131, 134, 150
Porreerost 270
Positive Massenauslese 83
Potentia hydrogenii 165
Potenz des Wasserstoffs 165
Prädatoren 227
Pralldrüsen 393
Praxis, gute fachliche 276
Primärblätter 69
Primäres Dickenwachstum **71**
Primärkonsumenten 100
Prinzip der umgekehrten Osmose **170**
Prioritäts- oder Erstrecht 88
Produktion von Enzymen 77
Produzenten 100
Prognose 234, 236
Prognosehilfsmittel 234
Propangas 375
Prophase 57
Prospaltella perniciosi 232, 245
Protein 77
Proteinsynthese 84
Prothallium 94
Protolyse 118
Protonema 93
Protoplasma **35** f.
Protoplasten 35, 85 f.
Protoplastenkultur 321, 323
Protoplastenverschmelzung **86**
Protozoen 123
Pseudogley 143 f.*, 146
Pteridophyta 88
P-Überschusssymptome **177**
Pufferkapazität 128
Pufferung des Bodens 128
Pulsatilla vulgaris 148
Pultdach 354*
Pumpenwarmwasserheizung 382
P-Umwandlung im Boden 178
Punktaugen 327
Punktfundament 354* f.
Puparium 242 f.
Puppe 237
-, freie 237, 239, 255
Puppenwiegen 251
Pusteln 270
Pythagoreischer Lehrsatz 327
Pythium **271**, 273

Q

Quadraspidiotus perniciosus 232, 245
Quadratverband 326* f.
Quarantäneschädling 256
Quecke 275*
Quecksilber 157
Quellwolken 287
Querunterzüge 354

R

Radigen 186
Radikula 63
Radioaktive Stoffe 138
Radioaktivität, Schutz vor 139
Rahmenriegel 354 f.
Rahmenstiel 355
Rain-Mobile 398
Rammelkammer 251
Randfraß 261
Ranunculaceae **97**
Rastermaß 354, 359
Räuber 227
Raubfliegen 255
Raubinsekten 233
Raubmilben 228, 231, 257
Raubwanzen 257
Räucherpatronen 262
Rauchgasführung 184, 378
Rauchgasrohre 379*
Rauchgasschäden 184
Raupe 237, 239*, 252
- des Apfelwicklers 253*
Raupenfliegen 228, 231*, 255
Raureif 286
Rauscheboden 145
Rauwalze 350*
Reaktion des Bodens 165
Rechtsgrundlagen, Pflanzenschutz **275**
Rechtswinder 29
Recycling-Papiertöpfe **364**
Reduzenten 100
Regel von der freien Kombination der Gene 81
Regelabweichung 387
Regelbefehl 388
Regelgröße 387 f.
Regelkreis 387 f.*, 392
Regelorgane **388**
Regelstrecke **387**
Regeltechnik **387**
Regelventil 389
Regen 286
Regenbogenfarben 46
Regeneration 305, 310
Regenerationsbedingungen 306
Regenfühler 372
Regenmesser 286*, 288
Regenrinne 359
Regenwald, tropischer **109** f., 111*
Regenwolken 287*, 289
Regenwurm 124 f.*
Regler 388
Regner **397**
Regulierung des Wasserhaushaltes 181
Reibungskräfte 117
Reifefraß 251
Reifekompost 195
Reifeteilung (Reduktionsteilung) **79**
Reifungsfraß 249 f., 252
Reihensaat **302** f.*
Reinerbig (homozygot) 79, 81 f.
Reinerbigkeit 79
Reinhaltung der Luft 378
Reinheit 297
Reisighaufen 225
Reisspelzen **152*** ff.
Reizbewegungen **73**
Reizend 220
Reiz-Reaktions-Kette **238**
Rendzina 143, 144* f.
Rentierflechten 91*
Repellentien 213
Reptilien 228
Reservestärke 37
Resistenz 181
Resistenzbildung **216**
Resistenzzüchtung 211
Resublimieren 284
Retikulum, endoplasmatisches 35*, 36, 37
Rettichfliege 256
Rhizobium 174
Rhizoctonia 272
Rhizodermis 39, 43
Rhizoide 92
Rhizome **26**
Ribonukleinsäure 266
Ribosom 35* f., **37**, 77
Richtwerte für die Aufkalkung 168
Riesenwuchs 84
Rigolen 342* f.
Rigosole **147**
Rinde 42 f., 54, 71
Rindenerde **153**, 154
Rindengewebe 42
Rindenhumus **152**
Rindenkompost **152**, 154
Rindenkultursubstrat **152**, 154
Rindenmulch **152**, 154
Rindenzellen 71
Rindermist 190
Ringelborke 72
Ringelnatter 229
Rinne 354
Rispe 34*
Risslinge **313**
Rittersporn 335*
RNS (Ribonukleinsäure) 78, 266
Robin Wood 114
Roboter 367
Rodentizide 215, 262
Rohkompost 191
Rohphosphate 178
Röhrenblüten 33*
Röhrenblüter 97*
Röhrenförmiges Herz 239
Rohrheizung **383**

–, hohe 383 f.*
–, niedrige 384* f.
Rollbahnen 361*, 367
Rollcontainer 367
Rollmobiltische **360**
Rolltische **360** f.*
Rolltrogbeete 360
Rosaceae 95, **99**
Rosen 316, **332**
Rosenblattlaus 241*
–, Vermehrung der 241*
Rosengewächse 95, **99**
Rosengruppen 333
Rosenrost 270
Rosenzikadenschaden 247*
Rostpilze **270**
–, nicht wirtswechselnde 270 f.
–, wirtswechselnde 270
Rotalgen 89
Rote Liste 112
Rötelmaus **262** f.*
Rothschildiana 24*
Rotoregge 348*
Rotpustelkrankheit 272 f.*
Rüben 19, 20
Rübenhacke 345
Rückautomaten 367
Rückenspritze **409**, 412*
Rückkreuzung **82***
Rücklauf 379*, 382*, 389
Rücklauftemperatur 378
Rückschlagklappen 389
Rückschlagventil 389
Rückschnitt 331
Rückstände 220
Ruheperiode 338
Ruhestrombetrieb 392
Rußbildung **377**
Rüsselkäfer **251**
Rußpartikel 285
Rußtau 240
Rußtaupilz 241, 247
Rußtest nach Bacharach 378
Rußzahl 378
Ruthenium 139
Rüttelegge 349*

S

Saatbänder 300
Saatgut 297
Saatgutformen **299**
Saatgutqualität **297**
Saatgutverkehrsgesetz 297
Saatplatten 300
Saatteppiche 300
Saatzeiten **211**
Sachkundenachweis **222**, 276
Sackkarre 368*
Sackkulturverfahren 359
Saftmale 59
Sägedach 354*
Salpeterdünger 175
Salpetersäure 104 f.
Salzauflösung 162*
Salzbildung 162 f.
Salze **163**
Salzgehalt 169
Salzschäden 168, 181
Samen 63 ff., 69, **298***, 301
– mit Flugvorrichtungen 68
–, staubförmige 68
–, Verbreitung von **68**
Samenanlage 30, 63 f.
Samenbank 112
Samenbeständig 83
Samenbildung **63**
Samenhüllen (Integumente) 62 f.
Samenpflanzen 88, **95** f.
Samenschale 63
–, wasserundurchlässige 70
Samenunkräuter 274
Sammelfrüchte **66*** f.
Sammelnussfrucht 66 f.
Sammelsteinfrucht 66 f.
Sammler 134
Sand 119 ff., 132, 182
Sandboden 119 f., 132, 151
Sande **154**
San-Jóse-Schildlaus 232, 245
Saprophyten 44, 90, 268, 270
Satellitenbild 290*, 291
Satteldach 354*
Sauer 165
Sauerstoff (O_2) 47 f., 157
Sauerstoffmangel 180*
S-Aufgaben **184**
Sauger 134
Saugfallenprinzip 23
Saughyphen 268
Saugrohr 238
Saugrüssel 238
Saugschäden 238*
Saugwurzel **21**
Säurekapazität (mol/m^3) 169
Säuren 119
Saurer Regen **104** f.
Sauzahn 343
Scaeva pyrastri 231
Schabefraß 261
Schachtelhalmgewächse 93
Schäden, akute 207
–, chronische 207
–, nichtparasitäre 206
–, parasitäre 206
Schadensschwelle, wirtschafliche **217**, 249
Schädliche Elemente **157**
Schädlinge 206 f., **209**
Schadstoffanreicherung 208*
Schadstoffe **138**, 157
–, organische **138**
Schadstoffemission 138
Schadstoffverbreitung 208*
Schadsymptome 206
Schäfchenwolken, feine 287*
Schafgarbe 335*
Schaft 17
Schalenkreuzanemometer 283
Schattenblatt 41*
Schattengare 136
Schattenpflanzen 49
Schattierung **288, 372** f.
Schattierungsfarbe 373
Schattierungsgewebe 373*
Schattierungsverfahren 373*
Schauerwolken 288
Scheibenbreite 357
Scheibenegge 349*
Scheibenmaße 359
Scheinblüte 100
Scheinfrüchte 66 f.
Schermaus **262** f.*
Schichtwolken 289
–, mittelhohe 287*
–, tiefe 287*
Schiebeflügellüftung 370*
Schiebeplattformwagen 368*
Schieber 388*
Schiege 86
Schiffchen 99
Schiffe 355
Schildläuse **244**
Schilftorf 108
Schlaghacken 344* f.
Schlämmanalyse 121 f.*
Schlangen 229
Schlauchpflanzen 25
Schleierwolken 289
Schleimhülle 365
Schleimspuren 261
Schlenken 109
Schlepper **345**
Schlepperbauarten 346
Schleudereinrichtungen 68
Schließfrüchte **64** f., 67
–, saftige 64*
–, trockene 64*
Schließzellen 40
Schlinger **29**
Schluff 119 ff., 182
Schluffboden 119 f.
Schlumbergera-Hybriden 309*
Schlupfwespe 229* f., 245
Schmarotzer 44, 90, 268
Schmeißfliegen 255
Schmelzen 284
Schmetterlinge **252**
Schmetterlingsblütler (Leguminosen) 64, **99**, 213
Schmetterlingslarve 239*
Schmetterlingspuppe 239*
Schmierlaus 228, 244* f.
Schnake 256*
Schnecke 124, **261**
Schneckenzäune 261
Schnee 296
Schneeflocken 286
Schnellkäfer 248*, **250**
Schnellkäferlarve 248*
Schnellverschluss 316
Schönwetterhaufenwolken (Kumulus) 286
Schorf 272
Schorfwarndienst 272
Schornsteinlüftung 370* f.
Schötchen 97
Schoten 64, 66 f., 97
Schrägsitzventil 388*
Schraubel 34*
Schubkarre 368*
Schuffel 344* f.
Schuppenblättchen 26, 28
Schuppenborke 72*
Schuppenhaare 22
Schwächeparasit 208, 245, 270, 271
Schwachregner 398
Schwammgewebe (Schwammparenchym) 39, **40** f.
Schwarzbeinigkeit 271
Schwärzepilze 240
Schwarzerde 143, 144* f.
Schwarztorf 108 f., 146
Schwebfliege 231*, 232
Schwebfliegenlarve 231
Schwefel 157, 163, **184**
Schwefelbakterien 185
–, farblose 185
Schwefeldioxid (SO_2) 185
Schwefeldioxidgehalte (SO_2) 184
Schwefeldüngung 185
Schwefeldynamik des Bodens **185**
Schwefel-Mangel **184**
Schwefelsäure (H_2SO_4) 104, **169**, 175, 185
Schwefelsaures Kali 183
Schwefelwasserstoff (H_2S) 185
Schweinemist 196
Schwemmlandböden 146
Schwenkregner 398*
Schwere Böden 167 f.
Schwerkraftheizung 382*
Schwermetalle 104, 138, 157, 191
Schwermettalgehalt 159
Schwingfeuergerät 410, 412*
Schwingflügellüftung 370*
Schwinghebelregner 397 f.*
Schwingkölbchen 255
S-Düngung **185**
Sechsfüßler 236
Sedimente 116 f.
Sedimentgesteine 115 f.
Seeklima 292
Seewind 282*
Seggentorf 108
Seidenhühner 275
Seitenknospe 18
Seitensprossachse 18
Seitensprosse 19

Seitentrieb 19
Seitenwurzel 9
Seitenwurzelbildung 43
Seitliches Anplatten **318** f.*
– Einspitzen 319* f.
Sekundäres Dickenwachstum **71** f., 96
Sekundärkonsumenten 100
Selbstbefruchter 60
Selbstbefruchtung 60 f.
Selbstbestäubung 58, 59* f.
Selbstreinigungskraft der Gewässer 89
Selbststerilität 61
Selbstunfruchtbarkeit 61
Selbstverbreitung **68**
Selektion 83
Selektionsdruck 211, 217
Selleriefliege 256
Semipermeabel (halbdurchlässig) 36, 52
–, Membran 53
Senf, Weißer 196*
Sensoren 371
Sepalen (Kelchblätter) 29 f.
Servatius 301
Sexuallockstoffe 235
Sexualpheromone 234
Sexuell 305
Sharkakrankheit 267
Sheddach 354*
S-Horizont 146
Sichel 34*
Sickersäfte 195
Sickerwasser 130, 133
Siebanalyse 121 f.
Siebenpunkt 227
Siebplatte 42 f.
Siebröhren 42 f., 72
Siebteil **41** f.
Siebzellen 42, **43**
Silberglanz 245
Silicium 157
Silikate 115
Sklerenchym 39, 40, 42
Sklerenchymfasern 39
Sklerotien 270
S-Mangel 158
S-Mangelsymptome **184**
Solanaceae **98**
Sollwert 369, 387 f.
Sollwertverschiebung 372
Sommeranfang 278
Sommergrüne Pflanzen 11
Sommersporen 271
Sommersporenlager 271
Sommerwirt 271
Sonne **279**
Sonnenauge 335*
Sonnenblatt 41*
Sonnenbraut 335*
Sonnenintegrator 394
Sonnenpflanzen 49
Sonnenstrahlen 46*
Sonnenstrahlung 46
Sonnentau 24*
Sonnentauarten 23
Sonnenwende 278
Sortenliste, Beschreibende 84
– des Bundessortenamtes 84
Sortennamen 88
Sortenwahl **211**
Spaltfrüchte 64 f.*, 67
Spaltöffnung (Stomata) **40** f., 54 f.
Spaltpflanzen 89
Spaltungsregel 81
Spanner 255
Spargelfliege 256
Spargelhähnchen 248*, 250
Spargelrost 270
Spaten **342*** f.
Spatenmaschine 348*
Spatenrollegge 349*
Spätfrost 295 f.
Spatha 22, 24*
Spätholz 72
Spatzen 233
Species = sp. 87
Speichel, giftiger 240
Speichelrohr 238
Speichergewebe 39
Speicherorgane 19, 26
Speicherwurzel **19**
Speisepilze 90
Spektralfarben 46
Spermatophyta 88
Spermatozoide 92
Spezialerde 151
Spezialindikator 141 f.
Spezialpräparate 200
Spezialschlepper 345
Sphagnum-Arten 109
Spindelfasern 57
Spinne 124 f., 232
Spinnmilben 228, **257** f.
Spinnmilbenschaden 258*
Spitzmaus 232, 263*
Splintholz **73**
Spontan-Mutation 84
Sporangien 94
Sporen 90, 92, 268 f.
–, begeißelte 271 f.
Sporenbildung 270
Sporenkapseln 93* f.
Sporenkeimung 269
Sporenlager 270
Sporenpflanzen 90, 92 f., 268
Sporenträger 270
Sporophyt 92, 94
Sports 85
Spreizklimmer 29
Springschwanz 124 f.
Spritzbrühenaufbereitung **408**
Spritzen 408
Spross 8, 28*, **354** f.
Sprossachse 8, **17**, **18** f., 42
–, Anheftung an der **15***
–, innerer Aufbau **41** f.
Sprossdornen **28***
Sprossknolle **26**, 28*
Sprossmetamorphosen **19**, 21*, 25, 28*, 29* f.
Sprossranken **27** f.*
Sprossspitzenkultur 323
Sprosssystem 19
Sprossvegetationspunkte 19
Sprühen 408
Sprühgerät **410**, 412*
Sprühnebelanlagen **393** f.
Sprühnebelvermehrung 306, 393
Sprühregen 286
Spurenelementeverfügbarkeit 166
Spurennährelemente **157**, 168, **185** f.
Spurennährstoffe **156** f.
Stabiles Phosphat 177, 179
Stachel 28
Stadtklima 292
Stahlkessel 375
Stallmist **189** f.
Stamm 17
Stammlösung 399
Stammstecklinge **313***
Stammsukkulente Pflanzen 25
Standardschlepper 346*
Standfestigkeit 181
Standortwahl **211**
Stängel 8, 17
Stängelnematoden **259**
Stapelkarre 368*
Stare 233
Stärke 37
Stärkekörner 74
Starkregner 398
Starrtracht 177
Staubbeutel (Anthere) 30
Staubblätter (Staubgefäß) **30** f.
–, Gesamtheit der 32
Stäubegeräte **411**
Staubewölkung 288
Staubfaden (Filament) 30
Staubförmige Samen 68
Staubgefäß (Staubblatt) 30
Stauden 70, **334**
Staudenaussaat 325
Staudenpflanzung **334**
Stauwasser 130
Stauwasserhorizont 146
Stechborstenbündel 238, 244
Steckholz 9, **314**
Steckholzvermehrung 314*
Stecklinge 9, 306
Stecklingsanzucht 369
Stecklingsqualität **307**
Stecklingsvermehrung 306
Stegdoppelplatten 358
Stehwandheizung **384***
Stehwandhöhe 357, 359
Stehwandlüftung 354, 370* f.
Steine 39, 64, 119
Steinfrucht 39, 64, 65* ff.
Steinfrüchtigkeit 267
Steinfruchtstand 66 f.
Steinhaufen 225
Steinläufer 124 f.
Steinsicherung 347
Steinzellen 39
Stellglied 387 f.
Stellgröße 388
Stelzwurzel 20 f.
Stempel (Fruchtblatt) **30**, 62
Steppenroller 68
Steuerung der Lebensabläufe **77**
– des Pflanzenwachstums 50, 51
– photoperiodisch reagierende Pflanzen 58
Steuerzentrale der Zelle 36
Stickstoff 157, 165, **171** ff., 279
Stickstoffdünger **175**
Stickstoffdüngung 203
Stickstoffkreislauf 171* f.
Stickstoffmangel 172
Stickstoffoxide 293
Stiel (Nabelstrang) 62
Stigmen 239
Stille Mutationen 84
Stippe 180*, 184
Stockwerkaufbau eines natürlich gewachsenen Waldes 104
Stoffe, keimhemmende 70
–, radioaktive 138
Stolonen **27**
Stomata (Spaltöffnungen) **40**, 54
Storchschnabelgewächse **99**
Störgrößen 387 f.
Störlicht 58, 405
Stoßhacken 344* f.
Strahlenbelastung 139*
Strahlenpilze (Actinomyceten) 123, 174
Strahlungsausbeute 404
Strahlungsdichte 403
Strahlungsfrost 296
Strahlungsheizfläche 378
Strahlungsleistung 402
Stratifikation 301 f.
Stratokumulus 287*
Stratosphäre 280, 294 f.
Stratus 287*
Sträucher 17, 331
Strauchflechten 91
Strauchrosen 333
Streifenborke 72
Streifenfundament 354
Streifenpflugkörper 346 f.*
Streptocarpus-Hybriden 310*
Streufrüchte **64, 66***
Streusalze 168
Strips **363**
Strohdüngung **190**

Strontium 139
Stützwurzel 20 f.
Styromull **152*** ff.
Styroporkisten 363, 365*
S-Überschusssymptome **184** f.
Sublimieren 284
Substanz, anorganische 129
–, organische 129, **136**
Substrat **150** ff., 154, **307** f.
Substratuntersuchung **201** ff.
Subtropen **291** f.
Subtropische Zone **291**
Sukkulente 28*
Sulfat 115, 163
– -Ion (SO_4^{2-}) 185
Sumpfbaldrian 148*
Sumpfdotterblume 148*
Sumpfgas 190
Superphosphat 178 f.
Suppressoren 214
Suspension 408
Symbionten 44
Symbiose 21, 44, 90, 174
Symptomgrenzwert 202
Systematik 7, **86 ff.**
– der Früchte 67
Systemplatten 363
Systemschlepper 345

T

TA Luft 378
Tagesdosis 220
Tageslänge, kritische 57 f.
Tagfalter 252
Tagundnachtgleiche 110, 278
Talklima 292
Talwind 282 f.
Tange 89
Tau 286
Taupunkt 278, 289, 391
Taupunkttemperatur 299, 378
Tausendfüßer 124 f.
Tausendkorngewicht (TKG) 299
Taxien 74 f.
Technik **342** ff.
Technische Anleitung **378**
Teehybriden 333
Teich, naturnaher 107
Teichmolch 233
Teilchen, abschlämmbare 122
Teilsteckling **315***
Teilung 315
Tellur 139
Telophase 57
Temperatur 49 ff., 280
Temperaturabhängige Lüftungsregelung 371 f.
Temperaturerhöhung 50
Temperaturfühler 371
Temperaturmessung **280**
Temperaturoptimum 50
Temperaturregulierung 51
Temperatursteuerung, lichtabhängige 49
Temperiertes Haus 354
Tensiometer 133, 393
Tentakeln 23
Tepalen 29
Terminalknospe 18
Termindüngung 161
Tertiärkonsumenten 100
Testa 63
Tetranychus urticae 257 f.*
Theka 30
Theken 30
Therapie 206
Thermik 219, 283
Thermograph 281
Thermohaus 353*
Thermohygrograph 285*, 285
Thermometer 281*
Thermonastie **75**
Thermostat 371
Thielaviopsis 272
Thigmotropismus **74**
Thomasphosphat 178 f.
Thorax 237
Thrips tabaci 245
–, kalifornischer 245
Thripse 228, **245** f.*
Thymin 76 f.
Tief 288
Tiefdruckgebiet **288*** f.
Tiefengesteine 116
Tiefpflüge 349
Tiefwurzler 8, 10
Tierbestäubung **59**
Tierblütigkeit **59**
Tierversuche 220
Tipula 256*
Tipulalarven 256*
Tische **360** f.*
TKS 1 151
– 2 151
Tochterchromosomen 57
Tochterzwiebeln 26
Tomoffel 86
Ton 119 ff., 132, 150, 182
Tonboden 119 f., 132, 151
Tone **154**
Ton-Humus-Komplex 125, 129*, 193
Tonminerale 119, 127, 129, 181 f.
Tönnchenpuppe 237, 239*, 255
Tonoplast 36
Tonteilchen 162 f., 182
Tontöpfe **362**
Topfanzuchtplatten **364**
Töpfe aus Altpapier 365*
Topfen von Hand 326*
Topferde 151
Topf-in-Topf-System 340 f.*
Topfmaschinen **366*** f.
Topfrutsche 326
Torf 93, 150 f.
Torfkultursubstrate 151, 154
Torfmoose 93, 109
Torfmudde 108
Torfquelltöpfe **363**, 365*
Torfsubstrate 151, 168
Torftabletten 365
Torftöpfe **363**, 365*
Totalherbizide 275
Totwasser 131 ff.
Totwassergehalt 133
Totzeit 388
Toxizität 202
Toxizitätsgrenzwert 202
Tracheen **42** f., 239
Tracheensystem **239**
Tracheiden 42 f.
Tracheomykosen 272
Tragholz 19
Tränendes Herz 335*
Transpiration 11, 53 f., 130 f.
–, kutikuläre 54
–, stomatäre 54
Transpirationssog 53
Transporteinrichtungen 367
Transport-RNS 77 f.
Traube 34*
–, zusammengesetzte 34*
Traubenzucker 45 f., 48
Trauermücke 228, 256
Trauerrosen 333
Traufe 354
Trays 364
Treiberei **338**
Treibhauseffekt 111, **293**, 335
Trialeurodes vaporariorum 242
Trichogramma 26
– cacoeciae 254
– evanescens 231
Trichokarten 254
Triebsucht 267
Trinkwasserverordnung 173
Triple-Superphosphat 178
t-RNS 77 f.
Trockenbeize 300
Trockenstarre 63
Trogbeete **360**
Tropen **291** f.
Tropfbewässerung **394**
Tropische Regenwälder 110
– Zone **291**
Tropismen **73**
Tropopause 280
Tropossphäre 280, 283, 295
Trugdolde 34*
Tschernobyl 139 f.
Tschernosem **145**
T-Schnitt 316
Tuchkarre 368
Tumorbildung 264
Tunneldach 354*
Tüpfel 35*
Tür 354
Turgeszent 53
Turgor 51, 53
Turgordruck 36, 53 f., 75

U

Überbauung **137**
Überdüngung 53
Übergangsmoor **108***
Überlauf 382
Überschusssymptome 172
Überschussverfahren 300
Übertischstellagen **360** f.*
Überwinterungshaus 354
Überwinterungssporen 270
Ulmensplintkäfer 250 f.*
Ulmensterben 250
Umbelliferae **96**, 213
Umgekehrte Osmose 170*
Umgraben **342*** f.
Umrechnung von ppm auf mg/m^3 Luft 208
Umsetzen des Komposthaufens 194
Umsetzung der genetischen Information 77*
– von Kalkstickstoff 176
– von P-Dünger im Boden 179*
Umsetzungsvorgänge im Komposthaufen 192*
Umstechen 10
Umtopfen **326** f.
Umwandlung, unvollständige 237*
–, vollständige 237*
Umwandlungsgesteine 116 f.
Umwelteinflüsse 76
Unabhängigkeitsregel 81
Undurchlässigkeit der Samenschale 302
Umfallkrankheit 271
Ungeschlechtlich
–, Entwicklung 55
–, Generation 92, 94
Ungeteilte Laubblätter **12** f.*
Uniformitätsregel 80
Universalindikator 141
Universalschlepper 345 f.*
Unkrautbekämpfung 275
Unkräuter 274
Unkrauthacke **344*** f.
Unterart (subspecies = ssp.) 87
Unterboden 143
Untergrund 143
Unterkühlung 372
Unterlage 318
Untertischheizung **384*** f.
UP 358
Uracil 77
Urnenblätter **22**, 24*
UV-Strahlung 294 f., 358

V

Vakuole 35* ff., **38***, 52
Valeriana dioica 148*

Varietät (varietas = var.) 87
VDE-Vorschriften 407
Vegetationsheizung 379
Vegetationspunkt 18, 43
Vegetationszonen unserer Erde 110*
Vegetativ 305
- Entwicklung 55
- Vermehrung **305** ff.
- Wachstum **55**
Vektor 86, 240, 267
Venlo-Bauweise **356**
- -Produktionsgewächshäuser 357*
Ventilatoren 371
Venturia 272
Venusfliegenfalle 23 f.*, 321*
Verband Deutscher Elektrotechniker 407
Verbreitung von Früchten **68**
Verbreitung von Samen **68**
Verbrennung 48, 181, **377**
–, unvollständige **377** f.
Verdampfer **411**
Verdrängungsprinzip 399*
Verdunklung 58, 402, **405**
Verdunsten 284
Verdunstung 53 f., 382
Verdunstungskälte 51, 54, 284
Veredeln **315**
Veredlung **315**
Vererbung **76**, 80
Vererbungslehre **76**
Verfrühung **338**
Vergilbungen 158, 172
Verkaufstisch 368*
Vermehrung 297
- der Rosenblattlaus 241*
–, generative 29
–, geschlechtliche 29
–, im Reagenzglas **321**
–, sexuelle 29
Vermehrungserde 151
Vermehrungskrankheit 271
Vermehrungssubstrate 10
Vernalisation **57**
Verpflanzen 10
Verringerung der Nitratbelastung 173
Versalzung 53, **168**
Verschiedengriffeligkeit **61**
Versenkregner 398
Versiegelung **137**
Versorgungsstufen 201 f.*
Verteilerventil 389
Verticillium 272
Vervielfachung des Chromosomensatzes 84
Verwesung 89, 126
Verwitterung **117**, 129
–, chemische **117**
–, physikalische **117**
Verzweigungszone **9**, 43
Viereckregner 398
Vierwegemischventil 389*
Viren 240, **266**
Virose 267
Viruserkrankung 267
Viruskrankheiten 240
Virus-Protein 266
- -RNS 266
Virusüberträger 240
Virusübertragung 245
Vitamine **76**
Viviparie 240
Vliesfolie 351* f.
Vögel 59, 233
Vogelkästen 224*
Vollbinder 354*
Volldünger 157, 187
Vollinsekt 236 f., 243, 255
Vollparasit 21, 44
Vollruhe 338
Vollschmarotzer 44
Vorkeim 92 ff.
Vorlauf 379, 382, 389
Vorregelung **390** f.
Vorruhe 338
Vorsichtsmaßnahmen **219** f.

W

Wacholder-Birnengitterrost 273*
Wachsschicht 40
Wachstum 202
–, generatives **55**
–, vegetatives **55**
Wachstumsbewegungen **73**
Wachstumsfaktoren 50 f., 160
Wachstumsgesetze **160**
Wachstumspunkte 18
Wachstumsruhe 338
Wahre Wachstumsruhe 338
Wald 101* f., 105*
Waldameise 226
–, Rote 226, 230
Waldklima 292
Waldsterben **103**, 189, 105*, 294
Wallhecken 105
Wälzegge 350*
Wanddruck 35
- der Zellwand 53
Wanderkästen 352
Wanzen 233
Wärme 306
Wärmebedarfsberechnung **391**
Wärmedurchgangskoeffizient 356
Wärmeleitfähigkeit 381
Wärmeleitung **381**
Wärmemengenregelung **389**
Wärmestrahlen 293
Wärmestrahlung 279 f., 282, **381**
–, langwellige 293
Wärmeströmung **381**
Wärmesummentheorie 352
Wärmetransport 381
Wärmeübertragung **381**
Warmfront 289
Warmhaus 354
Warmluft 288 f.
Warmluftsektor 288
Warmwasserheizung **382***
Warmwasserlufterhitzer **386** f.
Warnanlagen **392**
Warndienst 254
Wartezeiten **220**
Washingtoner Artenschutzübereinkommen (WA) 112
Wasser 107, **118**
–, pflanzenverfügbares **131** ff.
Wasserabgabe **54**
Wasseraufnahme **52**, 54, 55
Wasserbedarf **392**
Wasserbeschaffung **392**
Wasserbestäubung **59**
Wasserbilanz, klimatische 292, 392
Wasserblütigkeit **59**
Wasserdampf 279, 283, 286, 293, 411
Wasserdampfgehalt 284
Wasserdampfsättigung 284
Wasserdost 148*
Wasserenthärtungsanlage 413
Wassererosion 138
Wassergehalt 285
Wasserhärte **169***
Wasserhärtebereich 169
Wasserhaushalt **55**, 119, 181
- der Pflanzen **51**, 54
Wasserkapazität **131**, **153**
Wasserkreislauf 111, **130**
- der Erde 55
Wasserkultur 338
Wasserleitung **53**
Wasserprobe 168
Wasserqualität **168**
Wassersäule (cm WS) 132
Wasserschlauch 23
Wasserschutzauflagen 216
Wasserspalten (Hydathoden) 55, 265
Wasserspannung 131*, **132** f.
Wasserspannungsmessung **133**
Wasserspeicherzellen 92
Wasserstoff 157
Wasserstoffionenkonzentration 166
Wassertemperatur 339
Wasserverdunstung 54
Wasserversorgung 133
Wasserwurzeln 339
Watt (W) 402
Weberknechte 232
Weibliche Blüten 31
Weibliche Geschlechtsorgane 30 f.
Weichhautmilben **257**
Weichholz 73
Weichkäfer 233
Weichwanze 230*
Weihnachtskaktus 309
Weihnachtsstern 24*
Weiß 37
Weiße Fliege **242***, 243
Weißer Chrysanthemenrost 270, 273*
Weißer Senf 196
Weißlinge 255
Weißtorf 108 f., 146, 152*, 154
Welkekrankheiten 272
Welken 53, 264
Welkepilze 272
Welkepunkt, permanenter 133
Welketracht 181
Wellenlänge 46
Wendeklappenlüftung 370*
Wert, osmotischer 52 f.
Wertigkeit 163
Wespen 230*, 233
Wetter **279 ff.**, 291
Wetterbericht 291
Wetterfaktoren 280
Wetterkarte 290* f.
Wetterkunde **278 ff.**
Wettersatelliten 291
Wettervorhersage **291**
Weymouthskiefernblasenrost 270, 273*
Wickel 34*
Wickler 255
Wiese 106
–, Lebensraum **106**
Wiesel 233
Wildkaninchen 262 f.*
Wildkohl 83*
Wildkrautbekämpfung 214, **274**, 344
Wildkrautbesen **411**
Wildkräuter 207, **274**
Wildrosen 333
Wimperntierchen 123
Wind **282**
Windbestäubung **58**
Windblütigkeit **58**
Windblütler 58
Winder **29**
Winderosion 138
Windespross 28*, **29**
Windfahne 283*
Windgeschwindigkeit 283 f.
Windgeschwindigkeitsmesser 372
Windmesstabelle 284
Windmessung 283 f.
Windrichtungen 289*
Windrichtungsmesser 372
Windschutz **296**
Windstärke 283 f.
Windverband 354
Winteranfang 278
Wintereier 240, 241*
Winterfurche 253

Wintergrüne Pflanzen 11
Winterschachtelhalm 93*
Wintersporenlager 271
Winterwirte 270 f.
Wippscharlockerer 349
Wirkstoffe **75**, 215
Wirkung chemischer Mittel **215**
–, kurative (heilende) 215
Wirkungsgrad **376**
–, feuerungstechnischer 376
Wirte 44, 229
Wirtschaftswald **102**
Wirtspflanze 20
Wirtswechsel 246 f.
Wolfsmilchgewächse 26, **100**
Wolke **286** f.*
– radioaktive (Tschernobyl) 139
Wolkenbildung 130
Wolllaus 228, 244* f.
World Wildlife Fund 114
Wuchshormone **76**
Wuchsstoffe **307**
Wuchsstoffherbizide 275
Wühlmaus **262**
Wühlmausfallen 262
Wühlmausschäden 263*
Wundgewebe (Kallus) 72
Wundkallus 305
Wurmhumus 126
Wurmlosung 125*
Wurzel **8**
–, Dickenwachstum der 43
–, Epidermis der 43
Wurzelaufbau, innerer **43***
Wurzelausscheidungen 212
Wurzelbart 260
Wurzelbildung 305
Wurzeldruck 43, 53 f.
Wurzelentwicklung, Förderung der **10**
Wurzelfäule 273*
Wurzelförderung 10
Wurzelgallennematoden 260
Wurzelhaare 9, 43, 52, 54, 56
Wurzelhals 21
Wurzelhaube (Kalyptra) 8, 43
Wurzelknolle 19 f.
Wurzelmetamorphosen **19** f., 21*, 29*
Wurzelmilben **257**
Wurzelnematoden 258* f.
Wurzelranke 20
Wurzelschäden 105
Wurzelschnitt 329, 332
Wurzelschnittlinge **320***
Wurzelschössling **321***
Wurzelspitze **8** f.*
–, Anschneiden der 10
Wurzelsprühkultur **397**
Wurzelstock **26**, 28*
Wurzelsysteme **8** f.*
Wurzeltiefe 10
Wurzelunkräuter 274 f.*
Wurzelvegetationspunkt 8
WWF 114

X

Xanthomonas pelargonii 264
Xanthophyll 37
Xenorhabdus 228
Xerophyten 55
Xylem 39 ff., **42** f., 71 f., 96
Xylemzellen 71

Z

Zahnstangenlüftung 371
Zapfencontainer-Platte 364 f.*
Zapfwelleneggen **348** f.
Zauneidechse 233
Zehrwespe 232
Zeichen, botanische 88
Zeigerpflanzen **147** ff.
Zellbestandteile 35 f.
Zellbildungszone **8**
Zelle **35**
–, embryonale (meristematische) **35**
–, Kraftwerke der 37
–, Organe der 36
–, osmotische Saugkraft der 53
–, Steuerzentrale der 36
–, tote 42
Zellinhalt 35
Zellkern 35 f., 38, 40
Zellleib 35
Zellsaft 37 f., 52 f., 55
Zellsafträume 38
Zellstreckungszone **9**, 43
Zellteilung **56**
Zellwand **35*** f., 38, 42, 52 f., 57
–, Wanddruck der 53
Zellwandneubildung 38
Zellwucherung, krebsartige 264
Zellzwischenräume 40
Zentralzylinder 42 f., 260
Zersetzung 89, 129
Zerstäubungsbrenner 380
Zerstörung der Ozonschicht 295
Ziehhacken **344***
Zierpflanzen 299
Zikaden **247**
Zink (Zn) 157, 163, **186**
Zirrostratus 289
Zirrus 287*, 289
Zisternen 22
Zone, verholzte 9
Zoologie 7
Zoospore 271
Züchtung 83
Zugband 354 f.
Zulassungsnummer 218
Zungenblüten 33*, 97
Zusammengesetzte Dolde 96
– Früchte **66** f.
–, Laubblätter **14***
Zusatzbelichtung 46
Zusatzstoffe 215
Zuschlagstoffe 150, **153**, 154
Zwangslüftung **371**
Zwangsruhe 338
Zweiflügler **255**
Zweig 17
Zweigeschlechtliche (zwittrige) Blüte 31, 60
Zweihäusigen Pflanzen 31
Zweikeimblättrige Pflanzen 9, 11, 41, 69, 95 f.
Zweistoffbrenner 380
Zweite Reifeteilung (Mitose) 79
Zweizugkessel 378
Zwergrosen **333**
Zwiebel 28*, 311*
Zwiebelboden 26, 28
Zwiebelfliege 256
Zwiebelgewächse **337**
Zwiebelkuchen **26**
Zwiebelminierfliege 256
Zwiebeln **26**
Zwiebelpflanzung **336**
Zwiebelschalen 26, 28
Zwiebelscheibe 26
Zwölfgepunkteter Spargelkäfer 248*, 269
Zygomorphe (dorsiventrale) Blüte 32
Zygote 63, 79
Zypergras 313*
Zysten 260*
– bildende Nematoden 259, 261
Zytoplasma 3

Bildquellen

Dr. B. Beyme, Institut für Bodenkunde der Universität Hannover141; Bildarchiv Pr. Kulturbesitz, Berlin 87/2; 155; Der Karlsruher Wolkenatlas, Karlsruhe287/6; Gabler GmbH & Co.KG, Schordorf 357; Hubert Hanke LWG, Veitshöchheim 365/8; Mayer GmbH & Co., Heidenheim 366; Hans Reinhard/OKAPIA, Frankfurt 111; Edm. Romberg & Sohn, Ellerau 365/1,5,6,11; Siedenburger GmbH & Co.KG, Rahden 357; Ullstein Bilderdienst, Berlin 79,87/1; Max Weißhaupt GmbH, Schwendi 380; Dr. Horst-Herbert Witt, Bad Zwischenahn 180/2

Zeichnungen: Marlies Meier, Teneriffa; Martin Metasch, Hamburg; Kerstin Peters, Hamburg; Julia Reimann, Hamburg; Scholz und Partner, Wolfsburg

Sämtliche nicht aufgeführten Fotos: Holger Seipel, Wiefelstede; Kai-Michael Seipel, Achtrup

Genehmigte Lizenzausgabe für
Nikol Verlagsgesellschaft mbH & Co. KG, Hamburg, 2006

Lithos, Satz und Layout: tiff.any GmbH, 10999 Berlin
Einbandgestaltung und Titelfotografie: Thomas Jarzina, Köln

Printed in Italy

ISBN 10: 3-937872-26-4
ISBN 13: 978-3-937872-26-1

www.nikol-verlag.de